제 12 판

형법총론

이재상

장영민

강동범

刑法總論

박영사

제12판 머리말

지송 이재상 교수의 때 이른 별세(2013년) 이후 10년 남짓한 시간에 한국 형법학계의 대들보와 같은 역할을 하시던 학자들 상당수가 타계하였다. 여기에는 우리나라 2세대 형법학의 선두주자이자 주역이셨던 김종원 교수의 별세(2022년)도 포함된다. 이 자리를 빌려 이 모든 분들을 추모하며 명복을 빈다. 이 분들을 회고하며 반드시 지적되어야 할 점은, 이 분들의 노력으로 우리나라 형법학의 틀이 단단하게 형성되었다는 점이다. 많은 후대 형법학자들이 이 선대 학자들이 개척한 담론의 틀 안에서 논의를 이어나갈 수 있었다.

이로써 외관상 형법학계의 세대교체가 이루어졌다고 말할 수 있겠다. 세대교체는 시간의 흐름에 따른 불가피한 현상이기는 하지만, 그것은 문자 그대로 새로운 시각의 등장과 새로운 성취에의 기대를 의미하기도 한다. 그러나 실제로 형법학에 그런 현상이 나타나고 있는가는 의문이다. 현재의 시점에서 볼 때 새로운 기축이 마련되었다고 하기는 어렵기 때문이다. 여전히 해명을 필요로 하는 해석상의 문제들이 산적해 있다. 형법학은 이런 도전에 대응해야 할 것이며, 기왕의 학문적 성취를 요령있게 가다듬어 학생들에게 전달하는 역할을 하는 데 만족할 수는 없다.

실무계도 사정은 마찬가지이다. 대법원 판례에도 나름의 변화가 감지된다는 점을 부정할 수는 없지만, 세대교체라고 이름할 만한 변화가 있다고 하기도 어렵다. 오히려 그것이 기대와는 반대방향으로 가고 있는 것이 아닌가 우려되기도 한다. 대법원은 근자에 이른바 강학상의 언어를 차용하고 구사하면서도 형법학의 정신까지 실무에 반영하고 있다고 말하기는 주저되기 때문이다. 실무의 특성상 학설의 틀에 맞게 재단하기 어려운 지점이 나타나리라는 점은 인정할 수 있지만, 다른 법 영역이 아닌 형법의 영역에서 취하게 되는 타협적 해결은, 그 결과가 형사제재의 부과라는 점에서, 때로는 국가가 저지르는 불의가 될 수 있다. 결론만을 염두에 둔 듯 합리적인 논증과는 거리가 있어 보이는 의견설시가 간간히 보이는 것은 그런 우려를 갖게 한다.

이번 개정에도 제자들의 큰 도움을 받았다. 이화여자대학교의 김정연 교수는 최근 판례를 정리하는 번거로운 작업을 해줌으로써 개정에 결정적인 도움을 주었다. 김구슬, 이희경, 권수진(한국형사정책연구원), 이강민, 윤지영(한국형사정책연구원), 이정념(숭실대학교) 박사, 그리고 박사과정의 도소영, 이영은, 임이랑, 최윤이, 유은영, 윤이경 법학석사의 도움도 컸다. 이분들에게 깊은 감사를 드리며 이들의 앞날에 큰 학문적 성취가 있기를 기원한다.

끝으로 어려운 출판계의 사정에도 불구하고 정성들여 이 책을 만들어 주시는 박영사의 안종만 회장님, 안상준 대표님, 조성호 이사님, 그리고 이승현 차장님께 감사를 드린다.

2024년 8월

장영민, 강동범 識

머 리 말

저자가 법조인으로서 오랫동안의 실무생활을 그만두고 대학에서 형법강의를 시작한 지 벌써 4년이 되었다. 이제 연구기간이 부족하다는 이유로 천학을 변명할 수 있는 때는 지났다고 생각된다. 그동안 저자는 형법총론에 관하여 범죄론에서 제기되는 중요한 문제들을 중점적으로 다룬 「형법신강〔총론 Ⅰ〕」을 출간한 바 있다. 아직은 교과서를 쓸 때가 아니라는 판단 아래 학생은 물론 실무가에게 조금이라도 도움이 될 수 있을까라는 조심스러운 마음으로 저자 나름대로의 연구결과를 정리·발표한 것이었다. 그러나 저자가 의도한 바와는 달리 그 책이 학생들을 위한 교과서로 이용됨에 따라 저자는 형법총론의 전분야에 걸친 모든 문제를 다루지 못한 것을 송구스럽게 생각하지 않을 수 없었다. 참고서적 정도로 만들려고 한 겸손이 오히려 학생들에게는 부담을 가중시킨 결과를 초래하지 않았는가 한다. 여기서 저자는 〔총론 Ⅱ〕의 집필을 계속하기 전에 저자의 강의를 듣거나 또는 저자의 책을 통하여 형법학을 연구하고자 하는 학생들을 위한 교과서를 먼저 만들어야 하겠다는 결심을 하게 되었다. 본서는 저자가 형법강의를 위한 교과서로서는 처음 만드는 책이다.

기존의 저서를 그대로 두면서 다시 형법총론의 교과서를 쓰게 된 데는 지금까지의 연구결과에 대한 학자로서의 부끄러움 이외에도, 저자의 마음에 드는 교과서를 만들어 보고 싶다는 평소의 희망이 함께 작용하였다고 할 수 있다. 저자가 본서를 집필함에 있어서 기본방향으로 삼은 바는 다음과 같은 몇 가지 점으로 요약할 수 있다.

첫째 본서에서는 형법총론 전체를 빠짐없이 다루도록 하였다. 한 권의 책에서 총론의 모든 문제를 다룬다는 것은 내용의 균형 있는 수록을 전제로 한다. 따라서 전체적인 균형을 고려하여 부분적인 문제를 지나치게 상세히 다루는 것을 피하고, 본서를 통하여 범죄와 그 법률효과에 대한 통일된 이론과 이에 대한 전반적이고 거시적인 이해를 얻을 수 있도록 하기 위하여 노력하였다. 이 책을 선택한 학생이 다른 책을 함께 보지 않으면 형법총론을 이해할 수 없게 되는 어려움을 없도록 해야 한다는 것이 「형법신강〔총론 Ⅰ〕」을 통하여 저자가 느낀 가장 절실한 체험이었기 때문이다.

둘째 복잡하고 난해한 형법이론을 분명하고 이해하기 쉽게 쓰고자 하였다. 본서에서 가능한 한 논문의 형식을 피하고 각항의 설명을 세분하게 된 이유도 여기에 있다. 학생들의 상당수가 교과서를 수험준비를 위하여 이용하고 있는 실정에 비추어 답안작성에 도움이 될 수 있는 체계를 취하는 것도 함께 고려하지 않을 수 없었다.

셋째 형법학에 있어서 판례의 중요성은 아무리 강조하여도 지나친 것이 아니다. 판례를 통하여 형법의 이론이 구체적 사건에 적용되는 것을 파악할 수 있고, 이에 의하여 형법의 정확한 이해가 가능하게 되기 때문이다. 판례에 대한 풍부한 지식은 Case문제의 해결에 있어서 많은 도움을 줄 수 있을 것으로 생각된다. 따라서 본서에서는 대법원의 판례를 가급적 많이 소개하고자 노력하였다. 다만 대법원판결이 없는 부분에 대하여는 독일과 일본 등 외국의 판결을 참고로 소개하지 않을 수 없었다. 대법원판결을 보다 많이 소개함에 의하여 판례란 우리의 판례를 의미하며, 우리의 판결을 중심으로 한 판례연구가 계속되어야 한다는 극히 상식적인 명제를 분명히 하고 싶은 것이 저자의 소박한 신념이기도 하다.

본서에서 저자의 뜻이 어느 정도 실현되었는가에 대하여는 저자 스스로의 능력을 고려할 때 두려움이 앞서는 것을 숨길 수 없다. 저서를 출간할 때의 숨막히는 긴장은 시간이 지날수록 도를 더해 가는 것 같다. 부족하고 불충분한 점은 앞으로의 연구를 통하여 보완하기로 하고, 본서에 이어 「형법신강〔각론 Ⅱ〕」의 집필을 계속할 것을 약속드린다. 본서가 우리 형법학에 조금이라도 도움이 되었으면 하고 기대할 따름이다. 여기서 저자는 본서가 비록 교과서의 형식을 취한 것임에도 불구하고 본서의 내용은 대부분 「형법신강〔총론 Ⅰ〕」을 바탕으로 한 것임을 밝혀 두고자 한다.

끝으로 본서의 출간에 있어서 저자에게 많은 도움을 준 여러분에게 이 기회에 고마움의 뜻을 적고자 한다. 먼저 교정과 색인작성을 맡아 헌신적으로 저자를 도와준 경희대학교 대학원 박사과정에 재학중인 정현미 법학석사와 이화여자대학교 대학원에서 형법을 전공하고 있는 안경옥, 유숙영 법학사의 노고에 깊은 고마움의 뜻을 표한다. 이들의 앞길에 학문적 대성이 있기를 바란다. 또한 「형법신강」에 이어 계속하여 본서를 출간하여 주신 박영사의 안종만 사장님과 이명재 상무님에게 깊이 감사드리며, 특히 편집과 교정을 위하여 수고를 아끼지 않으신 편집부의 송일근 선생에게 감사의 뜻을 기록하고자 한다.

1986. 8. 1.

저 자

차　　례

제 1 편　서　　론

제 1 절　형법의 기본개념　§ 1

제 2 절　형사사법의 지도원리　§ 2

제 3 절　죄형법정주의

제2편 범 죄 론

제 1 장 범죄의 기본개념

제 1 절 범죄의 의의와 종류 §5

제 2 절 행 위 론 §6

제 3 절 행위의 주체 §7

제 2 장 구성요건

제 1 절 구성요건이론 §8

제 2 절 불법의 이론: 결과불법과 행위불법 §9

제 3 절 부작위범 §10

제 4 절 인과관계와 객관적 귀속 §11

제 7 절 과 실 §14

제 8 절 결과적 가중범 §15

제 3 장 위 법 성

제 1 절 위법성의 이론 §16

제 2 절 정당방위 §17

제 3 절 긴급피난 §18

제 4 절 자구행위 §19

제 5 절 피해자의 승낙 §20

제 6 절 정당행위 §21

제 4 장 책 임 론

제 1 절 책임이론 §22

제 2 절 책임능력 §23

제 3 절 위법성의 인식 §24

제 4 절 법률의 착오 §25

제 5 절 기대가능성 §26

제 5 장 미 수 론

제 1 절 미 수 범 §27

제 2 절 중지미수 §28

제 3 절 불능미수 §29

제 4 절 예 비 죄 §30

제 6 장 공 범 론

제 1 절 공범이론 §31

제 7 장 죄 수 론

제 1 절 죄수이론 §37

제 2 절 일 죄 §38

제 3 절 수 죄 §39

제 3 편 형 벌 론

제 1 절 형벌의 종류 § 40

제 2 절 형의 양정 § 41

제 3 절　누　범　§ 42

제 4 절 집행유예 · 선고유예 · 가석방 §43

제 5 절 형의 시효와 소멸 §44

제 6 절 보안처분 § 45

주요 참고문헌

[국내문헌]

김성돈,	형법총론,	성균관대학교 2008	(김성돈)
김성천/김형준,	형법총론,	동현출판사 1998	(김성천/김형준)
김일수/서보학,	형법총론(제11판),	박영사 2006	(김일수/서보학)
김일수,	형법학원론,	박영사 1992	(김일수, 원론)
김일수,	한국형법 Ⅰ·Ⅱ,	박영사 1992	(김일수, 한국형법)
박상기,	형법총론(제 7 판),	박영사 2007	(박상기)
배종대,	형법총론(제 9 개정판),	홍문사 2008	(배종대)
손해목,	형법총론,	법문사 1996	(손해목)
신동욱 외 7인 공저,	신고 형법총론,	사법행정 1978	(집필자, 공저)
신동운,	형법총론(제 3 판),	법문사 2008	(신동운)
신동운,	판례백선 형법총론(개정판)	경세원 1997	(신동운, 판례백선)
안동준,	형법총론,	학현사 1998	(안동준)
오영근,	형법총론,	대명출판사 2002	(오영근)
유기천,	개정 형법학(총론강의),	일조각 1980	(유기천)
이영란,	형법학(총론강의),	형설출판사 2008	(이영란)
이정원,	형법총론,	문영사 1998	(이정원)
이형국,	형법총론,	법문사 1990	(이형국)
임 웅,	형법총론(개정판보정),	법문사 2005	(임 웅)
정성근,	형법총론(전정판),	법지사 1996	(정성근)
정성근/박광민,	형법총론(제 4 판),	삼지원 2008	(정성근/박광민)
정영석,	형법총론(제 5 전정판),	법문사 1987	(정영석)
정영일,	형법총론(개정판),	박영사 2007	(정영일)
조준현,	형법총론,	법원사 1998	(조준현)
진계호,	신고 형법총론,	대왕사 1984	(진계호)
차용석,	형법총론강의,	고시연구 1988	(차용석)

하태훈, 사례중심 형법총론(전정판) 법원사 2002 (하태훈)
허일태, 형법연구(Ⅰ), 세종출판사 1997 (허일태)
황산덕, 형법총론(제 7 정판), 방문사 1982 (황산덕)

[독일문헌]

1. Lehrbuch

Baumann/Weber, *Strafrecht, Allgemeiner Teil*, 9.Aufl. 1985 (Baumann/Weber[9])
Baumann/Weber/Mitsch, *Strafrecht*, 11.Aufl. 2003 (Baumann/Weber/Mitsch)
Bockelmann/Volk, *Strafrecht, Allgemeiner Teil*, 4.Aufl. 1987 (Bockelmann/Volk)
Ebert, Udo, *Strafrecht, Allgemeiner Teil*, 3.Aufl. 2001 (Ebert)
Gropp, Walter, *Strafrecht, Allgemeiner Teil*, 2.Aufl. 2001 (Gropp)
Freund, Georg, *Strafrecht, Allgemeiner Teil*, 2.Aufl. 1998 (Freund)
Haft, Fritjot, *Strafrecht, Allgemeiner Teil*, 7.Aufl. 1996 (Haft)
Hillenkamp, *32 Probleme aus dem Strafrecht Allgemeiner Teil*, 10.Aufl. 2001 (Hillenkamp)
Jakobs, Günther, *Strafrecht, Allgemeiner Teil*, 2.Aufl. 1991 (Jakobs)
Jescheck, Hans-Heinrich, *Lehrbuch des Strafrechts, Allgemeiner Teil*, 4.Aufl. 1988 (Jescheck[4])
Jescheck/Weigend, *Lehrbuch des Strafrechts*, 5.Aufl. 1996 (Jescheck/Weigend)
Kühl, Kristian, *Strafrecht, Allgemeiner Teil*, 4.Aufl. 2002 (Kühl)
Maurach/Zipf, *Strafrecht, Allgemeiner Teil*, 7.Aufl. 1987 (Maurach/Zipf)
Maurach/Gössel/Zipf, *Strafrecht, Allgemeiner Teil*, Tb. 2, 6. Aufl. 1987 (Maurach/Gössel/Zipf)
Noll, Peter, *Strafrecht, Allgemeiner Teil* 1, 1981 (Noll)
Roxin, Claus, *Strafrecht, Allgemeiner Teil*, Band 1, 4.Aufl. 2006 (Roxin)
Roxin, Claus, *Strafrecht, Allgemeiner Teil*, Band Ⅱ, 2003
Schmidhäuser, Eberhard, *Strafrecht, Allgemeiner Teil*, 1982 (Schmidhäuser)
Stratenwerth/Kuhlen, *Strafrecht, Allgemeiner Teil* 1, 5.Aufl. 2003 (Stratenwerth/Kuhlen)
Triffterer, Otto, *Östereichisches Strafrecht, Allgemeiner Teil*, 1985 (Triffterer)
Welzel, Hans, *Das Deutsche Strafrecht*, 11.Aufl. 1969 (Welzel)
Wessels/Beulke, *Strafrecht, Allgemeiner Teil*, 36.Aufl. 2006 (Wessels/Beulke)

2. Kommentar

von Heintschel-Heinegg, Bernd, *Münchener Kommentar zum Strafgesetzbuch*, 2003 (Verfasser, MK)

Tröndle/Fischer, *Strafgesetzbuch*, 53.Aufl. 2006 (Tröndle/Fischer)

Foregger/Serini, *Strafgesetzbuch*, 3.Aufl. 1984 (Foregger/Serini)

Joecks, Wolfgang, *Studienkommentar StGB*, 3.Aufl. 2001 (Joecks)

Jescheck/Ruß/Willms, *Strafgesetzbuch, Leipziger Kommentar*, 10.Aufl. (LK[10])

Jähnke/Laufhütte/Odersky, *Strafgesetzbuch, Leipziger Kommentar*, 11.Aufl. 1992 (LK)

Lackner/Kühl, *StGB*, 24.Aufl. 2001 (Lackner/Kühl)

Rudolphi/Horn/Samson, *Systematischer Kommentar zum Strafgesetzbuch*, 6.Aufl. 1995 (SK)

Schönke/Schröder/Lenckner-Cramer-Eser-Stree/Heine-Perron-Sternberg Lieben, *StGB*, 27.Aufl. 2006 (Sch/Sch/Verfasser)

Wassermann/Seelmann, *Kommentar zum Strafgesetzbuch* 1, 1990 (Verfasser, AK)

제 1 편

서 론

제 1 편 서 론

제 1 절 형법의 기본개념 §1

Ⅰ. 형법의 의의

1. 형법의 개념

형법이란 범죄와 범죄에 대한 제재인 형벌과 보안처분을 규정한 법이다. 종래 형법은 범죄와 형벌의 관계를 규정한 국가 법규범의 총체, 즉 어떤 행위가 범죄이고 그 범죄에 대하여 어떤 형벌을 과할 것인가를 규정하는 법을 말한다고 정의되어 왔다.[1] 그러나 형법을 범죄와 형벌의 관계를 규정한 법이라고 정의하면 범죄에 대한 형벌 이외의 법률효과인 보안처분을 과하는 법을 포함할 수 없게 된다. 구 사회보호법과 치료감호 등에 관한 법률에 의하여 범죄에 대한 제재는 형벌 이외에 보안처분을 포함하게 되었기 때문이다.[2] 따라서 형법이란 범죄와 범죄에 대한 제재인 형벌 또는 보안처분을 규정하는 법규범의 총체라고 해야 한다.[3] 1

범죄에 대한 법률효과로서 형벌과 보안처분이 있음에도 불구하고 형법이라고 칭하는 이유는 형벌이 전통적이고 주된 법률효과이고, 보안처분은 형벌을 보완하기 위한 제재라는 점을 고려한 데 있다. 범죄와 형벌은 밀접·불가분의 관계를 가지고 있는 개념이다. 따라서 형법이라는 명칭도 국가에 따라 형법(Strafrecht, droit pénal) 또는 범죄법(criminal law, droit criminel)이라는 용어가 구분 없이 사용되고 있다. '형법'이란 범죄와 형벌 가운데 법률효과인 형벌에 중점을 둔 명칭이다. 2

---

1 유기천 3면; 이형국 23면; 정영석 15면; 진계호 21면; 황산덕 13면.

2 구 사회보호법은 보호감호·치료감호 및 보호관찰의 3종의 보안처분을 도입하였으나, 2005. 8. 4. 폐지되고 대체입법으로 〈치료감호 등에 관한 법률〉이 시행되었다. 이에 따라 보호감호는 폐지되고, 현행법상 보안처분으로는 치료감호와 보호관찰이 남게 되었다.

3 Baumann/Weber/Mitsch S. 9; Bockelmann/Volk S. 1; Jescheck/Weigend S. 10; Maurach/Zipf S. 2; Otto S. 2; Welzel S. 1; Wessels/Beulke Rn. 10.

2. 형법의 범위

3 형법은 협의와 광의의 두 가지 의미로 사용된다. 협의의 형법이란 1953년 9월 18일 법률 제293호로 공포되어 같은 해 10월 3일부터 시행된 형법전을 의미한다. 광의의 형법은 형법 이외에도 범죄와 형벌(또는 보안처분)을 규정하고 있는 법을 총칭한다. 특별형법(형법에 대하여 부수적, 보충적 지위를 갖는 형벌법규를 총칭한다. 국가보안법, 폭력행위 등 처벌에 관한 법률, 특정범죄 가중처벌 등에 관한 법률, 경범죄 처벌법, 소년법, 치료감호 등에 관한 법률 등)과 행정형법(행정목적에 위배되는 행위를 억지하기 위하여 시행되는 형벌법규를 말한다. 도로교통법, 식품위생법, 관세법 등)이 여기에 포함된다.[1]

협의의 형법은 총칙과 각칙으로 나뉘어지며, 총칙은 범죄와 형벌의 일반적 요소를 규정하고, 각칙은 각 개별범죄와 이에 대한 형벌을 규정하고 있다. 형법학은 광의의 형법을 연구대상으로 하며, 특히 형법총칙을 연구대상으로 하는 학(學)을 형법총론, 형법각칙을 대상으로 하는 학(學)을 형법각론이라고 한다.

Ⅱ. 형법의 성격

1. 형법의 법체계적 지위

4 형법은 국가의 형벌권에 관한 법이다. 따라서 법을 공법과 사법으로 나누는 경우 형법은 공법에 속한다. 범죄로 인하여 침해된 이익이 개인적 법익인 경우에도 범죄와 처벌은 국가와 범죄자 사이에 제기되는 공법관계로서의 성질을 갖는다. 또 법을 실체법과 절차법으로 나눌 때, 형법은 범죄를 규정함으로써 국가형벌권의 발생요건을 규정하고 있다는 의미에서 실체법이라고 할 수 있다. 따라서 형법은 실체형법을 실현하기 위한 절차에 관한 법인 형사소송법과 구별된다. 절차법인 형사소송법은 각 절차의 목적을 실효적으로 구현하기 위하여 법가치 가운데 '합목적성'과 '법적 안정성'이 우위에 놓이는 데 비하여, 실체법인 형법은 국가형벌권의 발생이라는 실체관계를 규율하기 때문에 '정의'와 '법적 안정성'이 우위에 놓인다.[2]

---

1 주의할 것은 부수적 형법 또는 보충적 형법이, 법의 효력의 면에서는 형법에 대하여 특별법이기 때문에 이들이 형법에 우선하여 적용된다는 점이다.

2 Radbruch는 법가치를 (같은 것은 같게 대우한다는 좁은 의미의) 정의, 합목적성, 법적 안정성의 3원적으로 이해하였다. 이 세 가치가 협력 내지 길항하면서 궁극적인 법가치인 정의를 실현한다는 것이다. Radbruch *Rechtsphilosophie*(Dreier/Paulson 편), 1999, S. 73 참조.

2. 형법의 규범적 성격

5 형법은 도덕이나 종교계율과 같이 규범으로서의 성격을 갖는다. 규범이란 존재(Sein)와 구별되는 당위(Sollen)에 속하는 것으로서, 이의 이해에 관하여는 견해가 대립되나 규범은 대체로 명령과 유사한 성격을 갖는다.[1] 따라서 규범은 일정한 행위 또는 사태를 요구한다. 형법규범 역시 일정한 행위 또는 사태를 (대체로는 금지의 방향으로) 요구하며, 그 위반이 있을 때 규범위반의 효과로서 강제력을 가지고 형사제재를 관철시킨다. 형법규범은 다음과 같은 성격을 갖는다.

6 (1) **가언적 규범** 형법규범은 가언적 명령의 형태를 취하고 있다. 가언적 명령이란 형법규범이 '요건 → 효과'(if …, then …)의 형식을 취하고 있다는 의미이다. 즉 범죄를 요건으로 하여 그 법률효과로서 국가에게 형벌권을 발생시킨다. 형법이 가언규범이라는 또 하나의 의미는 형법규범이 조건부 규범이라는 뜻이다. 도덕규범은 조건이 없는 정언적 명령의 형태("남을 해치지 말라," "거짓말을 하지 말라")를 취하고 있는 데 비하여 형법규범은 조건을 달고 있는 규범적 요구의 형태, 즉 "처벌을 받지 않으려면 사람을 살해하지 말라"는 식의 형태를 취하고 있다. 도덕규범은 정언적으로(조건을 달지 않고 의무의식에 터잡아) "규범을 준수하라"고 명령하는 데 비하여, 형법규범은 동기의 도덕성을 요구하지 않고 동기여하를 불문하고 규범의 준수만을 문제 삼는다.[2]

7 (2) **행위규범과 재판규범** 법규범은 그 수명자에 따라 행위규범과 재판규범으로 분류할 수 있다. 형법은 일반 국민에 대하여 일정한 행위를 금지 또는 명령함으로써 행위준칙으로서 기능한다(행위규범). 예컨대 형법은 살인죄를 규정함으로써 살인금지의 명령을, 퇴거불응죄를 규정함으로써 퇴거의 요구를 발한다. 동시에 형법은 법관에 대하여 (경우에 따라 국민이 행위규범을 알지 못하는 경우에도) 규범적 요구에 따라 재판할 것을 명한다(재판규범).

---

1 규범을 보는 견해는 크게 명령설과 판단설로 나뉜다. 심헌섭, 분석과 비판의 법철학, 2000, 48면 이하 참조. 법명령설에 관하여는 K. Engisch *Einführung in das juristische Denken* 9.Aufl., 1997, S. 19 이하 참조. 법명령설의 문제점에 관하여는 H. L. A. Hart *The Concept of Law*, 3.ed., 2012, 제 2 장 Laws, Commands and Orders 참조. 규범은 명령이라는 양상을 중심으로 금지, 허용 뿐 아니라 방임을 하기도 하며, 이외에 수권(授權, authorization), 그리고 규범에 대한 폐지(廢止 derogation)도 하는 성질을 갖는다. H. Kelsen *Reine Rechtslehre*, 1960, S. 3 이하, 15 이하.

2 칸트는 이러한 태도를 '법적'(legal)이라고 지칭하고 내적 동기를 문제 삼는 '도덕적'(moral) 태도와 구별하였다. 요구의 내용이 아니라 수범자의 태도에 따라 법과 도덕을 구별한 것이다.

8 (3) **평가규범과 의사결정규범** 형법은 평가규범임과 동시에 의사결정규범이다. 형법은 일정한 행위가 반가치적이라는 평가를 하고서, 이에 기초하여 그 행위를 범죄로 정하고 형벌 또는 보안처분을 과한다. 따라서 형법은 평가규범(Bewertungsnorm)의 성격을 갖는다. 이러한 형법적 평가에 입각하여 일반 국민은 이 반가치를 실현하는 행위를 결의하여서는 안 된다는 의무를 지게 된다. 이로써 형법은 국민의 의사를 결정하는 규범(Bestimmungsnorm)으로서의 역할도 하게 된다. 형법의 평가는 대체로 도덕적 평가와 같은 방향을 취하지만 반드시 일치하는 것은 아니며, 의사결정 역시 반드시 도덕적 심성을 일깨우려는 것은 아니다.

Ⅲ. 형법의 기능

9 형법은 생명, 신체, 자유, 재산 등의 법익을 보호하기 위하여 일정한 행위를 범죄로 규정하여 처벌한다(보호적 기능). 법익의 보호는 형법의 존재이유이다. 한편 국가는 형벌권의 발생 및 그 범위를 규정하는 형법에 근거해서만 형벌권을 행사할 수 있다. 따라서 형법은 국가권력의 자의에 의한 형벌의 부과를 막는 기능도 갖는다(보장적 기능). 이것이 형법의 두 기본적인 기능이다. 이 이외에 형법의 규범적 기능이 논의되는데,[1] 규범적 기능을 행위향도적 기능(=행위규범성)이라고 이해한다면, 이는 형법의 독자적인 기능이라기보다는 '법'의 기능이라고 보는 것이 옳을 것이다.[2] 형법은 '법'의 한 분야로서 당연히 규범적 기능을 가지며, 이에 관하여는 위의 형법의 규범적 성격에서 언급한 바 있다. 한편 형법은 사회의 평화적 질서를 보호하는 기능도 갖는다. 나아가 형법은 법 체계 자체도 보호하는 기능을 수행함으로써, '법을 보호하는 법'으로서의 역할을 한다.

형법은 형벌(내지 보안처분)을 수단으로 하는 법이므로 형벌의 기능이 형법의 기능에 투사되어 인식될 수 있다. 형법의 존재이유는 범죄를 금압함으로써 시민사회의 평화로운 운행을 보장하는 데 있다. 따라서 당연히 범죄의 억압, 범죄의 예방은 형법의 존재이유 내지 기능에 포함된다. 그러나 응보가 형법의 존재이유라고 할 수는 없다. 응보는 형법의 존재이유가 아니라 '누구에게 얼마나' 형벌을 가할 것인가를 가늠

---

1 신동운 4면; 유기천 8면; 진계호 27면.
김일수/서보학 30면; 손해목 9면; 정성근/박광민 6면은 이를 규제적 기능, 임웅 7면은 규율적 기능이라고 한다.

2 Rüthers/Fischer/Birk *Rechtstheorie*, 9.Aufl., 2016, S. 51 참조.

해 주는 원리로서 작동한다고 보아야 한다. 그렇다면 형법의 기능은 형벌의 기능과 동일한 것은 아니라고 하겠다.

1. 보호적 기능

형법은 범죄를 금압함으로써 법이 보호하는 이익을 훼손하지 못하도록 보호 한다. 법이 보호하는 이익은 사회적으로 중요하게 평가되는 가치라고 할 수 있으며, 이의 가장 기본이 되는 가치는 인간의 생명과 존립 그리고 타인(의 자유)에 대한 승인과 존중이라고 할 수 있다. 10

(1) **법익보호와 형법의 위상** 형법은 법익을 보호하며 이 점은 다른 법과 같으나, 형법은 그 가혹한 제재의 성격상 법익보호에 있어서 독특한 지위를 갖는다.

1) **법익보호** 형법은 일정한 행위를 범죄로 규정하고 이에 형사제재를 가함으로써, 범죄자로 하여금 범죄를 저지르지 못하게 하여 인간의 공동생활의 불가결한 가치를 보호한다. 이러한 가치는 대체로 '법익'(法益, 법이 보호하는 이익)으로 구체화되어 있다. 11

2) **형법과 보충성의 원칙** 형법이 어떤 이익을 법익으로 승인하고 보호할 것인가는 당해 사회의 가치관에 의하여 결정된다. 이는 형사정책을 향도한다. 그런데 형법은 다른 법과는 비교할 수 없는 가혹한 제재를 수단으로 하고 있는 법이므로 그 개입의 영역과 범위는 매우 신중하게 정해져야 한다. 이와 관련하여 두 가지 원칙이 통용된다. ① 어떤 행위를 범죄로 규정함에 있어서는 일정한 원칙에 따라야 한다. 이를 '범죄화의 원칙'이라고 한다면, 이는 보호할 법익('사회위해성')이 있는 경우에만 그 행위를 범죄로 규정할 수 있다는 원칙이다. ② 이러한 범죄화를 통한 형법의 개입(형사제재의 활용)은 타법이 그 보호의 기능을 실효적으로 발휘할 수 없는 경우에 보충적으로 이루어져야 한다. 이를 보충성의 원칙(Subsidiaritätsprinzip)이라고 한다.[1] 12

형법이 갖는 보호의 수단이 다른 법률의 그것과 본질적 차이가 없다는 이유로 형법의 보충성을 부정하는 견해[2]도 있으나, 형벌 또는 보안처분은 다른 법률의 수단과는 비교할 수 없는 강력한 법률효과이며, 형법의 지나친 확대의 금지(형법의 겸억성)는

1 물론 최후수단이라는 것은 시간적인 의미가 아니라 논리적인 의미이다.

2 유기천 7면; 진계호 27면.

형사정책의 본질적인 요청이다. 범죄화의 원칙은 사회위해성의 원칙으로서, 행위가 타인 나아가 사회에 해악이 있는 경우에만 형법은 이를 범죄화하여 처벌할 수 있다는 것이다. 따라서 해악이 없는 경우에는 그것이 부도덕하다고 하여 범죄로 삼아서는 안된다는 것이다. 1950~60년대 서구에서 많이 논의되었던 이른바 '비범죄화'의 논의가 그것이다.[1] 이를 통하여 서구에서는 타인에게 해악이 없는 행위이지만 도덕 내지 종교규범에 위배되는 것(이른바 '피해자 없는 범죄')으로 범죄로서 처벌되던 동성애 기타 다양한 도덕위반의 성범죄가 범죄의 목록에서 배제되었다.

한편 형법은 형벌이라는 가혹한 제재수단을 구사하므로 타법의 금지와 제재가 실효적으로 작동하여 법익을 보호할 수 있는 경우에는 형법은 개입하지 말라는 '보충성의 요청'을 받는다. 예컨대 주차위반에 대하여 과태료 부과정도로 충분한 목적을 달성할 수 있음에도 불구하고 징역형을 부과하는 형법이 있다면 그것은 사회적인 낭비일 뿐 아니라, 정당하지 않은 형법이 된다.

13 (2) **사회윤리적 행위가치의 보호** 형법이 시민의 도덕적 심성 자체를 증진하여야 하는가? 이는 형법의 일차적인 사명이 아니라, 사회적 기풍과 교육(넓은 의미의 '사회정책')에 맡겨져 있다고 보아야 할 것이다. 따라서 형법은 행위자의 심성이 아니라 외부로 나타난 행위와 그 결과를 주목한다. 특히 전통적인 자유주의 형법관에 의할 때 행위자의 의사형성 그리고 그에서 비롯되는 행위는(외부로 표현되지 않는 한 또는 결과로 나타나지 않는 한) 형법적 평가의 일차적인 대상은 아니었다. 그러나 후술하는 바와 같이[2] 불법이 결과에 국한되지 않으며, 행위와 불법간에는 불가분적 관계가 있다는 것이 인정되기 시작하였다. 즉 행위 없이는 불법도 없다는 것이다. 따라서 형법은 종래 일차적인 관심사는 아니었던 행위자의 의사형성 및 행위의 과정도 반가치 평가의 대상으로 삼게 되었다. 형법은(일정한 의사형성 및 행위에 의하여 이루어지는) 범죄를 금함으로써, 결국 일정한 행위를 하지 않도록, 나아가 그 행위를 할 의도를 갖지 않도록 하는 기능을 하게 되었으며, 이는 사회에서 공존하는 타인에 대한 존중의 의사 자체를 보호한다는 의미를 갖는다. 이와 같이 형법은 오늘날 사회윤리적 행위가치도 보호하는 것으로 인식되게 되었다.

---

1 Ebert S. 4; Rudolphi SK Vor §1 Rn. 14; Maihofer *Die deutsche Strafrechtsreform*, S. 79; Vogler "Möglichkeiten und Wege der Entkriminalisierung", ZStW 90, 139.

2 *infra* **6**/37 주 1.

2. 보장적 기능

14 형법은 보장적 기능을 가진다. 형법의 보장적 기능이란 형법이 국가의 형벌권의 한계를 명확하게 하여 자의적(恣意的)인 형벌로부터 국민의 자유와 권리를 보장하는 기능을 말한다.

형법은 두 가지 측면에서 보장적 기능을 가진다. 형법은 일반 국민에 대하여는 형법에 규정되어 있는 범죄 이외에는 어떤 행위를 하더라도 범죄자로서 처벌하지 않는다는 것을 보장한다는 의미에서 국민에게 행동의 자유를 보장한다('시민의 마그나 카르타'). 형법은 또한 범죄인에 대하여도, 범죄인은 처벌받아야 하지만 형법에 정해진 형벌의 범위 내에서만 처벌되고 형법에 규정되지 아니한 법률효과에 의한 전단적인 처벌은 허용하지 않는다는 의미에서 보장적 기능을 가진다. 형법을 '범죄인의 마그나 카르타'라고 하는 이유는 여기에 있다.

3. 사회보호적 기능

15 형법은 사회에서의 인간의 공동생활을 보호하는 것을 사명으로 한다. 인간의 공동생활은 사회질서 내지 법질서의 유지를 전제로 한다. 형법은 형벌 또는 보안처분이라는 수단을 통하여 국가나 사회의 질서를 침해하는 범죄를 금압함으로써 사회질서를 유지하고 보호하는 기능을 가진다. 이를 사회보호적 기능(Schutzfunktion der Gesellschaft)이라고 할 수 있다.[1]

형법은 범죄를 억압하며(일반예방적 기능), 범죄자를 다시 범죄를 저지르지 않고 사회에 복귀하게 한다(특별예방적 기능). 이를 위하여 형벌의 보완책으로 보안처분이 도입되었다. 이로써 형법은 범죄에 대한 위하(威嚇), 범죄자에 대한 개선(改善) 뿐 아니라 범죄자에 대한 무해화(無害化)를 하기도 하며, 이를 통하여 규범의 존재와 작용에 대한 신뢰를 국민들 사이에 형성함으로써 사회적 결속을 유지하는 작용도 한다. 나아가 형법은 이러한 법적 평화 하에서의 사회생활을 형성하고 유지하는 데 토대가 되는 헌법 자체를 보호하며(예컨대 내란, 외환죄 등의 처벌), 법 질서도 보호대상으로 한다(소요죄, 공무집행방해죄, 뇌물죄 등의 처벌). 이러한 의미에서 형법은 '법질서 자체를 보호하는 법'으로서의 기능도 수행한다.

1 Jescheck/Weigend S. 2.
김일수/서보학 29면은 이를 예방적 기능, 정성근/박광민 7면은 질서유지기능이라고 한다.

§2 제 2 절 형사사법의 지도원리

a 범죄를 규정하고 그에 대하여 형벌 내지 보안처분을 부과하는 형사사법은 시민의 권리와 자유를 크게 침해할 우려가 있다는 점에서 지도원리를 필요로 한다. 형사사법을 지배하는 지도원리로서는 다음의 세 가지를 들 수 있다.[1]

1. 인도주의의 원칙

b 형사사법은 범죄인을 인간으로 보는 데서 출발하여야 하며 범죄인에게 인간으로서의 길을 가게 하여야 한다는 원칙이다. 범죄인은 악마가 아니라 인간으로서 사회의 1 구성원이며, 형벌을 받을 자에 대하여 사회도 책임의 일단이 있다는 인식을 가지고, 유죄판결을 받은 자를 사회에 복귀시키기 위한 사회적 원조와 배려를 해야 한다는 것을 내용으로 한다. 이 원칙에 의할 때, 사형과 같은 제도는 폐지하거나 극히 신중하게 활용하여야 한다든가, 형벌의 집행(=행형)과정은 인도적으로 이루어져야 한다는 등의 제도 구성 및 운용의 지침을 도출할 수 있다.

2. 책임원칙

c 책임원칙은 범죄행위자에게 형벌을 가하기 위하여는 반드시 행위자의 책임이 전제되어야 한다는 원칙이다("책임 없는 형벌 없다"). 책임은 국가형벌권의 근거와 한계가 된다. 책임은 오늘날 행위자에 대한 비난가능성으로 이해된다. 이 원칙으로부터 ① 책임 없는 자(자기 행위의 의미를 인식하지 못하는 자 또는 자기의 행위를 통제하지 못하는 자) 또는 책임 없이 행위하여 결과를 발생시킨 자는 형벌을 받지 않는다는 원칙이 도출되며("결과책임의 배제"), ② 형벌은 책임의 양을 넘어서는 안 된다는 원칙("형벌의 근거와 한계로서의 책임")과 ③ 행위 시에 책임능력이 있어야 한다는 원칙("행위 · 책임 동시존재의 원칙")이 도출된다.

②와 관련하여, 책임을 범죄의 '죄과를 갚는다'는 식으로 이해하면 형벌은 대체로 응보의 성격을 갖게 된다. 그러나 형벌을 응보의 성격만을 갖는 것으로 볼 수는 없기 때문에 형벌의 척도로서의 책임, 그리고 책임과 예방과의 관련성을

---

1 Jescheck/Weigend S. 21 이하.

문제삼게 된다. 오늘날 다수의 견해는 책임을 응보의 관점이 아니라 예방의 시각에서 보고 있으며, 따라서 책임은 형벌의 상한을 설정할 수 있을 뿐, 형벌의 양은 예방적 관점에서 정할 수 있다고 본다.

3. 법치국가의 원칙

형법은 국가에 대하여 형벌권을 부여함으로써 범죄로부터 개인과 사회, 국가를 보호하지만, 다른 한편으로는 국가가 시민의 자유에 대하여 심각한 침해를 가할 가능성이 상존하므로, 국가형벌권의 남용을 막는 원칙이 요청된다. 이 요청에 부응하는 원칙이 법치국가의 원칙이다. 이 원칙은 오늘날 두 가지 측면에서 규정된다. 그 하나는 형식적 의미의 법치국가 원칙으로서, 국가형벌권의 행사는 형식적 의미의 법률에 따라야 한다는 원칙이다. 죄형법정주의 원칙은 바로 이 원칙의 다른 이름이다. 다른 하나는 실질적 의미의 법치국가 원칙으로서, 정의로운 국가상에 부합하기 위하여 형법의 내용은 어떻게 형성되어야 하는가를 정해주는 원칙이다. 인간존엄성의 보장, 형벌권의 개입은 필요한 최소한에 그쳐야 한다는 과잉금지 내지 비례의 원칙, 수단적정성의 원칙 등이 그 내용을 이룬다. 이는 다음 절에서 상세히 살핀다. d

제 3 절 죄형법정주의

Ⅰ. 죄형법정주의의 의의

죄형법정주의(罪刑法定主義)란 "법률 없으면 범죄 없고 형벌 없다"(nullum crimen, nulla poena sine lege)는 근대 형법의 기본원리이다. 어떤 행위가 범죄로 되고 그 범죄에 대하여 어떤 처벌을 할 것인가는 미리 성문의 법률에 규정되어 있어야 한다는 원칙이다. 죄형법정주의에 의하여 국가는 아무리 사회적으로 비난받는 행위라도 법률이 이를 범죄로 규정하지 아니하는 한 벌할 수 없고, 또 그 범죄에 대하여 법률이 정하지 않은 형벌을 과할 수 없다. 죄형법정주의는 국가형벌권의 확장과 자의적(恣意的) 행사로부터 시민의 자유를 보장하기 위한 형법의 1

최고원리(oberster Grundsatz des Strafrechts)이며,[1] 형법의 보장적 기능도 이 원칙에 의하여 비로소 그 효과를 발휘할 수 있다.

2 형벌권은 다른 어느 분야와 비교할 수 없을 정도로 국민의 자유를 강력히 제한할 수 있는 국가의 권력수단이다. 국가는 이에 의하여 국민의 생명을 박탈할 수 있고, 그 자유를 무기(無期)에 이르기까지 제한할 수도 있다. 이와 같은 강력한 국가형벌권의 행사가 근거없이 무제한하게 허용될 수는 없으므로, 국가의 형벌권의 남용으로부터 국민의 자유를 보장할 수 있는 기준이 필요하게 된다. 그것이 바로 죄형법정주의이다. 헌법 제12조 1항은 "누구든지 법률과 적법한 절차에 의하지 아니하고는 처벌 · 보안처분 또는 강제노역을 받지 아니한다", 제13조 1항은 "모든 국민은 행위시의 법률에 의하여 범죄를 구성하지 아니하는 행위로 소추되지 아니한다"고 하여 죄형법정주의를 규정하고 있다. 형법 제 1 조 1항이 "범죄의 성립과 처벌은 행위시의 법률에 따른다"라고 규정하고 있는 것도 형법의 기본원리로서의 죄형법정주의를 규정한 것이라고 해석할 수 있다.[2]

Ⅱ. 죄형법정주의의 연혁과 사상적 기초

1. 죄형법정주의의 연혁

3 죄형법정주의는 라틴어인 "nullum crimen nulla poena sine lege"(법률 없으면 범죄 없고, 법률 없으면 형벌 없다)로 표현되고 있지만 이 말은 1801년 독일의 Anselm von Feuerbach에 의하여 처음으로 사용된 것이며, 죄형법정주의가 로마법에서 인정된 것은 아니다. 구성요건의 개념이 없었던 로마의 의사형법하에서 죄형법정주의는 인정되지 않았으며 소급에 의한 처벌도 허용되었다.[3]

죄형법정주의의 시원은 1215년 영국의 Magna Charta(대헌장)에서 유래하는 것으로 설명되고 있다. 대헌장 제39조는 "어떠한 자유인도 동등한 신분을 가진 자의 적법한 재판이나 국법에 의하지 아니하고는 체포 · 구금되지 아니하며, 재산을 빼앗기거나 법적 보호를 박탈당하지 아니하고, 추방되거나 어떠한 방법으로도 침해당하지 아

1 Jagusch LK 8.Aufl. S. 53. Liszt는 이러한 의미에서 죄형법정주의를 '범죄인의 마그나 카르타'라고 하였다. Liszt "Über den Einfluss der soziologischen und anthropologischen Forschungen auf die Grundbegriffe des Starfrechts," *Strafrechtliche Aufsätze und Vorträge*, Bd. 2 S. 80.

2 김일수/서보학 59면; 박상기 21면; 배종대 75면; 오영근 43면; 유기천 43면; 임웅 15면; 정성근/박광민 11면; 정영석 70면; 황산덕 24면.

3 Stratenwerth/Kuhlen 3/3; Welzel S. 20.

니하며, 폭력을 당하거나 투옥되지 아니한다"고 규정하였다. 이 Magna Charta의 정신이 17, 18세기에 이르러 자연법사상과 결부되어 영국에서의 due process of law와 죄형법정주의의 사상적 기원이 된 것은 사실이다. 그러나 Magna Charta 자체는 절차적 보장을 선언한 것에 불과하고 죄형법정주의의 실체법적 보장을 선언한 것은 아니라는 평가를 받고 있다.[1]

4 죄형법정주의는 근대 계몽주의의 영향 아래 18세기에 제정된 미국 헌법과 프랑스 인권선언에 의하여 확립되었다고 할 수 있다. 1776년 미국의 버지니아 권리선언 제 8 조가 "누구든지 국법 또는 재판에 의하지 않고는 자유를 박탈당하지 아니한다"고 선언한 이래, 1787년 미합중국 헌법 제 1 조 9항이 "어떤 형사사후법도 제정되어서는 안 된다"고 규정하고, 1789년 프랑스 인권선언 제 8 조에서 "누구든지 범죄 이전에 제정 · 공포되고 적법하게 적용되는 법률에 의하지 않고는 처벌되지 아니한다"라고 선언함으로써 죄형법정주의와 그 중요한 파생원리인 형사사후입법금지의 원칙이 확립됨에 이르렀다. 그 후 미국에서는 1791년 미합중국 수정헌법 제 5 조에 법의 적정절차를 보장하는 규정을 마련하였고, 1794년 프로이센 일반란트법에 의하여 유추해석금지의 원칙이 확립되었다. 이 죄형법정주의의 원칙은 1810년 나폴레옹 형법(Code pénal) 제 4 조에 규정되어 형식적 법치국가사상의 승리의 표지가 되어 유럽 각국에 전파되었으며, 현재 세계 각국의 헌법 또는 형법에 규정됨으로써 형법의 기본원리로서의 위상을 갖게 되었다.

2. 죄형법정주의의 사상적 기초

5 죄형법정주의는 형법학의 산물이라기보다는 전제적 형사사법에 대한 반발로서 시민의 자유와 권리의 수호라는 정치적 요청에 따라 이루어진 근세 자연권적 인권사상 내지 계몽적 자유주의의 산물이라고 할 수 있다. 만인의 불가침의 자연권을 보장하고 시민적 삶에 법적 안정성과 예측가능성을 확립하기 위하여는 국가의 자의(Staatswillkür)를 최대한 통제하여야 한다. 이를 위하여는 법제도 자체를 이성에 입각하여 구성해야 한다는 것이다.[2] 이러한 계몽주의사상의 대표적인 학자가 몽테스키외(Montesquieu)라고 한다면, 형벌의 목적과 관련하여 죄형법정주의의 법리적 기초를 제공한 것은 Feuerbach이다.

1 Jescheck/Weigend S. 131.
2 Gribbohm LK §1 Rn. 1; Jescheck/Weigend S. 132.

6 (1) Montesquieu의 〈법의 정신〉과 죄형법정주의 몽테스키외는 그의 저서 〈법의 정신〉에서 국가권력의 전단으로부터 국민의 자유와 권리를 보장하기 위하여는 국가권력을 입법 · 행정 · 사법의 세 기능으로 분류하고 이를 각각 독립한 국가기관에 분장해야 한다는 삼권분립의 이론을 주장하였다.[1] 그런데 그는 삼권 가운데 사법권은 '무(無)'이고 단순히 '법률을 적용하는 기계'에 불과하며, 법관은 '법을 말하는 입, 그 힘이나 엄격함을 완화할 수 없는 무생물'에 지나지 않는다고 보았다.[2] 사법권은 입법기관이 제정한 법률[3]을 적용하는 기관에 지나지 않으므로 형사재판을 함에 있어서 범죄와 형벌이 미리 법률에 엄격히 규정되어 있을 것이 요구되고, 여기에 몽테스키외의 권력분립이론이 죄형법정주의의 형성에 결정적인 영향을 미치게 된 이유가 있다.

몽테스키외의 권력분립 이론은 국민의 자유와 권리를 보호하기 위하여 삼권을 분리하여야 하고, 어떤 범죄가 처벌되는가는 국민의 대표인 입법부에 의하여 결정되어야 한다는 점에서 죄형법정주의에 대한 자유주의적 · 민주주의적 사상의 기초를 제공하였다고 할 수 있다.

7 (2) Feuerbach의 심리강제설과 죄형법정주의 Feuerbach는 형벌의 목적이 일반예방에 있다는 입장에서 심리강제설(心理强制說, die Theorie des psychologischen Zwangs)을 주장하였다. 즉 그는 베카리아(Beccaria), 벤담(Bentham)의 영향하에, 인간은 이성적 존재로서 이익과 불이익을 비교 · 계산하여 쾌를 추

---

1 Montesquieu는 각 정치형태는 그 나름의 기본원리에 입각하고 있다고 본다. 공화정(귀족정과 민주정은 여기에 포함된다)은 '덕'(virtue), 군주정은 '명예'(honor), 전제정은 '공포'(fear)가 그것이다(Montesquieu *L'Esprit des lois*, 1748. *The Spirit of Laws*(Thomas Nugent 역, 1873), 제 3 권 제 3 장~제 9 장). 여기에 각 나라의 지리적, 문화적 및 기타 조건들이 결합되어 법의 '정신'을 형성한다. 그는 종래의 합리주의적 자연법론자들과는 달리 이성적 원리 뿐 아니라 오늘날 사회학적 법칙성이라고 할 수 있는 것(사물의 이치(事理 nature des choses))을 법과 결부시킨다. 그래서 그는 법을 '사물들 사이의 필연적인 관계'라고 정의한다(제 1 권 제 1 장). 그는 이러한 시각에서 영국의 제도를 소개하면서 권력의 생리를 통찰하고 있다. '권력을 가진 모든 사람은 그것을 남용하기 쉽다. 권력자는 극한까지 그 권력을 행사한다. 권력의 남용을 하지 못하도록 하기 위하여는 권력이 권력을 억제하도록 하여야 한다', '국가에는 3종의 권력이 있다. 입법권 · 집행권 및 재판권이 그것이다', '동일한 인간 또는 동일한 집정관에게 입법권 · 집행권이 주어지면 자유는 존재하지 않는다. 재판권이 입법권 및 집행권으로부터 분리되지 않으면 자유는 존재하지 않는다. 재판권이 입법권과 결합하면 시민의 생명 및 자유의 권리는 자의적인 것이 되며, 재판권이 집행권에 결합하면 재판권은 압제자의 힘을 가진다'고 하였다(제11권 제 6 장).

2 Montesquieu 전게서, 제11권 제 6 장.

3 그렇다면 입법권은 어떻게 행사되어야 하는가? 몽테스키외는 좋은 입법이란 아리스토텔레스를 따라 극단 사이의 중용에서 찾아야 할 것임을 권고하고 있다(법의 정신 제29권).

구하고 불쾌를 회피한다는 합리적 인간관에 입각하여 형벌이론을 전개하였다. Feuerbach는 형벌의 목적은 범죄를 방지하는 데 있으며 이는 일반 국민에게 범죄를 행함으로써 얻어지는 쾌보다는 범죄에 대하여 과하여지는 불쾌의 고통이 더 크다는 것을 알게 하는 심리적 강제에 의해서만 달성할 수 있고, 이러한 심리적 강제는 형벌을 법전에 규정해 두고 이를 집행함으로써 효과적으로 얻어질 수 있다고 보았다. 이에 심리강제설은 무엇이 범죄이고 그 범죄에 대하여 어떤 형벌이 과하여지는가를 법률에 정할 것을 요청하였다.

Ⅲ. 죄형법정주의의 현대적 의의

1. 죄형법정주의의 가치

8 죄형법정주의는 정치적 자유주의의 산물이었다. 이는 범죄의 인정과 처벌이 지배자의 자의에 좌우되던 '죄형천단주의'(罪刑擅斷主義)의 구체제(ancien régime)의 극복을 의미한다. 이의 제도적 확보책이 권력분립이었으며, 범죄와 형벌은 사전에 법률로 정해놓은 대로만 인정된다는 것은 Beccaria, Bentham, Feuerbach의 사상의 구현이었다. 그런데 의회가 제정한 법률만이 범죄와 형벌의 근거가 된다는 죄형법정주의 사상은, 의회가 제정한 것이면 무엇이든 범죄와 형벌이 될 수 있다는 극단적 법실증주의 사상으로 전락할 위험을 내포하고 있었다. 이러한 예는 후술하는 구소련과 독일에서 실제로 나타났다. 이들 나라에서는 죄형법정주의의 극단적 실증주의화에서 한걸음 더 나아가 죄형법정주의 자체의 포기가 행해졌다. 이러한 역사적 체험을 통해서 죄형법정주의는 평면적으로 이해되는 형식적 원리가 아니라 보다 실질적 원리(시민의 자유와 권리의 실질적 보장)의 통제를 받아야 한다는 인식이 각성되었다. 죄형법정주의 자체도 실질적 법치국가 원리의 지도를 받아야 할 원칙임이 인식되기에 이른 것이다.

9 한편 죄형법정주의는 효율적인 형사정책에 장애로 여겨지기도 하였다. "형법은 형사정책의 넘을 수 없는 한계"라는 Franz v. Liszt의 말은 이를 잘 나타내고 있다. 19세기 말부터 급격한 산업화와 도시화에 따라 실업자가 범람하고 범죄가 격증하게 되자, 합목적적 범죄대책을 주장하면서 형벌의 개별화와 탄력화를 통한 사회방위의 필요성을 강조하는 근대학파 내지 신파사상(新派思想)의 등장으

로 죄형법정주의도 폐지 내지 완화되어야 한다는 주장이 제기되었다. 이를 극한적으로 관철시킨 것이 공산혁명에 성공한 소비에트 러시아 형법으로서 1926년의 소련 형법 제16조는 "공산주의 혁명의 목적상 사회에 위험한 행위는 실정법을 떠나서 처단할 수 있다"는 규정을 두었다. 1935년 독일 형법 제 2 조도 "건전한 국민감정(gesundes Volksempfinden)에 반하는 행위는 법률의 규정이 없어도 벌할 수 있다"고 규정하여 죄형법정주의를 정면에서 포기하기에 이르렀다. 죄형법정주의가 포기된 후의 이 나라들에서 일어난 세계사의 흐름에 역행하는 가공할 만한 사태는 주지하는 바와 같다. 국가권력 특히 형벌권행사의 자의(恣意)로부터 국민의 자유와 권리를 보장하는 데 이바지한 죄형법정주의의 역사적 의의는 결코 경시할 수 없는 것이다. 죄형법정주의를 부정하였던 독일과 소련 형법이 각각 1946년과 1958년의 형법개정을 통하여 죄형법정주의를 규정하고 확인한 이유도 여기에 있다.

2. 죄형법정주의와 법치국가원리

10 죄형법정주의는 법치국가원리(Rechtsstaatsprinzip)에 근거하고 있다.[1] 죄형법정주의는 전통적으로 형식적 의미의 법치국가원리에 기초한 것으로 이해되어 왔으나, 현대적 의미의 죄형법정주의는 이에서 나아가 '실질적' 의미의 법치국가원리의 향도를 받아야 하는 원칙으로 인식되게 되었다. 의회의 입법이 자동적으로 시민의 이익과 동일시되는 시대는 지난 것이다. 오히려 현대 국가가 지향하는 이념(인권, 자유와 평등)에 위배되는 방식으로 입법(범죄화, 형벌 내지 보안처분)이 이루어지는 경우 설사 그것이 의회에서의 적법한 절차를 거친 것이라고 하더라도 실질적 법치국가원리에 위배되는 때에는 죄형법정주의 위반으로 무효가 된다.

11 종래의 형식적 의미의 죄형법정주의가 "법률 없으면 형벌 없다"는 원칙을 선언한 것으로 이해되었다면, 현대적 의미의 죄형법정주의는 "'적정한' 법률 없으면 범죄 없고 형벌 없다"라고 표현할 수 있다.[2] 이는 ① 범죄화의 원칙에 입각한 구성요건화를 의미하며(법익보호 내지 불법이 없는 구성요건화 금지), ② 형벌 역

1 *supra* 2/d 참조; Ebert S. 7; Jescheck/Weigend S. 132; Maurach/Zipf Bd. 1 S. 118; Roxin 5/1; Rudolphi SK §1 Rn. 2; Tröndle LK[10] §1 Rn. 9.

2 강구진 전게논문, 23면; 심재우 "죄형법정주의의 현대적 의의"(고시계 1978. 1), 12면; 이형국 "죄형법정주의의 연원"(고시연구 1981. 12), 87면.

시 불법 및 책임과 상응하여야 한다(죄형의 균형)[1]는 것을 의미한다. 이는 ③ "책임 없으면 형벌 없다"는 책임원칙[2]이 죄형법정주의에서도 규제원리로서 기능한다는 의미를 갖는다. 따라서 범죄화의 원칙 및 형벌의 원칙으로서의 죄형법정주의는 "불법 없으면 형벌 없다(Keine Strafe ohne Unrecht)," "필요 없으면 형벌 없다(Keine Strafe ohne Notwendigkeit)"는 요구를 하며, 책임원칙의 "책임 없으면 형벌 없다(Keine Strafe ohne Schuld)"는 요구도 죄형법정주의의 내용으로 수용된다. 이러한 의미에서 현대적 의미의 죄형법정주의는 법관의 자의로부터 국민의 자유를 보호할 뿐 아니라, 입법권의 자의로부터도 국민의 자유를 보호하는 기능을 갖는다.

Ⅳ. 죄형법정주의의 내용

12 죄형법정주의는 일반적으로 ① 법률주의 또는 관습형법금지의 원칙(lex scripta), ② 소급효금지의 원칙(lex praevia), ③ 명확성의 원칙(lex certa), ④ 유추금지의 원칙(lex stricta)을 내용으로 한다. 이 이외에 실질적 법치국가원리로서의 ⑤ 적정성의 원칙도 죄형법정주의의 내용이 된다.

죄형법정주의는 형법의 해석원칙으로서 가장 중요한 원칙이지만 입법원칙으로서도 의미를 갖는다. 법률주의와 유추금지의 원칙은 형법의 해석원칙의 지위를 갖는 데 비하여, 명확성의 원칙은 입법원칙으로서, 소급효금지의 원칙은 해석원칙으로서 뿐 아니라 입법원칙으로서도 기능한다.[3]

1. 법률주의

13 **(1) 법률주의의 의의** 범죄와 형벌은 성문의 '법률'에 의하여 규정되어야 한다. 여기서 법률이란 국회에서 제정한 형식적 의미의 법률을 의미한다. 따라서 명령이나 규칙에 의하여 범죄와 형벌을 규정할 수는 없다. 그러나 이는 법률이 구성요건의 세부사항을 명령에 위임한 백지형법(Blankettstrafgesetz)이나 벌칙의 제정을 명령 또는 조례에 위임하는 것(예컨대 지방자치법 제28조)까지 금한다는 취지는 아니

1 죄형법정주의와 보안처분의 관계에 관하여는 *infra* **45**/1, 11 이하; **2**/19 참조.
2 책임원칙에 관하여는 *supra* **2**/c; *infra* **22**/1a 참조.
3 Ebert S. 6.

다. 다만 이때에도 법률에는 금지된 행위와 형벌의 종류 및 그 폭을 구체적으로 정하고 위임 내지 수권(授權)의 범위가 법률에 명백히 규정되어야 한다.

판례도 위임입법은 특히 긴급한 필요가 있거나 미리 법률로써 자세히 정할 수 없는 부득이한 사정이 있는 경우에 한하여 수권법률(위임법률)이 구성요건의 점에서는 처벌대상인 행위가 어떠한 것인지 이를 예측할 수 있을 정도로 구체적으로 정하고, 형벌의 종류 및 그 상한과 폭을 명확히 규정하는 것을 전제로 허용된다고 판시하고 있다.[1] 따라서 석유사업법 시행령 제30조에서 석유사업법 제26조가 금지하는 유사석유제품을 규정하는 것은 허용된다(대법원 2001. 7. 27. 2001 도 2950). 그러나 법률이 어떤 규범적인 작위 또는 부작위의무를 부과하거나 금지하지 않은 경우에 세부사항을 규정한 명령에 위배하였다고 하여도 이를 근거로 처벌할 수는 없다(대법원 1989. 8. 8. 88 도 1161). "약국을 관리하는 약사 또는 한약사는 보건복지부령으로 정하는 약국관리에 필요한 사항을 준수하여야 한다"는 구 약사법 제19조 4항의 규정에 위반하는 자를 처벌하도록 한 동법 제77조의 규정도 포괄위임입법금지의 원칙에 위배된다(헌재결 2000. 7. 20. 99 헌가 15). 구 의료법 제41조는 "각종 병원에는 응급환자와 입원환자의 진료 등에 필요한 당직의료인을 두어야 한다"고 규정하고 있을 뿐, 각종 병원에 두어야 하는 당직의료인의 수와 자격에 아무런 제한을 두고 있지 않으며 이를 하위 법령에 위임하고 있지도 않음에도 불구하고 동법 시행령 제18조 1항이 당직의료인의 수와 자격 등 배치기준을 규정하고 이를 위반하면 동법 제90조에 의한 처벌의 대상이 되도록 한 것은 법률의 명시적인 위임을 벗어나 처벌의 대상을 확장한 것으로서 죄형법정주의에 어긋난다(대법원 2017. 2. 16. 2015 도 16014 전원합의체 판결).

법률주의(Gesetzlichkeitsprinzip)는 형법규범은 국민의사의 대표기관인 국회에서 입법절차에 따라 제정되어야 한다는 대의민주주의사상에 그 근거가 있다.

(2) 관습형법금지의 원칙

14 **1) 관습형법금지의 원칙의 의의** 법률주의는 관습형법의 금지(慣習刑法의 禁止, Verbot des Gewohnheitsrechts)를 그 내용으로 한다. 관습법이란 형식적 의미의 법률이 아니라 장기간에 걸쳐 일반적으로 법으로 인정되어 온 법사회의

[1] 대법원 2000. 10. 27. 2000 도 1007, "사회현상의 복잡다기화와 국회의 전문적·기술적 능력의 한계 및 시간적 적응능력의 한계로 인하여 형사처벌에 관련된 모든 법규를 예외 없이 형식적 의미의 법률에 의하여 규정한다는 것은 사실상 불가능할 뿐만 아니라 실제에 적합하지도 아니하기 때문에, 특히 긴급한 필요가 있거나 미리 법률로써 자세히 정할 수 없는 부득이한 사정이 있는 경우에 한하여 수권법률(위임법률)이 구성요건의 점에서는 처벌대상인 행위가 어떠한 것인지 이를 예측할 수 있을 정도로 구체적으로 정하고, 형벌의 점에서는 형벌의 종류 및 그 상한과 폭을 명확히 규정하는 것을 전제로 위임입법이 허용된다."

관행(practice)을 의미한다. 특히 영국과 같은 common law 국가에서의 관습형법은 구제도(ancien régime)의 봉건성을 그대로 온존하고 있는 법이었으며, 벤담과 같은 개혁파들이 혁파의 주 대상으로 삼았던 제도였다. 따라서 관습형법금지의 원칙은 형법분야의 구제도폐지의 의미를 갖는 것이었다. 현대 형법에서 관습형법금지 원칙의 의의는 크게 감소되었으나, 그 의의가 완전히 소멸한 것은 아니다. 따라서 관습형법을 토대로 범죄와 형벌을 인정해서는 안 된다. 왜냐하면 관습법은 입법부가 제정한 법이 아니고, 그 내용과 범위가 명백하지 아니하며, 범죄와 형벌의 관계가 명시되어 있지 않아서, 이에 의하여 범죄와 형벌을 인정하는 것은 죄형법정주의에 반하기 때문이다.

15 **2) 관습형법금지의 원칙의 적용범위** 관습형법금지의 원칙은 처벌하거나 형을 가중하는 관습법(=관습형법)의 금지를 의미한다. 따라서 관습법을 근거로 새로운 구성요건을 만들거나 기존의 구성요건을 가중처벌하는 것은 허용되지 않는다.

성문의 형법규정을 관습법에 의하여 폐지하거나 관습법에 의하여 구성요건을 축소하거나 형을 감경하는 것은 관습형법금지의 원칙에 반하지 않는다. 관습법에 의한 책임조각사유(責任阻却事由), 인적 처벌조각사유(人的 處罰阻却事由)는 물론 관습법에 의한 위법성조각사유(違法性阻却事由)의 존재도 인정된다. 관습법에 의한 징계권의 행사도 위법성조각사유가 된다.[1] 그래서 관습법에 의한 위법성조각사유는 실제상 초법규적 위법성조각사유의 생성에서 중요한 의미를 갖는다.

16 **3) 보충적 관습법** 관습형법금지의 원칙은 관습법이 직접 형법의 법원(法源)이 될 수는 없다는 의미이며, 관습법은 간접적으로는 형법의 해석에 영향을 미칠 수 있다. 보충적 관습법(ergänzendes Gewohnheitsrecht)이 그러하다. 예컨대 부진정부작위범의 보증인지위, (독일의 경우) 원인에 있어서 자유로운 행위에 대한 책임의 근거, 위법성의 판단은 물론 각칙상 구성요건의 해석에서도 관습법은 해석의 자료가 된다. 그러나 이 경우에도 관습법에 의한 해석이 형법의 법원(法源)의 적용의 효과를 갖는 것은 아니며, 성문의 법규정이 정한 범위에서 그 규정에 내재하는 의미를 해석하는 길잡이가 되는 데 그쳐야 한다.[2]

---

1 BGHSt. 11, 241.

2 Gribbohm LK §1 Rn. 71; Roxin 5/48; Rudolphi SK Rn. 21; Sch/Sch/Eser §1 Rn. 10; Straten-

2. 소급효금지의 원칙

17 (1) **소급효금지의 원칙의 의의** 범죄와 형벌은 행위시의 법률에 의하여 정해져야 한다는 것이 현대 형법의 원칙이다. 이와 같이 형벌법규는 그 시행 이후에 이루어진 행위에 대하여만 적용되고, 시행 이전의 행위에까지 소급하여 적용될 수 없다는 원칙이 소급효금지의 원칙(遡及效禁止의 原則, Rückwirkungsverbot)이다. 소급효금지의 원칙은 법적 안정성과 법률에 대한 예측가능성을 담보하는 법치국가이념에 그 근거가 있다.[1] 즉 행위시에 범죄가 되지 않는다고 신뢰한 행위자를 처벌하거나 그가 예측한 것보다 불이익한 처벌을 하여서는 법에 대한 국민의 일반적 신뢰와 국민의 행동의 자유를 보장할 수 없다. 이러한 법치국가적 근거 이외에도, 소급하여 부과된 형벌은 책임과 결부된 정당한 형벌이 아니고 예방적 효과도 가질 수 없는 무의미한 형벌이라는 점에서 소급효금지의 원칙은 형사정책적 근거도 갖는다고 할 수 있다.[2]

(2) **소급효금지의 원칙의 적용범위**

18 1) **사후입법에 의한 처벌의 금지** 소급효금지의 원칙은 사후입법에 의한 법률의 소급효를 금지하는 것을 의미한다. 소급효금지의 원칙은 행위자에게 불이익한 소급효를 금지하는 데 의의가 있다. 따라서 소급효금지의 원칙은 사후입법에 의하여 새로운 구성요건을 제정하거나, 이미 존재하는 구성요건에 새로운 행위를 추가하는 경우에 적용된다. 즉 행위시에 죄가 되지 아니하는 행위는 사후입법에 의하여 처벌받지 아니한다.[3] 사후입법에 의한 처벌은 각칙상의 구성요건을 신설 또는 개정하는 경우뿐만 아니라, 총칙규정을 개정하여 처벌의 범위를 확장하는 경우도 포함한다.[4]

19 2) **형벌과 보안처분** 형벌에 대하여는 당연히 소급효금지의 원칙이 적

---

werth/Kuhlen 3/27.

1 Jescheck/Weigend S. 137; Roxin 5/51; Rudolphi SK Rn. 7; Schmidhäuser S. 30.

2 Maurach/Zipf S. 151; Sch/Sch/Eser § 2 Rn. 1.

3 대법원 1966. 10. 10. 66 도 1176.

4 형법 제70조 2항은 1억원 이상의 벌금형을 선고 받는 자에 대하여 노역장유치기간의 하한을 중하게 변경시킨 규정으로서, 형법 부칙(2015. 5. 14. 제 2 조 1항)이 동 조항을 시행일 이후 최초로 공소제기되는 경우부터 적용하도록 함으로써 동 조항의 시행 전에 행해진 범죄행위에 대하여도 적용할 수 있도록 한 것은 형법불소급원칙에 위반된다(헌재결 2017. 10. 26. 2015 헌바 239, 2016 헌바 177; 대법원 2018. 2. 13. 2017 도 17809도 동지).

용된다. 형을 가중하거나 새로운 형을 병과하는 법률은 그 시행 전의 행위에 대하여는 적용되지 않는다. 그것이 자유형이든 벌금형이든,[1] 주형이든 부가형이든 묻지 아니한다.

보안처분에 대하여도 소급효금지의 원칙이 적용되는가? 독일 형법 제 2 조 6항은 "보안처분에 관하여는 법률에 특별한 규정이 없는 때에는 판결시의 법률에 의한다"고 규정하고 있어, 독일의 다수설은 보안처분에 대하여는 소급효금지의 원칙이 적용되지 않는다고 해석하고 있다.[2] 보안처분은 과거의 불법에 대한 책임에 기초하는 제재가 아니라 장래의 위험성으로부터 행위자를 보호하고 사회를 방위하기 위한 합목적적인 조치이므로, 어떤 조치가 합목적적인가는 행위 이전에 규정되어 있을 필요가 없고 판결시에 결정되면 족하다는 것을 이유로 한다. 대법원도 보호관찰에 관하여 (보호관찰 제도를 도입한) 형법개정 이전의 행위에 대하여 보안처분인 보호관찰을 명하는 것은 소급효금지의 원칙에 반하지 않는다고 판시한 바 있다.[3] 그러나 보안처분도 범죄에 대한 제재이며(치료감호 등에 관한 법률 제 2 조), 자유제한의 면에서 형벌 못지 않은 효과가 있으므로 보안처분에 소급효금지의 원칙이 적용되지 않으면 형벌불소급의 원칙의 의의는 상실된다. 따라서 이 원칙은 보안처분에 대하여도 적용된다고 해석하여야 한다.[4] 우리나라의 통설이 취하고 있는 태도이다.[5]

대법원은 보호관찰의 경우와는 달리 가정폭력범죄의 처벌 등에 관한 특례법이 정한 사회봉사명령은 보안처분의 성격을 갖는 것이지만, 실질적으로 신체의 자유를 제한

---

1 따라서 벌금 등 임시조치법에 의하여 벌금액이 많아진 때에도 소급효금지의 원칙이 적용된다고 보아야 한다(대법원 1960. 11. 13. 4293 형상 445).

2 Jescheck/Weigend S. 139; Maurach/Zipf S. 157; Sch/Sch/Eser §2 Rn. 42; Wessels/Beulke Rn. 50. 다만 보호감호에 관하여는 *infra* **45**/19 참조.

3 대법원 1997. 6. 13. 97 도 703, "개정 형법 제62조의 2 제 1 항에 의하면 형의 집행을 유예하는 경우에는 보호관찰을 받을 것을 명할 수 있다고 규정하고 있는바, 위 조항에서 말하는 보호관찰은 형벌이 아니라 보안처분의 성격을 갖는 것으로서 과거의 불법에 대한 제재가 아니라 장래의 위험성으로부터 행위자를 보호하고 사회를 방위하기 위한 합목적적인 조치이므로 그에 관하여 반드시 행위 이전에 규정되어 있어야 하는 것은 아니며, 재판시의 규정에 의하여 보호관찰을 받을 것을 명할 수 있다고 보아야 할 것이고, 이와 같은 해석이 형벌불소급의 원칙 내지 죄형법정주의에 위배되는 것이라고 볼 수 없다."

4 Jakobs **4**/56; Roxin **5**/56; Rudolphi SK §2 Rn. 18; Stratenwerth/Kuhlen **3**/12; Tröndle LK[10] §2 Rn. 54; Jung "Rückwirkungsverbot und Maßregeln", Wassermann-FS S. 879, 883.

5 김일수/서보학 64면; 박상기 31면; 배종대 93면; 손해목 61면; 오영근 59면; 임웅 21면; 정성근/박광민 18면.

하게 된다는 이유로 형벌불소급의 원칙이 적용된다고 판시한 바 있다.[1] 대법원이 사회봉사명령에 대하여 형벌불소급의 원칙이 적용된다고 본 것은 타당하다. 다만 사회봉사명령은 보안처분으로 볼 것이 아니라 형벌유사의 독립된 제재로 보아야 한다.

20 3) 소송법 규정 소급효금지의 원칙은 실체법인 형법에 대하여만 적용되는 원칙이다. 절차법인 형사소송법에 대하여는 소급효금지의 원칙이 적용되지 않는다. 헌법 제13조 1항이 "모든 국민은 행위시의 법률에 의하여 범죄를 구성하지 아니하는 행위로 소추되지 아니한다"고 규정하고 있고, 형법 제 1 조 1항이 "범죄의 성립과 처벌은 행위시의 법률에 따른다"고 선언하고 있는 이상 소급효금지의 원칙은 범죄의 성립과 처벌에 관한 실질적 의미의 형법에 대하여만 적용된다고 보아야 하기 때문이다. 다만 소송법 규정이 범죄의 가벌성과 관계되는 때에는 소급효금지의 원칙이 적용되는 것이 아닌가하는 문제가 있을 수 있다. 이에 대하여는 견해가 대립된다. 친고죄를 비친고죄로 개정하는 경우와 공소시효를 연장하는 경우가 여기에 해당한다.

독일의 통설[2]과 판례는 이 경우도 절차에 관한 규정에 불과하므로 소급효금지의 원칙은 적용되지 않는다고 해석한다. 이에 대하여 소송법 규정이라 할지라도 범죄의 가벌성과 처벌의 필요성에 관련된 때에는 이 원칙이 적용되어야 한다는 소수설[3]도 있다.

생각건대 소급효금지의 원칙은 법에 대한 국민의 신뢰와 예측가능성을 담보로 행동의 자유를 보장하는 데 그 근거가 있는 것이지만, 이러한 예측과 신뢰는 어떤 행위가 처벌되는가, 어떤 형으로 처벌받는가에 대한 것이지 그 절차에 관한 것은 아니므로 소송법 규정에 대하여는 이 원칙이 적용되지 않는다는 견해가 타당하다. 따라서 친고죄를 비친고죄로 개정하거나 공소시효를 연장한 때에 신법을 소급적용하는 것은 소급효금지의 원칙에 반하지 않는다고 보아야 한다. 다만 신법의 시행 이전에 이미 고소기간이 도과하였거나 공소시효가 완성된 때에는

1 대법원 2008. 7. 24. 2008 어 4.
대법원은 종래 구 사회보호법의 보호감호에 관하여도 동법 시행 이후에 범죄를 저지른 때에만 보호감호청구의 대상이 된다고 판시하였다(대법원 1986. 10. 28. 86 도 1626; 대법원 1987. 2. 24. 86 감도 286).

2 Gribbohm LK §2 Rn. 6; Maurach/Zipf S. 152; Rudolphi SK §1 Rn. 10; Schmidhäuser S. 31; Stratenwerth/Kuhlen 3/11; Wessels/Beulke Rn. 49.

3 Jakobs 4/57; Jescheck/Weigend S. 139; Sch/Sch/Eser §2 Rn. 7; Welzel S. 24.

이 원칙이 적용된다고 해야 한다.[1]

헌법재판소는 공소시효의 정지를 규정한 5·18민주화운동 등에 관한 특별법이 제정 당시 공소시효가 완성되지 아니한 부진정소급효는 물론 이미 공소시효가 완성된 진정소급효의 경우에도 소급효금지의 원칙에 반하지 않는다고 합헌결정을 하였으며(헌재결 1996. 2. 16. 96 헌가 2, 96 헌바 7·13),[2] 대법원도 헌법재판소의 합헌결정을 그대로 적용할 수밖에 없다는 태도를 취하고 있다(대법원 1997. 4. 17. 96 도 3376 전원합의체판결).[3] 이것은 과거청산형 재판에서 늘 문제가 되는 주제로서, 정의의 요청과 법적 안정성의 요청이 정면으로 충돌되는 경우이다. 죄형법정주의는 법의 최고의 가치가 아니라 법가치들 가운데 법적 안정성의 가치를 구현하는 제도이므로,[4] 또 하나의 법가치인 정의의 요청에 의하여 (극히 예외적으로) 제한될 수 있다. 헌법재판소의 결정은 이러한 의미에서 이해할 수 있다. 그러나 공소시효가 완성된 경우 사전에 이를 연장하는 입법을 하지 못한 것은 이에 관한 사회적 합의를 도출하지 못하였다는 의미이기도 하므로, 이를 사법적으로 해결하려는 것은 사법의 정치화를 가져 오는 것으로서 바람직하지 않다고 하겠다.

4) 판례변경과 소급효금지의 원칙 　판례의 변경으로 인한 소급처벌에 소급효금지의 원칙이 적용되는가, 즉 행위시의 판례에 의하면 처벌받지 않던 행위를 판례의 변경에 의하여 처벌할 수 있는가에 관하여는 학설이 대립되고 있다. **소급효부정설**은 사실상 구속력을 갖는 확립된 판례를 피고인에게 불이익하게 변경하여 소급적용하는 것은 사후입법에 의한 소급처벌과 같이 소급효금지의 원칙에 반한다고 해석한다.[5] 소급효금지원칙의 핵심근거인 신뢰보호는 소급입법의 경우와 마찬가지로 판례의 소급적 변경에 의해서도 침해되며, 현대 법방법론에 21

1 김일수/서보학 62면; 박상기 31면; 배종대 95면; 신동운 41면; 정성근/박광민 19면.
이에 반하여 임웅 22면은 전면적 소급효긍정설, 오영근 60면은 전면적 소급효부정설을 취하고 있다.

2 김영환 교수는 공소시효에 관하여도 소급효금지의 원칙이 적용되어야 한다고 주장한다. 김영환 "공소시효와 형벌불소급의 원칙"(형사판례연구 5), 25면.

3 대법원 1997. 4. 17. 96 도 3376 전원합의체판결, "5·18민주화운동 등에 관한 특별법 제 2 조는 제 1 항에서 그 적용대상을 '1979년 12월 12일과 1980년 5월 18일을 전후하여 발생한 헌정질서 파괴범죄의 공소시효 등에 관한 특례법 제 2 조의 헌정질서파괴범죄'라고 특정하고 있으므로, 그에 해당하는 범죄는 5·18민주화운동 등에 관한 특별법 시행 당시 이미 형사소송법 제249조에 의한 공소시효가 완성되었는지 여부에 관계없이 모두 그 적용대상이 됨이 명백하다고 할 것인데, 위 법률조항에 대하여는 헌법재판소가 1996. 2. 16. 96 헌가 2, 96 헌바 7·13 사건에서 위 법률조항이 헌법에 위반되지 아니한다는 합헌결정을 하였으므로, 위 법률조항의 적용범위에 속하는 범죄에 대하여는 이를 그대로 적용할 수밖에 없다."

4 *supra* 1/4 주 2 참조.

5 배종대 98면; 손해목 61면; 신동운 44면; 이형국 46면; 정성근/박광민 20면.

의하면 법률과 법관의 법적용은 별개의 것이 아닌 통일체로서, 허용되는 행위와 금지되는 행위의 한계를 설정한다는 것을 이유로 한다.[1] 이에 반하여 **소급효긍정설**은 판례변경으로 인한 소급처벌은 소급효금지의 원칙에 해당하지 않는다고 한다. 독일의 통설의 태도이다.[2] 소급처벌이 금지되는 것은 법률이지 법률의 해석이 아니라는 것을 이유로 한다. 판례도 소급효긍정설의 입장을 명백히 하고 있다.[3]

생각건대 ① 소급효금지의 원칙은 법률의 소급적용을 금지하는 것이므로 입법과 사법을 동일시할 수는 없으며, ② 새로운 해석은 소급적인 처벌이 아니라 이미 존재하던 법률의 의사에 대한 새로운 정확한 인식에 불과하고, ③ 판례변경으로 인한 소급처벌에 대한 신뢰보호는 법률의 착오의 법리를 활용함으로써 충분히 보호될 수 있으며, ④ 상고심에서 원심판결을 유지하면서 종래의 판례만을 변경하는 것은 상고심의 기능과 부합하지 않는다고 할 것이므로[4] 소급효긍정설이 타당하다. 이 경우 행위자가 판례를 신뢰하여 허용되는 행위로 오인한 때에는 법률의 착오가 정당한 이유 있는 때에 해당하여 처벌할 수 없게 된다.

3. 명확성의 원칙

22 **(1) 명확성의 원칙의 의의** 형법은 범죄구성요건과 그 법적 효과를 명확하게 규정하여 제정·공포하여야 한다. 공포하지 않은 비밀법규가 있다든가 형벌법규의 내용이 추상적이고 불명확한 때에는 명확한 행위규범이 정립되지 않으며, 형벌법규의 운용에 있어서 법관의 자의가 허용되어 소급효금지의 원칙이나 유추해석금지의 원칙은 무의미하게 된다. 따라서 이 원칙들은 형법의 법률명확성의 요구(das Gebot der Gesetzesbestimmtheit des Strafrechts)에 의하여 보완될 필요가 있

---

1 Baumann/Weber/Mitsch S. 145; Maurach/Zipf S. 145; Sch/Sch/Eser § 2 Rn. 8.

2 Ebert S. 12; Gribbohm LK § 2 Rn. 38; Joecks § 1 Rn. 3; Roxin 5/59; Rudohlphi SK § 1 Rn. 8; Tröndle/Fischer Rn. 17; Wessels/Beulke Rn. 51.

3 대법원 1999. 9. 17. 97 도 3349, "형사처벌의 근거가 되는 것은 법률이지 판례가 아니고, 형법 조항에 관한 판례의 변경은 그 법률조항의 내용을 확인하는 것에 지나지 아니하여 이로써 그 법률조항 자체가 변경된 것이라고 볼 수는 없으므로, 행위 당시의 판례에 의하면 처벌대상이 되지 아니하는 것으로 해석되었던 행위를 판례의 변경에 따라 확인된 내용의 형법 조항에 근거하여 처벌한다고 하여 그것이 헌법상 평등의 원칙과 형벌불소급의 원칙에 반한다고 할 수는 없다."

4 Tröndle "Rückwirkungsverbot bei Rechtsprechungswandel?", *Antworten auf Grundfragen* 1999, SS. 150 이하 참조; Ulfrid Neumann "Rückwirkungsverbot bei belastenden Rechtsprechungsänderungen der Strafgerichte", ZStW 103, 353.

다. 명확성의 원칙(Bestimmtheitsgrundsatz)은 범죄와 형벌을 가능한 한 법률에 명확하게 확정해 놓아야 법관의 자의를 방지할 수 있고, 국민으로서도 어떤 행위가 형법에서 금지되고 그 행위에 대하여 어떤 형벌(내지 제재)이 과하여지는가를 예측할 수 있게 되어 규범의 의사결정력을 담보할 수 있다는 데 그 근거가 있다. Welzel은 죄형법정주의에 대한 심각한 위험은 유추해석에 있는 것이 아니라 오히려 불명확한 형법에 있다고 지적한 바 있다.[1] 영미에서는 '불명확하기 때문에 무효'라는 이론(doctorine of void for vagueness)이 판례에 의하여 형성되었으며, 헌법재판소도 "범죄의 구성요건에 관한 규정이 불명확한 경우에는 국가형벌권의 자의적인 행사가 가능하게 되어 개인의 자유와 권리를 보장할 수 없으므로 죄형법정주의에 위배된다"고 선언하고 있다.[2]

23 **(2) 명확성의 원칙의 내용** 명확성의 원칙은 형벌법규에 범죄와 형벌을 명확하게 규정할 것을 요구한다.

1) 구성요건의 명확성 명확성의 원칙의 핵심은 구성요건에 금지된 행위를 명확하게 규정하는 데 있다. 즉 구성요건은 가능한 한 신축성이 적은 명확한 개념을 사용하여야 하며, 국민이 법률상 금지된 행위가 무엇인가를 알 수 있을 정도로 명확하여야 한다. 불특정되거나 내용 없는 구성요건은 죄형법정주의와 부합하지 않는다.

따라서 예컨대 '행실이 불량한 자', '민주주의적 사회질서의 원칙을 침해한 자' 또는 '공공의 질서에 반하는 행위를 한 자'는 사형에 처한다라는 구성요건이 있는 경우에, 이러한 구성요건은 명확성이 없기 때문에 죄형법정주의에 반하는 무효인 법률이 된다.

24 명확성의 원칙을 달성하기 위한 이상적인 방법은 순수한 기술(記述)적 요소만으로 구성요건을 기재하는 것이다. 그러나 이는 입법기술상 불가능할 뿐만 아니라, 법률을 고정적인 것으로 만들어 생활관계의 다양성과 개별 사건의 특수성을 올바르게 파악하지 못하게 할 위험이 있다. 따라서 형법의 구성요건에 있어서 가치개념을 포함하는 일반적·규범적 개념의 사용을 금지할 수는 없다.

이러한 의미에서 형법 제243조의 '음란한 문서·도화'와 제244조의 '음란한 물건'이

1 Welzel S. 23.
2 헌재결 1995. 9. 28. 93 헌바 50.

라는 규정이 죄형법정주의에 위배되지 않는다는 대법원판결(대법원 1995. 6. 16. 94 도 2413)이나,[1] 군사기밀보호법상의 '군사상의 기밀을 부당한 방법으로 탐지·수집한 자'라는 구성요건이 구성요건의 구체성 내지 명확성을 결여하였다고 할 수 없다는 헌법재판소의 결정(헌재결 1992. 2. 25. 89 헌가 104)을 이해할 수 있다.

구성요건이 어느 정도 특정되어야 명확성의 원칙에 반하지 않는가를 판단함에 있어서는 아래의 기준을 종합하여 구체적으로 타당한 결론을 내려야 한다.

25 (가) **예견가능성** 명확성의 원칙은 일반인이 무엇이 금지된 행위인가를 예견할 수 있을 것을 요구한다. 여기서 예견가능성이란 특정한 행위가 처벌되는가가 행위 이전에 확정되어 있어야 한다는 의미에서 객관적인 의미로 이해되어야 한다.

판단의 기준에 관하여 헌법재판소는 "통상의 판단능력을 가진 사람이 그 의미를 이해할 수 있었는가"를 들고 있으며(헌재결 1992. 2. 25. 89 헌가 104), 대법원도 "사물의 변별능력을 제대로 갖춘 일반인의 이해와 판단"을 기준으로 삼고 있다(대법원 2002. 7. 26. 2002 도 1855).[2] 일본의 최고재판소도 교통질서를 유지하는 것이라는 공안조례가 명확성의 원칙에 반하는가에 대하여 "통상의 판단능력을 가진 일반인이 금지된 행위와 그렇지 않은 행위를 식별할 수 있는가를 기준으로 해야 한다"고 판시하였고(日最判 1975. 9. 10 (형집 29-8, 489)), 독일의 연방대법원도 "일반인이 특별한 어려움이나 의문 없이 판단할 수 있는 정도"(BGHSt. 18, 359)[3] 또는 "국민이 그의 행위가 구성요건을 충족한다고 확실하게 판단할 수 있을 정도"(BGHSt. 30, 285) 이면 명확성의 원칙에 반하지 않는다고 하고 있으며, 영미의 '불명확에 의한 무효'이론도 평균인(average man) 또는 보통의 지능을 가진 사람(man of common in-

1 대법원 1995. 6. 16. 94 도 2413, "일반적으로 법규는 그 규정의 문언에 표현력의 한계가 있을 뿐만 아니라 그 성질상 어느 정도의 추상성을 가지는 것은 불가피하고, 형법 제243조, 제244조에서 규정하는 '음란'은 평가적, 정서적 판단을 요하는 규범적 구성요건요소이고, '음란'이란 개념이 일반 보통인의 성욕을 자극하여 성적 흥분을 유발하고 정상적인 성적 수치심을 해하여 성적 도의관념에 반하는 것이라고 풀이되고 있으므로 이를 불명확하다고 볼 수 없기 때문에, 형법 제243조와 제244조의 규정이 죄형법정주의에 반하는 것이라고 할 수 없다."

2 대법원 2002. 7. 26. 2002 도 1855, "처벌법규의 입법 목적이나 그 전체적 내용, 구조 등을 살펴보아 사물의 변별능력을 제대로 갖춘 일반인의 이해와 판단으로서 그 구성요건에 해당하는 행위유형을 정형화하거나 한정할 합리적 해석기준을 찾을 수 있다면 죄형법정주의가 요구하는 명확성의 원칙에 반하는 것이 아니다."

동지: 대법원 2000. 11. 16. 98 도 3665 전원합의체판결; 대법원 2001. 11. 13. 2001 도 3531; 대법원 2003. 11. 14. 2003 도 3600.

3 BGH는 독일연방대법원(Bundesgerichtshof)의 약어이며. St는 형사사건(Strafsache)이라는 말의 약어이다. 따라서 이 문헌은 독일연방대법원 형사판결집 제18권 359면이라는 뜻이다. 한편 1945년 이전의 독일의 대법원은 제국법원(Reichsgericht)이었다. 이하 본서에서는 독일연방대법원은 BGH로, 제국법원은 RG로 표기한다.

telligence)에게 공정한 경고(fair warning)를 하였다고 볼 수 있는가를 기준으로 하고 있다.[1]

그러나 일반인 또는 보통인이라는 기준을 액면 그대로 받아들이기는 어렵다. 대부분의 규범적 구성요건요소는 일반인이 정확히 판단할 수 없는 것이기 때문이다. 따라서 예견가능성의 판단기준은 법관의 합리적 해석이 되지 않을 수 없고,[2] 법관이 해석을 통하여 어떤 행위가 범죄를 구성하는가를 확정할 수 있을 정도로 특정되어 있을 것을 요한다고 할 수 있을 뿐이다.[3] 여기서 명확성의 원칙도 다른 기준에 의하여 보충될 필요가 있다.

(나) **가치판단** 명확성의 원칙은 법률이 사법(司法)에 대한 믿을 수 있고 확고한 기초를 제시할 것을 요구한다.[4] 법률이 일정한 가치판단, 즉 구체적인 보호법익 자체를 법관에게 위임하는 것은 명확성의 원칙에 반한다고 해야 한다. 따라서 법률에는 보호의 요소(Elemente des Schutzes),[5] 규범의 목표(Zielrichtung der Norm)[6] 또는 형법적 결단(strafrechtliche Entscheidung)이 표현되어 있을 것을 요한다.[7] 그것은 법을 적용하는 기관이 다른 목적을 위하여 자의적으로 법률을 남용하는 것을 방지할 수 있는 것이어야 한다. **26**

독일의 바이에른 주 헌법재판소가 공공의 질서를 해한 자를 처벌한 바이에른 법률에 대하여 "공공의 질서 또는 공공의 안전과 질서는 국가적·사회적 질서의 총체를 의미하며 형법의 구성요건요소로 특정되었다고 볼 수 없다"고 판시한 것(BayVerfGH. 4 (1951), II 194)은 이러한 의미에서 이해할 수 있다. 헌법재판소는 "'이 법과 이 법에 의한 명령에 위반하여'라고만 규정한 것은 금지하고자 하는 행위유형의 실질을 파악할 수 없게 하는 것이므로 명확성의 원칙에 반한다"고 결정하였으며(헌재결 2001. 1. 18. 99 헌바 112), 대법원도 전원합의체판결을 통하여 외국환관리규정의 "도박 기타 범죄등 선량한 풍속 및 사회질서에 반하는 행위"라는 규정은 지나치게 광범위하고 불명확하여 죄형법정주의가 요구하는 명확성의 원칙에 반한다고 판시한 바 있다(대법원 1998. 6. 18. 97 도 2231 전원합의체판결).[8] 그러나 헌법재

1 LaFave/Scott *Criminal Law*, p. 85.
2 대법원 2000. 10. 27. 2000 도 1007.
3 대법원 1999. 10. 12. 99 도 2309.
4 Sch/Sch/Eser § 1 Rn. 18; Tröndle LK[10] § 1 Rn. 12.
5 Jakobs **4**/28.
6 Tröndle LK[10] Rn. 13.
7 Jescheck/Weigend S. 130; Sch/Sch/Eser Rn. 22.
8 대법원 1998. 6. 18. 97 도 2231 전원합의체판결, "외국환관리규정(재정경제원 고시 제1996-13

판소는 개정 전 집회 및 시위에 관한 법률 제 3 조가 "현저히 사회적 불안을 야기시킬 우려가 있는 집회 및 시위"를 주관하거나 개최한 자의 처벌을 규정한 것은 그 행위가 공공의 안녕과 질서에 직접적인 위협을 가할 것이 명백한 경우에만 적용된다는 이유로 헌법에 위반되지 않는다고 결정하였다(헌재결 1992. 1. 28. 89 헌가 8).

27 (다) **구체화의 가능성과 비례성의 원칙** 명확성의 원칙을 판단함에 있어서는 용어의 사용이 입법기술상 불가피한 것인가도 고려되어야 한다. 별다른 어려움 없이 추상적인 내용을 구체화할 수 있는 경우에는 명확성의 원칙에 반하지 않는다고 해야 한다.[1] 나아가 위반에 대하여 부과되는 형벌의 정도와 법익보호와 침해 사이의 비례도 함께 고려할 필요가 있다.

예컨대 명예훼손죄를 처벌하는 경우 기본권인 표현의 자유 내지 언론의 자유를 무력화할 수 있기 때문에 이러한 구성요건을 해석함에 있어서는 이 구성요건이 제약하는 헌법상의 권리의 보호를 고려하여야 한다.[2]

28 2) **제재의 명확성** 명확성의 원칙은 범죄에 대한 효과, 즉 제재도 명확히 규정할 것을 요구한다. 즉 형법은 그 범죄에 대하여 어떤 형벌 또는 보안처분

호) 제 6-15조의 4 제 2 호 (나)목 소정의 '도박 기타 범죄 등 선량한 풍속 및 사회질서에 반하는 행위'라는 요건은, 이를 한정할 합리적인 기준이 없다면 형벌법규의 구성요건요소로서는 지나치게 광범위하고 불명확하다고 할 것인데, 외국환관리에 관한 법령의 입법 목적이나 그 전체적 내용, 구조 등을 살펴보아도 사물의 변별능력을 제대로 갖춘 일반인의 이해와 판단으로서도 그 구성요건요소에 해당하는 행위유형을 정형화하거나 한정할 합리적 해석기준을 찾기 어려우므로, 죄형법정주의가 요구하는 형벌법규의 명확성의 원칙에 반한다. 그리고 이와 같이 지나치게 광범위하고 불명확한 사유인 '범죄, 도박 등 선량한 풍속 및 사회질서에 반하는 행위와 관련한 지급 등'을 허가사유로 규정한 것은 모법인 외국환관리법 제17조 제 1 항에서 규정한 지급 등의 규제요건 및 위 법률조항의 위임에 따라 외국환관리법 시행령 제26조 제 1 항에서 규정한 허가규제기준을 넘어서는 것으로서, 모법의 위임범위를 벗어난 것이라고 보지 않을 수 없으므로 죄형법정주의에 위배된 것일 뿐만 아니라 위임입법의 한계도 벗어난 것으로서 무효이다."

1 Sch/Sch/Eser Rn. 20. LaFave/Scott, 2판, p. 92 이하.
대법원 2023. 5. 18. 2022 도 10961, "처벌법규의 구성요건이 명확하여야 한다고 하여 모든 구성요건을 단순한 서술적 개념으로 규정하여야 하는 것은 아니다. 다소 광범위하여 법관의 보충적인 해석을 필요로 하는 개념을 사용하였다고 하더라도 건전한 상식과 법감정을 가진 사람이면 통상의 해석방법에 의하여 당해 처벌법규의 보호법익과 금지된 행위 및 처벌의 종류와 정도를 알 수 있도록 규정하였다면 처벌법규의 명확성에 배치되지 않는다."

2 미국 헌법 수정 제 1 조는 언론·출판의 자유를 보장하고 있는바, 명예훼손죄를 처벌하는 경우 이 자유가 '질식'할 수 있기 때문에 이 수정 제 1 조의 권리가 '숨 쉴 수 있는 공간'(breathing space)을 고려하는 한에서 해석해야 한다. LaFave/Scott 2판, p. 96. 한편 형법은 이 문제를 제310조를 두어 해결하고 있다. 즉 "제307조 제 1 항의 행위(사실적시 명예훼손)가 진실한 사실로서 오로지 공공의 이익에 관한 때에는 처벌하지 아니한다." 이에 관한 상세는 각론, **12**/27 이하 참조.

을 과할 것인가도 명확히 규정하여야 한다. 그러나 절대적 형벌을 규정하는 것은 불가능할 뿐 아니라 형사정책상으로도 바람직하지 않다. 예컨대 "타인의 재물을 절취한 자는 징역 3년에 처한다"고는 규정할 수 없다. 따라서 형벌은 그 종류와 범위를 두고 특정되지 않으면 안 된다. 이러한 의미에서 형벌에 대한 명확성의 원칙은 구성요건의 명확성의 요구와 같이 엄격한 것은 아니다. 그러나 형벌의 종류와 범위를 정하지 아니하고 이를 법관에 위임하는 것은 허용되지 않는다.

3) 부정기형의 금지 형벌이 명확하여야 한다는 요청과 관련하여 문제되는 것이 부정기형이다. 부정기형(不定期刑, unbestimmte Verurteilung)이란 형의 선고시에 기간을 특정하지 않고 형의 집행단계에서 결정하는 형을 말한다. 부정기형에는 형의 기간 내지 장·단기를 전혀 특정하지 않은 절대적 부정기형과 장기와 단기 또는 그 장기를 특정한 상대적 부정기형이 있다. 절대적 부정기형은 형이 명확하지 않은 경우에 해당하므로 죄형법정주의에 반한다. 반면에 상대적 부정기형은 죄형법정주의에 반하지 않는다. 상대적 부정기형은 형기를 수형자의 개선·갱생의 진도에 따르게 하여 교정교육의 효과를 기대하는 제도로서, 교육사상이 지배하고 있는 소년범과 상습범에 대하여 형벌 개별화사상에 입각하여 널리 인정되고 있는 제도이다. 소년법은 소년형에 대하여 상대적 부정기형을 인정하고 있다(소년법 제60조). 29

절대적 부정기형은 죄형법정주의에 반하지만 보안처분의 기간은 정기일 것을 요하지 않는다. 보안처분은 행위자의 장래의 위험성에 대한 합목적적 처분이므로 위험성이 계속되는 동안 집행할 것을 요하며, 기간의 부정기를 본질로 하기 때문이다. 치료감호 등에 관한 법률은 치료감호시설에의 수용은 15년을 초과할 수 없다고 규정하고 있다(동법 제16조 2항). 이는 수용기간의 상한을 제한한 규정이다.

4. 유추금지의 원칙

(1) 유추금지의 원칙의 의의 명확성의 원칙은 법률해석의 측면에서 유추의 금지(類推의 禁止, Analogieverbot)를 요구한다. 형벌법규의 내용이 명백하다 할지라도 그 해석과 적용에 자의가 허용된다면 형벌법규의 명확성은 무의미하게 되고, 자의에 의한 입법을 허용하는 것과 같은 결과가 되기 때문이다. 유추(Analogie)란 법률에 규정이 없는 사안에 대하여 그것과 유사한 내용을 갖는 사안 30

에 관한 법률을 적용하는 추론방식을 말한다. 그것은 법률의 규정이 없는 경우를 보완하기 위한 '법관에 의한 법형성' 내지 '법의 창조'를 의미하며, 형법에 있어서 이것은 적법한 절차에 따르지 아니한 입법이라고 할 수 있다. 죄형법정주의는 새로이 형벌을 과하거나 형을 가중하는 유추를 금지한다. 즉 유추에 의하여 새로운 구성요건을 만들거나 기존의 구성요건에 대한 형을 가중할 수는 없다.

예컨대 전화를 거는 것을 주거침입에 해당한다고 해석하거나, 법률에 규정이 없는 유사한 형벌 특히 부가형을 과하는 것은 허용될 수 없다. 대법원은 상관에게 전화를 걸어서 "내가 누구인지 아느냐, 내가 왜 여기 있는지 아느냐, 다 당신 때문이야, 너는 살인자야"라는 취지의 폭언을 하여 상관을 모욕한 행위는 군형법상의 상관면전모욕죄에 해당하지 않으며(대법원 2002. 12. 27. 2002 도 2539), 인터넷 화상 채팅 중 상대방 여자의 은밀한 부분을 보이게 하고 그 영상을 촬영한 행위는, 피해자의 신체 이미지가 담긴 영상을 촬영한 것일 뿐 피해자의 신체 그 자체를 촬영한 것은 아니라는 이유로 구 성폭력범죄처벌 등에 관한 특례법(제13조 1항)의 '카메라등을 이용한 촬영죄'에 해당하지 않는다(대법원 2013. 6. 27. 2013 도 4279)고 판시하였으며, 본인이 자신의 신체를 촬영한 촬영물이 본인의 의사에 반하여 유포된 경우 이 유포행위는 '다른 사람'의 신체를 촬영한 촬영물이 아니어서 같은 법 제14조 1항에 해당하지 않는다(대법원 2015. 12. 24. 2015 도 16953)고 판시하였다.

31 (2) **유추금지의 원칙의 적용범위** 유추금지의 원칙은 범죄의 성립요건, 처벌조건 그리고 제재(형벌, 보안처분)에 전반적으로 적용된다. 형법각칙의 규정은 물론 총칙의 규정에도 적용된다. 다만 유추금지는 피고인에게 불리한 유추(analogia in *malam* partem)의 금지를 의미하며, 피고인에게 유리한 유추(analogia in *bonam* partem)는 금지되지 않는다. 소송법 규정도 원칙적으로 유추가 허용된다.[1]

위법성조각사유 또는 책임조각사유는 그 요건을 유추하여 성립범위를 확대하면 피고인에게 유리한 유추가 되는데 이것도 허용되는가? (독일의 구형법의 경우) 초법규적 위법성조각사유나 (우리나라의 경우) 초법규적 책임조각사유를 인정하면서도, 인정되는 위법성조각사유나 책임조각사유에 대하여는 피고인에

---

1 Gribbohm LK § 1 Rn. 72; Jescheck/Weigend S. 136; Rudolphi SK § 1 Rn. 27; Sch/Sch/Eser § 1 Rn. 34; Tröndle LK[10] § 1 Rn. 37.

대법원 2023. 6. 29. 2021 도 17733, "위법성 및 책임조각사유나 소추조건 또는 처벌조각사유인 형면제 사유에 관하여 범위를 제한적으로(=그 성립범위를 좁히는 방향으로) 유추적용하면 행위자의 가벌성의 범위가 확대되어 행위자에게 불리하[게 되]므로 죄형법정주의의 파생원칙인 유추해석금지의 원칙을 위반하게 되어 허용될 수 없다."

게 유리하더라도 유추는 허용되지 않는다. 그 이유는 이들은 원칙규정에 대한 '예외'규정으로서, 여기에는 "예외는 좁게 해석하여야 한다"(singularia non sunt extendenda)는 원칙이 작용하기 때문이다. 예외를 초법규적으로 창설할 수는 있으나 창설된 예외에 대하여 유추는 허용되지 않는다.

고의가 존재함에도 불구하고 과실범으로 처벌하는 위법성조각사유의 전제사실(=사실적 요건)의 착오(25/7 이하, 24/11 이하 참조)의 사안은 과실범 규정이 유추적용되는 예로서 허용되는 유추인 데 비하여, 정당방위의 현재성 요건(17/10 이하 참조)을 유추하여 과거 또는 장래의 침해에 대하여 정당방위를 인정하는 것은 허용되지 않는 유추가 된다.

[보론: 형법해석의 방법]

32 법규범은 해석을 필요로 한다. 형법의 적용을 위하여도 해석은 필요하며, 죄형법정주의하에서도 해석은 허용된다. 추상적인 문언의 형법 규정은 해석에 의하여 비로소 그 의미가 획득되어 구체적 사건에 적용할 수 있게 되기 때문이다. 일반적으로 법률해석의 방법에는 문리해석, 체계적 해석, 역사적 해석, 목적론적 해석이 있다.[1]

32a **1) 문리해석** 문리해석(grammatische Auslegung)이란 법률의 의미를 문언의 의미(語義, Wortsinn)에 따라 해석하는 방법을 말한다. 기본적으로 당대에 통용되는 언어의 의미(언어관행)가 토대가 되며 이는 사전적 의미로 정착되어 있다. 사전에 없거나 특별한 의미를 가진 문언을 사용하는 경우 입법으로 그 의미를 확인하는 경우도 있다(제91조 '국헌문란의 정의'). 일상언어에서 자신의 소유물을 재산이라고 말하지만, 형법은 재물과 재산을 구별해서 사용하며(사기죄(제347조 제1항)의 '재물'과 강제집행면탈죄(제327조)의 '재산'), 따라서 그 의미는 상이하다. 문리해석은 형법해석의 출발점이며, 문언의 의미는 해석의 기초임과 동시에 해석의 한계가 된다.

32b 문리해석으로 문언의 의미가 일단 확인되는 경우, 논리적 추론을 통하여 그 의미의

---

1 이를 사비니(F. C. v. Savigny)가 제시한 모범적 방법(canon)이라고 하여 '사비니의 카논'이라고 부른다. F. C. v. Savigny *System des heutigen römischen Rechts*, 1840, Bd. 1 S. 213, Bd. 3 S. 244. 사비니는 통상의 해석방법으로서 문리, 논리, 역사적, 체계적 해석을 들었다. 이에 반하여 흠결이 있는 상태에서는 보다 복잡한 방법들을 들었는데(Bd. 1 S. 225, 228), 오늘날은 이를 종합하여 본문에서 열거한 네 가지 해석방법을 사비니의 카논이라고 한다. Rüthers/Fischer/Birk *Rechtstheorie*, *a.a.O.* S. 424~427.

외연을 탐구하는 방법을 **논리해석**이라고 한다.[1] 논리해석에는 의미의 폭에의 포섭관계에 따라 '대(大)에서 소(小)에의 추론'과 '소(小)에서 대(大)에의 추론'이 있다. '살인죄에는 재물손괴죄가 포함된다'는 식의 판단은 '대에서 소에의 추론'이라고 할 수 있다. 살인이라는 큰 불법 속에 상해나 재물손괴(의복의 손괴)라는 작은 불법이 통상적으로 포함되기 때문이다. 한편 '소에서 대에의 추론'은 작은 법적 판단으로부터 큰 법적 판단을 얻는 추론방법이다. 예컨대 '역 구내에 반려견 동반금지'라는 팻말이 있을 때, 곰이나 사자를 동반할 수 있는가? 대에서 소, 또는 소에서 대로의 추론은 최종적으로는 물론추론 또는 반대추론으로 귀결한다. 반려견 동반 금지의 경우 소가 금지되었으므로 당연히 대도 금지된다고 추론하는 경우는 물론추론이라고 할 수 있고, 소와 대는 다르므로 소가 금지되었다고 하여 대도 당연히 금지되었다고 할 수 없다는 추론은 반대추론이다.[2]

이 경우 대소관계가 아니라 유사관계에 터잡아 추론을 하는 경우가 있을 수 있는데 이를 유비추론(類比推論)이라고 하며 줄여서 유추(類推)라고 한다. 유추가 설득력이 있고 다른 법에서 활용되는 이유는 '같은 것은 같게 대우하라'는 정의의 요청 때문이다. 그러나 형법의 해석에서 유추는 금지된다. 사법에 의한 법창조(=형벌권의 창설)이기 때문이다.

32c 한편 문언의 외연의 광협과 관련하여, 통상적인 문언의 외연을 축소시켜서 해석하는 방법(축소해석), 통상적인 문언의 외연을 '가능적 어의'의 한계까지 확대하여 해석하는 방법(확장해석), 가능적 어의의 한계를 넘어서 유사한 사안에 적용하는 방법(유추)이 있다.

32d 각칙의 여러 구성요건에서 사용되는 폭행의 의미를 확인함에 있어서, 폭행죄에서의 폭행의 외연('적용범위')이 사람에 대한 유형력의 행사인 반면에, 강간죄에서의 폭행은 사람에 대한 유형력의 행사보다 좁아서 사람에 대한 유형력의 행사이지만 그 반항을 현저히 억압할 정도가 되어야 성립하며(축소해석), 소요죄에서의 폭행은 방향성 없는 유형력의 행사도 포함할 정도로 넓다(확장해석. '어의의 가능한 한계'에 도달한 해석이라고 할 수 있다). 그러나 사람을 향해서 총을 겨누고 움직이지 못하게 하는 행위는 폭행의 어의에서는 벗어나는 것으로서 폭행의 외연에 해당하지 않고 협박에 해당한다. 따라서 이 경우를 폭행이라고 하는 것은 유추가 된다.

---

1 따라서 논리해석은 문리해석의 이면(裏面)이라고 할 수 있으며, 독자적인 해석의 카논에 넣지 않는 이유는 여기에 있다.

2 '업무'의 개념은 공무의 개념보다 외연이 넓으므로 큰 개념이라고 할 수 있다. 그런데 허위사실 유포에 의한 공무집행방해 행위는 공무방해죄의 행위로서 적시되지 않았다. 그렇다면 이 행위는 공무방해죄에는 해당되지 않지만 업무방해죄에는 해당하는가? 대는 소를 포함한다는 식으로 추론하면 이는 포함하는 것으로 보게 될 것이다. 그러나 판례는 이를 부정하고 있다(대법원 2009. 11. 19. 2009 도 4166 전원합의체판결). 그렇다면 판례는 반대추론을 한 것으로 보아야 할 것이다.

2) **체계적 해석** 체계적 해석(systematische Auslegung)은 그 문언이 사용된 체계상의 위상에 따라 의미를 파악하는 방법이다. 법질서는 정연한 체계를 이루고 있으며, 형법 또한 같다. 특히 형법은 범죄를 체계적으로 분류, 규정함으로써 사안별로 법익보호의 목적을 적절하고 효과적으로 달성하고 있다. 따라서 동일한 문언이라도 체계상의 지위 내지 체계적 맥락에 따라 다른 의미를 가질 수 있다. 32e

자기물건을 태우는 행위가 방화죄를 구성할 수 있는가? 방화죄가 재산적 법익을 보호하는 범죄라면 자기물건을 태우는 행위는 방화죄가 될 수 없을 것이다. 그러나 방화죄는 재산적 법익을 보호하는 범죄군이 아니라 사회적 법익을 보호하는 범죄군에 속해 있다. 따라서 자기물건을 태우는 행위도 방화죄가 보호목적으로 하는 법익을 해하거나 위태화하는 수준에 이르면 처벌할 수 있다.

이 경우 어의의 광협의 차이가 나타나는데 이는 위 문리해석에서 설명한 양상으로 이루어진다. 이때 그 광협의 방향을 정해주는 것이 체계적 해석 이후의 해석방법들이다. 따라서 논리해석이 해석의 '길'로서 의미가 있다면 체계적 해석 이후의 해석방법들은 어느 길을 선택할 것인가를 제시해 주는 길잡이로서의 의미를 갖는다.[1]

3) **역사적 해석** 역사적 해석(historische oder genetische Auslegung)은 어의를 그 규정의 발생사(입법사 등)를 고려하여 해석하는 방법이다. 그 규정 제정의 동기가 된 사회적 사정, 국회 입법과정에서의 논의 및 형법의 계수사(繼受史)도 고려된다. 이 경우 입법자의 존재를 상정(想定)한다면, 입법자의 의사를 중시할 것인가 법률의 의사[2]를 중시할 것인가의 문제가 제기된다. 32f

이 문제는 '법률 해석의 목표', 즉 법률 해석을 통해서 얻고자 하는 것이 무엇인가의 문제로 논의된다. 입법자의 의사를 목표로 한다는 설('주관설')과 법률의 의사, 즉 문언의 의미를 목표로 한다는 설('객관설')이 대립되는데, 객관설이 다수설이다. 의회민주주의 정치체제에서 한 사람의 입법자와 같은 존재를 상정할 수 없으며, 다수의 입법자(의원)를 생각할 때 누구를 기준으로 할 것인가도 문제이며, 입법 당시에 인식 32g

1 대법원 2023. 5. 18. 2022 도 10961, "가능한 문언의 의미 내에서 당해 규정의 입법취지와 목적 등을 고려한 법률체계적 연관성에 따라 그 문언의 논리적 의미를 분명히 밝히는 체계적·논리적 해석은 그 규정의 본질적 내용에 가장 근접한 해석을 위한 것으로서 죄형법정주의의 원칙에 부합한다."

2 법률은 의사(意思)를 가질 수 없으므로, '법률의 의사'란 법률문언의 (당대적) 의미가 될 것이다. 라드브루흐는 입법자의 의사란 "입법 전체의 내용의 의인화일 뿐"이라고 한다. G. Radbruch *Rechtsphilosophie*, 1932, S. 111.

하지 못했던 사태의 발생이나 사정 변화가 일어날 수 있다는 점에서 객관설이 타당하다.

32h 4) 목적론적 해석 목적론적 해석(teleologische Auslegung)은 그 규정의 취지(입법이유, 존재이유(raison d'être), 법률의 이성(ratio legis))에 따라 문언의 의미를 해석하는 방법이다. 소년법이나 병역법, 교육법 등은 나름의 분명한 목적을 가진 법으로서 당연히 그 목적에 맞게 해석해야 한다. 형법에 있어서 목적론적 해석은 각 범죄를 둔 취지에 부합하는 해석을 뜻한다.

정교하게 만든 장난감 총으로 강도를 한 경우 강도죄에 해당하는가 특수강도죄에 해당하는가? 피해자의 입장에서 본다면 총으로 협박을 당하였으므로 특수강도죄에 해당한다고 할 것이고, 행위자의 입장에서는 장난감에 불과한 총이므로 강도죄에 해당한다고 주장할 것이다. 이 경우 장난감 총에게 총인가의 여부를 물어볼 수는 없다. 해답은 흉기휴대 특수강도죄의 가중이유(=존재이유)가 무엇인가에서 찾을 수 있다. 즉 왜 특수강도죄는 강도죄에 비하여 가중처벌하는가? 그것은 흉기로서의 총이 가지고 있는 '위험성' 때문이다. 따라서 그러한 위험성이 없는 장난감 총을 휴대한 강도는 특수강도에 해당하지 않는다는 판단을 내릴 수 있다.

32i 목적론적 해석은 역사적 해석과 결합하여 주관적 목적론적 해석(입법자의 의사를 고려하여 목적론적으로 해석하는 방법)과 객관적 목적론적 해석(법률의 의사를 고려하여 목적론적으로 해석하는 방법)으로 나뉘어진다. 앞에서 본 이유로 객관적 목적론적 해석이 타당하다. 일단 제정된 법률은 고유한 생명을 가지며 입법자의 의사에 제한되지 않는다. Radbruch가 "법률은 항구에서 닻을 올리고 출항하면 스스로 길을 찾아 바다 위를 항해해야 하는 배와 같다"고 한 것은 이러한 의미이다. 당해 사안에 대한 법을 찾는 데 있어서 길이 보이지 않는 경우에 목적론적 해석은 법률해석의 왕좌를 차지한다고 할 수 있을 정도로 중요한 의미를 갖는다.[1] 법률은 죽어 있는 활자가 아니라 생활관계와 함께 살아서 전개되는 정신이라고 할 수 있기 때문이다. 대법원도 "형벌법규의 해석에서도 법률문언의 통상적인 의미를 벗어나지 않는 한 그 법률의 입법취지와 목적, 입법연혁 등을 고려한 목적론적 해석이 배제되는 것은 아니다"(대법원 2018. 7. 24. 2018 도 3443)라고 하고 있다.

---

1 Jescheck/Weigend S. 156; Maurach/Zipf S. 127; Rudolphi SK § 1 Rn. 32; Sch/Sch/Eser Rn. 43; Schmidhäuser S. 37; Wessels/Beulke Rn. 57.

32j 목적론적 해석에 대해서 사비니가 소극적인 태도를 보였던(*supra* 32/1) 이유는 법원이 바로 이 '통상적인 문언의 의미'를 초월하여 법률의 목적(입법취지) 내지 제도의 목적에 부합하는 방향으로 해석하는 데 대한 우려 때문이었다.

영미법에는 "일요일(주일)에 체결된 계약은 무효이다"라는 법리가 있었는데, 이를 "주일을 (거룩하게) 지키라"든가 "주일에는 교회/성당(예배/미사)에 참석하라"는 의미로 해석할 수 있는가? 입법취지를 살리지 못하는 문언으로 입법됨으로써 목적론적 해석을 한 예로 개정 전 영유아보육법에 대한 항소심 판결을 들 수 있다. 영유아 보육교사의 보육대상 영유아에 대한 폭행 등 학대 행위가 문제되던 시점에서, 구 영유아보육법 제54조는 어린이집에 CCTV 설치를 의무화하면서 그 책임자가 영상정보를 분실, 도난, 유출, 변조 등 훼손되지 않도록 조치하도록 하고, 안전성 확보조치를 취하지 아니하여 영상정보를 훼손[…] 당한 자는 형사책임을 지도록 규정하였다. 이 규정은 영상정보를 '훼손당한 자'를 처벌대상으로 하고 있어서 그 책임자가 영상정보를 훼손한 경우도 처벌할 수 있는가가 문제되었다. 1심 법원은 영유아보육법의 '훼손당한 자'라는 문언상 스스로 영상을 훼손한 경우에는 해당 규정의 적용이 어렵다는 이유로 무죄를 선고하였다(울산지법 2018. 12. 5. 2018 고단 1724). 항소심은 피고인인 어린이집 원장은 그 책임자로서 영상정보에 대한 안전성 확보의무가 있고, 작위·부작위 여부와 관계없이 영상 훼손에 대한 책임이 있으므로 유죄로 판단하였다. 항소심은 '훼손당한 자'의 해석과 관련하여 그 (의미상의) 주어를 책임자가 아니라 '영상정보'라고 해석하여 이를 책임자가 직접 훼손한 경우에도 이 규정이 적용된다고 본 것이다(울산지법 2019. 6. 13. 2018 노 1287). 대법원은 죄형법정주의의 원칙을 들면서 영상정보를 훼손당한 자란 문자 그대로 훼손'당한' 자를 의미하는 것이므로 영상정보를 직접 훼손한 경우는 위 규정의 처벌 대상이 아니라고 판단하였다(대법원 2022. 3. 17. 2019 도 9044).

32k 목적론적 해석에는 그 한계적인 경우로서 – 목적을 근거로 한 – 어의의 한계를 넘어 외연을 넓히는 해석과, 어의의 핵심영역을 배제함으로써 그 외연을 좁히는 해석을 생각할 수 있다. 전자는 형법상 금지되는 유추이며, 후자는 목적론적 축소(teleologische Reduktion)라고 한다. 통상의 축소해석과 목적론적 축소의 차이는, 통상의 축소해석은 어의의 외연을 좁게 인정하지만 그 핵심영역은 유지하는 해석인데 비하여, 목적론적 축소는 어의의 핵심영역(의 일부)를 배제한다는 점에 있다.[1]

1 Arthur Kaufmann, *Rechtsphilosophie*, 1997², 87~88면.

강도죄에서의 폭행을 '반항이 불가능할 정도의' 폭행으로 좁게 해석하는 것은 강도죄의 성격에 따른 폭행의 해석이지만 그 어의의 핵심영역은 유지하고 있는데 비하여, (2023년 폐지된) 영아살해죄의 주체인 '존속'에서 부(父)를 배제하고 모(母=산모(産母))만이 해당한다고 해석하는 것은 영아살해죄의 해석으로서도 '존속'의 의미의 핵심영역의 일부를 배제한 것이다. '자수 사건'에서 형이 면제되는 공직선거법상의 자수(自首)를 '범행 발각 전'의 자수로 좁히는 해석 역시 공직선거법의 해석으로서도 그 핵심영역을 배제한 것이다.

목적론적 축소는 어의의 핵심영역(의 일부)를 배제한다는 점에서, 즉 처벌대상의 범위를 좁힌다는 의미에서는 위 영아살해죄에서의 '존속'의 해석처럼－그 타당성 여부를 떠나서－형법상 허용되는 해석(피고인에게 유리한 해석)이 될 수 있지만, 경우에 따라서는 공직선거법상 '자수 사건'(대법원 1999. 3. 20. 96도 1167 전원합의체판결)의 해석처럼－자수의 형면제사유의 성립범위를 좁힘으로써－처벌범위를 확대하는 결과가 되어 유추와 동일한 효과를 가져올 수 있다.[1]

33 (3) **해석과 유추의 한계** 죄형법정주의에 의하여 유추는 금지된다. 사법에 의한 법창조이기 때문이다. 한편 확장해석(=확대해석)은 언어의 가능한 의미의 한계 내에서 그 의미를 극한까지 추급한 해석으로서, 위에서 언급한 해석방법들에 의하여 정당화되는 한 허용된다.[2]

물론 확장해석의 개념이 반드시 명백하지는 않고,[3] 이러한 의미에서 대법원은 확장해석을 '언어의 가능적 의미를 넘어서는 해석'으로 보아 허용되지 않는다고 하고 있다.[4]

---

1 이렇게 하나인 규율대상 영역을 구별하(여 둘 이상의 영역으로 나누)거나(distinction) 예외를 설정(exception)하는 식으로 도덕적 문제를 해결하는 방법을 '결의론'(casuistry)이라고 한다. Perelman(심헌섭 외 역), 법과 정의의 철학, 1986; Johnson/Toulmin(권복규 외 역), 결의론의 남용, 2014 참조.

2 김일수/서보학 72면; 배종대 100면; 신동운 30면; 유기천 48면; 이용훈 75면; 정영석 57면; 강구진 전게논문, 111면.

3 모든 해석을 유추로 보는 급진적인 해석론도 주장된 바 있다. Arthur Kaufmann *Analogie und 'Natur der Sache' Zugleich ein Beitrag zur Lehre vom Typus*, 1982, S. 18, 69; Walter Sax *Das strafrechtliche 'Analogieverbot'. Eine methodologische Untersuchung über die Grenze der Auslegung im geltenden deutschen Strafrecht*, 1953 등이 그 예이다. 이들은 모든 해석은 근원적으로 유사성간의 일치관계의 추론인 유추로 이루어진다고 본다. 그리고 죄형법정주의 원칙 상 유추는 법률구성요건이 입각하고 있는 '불법유형'을 한계로 한다고 주장한다. 그래서 카우프만에 의하면 '염산'을 '무기'(Waffe; 형법상으로는 '흉기')로 보는 것은 유추로서 금지된다고 한다. Arthur Kaufmann "Über Sprachlichkeit und Begrifflichkeit des Rechts", *Über Gerechtigkeit*, 1993, S. 194 주 52.

4 대법원은 유추뿐만 아니라 확장해석도 죄형법정주의의 원칙에 어긋나는 것으로서 허용되지 않는다는 태도로 일관하고 있다.

그러나 법원의 이러한 태도는 찬성하기 어렵다. 언어의 가능적 의미를 넘어서는 해석은－확장해석이 아니라－유추이거나 (정당화되지 않는 한) 자의적인 해석일 것이며, 이는 모두 형법상 금지되는 해석이다. 유추와 확장해석의 한계가 모호하기는 하지만 이를 구별하지 못할 바는 아니며, 확장해석이 일상언어에서 쓰이는 식의 '근거 없이 이루어지는 어의를 초월한 해석 내지 추론'은 아니기 때문이다.[1]

34 법률은 언어에 의해서만 표현될 수 있다. 따라서 언어는 해석의 토대가 되며 언어의 가능한 의미(der mögliche Wortsinn)는 법률해석의 한계가 된다. 언어의 가능한 의미를 넘는 해석은 법률에 대한 국민의 예측가능성을 보장할 수 없을 뿐 아니라 형법해석에서는 결코 허용될 수 없는 자유로운 법창조이며 유추라고 하지 않을 수 없다. 따라서 언어의 가능한 의미를 넘는 법해석은 입법이 해결하여야 할 사항이며, 형법해석학이 감당할 수 없는 일이다.[2]

이에 대하여 언어의 가능한 의미가 명백하지 아니하므로 구체적인 법률의 기본사상에 따라 허용되는 한계를 결정할 수밖에 없다고 하거나[3] 법률규정의 (편찬상의) 결함(Redaktionsfehler)이 있는 때에는 언어의 가능한 의미를 도외시할 수 있다는 견해[4]도 있으나, 앞의 견해는 해석의 한계에 대한 명백한 기준을 제시하지 못하고, 뒤의 견해는 형법의 해석과 입법론을 혼동한 것이라고 하겠다. 법전편찬상의 과오가 있는 경우에는 전체적·체계적 해석이 가능하다는 견해도 있으나,[5] 전체적·체계적 해석이 언어의 가능한 의미를 넘는 해석이라면 앞의 견해와 차이가 없으며 목적론적 해석을 의미한다면 그것은 법전편찬상의 과오가 있는 경우에만 허용되는 것은 아니다.

형벌법규의 명확성과 유추를 금지하는 법치국가 원리에 비추어 볼 때 언어의 가능한 의미를 넘는 법률해석은 허용될 수 없다. 이러한 의미에서 gasolin car

---

대법원 2002. 2. 8. 2001 도 5410; 대법원 2002. 4. 12. 2002 도 150; 대법원 2005. 11. 24. 2002 도 4758; 대법원 2006. 6. 2. 2006 도 265; 대법원 2007. 6. 14. 2007 도 2162; 대법원 2010. 5. 13. 2009 도 13332.

1 대법원 2021. 8. 26. 2020 도 12017, "법정소동죄 등을 규정한 형법 제138조에서의 '법원의 재판'에 '헌법재판소의 심판'이 포함된다고 보는 해석론은 문언이 가지는 가능한 의미의 범위 안에서 그 입법 취지와 목적 등을 고려하여 문언의 논리적 의미를 분명히 밝히는 체계적 해석에 해당할 뿐, 피고인에게 불리한 확장해석이나 유추해석이 아니라고 볼 수 있다"고 설시하고 있는바, 이 판결은 '문언의 가능적 의미'의 한계에 접근한 확장해석(=문언을 넓게 해석한 것)이며, 그 확장의 근거는 헌법체계 전체를 고려한 체계적 해석이라고 할 수 있다.

2 Roxin **5**/30; Rudolphi SK § 1 Rn. 35; Sch/Sch/Eser Rn. 55; Tröndle/Fischer Rn. 11.

3 Jakobs **4**/39; Stratenwerth/Kuhlen **3**/31.

4 Jescheck/Weigend S. 160.

5 신동운 판례백선, 34면.

(오늘날의 차량처럼 휘발유로 구동되는 엔진을 가진 차)가 기차에 포함된다고 한 일본의 판례[1]나 화물자동차가 마차에 해당한다고 한 독일 연방대법원의 판례[2]는 타당하다고 할 수 없다.

대법원은 형법 제170조 2항의 '자기의 소유에 속하는 제166조 또는 제167조에 기재한 물건'을 자기의 소유에 속하는 제166조에 기재한 물건 또는 자기나 타인의 소유에 속하는 제167조에 기재한 물건이라고 해석하는 것은 유추에 해당하지 아니하나,[3] ① 공직선거법의 자수를 범행발각 전의 신고로 한정하는 풀이는 유추해석금지의 원칙에 위반되고,[4] ② 법정형 중 무기징역형을 선택하고 작량감경한 때에 경합범가중을 하여 15년을 초과하는 징역형을 선고하는 것은 피고인에게 불이익한 유추해석이며(대법원 1992. 10. 13. 92 도 1428 전원합의체판결), ③ 불특정 다수의 손님들에게 연초 잎, 담배 필터, 담뱃갑을 제공하여 담배제조 기계를 조작하게 하거나 자신이 직접 그 기계를 조작하는 방법으로 담배를 만들고 손님에게 담배를 판매함으로써, 담배제조업 허가 및 담배소매인 지정을 받지 않고 담배를 제조·판매한 행위는, 담배사업법상 연초 잎의 판매와 개별 소비자에 의한 담배제조가 금지되어 있지 않은 점, 손님과 피고인 사이에 수수된 돈이 '완성된' 담배가 아닌 '담배의 제조 또는 제조시설 제공'의 대가라고 보는 것이 타당하다는 점 등을 종합하면, 담배사업법 상 담배의 제조 또는 제조된 담배의 소비자에 대한 판매라고 보기 어렵다(대법원 2023. 1. 12. 2019 도 16782).

---

1 日大判 1940. 8. 22(형집 19-540).

2 BGHSt. 10, 375.

3 대법원 1994. 12. 20. 94 모 32 전원합의체결정, "형법 제170조 제 2 항에서 말하는 '자기의 소유에 속하는 제166조 또는 제167조에 기재한 물건'이라 함은 '자기의 소유에 속하는 제166조에 기재한 물건 또는 자기의 소유에 속하든 타인의 소유에 속하든 불문하고 제167조에 기재한 물건'을 의미하는 것이라고 해석하여야 하며, 제170조 제 1 항과 제 2 항의 관계로 보아서도 제166조에 기재한 물건(일반건조물 등) 중 타인의 소유에 속하는 것에 관하여는 제 1 항에서 규정하고 있기 때문에 제 2 항에서는 그 중 자기의 소유에 속하는 것에 대하여 규정하고, 제167조에 기재한 물건에 관하여는 소유의 귀속을 불문하고 그 대상으로 삼아 규정하고 있는 것이라고 봄이 관련조문을 전체적·종합적으로 해석하는 방법일 것이다. 이렇게 해석한다고 하더라도 그것이 법규정의 가능한 의미를 벗어나 법형성이나 법창조행위에 이른 것이라고는 할 수 없어 죄형법정주의의 원칙상 금지되는 유추해석이나 확장해석에 해당한다고 볼 수는 없을 것이다."

이 판결에 대한 평석으로, 이러한 해석은 법문의 가능한 의미를 넘는 법창조에 해당한다는 비판(김영환 "형법해석의 한계"(형사판례연구 4), 15면)과 법전편찬상의 과오에 해당하기 때문에 체계적·종합적 해석이 가능하다는 견해(신동운 28면)가 대립되고 있다.

4 대법원 1997. 3. 20. 96 도 1167 전원합의체판결, "형법 제52조나 국가보안법 제16조 제 1 호의 '자수'에는 범행이 발각되고 지명수배된 후의 자진출두도 포함되는 것으로 판례가 해석하고 있으므로 이것이 자수라는 단어의 관용적 용례라고 할 것인바, 공직선거법 제262조의 '자수'를 '범행발각 전에 자수한 경우'로 한정하는 풀이는 언어의 가능한 의미를 넘어 자수의 범위를 제한하여 형면제사유에 대한 제한적 유추를 통하여 처벌범위를 확대한 것으로서 죄형법정주의의 파생원칙인 유추해석금지의 원칙에 위반된다."

다만 해석과 유추의 한계인 언어의 가능한 의미는 일상생활에서의 용어의 의미를 기준으로 하는 것임에도 불구하고 이 판례가 언어의 법률적 의미를 한계로 삼은 것은 해석을 부정하는 결과를 초래한다는 비판을 받을 수 있다(이재상 "1997년의 형사판례회고"(형사판례연구 6), 488면).

5. 적정성의 원칙

(1) **적정성의 원칙의 의의** "법률 없으면 범죄 없고 형벌 없다"는 고전적 의미의 죄형법정주의는 형식적으로 범죄와 형벌을 법률에 규정하게 함으로써 인권을 보장하는 데 그 의의가 있었다. 그러나 이러한 형식적 의미의 죄형법정주의는 법률의 실질적 내용을 문제삼지 않았기 때문에 국가가 불합리한 내용의 법률을 제정함으로써 국민의 자유를 침해하는 것, 즉 국가에 의하여 자행되는 법률적 불법(gesetzliches Unrecht)[1]으로부터 국민의 자유를 보장하는 데는 무력하였다. 35

죄형법정주의가 형법의 보장적 기능을 다하기 위하여는 법률의 내용이 정당한 국가 이념에 부합하는 적정한 내용이 되어야 한다. 헌법은 인간의 존엄과 가치를 전 법적 가치체계의 근본규범으로 규정하고 있다(헌법 제10조). 범죄와 형벌을 규정하는 법률의 내용은 이러한 헌법의 가치체계와 부합하여야 하며, 내용이 적정한 법률이 없으면 범죄 없고 형벌도 없다는 원칙이 실질적 정의(正義)의 요청으로서 죄형법정주의의 내용이 된다.[2] 이러한 실질적 의미의 죄형법정주의가 보장되지 않을 때에는 죄형법정주의는 그 의의를 상실한다.[3]

(2) **적정성의 원칙의 내용** 형벌법규내용의 적정성의 원칙은 형벌법규적용의 필요성(Notwendigkeit)과 죄형의 균형을 그 내용으로 한다. 36

1) **형벌법규적용의 필요성** 형법은 인간의 공동생활을 보장하기 위한 불가결한 침해에 제한되어야 한다. 즉 국가는 형법을 중요하고도 본질적인 사회가치를 보호하기 위한 수단으로만 사용하여야 한다. "필요 없으면 형벌 없다"(Keine Strafe ohne Notwendigkeit), "불법 없으면 형벌 없다"(Keine Strafe ohne Unrecht)란 명제가 바로 이것을 의미한다. 37

실질적 의미에서의 범죄를 사회적 유해성(Sozialschädlichkeit)에 있다고 한다면 사회적 유해성은 범죄와 형벌을 정하는 법률의 내용의 한계가 되어야 하며, 따라서 형벌규범이 사회와 개인의 이익을 보장하기 위한 본질적인 필요성이 있

1 Radbruch *Rechtsphilosophie*, *a.a.O.*, S. 347.
2 신동운 34면; 오영근 69면; 임웅 30면; 정성근/박광민 23면.
3 박상기 35면은 방법의 적합성과 필요성 및 법익의 비례성원칙을 포함하는 상위개념으로 과잉금지의 원칙을 들고 있다.

을 때에만 적용되어야 한다는 것은 당연한 결론이다.[1] 어떤 행위를 처벌할 필요성이 있는가는 정치적 · 개인적인 가치판단이나 감정에 의하여 결정될 수 있는 것이 아니며, 사회보호의 불가결한 필요성에 대한 적정한 교량과 보편타당한 인식에 기초를 두어야 한다.

헌법재판소는 선량한 성도덕과 일부일처주의 · 혼인제도의 유지 및 가족생활의 보장을 위하여서나 부부간의 성적 성실의무의 수호를 위하여, 그리고 간통으로 인하여 야기되는 사회적 해악의 사전예방을 위하여 간통행위를 규제하고 처벌하는 것은 헌법에 위반되지 아니하며(헌재결 1990. 9. 10. 89 헌마 82), 간통죄에 관한 형법조항은 "혼인관계를 보호하고 사회질서를 유지하기 위하여 간통 및 상간행위를 제재하는 것으로 정당한 입법목적 달성을 위한 적절한 수단이다"라고 결정하였었다(헌재결 2008. 10. 30. 2007 헌가 17 · 21, 2008 헌가 7 · 26, 2008 헌바 21 · 47). 그러나 헌법재판소는 합헌으로 해석되던 간통죄 규정이 사회의 가치관의 변화에 따라 헌법에 위반된다고 판단함으로써 간통죄는 폐지되었다(헌재결 2015. 2. 26. 2009 헌바 17).

38 **2) 죄형의 균형** 인간의 존엄과 가치의 존중을 요구하는 헌법질서는 형벌법규의 내용에 의하여 실질적 정의가 실현될 것을 요구한다. 따라서 형벌법규의 내용에 있어서 범죄와 형벌 사이에는 적정한 균형이 유지되어야 하며, 잔학한 형벌은 금지되어야 한다. 범죄와 균형을 이루지 못하는 형벌은 죄형법정주의에 반한다. 예컨대 절도죄에 대하여 살인죄보다 무거운 형을 과하였다면 그러한 형벌은 죄형의 균형이 유지되었다고 할 수 없다. 형벌은 또한 책임을 전제로 한다. 따라서 책임 없는 형벌은 죄형법정주의와 부합하지 않는 가혹한 보복에 지나지 않는다. "책임 없으면 형벌 없다"(nulla poena sine culpa, Keine Strafe ohne Schuld)라는 명제가 실질적 죄형법정주의의 내용이 되는 이유도 여기에 있다.

헌법재판소가 ① 특정범죄 가중처벌 등에 관한 법률 제 5 조의 3 제 2 항 제 1 호가 사고운전자가 피해자를 사고장소로부터 옮겨 유기하고 도주한 경우에 피해자를 치사하고 도주하거나 도주한 후에 피해자가 사망한 때에 사형, 무기 또는 10년 이상의 징역으로 살인죄의 경우보다 무겁게 처벌하는 것은 지나치게 과중하고 가혹한 법정형을 규정한 것이므로 헌법에 위반되며(헌재결 1992. 4. 28. 90 헌바 24), ② 상관살해죄에 대하여 법정형으로 사형만을 규정하고 있는 군형법 제53조 제 1 항이 군대 내 상관살해의 동기와 행위태양을 묻지 아니하고 무조건 사형으로 다스리는 것은 형벌체계의 정당성을 잃은 것으로서 범죄의 중대성 정도에 비하여 심각하게 불균형적인 과중한 형벌이고

1 Jescheck/Weigend S. 27; Maurach/Zipf S. 162; Schmidhäuser S. 38.

(헌재결 2007. 11. 29. 2006 헌가 13), ③ 은닉이나 도굴된 문화재인 정을 알고 문화재를 보유 또는 보관하는 경우에 구체적인 행위의 태양이나 적법한 보유권한의 유무를 불문하고 필요적 몰수형을 규정한 구 문화재보호법의 규정(2007. 4. 11. 개정 전)은 재산권 행사의 사회적 제약을 넘어 불필요하거나 지나치게 가혹한 부담을 부과하는 것으로 헌법에 위반된다고 결정한 것도(헌재결 2007. 7. 26. 2003 헌마 377) 이러한 의미에서 이해할 수 있다.

제 4 절 형법의 적용범위 §3

Ⅰ. 시간적 적용범위

1. 서 론

(1) **행위시법주의와 재판시법주의** 형법은 시행된 때부터 폐지될 때까지 효력을 갖는다. 따라서 범죄행위의 시점(행위시)과 재판의 시점(재판시)이 모두 이 시간적 범위 내에 있는 경우 형법은 적용된다. 이 중 어느 하나의 시점만이 이 시간적 범위 내에 있는 경우, 즉 행위시와 재판시 사이에 형벌법규에 변경이 있는 때에는 어느 시점의 법을 적용할 것인가가 문제된다. 1

이 경우 재판을 함에 있어서 '효력이 있던' 행위시법(구법)을 적용한다면 구법의 추급효(*Nach*wirkung)를 인정하는 것이며, '현재 효력이 있는' 재판시법(신법)을 적용한다면 신법의 소급효(*Rück*wirkung)를 인정하는 것이다.

형법 이외의 법분야에서는 일반적으로 신법의 소급효를 인정하는 신법주의가 원칙이다. 신법이 더 진보된 법률(die moderne Gesetzvorschrift)이기 때문이다.[1] 그런데 형법은 제 1 조 1항에서 "범죄의 성립과 처벌은 행위시의 법률에 따른다"고 규정함으로써 행위시법주의를 원칙으로 선언하고 있다. 형법은 행위규범으로서의 성격과 재판규범으로서의 성격을 모두 갖지만(*supra* 1/7), 죄형법정주의의 요청상 행위규범성을 우선적으로 고려하여야 하기 때문이다. 2

(2) **시간적 적용범위의 문제** 형법의 시간적 적용범위에 관하여 문제가 되는 경우는 ① 행위시에는 존재하던 처벌법규가 재판시에 폐지된 경우, ② 행위시 3

1 Baumann/Weber/Mitsch S. 140.

와 재판시의 처벌법규에 형의 경중에 변경이 있는 경우(여기에는 다시 (i) 중한 형이 경한 형으로 변경된 경우와 (ii) 경한 형이 중한 형으로 변경된 경우가 있다), 그리고 ③ 행위시에는 처벌법규가 없었는데 재판시에 범죄로 규정된 경우이다. ②-(ii)와 ③의 경우는 후술할 죄형법정주의의 문제가 된다. 이에 비하여 ①과, ②-(i)의 경우는 어떻게 처리할 것인가?

④ 신구형법의 형의 경중에 변경이 없는 경우는 형법 제 1 조의 규정을 종합하여 판단할 때 행위시법을 적용하여야 한다(행위시법주의=구법주의). 이로써 형법의 행위규범성은 재확인된다.

2. 소급효금지의 원칙

4 행위시에 처벌법규가 존재하지 않던 행위를 사후입법에 의하여 처벌하는 것은 죄형법정주의의 내용인 소급효금지 원칙(Rückwirkungs*verbot*)에 위배되어 허용되지 않는다. 형법 제 1 조 1항은 행위시법주의를 선언한 규정임과 동시에 죄형법정주의의 소급효금지 원칙을 선언한 것으로 해석되기 때문이다. 소급효금지의 원칙은 사후입법에 의한 형의 가중(rückwirkende Verschärfung)도 금한다.[1] 따라서 사후입법에 의하여 형을 가중하거나 행위시에 범죄가 아닌 것을 범죄로 하는 경우 신법은 적용되지 않는다.

3. 행위시법주의의 예외: 경법소급의 원칙

5 그런데 형법은 제 1 조 2항에서 "범죄 후 법률이 변경되어 그 행위가 범죄를 구성하지 아니하게 되거나 형이 구법보다 가벼워진 경우에는 신법에 따른다"고 규정함으로써, 위 ①과 ②-(i)의 경우 경법인 신법을 소급하여 적용할 것을 선언하고 있다. 즉 경법소급의 원칙(Rückwirkungs*gebot* bei Gesetzesänderung) 내지 경법우선의 원칙(Vorrang der mildesten Gesetzes)이 선언된 것이다.[2]

이에 따라 형사소송법 제326조 4호는 범죄 후의 법령개폐로 형이 폐지되었을 때에는 면소판결을 하도록 하고 있다.

---

1 Baumann/Weber/Mitsch S. 146; Jescheck/Weigend S. 137; Rudolphi SK §2 Rn. 1; Sch/Sch/Eser §2 Rn. 3; Tröndle/Fischer §1 Rn. 15.

2 Baumann/Weber/Mitsch S. 146; Jescheck/Weigend S. 140; Maurach/Zipf S. 155; Rudolphi SK §2 Rn. 5; Sch/Sch/Eser §2 Rn. 16; Tröndle LK §2 Rn. 29.

형법 제 1 조 1항의 소급효금지의 원칙과 이 규정과의 관계는 원칙과 예외의 관계로 보아야 하지만, 이를 원칙과 원칙의 관계로 보는 이설이 있다. 5a

소급효금지의 원칙은 국가권력으로부터 시민을 보호하기 위한 원칙으로서, 죄형법정주의의 한 내용이며, 형법 제 1 조 1항의 근거가 되는 원칙이다. 이에 비하여 신법이 구법보다 경한 때 신법을 소급하여 적용하는 것은 죄형법정주의의 문제는 아니다. 따라서 경한 신법이 있는 경우에도 행위시법을 기준으로 하여 그것이 중한 경우에도 행위시법으로 처벌하는 것이 죄형법정주의 위반은 아니다. 형법이 이 규정을 둔 이유는 소급효금지의 예외로서 '신법은 변화된 법사상이 표현되어 있는 진보된 법'이라는데 있다.[1] 이에 비하여 이 규정을 제 1 조 1항에 대응하는 별도의 원칙규정이라고 보는 견해는, 이 규정 역시 국가강제력의 남용으로부터 시민을 보호하는 규정으로서 죄형법정주의의 내용으로 해석한다.[2] 즉 이 경우가 소급효금지 원칙의 일차적인 적용범위는 아니지만, 경법이 존재하는 경우 중한 행위시법으로 처벌하는 것은 국가강제력의 불필요한 남용으로서, 이 경우도 국가권력으로부터 시민을 보호하는 죄형법정주의 원칙의 범위에 해당되는 것으로 보아 금지되어야 한다는 것이다. '원칙 · 예외설'이 제 1 조 2항을 (형사)'정책'적 규정으로 해석하는데 비하여, '원칙 · 원칙설'은 죄형법정주의의 범위에 속하는 (따라서 정책에 좌우되지 않는) '원칙'의 규정으로 해석한다.

[신법적용의 요건]

신법이 적용되기 위하여는 범죄 후 법령의 변경에 의하여 범죄를 구성하지 아니하거나 형이 구법보다 경할 것을 요한다.

1) 범죄 후의 법령변경 범죄 전에 법령이 변경된 경우는 당연히 신법이 적용된다. 범죄 진행 과정에서 법령의 변경이 있는 경우, ① 실행행위 도중에 법령의 변경이 있어 실행행위가 신 · 구법에 걸쳐 행하여진 때에는 실행행위는 일부이기는 하지만 신법 시행 시에 행하여진 것이므로 행위시법인 신법이 적용된다.[3] 대법원은 포괄일죄(*infra* 38/23 이하 참조)의 경우에 형법 부칙 제 4 조의 취지에 비추어 구법을 6

1 Gribbohm LK § 2 Rn. 44.

2 대표적인 것으로는 장영민, "한시법의 효력"(형사판례연구 1), 1993, 1면 이하. 후술할 여러 견해대립의 근원은 여기에 있다. 후술 3/13 이하, 16 참조.

3 대법원 2023. 3. 16. 2022 도 15319, "아동 · 청소년성보호법위반(성착취물소지)죄는 아동 · 청소년성착취물임을 알면서 소지를 개시한 때부터 지배관계가 종료한 때까지 하나의 죄로 평가되는 이른바 계속범이다. 원칙적으로 계속범에 대해서는 실행행위가 종료되는 시점의 법률이 적용된다." 피고인은 2019. 5. 경 아동 · 청소년성착취물을 복제 · 저장한 다음 2020. 8. 11.까지 소지하였다. 이에 대하여 법원은 실행행위가 종료되는 시점에 시행되던 아동 · 청소년성보호법(2020. 6. 2. 개정시행되었다)을 적용하였다.

적용해야 한다고 판시한 바 있으나,[1] 그 후 전원합의체판결에 의하여 신법 시행 이후의 범행이 신법의 구성요건을 충족하는 때에는 신법을 적용해야 한다고 태도를 변경하였다.[2] 부칙 제 4 조는 형법과 구 형법의 적용을 규정한 경과법에 불과하며, 이를 기준으로 언제나 구법이 적용된다고 해석하는 것은 타당하지 않다. ② 실행행위 종료 후 결과발생 사이에 법령의 변경이 있는 경우는 실행행위가 종료되었기 때문에 범죄 후 법령변경이 있는 경우이므로 신법이 적용된다. 행위가 종료되고 결과도 발생한 후는 당연히 범죄 후이므로 신법이 적용된다.

여기서 '법률'은 총체적 법률상태 또는 전체로서의 법률을 의미한다. 따라서 법률뿐만 아니라 명령도 포함하며, 반드시 형법 자체의 변경을 요하는 것은 아니다.

7 2) 형의 경중 신법의 형은 구법보다 가벼워야 한다. 따라서 법률의 변경이 있더라도 형의 경중에 변화가 없을 때에는 구법을 적용하여야 한다(대법원 1960. 11. 13. 4293 형상 445). 형의 경중은 형법 제50조에 의하여 결정된다. 여기의 형은 법정형을 의미하며(대법원 1955. 7. 29. 4288 형상 16; 대법원 1992. 11. 13. 92 도 2194), 가중 · 감경할 형이 있을 때에는 가중 · 감경한 형을 비교하여야 한다(대법원 1960. 9. 6. 4293 형상 296; 대법원 1960. 9. 30. 4293 형상 398). 주형뿐만 아니라 부가형도 비교해야 한다는 것이 다수설이다.[3] 동일한 형종 · 형기인 경우에도 신법에 경한 선택형이 있는 경우에는 신법이 가볍다고 해야 하며(대법원 1954. 10. 16. 4287 형상 43), 벌금 등 임시조치법에 의하여 벌금액이 증감된 때에도 형이 변경된 때에 해당한다(대법원 1960. 11. 13. 4293 형상 445). 범죄 후 여러 차례 법률이 변경되어 행위시법과 재판시법 사이에 중간시법(Zwischengesetz)이 있는 경우에는 그 가운데 가장 형이 가벼운 법률이 적용된다.[4]

4. 한 시 법

8 (1) 한시법 이론 한시법이란 유효기간이 정해져 있어서 이미 폐지가 예상되어 있는 (형벌)법규를 말한다. 한시법이 문제시되는 이유는 '한시법 이론'

---

1 대법원 1985. 7. 9. 85 도 740.

2 대법원 1986. 7. 22. 86 도 1012 전원합의체판결, "상습으로 사기의 범죄행위를 되풀이한 경우에 특정경제범죄 가중처벌 등에 관한 법률(1984. 1. 1 시행) 시행 이후의 범행으로 인하여 취득한 재물의 가액이 위 법 제 3 조 제 1 항 제 3 호의 구성요건을 충족하는 때에는 그 중 나머지 행위를 포괄시켜 특정경제범죄 가중처벌 등에 관한 법률 위반죄로 처단하여야 한다. 형법 부칙 제 4 조 제 1 항은 '1개의 죄가 본법 시행 전후에 걸쳐서 행하여진 때에는 본법 시행 전에 범한 것으로 간주한다'고 규정하고 있으나 위 부칙은 형법시행에 즈음하여 구형법과의 관계에서 그 적용범위를 규정한 경과법으로 신 · 구형법과의 관계가 아닌 다른 법과의 관계에서는 위 부칙을 적용 또는 유추적용할 것이 아니다."

3 김일수/서보학 46면; 신동운 52면; 오영근 78면; 임웅 52면; 정성근/박광민 47면.

4 대법원 1962. 5. 17. 61 형상 76; 대법원 1968. 9. 17. 68 도 914; 대법원 1968. 12. 3. 68 도 1108; 대법원 1968. 12. 17. 68 도 1324; 대법원 2012. 9. 13. 2012 도 7760.

이 주장되고 있기 때문이다.[1] 이 이론은 한시법의 경우에는 폐지 전의 행위에 대하여 행위시법의 추급효를 인정해야 한다고 주장한다. 즉 한시법에 대하여는 예외규정인 형법 제 1 조 2항(경법소급)의 적용을 배제하고 행위시법주의(구법주의)의 원칙을 유지한다는 것이다. 그 이유는 유효기간을 명시하고 있는 형벌법령은 유효기간 이후에도 위반행위를 처벌하겠다는 입법자의 의사가 명시된 것이므로 그렇지 않은 법령과는 구별해야 한다는 것이다.[2]

(2) 한시법의 의의

9 **1) 협의의 한시법과 광의의 한시법** 한시법(限時法 Zeitgesetz)은 이를 협의로 해석하는 견해와 광의로 해석하는 견해[3]가 대립된다. 협의의 한시법이란 형벌법규에 유효기간이 명시되어 있는 법을 말한다. 다만 유효기간은 반드시 형벌법규 제정 시에 명시될 필요는 없고, 그 법규의 폐지 전에 정하여지는 것으로 족하다.[4] 광의의 한시법은 협의의 한시법 이외에 법령의 내용과 목적이 일시적 사정에 대응하기 위한 것이기 때문에 유효기간이 사실상 제한되지 않을 수 없는 법령, 즉 '임시법'을 포함한다. 한시법 이론을 인정하는 견해 가운데 압도적 다수설은 한시법을 협의로 파악하고 있다.[5] 추급효를 인정하는 한시법 이론의 성격상 한시법의 개념규정은 명확해야 하는데 '일시적 사정에 대응하기 위한' 법령인가의 여부의 구별기준이 명확하지 않아 법적 안정성을 해할 우려가 있다는 것을 이유로 한다. 이에 비하여 독일의 통설은 한시법의 개념을 광의로 해석하고 있다.[6]

10 **2) 비 판** 앞서 언급한 바와 같이(3/5a) 형법 제 1 조 2항의 신법주

1 유기천, 37면과 강구진, "형법의 시간적 적용범위에 관한 고찰"(형사법학의 제문제), 11면. 우리나라의 다수의 학설은 한시법 이론에 대하여 소극적인 태도를 취하고 있다(김일수/서보학 49면; 남흥우 58면; 박상기 46면; 배종대 129면; 손동권 51면; 손해목 81면; 신동운 54면; 안동준 26면; 오영근 80면; 이형국 86면; 임웅 55면; 정성근/박광민 51면; 조준현 77면; 진계호 80면; 차용석 134면; 김종원 "한시법"(고시계 1987. 1), 146면; 박양빈 "한시법"(월간고시 1992. 4), 80면). 한편 대법원은 후술하는 바와 같이(3/15) 확립된 판례로 한시법의 추급효를 인정하고 있으며, 이번에 전원합의체 판결(2022. 12. 22. 2020 도 16420)로 변경된 판례도 같은 태도를 취하고 있다.

2 이 논거는 대법원이 제시하는 논거이다.

3 유기천 36면.

4 Sch/Sch/Eser §2 Rn. 37; Tröndle LK[10] Rn. 45; Tröndle/Fischer §2 Rn. 13.

5 김일수/서보학 47면; 박상기 44면; 이형국 59면; 정성근/박광민 49면; 정영석 66면; 진계호 79면; 황산덕 33면; 강구진 전게논문, 11면.

6 Baumann/Weber/Mitsch S. 148; Gribbohm LK §2 Rn. 40; Jakobs 4/64; Jescheck/Weigend S. 141; Lackner/Kühl Rn. 8; Rudolphi SK Rn. 15; Sch/Sch/Eser Rn. 37; Tröndle LK[10] Rn. 45; Tröndle/Fischer Rn. 13.

의 내지 경법소급주의는 죄형법정주의의 내용에 속하는 것은 아니다. 즉 이 규정은 처벌되지 않던 행위를 새로이 소급하여 처벌하거나 전보다 더 중하게 처벌하는 것을 금하는 죄형법정주의의 내용과는 무관한 근거에서 기원한 규정이다. 그 근거는 신법은 진보된 법이라는 데 있는 것이지만, 더 구체적으로는 법령의 변경으로 형이 경하게 되거나 범죄로 되지 아니하는 것은, '당해 행위에 대한 사회윤리적 평가에 변화가 있기 때문'이며, 따라서 이에 대하여는 (경한) 신법을 적용하여야 한다는 것이다. 대법원이 종래 일관하여 형법 제 1 조 2항의 규정은 법률이념의 변천에 따라 법령이 개폐된 때에만 적용된다고 판시하고 있었던 것도 이러한 의미에서 이해할 수 있다.[1] 행위의 가벌성에 관하여 법적 확신(Rechtsüberzeugung)의 변화가 있는 경우에는 (추급효를 인정하는) 한시법의 적용대상이 아니라는 독일 학계의 주장도 같은 의미이다.[2]

11 이렇게 본다면 한시법 이론과 한시법의 추급효를 인정하는 이유는 유효기간이 지난 후에도 처벌하겠다는 입법자의 의사 때문이 아니라, 행위에 대한 사회윤리적 평가가 변경되지 않고 전과 동일하다는데 있다고 보아야 할 것이다. 그렇다면 한시법의 개념은 반드시 유효기간이 법률에 명시되어 있어야 하는 것은 아니고 일시적 사정에 대응하기 위하여 제정된 법률로서 사실상 유효기간이 제한되어 있는 법률이라면 한시법이라고 해석하는 것이 타당하다. 따라서 한시법의 개념은 광의로 파악하여야 한다. 다만 후술하는 새 대법원 판례(*infra* 3/15)는 한시법을 좁게 파악한다.

(3) 한시법의 추급효

12 **1) 견해의 대립** 한시법을 규정하면서 그 유효기간 중의 위반행위에 대하여 추급효를 인정한다는 명문의 규정을 두고 있을 때에는 문제가 없다. 입법례

1 대법원 1984. 12. 11. 84 도 413, "형법 제 1 조 제 2 항의 규정은 형벌법령 제정의 이유가 된 법률이념의 변천에 따라 과거에 있어서 범죄로 본 행위에 대한 현재의 평가가 달라짐에 따라 이를 범죄로 인정한 그 자체가 부당하였다거나 또는 과형이 과중하였다는 반성적 고려에서 법령을 개폐하였을 경우에 적용되어야 하고, 이와 같이 법률이념의 변경에 의한 것이 아닌 다른 정세의 변천에 따라 그때그때의 특수한 필요에 대처하기 위하여 법령을 개폐하는 경우에는 이미 그 전에 성립한 위법행위를 현재로서 관찰하여도 행위 당시의 행위로서는 가벌성이 있는 것이어서 그 법령이 개폐되었다 하여도 그에 따른 형이 폐지된 것이라고는 할 수 없다."
동지: 대법원 2003. 10. 10. 2003 도 2770; 대법원 2005. 12. 23. 2005 도 747; 대법원 2010. 7. 15. 2007 도 7523.

2 Jescheck/Weigend S. 141; Trondle LK[10] § 2 Rn. 45.

에 따라서는 형법에서 한시법의 추급효를 인정하는 일반규정을 두고 있는 나라[1] 도 있으나, 형법은 이런 규정을 두고 있지 않다. 따라서 형벌법규에 명문의 규정이 없는 경우에 한시법이론에 의하여 유효기간이 지난 후에도 처벌할 수 있는가가 문제된다. 이에 대하여는 견해가 대립된다.

13

㈎ **추급효부정설** 한시법도 그 유효기간이 경과하면 당연히 실효되는 것이므로 한시법의 추급효를 인정할 수 없다는 견해이다. 우리나라의 다수설[2]이다. 부정설은 ① 형법 제 1 조 2항이 신법주의를 규정하고 있으므로 한시법의 추급효를 인정하기 위하여는 행위시법주의로 환원하는 예외규정이 있어야 하는데 이를 인정할 법적 근거가 없고, ② 법률이 실효된 후에 특별한 규정이 없음에도 불구하고 추급효를 인정하는 것은 죄형법정주의의 실질적 의미에 반한다는 것을 근거로 들고 있다.

14

㈏ **추급효인정설** 한시법의 유효기간이 경과된 후에도 그 기간 중의 행위에 대하여는 처벌할 수 있다는 견해이다.[3] 이 견해는 ① 한시법은 원래 일정한 기간 동안 국민에게 준수를 요구하는 법이므로 유효기간이 경과되었다고 하더라도 경과 전의 범행은 비난할 가치가 있고, ② 한시법의 추급효를 인정하지 않는 경우 유효기간의 종료가 가까워지면 위반행위가 속출하여도 이를 처벌할 수 없게 되어 법의 실효성을 유지할 수 없음은 물론 심히 불공평한 결과를 초래한다는 점을 이유로 하고 있다.

15

㈐ **절 충 설** 추급효 제한적인정설이라고 할 수 있는 설로서, 광의의 한시법 중 일부에 대해서만 추급효를 인정하는 견해이다. 이에는 동기설과 3분설이 있다. **동기설**은 형벌법규의 변경이 법적 견해의 변경에 기인한 경우와 단순한 사실관계의 변화에 기인한 경우로 나누어, 전자의 경우에는 행위의 가벌성에 대한 견해가 바뀌어서 가벌성이 소멸하였으므로 추급효를 인정하지 않고, 후자의

1 독일 형법 제 2 조 4항은 "일정한 기간 동안 효력을 가진 법률은 그 유효기간 중에 범해진 행위에 대하여는 그 법률이 실효된 때에도 적용된다. 다만 법률이 다른 규정을 둔 때에는 그렇지 않다"고 규정하고 있다.

2 김일수/서보학 49면; 남흥우 58면; 박상기 46면; 배종대 129면; 손동권 51면; 손해목 81면; 신동운 54면; 안동준 26면; 오영근 80면; 이형국 86면; 임웅 55면; 정성근/박광민 51면; 조준현 77면; 진계호 80면; 차용석 134면; 김종원 "한시법"(고시계 1987. 1), 146면; 박양빈 "한시법"(월간고시 1992. 4), 80면.

3 유기천 37면; 이정원 148면; 정영석 65면; 강구진 전게논문, 11면.

경우에는 행위의 가벌성에 대한 견해에 변함이 없으므로 추급효를 인정한다. 이에 비하여 **3분설**은 추급효인정 여부를 형법 제 1 조 2항의 규정내용에 의거하여 판단한다. 따라서 ① 유효기간을 명시한 한시법과, ② 형벌법규의 가벌성과 무관한 타 법령의 변경이 있어 처벌 내지 형의 경중에 변경이 초래된 경우에 대해서는 추급효를 인정하고, ③ 후술하는(3/20 이하) '백지형법'과 같이 구성요건의 보충을 위임받은 하위법령의 변경이 있어 구성요건이 변경된 때에는 제 1 조 2항에 해당하는 '법령의 변경이 있는 경우'이므로 추급효를 인정하지 않는다. 동기설은 독일의 통설[1]이자 종래의 대법원 판례가 취하던 태도[2]이며, 3분설은 변경된 대법원 판례[3]가 취하는 태도이다.

16 **2) 한시법과 추급효** 한시법의 추급효를 부정하는 **다수설**의 논거는 한시법에 대해서 형법 제 1 조 2항에 대한 예외를 인정할 법적 근거가 없고, 그럼에도 불구하고 추급효를 인정하는 것은 죄형법정주의에 반한다는 점으로 요약될 수 있다. 그러나 ① 형법 제 1 조 2항은 행위시법주의의 원칙을 규정한 동조 1항에

---

1 Baumann/Weber/Mitsch S. 148; Gribbohm LK § 2 Rn. 43; Rudolphi SK § 2 Rn. 16; Sch/Sch/Eser Rn. 39; Welzel S. 26.
Jescheck/Weigend S. 141; Tröndle LK[10] § 2 Rn. 44도 한시법의 개념에서 법률견해의 변경에 의한 경우를 제외하고 있으므로 동기설과 같은 결론이 된다고 하겠다.

2 대법원이 한시법에 대하여 동기설을 취하고 있는 대표적 예로서는 계엄포고위반사건을 들 수 있다.
대법원 1985. 5. 28. 81 도 1045 전원합의체판결, "계엄령의 해제는 사태의 호전에 따른 조치이고 계엄령이 부당하다는 반성적 고려에서 나온 조치는 아니므로 계엄이 해제되었다고 하여 계엄하에서 행해진 위반행위의 가벌성이 소멸된다고는 볼 수 없는 것으로서 계엄기간 중의 계엄포고위반의 죄는 계엄해제 후에도 행위시의 법령에 따라 처벌되어야 하고 계엄의 해제를 범죄 후 법령의 개폐로 형이 폐지된 경우와 같이 볼 수 없다."
동지: 대법원 1982. 9. 14. 82 도 1847; 대법원 1982. 10. 26. 82 도 1861.

3 대법원 2022. 12. 22. 2020 도 16420 전원합의체판결. 도로교통법 위반(음주운전)죄로 처벌받은 전력이 있는 자가 다시 술에 취한 상태로 전동킥보드를 운전하여 도로교통법 위반(음주운전)죄로 기소된 사안이다. 도로교통법은 원심 판결선고 후 개정되었다. 개정 도로교통법은 제 2 조 제19호의2 및 제21호의2에서 전동킥보드와 같은 '개인형 이동장치'와 이를 포함하는 '자전거등'에 관한 정의규정을 신설하여 개인형 이동장치 음주운전 행위는 자동차 등 음주운전 행위를 처벌하는 제148조의2의 적용 대상에서 제외하고, 자전거 등 음주운전 행위를 처벌하는 제156조 제11호의 적용 대상이 되게 함으로써 법정형이 종전보다 가볍게 변경되었다(별도의 경과규정은 두지 않았다). 대법원은 이 법률 개정은 구성요건을 규정한 형벌법규 자체의 개정에 따라 형이 가벼워진 경우에 해당함이 명백하므로, 구 법령이 '반성적 고려에 따라 변경된 것인지를 따지지 않고'(강조 추가) 형법 제 1 조 제 2 항에 따라 신법인 도로교통법 제156조 제11호, 제44조 제 1 항으로 처벌할 수 있을 뿐이라고 설시하면서, 행위시법인 구 도로교통법 제148조의2 제 1 항, 도로교통법 제44조 제 1 항을 적용하여 공소사실을 유죄로 인정한 원심판결은 유지될 수 없다고 판시하였다.

대한 예외규정이다. 예외규정의 적용범위는 이를 둔 취지에 비추어 좁게 해석해야 하며, 예외규정이 적용되지 않는 경우에는 원칙으로 돌아가야 하고 이에 반드시 법적 근거가 있어야 하는 것은 아니다. 독일 형법 제 2 조 4항은 한시법의 추급효를 명문으로 규정하고 있으나, 명문의 규정이 없던 때에도 추급효는 당연히 인정되어 오던 것이다.[1] ② 죄형법정주의, 특히 소급효금지의 원칙은 형법상으로는 법적 안정성과 국민의 자유를 보장하고 형사정책상으로는 사후입법에 의한 무의미한 형벌을 방지하기 위한 것이다.[2] 그러나 한시법은 행위시에 이미 처벌규정이 있었던 경우이므로 그 추급효를 인정한다고 하여 죄형법정주의에 반한다고 할 수는 없다. 이러한 의미에서 다수설인 부정설은 타당하다고 할 수 없다.

17 **동기설**은 법률변경의 동기를 법적 견해의 변경에서 기인한 경우와 단순한 사실관계의 변화에서 기인한 경우로 나누어, 그 동기가 전자 즉 법적 견해의 변경에서 기인한 경우에는 추급효를 인정하지 않고, 후자 즉 단순한 사실관계의 변화에 기인한 경우에만 추급효를 인정한다. 동기설에 대하여는 ① 양자(법적 견해의 변경/단순한 사실관계의 변화)를 어떻게 구별할 것인가[3]와, ② 그 적용범위, 즉 동기설은 모든 형벌법규 변경에 적용되는가의 문제가 제기되어 왔다.

18 ①에 관하여는 (i) 사실관계의 변화로 법률이 변경되더라도 어떤 의미에서든 법적 견해의 변경이 수반되는 것은 사실이다. 그러나 그렇다고 해서 양자의 구별이 상대적인 것은 아니다. 또 법적 견해의 변경이 수반되었다고 하더라도 그것이 사실관계의 변화에 기인한 것인 때에는 추급효를 인정하여야 한다. (ii) 법률변경의 동기가 사실관계의 변화 때문인가 법적 견해의 변경 때문인가는 입법취지와 법의 해석을 통하여 충분히 구별할 수 있다.[4]

19 ②에 관하여는, 동기설이 실질적인 기준을 내세우고 있다고 해서 법률의 변경이 있는 모든 경우에 적용되는 것은 아니다. 논리적으로 통상의 형법규정(2009년 폐지된 혼인빙자간음죄나 2015년에 폐지된 간통죄)의 변경은 당연히 법적 견해의 변경이 있는 경우이므로 그 변경에 동기설을 적용할 필요가 없는 경우이며, 좁은

1 Gribbohm LK §2 Rn. 46; Tröndle LK[10] §2 Rn. 45.
2 Baumann/Weber/Mitsch S. 146; Maurach/Zipf S. 151; Sch/Sch/Eser §2 Rn. 1.
3 김일수/서보학 50면; 박상기 46면; 배종대 125면; 신동운 54면; 오영근 80면; 유기천 37면; 이형국 85면; 임웅 55면; 정성근/박광민 52면; 차용석 134면; 강구진 전게논문, 10면.
4 판례가 동기설을 취하면서 '사실관계의 변화로 형이 폐지된 경우'와 '법적 견해의 변경에 의하여 형이 폐지된 경우'를 구별한 예는 본서 제11판 **46**/18(46~47면) 참조.

의미의 한시법은 대체로 법적 견해의 변경('반성적 고려')에서 기인한 법(형)의 폐지가 아니기 때문에, 이 구별의 필요 없이 추급효가 인정되는 경우이다. 따라서 동기설은 일시적 사실관계에 대처하기 위한 법률의 변경에 국한하여 적용하는 것이 타당하다.

3분설은 백지형법의 내용을 포함하고 있으므로 이를 고찰한 후 검토한다 (**3**/25a 이하 참조).

(3) 백지형법과 보충규범의 변경 · 폐지

20 **1) 백지형법의 의의** 백지형법(白地刑法, Blankettstrafgesetz)이란 형벌의 전제가 되는 구성요건의 전부 또는 일부의 규정을 다른 법률이나 명령 또는 고시 등으로 보충해야 할 공백을 가진 형벌법규를 말한다. 형법 제112조의 중립명령위반죄나 행정법규 가운데 대부분의 경제통제법령이 여기에 해당한다. 백지형법의 공백을 보충하는 규정을 보충규범 또는 충전규범(Ausfüllungsnorm)이라고 한다.

백지형법에 있어서 기본이 되는 형벌법규 자체는 그대로 두고 보충규범만 개폐한 경우를 어떻게 처리할 것인가? 이는 보충규범의 개폐가 형법 제 1 조 2항의 법률의 변경에 의하여 형이 폐지된 때에 해당하는가라는 문제와 법률의 변경에 해당한다면 한시법으로서 추급효를 인정할 것인가의 문제로 나누어 살펴볼 필요가 있다.

21 **2) 보충규범의 개폐와 법률의 변경** 백지형법에 있어서 보충규범의 개폐를 법률의 변경으로 볼 수 있느냐에 대하여도 견해가 대립된다.

22 **(가) 소 극 설** 보충규범의 개폐는 형법 제 1 조 2항의 법률의 변경이 아니라 존재하는 구성요건의 전제되는 내용(행정처분)의 변경에 불과하므로, 이 변경으로 인하여 범죄가 되지 않게 된 경우에도 형법 제 1 조 1항에 따라 행위시법으로 처벌받아야 한다고 한다.[1]

23 **(나) 적 극 설** 보충규범의 개폐도 형법 제 1 조 2항의 법률의 변경에 해당한다고 본다.[2] 존재하는 구성요건과 보충규범이 결합하여 비로소 범죄구성요건이 형성된다고 보기 때문이다.[3]

---

1 진계호 82면; 황산덕 35면.

2 김일수/서보학 51면; 박상기 48면; 배종대 132면; 손해목 83면; 신동운 56면; 오영근 82면; 이형국 87면; 임웅 57면; 정성근/박광민 54면; 차용석 137면.

3 이 견해는 보충규범의 변경으로 범죄가 성립하지 않는 것으로 된 때에는 법원은 면소판결을 해

㈐ **절충설** 보충규범의 개폐가 구성요건 자체를 정하는 법규의 개폐에 해당하는 때에는 법률의 변경이 되지만, 단순히 구성요건에 해당하는 사실면에서의 법규의 변경에 해당하는 때에는 법률의 변경이 아니라고 한다.[1] 24

생각건대 형법 제 1 조 2항의 법률의 변경에서 말하는 법률이란 총체적 법률상태(der gesamte Rechtszustand)[2] 또는 전체로서의 법률(Gesetz als Ganzes)[3]을 의미한다. 따라서 보충규범의 개폐도 법률의 변경으로 인한 형벌의 폐지에 해당한다. 변경된 대법원 판례도 이 견해를 취하고 있다.

3) **보충규범의 개폐와 한시법** 보충규범의 개폐로 인하여 범죄가 성립하지 않게 된 경우, 개폐 전의 행위를 처벌할 수 있는가? 종래 이 문제를 형법 제 1 조 2항의 문제가 아니라, 한시법 이론의 적용이 문제되는 것으로 보았던 이유는, 한시법 이론의 가장 중요한 적용대상이 바로 백지형법이고, 따라서 백지형법이야말로 추급효가 문제되는 경우이었기 때문이다.[4] (i) 추급효를 부정하는 견해는, 이 경우는 법률의 변경이 있는 경우이므로 형법 제 1 조 2항에 따라야 한다고 본다. (ii) 추급효를 부분 긍정하는 견해는 유효기간이 정해져 있는 협의의 한시법에 대해서만 추급효를 인정한다.[5] (iii) 한시법을 광의로 해석하는 입장에서는, 유효기간에 관한 명문의 규정은 없으나 일시적 사정에 대처하기 위하여 '사실상' 유효기간을 가지고 있는 보충규범이 개폐된 경우에도 한시법으로서 추급효를 인정해야 한다고 본다. 한편 대법원은 변경된 판례에서 협의의 한시법에 대해서만 추급효를 인정하는 입장을 취함으로써, 보충규범에 유효기간이 명시되어 있지 않는 한 이를 법률의 변경으로 보아 추급효를 부정한다. 25

⑷ **변경된 판례와 한시법의 효력** 대법원은 확립된 판례로 (i) 한시법 이론을 인정하고, (ii) 한시법의 개념을 넓게 보면서, (iii) 한시법의 추급효 인정 여부를 '반성적 고려에 의한 법령의 변경인가'의 여부를 기준으로 하는 '동기설'에 입각하여 판단해 왔다. 이러한 대법원의 태도에 따라 유효기간을 명시한 좁은 의미의 한시법은 물론, 유효기간을 명시하지 않고 (비교적 빈번하게) 변경되는 많 25a

---

야 한다고 본다.

1 남흥우 59면; 강구진 전게논문, 16면.

2 Rudolphi SK § 2 Rn. 8; Sch/Sch/Eser Rn. 20; Tröndle LK[10] Rn. 3.

3 Tröndle/Fischer § 2 Rn. 9.

4 Jakobs 4/66; Sch/Sch/Eser Rn. 37; Tröndle LK[10] § 2 Rn. 47; Tröndle/Fischer Rn. 13a.

5 강구진 전게논문, 18면.

은 (행정)형벌법규가 한시법에 포함되었으며, 그 추급효 인정여부가 동기설에 좌우되어 왔다.

25b 그런데 대법원 2022. 12. 22. 2020 도 16420 전원합의체 판결에 의하여 한시법 관련 논의는 달라지게 되었다. 추급효 인정여부를 법령변경의 동기('반성적 고려')를 기준으로 판단했다는 점에서 종래의 입장을 **실질주의**라고 한다면, 새로운 입장은 형식적으로 '형벌법령'의 변경인가의 여부만을 문제 삼는다는 점에서 **형식주의**라고 할 수 있다.[1] 이 새 입장은 (i) 한시법 이론을 인정하고, (ii) 한시법의 개념을 좁게 보면서, (iii) 한시법의 추급효 인정여부를 형법 제 1 조 2항의 형식적 해석에 따르게 하고 있다. 이에 따르면, ① 유효기간을 명시한 한시법은 한시법 이론에 따라 추급효를 인정한다. ② 형벌법규의 가벌성과 관련이 없는 타 법령의 변경이 있어 처벌 내지 형의 경중에 변경이 초래된 때에는 형벌법규 자체의 변경이 있다고 보기 어렵기 때문에 추급효를 인정한다. ③ '백지형법'과 같이 위임된 하위 법형식에 의한 보충을 통해서 구성요건이 완성되는 경우, 그 하위 법형식(대통령령, 총리령, 부령 등의 법규명령뿐 아니라, 고시 등의 행정규칙, 행정명령, 조례 등을 포함한다)의 변경이 있는 경우에는 결국 법령의 변경이 있는 경우이므로 형법 제 1 조 2항에 따른다. 즉 추급효를 인정하지 않는다.

25c 동기설을 폐기한 대법원의 입장변경은 종래 지적되어 왔던 동기설의 구별기준의 불명확성을 제거하려는 시도라는 점에서는 수긍할 수 있으나 다음과 같은 문제가 있다. ① 이 판결은 판결이유에서 한시법의 추급효를 인정하는 이유가 '입법자의 의사가 명시되어 있기 때문'이라고 설시하고 있는데, 이 논거는 결정적인 이유라고 할 수 없다. 한시법이 일정한 기간에 한해서 (그리고 그 기간 내에 발생한 사안에는 모두) 적용하려는 의도를 가진 입법이라는 점은 분명하나, (예컨대 혼인빙자간음죄(2009년 폐지), 간통죄(2015년 폐지) 규정과 같이) 효력기간을 정하지 않은 통상의 형법이야말로 오히려 시간에 구애받지 않고 항구적으로 효력을 갖는다는 입법자의 의사가 명시된 것으로 볼 수 있다. 그런데 형법은 이 경우 법령의 변경이 있을 때 피고인에게 유리한 경법을 소급해서 적용할 것을 선언하고 있다. 이번 대법원 판결은 한시법의 추급효인정 근거에 대하여 '입법자의 의사' 이상의 더 설득력 있는 아무런 근거를 제시하지 않은 채 추급효를 단정적으로 인정하고 있다는 점에서 비판을 면키 어렵다.[2]

---

1 그러나 대법원이 실질주의를 완전히 불식했는가는 의문이다. 아래 **3**/25c의 주 참조.

2 대법원은 판례변경 이후 나온 판결(대법원 2023. 2. 23. 2022 도 4610)에서 "'해당 형벌법규 자체 또는 그로부터 수권 내지 위임을 받은 법령'[변경된 판례의 취지상 이 경우는 형법 제1 조 2

② 독일 형법은 한시법의 추급효를 명문의 규정으로 인정한다. 이에 비하여 추급효 인정의 법률상의 근거가 없는 우리나라의 경우 합리적인 근거의 제시 없이 추급효를 인정하는 것은 형법 제 1 조 2항의 적용범위를 축소하는 해석('목적론적 축소')이 되어 죄형법정주의 원칙 상 금지되는 피고인에게 불리한 해석이라는 혐의를 받는다. ③ '동기설'은 반성적 고려에 의해서 가벌성 자체에 관한 견해가 변경된 경우와, 가벌성에 관한 견해는 변경되지 않았는데 사실적 사정의 변화에 따라 법령이 변경된 경우를 구별하여, 전자는 추급효를 인정하지 않고 후자는 추급효를 인정한다. 즉 추급효 인정 여부의 근거로 '반성적 고려'라는 가벌성에 관한 평가의 변화를 제시하였다는 점에서 의미있는 견해였다. 다만 동기설은 양자의 구별기준에 대해서 보편적인 합의를 얻지 못했다는 데 문제가 있었을 뿐이다. ④ 대법원은 가벌성과 관계없는 타법령의 변경으로 인하여 처벌하지 않게 되거나 경하게 처벌하게 되는 경우 구법의 추급효를 인정하여야 한다고 하는데, 변경된 타법령의 '가벌성 관련성' 여부에 관하여 새로운 해석상의 문제가 야기될 가능성이 있다. ⑤ 대법원 판결은 당해 사안에 대하여 하급심을 기속하는 효력만을 갖는데 비하여 이번 판결은 이유설시에서 방론(傍論 *obiter dictum*)으로 심판대상 사안에 대해서 뿐 아니라 그에서 벗어난 광범위한 관련주제에 대해서 판단하고 있다는 점에서 판결이유의 효력에 문제가 없지 않다.

Ⅱ. 장소적 적용범위

1. 입법주의

26 어떤 장소에서 발생한 범죄에 대하여 형법이 적용되는가의 문제를 형법의 장소적 적용범위라고 한다. 장소적 적용범위에 관한 법률을 국제형법(inter-

---

항이 적용된다]이 아닌 '다른' 법령이 변경된 경우 형법 제 1 조 제 2 항[…]을 적용하려면 해당 형벌법규에 따른 범죄의 성립 및 처벌과 직접적으로 관련된 형사법적 관점의 변화를 주된 근거로 하는 법령의 변경에 해당하여야 하므로"라고 함으로써, 이 사안은 판례가 예정하고 있는 '가벌성과 무관한 다른 법령이 변경된 경우'에 속하는 것으로서 추급효가 인정된다는 전제하에, 이 경우 추급효를 부정하려면 형사법적 관점의 변화가 있는 개정이어야 한다는 이유를 제시함으로써 동기설의 흔적을 남기고 있다. 이것은 ④에서도 지적되고 있는 것으로서, '가벌성 관련성'을 동기설적으로 해석하는 경우 여전히 동기설은 한시법의 무대에서 사라지지 않고 있다. 이렇게 되면 명료한 구별을 위하여 취한 형식주의가 여전히 실질주의의 굴레에서 벗어나지 못하고 있는 것은 아닌가 의문이다.

위 사안은 법무사가 개인의 파산사건 및 개인회생사건 신청의 대리행위를 함으로써 변호사법 위반죄로 기소된 사안에서, 범행 후 법무사법 개정으로 '개인의 파산사건 및 개인회생사건 신청의 대리'가 법무사의 업무로 추가됨으로써 위 행위는 변호사법 위반죄에 해당하지 않게 되었다. 이에 대해서 대법원은 이 개정이 '형사법적 관점의 변화를 주된 근거로 하는 법령의 변경에 해당하지 않는다'는 이유로 원심이 이를 유죄로 인정한 것은 정당하다고 판시한 것이다.

nationales Strafrecht)이라고도 한다. 그러나 이는 국제법이 아니라 국내법인 점에서 정확한 표현이라고 할 수 없다.

형법의 장소적 적용범위에 관하여는 네 가지 입법주의가 있다.

27 (1) **속지주의** 속지주의(屬地主義, Territorialitätsprinzip)란 자국의 영역 안에서 발생한 모든 범죄에 대하여 범죄인의 국적을 불문하고 자국형법을 적용한다는 원칙을 말한다. 속지주의는 국가주권사상에 부합하고 정의와 소송경제에 유리한 제도이므로 대부분의 국가가 채택하고 있는 장소적 적용범위에 대한 원칙이다. 국외를 운항중인 자국의 선박 또는 항공기 내에서 행한 범죄에 대하여 자국형법을 적용한다는 기국주의(旗國主義, Flaggenprinzip)도 속지주의의 특수한 원칙에 속한다. 다만, 속지주의에 의해서는 국외에서 발생한 범죄에 대하여 형벌권을 행사할 수 없다는 난점이 있기 때문에 다른 원칙에 의하여 이를 보완하고 있다.

28 (2) **속인주의** 속인주의(屬人主義, Personalitätsprinzip)란 자국민의 범죄에 대하여는 범죄지의 여하를 불문하고 자국형법을 적용하는 원칙이다. 자국민의 외국에서 범한 범죄에 대하여도 자국형법을 적용하는 것을 적극적 속인주의(aktives Personalitätsprinzip)라고 하고, 이를 외국에서 자국민의 자국 또는 자국민의 법익에 대한 범죄에 대하여만 자국형법을 적용하는 소극적 속인주의(passives Personalitätsprinzip)와 구별하기도 한다.[1] 속인주의를 일관하는 경우 자국민은 속지주의에 의하여 외국형법을 적용받는 외에 자국형법의 적용도 받게 되어 여행가방에 자국형법도 들고 다니는 결과가 된다.[2]

29 (3) **보호주의** 보호주의(保護主義, Schutzprinzip)란 자국 또는 자국민의 법익을 침해하는 범죄에 대하여는 누구에 의하여 어느 곳에서 발생하였는가에 관계없이 자국형법을 적용하는 원칙이다. 전자를 국가보호주의(Staatsschutzprinzip), 후자를 개인보호주의(Individualschutzprinzip)라고 한다. 여기서는 형법의 적용이 보호기능을 수행하는 데 그치게 되며,[3] 입장이 다른 타국과 마찰이 생길 수 있다.

30 (4) **세계주의** 세계주의(世界主義, Weltrechtsgrundsatz, Universalprinzip)란 누가 어디서 누구에게 범한 범죄인가를 불문하고 문명국가에서 인정되는 공

---

1 Sch/Sch/Eser §7 Rn. 1; Tröndle LK^{10} §7 Rn. 1; Wessels/Beulke Rn. 68.

2 Baumann/Weber/Mitsch S. 90.

3 Tröndle LK^{10} Vor §3 Rn. 6.

통된 법익을 침해하는 범죄에 대하여 자국형법을 적용하는 원칙을 말한다. 반인도적 범죄에 대한 대응의 국제적 연대성을 강조하는 입장이다.

2. 형법의 태도

31 형법은 속지주의를 원칙으로 하면서(제2조, 제4조) 속인주의(제3조)와 보호주의(제5조, 제6조)를 가미하고 있다.

32 (1) **속지주의의 원칙** 형법은 대한민국 영역 내에서 죄를 범한 내국인과 외국인에게 적용된다(제2조). 여기서 대한민국 영역이란 영토·영해 및 영공을 포함한다. 북한도 대한민국의 영역에 속한다.[1] '죄를 범한'이란 실행행위뿐만 아니라 결과발생지도 포함하므로, 행위 또는 결과의 어느 것이라도 대한민국의 영역 내에서 발생하면 족하다고 해석함이 타당하다. 형법은 대한민국의 영역 외에 있는 대한민국의 선박 또는 항공기 내에서 죄를 범한 외국인에게도 적용된다(제4조). 기국주의를 채택한 것이다. 대한민국의 영역 외란 공해와 외국의 영해·영공을 포함한다.

33 (2) **속인주의의 가미** 형법은 대한민국 영역 외에서 죄를 범한 내국인에게 적용된다(제3조). 속인주의에 의하여 속지주의를 보충한 것이다. 다만, 법규는 시간과 장소를 떠나서는 타당성을 가질 수 없는 것임에도 불구하고 장소적 제한을 철폐하고 사람에 따라 어떤 종류의 행위든 벌한다는 것은 입법론상 재고의 여지가 있다는 비판이 있다.[2]

내국인이란 대한민국의 국적을 가진 자를 말하고, 범행 당시에 대한민국 국민임을 요한다.

34 (3) **보호주의** 형법은 대한민국 영역 외에서 내란의 죄, 외환의 죄, 국기에 관한 죄, 통화에 관한 죄, 유가증권·우표와 인지에 관한 죄, 문서에 관한 죄 중 제225조 내지 제230조, 인장에 관한 죄 중 제238조의 죄를 범한 외국인에게 적용된다(제5조). 또한 대한민국 영역 외에서 대한민국 또는 대한민국 국민에 대하여 제 5 조에 기재한 이외의 죄를 범한 외국인에게도 형법이 적용된다(제6조). 다만, 이 경우에는 행위지의 법률에 의하여 범죄를 구성하지 아니하거나 소추 또는 형

1 대법원 1957. 9. 20. 4290 형상 228; 대법원 1997. 11. 20. 97 도 2021 전원합의체판결.
2 유기천 34면.

의 집행을 면제할 경우에는 예외로 한다(동조 단서). 이는 보호주의에 의하여 속지주의를 보충한 것이다.

35 (4) **세계주의** 형법 제296조의 2는 약취·유인 및 인신매매의 죄에 관하여 세계주의를 규정하고 있다. 따라서 형법의 약취·유인 및 인신매매의 죄에 관한 규정은 외국인이 외국에서 죄를 범한 경우에도 형법이 적용된다. 외국인의 국외범을 처벌하는 형법 제 5 조 4호와 외국인이 외국에서 외국통화를 위조하는 행위를 처벌하는 외국통용 외국통화 위조·변조죄의 규정(제207조 3항)이 세계주의에 입각한 규정이라고 볼 여지도 없지 않으나 보호주의에 관한 규정이라고 보는 것이 타당하다. 다만 헌법에 의하여 체결·공포된 조약은 국내법적 효력을 가지므로 우리나라가 비준한 조약에 의하여 외국인의 국외범에 대하여도 형법이 적용되는 것은 세계주의에 의한 것이라고 해야 한다. 외국인이 외국에서 행한 항공기납치에 대하여 우리의 항공보안법이 적용되는 것이 그것이다.[1]

1992년 형법개정법률안에서는 제 7 조에서 세계주의를 규정하여, 대한민국의 영역 밖에서 폭발물파열죄, 선박·항공기납치죄, 통화위조죄, 유가증권위조죄 등의 죄 및 대한민국에 대하여 구속력 있는 조약에 의하여 처벌되는 범죄를 범한 외국인에 대하여도 형법이 적용되도록 규정하였으나, 위 법률안의 총칙규정은 입법화되지 못하였다.

36 (5) **외국에서 받은 형의 산입** 외국에서 받은 형이 있는 경우 구 형법(제7조)은 "범죄에 의하여 외국에서 형의 전부 또는 일부의 집행을 받은 자에 대하여는 형을 감경 또는 면제할 수 있다"고 규정하여 감면주의를 취하고 있었다. 헌법재판소는 이 규정이 이중처벌금지원칙에 위배되지는 아니하나, 외국에서 받은 형을 전혀 반영하지 않을 수 있어 과잉금지원칙을 위배하였다는 이유로 헌법불합치 결정을 하였다.[2] 이에 동조는 "죄를 지어 외국에서 형의 전부 또는 일부가 집행된 사람에 대해서는 그 집행된 형의 전부 또는 일부를 선고하는 형에 산입한다"고 개정됨으로써 산입주의를 취하게 되었다.

---

1 대법원 1984. 5. 22. 84 도 39, "항공기운항안전법 제 3 조, '항공기 내에서 범한 범죄 및 기타 행위에 관한 협약'(토오쿄협약) 제 1 조·제 3 조·제 4 조, '항공기의 불법납치 억제를 위한 협약'(헤이그협약) 제 1 조·제 3 조·제 4 조·제 7 조의 각 규정들을 종합하여 보면, 민간항공기납치사건에 대하여는 항공기등록지국에 원칙적인 재판관할권이 있는 외에 항공기 착륙국인 우리나라에도 경합적으로 재판관할권이 생겨 우리나라 항공기운항안전법은 외국인의 국외범까지도 적용대상이 된다고 할 것이다."

2 헌재결 2015. 5. 28. 2013 헌바 129.

대법원은, '외국에서 형의 전부 또는 일부가 집행된 사람'이란 그 문언과 취지에 비추어 '외국 법원의 유죄판결에 의하여 자유형이나 벌금형 등 형의 전부 또는 일부가 실제로 집행된 사람'을 말한다고 해석하여야 한다고 판결하였다(대법원 2017. 8. 24. 2017 도 5977 전원합의체판결). 미결구금, 즉 판결선고전 구금일수의 산입을 규정한 형법 제57조 제 1 항의 적용을 이 경우에 배제한 것이다.

대법원은 그 이유를 다음과 같이 설시하고 있다: "외국에서 무죄판결을 받고 석방되기까지의 미결구금은, 국내에서의 형벌권 행사가 외국에서의 형사절차와는 별개의 것인 만큼 우리나라 형벌법규에 따른 공소의 목적을 달성하기 위하여 필수불가결하게 이루어진 강제처분으로 볼 수 없고, [외국에서의 미결구금은 우리나라에서의] 유죄판결을 전제로 한 것이 아니어서 해당 국가의 형사보상제도에 따라 그 구금 기간에 상응하는 금전적 보상을 받음으로써 구제받을 성질의 것에 불과하다. 또한 형사절차에서 미결구금이 이루어지는 목적, 미결구금의 집행 방법 및 피구금자에 대한 처우, 미결구금에 대한 법률적 취급 등이 국가별로 다양하여 외국에서의 미결구금으로 인해 피고인이 받는 신체적 자유 박탈에 따른 불이익의 양상과 정도를 국내에서의 미결구금이나 형의 집행과 그 효과 면에서 서로 같거나 유사하다고 단정할 수도 없다. 따라서 위와 같이 외국에서 이루어진 미결구금을 형법 제57조 제 1 항에서 규정한 '본형에 당연히 산입되는 미결구금'과 같다고 볼 수 없다."

이에 대하여, 형법 제 7 조는 국내외에서의 거듭되는 처벌로 인하여 피고인이 받게 되는 불이익을 완화시키려는 데에 그 입법취지가 있고, 미결구금이 자유박탈이라는 효과 면에서는 형의 집행과 유사성이 인정된다는 점 등을 근거로, 외국에서 무죄판결을 받아 석방되기까지 미결구금을 당한 사람에 대해서도 형법 제 7 조의 유추적용을 허용하여 미결구금일수의 전부 또는 일부를 국내에서 선고되는 형에 산입해야 한다는 반대의견도 제기되었다.

생각건대 대법원의 다수의견은 문언을 엄격하게 해석하는 태도를 보이고 있지만, 미결구금이나 징역형에 사실상 차이가 없고, 외국에서 집행된 미결구금이나 우리나라에서 집행된 미결구금에도 본질상 차이가 없다. 국제교류가 증가함에 따라 하나의 범죄로 인해 여러 국가에서 처벌받은 경우도 늘어날 수 있다는 점을 고려할 때 피고인에게 형법 제 7 조를 유추적용하는 것이 바람직하며,[1] 실질적 이중처벌로 인한 피고인의 불이익을 완화하기 위해서는 미결구금 기타 자유박탈적 강제처분도 형법 제 7 조에 포함될 수 있도록 법을 개정할 필요가 있다. 이때 ① 외국에서 무죄판결을 받은 경우의 미결구금, ② 미결구금 중 재판 전 송환된 경우의 구금일수, ③ 순수한 송환을 위한 임시구금의 경우에도 그 집행의 산입을 인정하는 것이 타당하다.

1 오영근 "2017년도 형법판례회고"(형사판례연구 26, 2018), 563면.

Ⅲ. 인적 적용범위

37 형법이 어떤 사람에게 적용되는가의 문제를 형법의 인적 적용범위라고 한다. 형법은 시간적·장소적 효력이 미치는 범위에서 모든 사람에게 적용된다. 따라서 형법의 인적 적용범위는 예외적으로 그 적용을 받지 않는 사람의 범위에 관한 문제가 된다. 예외적으로 형법의 적용이 배제되는 사람에는 다음과 같은 경우가 있다.

1. 국내법상의 예외

38 1) 대 통 령 대통령은 내란 또는 외환의 죄를 범한 경우를 제외하고는 재직중 형사상의 소추를 받지 아니한다(헌법 제84조).

2) 국회의원 국회의원은 국회에서 직무상 행한 발언과 표결에 관하여 국회 외에서 책임을 지지 아니한다(헌법 제45조).

2. 국제법상의 예외

39 1) 치외법권을 가진 자 국제법상 치외법권을 가지는 외국의 원수와 외교관, 그 가족 및 내국인이 아닌 종자에 대하여는 형법이 적용되지 않는다.

2) 외국의 군대 대한민국과 협정이 체결되어 있는 외국의 군대에 대하여는 형법이 적용되지 않는다. 예컨대, 한미간의 군대지위협정(Status of Forces Agreement, SOFA)에 의하여 공무집행중의 미군범죄에 대하여는 형법의 적용이 배제된다.

§4 제 5 절 형법이론

Ⅰ. 형법이론의 의의

1 형법은 범죄와 형벌(형사제재)을 규정하는 법률이다. 어떤 행위를 범죄로 규정하고 이를 어떻게 처벌할 것인가는 그 시대의 인간관, 가치관 및 세계관에 따라 다르며, 형법의 해석과 적용은 물론 입법도 그 영향을 받는다. 따라서 형법학

은 이러한 기본적 인간관에 입각하여 범죄와 형벌에 관한 정교하고 체계화된 성찰을 필요로 한다. 형법이론이란 범죄와 형벌에 관한 이러한 철학적 성찰을 말한다. 대체로 근대성의 전형을 보여준 독일 관념론 철학과 이에 대비되는 실증주의가 그 모델이 된다.

2 형법이론은 형벌이론과 범죄이론으로 나뉜다. 형벌이론은 형벌의 본질과 목적이 무엇인가를 규명하려는 이론이며, 범죄이론은 범죄의 본질을 어떻게 이해할 것인가에 관한 이론이다. 형벌과 범죄의 관계를 성찰하여 형법이론이 발전한 것은 18세기 계몽주의의 사상적 배경하에서 근대 형법학이 전개되는 것과 때를 같이 한다. 중세의 신학적 세계관을 탈피하여 법과 국가를 인간의 이성에 입각하여 사유하기 시작한 것은 근대에 이르러서이며, 범죄와 형벌 나아가 형법을 이성의 토대 위에서 합리적으로 사유하기 시작한 것 역시 근대에 와서이다. 형벌의 존재와 정당성이 자명한 것이 아니라 이성적 사유의 결과여야 한다는 인식이 이때 자리 잡게 되었다. 한편 19세기의 자연과학의 발달로 인간 및 인간의 행동이 이성적 '사유'의 대상이라기 보다는 자연과학(특히 생물학)에 의하여 인과적으로 '설명'될 수 있으리라는 기대가 팽배하였고, (자연과학적) 실증주의는 인간의 행동을 인과적으로 설명하는 데 성공함으로써 범죄와 형벌은 이성적 사유의 대상이 아니라 과학적 인식의 대상으로 변화하였다.

3 형벌이론에는 응보형주의와 목적형주의가 있으며, 목적형주의는 다시 일반예방주의와 특별예방주의로 나누어진다. 한편, 범죄이론은 객관주의와 주관주의의 대립으로 나타났다. 그런데 이러한 형벌이론과 범죄이론은 각각 그 나름의 가치관과 세계관을 전제로 하는 것이므로 필연적으로 형법학파의 논쟁이 야기되었다. 19세기 말부터 20세기 초에 걸쳐 독일에서 시작되어 전세계에 걸친 파급효과를 가져 왔던 고전학파(또는 구파)와 근대학파(또는 신파) 사이의 논쟁이 바로 그것이다. 먼저 형벌이론과 범죄이론을 살펴본 후에 형법학파의 논쟁을 검토하기로 한다.

Ⅱ. 형벌이론

4 형벌권을 포기하는 것은 사회의 존립 자체를 포기한다는 것을 의미한다. 이러한 의미에서 형벌의 필요성은 부정할 수 없다. 그러나 형벌이 불가결한 제도라고 해서 형벌의 정당성과 목적 내지 그 의미와 본질이 해명된 것은 아니다. 형벌

의 목적과 의미는 형법뿐만 아니라 철학과 국법학에서도 오랫동안 논쟁의 대상이 되어 오던 문제이다. 실로 형법의 역사는 형벌이론의 역사라고 할 수도 있다.[1]

형벌이론에서 '형벌의 의의 내지 목적'이라는 제하에 다루는 주제는 '형벌의 존재이유와 그 정당화'이다. 왜냐하면 형벌은 범죄자에게 가하는 고통 내지 해악이기 때문이다: "왜 법은 범죄자에게 해악을 부과하여야 하는가?" 따라서 형벌이론에서 등장하는 논의의 구조는 형벌이 단적으로 옳은 것(right)이라는 논거('절대설')와, 모종의 목적을 실현하기 때문에 좋은 것(good)이라는 논거('상대설')가 대립한다. 절대설은 인간, 범죄, 국가와 법의 관계에 대한 사유를 통하여 형벌이 (그 해악적 성격에도 불구하고) 옳은 것이라는 논변을 제시하며, 상대설은 형벌이 가져오는 효과에 착안하여 형벌이 일정한 목적달성에 효과적이기 때문에 좋은 것이라는 논변을 제시한다.

1. 응보형주의

5 **(1) 응보형주의의 의의** 응보형주의(應報刑主義, Vergeltungstheorie)란 형벌의 본질이 범죄에 대한 정당한 응보(gerechte Vergeltung)에 있다고 하는 사상이다. 즉 범죄는 악행이므로 범죄를 행한 자에게 그 범죄행위에 상응하는 해악을 가하는 것이 형벌이며, 따라서 형벌의 본질은 응보에 있고 형벌의 내용은 악에 대한 보복으로서의 고통을 의미한다고 한다. 응보형주의는 모든 범죄예방의 목적과 무관하게 범죄에 의한 해악을 형벌로써 응보함에 형벌의 본질이 있다고 보므로, 형벌은 다른 목적을 가진 것이 아니라 그 자체가 목적이라고 한다.[2] 이러한 의미에서 응보형주의를 절대설(absolute Theorie)이라고도 하며, 이는 형벌의 목적에 관한 이론이 아니라 형벌의 본질에 관한 이론이라고 할 수 있다.[3] 이 설은 인간의 자기결정의 능력을 신뢰하고 국가의 사명을 개인적 자유의 보호에 제한하는 (독일)관념론적 · 개인주의적 · 자유주의적 사상의 산물이기도 하다.

6 **(2) 응보형주의의 내용** 응보형주의는 Kant와 Hegel이 주장하여 Binding에 의하여 지지된 이론이다.

7 **1) Kant(정의설)** Kant는 형벌은 어떤 목적과도 무관한 정의의 명령(Gebot der Gerechtigkeit)이라고 하였다. Kant에 의하면 형벌은 범죄인이나 사회

---

1 Jescheck LK Einleitung, Rn. 28; Maurach/Zipf S. 64; Noll S. 12; Schultz I, S. 38.
2 Roxin "Sinn und Grenzen staatlicher Strafe", *Strafrechtliche Grundlagenprobleme*, S. 2.
3 Maurach/Zipf S. 64.

에 다른 이익을 제공하기 위한 수단이 아니라 오로지 그가 죄를 범하였기 때문에(quia peccatum est) 과하여지는 것이다. 인간은 결코 다른 사람의 범죄억제를 위한 수단으로 쓰일 수 없으며, 그러한 수단이 되면 인간은 물권법의 객체가 되는 것이라고 주장한다. 이와 같이 형벌은 정의의 명령이기 때문에 Kant는 어떤 원인에 의하여 시민사회가 해체되는 경우에도 사형수는 한 사람도 남기지 말고 사형을 집행하여야 정의가 실현되며, 그렇지 않은 경우에 그 범죄의 (사후事後)공범이 된다고 하였다.[1] 또 형벌에 의하여 정의가 실현되기 위하여는 형벌은 동해적 응보(同害的 應報)일 것을 요한다고 하였다.

Kant의 응보형주의는 형벌을 정의의 명령으로 파악한 점에서 "하늘이 무너져도 정의를 세워라"(fiat iustitia ruat coelum)는 법언과 차원을 같이하고 이러한 의미에서 이를 정의설(正義說, Gerechtigkeitstheorie)이라고도 하며, 응보의 기준에 관하여 동해보복론(同害報復論, Lex Talionis)을 취한 점이 특징이다.

8 2) Hegel(이성적 응보설) Hegel은 변증법을 토대로 형벌을 논리적·변증법적 필연이라고 설명하였다. 즉 Hegel은 범죄는 법의 침해이므로 이러한 침해는 형벌을 통해서, 즉 범죄자의 법 침해에 대한 침해에 의하여 지양·회복된다는 점에 형벌의 본질이 있다고 한다. 이러한 의미에서 형벌은 침해의 침해(Verletzung der Verletzung)이며, 부정의 부정(Negation der Negation)이라고 할 수 있다.

Hegel은 형벌을 범죄에 대한 응보로 보는 Kant의 응보형주의를 유지하고 있으나, 형벌의 본질을 정의의 명령이라고 보지 않고 침해된 법의 회복, 즉 국가존립에 필연적인 이성의 회복에 있다고 보고, 범죄인 역시 이성을 가진 책임 있는 사람으로 보아야 하며, 응보의 기준에 관하여도 반드시 동해보복일 것을 요하지 않고 가치의 면에서 상당한 제재면 족하다(등가치응보론〈等價値應報論〉)고 하는 점에서 Kant의 응보형주의를 극복한 이론이라고 할 수 있다.

9 Kant와 Hegel의 형이상학적 응보형주의에 대하여 실정형법의 구조분석을 통하여 법률적 응보설을 주장한 사람이 Binding이다. Binding은 형법과 그 전제되는 규범을 구별하여 범죄는 형법의 위반이 아니라 규범에 위반한 것이며, 형벌은 국가 (법)규범의 준수를 위하여 그리고 침해된 법률의 권위를 확인하기 위하여 범죄자에게 행사되는 (국가의) 권리라고 정의하면서, 형벌은 범죄자가 범죄를 저질렀다는 것에 의하여

1 Kant *Die Metaphysik der Sitten*, A199, B229; Weischedel Ausg. S. 455.

만(응보) 정당화된다고 하였다.[1] 이러한 의미에서 Binding은 절대적 형벌이론의 최후의 대표자라고 할 수 있다.

(3) 응보형주의에 대한 비판

10 **1) 응보형주의의 가치** Kant와 Hegel에 의하여 주장된 응보형주의는 1871년 독일제국 형법의 형사정책적 기초가 되었으며, 현재까지 각국의 형법과 형법이론에 큰 영향을 미치고 있다. 응보형주의는 형벌이 범죄의 해악과 일치할 것을 요구하고, 행위자의 책임(=죄과)이 아닌 (행위자가 가진) '위험성'에 근거를 둔 형사제재를 부정한다. 형벌의 본질에 해악으로서의 성질이 있음을 부정할 수는 없다. 형벌의 해악으로서의 성질을 부정하는 것은 형벌의 개념 자체를 부정하는 것이기 때문이다.[2] 또 응보형주의가 형벌이 범죄, 특히 책임과 일치할 것을 요구함으로써, 죄형에 심대한 불균형이 있던 시대에 형벌권의 행사를 책임주의에 의하여 제한하고자 한 것은 응보형주의가 형법학에 기여한 공헌이라고 할 수 있다.[3]

11 **2) 응보형주의의 비판** 응보형주의에 의하여 제시된 책임주의 원칙이 국가 형벌권을 제한하는 기능을 수행한다는 점은 인정되지만, 이는 형벌의 목적에 관한 이론이 아니라 오히려 형벌목적을 제한하는 기능을 갖는 데 그친다고 할 것이며, 또 이에 의하여 형벌의 정당성이 해명되는 것도 아니다.

응보형주의에 대하여는 다음과 같은 비판이 제기되고 있다.

(i) 형벌은 형이상학적 사고의 산물이 아니다. 따라서 국가는 형이상학적인 정의나 윤리를 실현하기 위하여 악을 응보하는 것이 아니라, 법질서와 법익을 보호하기 위하여 형벌을 과하는 것이라고 하여야 한다.[4]

(ii) 책임주의에 따를 때 책임은 형벌을 위한 필요조건이지만 책임이 있다고 하여 반드시 형벌을 과하여야 하는 충분조건은 아니다. 응보형주의는 어떤 요건하에서 책임이 국가에게 형벌을 과하게 하는가에 대하여 아무런 해답도 주지 않

---

1 Karl Binding "Das Problem der Strafe in der heutigen Wissenschaft"(1877), *Strafrechtliche und strafprozessuale Abhandlungen*, Bd. I: Strafrecht, 1915, S. 85.

2 Jescheck/Weigend S. 65.

3 Jescheck/Weigend S. 66; Jescheck LK Einleitung Rn. 29; Schultz S. 42; Welzel S. 241.

4 Baumann/Weber/Mitsch S. 25; Jescheck/Weigend S. 65; Sch/Sch/Stree Vor §38 Rn. 1; Schultz S. 43; Welzel S. 240; Noll *Die ethische Begründung der Strafe*, S. 12.

는다. 이러한 의미에서 응보형주의는 형벌권의 내용적 한계를 밝히지 못한다.[1]

(iii) 응보형주의는 누구에게 무엇을 응보하여야 하는가에 대한 형사정책적 결단에 관하여 아무런 기준을 제시하지 못한다. 단순히 해악에 대하여 해악으로 응보한다는 것은 야만(적 복수)에 지나지 않으며, 이는 개인이나 사회에 대하여 아무런 가치도 갖지 못한다.[2]

2. 목적형주의

12 목적형주의(目的刑主義, präventive Theorie)란 형벌의 의미가 장래의 범죄를 예방하는 데(ne peccetur) 있다고 해석하는 견해이다. 형벌은 그 자체가 목적이 아니라 범죄를 방지하기 위한 예방의 수단에 지나지 않는다는 점에서 이를 상대설(relative Theorie)이라고도 한다. 목적형주의의 사상적 배경은 인도주의와 사회주의, 합리주의 및 공리주의사상의 결합에서 찾을 수 있다.

목적형주의는 다시 일반예방주의와 특별예방주의로 나누어진다.

(1) 일반예방주의

13 **1) 일반예방주의의 의의** 일반예방주의(一般豫防主義, Generalpräventionstheorie)는 형벌을 사회에 대하여 가하는 작용의 측면에서 이해한다. 이 작용은 두 측면으로 나누어진다. 소극적 일반예방과 적극적 일반예방이 그것이다. 소극적 일반예방(negative Generalprävention)이 잠재적 범죄인(=일반인)을 위하함으로써 장래의 범죄를 방지하는 것을 의미함에 반하여, 적극적 일반예방(positive Generalprävention)은 일반인에게 규범의 존재와 작용을 확신시킴으로써 규범의식을 강화하여 법질서를 준수하게 하는 것을 말한다. 통합적 일반예방(Integrationsgeneralprävention)이라고도 한다.

2) 일반예방주의의 내용

14 **(가) 소극적 일반예방** 일반예방주의의 전통적인 입장은 형벌의 목적을 위하를 통하여 일반인의 범죄를 방지하는 데 있다고 이해하는 소극적 일반예방이다. 형벌의 목적이 이러한 의미에서의 일반예방에 있다고 주장한 대표적인 학자는 Beccaria와 Feuerbach이다.

---

1 Roxin 3/8, *a.a.O.* S. 3; Stratenwerth/Kuhlen 1/11; Noll S. 17.
2 Baumann/Weber/Mitsch S. 25; Roxin *a.a.O.* S. 5.

15 (a) Beccaria Beccaria는 〈범죄와 형벌〉(1764)에서 사회계약이론에 입각하여 계몽주의 형법사상을 전개한 고전학파의 선구자라고 할 수 있다. 그는 형벌권이란 시민이 사회계약을 통하여 공탁한 자유의 총화에 근거하여야 하며 이 근거를 초월한 형벌권의 행사는 권력의 남용으로서 부정한 것이므로, 시민의 자유를 보장하기 위하여는 범죄와 형벌을 사전에 법률로 명확히 규정할 필요가 있고(죄형법정주의), 범죄와 형벌 사이에는 균형이 유지되어야 하며(죄형균형론), 형벌의 목적은 이미 죄를 범한 범인에게 고통을 주기 위한 것이 아니라 사회일반인이 다시 동일한 범죄를 범하지 않도록 예방하는 데 있다고 하였다.

16 (b) Feuerbach(심리강제설) 소극적 일반예방이론의 내용은 19세기 초 독일의 저명한 형법학자인 Anselm von Feuerbach(1775~1833)에 의하여 완성되었다. Feuerbach(유물론 철학자로 유명한 Ludwig Feuerbach는 그의 아들이다)는 소위 심리강제설을 주장하였으며, 일반예방론과 Feuerbach의 심리강제설은 동의어로 이해되고 있다. Feuerbach에 의하면 국가의 의무는 범죄를 방지하는 데 있다. 그러나 범죄를 방지하기 위하여는 육체적 강제로 족하지 않고 심리적 강제에 의하지 않으면 안 된다. 따라서 그는 이를 위하여, 범죄를 범한 때에는 이를 행하지 않음으로써 얻는 불이익보다 더 큰 해악이 따른다는 것을 일반인에게 알게 하는 것이 효과적이며, 범죄와 형벌을 형법전에 규정함으로써 심리강제의 효과를 달성할 수 있다고 하였다. 죄형법정주의를 표현하는 "법률 없으면 범죄 없고 형벌 없다"는 Feuerbach의 명제도 이러한 사고에서 나온 것이다.

17 (나) **적극적 일반예방** 오늘날 일반예방이론 중에서 주목받고 있는 이론은 적극적 일반예방이론이다. 적극적 일반예방은 법질서의 존립과 관철력에 대한 신뢰의 유지와 강화를 중시하여, 형벌은 법질서의 불가침성을 사회에 대하여 실증하고 국민의 법에 대한 복종을 강화하는 것을 사명으로 한다고 이해한다.[1] 즉 적극적 일반예방이론은 형벌이 법질서의 방어를 사명으로 하며, 범죄자가 저지른 불법에 대하여 형벌을 가함으로써 법을 실현하고 법질서의 불가침성을 사회에 확증하여 잠재적 범죄자의 법침해를 방지해야 한다고 주장한다.[2] 적극적 일반예방이론을 주장한 대표적인 학자는 독일의 Jakobs이다. 그는 형벌의 기능이

---

1 Roxin 3/26.
2 Müller-Dietz "Integrationsprävention und Strafrecht", Jescheck-FS S. 818.

규범침해에 의하여 깨진 규범의 효력을 실증하는 데 있다고 보았다. 범죄는 규범적 기대의 위배이며, 형벌은 규범적 기대위배에 대하여 행위자에게 가하여지는 대응이며, 규범적 기대의 안정화는 형벌에 의하여 이루어지므로, 형벌은 규범의 유지(Erhaltung der Norm)를 사명으로 한다는 것이다.[1]

3) 일반예방주의에 대한 비판 형벌의 의미와 정당성은 형벌의 목적과의 관계에서 찾지 않으면 안 된다. 일반예방이론이 형벌이 추구하는 목적을 규명하려고 한 것은 이러한 의미에서 이해할 수 있다. 형벌에 의하여 국가는 잠재적 범죄인에 대한 위하뿐만 아니라 정당한 형법의 적절하고 평등한 적용에 의하여 법적 신뢰를 강화하고 자의에 의한 법 복종을 달성하려고 하기 때문이다.[2] 이러한 의미에서 형벌의 최고의 목적은 법질서의 방어, 즉 법에 의하여 형성된 질서와 일반 및 개인의 법익을 보호함에 있다고 해야 한다. 법질서의 방어도 일반예방적 요소라고 보아야 하는 이상 그것이 형벌의 가장 중요한 목적이 된다는 것을 부정할 수는 없다. 나아가 일반예방주의는 형벌을 해악으로 보는 점에서 응보형주의와 결합하여 소위 상대적 응보형주의를 탄생시켰다. 18

그러나 일반예방이론도 형벌의 목적과 본질에 관한 타당한 이론이라고 할 수 없다. 일반예방이론에 대하여는 다음과 같은 비판이 제기되고 있다.

(i) 일반예방주의 특히 심리강제설은 범죄를 행함에 있어서 쾌와 불쾌를 합리적·타산적으로 교량하는 이성적 인간상을 전제로 하고 있다. 그러나 대부분의 범죄는 이익과 불이익에 대한 이성적 계산의 결과라고 할 수 없으며, 범죄인이 범행 후에 처벌받지 않고 피할 수 있다고 생각하는 경우 형벌은 무의미하다.[3] 적극적 일반예방이론도 형벌이 규범의식을 강화시킨다는 것을 경험적으로 설명하지 못한다. 적극적 일반예방은 모든 범죄가 빠짐없이 수사되고 또 수사된 범인은 모두 유죄판결을 받을 때에만 달성될 수 있으며, 그렇지 않을 때에는 법질서의 불가침에 대한 신뢰가 동요되고 형벌의 법익보호기능은 상실되고 만다.[4]

(ii) 일반예방주의는 다른 사람의 범죄를 방지하기 위하여 범인을 처벌한다고 한다. 그러나 인간을 범죄투쟁의 수단으로 격하시켜 다른 사람의 범죄를 방지

1 Jakobs 1/10-11.
2 Jescheck LK Rn. 25.
3 Jakobs 1/28; Roxin 3/30, *a.a.O.* S. 9; Schmidhäuser *a.a.O.* S. 54.
4 Baumann/Weber/Mitsch S. 19.

하기 위한 수단으로 취급하는 것은 인간의 존엄성을 무시한 것이라 하겠다.[1]

(iii) 일반예방주의에 의하여 다른 사람을 위하하기 위해서는 가능한 한 무거운 형벌이 필요하다는 것이 논리상 당연하다. 이는 일반예방주의가 국가에 의한 폭력의 행사를 능사로 생각할 위험이 있음을 의미한다.[2] 적극적 일반예방이론도 규범적 기대위배에 대한 대응이 정당한 형벌이 되기 위한 명백한 기준을 제시하지 못한다. 목적이 모든 수단을 정당화할 수는 없으므로 일반예방주의도 책임주의에 의하여 제한받지 않으면 안 되는 이유가 여기에 있다.

(2) 특별예방주의

19 1) **특별예방주의의 의의** 특별예방주의(特別豫防主義, Spezialpräventionstheorie)란 형벌의 목적은 범죄인에 대한 위하와 범죄인의 사회복귀 또는 격리를 통하여 그 범죄인 자신이 다시 죄를 범하는 것을 방지하는 데 있다고 하는 이론이다. 특별예방주의는 19세기 중엽 이후 자본주의의 발전과 함께 재범자가 격증함에 따라 자유의사를 전제로 한 응보형주의의 한계가 드러나게 되고 자연과학의 발달이 형법학에 대하여도 영향을 미치게 되자, 범죄를 빈곤이나 질병과 함께 사회의 3대악에 속하는 사회적 · 병리적 현상으로 파악하는 한편, 형벌에 대하여도 자연과학적 · 실증적 방법에 의하여 그 본질을 규명하고자 한 이론이다.

20 2) **특별예방주의의 내용** 특별예방주의는 이탈리아의 실증주의 학자들에 의하여 주장되어 Liszt의 목적형주의에 의하여 확립되었다고 할 수 있다. 이 이외에 교육형주의와 사회방위이론도 특별예방주의에 속한다.

(가) **이탈리아의 실증주의학파** 특별예방주의를 주장한 근대학파의 선구자는 이탈리아의 Lombroso와 Ferri 및 Garofalo이다.

21 (a) Lombroso Cesare Lombroso(1836~1909)는 그의 저서인 〈범죄인론〉(1876)에서 범죄인은 보통사람과는 다른 범죄인 형에 속하며, 원시시대의 유인원이 가졌던 특징이 격세유전에 의하여 시대착오적으로 나타난 생래적 범죄인이라는 소위 생래적 범죄인이론을 주장하였다. 따라서 Lombroso는 범죄는 병 현상과 같이 선천적 소질에서 오는 필연적 현상이므로 이에 대한 형벌도 치료적 입장에서 과하여야 하며 응보형이론은 무의미하다고 주장하여 근대학파의 효시가

1 Gribbohm LK Vor § 46 Rn. 29; Jakobs **1**/19; Maurach/Zipf S. 89; Roxin **3**/31; Noll *a.a.O.* S. 5.
2 Baumann/Weber/Mitsch S. 20; Jescheck/Weigend S. 85; Roxin **3**/31, *a.a.O.* S. 9.

되었다. Lombroso의 이론은 범죄의 생물학적 · 인류학적 연구에 치중한 것이므로 범죄인류학파라고도 한다.

(b) Ferri Enrico Ferri(1856~1929)는 저서인 〈범죄사회학〉(1880)을 통하여 범죄에는 인류학적(개인적) · 자연적 · 사회적 원인이 있으나 그 가운데 사회적 원인이 가장 중요한 것이므로, 범죄를 방지하기 위하여는 범죄를 발생케 한 사회적 원인을 연구하여 이를 제거해야 한다고 하여 범죄에 대한 사회학적 연구의 필요성을 강조하였다. 그 결과 Ferri가 기초한 1921년의 이탈리아 형법안(Ferri안)에는 책임과 형벌의 개념이 위험성과 사회방위처분으로 대체되었다. 이 Ferri안은 혁명에 성공한 소비에트 러시아 형법의 모델이 되었다. 22

(c) Garofalo Raffaele Garofalo(1851~1934)는 〈범죄학〉(1885)에서 범죄를 자연범과 법정범으로 구별하여 범죄의 본질을 자연범에 있다고 주장하고, 자연범에 관하여는 범죄의 원인이 범죄인의 공감능력(pity)과 성실성(probity)의 결여에서 비롯되는 것이므로 사회방위의 방법인 형벌도 범죄인의 이러한 악성을 기준으로 정해야 한다고 하여 범죄심리학적 연구의 필요성을 강조하였다. 23

(나) **Liszt의 목적형주의** 독일의 근대학파(신파)를 주도한 Franz v. Liszt(1851~1919)는 예리하고 강렬한 내용의 범죄사회학 이론을 전개함으로써 형법과 형사정책의 면에서 전 세계의 주목을 받았다. Liszt는 범죄란 범죄인의 소질과 환경의 산물이며 범죄인 또한 범죄의 원인이므로 범죄투쟁의 수단인 형벌은 개개의 범죄인에게 영향을 미쳐야 한다고 보았다. 그는 Jhering의 목적사상의 영향을 받아 1882년의 〈Marburg강령〉에서 목적형사상(Zweckgedanke im Strafrecht)을 주장하였다.[1] Liszt에 의하면 형벌은 맹목적이고 본능적 · 충동적인 반작용이 아니라 필요성과 합목적성에 의해서만 정당화된다.[2] 즉 필요한 형벌만이 정당한 형벌이 될 수 있고, 특별예방적 관점에서 개개의 범죄인의 재범을 방지하는 데 불가결한 형벌이 필요한 형벌이다. 여기서 Liszt는 범죄인의 성질에 적합한 영향으로서 개선(Besserung)과 위하(威嚇, Abschreckung) 및 무해화(Unschädlichmachung)라는 세 가지 형벌목적을 제시하고, 이 작용에 적응한 범죄인 유형에 따라 순간범인(기회 24

1 Franz von Liszt "Der Zweckgedanke im Strafrecht", *Strafrechtliche Aufsätze und Vorträge*, Bd. 1, 1891(1970년 판), SS. 126~179(심재우 외 역, 마르부르크 강령(형법의 목적사상), 2012, 87면 이하).

2 Liszt *a.a.O.* S. 132.

범인)에게는 위하를 가하고, 개선 가능한 상태범인은 개선하며, 개선 불가능한 상태범인은 격리를 통하여 무해화(사회에서 제거)하는 데 형벌의 목적이 있다고 하였다.[1]

25 (다) **교육형주의** 이탈리아의 실증주의학파에 의하여 전통적인 형벌이 범죄에 대하여 무의미하다는 주장이 제기되자 범죄에 대한 대응책을 새로운 시각에서 보려는 움직임이 다양하게 제시되었으며, 이 가운데에는 형벌을 폐지하고 다른 합목적적인 대응책을 강구하여야 한다는 급진적인 주장도 포함되어 있었다. 독일의 Liepmann과 이탈리아의 Lanza 및 스페인의 Saldaña에 의하여 주장된 교육형주의는 Liszt의 목적형주의를 추종하여 근대학파의 특징을 더욱 뚜렷하게 한 이론이라고 볼 수 있다.

26 (a) Liepmann Liepmann은 범죄인도 인간으로 존중하지 않으면 안 된다는 명제 아래 형벌은 인도적인 교육형이어야 한다고 주장하였다. 즉 형벌은 범인을 선량한 국민으로 개선할 수 있는 교육이어야 함을 강조함으로써 범죄인의 재범을 방지하는 데 형벌의 목적이 있다고 한 것이 Liepmann의 교육형주의라고 할 수 있다.

27 (b) Lanza Lanza는 헌법국가에 대신하여 교육국가를 형성하여야 하며 교육국가에 있어서는 학교에서 이성적 문맹을 퇴치해야 하는 것처럼 감옥에서는 도덕적 문맹을 퇴치해야 한다고 하여 형벌의 의의가 교육에 있음을 강조하였다. 이와 같이 인도주의의 입장에서 교육형이론을 전개한 것이 Lanza의 이론이다.

28 (c) Saldaña Saldaña는 형벌의 본질을 선악의 문제로 볼 것이 아니라, 형벌은 사회에 유익함을 가져올 때 정당성이 있다고 한다. 따라서 형벌을 집행함이 유익할 때에는 집행하여야 하지만 집행을 유예함이 유익할 때에는 집행을 하지 않아야 한다고 주장하였다.

29 (라) **사회방위이론** 형벌사상의 급진화는 형법이 '사회방위법'으로 환골탈태하여야 한다는 주장에 이르렀다. 이탈리아의 Gramatica와 프랑스의 Marc Ancel에 의하여 전개된 사회방위이론(社會防衛理論)이 그것이다.[2] Gramatica는 1961년에 출판된 〈사회방위의 기초〉라는 저서를 통하여 책임을 반사회성으로,

1 Liszt *a.a.O.* S. 166.
2 사회방위이론에 대하여는, 이재상, 보안처분의 연구, 19~25면 참조.

범죄행위를 반사회성의 주관적 징표로, 행위를 기초로 한 형벌을 개별적인 행위자에 적합한 사회방위의 보안처분으로 대체할 것을 요구하는 급진적인 사회방위이론을 주장하였다.[1] 이에 반하여 Ancel의 〈신사회방위론〉은 사회방위론을 주장하였지만 사회방위를 범죄인의 책임을 고려하지 않는 '범죄에 대한 사회의 방위'만을 고려하지 않고, 책임개념과 책임에 기반한 형벌을 인정하면서,[2] 사회방위는 자유와 책임에 대한 교육 또는 치유를 의미하며,[3] 형벌도 범죄인에 대한 예방적 조치가 되어야 한다고 하여 형사사법의 과제가 피고인의 사회복귀에 있음을 강조하였다.

3) **특별예방주의에 대한 비판** 　특별예방주의가 범죄인의 사회복귀라는 관점에서 형벌의 개별화를 주장한 것은 형벌이 갖는 중요한 의의와 목적을 지적한 것임을 부정할 수는 없다. 특히 형벌집행의 목적이 특별예방에 있어야 한다는 점은 당연하다고 하겠다.[4] 그러나 형벌집행의 목적과 형벌의 목적은 구별되어야 한다. 이러한 의미에서 형사정책의 발달에 따라 특별예방의 목적이 강조되는 경향이 있지만 특별예방주의만으로 형벌의 본질과 목적을 설명하는 것은 타당하다고 할 수 없다. Liszt의 형사정책이 보안처분에 의하여 형법에서 실현됨에 따라 '형벌이론'으로서의 특별예방주의는 그 근거가 더욱 약화되었다고 할 수 있다. 30

특별예방주의에 대하여는 다음과 같은 비판이 제기될 수 있다.

(i) 특별예방주의를 일관할 때에는 형벌은 보안처분에 의하여 대체되어야 하는 결과가 된다. 그러나 형벌을 책임과 무관하게 행위자의 위험성만을 근거로 과할 때에는 형벌에 대한 법적 제한이 없어지게 되어 국민을 국가의 합목적성 앞에 보호 없이 방치하게 될 위험이 있다.[5]

(ii) 특별예방주의에 의하면 범죄를 행한 후에 장기간에 걸쳐 합법적인 생활을 하다가 발각된 순간범인(기회범인)은 아무리 중죄를 저질렀다고 할지라도 처벌할 수 없음에 반하여, 경미한 죄를 범한 상습범인은 언제나 엄벌해야 한다는

1 Gramatica *Grundlagen der Défense Sociale*, deutsche Übersetzung von A. Mergen, S. 51.
2 Marc Ancel *Die neue Sozialverteidigung*, übersetzt von Melzer, S. 277.
3 Ancel *a.a.O.* S. 287.
4 Baumann/Weber/Mitsch S. 21; Hirsch LK[10] Vor §46 Rn. 32; Jakobs **1**/50; Welzel S. 243.
5 Baumann/Weber/Mitsch S. 22; Hirsch LK[10] Vor §46 Rn. 9; Jakobs **1**/43; Noll S. 20; Schultz S. 42; Welzel S. 243; Roxin **3**/16, *a.a.O.* S. 7; Schmidhäuser *a.a.O.* S. 52.

심히 불합리한 결과를 초래한다.[1] 이는 형벌이 책임에 기초하고 책임에 따라 정해져야 한다는 우리 법체계와 부합하지 않을 뿐만 아니라 형벌은 범죄에 비례해야 한다는 헌법상의 원칙에도 배치된다.[2]

(iii) 형벌이 범죄인의 사회복귀를 위한 교육이라는 이유만으로 형벌의 정당성을 인정할 수는 없다. 교육을 위하여 왜 형벌이 필요한가라는 문제는 그대로 남아 있기 때문이다.[3] 뿐만 아니라 형벌이 반드시 범죄인의 사회복귀에 도움이 된다고 하는 것도 타당하다고 할 수 없다.[4] 결국 특별예방이론은 형벌을 정당화시키지도, 그 한계를 분명히 할 수도 없는 것이 명백하다.

3. 형법해석과 형벌의 목적

31 응보형주의와 목적형주의, 일방예방주의와 특별예방주의는 모두 일면적이고 불충분한 이론에 지나지 않으므로 어느 한 이론에 의하여 형벌의 의미와 목적을 설명할 수는 없다. 결국 이들 이론의 장점을 결합하고 대립을 극복함으로써 형벌의 본질이나 목적을 설명하지 않으면 안 된다. 이를 절충설 또는 결합설(Vereinigungstheorie)이라고 한다. 이에 의하면 형벌은 본질상 해악에 대한 응보로서의 성질을 가지지만 행위－책임－응보의 원칙에 의하여 설정된 범위 안에서 일반예방과 특별예방의 목적도 고려하여야 한다. 즉 일반예방과 특별예방의 목적은 형벌이 정당한 때에만 달성될 수 있다. 형벌의 종류와 범위가 범죄와 상응할 때에만 그 형벌은 정당한 형벌이 될 수 있다. 이러한 의미에서 책임은 형벌의 유일한 근거는 아니라고 하더라도 단순한 형벌의 한계가 아니라 형벌의 전제가 된다. 그러나 책임은 형벌의 상한을 제한할 뿐이며 하한을 제한하는 것은 아니다. 형벌의 하한은 일반예방과 특별예방에 의하여 결정되지 않을 수 없다. 여기서 일반예방과 특별예방은 정당한 응보의 범위에서만 의미를 가질 수 있고, 책임주의는 예방의 목적에 결코 희생될 수는 없다는 결론이 나온다. 결합설에 의한 형벌이론의 해결은 우리나라에서 다수설[5]의 입장이라고 할 수 있을 뿐만 아니라, 독

1 Jescheck/Weigend S. 75; Roxin *a.a.O.* S. 7.
2 Baumann/Weber/Mitsch S. 23; Gribbohm LK Vor § 46 Rn. 28.
3 Roxin 3/17, *a.a.O.* S. 8.
4 Jescheck/Weigend S. 75.
5 배종대 43면; 신동운 8면; 안동준 12면; 유기천 24면; 이형국 73면; 임웅 49면; 차용석 73면; 황산덕 15면.

일의 통설[1]의 태도이기도 하다.

32 결합설에 의한 형벌목적의 충돌을 조화하기 위한 이론으로는 분배설[2] 또는 변증법적 결합설(dialektische Vereinigungstheorie)[3]이 주장되고 있다. 이는 형벌의 목적을 단계별로 구별하여 형벌예고에 있어서는 일반예방, 형벌선고에 있어서는 응보, 형벌집행에 있어서는 특별예방의 이념이 지배된다고 한다. 그러나 형벌을 규정하는 경우나 선고하는 경우에 각각 일반예방이나 응보에 특히 중점을 두어야 할 이유는 없으므로 이 이론은 타당하다고 할 수 없다.

Ⅲ. 범죄이론

33 범죄이론이란 형벌의 기초가 되는 범죄의 본질은 무엇인가, 즉 범죄를 고찰함에 있어서 어느 면에 중점을 두어 고찰할 것인가에 관한 이론을 말한다. 이에 관하여는 주관주의와 객관주의가 대립되고 있다. 주관주의와 객관주의의 대립은 형법해석론을 지도하는 기본원리를 이룬다고 할 수 있다.

1. 객관주의와 주관주의의 의의

34 (1) **객관주의** 객관주의(客觀主義)란 형법적 평가의 중점을 외부에 나타난 범죄의 부분, 즉 외부적인 행위와 결과에 두고 형벌의 종류와 경중도 이에 상응하게 하여야 한다는 이론을 말한다. 죄형법정주의의 원칙상 형벌의 대상은 범죄사실이어야 한다는 것이다. 이러한 의미에서 객관주의는 범죄주의 또는 사실주의라고 하며, 범죄를 현실적 의의에서 평가한다는 점에서 **현실주의**(Realistik)라고도 한다.

객관주의는 인간의 자유의사의 존재를 전제로 하는 개인주의적 계몽사상에서 출발한 이론이다. 이에 의하면 자유의사는 각자에게 평등하므로 형벌은 범죄사실의 양에 따라 결정되어야 하고, 형사책임의 기초를 도덕의 대상인 내심이 아니라 외부적 범죄사실에 둠으로써 국가의 형벌권을 제한하여 개인의 자유와 권

---

1 Baumann/Weber/Mitsch S. 28; Haft S. 125; Hirsch LK[10] Vor § 46 Rn. 13; Jescheck/Weigend S. 77; Maurach/Zipf S. 73; Roxin 3/55; Sch/Sch/Stree Vor § 38 Rn. 3; Stratenwerth/Kuhlen 1/35; Schmidhäuser *a.a.O.* S. 33.
2 Henkel *Die richtige Strafe*, S. 23.
3 Haft S. 125; Roxin *a.a.O.* S. 12.

리를 보장할 수 있다고 본다. 객관주의는 대체로 형벌이론에 있어서 응보형주의 또는 일반예방주의와 이론적으로 결합되어 고전학파(구파)에 의하여 주장된 이론이다.

35 (2) **주관주의** 주관주의(主觀主義)는 범죄인은 특수한 성격의 소유자이므로 형벌의 대상은 범죄사실이 아니라 범죄인이며, 형벌의 종류와 경중도 범죄사실에 따라 정할 것이 아니라 범죄인의 악성 내지 사회적 위험성에 의하여 결정되어야 한다는 이론이다. 주관주의를 범인주의 또는 성격주의라고도 하며, 범죄인의 반사회적 성격을 형벌의 대상으로 본다. 범죄는 범죄인의 반사회성에 대한 징표에 지나지 않는다고 본다는 점에서 **범죄징표주의**(犯罪徵表主義, Symptomatik)라고 한다. 일반적으로 근대 실증학파(신파)에 의하여 주장된 이론이다.

2. 양 주의의 형법해석상의 차이

36 객관주의는 범죄의 외부적 사실, 즉 행위와 결과라는 객관적 요소에 중점을 두어 형벌을 과하여야 한다는 행위중심의 사상임에 반하여, 주관주의는 행위자의 인격을 형법적 가치판단의 대상으로 하는 행위자중심의 사상이다. 즉 객관주의는 '행위'를 벌함에 대하여 주관주의는 '행위자'를 벌한다는 것이다. 이와 같이 객관주의와 주관주의의 대립은 범죄가 성립한 경우 객관적 요소와 주관적 요소간에 괴리가 있는 경우에 어느 면에 중점을 두어 판단할 것인가에 대하여 결론을 달리할 뿐이며, 객관주의라고 하여 범죄의 주관적 요소를 무시하고 주관주의가 객관적 요소를 전적으로 부정하는 것은 아니다.

따라서 고의나 목적과 같은 범죄의 순수한 주관적 요소와, 과실범에 있어서 주의의무위반에 대한 기준에 관한 주관설과 객관설 및 인과관계론과 같은 객관적 구성요건요소 또는 위법성이론에 관하여는 주관주의와 객관주의의 대립이 나타나지 않는다.

형법의 해석에 있어서 주관주의와 객관주의의 대립이 현저히 나타나는 분야는 착오론 · 책임론 · 미수론 · 공범론 및 죄수론이라고 할 수 있다.

37 (1) **착 오 론** 구성요건적 사실의 인식과 발생한 결과가 일치하지 않는 사실의 착오에 관하여, 객관주의는 발생한 결과의 범위 안에서 주관적 요소를 검토한다. 따라서 객관주의는 구체적 부합설 또는 법정적 부합설을 논리적 귀결로

한다. 이에 반하여 행위자의 의사에 중점을 두는 주관주의는 추상적 부합설까지도 주장하게 된다.

(2) **책 임 론** 책임의 근거에 관하여 객관주의는 인간의 자유의사를 전제하는 도의적 책임론을 주장함에 반하여, 주관주의는 결정론의 입장에서 사회적 책임론을 전개한다. 객관주의가 책임능력의 본질을 범죄능력으로 이해함에 반하여, 주관주의는 이를 형벌능력 또는 형벌적응성이라고 설명한다. 책임판단의 대상에 있어서도 객관주의가 행위책임을 주장함에 대하여, 주관주의는 성격책임을 주장한다. 38

(3) **미 수 론** 외부적 결과를 중시하는 객관주의는 결과가 발생하지 않은 미수와 기수의 구별을 당연시하고, 미수의 형을 기수의 형보다 감경할 것을 요구함에 대하여, 주관주의는 미수와 기수는 범죄의사가 존재한다는 점에서 동일하므로 이를 구별할 필요가 없고, 미수의 형도 기수보다 경할 필요가 없다고 한다. 실행의 착수시기에 관하여도 객관주의가 객관적인 행위를 기준으로 함에 대하여(객관설), 주관주의는 범죄의사의 표동이 있는가를 기준으로 한다(주관설). 불능범과 불능미수의 구별에 관하여도 객관주의가 위험성의 판단기준에 관하여 객관설 또는 구체적 위험설을 취함에 반하여, 주관주의는 주관설을 취하여 주관적 위험성도 없을 때에만 (처벌하지 않는) 불능범이 된다고 한다. 39

(4) **공 범 론** 공동정범이 무엇을 공동으로 하는가에 관하여 범죄의 정형적 의미를 중시하는 객관주의는 범죄를 공동하여야 한다는 범죄공동설을 취함에 대하여, 주관주의는 각자의 위험성이 징표되면 족하다고 보므로 행위공동설을 취한다. 40

협의의 공범인 교사범과 종범에 있어서 객관주의는 그 성립에 (정범의) 정형적 실행행위를 요구함으로써 공범종속성설을 취함에 비하여, 주관주의는 교사 또는 방조행위에 의하여 공범 자체의 위험성은 징표되므로 공범독립성설을 주장한다. 그 결과 주관주의에 의하면 공범의 미수도 미수범으로 처벌함에 대하여, 객관주의는 이를 예비·음모에 불과하다고 본다.

(5) **죄 수 론** 죄수를 결정하는 기준에 관하여도 객관주의가 행위표준설·법익표준설 또는 구성요건표준설을 주장함에 대하여, 주관주의는 의사표준설에 의하여 이를 결정해야 한다고 한다. 41

41a 30명이 모여 있는 군중에 대하여 아무나 사망해도 좋다고 생각하고 수류탄을 던져서 10명을 사망케 한 행위의 죄수를 각 주의에 입각해서 살펴보자. 객관주의에 의하면 먼저 객관적으로 발생한 사실, 즉 사망자의 수를 확인하고 이에 대하여 (불확정적이기는 하지만) 고의가 있었으므로 사망자수와 같은 수의 살인죄(10개의 살인죄)를 인정하고 이에 대하여 상상적 경합(이에 관하여는 *infra* 39/1 참조)을 묻는다. 이에 비하여 주관주의에 의하면 먼저 행위자의 주관적인 측면을 고려하여 30명에 대하여 미필적 고의 이상의 고의를 가지고 행위하였으므로, 이러한 고의에 의하여 발생한 사망자 수를 고려하여 20명에 대한 살인미수죄와 10명에 대한 살인기수죄의 상상적 경합을 묻게 된다. 이 경우 10명의 사망자와 7명의 부상자가 생긴 경우는 어떻게 되는가? 객관주의에 의하면 (살인의 고의를 가지고 행위하여 상해를 입히는 데 그쳤으므로) 7개의 살인미수죄와 10개의 살인기수죄의 상상적 경합이 인정된다. 이에 비하여 주관주의에 의하면 여전히 20개의 살인미수죄와 10개의 살인기수죄의 상상적 경합이 인정된다.

3. 객관주의와 주관주의에 대한 비판

42 역사적으로 객관주의가 개인주의적 계몽사상을 토대로 국가의 형벌권 발동을 제한하여 인권보장적 기능을 수행하기 위하여 구상된 것임에 반하여, 주관주의는 전체주의 내지 단체주의 사상에서 유래한 것이다. 이 때문에 객관주의가 보다 철저한 인권보장을 위한 원칙이며, 이를 심화시켜 나가는 것이 자유주의 범죄론의 과제라고 주장되기도 한다.[1] 그러나 객관주의는 개인의 자유보장을 중시한 나머지 형법의 사회방위적 기능을 경시할 염려가 있으며, 반대로 주관주의는 개인의 자유보장을 위협할 우려가 있다. 근본적으로 범죄는 객관적 요소와 주관적 요소의 결합체이므로 범죄를 평가함에 있어서는 객관적 요소와 주관적 요소를 종합하여 판단하여야 하며, 객관주의와 주관주의 가운데 어느 하나가 절대적으로 옳고 다른 하나는 부당하다는 주장은 타당하지 않다. 형법도 원칙적으로는 객관주의에 입각하고 있으면서 주관주의를 고려한 절충적 태도를 취하고 있다. 즉 형법은 단순한 범의를 벌하지 않고 "행위를 한 자"를 처벌하고 있다. 이는 객관주의적 행위형법의 태도이다. 그러나 예외적으로 예비·음모를 처벌함으로써 주관주의의 입장을 고려하고 있다. 형법이 미수를 기수와 구별하고 있는 것은 객관주의의 입장이지만 여기서도 형법은 미수를 (필요적 감경사유가 아니라) '임의적'

1 정성근/박광민 44면; 차용석 91면.

감경사유로 규정함으로써 주관주의를 가미하고 있다. 결국 형법해석에 있어서 객관주의와 주관주의의 대립은 주관·객관 양 요소를 함께 고려하면서 형법조항의 규정의 내용과 연혁 및 입법 취지 등을 종합하여 판단해야 한다.

Ⅳ. 형법학파의 대립

형벌이론과 범죄이론에 대한 견해의 대립은 형법학파의 논쟁을 통하여 전개되어 왔다. 그것이 바로 고전학파와 근대학파의 대립이라고 할 수 있다. 43

1. 고전학파

고전학파 또는 구파(klassische Schule)란, 19세기 말 독일 형법학에서 근대학파(신파)가 등장함으로써 종래의 전통적 입장에 서 있는 형법학파에 대하여 주어진 명칭이다. 고전학파는 계몽철학의 개인주의·자유주의를 사상적 배경으로 하면서, 연혁적으로는 형벌이론에 관한 Kant나 Hegel의 응보형주의와 Beccaria와 Feuerbach의 일반예방이론이 범죄이론인 객관주의와 결합하여 자유주의적 법치국가의 이념 아래 형성된 형법사상을 말한다. 44

고전학파의 이론적 특징은 ① 인간은 자기의 행동을 완전히 규율할 수 있는 자유인이므로 범죄인도 일반인과 동일한 자유의사를 가지며(비결정론), ② 책임의 근거는 바로 이러한 인간의 자유의사에 있고 범죄인은 자유의사를 남용하여 범죄를 범하였기 때문에 비난을 받는 것이며(도의적 책임론[1]), ③ 형벌은 해악과 고통을 내용으로 하며 사회일반인의 범죄를 방지할 것을 목적으로 하고(상대적 응보형주의), ④ 형벌은 범죄행위와 균형을 이루어야 하므로 부정기형이어서는 안 되며 보안처분과는 엄격히 구별되어야 한다는 점에 있다. 45

2. 근대학파

근대학파 또는 신파(neue Schule)란 자연과학적 인식에 대한 확신을 토대로 19세기 후반 자연과학적 방법론으로 형법학을 실증적으로 연구하고자 한 형법이론을 말한다. 연혁적으로는 Lombroso, Ferri, Garofalo 등의 실증주의학자들에 46

---

1 이의 의미에 관하여는 *infra* 22/5 참조.

의하여 주장되고, Franz v. Liszt의 근대사회학파에 의하여 확립되어, Liepmann과 Lanza에 의하여 교육형이론으로 발전한 형벌이론의 특별예방주의가 범죄이론에서의 주관주의와 결합되어 이루어진 형법사상이라고 할 수 있다. 범죄와 형벌에 대한 실증적 연구를 중시하였다는 점에서 이를 실증학파 또는 사회학파라고도 한다.

47 근대학파의 이론적 특징은 ① 범죄인은 보통인과는 달리 유전적 또는 후천적으로 육체와 정신이 비정상적인 변태인이고 실증적 심리학의 입증에 의하여 자유의사는 주관적 환상에 불과하다는 것이 밝혀졌고(결정론), ② 사회적으로 위험성을 가진 범죄인에 대하여는 사회가 항상 자기를 방위·보호할 필요가 있어 범죄인은 사회방위처분을 받아야 하며(성격책임 내지 사회적 책임론), ③ 형벌은 일반인에 대한 위하보다는 범죄인을 교화·개선하여 사회에 복귀시킴으로써 범죄를 방지함을 목적으로 하고(특별예방주의), ④ 형벌이 목적형·교육형이므로 부정기형도 인정되고 형벌과 보안처분은 성질을 같이한다는 점에 있다.

3. 신고전학파

47a 신고전학파(neo-klassische Schule)는 고전학파의 기본사상을 유지하면서도 다음의 두 예외를 인정하였다. ① 고전학파의 엄격한 형벌제도에 탄력성을 인정한다. ② 고전학파가 주장한 자유의사에 기반한 책임이론에 대하여 행위자의 주관적 측면을 고려한다. 이태리의 Rossi, 프랑스의 Garraud, Joly 등이 주장하였다.

47b 형벌과 책임에 대한 고전학파의 엄격한 태도로 인하여 유럽 제국에서는 범죄에 대하여 창의적이고 건설적인 대응을 하기 어려웠으며, 고전학파의 형법체계는 현실적으로 대중의 상식과 과학적 인식에 부합하지 않는 것으로 드러났다. 이에 고전학파의 사상을 완화하려는 구상이 등장하였다. 고전학파의 사상에 대하여 위의 예외를 인정함으로써 신고전학파는, ① 자유의사가 여러 이유로(예컨대 책임무능력, 정신이상 등으로) 존재하지 않는 경우 또는 저감되는 경우가 있다. ② 행위자의 심신(心身)의 상태에 따라서 형벌 감경의 사유가 있을 수 있다. ③ 책임능력의 저감으로 인하여 형벌을 감경할 수 있다. ④ 책임능력에 관한 감정을 위하여 전문가를 법원에서 활용한다는 구상을 전개할 수 있었다. 신고전학파는 인간이 자유의사의 존재라는 고전학파의 원리를 수정함으로써, 과학이 행위자의

주관적 상태를 범죄론에서 고려하게 하는 최초의 시도였다고 평가받았다.

4. 비 판

48 형벌이론에 대한 결합설 그리고 범죄이론에 있어서 객관주의와 주관주의의 절충은 고전학파와 근대학파 사이의 논쟁에 관하여도 어느 학파의 주장이 절대적으로 타당하다는 결론을 내릴 수 없게 한다.[1] 이러한 의미에서 형법학파의 논쟁은 역사적 의미를 가질 뿐이라고 하겠다.[2] 즉 고전학파는 ① 인간을 자유의사의 주체인 추상적 인격자(Person)로만 보고 인과율에 의하여 지배받고 있는 구체적인 인간(Mensch)을 보지 못하였을 뿐만 아니라, ② 형벌과 보안처분의 개념상의 구별을 강조한 나머지 실질적인 동질성을 간과하였다고 할 것이며, 반대로 근대학파는 ① 인간의 면은 강조하였으나 인간이 가지고 있는 인격을 보지 못하였고, ② 형벌의 논리적 성격을 무시하고 형벌과 보안처분을 동일시한 것도 잘못이라는 비판을 면할 수 없다. 인간의 자유의사는 자연과학적으로 입증되지 않는 전제이나, 자유의사를 가진 인간이 동시에 인과율에 의하여 지배받는다는 것도 부정할 수 없다. 이러한 의미에서 형법학파의 논쟁에 관하여도 고전학파의 이론을

---

1 이미 1892년에 Adolf Merkel은 통합설(절충설)을 주장하였다. 그는 신파가 응보설을 거부한 것은 잘못이라고 지적한다. 왜냐하면 응보의 관념은 정의감에 터 잡은 것이어서 사실상 목적의 고려를 담고 있다는 것이다. 즉 목적의 관념과 정의의 관념은 서로 모순관계에 있는 것이 아니라 (+극과 −극처럼 양자가 동시에 존재하는) 극성의 관계에 있는 것이라고 한다. 응보론의 토대로 통용된 빈딩의 규범이론에 대하여는, 범죄를 법규범의 위반으로 보아, 복종을 요구하는 국권에 대한 공격이라고 보는 빈딩의 이론은, 법규범을 (빌헬름 텔의 총독인) '게슬러의 모자'의 역할을 하게 만든 것이라고 비판한다. 즉 강압적 복종(게슬러의 모자)과 의무감을 동기로 하는 준수(규범)의 차이를 무시하고 있다는 것이다. 메르켈은 목적형이론에 대하여도 비판을 가한다. 이들은 범죄자의 '위험성'이라는 개념을 통하여 사법적으로 계량화 할 수 없는 범주를 도입한 것이며, 이것이 체계적으로 적용되는 경우 한편으로는 '형법의 영역'의 부당한 축소를, 다른 한편으로는 지나친 확대를 가져온다고 한다. 목적형이론은 유럽의 법제도의 골간을 근본적으로 바꾸는 근거를 제공하며, 동시에 지금까지 유럽적 문화적 삶의 조건과 긴밀하게 연관되어 있고, 특히 가치 있는 것으로 여겨지던 성격들을 소멸시키고 있다는 것이다. Adolf Merkel *Vergeltungsidee und Zweckgedanke*, 1892, Vormbaum *Moderne deutsche Strafrechtsdenker*, 2011, S. 248, 254에서 인용.

2 구파에 대한 신파의 도전으로 전개되었던 형법학의 신구파 논쟁은 이론적으로는 절충설이 등장하고, 제도적으로는 (독일의 경우 1933년) 보안처분 제도 및 상습범 가중처벌 규정이 도입됨으로써 신파의 구상이 관철되는 것으로 일단락되었다. 독일에서 나치의 집권이 이 제도 도입의 촉매가 되었다는 점은 부인할 수 없으나, 스위스의 경우 1893년에 보안처분이 포함된 형법안이 구상되었고, 독일의 경우 나치가 청산된 후에도 보안처분 제도는 활용되고 있다는 점에서, 이를 반드시 정치상황과 관련시켜 이해할 것은 아니다. F. Muñoz Conde "Das Erbe Franz von Liszts" Hassemer-FS, 2010, S. 558.

기초로 하면서도 근대학파의 주장을 고려하여 이를 개선하였다고 할 수 있는 신고전주의를 기초로 이해하여야 한다. 형법도 책임무능력 및 한정책임능력을 고려하고 있다는 점에서 신고전주의를 취하고 있다고 할 수 있다. 우리나라에 보안처분 제도가 존재하지 않던 시대에는 행위자의 위험성이 존재함에도 불구하고 이에 대한 아무런 대응책 없이 책임을 조각 내지 감경하는 데 대하여 우려의 목소리가 있었지만,[1] 현재는 치료감호와 보호관찰 등 보안처분 제도가 작동되고 있어서 그러한 우려는 감소되었다.

1 유기천 221, 337~338면.

제2편

범죄론

제 1 장　범죄의 기본개념

제 1 절　범죄의 의의와 종류　§5

Ⅰ. 범죄의 의의

형법은 범죄와 범죄에 대한 법률효과인 형벌과 보안처분을 규정하고 있다. 범죄론의 연구대상은 전자 즉 범죄이며, 범죄가 무엇인가를 밝히는 것이야말로 범죄론의 과제이다. 1

1. 범죄의 개념

범죄의 개념은 형식적 범죄개념과 실질적 범죄개념으로 나누어 검토할 필요가 있다. 2

(1) **형식적 범죄개념**　형식적 범죄개념(der formale Verbrechensbegriff)은 범죄를 형벌법규에 의하여 형벌이 부과되는 행위라고 정의한다. 범죄를 실질적으로 정의하지 않고 형벌의 부과대상이 되는 행위라고 형식적으로 정의함으로써, 형법학의 대상인 범죄의 범위를 확정하고 죄형법정주의의 보장적 기능의 구현을 가능케 하는 범죄개념이다. 형벌이 부과되기 위하여는 행위가 범죄성립요건, 즉 구성요건해당성과 위법성 및 책임성을 갖추어야 한다.[1] 따라서 이 범죄개념은 현재의 법률적 의미의 범죄만을 지칭하기 때문에, 어떤 행위를 범죄로 해야 할 것인가에 대하여는 기준을 제시하지 못한다는 결점이 지적된다.[2] 3

(2) **실질적 범죄개념**　실질적 범죄개념(der materielle Verbrechensbegriff)이란 법질서가 어떤 행위를 형벌로써 처벌할 수 있는가, 즉 범죄의 실질적 요건이 무엇인가를 밝히는 범죄개념을 말한다. 형법은 사회의 기본적이고 중요한 가 4

1　이에 관하여는 *infra* 5/6 이하 참조.

2　Jescheck/Weigend S. 50; Maurach/Zipf S. 161; Noll S. 22; Roxin 2/1.

치를 보호하기 위한 최후의 수단이다. 따라서 형벌은 부과할 절실한 필요성이 있을 때에만 부과되어야 한다. 즉 실질적 범죄개념은 범죄란 형벌을 부과할 만한 수위에 이른 불법(strafwürdiges Unrecht)일 것을 요하며,[1] 그것은 사회적 유해성(Sozialschädlichkeit)[2] 내지 법익침해의 반사회적 행위를 의미한다.[3] 사회적 유해성이란 사회공동생활의 존립과 기능을 현저히 침해하는 성질을 말한다. 형법이 단순한 도덕이나 윤리를 강제하는 기능을 가져서는 안 된다는 것도 실질적 범죄개념의 당연한 결론이다. 그러나 실질적 범죄개념은 입법자에게 어떤 행위를 범죄로 할 것이며 그 한계가 어디까지인가에 대한 기준을 제시하는 데 그칠 뿐, 형법의 해석에 관하여는 간접적인 역할을 하는 데 그친다. 실질적 범죄개념은 형사정책과 밀접한 관련을 갖는다. 이러한 의미에서 이 개념은 범죄의 형사정책적 의의라고도 할 수 있다.

2. 범죄의 본질

5 범죄의 본질에 관하여는 권리침해설·법익침해설 및 의무위반설이 제시되어 있다. 권리침해설은 범죄를 권리에 대한 침해라고 설명한다. Feuerbach에 의하여 주장된 이론이다. 그러나 권리침해설은 권리침해를 내용으로 하지 않는 범죄를 설명하지 못하고, 권리도 법을 떠나서 인정될 수 없으므로 순환론에 지나지 않는다는 비판을 받는다. 범죄를 의무위반으로 이해하는 의무위반설도 모든 의무위반을 범죄로 파악할 수는 없다는 비판을 면치 못한다. 따라서 종래의 다수설은 범죄의 본질을 법익의 침해 또는 그 위태화에 있다고 보는 법익침해설[4]을 취하고 있었다. 법규범의 침해는 법규범에 의하여 보호되는 법익을 침해한다. 그러나 법익을 보호하는 것만으로 법적 평화와 법적 안정성이 보장되지는 않는다. 이 때문에 형법은 국민에게 법익보호의 '의무'도 부과한다. 범죄의 본질을 법익침해라고 보는 것은 결과반가치(Erfolgsunwert)만을 고려하는 입장이지만, 형법은 범죄를 규정함으로써 행위의 의도 그리고 행위실행의 방법과 정도도 문제삼는다.

---

1 Gallas *Beiträge zur Verbrechenslehre*, S. 16; Jescheck/Weigend S. 50.
2 Maurach/Zipf S. 162; Rudolphi SK Vor § 1 Rn. 1; Roxin "Schuld und Verantwortlichkeit als Systemkategorien", Henkel-FS S. 174.
3 이형국 연구, 98면; 정영석 75면.
4 김일수/서보학 16면; 신동운 73면; 유기천 6면; 진계호 92면.

즉 결과반가치뿐만 아니라 행위반가치(Handlungsunwert)도 고려의 대상으로 한다. 이러한 의미에서 범죄는 법익침해임과 동시에 의무위반이라고 해야 하며,[1] 법익침해설과 의무위반설을 결합하여 범죄의 본질을 파악함이 타당하다고 생각된다.[2]

Ⅱ. 범죄의 성립조건 · 처벌조건 · 소추조건

1. 범죄의 성립조건

6 형식적 의미의 범죄는 구성요건에 해당하는 위법하고 책임 있는 행위를 의미한다. 따라서 범죄가 성립하기 위하여는 구성요건해당성과 위법성 및 책임이 있어야 한다. 이를 범죄의 성립조건이라고 하며, 이 가운데 어느 하나라도 갖추지 못하면 범죄는 성립하지 않는다.

7 **(1) 구성요건해당성** 구성요건해당성(Tatbestandsmäßigkeit)이란 구체적인 사실이 범죄의 구성요건에 해당하는 성질을 말한다. 형법 각 본조(형법각칙)가 규정하는 구성요건은 금지된 행위를 추상적 · 유형적으로 규정하고 있다. 이를 추상적 구성요건(abstrakter Tatbestand) 또는 법적 구성요건(gesetzlicher Tatbestand)이라고 한다. 구체적 범죄사실이 추상적 구성요건에 해당하면 구성요건해당성이 인정되며, 구성요건에 해당하는 행위만이 범죄가 될 수 있다. 아무리 반사회적 · 반도덕적 행위라 할지라도 구성요건에 해당하지 않을 때는 범죄라고 할 수 없다.

8 **(2) 위 법 성** 위법성(Rechtswidrigkeit)이란 구성요건에 해당하는 행위가 법률상 허용되지 않는 성질을 말한다. 범죄가 성립하기 위하여는 구성요건해당행위가 전체 법질서에 위배되어야 한다. 구성요건은 위법한 행위를 유형적으로 규정한 것이므로 구성요건에 해당하는 행위는 원칙적으로 위법하다고 할 수 있다. 그러나 구성요건에 해당하는 행위도 예외적으로 허용되는 경우가 있다. 예컨대, 정당방위에 의하여 사람을 살해한 때에는 살인죄의 구성요건에는 해당하

1 Jescheck LK Vor §13 Rn. 6-11; Jescheck/Weigend S. 51; Sch/Sch/Lenckner Vor §13 Rn. 11; Welzel S. 5; Wessels/Beulke Rn. 15.

2 손해목 95면; 이형국 연구, 100면; 임웅 66면; 정성근/박광민 70면.

지만 위법성이 조각되어(=정당화되어) 범죄가 되지 않는다.

9 (3) **책 임** 책임(Schuld)이란 당해 행위를 한 행위자에 대한 비난가능성을 말한다. 구성요건에 해당하고 위법한 행위라 하더라도 행위자에게 책임이 없을 때에는 범죄가 되지 않는다. 따라서 형사미성년자나 심신상실자의 행위 또는 강요된 행위는 책임이 없기 때문에 범죄가 성립하지 않는다.

2. 범죄의 처벌조건

10 처벌조건(Strafbarkeitsbedingung)이란 범죄가 성립한 경우에 형벌권의 발생을 위하여 필요한 조건을 말한다. 처벌조건은 범죄의 성립조건과 구별하여야 한다. 처벌조건은 ① 처벌조건이 없어 벌할 수 없는 행위도 범죄임에는 변함이 없으므로 이에 대한 정당방위가 가능하며, ② 처벌조건에 대한 인식은 고의의 내용이 되지 아니하므로 이에 대한 착오는 범죄의 성립에 영향이 없고, ③ 처벌조건이 없는 경우에도 공범의 성립이 가능하며, ④ 범죄성립요건을 결한 경우에는 무죄판결을 선고함에 반하여 처벌조건이 없는 때에는 형의 면제판결을 한다는 점에서 범죄의 성립조건과 차이가 있다.

처벌조건에는 객관적 처벌조건과 인적 처벌조각사유가 있다.

11 (1) **객관적 처벌조건** 성립한 범죄에 대하여 형벌권의 발생을 좌우하는 외부적·객관적 사유를 객관적 처벌조건이라고 한다. 예컨대, 파산범죄에 있어서 파산의 선고가 확정된 때(채무자 회생 및 파산에 관한 법률 제650조, 제651조) 또는 사전수뢰죄에 있어서 수뢰후 공무원 또는 중재인이 된 사실(제129조 2항)이 여기에 해당한다. 객관적 처벌조건이 충족되지 않으면 처벌되지 않는다. 따라서 그 불충족 사유를 객관적 처벌조각사유(sachliche Strafausschliessungsgründe)라고도 한다.

12 (2) **인적 처벌조각사유** 인적 처벌조각사유(persönliche Strafausschliessungsgründe)란 이미 성립한 범죄에 대하여 행위자의 특수한 신분관계로 인하여 형벌권이 발생하지 않는 경우를 말한다. 예컨대, 형을 면제하는 중지미수에 있어서 자의로 중지한 자(제26조), 친족상도례에 있어서 직계혈족·배우자·동거친족 등의 신분(제328조 1항)이 여기에 해당한다.

3. 범죄의 소추조건

13 범죄가 성립하고 형벌권이 발생한 경우에도 그 범죄를 소추하기 위하여 소송법상 필요한 조건을 소추조건 또는 소송조건(Prozeßvoraussetzung)이라고 한다. 소추조건은 범죄의 성립이나 형벌권의 발생과는 관계없는 공소제기의 유효조건에 지나지 않는다는 점에서 범죄의 성립조(요)건이나 처벌조건과 구별된다. 처벌조건이 없는 경우에는 형면제의 실체재판을 하여야 하지만, 소송조건이 결여된 때에는 공소기각 등의 형식재판을 하게 된다.

형법이 규정하고 있는 소추조건에는 친고죄와 반의사불벌죄가 있다.

14 (1) **친 고 죄** 친고죄(Antragsdelikte)란 공소제기를 하기 위하여는 피해자 기타 고소권자의 고소가 있을 것을 요하는 범죄를 말한다. 고소가 있어야 공소를 제기할 수 있는 범죄라는 의미에서 이를 '정지조건부범죄'라고 한다. 친고죄를 인정하는 이유에는 두 가지가 있다. 하나는 범죄에 대한 공소제기를 허용하는 것이 오히려 피해자에게 불이익을 초래할 우려가 있는 경우이며(비밀침해죄), 다른 하나는 범죄가 경미한 경우(모욕죄)이다.

15 (2) **반의사불벌죄** 피해자의 명시한 의사에 반하여 공소를 제기할 수 없는 범죄를 반의사불벌죄라고 한다. 피해자의 의사와 관계없이 공소를 제기할 수 있으나, 피해자가 처벌을 희망하지 않는다는 의사를 명백히 한 때에는 처벌할 수 없다는 점에서 '해제조건부범죄'라고도 한다. 폭행죄나 명예훼손죄가 여기에 해당한다.

Ⅲ. 범죄의 종류

16 범죄는 여러 가지 기준에 의하여 다양하게 분류될 수 있다. 범죄를 죄질의 경중에 따라 중죄(crimes) · 경죄(délits) · 위경죄(contraventions, 違警罪)로 분류하거나(프랑스), 중죄 · 경죄(Verbrechen · Vergehen(독일), felony · misdemeanor(영 · 미))로 나누는 입법례도 있으나, 형법은 이러한 분류를 취하지 않고 '범죄'라는 단일한 명칭을 사용하고 있다(경범죄 처벌법상 '경범죄'라고 불리는 범죄들이 있지만 이들도 '범죄'임에는 차이가 없다). 범죄를 보호법익에 따라 나눌 때는 개인적 법익에 대한 죄, 사회적 법익에 대한 죄 및 국가적 법익에 대한 죄로 분류할 수 있으나, 여기서는 총론상 문제되는 범죄의 종류만을 살펴보

기로 한다.

1. 결과범과 거동범

17 결과범(Erfolgsdelikte)이란 구성요건이 결과의 발생을 요건으로 하고 있는 범죄, 즉 행위뿐만 아니라 결과의 발생도 구성요건에 속하는 범죄를 말한다. 실질범(Materialdelikte)이라고도 한다. 살인죄 · 상해죄 · 강도죄 · 손괴죄 등의 대부분의 범죄가 여기에 해당한다. 결과적 가중범도 결과범의 특수한 형태에 속한다. 이에 반하여 구성요건의 내용이 결과의 발생을 요하지 않고 법에 규정된 행위를 함으로써 충족되는 범죄를 거동범(단순거동범)(Tätigkeitsdelikte) 또는 형식범(Formaldelikte)이라고 한다. 예컨대, 주거침입죄(제319조) · 무고죄(제156조) · 위증죄(제152조) 등이 거동범에 해당한다. 결과범과 거동범을 구별하는 실익은 결과범에 있어서는 행위와 결과 사이에 인과관계를 요한다는 점에 있다.

2. 침해범과 위험범

18 보호법익의 침해 정도에 따라 범죄는 침해범과 위험범으로 나눌 수 있다. 법익의 현실적 침해를 요하는 범죄를 침해범(Verletzungsdelikte)이라고 하며, 보호법익에 대한 위험의 야기만으로 구성요건을 충족하는 범죄를 위태범 또는 위험범(Gefährdungsdelikte)이라고 한다. 예컨대 살인죄 · 상해죄는 침해범이며, 유기죄(제271조) · 업무방해죄(제314조) · 방화죄(제164조) · 통화위조죄(제207조)는 위험범이다.

19 위험범은 구체적 위험범과 추상적 위험범으로 구분된다. 법익침해의 구체적 위험, 즉 현실적 위험의 발생을 요건으로 하는 범죄를 구체적 위험범(konkrete Gefährdungsdelikte)이라고 함에 대하여, 구성요건적 행위 자체가 법익침해의 일반적 위험성을 갖는 범죄를 추상적 위험범(abstrakte Gefährdungsdelikte)이라고 한다. 예컨대 현주건조물방화죄(제164조) · 공용건조물방화죄(제165조)는 추상적 위험범이고, 자기소유건조물방화죄(제166조 2항) · 일반물건방화죄(제167조)는 구체적 위험범이다. 구체적 위험범에 있어서는 위험의 발생이 구성요건요소이기 때문에 위험에 대한 인식이 고의의 내용이 됨에 반하여("공공의 위험을 발생하게 한 자"(제166조 2항, 제167조)), 추상적 위험범에 있어서는 위험이 입법이유이지만 범죄의 요소로 규정되어 있지 않다는 점에 차이가 있다.

결과범과 거동범, 침해범과 위험범은 구별의 기준을 달리하는 것이므로 거동범도 침해범이 있을 수 있다.[1] 추상적 위험범은 대부분 거동범에 속한다.[2] 20

3. 계속범과 상태범

구성요건적 행위가 시간적 계속을 요하는가에 따라 범죄는 계속범과 상태범으로 구별된다. 계속범(Dauerdelikte)이란 구성요건적 행위가 위법상태의 야기뿐 아니라 시간적 계속을 요하므로 행위의 계속과 위법상태의 계속이 병행하는 범죄를 말한다. 체포감금죄 · 주거침입죄가 여기에 해당한다. 이에 반하여 구성요건적 결과의 발생과 동시에 범죄도 완성되는 범죄를 상태범(Zustandsdelikte) 또는 즉시범이라고 한다. 살인죄 · 상해죄 · 절도죄 등이 여기에 속한다. 21

계속범과 상태범은 공소시효의 기산점과 공범의 성립시기에 차이를 가져오므로 구별의 의의가 있다. 즉 공소시효는 범죄가 종료된 때부터 진행되므로 계속범에 있어서는 위법상태가 종료된 때가 시효의 기산점이 되며, 상태범에 있어서는 구성요건적 결과의 발생시가 시효의 기산점이 된다. 계속범에 있어서는 범죄가 기수로 된 이후에도 행위가 계속되는 동안 공범이 성립할 수 있으나 상태범에 있어서는 범죄가 기수로 된 이후에는 공범이 성립하지 못한다. 22

상태범과 즉시범을 동의어로 파악하지 않고 범죄가 기수로 된 이후에 위법상태가 계속되는가의 여부에 따라 양자를 구별하는 견해[3]도 있다. 그러나 이 구별은 형법상 별다른 실익이 없으므로 양자는 동의어로 파악함이 타당하다고 생각된다.[4]

4. 일반범과 신분범 및 자수범

정범이 될 수 있는 행위자의 범위에 따라 범죄는 일반범과 신분범 및 자수범으로 구별될 수 있다. 23

(1) **일 반 범** 일반범(Allgemeindelikte. 더 정확하게는 allgemein begehbare Delikte(누구든 저지를 수 있는 범죄)이다)이란 누구나 행위자(정범)가 될 수 있는 범죄를 말한다. 구성요건에 단순히 "…한 자"라고 규정되어 있는 범죄는 모두 일반범이다. 24

1 Noll S. 59.
2 유기천 96면.
3 김일수/서보학 150면; 이형국 74면; 정성근/박광민 78면; 정영석 84면; 진계호 105면.
4 배종대 192면; 박상기 82면; 오영근 98면; 유기천 96면; 임웅 85면.

25 (2) **신 분 범** 신분범(Sonderdelikte)이란 구성요건이 행위의 주체에 일정한 신분을 요하는 범죄를 말한다. 여기서 신분이란 범인의 인적 관계인 특수한 지위나 상태를 말한다. 신분범에는 진정신분범과 부진정신분범이 있다. 진정신분범(眞正身分犯, echte Sonderdelikte)이란 일정한 신분 있는 자에 의하여만 범죄가 성립하는 경우를 말하며, 위증죄(제152조)·수뢰죄(제129조)·횡령죄(제355조)가 여기에 속한다. 이에 반하여 부진정신분범(不眞正身分犯, unechte Sonderdelikte)이란 신분 없는 자에 의하여도 범죄가 성립할 수 있지만 신분 있는 자가 죄를 범한 때에는 형이 가중되거나 감경되는 범죄를 말한다. 존속살해죄(제250조 2항)·업무상 횡령죄(제356조)·영아살해죄(제251조)가 여기에 해당한다. 신분범에 있어서 신분 없는 자는 그 죄의 정범이 될 수는 없으나, 공범이 될 수는 있다.

26 (3) **자 수 범** 자수범(自手犯, eigenhändige Delikte)이란 행위자 자신이 직접 실행해야 범할 수 있는 범죄, 즉 구성요건의 자수에 의한 직접적 실현에 의하여만 범죄의 특수한 행위반가치가 실현될 수 있는 범죄를 말한다. 위증죄(제152조)·피구금자간음죄(제303조 2항), 군무이탈죄(군형법 제30조 1항) 등이 여기에 속한다. 자수범에 있어서 직접 실행행위를 하지 않은 자는 정범인 단독정범·공동정범과 간접정범이 될 수 없을 뿐이며, 협의의 공범은 될 수 있다.

§6 제 2 절 행 위 론

Ⅰ. 서 론

1. 행위론의 의의

1 범죄란 '구성요건에 해당하는 위법하고 유책한 행위'이다. 범죄는 행위이며, 형벌은 행위를 매개로 하여 인간(행위자)에게 부과된다. 따라서 범죄가 성립되기 위하여는 인간의 행동의 행위성이 있어야 한다.[1] 범죄성립의 제 단계, 즉 구성요

1 행위 개념을 거치지 않고 구성요건 충족을 논하는 이론적 시도가 있지만 타당하지 않다. 행위론의 번잡성 내지 공리공론성을 비판하는 의도는 수긍할 수 있지만, ① '무엇이' 구성요건을 충족하는가 하는 물음에 이 이론은 대답하기 어렵다. ② 행위가 아니라 행위자의 성향을 그 답으로 본다면 행위없이 처벌하는 것이 가능하다. 예컨대 신파의 Kollmann과 같은 학자는 행위는 범죄

건해당성, 위법성, 책임은 이 행위의 술어 내지 속성인 것이다. 그래서 행위는 범죄성립요건론(=범죄론) 체계의 최상위의 개념으로서의 지위를 갖는다. 행위론은 인간 행위가 무엇인가에 대한 일반적 인식을 토대로 하여 그 행위이해와 범죄론 체계와의 관련성을 탐구하는 분야로서, 일정한 방법론 위에서 범죄의 모든 발생형태(고의범, 과실범, 작위범, 부작위범, 미수범)를 포괄하는 행위개념을 모색한다.[1]

2 행위론이 다루는 행위는 앞서 언급한 바와 같이 구성요건해당성·위법성·책임을 술어로 하는 주어로서의 실체인 행위로서, 이는 논리적으로 구성요건해당성의 이전 단계에서의 행위이다('전(前)구성요건적 행위'). 행위론은 대체로 ① 인간 행위의 구조, ② 행위의 사회적 의미, ③ 행위에 대한 결과의 귀속의 문제를 둘러싸고 전개되었다. 형법상의 행위는 인간 행위의 보편적 구조에 부합하는가 아니면 범죄행위의 독특한 구조가 있는가, 행위의 사회적 의미를 어떻게 찾을 것인가, 행위에 결과가 귀속되는 근거는 무엇이며, 어느 범위에서 결과가 귀속될 수 있는가가 문제된 것이다. 또 행위로서의 자격을 갖추지 못한 인간의 행동거지(行動擧止)는 행위가 아니며, 이 비행위(非行爲)를 행위에서 배제하는 기준의 제시 역시 행위론의 문제가 된다.[2] 행위의 개념을 둘러싸고 자연(과학)주의적 행위론(인과적 행위론), 목적론적 행위론(목적적 행위론), 그리고 다양한 단서에서 출발하는 사회적 행위론이 모색되었다.

2. 행위개념의 기능

3 형법상의 행위개념을 정립하기 위하여는 행위론이 형법에서 어떤 기능을 수행해야 하는가를 인식할 필요가 있다. 형법에서의 행위론의 기능이 밝혀지면 그러한 기능을 다할 수 있는 이론이 바로 올바른 행위론이라고 해야 하기 때문이다.

4 1) 한계기능 행위론은 형법적 의미에서의 행위와 비행위를 구별하여 처벌의 대상이 아닌 비행위인 거동은 행위에서 제외시킬 수 있는 것이어야 한다. 이

성의 징표에 불과한 것으로 본다(*supra* 4/35 참조). 이러한 시각이 교육형의 사상과 결합하는 경우 행위 없이도 범죄성이 드러나는 때에는 (교육)형을 부과하는 이론구성이 가능하다. 이는 법치국가원리의 중대한 위반이 된다. ③ 형법은 '행위'라는 용어를 여러 곳에서 사용하고 있다. 따라서 형법해석학은 이의 규명을 위한 노력을 피할 수 없다.

1 Wessels/Beulke Rn. 85.

2 Wessels/Beulke Rn. 86; Arthur Kaufmann "Die ontologische Struktur der Handlung", H. Mayer-FS, S. 81; Jescheck "Der strafrechtliche Handlungsbegriff in dogmengeschichtlicher Entwicklung", Eb. Schmidt-FS, S. 141.

를 한계기능(Abgrenzungsfunktion) 또는 한계요소(Grenzelement)라고 한다.

5 **2) 분류기능** 행위개념은 한계기능을 가지는 것만으로는 부족하고, 형법상 의미를 갖는 모든 종류의 행위, 즉 고의행위와 과실행위, 작위와 부작위를 통일적으로 파악할 수 있는 개념이어야 한다. 말하자면 행위개념은 '하나'여야 하고 고의행위개념과 과실행위개념, 작위행위개념과 부작위행위개념이 따로 있어서는 안 된다. 모든 범죄행위의 형태를 망라하여 모은다는 의미에서 분류기능(Klassifikationsfunktion)이라고 한다. 모든 범죄행위의 토대가 된다는 의미에서 토대요소(Grundelement)라고도 한다.

6 **3) 결합기능** 행위개념은 행위－구성요건해당성－위법성－책임－형벌의 순서로 이어지는 검토단계를 범죄론체계 안에서 연결하는 것으로서, 불법과 책임판단에 결합될 수 있는 것이어야 한다. 이를 결합기능(Verbindungsfunktion) 또는 결합요소(Verbindungselement)라고 할 수 있다.[1]

> 행위개념의 기능의 문제는 후술(6/17 이하)하는 사회적 행위론자들에 의하여 집중적으로 제기되었다. 즉 행위개념의 기능적 요구에 인과적 행위론과 목적적 행위론이 부응하지 못하였다는 것이다. 따라서 이 논의 자체가 양 행위론에 대한 사회적 행위론의 비판이었다.

Ⅱ. 행위개념의 내용

1. 인과적 행위론

7 **(1) 인과적 행위론의 내용** 인과적 행위론은 행위를 '의사에 기하여 외부세계에 야기된 인과과정'으로 본다. 이는 ① Kant적 인식, 즉 인과법칙이 지배하는 자연계와 자유의 법칙이 지배하는 인간의 예지계를 구분하고, 자연인과의 법칙에 따라 운행되는 자연계와는 달리 인간의 예지계에서는 인간의 의사에 기한 행위에 의하여 자연에 없던 인과연쇄를 새로이 야기함으로써 외부세계에 변

1 사회적 행위론자들이 행위개념의 기능으로서 열거한 것들은 명칭에서 차이가 있으나 내용은 대체로 같다. Maihofer는 한계요소, 토대요소, 결합요소를 들고 있고 Stratenwerth도 같다. Jescheck은 한계기능, 분류기능, 결합기능을 들면서 이에 '정의(定義)기능'을 추가하고 있다. Maihofer "Der soziale Handlungsbegriff", Eb. Schmidt-FS S. 159; Stratenwerth "Die Bedeutung der finalen Handlungslehre für das schweizerische Strafrecht" SchwZStW 81, 182; Jescheck/Weigend S. 219.

화를 가져 온다는 인식[1]과, ② 이와 같이 인간에 의하여 야기된 인과과정이야말로 자연과학적으로 파악할 수 있는 것이라는 인식에 터잡고 있다. 이로써 인과적 행위론은 "인간(의 의사)에 의하여 비롯되고 외부세계에 변화를 초래한 인간의 움직임"을 '행위'로서 파악한다. 인과적 행위론의 대표자인 Liszt는 행위를 "유의적 거동에 의한 외계의 변화"라고 하였다.[2]

7a 인과적 행위론은 행위를 '유의성을 갖는 일정한 거동'으로 보는 데 특징이 있다. 이로써 그것이 '인간의' 행위임을(유의성), 그리고 인간의 '행위'임을(거동성) 확인한다. 여기서 행위는 일정한 목적표상(예컨대 결과)을 실현하는 인간의 움직임으로 파악되지 않고, 목적표상을 실현하는 제 조건을 설정하는 인간의 움직임으로 파악된다. 예컨대 갑이 A를 칼로 찔러서 살해하는 행위를, 갑의 A에 대한 유의적인 출혈야기(=사망의 조건설정)로 본다. 갑의 행위가 (인간의) 인과과정의 야기로 환원되고 있으며, 그 의미를 결정하는 요소인 의사의 내용(살인의 의도)은 행위의 차원에서는 고려되지 않고, 후에 범죄성립을 검토하는 '책임'의 단계에서 고려된다(고의책임을 지울 것인가 과실책임을 지울 것인가).

8 (2) **인과적 행위론에 대한 비판** 인과적 행위론은 유의성과 거동성을 행위요소로 보고 의사를 행위에 대한 인과과정으로 파악하고 있지만 이에 대하여는 다음과 같은 비판이 제기된다.

(i) 인과적 행위론은 유의성에 입각한 거동을 행위로 보기 때문에 행위의 의미를 제대로 파악하지 못한다. 인간 행위의 의미는 유의성에 기한 인과적 조건의 설정에서 나오는 것이 아니라, 이러한 과정의 의미를 부여하는 요소, 즉 행위자의 목적표상과의 관련에서 나온다.[3] 갑이 A를 마구 때려 많은 피를 흘리게 한 행위가 살인미수행위인가 상해행위인가, 폭행(치상)행위인가는 행위자의 의사방

1 인간의 삶에도 자연인과의 법칙에 따르는 면이 있지만(현상적 인간, *homo phaenomenon*), 인간은 자연적 인과의 연쇄(내적, 외적 인과적 영향. 예컨대 허기, 성욕, 질투심 등)를 끊고 행위할 수 있다(예지적 인간, *homo noumenon*). 이를 인간의 '소극적 자유'라고도 한다. 나아가 인간이 적극적으로 행위 함에 있어서는 '자유의 법칙'이 지배한다. 예지계를 '자유의 법칙'이 지배한다고 하는 이유는, 이때의 인간의 행동이 자의적으로 이루어지는 것이 아니라 자율적으로, 즉 자기입법을 통해서 타인과의 공존(=자유의 공존)이 이루어진다는 것을 의미한다. 범죄는 이러한 공존조건(=법)의 파괴이다.

2 Beling은 행위를 '의욕된 신체활동'으로 정의하였으며, 후에 '복합적 행위론'을 주장한 Mezger는 '의욕된 작위 또는 부작위'로 정의하였다. 주관주의적 경향을 갖는 정영석 교수는 행위를 '의사에 의한 신체적 동작 또는 태도'라고 정의한다.

3 Jescheck/Weigend S. 220.

향을 도외시해서는 판단할 수 없다. 미수에서 의사의 내용이 필수적 요소라면 결과가 발생한 기수에서도 그것은 필수적으로 고려되어야 한다.

(ii) 인과적 행위론은 행위의 요소로서 거동성을 요구하기 때문에 거동성이 없는 부작위를 행위로 볼 수 없게 된다. 부작위의 본질은 기대되는 의사형성을 하지 않아서 기대되는 인과과정을 야기하지 않은 데 있다. 따라서 작위는 갖추고 있으나 부작위는 갖추고 있지 않은 거동성은 양자에 공통되는 상위개념의 요소가 될 수 없다.[1]

(iii) 인과적 행위론은 행위와 의미있는 연관이 없는 결과에 연결되는 거동까지도 행위에 포함된다고 보게 되어 한계기능을 수행하지 못한다.[2]

8a 인과적 행위론은 후술할 목적적 행위론이 등장하기 전까지 인간행위에 관한 자연적 이해로 여겨져서 별다른 명칭도 없이 통용되어 왔다. 목적적 행위론이 자신의 이론과 구별할 목적으로 이전의 행위관에 대하여 이름을 붙인 것이 '인과적 행위론'이다. 인과적 행위론자들은 이러한 비판에 대하여 나름의 대응을 하였으나 설득력 있는 옹호론을 제시하지 못하였다.

2. 목적적 행위론

9 **(1) 목적적 행위론의 내용** 목적적 행위론은 인간의 행위를 목적론적으로 파악한다. 즉 행위는 행위자가 목적을 선취하고(=설정하고) 이를 달성하기 위하여 인과과정을 지배조종하는 과정으로 파악한다. Aristoteles의 목적론적 사유방식, 사고심리학(Denkpsychologie), 현상학 특히 Nicolai Hartmann의 윤리학에 토대를 두고 Hans Welzel이 구상한 이론이다.

10 (i) 목적적 행위론은 행위를 인간의 '목적실현 활동의 수행'이라고 본다. 인간은 인과적 지식을 기초로 하여 자신의 활동이 가져올 결과를 일정 범위에서 예견하여 목표를 설정하고, 이 목표를 달성하기 위하여 인과과정을 지배조종한다.[3] 목적적 행위론은 행위가 야기하는 인과성을 전제하면서, 맹목적으로 전개되는 인과과정의 눈을 뜨게 하여 목적한 방향으로 향하게 한다고 본다. 목적적 행위조

1 Jescheck/Weigend S. 220; Sch/Sch/Lenckner Vor § 13 Rn. 27; Maihofer Eb. Schmidt-FS S. 159.
2 Sch/Sch/Lenckner Rn. 27; Stratenwerth/Kuhlen 6/5; Arthur Kaufmann H. Mayer-FS S. 93.
3 Welzel S. 33, Welzel *Das neue Bild des Strafrechtssystems*, 4.Aufl. S. 1.

종은 두 단계로 실행된다. 제 1 단계에서는 행위자가 목표를 설정하고 목표를 달성하기 위하여 필요한 수단을 선택하며 목표달성과 결합된 부수적 효과를 고려하고, 제 2 단계로 행위자는 그의 행위를 현실세계에 실현시킨다.[1] 이와 같이 목적적 조종에 의하여 실현된 결과만이 목적적으로 초래된 것이라고 할 수 있으며, 행위의 목적성은 행위자가 설정한 목적의 실현의사라고 할 수 있다.

11

(ii) 목적적 행위론은 인간 행위 일반의 구조론으로 구상된 것이었으나—따라서 '인간의 모든 행위는 목적적 행위이다'—이것이 형법해석학의 토대로 되면서 목적성은 '고의'로 이해되었다.[2] 즉, 행위의 목적적 요소는 구성요건 실현을 위한 목적적 행위의사로서의 고의이며, 행위는 바로 이 고의의 실현이다.[3] 이 객관적 요소와 주관적(=목적적) 요소를 갖는 행위를 구성요건에 포섭함에 있어서 양자를 공히 고려하지 않고 고의를 (구성요건요소가 아니라) 책임요소로 보는 것은 구성요건의 온전성을 파괴하는 것이다. 목적적 행위론에서 고의는 책임요소가 아니라 구성요건요소('주관적' 구성요건요소)가 된다.[4]

구성요건에 해당하는 행위를 '불법'이라고 한다면 그 행위의 핵심적 내용을 이루고 있는 고의는 마땅히 주관적 불법요소가 된다.[5]

12

(iii) 목적적 행위론은 과실행위도 행위에 포함시킬 수 있다고 본다.

그러나 그 이론구성에서는 변화가 있었다. Welzel은 처음에는 과실범에서의 결과는 목적적으로 실현된 것이 아니라 맹목적·인과적으로 발생한 것이지만, 이 결과는 목적적 행위를 통하여 회피할 수 있었던 것이므로 고의범과 과실범은 이 점에서 행위로서의 공통요소를 갖는다고 보았다.[6] 이에 대하여 Niese는 이 목적성은 현실적으로 존재한 목적성이 아니라 잠재적인 상태에 있는 것에 불과하기 때문에 이것이 과실행위를 목적적 행위로 만들 수는 없다고 비판하고, 과실행위에서 중요한 것은 목적성이 아니라 법적으로 승인되지 않은 일정한 결과의 야기라고 주장하였다. 이 비판에 대하여 Welzel은 이를 수용하면서도 과실행위의 본질적인 요소는 결과의 야기가 아니라 '행위 수행의 태양', 즉 주의의무 위반에 있다고 주장하였다.

---

1 Welzel S. 34~35, Welzel *Das neue Bild*, *a.a.O.* S. 2.
2 Welzel *Das neue Bild*, *a.a.O.* S. 8.
3 Welzel S. 64.
4 Welzel *Das neue Bild*, S. 8.
5 Welzel S. 61. 불법의 개념에 관하여는 *infra* 9/1 이하 참조.
6 Welzel S. 129.

과실범의 구성요건은 사회통념상 요구되는 주의를 위반한 행위수행을 대상으로 한다.[1] 목적적 행위론은 과실행위도 목적적 행위이지만 그것은 형법상 의미 있는 결과에 대한 목적적 조종을 의미하는 것은 아니라고 하였다.

13 (2) **목적적 행위론에 대한 비판** 목적적 행위론은 20세기 중엽 독일 형법학 논의의 핵을 이룬 이론이다. 목적적 행위론은 '행위'의 이론으로서는 다수설이 되지 못하였지만[2] 형법이론 전반, 특히 범죄론 체계에 미친 영향은 크다.

종래 책임요소로 인정되어 오던 고의와 과실은 목적적 행위론에 의하여 주관적 구성요건요소 내지 주관적 불법요소로서의 지위를 갖게 되었고, 고의와 불가분적으로 결합된 것으로 여겨지던 위법성의 인식은 고의에서 분리되어 책임의 요소가 되었으며, 법률의 착오가 책임설에 의하여 해결되게 되었고, 위법성이론에 있어서도 주관적 정당화요소가 인정되게 되었다. 이와 같이 목적적 행위론이 범죄론에 미친 영향은 종래의 범죄론의 내용을 근본적으로 변화시킨 혁명적인 것이었으며,[3] 이러한 결론은 목적적 행위론을 취하지 않는 많은 학자들에 의하여도 받아들여지고 있다.[4]

그러나 목적적 행위론이 행위론으로서의 기능을 충족하는가에 대하여는 많은 비판이 제기된다.

14 (i) 목적적 행위론은 행위의 존재론적 구조를 해명함으로써 인과적 행위론의 자연주의적 행위개념을 극복하려는 데 의의가 있었다. 행위의 존재론적 구조로서의 행위의 목적성은 행위의 의미를 부여하는 요소로서, 입법자 자신도 제약하는 행위의 '사물논리구조'(=사리(事理))에 속하는 것이라고 보았다. 그러나 이러한 행위 일반의 존재론적 구조 요소로서의 '목적성'이 어느 순간 행위자의 심리적 의사(고의)로 둔갑하였다. 이리하여 목적적 행위론은, 인과적 행위론의 '인과성'과 마찬가지로, 그 자신이 피하려고 했던 자연주의적 요소('심리적 의사')를 행위개념 속에 온존시킴으로써, 이른바 자연주의적 목적독단에 빠졌다는 비판을 받게 되었다.[5]

15 (ii) 목적적 행위론에 의하면 행위의사는 인과적 과정을 지배조종하는 인자

1 Welzel S. 130.
2 진계호 40면; 황산덕 48면 이외에 이건호, 김종원 교수가 목적적 행위론을 취하고 있다.
3 Maurach/Zipf S. 197; Sch/Sch/Lenckner Vor § 13 Rn. 30.
4 Jescheck/Weigend S. 213.
5 Maihofer Eb. Schmidt-FS S. 160.

이다. 그러나 인간의 일상적 삶에서 목표를 설정하고 그 목표에 따라 인과과정을 의식적으로 지배조종하는 경우는 오히려 적다.[1] 따라서 이러한 행위 이해는 현실과는 거리가 있는 이념형적 이해라고 하지 않을 수 없다. 목적적 행위론의 난점은 과실행위의 이해에서도 나타난다. 목적적 행위론자들이 과실을 목적적 행위로 보려는 시도를 하였지만 설득력은 없는 것이었다. 대부분이 결과범인 과실범의 경우 그 결과의 발생이 행위자의 (과실)행위의 인과적 결과라는 점은 분명하지만, 그 결과가 '목적적' 지배조종의 결과라고 볼 수는 없다. 목적적 조종은 행위목표와의 관계에서만 목적적이라고 할 수 있기 때문이다.[2] Welzel이 지적하는 행위조종의 '부주의'는 행위의 목적성의 요소가 될 수 없다. 결국 목적적 행위론은 고의범과 과실범의 공통적인 행위개념을 얻는 데 실패하였다.[3]

(iii) 목적적 행위론은 부작위의 구조를 설명하는 데 적합하지 않다. 16

Welzel은 부작위의 행위성을 '잠재적 목적성'으로 설명한다. 즉 무위(無爲, Nichtstun)를 부작위로 만드는 것은 (그 상황에서) 구체적으로 가능한 잠재적·목적적 행위지배이기 때문에 부작위에는 현실적 의사활동이 필요한 것이 아니라 가능적 의사활동(möglicher Willensakt)이 필요하다고 주장한다.[4]

부작위에는 목적성의 실현을 위한 '인과과정의 지배조종'이 존재하지 않는다. 단지 인과적 지식을 통한 예견과 그에 입각한, 기왕에 진행되는 인과과정에 대한 방치가 있을 뿐이며, 나아가 망각범과 같은 경우에는 고의 또는 인과과정의 지배로 볼 만한 아무런 심적·물적 요소가 존재하지 않는다. 행위기대의 위배를 목적적 행위라고 할 수는 없다.[5] 이렇게 볼 때 목적적 행위론은 부작위범을 포섭할 수 있는 상위개념으로서의 행위개념을 정립하지 못하였다.[6]

3. 사회적 행위론

사회적 행위론은 종래의 행위론이 행위개념이 가져야 할 형법학상의 기능에 17

1 Wessels/Beulke Rn. 92.
2 Jescheck/Weigend S. 221; Sch/Sch/Lenckner Rn. 32; Jescheck Eb. Schmidt-FS S. 149.
3 Bloy "Finaler und sozialer Handlungsbegriff", ZStW 90, 646.
4 Welzel S. 201.
5 Sch/Sch/Lenckner Vor §13 Rn. 31; Jescheck Eb. Schmidt-FS S. 149.
6 그래서 목적적 행위론의 대표자 중의 한 사람인 Armin Kaufmann은 부작위는 행위가 아니라고 한다. 그의 *Dogmatik der Unterlassungsdelikte*, 1959 참조.

부응하는 행위개념을 얻는 데 실패하였음을 지적하면서, 이를 가능케 하는 행위개념을 모색하였다.

18 사회적 행위론은 하나의 통일된 행위론으로 파악하기 어려울 정도로 학자에 따라 그 내용에 많은 차이를 보이고 있다. 사회적 행위론은 객관적 행위경향에 중점을 두는 견해(Eb. Schmidt, K. Engisch, Maihofer)와 주관적 목표설정을 중시하는 견해(Jescheck, Wessels) 및 행위의 인격적 구조를 중요시하는 견해(Arthur Kaufmann, E.A. Wolff)로 구분할 수 있다. 그러나 이러한 행위론은 모두 행위개념의 공통된 기준으로 사회성 또는 사회적 중요성을 들고 있다는 점에서 일치한다.

19 **(1) Eberhard Schmidt의 사회적 행위론** 사회적 행위론의 창시자인 Eb. Schmidt는 행위는 인간의 사회적 삶의 차원에서만 문제가 된다는 인식에서 출발한다.[1] 사회적 환경과 만나서 이루어지는 인간의 행동거지는 행위자의 의사와는 다른 의미를 갖는 경우가 있다. 따라서 무엇이 행위인가 그리고 무엇이 행위의 의미인가는 객관적 · 사회적으로 이해하여야 한다. 행위는 사회공동체에서의 '기능적 · 사회적 의미단위'이며 이는 사회생활에서의 관념 · 경험 및 관습에 따라서 이해되어야 한다.[2]

20 Eb. Schmidt는 ① 인과적 행위론이 행위를 신체활동으로 설명하려고 한 점에서 잘못이 있음을 지적한다. 구성요건적 결과가 적극적인 신체의 움직임에 의하지 않고 발생한 때에는 자연주의적 인과적 행위론은 적용기반을 상실하기 때문이다.[3] ② 행위의 사회적 의미가 행위자의 의사를 도외시해서는 확인될 수 없지만, 행위자의 의사는 제한된 의미만을 가질 뿐이고, 사회적 맥락에서 행위의 의미는 행위자의 의사와는 다르게도 판단될 수 있다고 한다.[4] 그의 행위론이 Welzel의 행위론과 다른 점은 여기에 있다. 그는 "행위란 그 결과가 타인의 생활영역에 미치고 규범적 관점에서 사회적 의미단위로 나타나는 유의적(有意的) 행태"라고 정의한다. '유의적' 행태[5]를 형법상 의미 있는 행위라고 보는 점에서 그

---

1 Eb. Schmidt "Soziale Handlungslehre", K. Engisch-FS S. 340.

2 Eb. Schmidt *a.a.O.* S. 341. Eb. Schmidt는 객관적으로 사리에 적합한 의사의 치료행위가 살인 또는 상해행위가 될 수 없는 것은 사회적 행위론의 결론이라고 한다(S. 347).

3 Eb. Schmidt *a.a.O.* S. 341.

4 Bloy ZStW 90, 612.

5 행태는 Verhalten의 번역어이다. 이는 behavior에 대응하는 말로서, 작위(action, Tun)와 부작위(omission, Unterlassen)를 포괄할 수 있는 개념의 폭을 가지고 있다.

의 행위론은 인과적 행위론을 발전시킨 것으로 평가할 수 있지만, 행위에서 '거동성' 요소를 배제하고, 행위의 내용으로 '사회적 중요성'을 요구함으로써 자연주의적 사고에서 벗어나고자 한 데 사회적 행위론으로서의 특색이 있다.

Eb. Schmidt에 의하여 주장된 사회적 행위론은 한편으로는 K. Engisch와 Maihofer에 의하여 행위의 객관적 경향을, 다른 한편으로는 Jescheck과 Wessels에 의하여 주관적 측면을 강조하는 방향으로 발전하게 된다.

21 (2) **객관적 사회적 행위론** Eb. Schmidt가 구상한 사회적 행위론은 K. Engisch와 Maihofer에 의하여 객관적 방향으로 전개되었다. Engisch는 결과의 행위에의 귀속은 행위자의 주관적 목적성보다 더 넓게 인정하지 않을 수 없음을 지적하면서 '객관적 목적적 행위론'[1]을 주장하였고, Maihofer는 객관적 방향으로 더 극단화하여 행위자의 유의성 및 주관이라는 '자연주의적' 요소를 제거하고 행위(의 의미)를 객관적으로만 파악하는 '객관적 사회적 행위론'을 전개하였다.

21a (i) Engisch의 객관적 목적적 행위론 목적적 행위론에 의하면 결과가 행위에 귀속되기 위하여는 그 결과가 행위자의 목적성(고의)에 속하는 것이어야 하였다. 그러나 과실범의 경우는 물론 미필적 고의의 경우에도 결과귀속은 목적성의 범위 밖에서 이루어진다. 따라서 Engisch는, 행위란 '맹목적으로' 전개되어 나가는 인과의 경과를 행위자가 '눈을 뜨게 하여' 일정한 목적으로 향하여 전개되어 나가도록 지배조종하는 것이라는 목적적 행위론의 기본착상을 인정하면서도, 이러한 귀속의 문제를 해결하기 위하여는, 행위자가 목표로 했던 결과 또는 회피할 수 있었던 결과 대신에 '통찰력 있는 자'가 객관적으로 예견할 수 있는 결과까지를 행위는 포괄하는 것으로 이해해야 한다고 주장하였다. 이에 따라 그는 행위를 "사회적으로 중요한, 예견가능한 결과의 유의적 야기"라고 정의하였다.[2]

22 (ii) Maihofer의 객관적 사회적 행위론 인간의 거동이 갖는 사회적 의미는 행위자의 주관에 의해서가 아니라 '사회적 시각'에서 정해진다. 그런데 인과적 행위론과 목적적 행위론은 행위개념에서 이른바 '자연주의적 요소'를 온존시킴으로써 '사회적 의미의 차원'이 자리잡기 어렵게 만들었다. 인과적 행위론은 유의성(심적 요소)과 거동성(신체적 요소)을, 목적적 행위론은 (행위의 사회적 의미

1 Karl Engisch *Kohlrausch Festschrift*, 1944, S. 161.
2 Karl Engisch *a.a.O.* S. 160~161.

를 찾는다는 취지에도 불구하고) (심리적) 목적성을 불식하지 못하였다. 이 목적성은 유의성이라는 심적 요소를 목적성이라는 다른 심적 요소로 대치한 데 불과한 것이기 때문이다. 따라서 사회적 의미를 획득한다는 차원에서 볼 때 의미획득의 한 소재에 지나지 않는 경험적, 자연주의적 요소를 행위개념에서 완전히 제거하고 오로지 사회적 의미 요소에 의하여만 행위의 본질을 파악하여야 할 필요가 있다. 그래서 Maihofer는 행위를 "사회적인 인간의 행태"라고 정의하였다.[1]

23 Maihofer의 사회적 행위론에서도 사회성의 개념에는 목적적 요소가 중요한 역할을 한다. 그러나 Maihofer가 말하는 목적성의 의미는 Welzel의 그것과 구별된다.[2]

24 Welzel에 있어서 목적성은 주관적 목적성을 의미하지만 Maihofer의 목적성은 객관적 목적성을 말한다. 행위의 사회적 의미는 (행위자의 주관을 파악함으로써가 아니라) 타인의 입장에 섬으로써 파악할 수 있다. 인간은 타인의 관점에 설 수 있는 능력을 가진 존재이며, 이로써 자신의 행위의 의미를 이해하고 자신의 행위를 사회적 의미체로 지배형성할 수 있다.[3] 한편 Welzel이 목적성을 현실적 목적성으로 본 데 비하여 Maihofer는 이를 잠재적 목적성으로 보았다. 행위의 결과는 현실적으로 목적한 범위 외에서도 발생한다. 따라서 행위가 가져오는 결과란 현재적 목적성의 범위 내가 아니라 '잠재적 목적성'의 범위 내에 있다.[4] 이 잠재적 목적성의 범위 내에서 이루어진 것이 '사회적으로 잘못된 성취물'(soziale Fehlleistung)로서 행위자에게 귀속되는 것이다.

25 Maihofer는 행위란 "객관적으로 예견가능한 사회적 결과에 대한 객관적으로 지배할 수 있는 일체의 행태"라고 정의하고,[5] 행위개념이 지적으로는 행위결과에 대한 객관적 예견가능성에 의하여, 의지적으로는 인간에 의한 행위의 객관적 지배가능성에 의하여 결정된다는 결론을 내렸다.

26 Maihofer는 이러한 착상을 토대로 일반귀속론을 주장하였다. 그에 의하면 ① 행위에는 '인간으로서 가능한 것'이 귀속되며, ② 위법성은 '일반인'으로서 가

1 Maihofer *a.a.O.* S. 163ff.
2 Bloy ZStW 90, 635.
3 Maihofer *a.a.O.* S. 170.
4 Maihofer S. 173.
5 Maihofer S. 178.

능한 것에 대한 귀속판단이며, ③ 책임은 '행위자'로서 가능한 것에 대한 귀속판단이다. 범죄성립의 각 단계를 이렇게 귀속의 수준의 시각에서 재구성함으로써 범죄성립의 제 평가단계의 성격을 더 명확하게 이해할 수 있게 된다. 이런 시각에서 볼 때 행위에는 무릇 인간으로서 행할 수 있는 행동과 그 결과가 귀속된다. 그리고 이러한 귀속은 행위자의 주관은 고려하지 않는 객관적 판단으로 이루어진다.

27 **(3) 주관적 사회적 행위론** Jescheck은 인과적 행위론과 목적적 행위론이 행위개념을 완전히 설명하지 못하는 이상 인과성과 목적성 및 법적 행위기대를 포섭하는 평가적인 상위개념을 모색하여야 하며, 이러한 Synthese가 사회적 행위론의 의의라고 보았다.

28 Jescheck은 인간이 인과적 과정을 조종하는 능력으로 인하여 자연계에서 탁월한 지위를 갖는 것이므로 인간행태의 존재적인 기초는 목적성에 있다고 한다.[1] 이러한 의미에서 Jescheck의 사회적 행위론은 목적적 행위론을 수용한다.[2] 그러나 Jescheck은 이러한 목적성이 형법상의 모든 행위에 타당한가에 의문을 제기한다. 고의에 의한 행위에 있어서 행위는 목적성과 일치하지 않는다. 목적성이라 할지라도 외적 현상으로 나타나지 않으면 형법상의 행위라고 할 수 없고, 목적성이 없어도 고의가 있다고 보아야 할 행위(예컨대 자동적·충동적 행위)도 있다. 목적적 행위론이 과실을 목적적 행위에 포함시키는 것은 더욱 의문이다. 행위수행의 조종은 행위목표와 관련되어야 목적적이라 할 수 있음에도 불구하고 과실행위에 있어서 행위목표는 형법상 의미를 갖지 않는다. 목적성은 부작위의 구조를 설명하는 데도 적합하지 못하다. 부작위에는 목적성의 특징이라고 할 수 있는 목표설정과 이의 달성을 위한 인과요소의 지배조종도 없다. 따라서 작위와 부작위는 존재론적으로 통일될 수는 없으며 그 통일은 규범의 차원에서만 가능하다.[3]

Jescheck은 모든 형태의 행위를 포섭할 수 있는 새로운 행위이론이 사회적 행위론이라고 하면서, 행위를 "사회적으로 의미 있는 인간의 행태"(sozialerhebliches menschliches Verhalten)라고 정의하였다.[4] 여기서 행태란 인간에게 요구된 행위가

1 Jescheck/Weigend S. 222.
2 Jescheck Eb. Schmidt-FS S. 150.
3 Jescheck은 이러한 의미에서 형법상의 행위개념을 순수한 법적 개념이라고 하였다(*a.a.O.* S. 152).
4 Jescheck/Weigend S. 223.

능성에 대한 대응을 의미하고, 그것이 인간들 사이에 기대되는 역할(mitmenschliche Rolle)로 나타날 때 사회적 중요성을 갖게 된다. 사회적 중요성은 목적성의 수행(고의), 목적성의 개입에 의하여 조종할 수 있었던 결과의 야기(과실범) 또는 법적 행위기대(부작위)에 의하여 결정된다.[1] 사회적 행위개념을 이와 같이 이해할 때 그것은 구체적 내용을 가진 기본개념이 되며, 그 실질적 내용은 목적성과 인과성 및 행위기대의 요소로 이루어지고, 이 요소의 상위개념이 바로 사회적 중요성이라고 하였다.

4. 인격적 행위론

29 (1) **인격적 행위론의 내용** 인격적 행위론(personale Handlungslehre)은 인간이 물질 · 생명 · 심리와 정신에 의하여 구성된 복합적 존재이므로 인간의 행위도 인간을 구성하는 복합적 요소를 고려하여 파악해야 한다는 점에서 출발한다. 즉 형사책임의 첫 단계인 행위는 인간의 거동을 그 인간 자신의 행위로 볼 수 있느냐를 문제삼아야 한다. 그런데 인간이 동물과 구별되는 결정적인 기준은 인격(Personhaftigkeit)에 있고, 인격이란 정신적 자기의식과 자기처분의 능력을 의미하며, 이러한 인간의 존재론적 자유가 인간의 윤리적 책임의 기초가 된다.[2] 그러므로 행위란 인격의 객관화(Objektivation der Person)[3] 또는 인격의 발현(Persönlichkeitsäußerung)[4]을 의미한다고 한다. 여기서 인격적 행위론은 행위란 "인격의 표현으로 의사에 의하여 지배되거나 지배가능한 인과적 결과에 대한 책임 있고 의미 있는 형성물을 말한다"고 결론 내리고 있다.[5]

30 (2) **인격적 행위론에 대한 비판** 인격적 행위론은 행위를 인격의 객관화라고 정의함으로써, 동물의 행동이나 인간의 무의식적, 반사적 행동을 행위에서 제외하여 한계기능을 발휘하고, 형법적 평가에 선행하는 행위의 실체를 제시함으로써 연결기능도 수행한다고 주장한다. 그런데 인격적 행위론은 행위를 인격의 객관화라고 하면서도, 인격의 객관화의 의미는 사회생활의 맥락에서 형성

---

1 Jescheck Eb. Schmidt-FS S. 151.

2 Arthur Kaufmann "Die ontologische Struktur der Handlung", *Schuld und Strafe*, S. 32.

3 Arthur Kaufmann *a.a.O.* S. 22.

4 김일수 114면; 손해목 166면; Roxin "Der Begriff der Handlung in der neueren deutschen Strafrechtsdogmatik"(김일수 역 형법학방법론), 142면.

5 강구진 "형법상의 행위론"(고시계 1984. 5), 119면; Arthur Kaufmann *a.a.O.* S. 47.

되는 객관적 의미에 따라 해석해야 한다고 주장한다는 점에서, 이도 사회적 행위론의 테두리 내에 있는 행위론이라고 할 수 있다.[1] 사회적 행위론에서 말하는 행위의 사회적 의미는 구성요건해당성의 의미와 반드시 일치하지는 않는다. 그렇다면 행위를 '인격의 객관화'로 치환한다고 해서 행위개념이 감당해야 할 연결기능을 수행할 수 있게 되는 것은 아니다. 오히려 행위를 인격의 객관화로 보는 것은 '인간의 거동은 행위'라고 보는 결과가 되어, 이 행위개념의 한계기능의 수행은 불가능하게 될 것으로 보인다. 이러한 의미에서 인격적 행위론도 타당하다고 할 수 없다.

5. 이원적 행위론

30a

Wolff는 종래의 행위론이 인간의 삶의 맥락 전체를 보지 않고 구성되었다는 점에서 '위축된 행위론'이라고 비판하면서, 행위의 개인적(인격적) 차원과 (법적) 사회적 차원 전체를 고려하는 이원적 행위론을 주장하였다.[2] 인과적 행위론은 유의성과 거동성만을 행위의 핵심표지로 봄으로써 다양한 범죄의 유형을 포착하는 데 실패하였다.[3] 목적적 행위론은 목적표상의 설정 자체를 주어진 것으로 볼 뿐 이 자체가 갖는 사회적 의미를 파악하지 못하고 있다. 그래서 행위자가 자신이 설정한 목적 달성의 성패에만 주목하고, 그것이 금지되어 있음 즉 자신의 행위가 장래 형성할 사회적 의미를 파악하지 못한다. Wolff에 의하면, 행위자의 목표의 설정 자체가 '나'의 자유의 결단이며 이의 수행은 행위자의 인격적 결단에 의한 것이다. 따라서 행위는 행위자의 인격의 현실화라고 할 수 있다(개인적(인격적) 행위론). 그러나 행위는 사회라는 상호승인의 대타관계 속에서 이루어지는 것이기 때문에 사회적 차원을 갖게 된다(법적 사회적 행위론). 예컨대 행위자가 책임무능력자인 경우 형법의 규범적 요구는 무력하고 무의미하다. 그러나 행위는 사회적 차원을 갖기 때문에 타자의 입장에서 볼 때 책임무능력자의 행위도 불법으로 포착할 수 있게 된다. 따라서 행위개념은 주체의 현실화라는 면에서 개인적 행위이며, 여기에 타자의 이해가 작용하는 사회적 행위의 차원이 부가되며, 이 양자의

1 이형국 연구, 131면; 심헌섭 전게논문, 101면.
2 Ernst Amadeus Wolff, "Das Problem der Handlung im Strafrecht," Radbruch Gedächtnisschrift, 1968, 291면 이하, 301면.
3 E. A. Wolff, *a.a.O.* 293면.

결합이야말로 범죄라는 사회적 사건의 현실성으로 이해해야 한다고 주장한다.[1]

Ⅲ. 형법상의 행위개념

31 사회적 행위론자들은 인과적 행위론과 목적적 행위론이 형법상의 행위론으로서 수행해야 할 기능을 다하지 못한다는 점을 밝혔다. 이들 자신은 행위의 '사회적 의미'를 적절하게 파악하기 위하여, 자연주의적 행위기술 및 행위자의 심리적 사실에 지나치게 의존하는 행위개념을 극복하기 위하여 다양한 방법론을 동원하였다. 사회적 행위론자들 중에는 자연주의적 요소를 완전히 제거함으로써 행위의 '사회적 의미'를 오히려 포착하기 어렵게 만들기도 하였다.[2]

32 생각건대 행위는 인간의 내적 의식의 과정임과 동시에 사회적 의미체로서 삶의 세계와도 관련을 갖는다. 따라서 형법상의 행위개념을 정립함에 있어서는 심리적 실재와 사회적 소여를 동시에 고려하여야 한다. 나아가 행위개념은 형법상의 개념이므로 형법학의 요구도 반영하여야 한다. 이러한 요구를 가장 잘 충족하는 행위개념은 주관적 사회적 행위론이라고 할 수 있다.[3] 이 행위론은 행위의 '사회적 의미'의 원천이 되는 객관적인 사회적 맥락을 고려함과 동시에, 인간의 행동이 목적지향성을 갖는다는 점을 인정하면서도 사회적으로 의미있는 인간의 모든 행위가 그렇지는 않다는 점을 인정한다. 이러한 의미에서 이 행위론을 '목적적 · 사회적' 행위론이라고 할 수 있다. 이에 의하면 행위의 개념 속에 인과성, 목적성 그리고 (사회적 행위기대를 포함한) 사회성이 포함된 내용있는 행위개념으로서 고의 · 과실, 작위 · 부작위를 포함할 수 있게 된다.

Ⅳ. 행위개념과 범죄체계론

33 범죄란 구성요건에 해당하는 위법하고 책임 있는 행위이다. 범죄는 다양한

---

1 E. A. Wolff, *a.a.O.* 301면. 이 행위개념의 이원성에 대하여는 비판도 제기되었지만, "인간은 몸과 마음의 결합체"라는 정의가 성립될 수 있는 것처럼, 행위의 개념으로서 의미 있게 성립될 수 있다고 한다.

2 Maurach/Zipf S. 200.

3 우리나라의 다수설의 입장이다. 박상기 65면; 손해목 166면; 신동운 89면; 이형국 90면; 임웅 97면; 정성근/박광민 112면.

요소들(주관적, 객관적, 사실적, 규범적 요소)의 복합체이기 때문에,[1] 이러한 요소들을 범죄성립요건의 어느 단계에서 검토하여 범죄의 성립을 체계적, 정합적으로 검토할 것인가가 문제된다. 이에 관한 이론을 범죄체계론이라고 하는바, 행위론은 이 범죄체계론을 구성하는 데 토대가 된다.[2,3] 인과적 행위론은 고전적 범죄체계를 형성하였고, 목적적 행위론은 목적적 범죄체계를 발전시켰다. 사회적 행위론은 독자적인 범죄체계론으로 발전하지 못하고 고전적 범죄체계나 목적적 범죄체계와 결합하는 데 그쳤다. 우리나라에서는 범죄체계론으로서 일반적으로 고전적 범죄체계, 신고전적 범죄체계, 목적적 범죄체계 및 신고전적·목적적 범죄체계(합일태적 범죄체계)를 들고 있다.[4,5]

34 (1) **고전적 범죄체계** Beling과 Liszt에 의하여 대표되는 이론이다. 인과적 행위론을 체계의 기초로 하며, 범죄의 객관적 요소와 주관적 요소를 엄격히 구별하여, 객관적 요소는 구성요건해당성과 위법성에 속하고 모든 주관적 요소는 책임에 속한다고 이해한다. 따라서 이 체계에서는 고의와 과실은 책임요소가 되고, 책임의 본질에 관하여는 심리적 책임론이 적용되는 점에 특색이 있다.

35 (2) **신고전적 범죄체계** Mezger에 의하여 대표되는 이론이다. 인과적 행위론 내지 인과적 행위론에 기초한 사회적 행위론(Mezger 자신은 이를 '복합적' 행위론이라고 한다)에 입각하여 고전적 범죄체계를 유지하면서 이를 내부에서 수정한 범죄체계이다. 신칸트학파 철학의 영향 아래 자연과학적 방법 이외에 정신과학적 방법(가치 및 그 평가의 인정)을 통하여 범죄를 이해함으로써, 형법이 추구하는 목적과 가치관념을 범죄 해석에 도입하여 이를 토대로 범죄론을 체계화하려는 이론이다. 이 체계는 구성요건의 단계에서 규범적 구성요건요소와 (일부) 주관적 구성요건요소를 인정하고, 책임의 단계에서는 규범적 책임론의 인식인 비난가능성을 책임의 본질로 승인한 점에 특색이 있다.

---

1 이러한 요소들을 범죄성립요건, 특히 구성요건에서 어떻게 고려하여야 할 것인가에 관하여는 *infra* 8/1 이하; 특히 3 이하 참조.

2 Ebert S. 26; Wessels/Beulke Rn. 102.

3 행위론을 설명함에 있어서 이에 관하여는 거의 언급하지 않았지만(약간의 언급은 *supra* 6/13 참조), 행위론 논쟁의 대부분은 사실 행위론이 범죄체계론에 가져오는 변화의 체계정합성을 둘러싸고 이루어졌다.

4 김일수/서보학 103면; 박상기 56면; 배종대 157면; 임웅 114면; 정성근/박광민 94면.

5 이는 독일 형법학에서의 범죄체계론의 발전과 일치한다. Gropp S. 99; Jescheck/Weigend S. 201; Roxin 8/10ff; Wessels/Beulke Rn. 817.

36 (3) **목적적 범죄체계** Welzel의 목적적 행위론을 기초로 하는 범죄체계이다. 목적적 행위론에 의하면 행위의 본질은 목적성에 있고 목적성은 고의와 동일시되므로 고의는 주관적 구성요건요소가 된다. 과실 역시 과실범 독자의 불법이 존재함을 해명함으로써, 과실을 책임의 단계에서가 아니라 구성요건 단계에서 검토하게 되어, 고의 구성요건과는 별도의 과실 구성요건을 인정하게 되었다. 이 체계에서는 고의가 구성요건요소가 됨에 따라 고의는 위법성의 인식과 분리되어 위법성의 인식은 독자적인 책임요소가 되고, 책임도 고의 · 과실과 관계없이 비난가능성이라는 순수한 규범적 책임개념으로 구성된 점에 특색이 있다.

37 (4) **신고전적 · 목적적 범죄체계** 신고전적 범죄체계와 목적적 범죄체계의 절충적 · 합일태적 범죄체계이며, 따라서 **합일태적 범죄체계**라고 하기도 한다. 이 체계에서도 목적적 범죄체계에서와 같이 고의와 과실은 불법을 기초짓는 주관적 구성요건요소가 된다. 불법은 결과불법과 행위불법으로 구성된다.[1] 위법성의 인식이 고의 · 과실과 분리된 독립된 책임요소인 점도 같다. 이 체계의 중요한 특색은 고의 · 과실의 이중기능을 인정한다는 점이다. 즉 고의와 과실은 구성요건요소로서 행위반가치의 판단대상이 되는 한편, 책임요소로서 심정반가치의 판단대상이 된다. 우리나라의 다수설은 이 합일태적 범죄체계를 취하고 있다.[2] 본서가 취하고 있는 입장도 신고전적 · 목적적 범죄체계이다.

§ 7 제 3 절 행위의 주체

Ⅰ. 서 론

1 범죄 행위의 주체가 될 수 있는 자는 누구인가(행위의 주체 내지 행위능력)? 형

---

1 종래 불법(구성요건 해당성의 실질적 내용)이론은 결과에 대한 반가치 판단에 터잡은 결과불법만을 중시해 왔으나(객관적 불법론) 반가치적 결과는 반가치적 행위가 없으면 실현될 수 없는 것이므로, 결과불법은 행위불법과 불가분의 관계에 있는 것이라고 보게 되어 불법은 결과불법과 행위불법으로 구성되는 것으로 인식되게 되었다. 이와 같이 불법을 객관적 결과불법과 주관적 행위불법의 결합으로 보는 견해를 인적 불법론이라고 한다. 인적 불법론은 이후 불법에 있어서 행위불법만을 강조하는 주관적 불법론으로 극단화되기도 하였다. 이에 관한 상세는 *infra* 9/7 이하 참조.

2 김일수/서보학 105면; 박상기 60면; 신동운 90면; 이형국 78면; 임웅 116면.

법에서 행위의 주체는 원칙적으로 자연인에 한한다. 자연인인 이상 연령이나 책임능력의 유무는 불문하며 형사미성년자와 정신병자도 행위의 주체가 될 수 있다. 문제는 자연인 이외에 법인도 행위의 주체가 될 수 있는가이다. 이것은 법인의 범죄능력에 관한 문제로 다루어진다.[1] 책임 없으면 형벌 없다는 책임원칙에 비추어 범죄의 주체와 형벌의 객체는 일치할 것을 요한다. 그런데 법인의 범죄능력을 부정한다면 법인을 처벌할 수 있는가라는 문제가 제기된다. 여기서 법인의 범죄능력과 함께 법인의 형사책임을 함께 검토할 필요가 있다.

2 범죄란 구성요건에 해당하는 위법하고 책임 있는 행위를 말한다. 따라서 범죄능력은 행위능력을 전제로 한다. 범죄능력과 행위능력, 즉 범죄의 주체와 행위의 주체를 같은 의미로 사용하는 견해[2]도 있지만, 범죄능력은 행위능력과 책임능력을 포함하는 개념이므로 엄격한 의미에서 양자는 동의어가 아니며,[3] 행위능력과 책임능력은 구별하여야 한다. 행위능력이란 불법을 행할 능력을 말하며 책임능력의 유무를 묻지 않기 때문이다.

Ⅱ. 법인의 범죄능력

1. 법인의 처벌과 법인의 범죄능력

3 (1) **비교법적 고찰** 법인의 범죄능력을 인정할 것인가에 대하여는 대륙법계와 영미법계의 태도에 차이가 있다. 범죄의 주체를 자연인으로 파악하는 대륙법계에서는 이를 부정함에 반하여, 실용주의적 형법관에 바탕을 두고 있는 영미법계에서는 법인 단속의 사회적 필요성을 중시하여 법인의 범죄능력을 인정하고 있는 것이다. 즉 대륙에서는 로마법 이래 "단체는 죄를 범하지 못한다"(societas delinquere non potest)라는 원칙이 적용되었다. 다만 게르만법과 중세 이탈리아법에서는 단체 특히 교회의 가벌성이 인정되었으나 18세기와 19세기의 전환기의 개인주의 형법사상은 법인의 범죄행위능력을 부정하게 하여, Feuerbach

1 원래 법인의 범죄능력의 문제는 행위능력의 문제라고 할 수 있다. 법인의 범죄능력을 독일에서 행위능력의 문제로 다루고 있는 이유도 여기에 있다. 그러나 우리나라에서는 법인의 형사책임과 관련하여 법인의 범죄능력을 논함에 있어서 행위능력과 책임능력을 구별하지 않는 것이 일반적인 경향이다.

2 정영석 77면; 진계호 97면.

3 김일수/서보학 135면; 배종대 204면; 이형국 연구, 160면.

가 개인책임의 원칙에 의하여 단체의 범죄행위능력을 부정한 이래 현재까지 독일의 통설은 법인은 책임능력이 없기 때문이 아니라 이미 행위능력이 없기 때문에 형사책임을 인정할 수 없다고 해석하고 있다.[1] 이에 반하여 영국에서는 common law상으로는 법인을 벌하지 않는다는 원칙이 적용되었으나 1840년의 Rex *v.* Birmingham Co. 사건에서 non-feasance(부작위에 의한 공도불수리〈公道不修理〉)의 경우에 법인의 형사책임을 인정한 이후 법인의 범죄능력을 널리 인정하고 있으며,[2] 영국의 영향을 받은 미국에서도 "죄를 범한 자"(Any person)에는 자연인뿐만 아니라 법인도 포함된다고 해석하고 있다.

4 우리나라에서도 법인의 범죄능력을 부정하는 것이 전통적인 견해라고 할 수 있다. 다만 행정형법, 특히 경제형법이나 환경형법의 분야에서 법인처벌의 폭이 확대되는 경향에 따라 법인의 형사책임과 관련하여 그 범죄능력을 재검토해야 한다는 주장이 제기되고 있다.[3]

5 (2) **법인의 본질과 범죄능력** 법인의 범죄능력을 부정하는 대륙법계의 전통은 법인부인설 또는 법인의제설을 배경으로 한다고 할 수 있다. 법인부인설은 물론, 법인은 법률의 의제에 의하여 인격이 인정되는 데 지나지 않는다고 보는 법인의제설에 의하면 법인의 범죄능력은 부정된다. 그러나 Gierke에 의하여 주장된 법인실재설이 민법에서 통설의 지위를 차지함에 따라 독일에서도 Liszt나 M.E. Mayer, Hafter 및 Busch 등이 이러한 관점을 형법에 도입하여 법인의 범죄능력을 인정하여야 한다고 주장한 바 있다. 그러나 법인의 범죄능력의 문제는 법인의 본질에 관한 사법상의 이론의 영향권 내에 있는 것이 아니라, 형법이론과 형사정책적 고려에 따라 판단해야 한다. 사법상의 법률효과의 귀속과 형법상의 범죄능력이 반드시 일치하는 것은 아니다. 따라서 법인의 본질과 범죄능력은 논리적으로 필연적인 관계에 있는 것이 아니며, 법인실재설을 취한다고 하여 반드시 법인의 범죄능력을 인정해야 하는 것은 아니다.

비교법적으로 볼 때 법인실재설이 지배하고 있는 독일에서는 법인의 범죄능력이 부

---

1 Jescheck/Weigend S. 227; Maurach/Zipf 1, S. 181; Roxin 8/58; Sch/Sch/Cramer Vor § 25 Rn. 119; Wessels/Beulke Rn. 94; Göhler "Die strafrechtliche Verantwortlichkeit juristischer Personen", ZStW 1978 Sonderheft, S. 100.

2 유기천 108면 주 215 참조.

3 김일수/서보학 137면; 유기천 108면; 정성근/박광민 87면.

정되고 있음에 반하여, 법인의제설을 취하고 있는 영미에서 오히려 법인이 범죄행위의 주체가 될 수 있다고 해석하는 이유도 여기에 있다.

2. 견해의 대립

6 법인의 범죄능력을 인정할 것인가에 관하여는 견해가 대립되고 있다. 긍정설과 부정설 및 부분적 긍정설이 그것이다.

7 (1) **부 정 설** 법인은 범죄행위의 주체가 될 수 없다고 해석하는 견해이다. 독일, 일본, 우리나라에서 통설[1]과 판례[2]가 취하고 있는 태도이다.

부정설의 논거는 다음과 같다. ① 범죄는 자연인의 의사활동에 따른 행위이므로 의사와 육체가 없는 법인은 이러한 행위의 주체가 될 수 없고, ② 법인은 결국 기관인 자연인을 통하여 행위를 하므로 그 자연인에게 형사책임을 인정하면 족하고 법인까지 처벌할 필요는 없고, ③ 법인을 처벌할 때에는 범죄와 관계없는 자까지 처벌하는 것이 되어 근대형법의 기본원칙인 개인책임과 자기책임의 원칙에 반하는 결과가 되며, ④ 책임은 위법행위에 대한 비난가능성을 의미하는데 법인에 관하여는 사회윤리적 비난이라는 의미에서의 책임비난을 귀속시킬 수 없고, ⑤ 법인의 인격은 법인의 목적에 의한 제한을 받으므로 범죄를 행하는 것은 법인의 목적범위 안에 속한다고 할 수 없으며, ⑥ 형법이 규정하고 있는 가장 중요한 형벌인 사형과 자유형은 법인에게 집행할 수 없으므로 형법은 자연인만 범죄의 주체로 인정하고 있다고 보아야 하고, ⑦ 법인이 기관의 범죄에 의하여 얻은 재산 또는 이익을 박탈해야 한다는 형사정책적 목적은 형벌 이외의 다른 수단에 의하여 달성해야 한다.

8 (2) **긍 정 설** 법인의 사회적 활동이 증대함에 따라 반사회적 활동도

1 박상기 71면; 배종대 212면; 손동권 106면; 손해목 218면; 안동준 57면; 이형국 110면; 정영석 78면; 정영일 80면; 조준현 120면; 진계호 96면; 황산덕 78면.

2 대법원 1984. 10. 10. 82 도 2595 전원합의체판결, "배임죄에 있어서 타인의 사무를 처리할 의무의 주체가 법인이 되는 경우라도 법인은 다만 사법상의 의무주체가 될 뿐 범죄능력이 없는 것이며, 그 타인의 사무는 법인을 대표하는 자연인인 대표기관의 의사결정에 따른 대표행위에 의하여 실현될 수밖에 없어 그 대표기관은 마땅히 법인이 타인에 대하여 부담하고 있는 의무내용대로 사무를 처리할 임무가 있다 할 것이므로, 법인이 처리할 의무를 지는 타인의 사무에 관하여는 법인이 배임죄의 주체가 될 수 없고 그 법인을 대표하여 사무를 처리하는 자연인인 대표기관이 바로 타인의 사무를 처리하는 자, 즉 배임죄의 주체가 된다."
동지: 대법원 1985. 10. 8. 83 도 1375; 대법원 1994. 2. 8. 93 도 1483.

격증하고 있는 현실에 비추어 법인의 범죄능력을 인정해야 할 형사정책적 필요가 있고 이론상 이를 인정할 수 있다는 견해이다. 우리나라의 소수설[1]의 입장이다.

긍정설의 논거는 다음과 같다. ① 법인의 범죄능력을 부정하는 것은 법인의 제설을 전제로 하는 것이나 법인실재설에 의하면 이는 타당하다고 할 수 없고, ② 법인은 그 기관을 통하여 의사를 형성하고 이에 따라 행위를 할 수 있으며 그 의사는 구성원인 개인의 의사와는 다른 법인의 고유한 의사이고 이를 기관의 행위에 의하여 실현하는 것이므로 법인에게도 의사능력과 행위능력이 있다고 해야 하고, ③ 법인의 기관의 행위는 기관의 구성원인 개인의 행위임과 동시에 법인의 행위라는 양면성을 가지므로 법인을 처벌한다고 하여 이중처벌이 되는 것은 아니며, ④ 책임능력을 형벌적응능력이라고 해석하면 이러한 능력은 법인에게도 있다고 해야 하고, ⑤ 법인이 사회적 존재로서 활동하는 행위는 법인의 목적범위 내에 속하는 것이므로 법인도 범죄행위를 행할 수 있고, ⑥ 재산형과 자격형은 법인에게도 효과적인 형벌이 될 수 있으며 생명형과 자유형에 해당하는 형벌로서 법인의 해산과 업무정지를 생각할 수 있고, ⑦ 법인의 반사회적 활동으로부터 사회를 방위하기 위하여는 법인의 범죄능력을 인정할 필요가 있다.

9 (3) **부분적 긍정설** 형사범에 있어서는 법인의 범죄능력을 부정하면서 행정범에 대하여는 이를 인정하는 견해[2]이다. 행정범에 있어서는 윤리적 요소가 약한 반면 행정적 단속목적이라는 합목적적 · 기술적 요소가 강하다는 것을 이유로 한다. 책임능력이나 형벌체계에 비추어 법인의 범죄능력은 일반적으로 부정하여야 하지만 법인 처벌의 명문규정이 있는 경우에는 법인의 행위를 인정할 수 있고, 따라서 범죄의 주체가 된다고 해석하는 견해도 부분적 긍정설의 범위에 속한다고 할 수 있다.[3]

3. 비 판

10 행정범에 대하여만 법인의 범죄능력을 인정하는 부분적 긍정설에 대하여는, 행정범의 개념 자체가 모호하고 행정범을 행정상의 의무위반에 대하여 형벌로

1 김일수/서보학 137면; 정성근/박광민 87면.
2 유기천 98면, 108면; 임웅 77면.
다만 유기천 108면에서는 행정범에 대하여도 법인의 형벌능력만을 인정하는 것으로 보인다.
3 권문택 형사법강좌 I, 126면; 신동운 112면; 오영근 143면.

제재하는 경우에는 형사범과 본질적인 차이가 없고, 특히 행정형법에 특수성이 있다고 해서 형법의 기본원리인 책임주의를 배제할 수는 없다는 비판이 제기된다.[1] 독일의 질서위반법(OWiG) 제30조가 법인의 형사책임에 관하여 형벌을 과하지 않고 범칙금에 처하도록 규정하고 있는 이유도 이러한 의미에서 이해할 수 있다.[2] 법인 처벌의 명문규정이 있는 경우에는 법인의 행위를 인정할 수 있다는 견해 역시 처벌규정만을 이유로 원래 행위의 주체가 될 수 없는 법인의 행위를 인정할 근거를 제시할 수 없으며, 범죄의 주체와 형사책임의 주체를 혼동하였다고 하지 않을 수 없다. 이러한 의미에서 부분적 긍정설은 타당하다고 할 수 없다.

법인의 범죄능력을 인정할 것인가의 문제가 법인의 본질과 아무런 논리적 관련이 없다는 점은 앞에서 본 바와 같다. 따라서 이는 법인의 행위를 인정할 수 있는가, 또 그것이 형법의 책임과 형벌체계에 일치할 수 있는가라는 문제에 귀착된다고 하겠다.

(1) **법인의 행위** 법인은 기관인 자연인을 통하여 행위하므로 형법적 평가에서 볼 때에는 자연인의 행위가 있을 뿐이고 법인의 행위란 법적 사유(思惟)의 산물에 지나지 않는다. 여기서 긍정설은 전통적인 행위개념에 의하여는 법인의 행위를 인정할 수 없으나 사회적 인격체로서 기관의 의사를 집행하는 구성원의 행위를 법인의 행위로 평가할 수 있다거나,[3] 법인도 의무의 수명자이므로 규범의 명령에 위반한 때에는 의무침해를 인정해야 한다고 한다.[4] 이는 사회적 행위론에 의하면 법인의 행위를 인정할 수 있다는 뜻으로 해석된다. 그러나 사회적 행위론이라 하여 의사연관을 전적으로 부정하는 것은 아니며, 특히 사람의 행위가 아닌 것을 형법상의 행위개념에 포함시킬 수는 없다. 사회적 행위론을 주장하는 학자들도 법인의 행위능력을 부정하는 이유가 여기에 있다.[5] 형법은 자연인의 행위만을 대상으로 하므로 법인에게는 그 자체의 행위능력을 인정할 수 없다. 11

(2) **법인의 책임능력** 책임을 인격에 대한 윤리적 비난가능성이라고 이해할 때에는 법인의 책임을 인정할 수 없으므로 범죄능력을 부정하지 않을 수 없 12

---

1 권문택 125면.
2 독일에서는 질서위반범도 법익침해의 면에서 볼 때 형사범과 구별될 수 없다는 이유로 법인이 행정범의 주체가 될 수 없다는 비판이 여전히 제기되고 있다(Maurach/Zipf S. 181; Göhler ZStW 90, 103).
3 권문택 128면; 정성근/박광민 85면.
4 Hirsch "Strafrechtliche Verantwortlichkeit von Unternehmen", ZStW 107, 289.
5 Jescheck/Weigend S.227; Wessels/Beulke Rn. 94.

다. 이에 대하여 긍정설은 책임은 법적·사회적 책임이며 책임의 윤리적 성격이 법인의 책임을 부정하는 결정적 이유가 될 수 없다고 한다.[1] 그러나 형법상의 책임은 자연적 의사를 가진 개인을 대상으로 하는 것이지 단체의 책임을 인정할 여지는 없다. 법인도 기관인 자연인에 의하여 행위할 수 있으므로 의사의 자유의 문제도 자연인의 경우와 같이 해결하면 족하다는 견해도 있다.[2] 그러나 책임은 행위시에 적법하게 행위할 수 있는 개인적인 능력, 즉 개인적 비난가능성을 의미한다고 해야 한다.

13 (3) **법인과 형벌** 형법이 규정하고 있는 사형과 자유형을 법인에게 과할 수 없다는 점에는 의문이 없다. 긍정설은 이에 대하여 법인에게는 사형이나 자유형에 해당하는 해산 또는 업무정지의 방법을 고려할 수 있으므로 법인도 자연인과 같이 벌할 수 있다고 한다.[3] 그러나 법인의 해산과 업무정지는 형법이 인정하는 형벌이 아니며, 또 이를 생명형이나 자유형과 같은 성질을 가진 형벌이라고 할 수도 없다.

문제는 법인의 범죄능력을 인정하여 법인을 처벌해야 할 형사정책적 필요성이 있는가이다. 긍정설은 법인을 처벌하지 아니하고 개인만을 처벌하는 것은 만족스럽지 않고 법인을 위하여 행위한 개인이 누구인가를 밝히는 데도 어려움이 있으므로 법인처벌의 필요성이 절실하다고 한다.[4] 그러나 형벌은 범죄를 저지른 개인에 대한 사회윤리적 반가치판단을 표현한 것이므로 형벌에 의하여 법인을 처벌하는 것은 형벌의 의미와 정당성에 반한다고 해야 하며 법인에 대한 제재는 형벌 이외의 다른 수단, 즉 범칙금이나 부담금 또는 수익몰수제도에 의하여 달성하는 것이 타당하다.

이러한 의미에서 법인의 범죄능력을 부정하는 부정설이 타당하다고 하겠다. 즉 법인은 처벌규정이 있는 경우에도 행위의 주체가 될 수는 없다.

---

1 김일수/서보학 139면; 정성근/박광민 86면.
2 Hirsch ZStW 107, 293.
3 김일수/서보학 139면; 유기천 108면; 정성근/박광민 86면.
4 Hirsch ZStW 107, 287.

Ⅲ. 법인의 처벌

1. 범죄능력과 형사책임

14 범죄능력과 형벌능력은 일치할 것을 요하는 것이 원칙이다. 형벌은 범죄행위의 주체에게 그 행위를 이유로 과하는 법률효과이기 때문이다. 그런데 각종의 행정형법에서는 행위자 이외의 법인을 처벌하는 규정을 두고 있다.[1] 그리고 법인을 처벌하는 규정은 대부분 양벌규정의 방식에 의하고 있다. 법인의 범죄능력을 인정하는 견해에 의하면 법인은 자기행위에 의하여 당연히 형벌의 객체가 될 수 있다. 이에 반하여 법인의 범죄능력을 부정하는 경우에는 법인의 형벌능력을 인정할 것인가에 대하여 다시 견해가 대립된다. 법인의 수형능력도 부정하는 것이 이론적으로 철저하다고 보는 견해[2]도 있으나, 다수설[3]은 이러한 행정형법에 대하여는 법인도 형벌능력을 가진다고 해석하고 있다. 행정형법은 고유한 형법에 비하여 윤리적 색채가 약하고 행정목적을 달성하기 위한 기술적 · 합목적적 요소가 강조되는 것이므로 행정단속 기타 행정적 필요에 따라 법인을 처벌할 수 있다는 것을 이유로 한다. 이에 의하면 법인은 범죄능력은 없지만 형벌능력은 긍정하는 결과가 된다.

2. 양벌규정의 기능

15 양벌규정의 기능으로서는 소형법총칙적 기능, 법인의 형사처벌 긍정기능 및 수범자 확대기능의 세 가지 기능이 논의된다. **소형법총칙적 기능**(小刑法總則的機能)이란 양벌규정은 대부분의 행정법규에 규정되어 있어서 형법총칙 규정의 기능을 갖는다는 의미이다. 형법 제 8 조는 "본법 총칙은 타 법령에 정한 죄에 적용한다. 단, 그 법령에 특별한 규정이 있는 때에는 예외로 한다"고 규정하고 있다. 양벌규정은 형법 제 8 조가 규정하고 있는 특별규정의 대표적인 예에 해당한다. 이에 의하여 형법총칙 규정의 적용이 배제되고, 양벌규정이 행정형법에 있어서

1 관세법 제279조; 대외무역법 제57조; 마약류관리에 관한 법률 제68조; 문화재보호법 제102조; 수도법 제86조; 약사법 제97조; 조세범 처벌법 제18조; 하천법 제97조; 항공안전법 제164조 등이 여기에 해당한다.

2 이형국 연구, 166면. 다만 이 교수도 법인에 대한 처벌규정이 있는 경우에는 법인의 처벌을 인정하고 있다.

3 유기천 108면; 정영석 80면; 진계호 98면; 황산덕 78면.

총칙적 기능을 하게 된다.

양벌규정의 소형법총칙적 기능으로부터 형사처벌 긍정기능과 수범자 확대기능을 인정할 것인가? **형사처벌 긍정기능**(刑事處罰 肯定機能)이란 양벌규정이 법인에 대한 형사처벌을 가능하게 만드는 기능을 갖는다는 것을 말한다. 형법총칙상 범죄능력이 부정되는 법인에 대하여 양벌규정에 의하여 형사처벌이 가능하게 된다는 것이다. 양벌규정에 의하여 법인의 형사처벌이 가능하게 된다는 점은 분명하다. **수범자 확대기능**(受範者 擴大機能)이란 행정형법이 의무주체를 일정한 신분자로 한정하거나 업무주 등 일정한 신분자의 행위를 처벌하는 규정을 둔 경우에 신분자 아닌 행위자를 처벌할 수 있게 만드는 기능을 한다는 것이다. 양벌규정에 수범자 확대기능을 인정할 것인가에 대하여는 견해가 대립된다. 긍정설은 해당 법의 벌칙 본조가 신분자를 처벌하는 경우에 양벌규정을 근거로 신분 없는 행위자도 처벌할 수 있다고 주장한다. 그 이유는 ① 기업범죄의 실정에 비추어 행위자를 처벌하는 것이 행정목적에 부합하며, ② 양벌규정의 "행위자를 벌하는 외에"는 "실제 행위자를 처벌하는 외에"라는 의미로 해석해야 하고, ③ 양벌규정이 "대표자 · 사용인 · 종업원 등이 위반행위를 한 경우 그 행위자를 벌하는 외에 법인 또는 자연인도 처벌한다"고 규정하여 그 위반행위의 주체를 종업원까지 확대한 것은 구성요건을 수정한 것으로 보아야 한다는 것이다.[1] 판례의 태도이기도 하다.[2] 그러나 양벌규정의 소형법총칙적 기능은 형법 또는 부수형법에 특별한 규정이 있어야 비로소 인정된다. 형법 제 8 조가 "타 법령에 특별한 규정이 있는 때에는 예외로 한다"고 규정하고 있기 때문이다. 그런데 벌칙 본조가 요구하는 신분요소를 갖추지 못한 행위자를 신분을 확대하여 처벌하기 위하여는 이러한 취지를 명정한 독일 형법 제14조(타인을 위한 행위) 1항[3]과 같은 규정이 있어야 하는데 형법은 이러한 규정을 두고 있지 않다. 그리고 양벌규정에서 "행위자

---

1 김대휘 "양벌규정의 해석"(형사판례연구 10), 116면; 정금천 "양벌규정과 법인의 형사책임"(형사판례의 연구 I), 151면; 조병선 "양벌규정과 법인의 형사책임"(형사판례연구 3), 15면.

2 대법원 1992. 11. 10. 92 도 2324; 대법원 1996. 2. 23. 95 도 2083: 대법원 1997. 6. 13. 97 도 534; 대법원 1999. 7. 15. 95 도 2870 전원합의체판결.

3 대리인 등에 대한 신분의제 규정이다. 독일 형법 제14조 1항: "법인의 대리권을 갖는 기관으로서 또는 그 기관의 구성원으로서 행위한 자에 대하여는, 특별한 인적 속성, 관계 또는 사정(특별한 인적 표지)에 의하여 가벌성을 인정하는 법률은, 이 표지가 본인에게는 있고 대리인에게는 없는 경우에도 대리인에게 적용한다."(2호 이하 생략).

를 벌하는 외에"라는 규정이나 "대표자·사용인·종업원 등이 위반행위를 한 경우"라는 규정을 수범자의 범위를 확대하는 것으로 해석할 수는 없다. 근본적으로 양벌규정은 본조의 수범자의 범위를 넓히기 위한 규정이 아니다. 그렇다면 형법이나 행정형법에 실재 행위자를 처벌하는 규정이 없는 이상 양벌규정에 의한 수범자 확대기능은 인정될 수 없다고 해야 한다.

3. 법인처벌의 법적 성질

양벌규정에 의하여 법인을 처벌하는 경우에 법인의 형사책임의 성질에 관하여는 견해가 대립되고 있다.

(1) **무과실책임설** 법인의 처벌규정은 범죄주체와 형벌주체의 동일을 요구하는 형법의 일반원칙 또는 책임주의의 원칙에 대한 예외로서 행정단속의 목적을 위하여 정책상 무과실책임을 인정한 것이라는 견해[1]이다. 자기의 행위와 관계 없이 타인의 행위로 인하여 형벌을 과하게 된다는 의미에서 넓은 의미의 전가책임이론(轉嫁責任理論)에 속한다고 할 수 있다. 16

(2) **과실책임설** 법인의 처벌규정을 종업원의 선임·감독에 있어서 법인의 과실책임을 인정한 것으로 해석하는 견해이다. 이 견해는 다시 ① 법인에게 과실이 없었음을 증명하지 못하면 과실이 추정된다는 **과실추정설**,[2] ② 법인의 과실은 당연히 의제되는 것이므로 법인은 책임을 면할 수 없다는 **과실의제설**, ③ 법인의 처벌은 법인 자신의 행위에 기인하는 과실책임이므로 법인의 과실이 있음을 요한다는 **과실책임설**,[3] ④ 종업원의 위반행위가 기관의 감독의무해태로 인해 법인에게 귀속되는 법인의 자기책임이며, 법인기관의 종업원에 대한 관리·감독의무위반에 기초한 부작위책임이라고 하는 **부작위감독책임설**[4]로 나누어진다. 17

1 배종대 215면; 손해목 222면; 유기천 108면; 정영일 84면; 황산덕 78면.
2 과실추정설은 일본 판례의 태도이다. 즉 일본 최고재판소 1957. 11. 27. 판결(형집 11-12, 3113)은 "양벌규정은 사업주로 하여금 행위자의 선임·감독 기타 위반행위를 방지하기 위하여 필요한 주의를 다하지 아니한 과실의 존재를 추정한 규정이라고 해석해야 하며, 따라서 사업주가 이에 관한 주의를 다하였다는 증명이 없는 한 사업주도 형사책임을 면할 수 없다는 법의라고 해석하는 것이 상당하다"고 판시하여 사업주에 대하여 과실추정설의 입장을 명백히 하였으며, 그 후 최고재판소 1965. 3. 26. 판결(형집 19-2, 83)은 법인이 업무주인 경우에도 과실추정설을 확대 적용하였다.
3 권문택 136면; 신동운 110면; 오영근 145면; 정영석 80면.
4 김일수/서보학 139면; 임웅 81면; 정성근/박광민 93면.

18 양벌규정은 종래 세 가지 유형으로 분류되었다. **제 1 유형**은 법인 또는 사업주가 사전 또는 사후에 직접행위자의 위반행위를 알고도 이를 방치 · 방관하거나 교사한 경우에 그 공범책임을 근거로 처벌하는 경우이다(구 근로기준법 제115조; 구 선원법 제148조 2항).

제 2 유형은 법인이나 사업주의 과실책임을 근거로 처벌하는 취지가 명시된 경우로서, 종업원의 업무집행에 대한 선임 · 감독을 태만하지 않았음을 증명한 경우에 법인의 책임을 면제하는 경우이다(구 선원법 제148조 1항 단서; 하천법 제97조 및 구 건축법 57조).

제 3 유형은 법인이나 사업주의 처벌에 아무런 조건이나 면책사유를 규정하지 않은 경우로서, 대부분의 양벌규정은 이러한 형태를 취하고 있었다(구 건축법 제81조 1항; 구 공중위생관리법 제21조; 구 공직선거법 제260조; 구 도로교통법 제159조; 구 수도법 제86조 1항; 구 수산업법 제98조 1항; 구 식품위생법 제79조; 구 자동차관리법 제83조; 구 항공법 제179조).

19 그런데 헌법재판소는 "양벌규정이 종업원의 범죄행위에 대해 아무런 책임이 없는 영업주에 대해서까지 처벌할 수 있는 가능성을 열어 놓고 책임의 정도에 비해 지나치게 무거운 법정형을 규정한 것은 책임주의에 반하므로 법치국가의 원리와 헌법 제10조의 취지에 위반하여 헌법에 위반된다"고 결정함으로써,[1] 영업주에 대하여 무과실책임을 인정하는 것은 헌법에 위반된다는 점을 밝혔으며, 수산업법,[2] 아동복지법[3]의 양벌규정이 "개인의 대리인, 사용인 기타 종업원이 위반행위를 한 때에는 그 개인에 대하여도 해당 조의 벌금형을 과한다"고 규정한 것은 위헌이라는 결정을 계속하였고, 법인처벌에 있어서도 같은 태도를 일관하고 있다.[4]

---

1 헌재결 2007. 11. 29. 2005 헌가 10, 이 사건은 종업원인 치기공사가 퇴근시간 후에 행한 무면허 치과 의료행위에 대하여 사용자인 치기공업자에게 보건범죄단속에 관한 특별조치법 제 6 조의 양벌규정을 적용하여 처벌할 수 있는가에 관하여 법원이 위헌여부의 심판을 제청한 경우이다.

이 사건에서 헌법재판소는 "일정한 범죄에 대해 형벌을 부과하는 법률조항이 정당화되기 위하여는 범죄에 대한 귀책사유를 의미하는 책임이 인정되어야 하고, 그 법정형 또한 책임의 정도에 비례하도록 규정되어야 한다. 이 사건 법률조항은, 종업원의 무면허 의료행위에 대한 영업주의 관여나 선임 · 감독상의 과실 등과 같은 책임을 구성요건으로 규정하지 않은 채 종업원의 일정한 범죄행위가 인정되면 그 종업원을 처벌하는 동시에 자동적으로 영업주도 처벌하는 것으로 규정하고 있어, 종업원의 범죄에 아무런 귀책사유가 없는 영업주에 대해서도 처벌할 수 있는 것처럼 규정하고 있다. 뿐만 아니라 이 사건 법률조항을 종업원에 대한 선임 · 감독상의 과실이 있는 영업주를 처벌한 규정이라 해도 과실밖에 없는 영업주를 고의의 본범(종업원)과 동일한 법정형으로 처벌하는 것은 각자의 책임에 비례하는 형벌의 부과라고 보기 어렵다. 따라서 이 사건 법률조항은 종업원의 범죄행위에 대해 아무런 책임이 없는 영업주에 대해서까지 처벌할 수 있는 가능성을 열어 놓고 있을 뿐만 아니라 책임의 정도에 비해 지나치게 무거운 법정형을 규정함으로써 형벌에 대한 책임원칙에 반하므로 결국 법치국가의 원리와 헌법 제10조의 취지에 위반하여 헌법에 위반된다"고 결정하였다.

2 헌재결 2010. 9. 2. 2009 헌가 11.

3 헌재결 2010. 12. 28. 2010 헌가 94.

4 헌재결 2010. 11. 25. 2010 헌가 88; 헌재결 2010. 12. 28. 2010 헌가 73.

20 법인에 대하여 무과실책임을 인정하는 것이 헌법에 위반되는 이상, 무과실책임설은 현행법의 해석상 더 이상 유지할 수 없게 되었다. 과실책임설 가운데에서도 과실의제설은 결과적으로 무과실책임설과 결론을 같이하는 이론이다. 따라서 양벌규정에 의한 법인처벌의 법적 성질은 과실책임이라고 해석하지 않을 수 없다. 다만, 과실책임설에 의하는 경우에도 법인처벌의 근거는 법인의 범죄능력을 인정하는가에 따라 달라지게 된다. 즉, 법인의 범죄능력을 긍정하는 긍정설에 의하면 법인처벌의 근거가 법인의 자기책임이 됨에 반하여, 부정설에 의할 때에는 타인의 행위에 대한 책임 내지 제 3 자책임이 되지 않을 수 없다.

21 [행위의 객체와 보호의 객체]

형법이 규정하고 있는 행위에는 행위의 대상이 대응한다. 그것은 구성요건에 기재되어 있는 공격의 객체를 말하며, 감각적으로 지각할 수 있는 존재라고 할 수 있다. 이를 행위의 객체(Handlungsobjekt)라고 한다. 예컨대, 살인죄에 있어서 사람, 절도죄에 있어서 타인의 재물이 바로 행위의 객체이다.

행위의 객체와 보호의 객체(Schutzobjekt)는 구별하지 않으면 안 된다. 보호의 객체란 구성요건에 의하여 보호되는 가치적 · 관념적 대상, 즉 법익을 말한다. 여기서 법익이란 형법에 의하여 그 침해가 금지되는 개인과 공동체의 이익 또는 가치를 의미한다. 예컨대 살인죄의 보호법익은 사람의 생명이며, 절도죄의 보호법익은 타인의 소유권이다. 행위의 객체는 구성요건에 기재되어 있는 물적 대상이므로 구성요건요소가 됨에 반하여, 보호의 객체는 구성요건의 표면에 나타나지 않는 정신적 · 가치적 영역에 속하는 법익의 침해 또는 위험이다. 따라서 행위의 객체에 관심을 가지는 것은 범죄자임에 반하여, 보호의 객체는 입법가 또는 법률가의 관심의 대상이 된다. 범죄의 본질은 법익의 침해를 떠나서 생각할 수 없다. 따라서 보호법익이 없는 범죄는 예상할 수 없으나, 행위의 객체가 없는 범죄는 있을 수 있다. 예컨대, 다중불해산죄(제116조) · 단순도주죄(제145조) · 퇴거불응죄(제319조 2항)에는 행위의 객체가 존재하지 않는다.

제 2 장 구성요건

§8 제 1 절 구성요건이론

Ⅰ. 구성요건의 의의

1 행위자의 행위가 구성요건해당성, 위법성, 책임성을 갖추면 범죄는 성립한다.[1] 이 구성요건해당성, 위법성, 책임을 범죄성립요건이라고 한다. 이 가운데 첫째 요소가 구성요건해당성이다. 행위가 구성요건에 해당하여야 한다는 것이다. 구성요건(構成要件, Tatbestand)이란 "형벌의 부과대상인, 추상적으로 기술된 행위유형"이다. 구성요건은 범죄성립을 검토하는 첫 단계로서, 범죄론 체계상 그 뒷단계인 위법성, 책임에 대하여 지도적 역할을 한다.

자유를 가진 인간들의 공존을 위하여는 그 공존의 조건으로서 법이 필요하다. 형법 역시 그 조건이며, 나아가 형법이 없으면 그러한 조건들이 실효적으로 보장될 수 없게 된다. 형법은 감내할 수 없는 일정한 행위유형에 의한 법익침해(내지 위태화)를 금지하며, 그 금지의 소재[2]를 유형화하여 규정한 것이 구성요건이다. 따라서 구성요건은 다양한 법익침해의 양상을 포괄하기 위하여 추상적으로 규정되지 않을 수 없으며, 형법의 목적상 모든 법익침해가 아니라 일정한 (행위유형에 의한) 법익침해만을 금지하기 때문에 구성요건은 유형화되게 된다.[3]

구성요건은 예컨대 살인죄(제250조 1항)의 "사람을 살해한 자는 ~에 처한다"는 규정에서

---

1 범죄성립요건을 이와 같이 3원적으로 보는 견해가 통설이다. 후술하는 바와 같이(8/10~11) 이를 2원적으로 보는 이론(소극적 구성요건요소이론)도 있다.

2 Jescheck/Weigend S. 245; Welzel S. 49.

3 예컨대 사기죄(제347조 1항)는 모든 기망(거짓)행위를 처벌하는 것이 아니라, "사람을 기망하여 재물의 교부를 받거나 재산상의 이익을 취득한 행위," 즉 "타인을 기망하여 착오에 빠뜨리고 그 착오에 기한 처분에 의하여 재물 또는 재산상의 이익을 취득한 행위," 다시 말해 재산범죄로 유형화되어 있다. 따라서 그러한 요건의 충족이 없는, 거짓 약속을 하고 지키지 않는 행위(예컨대 결혼을 약속하고 지키지 않는 행위)는 도덕적 비난의 대상은 되지만 (재산적 이익의 침해가 없는 한) 사기죄로서 형법적 비난의 대상(범죄)이 되지는 않는다.

'사람을 살해한 자'라는 식으로 표현된다. 즉 "갑이라는 사람이 있고 이 사람이 사람을 살해했다면"이라는 형태의 요건으로 바꿔 쓸 수 있으며, 이 요건(충족)에 대하여(위법성, 책임이 인정되면) 형벌이라는 효과가 부과된다(즉 국가 형벌권이 발생한다). 구성요건은 형법상의 제 범죄규정을 지칭하며, 총론상의 구성요건론은 각 개별 구성요건의 내용을 다루지는 않고 그로부터 추상화된 형식을 일반적으로 검토한다.

2 구성요건과 구성요건해당성(構成要件該當性)은 구별된다. 구성요건은 법률상 추상적으로 기술된 유형[1]임에 대하여, 구성요건해당성(Tatbestandsmäßigkeit)은 어떤 행위(이것을 '범죄구성사실'이라고 한다)가 법적 구성요건의 범죄정형적인 기술에 일치하는 성질을 의미한다. 즉 구성요건해당성은 법적 구성요건에 범죄구성사실이 일치 · 포섭된다는 의미를 갖는다.

Ⅱ. 구성요건이론의 발전

3 범죄의 성립요건을 일정한 요소로 분해하고 체계화하여 검토하는 방식을 범죄론이라고 한다. 오늘날 구성요건해당성, 위법성, 책임의 3단계로 분해하여 고찰하는 것이 통설이며, 이러한 체계의 정립은 독일 형법학이 20세기에 거둔 가장 큰 성과 가운데 하나이다. 영미권의 형법학도 독일의 그것과 유사하게 위법성(주로 위법성조각의 차원에서 justification), 책임(주로 책임조각의 차원에서 excuse)을 나누어서 검토하지만, 영미권에서는 구성요건의 개념이 명확하게 정립되어 있지 않으며, 또 이를 독일 관념론 철학풍으로 정교하게 체계화하고 있지도 않다.

독일 형법학은 유럽대륙, 동아시아, 그리고 남미 여러 나라에 계수되었다. 우리나라의 형법학도 독일 형법학을 계수한 것이다. 구성요건론을 포함한 범죄론의 체계 역시 계수되었다. 범죄론의 체계 가운데 '구성요건론'은 20세기 초에 벨링이 구상한 이론인바, 그 이전에 사용되지 않았던 '구성요건'이라는 개념이 형법체계 이론의 틀 속에 정착되는 과정에서 많은 논쟁이 야기되었다.

구성요건이론이 처음 도입된 것은 Beling의 〈범죄론〉(*Lehre vom Verbrechen*, 1906)에서이다. Beling 이전에도 구성요건이라는 용어가 없었던 것은 아니지만 현재의 구성요건개념과는 다른 것이었다.[2] 즉 구성요건은 범죄성립요건을 의미

1 구성요건과 유형과의 관계에 관하여는 Winfried Hassemer *Tatbestand und Typus*, 1968 참조.
2 중세 이탈리아에서는 corpus delicti(증명된 범죄사실)라는 용어가 사용되고 있었으며, 1796년

하는 것으로서 형벌부과에 필요한 모든 요소의 총체를 의미하였으며, 여기에는 협의의 구성요건뿐만 아니라 위법성과 책임까지도 포함되었다.

1. Beling의 구성요건이론

4 Beling은 구성요건을－범죄성립요건이 아니라－범죄성립요건 가운데 입법자가 정한 전형적인 불법유형으로 파악하여, 구성요건을 실정법상 확정된 범죄유형이라고 정의하였다.[1] Beling은 범죄가 성립하기 위하여는 종래와 같이 행위·위법성·책임의 요건[2]이 아니라, 구성요건해당성·위법성·책임의 3원화된 요건의 충족이 필요하다고 하고, 구성요건은 이 3원적 범죄구조의 제1의 구성요소가 된다고 보았다. 그는 새로이 제시된 구성요건의 위법성, 책임에 대한 독자성을 강조하였다. 행위와 구성요건의 관계에 대한 판단인 구성요건해당성은 가치판단이 개입되지 않는 몰가치적 판단이며, 모든 주관적 요소로부터도 분리되어야 한다고 주장하였다.[3] 그리고 구성요건해당성과 위법성 및 책임의 관계에 관하여 Beling은 구성요건해당성은 일정한 행위가 법이 정한 범죄유형에 해당하는가의 여부에 관한 사실판단임에 반하여, 위법성은 순수한 객관적 가치판단이고 책임은 주관적 사실판단이라고 하였다.

5 구성요건은 형법상 중요한 행위의 유형을 객관적으로 기술함으로써 위법성 판단에 객관적 기초를 제공하는 것이지만, 구성요건의 확인만으로 위법성 나아가 책임이 인정되지는 않는다. 이와 같이 구성요건해당성을 위법성 판단과 책임판단에 선행하는 독자적인 범죄성립요소로 본 점에서 Beling은 현대 구성요건이론의 길을 열었다고 평가할 수 있다.

5a Beling의 구성요건이론은 당시의 실증주의적 사고방식에 터잡아 범죄의 제

Klein이 이 corpus delicti를 구성요건(Tatbestand)으로 번역하였다.

1 구성요건이론의 발전에 관하여는 Maurach/Zipf S. 271~272; Welzel S. 52~53 참조.

2 예컨대 벨링의 구성요건이론이 등장하기 전 독일의 표준적인 교과서였던 Liszt의 교과서의 체계가 그렇다. Franz von Liszt *Lehrbuch des deutschen Strafrechts*, 7판, 1896, S. IX-X; 102 이하: '행위'의 장에서 다루어진 주제는 ① 범죄의 주체(동물의 범죄능력, 법인의 범죄), ② 행위 개념 일반(범죄의 요건, 행위, 결과, 유의성), ③ 작위(인과적 신체의 거동, (결과의) 야기, 제한과 예외, 문제사, 학설의 현황), ④ 부작위(부작위의 개념, 위법한 부작위, 부작위의 인과관계), ⑤ 행위의 시간과 장소이다. 오늘날과 같은 행위 개념에 관한 논의나 고의에 관한 논의가 없는 '인과적' 범죄론 체계의 전형적 형태를 보이고 있다.

3 이는 구성요건해당성의 판단에 있어서 자의의 개입을 배제하고 죄형법정주의의 요청을 충족시키기 위한 구상의 결과였다.

요소를 객관적 요소와 주관적 요소, 사실적 요소와 평가적 요소로 분류하고 ① 객관적 · 사실적 요소는 구성요건에, ② 객관적 · 평가적 요소는 위법성에, ③ 주관적 · 사실적 요소는 책임에 배치하여 검토할 것을 제안하였다.[1] 이는 죄형법정주의의 요청과, "객관적인 요소는 불법으로, 주관적 요소는 책임으로"라는 당시 통용되던 범죄요소의 분류원칙에 부응하는 것이었다.

5b 구성요건이 객관적 · 사실적 요소로만 구성되어 있다는 그의 견해는 구성요건에 주관적 요소나 평가적(규범적) 요소는 존재할 수 없다는 의미를 갖는 것이었고, 이러한 성격을 가진 요소는 구성요건(의 검토)에서 배척되었다. 그러나 후술할 규범적 구성요건요소와 주관적 구성요건요소의 발견으로 Beling의 이념형적 범죄체계 이론은 동요하게 되었고, 목적적 행위론의 대두로 고의가 정면으로 '주관적 구성요건요소'로 자리 잡으면서 재구성되지 않을 수 없게 되었다. Welzel은 목적적 행위론을 기반으로 하여 이를 전면적으로 재구성(*supra* 6/13, *infra* 24/11 이하 참조)하였다. 이를 (종래의 인과적 범죄론 체계에 대비하여) 목적적 범죄론 체계라고 하며, 학설의 핵심내용을 요약하여 ('고의설'에 대하여) '책임설'이라고 한다.

2. 규범적 구성요건요소의 발견

6 벨링이 구성요건 이론을 구상하면서 구성요건을 '몰가치적'인 것이라고 본 이유는, 구성요건은 법치국가의 요청(= 죄형법정주의)에 의할 때 그 해당여부를 판단함에 있어서 (법관이) 가치판단을 할 여지가 없는 순수한 사실의 기술에 그쳐야 한다고 보았기 때문이다. 그러나 M.E. Mayer는 구성요건에도 규범적인 면이 있음을 발견하고 소위 규범적 구성요건요소(規範的 構成要件要素, normative Tatbestandsmerkmale)가 있음을 지적하였다. 독일 형법 제154조(위증죄)의 '허위의 진술'이나 제242조(절도죄)의 '타인의 재물'은 규범적 개념으로서 구성요건도 몰가치적인 것이 아니라 가치관계적인 것일 수 있다는 것이다. 규범적 구성요건요소가 발견됨으로써 Beling이 구성요건을 가치중립적이라고 본 것은 구성요건해당성과 범죄구성사실을 혼동한 결과이며, 구성요건해당성도 가치판단이며 법적 판단임이 해명되었다. 따라서 구성요건해당성 판단은 형법상 불법인가의 여부에 대한 판단이며, 구성요건해당성이 인정되는 경우 그 행위가 형법상 불법이라는

[1] 이 분류에서 나타나지 않는 주관적 · 평가적 요소는 당시로서는 범죄체계상 별다른 의미가 없는 것으로 여겨졌으나, 책임영역에 주관적 · 평가적(규범적) 요소가 존재한다는 Frank의 이른바 '규범적 책임론'이 등장한 후 책임영역에서 고려되게 되었다. 이에 관하여는 *infra* 22/11, 26/1 이하 참조.

가치평가이므로 구성요건 자체도 결코 가치중립적일 수 없다고 인식하게 되었다.

3. 주관적 불법요소(주관적 구성요건요소)의 발견

7 Beling의 "구성요건은 모든 주관적 요소로부터 분리되어야 하고 위법성은 순수한 객관적 가치판단이다"라는 이론도 주관적 불법요소(主觀的 不法要素)의 발견과 목적적 행위론의 등장으로 그 타당성을 잃게 되었다.

위법성이 순수한 객관적 가치판단인가에 대하여는 Nagler가 이미 1911년에 객관적인 불법은 개별적인 주관적 경향(subjektive Tendenzen)을 떠나서는 의의를 가질 수 없음을 지적하였다. Hegler는 이 이론을 발전시켜, 모든 주관적 요소가 책임에만 속할 수 없는 것처럼 객관적인 것만으로 위법성이 구성되는 것은 아님을 지적하였고, M.E. Mayer는 주관적 정당화사유(主觀的 正當化(＝違法性阻却)事由, subjektive Rechtfertigungselemente)의 이론을 전개하여 위법성 판단에도 주관적 요소가 고려되어야 한다고 주장하였다. 이 과정에서 목적범에 있어서의 목적과 같은 주관적 불법요소가 발견됨으로써 위법성은 객관적 판단이지만 그 판단의 대상에는 주관적 요소도 포함되어야 한다는 이론이 지배적인 견해가 되었다. 나아가 목적적 행위론은 주관적 불법요소를 일반화하여, 주관적 불법요소는 목적범이나 미수범에 대하여만 예외적으로 있는 것이 아니라 모든 구성요건에 존재하는 것이며, 고의범(故意犯)에서의 고의와 과실범(過失犯)의 과실 자체도 주관적 불법요소로서 구성요건요소가 된다는 소위 인적 불법론(personale Unrechtslehre)을 주장하였고, 이 이론은 목적적 행위론을 취하지 않는 학자들에게도 수용되어 현재 통설[1]의 지위를 차지하게 되었다. 즉 고의범에 있어서 불법은 행위의사와 분리하여 생각할 수 없다. 따라서 불법에는 법에 의하여 비난받는 의사활동, 즉 행위반가치(行爲反價値)와 법이 금하는 결과의 발생, 즉 결과반가치(結果反價値)가 포함되며, 행위반가치에 있어서 고의는 불법을 결정하는 요소가 된다고 보게 되었다.

---

1 Jescheck/Weigend S. 242; Roxin 10/61, 88; Samson SK Vor § 32 Rn. 5; Sch/Sch/Lenckner Vor § 13 Rn. 52; Wessels/Beulke Rn. 139.

4. 결 론

Beling에 의하여 순수한 객관적 사실판단의 문제로 여겨졌던 구성요건에 대한 판단은 규범적 구성요건요소의 발견으로 규범적 성격을 가지고 있음이 밝혀졌고, 구성요건해당성은 불법유형으로서 위법성과 무관하지 않은 평가적 판단이 되었으며, 구성요건은 객관적 구성요건요소만으로 이루어진 것이 아니라 주관적 구성요건요소가 함께 존재하는 것으로 이해하기에 이르렀다. 이러한 구성요건의 성격에 대한 인식변화는 위법성론[1]과 책임론[2]에도 영향을 미쳐서, Beling이 구상한 범죄론 체계는 전체적으로 재구성되게 되었다. Welzel은 이 재구성에 결정적으로 기여하였다. 8

Ⅲ. 구성요건과 위법성

구성요건에 대한 판단이 사실판단과 더불어 규범적 판단의 성격도 갖는다는 점이 밝혀짐으로써 범죄성립요건의 구성요건해당성과 위법성의 관계는 사실판단 대 규범적·평가적 판단의 관계라고 볼 수는 없게 되었다. 오히려 구성요건해당성은 위법성(이 있음)을 징표한다고 할 수 있게 되었다.[3] 다만 구성요건해당성이 위법성을 징표한다고 해도 구성요건해당성이 위법성을 종국적으로 확인해 주는 것은 아니며, 위법성조각사유(즉 허용구성요건)가 존재함으로써 그 징표는 배제될 수 있다. 즉 이 경우 구성요건에 해당하지만 위법하지 않다고 판단하게 된다. 9

이것이 구성요건과 위법성의 관계에 관한 통설적 인식이지만, 이러한 인식에 도달하기까지 이와는 다른 이해의 시도가 있었다. 구성요건이론의 역사상 등장했던 소극적 구성요건요소이론과 개방적 구성요건이론에 관하여 살펴보기로 한다.

1. 소극적 구성요건요소이론

소극적 구성요건요소이론(消極的 構成要件要素理論, Lehre von den negativen 10

1 *infra* 8/9 이하, 16/23 이하 참조.
2 *infra* 22/11 이하, 26/26 이하 참조.
3 Kühl 6/2.

Tatbestandsmerkmalen)은 위법성조각사유를 소극적 '구성요건요소'로 파악한다. 즉 구성요건요소는 적극적 요소와 소극적 요소로 구성되어 있다고 보고, '적극적' 요소란 통상의 구성요건요소이며 '소극적' 요소란 위법성조각사유의 '부존재'를 말한다고 한다. 따라서 위법성조각사유가 '존재하는' 경우에는 구성요건해당성이 형성되지 않게 된다. 이렇게 되면 위법성조각사유가 존재하는 경우는 구성요건해당성도 없게 되어, 구성요건해당성이 배후에 가지고 있는 규범적 요구로서의 금지가 성립되지 않게 된다. 즉 적법한 행위는 '처음부터' 금지되지 않은 것이고 구성요건에도 해당하지 않는 것이 된다. 따라서 구성요건해당성과 위법성은 결합되어 하나의 판단과정으로 통합되어 '전체구성요건'이 되고, 범죄론은 전체구성요건과 책임이라는 2단계의 구조를 가지게 된다. 이 이론은 사실의 착오[1]와 법률의 착오의 중간에 위치하는 위법성조각사유의 전제사실에 대한 착오를 사실의 착오로 취급할 수 있는 명쾌한 이론적 근거를 마련하는 데 공헌한 바 있다.

11 그러나 구성요건이론으로서의 소극적 구성요건요소이론은 다음과 같은 이유에서 타당하다고 할 수 없다.[2]

(i) 소극적 구성요건요소이론은 처음부터 구성요건에 해당하지 않는 행위와 구성요건에 해당하지만 위법성이 조각되는 행위 사이의 가치 차이를 도외시한다. Welzel이 지적한 바와 같이 정당방위에 의하여 사람을 살해한 자를 모기를 죽이는 것과 같이 평가할 수는 없다.[3]

(ii) 위법성조각사유는 원칙적 금지에 대한 예외적 허용을 의미하며, 구성요건과 동등한 지위에서 금지에 대한 허용을 함으로써 구성요건의 성립범위를 제한하는 것은 아니다. 이는 고의의 대상을 검토해 보면 잘 드러난다. 고의는 구성요건적 사실을 인식(과 의욕)함으로써 성립하는바, 고의가 성립하기 위하여는 구성요건적 사실에 대하여는 적극적 인식이 필요하나, 이른바 소극적 구성요건인 위법성조각사유의 전제사실에 대하여는 '그 부존재'를 '인식하여야' 하는 것이 아니라, 그 사실 자체를 '인식하지 않는' 것으로 충분하다. 이는 고의의 대상이 되지 않으며 따라서 구성요건요소가 아니라고 해야 한다.[4]

---

1 이에 관하여는 *infra* 25/7 이하 참조.

2 Hirsch LK Vor §32 Rn. 8; Jakobs 6/54; Jescheck/Weigend S. 250; Maurach-Zipf S. 323; Sch/Sch/Lenckner Vor §13 Rn. 17; Wessels/Beulke Rn. 126.

3 Welzel S. 81.

4 이미 G. Radbruch "Zur Systematik der Verbrechenslehre," *Frank Festgabe* I, 1930, S. 164도

2. 개방적 구성요건이론

12 구성요건과 위법성의 관계에 관하여 Welzel은 개방적 구성요건이론(開放的構成要件理論, Lehre von den offenen Tatbeständen)을 전개하였다. 즉 Welzel은 구성요건을 봉쇄적 구성요건과 개방적 구성요건으로 구분하여, 봉쇄적 구성요건(예컨대 살인죄)에 있어서는 구성요건 자체에서 위법성이 인정되지만 개방적 구성요건(예컨대 독일 형법 제240조의 강요죄, 제253조의 공갈죄)[1]에 있어서는 구성요건에서 위법성을 완전히 이끌어낼 수는 없으므로 위법성은 구성요건 자체에서 나오지 않는다고 하였다.[2] 따라서 개방적 구성요건에 있어서는 구성요건에 해당하고 위법성조각사유가 없다는 것만으로 바로 위법성이 인정되는 것이 아니라 구성요건 밖에 존재하는 별도의 적극적인 위법성요소에 의하여 위법성이 인정된다는 것이다.

13 그러나 개방적 구성요건이론도 타당하다고 하기 어렵다.[3] 구성요건을 불법유형으로 이해하는 이상 모든 구성요건은 봉쇄적이며, 구성요건이 개방적일 때는 불법유형으로서의 성질을 잃게 된다. 즉 모든 구성요건은 범죄의 불법내용을 결정하는 요소를 담고 있으므로 위법성의 문제는 소극적으로 위법성조각사유가 있는 때에는 위법성이 조각된다는 판단만 가능하다고 보아야 한다.[4] 구성요건을 형성하는 요소가 법률에 구체적으로 기술되지 아니한 경우도 있을 수 있지만, 불법내용이 구성요건에 구체적으로 기술되었느냐 또는 법관이 보충하여야 하느냐에 따라 구성요건과 위법성의 관계에 차이가 있을 수는 없다. 즉 법률이 금지하는 행위를 규정함에 있어서 규범적 요소('음란', '혹사') 또는 가치개념('정당한 이유')을 사용하였다고 하여 불법을 판단할 수 없는 것이 아니며, 나아가 구성요건

이 점을 지적하고 있다.

1 독일 형법 제240조 강요죄와 제253조 공갈죄의 구성요건은 동일한 구조를 가지는데, 양 구성요건은, 그 제 1 항에서 "폭행 또는 협박으로 사람에 대하여 '위법하게' … 행위를 강요한 자(공갈죄: … 재산상의 이득을 취한 자)는 3년 이하(공갈죄: 5년 이하)의 자유형 또는 벌금형에 처한다"고 규정하면서, 제 2 항에서 "행위가 위법한 경우란, 폭행 또는 협박이 그 달성하려는 목적에 비추어 비난할 만하다고 여겨지는 때이다"라고 규정하고 있다. 여기서 그 '비난성'은 구성요건에서 도출되지 않고 별도의 판단을 필요로 한다는 근거에서 개방적 구성요건이론이 주장된 것이다.

2 Maurach/Zipf S. 355; Welzel S. 82.

3 Jescheck LK Vor § 13 Rn. 47; Jescheck/Weigend S. 247; Roxin 10/44; Samson SK Vor § 32 Rn. 17; Sch/Sch/Lencker Vor § 13 Rn. 66. Roxin, *Offene Tatbestände und Rechtspflichtmerkmale*, 1970, SS. 534 ff; 106 ff.

4 이러한 의미에서 구성요건은 위법성의 인식의 근거(ratio cognoscendi)에 그치는 것이 아니라 그 존재의 근거(ratio essendi)가 된다고 할 수 있다.

을 떠나서 위법성을 판단할 수 있는 것도 아니다.

Ⅳ. 구성요건의 요소

14 불법유형으로서의 구성요건은 객관적 구성요건요소와 주관적 구성요건요소를 포함한다. 또 구성요건이 특정 범죄의 불법유형을 기술하는 데는 기술적 구성요건요소와 규범적 구성요건요소를 사용한다.

1. 기술적 구성요건요소와 규범적 구성요건요소

15 기술적 구성요건요소(記述的 構成要件要素, deskriptive Tatbestandsmerkmale)란 사실세계에 속하는 사항을 사실적·대상적으로 기술함으로써 개별적인 경우에 사실확인에 의하여 그 의미를 인식할 수 있는 구성요건요소를 말한다. 예컨대 살인죄에 있어서 '사람'을 '살해'한 자, 또는 절도죄에 있어서 '재물'과 같은 것이 여기에 속한다. 이에 반하여 규범적 구성요건요소(規範的 構成要件要素, normative Tatbestandsmerkmale)는 규범적 판단을 거쳐야만 확인될 수 있는 구성요건요소를 말한다. 절도죄에 있어서 재물의 타인성·불법영득의 의사·음란성·추행 등이 여기에 해당한다.

기술적 구성요건요소와 규범적 구성요건요소의 한계가 항상 명백한 것은 아니다. 기술적 구성요건요소도 어느 정도 규범적 성질을 포함하지 않을 수 없기 때문이다. '재물'과 '사람'은 기술적 구성요건요소라고 하지만, 부동산이 절도죄의 재물에 해당하는가, 분만 중의 영아가 사람인가는 (규범적)평가적 판단에 의하지 않고는 해결할 수 없다. 또 '의'와 같은 말도 예컨대 타인'의' 재물이 타인 소유의 재물인지, 타인이 점유하는 재물인지는 규범적 관점에서의 해석이 필요하다.

2. 객관적 구성요건요소와 주관적 구성요건요소

16 객관적 구성요건요소(客觀的 構成要件要素, objektive Tatbestandsmerkmale)란 행위의 외적 발생형태를 이루는 사정을 의미한다. 여기에는 행위의 주체, 행위의 객체, 행위의 태양 및 결과의 발생 등이 속한다. 또 결과범에 있어서 행위와 결과 사이의 인과관계도 객관적 구성요건요소에 해당한다. 고의범에서 객관적 구성요건요소

가 갖는 기본적인 의의는 그 각 요소가 구성요건적 고의의 대상이 된다는 점이다. 주관적 구성요건요소(主觀的 構成要件要素, subjektive Tatbestandsmerkmale)란 행위자의 내면에 속하는 심리적 · 정신적 실재를 말한다. 목적범에서의 목적이나 경향범에서의 내적 경향[1]은 불법요소로서의 주관적 구성요건요소이다. 따라서 절도죄나 횡령죄의 정형적 불법은 불법영득의 의사(Zueignungsabsicht)가 있어야 실현되며, 사기죄의 불법도 불법이득의 의사(Bereicherungsabsicht)를 필요로 한다. 고의범에 있어서 행위의 불법내용은 구성요건적 고의를 떠나서 확정될 수 없기 때문에 고의는 주관적 불법요소로서 가장 중요한 주관적 구성요건요소가 된다.

제 2 절 불법의 이론: 결과불법과 행위불법 §9

Ⅰ. 결과불법과 행위불법

1 구성요건해당성은 대체로 행위와 결과로 구성되어 있다. 앞 절에서는 행위(와 결과)의 구성요건의 충족이라는 형식적, 평면적 측면을 고찰하였다. 그러나 구성요건해당성을 실질적으로 보면, 평가규범으로서의 형법규범에 대응하는 실체가 나타난다.

예컨대 살인죄의 경우 살인죄의 구성요건이 반가치적인 것으로 평가하는 것은 ① 살아있던 사람의 사망일 것이다. 그러나 ② 사람의 사망은 행위자의 살해행위에 의한 결과이며 살해행위는 행위자의 살해의도의 구현이다.

1a 종래 자유주의적 형법관에 의하면 형법규범이 반가치적인 것으로 평가하는 것은 외부에 나타난 결과이며(결과반가치), 이러한 결과반가치의 비난이야말로 불

---

1 경향범(傾向犯)이란 행위자의 일정한 내적 경향이 발현되어야 성립하는 범죄유형이다. 예컨대 종래 강제추행죄는 행위자의 성적 흥분 또는 성적 만족을 얻으려는 동기에서 범해진 때에 범죄가 되고, 외관상 같은 행위이지만 의료의 목적으로 행해진 때에는 범죄가 되지 않는다고 해석되어 왔다. 따라서 (고의와 같은) 주관적 구성요건요소의 존재가 일반적으로 인정되기 전에, 경향범은 목적범(의 목적), 표현범(의 내적 의사와 표시의 불일치. 위증죄)과 더불어 구성요건의 단계에서 주관적 요소가 고려되는 특수 범죄유형으로 다루어져 왔다. 오늘날 강제추행죄는 행위자의 '경향'의 발현이 아니라 피해자의 성적 자기결정권의 침해 여부를 중시하여 해석하기 때문에 경향범으로 분류되지 않는다.

법을 구성하는 것이라고 보았다(결과불법). 의도와 행위는 결과로 구현되지 않는 한 중시되지 않았다. 왜냐하면 의도와 행위는 결과로 나타나지 않는 한 (형법적 판단이 아니라) 도덕적 판단의 대상이 되는 데 그친다고 보았기 때문이다. 그런데 이에 대하여 결과는 행위의 우연적 부가물에 불과하며, 행위 자체도 의도의 구현에 불과하다는 인식이 등장하였다. 이에 의하면 형법규범이 반가치적인 것으로 평가하는 것은 행위이며(행위반가치) 이에 대한 비난이야말로 불법을 구성하는 것이 된다(행위불법). 그리고 행위는 의도의 구현물이므로, 반가치적인 것은 의도에 집중된다(의도반가치).

1b 이러한 생각은 멀리는 칸트가 윤리적 판단의 대상을 결과가 아니라 의지('선의지')로 본 것[1] 그리고 가까이는 목적적 행위론의 등장으로 인한 행위에서의 주관적 요소의 중시 등에서 비롯되었다. 이리하여 형법적 평가의 실질이 결과반가치 중시에서 행위반가치 중시로 변화되기에 이르렀다.[2] 그리고 불법개념은 형법관(형법의 기능을 법익보호에 국한하는 것으로 볼 것인가 아니면 사회윤리적 행위가치 나아가 심정가치도 보호하는 것으로 볼 것인가의 형법 이데올로기)의 문제를 떠나서 형법해석학의 개념으로 자리 잡게 되었다. 이하의 논의는 이러한 형법 이데올로기로서의 불법이론이 형법 해석학의 개념으로 정착하는 과정에서 있었던 논의이다. 자유주의 형법학으로부터 행위자의 심정을 중시하는 형법으로의 전환에 대하여 찬반론의 대립이 있었으며(결과반가치론과 행위반가치론의 대립), 나아가 행위불법과 결과불법 양자를 구성요건의 실질적 구조요소로 보는 경우에도 그 비중을 다르게 보는 입장 사이에 논쟁이 전개되었다.[3]

1c 결과반가치와 행위반가치를 [구성요건의 차원의 문제가 아니라] '위법성의 실체'에 관한 문제로 이해하는 견해[4]도 있다. 결과반가치와 행위반가치를 실질적 위법성의 내용으로 이해하는 태도이다. 결과반가치와 행위반가치가 위법성 판단의 대상이 되는 것은 사실이지만, 행위불법과 결과불법은 '구성요건해당성의 실질적 구조'를 형

1 I. Kant *Grundlegung zur Metaphysik der Sitten*, Akademieausgabe, 1785, 4: 393; BA1.

2 행위반가치를 중시하는 입장 중에는 이를 더욱 극단화하여, 결과반가치는 불법에서 차지하는 의미가 없다고 보고 이를 '불법요소'가 아니라 '객관적 처벌조건'으로 보기도 한다. 이에 관하여는 후술 9/8 참조.

3 Gallas "Zur Struktur des strafrechtlichen Unrechtsbegriffs", Bockelmann-FS S. 155; Rudolphi "Inhalt und Funktion des Handlungsunwertes im Rahmen der personalen Unrechtslehre", Maurach-FS S. 51.

4 정성근 246면; 정영석 131면; 차용석 395면.

성하는 요소이다. 위법성조각은 행위불법과 결과불법이 소멸하는 한계적인 경우이므로, 불법은 이와 같은 한계적인 경우에만 위법성의 문제가 된다.

2 불법론의 논쟁을 행위론의 논리적 귀결에 지나지 않는다고 보는 견해[1]도 있다. 불법론의 논쟁이 목적적 행위론의 대두로 촉발된 것은 사실이지만, 불법에서 행위반가치를 고려하는 인적 불법론이 반드시 목적적 행위론을 전제로 하는 것은 아니며,[2] 목적적 행위론을 취한다고 해서 반드시 불법에서 결과반가치를 도외시하는 결론이 나오는 것도 아니다.[3] 불법개념에서 결과반가치와 행위반가치의 위상을 정하는 것은 행위개념이 아니라 형법규범의 성질과 구성요건에서의 평가이기 때문이다.[4]

Ⅱ. 결과반가치론과 행위반가치론

3 불법의 본질이 결과반가치에 있다고 보는 전통적인 객관적 불법론에 대하여 불법에서 행위반가치도 중시해야 한다고 주장하는 '인적 불법론'(personale Unrechtslehre)이 대립하게 되었다. 인적 불법론을 '행위반가치론'이라고도 하며, 행위반가치론은 불법에서 결과반가치와 행위반가치를 공히 고려하는 이원론에서 행위반가치만을 고려하는 일원론으로 극단화되기도 하였다.

1. 결과반가치론

4 **(1) 결과반가치론의 의의와 근거** 고전적 자유주의적 범죄관에 의하면 불법은 객관적·외부적으로 판단되었다(이에 비하여 책임은 주관적·내적(=행위자적)으로 판단되었다). 즉 불법은 법익침해 또는 법익의 위태화라는 결과반가치로부터 구성된다고 보았다. 후일 행위반가치를 강조하는 인적 불법론이 등장함으로써 이 고전적 불법개념을 결과반가치론(結果反價値論)이라고 부르게 되었다. 결과반가치론은 불법이란 객관적 평가규범(objektive Bewertungsnorm)에 위반하는 것을 의미하며, 의사결정규범은 책임귀속에 해당한다는 인식에 입각하고 있다.[5]

---

1 심재우 "형법에 있어서 결과불법과 행위불법", 고려대 법학논집(1982), 127면.
2 Samson SK Vor §32 Rn. 5; Sch/Sch/Lenckner Vor §13 Rn. 52; Hirsch "Der Streit um Handlungs- und Unrechtslehre", ZStW 93, 851.
3 Bockelmann/Volk S. 50; Maurach/Zipf S. 209; Gallas *a.a.O.* S. 166; Stratenwerth "Zur Relevanz des Erfolgsunwertes im Strafrecht", Schaffstein-FS S. 178.
4 Krauß "Erfolgsunwert und Handlungsunwert im Unrecht", ZStW 76, 49.
5 Mezger/Blei 14.Aufl. S. 98.

5 결과반가치론을 주장하는 차용석 교수는 ① 행위반가치론에 의하면 형법의 기능은 사회윤리적 행위가치(sozialethischer Handlungswert)의 보호에 있다고 보게 되므로 형법이 윤리화되어 심정형법화(心情刑法化)될 염려가 있고, ② 행위의 사회적 상당성은 그 실체가 명백하지 못하며, ③ 고의를 일반적인 불법요소로 파악할 때에는 위법의 주관화 내지 윤리화를 초래하게 되고, ④ 위법성조각사유의 일반원리로서는 법익교량을 기준으로 삼는 것이 이익보호를 목적으로 하는 법의 목적에 부합하고, ⑤ 과실범의 불법판단에 있어서도 위법판단의 객관성이 보장된다고 설명한다.[1]

6 (2) **결과반가치론에 대한 비판** 결과반가치론이 불법을 평가규범에 대한 위반으로 파악한 것은 형법이 평가규범임과 동시에 의사결정규범임을 무시한 결과이다. 형법은 법익보호를 위하여 일정한 행위와 결과의 반가치성을 평가하고 이에 기하여 일정한 요구(금지, 명령)를 발한다. 따라서 평가규범성과 의사결정규범성을 동시에 가지고 있는 형법의 성질을 도외시하고 평가규범에 위반한 것이 불법이고 의사결정규범은 책임에서만 문제된다고 해석하는 것은 옳지 않다. 결과반가치론은 규범위반이 행위(나아가 의도)에서 비롯된다는 것을 무시하고 결과발생만으로 불법을 인정하여, 모든 법익침해(결과의 발생)를 불법으로 봄으로써 불법개념을 무제한하게 확대하는 결과를 초래한다는 비판을 면할 수 없다.[2]

형법은 모든 법익침해와 위태화를 처벌하는 일반적 구성요건을 두고 있지 않다. 오히려 구성요건에 규정된 특정 행위만이 불법을 구성할 수 있도록 규정되어 있다. 부진정부작위범의 불법은 보증인에 의하여만 실현될 수 있고, 과실범의 결과발생도 주의의무에 위반한 때에만 불법하다고 할 수 있다. 사기죄나 공갈죄는 일정한 방법으로 법익을 침해할 때에만 성립한다. 결과반가치론에 의할 때에는 살인죄와 상해치사죄 및 과실치사죄와 같이 사람의 사망이라는 동일한 결과가 발생한 경우에 왜 처벌을 달리하는가를 설명하지 못한다. 이는 결과반가치만으로 불법이 구성되지 않는다는 것을 입증해 준다. 결과반가치론이 주관적 요소를 예외적으로 불법요소에 포함시키는 것도 불법은 객관적 요소에 의하여 평가된다는 이론의 핵심인식과 부합하지 않는다.

인간의 행위는 결과반가치를 야기하려는 의사나 결과회피를 위한 주의의무의 위반 없이 결과가 발생하였다는 것만으로 불법이 되는 것은 아니다. 이러한

1 차용석 400~401면, 405~409면, 414~417면.
2 Hirsch ZStW 93, 839.

의미에서 결과반가치론은 타당하다고 할 수 없다.

2. 행위반가치론

(1) **인적 불법론** 결과반가치를 강조하는 객관적 불법론에 대항하여 형법에 있어서 불법의 핵심이 행위반가치에 있다고 주장한 것이 Welzel의 인적 불법론(人的 不法論, personale Unrechtslehre)이다. Welzel의 불법론은 목적적 행위론의 기본 인식에 그 기초를 두고 있다. 즉 결과는 행위에 의하여 이루어지는 것이기 때문에, 구성요건상의 '결과'는 물론 '행위'도 불법요소로 보아야 하며, 양자는 함께 불법요소가 된다는 것이다. 왜냐하면 모든 범죄에서 보편적으로 반가치를 형성하고 있는 것은 행위반가치이기 때문이다. 예컨대 불능미수의 경우(이에 관하여는 *infra* 29/1 이하 참조) 결과와 관련한 반가치는 존재하지 않는다. 이에 반하여 행위반가치가 전혀 존재하지 않고 결과반가치만 존재하는 구성요건은 없다.[1] 따라서 불법은 결과(반가치)에 의하여만 구성되는 것이 아니라, 행위(반가치)에 의하여도 구성되는 것이며, 행위 자체는 다시 '행위자'의 '작품'(=소행)으로서 반가치 판단의 대상이 된다. 따라서 불법은 '행위자의 행위'에서 비롯되는 '인적 불법'이 핵을 이룬다는 것이다.[2] 7

Welzel의 인적 불법론에 의하면 행위반가치에서 비롯되는 행위불법이 불법의 제 1 차적 핵심요소이다. 고의범의 경우 고의('의도반가치')에서 비롯되는 행위반가치가 핵심요소이며, 과실범의 경우에도 (과실행위로 인하여 야기된 결과반가치가 핵심요소인 것이 아니라) 객관적 주의의무 위반에서 비롯되는 행위반가치가 핵심적인 요소이다. 과실범의 결과반가치는 오히려 행위반가치에 포함되는 것으로 보아야 한다.[3] 왜냐하면 '주의의무 위반 행위'가 없었다면 결과는 발생하지 않았을 것이며, 과실범의 결과는 우연의 소산이기 때문이다.

(2) **일원적 · 주관적 불법론**

1) **일원적 · 주관적 불법론의 내용** Welzel의 인적 불법론은 불법에 있어서 인적 행위반가치를 강조하였지만 결과반가치를 완전히 배제한 이론은 아니었다. 결과는 고의범에서는 물론 과실범에서도 구성요건요소로서 남아 있었 8

1 Welzel S. 62.
2 Welzel S. 3, S. 62.
3 Welzel S. 136.

다. 그러나 행위반가치론은 후대의 이론가[1]들에 의하여 결과를 불법의 세계에서 추방하여 불법을 행위반가치만으로 근거지우려는 극단적인 방향으로 전개되었다. 결과는 구성요건요소가 아니라 객관적 처벌조건에 불과하다는 주장으로서, 이 극단적인 행위반가치론을 일원적·주관적 불법론(一元的·主觀的 不法論, monistisch-subjektive Unrechtslehre)이라고 한다.

일원적·주관적 불법론은 법질서는 행위규범을 통하여 인간의 행위를 규율하므로 이 규범에 대한 위반행위야말로 구성요건에 해당하는 불법이 된다고 본다. 형법적 금지는 결과가 아니라 행위를 향하고 있다는 것이다. 따라서 규범위반 행위의 반가치성이 불법을 구성하며, 불법과 행위반가치는 동의어에 지나지 않는다고 한다.[2] 결과반가치는 불법을 구성하지 못하며 불법과는 관계없는 우연에 불과하다. 따라서 기수와 미수를 불법의 단계에서 구별하는 것은 무의미하고,[3] 과실범에 있어서도 결과는 주의의무위반을 이유로 처벌하는 근거가 될 수는 있어도 형벌을 정하는 기준이 될 수는 없다.[4] 결국 결과반가치는 객관적 처벌조건(objektive Bedingung der Strafbarkeit)으로서의 의미를 가질 뿐이라고 한다.[5]

9 **2) 일원적·주관적 불법론에 대한 비판** 결과반가치가 불법에 있어서 의미가 없다는 일원적·주관적 불법론은 타당하지 않으며, 우리나라에서 이 이론을 지지하는 학자는 보이지 않는다. ① 일원적·주관적 불법론은 규범논리적 측면에서 형법이 행위규범 내지 결정규범이라는 점에서 출발하고 있다. 그러나 형법은 결정규범임과 동시에 평가규범일 뿐만 아니라, 금지되는 것은 '법익침해를 목적으로 하는 행위'이므로 행위가 금지된다고 하여 결과의 발생이 불법에 무의미하다는 결론이 나오는 것은 아니다. ② 결과반가치가 우연에 지나지 않는다는 것도 타당하다고 할 수 없다. 결과반가치가 행위가 창출한 위험의 실현으로서 행위반가치와 연결되는 한 그 결과는 우연일 수 없다.[6] 특히 결과반가치를 불법에서 완

---

1 Armin Kaufmann, Zielinski, Horn, Lüderssen 등이 그들이다.

2 Armin Kaufmann "Zum Stande der Lehre vom personalen Unrecht", Welzel-FS S. 395; Horn *Konkrete Gefährdungsdelikte*, S. 79; Zielinski *Erfolgs- und Handlungsunwert im Unrechtsbegriff*, S. 128.

3 Armin Kaufmann *a.a.O.* S. 403; Zielinski *a.a.O.* S. 144.

4 Zielinski *a.a.O.* S. 217.

5 Armin Kaufmann S. 411; Horn *a.a.O.* S. 81; Lüderssen "Die strafrechtsgestaltende Kraft des Beweisrechts", ZStW 85, 292; Zielinski S. 213.

6 Hirsch ZStW 94, 254; Stratenwerth *a.a.O.* S. 184.

전히 추방하여 기수와 미수를 동일하게 처벌해야 한다는 것은 형법의 태도와 부합하지 않는다. 또 과실범에 있어서 결과를 고려하지 않을 때에는 과실치사와 과실치상 및 도로교통법위반을 동일하게 처벌하지 않을 수 없는 부당한 결과를 초래한다.[1] ③ 결과반가치를 객관적 처벌조건으로 파악할 수는 없다. 객관적 처벌조건은 고의의 인식대상이 아닌 데 반하여 결과는 고의의 인식대상이다. 그리고 객관적 처벌조건은 형벌권의 발생 여부를 결정할 수 있을 뿐이고, 어떻게 처벌할 것인가에 대하여는 아무런 영향을 미치지 못한다.

10 (3) **이원적 · 인적 불법론** 불법은 결과반가치로서의 법익의 침해 또는 위험과, 행위의 주관적 · 객관적 측면을 포함하는 행위반가치를 고려하여 판단해야 하며, 결과반가치와 행위반가치는 병렬적으로 존재하는 불가결의 불법요소라고 이해하는 견해를 말한다. 우리나라의 통설[2]이 취하고 있는 태도이다.

11 법익보호가 형법의 가장 중요한 기능인 점은 부정할 수 없다. 따라서 결과반가치를 불법에서 배제할 수는 없다고 하겠다. 결과반가치를 불법에서 추방하는 견해는 전통적인 법감정에 반하고 형사책임의 기본원칙을 파괴할 뿐만 아니라, 형법을 법치국가에서는 허용될 수 없는 심정형법으로 만드는 결과를 초래하기 때문이다. 그렇다고 결과반가치만으로 불법이 구성되는 것도 아니다. 형법규범이 행위를 대상으로 하고 형법의 구성요건이 일정한 행위자의 특정한 행위태양을 처벌하고 있는 이상 행위반가치도 결과반가치와 같은 의미를 갖는 불법요소이다. 따라서 불법은 결과반가치와 행위반가치에 의하여 결정되어야 한다는 이원적 · 인적 불법론이 타당하다.

Ⅲ. 결과반가치와 행위반가치의 내용

결과반가치와 행위반가치를 독립된 불법요소로 파악하는 경우에도 무엇이 결과반가치와 행위반가치의 내용이 되는가에 대하여 견해가 일치하지 않는다.

---

1 Jescheck LK Vor §13 Rn. 40; Jescheck/Weigend S. 240; Sch/Sch/Lenckner Rn. 59; Krauß ZStW 76, 61; Schünemann "Neue Horizonte der Fahrlässigkeitsdogmatik?", Schaffstein-FS S. 171; Stratenwerth *a.a.O.* S. 188.

2 김일수/서보학 248면; 박상기 76면; 손해목 372면; 신동운 262면; 안동준 97면; 이형국 162면; 임웅 181면; 정성근/박광민 140면; 장영민 "형법상의 불법개념", 인하대 사회과학논문집(1981), 230면.

1. 결과반가치의 내용

12 통설은 보호법익에 대한 침해와 위험이 결과반가치의 내용이라고 해석하고 있다.[1] 여기서 침해란 현실적으로 발생한 법익의 훼손, 즉 보호법익에 대한 직접적인 가치손상을 의미하고, 위험은 보호법익에 대한 침해의 발생이 가능한 상태를 말한다.

법익침해와 위험 이외에 미수와 예비를 구별하고, 불능미수의 결과반가치를 설명하기 위하여 '법익평온상태의 교란(攪亂)'을 결과반가치의 내용에 포함시켜야 한다는 견해[2]도 있다. 그러나 법익침해의 위험에 미수범의 결과반가치를 인정하면서 미수와 예비를 구별하기 위하여 법익평온상태의 교란이라는 약한 형태의 결과반가치를 인정할 필요는 없고, 불능미수의 위험성도 결과발생의 구체적 위험을 의미한다고 할 것이므로 결과반가치의 내용은 법익침해와 위험으로 족하다고 생각된다.

2. 행위반가치의 내용

13 (1) **주관적 요소** 고의는 규범명령에 대항하는 행위의사로서 인적 행위불법의 핵심이 된다. 따라서 고의는 행위반가치의 가장 중요한 내용이다.[3] 다만 고의는 불법요소에 그치는 것이 아니라 불법요소임과 동시에 책임요소가 되는 2중의 기능을 가진다(이에 관하여는 **12**/4 참조). 고의를 불법요소와 책임요소로 분리하는 것은 동일한 대상이 갖는 상이한 측면(행위의 방향성(불법요소로서), 행위의 동기(책임요소로서))에 착안한 것이다. 과실범에 있어서의 과실, 즉 주의의무위반도 행위반가치에 속한다. 물론 과실범의 불법요소는 객관적 주의의무위반에 국한되며, 행위자의 주관적 예견가능성은 책임요소이다. 고의·과실 이외에 목적 또는 경향과 같은 주관적 불법요소도 당연히 행위반가치의 내용이 된다. 주관적 불법요소는 법익침해를 향한 행위자의 행위의사를 명백히 하고, 구성요건에 포

---

1 박상기 74면; 오영근 162면; 이형국 연구, 257면; 임웅 179면; 정성근/박광민 140면; 장영민 전게논문, 230면.
Haft S. 46; Jescheck LK Rn. 40; Jescheck/Weigend S. 240; Kühl **3**/4; Maurach/Zipf S. 217; Sch/Sch/Lenckner Vor § 13 Rn. 52; Wessels/Beulke Rn. 15.

2 김일수/서보학 247면. 이 견해에 대한 상세와 비판은 *infra* **27**/11 이하; **29**/23 참조.

3 Bockelmann/Volk S. 53; Ebert S. 31; Jakobs **6**/76; Jescheck/Weigend S. 242; Kühl **3**/5; Maurach/Zipf S. 211; Roxin **10**/62; Sch/Sch/Lenckner Rn. 55; Wessels/Beulke Rn. 139; Gallas *a.a.O.* S. 170; Kaufmann *a.a.O.* S. 399; Krauß ZStW 76, 56; Rudolphi *a.a.O.* S. 54.

함된 외적 행위에 내적 반가치를 연결하는 기능을 갖는 것이기 때문이다.[1]

(2) **객관적 요소** 행위반가치를 주관적인 의도반가치(意圖反價值, Intentionsunwert)라고 이해하여 범행에 나아간 의사활동만 행위반가치에 해당한다고 하는 견해[2]도 있다. 그러나 행위가 갖는 일반적 위험성과 행위로 인한 위험의 실현은 구별되어야 하므로 행위의 위험성을 규정하는 객관적 요소도 행위반가치의 내용으로 파악하는 것이 타당하다. 이에는 객관적 행위자요소와 행위의 태양이 포함된다. 14

객관적 행위자(=정범)요소(objektiv-täterschaftliche Merkmale)란 법규범이 일정한 범위의 사람에게만 의무를 부과함으로써 그 범위의 사람만이 행위자(=정범)의 지위를 갖게 하는 요소이다. 예컨대 부진정부작위범은 보증인에 의하여만 범하여질 수 있고, 타인의 사무를 처리하는 자가 아니면 배임죄의 주체가 될 수 없으며, 공무원이 아니면 뇌물죄의 주체가 될 수 없다. 이와 같이 행위의 주체를 결정하는 객관적 행위자요소는 중요한 불법요소가 된다. 또 보호법익에 대한 침해와 위험 이외에 범죄의 가벌성이 범행실행의 종류와 방법에 의하여 결정되는 경우가 있다. 예컨대 특수폭행죄는 위험한 물건을 휴대하여 폭행한 때 성립하며, 사기죄는 기망행위에 의하여 상대방을 착오에 빠뜨리고 재물을 교부받을 것을 요한다. 법익에 대한 침해와 위험이 결과반가치라고 한다면 행위의 태양은 행위반가치에 속한다.[3]

---

1 Jescheck/Weigend S. 242.

2 Sch/Sch/Lenckner Vor § 13 Rn. 56.

3 결과반가치와 행위반가치의 기능은 미수 특히 불능미수와 위법성조각사유의 전제사실의 착오 그리고 위법성조각사유의 전제사실의 착오의 반전된 형태, 즉 주관적 정당화요소 없이 우연히 위법성조각사유를 실현시킨 경우(우연방위, 우연피난)에 문제된다. 미수범에 있어서는 행위반가치뿐만 아니라 결과반가치로서의 위험이 있어야 하며, 위법성조각사유의 전제사실의 착오도 결과반가치와 행위반가치는 있으나 심정반가치가 축소된 경우이다. 우연방위는 행위반가치는 있으나 결과반가치는 축소된 경우이다.

§10

제 3 절 부작위범

Ⅰ. 부작위의 본질

1. 부작위의 의의

1 범죄는 보통 작위에 의하여 이루어지지만 부작위에 의하여 실현될 때도 있다. 형법규범은 일반적으로 일정한 행위(살인, 강간, 사기 등)를 금하지만(금지규범), 일정한 행위(타인의 주거에서의 퇴거, 일정한 직무의 실행)를 행할 것을 명하기도 한다(명령규범).[1] 금지규범을 위반하면서 작위로 나아가는 형태의 범죄가 **작위범**인데 비하여, 명령규범을 위반하면서 부작위로 나아가는 형태의 범죄가 **부작위범**이다. 부작위범 중에는 부작위로 나아감으로써(즉 명령규범에 위반함으로써) 금지규범에 위반하는 결과를 발생시키는 형태의 범죄도 있다(아기에게 수유를 하지 않아서 아사시키는 경우). 순수한 명령규범 위반의 부작위범을 **진정부작위범**이라고 하는 데 비하여, 명령규범에 위반함으로써 금지규범을 위반하는 형태의 부작위범을 **부진정부작위범**이라고 한다. 부진정부작위범은 부작위에 의하여 작위범의 구성요건을 충족하는 경우로서, 형법상 부작위범으로 규정되지 않은 대부분의 범죄는 부작위로 범하여 질 수 있다(예컨대 부작위에 의한 살인, 부작위에 의한 상해 등).

2. 부작위의 행위성

2 부작위도 행위이다. 행위는 작위와 부작위로 구성된다.

존재론적으로 볼 때 부작위는 거동성이 없는 무(無)이다. 무를 어떻게 행위로 볼 수 있는가? 인과적 행위론은 부작위에 인과적 '야기'의 요소가 없다는 점에서, 목적적 행위론은 부작위에 '인과과정의 지배조종'이 없다는 점에서 부작위를 행위로 인정하지 않았다. 사회적 행위론은 부작위가 규범적 행위기대의 불이행이라는 '사회적 중요성'을 갖는다는 근거로 이를 행위로 인정한다. 그러나 부작위를 행위로 인정하지 않았던 시대에도 부작위범을 부정했던 것은 아니고, 작위와 나란히 행위의 하나로 자리 잡지 못했을 뿐 예외적인 범죄형태로 다루어졌다.

---

1 규범의 양상에 관하여는 1/5 주 1 참조.

부작위는 '단순한 무위(無爲)'가 아니라 '기대되는 일정한 행위를 하지 않는 것', 즉 '무엇인가를 하지 않는 것'을 의미한다.[1] 영미 형법에서도 범죄행위에는 작위 뿐 아니라 부작위도 당연히 포함되는 것으로 이해되고 있다.[2] 3

3. 작위와 부작위의 구별

작위와 부작위는 대부분의 경우 쉽게 구별할 수 있다. 그러나 행위에 작위와 부작위의 요소가 모두 포함되어 있어서 형법적 판단의 대상이 작위인가 부작위인가가 명백하지 않을 때가 있다. 특히 과실범의 경우 필요한 조치를 취하지 않고 행위한 점에 주의의무위반이 있는 때에는 작위와 부작위의 요소가 함께 포함되어 있다. 이 경우에 작위와 부작위를 구별하는 것은 법적 비난의 중요성이 어디에 있는가에 따라 판단해야 할 평가문제라고 해석하는 견해[3]도 있다. 이를 **평가적 관찰방법**이라고 한다.[4] 작위와 부작위의 구별은 자연과학적 · 인과적 분류가 아니라 법적 평가의 대상이라는 것을 이유로 한다. 그러나 법적 비난의 중점이 어디에 있는가는 법률심리를 통하여 비로소 얻어질 수 있는 것이므로, 이를 처음부터 전제하는 것은 비합리적 직관의 소산이 되지 않을 수 없다. 따라서 작위와 부작위의 구별이 명백하지 않을 때에는 먼저 작위가 구성요건에 해당하고 위법 · 유책한가를 검토하여 작위만을 형법적 평가의 대상으로 하고, 그렇지 않은 경우에 한하여 부작위가 문제된다고 해석함이 타당하다. 이때 작위를 파악함에는 특히 신체적 활동이 있었는가 또 그것이 발생한 결과와 인과관계가 있는가를 고려해야 한다.[5] 이러한 의미에서 부작위는 작위에 대하여 보충관계에 있다.[6] 4

작위와 부작위의 구별이 학설에 따라 크게 차이가 있는 것은 아니다. 따라서 ① 과실범에서 주의의무를 다하지 않고 적극적으로 행위를 한 경우는 작위범이고, ② 타인의 구조행위를 적극적으로 방해한 때에는 구조행위를 하지 않은 부작위요소가 있다

---

1 Bockelmann/Volk S. 133; Jescheck LK Vor §13 Rn. 92; Jescheck/Weigend S. 615; Otto S. 127; Rudolphi SK Vor §13 Rn. 1; Sch/Sch/Stree Vor §13 Rn. 139; Wessels/Beulke Rn. 708.

2 Jescheck "Die Behandlung der unechten Unterlassungsdelikte im deutschen und ausländischen Strafrecht", ZStW 77, 119; G. Williams *Textbook of Criminal Law*, pp. 148~149.

3 Ebert S. 173; Sch/Sch/Stree Rn. 158; Wessels/Beulke Rn. 700.

4 김일수/서보학 480면; 신동운 118면; 임웅 522면; 정성근/박광민 455면.

5 Jescheck LK Vor §13 Rn. 92; Jescheck/Weigend S. 603; Kühl 18/16; Rudolphi SK Vor §13 Rn. 6; Seelmann AK §13 Rn. 28.

6 박상기 306면; 배종대 716면; 오영근 283면; 이정원 433면.

하더라도 작위범이 되며, ③ 자신의 구조활동의 '효과'를 적극적으로 중단한 경우에도 작위범이고, ④ 원인에 있어서 자유로운 부작위(omissio libera in causa)의 경우, 적극적 행위에 의하여 스스로를 행위무능력상태에 빠지게 한 후 행위무능력상태에서 부작위한 때에도 부작위범이 된다는 점에 결론을 같이한다. 문제는 ⑤ 자신의 구조활동을 적극적인 행위에 의하여 중단한 경우의 처리이다. 의사가 치료중인 환자의 생명유지장치를 제거하는 소극적 안락사의 경우도 여기에 해당한다. 이 경우 평가적 관찰방법에 의하면 부작위범이 될 수 있으나, 후설(작위요소우선고려설)에 의하면 작위범이 된다. 대법원은 치료를 요하는 환자에 대하여 그 보호자의 강청에 못이겨 그 치료를 중단하고 퇴원을 허용함으로써 환자를 사망케 한 전문의와 주치의에 대하여 작위에 의한 살인방조죄가 성립한다고 판시하였다(대법원 2004. 6. 24. 2002 도 995).[1]

Ⅱ. 부작위범의 구조

1. 진정부작위범과 부진정부작위범

5 부작위에 의하여 범하는 범죄를 부작위범(不作爲犯, Unterlassungsdelikt)이라고 한다. 부작위범은 진정부작위범과 부진정부작위범으로 나뉜다.

(1) **구별의 기준** 진정부작위범과 부진정부작위범을 구별하는 기준에 관하여는 두 가지 입장이 나뉜다.

6 1) **형 식 설** 형법이 부작위범의 구성요건을 두고 있는가라는 형식적 기준에 의하여 양자를 구별하는 견해이다. 우리나라의 통설[2]의 태도이다. 이에 의하면 진정부작위범(眞正不作爲犯, echte Unterlassungsdelikte)은 구성요건이 부작위에 의하여만 실현될 수 있는 범죄, 즉 법률 상 부작위범으로 규정된 구성요건을 말한다. 각칙상의 다중불해산죄(제116조)와 퇴거불응죄(제319조 2항) 이외에 전시군수계약불이행죄(제103조 1항)·전시공수계약불이행죄(제117조 1항)가 여기에 속한다. 이에 비하여 부

---

1 대법원 2004. 6. 24. 2002 도 995, "어떠한 범죄가 적극적 작위에 의하여 이루어질 수 있음은 물론 결과의 발생을 방지하지 아니하는 소극적 부작위에 의하여도 실현될 수 있는 경우에, 행위자가 자신의 신체적 활동이나 물리적·화학적 작용을 통하여 적극적으로 타인의 법익 상황을 악화시킴으로써 결국 그 타인의 법익을 침해하기에 이르렀다면, 이는 작위에 의한 범죄로 봄이 원칙이고, 작위에 의하여 악화된 법익 상황을 다시 되돌이키지 아니한 점에 주목하여 이를 부작위범으로 볼 것은 아니며, 나아가 악화되기 이전의 법익 상황이, 그 행위자가 과거에 행한 또 다른 작위의 결과에 의하여 유지되고 있었다 하여 이와 달리 볼 이유가 없다."

2 김성천/김형준 197면; 배종대 718면; 안동준 291면; 유기천 117면; 이형국 397면; 임웅 524면; 정성근/박광민 457면; 정영석 103면; 진계호 144면; 황산덕 64면.

진정부작위범(不眞正不作爲犯, unechte Unterlassungsdelikte)은 부작위에 의하여 작위범의 구성요건을 실현하는 경우를 의미한다.

예컨대 어머니가 영아에게 젖을 주지 않아 굶어죽게 하거나, 이미 발생한 화재를 소화하지 아니하여 살인죄 또는 방화죄를 범하는 경우가 여기에 해당한다.

2) 실 질 설 범죄의 내용과 성질을 검토하여 양자를 실질적 관점에서 구별해야 한다는 견해이다. 독일의 다수설[1]의 입장이다. 이에 의하면 진정부작위범의 구성요건은 단순한 부작위에 의하여 충족됨에 반하여, 부진정부작위범은 결과의 발생을 요한다고 한다. 즉 진정부작위범은 (단순)거동범에 대응하는 개념이고, 부진정부작위범은 결과범에 대응하는 개념이라는 것이다.[2] 진정부작위범은 결과의 발생을 요하지 않으므로 형법에 이를 처벌하는 특별한 규정이 있는 때에만 처벌할 수 있음에 반하여, 부진정부작위범은 결과발생으로 성립하므로 특별한 규정이 없는 경우에도 처벌할 수 있다고 한다. 7

(2) 비 판 실질설은 진정부작위범과 부진정부작위범의 본질을 규명하여 형법이 진정부작위범에 대한 규정을 두고 있는 근거를 해명한 점에서 탁월한 이론이라고 할 수 있다. 이에 의하면 거동범의 경우에는 부진정부작위범이 성립할 수 없게 된다. 그러나 부진정부작위범이 대부분 결과범인 것은 사실이지만, 부진정부작위범이 거동범에는 성립하지 않는다고 해야 할 이유는 없다.[3] 또 형법에 부진정부작위범의 규정을 두지 않은 이유가 그것이 결과범이기 때문이라는 견해도 옳다고 할 수 없다. 이러한 의미에서 통설인 형식설이 타당하다. 8

2. 부작위범의 구성요건

작위범과 마찬가지로 부작위범도 범죄가 되기 위하여는 구성요건해당성, 위법성, 책임의 요건을 갖추어야 한다. 부작위범은 개별 범죄구성요건이 — 작위가 아니라 — 부작위에 의하여 실현된 경우에 지나지 않으므로, 일반적 부작위범이라 9

---

1 Bockelmann/Volk S. 132; Ebert S. 175; Jescheck LK Vor §13 Rn. 84; Jescheck/Weigend S. 547; Rudolphi SK Vor §13 Rn. 10; Wessels/Beulke Rn. 697.

2 우리나라에서도 박상기 308면; 이정원 430면은 실질설을 취하고 있다. 한편 김일수/서보학 485면; 손해목 785면; 조준현 298면은 형식설과 실질설을 결합해야 한다고 한다.

3 Baumann/Weber/Mitsch S. 264; Sch/Sch/Stree Vor §13 Rn. 135; Tröndle/Fischer §13 Rn. 3; Welzel S. 203.

는 별도의 구성요건은 존재하지 않으며, 항상 구체적인 범죄 구성요건 해당 여부를 검토하여야 한다.

9a 즉 부작위 행위는 '부작위범'이라는 추상적 구성요건에 해당하는 것이 아니라(이러한 구성요건은 존재하지 않는다), 구체적인 개별 구성요건, 즉 퇴거불응죄(제319조 2항), 직무유기죄(제122조), 살인죄(제250조 1항), 방화죄(제176조) 등에 해당할 뿐이다. 형법 제18조의 부작위범 규정은 부작위 행위와 각 개별구성요건을 매개해 주는 규정에 지나지 않는다. 따라서 부작위범의 해석은 각칙상의 개별 구성요건의 해석에 귀착한다. 다만 총론의 수준에서는 부작위범들의 공통되는 구성요건을 검토한다.

9b 부작위범의 구성요건에 해당하기 위하여는, ① 작위(규범적 명령의 이행)로 나아가야 할 구성요건적 상황이 존재하여야 하고, ② 부작위 행위가 있어야 한다. 모든 부작위 행위가 구성요건에 해당하는 것은 아니기 때문에, (a) 행위자에게 일정한 작위의무가 있어야 하며, (b) (부작위)행위자에게 행위로 나아갈 가능성이 있어야 한다.

9c 이것이 진정부작위범과 부진정부작위범에 공통되는 구성요건이다. 이에 비하여 부진정부작위범의 경우 그 부진정부작위범이 결과범인 때에는 이 이외에 ③ 부작위와 인과관계 있(고 부작위행위에 귀속되)는 결과의 발생이 요건이 된다. 이때 구성요건상 그 결과발생이 일정한 행위태양을 수반하여 이루어져야 하는 경우에는 ④ 그 부작위가 (구성요건이 요구하는) 일정한 행위태양과 동등성을 갖는 것이어야 한다.

10 (1) **구성요건적 상황** 부작위범은 작위로 나아가라는 규범적 요구가 있는 경우에만 성립한다. 이 규범적 요구는 일정한 사실관계에서 비롯되며, 이 사실관계를 구성요건적 상황이라고 한다. 진정부작위범의 경우에 이 구성요건적 상황은 형법 각칙에 상세히 규정되어 있다. 부진정부작위범의 경우에 구성요건적 상황은 '구성요건적 결과발생(내지 구성요건실현)의 위험'이라고 할 수 있다.

11 (2) **부 작 위** 구성요건적 상황이 발생함으로써 창출된 규범적 요구에 부응하는 행위를 하지 않은 때에만 부작위범이 성립할 수 있다. 따라서 행위자가 작위의무를 다하였지만 효과가 없었을 때에는 적어도 고의에 의한 부작위범은 성립하지 않는다. 이때 행위자에게 과실이 있는 경우에는 부작위에 의한 과실범이 성립할 수 있다.

1) **작위의무** 부작위범이 성립하기 위하여는 행위자가 규범적 요구의 대상자(수명자)이어야 한다. 진정부작위범의 경우 수명자는 범죄구성요건 상 정해져 있다. 이에 의하여 수명자는 작위의무를 지게 된다. 반면에 부진정부작위범의 경우에는, 수명자가 구성요건 상 명시되어 있지는 않지만 그 구성요건적 상황에서 법익을 보호할 것을 요구받고 있는 일정한 지위에 있는 자여야 한다(보증인). 이 보증인의 지위에서 비롯되는 작위의무는 (부진정)부작위범 이론의 핵심을 이룬다. 이에 관한 상세는 후술한다.[1] 12

2) **행위가능성** 구성요건적 상황이 발생하여 행위자가 일정한 행위를 행하여야 하는 경우에, 그 행위를 할 수 있었음에도 불구하고 그 행위를 하지 않은 것(부작위)이 부작위범의 구성요건에 해당한다. 작위범의 경우 형법의 규범적 요구는 금지된 행위를 일반적으로(=누구에게든) 하지 말라는 것이므로, 행위자의 행위를 하지 않을 가능성은 구성요건 단계에서는 문제되지 않고, 책임단계에서 비로소 이를(이른바 '타행위가능성') 검토한다. 이에 비하여 부작위범의 경우에는 행위가능성은 형법규범적 요구의 전제이므로, 행위자가 요구되는 행위를 할 수 있었는가는 구성요건 단계에서 검토한다. 12a

여기서 일반적 행위능력과 개별적 행위능력(가능성)을 구별할 필요가 있다. 일반적 행위능력(행위가능성)은 상황에 대한 전반적인 인식이 있고 인간의 평균적인 능력을 갖는 모든 사람에게 인정된다. 부작위범의 구성요건의 단계에서 검토되어야 할 행위가능성은 이러한 일반적 행위능력(가능성)이 아니라, '개별적' 행위가능성의 존부이다.[2] 일반적 능력을 가진 행위자가 구성요건적 상황에서 적절한 조력을 할 수 있었을 때 개별적 행위가능성은 인정된다. 즉 행위자의 부작위가 (부작위범)의 구성요건을 충족하기 위하여는, 요구되는 행동을 의미 있는 방법으로 할 수 있어야 한다.[3]

따라서 낙동강에 빠진 사람에 대하여 서울에 있는 사람에게 행위가능성이 있다고 할 수는 없지만,[4] 물에 빠진 사람을 구출하는 상황에서 수영을 하지 못하는 사람에게도

1 *infra* **10**/17 이하, 23 이하 참조.
2 Jescheck LK §13 Rn. 2; Jescheck/Weigend S. 616; Kühl **18**/30; Rudolphi SK Vor §13 Rn. 13; Wessels/Beulke Rn. 708.
3 Jescheck/Weigend S. 617.
4 유기천 119면.

개별적 행위가능성은 있다(구조원을 부른다든가 구명튜브를 던진다든가 하는 방법으로 구출하는데 조력할 수 있다).

개별적 행위가능성을 인정하는 기준은 ① 요구된 행위를 할 수 있을 외적 여건(거리, 적절한 도구)이 갖추어져 있고, 필요한 적절한 자신의 힘(물리적 힘, 기술적 지식, 지적 능력)을 쓸 수 있어야 한다. ② 부작위 행위자가 (법이) 요구하는 행위를 자신이 해야할 일의 하나로 생각하거나, 필요한 주의를 기울였다면 최소한 생각할 수 있는 것이어야 한다.[1]

12b (3) **부작위와 결과와의 귀속관계** 부진정부작위범에 특유한 구성요건으로서는 부작위 행위와 결과와의 사이에 인과관계 및 객관적 귀속관계가 인정되어야 한다. 이 관계가 인정되지 않는 때에는 부작위 행위가 결과를 발생시켰다고 할 수 없기 때문이다. 이에 관하여는 후술 **11**/30 참조.

12c (4) **작위행위와의 동등성** 부진정부작위범이 성립하기 위하여는 부작위가 작위에 의한 구성요건 실현과 동등하게 평가될 수 있어야 한다. 일반적으로는 작위의무자가 부작위로 나아간 때 부진정부작위범이 성립한다(제 1 의 동등성 문제). 그러나 (작위범의 형태로 되어 있는) 구성요건이 특별한 행위태양을 요건으로 하고 있는 때에는 부작위로 그 행위태양을 충족하였는가가 문제된다(제 2 의 동등성 문제). 이에 관하여는 후술 **10**/37 참조.

[부작위범의 위법성과 책임]

13 1) **부작위범의 위법성** 부작위범에 있어서도 구성요건해당성이 위법성을 징표한다는 점은 작위범의 경우와 같다. 따라서 구성요건에 해당하는 부작위의 위법성은 위법성조각사유의 존재에 의하여 조각될 수 있다.

부작위범의 위법성조각사유와 관련하여 특히 문제되는 것이 의무의 충돌(Pflichtenkollision)이다. 의무의 충돌의 경우에 행위자가 높은 가치의 의무 또는 같은 가치의 의무를 이행하기 위하여 부작위에 나간 때에는 부작위의 위법성이 조각된다. 작위의무와 부작위의무(=금지)가 충돌한 경우, 즉 작위의무를 이행하기 위하여 제 3 자의 법익을 침해해야 하는 경우에 대하여는 긴급피난의 법리가 적용될 수 있다.[2]

14 2) **부작위범의 책임** 부작위범의 책임비난도 작위범의 경우와 같이 책임능력과 위법성의 인식 및 책임조각사유의 부존재를 필요로 한다. 따라서 부작위범에 있어서도 금지의 착오는 책임을 조각하게 된다.

---

1 Jescheck/Weigend S. 617, Mezger Lehrbuch S. 133, Welzel S. 212.

2 Rudolphi SK Vor § 13 Rn. 29a; Wessels/Beulke Rn. 735.

이에 반하여 부작위범에서의 기대가능성은 작위의무의 범위와 행위능력을 결정하는 자료가 되므로 단순한 책임조각사유가 아니라 구성요건요소에 해당한다는 견해[1]도 있다. 그러나 기대가능성의 기능을 작위범과 부작위범의 경우에 따라 달리 평가해야 할 이유는 없고, 행위가능성과 기대가능성은 구별해야 하므로 기대불가능성은 부작위범에 있어서도 책임조각사유로 해석함이 타당하다고 생각된다.[2]

Ⅲ. 부진정부작위범의 구성요건

1. 부작위와 작위의 동등성

15 부진정부작위범은 작위범의 형식으로 규정되어 있는 구성요건을 부작위에 의하여 실현하는 범죄형태이다('부작위에 의한 작위범'). 따라서 각칙에서 부작위를 처벌하는 특별규정을 두고 있는 진정부작위범과는 달리, 부진정부작위범은 '작위범'의 구성요건의 틀 안에서 부작위를 해석하여야 한다. 즉 부작위 행위가 작위범의 구성요건을 충족하는 작위행위와 동등하다는 것을 정립할 필요가 있다. 부작위와 작위의 동등성(Gleichstellung) 내지 동가치성(Gleichwertigkeit)의 문제가 바로 이것이다.

양자의 동등성을 규범이론적으로 정립하려는 시도도 있다. 즉 구성요건은 (그 배후에 있는) 규범적 요구를 규정한 것이고, 규범에는 금지규범과 명령규범이 포함되므로 작위범의 구성요건에도 금지규범과 더불어 명령규범이 구체화되어 있다고 해석하는 견해가 그것이다.[3] 이 견해에 따르면 부진정부작위범은 작위범의 구성요건이 예정하고 있는 명령규범을 침해하는 것이 된다. 그러나 작위범의 구성요건이 명령규범을 전제하고 부진정부작위범도 명령규범을 위반한 것이라고 볼 수는 없다.[4]

16 부작위가 작위와 동등한 것으로 평가되기 위하여는 ① 작위의무자의 부작위여야 하고, ② 그 부작위가 작위와 동등한 것으로 평가될 수 있어야 한다.

인식한 (경우에 따라 '의사'까지 있을 수 있는) 결과가 발생한 모든 경우를 부작위에 의한 작위범으로 문의할 수는 없다는 점에서 부작위범의 주체는 '작위의무자'에 한정

1 Haft S. 177; Sch/Sch/Stree Vor § 13 Rn. 155; Tröndle/Fischer § 13 Rn. 16.
2 Jescheck LK Vor § 13 Rn. 91; Rudolphi SK Rn. 31; Wessels/Beulke Rn. 742.
3 Gössel ZStW 96, 323; Otto S. 129.
4 Baumann/Weber/Mitsch S. 212; Jescheck/Weigend S. 615; Sch/Sch/Stree Rn. 135; Wessels/Beulke Rn. 697.

되어야 한다는 것은 명백하다. 예컨대 아프리카의 어느 나라에서 집단적인 기아상태에서 많은 어린이가 아사하는 경우 전세계가 도덕적 책임을 느낄 수는 있으나 이를 부작위에 의한 살인으로 문의할 수는 없다. 법적인 작위의무가 존재하지 않기 때문이다. 한편 갓난아기에게 먹을 것을 주지 않고 아사시키는 행위 또는 제방에서 어린 아이가 제풀에 굴러 떨어져서 익사하기를 기대하고 제방으로 데리고 간 행위가 '독약을 먹이는' 행위 또는 제방에서 '밀어 떨어뜨리는' 행위와 동등하게 평가될 수 있는가? 종래 부작위와 작위의 동등성은 주로 이 점을 문제삼아 왔다.

부작위와 작위의 동등성을 인정하기 위하여는 첫째 구성요건적 결과를 방지하지 않은 자가 결과의 발생을 방지할 의무가 있는 자, 즉 보증인일 것을 요한다. 모든 사람의 부작위가 작위와 동등하게 평가되는 것이 아니라 보증인의 부작위만이 작위와 같이(=작위와 동등하게) 평가될 수 있다. 형법 제18조가 "위험의 발생을 방지할 의무가 있거나 자기의 행위로 인하여 위험발생의 원인을 야기한 자가 그 위험발생을 방지하지 아니한 때에는 그 발생된 결과에 의하여 처벌한다"고 규정하고 있는 것도 이러한 의미이다. 보증인의 부작위를 작위와 동등하게 평가하기 위하여는, 둘째로 그 부작위가 작위에 의한 구성요건의 실행과 동등하게 평가될 수 있어야 한다. 여기서 부진정부작위범에 특수한 동등성의 문제로서 ① 보증인지위와 ② 행위정형의 동등성(行爲定型의 同等性)을 검토할 필요가 있다.

2. 보증인지위

17 (1) **보증인지위의 의의** 부진정부작위범에 있어서 부작위가 작위와 동등하게 평가되기 위하여는 부작위범이 결과의 발생을 방지해야 할 보증인이어야 한다. 이를 부작위범에서의 행위자의 보증인지위(保證人地位, Garantenstellung)라고 한다. 보증인지위를 인정하기 위하여는 ① 법익의 보유자가 당해 침해에 대하여 스스로 보호할 능력이 없고, ② 부작위범에게 그 위험에 대하여 법익을 보호해야 할 의무, 즉 작위의무(보증인의무)가 있고, ③ 부작위범이 이러한 보호기능을 가짐으로써 법익침해를 야기할 사태를 지배하고 있을 것을 요한다.[1] 여기서 보증인지위를 인정하는 데 가장 중요한 요소는 작위의무이며, 이 때문에 보증인지위는 주로 작위의무의 문제로 다루어진다. 작위의무는 법적 의무일 것을 요하며

1 Rudolphi SK §13 Rn. 22.

단순한 도덕적 의무나 사실상의 가능성으로는 족하지 않다.[1]

보증인지위는 고의에 의한 부진정부작위범에서만 문제되며 과실범의 경우에는 특별한 의미가 없다. 과실범에 있어서는 작위의무와 주의의무가 실질적으로 일치하기 때문에 구조상 진정부작위범이 부담하는 의무와 일치한다고 보아야 한다.[2,3] 18

(2) **체계적 지위** 보증인지위 또는 그 근거가 되는 작위의무의 체계적 지위에 관하여는 견해가 대립되고 있다.

1) **위법성의 요소라는 견해** 종래의 통설은 부진정부작위범에서의 작위의무위반을 위법성 요소로 이해하고 부작위범의 동등성은 위법성의 특수한 요건이라고 보았다.[4] 즉 부진정부작위범의 구성요건은 위법성을 징표하지 못하며, 구성요건적 결과를 방지해야 할 법적 의무 있는 자가 그 의무에 위반하여 부작위로 나아간 때에 비로소 위법하게 된다는 것이다. 그러나 부진정부작위범에서 부작위의 동등성을 위법성에서 구하려는 구상은 타당하지 않다. ① 부작위범의 본질은 명령규범의 위반에 있는바, 명령규범에 위반하지 않은 사람의 부작위도 구성요건적 결과를 방지하지 못한 경우 구성요건에 해당하는 것이 되어[5] 부진정부작위범의 구성요건해당성을 부당하게 확대하게 되며, ② 부진정부작위범에서 부작위는 작위의무 있는 자가 부작위하였다는 점에서 작위와 동등성이 인정되는 것이므로 작위의무 있는 자의 부작위는 작위범에서의 작위와 마찬가지로 구성요건요소가 된다고 해야 하고, ③ 구성요건은 위법성을 징표하는 기능을 가지는 것임에도 불구하고 부진정부작위범에 대하여만 작위의무를 위법성의 요소로 파악하여 구성요건의 징표적 기능을 부정하는 것은 범죄론 체계와 부합하지 않는다는 비판을 면할 수 없다. 19

2) **보증인설**(구성요건설) 보증인, 즉 작위의무 있는 자의 부작위를 부진정부작위범의 구성요건해당성의 문제로 파악하여 위법성설의 결함을 제거한 것이 Nagler에 의하여 주장된 보증인설(保證人說, Garantentheorie)이다. 보증인설에 20

1 Bockelmann/Volk S. 137; Gropp S. 385; Tröndle/Fischer § 13 Rn. 5; Wessels/Beulke Rn. 717; Jescheck ZStW 77, 120.
2 Haft S. 186; Noll S. 192.
3 대법원도 같은 입장인 것으로 보인다. 대법원 2023. 7. 27. 2023 도 6735. 이에 관한 상세는 *infra* **10**/26 참조.
4 유기천 120면; 정창운 138면.
5 *supra* **10**/16의 예 참조.

의하면, 부진정부작위범에 있어서 부작위를 작위와 같이 평가하기 위하여는 부작위범에게 결과발생을 방지할 작위의무가 있고 나아가 이를 이행함으로써 법익침해를 막아 줄 보증인지위에 있음을 요하며, 이러한 보증인의 부작위만이 작위와 동등한 가치를 가질 수 있고, 보증인지위는 부진정부작위범의 구성요건요소가 된다.[1] 보증인지위가 부진정부작위범의 구성요건요소가 됨으로써 부진정부작위범은 보증인에 의하여만 범할 수 있는 진정신분범의 성격을 갖게 된다.

다만 Nagler의 보증인설은 보증인지위와 그 기초가 되는 보증인의무(Garantenpflicht)를 모두 부진정부작위범의 구성요건요소로 이해하였다. 그러나 작위범에서는 법적 의무가 구성요건요소가 아님에도 불구하고 부작위범의 작위의무를 구성요건요소라고 하는 것은 부당하다. 여기서 보증인설은 **보증인지위**와 그 기초가 되는 **보증인의무**(작위의무)를 구별하여, 보증인지위는 부진정부작위범의 구성요건요소이지만 보증인의무는 위법성의 요소라고 해석하게 되었다.

이 견해가 우리나라에서도 통설[2]의 위치를 차지하고 있으며, 타당하다고 생각된다. 이를 특히 이분설이라고 분류하는 학자[3]도 있다.

(3) 보증인지위의 발생근거와 내용

21 **1) 형식설과 기능설** 부진정부작위범의 해석론에서 가장 중요한 과제는 보증인지위의 확인, 그 중에서도 작위의무의 존부와 범위의 확인이다. 이에 관하여 종래의 통설은 작위의무의 형식적 발생근거(법령, 계약, 선행행위, 조리)만을 문제삼아왔다('형식설').[4] 부진정부작위범은 일정한 신분자만이 주체가 되는 신분범의 성격을 갖는다. 그런데 이러한 형식적 근거에서 발생한 의무가 어떻게 형법상의 작위의무를 창설하여 (부작위)행위자를 신분자로 만들어 주는가는 해명되지 않고 있었다. 예컨대 ① 선행행위로 인한 작위의무는 형식적 근거에서 발생하는 의무가 아니라 "남을 해치지 말라"는 인간이 갖는 자연법적 의무에서 비롯된다.[5] ② 작위와 부작위의 동등성은 형법적 의무에 입각하여 형법적으로 판단해야 하

---

1 Mezger "Die Unterlassungsverbrechen in der Darstellung von Nagler", LK Bd.1, 8.Aufl. S. 35.
2 김일수/서보학 492면; 남흥우 93면; 박상기 310면; 손해목 793면; 안동준 296면; 이형국 410면; 임웅 529면; 정성근/박광민 464면; 정영석 100면; 차용석 306면; 황산덕 70면.
3 정성근/박광민 463면.
4 배종대 732면; 유기천 123면; 정영석 108면; 진계호 147면; 황산덕 70면.
5 Stratenwerth/Kuhlen § 13/27. Schünemann "Verantwortlichkeit für Unterlassungen", ZStW 96, 291.

며, 이를 사법(私法)적으로 판단할 것은 아니다.[1] 이렇게 보면 계약에 의한 작위의무가 민법상의 의무를 넘어서 형법상의 의무를 창설하는 이유도 해명되지 않았다. ③ 결국 형식설은 작위의무의 내용과 한계를 명확히 할 수 없다.[2]

22 이에 보증인의무를 실질적 관점에서 파악하려는 시도가 행하여졌다('기능설').[3] 이에 의하면 보증인의무는 '보호의무'(Obhutspflichten)와 '안전의무'(Sicherungs- oder Beherrschungspflichten)로 나뉘어 진다. 보호의무는 보증인에게 법익보호 의무가 부여됨으로써 요구되는 작위의무이며, 안전의무는 위험(원)에 대한 감시의무가 부여됨으로써 요구되는 작위의무이다. 기능설은 이와 같이 작위의무의 내용과 한계를 해명할 수 있는 실질적 기준을 제시한 점에서 타당한 설이라고 하겠다.[4] 그러나 보증인의무를 기능설에 의해서 실질적으로만 이해하는 경우 의무의 형식적 원천을 도외시 함으로써 그 의무의 범위가 지나치게 넓어질 수 있다. 따라서 보증인의무는 형식설과 기능설을 결합하여 파악하는 것이 타당하다.[5]

23 **2) 작위의무의 발생근거** 작위의무는 법령 · 계약 · 조리 및 선행행위에 의하여 발생할 수 있다.

24 **(가) 법령에 의한 작위의무** 작위의무는 법령에 의하여 발생할 수 있다. 민법상의 친권자의 보호의무(민법 제913조), 친족간의 부양의무(민법 제974조), 부부간의 부양의무(민법 제826조) 등이 여기에 속한다. 법령은 사법에 한하지 않고, 공법에 의하여도 작위의무가 발생할 수 있다. 경찰관 직무집행법에 의한 경찰관의 보호조치의무(제4조), 의료법에 의한 의사의 진료와 응급조치의무(제15조), 도로교통법에 의한 운전자의 구호의무(제54조)는 공법에 의하여 작위의무가 발생하는 경우이다.

25 **(나) 계약에 의한 작위의무** 계약에 의하여 양육 또는 보호의 의무를 지고 있는 경우에도 작위의무가 발생한다. 고용계약에 의한 보호의무, 간호사의 환자

1 Otto S. 131; Schünemann ZStW 96, 292.
2 Bockelmann/Volk S. 137; Jescheck/Weigend S. 621; Noll S. 195.
3 Armin Kaufmann *Die Dogmatik der Unterlassungsdelikte*, 1959.
4 Bockelmann/Volk S. 138; Schünemann ZStW 96, 293.
우리나라에서도 안동준 297면; 이정원 443면은 기능설의 입장이다.
5 김일수/서보학 494면; 박상기 316면; 손동권 371면; 손해목 795면; 신동운 138면; 오영근 289면; 이형국 414면; 임웅 535면; 정성근/박광민 462면; 조준현 390면.
Jescheck LK § 13 Rn. 19; Jescheck/Weigend S. 621; Rudolphi SK § 13 Rn. 25; Sch/Sch/Stree § 13 Rn. 8; Tröndle/Fischer § 13 Rn. 5.

간호의무, 신호수의 직무상의 의무 등이 계약에 의한 작위의무의 예이다.

26 (다) **조리에 의한 작위의무** 통설은 법령이나 계약 이외에도 사회상규 또는 조리에 의한 작위의무의 발생을 인정하면서, 동거하는 고용자에 대한 고용주의 보호의무, 관리자의 위험발생방지의무, 목적물의 하자에 대한 신의칙상의 고지의무 등이 여기에 해당한다고 하고 있다.[1]

작위의무는 도덕적 의무가 아니라 법적 의무이므로 조리에 의한 작위의무를 인정하는 것은 작위의무를 불명확하게 할 뿐만 아니라, 조리에 의한 작위의무는 사실상 다른 유형에 포함될 수 있다는 이유로 조리에 의한 작위의무를 부인하는 견해도 있다.[2] 생각건대 작위의무의 발생근거를 법률, 계약 또는 선행행위로 국한하는 것은 타당하지 않다. 그러나 작위의무가 단순한 윤리적·도덕적 의무까지 확대되어서는 안 된다는 점에서 조리에 의한 작위의무는 극히 제한된 범위에서 인정해야 한다.
최근 대법원은, 함께 술을 마시던 피해자가 공소외자와 다투다가 밀려 넘어져 의식을 잃자 이를 모텔로 옮겨 방치하였는데 피해자가 후두부경막외 출혈로 사망한 사건에 대하여, 피해자를 모텔로 옮기는 행위를 한 이상 폭행에 의하여 쓰러진 피해자를 모텔로 옮김으로써 타인에 의한 구조가능성을 차단한 피고인들에게는 피해자를 구조하여야 할 '조리상의 의무'가 있으므로 법적 작위의무를 인정하여 피고인들에게 부작위에 의한 과실치사의 성립을 인정하였다(대법원 2023. 7. 27. 2023 도 6735).[3]

---

1 김일수/서보학 493면; 손해목 797면; 유기천 124면; 정영석 109면; 조준현 304면; 진계호 148면; 황산덕 71면.

2 김성천/김형준 202면; 오영근 294면; 임웅 532면; 차용석 307면.

3 법원은 이 사안에 대하여 부작위범의 작위의무를 논증하는 형식을 취하고 있지만, 이 사안이 '과실치사' 사안이라는 점에서, 그 논증은 피해자를 모텔로 옮기는 단계에서부터 기울여야 했을 '정상적인 주의'를 기울이지 못한 과실이 있음을 논증하는 내용의 것이라고 보아야 한다. 과실범의 경우에는 작위의무와 주의의무가 실질적으로 일치하기 때문이다(*supra* **10**/18 참조). (사실관계가 명확하지는 않으나) 옮긴 사람 중에 피해자의 머리가 땅에 충격하는 것을 본 사람이 있다면(그리고 그 후 갑자기 변한 피해자의 상태를 본다면) 이는 (모텔로 옮길 것이 아니라 119에 연락하는 등의 방법으로) 병원에 이송해야 하는 상황이라는 것을 '정상적인' 주의를 기울이면 판단가능하다고 본 것이다.

다만 피해자의 위와 같은 피해상황을 정확히 알지 못했던 동료 주객에 대해서는 과실인정의 토대가 되는 '보증인적 지위'를 인정하는데 문제가 없지 않다(여기서 문제되는 '과실범의 공동정범'에 관하여는 *infra* **37**/7 이하 참조). 독일 판례(BGH NJW 1954, 1047)는 주객 상호간에 보증인적 지위가 발생한다고 획일적으로 말할 수는 없다고 한다. 이러한 상황에 대비하여 독일 형법은 이른바 '착한 사마리아인 법' 규정을 두고 있다(이의 도입에는 찬반양론이 있다). 착한 사마리아인 법은 한편으로는 인간간의 연대적 의무(=일반적 구조의무)를 인정하여 법률상 작위의무 없는 사람에게도 구조의무를 인정하지만, 다른 한편 그 의무의 불이행의 경우 발생한 '결과'에 대한 책임까지를 묻지는 않고, 단지 '의무불이행'의 책임만을 묻는다. 독일 형법 323c조가 그 예이다. 형법에 착한 사마리아인의 법이 있다면, 이 사안에서 동료 주객에 대하여는 과실치사의 책임이 아니라 병원이송(119에 연락)을 하지 않았다는 '부작위' 책임만을 물었을 것이다

(라) **선행행위에 의한 작위의무** 자기의 행위로 인하여 위험발생의 원인을 야기한 자는 그 위험이 구성요건적 결과로 발전하지 않게 해야 할 작위의무가 있다(형법 제18조). 따라서 자동차를 운전하여 타인에게 상해를 입힌 자는 피해자를 구조해야 할 보증인이며,[1] 과실로 불을 낸 사람은 소화조치(消火措置)를 취할 보증인이 되고,[2] 미성년자를 감금한 자는 탈진상태에 빠져 있는 피해자를 구조할 보증인이 되며,[3] 어린 조카를 저수지로 데리고 가서 미끄러지기 쉬운 제방 쪽으로 유인하여 걷게 한 자는 물에 빠진 피해자에 대한 보증인이 된다.[4] 27

3) 보증인지위의 내용과 한계 보증인의무는 그 내용에 따라 보호의무와 안전의무로 나눌 수 있다. 28

(가) **보호의무에 의한 보증인지위** 부작위범과 피해자 사이에 일정한 보호관계가 존재하고, 이 보호관계에서 피해자에게 닥치는 위험으로부터 법익을 보호해야 할 의무가 발생하는 경우이다. 여기에는 세 가지 경우가 포함될 수 있다.

(a) 가족적 보호관계 보증인의무가 발생하는 가장 강력하고 명백한 근거는 가족과 같은 자연적인 인적 결합체이다. 따라서 가족 사이에는 서로 생명과 29

(구조불이행죄).

독일 형법 제323c조의 내용은 다음과 같다: "사고, 공공의 위험 또는 긴급상황 발생 시 필요하고, 제반 사정에 비추어 기대가능한 구조행위, 특히 자신에 대한 현저한 위험 기타 중요한 의무의 위반 없이도 가능한 구조행위를 행하지 아니한 자는 1년 이하의 자유형 또는 벌금형에 처한다."

1 BGHSt. 7, 287.

2 대법원 1978. 9. 26. 78 도 1996, "폭약을 호송하는 자가 화차 내에서 촛불을 켜 놓은 채 잠자다가 폭약상자에 불이 붙는 순간 이를 발견한 경우 그 상자를 뒤집는 등 방법으로 쉽게 진화할 수 있는데도 도주하였다면 부작위에 의한 폭발물파열죄가 성립한다."

3 대법원 1982. 11. 23. 82 도 2024, "피고인이 미성년자를 유인하여 포박 감금한 후 단지 그 상태를 유지하였을 뿐인데도 피감금자가 사망에 이르게 된 것이라면 피고인의 죄책은 소론과 같이 감금치사죄에만 해당한다 하겠으나 나아가서 감금상태가 계속된 어느 시점에서 피고인에게 살해의 범의가 생겨 위험발생을 방지함이 없이 포박 감금상태에 있던 피감금자를 그대로 방치함으로써 사망케 하였다면 피고인의 부작위는 살인죄의 구성요건적 행위를 충족하는 것이라고 평가하기에 충분하므로 피고인의 소위는 부작위에 의한 살인죄를 구성한다고 보아야 한다."

4 대법원 1992. 2. 11. 91 도 2951, "피고인이 조카인 피해자(10세)를 살해할 것을 마음먹고 저수지로 데리고 가서 미끄러지기 쉬운 제방 쪽으로 유인하여 함께 걷다가 피해자가 물에 빠지자 그를 구호하지 아니하여 피해자를 익사하게 한 것이라면 피해자가 스스로 미끄러져서 물에 빠진 것이고, 그 당시 피고인이 살인죄의 예비단계에 있었을 뿐 아직 실행의 착수에는 이르지 아니하였다고 하더라도, 피해자의 숙부로서 익사의 위험에 대처할 보호능력이 없는 나이 어린 피해자를 익사의 위험이 있는 저수지로 데리고 갔던 피고인으로서는 피해자가 물에 빠져 익사할 위험을 방지하고 피해자가 물에 빠지는 경우 그를 구호하여 주어야 할 법적인 작위의무가 있다고 보아야 할 것이고, 피해자가 물에 빠진 후에 피고인이 살인의 범의를 가지고 그를 구호하지 아니한 채 그가 익사하는 것을 용인하고 방관한 행위(부작위)는 피고인이 그를 직접 물에 빠뜨려 익사시키는 행위와 다름없다고 형법상 평가될 만한 살인의 실행행위라고 보는 것이 상당하다."

신체의 위험을 방지할 의무가 있다. 부모는 아이의 생명이나 신체를 보호할 의무가 있고, 아들도 아버지의 생명에 대한 보증인이 된다. 부부도 서로 상대방의 위험에 대한 보증인이 된다.

따라서 아버지를 독살하려는 것을 알고 방치한 때에는 살인(존속살해)방조죄의 죄책을 면할 수 없고(BGHSt. 19, 167), 남편이 자살을 기도하여 의식을 잃고 있는 것을 방치한 경우에는 자살방조죄의 책임을 지지 않을 수 없다. 다만 부부 사이의 보호의무는 상호간의 신뢰관계가 현실적으로 존재하는 때에만 인정되므로 별거하고 있는 부부 사이에까지 이러한 의무를 인정할 수는 없다.

보호의무의 범위는 구체적 보호관계에 따라 결정된다. 부모는 아이들의 생명 · 신체 · 재산관리에 대한 보호의무를 지지만, 부부 사이의 보호의무는 상대방의 생명 · 신체에 대한 중대한 위험으로부터의 보호에 국한된다. 이러한 보증인지위에서 부부 사이에 상대방의 범죄를 저지해야 할 의무까지 인정되는 것은 아니다.[1]

30 (b) 긴밀한 공동관계 탐험이나 등산과 같은 위험한 모험을 같이 하는 사람 사이에도 특수한 신뢰관계가 존재하는 한 보증인지위가 인정된다. 따라서 등반대의 책임자는 건강상의 이유로 더 이상 등산을 계속할 수 없는 대원을 보호해야 할 보증인지위에 있게 된다. 그러나 이러한 보호의무는 참여자가 상호간의 도움을 기대할 수 있는 범위의 위험을 제거하는 데 국한된다.

31 (c) 보호기능의 인수 피해자를 사실상 인수하여 피해자와 인수인 사이에 보호관계가 발생한 때에도 보증인지위가 인정된다. 보호기능의 인수는 보통 계약에 의하여 이루어진다. 예컨대 수영교사는 수영을 배우는 학생에 대하여, 위험한 관광의 안내원은 그 관광자에 대하여 보증인이 된다. 이러한 보증인지위는 계약의 기간이나 효력과는 관계없이 사실상 보호기능을 인수하고 있는가가 기준이 된다. 계약기간이 끝난 후에도 사실상 보호기능을 맡고 있으면 보증인지위에 있을 수 있다. 보호의무의 범위도 현실적으로 인수한 보호기능의 범위에 따라 결정된다. 따라서 유아원의 보모는 유아의 생명 · 신체에 대한 보호의무를 가질 뿐

1 BGHSt. 6, 332는 부부가 서로 상대방의 범죄행위를 저지할 보호의무가 있다고 판시한 바 있다. 그러나 이 판결은 많은 학자들에 의하여 비판을 받고 있다. Haft S. 181; Jescheck/Weigend S. 628; Joecks Rn. 39; Kühl 18/60; Rudolphi SK §13 Rn. 52; Sch/Sch/Stree §13 Rn. 53; Tröndle/Fischer §13 Rn. 6.

이다.

보호기능의 인수가 반드시 계약에 의할 것을 요하는 것은 아니다. 일방적으로 보호기능을 맡은 경우에도 보증인지위가 인정된다. 다만 이러한 보증인지위는 그로 인하여 피해자에 대한 다른 구조의 가능성이 배제되거나 새로운 위험이 발생한 경우에 한하여 인정된다.

예컨대 의사가 치료를 시작하여 다른 의사를 찾을 기회를 없게 하였거나,[1] 수술에 의하여 피해자에 대한 새로운 위험을 발생케 한 경우가 여기에 해당한다.

(나) **안전의무로 인한 보증인지위** 위험원(危險源)에 대한 책임도 보증인지위를 인정할 근거가 된다. 다만 위험원에 대한 안전의무에서 비롯되는 보증인의무의 범위는 위험원을 통제하는 데 그친다. 이러한 보증인지위에도 세 가지 경우가 있다. 32

(a) 선행행위 선행행위자는 선행행위(Ingerenz, Vorverhalten)로 인한 위험이 구성요건적 결과로 발전하지 않게 할 보증인이 된다. 그러나 선행행위로 인하여 단순히 위험을 야기하였다고 하여 언제나 결과방지의 의무를 인정하는 것은 보증인지위를 지나치게 확대하는 결과를 초래한다. 따라서 선행행위로 인한 보증인지위를 인정하기 위하여는 다음의 세 가지 요건이 충족되어야 한다. 첫째 선행행위는 결과발생에 대한 직접적이고 상당한 위험을 야기할 수 있는 것이어야 한다. 단순히 칼을 빌려주었다는 것만으로 그 칼을 사용한 범죄에 대한 보증인이 되는 것은 아니다. 둘째 선행행위는 객관적으로 의무에 위반했거나 위법한 것임을 요한다. 즉 적법한 선행행위가 있는 경우에도 보증인의무가 발생하는 것은 아니다.[2] 따라서 정당방위로 방위함으로써 침해자에게 법익침해를 야기한 자에게 선행행위로 인한 작위의무가 있다고 할 수는 없다.[3] 이에 반하여 선행행위가 위법한 경우 유책한가의 여부는 작위의무의 발생 여부에 영향을 미치지 못한 33

1 BGHSt. 7, 221. BGH는 야간당직의사인 피고인이 응급환자가 있으니 왕진하여 달라는 요구를 받고 단순히 약을 전하여 준 사건에서, 당직의사인 피고인은 방문의무를 위반하였다고 하여 부작위에 의한 과실치사죄의 성립을 인정하였다.

2 Bockelmann/Volk S. 141; Ebert S. 180; Gropp S. 393; Haft S. 181; Jescheck LK §13 Rn. 33; Jescheck/Weigend S. 625; Rudolphi SK §13 Rn. 40; Sch/Sch/Stree §13 Rn. 35; Tröndle/Fischer §13 Rn. 11; Wessels/Beulke Rn. 725; Schünemann ZStW 96, 296.

3 BGHSt. 23, 327, "정당방위에 있어서 공격자가 피해를 입었다고 하여 방위자가 공격자의 생명에 대한 보증인이 될 수는 없다."

다. 셋째 의무위반은 그 법익을 보호하기 위한 규범을 침해한 것이어야 한다.[1] 따라서 간통관계를 맺고 있다는 것만으로 이혼소송에서 위증을 방지해야 할 보증인이 되지는 않는다.

34 (b) 위험원의 감독 위험한 물건 · 시설 · 기계 또는 동물의 소유자와 점유자는 이로 인하여 발생한 위험이 타인의 법익을 침해하지 않도록 감독할 보증인의무가 있다.

따라서 부동산 또는 건물의 소유자는 뚫어진 구멍을 막고 위험한 계단에 조명을 할 의무가 있고, 건축공사를 하거나 감독하는 자는 그가 사실상 맡고 있는 지위에 따라 안전조치를 취할 의무가 있다. 위험한 동물의 소유자, 예컨대 개의 소유자는 그 개에 의하여 타인에게 피해가 발생하는 것을 방지할 보증인의무가 있다.

위험원의 감독으로 인한 보증인지위를 인정하기 위하여는, 첫째 위험이 책임 있는 물건 등에서 발생해야 하며, 둘째 행위자가 책임 있는 물건의 감독에 관하여 부여된 법적 의무를 객관적으로 위반하여야 한다.[2] 이 경우의 보증인의무의 범위는 위험원의 폐쇄에 제한된다. 즉 타인에게 위험을 가하지 않도록 자기의 지배범위를 차단할 의무가 있을 뿐이다. 위험원의 지배에서 구조의무(Rettungspflicht)가 발생하는 것은 아니다.

35 (c) 타인의 행위에 대한 책임 제 3 자의 행위에 대하여 책임을 지기 때문에 보증인지위가 인정되는 경우도 있다. 다만, 타인의 행위에 대한 책임은 그 타인이 스스로 책임 있게 행위할 수 없고 그에 대한 감독이 법에 의하여 요구되는 경우에 한하여 인정될 수 있다. 미성년자에 대한 부모의 의무, 학생에 대한 교사의 감독의무가 여기에 해당한다. 부하직원의 범죄를 방치한 상관에 대하여도 이에 대한 보증인의무를 인정할 수 있다.[3]

대법원은 부하직원의 배임행위를 방치한 은행지점장에게는 배임죄의 방조가 성립하고,[4] 백화점의 상품관리를 담당하는 직원이 가짜 상표가 새겨진 상품을 판매하는 점

---

1 Jescheck/Weigend S. 625.

2 Haft S. 181.

3 Jescheck LK Rn. 45; Joecks Rn. 38; Kühl 18/117; Noll S. 202; Gössel ZStW 96, 310.

4 대법원 1984. 11. 27. 84 도 1906, "형법상 방조는 작위에 의하여 정범의 실행행위를 용이하게 하는 경우는 물론, 직무상의 의무가 있는 자가 정범의 범죄행위를 인식하면서도 그것을 방지하여야 할 제반조치를 취하지 아니하는 부작위로 인하여 정범의 실행행위를 용이하게 하는 경우에도 성립된다고 할 것이므로 은행지점장이 정범인 부하직원들의 범행을 인식하면서도 그들의

주의 행위를 방치한 때에는 상표법위반 등의 방조죄가 성립한다고 판시하였다.[1]

감독권에 의한 보증인의무의 범위는 피감독자의 범죄행위를 방지하는 데 그치며 피해자를 구조할 의무까지 인정되는 것은 아니다.

3. 행위정형의 동등성

36 부진정부작위범이 성립하기 위하여는 부작위가 작위에 의한 구성요건의 실현과 동등하게 평가될 것을 요한다. 이를 제 2 의 동등성의 기준이라고 할 수 있다. 행위정형의 동등성 또는 상응성을 어떻게 이해할 것인가에 대하여는 견해가 대립한다.

종래 부작위의 동등성은 부작위가 작위와 같이 평가될 수 있는 행위라는 강력한 요소가 보임을 요한다고 하거나,[2] 부작위가 작위에 의한 구성요건의 실현과 같을 정도의 위법성을 갖추어야 한다거나,[3] 불법과 책임에 있어서 작위에 의한 구성요건의 실현과 동일시될 것을 요한다고 해석하였다. 그 결과 작위의무위반 자체만을 벌하는 벌칙이 별도로 존재하는 경우에는 그 벌칙위반죄가 되는 데 그치고 발생한 결과에 대하여 부진정부작위범이 성립하지는 않는다고 보았다. 사고운전자가 도주한 것만으로는 부작위에 의한 살인죄가 성립하지 않는다고 해석한 것이 그 예이다.[4] 그러나 이 견해는 어느 경우에 부작위가 불법이나 위법성 및 책임의 면에서 작위와 같이 평가받을 수 있는가에 대하여 기준을 제시하지 못하며, 근본적으로는 행위정형의 동등성의 충족기준을 너무 높게 설정하는 견해라고 하겠다.

은행에 대한 배임행위를 방치하였다면 배임죄의 방조범이 성립된다."

동지: 대법원 1985. 11. 26. 85 도 1906; 대법원 1996. 9. 6. 95 도 2551; 대법원 2006. 4. 28. 2003 도 4128.

1 대법원 1997. 3. 14. 96 도 1639, "백화점에서 바이어를 보조하여 특정매장에 관한 상품관리 및 고객들의 불만사항 확인 등의 업무를 담당하는 직원은 자신이 관리하는 특정매장의 점포에 가짜 상표가 새겨진 상품이 진열·판매되고 있는 사실을 발견하였다면 고객들이 이를 구매하도록 방치하여서는 아니되고 점주나 그 종업원에게 즉시 그 시정을 요구하고 바이어 등 상급자에게 보고하여 이를 시정하도록 하여야 할 근로계약상·조리상의 의무가 있다고 할 것임에도 불구하고 이러한 사실을 알고서도 점주 등에게 시정조치를 요구하거나 상급자에게 이를 보고하지 아니함으로써 점주로 하여금 가짜 상표가 새겨진 상품들을 고객들에게 계속 판매하도록 방치한 것은 작위에 의하여 점주의 상표법위반 및 부정경쟁방지법위반 행위의 실행을 용이하게 하는 경우와 동등한 형법적 가치가 있는 것으로 볼 수 있으므로, 백화점 직원인 피고인은 부작위에 의하여 공동피고인인 점주의 상표법위반 및 부정경쟁방지법위반 행위를 방조하였다고 인정할 수 있다."

2 오영근 303면; 유기천 126면; 임웅 536면.

3 진계호 149면; 차용석 309면.

4 유기천 126면; 차용석 309면.

제방에서 저수지로 떠밀어서 익사케 하는 행위와 제방에서 제풀에 굴러 떨어져서 익사케 하는 행위 사이에는 행위자의 투입에너지의 차이가 존재한다. 그러나 이 차이가 있다고 해서 작위와 부작위의 동등성이 부정되지는 않는다. 왜냐하면 살인죄의 구성요건은 고의적인 '사람의 사망'의 야기를 문제 삼고 있을 뿐 그 태양을 문제 삼고 있지 않기 때문이다.

37 행위정형의 동등성은 부작위에 의한 구성요건적 결과가 구성요건에서 요구하는 수단과 방법에 의하여 발생할 것을 요한다는 의미에 지나지 않는다.[1] 따라서 살인죄 · 상해죄 · 손괴죄 또는 방화죄와 같이 결과가 발생하면 처벌되는 범죄에 있어서는 행위정형의 동등성은 특별한 의미를 갖지 않는다.[2] 반면에 구성요건적 결과가 일정한 방법에 의하여 발생될 것을 요하는 범죄에 있어서는 부작위가 구성요건이 요구하는 방법에 해당해야 한다. 따라서 범죄 행위의 태양이 부작위에 의하여 충족될 수 있는가의 문제는 결국 각칙상의 개별적인 구성요건의 해석에 의하여 정해진다.

예컨대 사기죄는 사람을 기망하여 재물의 교부를 받거나 재산상의 이익을 취득해야 성립하며(제347조), 공갈죄는 폭행 또는 협박에 의하여 재물의 교부를 받을 때에 성립하고(제350조), 특수폭행죄나 특수협박죄는 단체 또는 다중의 위력을 보이거나 위험한 물건을 휴대한 경우에만 성립된다(제261조, 제284조). 특수한 행위자요소를 요건으로 하는 범죄, 예컨대 허위진단서작성죄(제233조)는 의사 · 한의사 · 치과의사 등의 신분을 가진 자, 폭행 · 가혹행위죄(제125조)는 인신구속의 직무를 행하는 자만이 부작위범이 될 수 있다. 이에 비하여 자수범(自手犯)에 있어서는 범죄의 불법내용이 자수에 의한 실행에 의하여서만 달성될 수 있는 것이므로 부작위범이 성립할 여지는 없다.

4. 부진정부작위범의 처벌

38 형법은 부진정부작위범의 처벌에 관하여 별도의 규정을 두고 있지 않다. 따라서 부진정부작위범도 작위범의 경우와 동일하게 처벌한다. 그러나 결과의 발생을 방지하지 않은 부진정부작위범의 책임은 작위범의 경우에 비하여 경미하다고 하지 않을 수 없고, 부작위가 작위와 동등성이 인정된다 하더라도 그 불법내

---

1 김일수/서보학 502면; 박상기 317면; 배종대 730면; 손동권 326면; 손해목 800면; 신동운 144면; 이형국 414면; 정성근/박광민 470면.

2 대법원 2015. 11. 12. 2015 도 6809 전원합의체판결.

용 또한 대부분의 경우 작위범의 경우보다 가볍다고 해야 한다.[1] 이와 같이 부작위의 행위반가치가 작위에 비하여 경미한 이상 입법론으로는 부진정부작위범의 형을 임의적 감경사유(任意的 減輕事由)로 규정하는 것이 타당하다고 생각된다.

독일 형법 제13조 2항과 오스트리아 형법 제34조 5호는 부진정부작위범의 형을 임의적 감경사유로 규정하고 있다.

Ⅳ. 관련문제

1. 주관적 구성요건

39 고의가 구성요건실현의 인식과 의사를 의미한다는 고의범에 적용되는 원칙은 부작위범에 대하여도 적용된다. 즉 부작위범에 있어서도 객관적 구성요건요소에 대한 고의가 있어야 한다. 다만 부작위범에 있어서는 실현의사를 수행하는 적극적인 작위가 없다는 점에서 고의의 내용도 작위범의 경우와는 다소 차이가 있다.

40 (1) **부작위범의 주관적 구성요건** 모든 부작위범의 주관적 구성요건으로서 구성요건적 상황의 존재, 요구되는 행위의 부작위 및 개별적인 행위능력(가능성)에 대한 인식을 필요로 한다. 결과방지의 가능성에 대한 인식도 고의의 내용이 된다. 다만 이에 대한 인식은 막연한 가능성의 인식으로 족하다고 할 것이다.

41 (2) **부진정부작위범의 주관적 구성요건** 부진정부작위범에 있어서는 구성요건적 결과와 결과방지의 가능성에 대한 인식이 있어야 한다. 보증인지위에 대한 인식도 고의의 내용이 된다. 그러나 보증인지위의 근거가 되는 보증인의무는 고의의 대상이 되지 않는다.[2] 보증인 '지위'는 부진정부작위범의 객관적 구성요건에 속하지만, 그 지위에서 나오는 보증인 '의무'는 위법성의 요소에 지나지 않기 때문이다. 따라서 보증인의무에 대한 착오는 사실의 착오가 아니라 법률의 착오에 해당한다.

2. 부작위범과 공범

42 (1) **부작위범에 대한 공범** 부작위범에 대하여도 적극적인 작위에 의한 교사(敎唆)와 방조(幇助)가 가능하다. 여기서 교사란 부작위범에게 구성요건적 상황(부진정부작위범에

1 Jescheck LK §13 Rn. 61; Jescheck/Weigend S. 610; Rudolphi SK Rn. 65; Sch/Sch/Stree §13 Rn. 64; Tröndle/Fischer §13 Rn. 20.

2 BGHSt. 16, 155, "고의에 의한 부진정부작위범의 처벌은 행위자가 결과를 방지해야 할 법적 의무(보증인의무)를 인식할 것을 요하지 않는다. 이에 대한 착오는 금지의 착오이다."

(있어서는 보증인 지위도 포함됨)을 인식하면서 부작위에 나갈 결의를 일으키게 하는 것을 말한다. 또 부작위하겠다는 부작위범의 결의를 강화하는 형태의 방조도 가능하다. 그러나 이러한 경우 교사 또는 방조는 작위에 의한 것이므로 공범에게는 보증인지위의 문제가 제기될 여지는 없다.

부작위범 사이의 공동정범(共同正犯)은 다수의 부작위범에게 공통된 의무가 부여되어 있고 그 의무를 공동으로 이행할 수 있을 때에만 성립한다.[1] 작위범과 부작위범 사이의 공동정범도 이론상 가능하다.[2] 부작위범을 도구로 이용한 간접정범도 있을 수 있다. 예컨대 보증인지위에 있는 사람을 협박 또는 기망하여 부작위하게 하는 경우가 여기에 해당한다.

43 (2) **부작위에 의한 공범** 부작위에 의한 교사는 법률상 불가능하다. 교사는 심리적 영향에 의하여 정범에게 범죄의 결의를 일으키게 함을 요한다. 그런데 부작위에 의하여는 이와 같은 교사범 성립의 핵심요건을 충족시킬 수 없기 때문이다.

부작위에 의한 방조는 방조범에게 보증인의무가 있는 한 가능하다. 이 경우에 정범과 방조범의 한계문제는 일반적으로 제기되지 않는다. 고의의 작위범의 정범에 대하여 그 행위의 결과를 방지하지 않은 보증인은 일반적으로 방조범의 지위를 가질 뿐이기 때문이다.

§ 11

제 4 절 인과관계와 객관적 귀속

I. 서 론

1. 인과관계의 의의

1 구성요건상 행위 이외에 결과 발생을 요하는 범죄(결과범 침해범)에 있어서는 결과가 발생하여야 범죄가 기수에 이른다. 이때 기수가 되기 위하여는 행위가 있었고 단순히 행위와 무관한 결과가 발생하는 것만으로는 부족하고 행위와 결과 사이에 일정한 연결관계가 있어야 한다. 종래 이 연결관계는 '인과관계'라는 주제로 검토되어 왔다. 그러나 인과관계 이외에 이와는 별도로 귀속관계가 검토될 필요가 있다는 인식이 자리잡게 되었다. 즉 행위와 결과 사이에 '야기적 연관성'(이것이

1 대법원 2008. 3. 27. 2008 도 89.
2 Jescheck은 행위지배설에 의하면 이러한 경우에는 부작위범을 방조범으로 보는 것이 옳다고 한다(Jescheck/Weigend S. 640).

종래 인과관계라고 불리어 왔던 것이다) 뿐 아니라, 발생한 결과가 행위자의 행위에 귀속되어야 한다는 것이다('귀속적 연관성'). 그 이유는 인과관계(=야기적 연관성)는 존재하나 귀속시킬 수 없는 사안이 존재하기 때문이다.

2 인과관계가 형법상 일반적인 문제로 제기된 것은 독일에서 19세기 후반 이후의 일이었다. 19세기 초까지는 인과관계가 일반적인 범죄의 요건이 아닌 살인죄의 부분적 문제로 다루어져 오다가, 1863년 v. Buri에 의하여 비로소 행위를 결정하는 일반적 범죄징표로서 인과관계의 문제가 제기되었다. v. Buri에 의하여 주장된 인과관계론은 Bar(1871)와 Binding(1872)에 의하여 발전되어 인과적 행위론을 기초로 한 인과관계론이 확립되었고, 그의 조건설은 오늘날까지도 학설과 판례에 깊은 영향을 미치고 있다. 그러나 인과관계의 범위문제를 둘러싸고 v. Kries, Rümelin 및 Träger 등이 상당인과관계설을, Mezger가 중요설을 주장하여 긴 논쟁이 야기되었고, 최근에는 이를 인과관계(Kausalität)와 객관적 귀속(objektive Zurechnung des Erfolgs)이라는 두 단계의 검토로 해결하려는 경향이 지배적인 것이 되었다.

인과관계는 구성요건상 결과의 발생을 필요로 하는 결과범에 있어서만 문제되며, 형식범 내지 거동범에 있어서는 문제되지 않는다.[1]

2. 인과관계와 객관적 귀속이론의 관계

3 결과범의 구성요건이 충족(=기수)되기 위하여는 행위와 결과발생만으로는 부족하다. 결과는 행위에 의하여 야기된 것으로 확인되고 나아가 행위에 귀속되어야 한다. 인과관계는 귀속의 전제이며 귀속의 필요조건이다. 인과관계와 객관적 귀속은 결과범의 객관적 구성요건요소로서, 행위와 결과 사이의 연관은 인과관계와 객관적 귀속이라는 두 단계의 판단에 의하여 행하여져야 한다는 것이 우리나라에도 통설의 입장이다.[2]

4 인과관계는 행위가 결과를 야기하였는가를 묻는 사실적 차원의 문제이다. 이는 자연과학적으로 검토되어야 할 문제이다. 물론 우리의 일상적 생활경험은

---

1 결과가 일정한 행위태양(내지 사정)과 연결되어 발생하여야 하는 범죄(사기죄, 강도죄, 강간죄, 준강간죄 등)는 '결과가 발생한 경우'에도 양자 간의 연결관계가 없는 경우 미수가 된다는 점에서 행위태양과 결과 간에 인과관계가 인정되어야 한다. 대체로 결합범(38/24)이 이에 해당되지만 (양자가 모두 독자적으로는 범죄가 되지 않는 준강간죄와 같이) 그렇지 않은 경우도 있다.

2 김일수/서보학 154면; 박상기 89면; 손동권 109면; 손해목 264면; 신동운 142면; 안동준 71면; 이형국 128면; 임웅 118면; 정성근/박광민 142면.

많은 인과적 지식을 포함하고 있어서 모든 사안을 자연과학적으로 검토할 필요는 없지만, 그 연관성이 알려져 있지 않은 경우에는 자연과학적 법칙성의 존부를 독자적으로 검토할 필요가 있게 된다. 한편 행위와 결과 사이에 자연과학적 법칙성이 인정되는 경우에도 그 결과를 행위에 귀속시킬 수 없는 경우가 있다.[1] 이 귀속은 사실적 차원의 문제가 아니라 규범적·법적 문제이다.

5 후술할 인과관계의 조건설은 논리적 인과개념에 입각한 학설이다. 이에 비하여 법적·규범적 고려를 담고 있는 것처럼 보이는 상당인과관계설 역시 사실은 수학(확률론)적 사고에 터 잡은 것이다. 따라서 행위에 의하여 야기된 결과가 궁극적으로 규범적으로도 행위자에게 귀속할 수 있는가의 문제는 이 두 사고방식으로는 정교하게 해결되지 않는다. 행위와 결과 사이의 자연과학적 연관관계가 존재하는가, 그리고 이 결과를 '규범적으로' 행위에 귀속시킬 수 있는가는 별도로 검토해야 할 문제이다.[2]

Ⅱ. 인과관계이론

6 인과관계의 문제는 현대 형법학에서는 구성요건의 영역에서 다루어지며, 여기서 (구성요건의 객관적 요소인) 결과가 행위에 의하여 발생한 것인가를 확인하는 작업이 이루어진다. 이 점이 확인되어야 구성요건의 완전한 충족이 이루어져서 기수가 되기 때문이다(그렇지 않으면 미수가 되는 데 그친다). 결과가 발생하기만 하면 그 발생한 결과에 대하여 책임을 묻는 '결과책임'은 책임원칙상 인정되지 않는다.[3]

종래 인과관계론이 정교하게 개발되기 전에는 인과관계와 객관적 귀속의 소임을 다하기에는 다소 거친 조건설을 토대로 인과관계 문제에 접근하였기 때문에 일단 학설에 따라 정해지는 귀속의 범위에 대하여 다양한 측면의 수정이 필요했었다. 그래서 ① 인과관계(원인)의 개념 자체를 제한하거나, ② 원인의 범위를 객관적 귀속에 의하

---

1 11/43 이하의 예 참조.

2 Kelsen은 이 귀속관계 확인의 중요성을 부각시키면서, 자연과학이 사실들간에 인과관계를 확인함으로써 과학이 되는 것처럼, 법학은 귀속관계를 확인함으로써 비로소 규범'과학'이 된다고 말한다. H. Kelsen, *Reine Rechtslehre*, 1960, S. 93.

3 여기서 책임을 묻는다는 말을 사용했다고 해서 인과관계의 문제가 책임의 영역에 속하는 것은 아니다. 정확한 표현은 '결과가 (행위자가 행한) 행위에 귀속된다'이다. 따라서 위의 문장은 "결과가 발생하기만 하면 그 발생한 결과를 행위자에게 귀속시키는"이라고 하는 것이 정확한 표현이다.

여 수정하거나 또는 ③ 필요한 수정을 책임의 분야에서 하는 것을 고려하였다.[1, 2] 그러나 오늘날 이러한 수정은 크게 필요하지 않다.

1. 조 건 설

조건설(條件說, Bedingungstheorie)은 행위와 결과 사이에 조건적 관계만 있으면 인과관계를 인정하는 견해이다. 조건설은 ① 결과발생 이전에 존재한 모든 조건들은 결과에 대하여 동등한 가치를 갖는다고 전제하고[3](이러한 의미에서 조건설을 등가설(等價說, Äquivalenztheorie)이라고도 한다), ② 조건들 가운데 원인을 찾는 방법으로서 conditio sine qua non[4] 공식을 사용한다. 가설적 제거절차라고도 불리는 이 공식은 "그 조건을 가상적으로 제거하고 생각하면 결과가 발생하지 않았을 조건은 결과에 대하여 원인이 된다"고 한다. 즉 그 조건과 결과 사이에 인과관계가 있다고 판정한다. 이 공식을 적용하면 결과에 선행한 대부분의 조건들은 원인으로 판단되게 된다. 따라서 여러 행위가 결과에 대한 조건이 된 경우에도 그 모든 조건이 원인이 된다(인과관계가 있다). 조건설은 독일의 판례가 일관하여 취하고 있는 입장이다. 7

독일의 BGH는 조건설의 입장을 일관하고 있다. 피해자의 특이체질로 인하여 결과가 발생한 경우(BGHSt. 1, 332)는 물론, 술에 취한 사람에게 오토바이 경주를 제안하여 피해자 자신의 잘못으로 사망하거나(BGHSt. 7, 112) 야간에 제동등 없이 자동차를 운전하다가 경찰관이 안전조치를 일찍 제거하여 다른 차와 충돌한 경우(BGHSt. 4, 360)와 같이 피해자 또는 제 3 자의 고의 또는 과실에 의한 행위가 개입된 경우에도 인과관계를 인정하고 있다. 8

1 Maurach/Zipf S. 238.

2 예컨대 살인자를 출산한 모(母)의 임신 내지 출산행위가 그 살인자의 피해자의 사망과 인과관계가 있는가라는 문제가 제기된 바 있는데, 후술할 조건설에 의하면 인과관계가 있는 것으로 판정된다. 이 불합리한 판정을 수정하기 위하여 ① 결과의 원인을 찾기 위하여 결과로부터 인과의 경과를 거슬러 올라가다가 행위자의 유의적 행위가 있으면 인과관계의 소급은 여기서 그친다는 소급금지의 이론이 주장되거나, ② 사망의 결과가 母의 출산행위에 객관적으로 귀속되지 않는다고 보거나, ③ 母의 고의가 없기 때문에 모에게 '책임'이 없다는 식의 고찰이 행하여진 바 있다.

3 조건설은 조건들 사이에 가치의 차이가 없어서 형법상 중요한 '원인'과 중요하지 않은 '조건'을 구별하는 것은 불가능하다고 본다. 그 이유는 논리적 차원에서 볼 때 모든 조건은 비중 내지 가치의 차이가 없는 조건(전건(前件) antecedent)들 중의 하나에 지나지 않기 때문이다.

4 condition without which not. "그 조건이 없었더라면 결과가 발생하지 않았을 조건." 논리학에서는 이를 '필요조건'이라고 한다. 이에 대하여 충분조건은 conditio per quam이다.

일본의 판례도 대부분 조건설에 입각하고 있고,[1] 대법원도 한때 이에 동조한 바 있다.[2]

그러나 조건설에 대하여는 다음과 같은 비판이 제기된다.

9 첫째 조건설은 그 조건이 없었으면 결과가 발생하지 않았을 조건은 모두 그 결과에 대한 원인이 된다고 본다. 그러나 이는 논리적으로 그 조건과 결과 사이에 인과관계가 있다는 일상적 생활경험을 전제하고 있다. 즉 그러한 인과적 지식이 전제되지 않으면 조건을 가상적으로 제거할 때 결과가 발생할 것인가의 여부는 알 수 없는 것이다. 조건설은 인과관계를 규명하는 이론이 아니라 기왕에 존재하는 일상적 생활경험에 터 잡은 인과적 지식을 동원하는 이론에 지나지 않으며, 가설적 제거절차의 공식은 바로 이 인과적 지식의 색출공식인 것이다.[3]

10 둘째 조건설이 근거로 하고 있는 conditio sine qua non의 공식에 따를 때에는 그 행위가 없었더라도 다른 원인에 의하여 동시에 같은 방법으로 같은 결과가 발생하였을 경우 즉 가설적 인과관계(hypothetische Kausalität)[4]의 사안은 인과관계가 없다고 판정되며, 각 조건 자체만으로도 결과발생이 충분한 여러 조건이 결합하여 결과를 발생케 한 이중적 인과관계(Doppelkausalität), 예컨대 甲과 乙이 독립하여 A가 먹는 음식에 각기 치사량의 독약을 넣어 A를 살해한 때나, 한쪽에서 타고 있는 건물의 다른 부분에 불을 질러 다 태워버린 경우에는 인과관계가 없다는 결론이 나오지 않을 수 없다. 그러나 이러한 경우에 인과관계를 인정해야 한다는 것은 당연하며, 조건설에 입각하고 있는 독일의 BGH도 같은 태도를 취하고 있다.[5]

---

1 日最判 1971. 6. 17(형집 25-4, 567; 형법판례백선 1-50), 강도범인이 63세의 여자인 피해자에게 가벼운 폭행을 가하였지만 피해자가 경미한 외인에 의하여도 급성심장사를 일으킬 수 있을 중증의 심장질환 때문에 사망한 사건에 대하여 원심이 절충적 상당인과관계설의 입장에서 인과관계를 부인하였지만 최고재판소는 이를 파기하면서, "피고인의 본건 폭행이 피해자의 중한 심장질환이라는 특수한 사정이 없었다면 치사의 결과를 가져올 수 없다고 인정되고 또한 피고인이 행위 당시 그러한 특수사정이 있음을 알지 못하였고 또 치사의 결과를 예견할 수 없었다 할지라도 그 폭행이 그러한 특수사정과 함께 치사의 결과를 일으켰다고 인정되는 이상 폭행과 치사의 결과 간의 인과관계를 인정할 여지가 있다"고 판시하였다.

동지: 日大判 1923. 7. 14.

2 대법원 1955. 5. 24. 4288 형상 26; 대법원 1955. 6. 7. 4288 형상 88.

3 Gropp S. 138; Jescheck/Weigend S. 281; Rudolphi SK Vor §1 Rn. 41; Sch/Sch/Lenckner Vor §13 Rn. 74; Schmidhäuser 2.Aufl. S. 226.

4 *infra* **11**/25 참조.

5 BGHSt. 2, 20. BGH는 "유대인인 피해자를 집단수용소에 수용하는 결과를 가져온 보호구금을

이러한 모순을 해결하기 위하여 조건설은 인과관계란 구체적인 인과의 진행 또는 현실적으로 실현된 상황만을 문제로 하여야 한다는 이론을 전개한다. 그러나 인과관계 판정에 있어서 타 조건의 작용을 배제하고 구체적인 인과의 진행만을 문제 삼는다면 그것은 결과가 발생했기 때문에 인과관계가 있다는 순환론에 불과하고, 현실적으로 실현된 인과관계를 기초로 해야 한다고 한다면 이것은 이미 conditio sine qua non의 공식을 포기한 것이 된다.[1]

셋째 조건설에 의하면 인과관계의 범위가 지나치게 확대된다는 비판을 면할 수 없다. 11

이 설에 의하면 甲의 저격을 받고 A가 경상을 입었으나 치료하는 의사의 과실로 사망한 경우나, 이를 치료하기 위하여 병원으로 가는 도중에 교통사고로 사망한 때에도 甲은 피해자의 사망에 대한 책임(기수)을 져야 하고, 나아가서 범죄인을 출산한 부모의 결혼도 그 범죄와 인과관계가 있다고 볼 수 있게 된다.

물론 조건설도 조건설에 의하여 정해진 넓은 책임의 기초를 책임의 단계에서 수정을 가함으로써 무제한한 처벌의 확대를 인정하지 않고 있다. 그러나 이러한 입장에 대하여도 다음과 같은 두 가지 비판이 제기된다.[2] 12

① 조건설은 무제한한 인과관계를 인정하고 있지만 이는 결과의 발생만으로 구성요건적 불법이 충족되는 것은 아니라는 점을 간과한 것이라고 할 수 있다. 형법은 일정한 행위를 금지하거나 요구하는 규범이므로 단순히 구성요건적 불법의 결과를 발생케 하였다는 것만으로 이 규범에 대한 침해가 있다고 볼 수는 없기 때문이다. ② 명백히 처벌할 수 없는 경우를 책임판단을 통해서 가벌적 행위에서 제외하는 것이 언제나 가능한 것은 아니다. 예컨대 乙이 A의 머리에 치명적인 타격을 가하려는 순간 甲이 고의로 A의 머리를 밀쳐 乙의 타격이 A의 어깨에 맞게 한 위험감소(Risikoverringerung)의 경우에도 甲은 고의로 위법·유책하게 상해의 결과를 일으켰다고 하지 않을 수 없다. 조건설에 의하여 무제한하게 확장된 인과관계의 범위는 규범적 고려를 통하여 구성요건의 단계에서 제한되지 않는 한 甲은 위의 행위로 인하여 처벌받게 된다. 결국 조건설은 인과관계에 대한 타

청구한 때는 그 청구가 없었더라도 다른 경로로 피해자가 집단수용소에 수용되지 않을 수 없었던 경우에도 그 결과에 대하여 인과관계가 있다"고 판시하였다.

1 Jescheck/Weigend S. 282.

2 Jescheck/Weigend S. 280; Rudolphi SK Vor § 1 Rn. 53.

당한 이론이 될 수 없다.

2. 원 인 설

13 원인설(原因說, Verursachungstheorie)은 조건설에 의하여 확장된 인과관계의 내부에서 결과발생에 중요한 영향을 준 조건과 단순한 조건을 구별하여 전자를 원인이라 하고, 원인이 되는 조건에 대하여만 결과에 대한 인과관계를 인정하려는 이론이다. 모든 조건을 개별적으로 관찰하여 원인과 조건을 구별한다는 점에서 개별화설(個別化說, Die individualisierende Kausalitätstheorie)이라고도 한다.

14 원인설에는 어떤 기준에서 원인과 조건을 구별하는가에 따라, 여러 가지 조건 가운데 결과에 대하여 ① 필연적인 것만이 원인이라는 **필연조건설**(Stübel), ② 최후에 영향을 준 것만이 원인이라는 **최종조건설**(Ortmann), ③ 가장 유력한 작용을 한 것만이 원인이라는 **최유력조건설**(Birkmeyer), ④ 원동력을 준 조건만을 원인이라고 하는 **동적 조건설**(Kohler), ⑤ 결정적 원동력을 준 조건만을 원인이라고 하는 **결정적 조건설**(Nagler) 등으로 나누어지지만 어느 이론도 인과관계를 만족하게 설명하지 못한다는 비판을 받고 있다. 예컨대 중태에 빠진 환자를 살해한 경우에 필연조건설에 의하면 인과관계가 없게 되고, 10g이 치사량인 독약을 甲이 3g, 乙이 5g, 丙이 2g을 각자 독립하여 甲, 乙, 丙 순서로 A에게 주어 A를 살해한 때에는 최종조건설에 의하면 丙, 최유력조건설에 의하면 乙만 살인기수의 책임을 지게 되는 기이한 결론이 된다.

15 원인설의 난점은 이론상 원인과 조건을 명백히 구별할 수 없을 뿐 아니라, 그 구별기준으로서 형법에 있어서는 아무런 가치도 갖지 못하는 자연과학적 사고를 무비판하게 도입하였다는 점에 있다. 따라서 원인설은 상당인과관계설의 등장과 함께 그 자취를 감추었고 현재 원인설을 주장하는 학자는 찾아볼 수 없다.

3. 상당인과관계설

16 상당인과관계설(相當因果關係說, Adäquanztheorie)은 조건설에 의한 무제한한 인과관계의 인정범위를 구성요건의 단계에서 제한하려는 이론이다. 상당인과관계설은 확률론[1]을 토대로 하여 행위에 의하여 높은 확률로 발생하는 결과는 인과관계를 인정하고 낮은 확률로 발생하는 결과는 인과관계를 인정하지 않는다. 그

1 von Kries "Über die Begriff der Wahrscheinlichkeit und Möglichkeit und ihre Bedeutung im Strafrecht", ZStW 9, S. 528 이하 참조. 주사위 던지기를 예를 들어 설명하고 있다.

런데 인간의 삶에서 모든 행위와 결과 사이의 확률적 관계가 확립되어 있지도 않고 이를 계산하기도 불가능하므로, 이 설도 통상의 경험칙을 원용한다. 이에 의하면 경험칙상 결과발생에 '상당한' 조건만을 원인으로 본다. 이때의 상당성은 행위와 결과 사이의 '개연성'(높은 확률) 관계를 의미한다. 따라서 경험칙상 결과를 발생케 한다고 보기에 상당하지 않은 조건은 원인이 아니며(=결과귀속에서 배제되며), 비정상적이고 비전형적인 인과진행에 의한 결과는 '구성요건'의 단계에서 원인이 아닌 것으로 배제되게 된다.

17 상당인과관계설은 다시 상당성의 판단기준을 어떻게 설정할 것이냐에 대하여 견해가 대립된다. ① **주관적 상당인과관계설**은 행위 당시 행위자가 인식하였거나 행위자가 인식할 수 있었던 사정을 기초로 하여 상당성을 판단하여야 한다고 보고(v. Kries), ② **객관적 상당인과관계설**은 행위 당시에 존재한 모든 사정을 객관적으로 종합하여 법관이 상당성을 판단하여야 한다고 한다(Rümelin). 행위 당시에 존재한 사정을 사후에 판단한다는 의미에서 객관적·사후적 예측(objektiv-nachträgliche Prognose)이라고도 한다. 이에 대하여 ③ **절충적 상당인과관계설**은 행위자뿐만 아니라 일반인 특히 그 중에서도 가장 우수한 자가 인식할 수 있었던 사정을 기초로 하여 상당인과관계를 판단하여야 한다고 한다(Träger).

18 상당인과관계설은 종래 우리나라의 다수설[1]이었으며 대법원도 상당인과관계설을 일관하고 있다고 할 수 있다.

> 대법원은 안면을 강타하여 사망에 이르게 하거나(대법원 1956. 7. 13. 4289 형상 129), 고혈압증세가 있는 피해자를 전도시켜 그 자극에 의하여 사망케 한 경우(대법원 1967. 2. 28. 67 도 45)[2]와, 피해자가 강간을 피하려다가 사망한 경우(대법원 1995. 5. 12. 95 도 425)에 상당인과관계가 인정된다고 판시하여, 상당인과관계설을 취하고 있음을 천명하고 있다.[3]

---

1 남흥우 101면; 이건호 67면; 정창운 110면; 성시탁 "인과관계"(형사법강좌 I), 194면; 권문택 "형법상의 인과관계"(고시계 1972. 8), 77면.
현재 배종대 227면; 오영근 191면이 이 입장을 지지하고 있다.

2 대법원 1967. 2. 28. 67 도 45, "피고인의 폭행에 의하여 피해자가 그 두부에 외부적인 타박상을 받지 아니하였다 하여도 피해자가 피고인의 폭행행위로 지면에 전도케 할 때에 평소부터 고혈압증세에 있는 피해자가 전도시의 자극에 의하여 뇌출혈을 일으켜서 사망하였을 때에는 폭행과 치사 사이에 상당인과관계가 있다고 볼 것이다."

3 대법원 2001. 6. 1. 99 도 5086 판결은 가스폭발사고에 있어서 임차인의 과실과 폭발사고 사이에 상당인과관계를 인정하였고, 대법원 2002. 10. 11. 2002 도 4315 판결도 감금치사사건에서 감금행위와 피해자의 사망 사이에 상당인과관계를 인정하였다. 모두 상당인과관계설의 입장이다.

상당인과관계설이 나름의 설득력이 있는 이유는 우리의 삶의 방식이 그러하기 때문이다. 즉 우리는 일정한 결과를 얻기 위하여 경험칙상 높은 확률로 결과를 발생시킬 행위를 하며(목적적 행위론의 '인과관계를 지배조종한다'는 구상은 이 면에서는 지나치게 강하다) 그렇게 하여 발생한 결과는 행위에 귀속되는 것으로 본다. 그러나 이 설 역시 조건설과 마찬가지로 인과관계를 규명하는 설이 아니라 일상적 생활경험의 지식을 전제하고 있으며, 인과관계의 존부의 문제와 귀속의 문제를 확률적 사고로 환원하여 한꺼번에 해결하려고 하고 있다는 점에서 근본적인 방법론상 문제가 있다. 구체적인 측면에서 상당인과관계설은 아래와 같은 비판을 면하기 어렵다.

19 첫째 상당인과관계설의 가장 중요한 결점은 상당인과관계설이 제시하는 상당성 또는 생활경험이 인과관계를 확인해주지 못하는 것은 물론, 귀속의 적절한 기준이 되지 못한다는 점에 있다. 상당성의 판단을 개연성의 문제로 이해한다면 비유형적인 인과의 진행은 개연성이 없게 되어 모두 인과관계를 부정하게 된다. 결국 상당인과관계설은 인과관계가 문제되는 경우에 모두 인과관계가 없다고 할 뿐이고 그 해석을 위한 명백한 기준을 제시하지 못한다.[1]

피해자의 특이체질로 인하여 발생한 결과에 관하여 대법원은 피해자의 두개골이 얇고 뇌수종을 앓고 있기 때문에 사망한 때에는 인과관계가 없다고 하면서도,[2] 피해자가 고혈압환자이거나(대법원 1970. 9. 22. 70 도 1387), 지병을 앓고 있기 때문에 사망한 때(대법원 1979. 10. 10. 79 도 2040)[3]에는 상당인과관계를 인정하고 있다. 나아가 대법원은 상당인과관계설을 취하면서도 행위가 피해자의 사망이라는 결과를 발생케 할 유일한 원인이거나 직접적인 원인이 되어야 하는 것은 아니라는 전제에서(대법원 1982. 12. 28. 82 도 2525) 피해자의 과실이 경합하여 결과가 발생한 경우는 물론(대법원 1994. 3. 22. 93 도 3612),[4] 수술지연 등 의사의 과실이 경합하여

1 Eser I, S. 60; Stratenwerth/Kuhlen 8/24.

2 대법원 1978. 11. 28. 78 도 1961, "고등학교 교사인 피고인이 피해자의 뺨을 때리는 순간 평소의 허약상태에서 온 급격한 뇌압상승으로 피해자가 뒤로 넘어지면서 사망한 경우 위 사인이 피해자의 두개골이 비정상적으로 얇고 뇌수종을 앓고 있었던 데 연유하였고 피고인이 피해자가 허약함을 알고 있었으나 두뇌에 특별이상이 있음은 미처 알지 못하였다면 피고인의 소위와 피해자의 사망 간에는 인과관계가 없거나 결과발생에 대한 예견가능성이 없었다고 할 것이다."

3 동지: 대법원 1986. 9. 9. 85 도 2433; 대법원 1989. 10. 13. 89 도 556.

4 대법원 1994. 3. 22. 93 도 3612, 피해자가 피고인으로부터 각목과 쇠파이프 등으로 맞아 자상을 입고 위 자상이 급성신부전증으로 발전하였는데, 급성신부전증을 치료할 때에는 음식과 수분의 섭취를 철저히 억제해야 함에도 불구하고 콜라와 김밥 등을 함부로 먹은 탓으로 체내에 수분저류가 발생하여 패혈증 등의 합병증으로 사망한 사건이다. 대법원은 "살인의 실행행위가 피해자의 사망이라는 결과를 발생케 하는 유일한 원인이거나 직접적인 원인이어야만 되는 것은 아니

발생한 결과에 대하여도 인과관계를 인정하고 있다(대법원 1984. 6. 26. 84 도 831). 이렇게 볼 때 상당인과관계설에서 말하는 상당성에는 명백한 기준이 없음이 분명하다고 할 수 있다.

상당인과관계설에 있어서도 상당성의 판단기준에 관하여 견해가 대립되고 있다. 그러나 Rümelin의 객관적 상당인과관계설은 왜 사회의 일반적 수준이 개인의 형사책임에 영향을 주어야 하느냐를 설명하지 못하며, v. Kries의 주관적 상당인과관계설은 왜 과실이 있는 경우에만 인과관계를 인정해야 하는가를 설명하지 못하고, 또 Träger의 절충적 상당인과관계설도 왜 가장 우수한 초인(超人)을 기준으로 상당성을 판단해야 하는가라는 이유를 설명하지 못한다는 점에 근본적인 난점이 있다.

20 둘째 상당인과관계설이 구성요건의 단계에서 형사책임의 무제한한 확대를 제한하려고 한 근본취지는 타당하다고 할 수 있지만, 이를 인과관계를 부정함으로써 달성하려고 한 점에 오류가 있다. 구성요건의 단계에서 귀속의 범위를 제한하는 것은 귀속의 기초가 되는 중요성[1]이지 인과관계 자체는 아니기 때문이다. 따라서 상당인과관계설은 결과귀속과 인과관계를 혼동하였다는 비판을 면할 수 없다.[2] 또 상당인과관계설이 제시하는 상당성 내지 개연성은 결과귀속을 판단하는 기준으로 충분하다고 할 수도 없다.

21 셋째 상당인과관계설은 본래 결과적 가중범에서 중한 결과에 대한 형의 가중을 책임주의와 일치하게 하기 위하여 고안된 이론이다.[3] 그러나 형법은 제15조 2항에서 “결과때문에 형이 무거워지는 죄에 있어서 그 결과의 발생을 예견할 수 없었을 때에는 무거운 죄로 벌하지 아니한다”고 규정하여 이를 예견가능성의 문제로 해결하고 있으므로 형법의 해석상 상당인과관계설이 필요한 것도 아니다.[4]

요컨대 상당인과관계설은 인과관계의 범위를 지나치게 좁게만 인정하여 실제의 문제해결에 아무런 도움을 주지 못하는 이론이라고 할 것이며, 현재 독일에서는 그 지지자를 찾아볼 수 없다.

므로 살인의 실행행위와 피해자의 사망과의 사이에 다른 사실이 개재되어 그 사실이 치사의 직접적인 원인이 되었다고 하더라도, 그와 같은 사실이 통상 예견할 수 있는 것에 지나지 않는다면 살인의 실행행위와 피해자의 사망과의 사이에 인과관계가 있는 것으로 보아야 할 것이다”라고 판시하였다.

1 *infra* 11/22 참조.

2 Jescheck/Weigend S. 285; Rudolphi SK Vor § 1 Rn. 55; Wessels/Beulke Rn. 171.

3 Schmidhäuser S. 225.

4 박동희 “인과관계”(고시연구 1976. 5), 48면.

4. 중 요 설

22 원인설과 상당인과관계설이 인과관계의 개념 자체를 제한함에 반하여, 중요설(重要說, Relevanztheorie)은 조건설에 의하여 얻어진 논리적 인과관계를 구체적인 결과발생의 법률적 중요성(rechtliche Relevanz)이라는 규범적 문제와 구별하여 후자는 구체적인 형법상의 구성요건에 따라 결정해야 한다고 주장한다.[1] 중요설은 조건설에 의한 인과관계를 상당인과관계설과 같이 상당성 또는 개연성의 판단에 의하지 않고 구체적인 범죄구성요건의 의의와 목적 및 구성요건이론의 일반원칙에 따라 검토하여 결과귀속의 범위를 결정하자는 것이며, 이러한 의미에서는 후술하는 객관적 귀속이론과 태도를 같이한다. 다만 중요설은 결과의 객관적 귀속에 대한 기준으로 구성요건적 중요성에만 집착한 나머지 이에 대한 실질적 기준을 제시하지 못했다는 비판을 받고 있다.[2]

5. 합법칙적 조건설

23 합법칙적 조건설(合法則的 條件說, Die Lehre von der gesetzmäßigen Bedingung)은 조건설이 전제하는 등가설은 유지하지만, 원인발견의 공식으로 사용하는 conditio sine qua non의 공식은 폐기한다. 이 공식에 의하여는 인과관계를 명백히 확인할 수 없기 때문이다. 합법칙적 조건설에 의하면 인과관계의 문제는 그 행위가 없었으면 그 결과가 발생하지 않았을 것이라는 관계가 아니라, 행위가 인과법칙(Kausalgesetz)에 따라 결과를 발생케 했느냐의 문제이며, 행위와 결과 사이에 합법칙적 연관이 있어야 한다는 것이다. 따라서 합법칙적 조건설은 인과관계를 행위와 결과 사이의 합법칙적 연관의 문제로 이해하고, 인과관계는 "행위가 시간적으로 뒤따르는 외계의 변화에 연결되고 행위와 (그 외계의 변화가) 합법칙적으로 결합되어 구성요건적 결과로 실현되었을 때"에 인정되어야 한다고 한다. 이러한 의미에서 합법칙적 조건설은 규범적 사고에서 순화된 사실적 자연적 인과관계를 확인하는 이론이며, 합법칙적 조건설에서 말하는 합법칙성은 조건설이

---

1 중요설은 Mezger에 의하여 주장된 이론이다. Mezger *Lehrbuch*, S. 122; Blei S. 78; 중요설 및 합법칙적 조건설에 관한 상세는 장영민 "인과관계론에 관한 보완적 연구"(정해창 선생 고희기념 논문집 2007), 78면 이하 참조.

2 Jescheck/Weigend S. 286; Rudolphi SK Rn. 56; Sch/Sch/Lenckner Vor §13 Rn. 20; Wessels/Beulke Rn. 175.

주장하는 논리적 조건이나 상당인과관계설의 생활경험이 아니라, 당대의 지식수준에서 알려져 있는 법칙적 관계를 의미한다.[1] 이때의 법칙적 관계의 존재는 당대의 최고의 과학적 지식수준에서 인정되는 것이어야 하기 때문에 이러한 과학적 지식에 의하여도 파악하기 어려운 경우에는 인과관계를 인정할 수 없게 된다.

합법칙적 조건설에 따를 때 다른 설(특히 조건설)이 불합리를 보이는 사례군에서 인과관계의 유무는 다음과 같이 해결된다.[2]

24 **1) 피해자의 특이체질** 합법칙적 조건설에 의하여도 결과에 대한 모든 조건은 등가적이다. 행위는 결과에 대한 원인이 되면 족하고 그것이 유일한 원인이거나 주된 원인이 될 것을 요하지 않는다. 따라서 결과에 대하여 다른 조건이 중요한 기여를 하였거나 피해자의 잘못이 결합하여 결과가 발생한 경우[3]는 물론, 피해자의 특이체질 또는 상태 때문에 결과가 발생한 때에도 인과관계는 인정된다. 비유형적인 인과의 진행은 인과의 연관을 제거하지 않는다.

25 **2) 가설적 인과관계[4]** 구성요건에 해당하는 행위가 구성요건적 결과와 인과법칙적 연관이 있는 한 그 행위가 없었더라도 다른 상황에 의하여 같은 결과가 발생하였을 것이라고 판단되는 경우인 가설적 인과관계의 경우에도 그 행위와 결과와의 사이에 인과관계는 인정된다. 모든 사람은 어차피 죽게 되어 있다는 이유로 甲의 살인행위와 그 결과인 A의 사망 사이에 인과관계를 부정할 수는 없다. 따라서 인과관계는 현실적으로 존재한 조건과 그 조건이 가져온 구체적 결과 사이의 관계이다. 사형선고를 받아 집행을 기다리는 사람 또는 불치의 병으로 임종에 임박한 사람을 살해한 경우와 같이 예정되어 있는 결과 발생 시점 이전에 행위하여 예정된 것과 동일한 결과를 야기한 경우에도 인과관계는 인정된다.

---

1 장영민 "인과관계의 확정과 합법칙적 조건설"(형사판례연구 3), 32면 참조.

2 Kühl 11/22ff; Rudolphi SK Vor §1 Rn. 44ff; Sch/Sch/Lenckner Vor §13 Rn. 77ff; Wessels/Beulke Rn. 162~167 참조.

3 상당인과관계설을 취하고 있는 대법원도 이러한 경우에 인과관계를 인정하고 있다.
대법원 1961. 9. 21. 4294 형상 447, "범인의 상해행위가 피해자의 사망의 단독원인이 아니고 공동원인의 일을 구성한 경우에 있어서도 범인의 행위와 상해치사의 결과 간에는 인과관계가 존재하여 상해치사가 성립되므로 피해자가 본건 범행 후 2개월 14일 만에 사망하였고 사망이 충분한 치료를 하지 아니한 소치라 하더라도 본건 범행이 상해치사를 구성하는 데 별 차가 없다."
이 판결은 합법칙적 조건설과 결론을 같이한다고 할 수 있다.

4 여기서 소제목으로 언급되는 '인과관계'라는 말은 이러한 식의 인과관계'들'이 있다는 의미가 아니라, 종래의 조건설을 적용할 때 불합리가 발생하는 사례군이 있다는 의미이다. 여러 형태의 인과관계가 있다고 오해할 수 있다는 점에서 주의를 요한다.

26 **3) 인과관계의 중단** 행위와 결과간의 인과관계는 그 결과가 제 3 자의 고의 또는 과실에 의한 행위가 개입되어 발생하였다고 하여도 부정되지 않는다. 즉 인과의 연관은 제 3 자에 의하여 중단될 수 없다. 따라서 甲이 A를 살해하기 위하여 A에게 상해를 입혔으나 A가 이를 치료하기 위하여 병원으로 가는 도중에 교통사고로 사망하였거나, 병원에서 치료하는 의사의 과실로 사망한 때에도 甲의 행위와 사망 사이에는 합법칙적 연관이 인정된다.[1]

27 **4) 추월적 인과관계** 결과가 행위와는 별개의 다른 조건에 의하여 실현되어 처음 조건(행위)이 결과발생에 기여하지 못한 경우, 즉 추월적 인과관계에 있어서는 위의 경우와는 다르게 판단하여야 한다.[2] 예컨대 甲이 A에게 독약을 먹였으나 약효가 발생하기 전에 乙이 A를 사살하거나, 甲과 乙이 독립하여 순차적으로 A에게 치사량의 독약을 먹였으나 A는 乙이 준 독약에 의하여 사망한 때에는 甲이 설정한 조건은 구체적으로 실현되지 않았기 때문에 甲의 행위와 A의 사망과의 인과연관은 부정된다.

28 **5) 이중적 인과관계** 단독으로도 결과를 야기함에 충분한 수개의 조건이 결합하여 결과를 발생케 한 이중적 인과관계의 경우, 예컨대 甲과 乙이 각각 치사량의 독약을 A에게 먹여 A가 사망한 때에는 甲과 乙의 행위는 각기 '합법칙적으로' 사망을 야기하는 행위를 한 것이므로 모두 A의 사망과 인과관계가 인정된다.[3]

29 **6) 중첩적 인과관계** 甲과 乙이 단독으로 치사량이 되지 못하는 독약을 A에게 먹여 A가 사망한 중첩적 인과관계(kumulative Kausalität) 또는 누적적 인과

---

1 대법원은 이 경우에 '상당인과관계'를 인정한다.
대법원 1984. 6. 26. 84 도 831, "피고인이 주먹으로 피해자의 복부를 1회 강타하여 장파열로 인한 복막염으로 사망케 하였다면, 비록 의사의 수술지연 등 과실이 피해자의 사망의 공동원인이 되었다 하더라도 피고인의 행위가 사망의 결과에 대한 유력한 원인이 된 이상 그 폭력행위와 치사의 결과 간에는 인과관계가 있다 할 것이어서 피고인은 피해자의 사망의 결과에 대하여 폭행치사의 죄책을 면할 수 없다."

2 추월적 인과관계는 인과관계가 단절된 경우(단절적 인과관계)의 하나이다. 즉 추월적 진행에 의하여 단절된 인과관계를 추월적 인과관계라고 한다(Gropp S. 140 참조).

3 하나의 사망사건에서 두(개 이상의) 인과관계를 인정한 판례가 있다. 함께 술을 마시던 피해자 A가 甲과 다투다가 밀려 넘어져 두부충격으로 의식을 잃자, 甲을 포함한 乙 등은 A를 인근 모텔로 옮겨 놓고 귀가하였는데 A는 후두부경막외 출혈로 두부충격 후 약 2시간 30분 후 사망하였다. 이 사건에 대하여 법원은 甲에 대하여 상해치사죄를 인정하고, 별도로 기소된 乙 등에 대해서도 과실치사죄를 인정하였다. 대법원 2023. 7. 27. 2023 도 6735. 부작위범의 인과관계에 관하여는 *infra* **11**/30 참조. 과실범 처벌을 위한 주의의무의 발생근거에 관하여는 *infra* **14**/12, 14 참조. 대법원은 이 의무가 부작위범의 작위의무에서 비롯되는 것으로 설시하고 있는데 이에 관한 상세는 *supra* **10**/26 참조.

관계의 경우에도 甲과 乙의 행위는 모두 A의 사망과 인과관계가 있다. 다만 이 경우는 후술하는 객관적 귀속이론에 의하여 각자는 미수의 책임을 지게 된다. 형법 제19조도 이렇게 규정하고 있다.

7) 부작위범의 인과관계 부작위범에서도 인과관계는 문제된다. 부작위범에서 인과관계를 확인하는 방법은 "요구되는 행위를 하였더라면 결과가 방지될 수 있었을 것인가"이며 이것이 긍정되는 한 (부작위)행위와 발생한 결과 사이에는 합법칙적 연관이 인정된다. 부작위범에 있어서는 작위범과는 달리 현실적인 힘의 작용이 없었으므로 가설적 제거절차의 공식이 적용될 수 없지만 부작위와 결과발생 사이에 합법칙적 관련은 인정될 수 있으며, 이의 발견공식으로서 '가설적 추가절차'를 활용할 수 있다. 30

부진정부작위범은 결과의 발생에 의하여 기수에 도달한다. 그런데 부진정부작위범은 작위범과는 달리 결과를 '야기'한 것이 아니라 단순히 구성요건적 결과를 방지하지 않은 것에 불과하므로, 과연 부작위범에서 인과관계가 존재하는가라는 문제가 제기된다.

부진정부작위범의 인과관계에 관하여는 종래 형법상의 인과관계를 물리적 인과관계와 혼동하여 부작위는 무(無)이므로 무에서 유가 발생할 수 없다는 이유에서 부작위 자체에는 인과관계를 인정하지 않고 결과에 대하여 원인력을 준 부작위 이외의 작위에서 그 원인을 구하려는 이론이 구상되었다. 따라서 ① Luden은 부작위범의 결과를 방지해야 할 때에 다른 작위를 하였다는 점에 인과의 요소가 있다고 하였고(**타행행위설**), ② Krug, Glaser 및 Merkel은 부작위범에 있어서는 이러한 동시적인 행위가 아니라 그 선행행위(vorangegangene Handlung)에 원인이 있다고 주장하였다(**선행행위설**). 이에 대하여 ③ Buri, Binding에 의하여 주장되어 H. Mayer가 지지한 **간섭설**(Interferenztheorie)은 범죄를 범하려는 결의, 즉 결과발생을 방지하려고 하는 행위충동을 억제하는 심리작용에 부작위의 원인력이 있다고 하였고, ④ Bar, Kohler는 부작위범의 인과관계는 결과방지에 대한 법적 의무에 지나지 않는다고 하였으며(**법적 인과관계설**), 나아가서 ⑤ Liszt, Beling, Hippel 및 Welzel은 부작위는 자연적·물리적으로 무(無)이기 때문에 작위에 있어서와 같은 결과의 원인이 있을 수 없다고 하여 부작위범의 인과관계를 부정하였다(**인과관계부정설**).

결과의 실효적 실현이라는 의미의 인과관계는 부작위에서는 부정되지 않을 수 없다. 그러나 형법상의 인과관계는 물리적·자연과학적인 인과개념이 아니라 형법상의 개념이므로 부작위 이외에서 원인을 찾지 않더라도 부작위와 결과 사이에 직접 연관이 존재한다고 할 수 있다. 즉 인간이 소망한 일정한 결과를 얻는 방법에는 ① 적극적으로 이를 야기하는 방법과, ② 그 결과발생으로 향하는(=결과발생이 예견되는) 31

자연적 추이를 방치함으로써 결과를 발생시키는 방법이 있다. 이 경우 결과를 방지할 의무가 있고, 나아가 그 결과를 방지할 수 있었던 때에는 그 결과는 행위자(=부작위자)가 야기한 것으로 볼 수 있다. 행위자가 결과에 대한 '동력인'[1]을 투입하지 않은 점은 작위와 차이가 있으나, 예견되는 (자연필연적인) 결과를 방지하지 않은 데 부작위의 행위성이 있다. 따라서 결과방지가 가능하였음에도 불구하고 결과발생을 방치한 행위가 부작위이며, 여기에 '작위의무'가 인정되면 부작위범의 구성요건이 충족된다. 즉 부작위범의 인과관계는 부작위범이 결과를 방지할 수 있었는가에서 찾아야 한다. 부작위는 단순한 무(無)가 아니라 기대되는 무엇인가를 하지 않은 것이므로 기대되는 행위를 하였다면(기대되는 행위의 '가설적 추가') 결과가 발생하지 않았을 것이라는 관계가 인정되면 부작위와 결과 사이에는 합법칙적 연관을 인정할 수 있다.

6. 인과관계에 관한 기타의 학설

32 (1) **위험관계조건설** 인과관계를 행위와 결과의 관계에서 사회가 행위에 대하여 위험을 느끼는가의 여부에 의하여 논정하려는 견해이다. 일본의 牧野, 우리나라의 정영석 교수가 취한 입장이다.[2] 이 설은 형법에서 인과관계를 논하는 목적과 법익침해로부터 사회를 방위한다는 형법의 목적에 비추어, 조건설에 의한 논리적 인과개념을 위험이라는 사회심리적 요소를 통하여 제한을 가하려는 것이며, 여기서 위험이란 결과발생의 가능성뿐만 아니라 결과가 발생한 경우 결과와 행위를 연결시키는 사회심리를 의미한다고 한다.

위험관계조건설(危險關係條件說)은 형법상의 인과관계를 위험이라는 사회심리적 관점에서 논정하려는 점에서 상당인과관계설과 입장을 같이하나, 본질적으로는 수정된 조건설로 이해되고 있다. 그러나 위험이라는 사회심리적 요소에 의하여 조건 자체를 제한하는 것은 인과관계의 확정을 불명확하게 할 뿐이라는 비판을 면할 수 없다.

33 (2) **목 적 설** 유기천 교수가 주장한 이론이다.[3] 유 교수는 형법에 있어서 인과관계 판단의 근본목적은 결과가 발생했음에도 불구하고 기수범이 아니

1 아리스토텔레스는 '어떤 사물이 존재하게 되는 이유', 즉 원인을 넷으로 구분하였다. 형상인(causa formalis), 질료인(causa materialis), 동력인(causa efficiens), 목적인(causa finalis)이 그것이다. 결과에 대한 행위자의 작용의 투입을 '동력인'이라고 한다. Aristoteles, *Physica*, Ⅱ, 3; *Metaphysica* Ⅴ, 1013a.

2 정영석 110면.

3 유기천 151면.

라 미수범이 되는 경우를 가려내어 기수범과 차별화하여 미수범으로 처벌하자는 데 있다는 타당한 전제에서 출발한다. 이 차이는 우연에서 비롯되는 것으로 여겨지지만, 이 우연은 우리가 통상 생각하는 우연이 아니다. 심층심리학(depth psychology)에 의하면 우연은 '무의식적 동기'의 실현이다. 그리고 이 무의식적 동기는 범죄사실로 현실화되어 있다. 따라서 ① 고의범의 경우 행위자가 피해자에 대하여 치명상을 입힌 경우에는, 행위에 대한 행위자의 무의식적 저지의 동기가 없었다고 볼 수 있기 때문에 그 행위와 조건설적 관계에 있는 결과에 대하여 책임을 묻고(=귀속시키고), 경상 밖에 입히지 못한 경우에는 행위자의 무의식적 저지의 동기가 발현된 경우로서 기수의 책임을 지울 수 없고 미수의 책임만을 물어야 한다. ② 과실범 또는 결과적 가중범의 경우 양자는 공통적으로 과실의 요소를 가지고 있고, 이 과실 역시 무의식적 동기의 실현이지만, 고의가 없었으므로 그 귀속의 범위는 객관적 예견가능성의 범위로 축소되어야 한다는 것이다.[1]

목적설(目的說, teleological theory of causation)에 대하여는 객관적이어야 할 인과관계의 판단에 행위자의 무의식세계까지 끌어들이는 것은 방법론상 의문이 있고, 행위자의 심리분석을 통하여 우연의 요소를 필연화함은 법치주의 형법이론의 근본을 흔드는 것이라는 비판이 가하여지고 있다.[2] 그러나 이 비판은 타당하지 않다. 왜냐하면 목적설은 확인 내지 입증불가능한 행위자의 무의식을 탐구하여 이를 형법적 평가에 반영하자는 이론이 아니라, 행위 및 그에 대한 평가에 이미 '무의식적으로' 반영되어 있는 무의식의 영향을 직시하자는 것이기 때문이다. 예컨대 살인의 고의로 칼부림을 하다가 경상만을 입혔으나 피해자가 병원에 가는 도중 교통사고로 사망한 경우에 피해자의 사망을 행위자의 칼부림행위에 귀속시키지 않는 여러 이론이 있지만, 그 이론들의 '무의식적' 전제는 사망은 경상을 야기한 행위에는 귀속되지 않는다는 것이다. 이때 우리는 '왜'라고 물을 수 있고 목적설은 바로 이에 대답하는 하나의 이론인 것이다.

(3) 인과관계중단론 34 인과관계중단론(因果關係中斷論, Unterbrechung des Kausalzusammenhangs)이란 인과관계가 진행되는 중에 타인의 고의행위나 예기치

1 유기천 교수는 오늘날 우리나라에서 일상화된 형법용어와는 다른 영미법적 표현을 사용하고 계시기 때문에 이를 적절하게 번역하여 설명하였다. 예컨대 '미수범에 대한 책임감경'은 '기수범과 미수범의 처벌의 차별화'로 해석하였다.

2 남흥우 "형법 제17조와 인과관계"(고시계 1961. 9), 49면; 성시탁 전게논문, 184면.

못한 우연한 사정이 개입된 경우에는 이에 선행했던 행위와 결과 사이의 인과관계가 중단된다는 이론을 말한다.

예컨대 甲이 A에게 경상을 입혔을 뿐인데 치료하는 의사의 잘못으로 A가 사망하였거나 A의 잘못으로 감염되어 사망한 경우, 또는 甲이 A녀를 강간하였는데, A녀가 비관자살한 경우에는 甲의 행위와 A의 사망 사이에는 인과관계가 중단된다고 하는 관점이다. 이는 조건설에 의한 인과관계의 무한한 확대를 제한하기 위하여 제기된 이론이다. Frank에 의하여 제안되어 H. Mayer와 Nauke에 의하여 지지된 바 있는 소급금지이론(遡及禁止理論, Regreßverbot)도 내용에 있어서는 이와 동일하다.

그러나 인간관계중단론에 대하여는, 인과관계의 문제는 인과관계가 있느냐 없느냐를 결정하는 문제이며 존재하지 않는 인과관계는 중단될 수 없고 존재하는 인과관계도 중단되는 것이 아니라는 비판을 가할 수 있고, 따라서 이 견해는 학설은 물론 판례에 의하여도 전혀 지지를 받지 못하고 있다.

7. 결 어

35 전통적인 조건설의 난점을 극복하고 인과관계의 범위를 제한하고자 한 상당인과관계설을 비롯한 모든 이론들이 인과관계와 결과귀속의 기준을 밝히는 데 모두 실패한 것임이 밝혀졌다. 그것은 이 이론들이 인과관계의 범위를 결정할 명백한 기준을 찾지 못하였다는 점뿐 아니라, 근본적으로는 인과관계와 귀속의 문제가 구별되는 것임을 오인한 데에 기인한다고 하겠다. 인과관계의 존부, 즉 인과관계의 확정은 조건설에 의하여 해결하지 않으면 안 된다. 그러나 전통적인 조건설은 그 이론상의 결점이 극복될 필요가 있다. 이러한 의미에서 인과관계에 관한 이론으로는 합법칙적 조건설을 취하는 것이 타당하다고 생각된다.[1] 합법칙적 조건설에 대하여는 인과관계를 확정할 수 있는 합법칙 내지 자연법칙이 명백하지 못하다는 비판이 제기되고 있다.[2] 그러나 행위와 결과를 연결하는 자연법칙을 찾을 수 없을 때에는 인과관계는 문제될 여지가 없다. 즉 이 경우에는 인과관계는 부정된다.

---

1 김일수/서보학 170면; 박상기 97면; 손동권 109면; 손해목 280면; 신동운 154면; 안동준 91면; 이정원 104면; 이형국 132면; 임웅 129면; 정성근/박광민 155면; 장영민 전게논문(형사판례연구 3), 22면.

2 김일수/서보학 161면; 이형국 122면, 연구 187면.

36 합법칙적 조건설은 인과관계의 확정에 관한 이론에 불과하다. 따라서 합법칙적 조건설에 의하여 인과관계가 인정된다고 하여 결과귀속을 인정한다는 의미는 아니다. 인과관계에 있어서는 모든 조건이 동가치를 가진다. 그러나 인과적 동가치가 법적 동가치를 의미하는 것은 아니다. 동가치를 갖는 인과의 요소는 다시 법적·규범적 측면에서 귀속의 기준이 검토되어야 한다.[1] 합법칙적 조건설이 객관적 귀속이론과 결부되어야 하는 이유는 여기에 있다.

Ⅲ. 객관적 귀속이론

1. 객관적 귀속이론의 의의

37 객관적 귀속이론(客觀的 歸屬理論)이란 인과관계가 확인된 결과를 행위에 객관적으로 귀속시킬 수 있는가를 확정하는 이론을 말한다. 이 관계가 문제되는 이유는 인과관계가 존재하는 경우에도 귀속시킬 수 없는 경우가 있기 때문이다. 인과관계가 존재하지 않는 경우에는 귀속의 문제도 제기되지 않는다. 인과관계 확인의 문제는 존재론적(=자연법칙적) 문제인 데 비하여, 귀속의 문제는 규범적·법적 문제이며,[2] 그것은 형법의 목적에 따라서 판단된다.[3] 귀속은 후술하는 일정한 귀속기준에 따라 행위와 결과를 매개함으로써[4] 이루어지지만, (대체로 인과관계가 존재하면 귀속은 이루어지기 때문에) 귀속이 문제되는 경우 그 검토는 귀속을 부정하는 방향을 취한다.

37a 귀속이 부정되면 행위와 결과 사이의 연결관계가 인정되지 않으므로 일반적인 경우에는 미수로 판정하게 된다. 고의의 행위가 있었지만 결과로 이어지지 않았기 때문이다. 그러나 귀속은 규범적·법적 의미의 차원에서 이루어지므로 그의 부정도 같은 차원을 갖게 되어, 귀속이 부정되는 경우 (미수로 판정되지 않고) 행위의 의미 자체가 바뀌는 경우가 생길 수 있다. 예컨대 후술하는 위험감소의 경우(**11**/43)에 사망의 위험을 상해의 위험으로 감소시킨 행위는 상해 구성요건에 해당한다고 판단되지 않고 '구조행위'로서 구성요건해당성 자체를 인정하지 않게 된다. 이외에 지배가능성이

1 Jakobs **7**/29; Jescheck/Weigend S. 287; Wessels/Beulke Rn. 175.
2 Honig "Kausalität und objektive Zurechnung", Frank-FS S. 178.
3 Rudolphi "Der Zweck staatlichen Strafrechts und die strafrechtlichen Zurechnungsformen", *Grundfragen des modernen Strafrechtssystems*, S. 70.
4 Jakobs "Regreßverbot beim Erfolgsdelikt", ZStW 89, 1.

없는 경우, 허용된 위험의 경우, 규범의 보호범위 외에서 결과가 발생한 경우에 그러한 예가 나타난다. 바꿔 말하자면 이러한 경우들은 사회상당한 행위들로서 위법성 판단 이전에 구성요건 해당성의 단계에서 불법을 형성하지 않는 것으로 보게 된다.[1] 양자의 논리적 선후관계는 사회상당하기 때문에 귀속되지 않는다고 볼 수 있지만, 귀속의 차원에서 접근하여도 같은 결과를 가져온다는 점에서 양이론은 상호 정합적인 관계에 있다.

2. 객관적 귀속의 기준

38 객관적 귀속의 기준에 관하여는 회피가능성의 이론과 위험실현의 이론이 주장되고 있다.

39 (1) **회피가능성의 이론** Honig는 결과에 대한 귀속 판단은 결과가 의사의 표현물이라는 의미에서 인간의 행태(행동)와 결합되어 있다는 점에서 찾아야 하며, 자연현상을 목적적으로 지배하는 점에 인간행태(행동)의 본질이 있으므로 행위가 가진 객관적 목적지향성은 결과귀속의 기준이 되어야 한다고 주장하였다. 따라서 객관적 관점에서 행위와 결과 사이의 목적적 연관을 판단하는 것은 결과에 대한 지배가능성(Erreichbarkeit) 내지 회피가능성(回避可能性, Abwendbarkeit)이 되어야 하며,[2] 작위범의 경우는 결과가 지배가능할 때, 부작위범의 경우는 결과가 회피가능할 때 결과는 행위에 객관적으로 귀속된다고 하였다. 행위자가 회피할 수 있었음에도 불구하고 회피하지 아니한 결과는 행위자에게 귀속시킬 수 있고,[3] 회피가능한 결과는 지배가능하다는 의미에서 이를 회피가능성 또는 지배가능성의 이론이라고 한다.

40 (2) **위험실현(증대)의 이론** 인과의 진행에 대한 객관적 합목적성은

---

1 이러한 의미에서 행위에 대한 결과귀속을 법률상 명시한 예가 있다. '장기등 이식에 관한 법률' 제21조가 그것이다. 동조 1항은, "뇌사자가 … 장기 … 의 적출로 사망한 경우에는 뇌사의 원인이 된 질병 또는 행위로 인하여 사망한 것으로 본다"고 규정하고 있다. 대법원은 사망의 판단기준을 심장사로 보고 있어서 뇌사자도 심장의 박동이 있는 경우에는 사망자가 아니라고 보기 때문에, 심장이식을 위하여 뇌사자로부터 심장을 적출하는 (의사의) 행위는 살인행위가 된다. 그런데 이 법은 심장을 적출함으로써 장기기증자가 사망한 경우－사망과 인과관계 있는 행위는 의사의 심장적출 행위이지만－이 사망은 적출행위에 귀속되지 않고 뇌사의 원인이 된 질병이나 행위에 귀속된다고 선언하고 있다. 이 규정은 ('본다'는 식의) 의제의 형식을 취하고 있지만 그 의제의 근거는 결과(사망)가 적출행위의 탓이 아니라는 것, 즉 적출행위에 귀속되지 않는다는 '귀속판단'인 것이다.

2 Honig *a.a.O.* S. 185.

3 Jakobs ZStW 89, 3.

구성요건적 법익침해를 초래하는 법적으로 허용되지 않는 위험을 야기하였다는 점에 있다고 하여 Honig의 지배가능성이론을 위험원칙(Risikoprinzip)으로 환원하여 일반적 귀속기준을 얻고자 한 것이 Roxin과 Rudolphi, Schmidhäuser와 Stratenwerth 등에 의하여 주장된 위험실현(危險實現) 또는 위험증대이론(危險增大理論)이다. 위험실현의 이론은 행위의 객체에 대하여 법적으로 허용되지 않는 위험을 야기하거나 위험을 증가시킨 때에만 그 위험으로 인한 결과를 객관적으로 귀속할 수 있고, 법익에 대한 위험을 야기하지 않거나 허용되는 위험만을 야기한 때에는 결과귀속을 인정할 수 없다고 한다.[1] 즉 행위의 귀속가능성은 행위에 의하여 야기된 보호법익의 위험에 있으므로 행위의 특수한 위험성이 결과로 실현된 경우에 객관적 귀속이 인정된다는 것이다.[2] 여기서 위험실현의 이론은 "사람의 행위에 의하여 발생한 결과는 그 행위가 법률상 허용되지 않는 위험을 발생 또는 증가시키고 또 그 위험이 구성요건적 결과로 실현된 때에 객관적으로 귀속될 수 있다"는 귀속의 기준을 제시한다.[3]

(3) 비 판 결과회피의무는 인과의 진행을 조종할 수 있는 인간의 능력을 전제한다. 따라서 행위의 인과진행 조종가능성은 인적 행위불법의 핵심적 의미를 갖는다. 즉 회피의무는 회피가능성을, 회피가능성은 지배가능성을 전제하므로 회피가능성 또는 지배가능성은 당연히 귀속의 기준이 된다. 그런데 회피가능성의 원칙은 위험실현의 이론을 통해서 그 구체적인 내용이 채워질 수 있다. 또 위험의 창출과 실현이론은 침해된 규범의 보호목적의 범위 안에서 결과가 발생하였을 것을 요구한다. 객관적 구성요건은 행위자에 의하여 야기된 결과가 규범의 보호목적의 테두리 내에서 허용되지 않는 위험이 실현된 것임을 전제로 하기 때문이다.[4] 따라서 객관적 귀속을 인정하기 위하여는 ① 결과가 객관적으로 예견할 수 있고 지배할 수 있는 것이어야 하며, ② 행위자가 보호법익에 대한 허용되지 않는 위험을 창출하거나 증가시켰고, ③ 허용되지 않는 위험이 구성요건 41

1 Roxin "Gedanken zur Problematik der Zurechnung im Strafrecht", Honig-FS S. 144; Stratenwerth/Kuhlen 8/34.
2 Schmidhäuser S. 91; Rudolphi *a.a.O.* S. 81.
3 Gropp S. 145; Jescheck/Weigend S. 287; Kühl 4/45; Maurach/Zipf S. 248; Roxin 11/47; Rudolphi SK Vor §1 Rn. 57; Sch/Sch/Lenckner Vor §13 Rn. 92; Erb "Die Zurechnung von Erfolgen im Strafrecht", JuS 1994, 453.
4 Kühl 4/45; Roxin 11/69.

적 결과로 실현되었으며, ④ 결과가 침해된 규범의 보호범위 안에서 발생하였을 것을 요한다.

3. 객관적 귀속의 구체적 판단기준

객관적 귀속을 판단하기 위한 구체적 기준은 다음과 같다.

42 (1) **위험의 창출 또는 증가** 행위자는 행위의 객체에 대하여 허용되지 않는 위험을 창출하거나 증가시켜야 한다. 따라서 위험감소의 경우나 허용된 위험을 창출한 때에는 객관적 귀속이 부정된다.

43 1) **위험감소** 행위자가 그의 행위에 의하여 이미 시작된 인과의 진행에 구체적으로 영향을 주긴 했지만 그 결과발생을 약화시키거나 위험의 정도를 감소시킨 위험감소의 경우에는 객관적 귀속이 부정된다. 예컨대 피해자의 머리 위에 치명적인 타격이 가하여지는 순간 그를 밀쳐 어깨에 맞게 한 경우가 여기에 해당한다.

44 2) **허용되는 위험** 법률상 허용되지 않는 위험이 발생하지 않은 때에는 객관적 귀속이 부정된다. 예컨대 주인이 뇌우시에 벼락을 맞도록 하인을 숲속으로 보낸 경우 또는 재산상속을 받을 상속인이 피상속인을 살해하기 위하여 안전도가 낮은 전세기를 타도록 하여 비행기추락으로 사망케 한 경우에는 살인의 고의는 인정되어도 허용되지 않는 위험이 없기 때문에 그 결과는 객관적으로 귀속되지 아니한다.

45 3) **가설적 인과관계** 결과를 행위자가 야기하지 않았어도 다른 상황에 의하여 같은 시간에 같은 정도는 일어났을 것으로 인정되는 때에도 객관적 귀속은 인정된다. 가설적인 대체원인이 자연현상인 경우, 예컨대 행위자가 폭탄으로 비행기를 추락시켰는데 그때 비행기는 기관고장으로 추락하지 않을 수 없었던 때에도 같다.

46 (2) **허용되지 않는 위험의 실현** 결과귀속은 행위자에 의하여 창설되거나 증가된 허용되지 않는 위험이 결과에 실현되었을 것을 전제로 한다.

47 1) **위험이 실현되지 않은 경우** 행위자가 위험을 창설한 경우에도 결과가 그 위험의 실현으로 발생한 것이 아니라 우연에 의하여 발생한 때에는 행위자에게 귀속될 수 없다. 따라서 甲이 A를 살해하기 위하여 저격하였으나 A가 병원

으로 가던 도중 교통사고로 사망하였거나 병원에서 화재로 인하여 사망한 경우와 같이 법률상 허용되지 않은 위험이 아니라 다른 위험이 결과로 실현된 때에는 객관적 귀속이 부정된다.

행위와 결과 사이에 타인, 즉 제 3 자 또는 피해자의 행위가 개입하여 결과가 발생한 경우에 객관적 귀속을 인정할 것인가는 행위자에 의하여 창설된 허용되지 않는 위험이 결과에 실현되었는가라는 관점에서 검토되어야 한다.[1] 따라서 (i) 선행행위에 의하여 설정된 위험이 방해받지 않고 결과에 실현된 때에는 결과귀속이 인정된다. 피해자가 상처를 치료받지 않거나, 의사가 치료나 수술을 지연시켜 결과가 발생한 경우가 그것이다. (ii) 후행행위가 별개의 추가적 위험을 창출하여 결과가 발생한 경우에는 그 과실의 경중에 따라 귀속이 결정된다.[2] 즉 결과가 후행행위자의 고의 또는 중대한 과실에 의하여 발생한 때에는 선행행위자에게 귀속되지 않는다. 상처를 입은 피해자를 제 3 자가 살해하거나 의사의 수술상의 중대한 잘못으로 사망에 이르게 한 경우가 그것이다.

이에 반하여 ① 피고인이 운전하는 오토바이에 충격된 피해자가 뒤따르는 다른 차량에 역과하여 사망한 경우(대법원 1990. 5. 22. 90 도 580), ② 반대차선으로 넘어진 피해자가 다른 차에 치여 사망한 경우(대법원 1988. 11. 8. 88 도 928), ③ 피해자가 피고인의 상해행위를 피하려다가 차에 치여 사망한 경우(대법원 1996. 5. 10. 96 도 529), ④ 폭행 또는 강간을 피하려다가 피해자가 추락사한 경우(대법원 1990. 10. 16. 90 도 1786; 대법원 1995. 5. 12. 95 도 425)에는 결과가 선행행위자에게 귀속될 수 있다. 판례는 ① 내지 ③의 경우에 후행사고와 결과 사이에 인과관계를 인정하기 위하여는 후행 교통사고를 일으킨 사람이 주의의무를 게을리하지 않았다면 피해자가 사망에 이르지 않았을 것이라는 사실이 증명될 것을 요구하고 있다.[3]

48

2) **객관적 지배가능성** 위험의 실현으로 인한 결과의 발생은 객관적으로 지배가능한 것이어야 한다. 지배가능성은 결과에 대한 조종가능성과 예견가능성을 내용으로 한다. 따라서 살인자가 된 아이의 출산행위나 살인에 사용한 총기를 제조한 행위와 같이 결과발생과 시간적으로 멀리 떨어진 행위는 물론, 지나치게 비유형적인 인과의 진행도 객관적으로 귀속되지 않는다. 피해자의 특이체질로

1 Gropp S. 48; Joecks Stuk Vor § 13 Rn. 49; Rudolphi SK Vor § 1 Rn. 74; Wessels/Beulke Rn. 192.

2 정현미 "인과과정에 개입된 타인의 행위와 객관적 귀속"(형사판례의 연구 1), 187면.

3 대법원 2007. 10. 26. 2005 도 8822, "선행 교통사고와 후행 교통사고 중 어느 쪽이 원인이 되어 피해자가 사망에 이르게 되었는지 밝혀지지 않은 경우 후행 교통사고를 일으킨 사람의 과실과 피해자의 사망 사이에 인과관계가 인정되기 위해서는 후행 교통사고를 일으킨 사람이 주의의무를 게을리하지 않았다면 피해자가 사망에 이르지 않았을 것이라는 사실이 증명되어야 한다."

인하여 발생한 결과, 예컨대 정상인이라면 죽지 않았을 폭행에 피해자가 혈우병 또는 혈전증환자였기 때문에 사망한 때에는 그 결과는 행위에 귀속된다. 이 경우에도 법률상 허용되지 않는 위험이 창출되었고 그 위험이 결과로 실현되었기 때문이다. 그러나 이러한 진행이 경험칙상 도저히 예측할 수 없는 경우, 즉 예견할 수 없는 우연이나 예측할 수 없는 자연현상에 속할 때에는 객관적 귀속이 인정될 수 없다. 그러므로 경험칙상 상해나 사망의 결과를 발생시킬 수 없는 정도의 폭행으로 발생한 결과는 예견할 수 없는 결과이므로 지배가능성이 인정되지 않기 때문에 귀속이 인정되지 않는다.[1]

49 3) 과실범의 결과귀속 과실범에 있어서 주의의무위반으로 인하여 발생한 결과가 주의의무를 다한 경우에도 발생하였을 것으로 인정되는 때에는 객관적으로 귀속되지 않는다. 적법한 대체행위를 했어도 결과발생이 확실한 경우에 결과귀속이 부정된다는 것은 명백하다. 문제는 이 경우 결과회피의 개연성이 있거나 가능성만 있는 때에도 귀속이 가능한가이다. 이에 관하여 Roxin의 위험증대설(Risikoerhöhungstheorie)은 행위자가 허용된 위험을 초과하였고 이로 인하여 위험이 증가된 이상 금지된 위험을 창설하여 결과가 발생한 것이라는 이유로 결과귀속을 긍정한다.[2] 그러나 "주의의무를 다하였더라면 결과는 발생하지 않았을 것이다"라는 판단을 확실하게 할 수 없는 경우에 결과귀속을 인정하는 것은 in dubio pro reo의 원칙에 반할 뿐만 아니라 침해범을 구체적 위험범으로 변질시키는 것이라는 비판을 면할 수 없다.[3, 4]

결과적 가중범에 있어서는 중한 결과가 기본범죄에 의한 범행의 직접적 결

---

1 대법원 1982. 1. 12. 81 도 1811, "고혈압환자인 피해자가 피고인의 욕설과 폭행으로 충격을 받은 나머지 뇌실질내혈종의 상해를 입은 것이라 할지라도 일반경험칙상 위와 같이 욕설을 하고 피해자의 어깨쭉지를 잡고 조금 걸어가다가 놓아준 데 불과한 정도의 폭행으로 인하여 피해자가 위와 같은 상해를 입을 것이라고는 예견할 수 없다 할 것이고, 기록을 살펴보아도 피해자가 평소 위와 같이 고혈압증세로 뇌출혈을 일으키기 쉬운 체질이어서 위에서 본 바와 같은 취지의 욕설과 폭행으로 그와 같은 상해의 결과가 발생할 것임을 피고인이 이 사건 당시 실제로 예견하였거나 또는 예견할 수 있었다고 볼 만한 자료는 없으니 피고인에게 상해의 결과에 대한 책임을 물어 폭행치상죄로 처벌할 수는 없다 할 것이다."

동지: 대법원 1985. 4. 3. 85 도 303.

2 Roxin **11**/86.

3 Jakobs **7**/98; Sch/Sch/Cramer § 15 Rn. 171; Wessels/Beulke Rn. 199; Ulsenheimer "Erfolgsrelevante und erfolgsneutrale Pflichtverletzungen im Rahmen der Fahrlässigkeitsdelikte", JZ 1969, 364.

4 상세는 *infra* **14**/31d 참조.

과인 때에만 객관적 귀속이 인정될 수 있다.

⑶ **규범의 보호범위** 허용되지 않는 위험이 실현되어 결과가 발생한 때에도 구체적인 경우에 구성요건의 범위나 규범의 보호목적에 포함되지 않는 때에는 결과가 객관적으로 귀속될 수 없다. 따라서 첫째, 고의의 자손행위에 관여한 때에는 결과귀속이 부정된다. 예컨대 甲과 乙이 오토바이경주를 하다가 乙이 사고로 사망한 경우, 물에 빠진 甲을 구조하다가 乙이 사망한 경우 또는 甲이 교통사고로 乙에게 상처를 입혔지만 乙이 종교적 이유로 수혈을 거절하여 사망한 경우가 그것이다. 살인죄 또는 과실치사죄의 보호목적은 이 경우까지 포함한다고 할 수 없기 때문이다. 둘째, 구조행위로 인하여 구조자가 스스로 위험에 빠진 경우에도 같다. 예컨대 甲이 방화한 집에 乙이 가재도구를 꺼내려고 들어갔다가 불길에 휩싸여 사망한 경우에 그 결과는 甲에게 귀속되지 않는다. 50

양해(諒解) 있는 피해자에 대한 가해행위도 고의의 자손행위와 같이 평가될 수 있는 때에는 결과귀속이 부정될 수 있다고 해석하는 견해도 있다.[1] 예컨대 폭풍이 부는 날 사공인 甲이 위험을 설명하였으나 乙의 강요로 강을 건너다가 배가 뒤집혀 乙이 사망한 경우나, 술에 취하여 운전할 수 없는 甲에게 乙이 운전하라고 졸라서 甲의 운전 중 사고로 乙이 사망한 경우가 그것이다. 그러나 이 경우는 구성요건의 보호범위를 벗어난 것으로 볼 수 없기 때문에 결과귀속의 문제로 해결하는 것은 타당하지 않다.[2] 51

Ⅳ. 형법 제17조의 해석

형법 제17조는 인과관계에 관하여 "어떤 행위라도 죄의 요소되는 위험발생에 연결되지 아니한 때에는 그 결과로 인하여 벌하지 아니한다"고 규정하고 있다. 여기의 '죄의 요소되는 위험발생'의 의의에 대하여는 '구성요건적 사실의 중심이 되는 부분', '구성요건의 내용으로 되어 있는 결과발생의 위험' 또는 '구성요건에 대한 위험발생' 등으로 설명하고 있지만 거의 같은 뜻으로 보지 않을 수 없다. 다만 조건설은 행위와 결과 사이에 논리적 인과관계만 있으면 죄의 요소되는 위험발생에 연결이 된다고 보며,[3] 위험관계조건설은 구성요건의 내용으로 되 52

1 김일수/서보학 179면; 신양균 "객관적 귀속에 대한 구체적 검토"(고시계 1993. 3), 31면.
2 이에 관한 상세는 장영민, "피해자의 자기책임에 관한 형법해석학적 고찰," 이화여대 법학논집 제20권 제 1 호, 2015, 97~130면, 119면 이하, 122면 참조.
3 박동희 전게논문, 48면.

어 있는 결과발생의 위험이 있는 조건만이 죄의 요소되는 위험발생에 연결된다고 하고,[1] 상당인과관계설은 상당한 조건임을 요한다고 할 뿐이다.

형법 제17조에 있어서 인과관계의 확정은 합법칙적 조건설에 의하여 정하고 그 중요성은 객관적 귀속이론으로 수행하는 것이 타당하다.

그렇다면 형법 제17조의 "어떤 행위라도"란 "행위가 시간적으로 뒤따르는 외계(外界)의 변화와 연결되고 그 행위와 합법칙적으로 결합되어 구성요건적 결과로 실현되었다 하더라도"를 의미하며, "죄의 요소되는 위험발생에 연결되지 아니한 때에는 벌하지 아니한다"는 "그 행위가 법률상 허용될 수 없는 위험을 발생하였고 그 위험이 구성요건에 해당하는 결과로 실현되지 아니한 때에는 벌하지 아니한다"라고 이해하여야 할 것이다.

§ 12

제 5 절 구성요건적 고의

Ⅰ. 서 론

1. 주관적 구성요건요소

1 범죄구성요건 가운데 객관적 요소에 관하여는 앞서 살폈다. 주관적 구성요건요소란 행위자가 행위 시 가졌던 정신적·심리적 요소로서, 그 내용에 관하여는 형법학상 치열한 논쟁이 대상이 되었다. 즉 고의(故意)가 범죄의 주관적 요소인 것은 분명하지만 그 체계상의 지위가 구성요건요소인가 책임요소인가를 둘러싸고 논쟁이 야기되었다. 한편 고의 이외에 고의를 초과하는 주관적 요소가 존재하며 그 예로서는 목적범의 '목적'을 들 수 있다(문서위조죄에서의 '행사의 목적'(제231조), 출판물에 의한 명예훼손죄에서의 '비방의 목적'(제309조)). 고의의 지위를 둘러싼 논쟁에도 불구하고 '목적'이 (초과)주관적 구성요건 요소라는 데에는 이론이 없다.

형법이론상 객관주의를 취할 때 구성요건의 주관적 요소(고의)는 객관적 요소의 확인 이후에 다루는 것이 타당하다. 즉 확인된 객관적 요소를 포괄하는 주관적 요소가 존재하는가를 확인함으로써 발생한 사실의 고의·기수를 인정할 수 있기 때문이다.

---

1 정영석 110면.

2. 고의의 체계적 지위

(1) **책임요소설** 종래의 인과적 행위론(내지 인과적 행위론에 입각한 범죄론 체계)에 의하면 고의범의 구성요건은 '유의적(有意的)으로 야기된 결과'로 이루어져 있었다. 따라서 구성요건은 객관적 요소(행위 및 객관적 상황)에 국한됨으로써 주관적 구성요건이 존재할 여지는 없었다. 의사의 내용, 즉 고의는 오로지 책임판단의 대상이 될 뿐이었다. 즉 인과적 행위론에 의하면 고의는 모든 주관적 범죄요소와 함께 책임요소 또는 책임형식이 된다. 2

(2) **구성요건요소설** 목적적 행위론에 의하면 행위의 중추를 이루는 목적성은 고의이며, 고의에 기반한 행위를 통하여 객관적 구성요건은 실현되기 때문에 고의는 행위불법의 핵심을 형성한다. 따라서 고의는 단순한 책임조건이 아니라 주관적 구성요건요소가 된다.[1] 사회적 행위론에 의하여 행위를 '의사에 의하여 지배되는 법적 · 사회적 의미통일체'라고 이해하는 때에도 고의는 주관적 구성요건요소가 된다. 행위의사와 행위불법은 서로 분리될 수 없는 것이므로, 구성요건적 고의와의 연관을 떠나서는 고의행위의 불법내용이 확정될 수 없고 행위의 본래의 의미도 상실되지 않을 수 없기 때문이다.[2] 3

인과적 행위론자 중에도 미수범의 경우에는 고의에 의하여 어떤 구성요건에 해당하는가가 결정되므로 구성요건적 고의가 주관적 불법요소라는 사실을 인정하는 학자[3]가 있다. 그러나 행위가 미수에서 기수의 단계에 이르렀다고 하여 범죄론에서의 고의의 위치가 바뀐다는 것은 있을 수 없는 일이다. 따라서 고의는 모든 고의범에 있어서 주관적 구성요건요소가 된다고 보아야 한다.

(3) **고의의 이중기능** 고의가 주관적 구성요건요소가 되었다고 하여 그것이 책임에서 의의를 상실한 것이 아님을 주의하여야 한다. 독일의 다수설은 고의가 주관적 구성요건요소와 책임조건으로서의 이중의 기능(Doppelfunktion)을 가진다고 한다.[4] 4

형법에는 책임주의가 적용되어 형벌은 책임과 일치할 것을 요구한다. 그

1 Maurach/Zipf S. 291; Stratenwerth/Kuhlen 8/64; Welzel S. 64.
2 정성근/박광민 163면.
3 Baumann 7.Aufl. S. 291.
4 Jescheck/Weigend S. 243; Rudolphi SK §16 Rn. 3; Sch/Sch/Cramer §15 Rn. 11; Wessels/Beulke Rn. 142.

런데 형법이 고의범을 과실범보다 무겁게 벌하는 것은 고의와 과실의 행위불법이 다를 뿐 아니라 책임에도 차이가 있다는 것을 의미한다. 따라서 고의와 과실은 상이한 행위형태 내지 불법형태를 의미함과 동시에 두 개의 상이한 책임형식(Schuldformen)이라는 이중의 기능을 가지지 않을 수 없다. 따라서 고의는 불법구성요건에서는 객관적 행위상황에 대한 지적 · 의지적 실현으로서의 구성요건적 고의가 되며, 책임조건으로서는 고의에 의하여 법질서에 반하여 잘못된 결정을 하였다는 이중의 의미를 가진다. 다시 말하면 고의는 구성요건의 단계에서는 행위의사에 의하여 객관적 구성요건요소를 실현하였는가를 문제로 하지만, 책임조건으로서는 왜 그러한 실현의사에 이르게 되었으며, 그러한 행위자의 의사결정이 법적으로 비난받을 수 있는 심정에 기인한 것이 아닌가를 문제 삼는다.

Ⅱ. 고의의 본질

4a 고의는 '구성요건실현의 인식과 의사'(Wissen und Wollen der Tatbestandsverwirklichung)라고 정의할 수 있다(통설).[1] 고의는 지적 요소와 의지적 요소의 통합체로서, 지적 요소로서 불법을 형성하는 요소를 인식할 것을 요하고, 의지적 요소로서 구성요건적 불법을 행하는 의사결정이 있어야 한다. 따라서 고의는 '객관적 행위상황(=객관적 구성요건 요소)을 인식하고 구성요건을 실현하려는 의사'라고도 할 수 있다.

1. 의사설과 인식설

5 이러한 통설적 이해에도 불구하고 학설사적으로 고의의 본질에 관하여 의사설(Willenstheorie)과 인식설(Vorstellungstheorie, 표상설이라고도 한다)의 논쟁이 있었다.[2]

6 **의사설**은 고의에 관한 전통적인 견해로서, 원시적인 결과책임 사상을 극복하는 토대가 되었고, 귀책형식(책임형식)으로서의 고의와 과실을 구별하는 데 기여하였다. 그러나 의사(의지, 의욕)는 그 귀속의 정확한 외연을 합리적으로 파악하기가 어려워서,

1 김일수/서보학 182면; 박상기 106면; 신동운 174면; 오영근 201면; 유기천 157면; 이형국 연구, 111면; 임웅 148면; 정성근/박광민 162면; 정영석 177면; 진계호 171면; 황산덕 106면.

2 이에 관한 상세는 장영민 "미필적 고의에 관한 약간의 고찰"(형사판례연구 23), 61면 이하 참조.

이를 합리적으로 파악할 수 있는 인식(표상)으로 고의를 재해석하려는 노력이 행하여졌다.

Frank는 당시의 심리적 책임론에 입각하여 고의를 '인식'으로 환원하려고 시도하였다. 그는 고의에 대한 방대한 심리학 문헌분석을 통해서 고의의 중점이 '인식(표상)'에 있음을 주장하였다(**인식설**). 그 이유는 ① 의지는 신체의 거동을 지향할 뿐 결과를 지향하는 것이 아니며, 따라서 결과는 표상되거나 표상되지 않거나 할 수 있을 뿐이지 의욕되거나 의욕되지 않거나 할 수 있는 것이 아니다. ② '결과를 향한 의지'의 개념이 성립할 수 있다고 하더라도 의지는 고의의 개념을 정의하는 데 적절하지 않다. 의욕된 것은 목적한 결과이지만, 고의는 목적한 결과보다 넓은 개념이어서(예컨대 미필적 고의), '결과를 향한 의지'라는 개념의 외연은 '예견한 것'에까지 미친다. 그런데 예견은 실재하는 심적 요소이지만, '결과를 향한 의지'는 그에 대응하는 실재가 없는 매개물에 불과하다는 것이다. 이에 대하여 von Hippel은 다음과 같은 반론을 제기하였다. ① '결과를 향한 의지'를 부정한다는 것은 언어관용 및 일상생활 관념과 부합하지 않으며, 법학의 과업은 삶에 의해서 주어진 관념들을 해명하는 것이지 이를 파괴하는 것이 아니다. ② Frank가 인식설을 주장하였다고 거명한 학자들은 사실은 의사설을 지지하고 있다. Hippel 자신은 고의를 다음과 같이 제시하였다. ① 결과발생의 확률의 정도는 논외로 하고, 바람직한 것으로 추구한 행위의 결과는 의욕된 것이다. ② ①에 필연적으로 결부된 사태로 여겨지는 것도 의욕된 것이다. 그리고 ③ 행위자가 무(관)심하게 야기한 결과, ④ 단순히 결과발생의 가능성을 인식했고 행위자가 원하지는 않은 결과이지만, 행위자가 자신의 이익을 포기하는 것보다는 그러한 결과가 발생하는 것이 더 낫다고 생각한 경우도 의욕된 것으로서 고의의 범주에 속한다.

6a

이러한 논쟁에도 불구하고 이들은 고의를 정의함에 있어서는 인식과 의사를 나란히 고려하였다. 이들은 고의행위를 "인식이 '있었음에도 불구하고' 의사를 가지고 행위로 나아간" 것으로 이해하였다. 즉 인식(표상)에 의해서 자신의 행위가 금지되어 있음을 환기 받았음에도 '불구하고' 이러한 환기작용을 무력화하고 의사를 가지고 행위한 것이야말로 고의행위이며, 이것은 고의를 과실에 비하여 더 크게 비난하는 이유를 설명해 주기도 한다. 과실에는 이러한 환기작용이 없기 때문이다. 한편 이러한 사상을 극단화하여, 인식이 있고 이에 의한 환기가 있으면 고의가 성립된다는 극단적인 이론도 제시되었다.[1] 이론적으로 명쾌한 이 설은

1 Horst Schröder "Aufbau und Grenzen des Vorsatzbegriffs", Sauer-FS S. 213. 그는 인식 있는 과실은 존재하지 않는다고 한다. 인식이 있으면 고의가 되고 과실에는 인식 없는 과실만이 존재

그러나 미필적 고의와 인식 있는 과실을 구별하지 않고, 과실은 인식 없는 과실만을 인정한다는 점에서 크게 실용적이지는 않은 이론이다.

2. 사전고의와 사후고의

7 구성요건적 고의는 행위시, 즉 구성요건을 실행할 때에 있음을 요한다. 따라서 행위자가 행위 이전에 실현의사를 가지고는 있었으나 행위시에는 인식하지 못한 사전고의(事前故意, dolus antecedens)는 고의가 아니다. 甲이 사냥의 기회에 그의 처 A를 사고를 가장하여 사살하기로 결의하였으나 사냥을 떠나는 전날밤에 총을 닦다가 오발로 A를 사망케 한 때에는 甲에게 살인의 고의를 인정할 수 없다. 구성요건적 결과가 발생한 이후에 비로소 사실에 대한 인식을 갖게 된 사후고의(事後故意, dolus subsequens)도 형법에서는 아무런 의미를 갖지 못한다.

Ⅲ. 고의의 지적 요소

8 고의가 성립하기 위하여는 행위자가 객관적 구성요건요소인 사실을 인식하여야 한다. 그러나 객관적 구성요건은 기술적 요소와 규범적 요소로 이루어져 있으므로 고의의 지적 요소도 사실의 인식과 의미의 인식을 구별하여 생각하지 않을 수 없다.

1. 사실의 인식

9 (1) **구성요건적 사실의 인식** 고의는 객관적 구성요건요소에 대한 인식을 필요로 한다. 여기에는 모든 객관적 구성요건요소가 포함된다. 따라서 구성요건에 규정되어 있는 행위의 주체(공무원 · 의사), 행위의 객체(사람 · 재물 · 문서), 구성요건적 결과(살해 · 상해 · 생명의 위험) 및 행위의 태양(기망 · 협박)에 대한 인식이 있어야 한다. 기본적 구성요건에 속하는 사실뿐만 아니라 구성요건적 불법을 증대 또는 감소시키는 가중적 구성요건과 감경적 구성요건요소에 대한 인식도 필요하다. 따라서 존속살해죄(제250조 2항)가 성립하기 위하여는 존속에 대한 인식이 있

한다는 것이다.

어야 한다.[1] 다만 결과때문에 형이 무거워지는 결과적 가중범에 있어서는 무거운 결과에 대한 인식을 요하지 않는다.

10 고의는 구성요건적 사실의 인식을 내용으로 하므로 단순한 처벌조건 또는 소추조건에 대한 인식은 고의의 내용이 되지 않는다. 또 고의는 구성요건적 사실에 대한 인식이 있으면 족하고 그 행위의 위법성까지 인식할 것을 요하는 것은 아니다. 위법성은 구성요건의 내용이 아니라 오히려 구성요건을 내용으로 하는 것이기 때문이다. 따라서 위법성의 인식은 고의의 구성요소가 아니라 고의와는 분리된 독립한 책임요소이며, 위법성의 인식이 없을 때에는 고의가 조각되는 것이 아니라, 존재하는 고의에 대한 비난가능성이 문제될 뿐이다(책임설).

11 (2) **인과관계의 인식** 결과의 발생을 구성요건의 내용으로 하는 결과범에 있어서 행위와 결과 사이의 인과관계의 인식도 고의의 내용으로 보아 고의는 인과관계의 인식을 요한다고 볼 것인가? 구체적인 인과관계에 대한 완전한 인식을 신이 아닌 인간에게 기대할 수 없는 것이므로 고의의 내용으로 인과관계의 인식은 요하지 않는다는 견해[2]도 있으나, 다른 객관적 구성요건요소와 마찬가지로 인과관계의 인식도 고의의 요소가 된다고 해야 한다.[3] 인과관계도 객관적 구성요건요소의 하나인 이상 이에 대한 인식은 당연히 고의의 내용이 되어야 하기 때문이다. 다만 이러한 인과관계는 구체적으로 인식할 수 없는 것이므로 대체적으로 (in Grundzüge) 그 본질적인 점을 인식하면 족하다.

2. 의미의 인식

12 고의는 일반적으로 구성요건상 기술된 사실적 요소를 인식할 것을 요한다. 그런데 사실적 요소에 대한 인식이 있어도 그 의미를 인식하였다고 볼 수는 없는 경우가 있을 수 있다(타인의 외투를 자기의 것으로 착각하고 가져온 경우). 이 경우 순수한 사실의 인식만으로는 그 행위의 사회적 의미와 불법적 성격을 이해하였다고 할 수 없다. 따라서 규범적 구성요건요소에 있어서 고의는 사실을 인식하는 것으로 족하지 아니하고 규범적

1 대법원 1977. 1. 11. 76 도 3871, "타인들에게 식도를 휘두르며 무차별 횡포를 부리던 중에 존속까지 식도로 찌르게 된 결과 그를 사망에 이르게 한 경우에는 존속살해의 범의가 있음을 인정하기 어려움에도 불구하고 피고인에 대한 존속살해사실을 인정하였음은 잘못이다."

2 유기천 162면; 이정원 119면.

3 배종대 246면; 신동운 177면; 오영근 203면; 이형국 135면; 임웅 149면; 정성근/박광민 167면; 정영석 165면.

구성요건요소에 포섭되는 사실의 의미 내용을 인식할 것을 요한다. 예컨대 유가증권위조죄(제214조)에 있어서의 유가증권의 의미나 절도죄(제329조)에 있어서의 재물의 타인성(他人性)의 의미가 여기에 해당한다. 고의의 내용으로서의 의미의 인식은 규범적 구성요건요소에서만 필요한 것이 아니라 기술적 구성요건요소에서도 요구된다.[1] 이러한 의미에서 고의의 지적 요소는 행위상황 및 그 의미의 인식이라고 할 수 있다. 이때의 의미의 인식은 정확한 법적 평가를 요구하는 것이 아니라 문외한에 의하여 판단된 법적·사회적 의미내용, 즉 문외한으로서의 소박한 가치평가(Parallelbewertung in der Laiensphäre)면 충분하다. 의미에 대한 정확한 법적 평가까지 요구한다면 오로지 법률가만이 고의를 가질 수 있게 되기 때문이다.[2] 따라서 인식한 사실에 대한 법적 평가의 착오, 즉 그 사실이 구성요건에 해당하지 않는다고 오인한 것은 고의를 조각하지 않는 포섭의 착오(Subsumtionsirrtum)로서 형법 제16조에 의하여 해결될 뿐이다.

Ⅳ. 고의의 종류

13 고의는 지적 요소와 구성요건 실현에 대한 행위자의 의사관련에 따라 확정적 고의와 불확정적 고의로 구별된다.

고의의 종류를 지적 요소와 의지적 요소의 결합에 따라 의도적 고의(意圖的 故意, Absicht)와 지정고의(知情故意, Wissentlichkeit) 및 미필적 고의로 분류하는 견해[3]도 있다. 의도적 고의에 있어서는 의사가 중시되고 인식의 정도는 문제되지 않음에 반하여, 지정고의는 결과발생이 확실하다고 인식한 경우이고, 미필적 고의는 지적·의지적 요소가 가장 약화된 형태의 고의라고 한다. 오스트리아 형법이 명문으로 규정하고 있는 태도이며, 독일의 다수설이 고의의 종류를 목적(Absicht), 직접적 고의(direkter Vorsatz) 및 간접적 고의(bedingter Vorsatz)로 나누는 것과 일치한다.[4] 목적을 고의의 내용에 포함시킨 이외에는 확정적 고의와 불확정적 고의로 구별하는 통설과 차이가 없다고 생각된다.

---

1 Ebert S. 57; Rudolphi SK § 16 Rn. 23; Sch/Sch/Cramer § 15 Rn. 45; Wessels/Beulke Rn. 242.

2 예컨대 재물의 타인성에 관하여 그 재물이 자기 아닌 다른 사람의 소유라는 것을 인식하면 족하며, 그 재물이 어떤 근거로 타인에게 소유권이 있느냐까지 알 필요는 없다.

3 김일수/서보학 189면; 박상기 110면; 배종대 248면.

4 Ebert S. 59; Gropp S. 152; Haft S. 151; Jescheck/Weigend S. 297; Lackner/Kühl § 15 Rn. 20ff; Rudolphi SK § 16 Rn. 36ff; Sch/Sch/Cramer § 15 Rn. 64ff; Schroeder LK § 16 Rn. 76ff.

1. 확정적 고의

14 확정적 고의(確定的 故意, dolus determinatus)란 구성요건적 결과의 실현을 행위자가 인식하였거나 확실히 예견한 때를 말하며, 직접적 고의(dolus directus)라고도 한다. 예컨대 사람이 현존하는 건조물에 불을 놓아 그 안에 있던 사람이 소사(燒死)할 것을 확실히 예견한 때에는 살인의 확정적 고의가 인정된다. 행위자가 그 결과를 희망하였는가는 문제가 되지 않는다. 행위의 필수적 결과를 예견한 이상 행위결단에는 이러한 결과의 실현을 위한 의지가 포함되기 때문이다.

2. 불확정적 고의

15 불확정적 고의(不確定的 故意, dolus indeterminatus)란 구성요건적 결과에 대한 인식 또는 예견이 불명확한 경우를 말하며, 여기에는 미필적 고의·택일적 고의 및 개괄적 고의가 포함된다.

(1) 미필적 고의

16 **1) 미필적 고의의 의의** 불확정적 고의 가운데 행위자가 결과발생에 대하여 불확실한 태도를 취하고 있지만 고의로 분류되는 경우를 미필적 고의(未必的 故意, Eventualvorsatz, dolus eventualis)라고 한다. 행위자가 구성요건적 결과의 발생을 인식하였지만 그 결과를 의욕하지는 않고 행위한 경우이다.

미필적 고의는 조건부 고의(bedingter Vorsatz)라고도 한다. 그러나 구성요건적 고의는 언제나 무조건이어야 하며 내적 결심이 이루어지지 않았다는 의미에서의 조건부 고의는 고의라고 할 수 없으므로 조건부 고의라는 용어는 적절하다고 할 수 없다.

미필적 고의에 예로서는 甲이 A를 살해할 의사는 없었으나 A의 반항을 억압하여 재물을 강취하기 위하여 A의 목을 조르면서 이로 인하여 A가 사망할 수도 있다고 생각하였지만 계속 목을 졸라 A를 살해한 경우(BGHSt. 7, 363), 싸우던 중 피해자의 칼을 빼앗아 그 칼로 피해자의 가슴을 찔러 살해한 경우(대법원 1968. 11. 12. 68 도 912) 또는 하인이 주인으로부터 꾸중을 듣고 화가 나서 볏짚을 쌓아 둔 데서 담배를 피우면서 그 곳에서 담배를 피우는 것이 위험하다는 것은 알았지만 불이 나도 좋다고 생각하고 담배를 피우다가 화재를 낸 경우를 들 수 있다. 이때 살인죄 또는 방화죄의 고의가 인정된다.

17 **2) 미필적 고의와 인식 있는 과실의 구별** 미필적 고의에 있어서는 이를 인식 있는 과실과 어떻게 구별할 것인가가 특히 문제된다. 미필적 고의에 관하여

도 고의의 지적 요소로서 구성요건적 결과발생의 가능성, 즉 구성요건 실현의 구체적 위험성을 인식하여야 한다는 점에 대하여는 이론이 없다. 따라서 행위자가 행위시에 그 결과가 발생할 수 없다고 믿은 때에는 미필적 고의도 있을 수 없다. 그런데 이러한 지적 요소의 면에서는 미필적 고의와 인식 있는 과실 사이에는 아무런 차이가 없다. 그러므로 미필적 고의를 인정하기 위하여 이러한 지적 요소 이외에 다른 요소가 필요하다고 하지 않을 수 없으며, 그것이 어떤 요소인가에 대하여 견해가 대립되고 있다.

18 ㈎ **개연성설** 개연성설(蓋然性說, Wahrscheinlichkeitstheorie)은 행위자가 결과발생의 개연성(높은 확률)을 인식한 때에는 미필적 고의이며, 단순한 가능성을 인식한 때에는 인식 있는 과실이라고 한다. 고의의 본질에 대한 인식설에 입각한 이론이다. 그러나 개연성설은 ① 개연성과 가능성을 구별할 수 있는 명백한 기준이 없으므로 이에 의하여는 미필적 고의와 인식 있는 과실을 구별할 수 없다. ② 고의의 지적 요소로는 결과발생의 가능성을 인식하면 족하다고 할 것임에도 불구하고 미필적 고의에 대하여만 개연성을 인식해야 한다는 것은 타당하다고 할 수 없다. ③ 행위자는 결과발생의 가능성이 희박하더라도 그 결과를 의욕하는 때가 있는가 하면 반대로 결과발생의 가능성이 큰 경우에도 이를 방지하기 위하여 행위할 수가 있는데, 개연성설에 의하면 전자는 인식 있는 과실이고 후자는 미필적 고의라고 하지 않을 수 없어 실제상 납득할 수 없는 결론을 가져온다는 비판을 면할 수 없다. 예컨대 개연성설은 회생의 가능성이 희박한 중환자에게 일말의 성공을 기원하면서 수술을 집도한 의사나 사랑하는 아이의 머리 위에 사과를 올려 놓고 화살을 쏘는 Wilhelm Tell에 대하여 살인의 미필적 고의를 인정하는 결과가 된다. 따라서 미필적 고의와 인식 있는 과실은 개연성의 정도가 아닌 의사관련에 의하여 구별해야 한다.

19 ㈏ **가능성설** 가능성설(可能性說, Möglichkeitstheorie)은 Schröder와 Schmidhäuser에 의하여 대표되는 이론으로, 구성요건적 결과발생의 가능성을 인식한 때에는 미필적 고의를 인정할 수 있다고 한다.[1] 고의의 본질에 관한 인식설에 근거를 두고 미필적 고의를 설명하려는 견해이다. Schröder는 고의는 금지된 성질을 인식하면서 행위를 의욕하는 것이며, 행위자가 법익침해의 가능성을 인식하였을 때에는 금지에 대한 인식도 있었다고 할 것이므로 가능성의 인식이 있으면 고의가 인정되고 미필적 고의는 위험의 고의(Gefährdungsvorsatz)에 불과

1 Schmidhäuser S. 435; Schröder "Aufbau und Grenzen des Vorsatzbegriffs", Sauer-FS S. 245.

하다고 하였다. 이에 의하면 미필적 고의와 인식 있는 과실은 결과발생의 가능성을 인식했는가에 따라 구별되지 않을 수 없다. 미필적 고의에 있어서 의지적 요소는 공허한 내용에 지나지 않는다는 것을 이유로 한다.

가능성설은 지적 요소에 관하여는 타당한 고의개념을 제시한다고 할 수 있다.[1] 그러나 이 설도 규범적 측면에서 미필적 고의와 인식 있는 과실의 만족할 만한 구별기준을 제공하였다고는 할 수 없다. 즉 가능성설은 고의의 의지적 요소를 무시하는 데에서 출발하였을 뿐만 아니라, 이에 의하면 인식 있는 과실을 모두 미필적 고의에 포함시키게 되어 인식 있는 과실의 개념을 부정하지 않을 수 없게 된다.[2] 그 결과 위험한 곳에서 추월한 운전사나 위험한 강에서 학생을 수영하게 한 교사에게도 모두 고의를 인정하지 않을 수 없게 된다. 우리나라에서 가능성설을 취하고 있는 학자는 없다.

(다) **용 인 설** 용인설(容認說, Einwilligungstheorie, Billigungstheorie)은 행위자가 구성요건적 결과발생을 가능하다고 생각하고, 이를 승인(zustimmend in Kauf nehmen) 또는 내적으로 용인(innerlich billigt)하거나 양해(einverstanden)한 때에 미필적 고의를 인정하며,[3] 법익침해를 내적으로 거부하거나 결과의 불발생을 희망한 때에는 인식 있는 과실이라고 하는 견해이다. 고의의 의지적 요소에 중점을 두어 결과를 용인한 때에는 결과를 의욕하였다고 볼 수 있으므로 미필적 고의를 인정할 수 있다고 설명한다. 여기서 용인이란 결과를 목표로 의욕한 것은 아니지만 행위의 부수적 결과로 동의한 것, 즉 함께 의욕하고 시인한 것을 의미한다고 할 수 있다.[4] 따라서 용인에는 결과가 발생해도 좋다는 내용의 결과에 대한 행위자의 태도가 포함되게 된다. 우리나라의 통설[5]이 취하고 있던 견해이며, 대법원도 "미필적 고의라 함은 결과의 발생이 불확실한 경우, 즉 행위자에 있어서 결과발생에 대한 확실한 예견은 없으나 그 가능성은 인정하는 것으로, 이러한 미필적 고의가 있었다고 하려면 결과발생의 가능성에 대한 인식이 있음은 물론 나아가 결과발생을 용인하는 내심의 의사가 있음을 요한다"고 판시하여 용인설의 20

1 대법원도 고의의 '인식의 면'에서는 가능성설을 취하고 있다.
2 Sch/Sch/Cramer § 15 Rn. 75; Wessels/Beulke Rn. 217; Roxin "Zur Abgrenzung von bedingtem Vorsatz und bewußter Fahrlässigkeit", *Grundlagenprobleme*, S. 216.
3 Baumann/Weber/Mitsch S. 488; Maurach/Zipf S. 302; Tröndle/Fischer § 15 Rn. 10.
4 Philipps "Dolus eventualis als Problem der Entscheidung unter Risiko", ZStW 85, 28.
5 배종대 256면; 신동운 191면; 이건호 174면; 이형국 138면; 임웅 148면; 정성근/박광민 175면; 정영석 169면; 진계호 189면.

입장을 명백히 하고 있다.[1]

대법원은 그 후 "살인죄의 범의는 자기의 행위로 인하여 피해자가 사망할 수도 있다는 사실을 인식·예견하는 것으로 족하지 피해자의 사망을 희망하거나 목적으로 할 필요는 없고, 또 확정적인 고의가 아닌 미필적 고의로도 족하다"고 하거나(대법원 1994. 3. 22. 93 도 3612; 대법원 1994. 12. 22. 94 도 2511), "살인죄의 범의는 반드시 살해의 목적이나 계획적인 살해의 의도가 있어야 인정되는 것이 아니고 자기의 행위로 인하여 타인의 사망의 결과를 발생시킬 만한 가능성 또는 위험이 있음을 인식하거나 예견하면 족한 것이고, 그 인식 또는 예견은 확정적인 것은 물론 불확정적인 것이라도 미필적 고의로 인정된다"고 판시하여(대법원 1998. 6. 9. 98 도 980; 대법원 2000. 8. 18. 2000 도 2231; 대법원 2001. 9. 28. 2001 도 3997; 대법원 2006. 4. 14. 2006 도 734), 마치 가능성설의 입장을 취한 듯한 태도를 보이고 있다. 이를 근거로 대법원의 기본태도는 가능성설의 입장이라고 해석하는 견해도 있다.[2] 그러나 이들 판결은 고의는 반드시 확정적 고의임을 요하지 않고 미필적 고의로 족하다는 의미에 불과하며, 미필적 고의의 본질에 관하여 판례가 가능성설의 입장을 취한 것이라고 볼 수는 없다고 생각된다. 다만 대법원은 미필적 고의의 '인식'의 측면에 관하여는 이와 같이 가능성설을 취하고 있다.

그러나 용인설에 대하여도 ① 정규적인 고의의 의지적 요소는 결과에 대한 실현의사이며 용인이라는 심리적 요소와는 구별되어야 한다.[3] 따라서 용인설이 의사설과 태도를 같이 한다고 할 수는 없다. 예컨대 甲이 A의 사망을 용인하였다는 것은 甲이 A를 살해하려고 하였다는 것과 같은 의미라고 할 수는 없다.[4] ② 행위자가 결과가 발생하여도 좋다고 생각했는가를 증명할 수는 없고, ③ 고의의 내용에 용인이라는 의사 이외의 요소를 포함시키는 것은 고의를 구성요건요소로 파악하는 태도와 일치할 수 없으며 고의를 (종래와 같이) 책임요소로 파악한 결과라는 비난을 면할 수 없다.

21 (라) **무관심설** 무관심설(無關心說, Gleichgültigkeitstheorie)은 행위자가 가능한 부수결과를 적극적으로 좋아하거나 무시하거나[5] 무관심하게 받아들인 때에는 미

---

1 대법원 1985. 6. 25. 85 도 660; 대법원 1987. 2. 10. 86 도 2338; 대법원 2004. 5. 14. 2004 도 74. 대법원은 세월호 사건의 선장에 대하여 승객에 대한 살인의 미필적 고의를 인정하면서 같은 취지로 판시하고 있다. 대법원 2015. 11. 12. 2015 도 6809 전원합의체판결.

2 박상기 116면.

3 Eser S. 52; Otto S. 74; Welzel S. 69; Kindhäuser "Vorsatz als Zurechnungskriterium", ZStW 96, 23; Philipps ZStW 85, 28.

4 Schroeder LK Rn. 86; Kindhäuser ZStW 96, 23; Weigend "Zwischen Vorsatz und Fahrlässigkeit", ZStW 93, 663.

5 Engisch *Untersuchungen über Vorsatz und Fahrlässigkeit im Strafrecht*, 1930(1995년판),

필적 고의이며, 부수결과를 원하지 않거나 발생하지 않기를 희망한 때에는 과실이 된다고 한다.[1] 법익침해에 대한 무관심한 태도, 즉 결과발생에 대한 무관심한 심정반가치(心情反價値)가 있어야 미필적 고의를 인정할 수 있다고 해석하는 입장이다.

그러나 ① 무관심도 결과에 대한 정서적 요소라는 점에서는 용인과 같은 성질을 가진다고 할 수 있으며,[2] ② 결과에 대한 무관심이 없다고 해도 고의를 인정할 수 있다는 점에서 타당하다고 할 수 없다.

(마) **회 피 설** 고의는 구성요건의 실현의사를 의미하므로 법익침해를 회피할 의사(Vermeidungswille)를 실현한 때에만 고의를 인정하지 않을 수 있고, 인식 있는 과실을 인정할 근거가 되는 회피의사는 행위시에 행위자가 가능한 부수결과가 발생하지 않도록 조종한 때에만 인정된다는 견해[3]이다. Armin Kaufmann에 의하여 주장된 이론이다. 즉 Kaufmann은 고의의 의지적 요소를 강조하여 행위자가 의욕하지 않은 결과를 가능하다고 생각하였음에도 불구하고 결과방지를 위한 조종적 의사가 반대행위에 의하여 표현되지 않은 때에는 미필적 고의를 인정할 수 있다고 하였다. 22

그러나 결과회피행위는 행위자의 의사에 대한 징표는 될 수 있어도 그 한계기준이 될 수는 없다고 해야 한다.[4] 결과를 회피하려고 한 경우에도 법익침해를 결의한 때에는 고의에 의한 행위라고 해야 하기 때문이다.

(바) **위험설 및 위험차단설** 위험설(危險說, Risikotheorie)은 고의의 대상은 구성요건에 해당하는 행위가 아니라 허용되지 않는 위험한 행위이므로 허용되지 않는 위험의 인식 또는 법익침해에 대한 결단(Entscheidung)이 있을 때에는 미필적 고의가 있다고 해석하고,[5] 위험차단설(危險遮斷說)은 차단되지 않는 위험(unabgeschirmte Gefahr)을 창출한 경우, 즉 행위자의 행위 후에 행운과 우연에 의하여만 결과가 발생하지 않을 수 있는 때에 미필적 고의를 인정한다.[6] 그러나 위험설 23

S. 188.

1 Sch/Sch/Cramer §15 Rn. 82; Schroeder LK §16 Rn. 93.

2 용인설과 무관심설에 대한 비판에서 언급되는 '정서적 요소'란 통상적인 인간의 '정서적' 정신활동을 지칭하는 것이 아니라, 인식(知)과 의사(意)에 해당되지 않는 '용인'이나 '무시'를, 정신활동의 지·정·의 3분법에 의거하여 정(情)에 분류한 데 지나지 않는다. 엄밀하게는 용인설과 무관심설은 인식설도 의사설도 아닌 제 3 의 설이며, 독일의 경우에는 용인설과 무관심설을 '감정설'로 분류하고 있지만(Engisch *a.a.O.* S. 126; Armin Kaufmann "Der dolus eventualis im Deliktsaufbau," *Strafrechtsdogmatik zwischen Sein und Wert*, 1982, S. 59; E. A. Wolff "Die Grenze des dolus eventualis und der willentlichen Verletzung," Gallas-FS, 1973, S. 222), 그 의미상 '태도설'(Einstellungstheorie)이라고 하는 것이 적절할 것이다.

3 Armin Kaufmann "Der dolus eventualis im Deliktsaufbau", *a.a.O.* S. 67, 71.

4 Philipps ZStW 85, 34; Weigend ZStW 93, 667.

5 Roxin 12/72, *Grundlagenprobleme*, S. 232; Zielinski AK §15, 16 Rn. 18; Frisch *Vorsatz und Risiko*, S. 111; Philipps ZStW 85, 38.

6 Herzberg "Die Abgrenzung von Vorsatz und bewußter Fahrlässigkeit", JuS 1986, 255, ders, "Das Wollen beim Vorsatzdelikt und dessen Unterscheidung vom bewußt fahrlässigen

은 구성요건요소의 인식을 위험의 인식으로 바꾸었을 뿐 가능성설과 내용에 있어서 아무런 차이가 없고, 위험차단설은 객관적 요소에 의하여만 고의를 판단함으로써 행위자의 주관적인 의사를 무시하였다는 비판을 면할 수 없다.

24 (사) **묵인설**(감수설) 묵인설(黙認說, Hinnahmetheorie) 또는 감수설(甘受說, Abfindungstheorie)이란 결과발생의 가능성을 인식하면서 구성요건 실현의 위험을 묵인한 때에는 미필적 고의를 인정할 수 있고, 결과가 발생하지 않는다고 신뢰한 경우에는 인식 있는 과실이 된다고 하여 묵인의사를 미필적 고의의 본질적 요소로 파악하는 견해를 말한다. 묵인의사란 행위목표를 달성하기 위하여 구성요건의 실현을 묵인하고 행위시의 불명확상태를 견디기로 결의하였음을 의미한다. 결과발생의 가능성을 인식하고 행위하였다는 행위자의 결단에 미필적 고의의 의지적 요소를 인정하는 견해[1]라고 할 수 있다. 독일의 통설[2]이 취하고 있는 태도이며, 스위스의 판례도 "결과발생이 확실하지 않은 경우에 그 실현이 가능하다고 진지하게 고려하고 묵인한 때에 미필적 고의가 인정된다"고 판시하여 이 견해를 취하고 있다.[3] 오스트리아 형법 제 5 조 1항은 미필적 고의에 대한 묵인설의 입장을 명문으로 규정하고 있다.

25 3) 결 어 고의란 구성요건실현의 인식과 의사를 의미한다. 미필적 고의도 이러한 고의의 본질과 관련하여 개념규정하여야 한다. 결과의 인식은 결과발생을 확실히 인식할 것을 요하는 것이 아니라 그 가능성을 인식하는 것으로 족하다. 이러한 의미에서 개연성설은 타당하다고 할 수 없다. 결과발생의 가능성을 인식하였다는 점에서는 미필적 고의와 인식 있는 과실 사이에는 차이가 없다. 따라서 양자는 의사라는 의지적 요소에 의하여 구별하지 않으면 안 된다. 고의를 책임요소로 파악하는 경우에는 고의의 내용에 위법성의 인식은 물론 정서적·감정적 요소가 포함될 수 있다. 용인설은 이러한 범죄체계와 조화할 수 있는 이론

Verhalten", JZ 1988, 639.

1 Gallas *Niederschriften*, Bd.12 S. 121; Jescheck/Weigend S. 300; Philipps ZStW 85, 38; Wolff "Die Grenzen des dolus eventualis und der willentlichen Verletzung", Gallas-FS S. 205.

2 Bockelmann/Volk S. 84; Ebert S. 62; Jescheck/Weigend S. 299; Kühl 5/85; Rudolphi SK §16 Rn. 43; Wessels/Beulke Rn. 223; Gallas *Beiträge*, S. 55.
감수설은 현재 우리나라의 유력한 견해이다. 김성천/김형준 151면; 김일수/서보학 197면; 박상기 118면; 손해목 321면; 안동준 80면; 조준현 172면이 감수설의 입장을 취하고 있다.

3 Urteil des Schweizerischen Kassationshofes vom 17. Juni 1955.

이다. 그러나 고의범에서 고의는 주관적 불법요소이다. 주관적 불법요소인 고의에 있어서는 결과의 실현의사만 문제될 따름이다. 행위자가 결과발생을 용인하였는가는 책임요소로서의 의미를 갖는 데 불과하다. 따라서 미필적 고의의 의지적 요소는 행위자가 행위를 결의하였다는 의사에서 찾아야 한다. 이러한 의사는 미필적 고의의 경우에 가장 약한 형태로 요구된다. 그것은 행위를 결의함으로써 결과발생을 묵인 또는 감수하였다는 것으로 족하다고 할 수 있다. 결과발생의 가능성을 인식하면서도 행위로 나아간 때에는 행위의 맥락에 대한 행위자의 이성적 판단의 결과로 보아야 하고 따라서 의사에 의한 침해라고 보아야 하기 때문이다.[1] 다만 결과에 대한 묵인은 결과발생의 위험을 진지하게 고려할 것을 전제로 한다.[2] 위험에 대한 고려를 요구하는 점에서 묵인설은 가능성설과 구별된다.

26 따라서 미필적 고의는 행위자가 ① 법익침해의 위험성, 즉 구성요건적 결과발생의 가능성을 인식하고 이를 진지하게 고려하였을 뿐만 아니라, ② 구성요건 실현의 위험을 묵인한 경우에 인정된다. 즉 지적 요소로 결과발생의 가능성에 대한 진지한 고려가 필요하고, 의지적 요소로 그 위험을 묵인한 경우에 미필적 고의를 인정할 수 있다. 이에 반하여 행위자가 구성요건적 결과발생을 회피할 수 있다고 신뢰한 경우가 인식 있는 과실이다.

27 (2) **택일적 고의** 결과발생은 확정적이나 객체가 택일적이어서 둘 가운데 하나의 결과만 일어날 수 있는 경우의 고의를 택일적 고의(擇一的 故意, dolus alternativus, alternativer Vorsatz)라고 한다.

예컨대 A와 B가 나란히 서서 가는데 A·B 두 사람 가운데 누가 맞아도 좋다고 생각하고 권총을 쏘는 경우, 또는 A를 살해하거나 중상을 가하기 위하여 권총을 쏜 경우가 여기에 해당한다. 즉 고의는 두 가지 가능성에 미치지만 하나의 결과만 실현된 경우이다.

택일적 고의를 어떻게 처리할 것인가에 대하여도 견해가 일치하지 않는다. 두 개의 구성요건에 대하여 모두 처벌해야 하며 따라서 결과가 발생한 범죄의 기수와 결과가 발생하지 않은 범죄의 미수의 관념적 경합이 성립한다는 견해[3]도 있

1 Wolff Gallas-FS S. 225.
2 장영민 전게논문(형사판례연구 23), 74면.
3 김일수/서보학 202면; 박상기 119면; 배종대 259면; 이형국 139면; 정성근/박광민 171면.

지만, 객관주의에 따를 때 객관적으로 실현된 범죄에 의하여 처벌하는 것이 타당하다(발생한 결과만의 고의 h 기수). 다만 결과가 발생하지 않은 범죄가 중한 범죄일 때에는 두 죄의 관념적 경합을 인정할 필요가 있다.[1] 두 개의 범죄가 모두 미수에 그쳤을 때에는 중한 죄의 미수로 처벌하면 족하다.

28 (3) **개괄적 고의** 결과 자체가 일어나는 것은 확정적이나 그 객체가 불확정한 경우, 즉 객체가 너무 많아서 무엇에 그 결과가 일어날 것인가가 확정되지 않은 경우를 개괄적 고의(槪括的 故意, dolus generalis)라고 한다. 예컨대 많은 사람이 모여 있는 곳에 폭탄을 던지는 경우가 여기에 해당한다. 개괄적 고의와 택일적 고의는 결과발생이 다자택일이냐 양자택일이냐에 차이가 있을 뿐이고 그 본질이 다른 것은 아니다. 그런데 '개괄적 고의'는 하나의 행위를 구성하는 수개의 부분적 행위를 지배하는 고의의 의미로 사용되는 경우도 있다. 예컨대 甲이 A를 살해하기 위하여 목을 졸라 A가 가사상태에 빠지자 甲은 A가 사망한 것으로 오인하고 죄적을 감추기 위하여 A를 물에 빠뜨렸는데 사실은 A가 익사한 경우를 개괄적 고의의 문제로 다루기도 한다. 그러나 이 경우는 인과관계의 착오에 관한 문제로 보아야 한다(*infra* 13/24 이하 참조).

§13 제 6 절 사실의 착오

Ⅰ. 착 오 론

1. 형법상 착오의 의의

1 행위자의 주관적 인식과 발생한 객관적 사실이 일치하지 않는 경우를 착오(錯誤)라고 한다. 착오는 다양한 층위에서, 다양한 양상으로 발생할 수 있다.[2] 그 가운데 형법상 중요한 착오는 다음과 같은 경우이다: ① 범죄가 되는 사실을 착오로 인식하지 못하고 행위한 경우, ② 사실은 인식하였으나 그 행위가 합법적인

1 Maurach/Zipf S. 299; Wessels/Beulke Rn. 233~237.

2 살인의 고의로 상대방의 심장을 향하여 칼을 휘둘렀으나 복부에 명중하여 출혈과다로 사망한 경우와 같이 인식과 발생사실 간에 다소간의 불일치가 있다고 하여 이를 착오로 분류하지는 않는다. 여기서 사실의 착오의 중요성이 문제되는데 이에 관하여는 *infra* 13/8 참조.

행위라고 오인한 경우, ③ 범죄가 되는 행위를 행하였으나 착오가 있어서 인식했던 것과는 다른 방향으로 범죄가 발생한 경우.

①의 예로서는 타인의 재물을 자기의 것으로 오인하여 가지고 온 경우를 들 수 있고, ②의 예로서는 채권추심을 위해서는 타인의 주거에 마음대로 들어갈 수 있다고 생각하고 들어간 경우를 들 수 있다. ①은 고의의 인식대상인 구성요건요소에 대한 인식이 없는 경우로서 **구성요건적 착오**가 된다. ②는 자신의 행위의 위법성을 잘못 판단한 경우로서 **위법성의 착오**가 된다. 한편 ③은 범죄가 되는 행위 간의 착오로서, A를 살해하려고 하였는데 착오로 총알이 빗나가 B에게 중상을 입힌 경우라든가, C를 D로 오인하여 살해한 경우가 그것이다. 이 경우는 ①과 같은 전형적인 구성요건적 착오는 아니나 구성요건 간에 착오가 있는 경우로서 형법 해석학상 난제 중의 하나인바 오히려 이 경우가 **구성요건적 착오**의 전형으로 다루어진다.

2. 착오의 효과 개관

이러한 착오를 형법적으로 어떻게 평가할 것인가? 착오를 각 범죄성립요건 단계에서 보면, ① 구성요건적 착오는 구성요건적 고의의 성립의 문제이므로, '구성요건의 차원'에서 '고의의 성부' 판단에 영향을 미친다. 착오로 인하여 고의가 성립하지 않게 되면 과실범의 성부를 문제 삼게 된다. ② 위법성의 착오는 '위법성 인식'이 성립하지 않은 경우이므로, '위법성 인식'의 요소가 검토되는 '책임'의 단계에서 문제된다. 위법성을 인식할 수 없었던 때에는 책임이 조각되고, 그렇지 않은 때에는 온전히 책임을 지거나 정황에 따라 책임을 감경할 수 있을 뿐이다. 한편 ③ 범죄가 되는 행위 간의 착오의 경우, 착오론은 '발생한 결과'에 대하여 고의를 인정할 수 있는가를 문제 삼는다. 일단 고의 없이 발생한 것으로 보이는 결과에 대하여 고의를 인정한다면, 그 근거는 무엇이며 고의를 인정할 수 있는 범위는 어디까지인가가 (사실의) 착오론에서 다루는 문제이다. 1a

3. 사실의 착오와 법률의 착오

구성요건적 착오를 형법은 '사실의 착오'라고 표현하고 있고 위법성의 착오는 '법률의 착오'라고 표현하고 있다. 이에는 연혁적인 이유가 있다. 즉 로마법 이래 착오는 '사실의 착오'(error facti)와 '법의 착오'(error juris)로 나뉘어져서, 사실의 착오는 용서되며(고의를 조각하며), 법의 착오는 용서되지 않는다(고의를 조각하지 않는다)(error juris nocet, error facti non nocet)고 생각되어 왔다. 그러나 근대에 이르러 법 2

과 도덕이 분리됨으로써 법의 요구가 항상 도덕의 요구와 일치되지는 않게 되었다. 따라서 법의 요구를 알지 못하고 행위하는 행위자에게 이를 반드시 아는 것으로 전제할 수 없게 된 것이다. 즉 법의 착오에 대하여 항상 고의를 인정할 수는 없게 되었다. 이를 해결하기 위하여 '그 자체 악인 범죄'(mala in se. Garofalo[1]의 명명을 따라 '자연범'이라고 칭한다)와 '법으로 정했기 때문에 악이 된 범죄'(mala prohibita. '법정범')를 구별하여, 전자의 착오에 대하여는 고의 및 책임을 인정하고, 후자의 착오에 대하여는 '사실의 착오'의 법리를 적용하여 고의를 조각한다고 보기도 하였다. 그러나 자연범의 경우에도 사실과 법의 구별의 한계선이 명확하지 않아서, 예컨대 절도죄의 경우 재물의 타인성에 대한 착오가 사실의 착오인가 법의 착오인가를 구별하기가 어려워 착오론 자체가 혼란의 양상을 보이게 되었다. 착오의 분류를 법이론적 구분인 사실과 법의 구분에 의거하지 않고 형법해석학상의 범주(구성요건과 위법성)에 따라서 하게 된 이유는 여기에 있다(*infra* 25/1도 참조).

착오를 구성요건의 착오(構成要件의 錯誤, Tatbestandsirrtum)와 위법성의 착오(=금지의 착오(禁止의 錯誤, Verbotsirrtum))로 구별하면, 구성요건의 착오는 구성요건요소의 객관적 요소에 대한 착오임에 반하여 금지의 착오는 행위자가 인식한 사실이 법적으로 금지되어 있음에 대한 착오를 의미한다고 보게 된다. 독일 형법은 이렇게 규정하고 있다(독일 형법 제16조, 제17조). 형법은 착오를 사실의 착오(제15조)와 법률의 착오(제16조)로 구별하고 있으므로 착오론도 사실의 착오와 법률의 착오로 구별하지 않을 수 없다. 그러나 착오를 이와 같이 구별하는 경우에도 사실의 착오는 구성요건의 객관적 요소에 대한 착오를 의미하고, 법률의 착오는 행위가 법적으로 허용되지 않는다는 점에 대한 착오를 의미한다고 해석된다.[2]

Ⅱ. 사실의 착오와 고의

1. 사실의 착오의 의의와 효과

3 **(1) 사실의 착오의 의의** 사실의 착오는 고의 성립에 필요한 구성요건요소에 대한 인식이 없는 경우를 말한다. 즉 행위자가 행위시에 법적 구성요건에 속하는 상황을 인식하지 못한 경우이다. 이 상황에는 모든 객관적 구성요건요

1 Raffaele Garofalo *Criminology* translated by R. W. Millar 1914, S. 4.
2 유기천 237면; 이건호 251면.

소가 포함된다. 따라서 구성요건에 포함된 법적 개념이나 규범적 구성요건요소를 포함한 모든 객관적 구성요건요소의 착오가 사실의 착오로 된다. 규범적 구성요건요소에 대하여는 행위자가 그 의미를 문외한으로서의 소박한 가치평가의 정도로도 이해하지 못한 때 사실의 착오가 된다. 구성요건적 사실에 포함되지 않는 범죄의 동기 · 책임능력 또는 처벌조각사유에 대한 착오는 사실의 착오가 될 수 없다.[1]

4 (2) **사실의 착오의 효과** 고의는 객관적 구성요건요소 전부에 대한 인식을 요한다. 사실의 착오는 이러한 인식의 전부 또는 일부를 결한 경우이다. 따라서 사실의 착오는 당연히 고의를 조각한다. 이러한 의미에서 사실의 착오는 고의론의 이면에 불과하기 때문에 고의론의 일반이론에 의하여 해결될 수 있다.

5 1) **구성요건적 착오의 기본유형** 행위자가 행위 시에 구성요건에 해당하는 요소를 인식하지 못한 때에는 고의범으로 처벌하지 못한다. 다만 이에 대한 과실범의 구성요건이 있는 경우에는 과실여부를 검토하여 과실범으로 처벌할 수 있을 뿐이다.

5a 이 경우 사실적 구성요건 요소는 물론 규범적 구성요건 요소에 대한 착오도 사실의 착오(=구성요건적 착오)가 되어 고의가 성립하지 않는다. 재물의 타인성이 그 대표적인 예이다. 타인의 재물을 자기의 것으로 오인하고 가져온 경우 절도죄는 성립하지 않는다. 절도죄는 그에 대응하는 과실범의 구성요건이 존재하지 않으므로 이때 과실범이 성립할 여지는 없다. 재물의 처리는 민사상의 문제로 전환된다.

5b 구성요건에는 기본적 구성요건, 가중적 구성요건, 감경적 구성요건이 있다. 살인죄의 경우 살인죄, 존속살해죄, 영아살해죄(영아유기죄와 더불어 2023년 폐지되었다)가 그 대응되는 예이다. 이 구성요건의 요소간의 관계는 질적 차이가 아니라 양적 차이이다.[2] 따라서 가중적 구성요건에 대한 고의가 있는 경우 기본적 구성요건 또는 감경적 구성요건의 고의도 존재하는 것이다. 반면에 경한 고의로 중한 구성요건을 실현한 경우에 어느 범위에

1 대법원 1966. 6. 28. 66 도 104, "피고인의 위 물건이 본가의 소유물이라는 주장에는 피고인이 그것을 본가의 소유물로 오신하였다는 취지도 포함되어 있는 듯하나 설사 본건 범행이 그러한 오신에 의하여 이루어진 것이라고 할지라도 그 오신은 형의 면제사유에 관한 것으로서 이에 범죄의 구성요건사실에 관한 형법 제15조 1항은 적용되지 않는 것이므로 그 오신은 본건 범죄의 성립이나 처벌에 아무런 영향을 미치지 아니한다."

2 예컨대 점유이탈물횡령죄와 절도죄 및 강도죄 사이에는 횡령죄 대 절도죄의 관계라는 점에서 질적 차이가 있는 것으로 보이지만, 다 같이 위법하지 않게(점유이탈물횡령죄) 또는 위법하게(절도 · 강도죄) 점유를 이탈한 타인의 재물을 영득하는 범죄라는 점에서 질적 차이는 인정되지 않는다. 따라서 이들 간에 고의에는 양적 차이가 있을 뿐이고 그 크기는 누적적으로 커지는 것으로 볼 수 있다. 후술하는 죄질동일설이 주장되는 이유는 여기에 있다.

서 고의범이 성립하는가가 문제된다.

6 **2) 경한 고의로 중한 구성요건을 실현한 경우** 기본적 구성요건과 가중적 구성요건 간의 착오 또는 감경적 구성요건과 기본적 구성요건간의 착오의 경우, 양자 가운데 상대적으로 경한 구성요건에 대하여 고의가 있었던 때에는, 경한 고의로 구성요건을 충족한 것이므로 경한 구성요건의 고의범이 성립한다. 예컨대 보통살인의 고의로 존속살해죄를 범한 때에는 보통살인죄(제250조 1항)가 성립할 뿐이다.[1] 형법 제15조 1항이 "특별히 무거운 죄가 되는 사실을 인식하지 못한 행위는 무거운 죄로 벌하지 아니한다"고 규정하고 있는 것은 이를 의미한다. 형법 제15조 1항의 규정은 동종의 범죄 사이에 형이 가중된 경우뿐만 아니라 죄질을 같이 하는 범죄간에도 널리 적용된다. 따라서 점유이탈물횡령의 고의로 절도죄를 범한 때에는 점유이탈물횡령죄(제360조)가 성립한다.

행위자가 감경적 구성요건을 충족하는 것으로 오인한 때에도 고의의 테두리 내에서, 즉 감경적 구성요건에 의하여 처벌된다. 따라서 촉탁살인의 고의로 보통살인죄를 범한 때에는 촉탁살인죄의 죄책을 진다. 부진정신분범에서 신분에 대한 인식이 없었던 때에도 같다.

7 **3) 중한 고의로 경한 구성요건을 실현한 경우** 중한 고의로 경한 구성요건을 실현한 경우에 대하여는 형법상 명문의 규정이 없다. 이를 둘러싸고 견해의 대립이 있다. 객관주의의 입장에서는 경한 결과가 발생하였고 이 결과를 포괄하는 고의가 있었으므로 발생한 경한 결과에 대한 고의범의 성립을 인정하는 것으로 족하다고 보는데 비하여, 주관주의의 입장에서는 중한 고의에 미달하는 결과가 발생하였으므로 중한 범죄의 미수를 인정한다. 형법은 미수범을 기수범과 동일하게 처벌하면서 그 형을 임의적으로 감경하는데 그치고 있으므로(제25조 2항) 주관주의에 입각하는 경우 객관주의에 입각할 때보다 중하게 처벌할 수 있게 된다.

2. 사실의 착오에서의 중요성의 의의

8 사실의 착오는 고의의 성립에 필요한 인식이 없는 경우로서 고의가 조각된다. 고의의 일반이론에 의할 때 당연한 결론이다.

---

1 대법원 1977. 1. 11. 76 도 3871.

이때 왜 이러한 착오에 빠졌는가는 묻지 않는다. 위법성의 착오의 경우와 다르다. 위법성의 경우에는 인간은 주의를 기울여 법의 요구에 따르라는 요구를 받지만, 법이 사실에 대하여 착각까지 하지 못하게 할 수는 없다. 인간은 오류가능한 존재이기 때문이다. 또 행위자의 주관적 인식과 객관적 사실이 완전히 일치하는 경우는 오히려 예외이며 다소의 불일치는 언제나 존재한다.

위에서 언급한 구성요건간의 착오가 있는 경우에 '발생한 사실'에 대하여 고의를 인정할 수 있는가를 검토하는 것이 착오론의 중요한 과제이다. 이 경우 인식한 사실과 발생한 사실 간에 괴리가 있지만, 양자 사이에 일정 정도의 부합관계가 있는 경우에는 이를 토대로 발생한 사실에 대하여 고의를 인정할 수 있다. 즉 양자 사이에 '중요한' 착오가 있는 경우에는 발생한 사실에 대하여 고의를 인정하지 못하지만, 중요하지 않은 착오의 경우에는 이 착오는 규범적 평가상 고려되지 않고 발생한 사실에 대하여 고의를 인정할 수 있다. 문제는 이 부합관계의 근거와 범위를 어떻게 인정할 것인가이다. 부합관계를 검토하는 이유는 '같은 것은 같게 다루라'는 정의의 요청 때문이다. 형법 제15조 1항은 "특별히 무거운 죄가 되는 사실을 인식하지 못한 행위는 무거운 죄로 벌하지 아니한다"고 규정하고 있을 뿐, 이 문제에 대하여 명문의 규정을 두고 있지 않다. 따라서 착오의 중요성의 문제는 이론의 향도를 받아 해결하지 않을 수 없다. 8a

구성요건간의 착오는 보통 구체적 사실의 착오와 추상적 사실의 착오라는 두 가지 태양(態様)으로 나타난다. 구체적 사실의 착오는 행위자가 인식한 사실과 현실로 발생한 사실이 동일한 구성요건에 속한 범죄이지만 구체적으로는 일치하지 않는 경우를 말한다. 이에 반하여 행위자가 인식한 사실과 현실로 발생한 사실이 다른 구성요건에 속하는 범죄인 때를 추상적 사실의 착오라고 한다. 9

Ⅲ. 사실의 착오에서의 고의 인정 여부

고의가 현실로 발생한 사실과 어느 정도 일치하여야 발생한 사실을 고의의 기수범으로 처벌할 수 있는가라는 고의와 사실의 부합문제로서 객체의 동일성에 착오가 있는 경우인 목적의 착오(객체의 착오)와 의도한 객체가 아닌 다른 객체를 타격한 경우인 방법의 착오(타격의 착오) 및 인과관계의 착오를 검토할 필요가 있다. 10

1. 견해의 대립

객체의 착오와 방법의 착오에 있어서 고의의 기수책임을 인정하는 범위에 관하여는 견해가 대립되고 있다.

11 **1) 구체적 부합설** 구체적 부합설(具體的 符合說)은 행위자의 인식과 발생한 사실이 구체적으로 부합하는 경우에 한하여 발생한 사실에 대한 고의를 인정한다.[1] 이 설에 의하면 구체적 사실의 착오에 있어서 객체의 착오에 관하여는 고의범의 기수를 인정하나, 방법의 착오에 관하여는 인식과 사실이 구체적으로 부합하지 아니하므로 인식한 사실에 대한 미수와 발생한 사실의 과실범의 상상적 경합이 성립한다고 보며, 추상적 사실의 착오에 관하여는 방법의 착오와 같이 해결한다. 고의는 추상적 구성요건요소(사람 일반 또는 재물 일반)가 아닌 구성요건 상황(이 사람 또는 이 재물)에 대한 인식을 요구하는 것이므로 행위자에 의하여 특정된 객체에 대한 구체적인 인식이 있어야 한다는 것을 근거로 한다. 구체화설(具體化說, Konkretisierungstheorie)이라고도 하며, 독일의 통설과 판례의 태도이다.

그러나 구체적 부합설은 ① 구체적 사실의 착오에 있어서 객체의 착오에 관하여는 고의의 성립을 인정하면서 방법의 착오에 관하여는 이를 부정하는 근거가 명백하지 않고, ② 구체적 부합설에 의하면 방법의 착오와 객체의 착오의 경우에 고의의 인정 여부가 달라지는데, 예컨대 간호사가 환자 A의 요청을 받고 A를 살해한다는 것이 B의 병실로 들어가서 B를 살해한 경우, 전화로 A를 협박하려고 하였으나 다이얼을 잘못 돌려 B에게 통화가 된 경우 또는 A를 살해하기 위하여 독약이 든 술을 우송하였으나 B에게 잘못 배달되어 B가 이를 마시고 사망한 경우에 그것이 방법의 착오인가 객체의 착오인가를 구별하기 어렵고, ③ 사람을 살해할 고의로 사람을 살해하였음에도 불구하고 살인미수라고 하는 것은 일반인의 법감정에 반하고, ④ 고의의 기수책임을 인정하는 범위가 이론상으로나 실제상으로 지나치게 협소하다는 비판을 받고 있다. 즉 구체적 부합설에 의하면 A를 살해하려고 총을 발사하였는데 옆에 있던 B에게 맞아 B가 사망한 경우 또는 A의 책을 절취하려다가 B의 책을 절취한 경우나, A의 쇼윈도를 손괴하려다가 B

---

1 김일수/서보학 229면; 박상기 136면; 배종대 270면; 이정원 134면; 이형국 149면; 차용석 936면; 이용식 "객체의 착오와 방법의 착오의 문제점"(고시계 1993. 9), 139면; 정영일 "방법의 착오"(고시계 1997. 3), 44면; 허일태 "구성요건적 착오"(고시계 1993. 3), 61면.

의 그것을 손괴한 때에도 절도죄 또는 손괴죄의 미수가 되지 않을 수 없다.

12 여기서 구체화설이 통설인 독일에서도 Hillenkamp는 **실질적 동가치설**을 주장하여 생명·신체·자유와 같이 개별적 성격이 강한 법익에 있어서 방법의 착오는 고의를 조각하지만 소유권이나 재산과 같은 대체적 법익에 있어서는 객체의 특성은 고의의 성립에 영향이 없다고 하였고,[1] Roxin은 **행위계획설**(Tatplantheorie)을 주장하고 행위계획이 구체적인 객체를 전제로 할 때에만 구체화설이 타당하다고 하여[2] 구체화설의 결함을 시정하고자 하였다.

그러나 실질적 동가치설에 대하여는 고의의 내용이 법익의 성질에 따라 달라질 수 있는가가 의문이고 구체적 부합설에 의하는 한 비전속적 법익에 대하여도 행위자가 명중하고자 한 객체에 대하여 고의가 있는 때에만 기수를 인정해야 한다는 비판을 면할 수 없고,[3] 행위계획설 또한 고의를 행위계획의 실현이라고 파악한 데에 근본적인 문제가 있다.

13 2) **추상적 부합설** 추상적 부합설(抽象的 符合說)은 행위자에게 범죄를 범할 의사가 있고 그 의사에 기하여 범죄가 발생한 이상 인식과 사실이 추상적으로라도 일치하는 한에서는 고의범의 기수로 처벌해야 하고, 다만 형법 제15조 1항에 의하여 인식한 사실이 발생한 사실보다 경한 때에는 중한 죄의 고의범의 기수로 논할 수 없다고 한다. 이 설은 구체적 사실의 착오에 관하여는 법정적 부합설과 결론을 같이한다. 그러나 추상적 사실의 착오에 있어서는 경한 죄의 기수의 책임을 인정하는 데에 특색이 있다. 즉 추상적 사실의 착오에 있어서 ① 경한 甲죄의 고의로 중한 乙죄의 사실을 실현한 경우, 예컨대 재물손괴의 의사로 살인의 결과를 발생한 경우에는 재물손괴의 고의가 있고 살인이라는 중한 결과가 발생하였으므로 경한 죄인 재물손괴의 기수와 과실치사죄의 상상적 경합이 되고, ② 중한 甲죄의 고의로 경한 乙죄의 사실을 실현한 경우, 예컨대 사람을 상해할 의사로 재물을 손괴하였을 때에는 중한 죄의 미수와 경한 죄의 기수가 성립하지만 중한 고의는 경한 고의를 흡수하므로 두 죄의 경합은 성립하지 않고 중한 죄(형법

---

1 Hillenkamp *Die Bedeutung von Vorsatzkonkretisierungen bei abweichendem Tatverlauf*, S. 113, 116.
신양균 "구성요건적 착오"(고시연구 1993. 9), 225면도 실질적 동가치설의 입장이다.

2 Roxin **12**/150.
김영환 "형법상 방법의 착오의 문제점"(형사판례연구 1), 13면 이하도 계획실현(Planverwirklichung)이라는 평가기준에 따라 고의의 기수 여부를 결정해야 한다고 한다.

3 김일수/서보학 230면; 이용식 전게논문, 139면.

상은 상해미수, 일본 형법상은 손괴의 기수)로 처벌해야 한다고 한다.

추상적 부합설은 주관주의범죄론의 입장에서 범죄는 반사회성의 징표이므로 고의가 어떤 형태의 사실로든 표현되면 충분하다고 볼 때에만 가능한 이론이다. 그러나 고의는 막연한 범죄의 의사가 아니라 특정한 범죄에 대한 의사이므로 사실과 부합하지 않는 의사를 벌하는 것은 죄형법정주의에 반한다. 추상적 부합설이 과거에 합리적 결론을 가져왔던 것은 일본 형법이 과실범을 지나치게 가볍게 처벌하고 상해죄와 손괴죄의 미수를 벌하지 않았던 입법상의 미비에 기인하는 것이며, 과실범을 금고형으로 벌하고 상해죄와 손괴죄의 미수를 처벌하고 있는 형법에서는 근거 없는 이론이라고 하지 않을 수 없다.

14 **3) 법정적 부합설** 법정적 부합설(法定的 符合說)은 행위자의 인식과 발생한 사실이 법정적 사실의 범위, 즉 동일한 구성요건 또는 동일한 죄질에 속하면 고의가 성립한다고 한다. 이 설은 구체적 사실의 착오에 관하여는 객체의 착오와 방법의 착오를 불문하고 인식한 사실과 발생한 사실이 동일한 구성요건에 속하므로 결과에 대한 고의의 성립을 인정한다. 그러나 추상적 사실의 착오에 관하여는 구체적 부합설과 같이 인식한 사실의 미수와 발생한 사실의 과실범의 상상적 경합이 된다고 한다. 고의는 구성요건요소에 대한 인식과 의사이고 구성요건요소에 대한 착오만 고의를 조각할 수 있는 것이므로, 행위자가 구성요건에 일치하는 유형(類型)적 법익을 침해한 때에는 고의의 귀속에 필요한 고의 내용과 결과의 일치를 인정할 수 있다는 것을 이유로 한다. 종래 우리나라의 통설[1]의 태도였으며, 타당한 견해라고 할 수 있다.

15 법정적 부합설에 대한 구체적 부합설의 비판은 두 가지 점에 집중되고 있다. 첫째 구체적 부합설은 법정적 부합설이 고의의 사실적 기초를 무시했다고 한다. 즉 사람을 살해할 고의는 특정한 사람을 살해할 의사이지 어떤 사람이라도 죽일 의사는 아니며, 적을 살해할 의사로 행위자의 처나 아들을 살해한 때에 살인죄로 처벌하는 것은 부당하다고 한다. 그러나 고의에 사실적 측면이 있다고 하여 평가적 측면을 부정할 수는 없다. 고의의 사실적 기초는 평가의 범위 내에서 의미를 가진다. 그런데 형법은 사람을 살해하는 것을 금지할 뿐이지 그 사람이 누구이며 살해의 동기가 무엇인가는 묻지 않는다. A를 살해할 의사로 B를 살해하였거나 A의 재물을 손괴할 고의로 B의

1 유기천 240면; 이건호 269면; 임웅 161면; 정성근/박광민 188면; 정영석 181면; 진계호 198면; 황산덕 118면.

재물을 손괴한 때에는 고의가 조각되지 않는다고 해석하는 것이 합리적이다. 따라서 특수한 예외적인 경우를 예상하여 구체적 부합설의 결론을 일반화하는 것은 타당하다고 할 수 없다. 이 경우에 고의를 인정한다고 하여 고의의 사실적 기초를 부정하는 것이라고 할 수는 없다.

16 둘째 법정적 부합설은 A를 살해하려고 하다가 B를 사망케 한 경우에 B에 대한 살인기수를 인정하며 별도로 A에 대한 살인미수를 인정하지 않는다. 행위자의 고의가 한 개임을 고려한 것이라고 하겠다. 그러나 이에 의하면 ① A를 향하여 발사하여 A와 B를 사망케 한 경우, ② A를 살해하고 B에게 상처를 입힌 경우, ③ A에게 상처를 입히고, B를 사망케 한 경우를 해결할 수 없게 된다는 것이다. 이 경우에 구체적 부합설에 의하면 모든 경우를 논리적으로 처리할 수 있는 것은 명백하다. ①의 경우는 살인과 과실치사의 상상적 경합, ②의 경우는 살인과 과실치상의 상상적 경합, ③의 경우는 살인미수와 과실치사의 상상적 경합이 된다고 할 수 있기 때문이다. 그러나 법정적 부합설에 의하는 경우에도 이 경우를 충분히 해결할 수 있다고 해야 한다. ①과 ②의 경우는 A를 살해할 고의로 A를 살해한 경우이다. A가 사망한 이상 법정적 부합설에 의한다고 하여 A에 대한 살인의 고의를 B에게 전용할 필요는 없다. 따라서 ①의 경우는 살인죄와 과실치사죄의 상상적 경합이 되고, ②의 경우는 살인죄와 과실치상죄의 상상적 경합이 된다고 해석하면 족하다. 그러나 법정적 부합설에 의할 때 ③의 경우를 어떻게 처리할 것인가에 대하여는 견해가 대립되고 있다. **제 1 설**은 A에 대한 살인미수와 B에 대한 살인기수의 상상적 경합을 인정한다. 그러나 한 사람에 대한 살인의 고의가 어떻게 두 개의 고의로 나누어질 수 있는가라는 문제를 해결하기 어렵다. **제 2 설**은 A에 대한 과실치상과 B에 대한 살인기수의 상상적 경합을 인정하고자 한다. 그러나 이 견해도 A에 대한 살인의 고의가 왜 과실로 변할 수 있는가를 설명하지 못한다. **제 3 설**은 A에게 상처를 입힌 이상 착오가 문제되지 않는다고 하여 A에 대한 살인미수와 B에 대한 과실치사의 상상적 경합이 된다고 한다. 이에 의하면 구체적 부합설과 결론을 같이한다. 그러나 이 견해는 구체적 부합설의 태도이지 법정적 부합설의 입장이라고 할 수 없다. 따라서 법정적 부합설에 의하는 한 B에 대한 살인죄에 A에 대한 살인미수는 흡수된다고 해석하지 않을 수 없다. A에게 상처를 입히지 않은 때에도 법정적 부합설에 의하면 A에 대한 살인미수가 구성됨에도 불구하고 B에 대한 살인죄의 성립만을 인정하기 때문이다. 따라서 구체적 사실의 착오의 경우에도 법정적 부합설이 타당하다고 해야 한다.

17 법정적 부합설에는 구성요건부합설과 죄질(법익)부합설이 있다. **구성요건부합설**은 행위자가 인식한 사실과 발생한 사실이 같은 구성요건에 속하는 경우에만 발생한 사실에 대한 고의를 인정함에 반하여, **죄질부합설**은 양자 사이에 구성요건이 같은 경우는 물론 죄질이 동일한 경우에도 고의의 성립을 인정하고 있다. 행위자가 인식한 사

실과 발생한 사실이 구성요건을 달리한다고 하더라도 죄질을 같이하는 범죄인 때에는 고의의 성립을 부정해야 할 이유가 없다. 이러한 의미에서 죄질부합설이 타당하다고 생각된다.[1] 따라서 기본적 구성요건과 가중적 구성요건 사이에는 물론, 절도죄와 점유이탈물횡령죄와 같은 다른 구성요건 사이에도 고의를 인정할 수 있게 된다.

2. 사실의 착오의 태양과 효과

18 (1) **목적의 착오 또는 객체의 착오** 목적의 착오(目的의 錯誤, error in objecto, Irrtum über das Handlungsobjekt)란 행위의 객체(목적)의 성질, 특히 그 동일성에 관하여 착오가 있는 경우를 말한다.

19 1) **구체적 사실의 착오** 인식한 객체와 결과가 발생한 객체가 구성요건상으로 동가치인 때, 예컨대 대상자가 A라고 생각하고 사살하였는데 사실은 B이었던 경우 객관적으로 발생한 결과는 행위자의 행위시의 인식과 부합하고 단순한 동기의 착오에 지나지 아니하므로 착오는 법률상 의미를 갖지 못하여 고의를 조각하지 않는다. 객체의 착오는 공범 또는 간접정범에 대하여도 고의에 영향을 미치지 않는다.[2]

따라서 예컨대 甲이 乙을 교사하여 A를 살해하게 하였는데 乙이 A로 알고 사살한 사람이 B인 때에도 甲은 살인(기수의)교사의 책임을 면할 수 없다.[3] 구체적 부합설에 의할 때에는 정범의 객체의 착오가 교사범에 대하여 방법의 착오가 될 수 있다.

20 2) **추상적 사실의 착오** 인식한 객체와 발생한 객체가 서로 다른 구성요건에 속하는 경우, 예컨대 개라고 생각하고 사살하였는데 개가 아니라 사람이 사망하였을 때에는 고의로 인한 살인죄로 처벌할 수 없고, 재물손괴의 미수와 과실치사죄의 관념적 경합이 성립할 수 있을 뿐이다.

21 (2) **방법의 착오 또는 타격의 착오** 방법의 착오(方法의 錯誤, aberratio ictus, Fehlgehen der Tat)란 방법의 잘못으로 행위자가 의도한 객체가 아닌 다른 객체에 결과가 발생한 경우를 말한다. 예컨대 A를 살해할 의사로 A를 향하여 저

1 유기천 242면; 임웅 162면; 정성근/박광민 188면; 황산덕 119면.

2 Jescheck/Weigend S. 690; Maurach/Zipf S. 318; Rudolphi SK 16/33; Sch/Sch/Cramer Vor §25 Rn. 46.

3 BGHSt. 11, 268, "체포를 면할 목적으로 추적하는 사람을 살해할 것을 공모한 공동정범의 한 사람이 추적자라고 생각하고 다른 공범자를 저격하여 상해를 입힌 때에는 그 공범자도 살인미수로 처벌되어야 한다."

격하였는데 A에게 맞지 않고 그 옆에 있던 B가 맞아 사망한 경우(구체적 사실의 착오), 또는 A를 향하여 저격하였는데 A에게 맞지 않고 A가 데리고 가던 개가 맞아서 죽은 경우(추상적 사실의 착오)가 여기에 해당한다.

방법의 착오는 행위자의 고의가 그가 의도한 객체에 국한되어 있는 경우를 말하고, 행위자가 발생한 결과에 대하여도 미필적 고의를 가진 경우에는 발생한 결과에 대한 고의의 기수를 인정할 수 있음은 당연하다.

1) **추상적 사실의 착오** 추상적 사실의 착오의 경우에는 그 해결이 간단하다. 즉 이때에는 발생한 결과에 대한 과실범과 인식한 사실의 미수의 관념적 경합이 된다. 22

2) **구체적 사실의 착오** 구체적 사실의 착오의 경우에도 독일의 통설은 의욕한 침해는 발생하지 않았고 현실로 발생된 침해의 결과는 의욕한 것이 아니므로 추상적 사실의 착오의 경우와 같이 A에 대한 살인미수와 B에 대한 과실치사의 상상적 경합으로 처벌해야 한다고 한다(구체적 부합설).[1] 살인의 고의는 단순히 어떤 사람이라도 살해하겠다는 고의가 아니라 특정인을 살해하겠다는 구체적인 의사를 의미하므로 B에 대한 살인이 사람을 살해한다는 일반적 의사에 의하여 보충될 수는 없다는 것을 이유로 한다. 그러나 형법 제250조는 행위의 객체가 사람임을 요구하고 있을 뿐이지 그 사람이 적이든 친구이든, 노인이든 소년이든, A이든 B이든 묻지 않고 모두 구성요건에 해당하는 데 영향이 없으므로, 구성요건적 사실을 인식하고 구성요건적 결과를 실현한 이상 고의의 성립에는 지장이 없다고 해야 할 것이다(법정적 부합설).[2] 23

(3) **인과관계의 착오** 인과관계도 객관적 구성요건요소에 해당하므로 고의가 성립하기 위하여는 행위자가 인과관계를 인식할 것을 요한다. 그러나 행위자에게 정확한 인과법칙을 인식하거나 인과의 진행에 대한 법적 판단을 기대할 수는 없다. 여기서도 '문외한으로서의 소박한 판단'을 기대할 수 있을 뿐이다. 24

---

1 Jescheck/Weigend S. 313; Maurach/Zipf S. 318; Rudolphi SK § 16 Rn. 33; Sch/Sch/Cramer § 15 Rn. 56; Schmidhäuser S. 205; Stratenwerth/Kuhlen 8/95; Tröndle/Fischer § 16 Rn. 6; Wessels/Beulke Rn. 250.

2 대법원 1984. 1. 24. 83 도 2813, "소위 타격의 착오가 있는 경우라 할지라도 행위자의 살인의 범의 성립에 방해가 되지 아니한다."
동지: 대법원 1958. 12. 29. 4291 형상 340.

따라서 인과관계의 착오(因果關係의 錯誤, Kausalitätsirrtum)에 있어서는 현실로 진행된 인과관계가 예견된 인과의 진행과 본질적인 차이가 있는 때에만 사실의 착오가 있는 것으로 판단된다.[1] 어떤 경우에 본질적인 차이가 있다고 볼 수 있는가에 대하여는 인식한 인과관계와 현실적인 인과의 진행과의 차이가 일반적인 생활경험상 예견할 수 있는 범위 안에 있고 다른 행위로 평가할 수 없을 때에는 본질적인 것이 아니며, 따라서 구성요건적 고의에 영향을 미치지 못한다.

예컨대 甲이 살인의 고의로 A의 머리를 도끼로 때렸는데 A는 甲이 예상한 것처럼 두개골파열로 사망하지 않고 상처의 감염으로 인하여 사망한 경우, 甲이 A를 익사시키기 위하여 다리에서 A를 강으로 밀어 떨어뜨렸는데 A는 익사하지 않고 교각에 머리를 부딪쳐서 사망한 때에는 인과관계의 착오는 본질적인 것이 되지 못한다.

인과관계의 착오의 문제는 행위와 결과 사이에 객관적 귀속이 인정된 이후에 검토되는 것으로서 결과의 객관적 귀속이 부인되는 때에는 객관적 구성요건 자체가 충족되지 않으므로 (주관적 구성요건의 차원에서) 인과관계의 착오는 문제가 되지 않는다.

25 인과관계의 착오와 관련하여 특히 문제되는 것은 소위 개괄적 고의의 사례를 어떻게 처리할 것인가이다. 개괄적 고의의 사례(概括的 故意의 事例)란 행위자가 구성요건적 결과를 실현하려고 하였으나 그의 생각과는 달리 연속된 자신의 (별개의 행위로 여겨지는) 행위에 의하여 결과가 발생한 경우를 말한다. 예컨대 甲이 A를 살해하려고 돌로 A의 머리를 때려 A가 기절하자 甲은 그가 사망한 것으로 오인하고 사체를 감추기 위하여 매장하였던바 A는 이로 인하여 질식사한 경우, 또는 甲이 죽은 것으로 오인한 A를 물에 빠뜨려 익사케 한 경우가 여기에 해당한다. 개괄적 고의(dolus generalis)는 원래 v. Weber가 특수한 고의의 형태로 제시한 개념이나, 현재는 대체로 이러한 사례군을 가리키는 명칭으로 사용되고 있다.

개괄적 고의의 사례를 해결하는 방법에 관하여는 학설이 대립되고 있다.

26 **1) 개괄적 고의설** 개괄적 고의의 개념을 이용하여 고의의 기수책임을 인정하는 견해이다. 즉 개괄적 고의란 결과가 두 개의 행위에 의하여 이루어졌

1 Ebert S. 150; Gropp S. 471; Jescheck/Weigend S. 314; Maurach/Zipf S. 317; Sch/Sch/Cramer §15 Rn. 55; Tröndle/Fischer §16 Rn. 7; Wessels/Beulke Rn. 258.

는데, 행위자는 의욕된 결과가 제 1 행위에 의하여 달성된 것으로 믿었으나 사실은 그 행위를 은폐하기 위한 제 2 행위에 의하여 발생한 경우에 전체행위를 포괄하는 고의('개괄적 고의')에 의하여 살인의 고의를 인정하는 것을 말한다.[1] 그러나 제 1 행위와 제 2 행위는 서로 다른 고의로 행하여진 것이며, 사체유기의 고의를 살인의 고의라고 할 수는 없으므로, 이러한 의미에서의 개괄적 고의라는 개념을 인정할 수는 없다. 제 1 행위와 제 2 행위는 사회적·형법적 행위표준설에 따르면 1개의 행위이므로 살인죄의 기수를 인정할 수 있다고 해석하는 견해[2]도 있다. 그러나 고의와 구성요건을 달리하는 수개의 행위까지 규범적 관점에서 한 개의 행위가 될 수는 없다.

27 2) **객관적 귀속설** 개괄적 고의의 문제를 객관적 귀속이론으로 해결해야 한다는 이론이다. 인과관계는 고의의 인식대상이지만 인과과정은 행위자의 주관에 의하여 결정되는 것이 아니라 현실적으로 야기된 결과가 객관적으로 귀속될 수 있는가라는 객관적 귀속이론으로 해결해야 할 문제라는 것을 근거로 한다.[3] 인과관계의 착오가 본질적인 경우는 대부분 객관적 귀속이 부정된다는 점에 비추어 실용적으로는 타당한 이론이라고 할 수 있다. 그러나 인과관계의 착오는 논리적으로 객관적 귀속이 (객관적 구성요건의 단계에서) 긍정된 때에 비로소 (주관적 구성요건의 단계에서) 문제된다는 점에서 양자는 구별해야 한다.

28 3) **미 수 설** 제 1 행위에 의하여 이미 결과가 발생한 것으로 알고 제 2 행위로 나아간 때에는 발생한 결과에 대한 미수범과 과실범의 경합범이 될 뿐이라는 견해이다.[4] 제 1 행위에 대하여 제 2 행위의 독립성을 인정해야 하고, 두 개의 행위가 하나의 행위로 될 수는 없다는 것을 이유로 한다. 그러나 고의행위에 연결된 자신의 과실행위에 의하여 결과가 발생하였다는 이유로 과실행위의 독립성을 강조하여 객관적으로 귀속될 수 있는 결과까지 미수범으로 처벌하는 것은 타당하다고 할 수 없다.

29 4) **인과관계 착오설** 개괄적 고의의 사례는 인과관계의 착오이론에 의하여 해결하여야 하며, 다만 이 경우의 인과관계의 착오는 본질적이거나 중요하

1 Welzel S. 74.
2 임웅 169면; "인과관계의 착오"(고시계 1997. 3), 56면.
3 Rudolphi SK § 16 Rn. 31; Schroeder LK § 16 Rn. 29; Triffterer S. 183.
4 오영근 278면; 이용식 "소위 개괄적 고의의 형법적 취급"(형사판례연구 2), 34면.

지 않으므로 행위자에게 살인기수죄를 인정할 수 있다고 하는 이론이다. 우리나라의 다수설이며,[1] 이 견해가 타당하다고 생각된다.

판례는 행위자에게 살인기수의 성립을 인정하고 있으나,[2] 어떤 이론에 입각하고 있는지 명백하지 않다. 다만, "전 과정을 개괄적으로 보면 처음 예견된 사실이 결국 실현되었다"고 한 점에서 인과관계의 착오가 중요하지 않은 경우라고 해석할 여지가 있다.

§ 14 제 7 절 과 실

Ⅰ. 서 론

1. 과실의 의의와 종류

1 (1) 과실의 의의 행위에는 고의행위와 과실행위가 포함된다. 고의행위를 구성요건의 객관적 요소에 대한 인식(표상)이 있음에도 불구하고 의지를 가지고 행한 행위라고 한다면, 과실행위란 정상적으로 기울여야 할 주의를 게을리하여 죄의 성립요소인 사실을 인식하지 못하고 행한 행위를 말한다(제14조 여기에는 사실을 인식하였으나 의지 없이 행한 경우도 포함된다). 과실범(過失犯, Fahrlässigkeitsdelikte)은 '정상적으로 기울여야 할 주의를 게을리 함', 즉 고의 없이 주의의무에 위반하여 구성요건을 실현하는 범죄형태이다. 과실범은 대체로 결과의 발생을 요하는 결과범이다.

2 과실범에서 기울여야 할 주의는 사회생활에서 요구되는 '정상적으로 기울여야 할 주의'이다. 사회생활은 다종다양한 상황에서 이루어지므로 이를 구성요건상 정형화하기는 불가능하다. 따라서 과실범의 일반적 구성요건은 각 상황에서 행위자에게 사회생활상 요구되는 '정상적으로 기울여야 할 주의'를 기울여 결과

1 박상기 140면; 배종대 282면; 손해목 324면; 신동운 220면; 안동준 84면; 이형국 152면; 정성근/박광민 192면.

2 대법원 1988. 6. 28. 88 도 650, "피해자가 피고인들의 살해의 의도로 행한 구타행위에 의하여 직접 사망한 것이 아니라 죄적을 인멸할 목적으로 행한 매장행위에 의하여 사망하게 되었다 하더라도 전 과정을 개괄적으로 보면 피해자의 살해라는 처음에 예견된 사실이 결국 실현된 것으로서 피고인들은 살인죄의 죄책을 면할 수 없다."

(법익침해 내지 위태화)가 발생하지 않도록 하라는 보편적 요구를 발한다. 과실범의 불법과 책임은 고의범의 그것과는 달리 인식과 의사 없이(=금지인식의 돌파없이) 부주의에 의하여 형성되는 것이므로 고의범에 비하여 가볍다.[1] 물론 과실범은 고의범의 감경된 형태가 아니라 질적으로 전혀 성질을 달리하는 범죄형태이다. 따라서 과실은 언제나 처벌되는 것이 아니라 법률에 특별한 규정이 있는 경우에 한하여 처벌된다. 형법은 실화(제170조)·과실폭발성물건파열등죄(제173조의 2)·과실일수(제181조)·과실교통방해(제189조 1항)·과실치사상(제266조, 제267조, 제268조) 및 과실장물취득(제364조) 등의 죄의 과실범을 벌하고 있다.

(2) 과실의 종류

3 1) 인식 있는 과실과 인식 없는 과실 과실은 구성요건적 결과에 대한 심리적 관계에 따라 인식 있는 과실과 인식 없는 과실로 구별할 수 있다. 과실의 종류에 대한 전통적인 구별이기도 하다. 이러한 의미에서 형법 제14조가 과실을 "죄의 성립요소인 사실을 인식하지 못한 행위"라고 하여 인식 있는 과실을 포함하지 않는 것처럼 규정한 것은 입법론상 재고를 요한다. 인식 없는 과실(unbewußte Fahrlässigkeit)이란 행위자가 주의의무 위반으로 인하여 구성요건이 실현될 가능성을 인식하지 못한 때를 말하며, 인식 있는 과실(bewußte Fahrlässigkeit)은 구성요건이 실현될 수 있음은 인식하였으나, 주의의무에 위반하여 그것이 실현되지 않을 것으로 신뢰한 경우를 말한다.

인식 있는 과실과 인식 없는 과실은 형법상 과실로서 동일하게 평가되며 그 불법이나 책임내용에 있어서 차이가 있는 것은 아니다. 인식 있는 과실과 인식 없는 과실의 구별은 이러한 구별을 통하여 미필적 고의와의 한계를 명백하게 할 수 있다는 데 실익이 있을 뿐이다.[2]

4 2) 보통의 과실과 업무상 과실 및 중과실 형법은 보통의 과실을 업무상 과실 또는 중대한 과실과 구별하여 후자를 무겁게 벌하고 있다. 이들을 무겁게 벌하는 이유는 과실범의 '불법'이 중하게 되기 때문인데, 과실범의 불법이 가중되는 이유는 행위자가 자신에게 부과되는 보편적 규범적 요구에 적절히 대응하

1 Jescheck/Weigend S. 563.
2 Jescheck/Weigend S. 567.
유기천 교수는 이러한 구별은 양형에 있어서 의의를 가질 수 있다고 한다(유기천 167면). 그러나 그것이 양형에 결정적 의미를 가진다고는 생각되지 않는다.

지 못했기 때문이다.

과실범에서 행위자에게 부과되는 보편적 규범적 요구는 사회적 존재로서의 연대성(solidarity), 즉 '남을 해치지 말라'(neminem laedere)는 것이고, 이 요구가 일정한(위험을 수반하는 행위를 할 때는 그에 상응하는) '주의를 기울이라'는 요구를 파생시킨다. 따라서 불법 형성의 기반이 되는 (행위자에 대한) 보편적 규범적 요구가 행위자별로 차별화되는 것은 아니며, 차별화되는 것은 규범적 요구에 대한 행위자의 대응의무(예견의무)이다.

업무상 과실(業務上 過失)은 업무에 종사하는 자가 갖는 '고양된' 예견의무의 불이행 때문에 가중처벌된다. 업무상 과실은 보통과실에 대하여 주의의무가 가중되는 것이 아니라, 주의의무는 동일하지만 예견의무가 다르기 때문에 책임이 가중되어 형법이 이를 가중하여 벌하는 것이다.[1] 여기서 업무란 '사람이 사회생활에서 가지는 지위에서 계속적으로 종사하는 사무'를 의미한다. 중과실(重過失)이란 주의의무를 현저히 태만히 하는 것, 즉 극히 근소한 주의만 하였더라면 결과발생을 예견할 수 있었음에도 불구하고 부주의로 이를 예견하지 못한 경우를 말한다. 그리고 중과실이냐 아니냐는 구체적인 경우에 사회통념을 고려하여 판단하여야 한다.[2]

2. 과실범의 구조

5 (1) **책임요소설** 종래의 인과적 행위론은 과실범의 불법이 구성요건적 결과의 발생만으로 이루어지는 것으로 보아(객관적 불법론), 과실범의 구성요건은 구성요건적 결과발생 그리고 (과실)행위와 결과 사이의 인과관계만으로 이루어지는 것으로 보았다. 과실은 고의와 마찬가지로 심리적·주관적 요소로 파악되어 책임형식의 하나로 이해되었고(고의책임/과실책임), 주의의무위반도 책임요소로서의 의미를 가질 뿐이었다.[3] 그 결과 과실의 기준은 규범적 기준이 아니라 주관적으로 결정되지 않을 수 없었고, 행위자는 개인적으로 가능한 것만을 해야 할 의

1 유기천 170면 참조.

2 대법원 1980. 10. 14. 79 도 305, "중과실은 행위자가 극히 근소한 주의를 함으로써 결과발생을 예견할 수 있었음에도 불구하고 부주의로 이를 예견하지 못한 경우를 말하는 것으로서 중과실과 경과실의 구별은 구체적인 경우에 사회통념을 고려하여 결정할 문제이다."

3 남흥우 173면; 정영석 174면.

무를 부담하게 되었다.[1] 그러나 ① 결과가 발생하였다는 것만으로 그 행위를 구성요건에 해당하며 위법하다고 하는 것은 구성요건의 보장적 기능을 해할 뿐만 아니라, 위법성의 본질에도 반한다. 예컨대 열차의 기관사가 굴곡된 선로를 제한속도로 진행하는데 갑자기 자살기도자가 뛰어들어 급제동하였으나 제동에 성공하지 못하여 그를 사망에 이르게 한 경우도 이를 위법하다고 판단하는 것은 타당하지 않다. 과실 없이 발생한 결과는 과실범의 '구성요건에 해당하고 위법하다'고 할 수 없다.[2] ② 인과적 행위론은 결과발생만으로 과실범의 구성요건에 해당되고 위법성조각사유가 없으면 위법하다고 하면서 위법성조각사유로 정당방위·피해자의 승낙 및 허용된 위험(erlaubtes Risiko)을 들고 있었다. 그러나 허용된 위험의 법리는 주의의무 위반여부를 판정하는 기준이므로, 불법 형성을 배제하는 기준으로 보아야 할 것이다. 따라서 과실을 '책임'형식으로 보는 것은 범죄론 체계상의 위치를 잘못 설정한 것이라고 하겠다.

(2) **신과실이론** 여기서 과실범에서의 과실, 즉 주의의무위반은 인과적 행위론이 보는 바와 같이 단순한 책임요소가 아니라 위법성의 요소라고 이해하는 새로운 과실이론이 등장하였다. 형법이 보호하려는 법익을 침해 또는 위태롭게 한 모든 행위가 과실행위인 것이 아니라 특정한 때, 즉 정상적으로 기울여야 할 주의를 게을리 한 경우에만 과실행위가 된다. 그러므로 주의만 하였다면 범죄사실을 인식하였으리라는 가치판단은 과실행위에서 찾아볼 수 있는 특유한 규범적 요소이다. 따라서 과실행위에 있어서는 마치 부진정부작위범에서 일정한 조건 아래서만 위법성이 나타나는 것처럼 정상적으로 기울여야 할 주의를 게을리 한다는 일정한 사실관계에서만 위법성이 생긴다는 것이다.[3] 이와 같이 주의의무위반이 위법성의 요소라는 견해에 결정적인 영향을 준 것은 허용된 위험의 이론 6

1 인과적 행위론을 취하면서도 Frank, Mezger 등과 같이 주의의무의 기준은 사회통념상 요구되는 평균적인 주의의무라는 점에서 객관적이지만 그러한 주의를 할 능력이 없는 때에는 행위자를 비난할 수 없다는 점에서 주관적이라고 하여 이중의 기준을 요구하는 견해도 있다. 그러나 이 견해도 과실기준의 객관화를 불법의 단계가 아니라 책임의 단계에서 행하고 있다는 점에서, 객관적인 요소를 불법에서, 주관적인 요소를 책임에서 다루는 인과적 행위론 내지 범죄론의 전제와 모순된다(Sch/Sch/Cramer § 15 Rn. 113).

2 이는 위험사회에 사는 우리가 사회적으로 용인해야 할 불행이지 불법이 아니다. 이러한 현상의 처리는 후술하는 '허용된 위험'의 법리로 정립되어 있다. *infra* **14**/16 이하 참조.

3 유기천 167면; 이건호 239면.
과실범에 있어서 과실이 위법성의 요소가 된다는 이론은 이미 Engisch에 의하여 주장된 바 있다. Engisch는 외적 주의의 결여에 과실행위의 위법성이 기초된다고 하였다.

이다. 이에 의하면 생활필수적인 목적을 추구하는 행위는 필요한 안전조치를 강구한 이상, 즉 객관적 주의의무를 다한 이상 허용되며, 따라서 그 행위는 책임 없는 것이 아니라 적법한 것이 된다는 것이다. 그러므로 과실행위의 본질적인 불법요소는 결과반가치가 아니라 행위반가치에 있고, 따라서 과실은 과실범에 있어서 주관적 위법성의 요소가 된다. 그러나 과실, 즉 주의의무위반을 과실범의 본질적인 불법요소로 이해한다면 그것은 위법성의 요소에 그치는 것이 아니라 오히려 구성요건요소로 파악해야 한다.

7 (3) **구성요건요소설** 과실, 즉 주의의무위반을 과실범의 구성요건요소로 이해한 것은 목적적 행위론의 공헌이다. Welzel에 의하면 과실행위의 본질적 요소는 결과가 아니라 행위수행의 방식, 즉 주의의무위반에 있다. 고의범의 구성요건이 행위의사에 기하여 구성요건적 결과를 실현하는 행위라고 한다면, 과실범의 구성요건은 구성요건적 결과를 야기한 행위의 수행방법상의 문제, 즉 사회생활에서 요구되는 주의의무를 위반하였다는 점에 있고, 따라서 주의의무위반은 과실범의 구성요건요소이며 위법성의 기초가 된다.[1] 이와 같이 목적적 행위론에 의하면 과실은 과실범에 있어서 구성요건요소가 된다.

과실을 과실범에 있어서 단순한 책임요소나 위법성의 요소에 그치는 것이 아니라 구성요건의 단계에서 벌써 검토해야 할 구성요건요소로 보아야 한다는 목적적 행위론의 결론은 목적적 행위론자뿐만 아니라 사회적 행위론자와 행위론을 부정하는 학자들에 의하여도 일반적으로 지지되고 있으며[2] 타당하다. 과실범과 고의범은 불법내용에서 구별되며, 특히 결과반가치의 면에서가 아니라 행위반가치에 의하여만 구별된다. 과실범의 행위반가치는 주의의무위반이다. 따라서 과실범의 구성요건은 결과발생만으로 성립하는 것이 아니라, 결과발생이 주의의무에 위반하여 이루어졌다는 점에 있으며, 고의가 없다고 하여 바로 과실범이 되는 것이 아니라 이러한 과실범의 구성요건이 충족되어야 과실범이 성립하는 것이다.

8 (4) **과실의 이중기능** Welzel은 과실을 과실범의 구성요건요소로 이해한 결과 과실범의 책임에는 위법성의 인식 또는 그 가능성이 남을 뿐 과실의 자

---

1 Welzel S. 130.

2 Jescheck/Weigend S. 577; Roxin **24**/47; Samson SK Anh zu §16 Rn. 6; Sch/Sch/Cramer Rn. 122; Welzel S. 299; Wessels/Beulke Rn. 657.

리는 없다고 보았다. 즉 과실은 구성요건요소이지 책임요소가 될 수 없다는 것이다.[1] 그러나 과실이 구성요건요소가 되었다고 하여 그것이 책임요소로서의 의의를 상실한 것은 아니다.[2] 즉 과실은 고의와 마찬가지로 구성요건요소이지만 동시에 책임요소로서의 의미도 갖는 이중성격(Doppelnatur)의 것이다. 그러나 과실이 구성요건요소와 책임요소로서의 이중기능을 가진다고 하여 그 판단기준까지 같은 것이 아님은 고의의 경우와 같다. 즉 구성요건요소로서의 과실에서는 객관적으로 요구되는 주의의 태만이 문제됨에 반하여, 책임요소로서는 행위자의 개인적 능력에 따라 그가 객관적 주의의무를 이행할 수 있었는가를 문제 삼는다.

Ⅱ. 과실범의 구성요건

과실범의 구성요건해당성, 즉 불법도 고의범과 마찬가지로 행위반가치와 결과반가치에 의하여 결정된다. 고의범의 행위반가치가 법익의 침해 또는 그 위험에 대한 인식과 의사임에 반하여, 과실범의 행위반가치는 주의의무위반, 즉 부주의에 있다. 과실범의 결과반가치는 고의범의 경우와 같이 결과의 발생 및 행위의 결과에 대한 인과관계로 구성된다고 할 수 있다. 따라서 과실범의 구성요건으로는 주의의무위반, 결과발생 및 결과에 대한 인과관계를 요한다. 9

1. 주의의무위반

(1) **주의의무의 내용** 주의의무의 내용은 구체적인 행위로부터 발생할 수 있는 보호법익에 대한 위험을 인식(예견)하고 구성요건적 결과의 발생을 방지하기 위하여 적절한 방어조치를 취하는 데 있다. 따라서 주의의무는 예견의무와 결과회피의무를 그 내용으로 한다. 10

(2) **주의의무의 표준** 주의의무위반을 어떤 표준에 의하여 판단할 것이냐에 대하여는 견해가 대립된다. 문제는 주의의무위반을 객관적 표준에 의하여 판단할 것이냐, 행위자의 개인적 능력에 따라 결정할 것이냐에 있다. 11

---

1 Welzel S. 130.

2 과실에 대하여 불법요소와 책임요소로서의 이중기능을 인정하는 것은 우리나라에서도 다수설이라고 할 수 있다. 김성천/김형준 162면; 김일수/서보학 441면; 배종대 674면; 손해목 700면; 신동운 228면; 유기천 166면; 이형국 375면; 정성근/박광민 419면; 조준현 276면; 김종원 "과실범의 구조"(법정 1969. 8), 9면; 심재우 "사회적 행위론과 과실범의 체계"(고시연구 1979. 3), 77면.

12 1) 객 관 설 구성요건요소로서의 주의의무위반은 객관적으로 결정해야 한다는 견해이며 통설의 입장[1]이다. 주의의무위반이란 '객관적 주의의무의 침해'(Verletzung der objektiven Sorgfaltspflicht) 또는 '사회생활에서 요구되는 주의의 태만'(Vernachlässigung der im Verkehr erforderlichen Sorgfalt)을 의미한다는 것이다. 이에 따르면 주의의무위반은 행위자의 가상적 판단에 의할 때 보호의 객체가 위험하다고 인식할 수 있었다면 인정된다. 주관적인 예견가능성의 문제는 구성요건과는 관계없고 책임에서만 의미를 가질 뿐이라고 한다. 여기서 객관적 주의의무위반은 행위자의 위치에 있는 통찰력 있는 사람을 모델로 하여 판단한다. 즉 행위자가 속한 사회집단의 신중하고 사려깊은 사람의 판단이 기준이 된다. 예컨대 신중한 운전자, 사려깊은 의사 또는 건축사라면 법익침해의 결과를 예견할 수 있었느냐가 기준이 된다.

다만, 주의의무를 객관적으로 판단하는 경우에도 행위자가 평균인의 판단을 초과하는 특수지식을 가지고 있었던 것은 고려해야 한다(BGHSt. 14, 52). 예컨대 어느 교차로가 특히 위험하다거나 어떤 건물에서 일시에 많은 아동이 뛰어나온다는 것을 알고 있었던 때가 이에 해당한다. 그러나 이러한 예외는 행위자의 특수지식에 한하고 행위자의 특수능력에 대하여는 적용되지 않는다. 따라서 숙련된 운전자가 결과방지를 위하여 그가 할 수 있는 모든 조치를 다한 것은 아니지만 보통의 운전자가 할 수 있는 조치는 다하였는데도 결과가 발생한 때에는 객관설에 의하면 주의의무에 위반하였다고 할 수 없다.

13 2) 주 관 설 구성요건의 단계에서 이미 행위자 개인에게 가능한 주의의무에 국한되어야 한다는 이론이다. 개별적 주의의무위반설(個別的 注意義務違反說, die Theorie der individuellen Sorgfaltswidrigkeit)이라고 한다.[2] 이에 의하면 주의의무위반은 행위자가 결과발생의 가능성을 인식할 수 있을 것을 전제로 하므로 오로지 그의 능력과 지식을 기준으로 하여 판단해야 한다는 것이다. 행위자가 평균인 이상의 능력을 가진 경우에는 그가 할 수 있는 모든 조치를 취할 의무가 있으며, 그렇다고 하여 능력 있는 사람에게 부당하게 과중한 부담을

1 김성천/김형준 169면; 김일수/서보학 451면; 박상기 277면; 배종대 674면; 안동준 274면; 유기천 170면; 이건호(공저) 242면; 이형국 379면; 정성근/박광민 425면; 조준현 277면; 황산덕 129면; 이용식 "형법상의 과실"(고시계 1995. 7), 56면; 정영일 "과실범의 불법구성요건"(고시계 1993. 3), 68면.

2 Gropp S. 438; Jakobs **9**/13; Samson SK Anh zu § 16 Rn. 13; Stratenwerth/Kuhlen **15**/15.

주는 것이 되지는 않으며, 객관적 주의의무 위반은 명백한 기준이 되지 못한다고 한다.

14 3) 비 판 개별적 주의의무위반설(주관설)의 "당위(Sollen)는 가능(Können)을 전제로 하므로 행위자가 예견가능한 때에 비로소 주의의무를 부과해야 한다"는 근본명제는 타당하다. 그러나 법의 규범적 요구는 획일적으로 수범자의 가능성의 범위 내에서만 발하여지는 것은 아니며, 이는 단계적으로 나누어 볼 수 있다. 형법은 불법의 수준에서는 행위자의 특수성을 고려하지 않고 보편적 요구를 발한다. 이에 비하여 책임의 수준에서는 행위자의 특수성을 고려하여 가능성의 범위 내에서만 규범적 요구를 발한다.[1] 형법의 해석으로도 일반인에게는 객관적·평균적 표준에 의하여 주의의무를 과하고, 정상에 미치지 못하는 사람에게도 인격체로서 일반인과 동일한 규범적 요구를 함으로써 그 행위를 평가할 수 있으므로 객관설이 타당하다. 규범의 행위규범성은 법과 불법을 객관적 기준에서 판단할 것을 요구하며, 평균화된 개인을 대상으로 할 때 규범의 효력은 유지된다. 다만 운전자나 의사와 같이 일반인을 상회하는 주의의무(**14**/4)는 형법규범 및 도로교통법과 같은 특별법령이나 의술의 일반원칙 또는 일반적으로 인정된 기술이나 과학상의 규정 또는 경험칙에 준거하여 판단될 수 있다. 형법이 "정상적으로 기울여야 할 주의(注意)를 게을리하여"라고 규정하고 있는 것이야말로 이런 취지로서 이는 객관설과 부합한다. 나아가 과실, 즉 주의의무위반은 고의와 마찬가지로 구성요건요소와 책임요소로서의 이중의 기능을 가지고 있으므로 주관적 주의의무는 책임문제로 고려되며, 이를 구성요건해당성의 단계까지 끌어올려야 할 이유는 없다.

15 객관적 주의의무위반은 과실범에 있어서 객관적 귀속의 척도이므로 주의의무위반은 주관적 구성요건요소가 되어야 하며 따라서 과실범의 구성요건요소가 되는 것은 주관적 주의의무위반이라고 해석하는 견해[2]도 있다. 그러나 ① 객관적 주의의무위반은 고의범의 경우와는 달리 과실범에 있어서 단순한 귀속의 척도에 그치는 것이 아니라 행위불법의 핵심이 되며, ② 주관적 주의의무위반이 과실범의 주관적 구성요건요소

1 Maihofer *Vom Sinn der menschlichen Ordnung* 1956, S. 17~24; Maihofer Eb. Schmidt-FS S. 177. *supra* **6**/24 참조. 칸트는 이 규범의 보편적 요구를 다른 맥락에서 이지만 "너는 하여야 하므로 할 수 있다"(Du kannst, denn du sollst)고 말했다. *supra* **6**/30a도 참조.

2 김일수 566면; 조상제 "과실범론의 체계적 재구성"(고시계 1995. 10), 119면, "형법상의 과실의 체계적 정서"(고시계 1998. 9), 57면.

가 될 수는 없고, ③ 과실범의 특질을 무시하면서 과실범을 고의범의 체계와 일치시키는 것도 타당하지 않다는 비난을 면할 수 없다.

(3) 허용된 위험의 이론

16 **1) 허용된 위험** 예견가능성과 회피가능성에 기반한 일반적인 위험금지(Gefährdungsverbot)가 오늘날의 기술사회(위험사회)[1]에서 무제한하게 적용될 수는 없다. 예견가능하고 회피할 수 있는 위험이라 하더라도 사회생활상 전적으로 금지할 수 없는 것이 있기 때문이다. 이러한 위험을 허용된 위험(許容된 危險, erlaubtes Risiko)이라고 한다. 예컨대 현대의 자동차교통에 있어서 모든 교통규칙을 준수한 경우에도 타인에게 피해를 입힐 위험은 항상 내포되어 있다. 공장의 운영, 지하자원의 채굴, 건축 및 에너지자원의 이용 등 여러 분야에서도 사정은 같다. 현대사회에서 이러한 시설에서 나오는 사회적 효용성은 실로 큰 것이어서 필요한 안전조치를 강구한 이상 그 시설과 전형적으로 결부된 위험은 법질서가 인용할 것이 요구된다. 허용된 위험은 사회생활상의 필요성과 결합된 사회적 상당성(社會的 相當性, soziale Adäquanz)의 표현이라고 할 수 있다.

17 허용된 위험의 이론에 의하여 과실의 범위가 수정되어야 한다는 점에는 이론이 없다. 다만 이를 과실범에서의 위법성조각사유로 볼 것인가 구성요건 자체를 조각하는 것으로 볼 것인가에 대하여는 견해가 갈린다. 사회적으로 상당하여 허용되는 위험은 사회에서 요구되는 주의의무의 기준을 제시하는 것이므로, 위법성조각사유가 아니라 구성요건해당성 자체를 조각한다고 보는 것이 타당하다.[2] 이러한 의미에서 허용된 위험의 이론은 객관적 주의의무의 제한원리가 된다고 할 수 있다.

18 **2) 신뢰의 원칙** 허용된 위험의 이론이 적용된 특수한 경우가 독일의 판례에 의하여 확립되어 일본과 우리나라의 판례에도 일부 영향을 미친 교통사고에 관한 신뢰의 원칙이다.

19 **(가) 신뢰의 원칙의 의의** 신뢰의 원칙(信賴의 原則, Vertrauensgrundsatz)이란 스스로 교통규칙을 준수한 운전자는 다른 교통관여자가 교통규칙을 준수할 것이라고 신뢰하면 족하고, 교통규칙에 위반하여 비이성적으로 행동할 것까

---

1 Ulrich Beck *Risikogesellschaft. Auf dem Weg in eine andere Moderne*, 1986.

2 Ebert S. 166; Samson SK Anh zu §16 Rn. 17; Sch/Sch/Cramer §15 Rn. 144; Schroeder LK §16 Rn. 161; Welzel S. 132.

지 예견하여 이에 대한 방어조치를 취할 의무는 없다는 원칙을 말한다. 현대사회에서 도로교통이 차지하는 사회적 의미를 고려하여 운전자에게 다른 사람의 적법한 행위를 신뢰할 수 있게 함으로써 과실범의 처벌을 완화하고 주의의무를 합리적으로 조정하여 원활한 교통을 가능하게 하는 이론이라고 할 수 있다.[1] 교통사고에 대한 신뢰의 원칙은 자동차교통의 양적 증가와 교통수단의 중요성을 고려하여 교통위반에 대한 대응과 교통범죄자에 대한 관용이 필요하다는 이유로 1935년 독일의 판례가 채택한 이래 독일에서 판례와 학설에 의하여 확립되었고, 스위스와 오스트리아는 물론 일본에서도 도로교통에 있어서 과실책임의 한정원리로 적용되고 있는 원칙이다. 교통사고와 관련하여 확립된 이 원칙은 도로교통의 테두리를 넘어서 다수인의 업무분담이 요구되는 모든 과실범의 경우에 주의의무의 한계를 확정하는 원칙으로 발전하였다. 여기서 신뢰의 원칙은 "과실범에 있어서 스스로 적법하게 행위하는 행위자는 다른 관여자가 적절한 행위를 할 것임을 신뢰하면 족하다"는 원칙으로 정의되고 있다.[2]

20 신뢰의 원칙이 주의의무를 제한하는 기능을 갖는다고 보는 경우에도 주의의무의 내용 중에서 예견의무를 판단하는 기준이 될 뿐이라고 해석하는 견해[3]와 결과회피의무를 제한할 뿐이라는 견해[4] 및 예견의무와 결과회피의무를 모두 제한하는 기능을 갖는다고 해석하는 견해[5]가 대립된다. 결과회피의무만을 제한한다는 견해는, 이 경우에도 결과발생의 가능성을 예견할 수는 있는 것이므로 신뢰의 원칙은 예견의무가 있는 경우에 결과회피의무를 측정하는 기준을 제시한다고 한다. 그러나 피해자가 비이성적인 행동을 할 가능성이 없는 때에는 피고인의 행위는 실질적으로 위험하다고 할 수 없으므로 예견의무를 인정할 수는 없다. 주의의무는 예견의무와 결과회피의무를 내용으로 하며, 신뢰의 원칙은 다른 관여자의 비이성적인 행위를 예견하고 방어조치를 취할 필요가 없다는 이론이므로 주의의무 자체, 즉 예견의무와 결과회피의무를 모두 제한하는 기능을 가지고 있다고 해석하는 것이 타당하다.

(나) 신뢰의 원칙의 적용범위

21 (a) 도로교통과 신뢰의 원칙 신뢰의 원칙이 적용되는 대표적인 경우가

1 Maurach/Gössel/Zipf Bd. 2 S. 101; Sch/Sch/Cramer § 15 Rn. 149.
2 배종대 677면; 이형국 386면, 연구 675면; 정성근/박광민 430면; 차용석 516면.
3 平野 193면; 西原 180면.
4 정성근/박광민 433면.
5 이형국 연구, 678면; 차용석 530면.

도로교통의 경우이다. 도로교통에 있어서 신뢰의 원칙이 적용되기 위하여는 원활한 자동차교통의 필요성, 교통환경의 정비, 교통교육과 교통도덕의 보급이 전제되어야 한다.

22 대법원이 도로교통에 있어서 신뢰의 원칙을 적용하는 범위는 자동차와 자동차의 충돌사고와 보행자에 대한 사고의 경우에 차이가 있다. 자동차와 자동차 또는 자동차와 자전거의 충돌사고에 대하여는 신뢰의 원칙이 널리 적용되고 있다. 즉 ① 자동차운전자는 상대방이 차선을 침범하거나 도로의 좌측부분으로 운행하는 것까지 예상하여 이에 대비할 주의의무는 없고,[1] ② 우선권을 가진 차량의 운전자는 상대방 차가 대기할 것을 기대하면 족하고,[2] ③ 교차로에서 진행신호에 따라 진행하는 차는 신호를 무시하고 자기 앞을 가로질러 진행하는 차가 있음을 예상하여 사고의 발생을 방지해야 할 주의의무가 없고,[3] ④ 무모하게 앞지르려는 차를 위하여 서행해야 할 주의의무는 없다고 판시하고 있다.[4] 자전거에 대한 관계에서도 자동차운전자는 ① 자동차전용도로에 자전거를 탄 사람이 나타날 것을 예견할 수는 없고,[5] ② 자전거를 타고 오던 자가 도로를 횡단하려다가 넘어지거나,[6] 야간에 무등화인 채 차도를 횡단하리라고 예상할 주의의무는 없다고 하고 있다.[7] 이에 반하여 보행자에 대한 사고에 관하여는 대법원이 아직 신뢰의 원칙을 철저히 적용하고 있다고 할 수 없다. 횡단보도 아닌 곳에서 횡단하는 보행자를 다치게 한 운전자는 물론,[8] 무단횡단하던 보행자가 중앙선 부근에 서 있다가 마주오던 차에 충격당하여 쓰러지는 것을 충격한 경우에도 과실을 인정하고 있기 때문이다.[9] 다만 ① 고속도로에서 일어난 보행자충돌사고에 관하여 대법원이 일찍이 신뢰의 원칙을 적용한 이래,[10] ② 육교 밑을 횡단하는 보행자를 충격한

---

1 대법원 1984. 2. 14. 83 도 3086; 대법원 1992. 7. 28. 92 도 1137; 대법원 1995. 7. 11. 95 도 382.
2 대법원 1977. 3. 8. 77 도 409; 대법원 1984. 4. 24. 84 도 185; 대법원 1992. 8. 18. 92 도 934.
3 대법원 1983. 2. 22. 82 도 3071; 대법원 1990. 2. 9. 89 도 1774; 대법원 1993. 1. 15. 92 도 2579; 대법원 1998. 9. 22. 98 도 1854.
4 대법원 1984. 5. 29. 84 도 483.
5 대법원 1980. 8. 12. 80 도 1446.
6 대법원 1983. 2. 8. 82 도 2617.
7 대법원 1984. 9. 25. 84 도 1695.
8 대법원 1980. 5. 27. 80 도 842.
9 대법원 1995. 12. 26. 95 도 715.
10 대법원 1977. 6. 28. 77 도 403; 대법원 2000. 9. 5. 2000 도 2671.

운전자의 과실을 부정하고,[1] ③ 횡단보도의 신호가 적색인 때에는 보행자가 횡단보도를 건너오지 않을 것이라고 신뢰하여도 좋다고 판시하였을 뿐만 아니라,[2] ④ 자동차전용도로에서 보행자를 충격한 운전자의 과실을 부정함으로써[3] 이 원칙의 적용범위를 현저히 확대하고 있다.

23 신뢰의 원칙은 아직 발전과정에 있는 이론이라는 이유로 그 적용에 있어서 신중을 기하여야 한다는 견해[4]도 있다. 그러나 신뢰의 원칙을 아직도 형성과정에 있는 원칙이라고 하는 것은 타당하지 않다. 신뢰의 원칙은 사회적 상당성의 사상에 의하여 객관적 주의의무의 한계를 결정하는 허용된 위험의 법리를 구체화한 원칙이다. 따라서 자동차 대 자동차에 대한 사고의 경우뿐만 아니라 보행자에 대한 사고에 대하여도 이 원칙은 당연히 적용되어야 한다고 생각된다.

24 (b) 적용범위의 확대 신뢰의 원칙은 교통사고의 경우뿐만 아니라 기업활동이나 외과수술과 같이 다수인의 공동으로 실행되는 모든 형태의 과실범으로 그 적용범위가 확대되고 있다. 따라서 종합병원에서 공동으로 외과수술을 행하는 의사는 다른 의사가 주의의무를 다하였다는 것을 신뢰하면 족하며, 다른 의사가 적절하게 행위하는가 또는 검사결과가 정당한가에 대하여 조사·확인할 주의의무는 없다고 할 수 있다.[5] 또한 수술을 하는 의사는 간호사가 제공하는 수술도구가 정상적으로 소독되었다고 신뢰할 수 있다.

25 다만, 신뢰의 원칙을 공동작업에 의한 위험한 업무에 확대함에 있어서는 신뢰를 근거지을 수 있는 분업관계가 확립되어 있을 것을 요한다. 따라서 의사와 보조자의 관계와 같이 다른 사람에 대한 지휘·감독의무가 있는 경우에 이 의무를 다하지 않았을 때에는 신뢰의 원칙은 제한된다.[6] 특히 자격 없는 사람이나 수습중인 사람이 관여한

1 대법원 1985. 9. 10. 84 도 1572.
2 대법원 1987. 9. 8. 87 도 1332; 대법원 1993. 2. 23. 92 도 2077.
3 대법원 1985. 7. 9. 85 도 833; 대법원 1989. 2. 28. 88 도 1689; 대법원 1989. 3. 28. 88 도 1484; 대법원 1990. 1. 23. 89 도 1395.
4 이형국 연구, 681면; 차용석 523면.
5 Sch/Sch/Cramer § 15 Rn. 151; Schroeder LK Rn.176; Jakobs "Regreßverbot beim Erfolgsdelikt", ZStW 89, 13.
6 대법원 2007. 2. 22. 2005 도 9229, "의사는 전문적 지식과 기능을 가지고 환자의 전적인 신뢰하에서 환자의 생명과 건강을 보호하는 것을 업으로 하는 자로서 그 의료행위를 시술하는 기회에 환자에게 위해가 미치는 것을 방지하기 위하여 최선의 조치를 취할 의무를 지고 있으므로, 의사가 다른 의사와 의료행위를 분담하는 경우에도 자신이 환자에 대하여 주된 의사의 지위에 있거나 다른 의사를 사실상 지휘 감독하는 지위에 있다면, 그 의료행위의 영역이 자신의 전공과목이 아니라 다른 의사의 전공과목에 전적으로 속하거나 다른 의사에게 전적으로 위임된 것이 아닌

경우에는 신뢰의 원칙은 적용될 여지가 없다. 의사와 환자와의 사이에도 의사가 환자의 적절한 행동을 신뢰할 수 있는 것은 아니다. 반면에 환자는 의사를 신뢰할 수밖에 없다. 의사와 환자 사이에는 신뢰의 원칙을 적용해야 할 위험방지분배의 원리가 적용될 여지가 없기 때문이다.

26 (다) **신뢰의 원칙의 적용한계** 신뢰의 원칙은 모든 교통관여자가 교통규칙을 준수할 것을 신뢰할 수 있는 정상적인 관계를 전제로 한다. 따라서 이러한 신뢰관계를 기대할 수 없는 특별한 사정이 있는 때에는 신뢰의 원칙은 적용될 수 없게 된다. 신뢰의 원칙이 적용될 수 없는 경우는 다음과 같다.

27 (a) 상대방의 규칙위반을 이미 인식한 경우 교통관여자가 상대방의 교통규칙위반을 이미 알고 있거나 예견할 수 있었던 때에는 신뢰의 원칙이 적용될 수 없다. 예컨대 다른 운전자가 음주운전하는 것을 알고 있었거나, 무모한 보행자임이 명백한 경우에는 상대방의 적법행위만을 신뢰할 수 없다.

28 (b) 상대방의 규칙준수를 신뢰할 수 없는 경우 상대방이 교통규칙을 알지 못하거나 따를 가능성이 없는 경우에도 신뢰의 원칙은 적용될 수 없다. 예컨대 유아에 대하여는 유아가 성인에 의하여 보호받고 있는 경우 이외에는 적법한 행위를 신뢰할 수 없다. 노인 또는 불구자와 같이 경험상 타인의 정당한 행위를 기대하는 것이 불확실한 자에 대하여도 신뢰의 원칙은 적용되지 않는다. 축제행렬에 참여한 자에 대하여도 같다. 교통규칙의 위반이 빈번히 일어나는 장소에서도 신뢰의 원칙은 적용되지 않는다. 예컨대 버스정류장 또는 초등학교나 유치원 앞과 같은 특수한 장소를 지날 때에는 운전자는 서행하여야 한다. 다만 신뢰의 원칙을 배제하기 위하여는 통계상 사고가 자주 일어난다는 것만으로는 족하지 않고, 운전자가 이를 예상해야 할 특수한 사정이 있을 것을 요한다.[1] 따라서 단순히 사고다발지역이라고 하여 이 원칙이 적용되지 않는 것은 아니다.

29 (c) 운전자가 스스로 교통규칙을 위반한 경우 스스로 교통규칙을 위반한 운전자는 타인에 대하여 적법한 행위를 기대할 수 없으므로 신뢰의 원칙을 주

이상, 의사는 자신이 주로 담당하는 환자에 대하여 다른 의사가 하는 의료행위의 내용이 적절한 것인지의 여부를 확인하고 감독하여야 할 업무상 주의의무가 있고, 만약 의사가 이와 같은 업무상 주의의무를 소홀히 하여 환자에게 위해가 발생하였다면, 의사는 그에 대한 과실 책임을 면할 수 없다."

1 Schroeder LK Rn. 174.

장할 수 없다. 예컨대 과속으로 진행하면서 제동조치를 취하지 못한 운전자는 상대방의 중앙선침범 또는 추월방법위반의 잘못을 들어 신뢰의 원칙을 주장할 수 없다.[1]

그러나 이 경우에 신뢰의 원칙이 적용되지 않는 이유는 교통규칙위반에 대하여 제재를 가하기 위한 것이 아니라, 규칙에 위반하는 행위를 통하여 다른 교통관여자의 위반행위를 야기하거나 이를 인식할 수 있게 되어 신뢰의 원칙이 적용될 기초가 상실되었다는데 있다.[2] 따라서 운전자에게 규칙위반이 있다고 하여 언제나 신뢰의 원칙이 적용되지 않는 것은 아니고, 규칙위반이 사고발생에 영향을 미친 경우에 한하여 이 원칙에 대한 예외를 인정할 수 있다.

2. 결과발생, 인과관계와 객관적 귀속

30 과실범은 결과범이기 때문에 결과(법익침해 내지 위태화)가 발생하여야 하며, 과실행위와 결과 사이에는 인과관계와 객관적 귀속이 인정되어야 한다. 인과관계는 행위와 결과 사이에 합법칙적 조건 관계가 있을 때 인정되며,[3] 귀속관계는 ① 결과가 주의의무 위반에 의하여 발생하였고, ② 주의의무를 창출한 규범(적요구)이 당해 결과를 방지하려는 목적의 규범인 경우에 인정된다. ①은 결과의 '주의의무위반관련성'이라는 이름으로, ②는 결과의 '보호목적관련성'이라는 이름으로 논의된다.

31 (1) **주의의무위반관련성** 과실범에서의 결과는 과실'행위'의 결과이기도 하지만, '과실'의 결과이기도 하기 때문에 결과는 주의의무위반으로 인하여 발생한 때에만 행위자에게 객관적으로 귀속될 수 있다. 따라서 행위자가 주의의무에 위반하였고 구성요건적 결과가 발생되었다고 하더라도, 주의의무를 이행한 때에도 같은 결과가 발생했을 것이라고 인정되는 경우에는 객관적 귀속이 부정된다.[4] 이

1 대법원 1973. 1. 16. 72 도 2655.
2 Sch/Sch/Cramer Rn. 215; Schroeder LK Rn. 174.
3 대법원 1970. 9. 22. 70 도 1526, "비록 피고인이 완전한 제동장치를 하지 아니하고 뒷바퀴에 받침돌만 괴인 채 경사진 포장도로상에 세워둔 3륜차의 뒷바퀴를 구둣발로 한 번 찼다 할지라도 그 행위가 위 차의 후진의 원인이 되었다고는 단정하기 어렵다 할 것이므로, 피고인이 위 바퀴를 구둣발로 한 번 찼다는 점과 본건 차의 후진으로 인하여 일어난 사고 사이에는 인과관계를 인정할 수 없다."
4 대법원은 이러한 경우에 상당인과관계를 부정한다.
대법원 1990. 12. 11. 90 도 694, "응급환자가 아닌 난소종양환자의 경우에 있어서 수술주관의사 또는 마취담당의사인 피고인들로서는 난소종양절제수술에 앞서 혈청의 생화학적 반응에

를 주의의무위반관련성(注意義務違反關聯性, Pflichtwidrigkeitszusammenhang)이라고 한다.

부주의하게 운전한 운전자가 갑자기 차도에 뛰어든 보행자를 충격하여 부상케 하였지만 주의하여 차를 운전하였더라도 같은 결과를 피할 수 없었을 경우에는 발생한 결과의 주의의무위반관련성이 부정된다.

31a 이와는 달리 주의의무를 이행하였더라도 결과가 발생했을 것이라는 판단이 확실하게(확률 100%) 내려지지 않는 경우가 있을 수 있다.

중국에서 염소털을 수입하여 붓을 제조하는 공장의 주인이 탄저균이 묻어 있을 수 있는 털을 소독하여 공원들에게 작업을 시켜야 하는데 소독하지 않고 제공하여 공원이 감염되었다. 그런데 당시(19세기 말)의 소독기술로는 소독을 해도 탄저균이 완전히 멸균되지는 않았다. 이 경우 주인이 소독을 했더라면 남은 균에 의한 감염은 (당시로서는) 허용된 위험으로서 주의의무 위반의 책임을 물을 수 없었을 것이다.

31b 이 경우 결과의 주의의무위반관련성을 어떻게 판단할 것인가? **무죄추정설**은 주의의무를 이행하였다고 하더라도 결과가 발생할 것인가가 명백하지 않은 경우에는 '의심스러운 경우에는 피고인의 이익으로'(in dubio pro reo)의 원칙에 따라 피고인에게 유리하게(=귀속되지 않는 방향으로) 판단하여야 한다고 주장한다.[1] 이 설은 귀속을 위하여는 주의의무를 이행하였더라면 결과가 발생하지 않았을 가능성이 있는 것으로는 부족하고 확실성에 가까운 확률이 있어야 한다고 본다.

31c 이에 반하여 **위험증대설**(Risikoerhöhungslehre)은 행위자가 위험을 증가시키거나, 감소시켜야 할 위험을 감소시키지 않아서 결과가 발생한 때에는 금지된 위

의한 검사 등으로 종합적인 간기능검사를 철저히 하여 피해자가 간손상상태에 있는지의 여부를 확인한 후에 마취 및 수술을 시행하였어야 할 터인데, 피고인들은 사진, 문진 등의 검사결과와 정확성이 떨어지는 소변에 의한 간검사결과만을 믿고 피해자의 간상태를 정확히 파악하지 아니한 채 할로테인으로 전신마취를 실시한 다음 개복수술을 감행한 결과 수술 후 22일 만에 환자가 급성전격성간염으로 인하여 사망한 경우에는 피고인들에게 업무상 과실이 있다고 할 것이다. 이 경우에 혈청에 의한 간기능검사를 시행하지 않거나 이를 확인하지 않은 피고인들의 과실과 피해자의 사망 간에 인과관계가 있다고 하려면 피고인들이 수술 전에 피해자에 대한 간기능검사를 하였더라면 피해자가 사망하지 않았을 것임이 입증되어야 할 것인데도(수술 전에 피해자에 대하여 혈청에 의한 간기능검사를 하였더라면 피해자에게 간기능에 이상이 있었다는 검사결과가 나왔으리라는 점이 증명되어야 할 것이다), 원심은 피해자가 수술 당시에 이미 간손상이 있었다는 사실을 증거 없이 인정함으로써 채증법칙위반 및 인과관계에 관한 법리오해의 위법을 저지른 것이다."

1 Samson SK Anh zu § 16 Rn. 26; Sch/Sch/Cramer § 15 Rn. 170; Wessels/Beulke Rn. 681.

험이 실현되었다는 이유로 객관적 귀속을 인정한다.[1] 무죄추정설에 의할 때에는 대부분의 과실범에서 결과귀속을 부정해야 하는 난점이 있다. 반면에 위험증대설은 ① 주의의무에 위반한 경우에는 항상 위험이 증가하여 귀속기준으로서의 주의의무관련성을 부정하는 결과가 되고, ② 위험이 현실화된 사태(=발생한 결과)를 기초로 하여 결과발생 여부를 사전판단하는 것은 논리적 모순이며, ③ 이에 의하면 과실결과범이 위험범화되는 불합리한 결과를 초래한다는 비판이 제기된다.

31d 생각건대 주의의무에 의해서 요구된 행위(=적법한 대체행위)가 있었더라면 결과가 회피되었을 것이라는 높은 개연성 내지 확실성 판단을 할 수 있는 경우에는 귀속은 인정되며, 법관이 이에 관하여 확신을 할 수 없는 경우에는 '의심스러운 경우에는 피고인에 유리하게'의 원칙이 적용되어 귀속을 부정하는 것이 타당하다.

32 (2) **보호목적관련성** 결과가 주의의무 위반에 귀속되기 위하여는 그 결과가 규범의 보호범위 안에서 발생하여야 한다. 주의의무를 발생시키는 규범의 보호범위 밖에서 결과가 발생한 때에는 결과의 발생이 그 규범의 위반에 의한 것이라고 할 수 없기 때문이다. 이를 보호목적관련성(保護目的關聯性, Schutzzweckzusammenhang)이라고 한다.

운전자가 과속으로 진행하여 일찍 교차로에 도착하였지만, 그 지점에서는 주의의무를 다하였으나 사고가 일어난 경우가 여기에 해당한다. 제한속도를 지켰다면 운전자는 사고시간에 그 교차로에 도달할 수 없었을 것이므로 사고를 피할 수 있었다고 할 수 있다. 그러나 속도제한은 운전자가 일정한 장소에 도착하는 것을 지연시키기 위한 규범이 아니므로 발생한 결과는 침해된 규범의 보호범위에서 일어난 것이 아니며, 따라서 그 결과를—이 순간에는 주의의무를 다한—운전자에게 귀속시킬 수 없다.

운전자가 면허 없는 사람에게 자동차를 운전하게 하여 그가 사고를 냈지만 사고원인이 운전미숙 때문이 아니라 음주운전 때문인 경우[2]도 같다. 면허 없는 사람에게 자동차를 운전하게 하지 않았다면 사고는 일어나지 않았겠지만 무면허운전의 금지는 운전미숙자의 운전을 금하는 것을 목적으로 하는 것이므로 발생한 결과는 침해된 규범의 보호범위에서 일어난 것이라고 볼 수 없기 때문이다.[3]

---

1 Jescheck/Weigend S. 585; Lackner/Kühl § 15 Rn. 44; Roxin 11/90.

2 Sch/Sch/Cramer § 15 Rn. 174.

3 대법원은 운전자가 차주 또는 조수에게 운전케 하여 사고가 일어난 경우에 운전자의 과실과 사고결과 사이에는 인과관계가 없다고 판시하고 있다.

대법원 1971. 9. 28. 71 도 1082, "운전수가 발동을 끄고 시동열쇠를 꽂아 둔 채로 하차한 동

치과의사가 환자의 어금니를 발치하기 위하여 내과전문의의 심장기능검사를 거치지 않고 마취한 끝에 피해자가 사망하였지만 검사를 한 경우에도 발치하지 않을 수 없었던 때에도 같다(BGHSt. 21, 59). 내과의사의 검사는 발치를 연기하기 위한 것이 아니기 때문이다.

33 (3) **예견가능성** 결과는 예견가능한 것이어야 하며, 따라서 행위와 결과 사이의 인과관계의 대체적인 요소도 예견가능하여야 한다. 과실범에 있어서 결과 및 인과관계의 예견가능성은, 위에서 살핀 주의의무위반 관련성과 더불어 결과와 (과실)행위를 연결해 주는 요소이다.[1] 따라서 예견가능성 밖에서 발생한 결과는 과실행위에 귀속되지 않는다. 이때의 예견가능성은 '객관적' 기준에 의하여 판단하여야 한다. 주의의무는 '정상적으로 기울여야 할 주의'를 기울일 것을 요구함으로써 행위자의 능력을 고려하지 않는 (인간으로서의) 보편적 의무를 발하기 때문이다. 이에 비하여 책임 판단에서 다루어지는 '행위자가 구체적 상황에서 결과를 예견할 수 있었는가'(주관적 예견가능성)는 행위자의 능력을 고려하여 내려진다.

Ⅲ. 과실범의 위법성과 책임

1. 과실범의 위법성

34 과실범에 있어서도 고의범과 같이 구성요건의 실현으로 인하여 위법성이 징표된다. 구성요건에 해당하는 과실행위의 위법성은 위법성조각사유(違法性阻却事由)에 의하여 조각될 수 있다. 과실범의 위법성조각사유로는 정당방위·긴급피난 및 피해자의 승낙을 들 수 있다. 예컨대 경찰관이 강도범을 발견하고 경고발사하였는데 탄환이 범인에게 맞아서 상처를 입힌 때에는 과실범의 정당방위가 성립할 수 있고, 의사가 중환자의 생명을 구하기 위하여 과속으로 자동차를 운전한 경우는 긴급피난에 의하여 위법성이 조각되며, 운동경기를 하다가 과실로 상대 선수에게 상해를 입힌 때에는 피해자의 승낙이 위법성을 조각한다. 이에 반하여 사회적 상당성 또는 허용된 위험은 과실범의 위법성조각사유가 아니라 구성요건해당성 자체를 조각한다. 주의의무

안에 조수가 이를 운전하다가 사고를 낸 경우에 시동열쇠를 그대로 꽂아 둔 행위와 본건 사고로 인한 상해의 결과 사이에는 특별한 관계가 없는 한 인과관계가 없다."
동지: 대법원 1974. 7. 23. 74 도 778.

1 Eser Ⅱ, S. 22; Jescheck/Weigend S. 587.

위반은 과실범의 구성요건요소이기 때문이다.

과실범의 위법성조각사유에 있어서는 주관적 정당화요소(主觀的 正當化要素, subjektive Rechtfertigungselemente)의 존재를 요하지 않는다. 주관적 정당화요소는 행위불법을 조각하는 기능을 갖는 데 불과하다. 그런데 과실범의 경우에는 행위자가 객관적인 정당한 상황 아래에서 행위한 때에는 그것으로 행위불법은 조각되기 때문이다.

2. 과실범의 책임

35 과실범의 책임도 구성요건에 해당하는 위법한 행위의 비난가능성(Vorwerfbarkeit)이라는 점에서 고의범의 경우와 같다. 따라서 과실범의 책임도 책임능력과 위법성의 인식을 전제로 한다. 또한 적법행위의 기대가능성이 없으면 책임이 조각된다.

과실범의 책임비난은 행위자가 그의 개인적 능력과 개인적 가능성의 기준에 따라 객관적 주의의무를 인식하고 이에 따라 주의를 다할 수 있었다고 인정될 때 가능하다. 즉 책임비난은 행위자의 개인적인 능력, 경험과 지식에 따라 주관적 기준에 의하여 결정되어야 한다. 또 과실결과범에 있어서는 구성요건적 결과와 인과관계를 주관적으로 예견할 수 있었을 것을 필요로 한다. 그런데 결과에 대한 예견가능성의 주관적 기준은 주의의무의 인식가능성과 일치한다.

제 8 절 결과적 가중범 §15

Ⅰ. 서 론

1. 결과적 가중범의 의의

1 결과적 가중범(結果的 加重犯, erfolgsqualifizierte Delikte)이란 고의있는 기본범죄에 의하여 고의없는 중한 결과가 발생한 때에 그 형이 가중되는 범죄를 말한다. 입법례에 따라서는 기본범죄를 과실범에까지 확대하여 과실범에 대한 결과적 가중범을 인정하는 나라도 있으나,[1] 형법은 과실범에 대하여는 결과적 가중범을 인정하지 아니하므로 기본범죄는 고의범에 국한된다. 중한 결과는 대부분 상

1 독일 형법은 실화치사죄(제309조)와 과실일수치사죄(제314조)를 규정하고 있다.

해(중상해) 또는 사망에 제한되고 있다. 형법이 규정하고 있는 결과적 가중범에는 상해치사죄(제259조) · 폭행치사죄(제262조) · 낙태치사상죄(제269조 3항, 제270조 3항) · 유기치사상죄(제275조) · 체포 · 감금치사상죄(제281조) · 강간치사상죄(제301조) · 강도치사상죄(제337조, 제338조) · 교통방해치사상죄(제188조) 등이 있다. 결과적 가중범은 단순히 과실로 동일한 결과를 발생케 한 경우에 비하여 무겁게 처벌한다. 그 이유는 결과적 가중범은 고의 있는 기본범죄가 갖는 전형적인 위험이 중한 결과로 실현된 것이므로, 고의로 기본범죄를 행함에 있어서 수반되는 위험을 주의의무에 위반하여 발생시켰다는 점에서 순수한 과실범에 비하여 행위불법이 크기 때문이다.[1]

2. 결과적 가중범과 책임주의

2 (1) **결과책임사상의 유물** 형법에는 "책임 없으면 형벌 없다"(Keine Strafe ohne Schuld)는 책임주의가 지배하고 있다. 따라서 고의 또는 과실이 없이, 즉 이를 근거로 한 비난가능성이 없음에도 불구하고 단순히 중한 결과가 발생하였다고 하여 이에 대한 책임을 묻는 결과책임(versari in re illicita)은 책임주의의 원칙에 위배된다. 종래 결과적 가중범은 고의에 의한 기본범죄가 있고 이에 의하여 중한 결과가 발생한 이상 기본범죄와 중한 결과 사이에 인과관계가 인정되면 그 결과에 따라 처벌되어야 한다는 의미에서 책임주의의 예외인 것으로 이해하였다. 이는 결과적 가중범을 결과책임사상의 유물로 파악한 것이라고 할 수 있다. 더욱이 독일[2]과 일본의 판례[3]는 기본범죄와 중한 결과 사이의 인과관계에 관하여 조건설을 취함으로써 양자간에 조건관계만 있으면 결과적 가중범이 성립한다고 해석하였다. 그 결과 결과적 가중범에 의한 처벌범위가 무제한하게 확대되어, 결과적 가중범은 우리 시대의 치욕이며 결코 정당화될 수 없는 야만이라는 비판이 가해진 바 있다.[4]

3 (2) **상당인과관계설에 의한 결과책임 제한** 결과책임의 성립을 제한하기 위하여 인과관계론을 원용한 이론이 상당인과관계설(相當因果關係說)이다. 이

1 Ebert S. 41; Jakobs 9/34; Jescheck/Weigend S. 571; Joecks §15 Rn. 74; Otto S. 159; Rudolphi SK §18 Rn. 3; Schroeder LK §18 Rn. 34; Tröndle/Fischer §18 Rn. 2; Arthur Kaufmann *Schuldprinzip*, S. 242.

2 BGHSt. 1, 332; 7, 112.

3 日最判 1971. 6. 17(형집 25-4, 567).

4 Arthur Kaufmann *a.a.O.* S. 240.

는 기본범죄와 중한 결과 사이에 상당인과관계가 있을 때에만 결과적 가중범의 성립을 인정한다. 상당설의 착상은 예견가능성을 귀속기준으로 활용함으로써 후술하는 고의와 과실의 결합으로 결과적 가중범을 정당화하는 이론에 접근하나, 이를 인과관계론에서 출발하여 결과 귀속의 인부의 차원에서 해결하려고 한 점에서 책임주의와 부합한다고 하기는 어렵다.

(3) **고의와 과실의 결합** 결과적 가중범의 가중 근거 역시 책임주의에 부합하여야 한다는 요청을 받는다. 양자를 합치시키는 방법의 하나는 중한 결과에 대하여 과실을 요구하는 것이다.[1] 독일 형법 제18조, 오스트리아 형법 제 7 조, 노르웨이 형법 제43조, 스페인 형법 제 1 조 등은 모두 중한 결과에 대하여 최소한 과실이 있을 때에는 중한 결과로 인하여 형을 가중할 수 있다고 규정하고 있다. 형법 제15조 2항도 결과적 가중범에 관하여 "결과 때문에 형이 무거워지는 죄의 경우에 그 결과의 발생을 예견할 수 없었을 때에는 무거운 죄로 벌하지 아니한다"고 규정하고 있다. 여기서 결과의 발생을 예견할 수 있었다는 것은 중한 결과에 대하여 과실이 있음을 요한다는 의미라는 데 견해가 일치한다.[2] 이러한 의미에서 결과적 가중범은 기본범죄에 대한 고의와 중한 결과에 대한 과실이 있어야 성립하는 고의와 과실의 결합형식(Vorsatz-Fahrlässigkeitskombination)이라고 할 수 있다.[3] 4

(4) **결과적 가중범과 책임주의의 조화** 기본범죄에 대한 고의와 중한 결과에 대한 과실을 요구하는 것만으로 결과적 가중범과 책임주의와의 조화문제가 완전히 해결된 것은 아니다. 결과적 가중범에 대하여 부과되는 형벌은 고의와 과실의 결합형식에 비하여 지나치게 무겁기 때문이다. 여기서 결과적 가중범의 가중된 형벌은 책임주의와 평등의 원칙에 부합하지 않으므로 결과적 가중범을 폐지하고 기본범죄의 고의범과 중한 결과의 과실범의 상상적 경합으로 처벌해야 한다고 주장하는 견해도 있다.[4] 그러나 기본범죄의 전형적 위험이 실현되어 중한 5

1 Rudolphi SK §18 Rn. 1; Schroeder LK Rn. 34; Tröndle/Fischer §18 Rn. 2; Geilen "Unmittelbarkeit und Erfolgsqualifizierung", Welzel-FS S. 656.

2 유기천 160면; 정성근/박광민 439면; 정영석 186면; 진계호 204면; 황산덕 139면; 권문택 "결과적 가중범"(고시계 1972. 7), 64면; 박상원 "결과적 가중범"(형사법강좌 I), 368면.

3 Jakobs 9/30; Jescheck/Weigend S. 571; Schroeder LK §18 Rn. 31; Welzel S. 72; Wessels/Beulke Rn. 693.

4 Lorenzen *Zur Rechtsnatur und verfassungsrechtlichen Problematik der erfolgsqualifizierten*

결과가 발생한 결과적 가중범의 불법은 단순한 상상적 경합의 경우에 비하여 현저히 증가한다는 점에서 결과적 가중범을 폐지해야 한다는 주장에는 찬동할 수 없다. 여기서 결과적 가중범을 중한 결과에 대하여 인식 있는 과실이 있거나,[1] 중과실 즉 경솔성(輕率性, Leichtfertigkeit)이 있는 때에 제한하여야 책임주의와 조화될 수 있다고 해석하는 견해[2]가 등장하였다. 생각건대 인식 있는 과실이 인식 없는 과실보다 무거운 불법내용과 책임을 갖지는 않는다는 점에서, 중한 결과에 대하여 인식 있는 과실이 필요하다는 견해를 타당하다고 할 수는 없다. 다만 결과에 대하여 중과실을 요구하는 것은 결과적 가중범의 무거운 형벌을 적용하는 범위를 제한하고 책임주의와 조화시킬 수 있는 하나의 방법이 될 수 있다. 이 경우에도 결과적 가중범을 책임주의에 부합하게 하기 위하여는 구성요건의 해석원리로서 객관적 귀속의 기준인 직접성의 원칙(Unmittelbarkeitsprinzip)을 엄격하게 적용하고, 입법론으로는 결과적 가중범에 대한 지나치게 무거운 형벌을 조정하는 노력이 동시에 필요하다.

Ⅱ. 결과적 가중범의 종류

6 결과적 가중범에는 진정결과적 가중범과 부진정결과적 가중범이 있다. 진정결과적 가중범(眞正結果的 加重犯, echtes erfolgsqualifiziertes Delikt)이란 고의에 의한 기본범죄에 기하여 과실로 중한 결과를 발생케 한 경우를 말하며, 상해치사죄를 비롯하여 형법이 규정하고 있는 대부분의 결과적 가중범이 여기에 해당한다. 이에 반하여 부진정결과적 가중범(不眞正結果的 加重犯, unechtes erfolgsqualifiziertes Delikt)이란 중한 결과를 과실로 야기한 경우뿐만 아니라 고의(특히 미필적 고의)에 의하여 발생케 한 경우에도 성립하는 결과적 가중범을 말한다.

7 부진정결과적 가중범을 인정할 것인가 또 이를 어느 범위까지 인정할 것인가에 대하여는 견해가 대립한다. 형법에서 결과적 가중범에 관하여 진정 · 부진정

Delikte, S. 87ff, S. 164ff; Schubarth "Das Problem der erfolgsqualifizierten Delikte", ZStW 85, 775.

1 Arthur Kaufmann *a.a.O.* S. 154, 244.

2 조상제 "결과적 가중범의 문제점", 형사법학의 현대적 과제, 398면; 허일태 "결과적 가중범과 책임주의"(김종원교수화갑기념논문집), 235면.

의 구별은 필요 없다고 하여 부진정결과적 가중범을 인정하지 않는 견해[1]도 있다. 그러나 ① 중한 결과를 예견할 수 있으면 결과적 가중범이 성립하는 것이므로 여기에 중한 결과에 대하여 고의가 있는 경우가 제외된다고 해석할 수는 없으며, ② 기본범죄가 중한 결과를 발생케 할 위험 이외에 다른 법익에 대한 침해를 불법의 내용으로 포함하고 있는 경우에, 기본범죄를 통하여 고의로 중한 결과를 발생케 한 경우를 결과적 가중범에 비하여 무겁게 벌하는 구성요건이 마련되어 있지 않을 때에는 고의 있는 경우를 과실범의 경우보다 가볍게 벌해야 하게 되므로, 이러한 경우에는 결과적 가중범과 중한 결과에 대한 고의범의 상상적 경합을 인정하는 것이 타당하다.[2] 형법상의 현주건조물방화치사상죄(제164조 2항)와 현주건조물일수치사상죄(제177조 2항) 및 교통방해치상죄(제188조)가 여기에 해당한다. 따라서 형법의 해석에 있어서도 부진정결과적 가중범은 인정하는 것이 타당하다고 생각된다.[3]

8 현주건조물방화치사상죄와 교통방해치상죄 이외에 중상해죄(제258조)도 부진정결과적 가중범에 해당한다. 중상해죄는 결과적 가중범이 아니라고 하는 견해[4]도 있으나, ① 중상해죄에 대한 별도의 미수범처벌규정이 없고, ② 이에 의하면 결과책임을 인정하는 결과가 되므로 타당하지 않다. 대법원은 종래 강간치사죄도 부진정결과적 가중범이라고 해석하였다.[5] 그러나 형법이 고의범인 강간상해죄(제301조)와 강간살인죄(제301조 의 2)를 신설하였기 때문에 강간치사상죄는 부진정결과적 가중범이라고 할 수 없게 되었다.

Ⅲ. 결과적 가중범과 인과관계

1. 인과관계의 필요성

9 결과적 가중범을 책임주의와 조화시키기 위하여 중한 결과에 대하여 과실이 있을 것을 요건으로 한다고 하더라도 결과적 가중범에서 기본범죄를 실현하기 위한 행위와 중한 결과 사이에 인과관계가 있어야 함은 당연하다. 결과적 가

1 정성근/박광민 443면; 황산덕 141면; 권문택 전게논문, 62면.
2 Rudolphi SK §18 Rn. 9; Sch/Sch/Cramer §18 Rn. 2; Schroeder LK §18 Rn. 25; Tröndle/Fischer §18 Rn. 2a.
3 김일수/서보학 468면; 박상기 292면; 배종대 696면; 신동운 248면; 오영근 239면; 유기천 161면; 이형국 391면; 임웅 512면; 진계호 205면.
4 황산덕 142면.
5 대법원 1990. 5. 8. 90 도 670.

중범도 중한 결과가 발생하여야 성립하는 결과범이므로 결과귀속을 위하여 인과관계가 전제되어야 할 뿐만 아니라, 여기서 중한 결과는 단순한 처벌조건이 아니라 구성요건요소이기 때문이다. 따라서 결과적 가중범이 성립하기 위하여는 중한 결과에 대한 인과관계 그리고 과실이라는 두 요건이 갖추어져야 한다.[1]

2. 인과관계의 범위

10 결과적 가중범에 있어서 중한 결과에 대한 인과관계는 상당인과관계를 요한다는 것이 종래 우리나라의 통설[2]과 판례[3]의 태도였다. 상당인과관계설은 결과적 가중범에 있어서 중한 결과에 의한 형의 가중을 제한하기 위하여 결과에 상당한 조건에 대하여만 인과관계를 인정하는 견해이다. 그러나 ① 상당인과관계설이 결과적 가중범에 대한 형의 가중을 인과관계를 통하여 제한하는 것은 결과적 가중범을 책임주의의 예외로 인정하는 것이므로 옳다고 할 수 없고, ② 인과관계만에 의하여 결과귀속을 제한하는 것은 인과관계가 객관적 귀속의 전제에 불과하다는 것을 간과한 것이고, ③ 형법 제15조 2항이 결과적 가중범에 관하여 중한 결과에 대한 예견가능성, 즉 과실을 요한다고 규정하고 있는 취지에 비추어 인과관계의 범위를 다시 상당인과관계설에 의하여 제한할 필요도 없다. 따라서 중한 결과에 대한 인과관계는 합법칙적 조건설에 의하여 행위가 시간적으로 뒤따르는 외계의 변화에 합법칙적으로 연결되어 구성요건적 결과가 실현되면 인정해야 할 것이다. 즉 기본범죄의 결과 때문에 후에 중한 결과가 발생하였거나, 기본범죄로 인하여 즉시 중한 결과가 발생한 때에는 인과관계가 인정된다고 보아야 한다.

3. 중한 결과의 직접관계

11 기본범죄와 중한 결과 사이에 인과관계가 있는 때에도 중한 결과를 행위자에게 객관적으로 귀속하기 위하여는 지배가능성의 원칙과 위험실현의 원칙을 결합한 귀속의 기준이 충족되어야 한다. 그런데 결과적 가중범에서 기본범죄는 중

---

1 배종대 699면; 신동운 243면; 오영근 245면; 유기천 161면; 임웅 514면; 정성근/박광민 445면; 정영석 186면; 황산덕 139면; 권문택 전게논문, 65면.

2 남흥우 179면; 배종대 700면; 유기천 161면; 권문택 전게논문, 65면; 염정철 "결과적 가중범론" (부산대학교 법학연구, 4-2), 78면.

3 대법원 1956. 7. 13. 4289 형상 129; 대법원 1968. 5. 21. 68 도 419; 대법원 1978. 7. 11. 78 도 1331; 대법원 1995. 5. 12. 95 도 425; 대법원 1996. 7. 12. 96 도 1142.

한 결과를 야기할 수 있는 일반적 경향이 있는 범죄에 한정되고, 중한 결과는 기본범죄에 내포된 전형적인 위험이 실현된 것이다. 따라서 결과적 가중범에 있어서는 인과관계 이외에도 기본범죄에 내포된 전형적인 위험이 실현되어 중한 결과가 발생하였다는 의미에서의 직접성(Unmittelbarkeit)을 필요로 한다.[1] 중한 결과가 제 3 자의 행위나 피해자의 행위(예컨대 자살)에 의하여 야기된 때에는 결과적 가중범이 성립하지 않으며, 피해자의 도망으로 인하여 발생한 결과는 개별적인 구성요건의 해석에 따라 결론을 달리한다. 감금치사죄나 강간치사죄와 같이 도망행위가 기본범죄행위 또는 그 실행행위로 인한 때에는 직접성이 인정되지만, 새로운 행위를 피하기 위한 경우에는 이를 부정해야 하기 때문이다.[2]

판례가 강간하려고 폭행이나 협박을 가하자 이를 피하기 위하여 탈출하려다가 추락사한 경우에 강간치사죄를 인정하고(대법원 1995. 5. 12. 95 도 425),[3] 승용차에 피해자를 태우고 질주하던 중 피해자가 차량을 빠져나오다가 떨어져 사망한 경우에 감금치사죄의 성립을 인정한 것(대법원 2000. 2. 11. 99 도 5286)은 이러한 의미에서 이해할 수 있다. 그러나 대법원은 폭행을 당하던 피해자가 폭행을 피하기 위하여 숨으려다가 실족사한 경우(대법원 1990. 10. 16. 90 도 1786)나 상해행위를 피하려다가 다른 차량에 치여 사망한 경우(대법원 1996. 5. 10. 96 도 529)에도 폭행치사죄 및 상해치사죄의 성립을 인정하고 있다.

중한 결과는 무엇과 직접적으로 연결되어 발생하여야 하는가? 기본범죄의 '행위'와 중한 결과 사이에 직접성이 있어야 한다고 보는 견해(**행위표준설**)도 있고, 기본범죄 행위의 '결과'와 중한 결과 사이에 직접성이 있어야 한다고 보는 견해(**결과표준설**)도 있다. 결과적 가중범에서의 중한 결과는 기본범죄 행위가 갖는 전형적인 위험의 실현이다(예컨대 강간행위가 갖는 치상, 치사의 위험성). 결과적 가중범의 가중근거는 여기에 있으며, 기본범죄가 미수에 그치는 경우에도 결과적 가중범이 성립한다고 해석하는 이유도 여기에 있다. 기본범죄 행위의 '결과'와 중한 결과 사이의 직접성이 요구된다고 보는 경우에는, ① 기본범죄 행위의 결과가 중한 결과와 근접하여야

1 Otto S. 160; Rudolphi SK §18 Rn. 3; Sch/Sch/Cramer Rn. 4; Schroeder LK Rn. 17; Geilen Welzel-FS S. 681; Arthur Kaufmann, *a.a.O.* S. 243.

2 Lackner/Kühl §18 Rn. 8; Schroeder LK §18 Rn. 18.

3 대법원 1995. 5. 12. 95 도 425, "피고인이 자신이 경영하는 속셈학원의 강사로 피해자를 채용하고 학습교재를 설명하겠다는 구실로 유인하여 호텔 객실에 감금한 후 강간하려 하자, 피해자가 완강히 반항하던 중 피고인이 대실시간 연장을 위해 전화하는 사이에 객실 창문을 통해 탈출하려다가 지상에 추락하여 사망한 경우, 피고인의 강간미수행위와 피해자의 사망과의 사이에 상당인과관계가 있어 강간치사죄로 다스릴 수 있다."

하고(상해치사죄가 성립하기 위하여는 기본범죄가 치명상에 이르렀을 것을 요구하게 된다), ② 기본범죄가 기수에 이르러야 한다는 식으로 해석하게 된다. 결과는 행위의 산물이라고 할 것인데 행위가 가진 전형적인 위험을 고려하지 않는 것은 타당하지 않다. 따라서 직접성은 기본범죄의 '행위'와 중한 결과 사이에 요구된다고 보아야 할 것이다.

11a

4. 인과관계가 없는 경우의 효과

기본범죄 행위와 결과 사이에 인과관계가 없거나 직접성이 인정되지 않는 경우에는 결과적 가중범은 원칙적으로 성립하지 않는다. 그런데 결과적 가중범에는 이른바 부진정 결과적 가중범도 있어서 이 경우에 결과가 발생하지 않은 경우(인과관계가 인정되지 않는 경우 또는 발생한 결과가 직접적인 결과가 아닌 경우)의 처리방법이 문제되고, 또 진정결과적 가중범에 대해서도 미수범 처벌규정이 존재하는 경우가 있어서, 이에 관하여 결과적 가중범의 미수의 성부가 문제된다. 이에 관하여는 후술 27/44 이하 참조.

Ⅳ. 중한 결과에 대한 과실

1. 과실의 내용

12

결과적 가중범이 성립하기 위하여는 중한 결과에 대한 예견가능성이 있어야 한다. 과실범에 있어서 주의의무는 예견의무와 결과방지의무를 내용으로 하며, 예견의무는 예견가능성을 전제로 한다. 예견가능성은 구성요건 단계에서는 객관적 예견가능성, 책임의 단계에서는 주관적 예견가능성이 문제된다. 그러나 결과적 가중범에 있어서 예견가능성은 중한 결과의 발생에 대한 과실과 동의어에 지나지 않는다. 중한 결과는 기본범죄에 내포된 전형적 위험을 실현한 데 지나지 않으므로 기본범죄를 범하였다는 점에서 이미 과실의 다른 요건은 충족되었다고 할 것이며, 과실의 판단은 오로지 예견가능성에 의하여 좌우되는 것이기 때문이다.[1]

대법원은 상해치사죄에 관하여 "안면이나 흉부와 같이 인체의 중요한 부위를 강하게

---

1 Jescheck/Weigend S. 262; Sch/Sch/Cramer § 18 Rn. 3; Schroeder LK § 18 Rn. 30.

타격하면 이로 인하여 정신의 흥분과 혈압의 항진을 초래하여 사망에 이를 수 있다는 것은 누구나 예견할 수 있다"고 판시하고 있다.[1] 그러나 폭행치사죄에 있어서 폭행의 정도가 경미하여 사망의 결과를 예견할 수 없는 경우에 피해자의 특수체질(대법원 1985. 4. 3. 85 도 303) 또는 특히 이례적인 일로 인하여(대법원 1990. 9. 25. 90 도 1596)[2] 사망의 결과가 발생한 때에는 사망의 결과에 대한 예견가능성이 없기 때문에 폭행치사죄가 성립할 수 없다.

2. 과실의 기준시기

13 결과적 가중범에서 중한 결과에 대한 과실은 기본범죄, 즉 기본적 구성요건의 실행시에 존재해야 한다. 따라서 강간을 한 후 비로소 살해의 고의가 생겨 사람을 살해하거나, 그 후의 새로운 과실행위로 사람을 사망에 이르게 한 때에는 별개의 살인죄 또는 과실치사죄가 성립하며 결과적 가중범(강간치사죄)은 성립하지 않는다.

Ⅴ. 결과적 가중범의 공범

1. 결과적 가중범의 공동정범

14 결과적 가중범에 있어서도 공범의 성립은 가능하다. 결과적 가중범의 공동정범에 대하여 과실범의 공동정범을 부정하는 견해는 결과적 가중범이 고의범과 과실범의 결합형식이므로 기본범죄인 고의범의 공동정범과 중한 결과인 과실범의 동시범이 되며, 따라서 기본범죄의 각 공동정범자가 중한 결과에 대하여 과실이 있는 때에만 결과적 가중범의 죄책을 진다고 한다.[3] 반면에 과실범의 공동정범이 가능하다는 견해를 취하는 경우에도 그것은 주의의무를 공동으로 위반하였을 것을 요건으로 하므로, 중한 결과에 대하여 공동의 과실이 있는 때에만 공동정범이 성립된다. 따라서 중한 결과에 대하여 과실이 있는 자와 없는 자가 기본범죄를 공동으로 범한 때에는 과실

1 대법원 1984. 12. 11. 84 도 2183.
2 대법원 1990. 9. 25. 90 도 1596, "피고인이 피해자에게 상당한 힘을 가하여 넘어뜨린 것이 아니라 단지 공장에서 동료 사이에 말다툼을 하던 중 피고인이 삿대질하는 것을 피하고자 피해자 자신이 두어 걸음 뒷걸음치다가 회전중이던 십자형 스빙기계 철받침대에 걸려 넘어진 정도라면, 당시 바닥에 위와 같은 장애물이 있어서 뒷걸음치면 장애물에 걸려 넘어질 수 있다는 것까지는 예견할 수 있었다고 하더라도 그 정도로 넘어지면서 머리를 바닥에 부딪쳐 두개골골절로 사망한다는 것은 이례적인 일이어서 통상적으로 일반인이 예견하기 어려운 일이라고 하지 않을 수 없으므로 피고인에게 폭행치사죄의 책임을 물을 수 없다."
3 Jescheck/Weigend S. 678; Rudolphi SK §18 Rn. 6; Sch/Sch/Cramer Rn. 7; Schroeder LK Rn. 36; Tröndle/Fischer §18 Rn. 3.

없는 자는 기본범죄에 대하여만 공동정범이 되고, 공동정범의 전원이 중한 결과에 대하여 과실이 있는 때에만 결과적 가중범의 공동정범이 된다. 대법원은 결과적 가중범의 공동정범은 기본범죄를 공동으로 할 의사가 있으면 성립한다고 판시하고 있으나,[1] 공동정범의 각자가 중한 결과를 예견할 수 있었음을 요한다고 해야 한다. 다만 상해의 공동정범 가운데 1인이 살인의 고의로 사람을 살해하거나, 강간의 공동정범 가운데 1인이 강간의 기회에 피해자를 상해한 때에도 중한 결과에 대하여 고의 없는 공동정범이 그 결과를 예견할 수 있었을 때에는 결과적 가중범인 상해치사죄[2] 또는 강간치상죄[3]의 죄책을 지게 된다.

2. 결과적 가중범의 교사 · 방조

15 결과적 가중범에 대한 교사 또는 방조도 가능하다. 그러나 결과적 가중범에 대한 교사 또는 방조가 되기 위하여는 기본범죄에 대한 교사 또는 방조 이외에 교사범 또는 종범에게도 중한 결과에 대한 과실이 있어야 한다. 정범이 중한 결과에 대하여 고의를 가졌거나 과실이 없었다는 것은 문제되지 않는다.

1 대법원 1978. 1. 17. 77 도 2193, "결과적 가중범인 상해치사죄의 공동정범은 죽일 의사는 없이 폭행 기타의 신체침해행위를 공동으로 할 의사가 있으면 성립되고 결과를 공동으로 할 의사는 필요 없다."

동지: 대법원 1993. 8. 24. 93 도 1674; 대법원 2000. 5. 12. 2000 도 745.

2 대법원 1991. 5. 14. 91 도 580.

3 대법원 1984. 2. 14. 83 도 3120.

제 3 장 위 법 성

제 1 절 위법성의 이론 §16

Ⅰ. 위법성의 의의

1. 위법성과 위법성조각(정당화)

1 행위가 범죄가 되기 위하여는 우선 구성요건에 해당하여야 한다. 그러나 구성요건해당성은 다시 전체 법질서에 대한 상치·모순관계, 즉 그 위법성이 종국적으로 확인될 필요가 있다. 구성요건은 금지의 소재를 유형화하여 기술한 것으로서, 이 유형 안에는 전체 법질서 차원에서 허용되는 행위, 즉 적법한 행위도 포함될 수 있기 때문이다. 구성요건에 해당하는 행위가 종국적으로 위법한가의 여부를 검토하는 단계가 위법성의 단계이다.

1a 형법상 행위에 대한 위법성 판단은 전체 법질서에 비추어서 이루어지지만, 죄형법정주의의 원칙상 형법상 구성요건화되어 있지 않은 행위에 대한 타 법영역의 불법평가를 검토하는 것은 무의미하다. 또 구성요건화 되어 있는 행위의 위법성을 검토함에 있어서도, 그 행위의 민법상의 불법, 행정법상의 불법 등을 망라적으로 유념할 필요는 없다.[1]

1b 위법성의 판단은 구성요건해당성에 의하여 징표된 위법성이 위법성조각사유에 의하여 조각되는가(즉 정당화되는가)를 검토하는 소극적인 방식으로 이루어진다. 위법성의 문제가 위법성의 존재를 적극적으로 규명하는 방식으로 제기되지 않는 이유는, 구성요건 자체가 이미 전형적인 불법을 유형화하여 기술한 것이어서, 구성요건해당성은 위법성을 추정하게 하기 때문이다. 따라서 구성요건해당성은 예외적으로 이 추정이 깨지지 않는 한 위법하다. 추정이 깨지는 경우, 즉 행

1 다만 행정종속적 영역에서는 위법성 판단이 행정법(상의 처분)에 의존하는 경우가 있다는 점은 유의하여야 한다. 또 *infra* 16/3b도 참조.

위가 정당화되는 경우란 전체 법질서상 이 행위에 대한 허용규범이 존재하여 구성요건적 불법을 정당화하는 경우이다. 따라서 위법성이 조각된다(=정당화된다)는 것은, 구성요건의 배후에 존재하는 원칙적 금지가 허용규범의 개입으로 예외적으로 해제되었다는 것을 의미한다.

2. 위법성과 불법

2 위법성(Rechtswidrigkeit)과 불법(Unrecht)은 형법학상 다른 의미로 사용된다.[1] 위법성이 행위와 규범간의 상치 · 모순의 '관계'를 지칭함에 비하여, 불법은 위법하다고 평가되는 실체(행위와 결과)를 지칭하는 것으로서, '위법성'(=위법하다)을 술어로 하는 '주어'로서의 '반가치성 그 자체'를 말한다. 결국 이는 구성요건해당성을 의미하는 것이지만, 불법은 구성요건해당성을 실질적으로 반가치성의 시각에서 파악한 것이다. 따라서 불법은 양과 질을 가지며, 범죄에 따라 그 불법이 상이할 수 있지만 위법성은 언제나 단일하고 동일하다.

살인의 불법이 상해의 불법보다 더 크다고 말할 수 있지만, 살인이 상해보다 더 위법하고 과실치사가 살인보다 덜 위법한 것은 아니다.

3 불법을 이와 같이 파악하면, ① '위법성'의 개념만으로는 차별적으로 파악되지 않던 과실범, 미수범 등의 불법의 구조를 파악할 수 있으며, 개별 구성요건의 불법(=반가치성)을 범죄에 따라 차별화하여 파악할 수 있게 된다. 또 ② 법영역에 따라서도 불법을 차별화하여 파악할 수 있다.

① 고의의 기수범(결과범)은 행위불법과 결과불법이 모두 갖추어진 경우인 데 비하여, 미수범은 행위불법은 갖추어졌지만 결과불법은 위축되어 있는 경우이고, 과실범은 결과불법은 갖추어졌지만 행위불법이 위축되어 있는 경우이다. 행위불법과 결과불법이 모두 위축되어 있는 경우는 위법성이 조각되는 경우이다.
② 민법상 불법으로 인정되는 행위가 형법상 불법이 아닌 경우도 있고(간통, 과실재물손괴), 형법상 불법으로 인정되는 행위가 민법상 불법이 아닌 경우도 있다(손해의 발생이 없는 미수). 불법은 당해 법영역의 규범(적 요구)에 터잡아 인정되는 것이기 때문이다.

---

1 이러한 인식은 오늘날 통설이 되었다. 김일수/서보학 267면; 박상기 145면; 배종대 287면; 손해목 380면; 안동준 92면; 이형국 155면; 임웅 173면.

3. 위법성과 법질서의 통일성

위법성은 전체 법질서에 준거한 판단이지만, 법분야별 위법성이 존재하는가 에 관하여 논의가 있다.[1] 우선 각 분야별 불법이 존재한다는 데에는 이론이 없다. 3a

민법상 고의·과실에 의하여 손해를 야기한 경우(민법상 불법)에 손해배상채무가 발생하지만 형법상 불법은 형성되지 않는 경우도 있다(과실폭행). 행정법상의 처분대상(행정법상 불법)인 행위에 대하여, 형법상 불법이 형성되는 경우도 있지만(일정 농도 이상의 환경오염물질의 배출 등), 그렇지 않은 경우도 있다(주차위반 등). 한편 형법상 불법이 형성되어도 민법상 불법이 되지 않는 경우(예컨대 손해의 발생이 없는 미수)도 있다. 이와 같이 불법은 각 법의 목적에 따라서 형성되며, 법영역을 초월하여 보편적으로 정해지는 것은 아니다.[2]

문제는 ① 타법에서 요구하거나 위법성조각사유(정당화사유)로 인정되어 적극적으로 허용되는 행위에 대하여 형법상 위법판단을 할 수 있는가, ② 타법에서 금지되는 행위가 형법상의 구성요건에도 해당하는 경우에 항상 위법하다고 판단해야 하는가이다. ①에 대하여는 형법이 이를 독자적으로 위법하다고 판단할 수는 없다. 왜냐하면 형법은 법익보호의 보충적 수단(최후수단, ultima ratio)이기 때문에, 타법질서를 존중하는 한에서 형벌권이 발생하기 때문이다. ②에 대하여는 ①처럼 단정적으로 답할 수는 없다. 형법상의 범죄구성요건에 해당하며 타법에서도 불법이 형성되는 행위는 원칙적으로는 위법하다고 평가된다. 그러나 그렇지 않은 예외적인 경우도 있다. 왜냐하면 각 법영역(민법, 행정법)은 그 법의 목적에 따라 법률효과(제재)를 부과하려고 하지만, 형법이 이에 대하여 반드시 형벌로 대응하여야 하는 것은 아니기 때문이다. 예컨대 긴급피난으로 타인의 법익을 침해한 경우에 형법상으로는 위법성이 조각되지만, 피난자는 피해자인 그 타인에 대하여 민법상 손해배상채무를 부담해야 한다. 물론 이는 예외적인 경우이다. 결국 각 법영역별로 독자적으로 불법이 인정되지만, 형법은 법익보호의 최후수단적 성격을 가짐으로써 타 법질서를 존중하는 한에서 위법판단을 함으로써 법질 3b

1 K. L. Günther *Strafrechtswidrigkeit und Strafunrechtsausschluss*, 1983; Roxin 14/34 이하 참조.
2 이 경우에 타법에서 불법이 인정되는 경우 이에 대한 정당방위가 가능한가가 문제된다. 후술하는 바와 같이(17/14) 타법상의 불법은 '부당한' 행위로 해석되기 때문에 정당방위가 가능하며, 다만 정당방위의 요건에 따른 제한이 있다(예컨대 국가적, 사회적 법익에 대한 정당방위는 원칙적으로 인정되지 않는다).

서의 통일성을 기하게 된다.

3c 형법상 위법판단을 함에 있어서는 그 불법이 일정한 수위에 도달할 것을 요한다. 예컨대 형법의 해석으로도 채권추심을 위한 경미한 협박행위를 모두 공갈죄 내지 강요죄로 처벌할 수는 없다. 형법상으로는 이를 사회상규에 위배되지 않는 행위로서 정당화하여 처벌하지 않을 수 있지만(*infra* **21**/25 참조), 이러한 규정이 없는 독일 형법상 이를 처벌하지 않기 위하여는, 이 행위는 일단 위법하지만 처벌(='형법의 목적상' 위법)과 불처벌(='형법의 목적상' 합법)을 가르는 형법고유의 위법성을 인정하여 불처벌의 방향으로 해결하자는 이론도 주장되고 있다.[1] 형법의 보충성을 인정하고 나아가 사회상규 적합여부를 기준으로 처벌과 불처벌을 판단하는 형법의 이론으로서는 채택할 필요가 없는 이론이라고 할 것이다.[2]

4. 구성요건해당성 및 책임과의 관계

위법성은 구성요건해당성과 구별되지만 다른 한편 책임과도 구별된다.

4 (1) **위법성과 구성요건해당성**[3] 구성요건 해당 행위는 구성요건의 배후에 존재하는 금지규범(내지 요구규범)의 위반행위이다. 이러한 금지규범(내지 요구규범)에 대하여 허용규범이 개입함으로써 그 금지(또는 요구)의 예외적 해제가 가능하다. 즉 불법구성요건은 법익침해를 예외적으로 허용하는 허용구성요건(Erlaubnistatbestände)과 대립된다.[4] 따라서 원칙적으로 허용되어 구성요건에 해당하지 않는 행위와 구성요건에 해당하지만 위법성이 없는(=정당화되는) 행위는 구별된다.

5 (2) **위법성과 책임** 범죄에 대한 평가는 행위에 대한 반가치 판단과 행위자에 대한 반가치 판단으로 이루어진다. 행위판단(불법)과 행위자판단(책임)을 엄격히 분리하는 데 현대 형법학의 특징이 있다.[5] 위법성 판단은 '행위'에 대한 종국적인 부정적 판단인 데 비하여, 책임 판단은 '행위자'에 대한 부정적 판단이다. 법규범은 개인차를 고려하지 않고 모든 수범자에 대하여 보편적 요구를 발하기 때문에 그 위반은 개인차와 무관하게 위법하다는 판단을 받는다. 규범적 요구

1 K. L. Günther *a.a.O.* S. 100 이하. Stratenwerth/Kuhlen 7/21. 일본에서 논의되는 가벌적 위법성설도 이와 유사한 내용이다. 임웅, 192면. 예로서는 *supra* **8**/12 참조.
2 동지: Roxin **14**/36.
3 구성요건과 위법성 관계의 학설사적 검토는 *supra* **8**/12 참조.
4 Wessels/Beulke Rn. 271.
5 Maurach/Zipf S. 324.

에 대한 수범자의 대응능력의 차이는 책임에서 비로소 고려된다.

따라서 위법성 판단은 행위자를 고려하지 않는다는 의미에서 객관적이라고 말할 수 있다. 물론 이때의 객관성은 그 평가방법상의 객관성을 의미할 뿐이며, 객관적 요소만이 위법성 판단의 대상이 된다는 의미는 아니다. 여기서의 객관적이라 함은 보편타당성(Allgemeingültigkeit)[1] 또는 일반적 가치판단(allgemeines Werturteil)[2]을 의미한다고 할 수 있다. 즉 위법성은 행위자의 동기형성의 가치성 또는 반가치성과 관계없이 모든 인간에 대하여 보편적으로 확인되어야 한다.

따라서 위법성판단은 객관적이지만 위법성판단의 대상은 행위반가치와 결과반가치를 포함하며, 여기의 행위반가치에는 (범죄)의사의 존부와 그 방향이라는 주관적 요소가 포함된다. 위법성판단의 대상이 되는 주관적 요소는 책임판단의 그것과는 다르다. 위법성판단에서는 행위자가 무엇을 의욕하고 실현하였는가가 문제되지만, 책임판단에서는 어떤 동기로 행위의사가 형성되었으며 이를 비난할 수 있는가를 문제삼는다.

6 범죄론에서 위법성과 책임을 엄격히 구별하는 것은 다음 두 가지 점에서 실익이 있다. ① 위법한 행위에 있어서 위법성은 객관적 가치판단이기 때문에 그 행위의 공범에게도 위법한 것이 되고 위법하지 않은 행위에 대하여는 공범이 성립할 여지가 없으나, 책임은 주관적 가치판단이기 때문에 책임의 유무는 공범관계에 영향을 미치지 않는다.[3] ② 위법성이 조각되는 행위에 대하여는 그 행위가 객관적으로 정당화되기 때문에 이에 대한 정당방위가 있을 수 없다. 그러나 책임은 행위자에 대한(=주관적) 가치판단이고 행위에까지 미치는 판단이 아니므로, 책임이 조각되는 행위는 여전히 위법한 행위이어서 이에 대하여는 정당방위가 가능하다.

Ⅱ. 위법성의 본질

1. 형식적 위법성론과 실질적 위법성론

7 위법성의 본질에 관하여는 형식적 위법성론과 실질적 위법성론이 대립한다.

8 **(1) 형식적 위법성론** 형식적 위법성론(形式的 違法性論, formelle Rechts-

1 Jescheck/Weigend S. 244.
2 Welzel S. 51.
3 이러한 구별은 형법이 공범의 종속형식에 관하여 어떤 태도를 취하느냐에 따라 결론을 달리할 수 있다. 유기천 173면 참조.

widrigkeitstheorie)은 위법성을 규범에 대한 위반으로 이해한다. 형법상의 구성요건의 배후에는 법규범이 존재하고 있다. 이 법규범은 금지 또는 요구를 내용으로 하며, 이의 준수를 국민의 의무로 부과하고 있다. 형식적 위법성론은 위법성의 본질은 법규범이 발하는 의무(작위의무 또는 부작위의무)에 대한 침해에 있다고 본다. 형식적 위법성론에 대하여는 위법성의 내용을 공허하게 만들었다는 비판이 제기된다. 구성요건에 해당하는 행위는 형식적으로 위법하다고 할 수 있으므로, 형식적 위법성은 법적 구성요건의 충족과 같은 의미를 갖는데 지나지 않는다.[1]

9 (2) **실질적 위법성론** 실질적 위법성론(實質的 違法性論, materielle Rechtswidrigkeitstheorie)은 위법성이 행위와 규범 사이의 단순한 관계에 그치는 것이 아니라, 내용적 의미를 가지고 있다고 본다. 실질적 위법성의 내용이 무엇인가에 대하여는 다시 견해가 대립된다. Feuerbach는 위법성의 본질이 권리의 침해에 있다고 하였다. 그러나 이는 권리의 침해를 내용으로 하지 않는 범죄를 설명하지 못하며, 권리도 법을 떠나서 있을 수는 없으므로 순환론에 빠지게 된다. Liszt는 위법성의 본질이 법익(Rechtsgut)의 침해에 있다고 보았으며,[2] Jescheck도 위법성은 실질적으로 규범에 의하여 보호되는 법익의 침해를 의미하며, 여기서의 침해는 자연적 의미에서의 행위의 객체에 대한 침해가 아니라 법규범에 의하여 보호되어야 할 (관념적) 가치의 훼손을 의미한다고 하였다.[3] 이에 대하여 실질적 위법성에 규범적 요소를 가미하여 위법성은 문화규범(M.E. Mayer),[4] 조리(瀧川), 또는 공서양속(牧野)에 위반하는 것을 내용으로 한다는 견해가 있다. 종래 우리나라의 통설은 형법 제20조가 "사회상규에 위반되지 아니하는 행위는 벌하지 아니한다"고 규정하고 있는 것은 위법성조각사유가 사회상규라고 하는 사회규범에서 유래하였음을 인정하는 것이며 따라서 실질적 위법성은 사회상규에 반하는 것을 의미하고,[5] 이는 Welzel의 사회적 상당성(soziale Adäquanz)의 이론[6]과 일치하는 것

1 Maurach/Zipf S. 327. Maurach는 실질적 위법성도 위법성조각사유가 없는 구성요건에 해당하는 행위에 불과하다고 한다.

2 법익이론의 주창자는 Johann Franz Michael Birnbaum(1792~1877)이다: "Über das Erforderniß einer Rechtsgutverletzung zum Begriff des Verbrechens", 1834.

3 Jescheck/Weigend S. 234.

4 M.E. Mayer, *Rechtsnormen und Kulturnormen*, 1903, S. 17,

5 유기천 175면; 정영석 117면; 남흥우 "위법성의 이론"(형사법강좌 I), 206면.

6 그러나 Welzel의 사회적 상당성의 이론은 위법성의 이론이 아니라 불법에 관한 이론임을 주의하여야 한다. 이 이론은 이미 사회생활의 질서에 속하는 것이 된 행위는 그것이 형법상 보호

으로 보고 있었다.

2. 비 판

근본적으로 형식적 위법성과 실질적 위법성을 구별할 실익이 있는가, 또 실질적 위법성은 과연 위법성의 본질에 관한 이론인가? 10

Jescheck은 실질적 위법성론이 다음 두 가지 점에서 중대한 현실적 의의를 가진다고 보고 있다.[1] 즉 첫째, 실질적 위법성은 입법자가 범죄구성요건을 제정하는 지침이 되고 형벌집행기관의 지도이념이 될 뿐 아니라, 실질적 위법성의 관점에서 불법을 경중에 따라 구별하고 그 정도의 차이를 양형에서 고려할 수 있게 되며 이로 인하여 구성요건도 그 기초가 된 목적과 가치관념에 따라 해석할 수 있다고 한다. 둘째, 실질적 위법성론의 또 하나의 중요한 결론은 이에 의하여 법률에 명문의 규정이 없는 경우에도 법률에 따른 이익교량에 의하여 형법규범의 기초가 목표와 가치가 다른 정당한 이익을 위하여 희생되어야 하는 때에는 위법성조각사유(초법규적 위법성조각사유)를 인정할 수 있다는 점이라고 한다.

그러나 형식적 위법성론에 의한다고 하여 위법성조각사유가 반드시 법률에 규정된 위법성조각사유에 국한되는 것은 아니며, 실질적 위법성론도 위법성을 법률외적 기준에 의하여 결정할 것을 요구하는 것은 아니다. 나아가 초법규적 위법성조각사유에 해당하는 행위는 형식적으로는 위법하지만 실질적으로 위법하지 않은 것이 아니라 어떤 의미에서도 위법한 것이 될 수 없다. 보다 근본적으로 실질적 위법성의 내용에 관한 학설은 위법성과 불법을 혼동한 데에 기인하는 것이며, 위법성은 순수한 관계이고 불법은 위법성의 실질이라는 점에서 위법성의 내용적 의의는 위법성이 아니라 불법(Unrecht)에 대한 이론이라고 하지 않을 수 없다.[2] 따라서 형식적 위법성과 실질적 위법성은 서로 대립되는 개념이 아니고 논쟁의 실익도 없는 문제에 불과하다고 하겠다. 11

되는 법익에의 위험을 가져오는 경우에도 범죄구성요건에 해당하여서는 안 된다는 이론이다 (Welzel S. 55ff).

1 Jescheck/Weigend S. 234~235.

2 유기천 175면.

Ⅲ. 위법성의 평가방법

1. 주관적 위법성론과 객관적 위법성론

12 위법성의 평가방법에 관하여는 학설사적으로 주관적 위법성론과 객관적 위법성론이 대립한 바 있었다.

13 (1) **객관적 위법성론** 객관적 위법성론(客觀的 違法性論, objektive Rechtswidrigkeitstheorie)은 법규범을 행위(및 결과)를 평가하는 평가규범(Bewertungsnorm)이라고 본다. 즉 법은 일정한 행위와 결과를 반가치적인 것으로 평가하고 이를 금한다. 이러한 금지는 인간 일반에 향하고 있어서 구체적인 수명자(受命者)의 능력을 전제하지 않는다. 이러한 의미에서 법은 '개개의 인격을 초월한 보편적 당위(當爲)'라고 할 수 있다. 따라서 정신병자의 행위도 법규범에 의하여 법익침해로 평가되는 한, 행위자에게 책임이 없다고 하더라도 위법성은 인정된다. 법의 의사결정규범으로서의 성질은 책임단계에서 비로소 나타난다. 따라서 객관적 위법성론에 따르면 법규범은 위법성에 관하여는 평가규범일 뿐이고, 이차적인 의미에서만 의사결정규범이라고 한다. 현재의 통설이다.

14 (2) **주관적 위법성론**[1] 주관적 위법성론(主觀的 違法性論, subjektive Rechtswidrigkeitstheorie)은 법규범을 평가규범인 동시에 의사결정규범으로 본다. 따라서 명령을 받을 능력이 있는 자, 즉 책임능력 있는 자만이 규범의 수명자이며 이러한 사람에 대하여만 규범명령의 위반이 위법하며, 책임무능력자는 규범의 수명자가 될 수 없어서 명령에 위반할 수도 없고 위법하게 행위할 수도 없다. 위법성은 객관적 평가규범에 대한 위반 자체를 의미하는 것이 아니라, 개인의 의사에 직접 영향을 미치는 명령의 형태로 나타나는 의사결정규범(Bestimmungsnorm)에 대한 위반을 의미한다. 따라서 위법성판단과 책임판단은 결합하여 귀책가능성이 위법성의 본질이 된다.

2. 비 판

15 주관적 위법성론에 대하여는, 규범이 평가규범인 동시에 의사결정규범으로

1 Merkel에 의하여 주장되고 Ferneck, Dohna 등에 의하여 발전되어 20세기 초까지 지배하던 이론이다.

서의 성질을 가지고 있음은 부정할 수 없지만 양자의 관계를 적절하게 파악하지 못하였다는 비판을 가할 수 있다. 법규범이 의사결정규범으로서 명령을 발하기 위하여는 이에 선행하여 명령할 사실의 가치를 긍정하거나, 금지할 사실의 가치를 부정하는 평가규범의 존재를 전제한다. 즉 형법은 근본적으로 평가규범이며 의사결정규범성은 이로부터 파생하는 성질에 불과하다. 따라서 규범명령과 내용적으로 관련을 갖는 모든 사람이 규범의 수명자가 될 수 있고, 규범의 수명자의 연령 · 정신상태 · 인식능력은 일단 고려되지 않는다. 따라서 정신병자나 형사미성년자도 규범의 수명자가 될 수 있고 위법하게 행위(했다고 판단)할 수 있으며, 이러한 사람에 대한 보안처분도 형법상의 제재로서 기능할 수 있다. 형법이 의사결정규범이라는 사실은 행위의사가 행위불법의 핵심이 된다는 데 의의가 있을 뿐이다. 이러한 의미에서 객관적 위법성론이 타당하며, 위법성은 객관적 판단이라고 할 수 있다.

Ⅳ. 위법성조각사유

16 구성요건해당성은 위법성을 징표한다. 따라서 구성요건해당 행위는 원칙적으로 위법하다. 이 원칙적 금지에 대하여 전체 법질서에서 비롯되는 예외적 허용규범이 개입하여 그 금지를 해제할 수 있다. 이것이 위법성조각사유(違法性阻却事由)이다. 구성요건과 위법성조각사유는 원칙과 예외의 관계에 있으며 구성요건에 해당하는 행위는 위법성조각사유가 없는 한 위법하다.[1]

형법은 정당방위(제21조) · 긴급피난(제22조) · 자구행위(제23조) · 피해자의 승낙(제24조) 및 정당행위(제20조) 등 여러 위법성조각사유를 규정하고 있다. 이러한 모든 위법성조각사유를 통일된 일반원리에 의하여 설명할 수 있는가, 또 그 원리가 무엇인가에 대하여는 근본적으로 일원론과 다원론이 대립된다.

1. 일 원 론

17 일원론(一元論, monistische Theorie)은 모든 위법성조각사유를 포괄하는 통일

1 Jescheck/Weigend S. 324; Sch/Sch/Lenckner Vor §32 Rn. 4; Wessels/Beulke Rn. 270.

적 원리를 모색한다. 이를 위하여 다양한 모색[1]이 행하여 졌으나, 대표적인 것은 목적설과 이익교량설이다.

18 (1) **목 적 설** 목적설(目的說, Zwecktheorie)은 Dohna에 의하여 주장되어 Eb. Schmidt가 발전시킨 이론으로, 구성요건에 해당하는 행위가 국가공동생활에 있어서 정당한 목적을 위한 상당한 수단인 때에는 위법하지 않다고 본다. 이 설은 범죄를 의무위반적 의사행위(행위불법)로 보면서, "행위자가 무엇을 의도했는가?"를 묻는다. 즉 행위자가 당해 상황에서 행위의 목적과 수단이 정당하다는 인식을 가진 경우에 정당하다는 것이다.

목적설이 모든 위법성조각사유를 통일적으로 파악하고 특히 주관적 정당화요소를 인정할 기초를 마련한 점은 이해할 수 있으나, 목적설에 대하여는 여러 가지 비판이 가하여지고 있다. 즉 ① 목적설은 "정당한 것은 정당하다"라는 동어반복에 불과하며 무엇이 정당한가를 설명하지 못하므로 위법성조각사유의 해석에 도움을 줄 수 없다. ② 목적설은 모든 위법성조각사유를 포괄하여 모순 없이 설명하는 데 치중한 나머지, 그 내용이 형식적이고 막연하여 실제문제를 해결하는 기준이 될 수 없다. ③ 목적설은 국가적 입장에 치중하여 위법성조각사유를 설명하려고 한 단점이 있다.

19 사회상당성설은 사회생활에 있어서 역사적으로 형성된 사회윤리적 질서, 즉 사회적 상당성이 위법성조각사유의 일반원리라고 한다.[2] 사회상당성설도 넓은 의미에서는 목적설에 속하는 이론이라 하겠다. 그러나 이 설에 대하여도 목적설과 그 내용에 있어서 차이가 없을 뿐 아니라,[3] 사회적 상당성의 개념 자체가 반드시 명백한 것이 아니고 긴급행위의 경우를 사회적 상당성에 의하여 설명하는 것은 적절하지 못하다는 비판이 제기되고 있다.[4]

---

1 이를 위하여 고도의 추상적이고 형식적인 원리가 모색되었다. '손해보다 큰 이익'의 원리(Wilhelm Sauer), '법질서가 승인하는 목적을 달성하기 위한 적절한 수단의 강구'(Graf zu Dohna), '가치형량의 원칙'(Peter Noll), '이익과 반대이익의 사회적으로 정당한 규율'(Claus Roxin) 등이 그것이다.

2 황산덕 교수는 "사회질서 전체의 입장에서 상당하다고 인정되는 행위는 법질서의 입장에서도 적법한 것으로 인정되지 않으면 안 된다. 이리하여 사회적 상당성은 모든 질서에 있어서 최후·궁극의 이념이다"라고 하여 사회상당성설을 주장한다(황산덕 154면).

3 목적설이 정당한 목적을 위한 상당한 수단이라고 할 때에는 행위의 상당성도 고려하는 것이며 사회적 상당성도 목적의 상당성을 고려하지 않을 수 없기 때문이다. 손해목 "초법규적 정당화원리"(현대형사법론), 85면; 차용석 "위법성조각사유의 일반원리"(월간고시 1981. 1), 20면.

4 Maurach/Zipf S. 332.

(2) **이익교량설** 이익교량설(利益較量說, Interessenabwägungstheorie)은 가치교량(Wertabwägung), 즉 이익과 반대이익의 조정이라는 이념에 입각하여 이익의 교량에 의하여 경미한 이익을 희생하고 우월한 이익을 유지하는 것은 적법하다고 한다. 이익교량설은 범죄를 법익의 침해(결과불법)로 보면서, "행위자가 어떤 결과를 가져왔는가?"를 묻는다. 형법의 기능이 법익의 보호에 있다는 사상을 배경으로 하여, 우월한 법익의 보호는 적법하다는 법익교량설(Güterabwägungstheorie)에서 발전된 이론이다. 법익교량에서 나아가 '이익'의 교량까지 요구한다. 그러나 모든 위법성조각사유를 우월적 이익의 원칙에 의하여 설명하는 것은 불가능하다. 특히 정당방위와 피해자의 승낙은 이익교량에 의하여 위법성을 조각하는 사유가 아니며, 이익교량설에 의하면 이를 위법성조각사유에서 제외해야 하는 결과가 된다. 20

2. 다 원 론

다원론(多元論, pluralistische Theorie)은 모든 (이질적) 위법성조각사유들을 하나의 통일적 원리에 의하여 획일적으로 설명할 수는 없다고 본다. 위법성조각사유들을 하나의 원리에 의하여 무리하게 설명한다는 것은 설명의 추상도를 높이는 데 지나지 않아서 그 실질적 내용을 확보할 수 없다는 점에서 타당한 이론이라고 하겠다.[1] 이 설은 각 개별적 위법성조각사유의 정당화 원리를 개별적으로 규명하거나, 위법성조각사유를 유형별로 묶어 그 각 유형에 즉응하는 정당화 원리를 규명하려고 한다. 21

다원론의 대표적인 이론이 Mezger에 의하여 주장된 이분설이다. Mezger는 위법성조각사유의 일반원리를 이익흠결의 원칙(Prinzip des mangelnden Interesses) 또는 불법흠결의 원칙(Prinzip des mangelnden Unrechts)과 우월적 이익의 원칙(Prinzip des überwiegenden Interesses) 또는 우월적 법의 원칙(Prinzip des überwiegenden Rechts)으로 분류하고, 전자에는 피해자의 승낙과 추정적 승낙이 포함되며 그 이외의 위법성조각사유는 후자에 속한다고 하였다.[2] 이익흠결의 원칙이란 구성요건에 해당하는 행위가 있더라도 보호해야 할 이익이 없는 때에는 위법 22

1 Jescheck/Weigend S. 326; Maurach/Zipf S. 333; Samson SK Vor §32 Rn. 22; Sch/Sch/Lenckner Vor §32 Rn. 6; Schmidhäuser S. 134; Stratenwerth/Kuhlen 9/2.

2 Ebert S. 71; Gropp S. 174; Mezger/Blei S. 122.

하다고 볼 수 없다는 원칙이며, 우월적 이익의 원칙은 구성요건에 해당하는 행위로부터 보호해야 할 이익은 있지만 가치적으로 우월한 이익을 보호하기 위하여 희생하지 않을 수 없을 때에는 이를 위법하다고 보지 않는다는 원칙이다. 이와 같이 위법성조각사유를 이익흠결의 원칙과 우월적 이익의 원칙이라는 일반원리로 분류하는 것이 일반적 견해이다.[1] 다만 이러한 원칙들은 이익교량설에 기울어져 있는 원칙으로서 결과불법을 중심으로 이해되고 있지만, 행위불법을 중시하는 목적설도 이 원칙들과 결합되어 있다는 점은 유의하여야 한다.[2] 위법성조각사유가 성립하기 위하여는 우월적 이익 이외의 요건도 필요하기 때문이다. 이러한 일반원리하에서 개별적인 위법성조각사유에 따라 그 가운데 어느 원리를 특히 중시하거나, 원리들을 결합하여 근거를 설명할 필요가 있다. 이를 개별화설이라고도 한다.[3]

V. 주관적 정당화요소

23 위법성조각사유에 해당하기 위하여는 위법성조각사유의 객관적 요건이 존재하는 것으로 족하지 않고 정당화상황을 인식하고 이에 기하여 행위하였을 것을 요한다. 정당방위, 긴급피난 및 자구행위에 있어서의 방위의사, 피난의사 또는 자구의사(自救意思)와 피해자의 승낙에 있어서 승낙이 있었다는 사실을 인식하는 것이 여기에 해당한다. 이와 같은 위법성조각사유를 인정하기 위한 주관적 측면을 주관적 정당화요소(主觀的 正當化要素, subjektives Rechtfertigungselement)라고 한다. 주관적 정당화요소에 관하여는 그 필요성 여부와 내용은 물론, 이를 결한 경우의 효과가 문제된다.

1. 주관적 정당화요소의 필요성

24 위법성조각사유에 있어서 주관적 정당화요소가 필요한가에 관하여는 필요설과 불요설이 대립되고 있다.

불요설은 객관적 위법성론의 입장에서 객관적 구성요건요소를 실현함으로써

1 유기천 177면; 이형국 165면.
2 Jescheck/Weigend S. 326; Sch/Sch/Lenckner Vor § 32 Rn. 7.
3 김일수/서보학 275면; 손동권 141면; 안동준 100면; 임웅 191면; 정성근/박광민 204면.

금지가 충족되는 것처럼, 허용규범에도 주관적 정당화요소는 필요하지 않다고 한다.[1] 이에 의하면 정당방위에 있어서 방위행위란 객관적으로 방위에 필요한 행위를 의미하며 방위의사를 요하는 것은 아니라고 한다.[2] 불법의 실체가 결과반가치에 있다고 해석하는 결과반가치론에 의하여도 같은 결과가 된다. 이에 반하여 **필요설**은 ① 형법이 위법성조각사유에 관하여 '방위하기 위한' 행위(제21조), '피난하기 위한' 행위(제22조), '피하기 위한' 행위(제23조) 또는 '승낙에 의한' 행위(제24조)라고 규정한 것은 주관적 정당화요소를 명문으로 요구하는 것으로 보아야 하고, ② 인적 불법론에 의할 때 결과반가치뿐만 아니라 행위반가치도 조각되어야 정당화될 수 있고, 행위반가치는 주관적 의사에 의하여만 조각될 수 있는 것이므로 주관적 정당화요소가 필요하다고 해석하고 있다.[3]

생각건대 위법성의 객관적 판단이란 평가방법의 객관성을 의미하는 데 불과하며, 행위반가치를 조각하기 위하여는 고의를 상쇄하는 주관적 요소가 필요하다고 할 것이므로 위법성조각사유에 있어서도 주관적 정당화요소가 필요하다는 통설[4]이 타당하다.

2. 주관적 정당화요소의 내용

주관적 정당화요소를 요구하는 경우에도 그 내용이 무엇인가에 관하여는 다시 견해가 대립되고 있다. 25

주관적 정당화요소는 위법성을 조각시키는 객관적 상황을 인식하는 정당화고의(正當化故意)를 의미하며, 더 이상의 목적이나 동기를 요하는 것은 아니라고 해석하는 견해(인식설)가 있다.[5] 주관적 정당화요소는 고의를 조각하는 것이면 족하다는 것을 이유로 한다. 이에 의하면 정당화상황에 대한 인식은 미필적 인식으로 족하게 된다. 이에 반하여 주관적 정당화요소는 정당화목적 또는 동기일 것을

1 차용석 596면.
2 Spendel LK §32 Rn. 144.
3 Haft S. 78; Hirsch LK Vor §32 Rn. 51; Jescheck/Weigend S. 329; Maurach/Zipf S. 337; Samson SK Vor §32 Rn. 42; Sch/Sch/Lenckner Vor §32 Rn. 13; Triffterer S. 208.
4 김일수/서보학 278면; 박상기 150면; 배종대 294면; 손해목 409면; 신동운 265면; 안동준 101면; 오영근 323면; 이형국 159면; 임웅 193면; 정성근/박광민 207면; 정영석 139면; 황산덕 160면.
5 박상기 151면; 이형국 159면; 정성근/박광민 207면.

요한다는 견해(의사설)[1]와 정당화상황의 인식과 함께 정당화목적이 있어야 한다고 주장하는 견해(인식 · 의사요구설)도 있다.[2] 전자는 정당화상황의 인식은 정당화목적의 독자적인 요소가 아니라고 해석함에 반하여, 후자는 그것이 주관적 정당화요소의 기본요소에 해당한다는 것을 이유로 한다.

26 주관적 정당화요소는 고의범에 있어서 고의에 대응하는 것이므로 위법성조각사유의 객관적 요건에 대한 인식은 필요하다. 그러나 이 이외에 어떤 목적 또는 동기가 있어야 하는가의 여부는 개별적인 위법성조각사유에 따라서 결론을 달리해야 된다고 생각한다.[3] 따라서 피해자의 승낙에 있어서는 정당화상황에 대한 인식이 있으면 족함에 반하여, 정당방위 · 긴급피난 또는 자구행위에 있어서 필요한 방위의사 · 피난의사 또는 자구의사는 정당화목적을 요한다고 해야 한다. 물론 이 경우에도 정당화목적이 유일한 동기일 것을 요하는 것은 아니다. 이러한 의미에서 위법성조각사유의 객관적 요건에 대한 양심에 따른 심사(gewissenhafte Prüfung) 또는 의무합치적 심사(pflichtmäßige Prüfung)도 추정적 승낙이나 형법 제310조의 위법성조각사유에 있어서는 주관적 정당화요소에 해당한다고 해야 한다.[4]

3. 주관적 정당화요소를 결한 경우의 효과

27 주관적 정당화요소 불요설에 의하면 주관적 정당화요소가 없는 경우에도 위법성조각사유에 해당하여 위법성이 조각된다(무죄설). 그러나 주관적 정당화요소가 없는 경우를 있는 경우와 같이 취급하는 것은 타당하지 않다. 한편 주관적 정당화요소 필요설에 의할 때에도 객관적인 정당화상황이 존재함에도 불구하고 주관적 정당화요소가 없는 경우(우연방위, 우연피난이 대표적인 경우이다)의 효과에 관하여는 견해가 대립된다.

이 경우 결과가 발생하였지만 그 결과는 정당화상황의 존재 때문에 법질서에 의하여 반가치로 평가되지 않으므로 미수(불능미수)로 보아야 한다는 견해도 있다(불능미수범설).[5] 결과가 반가치로 평가되지 않는 이유는 정당화상황의 존재

1 Hirsch LK Rn. 53.
2 김일수/서보학 280면; 배종대 296면; 신동운 265면; 오영근 324면.
Jescheck/Weigend S. 329; Samson SK Rn. 23; Tröndle/Fischer § 32 Rn. 14.
3 Haft S. 78; Sch/Sch/Lenckner/Perron Rn. 16; Triffterer S. 208.
4 Jescheck/Weigend S. 331; Sch/Sch/Lenckner/Perron Rn. 19.
5 Jescheck/Weigend S. 330; Joecks Vor § 32 Rn. 12; Lackner/Kühl § 22 Rn. 16; Roxin **14**/101; Samson SK Vor § 32 Rn. 42; Sch/Sch/Lenckner/Perron Rn. 15; Stratenwerth/Kuhlen **9**/148;

로 인하여 법질서는 그 결과를 법익으로 보호하는 데서 후퇴하기 때문이다. 불능미수로 보는 이유는 이 경우 결과는 발생하지 않았(다고 평가되)지만 구체적 위험[1]이 인정되기 때문이다. 우리나라의 다수설이다.[2]

28 그러나 ① 구성요건적 결과가 발생하였음에도 불구하고 미수에 불과하다고 하는 것은 부당하고, ② 위법성조각사유는 객관적 요건과 주관적 요건이 모두 충족된 때에만 정당화되는 것이므로 객관적인 정당화상황이 존재한다고 하여 결과반가치를 부정할 수는 없다고 할 것이며, ③ 침해행위가 과실행위이거나 미수에 그친 때에는 과실범의 미수 또는 미수범의 미수에 해당한다고 보게 되어 해결불능의 결과에 귀착하게 된다는 점에서 이 설은 비판을 받는다.[3] 이렇게 볼 때 주관적 정당화요소가 없는 때에는 기수가 된다고 해석하는 견해(기수범설)가 타당하다.

제 2 절 정당방위 § 17

I. 정당방위의 의의

1. 정당방위의 개념

1 현재의 부당한 침해로부터 자기 또는 타인의 법익을 방위하기 위한 상당한 이유가 있는 행위를 정당방위(正當防衛, Notwehr)라고 한다. 정당방위는 긴급피난·자구행위와 함께 형법이 규정하고 있는 위법성조각사유의 하나이다(제21조). 정당방위는 현재의 부당한 침해를 방위하기 위한 행위이므로 불법 대 법(Recht gegen Unrecht)의 관계이며, "법은 불법에 양보할 필요 없다"(Das Recht braucht dem Unrecht nicht zu weichen)는 명제가 기본사상을 이루고 있다.[4]

Wessels/Beulke Rn. 279.

1 이에 관하여는 *infra* 29/9 참조.

2 김일수/서보학 282면; 박상기 152면; 신동운 266면; 안동준 104면; 오영근 326면; 이정원 152면; 이형국 160면; 임웅 197면; 정성근/박광민 209면.

3 Haft S. 78; Hirsch LK Vor § 32 Rn. 59; Maurach/Zipf S. 339; Triffterer S. 209; Tröndle/Fischer § 32 Rn. 14; Frisch "Grund- und Grenzprobleme des sog. subjektiven Rechtfertigungselements", Lackner-FS S. 139; Gallas "Zur Struktur des strafrechtlichen Unrechtsbegriffs", Bockelman-FS S. 173.

4 Ebert S. 72; Jescheck/Weigend S. 336; Maurach/Zipf S. 342; Samson SK § 32 Rn. 2; Sch/Sch/Lenckner/Perron § 32 Rn. 1; Schmidhäuser S. 147; Spendel LK § 32 Rn. 13.

2. 정당방위의 근거

2 정당방위를 인정함으로써 개인이 불법에 대하여 법을 방위하는 것을 허용하는 근거는 자기보호의 원리(自己保護의 原理, Schutzprinzip)와 법수호의 원리(法守護의 原理, Rechtsbewährungsprinzip)에 있다.[1]

3 (1) **자기보호의 원리** 정당방위는 개인의 권리라는 측면에서는 타인의 위법한 침해로부터 스스로 방위하는 것을 허용한다는 자기보호의 원리에서 유래하는 권리이다. 로마법 이래 정당방위를 인간의 고유권(Urrecht)이라고 하여 더 이상의 근거를 필요로 하지 않는 자연법상의 권리로 인정해 온 이유도 여기에 있다.

정당방위는 개인의 권리보호를 위하여 인정된다는 근거로부터 정당방위는 위법한 침해에 대하여 개인의 법익을 보호하기 위하여 허용될 뿐이며, 국가적 · 사회적 법익을 보호하기 위한 정당방위는 허용되지 않는다는 결론이 나온다.

4 (2) **법수호의 원리** 정당방위는 사회권적 측면에서 피침해자의 자기방위가 동시에 일반적인 평화질서 내지 법질서의 존재를 확인하고 이를 지키는 것이라는 이유에서 위법성조각사유로 인정되고 있다. 불법에 양보할 필요가 없다는 것이야말로 법질서이기 때문이다.

법수호의 원리를 정당방위의 근거로 보게 됨에 따라 법수호의 이익이 없는 때에는 정당방위를 부정해야 한다는 정당방위의 제한의 문제가 제기된다. 종래 자유주의사상에 입각하고 있던 형법에서는 정당방위의 개인권적 성질이 중요시되었으나, 최근 사회권적 측면에서 정당방위를 제한해야 한다는 것이 정당방위의 중심문제가 되고 있다.

3. 정당방위의 성질

5 정당방위는 위법성조각사유이다. 따라서 정당방위에 의하여 행위한 자는 적법하게 행위한 것이 된다. 위법성조각사유로서의 정당방위는 이익교량의 사상에 근거하고 있는 것이 아니라는 점에서 긴급피난과 구별된다. 정당방위에 있어서는 침해된 법익과 방위된 법익 사이의 균형을 요하지 않는 이유도 여기에 있다.

---

1 Roxin "Sozialethische Einschränkungen des Notwehrrechts", ZStW 93, 70. 여기서 법 '수호'란 법질서가 존재하고 기능하고 있음을 확인한다는 의미에 가깝다.

Ⅱ. 정당방위의 성립요건

정당방위는 ① 현재의 부당한 침해가 있을 것, ② 자기 또는 타인의 법익을 방위하기 위한 행위일 것, ③ 상당한 이유가 있을 것이라는 세 가지 요건이 구비되어야 성립한다. 6

1. 현재의 부당한 침해

정당방위는 정당방위를 할 수 있는 상황이 있어야 가능하다. 현재의 부당한 침해가 바로 정당방위상황(Notwehrlage)이다.

(1) **침 해** 침해가 있어야 한다. 7

1) **침해의 의의** 침해(Angriff)란 법질서에 의하여 보호되는 법익에 대한 사람에 의한 공격 또는 그 위험을 의미한다. 법률에 의하여 보호되는 법익에 대한 공격인 한, 그 침해가 목적에 의하거나 고의에 의하여 이루어졌음을 요하지 아니한다. 과실에 의하거나 책임 없는 행위에 의하여 이루어진 공격도 여기의 침해에 해당한다.

2) **사람의 침해** 공격자의 침해는 행위로서의 성질을 가져야 한다. 그러므로 침해는 반드시 사람에 의하여 행하여졌음을 요하고 물건이나 동물, 예컨대 개에 의한 침해는 여기의 침해에 해당하지 않는다. 다만, 동물에 의한 침해가 사람에 의하여 사주된 때에는 동물을 도구로 이용한 사람에 의한 침해이므로 정당방위가 가능하다. 8

3) **부작위에 의한 침해** 침해는 작위에 의하여 이루어지는 것이 보통이지만 반드시 적극적인 작위임을 요하지 않는다. 부작위에 의한 침해도 가능하다.[1] 다만, 부작위에 의한 침해는 부작위범의 구조 상 보증인지위(작위의무)가 인정되는 때에만 침해라고 할 수 있다. 따라서 단순한 계약상의 채무불이행에 대하여는 정당방위가 있을 수 없다. 9

(2) **현재의 침해** 침해가 현재에 있어야 한다. 과거의 침해[2]나 장래의 10

1 Ebert S. 72; Günther SK §32 Rn. 30; Jescheck/Weigend S. 339; Kühl 7/29; Maurach/Zipf S. 344; Roxin 15/11; Spendel LK §32 Rn. 46; Wessels/Beulke Rn. 326.

2 대법원 1959. 7. 24. 4291 형상 556, "쟁투하다가 패주하는 피해자를 추격하여 그가 소지하였던 식도를 탈취하여 그를 찔러 죽인 행위는 정당방위라 할 수 없다."

침해에 대하여는 정당방위를 할 수 없다. 어젯밤에 도둑을 맞았는데 그 도둑을 다음날 길에서 만나 구타한 때에는 정당방위가 성립하지 않는다.

11 **1) 현재의 침해의 의의** 현재의 침해란 법익에 대한 침해가 급박한 상태에 있거나 바로 발생하였거나 아직 계속되고 있는 것을 말한다. 계속범에 있어서는 위법상태가 계속되는 한 침해도 계속된다고 할 수 있다. 이 경우에는 위법상태가 제거되어야 침해가 종료된다고 볼 수 있기 때문이다.

12 **2) 현재의 침해의 범위** 현재의 침해라고 하기 위하여 그 침해행위가 반드시 실행에 착수되어 미수의 단계에 이르렀음을 요하는 것은 아니다. 공격자가 아직 실행에 착수하지 않은 때에도 방어를 지체함으로써 방어의 기회를 확보하기 어려워지는 때에는 현재의 침해가 있다고 보아야 하기 때문이다. 또 범죄가 이미 형식적인 기수에 달한 후라도 법익침해가 현장에서 계속되는 상태에 있으면 현재의 침해가 될 수 있다. 따라서 절도의 현행범인을 추격하여 도품을 탈취하는 것은 정당방위에 해당할 수 있다.[1, 2]

반복될 침해의 위험을 방위하기 위한 정당방위, 즉 **예방적 정당방위**(Präventiv-notwehr)를 인정할 수 있는가? 이미 침해행위를 끝내고 도주하는 자가 다시 공격할 것에 대비하여 총을 쏘거나, 술을 마시면 어머니에게 폭행을 일삼는 아버지의 반복된 폭행을 막기 위하여 아버지를 살해한 경우 또는 의붓아버지의 계속된 성폭행을 피하기 위하여 그를 살해한 경우가 그 예이다. 정당방위는 현재의 부당한 침해가 있는 긴급상태에서 예외적으로 자기사법을 허용하는 제도이므로 침해의 현재성은 엄격하게 해석되어야 한다. 장래의 침해의 위험은 현재의 침해가 아니므로 예방적 정당방위는 허용되지 않는다.[3]

---

1 Kühl 7/46; Roxin 15/27; Samson SK § 32 Rn. 11; Sch/Sch/Lenckner/Perron Rn. 15; Schmidhäuser S. 150.

2 대법원은 정당방위에서의 침해의 현재성은 "침해행위가 형식적으로 기수에 이르렀는지에 따라 결정되는 것이 아니라 자기 또는 타인의 법익에 대한 침해상황이 종료되기 전까지를 의미하는 것이므로 일련의 연속되는 행위로 인해 침해상황이 중단되지 아니하거나 일시 중단되더라도 추가 침해가 곧바로 발생할 객관적인 사유가 있는 경우에는 그중 일부 행위가 범죄의 기수에 이르렀더라도 전체적으로 침해상황이 종료되지 않은 것으로 볼 수 있다"고 하면서, 노사갈등이 격화되어 있던 중 사용자가, 사무실에 출근하여 항의하는 근로자 중 1명의 어깨를 손으로 미는 과정에서 뒤엉켜 넘어져 근로자를 깔고 앉게 되었는데, 피고인이 근로자를 깔고[앉아] 있는 사용자의 어깨 쪽 옷을 잡고 사용자가 일으켜 세워진[=사용자를 일으켜 세운] 이후에도 그 옷을 잡고 흔들어 폭행으로 기소된 사안에서 정당방위를 인정하는 취지의 판단(파기환송)을 하였다(대법원 2023. 4. 27. 2020 도 6874).

3 Ebert S. 73; Günther SK § 32 Rn. 62; Jescheck/Weigend S. 342; Kühl 7/42; Roxin 15/27;

대법원은 의붓아버지의 강간행위에 의하여 정조를 유린당한 후 계속적으로 성관계를 강요받아 온 피고인이 그의 남자친구와 공모하여 범행을 준비하고 의붓아버지가 반항할 수 없는 상태에서 식칼로 심장을 찔러 살해한 행위는 사회통념상 상당성을 결여하여 정당방위가 성립하지 아니한다고 판시하였다(대법원 1992. 12. 22. 92 도 2540). 그러나 이 경우에는 현재의 침해가 있다고 볼 수도 없다.

3) **판단의 기준** 현재의 침해가 있는가의 여부는 피침해자의 주관에 의하여 결정되는 것이 아니라 객관적인 상황에 따라 결정되어야 한다. 또 현재의 침해가 있는가 여부는 급박한 침해가 이루어진 때를 기준으로 판단해야 하지 방어행위시를 기준으로 판단할 것은 아니다. 따라서 장래의 침해의 가능성을 예견하고 이를 방지하기 위하여 침해가 없는 평상시에 방어장치의 설치 등의 조치를 취해 둔 때에도 상당성이 인정되는 한 정당방위가 가능하다. 13

(3) **부당한 침해** 침해는 부당해야 한다. 부당이라 함은 위법함을 말한다. 법질서를 침해하는 모든 행위는 위법하다고 할 수 있다.[1] 따라서 불법체포를 면하기 위하여 반항하는 과정에서 경찰관에게 상해를 가한 때에는 위법한 침해를 방위하기 위한 행위이므로 정당방위가 성립한다.[2] 여기의 위법은 형법상의 불법뿐 아니라 타법의 불법도 포함한다. 따라서 반드시 고의 또는 과실에 의하여 야기된 침해뿐 아니라 단순한 결과불법도 포함된다. 부당한 침해인 이상 그것이 유책하게 이루어진 것임을 요하지 않는다. 따라서 명정자(酩酊者) · 정신병자 또는 유아의 침해에 대하여도 정당방위가 가능하다. 그러나 침해 자체가 허용된 것일 때에는 그 침해는 위법하다고 할 수 없다. 따라서 정당방위 · 긴급피난 또는 징계권자의 징계행위에 의한 침해에 대하여는 정당방위가 허용될 수 없다. 14

싸움 중인 당사자간에 부당한 침해가 있다고 볼 수 있는가? 대법원은 싸움에 있어서는 공격과 방어가 교차되기 때문에 한편의 행위만을 부당한 침해라고 하고 다른 한편의 행위는 방어라고 단정할 수 없으므로 원칙적으로 '침해가 있다고 볼 수 없다'

Spendel LK § 32 Rn. 127; Wessels/Beulke Rn. 329.

1 Jescheck/Weigend S. 341; Schmidhäuser S. 150.

2 대법원 2002. 5. 10. 2001 도 300, "현행범인으로서의 요건을 갖추고 있었다고 인정되지 않는 상황에서 경찰관들이 동행을 거부하는 자를 체포하거나 강제로 연행하려고 하였다면, 이는 적법한 공무집행이라고 볼 수 없고, 그 체포를 면하려고 반항하는 과정에서 경찰관에게 상해를 가한 것은 불법체포로 인한 신체에 대한 현재의 부당한 침해에서 벗어나기 위한 행위로서 정당방위에 해당하여 위법성이 조각된다."

동지: 대법원 2000. 7. 4. 99 도 4341; 대법원 2006. 11. 23. 2006 도 2732.

고 한다.[1] 그러나 싸움에 있어서 공격과 방어가 교차되었다고 해서 침해가 없다고 하는 것은 타당치 않다. 싸움에서 공격과 방어는 모두 부당한 침해이지 (부당한) 침해가 없는 것은 아니기 때문이다. 따라서 싸움에 있어서 정당방위가 가능한가는 부당한 침해 여부의 문제가 아니라 그것이 방위행위인가 또 정당방위를 인정할 수 있는 경우인가(정당방위의 한계)에 의하여 결정될 문제라고 보아야 한다(후술 **17**/17 참조).

2. 자기 또는 타인의 법익을 방위하기 위한 행위

(1) 자기 또는 타인의 법익

15 1) 법익의 범위 법에 의하여 보호되는 모든 법익은 정당방위에 의하여 보호될 수 있다. 생명 · 신체 · 명예[2] · 재산 · 자유 · 주거권 등 형법상의 법익은 물론 가족관계[3] · 애정관계[4]와 같이 형법상의 구성요건에 해당하지 않는 법익을 방위하기 위한 정당방위도 가능하다. 따라서 부부 사이의 성관계를 엿보는 자에 대한 정당방위도 성립될 수 있다.

형법은 타인의 법익도 피공격자의 법익과 동일시하고 있으므로 타인의 법익을 방어하기 위한 정당방위도 가능하다. 이러한 정당방위를 긴급구조(Nothilfe)라고 한다. 타인의 법익이라 함은 자기 이외의 자연인 · 법인 또는 국가의 모든 법익을 총칭한다.

16 2) 국가적 · 사회적 법익 국가 또는 사회적 법익도 여기의 법익에 포함

---

1 대법원은 종래 싸움에 있어서는 정당방위를 원칙적으로 부인하였다. 대법원판결 가운데는 싸움의 경우에 정당방위가 성립하지 않는다는 이유로 침해가 아니라고 하는 판결도 있다.
대법원 1960. 2. 17. 4292 형상 860; 대법원 1960. 9. 7. 4293 형상 411; 대법원 1984. 5. 22. 83 도 3020; 대법원 2000. 3. 28. 2000 도 228; 대법원 2004. 6. 25. 2003 도 4934.

2 언어에 의한 명예훼손에 대하여 정당방위가 가능한가라는 문제가 명예훼손 또는 욕설이 현재의 침해로 볼 수 있느냐와 관련하여 제기된 바 있으나 대법원은 이를 부정하였다.
대법원 1957. 5. 10. 4290 형상 73, "노상에서 종놈, 개새끼같은 놈이라는 욕설을 하는 것만으로는 현재의 급박 · 부당한 침해라 할 수 없으니 그 욕설을 한 자에 대하여 가래로 흉부를 1회 구타하여 상해를 입힌 본건에 있어서 이를 정당방위로 논할 수는 없다."

3 대법원 1974. 5. 14. 73 도 2401, "타인이 보는 자리에서 자식으로서 인륜상 용납할 수 없는 폭언과 함께 폭행을 가하려는 피해자를 1회 구타한 것이 피해자가 지면에 넘어져서 머리 부분에 상처를 입고 그 결과 사망에 이르렀다 하여도 이는 아버지의 신체와 신분에 대한 현재의 부당한 침해를 방위하기 위한 행위로서 아버지로서는 아들에게 일격을 가하지 아니할 수 없는 상당한 이유가 있는 경우에 해당한다."

4 간통죄가 폐지되어 간통행위에 대한 정당방위가 가능한가가 문제된다. 간통죄가 폐지되었지만 간통행위는 민법상의 불법행위이며, 종래에도 간통죄 자체는 개인적 법익을 침해하는 범죄가 아니라 사회적 법익을 침해하는 범죄였지만, 개인적 이익을 보호하는 측면이 인정되어 간통행위에 대하여는 정당방위가 인정되었으며, 간통죄가 폐지된 현재도 같은 해석이 가능하다.

될 수 있는가? 정당방위는 원래 타인의 위법한 침해로부터 개인의 법익을 방어하기 위하여 인정된 것이지 공공의 질서를 방어하기 위한 것은 아니다. 먼저 국가라 할지라도 국가의 개인적 법익(국가가 개인의 지위에서 갖는 법익)이 문제되는 경우, 예컨대 국가 소유의 건물 또는 물건에 대한 방화 · 절도 · 손괴에 대하여 정당방위가 가능하다는 점은 별다른 이론이 없다. 그러나 전체로서의 질서 내지 공공의 질서의 유지는 국가의 사명이지 개인의 정당방위에 의하여 방어할 성질의 법익이 아니다. 따라서 국가적 법익이나 사회적 법익은 원칙적으로 정당방위에 의하여 보호될 수 없다.[1]

그러므로 운전면허 없이 자동차를 운전하거나, 음란한 서화를 판매하는 것을 막기 위하여 폭행을 한 때에는 정당방위가 성립되지 않는다.[2]

다만, 국가의 존립에 관한 명백하고 중대한 위협에 직면하여 국가가 그 기관에 의하여 스스로 보호조치를 취할 수 있는 여유가 없는 예외적인 경우에는 국가적 법익도 정당방위에 의하여 방어할 수 있다고 해야 할 것이다.[3]

17

(2) **방위하기 위한 행위** 방위행위에는 방위의사(防衛意思, Verteidigungswille)가 있어야 한다. 방위의사는 정당방위에 있어서의 주관적 정당화요소이다. 방위의사는 그것이 방위행위의 동기가 되거나 유일한 요소가 될 것을 요하는 것은 아니다. 증오 · 분노 · 복수와 같은 다른 동기가 함께 작용한 때에도 방위의사가 주된 기능을 하는 한 정당방위의 성립에는 영향이 없다. 그러나 싸움은 공격의사와 방어의사가 교차하는 경우이므로 방위행위에 해당한다고 보기는 어렵다.[4] 다만 싸움의 경우에도 일률적으로 정당방위가 불가능하다고 단정할 것은 아

---

1 나치 초기의 정적의 살인은 '국가를 위한 정당방위'라는 명분으로 정당화되었다. Michael Stolleis *The Law under the Swastika. Studies on Legal History in Nazi Germany*, 1998, p. 94.

2 BGHSt. 5, 245, 피고인이 '죄 많은 여인'(Sünderin)이라는 음란한 영화상영을 막기 위하여 영화관에 질식탄을 터뜨려 약 15분 동안 그 영화를 상영하지 못하게 한 사건에 관하여, BGH는 "공공의 질서나 도덕과 같은 일반의 법익에는 정당방위가 있을 수 없다"고 판시하였다.

3 Jescheck/Weigend S. 340; Maurach/Zipf S. 346; Roxin 15/39; Samson SK § 32 Rn. 18; Sch/Sch/Lenckner/Perron § 32 Rn. 6.

4 대법원은 싸움에 관하여 대부분 방위의사가 없다는 이유로 정당방위의 성립을 부정하고 있다.
(1) 대법원 1968. 12. 24. 68 도 1229, "피고인은 피고인으로부터 뺨을 한 차례 얻어 맞은 甲으로부터 손톱깎기 칼에 찔려 파열상을 입게 되자 이에 격분하여 길이 약 20센치미터의 과도를 가지고 甲의 복부를 찌른 것이므로 피고인의 위 소위는 甲을 공격하기 위한 것이지 피고인의 주장과 같이 상대방의 부당한 침해로부터 자기의 법익을 보호하기 위한 방위행위라고는 인정할 수 없으므로 정당방위는 물론 과잉방위도 성립되지 아니한다."

니고, 구체적인 경우에 따라 판단하여야 한다. 따라서 ① 일방이 싸움을 중지하였거나 ② 싸움에서 당연히 예상할 수 있는 범위를 넘는 공격이 있는 때에는 이에 대하여 정당방위가 가능하다고 해석하여야 할 것이며,[1] ③ 외관상 서로 싸움을 하는 자 사이라도 실제로는 상대방의 일방적인 공격에 대하여 방위하기 위하여 유형력을 행사한 때에도 정당방위가 성립할 수 있다고 보아야 한다.[2] 타인의 법익을 방위하기 위한 정당방위에 있어서 그 타인의 의사는 문제가 되지 않는다.

18 방위행위에는 침해에 대한 순수한 방어적 방위인 보호방위(保護防衛, Schutzwehr)와 반대공격에 의한 방위인 공격방위(攻擊防衛, Trutzwehr)가 포함된다.[3] 그리고 방위행위는 그 성질상 침해자의 법익에 대한 반격에 제한된다. 다만 제 3 자에 대한 반격도 그것이 공격자에 대한 방위의 한 부분이 되는 한도 안에서는 정

---

(2) 대법원 2000. 3. 28. 2000 도 228, "피해자가 술에 만취하여 그의 누나와 말다툼을 하다가 누나의 머리채를 잡고 때리자, 당시 그녀의 남편이었던 피고인이 이를 목격하고 화가 나서 피해자와 싸우게 되었는데, 그 과정에서 몸무게가 85kg 이상이나 되는 피해자가 62kg의 피고인을 침대 위에 넘어뜨리고 피고인의 가슴 위에 올라타 목 부분을 누르자 호흡이 곤란하게 된 피고인이 안간힘을 쓰면서 허둥대다가 그 곳 침대 위에 놓여 있던 과도로 피해자에게 상해를 가하였다면, 이와 같은 싸움의 경우 가해행위는 방어행위인 동시에 공격행위의 성격을 가지므로 정당방위 또는 과잉방위행위라고 볼 수 없다."

동지: 대법원 1971. 4. 30. 71 도 527; 대법원 1984. 1. 24. 83 도 1873; 대법원 1993. 8. 24. 92 도 1329.

1 대법원은 싸움의 경우라도 일정한 때에는 정당방위의 성립을 인정하고 있다.

(1) 대법원 1957. 3. 8. 4290 형상 18, "싸움이 중지된 후에 다시 피해자들이 도발한 별개의 가해행위를 방위하기 위하여 단도로 상대방의 복부에 자상을 입힌 행위에 대하여 정당방위에 해당한다고 한 것은 정당하다."

(2) 대법원 1968. 5. 7. 68 도 370, "싸움을 함에 있어서 격투자의 행위는 서로 상대방에 대하여 공격을 함과 동시에 방어를 하는 것이므로 그 중 일방 당사자의 행위만을 부당한 침해라고 하고, 다른 당사자의 행위만을 정당방위에 해당하는 행위라고 할 수는 없을 것이나, 격투를 하는 자 중의 한 사람의 공격이 그 격투에서 당연히 예상할 수 있는 정도를 초과하여 살인의 흉기 등을 사용하여 온 경우에는 이는 역시 부당한 침해라고 아니할 수 없으므로 이에 대하여도 정당방위를 허용하여야 한다고 해석하여야 할 것이다."

2 대법원 1999. 10. 12. 99 도 3377, "외관상 서로 격투를 하는 것처럼 보이는 경우라고 할지라도 실지로는 한쪽 당사자가 일방적으로 불법한 공격을 가하고 상대방은 이러한 불법한 공격으로부터 자신을 보호하고 이를 벗어나기 위한 저항수단으로 유형력을 행사한 경우라면, 그 행위가 적극적인 반격이 아니라 소극적인 방어의 한도를 벗어나지 않는 한 그 행위에 이르게 된 경위와 그 목적수단 및 행위자의 의사 등 제반사정에 비추어 볼 때 사회통념상 허용될 만한 상당성이 있는 행위로서 위법성이 조각된다고 보아야 할 것이다."

동지: 대법원 2003. 5. 30. 2003 도 1246; 대법원 2010. 2. 11. 2009 도 12958.

3 보호방위는 공격자의 공격을 피한다든가 공격하지 못하도록 칼을 들고 위협한다든가 하는 경우인 데 비하여 공격방위는 공격자에게 적극적으로 공격을 하는 경우이다. 보호방위의 경우 방어자의 행위가 구성요건에 해당하지 않는 경우에는 문제가 없으나, 공격자의 행동에 의하여 공격자 자신이 상해를 입은 경우에, 이 상해는 공격자의 자기위태화의 결과로 야기된 상해로서 방어자가 아니라 공격자 자신에게 귀속된다. Münchener Kommentar/Erb § 32/112.

당방위로 허용된다고 보아야 할 것이다.

3. 상당한 이유

19 상당한 이유란 침해에 대한 방위가 사회상규에 비추어 상당한 정도를 넘지 아니하여 당연시되는 것을 말한다. 정당방위는 개인의 법익의 보호뿐만 아니라 법질서의 유지를 위하여도 인정되는 것이므로 긴급피난의 경우와는 달리 반드시 다른 피난방법이 없었을 것(보충성의 원리)을 요하지 아니하고, 침해된 법익이 방위된 법익을 가치적으로 초과하지 않을 것(균형성의 원리)을 요하지도 않는다. 따라서 정당방위에 있어서 상당한 이유는 방위의 필요성(Erforderlichkeit)을 의미한다고 할 수 있다.[1]

20 방위의 **필요성**은 침해의 즉각적인 배제가 확실히 기대되고 위험의 제거가 보장되는 때에 인정된다. 침해를 방어하기 위한 수단 가운데 공격자에게 피해가 적은 방법을 선택하였을 것을 요한다. 그러나 선택의 여지가 없을 때에는 더 큰 피해를 준 방어행위도 상당성이 있다고 하지 않을 수 없다. 이러한 의미에서 신발을 절취하는 것을 보고 절도범을 사살하는 것은 상당하다고 할 수 없지만, 폭행에 의하여 지갑을 강취하는 강도범을 사살할 때에는 상당성이 인정될 수 있다. 요컨대 방위행위가 방어를 위한 적합한 수단이고 그것이 공격자에게 상대적으로 경미한 피해를 입힌 경우에는 방어의 필요성 내지 상당성을 인정하여야 한다. 상당한 이유가 있느냐에 대한 판단은 객관적으로 하여야 한다.

대법원은 "정당방위는 침해행위에 의하여 침해되는 법익의 종류 · 정도 · 침해의 방법 · 침해행위의 완급과 방위행위에 의하여 침해될 법익의 종류 등 일체의 구체적 사정을 참작하여 방위행위가 사회적으로 상당한 것이었다고 인정할 수 있는 것이어야 한다"고 판시한 바 있다(대법원 1984. 4. 24. 84 도 242). 여기서 대법원은 강제추행범의 혀를 깨물어 혀절단상을 입힌 경우에도 정당방위가 성립할 수 있다고 하면서도(대법원 1989. 8. 8. 89 도 358),[2]

---

1 상당성의 내용에 대하여는 견해가 나누어지고 있다. ① 첫째는 상당성을 정당방위의 필요성과 사회윤리적 제한을 포함하는 개념으로 이해하는 견해이다(박상기 175면; 신동운 278면; 오영근 374면; 이형국 180면; 정성근/박광민 230면). 상당성은 사회윤리적 가치판단을 강하게 받는 개념이라는 것을 그 근거로 한다. ② 둘째 상당성을 필요성으로 해석하고 사회윤리적 제한을 상당성과 구별되는 별개의 요건으로 취급하는 견해이다(김일수/서보학 296면; 배종대 343면; 손해목 458면). 정당방위의 사회윤리적 제한을 넘는 행위는 과잉방위에도 해당할 수 없다는 점에서 후설이 타당하다고 생각한다.

2 대법원 1989. 8. 8. 89 도 358, "甲과 乙이 인적이 드문 심야에 혼자 귀가중인 丙녀에게 뒤에서

이혼소송 중인 남편이 찾아와 가위로 폭행하고 변태적 성행위를 강요하는 데에 격분하여 처가 칼로 남편의 복부를 찔러 사망에 이르게 한 경우에는 그 행위가 방위행위로서의 한도를 넘어선 것으로 사회통념상 용인될 수 없다는 이유로 정당방위나 과잉방위에 해당하지 않는다고 판시하였다(대법원 2001. 5. 15. 2001 도 1089).[1] 한편 헌법재판소는 여성이 손목과 가슴을 움켜잡는 남성을 향해서 사기그릇을 휘둘러 상해를 입힌 행위를 정당방위에 해당한다고 보면서, 이 사건 상해혐의에 대하여 검찰에서 (무죄로서 불기소하지 않고) 기소유예 처분을 한 것은 위헌이라고 결정하였다(헌재결 2021. 2. 25. 2019 헌마 929).

Ⅲ. 정당방위의 제한

1. 정당방위의 제한의 의의

21 정당방위는 개인의 권리를 보호하는 제도일 뿐 아니라 전체로서의 법질서를 수호하기 위한 제도이므로, 구체적인 경우에 이러한 기본원리가 구현되지 않는 때에는 정당방위는 인정되지 않는다. 정당방위의 기본원리가 개인의 권리보호에 있다는 보호원리에 의하면 정당방위는 고정적이고 비탄력적인 것이 되지 않을 수 없다. 그런데 정당방위에 있어서 법수호의 원리가 독자적 의미를 갖게 됨으로써 이를 토대로 정당방위에 의한 보호의 범위와 방법을 결정할 수 있게 되었다.[2] 즉 법수호의 원리에서 정당방위의 제한원리가 도출될 수 있게 된 것이다.

종래 정당방위는 형법총론에서 가장 다툼이 없고 완전히 해명된 분야로 여겨져 왔다. 그러나 정당방위의 제한이 문제됨에 따라 정당방위의 기능에 대한 논쟁은 형법학에 있어서 중요한 문제점으로 재연되게 되었다. 여기서 정당방위의 제한은 정당방위의 핵심적인 논점 내지 정당방위 자체의 문제로 부각되었고, (서구에서) 정당방위의 역사는 사회윤리적 근거에 의한 정당방위 제한의 역사[3]라고 할 수 있을 정도로 정

느닷없이 달려들어 양팔을 붙잡고 어두운 골목길로 끌고 들어가 담벽에 쓰러뜨린 후 甲이 음부를 만지며 반항하는 丙녀의 옆구리를 무릎으로 차고 억지로 키스를 하므로 丙녀가 정조와 신체를 지키려는 일념에서 엉겁결에 甲의 혀를 깨물어 설절단상을 입혔다면, 丙녀의 범행은 자기의 신체에 대한 현재의 부당한 침해에서 벗어나려고 한 행위로서 그 행위에 이르게 된 경위와 그 목적 및 수단, 행위자의 의사 등 제반 사정에 비추어 위법성이 결여된 행위이다."

1 대법원이 이 경우에 과잉방위의 성립까지 부정한 것은 의문이다. 이에 대하여는 최석윤 "정당방위의 사회윤리적 제한"(형사판례의 연구 1), 303면 이하; 김태명 "가정폭력에 대한 정당방위의 사회윤리적 제한"(형사판례의 연구 1), 321면 이하 참조.

2 Jescheck/Weigend S. 337; Krause "Zur Problematik der Notwehr", Bruns-FS S. 76; Roxin ZStW 93, 76.

3 Jescheck/Weigend S. 344; Sch/Sch/Lenckner/Perron § 32 Rn. 43; Bockelmann "Notwehr

당방위 이론에서 중요한 의미를 갖게 되었다.

2. 정당방위의 제한의 이론적 근거

22 정당방위의 제한을 인정하는 경우에도 제한의 결과는 물론 그 이유도 타당해야 하며, 법적 안정성과 명확성의 요구에 합치해야 한다. 여기서 정당방위 제한의 이론적 근거를 규명할 필요가 있는바, 이를 권리남용의 이론, 상당성의 원칙이론, 기대가능성이론 및 정당방위의 기본원리에서 찾는 견해 등이 주장되고 있다.

권리남용이론은 정당방위의 제한을 권리남용의 금지라는 일반적 원칙에서 유래하는 것으로 해석하여 방어행위가 권리의 남용에 해당하는 경우라고 설명한다.[1] 그러나 정당방위의 제한을 권리의 행사라는 주관적인 측면에서만 보는 것은 타당하다고 할 수 없다. 상당성의 원칙이론은 정당방위의 제한을 과잉금지에서 유래하는 비례성 또는 상당성의 원칙에 근거를 두어야 한다고 주장한다.[2] 그러나 정당방위에 있어서는 이익교량이 요구되는 것이 아니고 이에 의하여는 정당방위의 제한이 명확하게 확정될 수 없다는 비난을 면치 못한다. 정당방위의 제한이 기대가능성의 사상에 기초를 두고 있다는 기대가능성이론[3]에 대하여도 이는 책임조각사유의 기본원리에 불과하다는 점을 도외시 하였다는 점을 지적할 수 있다. 따라서 정당방위의 제한은 정당방위의 기본원리 내지 정당방위의 규범적 · 형사정책적 기초에서 찾는 것이 타당하다.[4]

23 정당방위가 자기사법(自己司法)을 의미하는 것은 아니다. 정당방위의 근거가 보호원리와 법수호의 원리에 있는 이상 법질서를 방어할 이익이 없는 때에는 당연히 정당방위는 제한된다. 정당방위 제한의 범위를 명백하게 하여 법적 안정성을 유지하기 위하여는 정당방위의 제한의 근거를 정당방위의 기본이념인 법질서 수호라는 관점에서 파악하는 것이 타당하다.

---

gegen verschuldete Angriffe", Honig-FS S. 19; Hassemer "Über die Zukunft des Notwehrrechts", Bockelmann-FS S. 228.

1 Maurach/Zipf S. 351; Tröndle/Fischer §32 Rn. 18; Wessels/Beulke Rn. 342.

2 Otto S. 103; Spendel LK §32 Rn. 314.

3 Henkel "Zumutbarkeit und Unzumutbarkeit als regulatives Rechtsprinzip", Mezger-FS S. 272~275.

4 Jescheck/Weigend S. 345; Kühl 7/164; Roxin 15/55; Samson SK Rn. 47; Sch/Sch/Lenckner/Perron Rn. 47; Krause Bruns-FS S. 82.

3. 정당방위의 제한의 유형

24 정당방위의 제한은 ① 책임 없는 자의 침해에 대한 방위, ② 보증관계에 있는 자의 침해에 대한 방위, ③ 극히 경미한 침해에 대한 방위 및 ④ 자초위난에 대한 방위의 경우에 문제된다.

25 (1) **책임 없는 자의 침해에 대한 방위** 정당방위는 현재의 부당한 침해가 있으면 족하며 책임 있는 자에 의한 침해를 요건으로 하지 않는다. 그러나 유아 · 정신병자 · 명정자 또는 금지의 착오에 의하여 행위한 자의 공격에 대하여는 정당방위가 전면적으로 금지되거나, 공격을 회피할 수 없는 때에만 정당방위를 허용하여 정당방위가 제한된다고 해석하는 것이 일반적인 견해이다. 책임 없는 자의 공격은 침해 또는 부당한 침해에 해당하지 않는다고 해석하는 경우에는 그에 대하여는 정당방위가 허용되지 않는 결론이 나온다. 그러나 제한의 근거를 정당방위의 기본원리에 있다고 보는 경우에는 책임 없는 자의 침해에 있어서는 법수호의 이익이 현저히 약화되어 법익침해를 피할 수 없는 때에 한하여 정당방위가 허용된다고 해석해야 한다.

26 (2) **보증관계에 있는 자의 침해에 대한 방위** 부부나 부자관계와 같은 긴밀한 인적 관계에 있는 사람 사이에도 정당방위의 성립은 제한된다. 따라서 부부 사이에 술취한 남편의 폭행을 막기 위하여 우산으로 남편을 찔러 살해한 처는 그것이 공격을 방어하기 위한 확실한 수단인 때에도 정당방위가 되지 않는다.[1] 이 경우에 생명을 침해하는 방어행위는 최후의 수단으로서만 허용된다. 여기서 정당방위를 제한하는 인적 관계는 부진정부작위범의 보증인지위와 같은 긴밀한 가족관계에서만 인정된다고 해석된다. 따라서 별거하고 있으면서 이혼소송 중인 부부 사이에는 이러한 관계가 인정되지 아니한다.[2]

보증관계에 있는 자의 침해에 대하여 정당방위가 제한되는 이유에 대하여 공격자에 대한 보증인지위의 존재 때문이라고 해석하는 견해[3]도 있다. 그러나 이 경우에 정당방위가 제한되는 이유는 공격자에 대한 관계에서 행위자에게 부과되는 특수한 보호의무 때문에 법질서수호의 이익이 약화된다는 점에서 찾아야 한다.[4] 공격자에 대한

1 BGH, NJW, 69, 802.
2 대법원 2001. 5. 15. 2001 도 1089 판결(*supra* **17**/20)은 이러한 의미에서도 의문이다.
3 Jakobs **12**/57; Otto S. 103; Tröndle/Fischer Rn. 19.
4 Roxin **15**/93; Sch/Sch/Lenckner/Perron Rn. 53.

보호의무가 있는 때에는 피공격자의 법익보호의 필요성이 사회적으로 제한됨으로써 법수호의 이익이 감소되지 않을 수 없기 때문이다.

⑶ **극히 경미한 침해에 대한 방위** 정당방위는 부정(不正) 대 정(正)의 관계이므로 침해 법익과 방어 법익 사이의 균형이나 비례는 문제되지 않는다. 따라서 경미한 법익을 방위하기 위하여 보다 높은 가치의 법익을 침해한 때에도 정당방위는 성립한다. 그러나 침해가 경미한 때에는 법수호의 이익은 감소될 수 있고, 또 구체적인 법익침해의 정도를 무시하는 것도 형사정책상 타당하다고 할 수 없다. 따라서 침해가 극히 경미한 경우에도 정당방위는 제한된다.[1] 다만 모든 경미한 침해에 대한 정당방위가 제한되는 것이 아니라, 정당방위의 제한이 문제되는 것은 법익 사이에 현저한 불균형이 있는 경우, 즉 불균형이 심하여 감내할 수 없는 극단적인 경우에 한한다. 27

⑷ **도발된 침해에 대한 방위**

1) **도발된 침해와 정당방위** 도발 또는 유발된 침해에 대하여 정당방위가 허용될 것인가는 정당방위의 제한에서 가장 중요한 문제가 된다. 도발된 침해에 대하여도 정당방위가 허용된다는 견해가 전혀 없는 것은 아니다.[2] 그러나 도발된 침해에 대하여는 정당방위가 허용되지 않거나 제한된다고 해야 한다. 다만 도발된 침해에 대한 정당방위가 전혀 허용되지 않는다고 할 것인가,[3] 아니면 이를 목적 또는 고의에 의한 도발과 유책한 도발에 의한 침해로 구별하여 판단해야 할 것인가[4]에 관하여는 의견이 대립되고 있다. 28

판례는 언쟁중 싸우다가 상해를 입힌 행위는 서로 상대방의 상해행위를 유발한 것이고(대법원 1984. 6. 26. 83 도 3090), 일련의 상호 쟁투중에 이루어진 구타행위는 서로 상대방의 폭력행위를 유발한 것이라는 이유(대법원 1986. 12. 23. 86 도 1491)로 도발된 침해에 대하여는 정당방위가 허용되지 않는다는 태도를 취하고 있다.

2) **목적에 의한 도발** 목적에 의한 도발(Absichtsprovokation)이란 정당방 29

1 Haft S. 87; Jescheck/Weigend S. 348; Samson SK Rn. 46; Spendel LK Rn. 318; Tröndle/Fischer Rn. 20; Krause Bruns-FS S. 87; Roxin ZStW 93, 94.
2 Bockelmann Honig-FS S. 31; Hassemer Bockelmann-FS S. 243.
3 유기천 180면; 이형국 연구, 297면; 정영석 138면; 차용석 584면.
4 김일수/서보학 300면; 박상기 183면; 신동운 280면; 임웅 224면; 정성근/박광민 232면; 양화식 "정당방위의 사회윤리적 한계에 관한 연구", 78면.

위상황을 이용하여 공격자를 침해할 목적으로 공격을 유발한 경우를 말한다. 통설은 목적에 의한 도발의 경우에는 정당방위가 성립할 수 없다고 한다.[1] 다만 정당방위가 허용되지 않는 근거에 관하여는 견해가 갈린다.

정당방위의 성립을 부정하는 근거로 목적에 의한 도발의 경우에는 침해가 없다거나,[2] 방위의사를 인정할 수 없기 때문[3]이라고 설명하는 견해도 있다. 그러나 도발된 침해라고 하여 현재의 부당한 침해가 아니라고는 할 수 없으며, 위법한 침해임을 인식하고서 이를 방위하기 위하여 행위한 때에는 방위의사를 인정해야 하므로 방위의사를 부인하는 것은 타당하다고 할 수 없다. 목적에 의한 도발의 경우에 정당방위를 부정하기 위한 이론으로 원인에 있어서 위법한 행위(*actio illicita in causa*)의 이론을 주장하는 학자[4]도 있다. 도발된 침해의 경우에도 정당방위가 성립함으로써 방위행위는 적법하지만 원인행위인 도발행위가 위법하기 때문에 위법성이 조각될 수 없다는 것이다. 그러나 도발행위와 도발된 침해에 대한 방어를 하나의 행위로 파악하는 것은 불가능할 뿐만 아니라, 적법한 행위(방위)를 목적으로 하는 위법한 원인 때문에 적법한 행위가 위법하게 된다는 이론은 모순이라고 하지 않을 수 없다.[5]

목적에 의하여 도발된 침해에 대하여 정당방위의 성립을 부정하는 근거도 정당방위의 기본사상으로서의 법수호라는 관점에서 해결해야 한다.[6] 즉 정당방위가 성립하기 위하여는 그 보호의 필요성이 인정되어야 한다. 목적에 의한 도발의 경우에는 상황 자체가 행위자에 의하여 야기되었기 때문에 법질서를 방위해야 할 필요성이 없으므로 정당방위가 인정되지 않는다고 해석해야 한다.

30 3) **책임 있는 도발** 침해에 대하여 방위자에게 책임 있는 경우에도 원칙적으로 정당방위는 인정된다.[7] 다만 이 경우의 정당방위는 공격을 피할 수 없거나 다른 방법으로는 방어할 수 없는 경우로 제한된다. 책임 있는 도발로 인한 침해에 있어서는 법질서수호의 이익이 현저히 감소된다고 해야 하기 때문이다.

---

1 김일수/서보학 301면; 박상기 183면; 신동운 280면; 유기천 180면; 이형국 연구, 297면; 임웅 224면; 정성근/박광민 232면; 정영석 138면; 차용석 584면.

2 유기천 180면; 이형국 연구, 297면.

3 Blei S. 129.

4 Sch/Sch/Lenckner/Perron Rn. 61; Tröndle/Fischer Rn. 24; Bertel "Notwehr gegen verschuldete Angriffe", ZStW 84, 25.

5 Roxin 15/66; Samson SK §32 Rn. 52; Spendel LK §32 Rn. 291; Wessels/Beulke Rn. 347; Bockelmann Honig-FS S. 26.

6 Samson SK Rn. 53; Bockelmann Honig-FS S. 30; Roxin ZStW 93, 94.

7 Jescheck/Weigend S. 347; Maurach/Zipf S. 357; Roxin 15/67ff; Tröndle/Fischer Rn. 24.

31 책임 있는 도발이라고 하기 위하여 도발행위가 어떤 성질을 가져야 하는가에 관하여 독일의 판례는 도발행위가 사회윤리적으로 정당화될 수 없는 행위(ein sozialethisch mißbilligendes Vorverhalten)일 것을 요한다고 함에 반하여,[1] 통설은 사회윤리적 가치위반(sozialethische Wertwidrigkeit)으로는 부족하고 법적으로 위법할 것을 요한다고 해석하고 있다.[2] 생각건대 정당방위의 제한을 위법한 행위의 경우로 국한할 이유가 없을 뿐만 아니라, 위법한 행위와 사회윤리적으로 정당하지 않은 행위의 개념도 반드시 명백한 것은 아니라는 점에 비추어, 정당방위가 제한되는 도발행위는 위법하거나 사회윤리적으로 정당화되지 않는 행위일 것을 요한다고 보는 것이 타당하다고 생각된다.[3] 따라서 사회윤리적으로 정당화되는 행위로 인하여 침해가 유발된 경우에는 그 침해에 대하여 정당방위를 할 수 있다.[4] 예컨대 정치집회에서 상대방을 공격한 자는 이로 인하여 유발된 공격에 대하여 정당방위를 할 수 있다. 또 침해를 유발한 행위는 이로써 야기되는 침해를 예견할 수 있는 것임을 요한다.[5] 즉 그 침해는 도발행위의 예견할 수 있는 결과여야 한다.

Ⅳ. 과잉방위와 오상방위

1. 과잉방위

32 (1) 의　　의　　방위행위가 상당성의 정도를 넘은 때 이를 과잉방위(過剩防衛, Notwehrexzeß)라고 한다. 즉 방위행위의 상당성이 없는 경우를 말한다.[6] 과잉방위를 초과부분에 대한 의사의 유무에 따라 고의의 과잉방위와 과실의 과잉방위로 나누어, 과실이 있는 경우는 과실범이 성립할 뿐이라는 견해[7]도 있다.

---

1 BGHSt. 27, 336.
2 Maurach/Zipf S. 357; Roxin 15/71; Sch/Sch/Lenckner/Perron Rn. 59; Bertel ZStW 84, 20.
3 Samson SK Rn. 54; Spendel LK Rn. 306.
4 Kühl 7/215; Tröndle/Fischer Rn. 25; Wessels/Beulke Rn. 348.
5 Spendel LK Rn. 288.
6 대법원 1985. 9. 10. 85 도 1370, "이유 없이 집단구타를 당하게 된 피고인이 더 이상 도피하기 어려운 상황에서 이를 방어하기 위하여 곡괭이자루를 마구 휘두른 결과 그 중 1명을 사망케 하고 다른 사람에게 상해를 입힌 것은 반격적인 행위를 하려던 것이 그 정도가 지나친 행위를 한 것이 명백하므로 과잉방위에 해당한다."
7 차용석 600면.

그러나 정당방위에 있어서 상당한 이유는 객관적 기준에 의하여 결정되는 것이므로 상당성의 초과를 인식하였는가의 여부는 문제되지 않는다고 해야 한다.

과잉방위를 방위의 범위의 초과와 시간적 범위의 초과로 나누어 전자를 질적 과잉방위, 후자를 양적 과잉방위라고 구별하는 견해[1]도 있다. 독일에서의 내적 과잉방위(정도의 초과)와 외적 과잉방위(시간적·공간적 범위의 초과)의 구별과 일치한다.[2] 그러나 외적 과잉방위는 원래는 오상방위에 해당하는 것으로서,[3] 그 행위가 연속된 일련의 행위로서 시간적 범위를 초과한 경우에만 이 의미의 과잉방위가 될 수 있다.

33 (2) **법적 성질** 과잉방위는 위법성이 조각되지 않고 책임을 감소·소멸할 뿐이라고 해야 한다.[4] 따라서 행위자가 그 과잉행위에 대하여 과실이 가볍거나 전혀 과실이 없는 때에는 형을 감경 또는 면제할 수 있다(제21조 2항).

이에 대하여 과잉방위의 경우에 책임과 함께 위법성도 감소·소멸한다고 해석하는 견해[5]가 있다. 이는 과잉방위를 책임감소·소멸사유로 해석한다면 ① 오상방위에 비하여 과잉방위를 감경·면제할 이유를 설명할 수 없고, ② 책임감소에 방위의사가 필요하다고 할 이유가 없게 된다는 점을 근거로 하고 있다. 그러나 과잉방위를 책임감소·소멸사유라고 해석한다고 하여 이를 오상방위보다 가볍게 벌한다고는 할 수 없으며, 방위의사는 책임감소의 기초인 불법의 감소를 의미한다고 해석할 수 있다.[6]

34 과잉방위의 경우에도 그 행위를 야간이나 그 밖의 불안한 상태에서 공포를 느끼거나 경악하거나 흥분하거나 당황하였기 때문에 행한 때에는 벌하지 아니한다(제21조 3항). 이러한 상황에서는 적법행위의 기대가능성이 없어 책임이 조각되기 때문이다. 그러나 이 규정은 행위자가 허용된 방위의 한계를 인식하고 그 한계를 넘은 때에는 적용되지 않는다. 따라서 위법·유책하게 공격을 도발한 때에는 제21조 3항의 규정은 적용될 수 없다.

---

1 정성근/박광민 234면.
2 Herzog NK § 33 Rn. 7~8.
3 Spendel LK § 33 Rn. 30; Tröndle/Fischer § 32 Rn. 20.
4 김일수/서보학 305면; 박상기 189면; 배종대 353면; 안동준 111면; 오영근 379면; 이형국 180면; 임웅 227면.
5 손해목 463면; 정성근/박광민 235면; 차용석 605면.
6 Jescheck/Weigend S. 491; Rudolphi SK § 33 Rn. 1; Roxin "Über den Notwehrexzeß", Schaffstein-FS S. 114.

2. 오상방위

(1) **의 의** 정당방위의 사실적 요건(정당방위 상황)이 존재하지 않음에도 불구하고 이를 존재한다고 오신하고 방위에 나아간 경우를 오상방위(誤想防衛, Putativnotwehr)라고 한다. 정당방위 상황에 관하여 착오가 있는 경우이다. 어둠 속에서 길을 물으려는 자를 강도로 오인하고 때려 눕혀 전치 2주의 상해를 입힌 경우가 그 예이다. 35

(2) **법적 성질** 오상방위는 정당방위의 요건을 충족하지 못하므로 위법성이 조각되지 않는다. 이 사안은 위법성조각사유의 '전제사실'(=객관적 요건)에 착오가 있는 경우인 바, 이 착오를 어떻게 평가할 것인가에 따라 그 처벌이 좌우된다. 오상방위는 자기의 행위가 위법하지 않다는 인식을 가지고 행위했다는 점에서 위법성의 착오와 유사하지만, 그 착오가 방위상황의 존부라는 사실에 대한 착오에서 비롯되었다는 점에서 사실의 착오와 유사하다. 따라서 이 사안을 이 중 어느 유형으로 다룰 것인가가 문제된다. 다수설은 이 유형을 제 3 의 착오로서 이른바 '위법성조각사유의 전제사실의 착오'로 다룬다. 이에 의하면 이 사안에서 고의가 조각되는 것은 아니지만 그 법적 효과는 사실의 착오와 같이 취급하여 과실범으로 처벌한다(제한적 책임설).[1] 이 견해가 타당하다. 36

(3) **적용법조** 오상방위는 정당방위 상황이 존재하지 않는 경우이므로 정당방위 상황이 존재하는 과잉방위와는 구별된다. 그런데 형법 제21조 3항은 과잉방위의 특별한 경우를 규정하고 있으므로, 동조 3항은 오상방위에는 적용되지 않고 과잉방위의 범위 안에서만 적용된다고 보는 것이 타당하다.[2] 따라서 오상방위는 위에서 언급한 바와 같이 학설의 향도를 받아 해결되지 않을 수 없다. 36a

궁극적으로 학설은 적용할 법률을 지시, 해석해 주므로 제한적 책임설을 취하는 경우, 법률의 적용은 사실의 착오 규정 내지 과실범 규정을 유추적용하여야 한다.[3] 그런데 형법 제15조 1항은 사실의 착오의 일반규정으로서는 적절하게 성안되어 있지 않다. 따라서 과실범 처벌규정(제14조)을 (유추)적용하지 않을 수 없다. 과실범 처벌규정이 없는 경우에는 형사처벌을 할 수 없고, 민사상 귀책사유에 의한 손해배상이라는 민사책임의 문제로 전환된다.

1 이에 관한 상세는 *infra* **25**/7 이하, 14 참조.
2 Jescheck/Weigend S. 493; Rudolphi SK § 33 Rn. 2; Stratenwerth/Kuhlen **9**/98; Welzel S. 89.
3 Roxin **14**/56.

36b (4) **대법원의 태도** 최근 대법원이 오상방위의 사안에서 전향적인 태도를 보인 것은 주목할 만하다.

> 싸우는 두 사람을 지켜보던 제 3 자가, 싸움의 당사자 일방이 주머니에 손을 넣어 미상의 물건을 꺼내 움켜쥐자 그 손을 강제로 펴게 하는 과정에서 그 손에 골절상을 입힌 사안이다. 원심은 자신의 행위가 죄가 되지 않는 것으로 [제 3 자가] 오인한 데 '정당한 이유'가 없다고 하여 공소사실을 유죄로 인정했는 데 비하여, 대법원은 '위법성 조각사유의 전제사실에 관한 착오,' 정당한 이유의 존부에 관한 법리오해의 잘못이 있다고 하여 원심판결을 파기하였다(대법원 2023. 11. 2. 2023 도 10768).

싸움의 당사자 상호 간에 정당방위는 성립하지 않지만, 그 일방이 주머니 칼을 사용하기 시작한다든가 하여 싸움의 예상할 수 있는 범위를 넘어서는 경우에는 이에 대하여 정당방위를 할 수 있다. 이때 제 3 자도 정당방위를 할 수 있다. 이 사안의 경우 주머니에서 꺼내어 움켜쥔 것이 주머니 칼과 같은 흉기였다면 그 손에 골절상을 입힌 행위는 정당방위가 되었을 것이다. 그런데 그 움켜쥔 물건은 흉기가 아니었다. 그 제 3 자는 정당방위의 '사실적 요건'에 관하여 착오를 일으킨 것이다. 이 사안은 전형적인 오상방위에 해당한다. 이에 관한 상세는 *infra* 25/7 이하 참조.

3. 오상과잉방위

37 오상과잉방위(誤想過剩防衛, Putativnotwehrexzeß)란 현재의 부당한 침해가 없음에도 불구하고 존재한다고 오인하고 상당성을 넘는 방어행위를 한 경우, 즉 오상방위와 과잉방위가 결합된 경우를 말한다. 오상과잉방위의 처리에 관하여는 이를 오상방위와 동일하게 취급하여 엄격책임설에 따라 처리해야 한다는 견해[1]와 과잉성을 인식한 협의의 오상방위는 과잉방위로, 착오로 그 정도를 초월한 광의의 오상방위는 오상방위와 같이 처리하자는 견해[2]가 있으나, 오상과잉방위도 정당방위상황이 존재하지 않는 경우이므로 오상방위의 예에 의하여 처리하는 것이 타당하다고 하겠다. 따라서 오상방위의 예에 따라 제한적 책임설에 의하여 과실의 책임과 형벌을 검토해야 할 것이다. 문제는 오상과잉방위의 경우에 다시 제

1 정성근/박광민 239면.
2 차용석 625면.

21조 2항과 3항을 적용할 것인가이다. 이 경우에 오상에 대하여 과실이 있는 때에는 형법 제21조 3항이 적용될 수 없지만 과실이 없는 경우에는 동조가 적용된다고 해석하는 견해[1]도 있으나, 동항을 과잉방위에 대하여만 적용되도록 규정하고 있는 형법의 규정에 비추어 이를 다시 적용할 수는 없다고 생각된다.

제 3 절 긴급피난 §18

Ⅰ. 긴급피난의 의의와 본질

1. 긴급피난의 의의

1 자기 또는 타인의 법익에 대한 현재의 위난을 피하기 위한 상당한 이유 있는 행위를 긴급피난(緊急避難, Notstand)이라고 한다(제22조 1항). 긴급피난은 정당방위와 같은 긴급행위로서 처벌되지 않는다는 점에서 공통되지만, 그 법적 성격은 정당방위와 다르다. 정당방위는 위법한 침해에 대한 정당한 반격이므로 부정(不正) 대 정(正)의 관계이며, 법은 불법에 양보할 필요가 없기 때문에 불법을 부정하여 법을 실현하는 것을 의미한다. 이와 같이 정당방위가 법질서를 보호한다는 의미를 가지고 있음에 반하여, 긴급피난은 위법하다고 평가되지 않는 침해에 대하여 일정한 한도에서 피난하는 것을 법이 허용하는 제도이므로 정(正) 대 정(正)의 관계라고 할 수 있다. 즉 긴급피난은 정당한 제 3 자의 희생에도 불구하고 이를 통한 가치의 재분배가 전체 법질서에 의하여 허용될 수 있는 경우를 말한다.

2. 긴급피난의 본질

2 정당방위가 위법성조각사유라는 점에는 견해가 일치하고 있다. 그러나 긴급피난의 성질에 관하여는 견해가 일치하지 않을 뿐만 아니라 각국의 입법례도 그 태도를 달리한다.

1871년의 독일 형법은 긴급피난을 면책적 긴급피난(entschuldigender Notstand)으

1 Rudolphi SK §33 Rn. 6; Sch/Sch/Lenckner/Perron §33 Rn. 9; Spendel LK §33 Rn. 32; Tröndle/Fischer §32 Rn. 27.

로 규정하였고(제52조, 제54조), 현행 오스트리아 형법 제10조도 이를 책임조각사유로 규정하고 있다. 그러나 독일에서는 본질적으로 우월한 법익을 보호하기 위하여 가벼운 법익을 침해하는 것은 정당화되어야 한다는 주장이 제기되어, 제국법원은 1927. 3. 11의 판결에 의하여 임부의 생명에 대한 위난을 피하기 위한 낙태수술을 초법규적 '위법성조각사유'에 해당한다고 판시하였고(RG. 61, 241), 이러한 태도는 연방법원의 판결에서도 유지되어 왔다. 현행 독일 형법은 1975년의 형법개정을 통하여 긴급피난을 면책적 긴급피난과 정당화적 긴급피난(rechtfertigender Notstand)으로 나누어 규정하고 있다(제34조, 제35조). 스위스 형법도 제17조에서 정당화적 긴급피난, 제18조에서 면책적 긴급피난을 규정하고 있다. 이에 반하여 일본 형법 제37조, 일본 개정형법초안 제15조는 긴급피난을 위법성조각사유로 규정하고 있다. 우리 형법의 태도도 이와 같다.

그러나 형법이 긴급피난을 어떻게 규정하고 있는가에 따라 긴급피난의 본질이 결정되는 것은 아니다. 오스트리아 형법에서도 긴급피난이 위법성조각사유와 책임조각사유로서의 이중의 성질을 가지고 있다고 해석하는 견해[1]가 유력하기 때문이다. 여기에 형법의 해석에 있어서도 긴급피난의 본질을 어떻게 이해할 것인가를 검토해야 할 이유가 있다.

3 (1) **견해의 대립** 긴급피난의 본질에 관하여는 긴급피난을 위법성조각사유나 책임조각사유의 하나에 해당한다고 해석하는 단일설(Einheitstheorie)과 긴급피난에는 위법성조각사유인 긴급피난과 책임조각사유인 긴급피난이 포함된다는 이분설(二分說)이 대립되고 있다.

4 1) **단 일 설** 단일설은 다시 책임조각설과 위법성조각설로 나눌 수 있다.

긴급피난은 적법행위도 위법행위도 아닌 법으로부터 자유로운 영역에 해당한다는 설도 있으나, 구성요건에 해당하는 행위에 대하여 위법성판단을 포기하는 것은 타당하다고 할 수 없다.[2]

5 (가) **책임조각설** 긴급피난에 해당하는 행위는 적법한 제 3 자의 법익을 침해하는 것이기 때문에 위법하지만 자기유지의 본능에서 비롯된 행위로서 적법행위에 대한 기대가능성이 없기 때문에 책임이 조각된다고 해석하는 견해이다. 그러나 이 견해는 ① 형법 제22조는 타인의 법익에 대한 위난을 피하기 위한 긴

---

1 Foregger/Serini S. 54; Triffterer S. 228.

2 정성근/박광민 243면; 차용석 568면은 법으로부터 자유로운 영역의 이론에 해당하는 방임행위설(放任行爲說)을 위법성조각설로 분류하고 있다.

급피난도 인정하고 있는데 타인의 법익에 대한 위난을 피하기 위한 피난행위가 책임이 조각된다고 해석할 수는 없으며, ② 긴급피난은 인간의 자기보존적 본능에 본질이 있는 것이 아니라 이익교량을 이유로 하는 제도라는 것을 무시하였다는 비판을 받지 않을 수 없다.

(나) **위법성조각설** 긴급피난은 이익교량설에 의하여 위법성이 조각되는 경우라고 해석하는 견해이다. 즉 자기 또는 타인의 법익에 대한 현재의 위난을 피하기 위한 행위는, 이로 인하여 보호받는 이익과 침해되는 이익을 교량하여 보호받는 이익의 우월성이 인정되는 때에는 정당화된다는 것이다. 우리나라의 통설이 취하고 있는 태도이다.[1] 위법성조각설도 ① 자기에게 닥친 불법하지 아니한 위난을 타인에게 전가시켜 같은 가치의 법익을 침해하는 행위는 사회윤리적 규범에 반하는 것이므로 위법하다고 해야 하며,[2] ② 생명과 생명, 신체와 신체의 법익이 충돌하는 경우와 같이 이익교량의 원칙이 적용될 수 없는 경우에도 긴급피난을 위법성조각사유로 파악하는 것은 타당하다고 할 수 없다는 비판을 받고 있다.[3] 6

2) 이 분 설 긴급피난을 위법성조각사유인 긴급피난과 책임조각사유인 긴급피난으로 나누는 견해이며, 차별설(Differenzierungstheorie)이라고도 한다. 위법성조각사유와 책임조각사유를 어떤 기준에 의하여 구별한 것인가에 관하여 이분설은 다시 아래의 두 가지 태도로 나누어진다. 7

첫째는 긴급피난을 사물에 대한 긴급피난과 사람의 생명 · 신체에 대한 긴급피난으로 구별하여, 전자는 위법성조각사유이고 후자는 책임조각사유라고 해석하는 견해[4]이다. 그러나 이에 대하여는 ① 생명과 신체에 대한 위난에 있어서도 생명과 신체에 대한 위난 또는 신체에 대한 가벼운 위난과 중대한 위난이 충돌하는 때에는 이익교량이 가능하므로 이를 책임조각사유로 파악하는 것은 타당하지 않고, ② 사물에 대한 긴급피난에 있어서도 법익이 같은 가치인 경우에는 위법성이 조각된다고 할 수 없다는 비판이 제기되고 있다.[5] 8

둘째는 긴급피난을 우월적 이익의 원칙이 적용되는 경우와 법익이 동가치 9

1 김성천/김형준 283면; 남흥우(공저) 183면; 박상기 194면; 안동준 114면; 오영근 386면; 유기천 187면; 이형국 321면; 정성근/박광민 245면; 정영석 132면; 조준현 199면.
2 진계호 238면; 차용석 568면.
3 손해목 “긴급피난”(고시연구 1988. 5), 15면.
4 진계호 238면; 황산덕 168면.
5 정성근/박광민 244면; 손해목 전게논문, 17면.

인 경우로 구별하여, 전자는 위법성조각사유인 긴급피난이고 후자는 책임조각사유에 해당한다고 해석하는 견해[1]이다. 독일 형법이 취하고 있는 태도이며, 이 견해 역시 독일의 통설에서 시사받은 이론이다. 이에 의하면 긴급피난에 있어서 상당한 이유에는 우월적 이익의 원칙과 법익동가치가 포함되며, 위법성이 조각되는 경우뿐만 아니라 책임이 조각되는 경우에도 형법 제22조가 적용된다고 해석하지 않을 수 없다. 그러나 이 견해도 ① 긴급피난으로 인하여 책임이 조각되는가의 여부는 책임조각사유의 일반원리에 의하여 해결해야 하며, ② 제22조의 상당한 이유가 기대불가능성을 포함하는 개념으로 파악할 수는 없다는 비판을 받는다.

10 (2) 비 판 긴급피난의 본질에 관하여 책임조각설을 취하는 학자는 현재 보이지 않고, 사물에 대한 긴급피난과 생명·신체에 대한 긴급피난으로 구분하는 이분설도 설득력이 있다고 할 수 없다. 따라서 여기서는 통설인 위법성조각설과 긴급피난을 우월적 이익인가 법익동가치인가에 따라 구별하는 이분설 중에서 어떤 견해가 타당한가를 살펴볼 필요가 있다.

(i) 긴급피난에 책임조각사유가 포함된다고 해석하는 이분설은 다수의 이익이 충돌하여 그중 하나를 취하는 모든 경우가 긴급피난에 해당한다는 점에서 출발한 것이나, 이는 형법의 태도와 일치된다고 할 수 없다. 이익이 충돌하는 모든 경우가 긴급피난이 되는 것이 아니라 형법 제22조의 요건이 충족되는 경우가 긴급피난이기 때문이다.

(ii) 위법성조각설도 면책적 긴급피난에 해당하는 경우에 초법규적 책임조각사유로 책임이 조각되는 것을 부정하는 것은 아니다. 그러나 이분설에 의하면 면책적 긴급피난도 제22조의 적용을 받게 되어 제22조의 상당한 이유는 이익교량과 기대불가능성을 포함하는 개념이 된다고 한다.[2] 형법은 상당한 이유를 긴급피난 이외에도 정당방위와 자구행위의 요건으로 규정하고 있다. 그것은 상당한 이유가 긴급행위인 위법성조각사유의 요건으로서 주로 이익교량의 사상을 표현한 것이고, 책임조각사유인 기대불가능성을 포함하는 개념이 아님을 명백히 해 준

---

1 김일수/서보학 308면; 배종대 367면; 손해목 473면; 임웅 231면; 차용석 577면.

2 김일수/서보학 308면; 손해목 전게논문, 17면.
임웅 231면은 이분설이 타당하다고 하면서도 면책적 긴급피난을 초법규적 책임조각사유로 다루어야 한다는 점에 특색이 있다.

다. 이분설의 논리를 일관하는 때에는 정당방위나 자구행위도 책임조각사유가 될 수 있다고 해야 할 것이다.

(iii) 이분설은 면책적 긴급피난과 강요된 행위를 구별하고 있다.[1] 면책적 긴급피난은 동가치의 이익의 경우 또는 이익교량이 불가능한 경우임에 반하여, 강요된 행위는 이익균형의 유지가 불필요한 경우라고 한다. 그러나 강요된 행위는 이분설에서 말하는 면책적 긴급피난의 특수한 경우라고 보아야 한다.[2] 책임조각사유의 기본원리는 기대불가능성이다. 입법례에 따라서는 면책적 긴급피난에도 이익교량을 요구하는 경우가 있지만(오스트리아 형법 제10조) 형법 제12조는 이러한 요건을 요구하지 않는다. 이분설을 유지하기 위하여 책임조각사유인 긴급피난에 이익교량을 요구해야 할 이유는 없다.

11 요컨대 기대가능성이 없는 때에는 초법규적 책임조각사유에 해당하여 책임이 조각되는 것이지 긴급피난이기 때문에 책임이 조각되는 것은 아니다. 동가치 이익이 충돌하는 경우가 상당한 이유에 포함되지 않는다고 하여 상당한 이유의 개념을 확대하는 것은 허용되지 않는다. 그렇다면 상당한 이유가 있는 긴급피난은 위법성조각사유이며 책임조각사유가 될 수는 없다고 해야 한다. 따라서 긴급피난의 본질에 관하여는 위법성조각설이 타당하다고 생각된다.

3. 위법성조각의 근거

12 긴급피난이 위법성을 조각하는 근거로서는 이익교량의 원칙(利益較量의 原則, Interesseabwägungsgrundsatz)과 목적설(目的說)을 들 수 있다.[3] 이익교량의 원칙은 법익균형의 원칙에서 유래하는 원칙으로서, 더 가치 있는 법익을 보호하기 위한 유일한 수단이 되는 긴급피난행위는 합법하다는 것이다. 다만 법익 사이의 추상적인 서열관계만으로는 합법성 판단의 충분한 기준이 될 수 없고, 법익의 위계질서도 이익균형의 일부분에 지나지 않는다는 고려에서 모든 '이익'을 교량할 것을 요구하는 것이 이익교량의 원칙이다. 이에 반하여 목적설(Zwecktheorie)은 정당한 목적을 위한 상당한 수단은 위법하지 않다는 원칙으로서, 긴급피난이 피

1 김일수/서보학 422면; 차용석 819면.
2 Bockelmann/Volk S. 129; Hirsch LK §35 Rn. 25; Wessels/Beulke Rn. 434.
3 독일 형법 제34조의 정당화 긴급피난도 이익교량설과 목적설의 표현이라고 해석되고 있다(Günther SK §34 Rn. 90; Sch/Sch/Lenckner §34 Rn. 1; Schmidhäuser S. 14).

난을 위한 상당한 수단인 때에는 위법성을 조각한다고 본다.

Ⅱ. 긴급피난의 성립요건

13 긴급피난은 ① 자기 또는 타인의 법익에 대한 현재의 위난(危難)이 있을 것, ② 위난을 피하기 위한 행위일 것, ③ 상당한 이유가 있을 것이라는 요건이 구비되어야 성립한다.

1. 자기 또는 타인의 법익에 대한 현재의 위난

14 **(1) 자기 또는 타인의 법익** 긴급피난에 의하여 보호될 수 있는 것은 자기 또는 타인의 모든 법익이다.

법률에 의하여 보호되는 모든 이익에 대하여 긴급피난이 가능하며, 반드시 그것이 형법에 의하여 보호되는 법익임을 요하지 않는다. 따라서 경제적 손실을 방지하기 위한 긴급피난도 허용된다. 법익에는 생명·신체·자유·명예·재산뿐만 아니라 그 이외의 모든 법익이 포함된다. 정당방위의 경우와 달리 개인적 법익에 한하지 않고 국가적·사회적 법익에 대한 긴급피난도 가능하다.[1]

다만 긴급피난에 의하여 보호되는 법익은 보호의 필요성과 보호의 가치가 인정되어야 한다. 법익의 주체가 적법하게 포기한 법익은 보호의 필요가 없고, 법에 의하여 박탈된 이익은 보호의 가치가 없다.[2]

15 **(2) 현재의 위난** 현재의 위난이 있어야 한다. 법익에 대한 위난은 그 침해가 확실하거나 개연적이면 인정된다.

1) 현재의 위난의 의의 현재의 위난이란 그 침해가 즉시 또는 곧 발생할 것으로 예견되는 경우를 말한다. 이미 침해가 발생한 때에도 그 침해가 증대할 때에는 현재의 위난이 된다. 위난이 오래 전에 발생한 때에도 계속위난(Dauergefahr)은 현재의 위난이 된다. 현재의 위난이 있느냐는 긴급피난자의 주관에 의하여 결정할 것이 아니라 객관적·개별적으로 판단하여야 한다. 즉 구체적 상황

---

1 Hirsch LK §34 Rn. 23; Kühl 8/26; Lackner/Kühl §34 Rn. 4; Maurach/Zipf S. 366; Sch/Sch/Lenckner/Perron §34 Rn. 11; Schmidhäuser S. 140; Wessels/Beulke Rn. 300.

2 Wessels/Beulke Rn. 302.

과 그 상황에서 발생할 위험을 행위자가 속한 사회의 이성적 관찰자의 시각에 의하여 판단하여야 하며, 여기에는 일반적 생활경험과 행위자의 특수지식이 고려되어야 한다.[1]

16 2) 위난의 원인 현재의 위난만 있으면 족하고 부당한 침해가 있을 것을 요하지 않는다. 현재의 위난이 위법한 때에는 정당방위에 의하여 방위할 수 있지만 긴급피난을 하는 것도 가능하다. 위난의 원인은 묻지 않는다. 그것이 사람의 행위에 의한 것이건 자연사실이건 불문한다.

17 3) 자초위난 현재의 위난이 피난자의 유책한 사유로 발생한 때에는 긴급피난을 할 수 없다는 견해[2]도 있으나, 피난상황에 대하여 책임이 없을 것이 긴급피난의 요건이 되는 것은 아니다. 그러므로 위난이 피난자의 책임 있는 사유로 발생한 때에도 상당성이 인정되는 한 긴급피난은 가능하다고 해야 한다.[3] 따라서 예컨대 임부가 자신의 신체에 대한 위험을 유책하게 야기한 때에도 긴급피난으로서의 낙태는 가능하다. 다만, 자초위난(自招危難)을 이익교량의 요소로 고려하는 것까지 부정하는 것은 아니다. 따라서 목적 또는 고의에 의한 자초위난에 대하여는 긴급피난이 허용되지 않는다.

대법원은 피고인이 스스로 야기한 강간범행의 와중에 피해자가 피고인의 손가락을 깨물며 반항하자 물린 손가락을 비틀며 잡아뽑다가 피해자에게 치아결손의 상해를 입힌 경우 이를 법에 의하여 용인되는 피난행위라 할 수 없다고 하여(대법원 1995. 1. 12. 94 도 2781), 자초위난의 경우에 긴급피난이 성립할 수 없는 것처럼 판시하였다. 그러나 이 경우는 상당한 이유가 없는 사안이라고 보아야 할 것이다.

2. 위난을 피하기 위한 행위(피난행위)

18 피난행위란 현재의 위난을 모면하기 위한 일체의 행위를 말한다. 따라서 행위자는 피난의사(避難意思, Rettungswille)를 가지고 행동할 것을 요한다. 즉 행위자는 현재의 위난을 인식하고 적어도 보다 높은 가치의 이익을 보호하기 위하여 행위하여야 한다. 그러나 피난의사가 유일한 동기가 될 것을 요하는 것은 아니

1 Hirsch LK § 34 Rn. 29; Joecks Rn. 14; Sch/Sch/Lenckner/Perron § 34 Rn. 14; Schmidhäuser S. 140; Wessels/Beulke Rn. 304.
2 유기천 188면.
3 김일수/서보학 315면; 박상기 195면; 배종대 370면; 손해목 475면; 오영근 390면; 이형국 185면; 임웅 233면; 정성근/박광민 278면; 조준현 201면.

다. 객관적으로는 현재의 위난이 있어도 피난의사 없이 행하여진 행위는 긴급피난이 될 수 없다. 따라서 피난의사는 긴급피난에 있어서 주관적 정당화요소(subjektives Rechtfertigungselement)가 된다.

3. 상당한 이유

19 상당한 이유라 함은 위난을 피하기 위한 행위로서 사회상규상 당연하다고 인정되는 것을 말한다. 정당방위가 부정 대 정의 관계인 데 반하여 긴급피난은 정(正) 대 정(正)의 관계이므로 긴급피난에서의 상당한 이유는 정당방위에 비하여 엄격하게 해석된다. 긴급피난의 상당한 이유는 보충성의 원리와 균형성의 원리 및 적합성의 원리를 그 내용으로 한다.

20 (1) **보충성의 원리** 긴급피난은 피난행위에 의하지 않고는 달리 위난을 피할 수 없을 것을 요한다. 즉 피난행위가 위난에 빠져 있는 법익을 보호하기 위한 유일한 수단이어야 한다. 이를 보충성(補充性, Subsidiarität)의 원리라고 한다. 따라서 달리 회피할 여유(대안)가 있을 때에는 긴급피난이 허용되지 않는다. 또한 피난방법도 피해자에게 상대적으로 가장 경미한 방법을 선택할 것을 요구한다. 이를 상대적 최소피난의 원칙이라고 할 수 있다.

그러므로 운전면허 없는 의사가 응급환자에게 가기 위하여 택시를 탈 수 있었음에도 불구하고 스스로 자동차를 운전한 경우나, 환자의 생명을 구조할 의사를 부르기 위하여 담을 넘어 들어갈 수 있었음에도 대문을 부순 경우에는 긴급피난이 될 수 없다.

21 (2) **균형성의 원리** 긴급피난에 의하여 보호되는 이익이 침해되는 이익보다 본질적으로 우월(wesentlich überwiegend)하여야 한다. 이를 균형성(均衡性)의 원리라고 한다. 보호되는 이익과 침해된 이익이 같을 때에도 우리나라의 종래 통설은 상당성을 인정하고 있었다.[1] 그러나 균형성의 원리는 우월적 이익의 원칙을 의미하며, 같은 이익 사이에는 이러한 관계가 인정되지 않는다. 따라서 이러한 때에는 위법성을 조각하지 않는다고 보아야 한다.[2] 균형성의 판단에 있어서는

1 남흥우(공저) 187면; 정영석 136면; 황산덕 166면.
2 김일수/서보학 317면; 박상기 197면; 배종대 375면; 손해목 479면; 신동운 300면; 오영근 391면; 이형국 186면; 임웅 234면; 정성근/박광민 250면; 조준현 201면.

종래의 법익균형이론은 포괄적인 이익균형의 원칙에 의하여 대체되어야 하므로 관련 법익뿐만 아니라 위험의 정도와 보호의 가치를 종합하여 판단하여야 한다.

1) **법익의 가치** 이익교량을 하는 데에는 관련 법익의 가치가 결정적으로 중요한 의의를 갖는다. 법익의 가치는 어떻게 측정 내지 비교 · 서열화할 것인가? 이에는 법질서가 법익에 부여한 가치가 기준이 된다. 법이 법익침해에 대하여 정해 놓은 형량(법정형)은 법익의 비중에 대한 중요한 판단자료가 된다.[1] 22

예컨대 임부의 생명이나 신체의 위험을 보호하기 위한 낙태,[2] 환자의 생명을 구조하기 위한 도로교통법위반은 이러한 의미에서 상당성을 인정할 수 있다.

긴급피난에 의하여 사람의 생명을 침해하는 것이 위법성을 조각할 수 있는가, 다시 말하면 사람의 생명을 침해한 경우 균형성의 원리를 인정할 수 있는가가 문제된다. 사람의 생명은 그 존재 자체만으로 앞으로의 존속기간이나 수에 관계없이 절대적으로 보호되어야 할 법익이다. 즉 생명은 교량할 수 있는 법익이 아니므로 긴급피난에 의하여 사람을 살해하는 것은 위법성을 조각할 수 없다.[3] 따라서 다수인의 생명을 구하기 위하여 소수인을 살해하는 것도 긴급피난에 의하여 정당화될 수 없다. 표류중인 선원이 아사(餓死)를 면하기 위하여 다른 선원을 살해한 경우는 긴급피난에 의하여 정당화되지 않는다. 다만, 현재의 위난을 피하기 위하여 사람을 살해한 때에는 기대가능성의 유무에 따라 책임에 영향을 미칠 수 있다.

2) **위험의 정도** 법익의 가치뿐만 아니라 그 침해의 정도도 고려해야 한다. 일반적으로 생명과 신체는 재산보다 우월한 법익으로 인정되고 있다. 그러나 불이 붙고 있는 집의 소유자가 불을 끄기 위하여 길을 막고 있는 사람을 밀어서 넘어뜨려 경미한 상처를 입히는 것은 상당하다고 하지 않을 수 없다.[4] 죄질을 같 23

1 Günther SK § 34 Rn. 42; Roxin 16/28; Sch/Sch/Lenckner/Perron § 34 Rn. 43; Schmidhäuser S. 141.

2 대법원도 이러한 경우에 긴급피난의 성립을 인정하고 있다.
대법원 1976. 7. 13. 75 도 1205, "임신의 지속이 모체의 건강을 해칠 우려가 현저할 뿐더러 기형아 내지 불구아를 출산할 가능성마저도 없지 않다는 판단하에 부득이 취하게 된 산부인과 의사의 낙태수술행위는 정당행위 내지 긴급피난에 해당되어 위법성이 없는 경우에 해당된다."

3 Jescheck/Weigend S. 361; Günther SK § 34 Rn. 43; Lackner/Kühl § 34 Rn. 7; Roxin 16/33; Sch/Sch/Lenckner/Perron Rn. 23; Wessels/Beulke Rn. 316.

4 Jescheck/Weigend S. 362; Samson SK[6] § 34 Rn. 44; Schmidhäuser S. 142; Stratenwerth/Kuhlen 9/102.

이하는 법익 사이에서는 그 법익에 대한 위험의 정도(양)가 결정적인 판단기준이 된다.[1]

24 3) 보호의 가치 이익교량의 기준은 보호법익의 절대적 가치보다는 구체적인 생활상황에 있어서 보호할 가치에 중점을 두어야 한다. 따라서 법익의 서열 이외에 위협받는 손해와 필요한 침해의 범위, 구조의 기회와 그 가능성의 정도도 함께 고려하여야 한다. 재물을 손괴하고 있는 정신병환자를 일시 감금하는 것은 이러한 관점에서 허용된다고 할 수 있다.[2]

25 (3) 적합성의 원리 피난행위는 위난을 피하기 위한 적합한 수단이어야 한다. 이를 적합성(適合性)의 원리 또는 실질적 상당성의 원리라고 한다. 즉 긴급피난은 서로 충돌하는 이익 중 하나를 침해함으로써 피난하는 것이 적절하고 가치 있으며 정의의 이념에 의하여 허용되는 것이어야 한다.

1) 사회윤리적 적합성 피난행위는 사회윤리적으로 적합한 행위여야 한다. 예컨대 중병에 걸려 수혈 없이는 살 수 없는 사람을 구조하기 위하여 승인을 받지 않고 강제채혈을 하거나, 살아 있는 사람의 기관(器官)을 분리·적출하는 것은 사람의 생명을 구하기 위한 적절한 수단이 될 수 없으므로 상당성을 인정할 수 없다.[3] 인간의 자유로운 자기결정권은 보장되어야 하며, 인간이 타인을 위하여 희생하는 것은 도덕적인 자기결정에 의하여만 인정될 수 있기 때문이다.

2) 법적 절차 법익에 대한 위난을 방지하기 위한 법적 절차가 마련되어 있는 때에는 법적 절차에 따르지 아니한 피난행위는 허용되지 않는다. 따라서 부당하게 기소된 피고인이 무죄판결을 받기 위하여 위증을 교사하거나, 석방되기 위하여 도주하는 것은 적합한 수단이라고 할 수 없어 긴급피난이 되지 않는다.

---

1 인천지법 1968. 8. 11. 65 고 3832, "피고인 등이 제방을 잘라서 수문을 유실시킨 행위는 피고인 등의 재산에 대한 현재의 위난을 피하기 위하여 부득이 행하여진 것으로 인정할 수 있고 위 제방 및 수문의 시가는 약 25만원임에 비하여 위 해수로 인하여 피해당하는 피고인 등과 그 밖의 그 곳 주민들의 경작지를 합하면 약 20여만평 정도이니 그 행위로 인해 생긴 피해는 예상되었던 피고인 등과 그 밖의 주민들의 현저한 재산상의 피해에 비해 극히 적은 것임을 인정할 수 있고 또 수문 옆 제방을 자른 것도 위 피해를 피하기 위한 가장 적당한 방법이었음을 인정할 수 있으므로 본건 피고인 등의 행위는 위 20만평의 경작자인 피고인 등과 주민들의 재산에 대한 현재의 위난을 피하기 위하여 행하여진 상당한 이유가 있는 행위이다."

2 BGHSt. 13, 197.

3 이러한 경우를 보충성의 원리에 의하여 해결할 수 있다는 견해(Samson SK[6] §34 Rn. 51; Sch/Sch/Lenckner/Perron Rn. 46)도 있다. 그러나 그것이 유일한 수단인 경우에도 이런 행위는 허용되지 않는다는 점에서 보충성의 원리와는 구별해야 한다.

이러한 경우에는 정당한 이익을 위한 적합한 수단은 법적 절차에 따르는 데 국한된다고 하지 않을 수 없기 때문이다.

Ⅲ. 긴급피난의 특칙

26 위난을 피하지 못할 책임이 있는 자에게는 긴급피난이 허용되지 않는다(제22조 2항). 위난을 피하지 못할 책임이 있는 자란 군인 · 경찰관 · 소방관 · 의사 등과 같이 그 직무를 수행함에 있어서 일정한 위난을 직면 · 감수해야 할 의무가 있는 자를 말한다. 법이 이러한 자의 이익보다는 부과된 의무를 더 중시한 것이다. 따라서 군인 · 경찰관 또는 소방관은 그가 감수해야 할 위험의 범위내에서는 자신의 생명을 구하기 위하여 타인의 법익을 침해할 수 없다. 그러나 이는 특별한 의무 때문에 일반인과 같은 조건에서의 긴급피난을 금할 뿐이지 긴급피난을 절대적으로 금지하는 것은 아니다. 따라서 이러한 의무를 가진 자도 타인의 위난을 구하기 위하여 긴급피난을 할 수 있으며, 감수해야 할 의무의 범위를 넘는 자기의 위난에 대하여도 긴급피난을 할 수 있다.

Ⅳ. 과잉피난과 오상피난

1. 과잉피난

27 피난행위가 상당성을 결한 경우를 과잉피난(過剩避難, Notstandsexzeß)이라고 하며, 이는 위법성을 조각하지 않는다. 정황에 따라 형을 감경 또는 면제할 수 있을 뿐이다(제22조 3항, 제21조 2항). 이때에도 행위자가 야간 기타 불안스러운 상태하에서 공포 · 경악 · 흥분 또는 당황으로 인한 때에는 벌하지 아니한다(제22조 3항, 제21조 3항).

2. 오상피난

28 객관적으로 긴급피난의 요건인 사실이 존재하지 아니하는 데도 불구하고 그것이 존재한다고 오신하고 피난행위를 한 경우를 오상피난(誤想避難, Putativnotstand)이라고 한다. 오상피난은 긴급피난이 아니므로 위법성을 조각하지 않는다.

그러나 오상피난도 오상방위와 마찬가지로 위법성조각사유의 전제사실에 착오가 있는 경우에 해당한다. 그러한 착오는 고의를 조각하는 것은 아니지만 법적 효과에 있어서 사실의 착오와 같이 취급해야 한다는 것도 오상방위의 경우와 같다.

V. 의무의 충돌

1. 의무의 충돌의 의의와 종류

29 **(1) 의무의 충돌의 의의** 의무의 충돌(義務의 衝突, Pflichtenkollision)이란 둘 이상의 의무가 행위자에게 동시에 중첩적으로 부과되었으나 행위자는 하나의 의무만을 이행할 수 있는 긴급상태에서 다른 의무를 이행하지 못함으로써 구성요건을 실현하는 경우를 말한다. 예컨대 아버지가 물에 빠진 두 명의 아들 중에서 한 아이를 구하다가 다른 아이를 익사하게 한 경우, 또는 불이 난 집에 갇혀 있는 동생과 아버지 중에서 동생을 구하다가 아버지를 구하지 못하여 사망하게 한 경우가 여기에 해당한다.

30 ① 부작위의무와 부작위의무가 중첩되는 경우에는 의무의 충돌에 해당하지 않는다. 행위자는 둘 이상의 부작위의무를 동시에 이행할 수 있기 때문이다. ② 작위의무와 작위의무가 중첩되는 경우에 의무의 충돌이 되는 것은 분명하다. 문제는 의무의 충돌을 ②의 경우에 국한하여 인정할 것인가, 아니면 ③ 작위의무와 부작위의무가 중첩되는 경우도 포함하여 볼 것인가이다. 이에 관하여는 견해의 대립이 있다. 일설은 ②의 경우만을 의무의 충돌로 보는 데 비하여,[1] 일설은 ③의 경우도 의무의 충돌로 본다.[2] 그러나 ③의 경우는 "해야 할 것을 하기 위하여 하지 말아야 할 것을 한 경우"로서 긴급피난의 경우와 동일한 상황이 되므로 긴급피난의 요건을 적용하는 것으로 족하다. 긴급피난은 피난자가 위난을 피하기 위하여 제 3 자의 법익을 침해하면서 피난함으로써 제기되는 문제로서, 부작위의무를 위반하여 작위범의 구성요건을 충족하는 ③의 경우와 구조적으로 동일하다. 따라서 의무의 충돌의 독자적인 학리적 검토는 ②의 경우에 국한한다고 해석된다.[3]

---

1 김일수/서보학 351면; 박상기 201면; 배종대 384면; 정성근/박광민 257면.

2 남흥우(공저) 192면; 이형국 연구, 339면; 진계호 245면; 차용석 481면; 박재윤 "의무의 충돌"(고시계 1976. 7), 36면; 손해목 "의무의 충돌"(월간고시 1988. 7), 36면.

3 Baumann/Weber/Mitsch S. 366; Haft S. 103; Hirsch LK Vor § 32 Rn. 76; Jakobs 15/8; Jescheck/Weigend S. 310; Samson SK[6] § 34 Rn. 57; Sch/Sch/Lenckner Vor § 32 Rn. 71, 72; Stratenwerth/Kuhlen 9/119.

(2) **의무의 충돌의 종류** 의무의 충돌은 다음과 같이 분류할 수 있다.

1) **논리적 충돌과 실질적 충돌** 논리적 충돌(logische Pflichtenkollision)이 31
란 법규 사이에 모순이 있기 때문에 그로부터 도출되는 법의무가 논리적으로 충돌하는 경우를 말한다. 예컨대 타인의 물건을 보관하고 있던 자가 그 물건이 범죄실행에 사용될 것을 알게 되었음에도 소유자에게 반환해야 하는 상황과 같이 민법상의 의무와 형법상의 의무가 충돌하는 경우, 또는 전염병예방법에 따른 의사의 신고의무와 형법상의 비밀유지의무의 관계가 여기에 해당한다. 이에 반하여 실질적 충돌(materielle Pflichtenkollision)은 의무를 발생시키는 법규 자체와 관계없이 행위자의 일신적 사정에 따라 둘 이상의 의무가 충돌하는 경우를 말한다. 의무의 충돌은 실질적 충돌의 경우를 말한다. 논리적 충돌의 경우에는 한 의무가 다른 의무를 제약하고 있을 뿐이며 의무가 충돌하는 것은 아니기 때문이다.

2) **해결할 수 있는 충돌과 해결할 수 없는 충돌** 해결할 수 있는 충돌(lösbare 32
Kollision)이란 적법행위를 할 것인가 위법행위를 할 것인가를 행위자가 선택할 수 있는 충돌을 의미하는 데 비하여, 해결할 수 없는 충돌(unlösbare Kollision)은 행위자에게 선택의 여지가 주어지지 않는 경우의 충돌을 말한다. 전자는 의무 사이의 형량이 가능한 경우인 데 비하여, 후자는 형량이 불가능한 경우의 충돌을 말한다. 사람의 생명을 구해야 할 의무가 충돌하는 경우는 해결할 수 없는 충돌에 해당한다.

해결할 수 있는 충돌과 해결할 수 없는 충돌을 구별하는 실익은 전자의 경우에는 위법성의 조각과 책임조각이 모두 문제될 수 있지만, 후자의 경우에는 책임조각만 문제된다는 점에 있다고 해석하는 견해[1]도 있다. 그러나 해결할 수 없는 충돌의 경우에도 위법성이 조각될 수 있다고 해석하는 한 동가치의 의무의 충돌과 해결할 수 없는 의무의 충돌 사이에 차이가 없으므로 양자를 구별할 실익은 없다고 하겠다.[2]

2. 의무의 충돌의 법적 성질

형법에는 의무의 충돌에 관한 명문의 규정이 없다. 그러나 의무의 충돌이 책 33

---

1 배종대 386면; 차용석 482면; 박재윤 전게논문, 34면.

2 김일수/서보학 353면; 정성근/박광민 258면; 이형국 "의무의 충돌에 대한 고찰"(현대형사법론), 74면.
박상기 203면이 해결할 수 없는 의무의 충돌은 없다고 하는 것도 같은 취지이다.

임조각사유일 뿐만 아니라 일정한 요건 하에서 위법성 또는 불법을 조각한다는 점에는 견해가 일치하고 있다. 문제는 높은 가치의 의무를 이행하거나 특히 동가치의 의무가 충돌하는 경우의 의무의 충돌이 위법성조각사유가 될 수 있는가, 또 이 경우에 위법성조각사유로서 의무의 충돌의 성질을 어떻게 파악해야 하는가 이다.

34 의무의 충돌은 위법성조각사유가 아니라 법으로부터 자유로운 영역에 해당한다는 견해[1]가 있다. 법으로부터 자유로운 영역(rechtsfreier Raum)이란 법이 적법인가 위법인가의 평가를 하지 아니하고 개인의 양심에 따른 실존적 선택을 존중하는 영역을 말하며, 여기에 해당하는 경우에는 금지된 것이 아니지만 그렇다고 하여 허용된 것도 아닌 것이 된다. 자살이나 적응(=사유)규정에 의한 낙태의 경우, 나아가 동가치 또는 평가할 수 없는 이익이 충돌하거나 의무의 충돌의 경우가 법으로부터 자유로운 영역에 속한다는 것이다. 생각건대 법과 불법이 모순되는 개념이라고 하여 제 3 의 영역인 법으로부터 자유로운 영역이 논리상으로 불가능하다고 할 수는 없다. 따라서 예컨대 자살은 법으로부터 자유로운 영역에 속한다. 그러나 법으로부터 자유로운 영역은 구성요건해당성 이전 단계에서 행위자의 실존적 선택을 존중하는 영역으로서 인정되나, 행위가 일단 구성요건에 해당하는 때에는 법적 평가를 피할 수 없게 된다. 이 경우 합법·위법의 판단을 중지하는 때에는 당사자 간에 사실상의 무한투쟁 상태가 발생하고 결국 힘이 승리하는 비법적 상황이 창출된다. 예컨대 1대의 산소탱크만이 있는 병원에 동시에 두 사람의 일산화탄소 중독자가 도착한 경우에 먼저 산소탱크에 들어간 사람에 대한 병원의 조치의 합법성 판단을 중지하는 경우 환자 가족 간의 폭력사태가 발생할 것은 자명하다. 따라서 임부의 생명을 구하기 위한 낙태는 법으로부터 자유로운 것이 아니라 허용되는 행위라고 해야 한다. 의무의 충돌의 경우에도 의무를 이행하지 않는 것이 구성요건에 해당하는 이상 법으로부터 자유로운 영역이라고 할 수는 없다.[2]

35 (1) **견해의 대립** 의무의 충돌이 위법성조각사유가 되는 경우의 법적 성질에 관하여는 견해가 대립되고 있다. 의무의 충돌을 긴급피난의 일종 또는 긴급피난의 특수한 경우[3]로 파악하여 긴급피난의 법리에 따라 이해하면서 의무의

---

1 Arthur Kaufmann "Rechtsfreier Raum und eigenverantwortliche Entscheidung", Maurach-FS S. 337.

2 Hirsch LK Vor §32 Rn. 17, "Strafrecht und rechtsfreier Raum", Bockelmann-FS S. 105; Tröndle/Fischer Vor §32 Rn. 11.

3 김성천/김형준 284면; 배종대 384면; 신동운 302면; 이형국 399면; 정성근/박광민 255면; 정영석 148면; 진계호 245면; 박재윤 전게논문, 33면.

충돌이 가지고 있는 구조적 특수성을 인정하려고 하는 견해와, 이를 사회상규에 위배되지 않는 정당행위로서 독립된 위법성조각사유로 파악하는 견해[1] 및 초법규적 위법성조각사유라고 설명하는 견해[2]가 그것이다. 의무의 충돌을 독립된 위법성조각사유로 파악하는 견해는 의무의 충돌과 법익의 충돌을 구별해야 한다는 것을 이유로 함에 반하여, 초법규적 위법성조각사유로 이해하는 견해는 형법에 의무의 충돌에 관한 직접적인 규정이 없다는 것을 근거로 들고 있다.

36 (2) **비 판** 의무의 충돌은 원래 긴급피난을 책임조각사유로 규정하고 있던 독일 형법에서 초법규적 위법성조각사유인 긴급피난의 하나로 취급되던 것이었다. 그러나 정당행위(제20조)라는 위법성조각사유를 명문으로 규정하여 초법규적 위법성조각사유를 포괄할 수 있는 일반적 위법성조각사유를 두고 있는 형법의 해석에서 명문의 규정이 없다는 이유로 의무의 충돌을 초법규적 위법성조각사유라고 하는 것은 타당하지 않다. 의무의 충돌을 사회상규에 위배되지 않는 행위에 속하는 독립된 위법성조각사유로 파악할 것인가를 규명하기 위하여는 의무의 충돌과 긴급피난 사이에 어떤 차이가 있는가를 밝힐 필요가 있다.

37 긴급피난과 의무의 충돌 사이에는 다음과 같은 차이가 있다. ① 긴급피난이 현재의 위난을 요건으로 함에 반하여 의무의 충돌은 반드시 이를 요하지 않고, ② 긴급피난에 있어서는 위난의 원인이 문제되지 않음에 반하여 의무의 충돌은 법적 의무가 충돌하였음을 요하고, ③ 긴급피난에 있어서는 피난자가 피난행위를 해야 하는 것은 아님에 반하여 의무의 충돌에 있어서는 의무의 이행이 강제되며, ④ 피난행위가 주로 작위임에 반하여 의무불이행행위는 부작위이다. 그러나 의무의 충돌도 의무를 이행할 수 없는 긴급상태에 있을 것을 요한다는 점에서 긴급피난과 차이가 없고, 의무의 충돌은 이익의 충돌과 구조적으로 유사하다는 점에서 긴급피난과 의무의 충돌은 같은 성질을 가진다고 해야 한다.[3] 따라서 의무의 충돌은 긴급피난의 특수한 경우에 해당한다고 해석하는 것이 타당하다.

38 의무의 충돌에서의 이익형량은 긴급피난에서의 그것과 동일하게 이루어지는가? 긴급피난에서 피난되는 이익과 침해되는 이익이 동가치인 경우 책임이 조각될 뿐이라

1 김일수/서보학 352면; 안동준 120면; 임웅 238면; 차용석 482면; 황산덕 152면.
2 손해목 502면, 전게논문, 116면.
3 Stratenwerth/Kuhlen 9/120; Mangakis "Pflichtenkollision als Grenzsituation des Strafrechts", ZStW 84, 456.

고 보고, 동가치 의무의 충돌 또는 해결할 수 없는 의무의 충돌이 있는 경우 책임이 조각된다고 보는 견해는 긴급피난과 의무의 충돌의 이익형량을 동일하게 보는 것이다. 이에 비하여 동가치의 의무가 충돌하는 경우 이를 위법성이 조각된다고 보는 견해는 긴급피난과 의무의 충돌의 이익형량은 구별된다고 본다.[1] 동가치의 이익이 문제되는 긴급피난은 책임이 조각될 뿐이기 때문이다. 높은 가치의 의무를 이행한 때에는 위법조각적 긴급피난에 해당하지만 동가치의 의무를 이행한 경우에는 초법규적 위법성조각사유에 해당한다는 견해[2]도 주장되고 있다. 위난에 빠진 A, B 두 사람 중 A는 구하고 B는 구하지 못해서 B가 사망하게 된 경우, B를 구하지 못한 (살인)행위는 정당화되는데, 이때 살인을 정당화하는 사유는 정당행위(독일 형법상으로는 정당방위)이기 때문에 이를 정당행위로 보거나 독일 형법의 해석론처럼 정당방위와 병렬적인 초법규적 위법성조각사유로 본다는 것이다. 양 이익형량이 구별된다고 보는 점에서 타당한 주장이다. 그러나 의무의 충돌을 긴급피난의 특수한 경우로 본다고 해서 그 구조적 차별성을 부정해야하는 것은 아니며, 동가치 의무의 충돌이 정당화되는 것을 설명하기 위하여 이를 정당행위로 보거나 정당방위와 병렬적인 (초법규적) 위법성조각사유에 속한다고 해석하여야 하는 것은 아니다.

3. 의무의 충돌의 요건

의무의 충돌이 위법성을 조각하기 위하여는 다음과 같은 요건이 구비되어야 한다.

39 (1) **의무의 충돌** 둘 이상의 의무가 충돌하여야 한다. 충돌이란 하나의 의무를 이행함으로써 다른 의무의 이행이 필연적으로 불가능한 것을 말한다. 하나의 의무를 이행한 후에 다른 의무를 이행할 수 있는 때에는 의무의 충돌이라고 할 수 없다. 의무의 충돌이 형벌법규에 해당해야 하는 것은 물론이다. 충돌하는 의무는 모두 정당한 근거를 가진 법적 의무일 것을 요하며, 단순한 도덕적 · 종교적 의무로는 족하지 않다.[3] 도덕적 · 종교적 의무를 이행하기 위하여 법적 의무를 이행하지 않은 경우에 위법성이 조각된다고 할 수는 없기 때문이다. 그러나 법적 의무가 제정법상의 의무일 것을 요하는 것은 아니다. 관습법상 인정되는 의무 또는 법질서 전체의 정신에서 도출되는 의무도 여기에 포함된다.

1 Hirsch LK Vor § 32 Rn. 75; Maurach/Zipf S. 379.
2 Baumann/Weber/Mitsch 17/137; Maurach/Zipf S. 379; Rudolphi SK § Rn. 58.
3 김일수/서보학 353면; 남흥우(공저) 192면; 배종대 387면; 오영근 399면; 이형국 연구, 326면; 임웅 238면; 정성근/박광민 257면; 정영석 148면; 차용석 483면; 박재윤 전게논문, 35면.

40 행위자에게 책임 있는 사유로 인하여 의무의 충돌이 발생한 경우에도 위법성이 조각될 수 있는가가 문제된다. 다수설은 행위자가 고의 또는 과실로 충돌상태를 야기한 때에는 위법하다고 해석하고 있다.[1] 다만 경미한 과실의 경우까지 배제되는 것은 아니라고 하는 견해[2]도 있다. 이에 반하여 의무의 충돌상태에 있었던 이상 그 원인은 묻지 않는 것이 타당하다고 해석하는 견해[3]도 있다. 생각건대 의무의 충돌이 긴급피난이론에 의하여 위법성을 조각하는 이상 이익의 교량이 인정되면 족하며 충돌의 원인은 문제되지 않는다고 해석하는 것이 타당하다.

41 (2) **상당한 이유** 의무의 충돌은 긴급피난의 법리에 의하여 위법성이 조각되므로 행위자가 충돌하는 의무의 하나를 이행하였어야 하며, 그 의무의 이행에 상당한 이유가 있을 것을 요한다. 따라서 의무의 충돌이 위법성을 조각하기 위하여는 보충성과 균형성이 인정되어야 한다. 문제는 어떤 경우에 균형성이 인정될 것인가이다.

42 1) **높은 가치와 낮은 가치의 의무의 충돌** 높은 가치의 의무와 낮은 가치의 의무가 충돌한 경우에 높은 가치의 의무를 이행하고 낮은 가치의 의무를 방치한 때에는 위법성이 조각된다. 따라서 의사가 중환자와 경환자를 동시에 돌보아야 할 경우에 중환자를 치료하기 위하여 경환자를 돌보지 않은 때에도 위법하다고 할 수는 없다. 높은 가치의 의무를 이행하는 것은 법질서의 목적과 합치되는 것이기 때문이다. 의무의 형량(Pflichtenabwägung)은 의무와 관련된 법익의 추상적인 가치관계뿐만 아니라 구체적인 상황에서 보호필요성을 판단함에 있어서 의미를 갖는 다른 이익, 특히 위험의 정도와 행위자의 목적 및 의무에 대한 일반인의 가치관을 종합하여 판단하여야 한다.[4] 다만, 높은 가치의 의무와 낮은 가치의 의무가 충돌한 경우에도 이행한 의무가 높은 가치이면 족하며 긴급피난의 경우와 같이 본질적으로 우월할 것을 요하는 것이 아니다. 의무의 충돌에 있어서는 반드시 행위를 해야 하는 행위강제상황이 존재하기 때문이다.[5]

1 남흥우(공저) 193면; 안동준 121면; 이형국 연구, 328면; 박재윤 전게논문, 35면; 손해목 전게논문, 115면.
2 김일수 한국형법 I, 716면; 안동준 121면; 이형국 연구, 328면.
3 김일수/서보학 354면; 배종대 387면; 정성근/박광민 259면; 차용석 484면.
4 Hirsch LK Rn. 78; Jescheck/Weigend S. 366; Sch/Sch/Lenckner Rn. 72; Stratenwerth/Kuhlen 9/122; Wessels/Beulke Rn. 736.
5 Hirsch LK Rn. 78.

43 **2) 같은 가치의 의무의 충돌** 같은 가치의 의무가 충돌하여 하나의 의무만 이행한 때에 위법성이 조각될 것인가에 대하여는 견해가 대립된다. 침해되는 법익이 사람의 생명 또는 신체이기 때문에 해결할 수 없는 의무가 충돌한 경우에도 같다. 물에 빠진 두 아들 중에서 한 아이만을 구하거나, 병원을 찾아온 두 사람의 환자 중에서 한 사람만을 구한 경우가 그것이다. 이를 책임조각사유로 해석하는 견해는 법은 같은 가치의 의무들 가운데 어느 것도 포기할 수 없으므로 어떤 의무의 침해도 정당화될 수 없고 책임이 조각될 수 있을 뿐이라고 한다.[1] 법이 불가능한 것을 강요할 수 없고 어느 의무를 이행하는가는 행위자가 선택할 수 있을 뿐이라는 이유로 위법성이 조각된다고 해석하는 견해[2]도 유력하다. 이에 반하여 같은 가치의 의무가 충돌한 때에는 위법성이 조각되지만 해결할 수 없는 의무가 충돌한 때에는 책임이 조각된다고 해석하는 견해[3]도 있다.

생각건대 의무가 충돌하는 경우에도 행위자가 취할 적법한 행위는 있어야 하며, 법은 불법판단의 단계에서 무엇이 정당한 행위인가를 판단하여야 한다. 실제로 가능한 행위가 모두 위법하다고 하는 것은 법의 기능이 아니라 법의 기능부전이라고 해야 한다. 같은 가치의 의무나 해결할 수 없는 의무가 충돌한 경우에 행위자의 책임의식과 양심에 따른 판단을 존중할 수밖에 없다고 할 것이므로 법질서도 이를 사회적으로 정당한 행위로서 인정·존중해야 한다. 따라서 같은 가치의 의무가 충돌한 경우는 물론 해결할 수 없는 의무의 충돌의 경우에도 위법성이 조각된다고 해석하여야 한다.[4]

44 **(3) 주관적 정당화사유** 의무의 충돌이 위법성을 조각하기 위하여는 행위자에게 의무의 충돌에 대한 인식이 있어야 할 뿐만 아니라, 높은 가치 또는 적어도 같은 가치의 의무의 하나를 이행한다는 인식이 있어야 한다. 이러한 의미에서 의무의 충돌에 있어서도 주관적 정당화요소가 필요하다. 행위자가 이행할 의무를 선택하게 된 동기가 무엇인가는 문제되지 않는다.

1 배종대 398면; 손해목 496면, 전게논문, 114면; 차용석 484면.
2 김일수/서보학 353면; 남흥우(공저) 193면; 신동운 303면; 오영근 400면; 이형국 연구, 334면; 임웅 239면; 정성근/박광민 259면.
3 박재윤 전게논문, 36면.
4 Rudolphi SK Rn. 59; Mangakis ZStW 84, 464~465.

제 4 절 자구행위 §19

I. 자구행위의 의의

1. 자구행위의 의의

1 자구행위(自救行爲, Selbsthilfe)란 권리자가 그 권리를 침해당한 때에 공권력의 발동에 의하지 않고 자력에 의하여 그 권리를 구제·실현하는 행위를 말한다. 민법상의 자력구제(自力救濟)(민법 제209조)와 같은 뜻이다.

2 자구행위는 원시형법의 유물이라고도 할 수 있다.[1] 국가권력이 확립되지 않았던 원시시대에는 권리가 침해된 때에 피해자는 자신의 실력으로 그 구제를 도모하지 않을 수 없었고, 따라서 자구행위가 권리행사의 상용수단이 되었다. 그러나 국가권력이 확립되고 법적 구제절차가 정비됨에 따라 권리침해에 대한 구제는 공권력에 의존하게 되었다. 그리하여 로마법에서도 이미 자력에 의한 권리의 실행은 자기방위로서만 허용되며 방위가 아닌 공격으로 행해지는 것은 금지된다는 원칙이 확립되었고, 근대 법치국가에서는 민사상의 청구권을 사력(私力)에 의하여 실행하는 것이 원칙적으로 금지되었다. 그러나 아무리 법적 구제수단이 정비되어 있다고 하더라도 현실적으로 국가기관에 의한 구제가 신속하고 효과적으로 이루어질 것을 기대할 수 없는 경우가 있다. 이와 같이 법적 절차에 의한 구제를 적시에 청구할 수 없고 이를 지체한 때에는 공권력에 의한 청구권의 실현이 불가능하거나 현저히 곤란한 경우에도 사인(私人)의 자력구제를 인정하지 않는다면 법은 불법에 편드는 결과가 되어 정의와 공평의 관념에 반하게 된다.

예컨대 채무자가 채무를 변제하지 않고 외국으로 도주하기 위하여 비행기를 타는 것을 발견한 채권자가 채무자를 체포하거나(RG. 69, 308), 숙박비를 지불하지 않고 도주하는 손님을 붙잡아 그 대금을 받거나, 이름과 주소를 알 수 없는 절도범이 도품을 가지고 가는 것을 길에서 발견한 피해자가 장물을 탈환하는 것은 일정한 한계 안에서 위법성이 조각된다고 해야 할 것이다.

---

1 황산덕 170면.

3 형법 제23조는 "법률에서 정한 절차에 따라서는 청구권을 보전(保全)할 수 없는 경우에 그 청구권의 실행이 불가능해지거나 현저히 곤란해지는 상황을 피하기 위하여 한 행위는 상당한 이유가 있는 때에는 벌하지 아니한다"고 규정하여 긴급행위의 하나로서 자구행위를 인정하고 있다.

2. 자구행위의 법적 성질

4 자구행위를 명문으로 규정하고 있는 형법의 태도와는 달리 독일 형법이나 일본 형법을 비롯한 대부분의 입법례는 형법에 자구행위에 대한 규정을 두지 않고 있다.

그러나 독일 형법의 해석에 있어서는 19세기 말경 자구행위이론이 전개된 이래 민법상의 자력구제에 관한 규정을 근거로 자구행위를 위법성조각사유로 인정하고 있다.[1] 다만 자구행위의 법적 성질에 관하여는 '정당방위와 긴급피난 이외에 이익교량에 입각한 초법규적 위법성조각사유',[2] '예외적 강제권의 하나인 위법성조각사유',[3] '긴급한 경우의 권리추구행위'[4] 또는 '국가권력적 입장에서 자신의 이익을 위한 행위'[5]로서 위법성조각사유가 된다고 설명하고 있다. 결국 이러한 견해들은 자구행위를 초법규적 위법성조각사유로 인정하고 긴급상태에서 국가권력을 대행한다는 성격이 있음을 인정한 것이라고 볼 수 있다.[6] 일본에서도 통설은 자구행위를 엄격한 요건 아래 위법성조각사유가 된다고 인정하고 있다. 다만 자구행위가 위법성을 조각하는 근거에 대하여 이를 정당행위의 일종이라고 보는 견해(木村, 小野)와 긴급행위의 일종으로서 초법규적 위법성조각사유라고 이해하는 견해(團藤, 牧野, 平野, 植松)가 대립하고 있다. 그러나 자구행위 그 자체는 물론 위법성을 조각하는 범위와 한계가 형법에 명백히 규정되어 있지 않기 때문에 초법규적 위법성조각사유로 이해하는 것이 다수설의 태도라 할 수 있다.[7] 일본의 판례는 종래 자구행위가 허용되지 않는다는 엄격한 입장을 취하였으나, 최고재판소는 그 태도를 완화하여 구체적 사정에 따라서는 자구행위의 적법성을 인정할 가능성이 있다고 판시하였다.[8]

---

1 Jescheck/Weigend S. 397; Maurach/Zipf S. 397; Welzel S. 93; Wessels/Beulke Rn. 357.
2 Blei S. 136; Liszt/Schmidt *Lehrbuch*, S. 211; Mezger/Blei *Strafrecht* I, S. 135.
3 Welzel S. 93.
4 Schmidhäuser S. 324.
5 Maurach/Zipf S. 397.
6 이러한 견해들은 결국 자구행위의 성질에 관하여 긴급행위라는 데 중점을 둘 것인가 또는 권리행사가 국가권력을 대행한다는 점에 중점을 둘 것인가에 차이가 있을 뿐이라고 할 수 있다.
7 高橋敏雄 "自救行爲"(刑法講座 2), 192頁; 大沼邦雄 "自救行爲"(刑法の爭點), 54頁.
8 日最判 1955. 11. 11(형집 9-2, 2438; 형법판례백선 1, 80).

형법 제23조가 자구행위에 대하여 명문의 규정을 두고 있는 이상 이러한 입법례와는 달리 형법상의 자구행위를 초법규적 위법성조각사유라고 할 수는 없다. 즉 자구행위는 정당방위나 긴급피난과 함께 위법성을 조각하는 긴급행위의 하나이다. 긴급행위로서의 자구행위는 불법한 침해에 대한 자기보전행위이므로 부정(不正) 대 정(正)의 관계이며, 이 점에서 자구행위는 정 대 정의 관계인 긴급피난과 구별된다. 또한 정당방위와 긴급피난이 현재의 위난에 대한 사전적 긴급행위임에 대하여, 자구행위는 현재의 침해를 피하기 위한 행위가 아니라 이미 침해된 청구권을 구조하기 위한 사후적 긴급행위이다. 자구행위가 긴급행위의 하나로서 위법성을 조각하는 근거는 긴급상태에서 사인이 국가권력을 대행한다는 점에서 찾을 수 있다. 법치국가에 있어서 침해된 권리의 보전은 국가권력, 즉 공권력에 의존하여야 하며, 따라서 권리의 보전은 국가권력에 속하는 것이다. 그러나 국가권력을 행사할 여유가 없어 이에 의하여는 청구권을 보전하는 것이 불가능하거나 곤란한 예외적인 긴급상태에 있어서는 개인에게 국가권력을 대행할 권리가 부여되며, 이러한 국가권력의 대행이라는 근거에 의하여 자구행위는 위법성을 조각한다고 할 수 있다.[1] 5

Ⅱ. 자구행위의 성립요건

자구행위가 성립하기 위하여는 ① 법률에서 정한 절차에 따라서는 청구권을 보전할 수 없는 경우일 것, ② 청구권의 실행이 불가능해지거나 또는 현저히 곤란해지는 상황을 피하기 위한 행위일 것, ③ 상당한 이유가 있을 것이라는 세 가지 요건을 필요로 한다. 6

1. 법정절차에 의하여 청구권을 보전하는 것이 불가능한 경우

(1) **청 구 권** 청구권이 있어야 한다. 자구행위의 보호대상은 청구권이다. 따라서 청구권이 없을 때에는 자구행위도 있을 수 없다. 7

1) **청구권의 범위** 청구권은 그 권원이 채권인가 물권인가를 묻지 않는 8

1 김일수/서보학 321면; 박상기 205면; 배종대 390면; 오영근 402면; 이형국 192면; 임웅 242면; 황산덕 170면.

다. 이를 재산상의 청구권에 제한하여야 한다는 견해[1]도 있다. 그러나 청구권은 반드시 실체법상의 전형적인 권리에 한하지 않으며 무체재산권 · 친족권 · 상속권 등의 절대권에서도 발생할 수 있다고 해석하여야 한다.[2]

다만 자구행위에 의하여 보호되는 청구권은 보전할 수 있는 권리임을 요한다. 따라서 원상회복이 불가능한 권리는 여기의 청구권에 포함되지 않는다. 그러므로 한번 침해되면 원상회복이 어려운 생명 · 신체 · 자유 · 정조 · 명예[3] 등의 권리는 여기의 청구권에 포함될 수 없다.

9 **2) 자기의 청구권** 청구권은 자기의 청구권임을 요한다. 그러므로 타인의 청구권을 위한 구제행위(Fremdhilfe)는 허용되지 않는다. 다만 청구권자로부터 자구행위의 실행을 위임받은 자는 자구행위를 할 수 있다고 보아야 한다.

예컨대, 호텔의 주인이 사람을 시켜 숙박비를 내지 않고 도주하는 투숙객을 붙잡아 돈을 받는 경우가 여기에 해당한다.

10 **(2) 청구권에 대한 침해** 청구권에 대한 침해가 있어야 한다. 청구권에 대한 침해가 없음에도 불구하고 사력(私力)을 행사한 때에는 자구행위가 될 수 없다.

11 **1) 불법한 침해** 침해는 불법한 침해를 의미한다고 해석된다. 따라서 적법한 행위에 대하여는 자구행위를 할 수 없다. 법정절차에 의한 권리구제는 불법한 침해를 전제로 하는 것이기 때문이다. 이러한 의미에서 자구행위는 정당방위와 같이 부정(不正) 대 정(正)의 관계라고 할 수 있다. 그러나 부정한 침해라 할지라도 자구행위는 과거의 침해에 대하여만 가능하다. 현재의 침해에 대하여는 정당방위가 성립한다. 자구행위를 사후구제행위라고 하는 이유도 여기에 있다.

2) 정당방위와의 한계 아래의 두 가지 경우에 정당방위인가 또는 자구행위인가에 대하여 견해가 대립되고 있다.

12 **(가) 절취재물의 탈환** 절도범인을 현장에서부터 추적하여 재물을 탈환하는 행위는 허용된다. 이때 폭행 또는 협박을 가한 때에도 폭행죄 또는 협박죄

1 임웅 243면; 정영석 139면.
2 김일수/서보학 322면; 박상기 205면; 배종대 391면; 손해목 515면; 유기천 202면; 이형국 193면; 정성근/박광민 263면; 권문택 "자구행위"(형사법강좌 I), 280면.
3 대법원 1969. 12. 30. 69 도 2138, "피해자가 다른 친구들 앞에서 피고인의 전과사실을 폭로함으로써 명예를 훼손했기 때문에 동인(同人)을 구타하였다 하더라도 그 소행은 자구행위에 해당한다고 할 수 없다."

는 성립하지 않는다. 이 경우 재물의 탈환행위를 자구행위라고 하는 견해[1]도 있다. 그러나 범죄가 형식적으로 기수에 달한 때에도 법익침해가 현장에서 계속되는 상태에 있으면 현재의 침해라고 할 수 있으므로 정당방위가 성립한다고 해석하는 것이 타당하다.[2] 자구행위와 정당방위에서 요구되는 상당성의 정도는 동일하지 않다는 점도 고려할 필요가 있다. 다만 범인이 재물을 가지고 가는 것을 사후에 길에서 본 피해자가 재물을 탈환하는 때에는 자구행위가 성립한다.

13 (나) **부작위에 의한 침해** 부작위에 의한 침해, 예컨대 퇴거불응자에 대한 강제퇴거행위가 정당방위인가 또는 자구행위인가도 문제된다. 부작위에 의한 침해에 대하여는 자구행위만 가능하다는 견해[3]도 있으나, 정당방위에 있어서의 침해를 적극적 침해에 제한하여야 할 이유는 없다 할 것이므로 이 경우에도 정당방위가 성립한다는 통설의 태도[4]가 타당하다고 생각된다.

14 (3) **법률에서 정한 절차에 의한 청구권보전의 불가능** 법률에서 정한 절차에 의하여는 청구권을 보전할 수 없는 경우여야 한다. 자구행위는 청구권의 보전이 불가능한 긴급상황에서만 허용된다. 이를 자구행위의 보충성이라고 할 수 있다.

15 1) **법률에서 정한 절차** 법률에서 정한 청구권보전절차는 통상 민사소송법상의 가압류 · 가처분 등의 보전절차를 의미한다. 그러나 반드시 이러한 재판상의 절차에 의한 구제에 제한하여야 할 이유는 없다. 경우에 따라서는 경찰 기타 기관에 의한 구제절차도 여기에 포함될 수 있다고 해야 할 것이다.[5]

---

1 남흥우(공저) 170면; 정영석 126면; 권문택 전게논문, 286면.

2 배종대 391면; 신동운 274면; 유기천 203면; 이형국 193면; 임웅 244면; 정성근/박광민 265면.
김일수/서보학 323면은 구성요건해당성이 인정되지 않는다고 한다. 그러나 이 경우에 성립할 수 있는 범죄는 절도죄에 제한되지 않는다.

3 유기천 179면.

4 김일수/서보학 324면; 남흥우(공저) 170면; 배종대 391면; 손해목 516면; 이건호 121면; 임웅 244면; 정성근/박광민 265면; 정영석 137면.

5 경찰에 의한 구제를 기다릴 수 없는 때의 자구행위의 범위는 경찰에 의한 구제가 불가능한 범위까지 미칠 수는 없다.
BGHSt. 17, 328(330). 피고인이 성매매여성과 10마르크를 지불하고 동침하기로 약정하고 그 돈을 지불하였으나 성교 직전에 그녀가 10마르크를 더 내지 않으면 성교에 응할 수 없다고 거절하자 피고인은 흥분한 나머지 그녀의 머리채를 잡고 이미 지불한 돈을 반환받은 사건으로, 원심은 피고인을 강요죄에 의하여 처벌하였다. BGH는 "자구행위는 관헌에 의한 구제를 적시에 기대할 수 없는 것을 요건으로 한다. 여기에 관헌에 의한 구조의 대행은 경찰 또는 법원에 의한 구조를 의미한다. 그러나 그 행위는 관헌에 의한 구조의 범위를 초과할 수는 없다"고 판시하였다.

16 **2) 청구권보전의 불가능** 청구권을 보전하는 것이 불가능해져야 한다. 법정절차에 의하여 청구권을 보전할 수 있는 상황에서는 침해가 아무리 중대한 것이라고 하여도 자구행위는 인정될 수 없다. 법정절차에 의하여 청구권을 보전하는 것이 불가능한 경우란 장소 또는 시간관계로 공적 구제를 강구할 여유가 없고, 채무자가 도망하는 경우와 같이 후일에 공적 수단에 의하더라도 그 실효를 거두지 못할 긴급한 사정이 있는 경우를 말한다. 따라서 ① 가옥명도청구 · 토지반환청구 또는 점유사용권을 회복하기 위한 자구행위는 허용되지 않는다.[1] 이러한 때에는 법정절차에 의한 청구권의 보전이 불가능한 경우라고 볼 수 없기 때문이다. ② 채무자가 도주하려는 경우에도 청구권의 보전이 불가능할 정도로 시간적으로 급박한 사정이 있는 때에만 자구행위가 허용된다. 그러므로 예컨대 외국으로 출국하는 채무자를 잡는 것은 자구행위가 될 수 있지만, 도주하기 위하여 부동산을 처분하였다는 것만으로는 법정절차에 의한 청구권을 보전할 수 없는 경우에 해당한다고 할 수 없다.[2] ③ 권리행사를 위하여 폭행 · 협박 · 갈취 · 편취 또는 강취하는 경우가 자구행위에 해당할 수 있다고 하거나 또는 이를 자구행위의 문제로 다루는 견해[3]도 있다. 그러나 자구행위의 요건과 효과에 관하여 아무런 규정도 하고 있지 않는 독일이나 일본 형법의 경우와 달리, 법정절차에 의한 청구권의 보전이 불가능할 것을 요건으로 요구하고 있는 우리 형법의 해석에 있어서는 법정절차에 의한 청구권의 보전이 불가능하지 않는 한 권리행사라는 이유만으로 자구행위가 성립할 여지는 없다고 해야 한다. 경우에 따라서 형법 제20조의 정당행위에 의하여 위법성이 조각될 수 있을 뿐이다. 대법원도 이러한 경우

---

1 대법원 1985. 7. 9. 85 도 707, "소유권의 귀속에 관한 분쟁이 있어 민사소송이 계속중인 건조물에 관하여 현실적으로 관리인이 있음에도 위 건조물의 자물쇠를 쇠톱으로 절단하고 침입한 소위는 법정절차에 의하여 그 권리를 보전하기가 곤란하고 그 권리의 실행불능이나 현저한 실행곤란을 피하기 위해 상당한 이유가 있는 행위라고 할 수 없다."

동지: 대법원 2007. 5. 11. 2006 도 4328.

2 대법원 1966. 7. 26. 66 도 469, "채무자가 유일한 재산인 가옥을 방매하고 그 대금을 받은 즉시 부산 방면으로 떠나려는 급박한 순간에 있어서 각 채권자가 자기들의 채권을 그때에 추심하지 아니하면 앞으로 영구히 추심할 기회를 얻기 어려워 부득이 채무자가 가옥대금을 받은 현장에서 피고인 등이 각자의 채권을 추심한 것으로서 이는 자구행위로 죄가 성립되지 아니한다고 운운하나 이는 독자적 견해로서 채용할 수 없다."

이 판결에 대하여는 자구행위의 성립을 인정해야 한다고 비판하는 견해도 있다(남흥우(공저) 167면 참조).

3 유기천 204면; 황산덕 171면; 권문택 전게논문, 286면.

에는 권리의 행사가 사회상규에 적합하였느냐의 여부에 따라 위법성을 판단하는 태도를 취하고 있다.[1]

2. 청구권의 실행불능 또는 현저한 실행곤란을 피하기 위한 행위

(1) **청구권의 실행불능 또는 현저한 실행곤란** 청구권의 실행이 불가능해지거나 현저히 곤란해지는 상황이 있어야 한다. 법정절차에 의해 청구권을 보전하는 것이 불능이라 하여도 그것으로 인하여 청구권의 실행이 불가능하거나 현저히 곤란한 사정이 없으면 자구행위를 할 수 없다. 따라서 채무자에 대한 청구권의 보전은 불가능하여도 청구권에 대하여 충분한 물적 담보나 인적 담보가 확보되어 있는 때에는 청구권의 실현이 가능하므로 자구행위가 허용되지 않는다. 그러나 청구권의 실행은 반드시 불가능할 것을 요하는 것이 아니다. 그 실행이 가능하다고 하더라도 그것이 현저히 곤란해지는 경우에는 자구행위가 허용된다. 17

(2) **자구의사** 행위자는 청구권의 실행불능 또는 현저한 실행곤란을 피하기 위한 의사로 행동할 것을 요한다. 따라서 청구권의 보전 또는 실현이 가능할 것을 알면서 자력을 행사하는 경우에는 복수는 될 수 있어도 자구행위는 될 수 없다. 이러한 의미에서 자구의사는 자구행위의 주관적 정당화요소가 된다. 청구권의 실행불능 또는 현저한 실행곤란을 피하기 위한 행위임을 요하므로, 단순히 입증의 곤란을 피하기 위한 자구행위는 인정되지 않는다. 자구행위의 수단에는 물건의 탈환·파괴·손괴, 채무자의 체포 또는 저항의 제거 등이 포함된다. 18

3. 상당한 이유

자구행위는 청구권의 보전을 위한 상당한 이유가 있는 한도 내에서 할 수 있다. 상당성은 사회상규에 비추어 당연시되는 것을 말한다. 자구행위에 있어서의 상당한 이유는 정당방위와 긴급피난의 상당성과 반드시 같은 의미는 아니다. 19

자구행위는 법정절차에 의하여 청구권을 보전하는 것이 불가능한 때에만 허

---

1 대법원 1980. 11. 25. 79 도 2565, "피고인 등이 비료를 매수하여 시비한 결과 딸기묘목 또는 사과나무묘목이 고사하자 그 비료를 생산한 회사에게 손해배상을 요구하면서 사장 이하 간부들에게 욕설을 하거나 응접탁자 등을 들었다 놓았다 하거나 현수막을 만들어 보이면서 시위를 할 듯한 태도를 보이는 등 하였다 하여도 이는 손해배상청구권에 기한 것으로서 그 방법이 사회통념상 인용된 범위를 일탈한 것이라고 단정하기 어려우므로 공갈 및 공갈미수의 죄책을 인정할 수 없다."

용된다는 점에서 보충성을 필요로 한다. 그러나 자구행위는 정당방위와 같이 부정 대 정의 관계이므로 엄격한 법익 사이의 균형을 요하는 것은 아니다. 정당한 목적을 위한 상당한 수단이라는 의미에서의 실질적 상당성의 원리는 자구행위에 있어서도 요구된다. 그러므로 자구행위 자체가 권리의 남용에 해당하거나 사회윤리에 반할 때에는 상당한 이유가 있다고 할 수 없다. 또한 자구행위는 어디까지나 보전수단이지 이행수단이 아니다. 따라서 청구권을 보전하는 범위를 벗어나 재산을 임의로 처분하거나 이행을 받는 것은 자구행위에 의하여 정당화될 수 없다.[1] 그러나 자기의 소유물에 대한 탈환은 자구행위에 의하여도 허용된다고 할 수 있다.

Ⅲ. 과잉자구행위와 오상자구행위

1. 과잉자구행위

20 자구행위가 그 정도를 초과한 때를 과잉자구행위라고 한다. 자구행위의 성립요건인 상당성을 초과하였으므로 과잉자구행위(過剩自救行爲)는 자구행위에 해당하지 않고 따라서 위법성은 조각되지 않는다. 그러나 위법한 행위에 대한 책임은 감경될 수 있으므로 형법은 과잉자구행위에 대하여는 형을 감경 또는 면제할 수 있다고 규정하고 있다(제23조 2항). 정당방위나 긴급피난의 경우와는 달리 자구행위에 대하여 형법 제21조 3항은 준용되지 않는다.

2. 오상자구행위

21 자구행위의 요건이 존재하지 아니함에도 불구하고 그것이 존재한다고 오인하고 자구행위를 행한 때를 오상자구행위(誤想自救行爲, Putativselbsthilfe)라고 한다. 오상자구행위는 위법성을 조각하지 아니한다. 그러나 이는 사실의 오인 때문

1 대법원 1984. 12. 26. 84 도 2582, "피고인이 피해자에게 석고를 납품한 대금을 받지 못하고 있던 중 피해자가 화랑을 폐쇄하고 도주하자, 피고인이 야간에 폐쇄된 화랑의 베니어판 문을 미리 준비한 드라이버로 뜯어 내고 피해자의 물건을 몰래 가지고 나왔다면, 위와 같은 피고인의 강제적 채권추심 내지 이를 목적으로 하는 물품의 취거행위를 형법 제23조 소정의 자구행위라고 볼 수 없다."

동지: 대법원 2006. 3. 24. 2005 도 8081.

에 자신의 행위의 위법성을 인식하지 못한 경우이므로 법적 효과에 있어서는 사실의 착오와 같이 취급해야 한다(제한적 책임설). 즉 오상자구행위는 구성요건적 고의를 조각하지 않지만 오인에 과실이 있으면 과실범으로 처벌될 수 있을 뿐이다.

제 5 절 피해자의 승낙 §20

Ⅰ. 서 론

1. 피해자의 승낙의 의의

1 피해자의 승낙(被害者의 承諾, Einwilligung des Verletzten)이란 피해자가 가해자에 대하여 자신의 법익에 대한 침해(내지 위태화)를 허락 내지 동의하는 행위로서, 이의 법적 성격에 관하여 형법 제24조는 "처분할 수 있는 자의 승낙에 의하여 법익을 훼손한 행위는 법률에 특별한 규정이 없는 한 벌하지 아니한다"라고 규정하고 있다.

2 피해자의 승낙은 로마법 이래 위법성조각사유로 인정되어 왔다. 로마법에서는 "승낙이 있으면 침해가 되지 아니한다"(volenti non fit injuria)는 법언에 의하여, 모든 시민은 자신의 이익을 자유롭게 처분할 수 있고 인격권의 침해에 대한 승낙은 위법성을 조각하는 효력을 갖는 것으로 이해되었다.

근대형법학의 발전과정에서 피해자의 승낙이 위법성을 조각하느냐에 대하여는 입장의 변화를 보여왔다. 자연법론은 범죄의 본질이 권리의 침해에 있다고 보았으므로 법질서가 피해자에게 법질서의 보호를 포기할 수 있는 권한을 부여한 경우에는 승낙이 위법성을 조각한다고 하였다(Kleinschrod, Klein, Feuerbach). 한편, 역사법학파는 형법을 공동사회를 위하여 기여해야 하는 것으로 이해하여 승낙은 원칙적으로 위법성을 조각할 수 없다고 보았다. 이에 대하여 사회법학파는 범죄의 본질이 이익침해에 있다고 보았으므로 피해자의 이익이 없어진 때에는 자신의 생명을 포기하는 경우에도 위법하지 않는 것으로 보았다.[1]

1 Jescheck/Weigend S. 376.

이러한 논쟁의 과정을 거쳐 제 2 차 세계대전 이후에는 (정당방위에서와 같이) 자기보존과 더불어 (법익의) 자기처분도 정당화원리의 하나로 인정되어, 피해자의 승낙을 위법성조각사유로 보는 것이 일반적 견해가 되었다.

2. 양해와 승낙

3 1953년 독일의 Geerds는 피해자의 승낙을 구성요건해당성을 조각하는 양해(諒解, Einverständnis)와 위법성을 조각하는 승낙(承諾, Einwilligung)으로 구별해야 한다고 주장하였다. 이 이론은 현재까지 우리나라[1]와 독일[2]에서 통설의 위치를 차지하고 있다. 이에 반하여 승낙도 양해와 마찬가지로 구성요건해당성을 배제하는 사유이므로 양해와 승낙을 구별할 필요가 없다고 해석하는 견해도 있다. 그 이유는 처분할 수 있는 법익을 보호하는 형법규정의 존재이유는 법익소지자의 법익에 대한 '자율적 지배'를 보호하는 데 있으므로, 피해자의 승낙이 있는 경우 피해자는 법익에 대한 지배권을 행사하여 이를 처분한 것이기 때문에 외관상 법익침해가 있지만 이 침해는 불법을 구성하지 않는다는 것이다. 따라서 피해자의 승낙에 의한 침해는 (승낙이 있음을 알고 행위 하였기 때문에) 행위반가치가 형성되지 않고, (피해자의 처분이 있었기 때문에) 결과반가치가 형성되지 않아서 결국 불법이 형성되지 않아 구성요건해당성 자체가 배제된다고 주장한다.[3] 그러나 신체의 온전성, 명예 또는 개인의 비밀과 같은 일정한 법익은 처분권자의 의사를 넘어서 사회생활의 이익으로 보호되는 것이며 헌법에 의하여 보호되는 이익이다. 이 경우 처분권자의 승낙은 일정한 요건 아래 위법성이 조각되는 위법성조각사유에 불과하며, 구성요건해당성을 배제하는 양해와 구별하는 것이 타당하다고 생각된다.

피해자의 승낙을 구성요건해당성의 배제사유로 해석하는 견해의 이론적 근거는 ①

---

1 남흥우(공저) 159면; 신동운 309면; 안동준 125면; 오영근 418면; 유기천 198면; 이형국 200면; 임웅 248면; 정성근/박광민 272면; 황산덕 172면; 장영민 "피해자의 승낙"(고시계 1994. 11), 66면 이하; 최우찬 "피해자의 승낙"(고시계 1990. 10), 109면.

2 Ebert S. 86; Gropp S. 184; Hirsch LK Vor § 32 Rn. 96; Jescheck/Weigend S. 373; Joecks Vor § 32 Rn. 14; Kühl 9/22, 25; Sch/Sch/Lenckner Vor § 32 Rn. 29; Wessels/Beulke Rn. 362.

3 김일수/서보학 255면; 손해목 540면.
이에 반하여 박상기 209면; 배종대 397면은 양해와 승낙의 구별을 부인하면서 피해자의 승낙을 위법성조각사유로 이해한다.

자유주의 법익론에 의하면 처분권의 침해가 없으면 법익침해도 없다고 해야 하고, ② 피해자의 승낙으로 인하여 결과반가치가 흠결된다고 해야 하며, ③ 피해자의 승낙은 위법성조각사유로서는 이질적 존재이며, ④ 양해와 승낙의 구별도 명백하지 못하다는 점으로 요약될 수 있다.[1] 그러나 ① 처분권은 법익과 법익주체의 관계이지 법익 자체는 아니므로 처분권의 침해와 법익이라는 객관적 가치의 침해는 구별해야 하며, ② 처분권과 관계없이 법익 자체의 침해가 인정되는 때에는 결과반가치가 없다고 할 수 없고, ③ 형법상의 위법성조각사유는 하나의 원리에 의하여 해결할 수 없는 다양한 것이며, ④ 일반적으로 허용된 것(구성요건조각)과 예외적으로 허용된 것(위법성조각)은 구별해야 하므로 양해와 승낙의 구별이 불가능하다는 주장도 옳다고 할 수 없다.[2]

이와 같이 양해는 구성요건배제사유라는 점에서 피해자의 승낙과는 범죄체계에서 구별될 뿐만 아니라 그 요건에 있어서도 차이가 있음을 주의할 필요가 있다.

Ⅱ. 양 해

1. 양해의 의의

4

구성요건이 피해자의 의사에 반하는 때에만 실현될 수 있도록 규정되어 있는 범죄에 있어서 피해자가 그 법익의 침해에 동의한 때에는 구성요건해당성 자체가 성립하지 않는다. 예컨대 절도죄는 타인의 재물을 절취함으로써 성립하므로 그 타인이 재물의 취거에 동의하면 절취라고 할 수 없으며(제329조), 강간죄 또는 강제추행죄는 피해자가 간음 또는 추행에 동의하면 강간 또는 강제추행이라고 할 수 없고(제297조, 제298조), 주거침입죄는 거주자의 의사에 반하여 침입할 것을 요하므로 주거권자의 동의가 있을 때에는 침입이라고 할 수 없다(제319조). 각칙상의 개인의 자유를 보호하기 위한 죄는 대부분 여기에 해당한다. 이러한 범죄에서는 범죄의 불법상황은 피해자의 의사에 반하는 데 있고 피해자가 동의한 때에는 범죄가 될 수 없다. 이와 같이 피해자의 동의가 구성요건해당성 자체를 조각하는 경우를 '양해'라고 한다.

1 김일수/서보학 257면; 손해목 536~537면.
2 장영민 전게논문, 68면 이하 참조.

2. 양해의 법적 성격과 유효요건

5 (1) **양해의 법적 성격** 양해의 법적 성격에 대하여는 견해가 대립되고 있다.

양해를 순수한 사실적 성격을 가진 것으로 이해하는 견해도 있다(사실적 성질설). 독일의 다수설[1]의 태도이다. 이에 의하면 양해를 하는 데는 피해자의 자연적 의사능력이 있으면 족하고, 피해자에게 행위능력 또는 판단능력이 있을 것을 요하지 않는다. 양해는 내적 동의로 족하며, 그것이 표시되거나 행위자가 이를 인식할 필요도 없다고 한다. 그러나 양해의 요건은, 피해자의 승낙과 같이 일반적인 원칙에 의하여 결정할 것이 아니라, 개별적인 구성요건의 내용과 기능, 그 보호법익의 본질에 의하여 좌우되는 구성요건요소의 해석문제라고 보아야 한다(개별설).[2] 구성요건의 기능과 법익의 본질을 고려해야 하기 때문이다.

6 (2) **양해의 유효요건** 개인의 자유에 관한 죄(예컨대 강간죄·감금죄) 또는 재물에 대한 사실상의 지배와 관련된 절도죄에 있어서는 양해에 자연적 의사능력이 있으면 족하고 특별한 판단능력을 요하지 않는다. 그러나 주거침입죄의 경우에는 피해자의 행위능력 또는 판단능력이 있어야 양해가 유효하다고 할 수 있다.

양해의 표시 요부도 구성요건에 따라 다르다. 절도죄에 있어서는 묵시의 동의로도 족하지만,[3] 배임죄에 있어서는 그 표시를 필요로 한다. 의사의 하자도 절도죄나 주거침입죄에 있어서는 영향이 없지만, 강제추행죄에서는 의미를 가질 수 있다.

---

1 Bockelmann/Volk S. 102; Ebert S. 88; Gropp S. 185; Joecks Vor §32 Rn. 15; Lackner/Kühl Vor §32 Rn. 11; Welzel S. 95; Wessels/Beulke Rn. 367.

2 손해목 525면; 신동운 310면; 안동준 127면; 이형국 199면; 임웅 250면; 정성근/박광민 273면; 심헌섭 "양해·승낙·추정적 승낙"(고시계 1977. 2), 81면; 최우찬 전게논문, 107면.

3 대법원 1985. 11. 26. 85 도 1487, "피고인이 동거 중인 피해자의 지갑에서 현금을 꺼내 가는 것을 피해자가 현장에서 목격하고도 만류하지 아니하였다면 피해자가 이를 허용하는 묵시적 의사가 있었다고 봄이 상당하여 이는 절도죄를 구성하지 않는다."
동지: 대법원 1990. 8. 10. 90 도 1211.

Ⅲ. 피해자의 승낙

1. 승낙의 의의

7 형법각칙의 범죄들 가운데에는 그 보호법익을 피해자가 처분할 수는 있지만, 구성요건적 행위의 불법내용이 피해자의 의사에 반하는 데 본질이 있지 않고 피해자의 의사와 무관하게 행위의 객체에 대한 침해가 독자적으로 사회생활에서 중요성을 갖는 범죄가 있다. 이러한 범죄에 있어서 피해자의 법익침해에 대한 동의를 '피해자의 승낙'이라고 한다. 예컨대 신체의 온전성 · 재산 또는 명예와 같은 법익에 대한 침해를 피해자가 동의한 경우가 여기에 해당한다. 이러한 법익은 권리자의 의사와 관계없이 사회적 삶의 이익으로 보호받는 것이므로 권리자가 제 3 자에게 이러한 법익의 침해에 동의한 때에도 그 권리자의 의사만이 결정적인 것이 아니라, 법익의 포기에 의한 불이익을 법질서가 승인하였다는 일정한 조건 아래에서 위법성을 조각하는 위법성조각사유가 된다.

2. 위법성조각의 근거

피해자의 승낙이 위법성을 조각하는 근거에 대하여도 견해가 대립되고 있다.

8 (1) **법률행위설** 법률행위설(Rechtsgeschäftstheorie)은 피해자의 승낙이 법률행위이므로 승낙은 행위자에게 침해의 권리를 부여하고, 따라서 그 권리의 행사는 위법성을 조각한다고 설명한다. 그러나 법률행위설은 형법과 민법의 목적이 반드시 동일한 것이 아니라는 점을 간과하였다고 하지 않을 수 없다.[1]

9 (2) **이익포기설** 이익포기설(Interessenpreisgabetheorie)은 피해자의 승낙을 법익소지자의 이익포기의 징표로 보고, 처분권을 가진 피해자가 자신의 이익을 스스로 포기한 때에는 사회가 개입할 여지가 없다고 한다. 구성요건에 의하여 개개의 법익뿐 아니라, 그 주체의 처분권한도 보호되므로 피해자의 승낙에 의하여 보호의 객체가 일부 흠결된다는 견해[2]도 여기에 해당한다. 이에 따르면 승낙은 피해자가 이익을 포기함으로써 형법의 보호를 포기하는 것을 의미한다. 독

---

1 Jescheck/Weigend S. 377.

2 박상기 210면.
이를 처분권설 또는 권리보호포기설(Rechtsschutzverzichtstheorie)이라고도 한다.

일의 통설[1]과 판례의 입장이다. 그러나 이익포기설은 주관적인 이익의 포기가 왜 국가의 객관적 이익보호의무를 면제하며, 개인적 법익 가운데 어떤 법익(생명)에 대하여는 승낙에 의하여도 위법성이 조각되지 않고, 어떤 법익(신체)에 대하여는 위법성조각을 제한해야 하는가를 설명하지 못한다는 비판을 받는다.[2]

10 (3) **법률정책설** 법률정책설(rechtspolitische Theorie)은 피해자의 승낙이 위법성을 조각하는 것은 법률정책적 고려에 기초를 두고 있다고 한다. 즉 개인의 방해받지 않는 자유의 행사는 자유주의적 법치국가에 있어서 사회적 가치로도 인정되어야 하므로, 법익의 보호에 대한 사회적 이익과 교량하여 개인의 자유가 중요하다고 인정될 때에는 그 침해에 대하여 피해자가 승낙한 경우 위법성이 조각된다는 것이다. 우리나라의 다수설이다.[3] 이익교량설(Interessenabwägungstheorie)이라고도 한다. 피해자의 승낙이 위법성을 조각하는 근거를 설명하는 데 가장 적절한 견해라고 생각한다.

11 (4) **상 당 설** 피해자의 승낙이 사회질서 전체의 이념에 비추어 상당하다고 인정되기 때문에 위법성이 조각된다고 하는 견해[4]이다. 그러나 상당설은 그 의미를 다른 원리에 의하여 보충하지 않는 한 구체성을 결여한 이론이라는 비판을 면할 수 없다.

3. 피해자의 승낙의 요건

12 피해자의 승낙이 위법성을 조각하기 위하여는 다음과 같은 요건이 구비되어야 한다.

13 (1) **법익주체의 승낙** 승낙을 하는 사람은 법익의 소지자이어야 한다. 따라서 피해자의 승낙은 상해죄 · 재산죄 · 명예에 관한 죄 및 업무와 신용에 관한 죄 등과 같이 개인적 법익에 대한 죄에 대하여만 위법성을 조각할 수 있다. 타인의 법익에 대하여는 원칙적으로 승낙할 수 없다. 다만 처분권을 가지고 있을 때에는 그러하지 아니하다. 따라서 국가적 또는 사회적 법익에 대한 죄는 승낙에

---

1 Hirsch LK Vor §32 Rn. 105; Kühl 9/23; Sch/Sch/Lenckner Vor §32 Rn. 33; Welzel S. 95; Wessels/Beulke Rn. 370.

2 Jescheck/Weigend S. 377.

3 신동운 313면; 안동준 128면; 이형국 201면; 임웅 252면; 정성근/박광민 276면; 심헌섭 전게논문, 84면; 최우찬 전게논문, 112면.

4 진계호 254면; 황산덕 176면.

의하여 위법성이 조각될 수 없다.[1]

(2) **처분할 수 있는 법익에 대한 승낙** 법익의 주체는 법익에 대한 처분권한(Dispositionsbefugnis)을 가져야 한다. 처분할 수 있는 법익이냐에 대하여 문제되는 것이 사람의 생명과 신체이다. 14

1) **생 명** 생명은 개인적 법익이다. 그러나 생명은 본질적인 가치와 비대체적인 절대성을 가진 법익이다. 그러므로 생명은 처분할 수 있는 법익이 될 수 없다. 따라서 살인에 대한 승낙은 위법성을 조각할 수 없으며, 승낙에 의한 살인은 최소한 승낙에 의한 살인죄(제252조)에 의하여 처벌받지 않을 수 없다. 다만 '호스피스 · 완화의료 및 임종과정에 있는 환자의 연명의료결정에 관한 법률'에 의하여, 환자의 제한된 범위에서의 생명포기의 의사표시가 존중되어 의료진이 연명치료를 하지 않고 임종단계로 돌입할 수 있는 법적 근거가 마련되었다. 이는 촉탁살인죄에 대한 극히 예외적인 위법성조각사유로 해석할 수 있다.[2, 3] 15

판례는 피해자의 승낙에 의한 폭행이라 하더라도 이로 인한 사망을 예견할 수 있기 때문에 폭행치사죄가 성립하는 경우에는 피해자의 승낙에 의하여 위법성이 조각되지 않는다고 한다(대법원 1989. 11. 28. 89 도 201).

2) **신 체** 신체에 대하여도 생명과 같은 문제가 제기된다. 신체의 온전성은 생명과 같이 사람의 사회적 존립의 기본요건이 되기 때문이다. 독일 형법 제228조는 상해죄에 관하여 "피해자의 승낙에 의한 상해는 그 행위가 승낙에도 불구하고 사회상규에 반할 때에는 위법하다"는 명문의 규정을 두고 있다. 형법 제24조는 "법률에 특별한 규정이 없는 한 벌하지 아니한다"고 규정하면서 상해죄에 관하여는 특별한 규정을 두고 있지 않다. 그러나 법률의 규정이 없어도 처분할 수 없는 자의 승낙은 위법성을 조각할 수 없으므로 상해죄에 관하여는 형 16

1 대법원 2009. 9. 30. 2005 도 2712. "피무고자의 승낙이 있었다고 하더라도 무고죄의 성립에는 영향을 미치지 못한다."

2 이에 관하여는 **21**/10a 참조.

3 낙태와 관련하여 동의낙태죄(제269조 2항), 업무상동의낙태죄(제270조 1항)도 문제되나, 헌법재판소는 2019년 4월 11일 낙태죄의 규정(자기낙태죄(제269조 1항), 동의낙태죄, 업무상동의낙태죄)에 대하여 7(헌법불합치 4, 위헌 3) : 2(합헌)로 헌법불합치 결정을 하였다. 임신여성의 자기결정권을 제한한다는 것을 이유로 한다. 이에 따라 정부와 국회는 2020년 12월 31일까지 관련법을 개정해야 하게 되었다. 현행법(모자보건법)상 사유에 의한 낙태를 허용하는 방식(적응방식)에 추가하여 일정기간 내에 낙태를 허용하는 방식을 고려할 것으로 보인다.

법의 해석으로도 독일 형법 제228조와 같이 해석해야 할 것이다.[1] 신체에 대한 처분가능성은 사회상규적 · 윤리적인 한계에 의하여 제한된다고 보아야 하기 때문이다.

17 피해자의 승낙에 의한 행위가 사회상규에 위배된 때에는 위법하다는 것은 상해죄에 대하여만 적용되는 것이 아니라 다른 범죄에도 모두 적용되는 일반원칙이라고 보는 견해[2]도 있으며, 판례도 같은 태도를 취하고 있다.[3] 그러나 사회상규에 의한 제한은 상해죄에 대하여만 적용된다고 해석하는 것이 타당하다고 생각된다.[4] 형법이 처분할 수 있는 자의 승낙에 의한 행위는 법률에 특별한 규정이 없는 한 벌하지 아니한다고 규정하고 있으므로 특별한 규정이 없는 한 상당성이 없다는 이유만으로 승낙에 의한 행위를 벌할 수는 없으며, 따라서 사회상규를 이유로 승낙에 의한 행위를 위법하다고 하기 위하여는 법익 자체가 사회상규적 제약하에 처분할 수 있는 법익이어야 하는데 그것은 상해죄에 있어서만 가능한 것이기 때문이다. 승낙에 의한 행위가 사회상규에 위배된다고 하기 위하여는 행위 자체가 사회상규에 반할 것을 요하며 승낙이 사회상규에 반한다는 것, 즉 비도덕적 동기에 의하여 승낙하였다는 것은 문제되지 아니한다. 행위가 사회상규에 위배되는가의 여부는 행위에 의하여 기도한 목적에 따라 결정하여야 한다.

그러므로 병역을 피하기 위한 상해, 보험사기를 위한 상해, 베니스의 상인에서의 샤일록의 행위 등은 법 전체의 정신을 파괴하려는 목적에서 행한 것이므로 위법한 것이고, 따라서 이때의 피해자의 승낙은 범죄의 성립에 영향을 미치지 못한다.

18 **(3) 승 낙** 승낙은 승낙의 의미를 이해할 능력이 있는 피해자의 자유로운 의사에 의하여 이루어져야 한다. 승낙이란 피침해에 대한 단순한 방임 또는 수인(受忍)만으로 족하지 않고 그에 대한 의식적이고 자의에 의한 동의가 있

---

1 김일수/서보학 259면; 박상기 211면; 배종대 303면; 유기천 201면; 임웅 255면; 정성근/박광민 278면; 정영석 149면.

2 남흥우(공저) 155면; 신동운 326면; 오영근 423면; 이형국 203면; 임웅 255면; 정성근/박광민 278면; 정영석 149면; 황산덕 176면; 장영민 전게논문, 73면; 최우찬 전게논문, 115면.

3 대법원 1985. 12. 10. 85 도 1892, "형법 제24조의 규정에 의하여 위법성이 조각되는 피해자의 승낙은 개인적 법익을 훼손하는 경우에 법률상 이를 처분할 수 있는 사람의 승낙을 말할 뿐만 아니라 그 승낙이 윤리적 · 도덕적으로 사회상규에 반하는 것이 아니어야 한다."
동지: 대법원 2008. 12. 11. 2008 도 9606.

4 Hirsch LK Vor §32 Rn. 125; Jescheck/Weigend S. 379; Joecks Rn. 28; Samson SK Vor §32 Rn. 78; Sch/Sch/Lenckner Vor §32 Rn. 36; Stratenwerth/Kuhlen 9/21.

음을 요하기 때문이다.

19 1) **승낙능력** 피해자의 승낙능력은 민법상의 행위능력과 구별되며 형법의 독자적인 기준에 의하여 결정되어야 한다. 따라서 피해자가 법익의 의미와 그 침해의 결과를 인식하고 이성적으로 판단할 수 있는 자연적 인식능력과 판단능력이 있으면 족하다. 형법은 일정한 경우에 합법하게 승낙할 수 있는 연령을 규정하고 있다. 예컨대 간음에 있어서는 13세(제305조 1항. 다만 13세 이상 16세 미만자에 대하여는 19세 이상자의 간음행위만이 의제강간이 된다. 어린 동년배간의 통정행위는 의제강간에서 배제된다(제305조 2항).), 아동혹사죄에 있어서 16세(제274조), 미성년자 약취 · 유인죄에 있어서 미성년(제287조) 등이 그것이다. 이러한 때에는 13세, 16세 미만 또는 미성년자에게는 승낙의 능력이 없다. 피해자의 자연적 판단능력으로는 구체적 상황을 판단하기 어려운 때에는 설명의무(Aufklärungspflicht)가 요구된다. 특히 의사의 치료행위의 경우에 그러하다.

> 따라서 의사가 설명의무를 다하지 않은 상태에서 피해자로부터 수술의 승낙을 받은 경우에는 수술의 위법성이 피해자의 승낙에 의하여 조각되지 못한다.[1]

20 2) **자유의사에 의한 승낙** 승낙은 자유로운 의사에 의하여 이루어져야 한다. 따라서 기망(欺罔) · 착오 · 강제 등 하자 있는 의사 또는 의사의 결함상태에서 이루어진 승낙은 승낙이라고 할 수 없다. 여기서 승낙은 양해와 그 성질을 달리한다. 다만 단순한 동기의 착오만으로는 승낙의 효과에 영향을 미치지 못한다.

21 3) **승낙의 표시** 승낙이 외부에 표시되어야 하는가에 대하여는 견해가 대립된다. ① **의사방향설**(Willensrichtungstheorie)은 피해자가 내적으로 동의하면 족하며 그것이 외적으로 표시될 필요는 없다고 한다. 이에 대하여 ② **의사표시설**(Willenserklärungstheorie)은 승낙이 있었다는 것을 행위자에게 표시할 것을 요한다고 한다. ③ **절충설**(vermittelnde Theorie)은 승낙은 표시될 것을 요하지만 반드

---

1 대법원 1993. 7. 27. 92 도 2345, "산부인과 전문의 수련과정 2년차인 의사가 자신의 시진, 촉진 결과 등을 과신한 나머지 초음파검사 등 피해자의 병증이 자궁외임신인지, 자궁근종인지를 판별하기 위한 정밀한 진단방법을 실시하지 아니한 채 피해자의 병명을 자궁근종으로 오진하고 이에 근거하여 의학에 대한 전문지식이 없는 피해자에게 자궁적출술의 불가피성만을 강조하였을 뿐 위와 같은 진단상의 과오가 없었으면 당연히 설명받았을 자궁외임신에 관한 내용을 설명받지 못한 피해자로부터 수술승낙을 받았다면, 위 승낙은 부정확 또는 불충분한 설명을 근거로 이루어진 것으로서 수술의 위법성을 조각할 유효한 승낙이라고 볼 수 없다."

시 민법상의 법률행위에 의한 의사표시가 있어야 하는 것이 아니라 어떤 방법으로든 외부에서 인식할 수 있도록 표시되면 족하다고 한다.[1] 법적 안정성의 관점에서 형법적 보호의 포기는 적어도 인지할 수 있도록 표현되어야 한다고 할 것이므로 절충설이 타당하다고 하겠다.

22 4) 승낙의 시기 승낙은 법익침해 이전에 표시되어야 하며 법익침해시까지 계속되어야 한다. 따라서 사후승낙은 위법성을 조각하지 않는다. 다만 승낙은 언제나 자유로이 철회할 수 있다.

23 (4) 주관적 위법성조각사유 행위자는 승낙이 있었다는 사실을 인식할 것을 요한다. 그러나 행위자가 승낙으로 인하여 행위하였을 것을 요하는 것은 아니다. 피해자의 승낙이 있었음에도 불구하고 행위자가 이를 알지 못하고 행위하였을 때에는 위법성이 조각되지 않는다. 이에 반하여 피해자가 승낙을 하지 않았음에도 불구하고 행위자가 승낙이 있는 것으로 오인한 때에는 위법성조각사유의 전제사실의 착오가 문제된다.

Ⅳ. 추정적 승낙

1. 추정적 승낙의 의의와 성질

24 (1) 의 의 추정적 승낙(推定的 承諾, mutmaßliche Einwilligung)이란 피해자의 승낙이 없거나 피해자 또는 그 대리인이 부재중이거나 의식이 없어서 필요한 때에 승낙을 받을 수 없지만 모든 사정을 객관적으로 판단하면 승낙이 확실히 기대될 수 있는 경우를 말한다. 추정적 승낙에 의하여 위법성이 조각될 수 있다는 점에 관하여는 견해가 일치하고 있다.

(2) 성 질 추정적 승낙의 성질에 관하여는 견해가 대립된다.

25 1) 긴급피난설 추정적 승낙을 긴급피난의 일종으로 보거나, 긴급피난의 원리에 따라 이해해야 한다는 견해[2]이다. 그러나 추정적 승낙은 (자기 또는 피해자에게 닥친) 위난을 피난하기 위하여 행위하는 경우뿐만 아니라, 이익의 충돌

---

1 김일수/서보학 260면; 박상기 212면; 배종대 405면; 신동운 317면; 이형국 202면; 정성근/박광민 277면.

2 Bockelmann/Volk S. 105; Welzel S. 92.

이 없는 경우 행위자의 이익을 위하여 행위하는 경우에도 적용되는 것이므로 긴급피난과는 성질을 달리한다고 해야 한다.

2) **승낙대체설** 추정적 승낙은 피해자의 승낙의 대용물이라고 하여 현실적 승낙이 있는 경우와 같이 보는 견해[1]이다. 그러나 승낙이 없음에도 불구하고 있는 경우와 같다고 보는 데는 논리의 비약이 있다. 26

3) **사무관리설** 추정적 승낙은 민법의 사무관리에 관한 규정에 의하여 위법성이 조각된다는 견해[2]이다. 그러나 추정적 승낙의 모든 경우가 민법상의 사무관리에 해당한다고 할 수 없고, 위법성조각사유의 근거를 민법이론에 의하여 설명하는 것은 타당하다고 할 수 없다. 27

4) **상 당 설** 추정적 승낙에 의한 행위는 사회상규에 반하지 않기 때문에 위법성이 조각된다는 견해[3]이다. 그러나 상당성은 구체성을 지나치게 결여한 개념이라는 비판을 면할 수 없다. 28

5) **독자적 위법성조각사유설** 추정적 승낙은 피해자의 승낙가능성과 연관된 또는 긴급피난과 피해자의 승낙의 중간에 위치하는 독자적 구조를 가진 위법성조각사유라는 견해[4]이다. 추정적 승낙은 객관적인 이익교량에 근거를 두고 있는 것이 아니라 피해자의 가상적 의사를 기초로 하여, 그 의사의 판단에 있어서는 객관적 이성이 보조수단이 되는 제도라는 점에서 독자적인 위법성조각사유로 파악하는 것이 타당하다고 생각된다. 추정적 승낙이 정당행위에 해당하여 위법성이 조각된다고 해석하는 견해[5]도 같은 태도라고 할 수 있다. 29

2. 추정적 승낙의 유형

추정적 승낙은 그 내용에 따라 두 가지 유형으로 나눌 수 있다.

(1) **피해자의 이익을 위하여 법익을 침해한 경우** 행위자가 피해자의 이익을 위하여 법익을 침해함으로써 보다 높은 가치의 이익을 구조하는 경우이다. 예컨대 의사가 더 이상 지체할 수 없는 중환자를 수술하는 경우, 부인이 부재중 30

1 박상기 214면; 배종대 407면; 신동운 327면.
2 Baumann/Weber/Mitsch S. 403; Noll S. 119.
3 진계호 263면.
4 이형국 205면; 임웅 257면; 정성근/박광민 281면; 차용석 667면.
5 김일수/서보학 329면.

인 남편에게 온 편지를 남편의 일을 처리하기 위하여 개봉하는 경우 또는 비어 있는 이웃집에 고장난 수도를 고치기 위하여 침입하는 경우가 여기에 해당한다. 이러한 경우에는 이익의 교량이 문제된다는 점에서 긴급피난의 경우와 유사한 상황이다. 그러나 이 경우에도 추정적 승낙이 위법성을 조각하는 것은 법익의 주체의 추정적 의사에 부합한다는 데 근거가 있다는 점에서 긴급피난의 경우와는 구별된다.

31 (2) **피해자의 승낙이 추정되는 경우** 행위자가 자신의 이익을 위하여 행위하였지만 피해자의 승낙이 추정되는 경우이다. 예컨대 기차를 놓치지 않기 위하여 친한 친구의 자전거를 타고 가는 경우 또는 가정부가 주인의 헌옷을 걸인에게 주는 경우가 여기에 해당한다. 이 경우는 법익보호의 이익이 적거나 피해자와 행위자의 관계 때문에 피해자의 승낙이 추정되며, 긴급피난과는 전혀 그 근거를 달리한다.

32 이러한 의미에서 추정적 승낙이 위법성을 조각하는 것은 그것이 피해자의 이익을 위한 행위라는 것보다는 오히려 그것이 피해자의 가상적 의사에 합치된다는 점에 중점이 있다고 할 수 있다.[1]

3. 추정적 승낙의 요건

추정적 승낙이 위법성을 조각하기 위하여는 다음과 같은 요건이 구비되어야 한다.

33 (1) **법익주체의 처분할 수 있는 법익** 추정적 승낙도 처분할 수 있는 법익에 대하여만 가능하고, 법익의 주체가 법익침해와 그 결과에 대한 인식과 판단능력을 가질 것을 필요로 한다.[2] 다만 의식 없는 환자에 대한 의사의 수술은 그 상황에 대한 의사의 설명에 의하여 환자가 동의할 것을 예견할 수 있는 경우에 추정적 승낙을 인정할 수 있다. 그러나 추정은 행위시에 하여야 한다. 행위자가 추정적 승낙을 인식할 것을 요하는 것도 피해자의 승낙의 경우와 같다.

34 (2) **승낙의 불가능** 피해자의 승낙을 바로 얻을 수 없을 것을 요한다. 따라서 피해자의 승낙을 얻는 데 위험이 따르는 것에 불과한 때에는 피해자의 판

---

1 Hirsch LK Vor §32 Rn. 129; Jescheck/Weigend S. 387; Joecks Rn. 33; Kühl 9/47; Maurach/Zipf S. 384; Samson SK Vor §32 Rn. 85.

2 Hirsch LK Rn. 135; Jescheck/Weigend S. 388; Maurach/Zipf S. 385.

단을 기다리는 것이 옳다고 해야 한다.

(3) **승낙의 기대** 피해자의 승낙이 확실히 기대될 수 있어야 한다. 피해자가 승낙을 할 것인가는 모든 사정을 종합하여 객관적으로 판단해야 한다. 즉 승낙의 추정은 주관적 의미의 추정이 아니라 모든 사정이 종합된 객관적 추정이다. 35

피해자의 명시적인 반대의사가 있는 경우에도 추정적 승낙이 가능한가에 대하여는 견해가 대립되고 있다. ① 피해자에게 이익이 되는 한 추정적 승낙을 인정하는 견해,[1] ② 피해자의 의사와 이익을 고려하여 구체적인 경우에 사회상당성에 따라 결정해야 한다는 견해[2]가 있으나, ③ 피해자가 반대의사를 명백히 한 때에는 추정이 불가능하다고 해야 한다.[3] 추정적 승낙은 행위자가 피해자의 결정의 자유를 대리하는 제도이고, 법익주체의 의사는 비합리적인 때에도 존중되어야 하기 때문이다. 36

(4) **양심에 따른 심사** 추정적 승낙은 행위자의 모든 사정에 대한 양심에 따른 심사(gewissenhafte Prüfung)를 전제로 한다. 행위자가 이를 충분히 검토하지 아니한 때에는 위법하다고 하지 않을 수 없다. 이러한 의미에서 양심에 따른 심사는 추정적 승낙에 있어서 주관적 정당화요소가 된다. 37

제6절 정당행위 §21

Ⅰ. 정당행위의 의의

형법 제20조는 "법령에 의한 행위 또는 업무로 인한 행위 기타 사회상규에 위배되지 아니하는 행위는 벌하지 아니한다"고 규정하고 있다. 법령에 의한 행위 또는 업무로 인한 행위는 사회상규에 위배되지 아니하는 행위의 예시에 지나지 않으므로, 형법은 모든 위법성조각사유에 우선하는 가장 기본적인 일반적 위법성조각사유 내지 위법성조각사유의 근본원리로서 사회상규에 위배되지 않는 행 1

1 백남억 103면.
2 황산덕 178면.
3 배종대 409면; 오영근 430면; 이형국 207면; 임웅 258면; 심헌섭 전게논문, 92면.

위를 제시하고 있다고 할 수 있다.[1] 이와 같이 사회상규에 위배되지 아니하여 국가적 · 사회적으로 정당시되는 행위를 정당행위(正當行爲)라고 한다. 여기서 사회상규란 국가질서의 존엄성을 기초로 한 국민일반의 건전한 도의감(道義感)[2] 또는 법질서 전체의 정신이나 배후에 있는 사회윤리 내지 사회통념에 비추어 용인되는 것[3]을 말한다.

2 위법성은 법질서 전체와 불법(구성요건해당성)과의 관계를 나타내는 통일적 판단이다. 그러므로 위법성조각사유도 법질서 전체의 정신에 의하여 결정되어야 하며, 여기에는 법질서의 통일성 내지 단일성의 원칙이 적용되어야 한다. 따라서 민법과 공법 등 다른 법분야에서 적법한 행위는 형법상으로도 위법하다고 할 수 없다. 위법성판단의 지도원리도 사회의 외적 상황의 변천과 지배적 가치관의 변화에 따라 달라질 수 있으므로, 위법성조각사유는 실정법뿐만 아니라 국제법이나 관습법은 물론 그 사회에서 최고의 가치관에 기반을 두고 있는 초법률적인 법이라고 할 자연법에 의하여 결정될 수도 있다.[4] 종래 독일 형법을 비롯한 대부분의 입법례가 형법에 위법성조각사유를 모두 규정하는 것은 불가능하다고 보아 초법규적 위법성조각사유(übergesetzliche Rechtfertigungsgründe)를 인정한 이유는 여기에 있다. 형법 제20조는 '사회상규에 위배되지 아니하는 행위는 벌하지 아니한다'고 하여, 초법규적 위법성조각사유를 일반적 위법성조각사유로 형법에 규정한 점에 그 의의가 있다. 즉 형법 제21조 내지 제24조에 규정되지 아니한 행위라도 사회상규에 반하지 아니하는 행위는 위법성이 조각되며, 이로 인하여 이른바 '초법규적 위법성조각사유'는 실정법상의(=형법상의) 위법성조각사유가 된 것이다.[5]

---

1 김일수/서보학 334면; 박상기 153면; 안동준 134면; 오영근 327면; 유기천 195면; 임웅 199면; 정성근/박광민 210면; 정영석 143면; 황산덕 151면.

2 대법원 1956. 4. 6. 4289 형상 42.

3 대법원 2000. 4. 25. 98 도 2389; 대법원 2001. 2. 23. 2000 도 4415; 대법원 2009. 12. 24. 2007 도 6243.

4 Jescheck/Weigend S. 327; Maurach/Zipf S. 382.

5 김일수/서보학 334면; 오영근 327면; 이형국 166면; 임웅 198면; 황산덕 156면.
형법 제20조의 규정에도 불구하고, ① 사회상규에 위배하지 않는 행위 이외에 초법규적 긴급행위를 인정할 수 있다는 견해(유기천 194면), ② 사회상규란 위법성조각사유를 완전히 해결한 것은 아니므로 아직도 초법규적 위법성조각사유를 인정할 여지가 있다는 견해(손해목 "초법규적 정당화원리"(현대형사법론), 82면)도 있다.

Ⅱ. 법령에 의한 행위

3 법령에 의한 행위란 법령의 근거 위에서 권리(권한) 또는 의무로서 행하여지는 행위를 말한다. 법령에 의한 행위는 타인의 법익을 침해하여 구성요건에 해당하는 때(예컨대 형벌의 집행으로 행하는 구금은 '감금'죄의 구성요건에 해당하는 행위이다)에도 위법성이 조각된다. 위법성은 법질서 전체와의 관계에서 내려지는 가치판단이므로 형법 이외의 법령에 의하여 적법한 행위는 형법상으로도 위법하다고 할 수 없기 때문이다. 그러나 법령에 의한 행위라도 사회상규에 비추어 권리의 남용이라고 볼 수 있을 때에는 위법성이 조각되지 아니한다.

법령에 의한 행위로는 공무원의 직무집행행위 · 징계행위 · 현행범인의 체포 · 노동쟁의행위 및 연명치료 중단행위 등을 들 수 있다.

1. 공무원의 직무집행행위

4 공무원의 직무집행행위에는 법령(법령을 근거로 한 행정명령을 포함한다)에 근거를 가진 경우와 상관의 명령에 의한 행위가 있을 수 있다.

5 (1) **법령에 의한 직무집행행위** 공무원이 법령에 의하여 정하여진 직무를 수행하는 행위는 정당행위로 위법성이 조각된다. 예컨대 집행관의 민사상의 강제집행, 검사 또는 사법경찰관의 긴급체포(형소법 제200조의 3) · 압수 · 수색 · 검증(동법 제215조) 등의 강제처분, 세법상의 강제처분 등이 여기에 해당한다.[1] 구성요건에 해당하는 공무원의 직무집행행위가 위법성이 조각되기 위하여는 그 행위의 근거가 되는 법령상의 요건을 충족하여야 한다. 또 그 행위가 공무원의 직무범위 안에 속하고 정규의 절차에 따라 행하여질 것을 요한다.[2] 직무범위에 속한다고 하기 위하여는 그 직무가 공무원의 담당 사무일 뿐만 아니라 그 담당 지역 안에서 행하여져야 한다. 공무집행행위로 인한 개인의 법익의 침해가 그 필요성과 상당성에 의하여

1 공무원 아닌 자의 행위라도 법원의 적법한 결정이나 촉탁에 따른 행위인 경우에는 정당행위에 해당한다. 대법원 2021. 10. 14. 2017 도 10634, "민사소송법 제335조에 따른 법원의 감정인 지정결정 또는 같은 법 제341조 제1항에 따른 법원의 감정촉탁을 받은 경우에는 감정평가업자가 아닌 사람이더라도 그 감정사항에 포함된 토지 등의 감정평가를 할 수 있고, 이러한 행위는 법령에 근거한 법원의 적법한 결정이나 촉탁에 따른 것으로 형법 제20조의 정당행위에 해당하여 위법성이 조각된다고 보아야 한다."

2 대법원 1951. 4. 5. 4283 형상 11.

제한되어야 한다는 것은 법치국가원리의 당연한 요구이다.[1] 따라서 직무집행행위가 남용된 때에는 위법하다고 하지 않을 수 없다.[2]

6 (2) **상관의 명령에 의한 행위** 공무원의 직무집행행위는 공무원 스스로가 직접 법령에 의하여 행하는 경우도 있으나 상관의 명령에 의하여 행하는 때도 있다. 상관의 직무상의 명령에 의한 행위는 위법성을 조각한다. 그러나 명령에 의한 직무집행행위가 위법성을 조각하기 위하여는 명령 자체가 적법할 것을 요건으로 한다. 상관의 명령에 구속력이 있는 때에는 명령 자체가 위법한 때에도, 상관의 명령에 대한 복종의무가 법질서에 대한 복종의무보다 중요한 경우에는 의무의 충돌에 의하여 부하의 행위는 위법성이 조각된다는 견해[3]도 있다. 그러나 부하를 이용하였다고 하여 위법한 명령이 적법하게 될 수는 없다. 따라서 통설[4]과 판례[5]는 상관의 위법한 명령에 의한 부하의 행위는 위법성을 조각하지 아니하고, 다만 절대적 구속력을 가진 명령에 의한 행위는 책임이 조각될 수 있을 뿐이라고 한다. 구속력 없는 위법한 명령에 복종한 행위는 위법성은 물론 책임도 조각되지 아니한다. 상관의 명령이라 할지라도 범죄를 저지르라는 지시는 직무상의 명령이 아니므로 이에 대하여 부하는 복종할 의무가 없다.

대법원은 상관이 ① 대공수사단 직원에게 참고인으로 소환한 사람에게 가혹한 행위를 가하도록 명령하거나(대법원 1988. 2. 23. 87 도 2358),[6] ② 대통령선거를 앞두고 특정 후보에 반대

---

1 Jescheck/Weigend S. 392; Sch/Sch/Lenckner Vor §32 Rn. 84.

2 대법원 1971. 3. 9. 70 도 2406, "법정절차 없이 피의자를 이른바 경찰서 보호실에 구금한 경우에는 직무상의 권능을 행사할 법정조건을 구비하지 않았음에도 직권을 남용하여 사람을 불법감금한 것이므로 법령에 의한 행위라고 할 수 없다."

3 Hirsch LK Vor §32 Rn. 177; Jescheck/Weigend S. 395; Roxin 17/19; Sch/Sch/Lenckner Vor §32 Rn. 89; Schmidhäuser S. 169; Wessels/Beulke Rn. 450.
김일수/서보학 338면도 같은 입장이다.

4 박상기 155면; 배종대 308면; 손동권 203면; 손해목 415면; 신동운 331면; 오영근 329면; 유기천 192면; 임웅 200면; 정성근/박광민 211면; 정영석 143면; 황산덕 148면.

5 대법원 1961. 4. 15. 4290 형상 201; 대법원 1997. 4. 17. 96 도 3376 전원합의체판결.

6 대법원 1988. 2. 23. 87 도 2358, "공무원이 그 직무를 수행함에 있어 상관은 하관에 대하여 범죄행위 등 위법한 행위를 하도록 명령할 권한이 없고, 하관은 소속 상관의 적법한 명령에 복종할 의무는 있으나 그 명령이 참고인으로 소환된 사람에게 가혹행위를 가하라는 등과 같이 명백한 위법 내지 불법한 명령인 때에는 이미 직무상의 명령이라 할 수 없으므로 이에 따라야 할 의무는 없다. 설령 대공수사단 직원은 상관의 명령에 절대 복종해야 한다는 것이 불문율로 되어 있다 할지라도 국민의 기본권인 신체의 자유를 침해하는 고문행위 등이 금지되어 있는 우리나라의 국법질서에 비추어 볼 때, 그와 같은 불문율이 있다는 것만으로는 고문치사와 같이 중대하고도 명백한 위법명령에 따른 행위가 정당한 행위에 해당하거나 강요된 행위로서 적법행위에 대한 기대가능성이 없는 경우에 해당하게 되는 것이라고는 볼 수 없다."

하는 여론을 조성하기 위하여 허위사실을 담은 책자를 발간·배포하라는 명령을 한 경우(대법원 1999. 4. 23. 99 도 636)에 부하는 이에 따라야 할 의무가 없다고 판시하였다.

2. 징계행위

7 징계행위로서 문제 되는 것은 ① 자(子)에 대한 친권자의 (훈육목적의) 징계행위와 ② 교사의 (교육목적의) 징계행위이다. 각종 교육관련법은 교사의 징계와 관련하여 명문의 규정을 두고 있다. "각 학교의 장은 교육상 필요할 때에는 법령 및 학칙이 정하는 바에 의하여 학생을 징계하거나 기타의 방법으로 지도할 수 있다"(고등교육법 제13조; 초·중등교육법 제18조). 한편 친권자의 징계와 관련하여 민법은 "친권자는 그 자(子)를 보호 또는 교양하기 위하여 필요한 징계를 할 수 있다"(구 민법 제915조)고 규정하였었으나 2021년 1월 26일자 개정에 의하여 이 규정을 삭제하였다.

7a 민법상 친권자가 징계를 할 수 있는 근거규정이 폐지되었다고 하더라도 친권자의 그 자(子)에 대한 보호 또는 교양의 권리(나아가 의무)가 소멸하였다고 할 수는 없다.

그 이유는 첫째 친권자의 징계권은 후술하는 바와 같이(21/25) 관습법상의 권리로 해석할 수 있다. 독일의 경우 교사의 징계권을 인정하는 명문의 규정이 없음에도 불구하고 교사의 징계권은 '관습법상의 권리'로 인정되어 왔다.[1] 둘째 양육과정에서 친권자의 자에 대한 일체의 구성요건해당행위(벌세우는 행위)를 금지하고 처벌할 수는 없다. 따라서 이를 정당화하는 근거('사회상규' 자체를 정당화하는 근거)는 여전히 필요하다.
종래 징계행위에서 문제된 것은 징계권의 존부 자체가 아니라 체벌금지, 나아가 징계권의 한계를 일탈한 행위에 대한 처벌가능성이었다. 이에 관하여는 입법(아동복지법, 아동학대범죄의 처벌 등에 관한 특례법 등)과 판례를 통해서 한계를 설정하는 한편 한계일탈 행위에 대해서 강력한 대응을 시도해 왔다. 문제는 이러한 대응방법이 실효적인가이다. '폭력적' 의사소통이 효과적인 의사소통 방식으로 만연해 있는 우리 사회에서 이는 섬세한 교육정책 및 사회정책으로 접근해야 하는 가정 내의 문제인 바, 이를 형벌을 수단으로 하는 형법을 최전선에 내세워 해결하려는 것은 형법의 보충성을 고려할 때 적절하다고 하기 어렵다.

7b 징계권자의 징계행위(懲戒行爲)는 정당행위로서 위법성이 조각된다. 그러나

1 Jescheck/Weigend S. 195~196. BGH는 1976년까지는 교육목적 상 적절한 한도 내에서 이루어진 교사의 징계권 행사는 관습법상의 정당화 사유로 보아 왔다. 한편 BGH NJW 1976, 1949는 교사에게 관습법상의 징계권이 있는가의 문제에 관하여는 명시하지 않고 다만 징계를 가한 교사에 대하여 '회피할 수 없는 금지착오'에 빠졌다는 이유로 책임조각을 하였다.

징계권(Züchtigungsrecht)의 행사는 무제한하게 허용되는 것이 아니라 사회상규에 위배되지 않는 범위에서만 허용된다. 징계권의 행사가 위법성을 조각하기 위하여는 그것이 객관적으로 충분한 징계사유가 있는 때에 교육목적(Erziehungszweck)을 달성하기 위하여 필요하고 적절한 정도에 그쳐야 하며, 주관적으로는 교육의 의사에 의하여 지배된 것이어야 한다. 그러므로 징계권의 행사라 할지라도 ① 그 방법이 지나치게 가혹한 경우,[1] ② 징계행위로 인하여 피해자에게 상해를 입힌 정도에 이른 경우,[2] ③ 징계권자의 성욕을 만족하기 위한 행위[3] 또는 ④ 징계사유가 없음에도 불구하고 징계권을 행사한 때[4]에는 징계권의 행사라고 하여 위법성이 조각될 수 없다.

8 친권자의 징계행위로서 체벌이 허용된다는 점에 대하여는 그간 이론이 없었다. 다만 민법상 친권조항의 폐지가 자에 대한 체벌권한의 인정과 관련이 없지 않은 만큼 이에 대한 논의가 필요하다고 하겠다. 생각건대 앞서 언급한 이유와 그 한도 내에서 체벌은 인정하지 않을 수 없다.

8a 통설은 교사의 징계행위로서의 체벌에 대하여도 같은 이론을 적용해 왔다.[5] 대법원도 교사의 체벌이 징계권의 행사로서 허용된다고 판시하고 있다.[6] 그러나

1 대법원 1969. 2. 4. 68 도 1793, "4세인 아들이 대소변을 가리지 못한다고 닭장에 가두고 전신을 구타한 것은 친권자의 징계권 행사에 해당한다고 볼 수 없다."

2 대법원 1978. 3. 14. 78 도 203, "교육자로서 피교육자인 피해자에 대한 정당한 징계행위인양 주장하나 대나무 막대기로 나이 어린 피해자의 전신을 구타하여 상해까지 입힌 이 사건의 경우에 있어서는 그 제재의 범위를 넘어선 행위가 되어 정당한 징계행위로 볼 수 없다."
동지: 대법원 1991. 5. 14. 91 도 513.

3 BGHSt. 13, 138, "위탁한 소녀의 옷을 벗기고 채찍질을 한 자는 교육목적 이외에 성적 욕망이 함께 작용한 음란행위이다."

4 대법원 1980. 9. 9. 80 도 762, "교사가 피해자인 학생이 자기에게 욕설을 한 것으로 오인하고 그 진상을 확인하지도 아니한 채 구타하여 상해를 입혔다면 이는 그 학생을 훈계하기 위한 일이라 하더라도 징계권의 범위를 일탈하였다."

5 박상기 157면; 오영근 332면; 유기천 192면; 이형국 269면; 임웅 201면; 정영석 144면; 황산덕 149면.

6 대법원 2004. 6. 10. 2001 도 5380, "초·중등교육법령에 따르면 교사는 학교장의 위임을 받아 교육상 필요하다고 인정할 때에는 징계를 할 수 있고 징계를 하지 않는 경우에는 그 밖의 방법으로 지도를 할 수 있는데 그 지도에 있어서는 교육상 불가피한 경우에만 신체적 고통을 가하는 방법인 이른바 체벌로 할 수 있고 그 외의 경우에는 훈육·훈계의 방법만이 허용되어 있는바, 교사가 학생을 징계 아닌 방법으로 지도하는 경우에도 징계하는 경우와 마찬가지로 교육상의 필요가 있어야 될 뿐만 아니라 특히 학생에게 신체적·정신적 고통을 가하는 체벌, 비하하는 말 등의 언행은 교육상 불가피한 때에만 허용되는 것이어서, 학생에 대한 폭행·욕설에 해당되는 지도행위는 학생의 잘못된 언행을 교정하려는 목적에서 나온 것이었으며 다른 교육적 수단으로는 교정이 불가능하였던 경우로서 그 방법과 정도에서 사회통념상 용인될 수 있을 만한 객관적 타

교사의 징계권의 행사로서 체벌이 허용된다는 주장은 인간의 존엄과 가치를 존중하는 헌법정신과 교육의 목적에 비추어 의문이다.[1] 초·중등교육법 제18조의 징계 또는 지도에는 동법 시행령 제31조와의 관계에 비추어 볼 때 체벌이 포함되지 않으며, 정당방위 또는 긴급피난과 같은 타(他) 위법성조각사유에 해당하지 않는 한 징계권의 행사로서 교사의 폭행이나 상해는 허용되지 않는다고 보아야 한다.[2]

3. 현행범인의 체포

9 형사소송법 제212조에 의하여 현행범인은 누구든지 영장 없이 체포할 수 있다. 따라서 사인이 현행범인을 체포하는 행위는 법령에 의한 행위로서 위법성이 조각된다. 국가가 사인에게 공적 기능을 위임한 것이라고 할 수 있다.[3] 그러나 현행범인의 체포로 인하여 위법성이 조각되는 것은 직접 체포에 필요한 행위, 즉 협박·체포 또는 도주의 저지 등에 제한된다. 현행범에 대한 살인이나 상해[4] 또는 현행범인을 체포하기 위하여 타인의 주거에 침입하는 행위는 위법성이 조각되지 않는다. 현행범인을 체포하기 위하여 사인이 무기를 사용하는 것도 허용되지 않는다.

4. 노동쟁의행위

10 헌법은 근로자의 자주적인 단결권·단체교섭권 및 단체행동권을 보장하고 있으며(헌법 제33조), 노동조합 및 노동관계조정법은 동맹파업·태업 등 쟁의행위(爭議行爲)에 관한 규정을 두고 있다. 따라서 법에 의하여 허용된 쟁의행위는 위법성이 조각된다. 그러나 근로자의 쟁의행위는 근로자의 근로조건을 개선함으로써 그 경제적·사회적 지위를 향상시키기 위한 경우에만 인정된다. 그러므로 계급투쟁

당성을 갖추었던 경우에만 법령에 의한 정당행위로 볼 수 있을 것이고, 교정의 목적에서 나온 지도행위가 아니어서 학생에게 체벌·훈계 등의 교육적 의미를 알리지도 않은 채 지도교사의 성격 또는 감정에서 비롯된 지도행위라든가, 다른 사람이 없는 곳에서 개별적으로 훈계·훈육의 방법으로 지도·교정될 수 있는 상황이었음에도 낯모르는 사람들이 있는 데서 공개적으로 학생에게 체벌·모욕을 가하는 지도행위라든가, 학생의 신체나 정신건강에 위험한 물건 또는 지도교사의 신체를 이용하여 학생의 신체 중 부상의 위험성이 있는 부위를 때리거나 학생의 성별·연령·개인적 사정에서 견디기 어려운 모욕감을 주어 방법·정도가 지나치게 된 지도행위 등은 특별한 사정이 없는 한 사회통념상 객관적 타당성을 갖추었다고 보기 어렵다."

1 Jescheck은 '체벌을 포함하는 교사의 징계권은 이제는 존재하지 않는다'고 하고 있다. Roxin **17**/38 이하; SK(Horn) §223 Rn 12도 同旨.

2 김일수/서보학 340면; 배종대 310면.

3 Jescheck/Weigend S. 396.

4 Maurach/Zipf S. 396; Sch/Sch/Lenckner Vor §32 Rn. 82.

을 표방하거나 그 외의 정치적 목적을 달성하기 위한 쟁의행위는 허용되지 않는다. 목적의 정당성이 인정되는 때에도 쟁의행위로서 폭력이나 파괴행위를 할 수 없으며, 사업장 등의 안전보호시설의 정상적인 유지 · 운영을 정지 · 폐지 또는 방해하는 행위는 할 수 없다(노동조합 및 노동관계조정법 제37조, 제42조).

판례도 근로자의 단체행동이 형법상 정당행위가 되기 위하여는 첫째 그 주체가 단체교섭의 주체로 될 수 있는 자이어야 하고, 둘째 그 목적이 근로조건의 향상을 위한 노사간의 자치적 교섭을 조성하는 데에 있어야 하며, 셋째 사용자가 근로자의 근로조건 개선에 관한 구체적인 요구에 대하여 단체교섭을 거부하였을 때 개시하되 특별한 사정이 없는 한 조합원의 찬성결정 등 필요한 절차를 거쳐야 하고, 넷째 그 수단과 방법이 사용자의 재산권과 조화를 이루어야 하며 폭력의 행사나 제 3 자의 권익을 침해하는 것이 아니어야 한다고 판시하고 있다.[1]

따라서 판례에 의하면 ① 정리해고를 하지 말라는 것 같은 단체교섭사항이 될 수 없는 사항을 달성하려는 쟁의행위(대법원 2001. 4. 24. 99 도 4893),[2] 또는 노동조합 대표자가 사용자와 합의하여 단체협약안을 마련하더라도 조합총회의 결의를 거친 후 단체협약을 체결할 것을 명백히 한 경우에 사용자가 그 사유로 단체교섭을 회피하였음을 이유로 하는 쟁의행위(대법원 1998. 1. 20. 97 도 588)는 쟁의행위의 목적의 정당성을 인정할 수 없고, ② 노동조합 및 노동관계조정법 제41조 제 1 항의 조합원의 직접 · 비밀 · 무기명투표에 의한 찬성결정을 거쳐야 한다는 규정에 위반하여 노동조합원의 찬반투표절차를 거치지 아니한 쟁의행위는 필요한 절차를 거치지 아니한 쟁의행위이며(대법원 2001. 10. 25. 99 도 4837 전원합의체판결), ③ 쟁의행위시에 폭력을 행사하거나 파괴행위를 한 때에는 수단의 정당성이 인정되지 아니하여(대법원 1990. 5. 15. 90 도 357) 위법성이 조각되지 않는다고 한다. 다만, ④ 노동조합이 노동위원회에 노동쟁의 조정신청을 하여 조정기간이 끝난 후에 쟁의행위를 한 경우(대법원 2001. 6. 26. 2000 도 2871; 대법원 2008. 9. 11. 2004 도 746), ⑤ 쟁의행위에 대한 찬반투표를 위하여 근무시간 중에 노동조합 임시총회를 개최하고 3시간에 걸친 투표를 행한 경우(대법원 1994. 2. 22. 93 도 613), ⑥ 쟁의행위가 병원의 업무개시 전이나 점심시간을 이용하여 현관로비에서 시위행위를 한 것일 뿐인 때(대법원 1992. 12. 8. 92 도 1645)에는 정당한 쟁의행위에 해당한다고 판시하였다. 한편

1 대법원 1992. 9. 22. 92 도 1855; 대법원 2000. 5. 12. 98 도 3299; 대법원 2001. 6. 12. 2001 도 1012; 대법원 2006. 5. 25. 2002 도 5577; 대법원 2008. 1. 18. 2007 도 1557.

2 대법원 2001. 4. 24. 99 도 4893, "긴박한 경영상의 필요에 의하여 하는 이른바 정리해고의 실시는 사용자의 경영상의 조치라고 할 것이므로, 정리해고에 관한 노동조합의 요구내용이 사용자는 정리해고를 하여서는 아니 된다는 취지라면 이는 사용자의 경영권을 근본적으로 제약하는 것이 되어 원칙적으로 단체교섭의 대상이 될 수 없고, 단체교섭사항이 될 수 없는 사항을 달성하려는 쟁의행위는 그 목적의 정당성을 인정할 수 없다."

⑦ 사용자 측의 쟁의행위로서의 직장폐쇄는 근로자의 쟁위행위에 대한 방어수단으로서 상당성이 있어야만 정당한 쟁의행위로 인정할 수 있다고 하면서, 직장폐쇄의 개시 자체는 정당하다고 할 수 있지만, 어느 시점 이후에 근로자의 쟁의행위에 대한 방어적인 목적에서 벗어나 적극적으로 노동조합의 조직력을 약화시키기 위한 목적 등을 갖는 공격적 직장폐쇄의 성격으로 변질되었다고 볼 수 있는 경우에는 그 이후의 직장폐쇄는 정당성을 상실한 것으로 보아야 한다(대법원 2017. 7. 11. 2013 도 7896)고 판시하였다.

5. 연명의료의 중단

10a

'호스피스 · 완화의료 및 임종과정에 있는 환자의 연명의료결정에 관한 법률'이 제정 · 시행되어, 의사는 죽음에 임박한 일정한 상태에 있는 환자에 대하여 환자가 작성한 '사전연명의료의향서'에 의거하여 그 내용의 실현절차(임종절차)로 들어갈 수 있게 되었다(동법 제15조). 즉 연명의료를 중단함으로써 임종을 맞게 하는 소극적 안락사를 인정하게 된 것이다. 이에 따라 촉탁살인죄의 구성요건해당성이 법령에 의한 행위로서 정당화되게 되었다고 할 수 있지만, 연명의료 중단을 통하여 사망케 하는 행위의 법적 성격은 규명될 필요가 있다. 이에 관하여 구성요건해당성의 조각을 주장하는 견해도 있다.[1] 인간의 자유에 기한 일정한 한계 내에서의 생명의 자기처분에 대한 존중의 결과로 인한 사망은 구성요건해당성이 없다는 것이다. 살인죄에 대한 목적론적 축소해석을 통하여 이의 허용을 도출하려는 이론[2]도 같은 태도라고 할 수 있다. 그러나 일정한 한계 내에서라고 하더라도 인간의 생명의 자기처분 의사에 기하여 이를 실행하는 행위를 구성요건 해당성 자체가 없는 행위로 볼 수는 없다. 왜냐하면 형법의 가치평가상 이 행위가 법 이전에 인간에게 인정되는 자유의 영역 내에 속하는 행위로 보기 어렵기 때문이다. 형법은 자살관여죄와 촉탁승낙살인죄를 둠으로써, 인간의 자기생명에 대한 처분이 타인의 관여 하에 이루어지는 경우에는 처벌하는 태도를 취하고 있다. 즉 생명에 대한 자율적 처분범위를 벗어나는 행위에 대해서 형법은 타율적 보호의 태도를 취하고 있고, 이는 생명의 절대적 보호라는 취지에 입각한 것이다. 따라서 이러한 구성요건이 존재하는 상황에서 이 규정의 적용범위를 조정하여 연명의료

1 손미숙 "연명의료중단의 형법이론적 근거"(형사정책 2016. 4), 51~53면.
2 Walter "Sterbehilfe: Teleologische Reduktion des §216 StGB statt Einwilligung!" ZIS 2011, S. 81ff.

중단을 일상적 행위로 정상화(원칙적 허용)할 수는 없다. 양 구성요건의 적용범위를 축소시킬 근거가 박약하기 때문이다. 이 행위는 원칙적으로 금지된 행위이나 예외적으로 허용되는 것으로 보아야 한다. 임종에 임박한 환자가 사전연명의료의향서를 작성하고 임종단계에 진입한 후의 연명의료중단절차는 원칙적으로 촉탁살인죄의 구성요건에 해당하나, 소생가능성이 없는 환자 본인의 의사에 기한 연명의료중단은 정당한 목적을 위한 상당한 수단의 강구라고 볼 수 있다. 그 이유는 사전연명의료의향서에 의한 절차이므로 행위반가치가 감소되고, 사기(死期)가 임박한 환자에 대한 치료의 중단이므로 결과반가치 역시 크게 축소되어 있기 때문이다. 따라서 이 행위는 행위반가치와 결과반가치가 크게 축소되어 있는 불법구조를 가진 것으로서 위법성이 조각(정당화)되는 것으로 보아야 할 것이다. 구성요건이 조각되기 위하여는 사회상당한 행위처럼 정상적인 행위로 인정된 것이어야 하는데, 연명의료의 중단이 이러한 정도의 정상성을 획득했다고 볼 수는 없다.

6. 기 타

11 모자보건법에 의한 임신중절수술(모자보건법 제14조), 승마투표권(한국마사회법 제6조)과 법률상 인정된 복표의 발행, 정신질환자의 감호 등도 법령에 의한 행위로 위법성이 조각된다.

Ⅲ. 업무로 인한 행위

12 업무(業務)란 사람이 사회생활상의 지위에 의하여 계속·반복의 의사로 행하는 사무를 말한다. 이러한 업무에 의한 행위가 법령에 규정되어 있는 때에는 법령에 의한 행위로 인하여 위법성이 조각되는 것이지만, 가사 법령에 규정이 없는 경우에도 업무의 내용이 사회윤리상 정당하다고 인정되는 때에는 위법성이 조각된다. 업무로 인한 행위의 대표적인 예는 의사의 치료행위이지만 변호사의 변론이나 성직자의 종교상의 행위도 여기에 포함된다. 치료행위와 관련하여는 안락사가 문제된다.

1. 의사의 치료행위

13 의사의 치료행위(ärzliche Heileingriff)는 환자의 신체를 상하게 하는 경우에는 상해죄의 구성요건에는 해당하지만 정당행위로서 위법성을 조각한다는 것이 종래의 통설[1]의 입장이었다. 치료행위란 주관적으로 치료의 목적을 가지고 객관적으로는 의술의 법칙(lege artis)에 맞추어 행하여지는 신체침해행위를 말한다. 대법원도 종래 의사의 치료행위는 그 수단과 방법이 현대의술에 적합하면 정당행위로서 위법성이 조각된다는 태도를 취한 바 있다.[2]

그러나 의사의 치료행위를 정당한 업무행위로서 위법성이 조각된다고 보는 것은 다음과 같은 두 가지 점에서 근본적인 재검토를 요한다.

14 (i) 의사의 치료행위가 정당한 업무행위로 인하여 위법성이 조각된다고 해석할 때에는 환자의 신체를 의사의 업무행위의 객체로 취급함에 그치고 환자의 의사는 문제삼지 아니하므로 신체에 대한 자기결정권을 도외시하는 결과가 된다. 따라서 독일의 판례는 치료행위는 피해자의 승낙 또는 추정적 승낙에 의하여만 위법성을 조각한다는 태도를 일관하고 있고,[3] 형법의 해석에서도 피해자의 승낙에 의하여 위법성이 조각된다고 해석하는 견해[4]가 제시되고 있다. 판례도 치료행위가 피해자의 승낙에 의하여 정당화될 수 있다는 전제에서 의사가 자궁외임신을 하고 있는 임부를 자궁근종으로 오진하고 자궁적출수술의 불가피성을 설명하고 수술을 한 경우에 위법성이 조각될 수 없다고 판시한 바 있다.[5] 따라서 치료행위가 정당행위로서 위법성이 조각된다고 하는 것은 환자의 승낙이 없는 때에만 실익이 있다고 할 수 있다. 그러나 의사라고 하여 환자의 의사에 반한 치료를 강요할 수는 없으므로, 이러한 경우에 상해죄는 성립하지 않는다고 하더라도 강요죄 또는 감금죄의 성립을 부정할 수는 없다.[6]

---

1 남흥우(공저) 154면; 배종대 318면; 유기천 193면; 정영석 145면; 진계호 205면; 황산덕 170면.

2 대법원 1978. 11. 14. 78 도 2388, "의사가 인공분만기인 '샥손'을 사용하면 통상 약간의 상해정도가 있을 수 있으므로 그 상해가 있다 하여 '샥손'을 거칠고 심하게 사용한 결과라고는 보기 어려워 의사의 정당업무의 범위를 넘는 위법행위라고 볼 수 없다."
동지: 대법원 1976. 6. 8. 76 도 144.

3 BGHSt. 11, 111; 12, 379.

4 박상기 160면; 오영근 340면; 임웅 207면; 정성근/박광민 217면.

5 대법원 1993. 7. 27. 92 도 2345.

6 유기천 193면.

15 (ii) 의사의 치료행위가 위법성을 조각한다는 것은 일단 상해죄의 구성요건에 해당한다는 것을 전제로 한다. 그러나 ① 성공한 치료행위는 건강을 침해하거나 악화시킨 것이 아니라 이를 개선하고 회복시킨 것이므로 상해라고 할 수 없다. 치료행위는 개별적인 행위를 분리하여 판단할 것이 아니라 전체적 · 통일적으로 판단해야 하기 때문이다.[1] 따라서 이 경우에는 환자의 승낙 유무나 의술에 적합하였느냐를 불문하고 상해죄의 객관적 구성요건을 충족하지 않는다. ② 실패한 치료행위에 대하여 결과불법을 부정할 수는 없다. 그러나 의사에게 치료의 의사가 있고 의술의 법칙에 적합한 시술이 이루어진 때에는 행위불법을 결하게 된다. 치료의사에 의한 치료행위는 상해의 고의가 없고, 의술의 법칙에 적합한 치료행위는 주의의무에 위반하였다고 볼 수 없기 때문이다.[2] ③ 이에 반하여 의술의 법칙에 반하고 실패한 치료행위는 상해죄 또는 과실상해죄의 구성요건해당성과 위법성을 조각할 수 없다. 이때에는 정당한 업무행위가 될 수 없기 때문에 업무행위에 의하여 위법성이 조각되는 것은 아니다.

그렇다면 의사의 치료행위는 위법성의 문제가 아니라 구성요건해당성의 문제이며,[3] 업무로 인한 행위로 위법성이 조각되는 것은 아니라고 하겠다.

2. 안 락 사

16 빈사(瀕死)의 중환자에게 그 고통을 덜어주기 위한 안락사(安樂死, Euthanasie, Sterbehilfe)가 위법성을 조각할 수 있는가가 문제된다. 생명을 단축시키지 않는 안락사를 진정안락사(echte Euthanasie)라고 하는 견해도 있으나, 생명을 단축시키지 않고 고통을 제거하는 것은 허용될 뿐만 아니라 의사의 의무에 부합한다고 할 것이므로 살인죄의 구성요건에 해당한다고 할 수 없다. 따라서 문제는 생명을 단축시키는 안락사가 허용될 수 있느냐에 있다. 생명을 단축시키는 안락사는 어떠한 경우에도 위법성을 조각할 수 없다는 견해,[4] 고통제거의 부수효과로서 생명이

1 사회적 행위론의 창안자인 Eb. Schmidt가 행위의 의미가 '행위자의 주관'이나 구성요건의 '형식적 의미'에 의해서가 아니라 행위의 '사회적' 맥락에 의해서 정해진다고 주장하는데 단서가 된 것이 바로 이 사안이다. Eberhard Schmidt *Der Arzt im Strafrecht*, 1939, S. 75 이하.

2 Lilie LK Vor §223 Rn. 5; Maurach/Schroeder S. 86; Sch/Sch/Eser §223 Rn. 32ff; Schmidhäuser S. 110; Welzel S. 289.

3 김일수/서보학 346면; 안동준 138면; 이형국 170면.

4 황산덕 150면.

단축된 때에만 위법성이 조각된다는 견해[1]도 있으나, 통설[2]은 그 동기와 고의의 내용이 선한 목적을 달성하기 위하여 행해진 때에는 위법성을 조각한다고 해석한다. 다만 통설에 의하는 경우에도 안락사가 위법성을 조각하기 위하여는 ① 환자가 불치의 병으로 사기(死期)에 임박하였을 것, ② 환자의 육체적 고통이 극심할 것, ③ 환자의 고통을 완화하기 위한 목적으로 행할 것, ④ 환자의 의식이 명료한 때에는 본인의 진지한 촉탁 또는 승낙이 있을 것, ⑤ 원칙적으로 의사에 의하여 시행되고 그 방법이 윤리적으로 타당하다고 인정될 수 있을 것을 요한다고 한다.[3]

17 생각건대 일정한 요건 아래 위법성이 조각되는 안락사는 환자의 치료를 중단하는 소극적 안락사와 생명단축이 고통제거의 부수적 결과로 발생하는 간접적 안락사에 제한되고, 고통을 제거하기 위하여 적극적으로 사람을 살해하는 직접적 · 적극적 안락사(direktive-aktive Euthanasie)는 허용될 수 없다고 해야 한다.[4] 이를 허용하는 경우에는 남용의 위험이 따를 뿐만 아니라 생명에 대한 절대적 보호의 원칙에도 반하는 것이기 때문이다. 소극적 안락사는 제한된 범위에서 입법으로 허용되었다. '호스피스 · 완화의료 및 임종과정에 있는 환자의 연명의료결정에 관한 법률'이 그것이다. 따라서 이 경우는 '법령에 의한 행위'의 범주에 속하는 것이 되어, 위법성이 조각된다.[5]

3. 변호사 또는 성직자의 업무행위

18 변호사의 변론은 정당한 업무행위에 속한다. 따라서 변호사가 법정에서 변론의 필요상 개인의 명예를 훼손하는 사실을 적시하여도 명예훼손죄가 되지 않는다. 그러나 변호사가 변호하는 피고인을 위하여 법정 외에서 신문기자에게 "진범은 甲이다"라고 발언한 것은 정당한 업무행위의 범위를 벗어났다고 할 것이므로 위법성이 조각되지 않는다.[6]

성직자가 고해성사로 범인 또는 비밀을 알고 이를 고발하지 않거나 묵비(黙秘)하는 것은 정당행위로서 위법성을 조각한다. 그러나 이 범위를 넘어서 적극적

1 최우찬 "안락사와 존엄사"(고시계 1989. 2), 42면.
2 오영근 345면; 유기천 194면; 이형국 276면; 진계호 262면; 차용석 493면.
3 日名古屋高判 1962. 12. 22(형법판례백선 1, 68).
4 김일수/서보학 347면; 박상기 162면; 배종대 321면.
5 *supra* **21**/10a 참조.
6 日最判 1976. 3. 23(형법판례백선 1, 62).

으로 범인을 은닉하거나 도피케 하는 것은 업무행위의 범위를 넘는 것이므로 위법하다고 할 것이다.[1]

Ⅳ. 사회상규에 위배되지 않는 행위

1. 사회상규의 의미

19 형법 제20조의 "기타 사회상규에 위배되지 않는 행위는 벌하지 아니한다"는 규정은 사회상규가 위법성조각사유의 일반적 기준이 된다는 것을 명문화한 것이다. 즉 행위가 일응 구성요건에 해당하고 개별적인 위법성조각사유의 하나에 속하지 않는 경우에도 사회상규에 위배되지 않는 때에는 위법성이 조각되어 처벌할 수 없다. 여기서 사회상규(社會常規)란 국민일반의 건전한 도의감 또는 공정하게 사유하는 일반인의 건전한 윤리감정을 의미한다. 이와 같이 사회상규가 일반인의 건전한 도의감 또는 사회윤리를 의미하는 개념이므로 사회상규에 위배되지 않는 행위란 법질서 전체의 정신이나 사회윤리에 비추어 용인될 수 있는 행위를 말한다고 할 수 있다.

20 사회상규와 유사한 개념으로서 사회적 상당성이라는 용어도 사용된다. 사회적 상당성(soziale Adäquanz)의 이론은 역사적으로 형성된 공동생활의 사회질서의 테두리 내에 속하는 행위, 즉 우리의 사회생활에 결부되어 전적으로 정상적이라고 인정될 수 있는 행동은 불법의 영역에서 제외되어야 한다는 이론을 말한다. 사회적 상당성은 사회적 차원에서 자유롭게 행할 수 있는 범위에 포함되는 행위를 의미하며, 사회생활의 질서를 현저히 침해하는 행위만 구성요건에 해당할 수 있으므로 사회적 상당성이 있는 행위는 구성요건에 해당하지 않는다.[2] 이와 같이 구성요건은 처벌의 대

1 대법원 1983. 3. 8. 82 도 3248, "성직자라 하여 초법규적인 존재일 수는 없으며 성직자의 직무상의 행위가 사회상규에 반하지 아니한다 하여 그에 적법성이 부여되는 것은 그것이 성직자의 행위이기 때문이 아니라 그 직무로 인한 행위에 정당·적법성을 인정하기 때문인바, 사제가 죄지은 자를 능동적으로 고발하지 않은 것에 그치지 아니하고 은신처 마련, 도피자금 제공 등 범인을 적극적으로 은닉·도피케 한 행위는 사제의 정당한 직무에 속하는 것이라고 할 수 없다."

2 Welzel S. 52, 56~57: 오랜만에 만난 친구가 반가워서 등을 때리는 행위나 어린 아이가 귀여워서 머리를 쓰다듬는 행위는 모두 폭행행위이지만 사회상당한 행위로서 구성요건해당성이 조각된다는 것이다. 이러한 행위를 모두 원칙적 금지의 대상이라고 보아 구성요건에 해당한다고 하면 사회생활은 '박물관의 세계'와 같은 정지된 세계가 된다고 한다. 다만 Welzel은 사회상당성을 구성요건조각사유로 볼 것인가 위법성조각사유로 볼 것인가 사이에서 동요하는 태도를 보였다.

상이 되는 불법의 유형이고 사회적 상당성은 역사적 · 사회적으로 형성된 규범의식을 수용함으로써 구성요건을 보완하는 가치체계이므로 사회적 상당성 있는 행위는 구성요건에 해당한다고 할 수 없게 된다.[1]

사회상규와 사회적 상당성의 개념은 구별해야 한다. 사회적 상당성이 구성요건조각사유임에 반하여 사회상규는 위법성조각사유의 일반원리에 해당하기 때문이다. 따라서 사회적 상당성이 사회생활상의 정상적인 행위의 형태를 의미함에 반하여, 사회상규란 일반적인 행위규준과 일치하지 않아서 구성요건에 해당하지만 사회윤리적 질서에 위배되지 않는 것을 말한다.

2. 사회상규의 판단기준

21 사회상규의 판단기준에 관하여 법익교량과 목적과 수단의 정당성 이외에 사회적 상당성을 드는 견해[2]가 있다. 그러나 사회상규와 사회적 상당성은 앞서 설명한 바와 같이 구별되는 개념이므로 사회적 상당성을 사회상규의 판단기준으로 고려하는 것은 타당하지 않다. 사회상규의 판단기준으로서 살펴야 할 것은 법익의 균형과 목적과 수단의 상당성이다.

22 법익의 균형성, 즉 보호이익과 침해이익 사이의 법익균형성은 결과반가치의 측면에서 사회상규에 위배되는가를 판단하기 위한 중요한 기준이 된다. 따라서 침해가 중대한 경우에는 사회상규에 부합되는 행위라고 할 수 없게 된다. 행위의 측면에서 사회상규의 판단기준이 되는 것은 목적과 수단의 정당성이다. 따라서 사회상규에 위배되는가를 판단함에 있어서는 먼저 목적과 동기를 고려해야 한다. 즉 행위의 목적과 동기가 법질서의 정신이나 사회윤리에 비추어 용인될 수 있는 것이어야 한다. 목적과 동기의 정당성과 함께 수단의 정당성 또는 수단의 적합성도 고려해야 한다. 물론 수단의 적합성을 판단함에 있어서는 행위의 긴급성과 보충성도 참작하여야 한다.

판례가 사회상규에 반하지 않는 정당행위라고 하기 위하여는 ① 행위의 동기와 목적의 정당성, ② 행위의 수단이나 방법의 상당성, ③ 보호이익과 침해이익의 법익균형성, ④ 긴급성, ⑤ 다른 수단이나 방법이 없다는 의미에서 보충성을 갖추었는가를

1 Jescheck LK Vor § 13/45; Jescheck/Weigend S. 252; Maurach/Zipf S. 213.
2 진계호 225면; 황산덕 151면.

합목적적 · 합리적으로 판단하여 결정해야 한다고 판시한 것은 이러한 의미에서 이해할 수 있다.[1]

다만 대법원은 최근 판결에서 "긴급성과 보충성은 수단의 상당성을 판단할 때 고려요소의 하나로 참작하여야 하고 이를 넘어 독립적인 요건으로 요구할 것은 아니"라고 하면서, 그 내용도 "다른 실효성 있는 적법한 수단이 없는 경우를 의미하고 '일체의 법률적인 적법한 수단이 존재하지 않을 것'을 의미하는 것은 아니"라고 함으로써 정당행위의 성립요건을 다소 완화하고 있다(대법원 2023. 5. 18. 2017 도 2760).

3. 사회상규에 위배되지 않는 행위

23 사회상규에 위배되지 않는 행위는 법익의 균형과 목적과 수단의 정당성을 종합하여 판단해야 하는 것이므로 단순히 일반화된 관행이라는 이유만으로 사회상규에 위배되지 않는 행위라고 할 수는 없다. 따라서 허위공문서를 작성하거나,[2] 의사가 낙태수술을 하는 것은 사회상규에 위배되지 않는 행위라고 할 수 없다.[3] 목적이나 동기의 정당성이 인정되는 경우에도 수단의 상당성이 인정되지 않으면 사회상규에 위배되지 않는 행위가 될 수 없다.

따라서 판례는 ① 민족정기를 세우기 위하여 김구 선생 암살범을 살해한 경우(대법원 1997. 11. 14. 97 도 2118), ② 불법선거운동을 적발할 목적으로 타인의 식당에 침입하여 도청기를 설치한 경우(대법원 1997. 3. 28. 95 도 2674), ③ 채권을 변제받을 목적으로 채무자에게 사회통념상 용인되기 어려울 정도의 협박을 수단으로 재물을 교부받은 경우(대법원 2000. 2. 25. 99 도 4305), ④ 잘못된 기재를 정정하려는 의도로 사서증서 인증서를 변조한 경우(대법원 1992. 10. 13. 92 도 1064)에는 정당행위가 될 수 없다고 판시하였다. ⑤ 피해자를 정신병원에 강제입원시킨 경우(대법원 2001. 2. 23. 2000 도 4415)나, 기도원 운영자가 정신분열증 환자의 치료 목적으로 안수기도를 하면서 과도한 유형력을 행사하여 상해를 입힌 경우(대법원 2008. 8. 21. 2008 도 2695)에도 수단의 상당성이 인정되지 아니하여 사회상규에 위배되지 않는 행위가 될 수 없다. 이에 반하여 한의사 면허나 자격 없이 소위 통합의학에 기초하여 환자를 진찰하여 처방하는 행위(대법원 2009. 10. 15. 2006 도 2870)와, 수지침 시술행위는 수단의 상당성이 인정되고(대법원 2000. 4. 25.

---

1 대법원 1983. 3. 8. 82 도 3248; 대법원 1994. 4. 15. 93 도 2899; 대법원 2000. 2. 25. 99 도 4305; 대법원 2001. 2. 23. 2000 도 4415; 대법원 2003. 9. 26. 2003 도 3000; 대법원 2004. 3. 26. 2003 도 7878; 대법원 2010. 5. 27. 2010 도 2680.

2 대법원 1983. 2. 8. 82 도 357.

3 대법원 1985. 6. 11. 84 도 1958.

(98 도 2389),[1] 시장관리규정에 따라 시장기능을 확립하기 위해 단전조치를 한 때에도(대법원 1994. 4. 15. 93 도 2899) 목적의 정당성과 수단의 상당성이 인정되어 정당행위에 해당한다고 본다.

사회상규에 위배되지 않는 행위는 가장 일반적이고 포괄적인 위법성조각사유이다. 따라서 사회상규에 위배되지 않는 행위의 범위는 그것이 다른 위법성조각사유에 해당하는가의 여부에 따라 결론을 달리한다.

24 판례가 사회상규에 위배되지 않는 행위에 해당하여 위법성이 조각된다고 해석하는 것으로는 다음과 같은 경우가 있다. 첫째, 상대방의 도발이나 폭행 또는 강제연행을 피하기 위한 소극적인 저항행위는 사회상규에 위배되지 않는 행위에 해당한다.

따라서 강제연행을 모면하기 위하여 소극적으로 상대방을 밀어붙이거나,[2] 야간에 술에 만취되어 따지기 위하여 거실에 침입하는 피해자를 밀어내는 과정에서 전치 2주의 상처를 입히거나,[3] 목이 졸린 상태에서 벗어나기 위하여 손을 잡아비틀다가 상해를 가한 경우[4] 등 상대방의 불법한 공격으로부터 자신을 보호하기 위하여 소극적으로 저항하거나,[5] 행패를 부리는 피해자를 뿌리치는 과정에서 상처를 입힌 행위[6] 또는 택시운전사가 멱살을 잡고 흔드는 피해자의 손을 뿌리치고 택시를 출발하는 행위[7]는 사회상규에 위배되지 않는 행위에 속한다.

25 둘째, 징계권 없는 자의 징계행위도 객관적으로 징계의 범위를 벗어나지 아

---

1 대법원 2000. 4. 25. 98 도 2389, "수지침은 시술부위나 시술방법 등에 있어서 예로부터 동양의학으로 전래되어 내려오는 체침의 경우와 현저한 차이가 있고, 일반인들의 인식도 이에 대한 관용의 입장에 기울어져 있으므로, 이러한 사정과 함께 시술자의 시술의 동기, 목적, 방법, 횟수, 시술에 대한 지식수준, 시술경력, 피시술자의 나이, 체질, 건강상태, 시술행위로 인한 부작용 내지 위험발생 가능성 등을 종합적으로 고려하여 구체적인 경우에 있어서 개별적으로 보아 법질서 전체의 정신이나 그 배후에 놓여 있는 사회윤리 내지 사회통념에 비추어 용인될 수 있는 행위에 해당한다고 인정되는 경우에는 형법 제20조 소정의 사회상규에 위배되지 아니하는 행위로서 위법성이 조각된다고 할 것이다."

2 대법원 1982. 2. 23. 81 도 2958, "강제연행을 모면하기 위하여 팔꿈치를 뿌리치면서 가슴을 잡고 벽에 밀어붙인 행위는 소극적인 저항으로 사회상규에 위반되지 아니한다."
동지: 대법원 1983. 4. 12. 83 도 327; 대법원 1983. 5. 24. 83 도 942; 대법원 1990. 1. 23. 89 도 1328.

3 대법원 1995. 2. 28. 94 도 2746; 대법원 2000. 3. 10. 99 도 4273.

4 대법원 1996. 5. 28. 96 도 979.

5 대법원 1984. 9. 11. 84 도 1440; 대법원 1985. 10. 8. 85 도 1915; 대법원 1986. 6. 10. 86 도 400; 대법원 1987. 4. 14. 87 도 339; 대법원 1992. 3. 10. 92 도 37; 대법원 1999. 10. 12. 99 도 3377.

6 대법원 1985. 11. 12. 85 도 1978; 대법원 1995. 8. 22. 95 도 936.

7 대법원 1989. 11. 14. 89 도 1426.

니하고 주관적으로 교육의 목적으로 행한 때에는 사회상규에 위배되지 아니한다. 민법의 개정으로 친권자의 자에 대한 징계권의 근거규정이 폐지되었지만, 친권자의 징계권은 관습법상의 권리(내지 의무)로 해석할 수 있고 민법의 법원에는 관습법도 포함되므로(민법 제1조), 친권자의 자(子)에 대한 징계권의 행사를 '징계권 없는 자의 징계행위'로 보는 데에는 문제가 없지 않다. 다만 징계권 없는 자의 징계행위도 일정한 한도 내에서는 위법하지 않은데 비추어, 관습법상의 권리를 행사한 친권자가 그 한계를 일탈하지 않는 한 위법하지 않을 것은 당연하다. Karl Marx는 관습법을 중시하는 사비니(F. C. v. Savigny)의 역사법학을 '과거의 비열함으로 현재의 비열함을 정당화하는 법학'이라고 비판하였지만 친권 내지 그 의무가 비열한 것은 아니다. 셋째, 자기 또는 타인의 권리를 실행하기 위한 행위는 그것이 사회생활상 용인되어야 할 범위 내에 있어서 일상생활의 관여자들이 감수해야 할 정도에 머무르는 것인 때에는 사회상규에 위배되지 아니한다. 그 수단으로 구사하려는 것이 합법적인 범위 내의 것인 때에는 특히 그러하다. 따라서 피해자에게 치료비를 요구하고 의무를 이행하지 않으면 고소하겠다고 하거나,[1] 구속시키겠다고 하는 경우[2]에는 사회상규에 위배되지 않는 행위에 해당한다.

판례는 이 이외에도 ① 회사의 이익을 빼돌린다는 소문을 확인할 목적으로 피해자가 사용하면서 비밀번호를 설정하여 비밀장치를 한 전자기록인 개인용 컴퓨터의 하드디스크를 검색한 행위(대법원 2009. 12. 24. 2007 도 6243)와, ② 삼보일배 행진이라는 시위방법은 시위의 목적달성에 필요한 합리적인 범위에서 사회통념상 용인될 수 있는 다소의 피해를 발생시킨 경우에 불과하다는 이유(대법원 2010. 4. 8. 2009 도 11395)로 사회상규에 위반되지 않는 행위로서 위법성이 조각된다고 판시하였다.

---

1 대법원 1971. 11. 9. 71 도 1629.

2 대법원 1977. 6. 7. 77 도 1107.

제 4 장 책 임 론

제 1 절 책임이론

§ 22

I. 책임의 의의

1 행위가 법질서와 궁극적으로 상치모순되면 '위법'하다고 판단된다. 위법하다고 판단된 불법(구성요건해당성)은 행위자에게 귀속되어야 한다. 형사제재는 궁극적으로 (행위가 아니라) 행위자에게 부과되는 것이기 때문이다. 행위자는 불법 귀속의 주체가 된다. 결과의 행위 귀속을 '객관적' 귀속이라고 함에 비하여, 불법의 행위자 귀속은 '주관적' 귀속이라고 하며, 이것이 바로 책임귀속(=귀책)이다. 책임귀속은 불법을 행한 행위자를 비난할 수 있는가를 물음으로써 이루어진다. 이러한 의미에서 책임은 '비난가능성'이다.

1a 형법학상 정의된 책임개념 외에 '책임'은 일상언어에서 취한 개념이기 때문에 일상언어의 의미가 부착되어 있다. 일상언어에서 책임은 자신이 저지른 소행(①)을 자신의 탓으로 인정하고(②) 책임의 상대방에 대하여 그 비난과 부담을 받아들인다(③)는 의미를 가지고 있다. 독일어의 책임(Schuld)에는 저지른 죄, 갚아야 할 죄과라는 의미까지도 담겨 있다.

①은 위에서 언급한 불법의 행위자 귀속을 의미하며, ②는 귀속 주체인 행위자의 정상성을 전제하며 이는 행위자의 지위인 '책임능력'의 절에서 다루어진다. ③은 책임 비난을 하는 자가 누구인가의 문제를 제기한다. 이는 일단 피해자가 아니라 국가인 것이지만, 국가는 피해자의 한풀이와 복수를 대위하여 행하는 것이 아니며 법에 의하여 창설된 비난의 권한을 행사한다는 점에서, 책임의 상대방, 즉 비난자는 피해자가 아니라 인간의 공존조건인 '법'이라고 보아야 할 것이다.[1]

---

1 오늘날 피해자학의 발달과 회복적 사법(restorative justice) 구상의 보급으로 이러한 근대적인 고전적 구상에 대한 대안도 모색되고 있다. 이는 범죄의 국면에서 가해자와 피해자(및 사회)의 관계에 중점을 두는 것으로서, 가해자에게는 자신의 가해가 피해자(및 사회)에게 어떤 의미를 갖는가를 인식하게 하고 그 만회의 과정(배상 등)에 참여하게 하는 한편 피해자 역시 이 과정에 참여하게 하여 불안과 무력감을 감소시킨다. 실증적 연구에 의하면 재범 방지 효과는 긍정적인 것

책임에는 위에서 언급한 ① 범죄성립의 마지막 요건으로서 불법의 행위자에의 귀속(=형벌부과의 토대)이라는 의미 외에 ② 양형의 준거로서의 책임이라는 의미도 들어 있으며, 무엇보다도 책임에는 ③ 국가형벌권의 토대와 정당화 근거라는 의미가 들어있다. 책임이 가진 이러한 의미들을 차별화하여 ①을 '범죄성립요건'의 하나로서의 책임이라고 한다면, ②는 '양형책임'이라고 할 수 있으며, ③은 '책임이념'이라고 할 수 있다.

근대 형사사법의 원리의 하나의 책임원칙(Schuldprinzip)[1]은 책임이념에서 비롯되는 원칙이다. 책임원칙의 인정은 근대 이전의 결과책임(결과가 발생하면 귀책여부를 떠나서 처벌하였다: versari in re illicita)이나 책임과 비례하지 않는 형벌(예컨대 상해에 대하여 사형)이 횡행하던 구시대(ancien régime) 형사사법의 극복을 의미한다: "책임 없이 형벌 없다"(nulla poena sine culpa).

책임원칙은 독일법상 헌법적 지위를 인정받고 있고 형법상으로는 양형의 기초로 인정되고 있으나(독일 형법 제46조), 형법에는 이에 대응하는 규정이 존재하지 않는다.[2] 이의 내용으로서는 "책임 없으면 형벌 없다"는 대원칙하에 ① 형벌은 책임을 전제한다. 따라서 책임 없이 발생한 결과에 대하여는 책임지지 않는다. ② 형벌은 책임을, 책임은 불법을 전제한다. 형벌은 책임의 양과 부합하여야 한다. ③ 책임(능력)은 행위 시에 존재해야 한다는 세 가지 세부원칙을 든다. 이 중 ②의 원칙은 책임원칙이 응보형주의로 귀착하게 만든다는 비판을 받고 재해석되고 있으며, ③의 원칙은 후술할 '원인에 있어서 자유로운 행위'(actio libera in causa)에서 논의되는 원칙이다.

따라서 행위자가 아닌 자에게 제재를 가하는 대벌(vicarious punishment)이라든가 귀책사유 없이 행위 내지 결과만 있으면 제재를 가하는 엄격책임(strict liability)은 인정되지 않는다.[3]

1b 종래 범죄성립단계로서의 책임의 핵심은 심리적 실재, 즉 '범행에 대한 행위자의 태도'로 이해되었다. 따라서 행위자에게 범행에 대한 일정한 심리적 실재('고의')가 있으면 큰 책임('고의책임')을, 그러한 실재가 없으면('과실') 작은 책임

으로 평가된다. John Braithwaite *Restorative Justice and Responsive Regulation*, 2002. 이는 종래의 형사사법제도를 대체하는 것이라기 보다는 그에 대한 보완적 의의를 가진다.

1 *supra* **2**/c 참조.

2 다만 헌법재판소는 책임원칙을 법치국가의 원리와 헌법 제10조의 내용으로 본다는 취지의 결정을 계속 내고 있다. 헌재결 2007. 11. 29. 2005 헌가 10. *supra* **7**/19의 본문 및 주 참조.

3 *supra* **7**/16 참조.

('과실책임')을 묻는 것으로 보았다. 그러나 후술하는 바와 같이[1] 이러한 심리적 책임론은 극복되었다. 고의 또는 과실이 있어도 책임을 물을 수 없는 경우가 존재하기 때문이다. 이리하여 오늘날 책임은 규범적으로 이해되고 있다: "행위자를 비난할 수 있는가?(비난가능성)"[2] 행위자를 비난할 수 있는 경우란, 행위자가 책임능력자이고, 행위자가 적법의 방향으로 행위할 수 있었음에도 불구하고 위법의 방향으로 행위함으로써 불법을 실현한 때이다. 이것이 책임비난의 요건('평가의 객체')이며, 책임'비난' 자체는 이 요건에 대한 평가('객체에 대한 평가')이다. 책임비난은 행위자의 '의사형성'을 대상으로 한다('의사형성의 비난가능성').[3] 따라서 책임은 귀책사유 없이 발생한 결과에 대하여 책임을 묻는 '결과책임'이나 행위자의 내적 위험성만을 문제 삼는 '위험책임', 인격형성을 문제삼는 '인격책임(행상(行狀)책임)'이 아니라, '의사책임'이라고 할 수 있다.

1c 형법에 있어서 행위자의 책임은 위법성이 확정된 후에 비로소 주제화된다. 따라서 책임 없는 불법은 있을 수 있지만, 불법 없는 책임은 생각할 여지가 없다. 책임은 그 기초로서 불법을 필요로 한다.

2 책임은 일반적으로 도덕적(윤리적) 책임을 포함하는 의미로 사용되지만, 형법상의 책임(=형사책임)은 법적 책임이다. 형법상의 규범적 요구(금지, 명령)는 도덕규범의 그것과 일치하는 경우가 많다. 그러나 양자는 독립적인 것이기 때문에 형법규범은 도덕규범의 뒷받침을 받지 않는 경우에도 효력을 갖는다. 도덕적 책임의 준거가 되는 규범은 도덕률이다. 이에 비하여 형법적 책임의 준거가 되는 규범은 법률이다. 또 책임판단의 심급도 도덕은 양심이지만, 형법의 판단심급은 법원이다. 따라서 일반적 효력을 가지고 있는 법에 대립되는 확신을 가지고, 자신의 도덕적·종교적 또는 정치적 소신 때문에 법에 반하는 것을 알면서도 그러한 행위를 해야 할 권리 또는 의무가 있다고 믿고 행위한 확신범(確信犯, Überzeugungstäter)에 대하여도 형사책임을 인정할 수 있다.

---

1 *infra* 22/9 이하 참조.

2 책임을 심리적인 것으로 이해하던 시대에도 비난의 요소를 인식하지 않았던 것은 아니다. 그러나 이때에는 책임비난의 전형적인 형식을 고의, 과실에 국한하고, 고의, 과실을 책임의 종류로, 또 책임의 조건으로 보면서, 이 이외의 비난의 요소는 존재하지 않는 것으로 보았다.

3 Ebert S. 93; Jescheck/Weigend S. 404; Rudolphi SK Vor §19 Rn. 1; Schmidhäuser S. 185; Welzel S. 139.

3 형사책임은 법적 책임이면서도 민사책임과는 그 성질을 달리한다. 형사책임과 민사책임은 ① 민사책임이 사인(私人) 사이의 손해의 공평한 보상을 목적으로 함에 반하여 형사책임은 국가적 제재에 의하여 행위자를 벌함에 그 본질이 있고, ② 민사책임에는 위험책임의 원리와 무과실책임이 인정되지만(민사책임의 객관화현상) 형사책임에는 책임주의의 관철이 요청되며(형사책임의 주관화현상), ③ 민사책임에서는 고의와 과실 간의 경중을 묻지 아니하나 형사책임은 원칙적으로 고의만을 벌하고 과실은 예외적으로 벌하며 벌하는 경우에도 가볍게 벌하고 있다는 점에 차이가 있다. 그러나 형사책임과 민사책임은 서로 다른 영역에서만 적용되는 것이므로 책임개념의 충돌이 문제될 여지는 없다.

Ⅱ. 책임의 근거

4 "책임 없으면 형벌 없다"는 책임주의의 원칙은 인간의 결정의 자유(Entscheidungsfreiheit)를 논리적 전제로 한다. 달리 행위할 수 있었을 때에만 위법한 행위를 한 데 대하여 행위자를 비난할 수 있기 때문이다.[1] 여기에 책임과 자유의사(Willensfreiheit)와의 관계가 문제된다. 인간에게 과연 자기의 행위를 지배할 수 있는 의사의 자유가 있는가라는 철학적 문제와 관련하여 책임의 근거가 무엇인가에 대하여는 도의적 책임론과 사회적 책임론이 대립되고 있다.

1. 도의적 책임론과 사회적 책임론

5 (1) **도의적 책임론** 도의적 책임론(道義的 責任論, moralische Schuld)은 형법상 비난의 전제와 양상이 도덕적 비난의 그것과 같다고 보는 이론이다. 즉 달리(규범에 맞게) 행동할 수 있었음에도 불구하고 그렇게 행동하지 않았다는데 비난의 핵심이 있다는 것이다. 도덕적 비난은 인간의 자유의사를 전제하고, 그 자유의사의 의도적 남용이 비난의 주된 대상이며 의도적 남용이 없는 경우는 비난하지 않거나 경한 비난에 그친다. 형법상 책임비난도 도덕적 비난과 마찬가지로 자유의사를 전제하며, 고의행위를 과실행위보다 더 크게 비난한다. 물론 이때 비난의 준거가 되는 규범은 도덕규범이 아니라 법이기 때문에 도의적 책임론은 형법적 책임론이 된다.

1 자신이 통제할 수 없는 사태(용모, 피부색 등)에 대한 비난이 공정하지 않은 것처럼, 자신이 통제할 수 없었던 행위에 대하여 비난하는 것 역시 공정하지 않다. 동지, H. L. A. Hart *Punishment and Responsibility, Essays in Philosophy of Law*, 1968(1973년판), p. 158 이하, p. 181 참조.

도의적 책임론에 의하면 인간은 자유의사를 가진 존재이기 때문에, 자유의사에 기하여 범죄를 저지를 수 있는 능력(범죄능력)이 책임능력이며, 일반인에게 과하는 형벌과 책임무능력자에 대한 보안처분은 질적으로 다르며, 책임은 행위의 테두리 내에서만 문제되므로 행위책임의 원리가 지배한다. 도의적 책임론은 자유의사를 전제로 하는 전통적인 고전학파(구파)의 책임이론이고 행위자보다 행위에 중점을 두는 객관주의의 책임이론이며, 형벌을 도의적 비난에 근거한 응보로 이해하는 응보형주의의 책임이론이다.

6 (2) **사회적 책임론** 사회적 책임론(社會的 責任論, soziale Verantwortlichkeit)은 결정론의 입장에서, 도의적 책임론이 형사책임의 근거로 삼고 있는 자유의사는 환상에 불과하다고 비판한다. 즉 범죄자는 달리 행위할 수 없었다는 것이다. 범죄는 행위자의 소질과 환경에 의하여 결정되는 것이므로 행위자에게 도의적 비난을 가하는 것은 넌센스에 지나지 않는다고 한다. 사회적 책임론은 책임의 근거를 행위자의 반사회적 성격에 있다고 본다. 따라서 책임무능력자에 대하여도 제재를 가할 수 있으며, 특히 사회방위의 보안처분을 하여야 한다고 주장한다. 따라서 책임능력은 형벌능력(=형벌적응성)을 의미하고, 형벌과 보안처분은 사회방위의 수단인 점에서 동일하며 다만 양적 차이가 있을 뿐이다. 책임의 근거가 행위자의 반사회적 성격에 있기 때문에 책임론은 반사회적 성격의 징표를 문제시하며, 이에 대하여는 성격책임의 원리(性格責任의 原理, Charakterschuldprinzip)가 지배한다. 사회적 책임론은 근대학파(신파)의 형법이론에 기초가 된 책임이론이며, 범죄론에 있어서의 주관주의와 형벌론에 있어서의 목적형주의가 결합된 책임이론이다.

2. 책임과 자유의사

7 인간에게 자유의사가 있는가, 인간의 자유의사가 책임의 근거인가에 대한 비결정론(非決定論, Indeterminismus)과 결정론(決定論, Determinismus) 사이의 해묵은 철학적 논쟁은 적어도 형사책임에 관하여는 극복되었다고 할 수 있다. 즉 형법상의 책임개념은 전통적인 비결정론이나 극단적인 결정론과 일치하지 않는다.[1]

1 Ebert S. 94; Gropp S. 248; Jescheck/Weigend S. 411; Maurach/Zipf S. 469; Roxin 19/38; Sch/Sch/Stree Vor §13 Rn. 109; Wessels/Beulke Rn. 397.

인간의 절대적인 자유의사를 인정하는 전통적인 비결정론[1]은 인간의 행위가 행위자의 자유로운 선택에 의하여만 이루어지는 것이 아니라 소질이나 환경과 같은 요인에 인과적으로 영향을 받고 있음을 간과하고 있다. 한편 극단적인 결정론도 인간이 본능에 얽매여 있는 동물과는 달리 정신적·심리적 통제기구인 자아를 가지고 자신에 의하여 설정된 의미를 추구한다는 사실을 망각하고 있다. 인간의 행동은 충동에 의하여 제약되고 일정한 행위를 유발하는 인과적 요소에 의하여 야기된다는 사실을 직시하게 한 것이 결정론의 공헌이라면, 그럼에도 불구하고 인간은 일정한 범위 안에서 충동에 의한 행위의 가치와 반가치를 판단하고, 가치관념에 따라 의사를 적극적으로 조종할 능력이 있다는 것을 인정한 것은 비결정론의 공헌이다. 이와 같이 결정론과 비결정론은 모두 일면적 진리를 가지고 있다. 자유의사를 둘러싼 결정론과 비결정론 사이의 형사책임에 관한 논쟁은 근본적으로 규범적 차원의 문제인 형법상의 책임의 근거에 대하여, 자유의사가 존재하는가, 인간의 자유의사를 증명할 수 있는가라는 존재론적 차원의 문제에 치중한 데서 비롯된 결과이다. 존재론적으로는 증명될 수 없는 자유의사의 문제가 규범적 차원에서는 다른 의미를 가질 수 있다.[2] 의사형성의 기초가 되는 심적 과정은 혈압이나 호흡과 같이 자연법칙에 따라 결정되는 것은 아니다. 따라서 인간의 행위는 그에게 영향을 미치는 충동을 조절하고, 의미와 가치의 차원에 속하는 규범에 따라 의사를 결정할 수 있는 인간의 능력에 기초하고 있다고 할 수 있다. 즉 소질이나 환경과 같이 인간의 행위를 결정하는 요인이 갖는 결정력과 행위결의 사이에는 인격적 결단작용(personaler Entscheidungsakt)이 개입한다. 그리고 책임은 인간이 그의 소질과 환경에 의하여 제약된 충동을 통제하고, 사회윤리적 규

1 BGH는 비결정론의 입장에서 인간의 자유의사를 인정하였다고 볼 수 있다.
BGHSt. 2, 200, "인간은 자유롭고 책임 있는 도덕적 자기결정이 가능하고 법에 따르고 불법에 반대하며 법적 당위규범에 따라 그의 행위를 적응시키고 법적 금지를 회피할 능력이 있기 때문에 그의 행위에 대하여 책임을 지는 것이다."

2 R. Dworkin *Justice for Hedgehogs*, 2011, p. 219 이하, p. 225 이하 참조. 그는 "존재로부터 당위는 추론되지 않는다"는 흄(Hume)의 명제를, 과학으로부터 도덕의 독립성을 정립하는 토대로 재해석하여 이를 '흄의 법칙'이라는 이름으로 전제한다. 그리고 자유와 인간 존엄의 관계에 관하여, 도덕법칙의 입법 그리고 그 법칙의 준수를 통해서만 행위자는 진정으로 자유롭게 될 수 있다는 칸트의 인식을 수용하여, 인간의 자유, 즉 자기입법(=자율성) 능력이야말로 인간의 존엄성의 핵심이라고 해석하여 이를 '칸트(Kant)의 법칙'이라는 이름으로 부각시킨다. 그는 인간의 자유를 인과의 차원으로부터 독립한, (헌법상 인정되는) 인간존엄성의 차원에 설정함으로써 이를 당위(규범 내지 가치)의 영역에서 논할 수 있는 공간을 확보하였다.

범과 가치관념에 따라 결단할 수 있는 능력이 있다는 것을 근거로 한다.[1] 이러한 의미에서 책임과 책임주의가 인간의 자유의사를 전제로 한다는 명제는 타당하지만, 자유의사는 이러한 한계를 가진 개념이라는 점도 인정할 필요가 있다.

7a 오늘날 논의되는 것은 의사자유의 문제 자체라기 보다는 행위 시에 행위자가 자유로웠는가를 소급해서 재판 시에 입증할 수 있는가의 문제이다. 그런데 이를 적극적으로 실현하기는 사실상 불가능하다. 따라서 구성요건해당성이 충족되면 위법성, 책임은 추정되는 것처럼, 행위자의 정상성은 추정되며 이 추정을 깨뜨리기 위해서는 행위 시의 인격의 감정과 진단을 통해서 행위자가 평균적 정상인으로부터 얼마나 벗어나 있는가를 파악할 필요가 있다. 이러한 정상성으로부터의 이탈이 어느 정도가 되어야 책임이 부정되는가는 법관에 의하여 판단되는 규범적 문제이다. 이 판단과정에 감정인(정신과 의사)의 감정이 도움을 주지만 법관은 이를 받아들이지 않을 수 있으며, 법관 나름의 독자적인 판단을 하여야 한다(*infra* 23/21 참조). 책임판단이 정교하게 이루어지기 위해서는 법관과 감정인 사이에 (심신상실, 심신미약과 같은) 심리적 · 규범적 개념에 대한 상호이해가 반드시 필요하다.

Ⅲ. 책임의 본질

8 책임은 비난가능성(非難可能性, Vorwerfbarkeit)이다. 책임의 본질에 대한 이러한 통설의 결론은 책임이론의 역사적 발전의 산물이다. 책임의 본질에 관하여는 종래 심리적 책임론과 규범적 책임론이 대립되고 있었다.

1. 심리적 책임론과 규범적 책임론

9 (1) **심리적 책임론** 심리적 책임론(心理的 責任論, psychologische Schuldlehre)은 책임을 행위자의 심리적 실재로 이해하여 이 실재가 있으면 고의책임을, 없으면 과실책임을 인정하여 이를 토대로 행위자를 비난하였다. 책임은 고의책임과 과실책임의 상위개념이며, 책임능력은 책임의 전제로 이해되었다. 19세기에 지배적이었던 책임이론이다. 이러한 인식은 당시에는 일반적인 인식이었기 때문

1 Ebert S. 95; Gropp S. 248; Jescheck/Weigend S. 410; Kühl 10/14; Wessels/Beulke Rn. 397.

에 범죄론 체계도 이를 축으로 구성되었다. 즉 범죄를 내적 요소 또는 주관적 요소와 외적 요소 또는 객관적 요소로 분리하여, 모든 객관적·외적 요소는 위법성에 속하고 주관적·내적 요소는 책임에 해당한다고 이해하였다. 이에 의하면 책임의 본질은 이 심리적 실재로서의 고의·과실이라는 것이었다.[1]

10 그러나 심리적 책임론은 다음과 같은 이유에서 타당한 책임이론이라고 할 수 없다.

① 심리적 책임론은 어떤 심리적 관계가 형법상 중요하며 왜 그것이 책임의 본질이며 그것이 없으면 책임이 조각되는가에 대한 아무런 기준을 제시하지 못한다. 즉 심리적 책임개념은 실질적 책임개념이 될 수 없다. ② 심리적 책임론에 의하면 고의 또는 과실만 있으면 책임을 인정하지 않을 수 없다. 따라서 이 이론에 의할 때에는 고의를 가지고 행위하였으므로 결과에 대한 심리적 관계는 인정되지만 책임능력이 없거나 책임조각사유에 의하여 책임을 부정해야 하는 경우를 설명할 수 없게 된다.[2] ③ 인식 없는 과실의 경우에는 결과에 대한 행위자의 심리적 관계가 전혀 없다. 따라서 심리적 책임론에 의할 때 인식 없는 과실에 대하여는 책임을 인정할 수 없게 된다.

11 (2) **규범적 책임론** 규범적 책임론(規範的 責任論, normative Schuldlehre)은 책임을 심리적 사실관계로 보지 않고 규범적 평가관계로 이해한다. 규범적 책임론에 의하면 책임의 구성요소는 행위자의 주관과 결과 사이의 심리적 관계가 아니라, 행위자가 법에 따를 것이 요구되었음에도 불구하고 그에 위배하여 행위하였다는 데 대한 평가에 있다. 따라서 책임은 불법을 저지른 행위자에 대한 비난가능성이다. 고의행위에 있어서는 법에 반하는 것을 인식하면서 법의 요구를 거부하였다는 점에서, 과실행위에 있어서는 부주의로 사회생활상의 요구를 침해하였다는 점에서 행위자를 비난할 수 있다. 나아가 고의·과실이 있더라도 법에 따를 것을 요구할 수 없는 경우에는 비난할 수 없다.

Frank에 의하여 주장된 규범적 책임론은 전통적인 책임개념을 근본적으로 변화시켰다. 책임은 주관적·심리적 과정으로부터 행위자에 대한(주관적) 가치판

1 따라서 책임에는 두 종류(고의, 과실)가 있으며, 고의·과실이 있으면 책임있다는 의미에서 고의·과실을 책임조건이라고 말하기도 하였다.

2 Jescheck/Weigend S. 420; Wessels/Beulke Rn. 406.

단으로 성격이 바뀌었고 비난가능성이 책임의 중심개념으로 등장하였다. 규범적 책임론은 현재 책임이론을 지배하는 통설이 되었다.

2. 기능적 책임론

(1) 기능적 책임론의 의의 기능적 책임론(機能的 責任論, funktionale Schuldlehre)이란 책임의 내용은 형벌의 목적, 특히 일반예방의 목적에 의하여 결정되어야 한다고 주장하는 책임이론이다. 예방적 책임론(豫防的 責任論, präventive Schuldlehre)이라고도 한다. 통설인 규범적 책임론에 의하면 책임은 행위자가 달리 행위할 수 있었다는 것, 즉 행위자에게 자유의사가 있음에도 불구하고 위법행위를 하였다는 데 대한 비난가능성을 의미한다. 그러나 행위자가 구체적으로 행위시에 달리 행위할 수 있었는가를 (재판시에 소급적으로) 확인하는 것은 불가능하며, 행위자가 달리 행위할 수 없었다는 이유로 책임이 없다고 하여 처벌하지 않는 것도 타당하지 않다. 여기서 기능적 책임론은 책임은 형벌목적과 관련하여 기능적으로 이해할 때에만 형법상의 의의를 가질 수 있다고 주장한다.[1] 12

형법체계와 형사정책, 즉 책임과 예방의 결합을 처음 시도한 학자는 Roxin이었다. 그는 책임은 예방 필요성의 상한(上限)을 설정해주고 예방의 필요성도 책임형벌을 제한한다고 하여 책임과 예방의 상호 제한적 기능을 인정하였다.[2] 그러나 Roxin은 자유의사는 그것이 증명될 수 없는 경우에도 형법이 규범적으로 전제해야 하며 책임개념은 순수한 예방형법의 과도한 개입을 방지하기 위하여 필요하다고 함으로써 전통적인 책임개념과 책임원칙을 유지하고자 하였다.[3] 12a

책임의 내용이 일반예방의 목적에 의하여 결정된다고 하여 전통적인 책임개념을 형사정책적 목적으로 대체시킨 극단적인 기능적 책임론을 전개한 학자는 Jakobs이다. 그에 의하면 목적만이 책임에 내용을 부여할 수 있으며, 그 목적이란 국민의 법신뢰의 유지를 내용으로 하는 적극적 일반예방이다. 책임을 결정하는 '목적'은 범죄에 의하여 파괴된 질서신뢰(=규범적 기대)의 안정화이며, 책임과 형벌은 규범의 정당성에 대한 신뢰를 확인시키는 일이라는 것이다.[4] 결국 책임과 형벌은 범죄행위에 13

---

1 기능적 책임론도 책임을 비난가능성이라고 이해하는 점에서 규범적 책임론에 대립하는 이론이라기보다는 인간의 자유의사를 긍정하는 도의적 책임론에 대립되는 이론이라고 할 수 있다. 김성돈 "기능적 책임개념"(고시계 1998. 9), 15면 이하 참조.

2 Roxin "Zur Problematik des Schuldstrafrechts", ZStW 96, 641, 654.

3 Roxin **19**/39, 41.

4 Jakobs **17**/18ff, 22.

직면하여 동요하는 일반인의 자기안정화요구(Selbststabilisierungsbedürfnisse)의 표현이며, 형벌은 개인의 규범준수와 일반인의 규범신뢰를 위한 것이므로 행위자에 대한 형벌필요성도 일반예방적 · 기능적이 되어야 한다는 것이 기능적 책임론의 태도이다.[1]

14 (2) **기능적 책임론에 대한 비판** 기능적 책임론은 형법과 형사정책의 관계를 혼동함으로써 책임주의를 무의미하게 만든다는 비판을 면할 수 없다.[2] 첫째, 기능적 책임론은 책임을 예방으로 대체함으로써 일반예방에 대한 관계에서 책임주의가 갖는 제한적 기능을 무력하게 만들었다. 치료되지 않는 중한 정신질환자에 대하여 예방적 관점에서 책임을 인정하고, 법을 지키는 것이 어려운 누범자에게 일반예방의 관점에서 무거운 책임을 인정하는 것이 공정하다고 할 수는 없다. 책임이 예방의 목적에 의하여 영향을 받는다고 하는 경우에도 마찬가지이다. 전통적인 의미의 책임주의는 헌법적 지위를 가지고 있는 원칙으로서 행위자를 위한 보호규범이므로 기교적인 이론에 의하여 침해되어서는 안 된다. 둘째, 기능적 책임론에 의하는 경우에도 무엇이 질서에 대한 신뢰를 안정화하는가에 대한 실증적인 기준은 없다. (일반인의 정의감정에 비추어 볼 때) 오히려 응보야말로 법질서에 대한 신뢰 안정화의 길이라는 점도 부정할 수 없다. 따라서 기능적 책임론도 타당하다고 할 수 없다.

3. 책임의 구성요소

15 책임의 본질에 관한 견해의 대립에도 불구하고 책임은 비난가능성이라고 보는 규범적 책임론이 통설이며 타당하다. 다만 규범적 책임론을 취하는 경우에 책임의 요소는 무엇인가에 관하여는 견해의 대립이 있다. 여기서는 새로이 인식된 '비난가능성'과 종래 책임의 전제 내지 요소라고 보았던 책임능력 및 고의 · 과실과의 관계가 문제된다.

16 (1) **복합적 책임개념** 규범적 책임론을 주장한 Frank는 책임의 본질을 비난가능성으로 보면서도, (당시 심리적 책임론에서 책임요소로 이해되던) 고의와 과

1 Streng "Schuld ohne Freiheit", ZStW 101, 273, 288.

2 Roxin 19/32, 33; Schünemann "Entwicklung der Schuldlehre in Deutschland", *Strafrecht und Kriminalpolitik in Japan und Deutschland*, S. 157.

실도 여전히 책임의 요소로 인정하였다. 고의·과실은 행위에 대한 비난의 성격(큰 비난/작은 비난)을 규정하는 요소이기 때문에 책임요소로서의 지위를 갖는다고 보았다. 한편 책임능력에 관하여 종래의 이론은 책임능력을 책임의 '전제'로 보았지만, 프랑크는 이러한 이해는 적절하지 않다고 주장하였다. 책임능력이 책임의 전제라면 논리적으로 책임무능력자는 (고의 책임의 근거가 되는) 고의를 가질 수 없다고 보아야 할 것인데, 책임무능력자도 고의를 가질 수 있으며 나아가 자신의 행위의 위법성까지도 인식할 수 있다는 점에서 고의와 책임능력은 별개의 것이라고 보았다. 따라서 책임능력은 책임의 '전제'가 아니라 책임의 '요소'로 보아야 한다는 것이다.[1] 이렇게 되면 책임은 책임능력, 고의 또는 과실 그리고 기대가능성(Zumutbarkeit), 즉 책임조각사유의 부존재로 이루어진 것으로 보게 된다.

이와 같이 책임을 복합적 성격의 요건들(사실적 요소와 규범적 요소)의 결합체로 이해하는 입장을 복합적 책임개념(komplexer Schuldbegriff)이라고 하며, 이는 후에 Mezger를 대표로 하는 신고전적 범죄체계[2]의 핵심인식이 되었다.

(2) 순수한 규범적 책임개념 책임에서 심리적 요소를 제거하고 책임을 순수히 규범적으로 구성한 이론으로서 목적적 행위론에 입각하여 주장된 책임론이다. 책임은 심리적 인자 자체가 아니라 이에 대한 비난가능성이라는 시각에서, 심리적 인자는 '평가의 객체'(Objekt der Wertung)이지 '객체의 평가'(Wertung des Objekts)는 아니라고 본다. 따라서 심리적 성격을 갖는 고의는 책임과는 무관한 것으로서 책임요소가 아니라, 고의 구성요건의 주관적 요소로서의 지위를 가지며,[3] 과실 역시 심리적 관계의 부존재가 아니라 객관적 주의의무위반이라는 규범적 성격의 것으로서 과실 구성요건요소의 지위를 갖게 됨으로써, 고의·과실 모두 책임의 요소로서의 지위를 갖지 않는 것으로 보았다.[4] 이리하여 순수한 규범적 책임개념은 책임능력, 위법성인식 및 기대가능성을 책임의 구성요소로 보게 되었다. 17

(3) 고의·과실의 이중기능 심리적 책임론에서는 책임의 요건을 행위 18

1 R. Frank "Über den Aufbau des Schuldbegriffs," Frank(편), *Festschrift für die juristische Fakultät in Giessen zum Universitätsjubiläum*, 1907, S. 519 이하(529면).
2 *supra* **6**/35 참조.
3 Welzel S. 140.
4 이 변화에 관한 상세는 고의 구성요건에 관하여는 **6**/11, 37, **12**/3 이하; 과실 구성요건에 관하여는 **14**/7 참조.

자가 가진 심리적 실재로서의 고의·과실로 보았다. 복합적 책임개념은 이를 고의·과실 그리고 기대가능성으로 보았다. 순수한 규범적 책임개념은 책임요건에서 주관적 요소(고의·과실)를 배제함으로써, 책임판단의 대상으로서는 기대가능성만[1] 남게 되고, 이는 대상을 토대로 한 판단이 아니라 순수한 규범적인 판단이 되었다. 그런데 이는 책임의 양, 즉 큰 책임과 작은 책임을 구분하는 지표를 제시하지 못하는 '책임개념의 평준화'에 불과한 것으로서 만족스럽지 못한 것이었다. 왜냐하면 책임판단은 형벌의 양의 척도가 되는 것인바, 순수한 규범적 책임론은 이의 척도를 제공하지 못하였기 때문이다.[2] 여기서 책임개념도 규범적 평가를 가능할 독자적인 기체를 확보할 필요가 있게 된다. 행위는 행위자의 심정에서 비롯되는 것(고의행위)이며, 심정에서 비롯되지 않는 행위(과실행위)는 처벌하지 않거나 예외적으로 처벌한다. 따라서 비난가능성의 양은 이 심정을 토대로 결정되며, 이는 불법요소로서의 고의, 과실과는 다른 측면에서 고려된다.[3] 주관적 불법요소였던 행위자의 주관은 심정이라는 측면에서 책임판단의 대상으로서도 고려된다. 이러한 의미에서 책임은 책임능력과 위법성의 인식 및 책임형식으로서의 고의 또는 과실과 책임조각사유의 부존재라는 요소로 구성된다고 할 수 있다.

Ⅳ. 책임판단의 대상

1. 행위책임의 원칙

19 형법은 행위형법(行爲刑法, Tatstrafrecht)이며 행위자형법이 아니다. 행위자는 죄를 범하였기 때문에 처벌받는 것이지, 그의 인격이나 삶의 영위방식 때문에 처

1 '구성요건적 고의'와 분리된 '위법성 인식'이 책임요건으로 존재하지만, 이 역시 있거나 없거나 하는 양자택일적인 요건이며, 회피가능성의 정도에 따라 감경을 하는 경우에도 책임의 양을 가늠하는 섬세한 양적 척도를 제공하는 기준으로 기능하지 않는다.

2 Sch/Sch/Stree Vor §13 Rn. 115; Gallas "Zum gegenwärtigen Stand der Lehre von Verbrechen", *Beiträge zur Verbrechenslehre*, S. 56.

3 Jescheck/Weigend S. 421; Sch/Sch/Stree Vor §13 Rn. 115; Wessels/Beulke Rn. 425. 따라서 고의는 '행위의 의미의 보유자'로서 구성요건에 위치함과 동시에 '심정반가치의 보유자'로서 책임에 위치하며, 그 내용은 행위결의에 이르게 된 동기와 심정이다. 한편 과실의 경우에도 책임에 위치하는 과실(책임과실)은 '비난받는 심정'인바, 그 내용은 타인에 대한 무관심, 무시, 배려의 흠결로서 요컨대 '가치를 느끼는 데 기능적으로 실패한 것'이며, 이는 주관적 주의의무 위반이 된다. Jescheck/Weigend S. 430, 567.

벌받는 것은 아니다. 즉 책임판단의 대상은 구체적인 행위이며, 형사책임은 개별적 행위책임(行爲責任, Einzeltatschuld)이지 인격책임 또는 행위자책임(Persönlichkeits- oder Täterschuld)이 될 수는 없다. 행위가 행위자와 분리된 현상이 아니라 그 인격의 일면이며, 따라서 행위가 행위자 인격의 전체구조와 관련된다는 것은 사실이다. 그러나 책임은 행위자의 현재의 상태 또는 현재에 이르게 된 삶의 과정에 대한 비난이 아니라, 행위자가 저지른 구체적인 행위를 대상으로 하는 비난이다. 이와 같이 책임은 개별적인 행위책임이다.[1] 책임은 행위책임을 의미하며 성격책임이나 인격책임이 될 수 없는 이유는 대체로 세 가지를 들 수 있다.[2] ① 책임비난의 기초가 되는 불법은 법적으로 용인되지 않는 생활태도가 아니라 특정한 행위(작위, 부작위)에서 빚어진 것이므로 책임판단의 대상도 행위여야 한다. ② 현행 형사소송법 아래에서는 피고인의 생활사를 심층심리와 연관하여 규명하는 것이 불가능하다. 인격에 대한 조사는 사건해결에 도움을 주는 것이 아니라 피고인의 사생활을 공개하는 결과가 될 뿐이다. 그것은 정의관념이나 피고인의 사회복귀에 아무런 도움도 되지 않는다. ③ 행위책임은 법치국가적 이념에서 행위에 상응하는 형벌을 과할 것을 요구하는 형벌의 척도로서의 책임, 즉 책임주의와도 합치된다.

2. 행위책임과 인격책임

20

문제는 이러한 개별적인 행위책임이 특수한 경우에 행위자책임(인격책임 또는 행상책임)에 의하여 보충될 수 있는가이다.

Welzel은 책임이 원칙적으로 행위책임이라고 하면서도 개별적인 행위책임은 구체적인 경우에 인격구조의 불완전이나 성격결함에 기초하는 행위자책임이 될 수 있다고 하며,[3] Jescheck도 책임개념의 핵심은 행위책임이지만 형법은 행위자책임도 고려하고 있으므로 행위책임과 행위자책임의 결합이 타당하다고 하면서, 행위자책임을 고려한 형법규정으로 금지의 착오의 회피가능성 · 누범가중 · 양형에 관한 규정 · 원인에

1 책임의 대상이 행위책임이냐 행위자책임 또는 인격책임이냐에 대한 논쟁의 실질적 가치는 별로 없다고도 할 수 있다. 행위책임을 부정하거나 이에 대체되는 일반적이고 원칙적인 행위자책임론을 주장하는 견해는 없기 때문이다. 행상책임론(行狀責任論)을 주장한 Mezger도 책임은 행위책임이라는 데에서 출발하고 있다(Maurach/Zipf S. 491).

2 Jescheck/Weigend S. 423.

3 Welzel S. 150.

있어서 자유로운 행위와 인식 없는 과실의 경우를 들고 있다.[1]

21 행위자책임과 관련하여 검토해야 할 이론은 Mezger와 Bockelmann에 의하여 주장된 인격적 책임론(人格的 責任論, Lebensführungsschuld)이다.[2] Mezger는 상습범에 대한 형의 가중은 행위자의 인격책임에 의하여만 정당화될 수 있다고 하여 인격적 책임론을 전개하였다. 즉 "형벌은 각 개별적 행위에 대하여만 과하여지는 것이 아니라 행위자의 본질과 관계된다. 독일 형법 제20a조[3]의 규정은 행위책임과 일치하지 않는다. 따라서 형사책임은 개별적인 행위책임에 그치는 것이 아니라 전체적인 인격책임이기도 하다."[4] Bockelmann도 책임은 행위책임이라는 전제에서 출발하지만 행위는 행위자의 행위이고 인격과 불가분의 관계에 있다고 하였다.[5] 요컨대 인격적 책임론은 형사책임은 행위책임이지만 행위는 인격과의 연관을 떠나서 생각할 수 없으므로 책임도 전체적인 인격책임이 되지 않을 수 없다는 이론이라고 할 수 있다.

22 인격적 책임론은 책임을 인격책임으로 이해함으로써 행위자의 인격형성 나아가 행위자가 갖는 위험성도 책임비난의 대상으로 편입한다는 점, 그리고 현재의 형사소송절차로서는 이러한 인격을 확인할 수 없다는 점에서 타당하다고 볼 수 없다.[6] 이러한 의미에서 상습범에 대하여 형의 가중을 규정한 현행 형법의 규정은 책임과 운명을 혼동한 것으로서 책임주의의 원칙에 반한다고 하지 않을 수 없다.

---

1 Jescheck/Weigend S. 423.

2 Mezger에 의하여 주장된 행상책임론(Lebensführungsschuld)을 일본의 團藤에 의하여 주장된 인격적 책임론과 구별하는 학자도 있으나(정영석 156면), 인격적 책임론은 Mezger, Bockelmann의 견해가 일본에 도입되어 발전된 이론이라고 할 수 있다(유기천 22~25면 참조).

3 독일 구 형법의 상습범 (가중처벌) 규정이다. 우리나라의 1992년의 형법개정법률안은 상습범에 대한 형의 가중규정을 폐지한 바 있다.

4 Mezger "Die Straftat als Ganzes", ZStW 57, 688.

5 Bocklemann "Wie würde sich ein konsequentes Täterstrafrecht auf ein neues Strafgesetzbuch auswirken?", *Strafrechtliche Untersuchungen*, 1957, S. 6 이하 참조; Bockelmann/Volk S. 238.

6 Rudolphi SK Vor § 19 Rn. 3; Sch/Sch/Stree Vor § 13 Rn. 106.

제 2 절 책임능력 §23

Ⅰ. 책임능력의 의의

1. 책임능력의 개념

1 행위자가 법에 따라 행위할 수 있었음에도 불구하고 위법하게 행위하였다는 규범적 평가, 즉 불법을 저지른 행위자에 대한 비난가능성에 책임의 본질이 있다. 따라서 행위자에게 적법하게 행위할 수 있는 능력, 즉 책임능력이 없을 때에는 책임도 없다. 이러한 의미에서 책임은 책임능력(責任能力, Schuldfähigkeit)을 논리적으로 전제하며, 책임능력은 귀책능력(歸責能力, Zurechnungsfähigkeit)을 의미한다고 할 수 있다.

2 책임능력은 법규범에 따라 행위할 수 있는 능력을 내용으로 한다. 따라서 책임능력은 인간이 그가 행위한 것과 다르게 행위할 수 있었는가, 즉 인간의 자유의사를 긍정할 수 있느냐라는 문제와 직접 관련된다. 의사자유 없이 책임을 인정할 수는 없다. 그러나 무릇 인간에게 의사자유가 있는가를 과학적으로 확인할 수는 없으며, 나아가 행위 시에 행위자에게 의사자유가 있었는가를 재판 시 소급해서 확인할 수도 없다. 이를 둘러싸고 결정론과 비결정론(의사자유론) 간의 무익한 논쟁이 지속되고 있다는 것은 주지의 사실이다. 이러한 사실적, 과학적 차원의 불가능에도 불구하고, 우리의 경험을 토대로 하여 규범적 차원에서 당위의 요청으로 규범적 귀책의 기준을 설정할 수는 있다. 즉 "인간의 행동에 대한 우리의 현실적 경험으로 미루어 볼 때, 그 상황에서 타인이 그의 입장에 섰더라면 다르게 행동할 수 있었을 것이라는 의미에서 행위자가 다르게 행동할 수 있지 않았겠는가"[1]를 물을 수 있다. 형법은 규범적 관점에서 인간에 대하여 소질과 환경에 영향받는 충동을 억제하고 사회윤리적 규범에 따라 의사를 결정할 수 있다는 능력을 전제하고서 책임을 묻는 것이며, 이 능력이 없는 자에 대하여는 책임을 묻

1 Hans Ludwig Schreiber "Was heisst heute strafrechtliche Schuld und wie kann der Psychiater bei ihrer Feststellung mitwirken?", *Nerzenarzt* 48, S. 242~247. 이 글은 장영민, 형법이론연구, 2007에 "형법상 책임과 그 확정문제"라는 제목으로 번역되어 있다(121~135면). 131면 참조.

지 않는다.[1] 이러한 의미에서 형법은 상대적 비결정론(相對的 非決定論, relativer Indeterminismus)에 입각하고 있고, 책임능력은 바로 형법이 전제로 하고 있는 '자유로운 의사를 결정할 수 있는 능력'을 의미한다고 할 수 있다.[2]

2. 책임능력의 본질

3 책임능력의 본질에 관하여는 도의적 책임론과 사회적 책임론 사이에 견해가 대립되고 있다. 도의적 책임론은 책임능력을 행위의 시비와 선악을 변별하여 이에 따라 의사를 결정할 능력으로서 범죄능력(犯罪能力, Deliktsfähigkeit)을 의미한다고 보는 데 반하여, 사회적 책임론은 책임능력을 사회방위처분인 형벌이 효과를 거둘 수 있는 능력이라고 이해하여 이를 형벌능력(刑罰能力, Straffähigkeit) 또는 형벌적응성(刑罰適應性, Strafempfänglichkeit)이라고 한다. 그러나 책임능력을 형벌능력이라고 이해할 때에는 책임능력은 형벌을 과할 때 존재하면 충분하다고 보아야 할 것인데 형법이 왜 심신상실자나 14세 미만자를 형벌능력이 없다고 보는지 이해할 수 없을 뿐 아니라, 명정대취자는 책임능력자가 되고 상습범은 오히려 책임무능력자가 되는 기이한 결과를 가져온다. 따라서 책임능력을 형벌능력이라고 하는 사회적 책임론은 형법의 태도와 부합한다고 할 수 없다.

4 형법은 구성요건에 해당하고 위법한 행위를 한 자는 일반적으로 책임능력이 있다는 전제에서 출발한다. 형법이 책임능력을 적극적으로 규정하지 않고 소극적으로 책임능력이 없거나 그 능력이 감경된 예외적인 경우만을 규정하고 있는 이유는 여기에 있다.

3. 책임능력의 규정방법

5 형법의 책임능력 규정 역시 위법성 규정과 마찬가지로 '소극적' 방법을 사용한다. 즉 형법은 인간의 책임능력을 일반적으로 전제하면서, 예외적으로 책임능력이 없거나(책임무능력), 책임능력이 저감되는(한정책임능력) 경우를 규정하는 방

---

1 Rudolphi SK § 20 Rn. 4a; Lenckner *Strafe, Schuld und Schuldfähigkeit*, S. 95.

2 대법원 1968. 4. 30. 68 도 400, "형법 제10조에서 말하는 사물을 변별할 능력은 자유의사를 전제로 한 의사결정의 능력에 관한 것으로서 그 능력의 유무와 정도는 감정사항에 속하는 사실문제라 할지라도 그 능력에 관한 특정된 사실이 심신미약에 해당되는지 여부는 법률문제에 속하는 것이다."

식을 취한다.

정신병질자와 같이 일정한 부정적 정신적 경향(예컨대 늘 경거망동하는 경향을 가진 자)을 갖는 자가 모두 책임무능력자(내지 한정책임능력자)가 되는 것이 아니라, 형법은 일정한 특징을 가진 자만을 책임무능력자(내지 한정책임능력자)로 규정한다. 연혁적으로 책임능력을 규정하는 방법에는 세 가지가 있다. ① 생물학적 방식, ② 심리적·규범적 방식, ③ 혼합적 방식이 그것이다.

6 **1) 생물학적 방법** 행위자의 비정상 상태를 기술하고 그러한 상태가 있으면 책임능력이 없다고 규정하는 방식이다. 미국의 Durham Rule[1]이 여기에 해당한다고 할 수 있다. 그러나 생물학적 방법(die biologische Methode)은 정신병학적 진단으로부터 직접 책임능력 유무를 추론함으로써 그 생물학적 요소가 행위에 어떤 작용을 하는가를 고려하지 않는다는 점에서 책임능력의 규정방식으로서 부적절하다는 결함이 있다.

7 **2) 심리적 또는 규범적 방법** 어떤 이유에서든 행위자가 사물을 변별(=사리분별)하지 못하고 의사를 결정할 능력이 없는 경우에 책임능력이 없다고 규정하는 방식이다. 책임은 달리 행위할 수 있었다는 데 대한 비난이기 때문이다. 그러나 심리학적·규범적 방법(die psychologische-normative Methode)도 정신의학의 현실과 과학적 지식을 충분히 고려하지 않고 정신현상의 하나의 징후에 지나지 않는 인식능력에만 의존한다는 점에서 적절하다고 할 수 없고, 행위자의 의사결정에 영향을 미칠 수 있는 기초를 법관에게 맡김으로써 법적 안정성에 대한 중대한 위험을 초래한다는 결점을 가진다.

8 **3) 혼합적 또는 결합적 방법** 행위자의 비정상 상태를 책임무능력의 생물학적 기초로 규정하면서 이 생물학적 요소가 행위자의 사리분별과 판단능력(Einsichts- und Urteilsfähigkeit)에 미친 영향을 파악하도록 규정하는 방식이다. 생

1 Durham *v.* United States, 94 US App. D.C. 228, 214 F. 2d. 862(1954).
영미에서는 Insanity에 대한 기준으로 전통적인 M'Naghten Rule이 적용되고 있었다. 그러나 1954년 Columbia의 항소법원은 M'Naghten Rule의 적용을 거부하고 "피고인의 위법행위가 정신병 또는 정신장애의 결과일 때에는 책임 없다"라는 Durham Rule을 적용하였다. 그러나 Durham Rule은 배심원에게 무엇이 정신병의 결과인가에 대한 기준을 제시하지 못하며, 그 병의 효과가 형법에 중요한 것이라는 기준이 없다는 점에 난점이 있다(LaFave and Scott *Criminal Law*, p. 289).

물학적 · 심리적 방법이라고도 한다. 독일 형법과 스위스 형법[1] 및 미국의 모범형법전[2]을 비롯한 대부분의 형법이 혼합적 방법(die gemischte Methode)에 의하여 책임무능력을 규정하고 있다. 형법 제10조의 규정도 이 방법에 의한 것으로 생각된다.[3] 생물학적 방법과 심리적 방법의 결함을 보완한 적절한 방법이다.

Ⅱ. 책임무능력자

1. 형사미성년자

9 14세 되지 아니한 자의 행위는 벌하지 아니한다(제9조). 형법은 14세 되지 아니한 자에 대하여는 개인적인 지적 · 도덕적 또는 성격적인 발달상태를 고려하지 않고 절대적 책임무능력자로 규정하고 있다. 즉 형사미성년자에 대하여는 순수한 생물학적 방법이 적용된다. 14세가 되지 아니한 자는 위법한 행위를 비난하기에 필요한 정도로 성숙하지 못하였다고 보는 것이다. 형사미성년자의 행위는 책임이 조각된다. 따라서 형사미성년자에게 책임능력을 전제로 한 형벌을 과할 수는 없지만,[4] 소년법에 의한 보호처분까지 배제하는 것은 아니다.

소년법은 형벌법령에 저촉되는 행위를 한 10세 이상 14세 미만인 소년과 앞으로 형벌법령에 저촉되는 행위를 할 우려가 있는 10세 이상인 소년에 대하여 보호처분을 할 수 있다고 규정하고 있다(소년법 제 4 조 1항 2호 · 3호, 제32조).

10 14세 이상인 소년에게는 책임능력이 인정된다. 그러나 14세 이상인 소년도

---

1 독일 형법 제20조는 "행위시에 병적 정신장애, 심한 의식장애 또는 정신박약 기타 중대한 정신이상으로 행위의 불법을 이해하고, 이러한 이해에 따라 행위할 능력이 없는 자는 책임 없다"고 규정하고 있다. 스위스 형법 제19조도 "정신병, 정신박약 또는 중대한 의식장애로 불법을 인식하고 그러한 인식에 따라 행위할 수 없는 자는 벌하지 아니한다"고 규정하고 있다.

2 Model Penal Code §4. 01(1)의 규정은 아래와 같다.

A person is not responsible for criminal conduct if at the time of such conduct as a result of mental desease or defect he lacks substantial capacity either to appreciate the criminality(wrongfulness) of his conduct or to conform his conduct to the requirements of law.

3 대법원 1992. 8. 18. 92 도 1425.

4 형사미성년자에 대하여는 형벌뿐만 아니라 책임능력을 전제로 하지 않는 보안처분도 과할 수 없다. 그러나 이는 형법 제 9 조의 논리적 귀결이 아니라 보안처분에 관한 규정의 해석의 결과이다(Sch/Sch/Lenckner §19 Rn. 4). 치료감호 등에 관한 법률은 심신장애인과 중독자 및 정신성적 장애자에 대하여만 치료감호를 인정하고 있다(동법 제 2 조 1항).

소년법에 의하여 특별한 취급을 받는다. 여기서 소년이란 19세 미만인 자를 말한다. 소년이 법정형 장기 2년 이상의 유기형에 해당하는 죄를 범한 때에는 법정형의 범위 내에서 장기와 단기를 정한 부정기형을 선고한다. 이 경우 장기는 10년, 단기는 5년을 초과하지 못한다(소년법 제60조 1항). 이 경우에 소년의 특성에 비추어 상당하다고 인정되는 때에는 그 형을 감경할 수 있다(동조 제 2 항). 다만 형의 집행유예, 형의 선고유예를 선고할 때에는 정기형을 선고한다(동조 제 3 항). 또 소년 가운데 죄를 범할 당시 18세 미만인 소년에 대하여는 사형 또는 무기형을 과할 수 없다. 즉 사형 또는 무기형으로 처할 경우에는 15년의 유기징역으로 한다(동법 제59조).

2. 심신상실자

심신장애로 인하여 사물을 변별할 능력이 없거나 의사를 결정할 능력이 없는 자의 행위는 벌하지 아니한다(제10조 1항).

(1) 심신상실의 요건 심신장애인에 대한 형법의 규정은 혼합적 방법, 즉 생물학적·심리적 방법을 취하고 있다. 따라서 심신상실(心神喪失)로 인한 책임무능력자가 되기 위하여는 두 가지 요건을 필요로 한다. 즉 첫째 심신장애라는 생물학적 기초가 존재해야 하며, 둘째 이러한 생물학적 기초로 인하여 사물을 변별할 능력 또는 의사를 결정할 능력이 없다는 심리적 요소가 있어야 한다. 11

1) 생물학적 요소 '심신장애(心神障碍)'가 있을 것을 요한다. 12

책임무능력의 생물학적 기초로서 독일 형법은 병적 정신장애·심한 의식장애 또는 정신박약 기타 중대한 정신이상, 스위스 형법은 정신병·정신박약 또는 중대한 의식장애를 열거하고 있음에 반하여, 우리 형법은 단순히 심신장애라고만 규정하고 있다. 그러나 형법의 심신장애도 정신장애 또는 정신기능의 장애를 의미하는 것이며, 그것은 정신병(병적 정신장애)·정신박약·중대한 의식장애와 정신병질을 그 내용으로 한다고 이해하여야 한다.

병적 정신장애(정신병)란 정신적 의미연관이 신체적·병적 과정에 의하여 파괴된 경우를 말한다. 여기에는 진행성뇌연화, 노인성치매, 뇌손상에 의한 창상성 정신병, 음주 및 약품에 의한 중독 등과 같은 뇌조직적 원인에 기인한 외인성 정 13

신병과 정신분열증(=조현병),[1] 조울증, 간질[2]과 같이 정신기능의 변화만을 가져오는 내인성 정신병이 포함된다. 정신박약이란 백치·치매와 같이 증명할 수 있는 원인이 없는 선천적 지능박약을 의미한다. 의식장애란 자기의식과 외계의식 사이의 정상적인 연관의 단절을 말하며, 정신병질은 감정·의사 또는 성격장애를 의미한다. 다만 의식장애와 정신병질은 그 정도가 심하여 병적 가치를 인정할 수 있을 때에만 심신장애가 될 수 있다. 따라서 자신의 충동을 억제하지 못하고 범행을 저지르게 되는 충동조절장애의 경우에도 그 정도가 심한 때에는 심신장애가 될 수 있다.[3]

판례는 ① 생리기간 중에 심각한 충동조절장애에 빠져 절도범행을 저지른 경우(대법원 2002. 5. 24. 2002 도 1541; 대법원 1999. 4. 27. 99 도 693)는 물론, ② 성적인 측면에서의 성격적 결함인 소아기호증의 경우(대법원 2007. 2. 8. 2006 도 7900)[4]에도 그 증상이 매우 심각하여 정신병이 있는 사람과 동등하다고 평가할 수 있는 때에는 심신장애를 인정할 여지가 있다고 한다.

14 명정(酩酊)이 병적 정신장애 또는 의식장애에 해당할 수 있다는 데 대하여는

---

1 대법원 1980. 5. 27. 80 도 656, "편집형 정신분열증 환자는 자기의 행동을 알 때도 있고 모를 때도 있으나 사물에 대한 판단력이 없는 것이 특징이고 또 사물을 변별하고 그에 따라서 자신의 의사결정을 하거나 자기의 의지를 제어할 능력이 없으므로 심신상실의 상태에 있는 자라고 봄이 상당하다."

동지: 대법원 1990. 8. 14. 90 도 1328; 대법원 1991. 5. 28. 91 도 636.

2 대법원 1969. 8. 26. 69 도 1121.

3 대법원 2006. 10. 13. 2006 도 5360, "자신의 충동을 억제하지 못하여 범죄를 저지르게 되는 현상은 정상인에게서도 얼마든지 찾아볼 수 있는 일로서, 특단의 사정이 없는 한 위와 같은 성격적 결함을 가진 사람에 대하여 자신의 충동을 억제하고 법을 준수하도록 요구하는 것이 기대할 수 없는 행위를 요구하는 것이라고는 할 수 없으므로, 원칙적으로 충동조절장애와 같은 성격적 결함은 형의 감면사유인 심신장애에 해당하지 아니한다고 봄이 상당하지만, 충동조절장애와 같은 성격적 결함이라 할지라도 그것이 매우 심각하여 원래의 의미의 정신병을 가진 사람과 동등하다고 평가할 수 있는 경우에는 그로 인한 범행은 심신장애로 인한 범행으로 보아야 한다."

동지: 대법원 1995. 2. 24. 94 도 3163; 대법원 2009. 2. 26. 2008 도 9867.

4 대법원 2007. 2. 8. 2006 도 7900, "사춘기 이전의 소아들을 상대로 한 성행위를 중심으로 성적 흥분을 강하게 일으키는 공상, 성적 충동, 성적 행동이 반복되어 나타나는 소아기호증은 성적인 측면에서의 성격적 결함으로 인하여 나타나는 것으로서, 소아기호증과 같은 질환이 있다는 사정은 그 자체만으로는 형의 감면사유인 심신장애에 해당하지 아니한다고 봄이 상당하고, 다만 그 증상이 매우 심각하여 원래의 의미의 정신병이 있는 사람과 동등하다고 평가할 수 있거나, 다른 심신장애사유와 경합된 경우 등에는 심신장애를 인정할 여지가 있으며, 이 경우 심신장애의 인정 여부는 소아기호증의 정도, 범행의 동기 및 원인, 범행의 경위 및 수단과 태양, 범행 전후의 피고인의 행동, 증거인멸 공작의 유무, 범행 및 그 전후의 상황에 관한 기억의 유무 및 정도, 반성의 빛의 유무, 수사 및 공판정에서의 방어 및 변소의 방법과 태도, 소아기호증 발병 전의 피고인의 성격과 그 범죄와의 관련성 유무 및 정도 등을 종합하여 법원이 독자적으로 판단할 수 있다."

의문의 여지가 없다.[1] 명정(주취〈酒醉〉)은 성질상으로는 의식장애의 대표적인 경우이지만,[2] 음주에 의한 뇌조직의 영향에 치중할 때에는 병적 정신장애가 될 수도 있기 때문에 외인성 정신병의 경우로 다루어지기도 한다.[3] 명정으로 인하여 행위자가 규범에 따른 행위를 결정할 능력이 없을 정도에 이른 때에는 책임능력이 없다고 해야 한다.

알콜의 효과는 구체적인 경우에 개별적인 행위자의 인격과 실행된 행위와의 관계를 고려하여 종합적으로 판단해야 한다. 알콜의 수치가 심신장애의 판단에 대한 결정적인 자료가 되는 것은 아니다. BGH는 알콜수치가 일반적으로 혈액 1*ml*에 대하여 3*mg* 또는 그 이상인 때에는 책임능력이 없고, 2*mg*부터는 심신미약에 해당한다고 하고 있음은 주목할 가치가 있다. 그러나 이러한 알콜수치가 절대적인 것은 아니며, 따라서 혈액 1*ml*에 알콜이 2 내지 2.5*mg*일 때에도 심신상실이 될 경우가 있는가 하면, 술에 강한 사람은 4*mg*인 때에도 책임능력자가 될 수 있다.[4]

주취로 인하여 반드시 의식 없는 상태에 이를 것을 요하는 것은 아니다. 의식을 잃은 때에는 이미 행위능력을 상실하게 되는바, 책임능력은 행위능력과는 구별되는 것이기 때문이다.

15 심신상실의 생물학적 요소인 심신장애가 있느냐에 대한 판단은 현대 정신의학 특히 정신병학과 심리학적 지식을 필요로 하는 분야이다. 따라서 생물학적 기초의 존부를 확정하기 위하여 법관은 전문가의 감정을 거치는 것이 보통이다. 문제는 심신장애의 판단을 위하여는 반드시 전문가의 감정을 요하느냐에 있다. 전문가의 감정을 거치지 않고 법관이 그 행위의 전후사정이나 목격자의 증언 등을 참작하여 판단하였다고 하여 반드시 위법하다고 할 수는 없다.[5]

16 **2) 심리적 요소** ‘사물을 변별할 능력’ 또는 ‘의사를 결정할 능력’이 없

---

1 대법원 1969. 3. 31. 69 도 232, “범행 당시 술에 만취되어 정신이 없었다는 주장은 단순한 범의의 부인이 아니라 법률상 범죄의 성립을 조각하는 이유가 되는 사실을 주장한 것이므로 판결이유에서 이에 대한 판단을 명시하여야 한다.”
동지: 대법원 1969. 7. 29. 69 도 916; 대법원 1974. 1. 15. 73 도 2522.

2 Jähnke LK § 20 Rn. 43; Jescheck/Weigend S. 439; Joecks § 20 Rn. 4; Maurach/Zipf S. 479; Sch/Sch/Lenckner/Perron § 20 Rn. 16; Wessels/Beulke Rn. 410.

3 Rudolphi SK § 20 Rn. 7.

4 Jähnke LK § 20 Rn. 44; Sch/Sch/Lenckner/Perron § 20 Rn. 17; Wessels/Beulke Rn. 412.

5 대법원 1984. 5. 22. 84 도 545, “심신장애의 여부는 기록에 나타난 제반 자료와 공판정에서의 피고인의 태도 등을 종합하여 판단하여도 무방하다.”
동지: 대법원 1984. 4. 24. 84 도 527; 대법원 1985. 8. 20. 85 도 1235.

어야 한다.

심신상실이라고 하기 위하여는 심신장애라는 생물학적 기초가 있는 것만으로는 족하지 않다. 나아가서 심신장애로 인하여 사물을 변별하거나 의사를 결정할 능력이 없어야 한다.

17 ㈎ **사물을 변별할 능력** '사물을 변별할 능력이 없는 자'란 영미의 M'Naghten Rules의 선악판단(right and wrong test) 또는 독일 형법의 불법을 인식할 능력이 없는 자(die Unfähigkeit, das Unrecht der Tat einzusehen)와 같은 지적 무능력(知的 無能力)에 관한 규정이다. 물론 형법의 '사물을 변별할 능력이 없는 자'의 의미를 M'Naghten Rules보다 넓은 개념으로 이해할 수도 있다.[1] M'Naghten Rules[2]에 의하면 행위의 성질과 의미를 인식하고 선악을 판단할 수 없을 것을 요하지만, 사물을 변별할 능력이란 일반적으로 합리적 판단을 내릴 수 없는 경우를 의미한다고 해석할 수도 있기 때문이다. 그러나 M'Naghten Rules에 있어서도 행위의 의미와 성질을 인식한다는 것은 그 행위가 악(惡)임을 인식한다는 것과 동의어에 지나지 않고, 여기서 악(wrong)이라는 것도 도덕적 악이 아니라 불법(illegal)을 인식하는 것을 의미하므로,[3] 결국 독일 형법상의 불법을 인식할 능력과 같은 뜻이 된다. 도덕적인 악은 범죄와는 관계없는 것이기 때문이다. 한편 형법에 있어서 '사물을 변별할 능력'이 일반적으로 합리적 판단을 할 수 있는 능력이라고 하더라도, 그것은 범죄에 관하여는 법과 불법을 구별할 수 있는 능력과 같은 의미라고 해야 한다. 합리적 판단을 할 수 있는 능력은 불법을 인식할 수 있는 능력이 됨으로써 범죄능력과 관련될 수 있기 때문이다.

18 사물을 변별할 능력이 반드시 행위자의 기억능력과 일치하는 것은 아니다. 따라서 행위자가 범행 전후의 사정을 비교적 사리에 맞도록 기억한다고 하여 반드시 범행

1 유기천 219면.

2 M'Naghten's Case는 환상(delusion)을 가진 정신병자인 Daniel M'Naghten이 1843년 Robert Peel을 살해하려다가 그의 비서 Edward Drummond를 사살한 사건이다. 법정에서 M'Naghten은 자신은 정신이상이며 살해행위를 한 것은 그의 환상(delusion) 때문이므로 책임이 없다고 주장하였다. 배심원은 이 주장을 인정하였고, M'Naghten은 책임능력이 없다는 이유로 무죄판결을 받았다. 여기서 확립된 원칙이 바로 M'Naghten Rules이며, 이 원칙은 그 후 약 100년간 영미에 있어서 형사책임의 기본원칙이 되었다.

M'Naghten Rules에서는 "피고인이 정신병에 의한 의식장애로 인하여 그가 하고 있는 행위의 의미와 성질을 알지 못하였거나 또는 그가 하고 있는 것이 악이라는 것을 모른 때에는 책임능력이 없다"는 기준이 적용되었다.

3 LaFave and Scott *ibid*. pp. 277~278.

당시 사물을 변별할 능력을 갖추고 있었다고 할 수는 없다.[1] 그러나 범행 당시의 사정을 자세히 기억하고 있다는 사실이 사물을 변별할 능력이 있었느냐를 판단하는 중요한 자료가 될 수 있음은 말할 필요도 없다.[2]

(나) **의사를 결정할 능력** '의사를 결정할 능력이 없는 자'란 의지적 무능력(意志的 無能力, volitional incapacity)을 말하며, 사물을 변별하고 이에 따라 행위할 수 있는 능력, 즉 조종능력(操縱能力, Steuerungsfähigkeit)을 의미한다. 의지적 무능력에 관하여 영미에서는 저항할 수 없는 충동의 법칙(irresistible impulse rule)[3]에 의하여 전통적인 M'Naghten Rule을 보충하여 오다가, Model Penal Code가 M'Naghten Rule과 Irresistible Impulse Rule을 결합하여 '행위의 불법을 인식하고 그의 행위를 법의 요구에 따르게 할 능력'이라고 규정하기에 이르렀으며, 독일 형법 제20조는 '인식에 따라 행위할 수 있는 능력'이라고 규정하고 있다. 불법을 인식할 능력이 있거나 불법을 인식하였다고 하여 의사를 결정할 능력이 인정되는 것은 아니며, 행위시의 범행의 계획성과 숙련성 또는 행위 후의 범죄의 기억능력만으로 의사를 결정할 수 있는 능력이 바로 인정되는 것은 아니다.[4] 19

(다) **판단의 기준** 사물을 변별할 능력이나 의사를 결정할 능력은 행위시를 기준으로 판단하여야 한다. 또한 이러한 능력은 구체적인 위법한 구성요건의 실현과의 관계에서 검토되어야 한다. 구체적인 범죄와의 관계를 떠난 일반적 책임능력(allgemeine Schuldfähigkeit)이란 있을 수 없다. 따라서 사물을 변별할 능력이나 의사를 결정할 능력은 분리될 수 있고, 관념적 경합의 관계에 있는 여러 범죄 가운데 한 범죄에 대하여만 책임능력이 없을 수도 있다.[5] 20

심신상실의 생물학적 기초로서 행위자가 심신장애상태에 있었는가 여부는 전문가의 도움에 의하여 확정할 수 있다. 그러나 이러한 심신장애로 인하여 사물을 변별하거나 의사를 결정할 능력이 있었는가는 어디까지나 법관이 결정해야 21

1 대법원 1969. 10. 14. 69 도 1265; 대법원 1985. 5. 28. 85 도 361.

2 대법원 1975. 11. 25. 75 도 2782, "피고인이 범행 당시의 일을 비교적 자세하게 진술하고 참고인의 진술도 이에 일치하면 피고인이 범행시 심신상실상태에 있었다고 볼 수 없다."
동지: 대법원 1978. 1. 31. 77 도 3428.

3 Irresistible Impulse Rule은 "정신병으로 인하여 그의 행위를 통제할 수 없었을 때에는 형사책임 없다"는 원칙이다. 의지적 무능력을 기준으로 하는 것으로 M'Naghten Rules의 지적 무능력을 보완한 것이다.

4 Sch/Sch/Lenckner/Perron §20 Rn. 30.

5 BGHSt. 14, 116.

할 법적·규범적 문제에 속한다. 그러므로 법관이 감정인의 감정을 기초로 하여 그대로 판단하는가 또는 다른 판단을 하는가는 법관의 재량에 속한다.[1]

물론 감정인이 책임능력의 규범적 문제에 대하여 감정서에 자신의 입장을 기술하는 것이 금지되는 것은 아니다. 그러나 그 기재내용이 사물의 변별능력과 의사결정능력의 판단에 있어서 결정적 가치를 갖는 것도 아니다. 오히려 의사의 감정서에 심신상실이라는 기재가 있다고 하여 법적·규범적 관점에서 다른 사정을 고려하지 않고 감정서의 기재대로 심신상실이라고 판단하는 것이 위법하다고 보아야 할 때도 있다.[2]

그리고 이러한 능력의 판단에 있어서는 평균인의 일반적 능력이 기준이 된다.[3]

22 (2) **심신상실의 효과** 심신상실자의 행위는 벌하지 아니한다. 즉 심신상실자는 책임능력이 없기 때문에 책임이 조각되는 것이다. 다만 위험의 발생을 예견하고 자의(自意)로 심신장애의 상태를 야기한 자의 행위에는 이를 적용하지 아니한다(제10조 3항). 이것이 후술하는 원인에 있어서 자유로운 행위의 문제이다.

23 심신상실자, 즉 책임무능력자의 행위는 벌하지 않지만 보안처분의 가능성까지 배제하는 것은 아니다. 치료감호 등에 관한 법률은 형법 제10조 1항에 따라 벌할 수 없는 심신장애인으로서 금고 이상의 형에 해당하는 죄를 범하고 치료감호시설에서의 치료를 받을 필요가 있고 재범의 위험성이 있는 때에는 치료감호에 처하도록 하고 있다(치료감호 등에 관한 법률 제 2 조 1항 1호).

Ⅲ. 한정책임능력자

1. 심신미약자

24 심신장애로 인하여 사물을 변별할 능력이나 의사를 결정할 능력이 미약한

1 대법원 1999. 8. 24. 99 도 1194, "형법 제10조에 규정된 심신장애의 유무 및 정도의 판단은 법률적 판단으로서 반드시 전문감정인의 의견에 기속되어야 하는 것은 아니고, 정신질환의 종류와 정도, 범행의 동기, 경위, 수단과 태양, 범행 전후의 피고인의 행동, 반성의 정도 등 여러 사정을 종합하여 법원이 독자적으로 판단할 수 있다."
동지: 1994. 5. 13. 94 도 581; 대법원 1997. 7. 25. 97 도 1142; 대법원 1999. 1. 26. 98 도 3812.

2 대법원 1979. 5. 29. 78 도 3230.

3 Rudolphi SK § 20 Rn. 25.

자의 행위는 형을 감경할 수 있다(제10조 2항. 2018. 12. 개정 구 규정: '감경한다'). 한정책임능력자의 대표적인 경우가 심신미약자(心神微弱者)이다. 한정책임능력(限定責任能力, verminderte Schuldfähigkeit)이란 책임능력과 책임무능력 사이의 중간형태가 아니다. 한정책임능력자도 책임능력자이다. 다만 한정책임능력자는 규범에 따라 행위하는 것이 극히 곤란하기 때문에 그 정도에 따라 책임이 감경되어 형을 감경할 수 있게 하였다.

(1) **심신미약의 요건** 심신미약의 요건에 관하여도 형법은 혼합적(생물학적·심리적) 방법을 사용하고 있다.

25 1) **생물학적 요소** 심신미약의 생물학적 기초는 심신상실의 경우와 같이 심신장애이다. 양자 간에는 심신장애의 정도의 차이가 있다고 할 수 있다.[1] 순수한 정신병의 경우는 일반적으로 책임능력이 없지만, 심신미약의 범위에서 완전히 배제되는 것은 아니다. 경우에 따라 경미한 뇌마비·정신분열증(조현병) 또는 간질에 대하여 한정책임능력을 인정할 수 있고, 가벼운 명정 또는 중독도 한정책임능력이 될 수 있다. 그러나 한정책임능력을 인정할 수 있는 가장 중요한 심신장애는 극히 예외적인 경우에만 책임무능력으로 될 수 있는 정신병질·노이로제 또는 충동장애의 경우이다.

26 2) **심리적 요소** 심신미약의 심리적 요소는 사물을 변별할 능력 또는 의사를 결정할 능력이 미약할 것을 요한다. 이러한 능력이 미약한가의 여부도 법적·규범적 관점에서 판단해야 한다는 것은 심신상실의 경우와 같다. 그 판단에 있어서 전문가의 감정이 중요한 역할을 할 수는 있지만,[2] 결국은 법관이 판단해야 할 법률문제이다.

27 (2) **심신미약의 효과** 심신미약자의 행위는 형을 감경할 수 있다. 심신미약상태의 행위자의 책임은 책임능력상태에서 같은 행위를 행한 때에 비하여 작을 수 있으므로 형을 임의적으로 감경하게 한 것이다. 원인에 있어서 자유로운 행위의 법리는 한정책임능력에 관하여도 적용된다.

심신미약자에 대하여는 형벌 이외에 보안처분이 과하여질 수 있다. 즉 심신장애인으로서 형이 감경되는 자가 금고 이상의 형에 해당하는 죄를 범하고 치료

1 대법원 1984. 2. 28. 83 도 3007.
2 대법원 1971. 7. 27. 71 도 987.

감호시설에서의 치료가 필요하고 재범의 위험성이 있다고 인정되는 때에는 치료감호에 처한다(치료감호 등에 관한 법률 제 2 조 1항 1호).

2. 농 아 자

28 듣거나 말하는 데 모두 장애가 있는 사람의 행위에 대하여는 형을 감경한다(제11조). 구 형법의 '농아자'(聾啞者)를 우리말로 풀어쓴 것이다. 농아자란 청각과 발음기능에 장애가 있는 자, 즉 듣거나 말하는 데 '모두' 장애가 있는 자, 농자(聾者)인 동시에 아자(啞者)인 자를 말한다. 청각기능과 발음기능의 장애는 선천적이든 후천적이든 불문한다. 농아교육의 발달에 의하여 농아자 가운데 사물을 변별하고 의사를 결정할 능력이 통상인과 조금도 다름이 없는 자가 있음에도 불구하고 이를 획일적으로 한정책임능력자로 규정하여 형을 감경하도록 한 것은 입법론상 문제가 있다. 형법 제11조의 규정을 삭제하고, 일반적인 심신상실이나 심신미약의 규정에 의하여 처리하면 족할 것이다.

Ⅳ. 원인에 있어서 자유로운 행위

1. 원인에 있어서 자유로운 행위의 의의

29 (1) 의 의 원인에 있어서 자유로운 행위(actio libera in causa)란 심신장애인의 행위와는 달리, 행위자가 자의로 스스로를 심신장애 상태에 빠지게 하고 이 상태에서 범죄를 실행하는 범행형태이다. 이러한 범행형태에 대하여 책임조각 내지 감경을 할 수는 없을 것이다. 형사정책상 큰 결함이 나타날 것이기 때문이다. 원인에 있어서 자유로운 행위의 법리는 바로 이러한 행위자를 책임능력 있는 행위자처럼 처벌하는 법리이다. 그 근거는 실행행위시에는 심신장애 상태였지만 원인행위시에는 정상적인(=책임능력이 있는) 상태였으며, 그 심신장애 상태가 정상의 상태, 즉 '자유로운' 상태에서 스스로에 의하여 야기되었기 때문이다.

甲은 A를 살해하려고 하였으나 용기가 나지 않아서, 술의 힘을 빌려 살해하려고 음주대취하여 A를 승용차로 치어서 살해한 경우나, 술에 취하면 남을 때려서 상해를 입히는 습벽이 있는 乙이 그럴 의도 없이 기분 좋게 술을 마시고 취하여 주점 옆 좌석의 사람을 때려서 전치 2주의 상해를 입힌 경우가 그 예이다. 甲은 책임이 조각되지 않고 살인죄로 처벌되며, 乙은 과실치상죄로 처벌된다.

일찍이 중세 교회법에서 취침중에 유아를 압사시킨 어머니의 형사책임이 논의된 이래, Feuerbach, Liszt, Binding, Beling 및 Mayer 등을 통하여 원인에 있어서 자유로운 행위의 가벌성을 인정하는 것이 지배적 견해가 되었다. 원인에 있어서 자유로운 행위 처벌에 관한 명문의 규정이 없는 독일 형법의 해석에 있어서는 그것을 관습법상 발전된 원칙[1]으로 이해하고 있다.

(2) **원인에 있어서 자유로운 행위와 책임주의** 책임원칙에 의할 때, 책임능력은 행위시에 존재해야 한다('행위와 책임 동시존재의 원칙'). 그런데 원인에 있어서 자유로운 행위의 경우 실행행위시에는 책임능력 결함상태에 있고, 원인행위시에는 음주 등 구성요건적 정형성이 없는 행위를 한 데 불과하다. 따라서 이의 가벌성을 인정하기 위하여는 이 범행형태와 책임원칙과의 관계, 나아가 행위의 어느 시점부터 가벌성을 인정할 것인가와 관련하여 실행의 착수시기를 고찰할 필요가 있다. 30

형법 제10조 3항은 "위험의 발생을 예견하고 자의로 심신장애를 야기한 자의 행위에는 전 2항의 규정을 적용하지 아니한다"고 규정하여 원인에 있어서 자유로운 행위의 가벌성을 입법적으로 해결하였다. 그러나 이 규정에도 불구하고 원인에 있어서 자유로운 행위의 처벌의 이론적 근거에 대하여는 견해가 대립한다. 따라서 원인에 있어서 자유로운 행위에 관하여는 그 가벌성의 근거를 해명할 필요가 있으며 이와 아울러 실행의 착수시기도 해명해야 한다. 원인에 있어서 자유로운 행위에는 고의에 의한 원인에 있어서 자유로운 행위와 과실에 의한 원인에 있어서 자유로운 행위가 있으므로 실행의 착수시기는 이 유형에 따라 검토하기로 한다. 31

2. 원인에 있어서 자유로운 행위의 가벌성의 근거

원인에 있어서 자유로운 행위를 명문으로 인정하고 있는 형법의 해석에 있어서 그 가벌성을 인정하는 데 대하여는 이론이 없다. 원인에 있어서 자유로운 행위 32

1 Haft S. 134; Jescheck/Weigend S. 445; Kühl 11/10; Wessels/Beulke Rn. 415.

의 가벌성의 근거에 관하여는, 그 책임의 근거를 원인설정행위에서 구하는 견해와 실행행위에서 찾는 견해가 대립되고 있다. 이를 원인설정행위에서 구하는 견해는 다시 원인설정행위 자체를 실행행위로 보고 원인설정행위 자체에서 가벌성을 찾는 견해와, 원인설정행위는 실행행위가 아니지만 원인설정행위와 실행행위의 불가분적 관련에서 책임의 근거를 구하는 견해로 나누어진다. 형법 제10조 3항에 의한 처벌을 책임원칙과 조화하여 해석할 것인가 책임원칙의 예외로 볼 것인가가 문제된다.

(1) **원인설정행위에 책임의 근거를 인정하는 견해**

33 1) **원인행위를 실행행위로 보는 견해**(구성요건 모델) 행위와 책임의 동시존재의 원칙을 원인에 있어서 자유로운 행위에 대하여도 유지하는 경우, 책임무능력상태에서의 실행행위는 책임이 없거나 (경우에 따라) 행위라고 할 수도 없기 때문에 원인행위 자체를 실행행위로 보지 않으면 원인에 있어서 자유로운 행위를 처벌할 수 없게 된다. 여기서 원인에 있어서 자유로운 행위는 자신을 도구로 이용하는 간접정범(間接正犯)[1]이므로, 원인행위가 바로 실행행위 내지 그 착수행위이며, 책임무능력상태에서의 행위는 원인행위에서 기인한 결과에 지나지 아니하고, 따라서 원인행위가 책임능력상태에서 이루어진 이상 벌할 수 있다는 것이 종래 우리나라의 다수설[2]의 입장이었다. 즉 원인에 있어서 자유로운 행위는 자기 자신의 책임 없는 상태를 도구로 이용한 점에서 타인을 도구로 이용하는 간접정범과 그 이론구성을 같이하므로 원인설정행위시에 책임능력이 있고, 그 결과를 예견하였거나 예견할 수 있는 경우에 그 결과를 야기한 데 대한 책임비난이 가하여진다는 것이다.

34 그러나 이러한 종래의 다수설의 견해에 대하여는 두 가지 비판이 제기된다.

(i) 원인에 있어서 자유로운 행위는 간접정범과 그 이론구성이 반드시 동일하지는 않다. 간접정범은 어느 행위로 인하여 처벌되지 않는 자 또는 과실범으로 처벌되는 자를 교사 또는 방조하는 경우를 말하며 그 도구가 반드시 책임능력의 결함과 관련될 필요는 없지만, 원인에 있어서 자유로운 행위는 그 도구가 반드시

---

1 Jähnke LK §20 Rn. 77; Jakobs 17/68; Roxin 20/56도 간접정범이론에 의하여 원인행위를 실행행위로 보고 있다.

2 김일수/서보학 384면; 남흥우 162면; 백남억 178면; 이건호(공저) 216면; 정영석 161면; 진계호 281면; 권문택 "원인에 있어서 자유로운 행위"(고시계 1970. 1), 20면.

자기의 책임능력의 결함과 관련되어야 하고 이에 관련된 이상 그것이 책임무능력인가 한정책임능력인가를 불문한다.[1] 그러나 한정책임능력자를 이용한 간접정범은 있을 수 없다. 나아가 형법은 공범의 종속형식에 관하여 제한적 종속형식을 취하고 있다고 해석되므로(*infra* 31/37) 책임무능력자에 대한 교사 또는 방조는 그를 생명 있는 도구로 이용하여 자기 자신의 범죄를 수행한 경우 이외에는 원칙적으로 간접'정범'이 아니라 공범이 성립할 수 있을 뿐이다. 형법이 원인에 있어서 자유로운 행위를 책임능력과 함께 규정하고 간접정범은 공범과 함께 규정한 이유도 여기에 있다. 따라서 원인에 있어서 자유로운 행위에 대하여 간접정범의 이론이 그대로 적용될 수는 없다.

(ii) 원인에 있어서 자유로운 행위에서 원인설정행위(原因設定行爲)를 실행행위 또는 실행의 착수행위로 볼 수는 없다. 실행행위 또는 실행의 착수행위가 되기 위하여는 구성요건의 정형성(定型性)을 갖추어야 한다. 그런데 이때의 원인설정행위가 실행행위의 정형을 갖추었다고는 전혀 볼 수 없다. 예컨대 살인의 의사로 음주하였다고 하여 원인설정행위인 음주행위를 살인행위의 일부라고 할 수는 없기 때문이다. 따라서 간접정범이론을 원용하여 원인설정행위가 실행행위 또는 그 착수행위이기 때문에 원인행위에 책임의 근거가 있어서 가벌성이 인정된다는 이론은 타당하지 않다.

구성요건 모델 외에 독일에서는 불법 모델과 확장 모델도 주장되고 있다. 불법 모델(Unrechtsmodell)이란 구성요건에 해당하는 행위뿐 아니라 구성요건을 실현하기 위한 원인설정행위도 실질적 불법에 해당한다는 이론이며,[2] 확장 모델(Ausdehnungs-modell)은 책임능력이 있어야 할 행위시의 행위를 원인설정행위까지 확장해석해야 한다는 이론이다.[3] 그러나 ① 구성요건에 해당하지 않는 행위로 실질적 불법이 실현된다고 할 수 없고, ② 책임의 요건을 충족하는 행위를 확장해석하는 것도 행위와 책임의 동시존재의 원칙을 무력화하는 결과를 초래할 뿐이라는 비판을 면할 수 없다.

2) 원인행위와 실행행위의 불가분적 연관에서 책임의 근거를 인정하는 견해(예외모델) 35 원인설정행위는 실행행위 또는 그 착수행위가 될 수 없지만 책임능

1 이형국 "원인에 있어서 자유로운 행위"(고시계 1980. 11), 15면.
2 Schmidhäuser *Die actio libera in causa, ein symptomatisches Problem der deutschen Strafrechtswissenschaft*, 1992, S. 27 ff.
3 Streng "actio libera in causa und Vollrauschstrafbarkeit", JZ 2000, 22 ff.

력 없는 상태에서의 실행행위와 불가분의 연관을 갖는 것이므로 원인설정행위에 '책임비난의 근거'가 있다는 이론이다. 즉 책임비난의 근거는 책임무능력상태에서 실행된 구성요건의 실현에 있는 것이 아니라 행위자가 스스로 자유롭지 못한 상태에서 책임 없이 범죄를 행하게 한 원인행위에 있지만, 구성요건해당행위가 실행되는 결함상태가 유책한 원인행위와 불가분의 연관이 있기 때문에 이를 처벌하는 것이 사리에 합당하다는 것이다.[1] 이에 의하면 원인에 있어서 자유로운 행위는 '행위와 책임의 동시존재의 원칙'과 부합하는 것은 아니지만, 행위와 책임의 동시존재의 원칙은 반드시 엄격히 적용되어야 하는 것이 아니며 원인에 있어서 자유로운 행위는 이 원칙에 대한 예외로 인정되어야 한다고 한다. 예외는 좁게 해석하여야 하기 때문에 형법 제10조는, 원인에 있어서 자유로운 행위의 법리에 따라 행위자가 비난받지 않는 한 행위시에 책임무능력(또는 한정책임능력)상태에 있는 자는 책임 없다(또는 감경된다)는 의미로 해석된다. 독일의 통설[2]이며, 우리나라의 다수설이다.[3] 원인에 있어서 자유로운 행위의 가벌성을 인정하는 데 가장 적절한 이론이라고 생각된다.

36 (2) **책임능력 결함상태에서의 실행행위에 책임의 근거를 인정하는 견해** 유기천 교수는 원인에 있어서 자유로운 행위의 경우 실행행위시의 행위자의 의식상태가 '반무의식상태'(penumbra situation)라고 보면서, 이 상태는 '무의식 상태'가 아니어서, 심신장애인의 상태처럼 책임을 조각(감경)해야 하는 상태가 아니라고 지적한다.[4] 이러한 유 교수의 견해는 ① 심신장애 상태에서의 행위에도 불법요소로서의 고의불법 및 과실불법이 형성될 수 있다고 본 점, ② 이 상태에서 책임을 인정할 수 있다고 본 점에서 예외모델의 주장에 접근한다.

다만 이 설에 대하여는 다음과 같은 비판을 가할 수 있다. 첫째 심신장애상태가 '무의식 상태'가 아니라는 지적은 타당하나, 무의식 상태에서의 행동은 '행위'라고 할 수 없으므로 이는 책임의 문제가 아니라 행위성의 문제로 보아야 하며, 둘째 반무의

1 Jescheck/Weigend S. 446.
2 Jescheck/Weigend S. 446; Rudolphi SK § 20 Rn. 28; Sch/Sch/Lenckner/Perron § 20 Rn. 34; Stratenwerth/Kuhlen 10/46; Wessels/Beulke Rn. 415.
3 김성천/김형준 346면; 배종대 437면; 신동운 369면; 안동준 159면; 오영근 459면; 이형국 225면; 임웅 286면; 정성근/박광민 319면; 조준현 228면; 이기헌 "원인이 자유로운 행위"(고시계 1993. 10), 39면.
4 유기천 138면, 140면.

식 상태를 책임을 물을 수 있는 상태라고 본 점은 수긍할 수 있으나, 이 상태가 온전하게 책임을 물을 수 있는 상태인지 책임감경을 해야 하는 상태인지에 대한 해명이 부족하고, 셋째 실행행위시의 책임을 인정하여 이를 근거로 처벌하는 경우 원인행위와의 관련성을 전혀 고려할 필요가 없게 된다는 문제가 있다.

(3) 결 어 원인에 있어서 자유로운 행위의 실행행위는 책임능력 결함상태에서의 행위이지만 그 책임비난은 원인행위에 있고 원인행위와 실행행위 사이의 불가분적 연관으로 인하여 행위와 책임의 동시존재의 원칙에 대한 예외로서 가벌성이 인정되는 것이라고 하지 않을 수 없다. 37

3. 원인에 있어서 자유로운 행위의 귀책유형

원인에 있어서 자유로운 행위의 가벌성의 근거가 밝혀졌다고 하더라도, 그 귀책유형에 관하여는 더 해명할 필요가 있다. 원인행위와 실행행위 사이에는 불가분적 연관이 있어야 하는데, 양 행위는 서로 다른 귀책요인(고의, 과실)을 가질 수 있어서 이를 종합하여 해석해야 할 필요가 있기 때문이다. 37a

(1) 고의에 의한 원인에 있어서 자유로운 행위

1) 의 의 고의에 의한 원인에 있어서 자유로운 행위는 행위자가 책임무능력(또는 한정책임능력)상태를 고의로 야기하고 이때 이미 책임무능력(또는 한정책임능력)상태에서 행할 구성요건에 해당하는 행위의 실행에 대한 고의를 가진 경우를 말한다. 즉 책임능력 결함상태의 야기와 구성요건에 해당하는 행위의 실행에 대하여 모두 고의가 있는 경우이다.[1] 사람을 살해할 의사로 대마초를 흡연한 후에 심신미약상태에서 사람을 살해한 경우가 여기에 해당한다.[2] 고의에 의한 원인에 있어서 자유로운 행위는 책임능력 결함상태에서 행할 행위에 대한 고의만 있으면 족하며, 따라서 책임능력 결함상태를 과실로 야기한 때에도 고의범이 성립한다는 견해[3]도 있다. 그러나 이는 구성요건적 고의는 그 고의를 실현할 결의가 없으면 형법상 의미가 없을 뿐 아니라, 책임능력 결함상태를 야기함으로 38

1 Ebert S. 101; Jescheck/Weigend S. 447; Joecks §323a Rn. 30; Lackner/Kühl §20 Rn. 26; Rudolphi SK §20 Rn. 30; Schmidhäuser S. 196; Sch/Sch/Lenckner/Perron §20 Rn. 35; Stratenwerth/Kuhlen 10/48; Wessels/Beulke Rn. 417.

2 대법원 1996. 6. 11. 96 도 857, "대마초 흡연시에 이미 범행을 예견하고도 자의로 심신장애를 야기한 경우에는 형법 제10조 제 3 항에 의하여 심신장애로 인한 감경 등을 할 수 없다."

3 Jähnke LK Rn. 81; Maurach/Zipf S. 486; Welzel S. 156.

써 행위자가 그의 고의를 현실화하고 그 결의를 확인하는 것임을 간과한 것이라고 하지 않을 수 없다. 따라서 甲이 A를 살해할 고의를 가졌으나 과실로 음주하여 책임무능력상태에서 A를 살해한 때에는 고의에 의한 살인죄가 성립하지 않는다. 고의는 반드시 확정적 고의임을 요하지 않고 미필적 고의로도 족하다. 그러나 책임능력 결함상태에서 범할 범죄에 대한 고의는 특정 범죄 또는 적어도 일정한 종류의 범죄에 대한 것이어야 한다. 형법상의 고의는 구성요건과 관련된 것임을 요하기 때문이다.

책임능력 결함상태의 야기에 대한 고의를 고의라고 할 수 있는가, 이를 고의라고 한다면 어떤 고의라고 할 것인가? 이를 구성요건적 고의라고 할 수 있는가 아니면 책임고의라고 해야 하는가? 구성요건 모델에 의할 때에는 책임능력 결함상태의 야기는 실행행위가 되므로 실행행위에 대한 고의는 불법고의가 될 수 있다. 그러나 예외 모델에 의하면 책임능력 결함상태의 야기는 실행행위가 될 수 없고, 형법에는 독일 형법과 같이 명정행위 자체를 처벌하는 명정죄의 구성요건(독일 형법 제323a조 1항)도 없어서 '명정의 고의'를 인정할 수도 없다. 따라서 책임능력 결함상태의 야기에 대한 고의가 구성요건적 고의가 될 수는 없다. 고의형벌은 고의'책임'을 전제로 하며, 고의에 의한 원인에 있어서 자유로운 행위의 고의책임의 근거는 행위불법을 인식하면서 책임능력 결함상태를 야기하였다는 점에 있다. 따라서 책임능력 결함상태의 야기에 대한 고의는 고의에 의한 원인에 있어서 자유로운 행위의 책임고의(Vorsatzschuld)에 해당한다고 하는 것이 타당하다.[1]

39 **2) 실행의 착수시기** 고의에 의한 원인에 있어서 자유로운 행위에 있어서는 특히 실행의 착수시기를 어떻게 볼 것인가가 문제된다.

실행의 착수(시기)에 관한 문제는 고의에 의한 부작위범(omissio libera in causa)에서는 문제되지 않는다. 이 경우는 원인행위와 실행행위를 굳이 구별할 필요가 없기 때문이다. 예컨대 기차의 전철수(轉轍手)가 고의로 기차를 충돌시키기 위하여 대취하고 잠드는 경우가 여기에 해당한다.

종래의 다수설은 원인행위시에 실행의 착수가 있다고 이해하고 있었다. 그러나 객관적인 구성요건의 정형을 떠나서 실행의 착수시기를 논하기는 어려우므로, 음주행위를 살해행위라고 보는 이 견해는 타당하지 않다. 책임능력 결함상

1 Jescheck/Weigend S. 447; Streng MK § 20 Rn. 142.

태에서의 행위는 책임능력이 없지만 원인행위와의 불가분의 연관이 있기 때문에 행위와 책임의 동시존재의 원칙에 대한 예외로서 가벌성을 인정할 수 있는 이상, 책임능력 결함상태에서의 행위에 실행의 착수가 있다고 하는 것이 타당하다.[1] 원인에 있어서 자유로운 행위에 있어서는 실행행위 자체가 아니라 책임 있는 행위자를 범죄로 인도하는 조종과정(책임의 근거)만 (원인행위시로) 앞당겨지는 것이기 때문이다.

(2) 과실에 의한 원인에 있어서 자유로운 행위

1) 의 의 과실에 의한 원인에 있어서 자유로운 행위는 행위자가 고의 또는 과실로 책임무능력(또는 한정책임능력)상태를 야기하고 이 상태에서 특정의 과실범의 구성요건을 실현할 것을 예견할 수 있었던 경우에 성립한다. 예컨대 자동차를 운전해야 한다는 것을 잊고 고의 또는 과실로 음주하여 대취된 상태에서 운전하다가 사고를 낸 경우가 여기에 해당한다. 또 책임능력 결함상태에서 행한 범죄에 대하여는 고의가 있었지만 책임능력결함상태를 과실로 야기한 때에도 과실로 인한 원인에 있어서 자유로운 행위가 된다.[2] 40

2) 실행의 착수시기 고의에 의한 원인에 있어서 자유로운 행위에 있어서는 책임능력 결함상태에서의 구성요건적 행위에 실행의 착수가 있다고 보는 견해도 과실에 의한 원인에 있어서 자유로운 행위의 실행의 착수시기는 원인행위시에 있다고 보는 것이 일반적이다.[3] 따라서 예컨대 취침중에 유아를 질식케 한 어머니는 침대에 누울 때 실행의 착수가 있다고 한다. 그러나 이러한 경우는 통상의 전형적인 과실행위에 불과하고, 이를 반드시 과실에 의한 원인에 있어서 41

1 김성천/김형준 343면; 박상기 232면; 배종대 438면; 손해목 614면; 신동운 370면; 안동준 154면; 이형국 226면; 임웅 288면; 정성근/박광민 319면; 이기헌 전게논문, 40면.

2 日最判 1951. 1. 17(형집 5-1, 20, 형법판례백선 1, 106), 피고인이 모 음식점에서 여종업원 A의 어깨에 손을 올리고 얼굴을 가까이 하는 것을 A가 거절하자 칼로 찔러 A를 살해한 사건이다. 최고재판소는 무죄판결을 선고한 원심을 파기하면서 "피고인과 같이 다량으로 음주할 때는 병적 명정에 빠져 심신상실상태에서 타인에게 범죄의 해악을 미치게 할 위험한 소질을 가진 자는 항상 이러한 심신상실의 원인이 되는 음주를 억제 또는 제한하는 등 위험의 발생을 미연에 방지하기 위하여 주의할 의무가 있음은 말할 필요가 없다. 그렇다면 원판결이 인정한 바와 같이 본건 살인의 소위는 피고인의 심신상실시의 소위이지만 피고인이 이미 이러한 소질을 자각하고 있었고 본건 사전의 음주에 대한 주의의무를 태만히 한 것이라면 피고인은 과실치사의 책임을 면할 수 없다"고 판시하였다.

3 유기천 139면.

자유로운 행위라고 할 필요는 없다.[1] 과실에 의한 원인에 있어서 자유로운 행위의 경우에도 책임능력 결함상태에서의 구성요건적 행위에 실행의 착수가 있다고 봄이 타당하다. 술을 마시는 것은 아직 자동차를 운전하거나 사람을 사망케 하는 행위라고 볼 수는 없기 때문이다.

다만 과실범에 있어서 실행의 착수시기를 논할 실익은 없다. 과실범의 미수는 있을 수 없기 때문이다.

4. 형법의 규정

42 **1) 제10조 3항의 적용범위** 형법 제10조 3항은 "위험의 발생을 예견하고 자의로 심신장애의 상태를 야기한 자의 행위에는 전 2항의 규정을 적용하지 아니한다"고 규정하고 있다. 따라서 형법 제10조 3항에 해당하려면, 첫째 행위자가 위험의 발생을 예견할 것을 요한다. 여기서 위험의 발생을 예견한다 함은 책임능력 결함상태에서 구성요건에 해당하는 범죄를 행할 것을 인식한 경우(고의)는 물론 그 가능성을 예견한 경우(과실)도 포함한다고 할 수 있다. 둘째, 심신장애상태를 자의(自意)로 야기하여야 한다. 심신장애상태를 자의로 야기하였다는 의미에 관하여는 고의범과 과실범의 두 경우가 모두 포함된다는 견해[2]도 있으나, 과실로 심신장애상태를 초래한 자는 자의로 심신장애상태를 야기하였다고 볼 수 없다. 따라서 형법은 고의로 심신장애상태를 야기하여 고의 또는 과실범의 구성요건을 실현한 때의 원인에 있어서 자유로운 행위만을 규정하고 있으며, 과실로 심신상실상태를 야기하여 과실범의 구성요건을 실현한 경우를 규정한 것은 아니라고 해석하지 않을 수 없다.[3] 대법원은 형법 제10조 3항이 고의에 의한 원인에 있어서 자유로운 행위뿐만 아니라 과실에 의한 원인에 있어서 자유로운 행위의 경우에도 적용된다고 판시하고 있다.[4] 어떤 견해를 취하든 형법의 규정 여하에

---

1 Jescheck/Weigend S. 448.

2 김일수/서보학 388면; 손해목 615면; 이형국 228면; 임웅 291면; 정성근/박광민 323면.

3 정영석 161면; 남흥우 전게논문, 75면은 형법이 고의에 의한 원인에 있어서 자유로운 행위만을 규정하고 있다고 본다.

4 대법원은 음주운전의 의사로 음주만취한 후 운전하다가 사고를 낸 경우에 제10조 3항이 적용된다고 판시하였다. 그러나 판례의 이론에 의하면 과실로 음주한 경우에도 같은 결과가 되지 않을 수 없다.

대법원 1992. 7. 28. 92 도 999, "형법 제10조 제 3 항은 '위험의 발생을 예견하고 자의로 심신장애의 상태를 야기한 자의 행위에는 전 2 항의 규정을 적용하지 아니한다'고 규정하고 있는바,

불구하고 과실로 심신장애를 야기한 때에도 원인에 있어서 자유로운 행위의 법리는 적용되어야 한다. 원인에 있어서 자유로운 행위의 이론은 원래 과실로 심신장애를 야기한 경우를 중심으로 발전된 것이기 때문이다.

심신장애인이 아닌 정상인이 '자의로' 스스로를 심신장애상태로 만들고 그 상태에서 범죄를 실행하는 경우를 원인에 있어서 자유로운 행위의 법리(형법 제10조 3항)에 의하여 처벌한다고 한다면, 정상인이 음주대취 등의 상태에서 행위를 한 경우 책임조각(내지 감경)되는 경우는 없는가? 원인행위에 고의·과실이 포함된다고 본다면, 자의가 아닌 방법으로 스스로를 심신장애 상태로 만드는 것은 생각하기 어렵다. 그러나 원인행위시에 심신장애 상태에서의 (위법)행위로 나아갈 예견가능성이 전혀 없었던 경우에는 책임원칙의 적용을 받아 책임조각(감경)을 할 수 있다.

1992년의 형법개정법률안 제10조 3항은 "스스로 정신장애의 상태를 일으켜 고의 또는 과실로 행위한 자에 대하여는 제 1 항 및 제 2 항의 규정을 적용하지 아니한다"고 규정하여, 원인에 있어서 자유로운 행위의 가벌성이 고의에 의한 원인에 있어서 자유로운 행위뿐만 아니라 과실에 의한 원인에 있어서 자유로운 행위에 대하여도 적용된다는 점을 명백히 하려고 했다.

2) 원인에 있어서 자유로운 행위의 효과 형법 제10조 3항은 명문으로 전 2항의 규정을 적용하지 아니한다고 규정하여, 원인에 있어서 자유로운 행위의 법리는 심신상실(책임무능력)의 경우뿐만 아니라 심신미약(한정책임능력)의 경우에도 적용된다는 것을 명백히 하고 있다. 고의 또는 과실에 의하여 심신미약상태를 자초하여 죄를 범하는 경우와, 단순히 심신미약상태에서 죄를 범하는 것은 구별하여야 하기 때문이다. 따라서 원인에 있어서 자유로운 행위에 대하여는 책임무능력상태에서의 행위일지라도 처벌되고, 한정책임능력상태에서의 행위라고 하여 형이 감경되지 않는다. 43

이 규정은 고의에 의한 원인에 있어서 자유로운 행위만이 아니라 과실에 의한 원인에 있어서 자유로운 행위까지도 포함하는 것으로서 위험의 발생을 예견할 수 있었는데도 자의로 심신장애를 야기한 경우도 그 적용대상이 된다고 할 것이어서, 피고인이 음주운전을 할 의사를 가지고 음주만취한 후 운전을 결행하여 교통사고를 일으켰다면 피고인은 음주시에 교통사고를 일으킬 위험성을 예견하였는데도 자의로 심신장애를 야기한 경우에 해당하므로 위 법조항에 의하여 심신장애로 인한 감경 등을 할 수 없다."

동지: 대법원 1995. 6. 13. 95 도 826; 대법원 1996. 6. 11. 96 도 857.

§ 24

제 3 절 위법성의 인식

Ⅰ. 위법성의 인식의 의의

1. 위법성의 인식의 개념

1 책임비난이 "적법한 행위로 나아갈 수 있었음에도 불구하고 위법한 행위로 나아간 데" 대한 비난이라고 한다면, 자신의 행위가 위법하다는 인식이야말로 책임비난의 핵을 이룬다고 말할 수 있다. 자신의 행위가 위법하다고 인식함으로써 이에서 비롯되는 금지의 환기를 돌파하여 행위로 나아간 데 중한(고의의) 책임비난이 가하여지는 것이며, 이러한 환기가 없는 과실범의 경우에는 (주의의무위반을 탓하는) 경한 비난이 가하여 진다.

2 위법성 인식은 자신의 행위의 위법성을 인식한다는 의미이지만, 이때의 위법성 인식이란 법률(특히 광의의 형법) 위반에 대한 인식을 의미하는 것은 아니다. 법률에 대한 정확한 인식을 갖는 사람은 많지 않기 때문이다. 오히려 공동사회에서의 공존을 가능케 하는 '공동체의 가치' 내지 '법가치'의 인식이 위법성 인식의 기초가 된다.[1] 이는 행위자가 타인과 공유하는 문화 속에서 사회화 과정을 통하여 형성된다. 위법성 인식은 행위가 반도덕적이라는 인식과 일치하지는 않는다. 형법규범은 대체로 도덕규범과 병행하는 내용을 갖지만 양자가 모두 일치하는 것은 아니며, 형법은 도덕의 요구를 관철하지 않는 경우도 있고, 도덕 외의 요구를 관철하는 경우도 있다. 따라서 형법이 도덕 외적 요구를 하는 경우에도 그것이 그 사회에서 대체로 실효적인 한 효력을 갖는다. 종교적·도덕적 또는 정치적 확신에 의하여 자기에게 법규범을 어길 의무가 있다고 믿고 죄를 범한 확신범 또는 양심범도 그가 침해한 규범이 일반적 구속력을 갖는 법규범임을 인식한 이상 위법성의 인식이 있음을 인정하게 된다. 다만 이러한 행위자가 어긴 규범이 무효라고 믿은 때에는 법률의 착오가 문제될 수 있다.

---

1 Sch/Sch/Cramer/Sternberg-Lieben § 17 Rn. 6; Schmidhäuser S. 212.

2. 위법성의 인식의 대상과 내용

3 위법성의 인식은 법적 금지의 인식을 의미한다. 그러나 이는 앞서 언급한 바와 같이 가벌성의 인식 또는 금지하고 있는 구체적인 법규정의 인식까지 요구하는 것은 아니다.[1] 정확한 법률지식은 극소수의 법률가에게만 기대할 수 있기 때문이다. 따라서 위법성의 인식은 구체적인 법규정에 위반한다는 인식이 아니라, 법적으로 허용되지 않는 모종의 행위를 한다는 인식, 즉 법적으로 인정되는 가치의 위반에 대한 인식을 의미한다고 할 수 있다. 행위자가 행위의 실질적 가치위반을 인식한 이상 침해된 규범이 형법규범인가 민법규범인가, 또는 행정법규범으로 인식하였는가는 위법성의 인식에 아무런 영향을 미치지 않는다. 이러한 의미에서 위법성의 인식은 그의 행위가 구체적인 법규정은 명백하지 않지만 모종의 법규정을 위반하였다는 인식으로 족하다고 하겠다.

4 그러나 위법성의 인식은 문제된 범죄종류의 특수한 불법내용을 인식할 것을 필요로 하며, 따라서 구성요건과 관련을 가질 것을 요한다. 즉 위법성의 인식은 추상적인 것이 아니라 형법의 구체적인 금지 또는 명령을 위반한 구체적 인식을 의미한다. 그러므로 행위자가 행위를 통하여 수개의 구성요건을 실현한 때에는 각 구성요건의 실질적 불법내용에 대한 위법성의 인식이 있을 것을 요한다. 따라서 수죄가 실체적 경합의 관계에 있을 때에는 물론 상상적 경합의 관계에 있을 때에도 위법성의 인식은 분리될 수 있다.[2] 이를 위법성인식의 분리가능성의 원칙(違法性認識의 分離可能性의 原則, Grundsatz der Teilbarkeit des Unrechtsbewußtseins)이라고 한다. 행위자가 가중적 구성요건을 실현한 때에는 위법성의 인식은 기본적 구성요건의 반가치를 인식하는 것으로 족하지 않고 가중적 구성요건의 특수한 가치위반도 인식할 것을 요한다.[3]

5 행위자는 대부분의 경우 자신의 행위에 대한 위법성을 정확히 인식한다. 특히 살인죄 · 절도죄 · 방화죄와 같이 그 행위가 금지되어 있음을 누구나 알 수 있는 경우 행위

---

1 대법원 1987. 3. 24. 86 도 2673, "범죄의 성립에 있어서 위법의 인식은 그 범죄사실이 사회정의와 조리에 어긋난다는 것을 인식하는 것으로서 족하고 구체적인 해당 법조문까지 인식할 것을 요하는 것은 아니므로 설사 형법상의 허위공문서작성죄에 해당되는 줄 몰랐다고 가정하더라도 그와 같은 사유만으로서는 위법성의 인식이 없었다고 할 수 없다."
동지: 대법원 1961. 2. 24. 4293 형상 937.

2 Jakobs **19**/27; Roxin **21**/16.

3 Rudolphi SK §17 Rn. 8; Sch/Sch/Cramer/Sternberg-Lieben §17 Rn. 6.

자가 그 행위의 위법성을 인식하였음을 문제삼을 필요는 없다. 그러나 위법성은 반드시 확정적으로 인식할 것을 요하는 것이 아니라, 행위자가 그 행위의 위법성을 신중히 검토하고 법에 위반할 가능성을 수인(受忍)하는 것으로 족하다. 이를 미필적 위법성의 인식(未必的 違法性의 認識, bedingtes Unrechtsbewußtsein)이라고 할 수 있다. 또 위법성의 인식은 반드시 행위시에 현실적으로 존재하는 경우에만 인정되는 것은 아니고 인격의 심층에 잠재적으로 존재하여 현재화하지 않은 불법의 인식으로도 족하다. 따라서 충동범죄에 대하여도 위법성의 인식을 인정할 수 있다.

Ⅱ. 위법성의 인식의 체계적 지위

6 위법성의 인식은 책임요소이지만, 위법성의 인식이 책임의 구조상 어떤 지위를 갖는가는 문제된다. 이에 관하여는 고의설과 책임설이 대립한다. 고의설은 위법성 인식이 '고의'의 요소이며 이 '위법성 인식을 포함한 고의'가 책임요소라고 본다. 이에 비하여 책임설은 위법성 인식이 (고의를 거치지 않고) 독자적으로 '책임'의 한 요소가 된다고 본다.

고의를 갖는 경우 행위자는 자신의 행위의 위법성에 관한 환기를 받게 된다. 즉 고의를 가짐으로써 촉발된 위법성 인식을 통하여 (그 행위를 하지 말라는) 반대동기가 행위자에게 형성되게 된다. 종래 고의와 위법성 인식은 불가분의 관계에 있는 것으로 보아 왔다. 고의설은 이러한 입장이다. 이에 비하여 책임설은 고의와 위법성 인식을 분리하여 고의를 '구성요건적 고의'라고 이름하여 구성요건의 단계로 이동배치하고 (구성요건적) 고의로부터 분리된 위법성 인식을 독자적인 책임요소로 본다. 목적적 행위론에 입각한 범죄체계론의 입장이다. 이러한 인식의 차이는 위법성 인식이 없는 경우, 즉 법률의 착오의 효과에 대하여 상이한 결론을 가져온다.

전통적으로 "법률의 부지는 용서되지 않는다"(ignorantia iuris nocet)라는 로마법의 법리에 따라 위법성 인식은 고의의 성립에 영향을 미치지 못한다는 **위법성인식불요설**도 주장된 바 있었다. 법과 도덕의 일치를 전제로 하여 위법성의 인식(또는 그 가능성)을 별도로 검토할 필요가 없다는 이론으로서, 위법성 인식과 고의의 성부는 무관하다는 책임설과 결론에 있어서는 같다.[1] 그러나 위법성의 인식 또는 그 가능성이 없는 경우에도 책임을 인정한다는 것은 비난가능성을 책임의 본질로 이해하는 한 타당하지 않다. 현재 우리나라에서 위법성인식불요설을 주장하고 있는 학자는 없다. 고의와 위법성의 인식과의 관계에 관하여는 고의설과 책임설을 중심으로 검토한다.

1 이에 관하여는 *infra* **24**/11 참조.

1. 고 의 설

7 고의설(故意說, Vorsatztheorie)은 고의를 책임의 요소로 본다. 이때의 고의는 행위의 의미를 정해주는 사실의 인식과 의사(후술하는 책임설은 이를 후에 '구성요건적 고의'라고 이름하였다. 고의설에서는 이 고의가 책임 영역에 위치하고 있음에 유의할 필요가 있다) 그리고 그 행위가 위법하다는 인식, 즉 위법성 인식으로 구성된다. 따라서 이 설에 의하면 '구성요건적 고의'와 위법성 인식은 불가분적으로 결합되어 고의를 형성하며, 이 고의는 책임에 자리한다. 위법성 인식이 없으면 이 복합체가 형성되지 않기 때문에 고의가 성립되지 않는다. 인과적 행위론에 입각한 범죄체계 이론의 귀결이며, 종래의 통설의 입장이었다. 대법원도 고의설에 입각하고 있다고 볼 수 있다.[1] 고의설은 엄격고의설과 제한적 고의설로 나뉜다.

8 1) **엄격고의설** 철저한 고의설의 입장에서 고의에는 범죄사실의 인식 이외에 현실적인 위법성의 인식을 필요로 한다는 견해를 엄격고의설(嚴格故意說, die strenge Vorsatztheorie)이라고 한다. 엄격고의설은 위법성의 인식이 없으면 고의의 성립 자체를 부인하게 되므로 이 설에 의하면 사실의 착오와 법률의 착오, 구성요건의 착오와 금지의 착오의 구별은 없어지고 모든 착오를 금지착오로 보는 이론적으로 명쾌한 결론을 제시한다. 그러나 고의설에 의하면 ① 행위자가 행위의 위법성을 현실적으로 인식하여야 고의범이 성립한다고 주장하지만, 대부분의 중범죄는 흥분된 감정상태나 순간적인 격분으로 이루어지기 때문에 행위시에 그 행위가 위법하다는 것을 생각하지 않거나, 생각할 수 없는 경우가 적지 않다. 따라서 엄격고의설에 의하면 이러한 모든 행위가 과실범으로 처벌될 수 있을 뿐이며, 특히 ② 확신범(Überzeugungstäter) 또는 상습범은 그 법배반적인 기본태도 때문에 위법성의 인식을 기대할 수 없어 고의범으로 처벌할 수 없다는 결론이 된다. 나아가 ③ 모든 고의범 구성요건에 대응하는 일반적인 과실범의 구성요건은

---

1 대법원은 법률의 착오가 고의(범의)를 조각한다고 판시한 바 있다.

(1) 대법원 1970. 9. 22. 70 도 1206, "민사소송법 기타 공법의 해석을 잘못하여 가압류의 효력이 없어진 것으로 착오하였거나 또는 봉인 등을 손상 또는 효력을 해할 권리가 있다고 오신한 경우에는 형벌법규의 부지와 구별되어 범의를 조각한다고 해석할 것이다."

(2) 대법원 1974. 11. 12. 74 도 2676, "주민등록지를 이전한 이상 향토예비군설치법 제 3 조 4 항, 동법 시행령 제22조 1항 4호에 의하여 대원신고를 하여야 할 것이기는 하나 이미 같은 주소에 대원신고가 되어 있었으므로 재차 동일주소에 대원신고(주소 이동)를 하지 아니하였음이 향토예비군설치법 제15조 6항에 말한 정당한 사유가 있다고 오인한 데서 나온 행위였다면 이는 법률의 착오가 범의를 조각하는 경우에 해당한다."

형법상 존재하지 않기 때문에 고의가 인정되지 않은 행위들은 법률이 특별히 과실범의 구성요건을 마련한 경우에만 처벌되며, 과실범의 처벌규정이 없는 때에는 무죄를 선고하지 않을 수 없다. 엄격고의설은 위법성 인식이 없는 경우 과실범 처벌규정이 없는 한 벌할 수 없고, 처벌규정이 있는 경우에도 과실범의 경한 형벌로 처벌할 수밖에 없는 중대한 형사정책적 결함을 갖는다.[1]

9 **2) 제한적 고의설** 제한적 고의설(制限的 故意說, die eingeschränkte Vorsatztheorie)은 고의설의 형사정책적 결함을 시정하기 위하여 위법성의 인식은 고의의 구성요소이지만, 고의의 구성요소가 되는 위법성의 인식은 반드시 현실적 · 심리적 인식을 요하는 것이 아니라 인식의 가능성으로 족하다고 설명한다. 가능성설(可能性說)이라고도 한다.[2] 그러나 제한적 고의설에 대하여도 위법성인식 결여의 회피가능성이라는 과실적 요소를 현실적으로 존재하는 위법성의 인식을 의미하는 고의와 동일시하여, 본질적으로 서로 모순되는 고의와 과실을 결합하려고 한 점에 논리적인 잘못이 있다는 비판을 면할 수 없다.

10 제한적 고의설 가운데는 중대하고 특히 비난할 수 있는 정도의 회피가능성은 고의와 동일시할 수 있고, 따라서 법맹목성(Rechtsblindheit) 또는 법배반성(Rechtsfeindschaft)에 의하여 위법성을 인식하지 못한 때에는 고의의 성립을 인정해야 한다고 주장하는 견해도 있다.[3] 그러나 법배반성이라는 개념도 명백한 기준이 될 수 없다. 고의설이 갖는 형사정책적 결함을 시정하는 것은 고의설의 이론적 출발점을 포기하지 않고서는 불가능하다.

2. 책 임 설

11 **(1) 책임설의 내용** 책임설(責任說, Schuldtheorie)은 위법성의 인식을 구성요건적 고의와 분리시켜 독자적인 책임요소로 본다. 구성요건적 고의는 문자 그대로 구성요건(의 주관적) 요소로 자리하며, 위법성 인식은 현실적 인식이 아니라 그 '가능성'을 문제삼는다. 책임의 본질은 비난가능성이며 위법성의 인식은 행위자가 구체적인 경우에 그의 행위가 위법함을 인식할 가능성이 있었는가에 대한 판단의 문제이므로, 위법성의 인식은 비난가능성의 하나의 요소가 된다. 위

1 Maurach/Zipf S. 505; Wessels/Beulke Rn. 464.
2 M. E. Mayer *Der Allgemeiner Teil* S. 233~238 참조.
3 E. Mezger Kohlrausch-FS, 1944, S. 180 이하 참조.

법성의 인식이 없는 때에는 금지의 착오(Verbotsirrtum)가 되어, 고의설에서와 같이 고의를 조각하는 것이 아니라 책임을 조각할 수 있을 뿐이다. 다만 위법성 착오의 효과는 착오의 회피가능성(Vermeidbarkeit)에 의하여 좌우된다. 즉 금지의 착오는 착오가 회피불가능할 때에는 책임을 조각하지만, 회피가능할 때에는 책임을 감경할 수 있을 뿐이다.

책임설은 위법성의 현실적 인식이 아니라 그 인식'가능성'을 문제 삼는 이유로 Max Weber의 책임윤리 이론을 제시한다. 자신이 옳다고 생각하는 것을 좌고우면(左顧右眄)하지 않고 행하는 마음가짐(심정윤리 Gesinnungsethik)과, 자신의 행동이 가져올 결과까지 고려하여 행하는 마음가짐(책임윤리 Verantwortungsethik)을 대비하면서, 정치인은 무릇 책임윤리의 태도를 가져야 한다고 베버는 주장하였다.[1] 행위의 의미를 인간의 삶의 맥락 전체와 관련하여 찾지 않고 행위자의 고의에서 찾는 목적적 행위론이, 행위자에게 위법성 인식을 요구하는 근거는 그 이론의 내용과는 다소 이질적인 베버의 책임윤리론에서 찾고 있다. 목적적 행위론은 '위축된' 행위론이라는 Wolff의 비판은 이러한 의미에서 이해할 수 있다(*supra* **6**/30a 참조).

(2) **독일 판례의 변천** 법률의 착오에 관한 독일 판례의 태도를 참고로 살펴볼 필요가 있다. 제 2 차 세계대전 이전까지의 제국법원(RG)은 사실의 착오는 고의를 조각하지만 법률의 착오는 고의를 조각하지 않으며, 비형벌법규의 착오는 사실의 착오로서 고의를 조각하는 데 반하여 형사법의 착오는 법률의 착오이므로 고의를 조각하지 않는다고 해석하여왔다. 형법의 기초가 되는 금지와 명령은 누구나 알고 있고 알 수 있는 것이므로 형법에 대한 착오에는 항상 책임을 귀속시킬 수 있고, 비형벌법규에 관해서만 그 인식 또는 인식가능성이 문제된다는 것이 그 이유였다. 그러나 형법의 금지는 일반적 도덕관념에 근거하고 있는 것이 아니라 형법의 목적에 입각하여 발하여지는 것이므로, 형법은 누구나 알고 있다는 전제가 반드시 타당한 것은 아니다. 비형벌법규의 착오는 사실의 착오와 동일하게 평가한다는 논리[2] 역시 비형벌법규의 규범적 요구는 자명한 것이 아니어서 누구나 알고 있다고 볼 수 없다는 데 그 근거가 있지만, 이 구별 역시 이론상 자명한 것은 아니다. **12**

1 Max Weber, *Politik als Beruf*, 1919(인용은 제 6 판 1926), S. 57 이하(직업으로서의 정치(전성우 역, 2007), 121면. '심정'윤리를 '신념'윤리라고 번역하고 있다.

2 이에 관하여는 *infra* **25**/1 참조.

13 이러한 종래의 제국법원의 판례를 근본적으로 변경한 것이 1952. 3. 18의 BGH 형사부판결이었다.[1] 이 판결에서 BGH는 "① 책임은 비난가능성을 의미하므로 책임비난의 내적 근거에는 행위자가 위법성을 인식하였다는 것이 전제되며, 따라서 위법성의 인식이 없었던 때에는 책임을 조각하지 않을 수 없다. ② 그러나 행위자가 양심의 긴장(Gesinnungsanspannung)을 하였더라면 행위의 위법성을 인식할 수 있었던 때에는 금지의 착오는 책임을 조각하지 않으며, 양심의 긴장을 다하지 아니한 정도에 따라 책임이 감경될 수 있을 뿐이다"라고 하여 책임설의 입장을 명백히 하였다. BGH의 이 판결은 현대 독일 형법사의 전환점을 이룬 획기적인 판결로 평가되고 있으며,[2] 그 후 책임설은 BGH의 일관된 판례에 의하여 채택되었고 학설상으로도 통설의 지위를 차지하게 되었다. 현행 독일 형법은 책임설의 입장을 명문으로 규정하고 있다.[3]

14 (3) **엄격책임설과 제한적 책임설** 독일의 경우 책임설이 명문의 규정으로 도입되었음에도 불구하고 위법성조각사유의 착오[4] 가운데 '위법성조각사유의 전제사실(=사실적 요건)의 착오'의 해결에는 불합리가 나타난다. 형법의 해석에 있어서도 같다. 따라서 이 문제를 해결하기 위하여 책임설은 다시 엄격책임설과 제한적 책임설로 나누어진다.

15 1) **엄격책임설** 엄격책임설(嚴格責任說, strenge Schuldtheorie)은 대부분의 목적적 행위론자(Welzel, Maurach, Armin Kaufmann)가 주장한 이론이다. 위에서 언급한 위법성조각사유의 전제사실의 착오도 고의가 있으며, 위법성인식의

---

1 BGHSt. 2, 194. 변호사인 피고인이 변론의 보수를 약정하지 않고 W부인의 형사사건을 수임한 후 그 제 1 회 기일에 W에게 내일 아침까지 50DM을 지불하지 않으면 변호인으로서 변론을 하지 않겠다고 협박하여 W가 그 돈을 지불하자, 피고인은 다시 같은 방법으로 W가 400DM의 보수를 지불하겠다는 계약서에 서명케 한 사건이다. 원심은 피고인이 독일 형법 제240조의 강요죄를 범한 것으로 유죄판결을 선고하였으나 피고인은 자기가 그러한 요구를 할 수 있는 권한이 있다고 믿었으므로 위법성의 인식이 없었기 때문에 범죄를 구성하지 않는다고 상고하였다. 이 사건을 BGH의 형사 제 2 부로부터 송부받은 대형사부는 "형법 제240조의 경우에 행위자는 위법성이 포함되지 아니한 형법 제240조 1항의 행위상황을 인식해야 하며, 그 이외에 강요로 인하여 불법을 행한다는 것을 인식하였거나, 필요한 양심의 긴장을 다한 때에는 인식할 수 있었을 것을 요한다"고 판시하며 원심판결을 파기하였다.

2 Jescheck/Weigend S. 452.

3 독일 형법 제17조 금지의 착오는 "행위자가 행위시에 불법을 행한다는 인식을 결한 경우에 그가 이러한 착오를 회피할 수 없었던 때에는 책임을 조각한다. 행위자가 그 착오를 회피할 수 있었던 때에는 제49조 1항에 의하여 형이 감경될 수 있다"고 규정하고 있다.

4 이의 종류는 *infra* 25/2 이하 참조.

불인식은 금지착오(법률의 착오)의 논리가 그대로 적용된다고 본다. 따라서 모든 위법성조각사유에 대한 착오를 법률의 착오라고 한다.

2) 제한적 책임설 제한적 책임설(制限的 責任說, eingeschränkte Schuldtheorie)은 위법성조각사유의 착오를 위법성조각사유의 범위나 한계에 대한 착오와 위법성조각사유의 전제사실에 대한 착오로 나누어 달리 취급한다. 즉 인정되는 위법성조각사유의 사실적 요건에 대한 착오는 법적 효과에 있어서 사실의 착오와 동일하지만, 인정되는 위법성조각사유의 법적 한계에 대한 착오 및 인정되지 않는 위법성조각사유에 대한 착오는 법률의 착오에 해당한다고 한다. 이를 달리 취급하는 이유는 위법성조각사유의 사실적 요건에 대한 착오는 비난의 핵심이 사실에 대한 부주의한 판단에 있기 때문에 과실범으로 처벌하는 것이 타당하다는 데 있다. 16

Ⅲ. 형법 제16조의 해석

형법 제16조는 "자기의 행위가 법령에 의하여 죄가 되지 아니하는 것으로 오인한 행위는 그 오인에 정당한 이유가 있는 때에 한하여 벌하지 아니한다"라고 규정하고 있다. 여기서 "법령에 의하여 죄가 되지 아니하는 것으로 오인한다"는 것은 반드시 형벌법규의 착오를 의미하는 것이 아니라 일반적인 위법성의 착오를 의미한다고 해석되며, 따라서 형법 제16조는 엄격히 말하여 위법성의 착오에 관한 규정이라고 할 수 있다. 그런데 형법 제16조는 단순히 위법성의 착오에 정당한 이유가 있을 때에는 벌하지 아니한다고 규정하고 있을 뿐이며, 정당한 이유가 없을 때 고의범으로 처벌해야 할 것인가 또는 과실범으로 처벌해야 할 것인가에 대하여 명백한 규정을 하지 않고 있다. 17

1. 견해의 대립

형법 제16조가 위법성의 인식이 고의의 구성요소인가 또는 책임요소인가에 대하여 명백한 태도를 밝히지 않은 결과 형법 제16조의 해석에 관하여는 학설이 대립되고 있다. 즉 ① 위법성의 인식은 고의의 구성요소이므로 위법성의 인식이 없으면 고의가 조각되어 고의범으로 벌할 수 없고, 다만 과실로 인하여 위법성 18

의 인식이 없을 때에는 과실범의 처벌규정이 있는 경우에 한하여 과실범으로 처벌할 수 있다는 견해(고의설),[1] ② 형법 제16조는 M.E. Mayer의 가능성설(Möglichkeitstheorie)을 입법화한 것이므로, 위법성의 인식이 불가능하였으면 고의가 조각되고 위법성의 인식의 결여가 과실에 의한 때에는 고의범으로 처벌해야 한다는 견해(가능성설)[2] 및 ③ 위법성의 인식이 없다고 하여 당연히 고의범의 성립이 조각되는 것은 아니고 오직 위법성의 인식을 과실 없이 하지 못한 때에만, 즉 위법성의 불인식에 정당한 이유가 있는 때에 한하여 고의범이 성립하지 않는다는 견해(책임설)[3]가 그것이다.

2. 결 론

19 형법 제16조가 고의설과 책임설에 관하여 명백한 입장을 밝히지 아니한 이상 형법 제16조를 어떻게 해석할 것인가는 결국 이론에 의하여 해결하지 않을 수 없다. 그런데 고의설은 현실적인 위법성의 인식이 없는 경우에 모두 과실범으로 처벌하거나 (과실범 처벌규정이 없는 경우) 처벌하지 못하는 형사정책상의 결함을 면할 수 없다. 가능성설은 실제에 있어서 책임설과 같은 결론을 가져오지만, (구성요건적) 고의와 위법성 인식이 함께 고의를 구성한다고 보는 고의설을 취하면서, (구성요건적) 고의와 (고의와 모순되는) 과실에 의한 위법성 불인식을 결합시켜 고의를 인정하는 이유를 설명하지 못한다. 따라서 형법 제16조를 반드시 고의설 또는 가능성설에 입각하여 설명해야 한다는 주장은 타당하다고 할 수 없다. 그러므로 형법 제16조는, 책임설에 따라 위법성의 인식은 고의의 구성요소가 아니라 고의와는 분리된 책임요소이므로 위법성의 착오는 고의를 조각하는 것이 아니고 그 불인식에 정당한 이유가 있는 때에만 책임을 조각하는 것이라고 해석해야 한다. 여기서 정당한 이유란 위법성의 착오의 불가피성(Unvermeidbarkeit, 회피불가능성)을 의미한다.

1 정영석 190면; 정창운 233면.
2 유기천 228면, 230면.
3 김일수/서보학 401면; 박상기 244면; 배종대 448면; 손해목 641면; 신동운 396면; 안동준 163면; 오영근 506면; 이건호(공저) 237면; 이형국 233면; 임웅 301면; 정성근/박광민 339면; 조준현 240면.

제 4 절 법률의 착오 §25

Ⅰ. 법률의 착오의 의의와 태양

1. 법률의 착오의 의의

1 법률의 착오(法律의 錯誤)란 위법성의 인식이 없는 경우, 즉 사실의 인식은 있으나 위법성을 인식하지 못한 때를 말한다. 행위자가 무엇을 하는가는 인식하였으나 그것이 허용된다고 오인한 경우가 법률의 착오이며, 법률의 착오는 위법성에 대한 착오(Irrtum über die Rechtswidrigkeit) 또는 금지의 착오(Verbotsirrtum)라고도 말할 수 있다. 형법은 제15조와 제16조에서 착오를 사실의 착오와 법률의 착오로 구별하고 있지만, 사실의 착오는 구성요건적 사실의 착오를 의미하며 법률의 착오는 위법성의 착오를 의미한다는 점에 의견이 일치한다.[1] 사실과 법의 구별은 법이론적 구별로서는 타당하지만 형법해석학상의 요청에 부합하지 않는 면이 있기 때문에(예컨대 일반인이 숙지하지 못하는 행정형법적 금지(이른바 법정범)에 대한 착오는 법의 착오지만, 사실의 착오로 다루는 식의 방법) 형법상의 범죄론 체계(구성요건－위법성)에 따라 구별함으로써 더 명확한 구별을 할 수 있게 된다. 이에 따르면 구성요건적 착오(사실의 착오)는 논리적으로 법률의 착오(위법성의 착오)에 선행하여 문제되는 것으로서, 구성요건적 사실인식에 흠이 없는 경우에만 위법성의 착오가 문제된다. 따라서 구성요건적 착오가 위법성의 착오가 교차하는 문제는 구성요건적 착오의 문제로 해결한다는 시각을 얻을 수 있다.[2]

2. 법률의 착오의 태양

2 법률의 착오는 근본적으로 다음과 같은 두 가지 형태로 나누어 볼 수 있다.

(1) **직접적 착오** 행위자가 그의 행위에 대하여 직접 적용되는 금지규범을 인식하지 못하여 그 행위가 허용된다고 오인한 경우를 직접적 착오(直接的 錯誤, direkter Irrtum)라고 한다. 이러한 착오는 행위자가 금지규범을 인식하지 못

1 박상기 240면; 배종대 449면; 안동준 159면; 유기천 237면; 임웅 294면; 정영석 284면; 조준현 231면.

2 이에 관하여는 *infra* **25**/7 이하 참조.

하였거나, 금지규범은 인식하였으나 그 규범의 효력이 없다고 오인하였거나 또는 규범을 잘못 해석하여 그 행위에 대하여는 적용되지 않는다고 오인한 경우에 발생한다.

3 **1) 법률의 부지** 행위자가 금지규범을 인식하지 못한 경우를 법률의 부지(法律의 不知)라고 한다. 법률의 부지가 법률의 착오에 해당하는가에 대하여는 견해가 대립된다. 단순한 법률의 부지만으로는 법률의 착오라고 할 수 없다고 해석하는 견해도 있다.[1] 법률의 부지는 금지규범이 존재하지만 착오로 이를 허용하고 있는 것으로 믿은 경우에 비로소 법률의 착오문제가 된다는 것이다. 대법원도 형법 제16조의 법률의 착오는 단순히 법률의 부지를 말하는 것이 아니고, 일반적으로 범죄가 되는 경우이지만 자기의 특수한 경우에는 법령에 의하여 허용된 행위로서 죄가 되지 아니한다고 그릇 인식하고 그와 같이 그릇 인식함에 정당한 이유가 있는 경우에는 벌하지 않는다는 취지라는 태도로 일관하고 있다.[2]

따라서 판례는 ① 유흥접객업소에 미성년자의 출입을 금지하고 있던 구 미성년자보호법의 규정을 알지 못하여 18세 미만의 고등학교 학생의 출입만 금지되었다고 오인하고 18세 이상이거나 대학생을 출입시킨 경우(대법원 1985. 4. 9. 85 도 25),[3] ② 구 건축법에 의한

1 손해목 635면.

2 대법원 2002. 1. 25. 2000 도 1696; 대법원 2004. 2. 12. 2003 도 6282; 대법원 2006. 4. 28. 2003 도 4128.

3 (1) 대법원 1985. 4. 9. 85 도 25, "형법 제16조에 자기의 행위가 법령에 의하여 죄가 되지 아니한 것으로 오인한 행위는 그 오인에 정당한 이유가 있는 때에 한하여 벌하지 아니한다고 규정하고 있는 것은 단순한 법률의 부지의 경우를 말하는 것이 아니고 일반적으로 범죄가 되는 행위이지만 자기의 특수한 경우에는 법령에 의하여 허용된 행위로서 죄가 되지 아니한다고 그릇 인식하고 그와 같이 그릇 인식함에 있어서 정당한 이유가 있는 경우에는 벌하지 아니한다는 취지이다. 그러므로 유흥접객업소의 업주가 경찰당국의 단속대상에서 제외되어 있는 만 18세 이상의 고등학생이 아닌 미성년자는 출입이 허용되는 것으로 알고 있었더라도 이는 미성년자보호법규정을 알지 못한 단순한 법률의 부지에 해당하고 특히 법령에 의하여 허용된 행위로서 죄가 되지 않는다고 적극적으로 그릇 인정한 경우는 아니므로 비록 경찰당국이 단속대상에서 제외하였다 하여 이를 법률의 착오에 기인한 행위라고 할 수는 없다." 이 판결에 대하여는 김영환 "법률의 부지의 형법해석학적 문제점"(형사판례의 연구 I), 470면; 허일태 "법률의 부지"(형사판례의 연구 I), 446면 참조.

다만, 대법원은 비디오물 감상실 업자가 18세 이상 19세 미만의 청소년을 감상실에 출입시켜 청소년보호법에 위반한 아래 사건에서 이 판결과 반대되는 태도를 취하고 있다.

(2) 대법원 2002. 5. 17. 2001 도 4077, "원심은, 가사 18세 이상 19세 미만의 사람을 비디오감상실에 출입시킨 업주는 법에 의한 형사처벌의 대상이 된다고 하더라도, 위 구 음반·비디오물 및 게임물에 관한 법률(연소자를 18세 미만의 자로 규정하면서 출입문에 '18세 미만 출입금지' 표시를 하도록 한)과 시행령 규정의 반대해석을 통하여 18세 이상 청소년에 대하여는 출입금지 의무가 없는 것으로 오인될 가능성이 충분하고, 법시행령 제19조가 이러한 오인 가능성을 더욱

허가대상인 줄 모르고 근린시설인 건축물을 교회로 용도변경한 경우(대법원 1991. 10. 11. 91 도 1566), ③ 부동산중개업자가 부동산중개업협회의 자문을 통하여 인원수의 제한 없이 중개보조원을 채용하는 것이 허용된다고 믿고 구 부동산중개업법이 정하는 제한인원을 초과하여 중개보조원을 채용한 경우(대법원 2000. 8. 18. 2000 도 2943), ④ 보험회사의 지점장 등이 규정에 어긋나는 행위를 하는 것을 모르고 보험계약과 관련하여 금원을 수수하여 특정경제범죄 가중처벌 등에 관한 법률을 위반한 경우(대법원 2001. 6. 29. 99 도 5026)는 법률의 부지에 불과하여 법률의 착오에 해당하지 않는다고 판시하였다.

그러나 위법성의 인식이 형법규정에 대한 인식까지 요구하는 것이 아님은 당연하지만 금지규범을 인식하지 못한 경우와 그것이 허용된다고 오인한 경우에 차이가 있는 것은 아니며,[1] 법률의 착오는 위법성의 인식이 없는 모든 경우를 말하는 것이지 일반적으로 범죄가 되는 행위이지만 자기의 특수한 경우에는 허용된다고 오인한 경우에 국한된다고 해석할 수는 없다. 따라서 금지규범을 인식하지 못한 때에도 당연히 법률의 착오에 해당한다고 해야 한다.[2]

2) 효력의 착오 효력의 착오(效力의 錯誤, Gültigkeitsirrtum)는 행위자가 일반적 구속력을 가지는 법규정을 잘못 판단하여 그 규정이 무효라고 오인한 때를 말한다. 순수한 의미에서의 법률의 착오라고 할 수 있다. 4

3) 포섭의 착오 구성요건적 사실이 어떤 법률적 의미를 갖는가에 대하여 착오를 일으킨 때를 포섭의 착오(包攝의 錯誤, Subsumtionsirrtum)라고 한다. 포 5

부추겨 마치 법에 의하여 부과된 '18세 이상 19세 미만의 청소년에 대한 출입금지 의무'가 다시 법시행령 제19조와 위 음반등법 및 그 시행령의 연관해석을 통해 면제될 수 있을 것 같은 외관을 제시함에 따라, 실제로 개정된 법이 시행된 후에도 이 사건 비디오물감상실의 관할부서(대구 중구청 문화관광과)는 업주들을 상대로 실시한 교육과정을 통하여 종전과 마찬가지로 음반등법 및 그 시행령에서 규정한 '만 18세 미만의 연소자' 출입금지 표시를 업소출입구에 부착하라고 행정지도를 하였을 뿐, 법에서 금지하고 있는 '만 18세 이상 19세 미만'의 청소년 출입문제에 관하여는 특별한 언급을 하지 않았고, 이로 인하여 피고인을 비롯한 비디오물감상실 업주들은 여전히 출입금지대상이 음반등법 및 그 시행령에서 규정하고 있는 '18세 미만의 연소자'에 한정되는 것으로 인식하였던 것으로 보여지는바, 사정이 위와 같다면, 피고인이 자신의 비디오물감상실에 18세 이상 19세 미만의 청소년을 출입시킨 행위가 관련 법률에 의하여 허용된다고 믿었고, 그렇게 믿었던 것에 대하여 정당한 이유가 있는 경우에 해당한다고 판단하였다. 위 법리와 기록에 비추어 보면, 원심의 위와 같은 판단은 정당하고 형법 제16조에 관한 법리오해의 위법은 없다." 이 판결에 관하여는 조국 "법률간의 부정합과 금지착오"(형사판례의 연구 I), 498면 참조.

1 Jescheck/Weigend S. 456; Sch/Sch/Cramer/Sternberg-Lieben §17 Rn. 10.

2 김성천/김형준 361면; 김일수/서보학 398면; 박상기 243면; 배종대 450면; 안동준 160면; 오영근 498면; 이정원 239면; 이형국 235면; 임웅 295면; 정성근/박광민 335면; 허일태 "법률의 부지의 효력"(형사판례연구 1), 48면.

섭의 착오도 법률의 착오의 기초가 될 수 있다. 그러나 포섭의 착오가 법률의 착오로 되기 위하여는 행위자가 포섭의 착오로 인하여 그의 행위가 허용된다고 인식하였는가, 다시 말하면 위법성의 인식을 결여하였는가가 기준이 되어야 한다.

6 (2) **간접적 착오** 간접적 착오(間接的 錯誤, indirekter Irrtum)란 행위자가 금지된 것은 인식하였으나 구체적인 경우에 위법성조각사유의 법적 한계를 오해하거나, 위법성조각사유가 존재하는 것으로 오인하여 위법성을 조각하는 반대규범(=허용규범)이 존재하는 것으로 착오한 때를 말한다. 위법성조각사유의 착오(違法性阻却事由의 錯誤)라고도 할 수 있다. 위법성조각사유의 착오는 위법성조각사유의 사실적 요건에 대한 착오, 즉 허용구성요건의 착오(Erlaubnistatbestandsirrtum)와 위법성조각사유의 범위와 한계에 대한 착오(Erlaubnisirrtum)로 나누어 살펴볼 필요가 있다.

법상 인정되는 위법성조각사유의 법적 한계를 오인하거나, 법상 인정되지 않는 위법성조각사유가 존재한다고 착오한 때, 즉 위법성조각사유의 범위와 한계에 대한 착오가 간접적 금지의 착오로서 법률의 착오의 일반원리에 의하여 처리되어야 한다는 점에는 의문이 없다. 문제는 위법성조각사유의 전제사실에 대한 착오를 어떻게 볼 것인가이다.

Ⅱ. 위법성조각사유의 전제사실의 착오

1. 위법성조각사유의 전제사실의 착오의 의의

7 위법성조각사유의 전제사실(=사실적 요건)의 착오란 행위자가 그 사실이 존재하면 위법성이 조각되는 요건 사실이 존재하지 않음에도 불구하고 존재한다고 오인한 경우, 즉 위법성조각사유의 객관적 요건 내지 그 전제사실에 대한 착오를 말한다. 허용구성요건의 착오(許容構成要件의 錯誤)라고도 한다. 오상방위(誤想防衛)·오상피난(誤想避難)·오상자구행위(誤想自救行爲)가 이에 해당한다. 이러한 착오는 법률의 착오와 사실의 착오의 중간에 위치하는 '독립된 형태'의 착오로 이해되고 있다.[1] 즉 착오가 위법성조각사유가 성립하는 요건사실에 대하여 있으

1 Ebert S. 146; Jescheck/Weigend S. 462; Kühl 13/70; Wessels/Beulke Rn. 471.

므로 구조에 있어서는 사실의 착오와 유사하다. 그러나 구성요건적 사실의 인식에 대한 착오가 아니라, 금지규범이 예외적으로 허용규범의 개입에 의하여 후퇴한다고 오인한 것이라는 점에서 보면 결과적으로 법률의 착오와 유사하다.

2. 효 과

8 위법성조각사유의 전제사실에 대한 착오의 특수한 성격 때문에 이를 구성요건적 사실의 착오로 취급할 것인가 위법성의 착오로 처리할 것인가에 대하여는 견해가 대립되고 있다.

9 (1) **엄격책임설** 엄격책임설(嚴格責任說, die strenge Schuldtheorie)은 허용구성요건의 착오를 포함한 모든 위법성조각사유의 착오를 금지의 착오라고 해석한다.[1] 독일에서 주로 목적적 행위론자들이 취하고 있는 견해[2]이다. 그러나 이 견해는 ① 위법성조각사유의 전제사실의 착오가 평가의 착오가 아니라 사실관계의 착오라는 특수성을 무시하였고, ② 아군을 적으로 오인하고 폭격한 조종사를 엄격책임설에 따라 살인죄로 처벌하는 것은 법감정에 반한다는 비판을 면할 수 없다.[3] 이 경우에 행위자는 법에 따라 행위하였으며, 객관적으로 위법한 점은 상황을 잘못 평가한 데에 있을 뿐이기 때문이다.[4]

10 (2) **소극적 구성요건요소이론** 소극적 구성요건요소이론(消極的 構成要件要素理論, die Lehre von den negativen Tatbestandsmerkmalen)에 의하면 위법성조각사유의 요건은 소극적 구성요건요소이므로 위법성을 조각하는 행위상황에 대한 착오는 구성요건적 착오가 되어 고의를 조각하게 된다고 한다. 그러나 이 이론도 ① 위법성의 독자성을 부정하고 구성요건에도 해당하지 않는 행위와 구성요건에 해당하지만 위법성이 조각되는 행위간의 가치 차이를 무시한 점에 근본적인 난점이 있을 뿐 아니라, ② 고의의 내용으로 위법성조각사유가 존재하지 않는다는 점에 대한 인식까지 요구하는 것은 타당하다고 할 수 없고, ③ 인식과 의사를 가지고 구성요건을 실현한 이상 고의를 조각한다고 할 수 없다는 비판을 받

1 김성돈 381면; 오영근 506면; 정성근/박광민 349면; 진계호 295면.
2 Bockelmann/Volk S. 122; Schroeder LK § 16 Rn. 52; Welzel S. 164.
3 Jescheck/Weigend S. 463; Sch/Sch/Cramer/Sternberg-Lieben § 16 Rn. 15; Tröndle/Fischer § 16 Rn. 24.
4 Kühl 13/72, 75.

고 있다.

11 (3) **제한적 책임설** 제한적 책임설(制限的 責任說, die eingeschränkte Schuldtheorie)은 위법성조각사유의 전제사실에 대한 착오가 구성요건적 착오는 아니지만 구성요건적 착오와의 구조적 유사성을 근거로 구성요건적 착오의 규정이 적용되어야 한다고 한다. 이 견해는 소극적 구성요건요소이론과 이론구성은 달리하지만 그 효과에 있어서는 같은 결론을 가져온다. 즉 제한적 책임설에 의하면 허용구성요건에 대한 회피할 수 있는 착오는 (엄격책임설에서처럼) 고의범으로 처벌되는 것이 아니라, 과실범의 처벌규정이 있는 때에만 과실범으로 처벌받게 된다. 제한적 책임설은 다시 다음과 같은 두 견해로 나뉜다.

12 1) **구성요건적 착오의 규정을 유추적용해야 한다는 견해** 이 견해는 위법성조각사유의 전제사실의 착오에 관하여 구성요건적 착오에 관한 규정이 직접 적용될 수는 없지만 유추적용되어 (과실범처벌규정이 있는 경우) 과실범으로 처벌된다고 본다. 유추적용하는 이유는 구성요건요소와 허용구성요건 사이에는 질적인 차이가 없고, 이 경우에는 고의의 본질인 구성요건적 불법을 실현하려는 결단이 없으므로 행위불법을 부정해야 하기 때문이다.[1] 그러나 고의범의 행위반가치가 의도반가치에만 있는 것은 아니며, 구성요건적 고의가 조각된다고 할 때에는 이에 대한 공범의 성립도 불가능하여 처벌의 흠결을 초래한다고 하지 않을 수 없다.

13 2) **법효과제한적 책임설** 법효과제한적 책임설(法效果制限的 責任說, die rechtsfolgeneinschränkende Schuldtheorie)은 고의가 정당화 사유의 인식으로 상쇄되지 않아 고의의 불법은 형성되지만, 행위의 동기로서의 책임고의가 형성되지 않아 결국 고의책임 및 고의형벌이 조각되어 법효과에 있어서 구성요건적 착오와 같이 취급해야 한다는 것이다. 현재 독일의 통설[2]이 취하고 있는 입장이며, 우리나라의 다수설[3]이라고 할 수 있다.

'유추적용설'이라는 명칭에는 문제가 없지 않다. 이 사안에 대하여 고의불법을 인정하지 않는 설에 대하여 (사실의 착오 규정 내지 과실범 처벌규정을) 유추적용한다는

---

1 김일수/서보학 288면.

2 Gropp S. 483; Haft S. 255; Jescheck/Weigend S. 464; Lackner/Kühl 17/15; Tröndle/Fischer §16 Rn. 27; Wessels/Beulke Rn. 479; Gallas "Zur Struktur des strafrechtlichen Unwertsbegriffs", Bockelmann-FS S. 171.

3 박상기 251면; 배종대 455면; 손해목 561면; 신동운 421면; 이형국 155면; 임웅 315면; 강동범 "위법성조각사유의 전제사실의 착오"(고시계 1997. 3), 83면.

의미에서 유추적용설이라는 이름을 붙인다면, 고의불법을 인정하는 설에 대하여도 당연히 이 이름을 붙일 수 있다. 요컨대 위 두 학설 모두 이 사안에 대하여 사실의 착오 규정 내지 과실범 규정을 유추하는 설이다.[1] 이 이름으로 양자는 차별화되지 않는다. 유추적용설은 '좁은 의미의 제한적 책임설'로도 불리운다 *supra* **17**/36a도 참조.

3. 결 론

14 위법성조각사유의 객관적 요건을 오인한 자에 대한 비난은 법이 요구하는 주의를 다하지 않은 과실에 있을 뿐이고 법배반적 심정에 있는 것이 아니다. 즉 인정되는 위법성조각사유가 존재한다는 의식을 가지고 법에 따라 합법하게 행위한다고 믿고 있는 경우에는 행위자에게는 고의범이 전형적으로 갖는 법공동체의 가치관에 대한 배반이 없다. 위법성조각사유의 전제사실에 대한 착오는 구성요건을 인식하였다는 점에서 순수한 사실의 착오는 아니다. 그러나 그 착오가 단순히 위법성에 대한 것이 아니라 자신의 행위의 법적·사회적 의미의 내용과 결합되어 있다는 점에서 법률의 착오와 구별된다. 그리고 이 경우에 회피할 수 있는 착오에 대한 책임이 질적으로 과실책임과 일치하는 이상 위법성조각사유의 전제사실에 대한 착오는 법적 효과의 면에서 사실의 착오와 같이 취급하는 것이 타당하다. 고의범에 대한 무거운 형벌은 책임의 면에서도 그 행위의 법적·사회적 의미의 내용을 인식한 자에 대하여만 부과할 수 있다고 보아야 하기 때문이다. 이러한 의미에서 위법성조각사유의 전제사실에 대한 착오는 고의를 조각하는 것은 아니지만 법률효과에 있어서는 사실의 착오와 같이 취급해야 한다는 제한적 책임설(법효과제한적 책임설)의 입장이 타당하다.

14a 대법원은 이 사안에 대하여 별다른 태도를 취하지 않다가[2] 최근 '위법성조각사유의 전제사실의 착오'의 법리라는 강학상의 용어를 언급하면서 이를 근거로 원심판결을 파기하는 판결을 하였다.

supra **17**/36b에서 언급한 바와 같이, 이 사안은 싸우는 두 사람을 지켜보던 제 3 자가, 싸움의 당사자 일방이 주머니에 손을 넣어 미상의 물건을 꺼내 움켜쥐자 그 손을

1 이를 명시적으로 언급한 문헌으로는 Roxin **14**/56 참조.

2 2011년 1월 아덴만에서 소말리아 해적에게 피랍된 상선 SJ호의 탈환 및 선원의 구출작전 후 그 배의 선장 S의 몸에서 아군의 탄환이 발견되었다. 당시 해적들과 해군 사이에 치열한 교전이 있어서 그 작전수행자의 책임을 묻기는 어려운 상황이었다. 따라서 이는 사건화되지 않아서 법원의 판단을 받지는 않았지만 이 주제와 관련하여 주목할 만한 사건이었다.

강제로 펴게 하는 과정에서 그 손에 골절상을 입힌 사안이다. 흉기로 오인된 그 움켜쥔 물건은 주머니 칼과 같은 흉기가 아니어서, 이 사안은 위법성조각사유의 전제사실의 착오의 한 예가 된다.

대법원은 이 법리를 근거로 원심을 파기하였지만, 그 법리를 구체적으로 설시하지는 않았다. 그러나 그 내용은 위에서 상술한 바와 같이 (어떤 이유로든 고의의 책임이 형성되지 않아) 고의범으로 처벌할 수는 없다는 것으로 보인다.

Ⅲ. 형법 제16조와 정당한 이유

15 형법 제16조는 "자기의 행위가 법령에 의하여 죄가 되지 아니하는 것으로 오인한 행위는 그 오인에 정당한 이유가 있는 때에 한하여 벌하지 아니한다"고 규정하고 있다. 이 규정을 책임설에 의하여 해석해야 한다는 것은 앞에서 본 바와 같다. 따라서 형법 제16조에 의하여 위법성의 착오는 그 착오에 정당한 이유가 있으면 책임을 조각하고, 정당한 이유가 없는 때에는 책임이 조각되지 않고 고의범으로 처벌받게 된다. 형법 제16조의 해석에 있어서는 이 '정당한 이유'를 어떻게 해석할 것인가가 문제된다.

1. 정당한 이유와 회피가능성

16 법률의 착오가 책임을 조각하기 위하여는 착오에 정당한 이유가 있어야 한다. 다수설은 착오에 대한 정당한 이유는 결국 그 착오를 회피할 수 없었는가의 문제에 귀착된다는 점에서 정당한 이유를 회피가능성(回避可能性, Vermeidbarkeit)과 같은 의미로 해석하고 있다.[1] 법률의 착오에 의하여 행위한 자에 대한 책임은 자신의 행위의 위법성을 인식할 구체적 가능성에 기초를 두고 있으므로 착오에 대한 비난가능성(Vorwerflichkeit)은 회피가능성과 동의어에 지나지 않는다.[2] 따라서 형법의 정당한 이유도 회피가능성과 같은 뜻으로 이해해야 한다.

17 (1) **회피가능성의 판단기준** 착오의 회피가능성은 구체적인 위법성의

---

1 김일수/서보학 401면; 박상기 245면; 배종대 455면; 손동권 258면; 임웅 305면; 정성근/박광민 340면.

2 Sch/Sch/Cramer/Sternberg-Lieben § 17 Rn. 13.

인식가능성을 전제로 한다. 위법성을 인식할 능력이 있었음에도 불구하고 이러한 능력을 다하지 아니하여 위법성을 인식하지 못한 때에는 책임을 조각한다고 할 수 없기 때문이다. 착오의 회피가능성의 판단기준으로 BGH는 양심의 긴장(Gewissensanspannung)을 들고 있다. 즉 양심의 긴장을 다하였다면 위법성을 인식할 수 있었던 경우의 착오는 회피가능하며, 양심의 긴장의 정도는 행위상황과 행위자의 생활과 직업에 따라 결정된다고 하였다.[1] 그러나 법규범은 도덕적 평가규범이 아니므로 양심의 긴장을 하지 않았다는 이유로 법률의 착오를 비난할 수는 없다. 다시 말하면 양심은 위법성을 인식하는 근원이 아니라 인식과정상의 동기의 하나에 지나지 않는다. 따라서 위법성인식의 판단은 양심이 아니라 지적 인식능력(intellektuelle Erkenntniskräfte)을 기준으로 해야 한다.[2] 지적 인식능력은 법적 판단에 선행하는, 법률을 올바르게 해석하고 위반한 법규범의 효력을 판단하는 가치판단 내지 합목적성의 판단을 전제로 한다. 그것은 단순한 심리적 문제가 아니라 사회적 · 규범적 관점에서 판단해야 할 문제이다.[3]

18 회피가능성의 본질이 위법성인식의 가능성에 있는 이상 위법성의 불인식을 회피할 수 있었다는 것은 과실범에 있어서 과실과 유사한 구조를 가진다. 여기서 회피가능성과 과실, 즉 주의의무위반에 같은 기준이 적용될 것인가가 문제된다. 회피가능성의 판단에는 과실보다 엄격한 기준이 요구된다는 견해[4]도 있다. 그러나 도덕질서와 동일한 내용을 갖는 핵심형법에 있어서는 고의, 즉 행위상황의 인식이 위법성인식의 계기가 되기 때문에 과실의 경우보다 엄격한 기준을 요구해야 할 필요가 없고,[5] 도덕질서와 무관한 내용을 갖는 부수형법에 있어서는 구성요건적 고의만으로 위법성의 인식이 인정된다고 할 수 없을 뿐만 아니라, 특히 위법성이 구성요건화되어 있는 경우에는 회피가능성의 정도는 문제되지 않는다. 회피가능성과 과실의 판단기준이 같다는 것은 그 대상이 동일하다는 의미가 아니라 판단방법이 유사하다는 의미에 불과하다. 따라서 회피가능성의 판단에 있어서

1 BGHSt. 2, 201.
2 Rudolphi SK §17 Rn. 32; Sch/Sch/Cramer/Sternberg-Lieben §17 Rn. 16.
3 Sch/Sch/Cramer/Sternberg-Lieben §17 Rn. 16; Schroeder LK §17 Rn. 28.
정현미 "법률의 착오에서 정당한 이유의 판단기준"(형사판례의 연구 I), 531면은 이를 예방적 관점에서 판단해야 한다고 한다. 그러나 이는 예방적 책임론을 전제로 할 때 가능한 이론이다.
4 김일수 형법총론 386면.
5 Roxin 21/45; Rudolphi SK §17 Rn. 30a; Schroeder LK §17 Rn. 27.

과실보다 엄격한 기준 또는 과실과는 다른 독자적인 기준이 필요한 것은 아니다.[1]

19 (2) **회피가능성의 전제조건** 법률의 착오의 회피가능성, 즉 위법성인식의 가능성을 인정하기 위한 요건으로는 통상 다음의 세 가지가 문제되고 있다. 첫째 행위자에게 자신의 행위의 위법성에 대하여 심사할 계기가 있었는가, 둘째 계기가 존재하는 경우에 위법성을 인식하기 위한 확인과 조회의 노력을 다하였는가, 셋째 행위자가 충분한 노력을 다한 경우에는 위법성을 인식할 수 있었는가가 그것이다.

충분한 노력을 하였다면 위법성을 인식할 수 있었는가란 충분한 노력을 다한 경우에도 위법성을 인식할 수 없었을 때에는 착오를 회피할 수 없었다고 해야 한다는 의미이다.[2]

2. 위법성인식의 계기

20 행위시에 행위자에게 그 행위의 위법성을 숙고해야 할 계기가 존재하지 않는 때에는 그는 자기 행위의 법적 성질을 알아야 할 이유가 없으며, 위법성의 인식을 위하여 노력해야 할 동기가 존재하지 않게 된다. 따라서 위법성인식이 회피가능하다고 하기 위하여는 위법성인식의 계기가 존재해야 하며,[3] 행위자에게 법상태를 조사해야 할 계기가 없는 때에는 법률의 착오는 회피불가능하다고 해야 한다.

21 (1) **심리적 계기개념과 규범적 계기개념** 위법성인식의 계기를 언제 인정할 수 있는가에 대하여는 심리적 방법과 규범적 방법이 대립되고 있다.

심리적 계기개념(心理的 契機槪念)은 자신의 행위가 그 행위를 규율하는 규범에 의하여 금지된 것일 수 있다는 현실적 인식이 있거나 또는 적어도 행위의 적법성에 대하여 의심을 가졌을 때 위법성인식의 계기를 인정한다.[4] 이에 반하

---

1 대법원 1983. 2. 22. 81 도 2763 판결이 "관련 관청으로부터 허가를 필요로 하지 않는다는 회시를 받고 허가 없이 식품을 제조한 경우에 오인에 과실이 없다는 이유로 정당한 이유를 인정한 것"은 회피가능성과 과실을 같은 의미로 해석한 것으로 볼 수 있다.

2 Krey Rn. 696; Roxin **21**/69; Rudolphi SK § 17 Rn. 42; Sch/Sch/Cramer/Sternberg-Lieben § 17 Rn. 22; Schroeder LK § 17 Rn. 45.

3 Joecks MK § 17 Rn. 46; Roxin **21**/52; Rudolphi SK § 17 Rn. 30; Sch/Sch/Cramer/Sternberg-Lieben Rn. 16; Schroeder LK Rn. 29; Lesch "Die Vermeidbarkeit des Verbotsirrtums", JA 1996, 610; Neumann "Der Verbotsirrtum", JuS 1993, 798.

4 Horn *Unrechtsbewußtsein* S. 105; Zaczyk "Der verschuldete Verbotsirrtum", JuS 1990, 893.

여 **규범적 계기개념**(規範的 契機概念)은 위법성인식의 계기를 객관화하여 규범적으로 개별행위자의 능력에 대한 최소한의 기준을 전제함으로써, 행위자는 책임의식 있는 인간이라면 자신의 행위의 법적 성질을 검토해 볼 계기가 되는 상황을 인식하면 족하다고 한다.[1] 그런데 구성요건적 고의에서 비롯되는 위법성심사에 대한 요구(Anregung)의 강도는 범죄의 종류에 따라 상이하기 때문에[2] 행위가 법익침해와 함께 도덕질서에 대한 심각한 침해가 될 때에는 법적 평가가 직접 법감정에서 유래하여 양심의 긴장에 의하여도 위법성을 인식할 수 있어 착오는 회피가능함에 반하여, 도덕질서와 무관한 부수형법에 있어서는 예컨대 행위자의 직업생활과 같이 문제된 상황에 대하여 경험상 법적 규정이 존재한다고 인정되는 경우에만 구성요건적 고의로부터 심사의무가 발생한다고 한다.[3]

심리적 계기개념에 대하여는 ① 회피가능성은 행위자의 심리적·정신적인 상태의 문제가 아니라 행위자를 비난할 수 있는가라는 규범적으로 판단해야 할 책임문제이므로 위법성인식의 계기를 심리적 측면에서만 파악하는 것은 옳다고 할 수 없고, ② 이 견해에 의할 때에는 법배반적·법중립적 상태에서 위법성에 대한 의심조차 하지 않고 행위한 자들에게는 착오에 정당한 이유가 있다는 부당한 결과를 초래하게 된다는 비판이 제기되고 있다.[4] 법률의 착오의 회피가능성은 심리적 요소가 아니라, 착오에 이르게 된 심리적 요소가 언제 면책될 수 있는가를 판단하기 위한 규범적 문제에 해당한다.[5] 따라서 위법성심사의 계기는 심리적 요소를 규범적 기준에 의하여 수정할 것을 요한다.[6]

(2) **위법성심사의 계기** 법률의 착오의 회피가능성의 판단에 있어서는 다음과 같은 세 가지 계기를 전제로 한다. 22

첫째, 행위자가 행위의 적법성에 대하여 의문을 가진 때에는 그 적법성을 확인해야 할 계기가 된다. 이 경우에는 미필적 위법성의 인식으로 법률의 착오를 부인해야 할 경우가 아닌 한 착오에 정당한 이유가 없는 때에 해당한다. 행위자

1 Rudolphi SK §17 Rn. 31.
2 Jescheck/Weigend S. 458.
3 Jescheck/Weigend S. 458~459; Rudolphi SK §17 Rn. 31; Schroeder LK Rn. 29도 같은 입장이다.
4 Neumann AK Rn. 53; Lesch JA 1996, 611.
5 Jakobs, Rn. 35; Timpe GA 1984, 57.
6 Neumann AK Rn. 53; Lesch JA 1996, 611.

가 그의 행위의 적법성에 대하여 확신을 가진 때라고 할지라도 반대되는 법원의 판결이나 행정관청의 고시가 있다는 것을 알았거나, 그 행위에 적용되는 법규정이 있다는 것을 안 경우에도 적법성을 의심할 계기가 된다.[1]

23 둘째, 핵심형법에 있어서는 행위상황에 대한 고의는 침해의 고의를 포함하므로 이에 대한 법률의 착오는 일반적으로 정당한 이유가 없는 경우에 해당한다. 여기서 핵심형법이란 형법의 핵심범위 내지 기본적인 사회규범과 동일한 외연을 갖는 형법규범을 의미한다.

판례가 ① 가족계획이라는 국가시책에 순응하는 것으로 알고 낙태행위를 한 경우(대법원 1965. 11. 23. 67 도 867), ② 마약을 판매 · 보관하거나(대법원 1961. 2. 24. 4293 형상 937) 제약회사에서 쓰는 마약은 구해 주어도 죄가 되지 않는 것으로 믿고 생아편을 구해 준 경우(대법원 1983. 9. 13. 83 도 1927), ③ 당국에 신고하지 않고 시체를 매장한 경우(대법원 1979. 8. 28. 79 도 1671), ④ 소를 끌고 가서 미안하다는 편지를 써두고 소를 절취한 경우(대법원 1970. 7. 24. 70 도 1149), ⑤ 관례에 따라 공무원에게 뇌물을 공여한 경우(대법원 1995. 6. 30. 94 도 1017)에는 법률의 착오가 정당한 이유 있는 경우에 해당하지 아니하고, ⑥ 가처분결정으로 직무집행정지 중에 있는 종단 대표자가 종단 소유의 보관금을 횡령한 경우(대법원 1990. 10. 16. 90 도 1604), ⑦ 압류물을 집달관의 승인 없이 관할구역 밖으로 옮긴 경우(대법원 1992. 5. 26. 91 도 894)에는 변호사의 자문이나 조언이 있는 때에도 정당한 이유가 있다고 할 수 없다고 판시한 것은 이러한 의미에서 이해할 수 있다.

24 셋째, 부수형법에 있어서도 행위자가 그 활동영역에 특수한 법규범이 적용된다는 것을 알았을 때에는 이를 심사할 계기가 된다. 예컨대 자동차운전자, 숙박업자, 유흥업자, 은행원, 생필품의 제조판매업자 등에게는 그 직업에 적용되는 법규범을 조사할 계기가 인정된다. 따라서 운전자가 변경된 교통법규를 모르고 있었다고 하여 그 착오에 정당한 이유가 있었다고 할 수 없다.

판례는 ① 학원의 설립 · 운영에 관한 법률에 의하여 등록하지 않고 무도학원을 인수하여 처벌받자 풍속영업신고의 신고자 명의만을 변경하여 영업한 경우(대법원 1994. 9. 9. 94 도 1134), ② 도의원선거에 출마하려는 농협조합장이 의례적인 행위로서 합법이라고 판단하고 조합자금으로 노인대학을 운영하면서 관광을 제공하고 그 행사를 주관한 경우(대법원 1996. 5. 10. 96 도 620)에 법률의 착오가 정당한 이유 있는 때에 해당하지 않는다고 판시하였다.

1 Neumann AK Rn. 61; Rudolphi SK § 17 Rn. 31; Stratenwerth/Kuhlen 10/85.

3. 위법성인식의 수단

25 행위자가 지적 인식능력을 다하여 위법성을 인식하는 수단은 숙고(熟考, Nachdenken)와 조회(照會, Erkundigung)이다. 즉 위법성인식의 계기가 존재하는 경우에, 행위자는 숙고와 조회에 의하여 위법성을 인식해야 하며, 이에 의하여도 위법성을 인식하지 못한 때에 비로소 법률의 착오는 정당한 이유가 있다고 할 수 있다.

26 **(1) 숙고(심사숙고)에 의한 판단** 자신의 숙고에 의한 법률의 착오의 회피가능성은 입법적 결단의 전제가 된 가치판단과 합목적성을 긍정하고 법률을 정확하게 해석하고 침해된 법규범의 정당성을 타당하게 판단하는 행위자의 능력을 전제로 한다.[1] 숙고에 의한 착오의 회피가능성은 스스로의 법률해석에 의한 경우와 법원의 판례를 신뢰한 경우로 나누어 볼 수 있다.

27 **1) 법률해석에 의한 법률의 착오** 자신의 독자적인 법률해석에 의하여 허용된다고 오인한 때에도 정당한 이유를 인정할 수 있는 경우가 있다. 다만, 법률에 여러 가지의 해석가능성이 있어 행위자의 행위가 허용되는가 또는 금지되는가에 의문이 있는 경우에는 법률의 착오는 원칙적으로 회피가능하다고 해야 한다.[2]

> 판례는 ① 초등학교 교장이 도교육위원회의 지시에 따라 교과내용으로 되어 있는 꽃양귀비를 교과식물로 비치하기 위하여 양귀비 종자를 사서 교무실 앞 화단에 심은 경우(대법원 1972. 3. 31. 72 도 64), ② 이복동생의 이름으로 해병대에 지원입대한 자가 휴가시 위 동생이 군에 복무중임을 알고 다른 사람의 이름으로 군 생활을 할 필요가 없다고 생각하여 귀대하지 않은 경우(대법원 1974. 7. 23. 74 도 1399), ③ 교통부장관의 허가를 얻어 설립된 사단법인 한국교통사고 상담센터의 하부 직원이 목적사업인 교통사고 피해자의 위임을 받아 사고 회사와의 사이에 화해의 중재나 알선을 하고 피해자로부터 교통부장관이 승인한 조정수수료를 받은 경우(대법원 1975. 3. 25. 74 도 2882)에 법률의 착오에 대하여 정당한 이유가 인정된다고 판시한 바 있다.

28 **2) 법원판결의 신뢰** 판례는 위법성인식의 직접적 대상은 아니지만 위법성의 인식가능성에 있어서는 중요한 의미를 갖는다.[3] 행위자의 행위가 행위시

1 Joecks MK § 17 Rn. 42; Rudolphi SK § 17 Rn. 33.
2 Rudolphi SK § 17 Rn. 35.
3 Schroeder LK § 17 Rn. 32.

의 일관된 판례에 의하여 위법하지 않다고 판시된 때에는 이를 신뢰한 행위자의 행위는 법률의 착오에 정당한 이유가 있는 때에 해당한다. 국민이 판례의 실질적 정당성까지 심사할 수는 없기 때문이다. 일관된 판례가 없더라도 문제된 행위가 적법하다는 판결만 있는 때에도 착오는 회피할 수 없다. 대법원 판결이 없는 경우에 하급심의 판결을 신뢰한 경우에도 같다. 행위자가 자신의 행위를 적법하다고 판시한 일관된 판례를 모른 경우에도 착오에는 정당한 이유가 있다고 해야 한다.[1] 조회를 한 경우에도 회피할 수 없는 착오에 해당하기 때문이다. 서로 모순되는 판결이 있는 경우에 상급심의 판결을 신뢰하여 허용된다고 오인한 때에는 정당한 이유가 있는 경우에 해당한다.

이에 반하여 ① 같은 심급의 판결이 모순된 때에는 법률상태가 불명확하다고 해야 하고, 자신의 숙고에 의한 위법성의 인식은 법률의 해석능력을 전제로 하므로 이 경우에는 전문가에게 조회하여 허용되는가의 여부를 확인하지 않는 한 정당한 이유가 있다고 할 수 없다. ② 다른 사안에 해당하는 판결을 신뢰하고 허용된다고 오인한 경우에도 회피가능한 착오에 해당한다. 판례도 피고인이 대법원의 판례에 비추어 자신의 행위가 무허가 의약품의 제조·판매행위에 해당하지 아니하는 것으로 오인하였다고 하더라도, 이는 사안을 달리하는 사건에 관한 대법원의 판례의 취지를 오해하였던 것에 불과하여 그와 같은 사정만으로는 그 오인에 정당한 사유가 있다고 볼 수 없다고 판시한 바 있다(대법원 1995. 7. 28. 95 도 1081). ③ 검사의 혐의 없음 불기소처분을 믿고 행위한 경우에도 법원의 판결을 신뢰한 경우와 같이 평가해야 한다. 판례도 검찰의 불기소처분을 받은 적이 있다면 법률의 착오에 정당한 이유가 있는 경우에 해당한다고 판시하였다.[2]

29 (2) **법률정보의 상담과 조회** 자신의 숙고에 의하여 행위의 위법성을 판단할 수 없거나 이에 대한 의문이 제기되는 때에는 법률전문가나 관할관청에 조회하여 정보를 얻은 결과 행위의 적법성을 확인한 때에만 정당한 이유가 인정될 수 있다. 정보조회의 대상은 변호사 등의 법률전문가와 관할관청이다.

---

1 Rudolphi SK § 17 Rn. 37; Sch/Sch/Cramer/Sternberg-Lieben Rn. 18; Schroeder LK Rn. 37.

2 대법원 1995. 8. 25. 95 도 717, "가감삼십전대보초와 한약 가지수에만 차이가 있는 십전대보초를 제조하고 그 효능에 관하여 광고를 한 사실에 대하여 이전에 검찰의 혐의 없음 결정을 받은 적이 있다면, 피고인이 비록 한의사·약사·한약업사 면허나 의약품판매업 허가 없이 의약품인 가감삼십전대보초를 '나'항과 같이 판매하였다고 하더라도 자기의 행위가 법령에 의하여 죄가 되지 않는 것으로 믿을 수밖에 없었고, 또 그렇게 오인함에 있어서 정당한 이유가 있는 경우에 해당한다."

1) **법률전문가에 대한 상담과 조회** 법률의 문외한인 행위자가 자신의 법률의 착오가 회피할 수 없다고 하기 위하여는 법률전문가(法律專門家)에게 조회하여 처벌받지 않는다는 법률정보(Rechtsauskunft)를 얻지 않으면 안 된다. 변호사·변리사·법학교수·법관 등이 법률정보를 제공할 수 있는 법률전문가에 해당하며, 이 경우의 법률전문가는 믿을 수 있는 사람이어야 한다. 여기서 믿을 수 있다는 것은 정보제공자의 전문성과 공정성 및 신중성을 요구한다.[1] 30

판례는 ① 경제의 성장과 안정에 관한 긴급명령 공포 당시 변호사에게 문의하여 채권이 이미 소멸되었다는 자문을 받고 신고하지 않은 경우에 벌할 수 없다고 판시하였다(대법원 1976. 1. 13. 74 도 3680). 그러나 ② 변리사로부터 타인의 등록상표가 효력이 없다는 자문과 감정을 받고 유사한 상표를 사용한 경우(대법원 1995. 7. 28. 95 도 702),[2] 나아가 ③ 변리사의 자문 이외에 특허청에서도 상표등록을 받아 주었고 검사의 무혐의 불기소처분이 있었던 경우(대법원 1998. 10. 13. 97 도 3337)에도 정당한 이유를 인정하지 않았다.[3] 변리사가 특허사건에 관한 한 신뢰할 수 있는 법률전문가에 해당한다는 점에는 의문이 없다. 그렇다면 변리사로부터 허용된다는 감정을 받아서 이를 근거로 한 행위에 대하여는 정당한 이유가 있다고 해석하는 것이 타당하다.

2) **관할관청 또는 담당공무원에의 조회** 관할관청 또는 담당공무원에게 조회하여 허용된다는 의견을 받아 행위한 경우에도 법률의 착오가 정당한 이유 있는 때에 해당한다. 특히 행정청의 허가가 있어야 함에도 불구하고 담당공무원에게 문의하여 허가를 요하지 않는다는 말을 듣고 허가를 받지 않은 경우는 정당한 이유를 인정할 수 있는 대표적인 경우라고 할 수 있다. 31

판례는 ① 서울특별시의 식품제조허가지침과 도봉구청의 질의회시를 믿고 사람들이 물에 씻어 오거나 볶아온 쌀 등을 빻아서 미싯가루를 제조하는 행위에는 별도의 허가를 얻을 필요가 없다고 믿고서 미싯가루 제조행위를 한 경우(대법원 1983. 2. 22. 81 도 2763), ② 관광휴양지역 내에서는 산림법의 규정이 배제된다는 제주시장의 말을 믿고 허가를

---

1 Krey Rn. 694; Sch/Sch/Cramer/Sternberg-Lieben §17 Rn. 18.

2 대법원 1995. 7. 28. 95 도 702, "피고인이 변리사로부터 타인의 등록상표가 상품의 품질이나 원재료를 보통으로 표시하는 방법으로 사용하는 상표로서 효력이 없다는 자문과 감정을 받아 자신이 제작한 물통의 의장등록을 하고 그 등록상표와 유사한 상표를 사용한 경우, 설사 피고인이 위와 같은 경위로 자기의 행위가 죄가 되지 아니한다고 믿었다 하더라도 이러한 경우에는 누구에게도 그 위법의 인식을 기대할 수 없다고 단정할 수 없으므로 피고인은 상표법위반의 죄책을 면할 수 없다."

3 한편, 대법원 1982. 1. 19. 81 도 646 판결은 이 경우에 정당한 이유를 인정하였다.

받지 아니하고 산림훼손 등의 행위를 한 경우(대법원 1992. 5. 22. 91 도 2525; 대법원 1993. 9. 14. 92 도 1560), ③ 건축허가 사무 담당 공무원의 설명을 듣고 건축허가를 받아 국유지상에 건축물을 신축한 경우(대법원 1993. 10. 12. 93 도 1888), ④ 산업기술 연수자로 입국하는 외국인의 입국절차를 대행하는 사업의 허가에 관하여 담당공무원이 절차가 정비되지 않아 허가를 받지 않아도 된다고 알려 주어 허가를 받지 않은 경우(대법원 1995. 7. 11. 94 도 1814)에 허가를 담당하는 공무원이 허가를 요하지 않는 것으로 잘못 알려 주어 이를 믿었기 때문에 허가를 받지 아니한 것이라면 허가를 받지 않더라도 죄가 되지 않는 것으로 착오를 일으킨 데 대하여 정당한 이유가 있는 경우에 해당한다고 판시하였다. 당연한 판결이다. 이에 반하여 대법원은 ① 유흥접객업소의 업주가 경찰의 단속대상에서 제외되었다는 말을 듣고 만 18세 이상의 고등학생이 아닌 미성년자를 출입시킨 경우에는 법률의 착오에 해당하지 않으며(대법원 1985. 4. 9. 85 도 25), ② 보건사회부 고시 등에 의하여 미승인 오락기구를 당국에 등록하고 그 사용기간을 일정 기간 받은 경우에는 공중위생법상의 벌칙규정에 의한 처벌에서 제외된다는 보건사회부장관의 회시는 법원의 판단을 기속하는 것이 아니며(대법원 1991. 8. 27. 91 도 1523), ③ 유선비디오 방송업자들의 질의에 대하여 체신부장관이 유선비디오 방송은 자가통신설비로 볼 수 없어 허가대상이 되지 않는다는 견해를 밝힌 바 있다 하더라도 그 견해가 법령의 해석에 관한 법원의 판단을 기속하는 것은 아니므로 그것만으로 피고인에게 범의가 없었다고 할 수 없다(대법원 1989. 2. 14. 87 도 1860)고 판시하였다.[1] 조회와 상담에 의한 행위에 정당한 이유가 있다고 하기 위하여는 조회의 대상이 관할관청이나 담당공무원이어야 한다. 따라서 ④ 부동산중개업자가 부동산중개업협회의 자문을 통하여 인원수의 제한 없이 중개보조원을 채용하는 것이 허용되는 것으로 믿고서 제한인원을 초과하여 중개보조원을 채용함으로써 구 부동산중개업법 위반행위에 이르게 된 경우에는 법률의 착오가 정당한 이유 있는 경우에 해당한다고 할 수 없다(대법원 2000. 8. 18. 2000 도 2943).

1 대법원이 보건사회부장관 또는 체신부장관의 견해가 법원의 판단을 기속하지 않는다는 판결은 의문이다. 처벌의 대상이 되는가에 대한 고지나 회시가 법원의 판단을 구속하지 못한다는 것은 당연하다. 그러나 행위자가 이러한 회시를 믿고 미승인 오락기구를 사용하였거나 허가 없이 유선비디오 방송을 하였다면 법률의 착오가 정당한 이유 있는 경우에 해당한다고 보아야 한다.

제5절 기대가능성 §26

I. 서 론

1. 기대가능성의 의의

기대가능성(期待可能性, Zumutbarkeit)은 행위자에게 책임능력이 있고 위법성의 인식이 있는 경우에도 행위자가 행위 당시의 구체적 사정에서 위법행위가 아니라 적법행위로 나아갈 수 있었는가를 물음으로써 비난가능성을 판단하는 책임판단의 최종단계이다. 1

인과관계가 인정되어도 규범적 판단에 의하여 객관적 귀속이 부정될 수 있는 것처럼, 다른 책임요소가 갖추어져도(과거의 범죄체계상으로는 고의, 과실이 인정되어도) 적법행위의 기대가능성이라는 규범적 판단에 의하여 비난가능성이 부정될 수 있다는 것이다.

적법행위의 기대가능성이 없는 경우 비난할 수 없어서 책임을 물을 수 없다는 의미에서 책임조각사유는 기대불가능성(Unzumutbarkeit)이라는 기본사상에 입각하고 있다고 할 수 있다.[1]

2. 기대가능성이론의 발전

(1) **규범적 책임론과 기대가능성** 기대가능성은 규범적 책임론의 핵심개념이다.[2] 심리적 책임론은 책임을 행위자의 결과에 대한 심리적 관계로 파악하여 결과에 대한 인식과 의사인 고의와 이를 인식하지 못한 과실이 책임이라고 하였다. 그러나 이 심리적 책임론은, ① 고의와 과실을 동일한 심리적 실재로 볼 수는 없으며, ② 고의와 과실이 있음에도 불구하고 책임비난을 할 수 없어서 책임이 조각되는 경우를 설명할 수 없으며, ③ 인식 없는 과실의 경우에는 아무런 심리적 실재를 인정할 수 없다는 점에서 결함을 드러내었다. 규범적 책임론은 책임의 본질이 심리적 사실관계가 아니라 구성요건에 해당하는 불법에 대한 비난가 2

1 Baumann/Weber/Mitsch S. 555; Jescheck/Weigend S. 477; Wessels/Beulke Rn. 433.
2 Henkel "Zumutbarkeit und Unzumutbarkeit als regulatives Rechtsprinzip", Mezger-FS S. 249.

능성이라는 평가적 가치관계에 있음을 밝혔다.

3 (2) **기대가능성이론의 전개** 기대가능성이론의 발전의 계기가 된 것은 1897. 3. 23의 Leinenfänger사건에 대한 제국법원(RG)의 판결이다.[1]

이 사건에서 RG는 주인의 명령에 따라 악습이 있는 말을 몰다가 통행인에게 상해를 입힌 마부에 대하여 해고의 위험을 무릅쓰고 말의 사용을 거부할 것을 기대할 수는 없다는 이유로 무죄를 선고하였다.

이 판결을 이론적으로 체계화한 것이 Frank의 규범적 책임론이며, Frank는 고의·과실 이외에 비난가능성, 즉 부수사정(附隨事情, begleitende Umstände)의 정상성(正常性)도 책임요소가 되어야 한다고 주장하였다.

Frank의 규범적 책임론은 Freudenthal, Goldschmidt 및 Eb. Schmidt에 의하여 규범적 책임개념으로부터 직접 초법규적 책임조각사유를 인정할 수 있다는 극단적인 이론으로 발전하게 된다. 즉 Freudenthal은 비난가능성이 일반적인 책임요소로서 고의와 과실의 구성요소가 되고 따라서 사정에 의하여 적법행위를 기대할 수 없는 자는 고의로 행위한 것이 아니라고 하였다. Goldschmidt는 책임이란 심리적 요건이라는 '사실'에 대비되는 '가치'관련적인 것으로서, 이는 의무규범의 침해가 있어야 인정될 수 있다고 보면서, 의무규범을 침해했다는 판단은 행위자에게 그 의무규범의 이행가능성이 있음을 전제하기 때문에, 기대불가능성은 의무규범 이행가능성의 내적 한계가 된다. 기대불가능성은 의무규범의 효력이 미치지 못하는 예외사유이며, 이 때문에 초법규적 책임조각사유를 인정할 필요가 있다고 주장하였다.

Goldschmidt와 Freudenthal에 의하여 주장된 초법규적 책임조각이론은 Eb. Schmidt에 의하여 책임조각사유로서 명시적인 법률의 규정이 없는 경우에도 적법한 행위를 기대할 수 없는 때에는 책임비난의 가능성이 없어진다는 형식으로 완성되기에 이른다.[2] 이와 같이 기대불가능성을 일반적인 초법규적 책임조각사유로 이해하는 견해는 20세기 초에 이르러 독일에서 통설의 지위를 차지하게 되었으며, 우리나라도 현재 통설[3]의 지위에 있다.

---

1 RGSt. 30, 35.

2 Baumann/Weber/Mitsch S. 570; Henkel Mezger-FS S. 253~254 참조.

3 유기천 231면, 248면; 이건호(공저) 271면; 이형국 244면; 임웅 317면; 정성근/박광민 350면; 정영석 203면; 진계호 304면; 권문택 "기대가능성"(고시계 1972. 12), 17면; 염정철 "기대가능성"(고시계 1967. 7), 34면.

대법원이 ① 어로작업 중 납북되어 북괴지역에서 한 찬양·고무행위는 살기 위한 부득이한 행위로서 기대가능성이 없고(대법원 1967. 10. 4. 67 도 1115), ② 입학시험응시자가 우연한 기회에 출제될 시험문제를 알게 되어 그에 대한 답을 암기하여 답안지에 기재한 경우에 암기한 답을 답안지에 기재하여서는 안 된다는 것을 일반 수험생에게 기대하는 것은 보통의 경우에 불가능하다는 이유로(대법원 1966. 3. 22. 65 도 1164) 무죄를 선고한 것은 모두 기대불가능성을 일반적인 책임조각사유로 인정한 것이라고 할 수 있다. 4

Ⅱ. 기대가능성의 체계적 지위

1. 책임론에 있어서의 체계적 지위

기대가능성이 책임론에 있어서 차지하는 체계적 지위에 관하여는 세 가지 견해가 대립되고 있다. 5

1) **고의·과실의 구성요소로 이해하는 견해** 기대가능성을 책임의 심리적 요소인 고의·과실의 구성요소로 파악하여 기대가능성이 없으면 고의나 과실이 조각된다고 하는 견해이다. 규범적 요소를 고의·과실에 포함시켜 기대가능성에 의하여 책임을 통일하려는 입장이다. Freudenthal에 의하여 주장되어 일본에서 小野·團藤가 지지한 견해이다. 우리나라에서 이 견해를 주장하는 학자는 없다. 고의나 과실이 의사결정이라는 주관적·내부적인 정신세계에 속하는 문제임에 반하여, 기대가능성은 이러한 의사결정에 영향을 줄 수 있는 부수사정에 대한 외부적·객관적 가치판단이므로 이를 고의나 과실에 포함시키는 것은 부당하다는 비판을 면할 수 없다.[1] 6

2) **제 3 의 책임요소로 파악하는 견해** 기대가능성을 책임능력·책임조건(고의·과실)과 병렬적 지위에 있는 독립된 책임요소라고 하는 견해[2]이다. 기대가능성은 비난가능성의 가장 중요한 본질적 요소이므로 기대가능성의 독자성을 인정해야 한다는 것을 근거로 한다. 책임조각사유설과 결과적으로는 같은 결론을 가져오지만, 기대가능성은 그것이 존재하는 경우에 책임을 인정할 수 있게 하는 판단기준이 아니라 그것이 존재하지 않는 경우에 책임을 조각 또는 감소하게 하 7

1 유기천 231면.
2 오영근 470면; 임웅 318면; 이형국 240면; 심재우 "규범적 책임론과 기대가능성"(고시연구 1979. 9), 24면.

는데 형법상 의미가 있는 점을 무시하였다고 할 수 있다.

8 3) **책임조각사유로 파악하는 견해** 기대가능성은 책임의 적극적 요소가 아니라, 책임능력과 책임조건이 존재하면 원칙적으로 책임이 인정되고 기대가능성이 없는 때에 책임이 조각된다고 해석하는 견해이다. 우리나라의 다수설[1]의 태도이다. 독일의 통설이 적법행위의 기대불가능성을 책임조각사유의 기본원칙이라고 하는 것도 이러한 의미라고 할 수 있다.[2] 기대가능성이 비난가능성의 본질을 이루고 있기는 하지만, 책임능력과 책임조건이 존재하는 경우 기대가능성은 대체로 존재하며 적법행위의 기대가능성이 없을 때 비로소 책임이 조각된다는 점에서, 책임을 검토함에 있어서 이를 책임'요소'로서 항상 검토할 필요는 없다고 하겠다. 책임조각의 기본사상이 행위자에게 적법행위로 나아갈 기대를 할 수 없었다는 기대불가능성에 터 잡고 있다는 점에 비추어 볼 때, 기대가능성 여부를 책임조각시 고려하는 이 견해가 타당하다고 생각된다.

2. 기대가능성이론의 기능

9 (1) **초법규적 책임조각사유의 문제** 우리나라의 통설은, 기대불가능성은 책임조각사유의 기본원리이므로 이를 인정함으로써 일반적인 초법규적 책임조각사유(超法規的 責任阻却事由)를 인정하는 결과가 된다고 한다. 이에 반하여 독일에서는 기대불가능성을 근거로 초법규적 책임조각사유가 인정되는 것이 아니라 기대불가능성은 개별적인 형법규정의 범위와 한계를 명시해주는 보정원칙(補正原則, regulatives Prinzip)에 지나지 않는다고 해석하는 견해가 통설[3]의 지위를 차지하고 있다. 언제 책임이 있고 언제 책임이 조각되는가는 형법이 규정할 성질이며, 기대불가능성은 책임개념에 대한 명백한 내용과 기준을 제시하는 것이 아니므로 초법규적 책임조각사유를 인정하는 것은 형법의 기능과 법적용의 평등을 약화시키며 책임주의를 침해하게 된다는 것을 이유로 한다. 특히 과실범과 부작위범에

1 박상기 258면; 배종대 467면; 손해목 664면; 안동준 166면; 이건호(공저) 270면; 정성근/박광민 354면; 정영석 205면; 권문택 전게논문, 16면; 염정철 전게논문, 31면.

2 Baumann/Weber/Mitsch S. 574; Bockelmann/Volk S. 127; Haft S. 138; Jescheck/Weigend S. 477; Maurach/Zipf S. 408; Sch/Sch/Lenckner Vor § 32 Rn. 110; Wessels/Beulke Rn. 433.

3 Bockelmann/Volk S. 131; Jescheck/Weigend S. 504; Maurach/Zipf S. 435; Rudolphi SK Vor § 19 Rn. 10; Sch/Sch/Lenckner Vor § 32 Rn. 122; Schultz I, S. 202; Stratenwerth/Kuhlen 10/101; Wessels/Beulke Rn. 451; Henkel Mezger-FS S. 295.

있어서는 기대불가능성이 책임조각사유가 될 수 있어도, 고의의 작위범에 있어서는 기대가능성이 없다는 이유만으로 책임이 조각된다고 할 수는 없다고 한다.[1] 기대가능성의 형법적 기능을 실정 형법규정의 보정으로 제한하는 시각의 결론이라고 할 수 있다.

10 형법의 해석에 있어서도 형법상의 책임조각사유에 관한 규정을 떠나서 기대가능성이 없으면 언제나 책임이 조각된다고 일반화하는 것은 형법의 기능을 약화시킬 위험이 있으므로 초법규적 책임조각사유를 인정하는 것은 부당하다는 견해[2]도 있다. 이에 의하면 형법이 규정한 책임조각사유 이외에 기대불가능성을 이유로 한 초법규적 책임조각사유를 인정할 필요는 없으며, 초법규성을 정당화하는 규범적 근거가 제시된 것도 아니라고 한다. 그러나 책임조각사유에 관한 규정이 불충분한 현행 형법에 있어서 ① 면책적 긴급피난에 해당하는 경우, ② 상당성이 인정되지 않는 의무의 충돌, ③ 구속력 있는 위법한 상사의 명령에 의한 행위, ④ 생명 · 신체 이외의 법익에 대한 강제상태에서 행한 강요된 행위의 경우에는 초법규적 책임조각사유를 인정할 필요가 있다. 이러한 의미에서 형법의 해석에 있어서는 초법규적 책임조각사유를 인정하는 통설이 타당하다.

11 (2) **보정기능의 적용범위** 기대가능성이론은 원래 책임조각사유의 기본원칙으로 전개된 것이다. 그런데 학자에 따라서는 기대가능성의 보정기능이 단순히 책임조각사유에 대하여만 적용되는 것이 아니라, 부작위범과 과실범에 관하여는 구성요건해당성 내지 불법을 규제하는 것이라고 해석하고 있다. 다만 기대불가능성이 구성요건해당성 내지 불법을 조각하는 범위에 관하여는 ① 기대불가능성은 진정부작위범의 경우에 작위의무의 범위를 결정하므로 구성요건해당성을 조각한다는 견해,[3] ② 진정부작위범의 경우뿐만 아니라 부진정부작위범에 대하여도 구성요건해당성을 조각한다는 견해,[4] ③ 부작위범의 경우 이외에 과실범의 경우에도 기대가능성은 불법의 영역에서 객관적 주의의무의 이행 여부를 결정하고 책임에 관하여는 주관적 예견의무를 결정하는 이중의 의미를 가진다는

1 Baumann/Weber/Mitsch S. 571; Haft S. 138; Lackner S. 133; Sch/Sch/Lenckner Vor §32 Rn. 125, 126; Wessels/Beulke Rn. 451.
2 김일수/서보학 409면; 배종대 472면; 신동운 429면; 안동준 167면; 이정원 252면; 황산덕 216면.
3 Jescheck/Weigend S. 634.
4 Sch/Sch/Lenckner Vor §32 Rn. 125; Tröndle/Fischer §13 Rn. 16.

견해[1] 등으로 나누어지고 있다.

12 그러나 부작위범에 있어서는 행위의 불가능성과 기대불가능성을 구별하여야 하고, 행위가 불가능한 때에는 구성요건에 해당하지 않으며 구성요건해당성이 긍정되는 경우에 한하여 작위의무의 기대가능성이 문제되는 것이며, 과실범에 있어서도 기대가능성이 객관적 주의의무의 내용이 된다고 할 수 없으므로 기대불가능성의 보정기능을 불법에 확대하는 것은 타당하다고 할 수 없다.

Ⅲ. 기대가능성의 판단기준

1. 견해의 대립

13 기대가능성의 유무를 판단하는 기준을 어디에 둘 것인가에 대하여는 세 가지 견해가 대립되고 있다.

14 (1) **행위자표준설** 기대가능성의 유무를 행위 당시 행위자의 구체적 사정을 표준으로 하여 판단해야 한다는 견해[2]이다. 즉 행위 당시에 행위자가 그 행위 대신에 다른 적법행위를 할 것을 기대할 수 있는가에 따라 기대가능성의 유무를 판단해야 한다는 것이다. 행위자를 떠나서 기대가능성을 논하는 것은 이를 책임의 근거로 인정하는 사실을 무의미하게 만들며 인간에게 초인간적인 것을 요구할 수는 없으므로 형사책임의 일반원칙과 기대가능성의 본질에 비추어 기대가능성은 행위자의 개인적 능력과 개인적 사정을 기초로 판단해야 한다는 것을 이유로 한다.[3]

15 (2) **평균인표준설** 기대가능성의 유무를 행위자 대신에 사회의 평균인을 표준으로 하여 판단해야 한다는 견해이다. 즉 사회의 평균인을 행위자의 위치에 둔 경우에 적법행위를 기대할 수 있는가에 따라 기대가능성을 판단해야 한다는 것이다. 우리나라의 통설[4]이 취하고 있는 견해이다. 기대가능성의 판단의 대

1 Haft S. 139; Wessels/Beulke Rn. 451; Henkel Mezger-FS S. 281, 286.
2 김성천/김형준 381면; 박상기 258면; 배종대 477면; 이형국 242면; 진계호 303면; 심재우 전게논문, 30면.
3 Baumann/Weber/Mitsch S. 570; Henkel Mezger-FS S. 308.
4 김일수/서보학 412면; 손해목 654면; 신동운 431면; 오영근 472면; 유기천 241면; 임웅 320면; 정성근/박광민 357면; 정영석 206면; 황산덕 216면; 권문택 전게논문, 17면; 염정철 전게논문, 32면.

상은 행위자이지만 그것은 평균인에 의한 객관적 판단이어야 한다는 데 근거가 있다.

16 (3) **국가표준설** 적법행위를 기대하고 있는 국가가 법질서 내지 현실을 지배하는 국가이념에 따라 기대가능성의 유무를 판단해야 한다는 견해이다. 이에 의하면 기대가능성의 판단은 구체적인 행위자의 개별적 평가의 문제가 아니라 법질서와 법률에 의한 객관적 평가의 문제가 된다. 법과 국가의 요구에 따라 기대가능성의 표준도 달라진다는 특징을 갖는다. 현재 우리나라에서 이 견해를 주장하는 학자는 보이지 않는다.

2. 비 판

17 국가표준설에 대하여는 국가는 항상 국민에게 적법행위를 기대하는 것이므로 국가를 표준으로 기대가능성의 유무를 판단하는 것은 기대가능성의 기본사상과 부합하지 않고, 법률상 어떤 경우에 기대가능성을 인정할 수 있는가라는 문제에 대하여 법질서가 기대하는 경우에 기대가능성이 있다고 하는 것은 질문에 대하여 질문으로 답하는 것에 지나지 않는다는 비판이 제기되고 있다. 한편, 행위자표준설에 대하여도 행위자 개인의 구체적 사정을 표준으로 하여 기대가능성을 판단할 때에는 적법행위의 기대가능성은 거의 있을 수 없게 되고 특히 확신범은 기대가능성이 없으므로 책임 없다는 결론이 되어 책임판단을 불가능하게 할 뿐만 아니라, 책임판단의 확실성과 균형성을 침해하고 극단적인 개별화에 의하여 형법의 해소를 결과한다는 점에서 타당하다고 할 수 없다.[1] 초법규적 책임조각사유의 범위를 명확히 하고 이를 제한한다는 의미에서도 통설인 평균인표준설이 타당하다고 하겠다. 판례도 평균인표준설을 취하고 있다.[2]

18 평균인표준설에 대하여는 ① 평균인이라는 개념이 명확하지 아니하므로 기대가능성

---

1 Jescheck/Weigend S. 503; Sch/Sch/Lenckner Vor §32 Rn. 123.

2 대법원 2004. 7. 15. 2004 도 2965 전원합의체판결, "양심적 병역거부자에게 그의 양심상의 결정에 반한 행위를 기대할 가능성이 있는지 여부를 판단하기 위해서는, 행위 당시의 구체적 상황하에 행위자 대신에 사회적 평균인을 두고 이 평균인의 관점에서 그 기대가능성 유무를 판단하여야 할 것인바, 양심적 병역거부자의 양심상의 결정이 적법행위로 나아갈 동기의 형성을 강하게 압박할 것이라고 보이기는 하지만 그렇다고 하여 그가 적법행위로 나아가는 것이 실제로 전혀 불가능하다고 할 수는 없다고 할 것인바, 법규범은 개인으로 하여금 자기의 양심의 실현이 헌법에 합치하는 법률에 반하는 매우 드문 경우에는 뒤로 물러나야 한다는 것을 원칙적으로 요구하기 때문이다."

의 표준도 불명확하게 되고, ② 평균인을 기준으로 할 때에는 이미 책임판단의 문제가 아니라 불법조각사유에 해당한다는 비판이 제기되고 있다.[1] 그러나 사회적 유형개념으로서의 평균인이라는 개념은 반드시 불명확한 것이라고는 할 수 없고, 평균인 표준설에 의하면 기대가능성의 판단기준은 객관적이지만 판단의 대상은 개별적인 행위자이므로 판단의 개별성이 무시되는 것은 아니기 때문에 책임판단의 범위를 벗어난 것은 아니라고 생각된다.

Ⅳ. 기대가능성에 대한 착오

19 기대가능성에 대한 착오에 관하여는 형법이 아무런 규정도 두지 않고 있다. 기대가능성의 존재와 한계에 대한 착오는 법적으로 아무런 의미가 없다. 기대가능성의 한계는 행위자가 스스로 판단할 성질이 아니기 때문이다. 기대불가능성의 기초가 되는 사정에 대한 착오에 관하여 책임요소는 구성요건은 아니지만 착오에 있어서는 주관적 구성요건과 같이 취급해야 한다는 견해[2]도 있다. 그러나 책임을 조각하는 행위상황에 대한 착오는, 착오의 이유를 묻지 않는 구성요건적 착오가 아니라 고유한 종류의 착오라고 보아야 한다. 따라서 착오에 상당한 이유가 있으면 책임이 조각되지만, 이를 회피할 수 있었던 때에는 책임을 조각하지 않는다고 해야 한다. 또한 착오가 불가피하였는가의 여부를 판단함에 있어서는 행위자를 표준으로 판단해야 한다는 견해[3]도 있으나, 객관적 기준에 의하여 판단해야 한다는 견해가 타당하다.

Ⅴ. 기대불가능성으로 인한 책임조각사유

1. 형법상의 책임조각사유

20 강요된 행위(제12조)·과잉방위(제21조 3항) 및 과잉피난(제22조 3항)은 형법총칙이 규정하고 있는 기대불가능을 이유로 한 책임조각사유이다. 제21조 2항의 과잉방위와 제23조 2항의 과잉자구행위도 기대불가능성과 기대가능성의 감소를 이유로 한 책

1 심재우 "기대가능성은 책임조각사유인가"(법정 1976. 8), 92면.
2 Haft S. 264.
3 진계호 306면.

임의 조각 내지 감경사유이다. 각칙이 규정하고 있는 친족간의 범인은닉과 증거인멸(제151조 2항, 제155조 4항) 및 범인 자신의 범인은닉과 증거인멸은 기대불가능성을 이유로 책임이 조각되는 경우이고, 단순도주죄(제145조)가 도주원조죄(제147조)보다 법정형이 경하고 위조통화취득 후의 지정행사죄(제210조)가 위조통화행사죄(제207조 4항)보다 형이 경한 것은 기대가능성의 감소를 이유로 책임이 감경되기 때문이다.

2. 강요된 행위

(1) 의의와 법적 성질

21 1) 형법 제12조와 기대가능성 형법 제12조는 "저항할 수 없는 폭력이나 자기 또는 친족의 생명·신체에 대한 위해를 방어할 방법이 없는 협박에 의하여 강요된 행위는 벌하지 아니한다"라고 하여 강요된 행위(强要된 行爲)를 규정하고 있다. 강요된 행위는 강제상태하에서는 행위자에게 적법행위에 대한 기대가능성이 없다는 이유로 책임이 조각된다는 것을 명백히 한 것이다. 구법하에서 초법규적 책임조각사유로 인정되어 오던 기대불가능성을 이유로 한 책임조각사유를 명문화한 것이며, 기대불가능성이 책임조각사유가 된다는 것을 명백히 한 예시규정의 의미를 가진다고 볼 수 있다.

22 2) 강요된 행위의 법적 성질 형법 제12조는 독일 구 형법 제52조의 Nötigungsstand에서 유래한 규정이다.[1] 그런데 긴급피난의 본질에 관하여 이원설을 취하는 독일 형법의 해석에서는 강요된 행위는 긴급피난의 한 형태 내지 그 특수한 경우에 불과하다고 보았다.[2] 즉 긴급피난과 강요된 행위는 긴급상태하에서 위난을 피하기 위한 행위라는 점에서 본질을 같이한다는 것이다. 현행 독일 형법 제35조는 이러한 이유로 구법 제52조의 강요된 행위를 면책적 긴급피난의 규정에 통합하여 규정하고 있다. 그러나 ① 긴급피난이 자기 또는 타인의 법익에 대한 현재의 위난이 있으면 족함에 대하여 강요된 행위는 폭행 또는 협박으로 인하여 강요된 상태에 있었을 것을 요건으로 하여 강요의 원인이 부당할 것을 요하

1 독일 구 형법 제52조 1항은 "행위자가 저항할 수 없는 폭력이나 자기 또는 친족의 생명·신체에 대한 현재의 달리 피할 수 없는 협박에 의하여 행위를 하도록 강요된 때에는 죄가 되지 아니한다"라고 규정하고 있었다.

2 Jagusch LK 8.Aufl. S. 393; Jescheck 2.Aufl. S. 365; Schönke/Schröder 14.Aufl. S. 429; Welzel S. 181.

고 있으며, ② 긴급피난에 있어서는 상충하는 이익 사이의 균형이 중요한 기준이 됨에 반하여 강요된 행위에 있어서는 상당한 이유의 유무와 관계없이 오로지 강제상태 때문에 적법행위의 기대가능성이 없다는 점을 고려한 책임조각사유인 점에서 양자는 구별된다고 해야 한다.[1]

23 (2) 요 건 저항할 수 없는 폭력이나 자기 또는 친족의 생명 · 신체에 대한 위해를 방어할 방법이 없는 협박에 의하여 강요된 행위임을 요한다.

1) 강제상태 행위자가 저항할 수 없는 폭력이나 자기 또는 친족의 생명 · 신체에 대한 위해를 방어할 방법이 없는 협박에 의하여 강제된 상태에 있어야 한다. 이를 강제상태라고 할 수 있다.

㈎ **저항할 수 없는 폭력**

24 (a) 폭력의 범위 폭력(暴力, Gewalt)이란 저항을 억압하기 위하여 행사되는 유형력을 말한다. 폭력은 그 강도에 따라 절대적 폭력(絶對的 暴力, vis absoluta)과 강제적 폭력(强制的 暴力, vis compulsiva)으로 구별된다. 전자는 어떤 행위를 물리적, 절대적으로 지배하는 폭력을 말하며, 후자는 의사형성에 영향을 미치는 심리적 폭력을 의미한다. 본조의 폭력에 절대적 폭력도 포함된다는 견해[2]가 있으나, 절대적 폭력에 의한 경우에는 피강요자의 의사가 그 행위에 반영되지 않으므로 형법상의 행위라고 할 수 없다. 따라서 여기의 폭력은 강제적 폭력에 한한다고 해석하는 다수설[3]이 타당하다. 대법원도 같은 취지로 판시하고 있다.[4]

25 폭력의 수단에는 제한이 없다. 직접 사람에 대하여 행하여진 것임을 요하지 않으며 물건에 대한 유형력의 행사도 간접적으로 사람의 의사형성에 영향을 미치는 것은 여기에 포함된다. 감금행위[5]는 물론, 마취제를 사용하여 혼수상태에 빠지게 하는 것도 여기의 폭력에 해당한다.

26 (b) 저항할 수 없는 폭력의 기준 저항할 수 없는 폭력이란 피강요자가

---

1 김일수/서보학 422면; 배종대 480면; 손해목 669면; 임웅 327면; 정성근/박광민 363면.

2 유기천 247면.

3 김일수/서보학 422면; 배종대 480면; 손해목 670면; 신동운 432면; 이형국 247면; 임웅 328면; 정성근/박광민 363면; 정영석 209면; 진계호 426면.

4 대법원 1983. 12. 13. 83 도 2276.

5 대법원 1972. 5. 9. 71 도 1178, "18세 소년이 취직할 수 있다는 감언에 속아 도일하여 지리나 인정 등이 생소한 일본국에서 조총련 간부들의 감시 내지 감금하에 강요에 못이겨 공산주의자가 되어 북한에 갈 것을 서약한 행위는 강요된 행위라고 볼 수밖에 없다."

강제에 대항할 수 없는 정도의 폭력을 말한다. 반드시 물리적으로 대항할 수 없는 경우뿐만 아니라, 폭력을 제거할 힘은 있지만 이를 거부할 수 없는 처지에 있는 경우를 포함한다. 저항할 수 없는 폭력인가의 여부는 폭력 그 자체를 기준으로 할 것이 아니라, 구체적인 사정을 기초로 피강요자의 능력을 고려하여 다른 방법을 취하는 것이 기대될 수 있는가를 기준으로 판단하여야 한다. 폭력의 성질과 수단·방법 및 피강요자의 인격 등을 종합하여 구체적으로 판단하지 않을 수 없다.

(나) **방어할 방법이 없는 협박** 자기 또는 친족의 생명·신체에 대한 방어할 방법이 없는 협박이 있어야 한다. 협박이란 사람을 외포시킬 만한 위해를 가할 것을 고지하는 것을 말하며 단순한 경고와 구별된다. 반드시 명시적·외형적인 협박이 있을 것을 요하는 것은 아니다. 27

따라서 북괴치하에 거주하는 자의 부득이한 부역행위(대법원 1954. 12. 14. 4287 형상 49)나 국가보안법 위반행위(대법원 1956. 3. 6. 4288 형상 392; 대법원 1956. 3. 16. 4288 형상 304)는 물론, 북괴에 납북된 어부가 납북되어 있는 동안에 행한 국가보안법 위반행위도 강요된 행위가 될 수 있다(대법원 1971. 12. 14. 71 도 1657; 대법원 1972. 3. 28. 71 도 1558; 대법원 1976. 9. 14. 75 도 414).

(a) 위해의 범위 협박은 자기 또는 친족의 생명·신체에 대한 것이어야 한다. 28

협박의 내용은 생명·신체에 대한 위해(危害)에 제한된다. 생명·신체에 대한 위해란 살해하거나 신체의 온전성을 현저히 침해하는 것을 말한다. 생명·신체에 대한 위해에 제한되므로 자유·재산·명예·비밀에 대한 위해는 여기에 포함되지 않는다. 다만 정조(貞操)에 대한 위해는 신체의 위해에 포함된다고 해석하는 견해[1]도 있다.

입법론으로는 재산에 대한 위해까지 포함시켜야 한다는 견해[2]도 있으나, 생명·신체 이외의 법익에 대한 위해는 여기에 해당하는 것이 아니라 초법규적 책임조각사유에 해당한다고 해야 한다. 생명·신체에 대한 위해는 현재의 위해임을 요한다는 견해[3]도 있다. 그러나 명문으로 현재의 위해임을 요하고 있는 독일 구 형법 제52조나 현행 독일 형법 제35조의 규정과는 달리 이러한 요건을 규정하지 않고 있는 형법 제12조의

1 염정철 전게논문, 34면.
2 유기천 246면; 염정철 전게논문, 34면.
3 백남억 217면.

해석에 있어서 현재의 위해임을 요한다고 해석하여야 할 이유가 없다.

29 위해는 자기 또는 친족에 대한 것이어야 한다. 친족의 범위는 민법에 의하여 정하여진다. 다만 본조의 취지에 비추어 사실상의 부부와 사생아도 여기에 포함된다고 해석함이 타당하다.[1]

30 (b) 방어할 방법이 없는 협박 협박은 위해를 방어할 방법이 없는 것임을 요한다. 방어할 방법이 없다는 것은 달리 위해를 저지하거나 피할 수 없다는 것을 의미한다. 즉 범죄를 행하는 것이 위해를 피하기 위한 유일한 방법이어야 한다. 이러한 의미에서 여기의 협박은 현실로 상대방을 외포케 하여 의사결정과 활동의 자유를 침해할 정도에 이르러야 한다. 따라서 단순히 상사의 지시에 의하여 군용물을 매각하였다는 것만으로는 강요된 행위가 된다고 할 수 없다.[2]

31 (다) **자초한 강제상태** 행위자가 강제상태를 자초한 경우에는 강요된 행위의 요건인 강제상태, 즉 저항할 수 없는 폭력이나 방어할 방법이 없는 협박에 해당하지 않는다.[3] 이 경우에 적법행위의 기대가능성이 없다고는 할 수 없기 때문이다. 대법원도 피강요자의 책임 있는 사유로 인하여 강제상태가 야기된 때에는 강요된 행위가 될 수 없다고 판시하고 있다.[4]

32 2) 강요된 행위 폭력이나 협박에 의하여 강요된 행위일 것을 요한다. 강요된 행위란 폭력이나 협박에 의하여 피강요자의 의사결정이나 활동의 자유가 침해되어 강요자가 요구하는 일정한 행위를 하는 것을 말한다. 강요된 행위가 구성요건에 해당하는 위법한 행위일 것을 요함은 당연하다고 하겠다. 이러한 요건도 갖추지 못한 행위에 대하여는 행위자의 책임을 문제삼을 필요가 없기 때문이다.

강요의 수단인 폭력이나 협박과 강요된 행위 사이에는 인과관계가 있어야 한다. 인과관계가 없는 때에는 행위자에게는 책임이 조각되지 않고 강요자와 공

1 김일수/서보학 424면; 박상기 261면; 배종대 481면; 손해목 671면; 오영근 478면; 이형국 248면; 임웅 329면; 정성근/박광민 364면; 정영석 210면; 황산덕 220면.

2 대법원 1983. 12. 13. 83 도 2543.

3 Jescheck/Weigend S. 485; Maurach/Zipf S. 445; Rudolphi SK § 35 Rn. 15; Sch/Sch/Lenckner/Perron § 35 Rn. 20; Tröndle/Fischer § 35 Rn. 11.

4 대법원 1973. 1. 30. 72 도 2585, "반국가단체의 지배하에 있는 북한지역으로 탈출하는 자는 특별한 사정이 없는 한 북한집단구성원과의 회합이 있을 것이라는 사실을 예측할 수 있고 자의로 북한에 탈출한 이상 그 구성원과의 회합은 예측하였던 행위이므로 강요된 행위라고는 인정할 수 없다."

동지: 대법원 1971. 2. 23. 70 도 2629; 대법원 1973. 9. 12. 73 도 1684.

범관계가 성립한다.

(3) **효 과** 강요된 행위는 벌하지 아니한다. 적법행위에 대한 기대가능성이 없기 때문에 책임이 조각된다는 의미이다. 이 경우에 강요자는 간접정범으로 처벌받게 된다. 제한적 종속형식을 취하는 이상 강요자는 교사범으로서 책임을 져야 한다는 견해[1]도 있으나, 간접정범의 본질에 비추어 행위자를 자유없이 행위하는 도구로 이용한 때에는 간접정범이 된다고 할 것이다. 33

3. 초법규적 책임조각사유

형법의 규정이 없다 하더라도 기대불가능성을 이유로 책임이 조각되는 초법규적 책임조각사유로는 다음과 같은 경우를 들 수 있다. 34

(1) **위법한 명령에 따른 행위** 상관의 위법한 명령에 따른 행위는 어떤 경우에도 위법하다. 다만 절대적 구속력을 가진 명령의 경우에는 이에 따른 행위는 기대가능성이 없기 때문에 책임이 조각된다고 해석해야 한다. 군인 또는 공무원의 직무상의 명령이 여기에 해당한다. 35

(2) **의무의 충돌** 동시에 이행해야 할 의무가 충돌한 경우에 행위자가 낮은 가치의 의무를 이행하기 위하여 높은 가치의 의무를 태만히 한 때에는 행위자는 위법하게 행위한 것이 된다. 그러나 이 경우에도 다음의 경우에는 책임이 조각될 수 있다.[2] 의무의 충돌이 책임조각사유가 되는 경우에는 충돌하는 의무가 반드시 법적 의무일 것을 요하는 것은 아니다. 36

첫째, 행위자가 충돌하는 의무의 서열을 잘못 알고 높은 가치의 의무를 이행한다는 것이 낮은 가치의 의무를 이행한 때에는 금지의 착오에 해당한다. 따라서 착오에 정당한 이유가 있는 때에는 책임이 조각된다. **둘째,** 행위자가 낮은 가치의 의무인 것은 알았으나 극복할 수 없는 부득이한 사유로 인하여 낮은 가치의 의무를 이행한 때에는 기대가능성이 없기 때문에 책임이 조각될 수 있다. **셋째,** 객관적인 법질서나 사회윤리적 가치관의 관점에서는 높은 가치의 의무를 이행해야 하지만 행위자의 개인적인 종교 또는 윤리관으로 인하여 낮은 가치의 의무를 이행한 때에는 확신범의 문제가 된다. 이 경우에도 책임이 조각된다고 해석하는

1 박정근 "강요된 행위"(법정 1965. 10), 22면.
2 Gallas "Pflichtenkollision als Schuldausschließungsgrund", Mezger-FS S. 318.

견해[1]가 있다. 그러나 확신범의 경우에는 위법성은 물론 책임도 조각되지 않는다고 해야 한다.

37 (3) **생명 · 신체 이외의 법익에 대한 강요된 행위** 자기 또는 친족의 생명 · 신체 이외의 자유 · 정조 또는 재산 등에 대한 방어할 방법이 없는 협박에 의하여 강요된 행위는 형법 제12조에 해당하지 않는다. 그러나 이 경우에도 책임조각사유의 기본원리에 비추어 적법행위에 대한 기대가능성이 없는 때에는 초법규적으로 책임이 조각 또는 감경된다고 해야 한다.

1 이형국 연구, 336면.

제5장 미수론

제1절 미수범 §27

I. 서 론

1. 범죄의 실현단계

범죄의 실현은 범죄의 의사에서 시작하여 예비(음모), 실행의 착수, 결과의 발생, 종료로 진행된다. 범죄의 기수(旣遂, Vollendung)는 범죄구성요건의 완전한 충족이 있는 경우이다. 따라서 언제 기수가 되는가는 개별 구성요건의 해석에 의하여 정해진다. 한편 범죄구성요건이 완전하게 충족되지 못한 경우는 미수(未遂, Versuch)가 된다. 미수는 실행의 착수부터 기수에 이르기 전까지의 단계를 지칭한다. 이 이전에 범죄의 의사의 외적 표현으로서 예비(음모)의 단계가 있다. 이와 같은 범죄실현의 각 단계의 형법적 의의에 관하여 고찰을 할 필요가 있다. 1

1) 범죄의사 범죄의사는 외부에 실현되지 않는 때에는 형법의 대상이 되지 않는다(cogitationis poenam nemo patitur: 아무도 생각만으로 처벌되지 않는다). 형법은 개인의 도덕성을 촉진하기 위한 법이 아니라 사회질서를 보호하기 위한 것이므로 질서가 침해되어야 비로소 불법이 된다. 내심의 의사는 아무 것도, 누구도 침해하는 것이 아니기 때문이다. 2

2) 예 비 예비(豫備, Vorbereitung)란 범죄의 실현을 위한 일체의 준비행위를 말한다. 범행장소의 탐사·범행도구의 구입이 그 예이다. 예비는 범죄의 실행을 위한 준비 또는 계획의 단계로서 실행행위가 개시되기 전(실행의 착수 전)까지를 말한다. 형법은 예비를 원칙적으로는 처벌하지 않고 극히 예외적으로 처벌한다. 왜냐하면 예비는 범죄행위 그 자체가 아니라 범죄행위의 전단계이며, 기수와는 큰 차이가 있어서 이로 인하여 일반의 법감정이 현저히 침해되지 않으며, 이 단계에서는 범의를 명백히 입증할 수 없기 때문이다. 다만 예비행위에서 비롯되는 법익침해의 위험성 또는 예비행위에 의하여 위태화되는 법익의 가치가 3

현저히 큰 경우에는 입법자는 형사정책상 예외적으로 예비행위를 처벌할 수 있다. 음모는 일정한 범죄를 실행할 목적으로 2인 이상이 합의를 이루는 것으로서, 예비와 유사한 성격을 갖는다. 형법은 범죄의 음모 또는 예비행위가 실행의 착수에 이르지 아니한 때에는 법률에 특별한 규정이 없는 한 벌하지 아니한다고 규정하고 있다(제28조).

4 3) 미 수 미수범이란 범죄의 실행에 착수하여 행위를 종료하지 못하였거나 결과가 발생하지 아니한 경우를 말한다(제25조 1항). 미수범은 범죄의 실행에 착수한 점에서 예비와 구별되며, 미수와 예비의 구별은 행위의 가벌성을 결정하는 데 중요한 의의가 있다.[1] 미수범은 예비와는 달리 원칙적으로 처벌할 수 있는 수위에 이른 범죄이다. 다만 형법은 미수범 처벌규정을 각 구성요건에 개별적으로 두고 있다.[2]

5 4) 기수와 종료 미수와 기수는 범죄실행의 착수 이후의 단계인 점에서 공통되지만, 미수가 구성요건의 실현이 완성되지 못한 경우를 의미함에 반하여, 기수는 이를 실현하여 완성한 경우이다. 기수는 구성요건의 형식적 실현(tatbestandlichformelle Vollendung)을 의미하며, 범죄의 실질적 종료(實質的 終了, materielle Beendigung)와 구별된다. 범죄의 실질적 종료는 법익의 침해가 행위자의 의도대로 발생한 때 비로소 인정되기 때문이다. 목적범에 있어서 목적의 달성이 그것이다. 범죄의 기수와 종료를 구별하는 실익은 ① 공소시효 진행의 기산점은 범죄의 실질적 종료시이며, ② 범죄의 기수 이후에도 실질적 종료 이전까지는 공범의 성립이 가능하고, ③ 기수 이후 실질적 종료 이전에 형을 가중하는 사유가 실현된 때에도 가중적 구성요건이 적용될 수 있다는 점에 있다.[3]

2. 미수의 처벌근거

6 미수범은 실행에 착수하여 행위를 종료하지 못하거나 결과를 발생시키지 못한 범죄유형이다. 형법은 미수의 구성요건을 당해 기수 구성요건과 병렬적으로

1 Gropp S. 286; Wessels/Beulke Rn. 591.

2 이에 비하여 독일 형법은 단기 1년 이상의 자유형에 처해지는 범죄(중죄: Verbrechen)는 일괄적으로 미수를 처벌한다는 규정을 두고 있다. 독일 형법 제12조, 제23조.

3 Jescheck/Weigend S. 518; Sch/Sch/Eser Vor § 22 Rn. 10~11; Schmidhäuser S. 36; Wessels/Beulke Rn. 591.

규정하고 있다(모든 미수범을 처벌하는 것이 아니라 처벌의 필요성이 있는 미수범만을 선별적으로 규정하고 있으며, 그 방식은 "제n조의 미수범은 처벌한다"는 형식을 취한다). 미수범도 기수범과 마찬가지로 구성요건해당성, 위법성, 책임을 검토할 수 있으며, 미수범 역시 불법과 책임을 갖는다. 그런데 미수의 불법과 책임은 기수의 그것보다는 일반적으로 적다. 왜냐하면 미수는 주관적으로는 기수와 차별화되지 않으나 객관적 구성요건의 면에서 기수에 미달하는 것이기 때문이다. 여기서 미수범을 처벌하는 근거 내지 처벌의 정당화의 문제가 제기된다.

(1) **객 관 설** 객관설(客觀說, objektive Theorie)은 미수의 처벌근거가 행위의 객체에 대한 위험에 있다고 본다.[1] 즉 예비와 미수 및 기수의 모든 단계에서 고의는 동일하기 때문에 예비와 미수의 경계선은 객관적인 점에서 찾지 않을 수 없다는 것이다. 따라서 미수 처벌의 근거는 행위자의 의사에 있는 것이 아니라 구성요건적 결과실현에 근접한 위험에 있고, 미수는 결과불법의 발생에 대한 높은 확률(개연성) 때문에 처벌된다고 한다. 이러한 개연성은 실행의 착수로 야기되며 미수행위가 기수가 될 적격성이 있어야 긍정되는 것이기 때문에 객관설은 실행의 착수에 이르지 않은 예비행위는 양적으로 미수에 미달하므로 그 처벌을 극소화하고, 결과발생의 적격성이 없는 불능범[2]은 질적으로 미수에 미달하므로 처벌을 부정한다. 객관설에 의하면 미수는 결과의 발생이 없기 때문에 기수에 대하여 형을 필요적으로 감경해야 한다. 7

객관설이 위험이라는 기준에서 미수의 가벌성의 근거를 찾아 미수의 처벌범위를 제한한 것은 타당하다. 그러나 범죄는 특정한 법익에 대한 침해일 뿐 아니라 규범의 침해이기도 하며, 미수에 있어서 법익침해의 위험보다는 범죄를 행하려고 한 의도가 중요한 반가치를 형성한다(의도반가치에 기한 행위불법). 나아가 객관설은 미수범을 임의적 감경으로 처벌하고 있는 형법의 태도와 부합하지 않는다. 이러한 의미에서 객관설은 타당한 견해라고 할 수 없다. 8

(2) **주 관 설** 주관설(主觀說, subjektive Theorie)은 미수의 처벌근거가 행위를 통하여 표현된 법적대적 의사(法敵對的 意思, rechtsfeindlicher Wille)에 있다고 한다. 즉 미수의 처벌근거는 행위로 인하여 보호의 객체에 위험이 발생하였기 때문이 아니라, 범의를 통하여 나타난 행위반가치에 있으며 따라서 행위자가 9

1 객관설을 처음 주장한 학자는 Feuerbach이다. Feuerbach는 미수란 범죄를 야기하기 위한 외적 행위로서 객관적으로 위험한 것이라고 정의하였다(Stratenwerth/Kuhlen 11/17 참조).
2 이에 관하여는 *infra* **29**/1 이하 참조.

행위를 통하여 법적대적 의사를 표현한 이상, 객관적 측면의 결손은 중요하지 않다고 본다. 왜냐하면 결과의 발생은 우연에 지나지 않으므로 여기서는 행위자의 법익침해적 의사 및 법적대적 의사가 결정적이기 때문이다. 이러한 관점에서는 보호법익에 대하여 아무런 위험을 가져오지 않는 행위도 원칙적으로 처벌되어야 한다. 또 미수와 기수는 법적대적 의사의 면에서 차이가 없으므로, 주관설에 따르면 미수도 기수와 동일하게 처벌해야 하고 불능범에 대한 처벌도 긍정하게 된다.

10 행위자의 의사를 떠나서는 미수범을 생각할 수 없다는 점에서 주관설이 미수의 주관적 요소에 중점을 둔 것은 타당하다. 그러나 주관설이 주관적 요소만을 강조한 나머지 미수의 처벌범위를 시간적(실행의 착수시기) 또는 질적(불능범)으로 지나치게 확대한 것은 형법을 심정형법으로 만드는 것이므로 옳다고 할 수 없다. 순수한 주관설도 타당하지 않다.

11 (3) **절 충 설** 절충설(折衷說, vermittelnde Auffassung)은 주관주의 미수론에서 출발하지만 주관설에 의한 미수의 범위를 객관적 표준에 의하여 제한하는 입장이다. 즉 미수의 처벌근거는 범죄의사에 있지만, 미수의 가벌성은 일정한 객관적 요소에 의하여 인정된다는 것이다. 이 객관적 요소로서 독일의 통설인 **인상설**(Eindruckstheorie)[1]이 들고 있는 것은, '행위자의 행위가 일반인으로 하여금 법질서의 효력 및 법적 안정성을 동요시키는 인상을 갖게 하는 것'이다. 따라서 행위자의 범죄의사가 행위를 통해서 표현되고, 그 행위가 법질서의 효력을 동요시키는 인상을 주는 경우에는 처벌되는 것이라고 주장한다. 인상설은 주관설에 기울어진 절충설인데 반하여, **승인설**(Anerkennungstheorie)[2]은 객관설에 가까운 설로서, 법관계를 인간의 타인에 대한 승인관계로 보면서, 미수의 단계(실행의 착수)에 돌입한다는 것은 승인으로부터 침해로의 태도변화를 의미한다고 본다. 법은 미수범을 처벌함으로써 이 시점부터 승인관계로부터의 이탈에 대응하기 시작한다는 것이다. 이때 법관계의 침해는 타인의 자유의 침해이고[3] 이는 행위자의 자유를 타인의 자유보다 우위에 놓는 행위이기 때문에 이 우위는 행위자의 주관

1 Jescheck[4] S. 463; Joecks §22 Rn. 13; Maurach/Gössel/Zipf S. 18; Rudolphi SK Vor §22 Rn. 14; Sch/Sch/Eser Vor §22 Rn. 23; Vogler LK Vor §22 Rn. 52; Wessels/Beulke Rn. 594.

2 Zaczyk *Das Unrecht der Versuchten Tat*, 1989, S. 326~330.

3 칸트에 의하면 법은 나의 자의(=자유)가 타인의 자의(=자유)와 양립할 수 있는 조건의 총체이기 때문에 법의 침해는 곧 자유의 침해이다.

을 고려하되 그 판단은 객관적으로 하여야 한다. 따라서 (사람이라고 인식한) 사체에 대한 살해행위는 행위자의 주관만을 고려하는 경우 법질서의 효력에 동요를 가져오는 것이지만 객관적으로 자유의 우위가 형성되지 않으므로 살인죄의 (불능)미수로 처벌되지 않고, 자신의 재물을 타인의 것으로 알고 절취한 경우 역시 객관적으로 자유의 우위는 형성되지 않으므로 절도죄의 (불능)미수로 처벌되지 않는다는 것이다.[1]

(4) 결 론 형법이 미수범의 형은 기수범의 형보다 감경할 수 있다고 하여(제25조 2항) 미수범을 기수범과 같이 처벌할 수 있도록 하면서, 모든 범죄의 미수범을 처벌하지 않고 미수범을 처벌할 죄는 각 본조에서 정하도록 하고(제29조), 결과의 발생이 불가능하더라도 위험성이 있는 때에는 처벌한다는 규정을 두어(제27조) 불능미수를 벌하고 있는 것은 미수범에 관하여 주관주의적 위험형법과 객관주의적 침해형법의 절충적 입장을 취하고 있음이 명백하다.[2] 따라서 형법의 해석에 있어서도 절충설이 타당하다고 하지 않을 수 없다. 12

절충설 중 인상설은 미수범의 처벌근거를 범죄의사에 두면서 미신범(迷信犯)의 불가벌성을 설명하기 위하여 법익평온상태의 교란에 대한 인상이라는 정도의 객관적 요소를 고려하는 이론이며, '위험성이 없어도' 법질서의 효력의 동요는 야기했으므로 임의적 감면의 불능미수범으로 처벌하는 독일 형법의 해석론이다. 이러한 해석론을 '위험성'이 있어야 불능미수로 처벌하는 형법의 해석으로도 원용하는 견해가 있다.[3] 그러나 위험성이 '없어도 처벌하는' 독일 형법과 위험성이 '없으면 처벌하지 않는' 형법을 동일하게 해석할 수는 없다. 13

보다 근본적으로 형법이 (극히 예외적으로 처벌하는 예비를 제외하고 실행의 착수 이후 단계에서) 미수로부터 기수에 이르는 전 처벌의 스펙트럼상 처벌하기 시작하는 가장 경미한 불법의 형태가 불능미수이다. 따라서 미수범의 처벌근거의 문제는 결국 불능미수의 처벌근거의 문제와 실질적으로 일치한다고 할 수 있다. 이에 대해서 법률상(제27조) 위와 같은 차이가 있는 독일의 통설을 원용하는 것은 타당하지 않다. 결국 형법상의 미수의 처벌근거는 행위자의 행위를 통하여 나타난 법배반적 의사를 토대로 한 객관적 판단, 즉 규범적 평가상의 위험성에 있다고 하겠다. 이는 승인설

1 이 설은 독일 형법의 해석론으로서는 소수설이지만, 형법의 해석으로서는 의미 있으며, 대체로 후술하는(**29**/19) 구체적 위험설과 유사한 결론을 가져온다.
2 손해목 844면; 유기천 252면; 임웅 340면; 정성근/박광민 382면; 신동욱 "미수범의 이론구조"(고시계 1974. 1), 13면; 염정철 "장애미수범"(사법행정 1965. 9), 37면.
3 김일수/서보학 515면; 박상기 332면; 안동준 177면; 이정원 256면; 이형국 272면.

의 내용과 대체로 일치하며 후술할 구체적 위험설의 내용이기도 하다. 이 견해와 독일의 통설과의 차이는, 독일의 학설이 행위자의 현저한 무지로 인하여 결과가 발생하지 않는 모든 경우를 차별화하지 않고 처벌함에 비하여, 이 견해는 이 상황을 규범적 · 평가적으로 판단하여 위험성을 인정할 수 있는 경우만을 선별하여 처벌한다는 점에 있다.

3. 형법상 미수범의 체계

14 형법상 미수범의 체계는 미수범(장애미수, 제25조 1항), 중지범(중지미수, 제26조), 불능범(불능미수, 제27조)의 3원적 구조를 갖추고 있지만, 일단 자의로 중지한 중지미수와 자의의 중지가 없는 장애미수 및 불능미수로 대별할 수 있다. 중지미수(Rücktritt)란 "범인이 자의로 실행에 착수한 행위를 중지하거나 그 행위로 인한 결과의 발생을 방지한 때" 성립하는 미수범으로서 형을 감경 또는 면제한다(제26조). 이에 비하여 장애미수란 행위자의 의사에 반하여 범죄를 완성하지 못한 경우로서, 그 가운데 제25조의 미수('임의적 감경')를 협의의 미수라고 하며, 통상 장애미수(Versuch)는 이를 의미한다.

한편, 형법은 제27조에서 "실행의 수단 또는 대상의 착오로 인하여 결과의 발생이 불가능하더라도 위험성이 있는 때에는 처벌한다. 단, 형을 감경 또는 면제할 수 있다"고 규정하여 불능미수(不能未遂)를 인정하고 있다. 즉 위험성이 있으면 독자적인 미수범으로 처벌한다는 의미이다. 따라서 형법상의 장애미수는 다시 형법 제25조의 협의의 장애미수와 형법 제27조의 불능미수(untauglicher Versuch)로 구별된다. 미수범의 처벌은 이 3종의 미수에 따라서 각각 다르다. 즉 기수범의 형에 비하여 장애미수의 형은 임의적 감경이나, 불능미수의 형은 임의적 감면이며, 중지미수의 형은 필요적 감면으로 규정되어 있다.

14a 독일 형법은 미수범을 장애미수와 중지미수로 나누고, 장애미수 가운데 "현저한 무지로 인하여 결과가 발생하지 않는 경우"(불능미수)를 임의적 감면(장애미수는 임의적 감경)으로 처벌한다. 독일 형법상으로는 위험성이 없는 불능범도 처벌하며 형법상 논의되는 위험성 유무는 문제시 하지 않는다. 따라서 ① 형법에서는 독일 형법상 특별한 문제가 되지 않는 장애미수와 불능미수의 구별선으로서 '결과발생의 가능성'이 논의되지 않을 수 없으며,[1] ② 불능미수와 불능범의 구별을 위하여 '위험성의 존

---

1 *infra* **29**/9.

부'를 검토하지 않을 수 없게 된다.[1] 형법의 태도는 독일형법과는 또다른 절충적 입법방식이다.

Ⅱ. 미수범의 구성요건

15 형법 제25조가 규정한 미수범이 성립하기 위하여는 실행에 착수하여 행위를 종료하지 못하였거나 결과가 발생하지 아니할 것을 요한다. 미수범에 있어서도 고의, 즉 구성요건실현의 결의가 있어야 함은 물론이다. 따라서 미수범의 구성요건으로는 주관적 구성요건으로서의 고의와 객관적 구성요건으로서 실행의 착수 및 범죄의 미완성이라는 세 가지 요건이 필요하다. 그러나 미수범의 세 가지 구성요건은 모두 각칙상의 특별구성요건과 결합되어야만 충족될 수 있다. 즉 미수범은 독립된 구성요건이 아니며, 따라서 미수범 일반이 존재하는 것이 아니라 예컨대 살인미수 · 절도미수 또는 사기미수가 가능할 뿐이다.

1. 주관적 구성요건

16 미수범도 주관적 구성요건을 필요로 한다. 특정한 구성요건의 실현에 대한 결의, 즉 고의가 있어야 미수범이 성립한다. 미수범의 고의는 기수범에 있어서와 같다. 따라서 고의는 모든 객관적 구성요건에 대한 인식을 요한다. 가중적 구성요건에 대한 미수에 있어서는 가중사유에 대한 인식이 있어야 한다. 기수범이 미필적 고의로 족할 때에는 미수범의 고의도 미필적 고의로 족하다. 구성요건실현의 고의와 함께 예컨대 절도죄에 있어서의 불법영득의 의사 또는 목적범에 있어서의 목적과 같은 특수한 주관적 구성요건요소도 미수범의 주관적 구성요건요소이다.

미수범의 주관적 구성요건으로 고의를 필요로 하는 것과 관련하여 다음과 같은 세 가지 점을 주의할 필요가 있다.

17 **1) 확정적 행위의사** 미수범이 성립하기 위하여는 무조건적 구성요건실현의사, 즉 확정적 행위의사(確定的 行爲意思, unbedingter Handlungswille)가 있어야 한다. 행위자가 범죄를 행할 것인가를 결의하지 않은 조건부 행위의사만으로

---

1 *infra* 29/16.

는 족하지 않다. 그러나 행위의사가 확정적이면 그 실행이 일정한 조건의 발생 여부에 좌우되는 때에도 고의는 인정된다.[1]

18 2) **기수의 고의** 미수범의 고의도 기수의 고의(旣遂의 故意, Vollendungswille)여야 한다. 행위자가 처음부터 미수에 그치겠다는 고의, 즉 미수의 고의(未遂의 故意, Versuchsvorsatz)만을 가진 때에는 벌할 수 없다. 함정수사(陷穽搜査, agent provocateur)의 경우가 여기에 해당한다(*infra* **34**/12~14 참조).

19 3) **과실범의 미수** 미수범은 행위실현의 의사를 전제로 한다. 따라서 실현의사 자체가 없는 과실범의 미수(過失犯의 未遂)는 생각할 수 없다.

2. 실행의 착수

20 미수가 되기 위하여는 실행의 착수(實行의 着手, commencement d'exécution der Beginn der Ausführung)가 있어야 한다. 실행의 착수란 '범죄실행의 개시'(Anfang der Ausführung)를 의미하며, '범죄적 기도의 개시(犯罪的 企圖의 開始)'와는 구별된다. 실행의 착수는 예비와 미수를 구별하는 경계선이 된다.

(1) **학설의 검토** 실행의 착수를 어떻게 이해할 것인가에 대하여 객관설과 주관설 및 절충설(개별적 객관설)이 대립되고 있다.

21 1) **객 관 설** 객관설(客觀說, objektive Theorie)은 실행행위의 개념을 객관적 기준에 의하여 정해야 한다는 견해이다. 형법은 구성요건에 규정된 행위를 실행하는 것을 처벌하므로 실행의 착수에 대한 기준은 '구성요건에 해당하는 실행행위'(tatbestandsmäßige Ausführungshandlung)여야 하며, 행위의 위험성이나 범죄의사의 강도와 같은, 구성요건과 무관한 기준을 적용하는 것은 법치국가적 원리에 반한다는 이론이다.

객관설은 다시 두 견해로 나누어진다.

22 (가) **형식적 객관설** 형식적 객관설(形式的 客觀說, formell-objektive Theorie)은 행위자가 엄격한 의미에서의 구성요건에 해당하는 행위 또는 적어도 이론적으로 구성요건에 해당한다고 볼 수 있는 행위의 일부분을 행하여야 실행의 착수

1 BGHSt. 12, 306. 구속 중인 피고인이 공동피고인과 도주를 계획하고 도망이 성공한 경우에 강도할 것을 음모한 사건이다. BGH는 "계획된 도망이 성공한 경우에 일정한 범죄를 확실히 행할 것을 음모한 때에는 이러한 조건에도 불구하고 처벌받는 음모가 된다"고 판시하였다. 이 판결은 물론 미수범에 대한 것은 아니지만 미수범의 고의에도 같은 이론이 적용된다.

가 있다고 한다.[1] 이 견해에 의하면 절도죄는 재물을 손으로 잡을 때, 살인죄는 권총의 방아쇠를 당길 때에 비로소 실행의 착수가 있다고 하게 된다. 그러나 형식적 객관설에 대하여는 다음과 같은 비판이 제기된다. ① 구성요건의 실행을 향한 행위가 어느 단계에 이르면 실행행위의 일부분이 되는가를 명백히 확정하는 것은 어렵다. 강도나 강간과 같이 하나의 구성요건에 여러 행위가 결합되어 있는 때에는 실행행위의 일부분을 쉽게 설명할 수 있지만, 살인이나 절도와 같이 하나의 행위로 이루어져 있는 범죄는 어느 때에 실행행위가 있었는가가 반드시 명백한 것은 아니기 때문이다. ② 실행의 착수에 관한 문제는 구성요건의 일부가 실현되었을 때에는 별로 문제될 것이 없고 오히려 구성요건적 행위의 전단계에 있을 때가 어려운 문제이다. 그런데 형식적 객관설은 이러한 모든 경우에 실행의 착수가 없다고 보아야 하므로, 처벌해야 할 경우까지 구성요건의 실행행위가 없다는 이유로 처벌할 수 없게 되는 형사정책상의 결함을 보이게 된다.

23 (나) **실질적 객관설** 실질적 객관설(實質的 客觀說, materiell-objektive Theorie)은 미수가 반드시 엄격한 의미에서의 구성요건적 행위가 있어야 개시되는 것이 아니라, '구성요건적 행위의 직접 전단계의 행위를 실행할 때' 이미 착수가 있다고 하여 형식적 객관설을 보완한 견해이다. 실질적 객관설은 다시 두 가지 입장으로 나누어진다.

24 첫째, 자연적(객관적)으로 보아 구성요건적 행위와 필연적으로 결합되어 있기 때문에 그 구성요소로 볼 수 있는 행위가 있으면 실행의 착수를 인정할 수 있다는 견해이다(Frank의 공식). 그러나 이러한 Frank의 공식도 실행의 착수를 자연적 생활관념(natürliche Lebensauffassung)에 의하여 판단하는 것이기 때문에 명백한 기준을 제시하지 못한다. 다만 구성요건을 충족하는 행위에 근접한 행위자의 행위로 인하여 다른 동작이 없어도 구성요건이 실현될 수 있는 때에는 구성요건적 행위와의 필연적 연관 때문에 그 구성요소가 된다고 할 수는 있다.[2]

25 둘째, 보호법익에 대한 직접적 위험 또는 법익침해에 밀접한 행위가 있으면 실행의 착수가 있다고 보는 견해[3]도 실질적 객관설을 구체화한 이론이라고 볼 수

1 Hippel, Liszt-Schmidt, H. Mayer 및 우리나라의 백남억 교수가 취하던 견해이다.
2 BGHSt. 28, 162.
3 판례가 구성요건적 행위에 밀접한 행위 또는 이와 근접·밀착하는 행위가 있을 때 실행의 착수가 있다고 판시한 것도 실질적 객관설의 입장이다.

있다. 그러나 법익에 대한 위험은 예비단계에서 개시되어 기수에 이르기까지 점차 양적으로 증가한다. 따라서 법익의 위험이라는 기준을 실행의 착수에 대한 기준으로 적용하기 위하여 직접적 또는 밀접한 위험일 것을 요한다고 하지만, 그것도 엄격한 기준이 되지는 못한다.[1] 더욱이 법익침해와 구성요건의 실현은 반드시 동일한 것은 아니며, 예컨대 추상적 위태범(抽象的 危殆犯)에 있어서는 기수에 관하여도 그러한 위험을 요구하지 않는다.

26 요컨대 객관설은 형법상의 행위가 주관적인 의사와 객관적인 표현으로 구성되어 있음에도 불구하고 실행의 착수를 행위자의 범죄계획과 관계없이 제 3 자의 입장에서 객관적으로만 확정하려고 한 데 근본적인 난점이 있다.

27 2) 주 관 설 주관설(主觀說, subjektive Theorie)은 범죄란 범죄적 의사의 표동이므로 실행의 착수도 범의의 수행성과 확실성(확정성)에 의하여 정해야 한다고 해석한다.[2] 실행의 착수는 결국 주관의 객체화를 말하므로 범의와 그 성립이 수행적 행위에 의하여 확정적으로 나타난 때, 또는 범의에 비약적 표동(飛躍的 表動)이 있는 때에 실행의 착수가 있다고 한다.[3]

그러나 주관설에 대하여도 다음과 같은 비판이 제기된다. 즉 ① 범죄를 범의의 표현이라고 한다면 예비도 범죄의 사의 표현이라는 점에서는 미수와 같으므

⑴ 대법원 1992. 9. 8. 92 도 1650, "절도죄의 실행의 착수시기는 재물에 대한 타인의 사실상의 지배를 침해하는 데에 밀접한 행위를 개시한 때라고 보아야 하므로, 야간이 아닌 주간에 절도의 목적으로 타인의 주거에 침입하였다고 하여도 아직 절취할 물건의 물색행위를 시작하기 전이라면 주거침입죄만 성립할뿐 절도죄의 실행에 착수한 것으로 볼 수 없는 것이어서 절도미수죄는 성립하지 않는다."

동지: 대법원 1966. 5. 3. 66 도 383; 대법원 2010. 4. 29. 2009 도 14554.

⑵ 대법원 1999. 11. 26. 99 도 2461, "비지정문화재의 수출미수죄가 성립하기 위하여는 비지정문화재를 국외로 반출하는 행위에 근접·밀착하는 행위가 행하여진 때에 그 실행의 착수가 있는 것으로 보아야 한다."

동지: 대법원 2001. 7. 27. 2000 도 4298.

1 Maurach/Gössel/Zipf S. 18; Rudolphi SK § 22 Rn. 10; Stratenwerth/Kuhlen 11/32.

2 정영석 204면.

3 따라서 주관설은 범위가 외부적으로 확정되면 구성요건적 정형성을 갖추지 못한 행위가 있는 경우에도 실행의 착수를 인정하게 된다. 간첩죄는 '적국을 위하여 국가기밀을 탐지·수집함'으로써 성립되는 범죄인바, 주관설에 의하면 이러한 행위를 아직 하지 않았다 하더라도 국내에 잠입할 때(=범의가 외부적으로 확정된 때) 실행의 착수가 있다고 보며, 대법원도 이러한 입장을 취하고 있다.

대법원 1969. 10. 28. 69 도 1606, "국가기밀을 탐지 수집하기 위하여 대한민국 지배지역 내에 잠입한 때에 그 기밀의 탐지나 수집행위의 착수가 있었다고 보아야 한다."

동지: 대법원 1958. 12. 26. 4291 형상 462; 대법원 1961. 9. 28. 4294 형상 232.

로 미수와 예비를 엄격히 구별할 기준이 없게 되어 미수를 예비단계까지 부당하게 확대할 위험이 있다.[1] ② 실행의 착수시기를 범의의 비약적 표동 또는 범의가 확정적으로 표현되는 때라고 하지만 이는 구성요건의 유형을 떠나서는 논증하기 어렵다. ③ 구성요건에 규정되어 있는 일정한 행위의 정형을 전제로 하고 있는 형법에 있어서 지나치게 내적 의사에만 치중하는 것은 구성요건의 범죄정형적 의의를 무시하게 되어 죄형법정주의의 이념에도 반한다.

28 3) **주관적 객관설** 주관적 객관설(主觀的 客觀說, subjektiv-objektive Theorie)은 실행의 착수의 성립범위가 객관설에 의하면 지나치게 좁게 되고, 주관설에 의하면 부당하게 확대되기 때문에 실질적 · 객관적 요소와 주관적 요소를 결합하여 결정해야 한다는 절충적인 견해이다. 즉 실행의 착수가 있는가를 판단하는 기준은 행위의 객체 또는 구성요건의 실현에 대한 직접적 위험이지만, 여기에 해당하는가의 여부는 객관적으로 결정되는 것이 아니라 주관적 표준, 즉 개별적 행위계획에 의하여 결정되어야 한다는 것이다. 이를 개별적 객관설(個別的 客觀說, individuell-objektive Theorie)이라고도 한다. 독일 형법 제22조는 "그(=행위자)의 의사에 따를 때 직접 구성요건이 실현되는 행위를 개시한 자는 미수범이다"라고 규정하여 주관적 객관설의 입장을 선명하고 있다. 주관적 객관설은 독일의 통설[2]이며, 우리 형법의 해석에서도 타당한 견해[3]라고 하겠다.

29 (2) **실행의 착수시기** 주관적 객관설에 의하면 실행의 착수가 있다고 하기 위하여 반드시 구성요건에 해당하는 행위를 개시할 것을 요하는 것은 아니다. 그러나 행위자의 주관적 범죄계획에 따라 그대로 진행되는 경우에는 직접 구성요건이 실현될 수 있는 구성요건에 해당하는 실행행위와 밀접한 행위가 있으면 실행의 착수가 있다는 일반적 기준이 제시될 수 있다. 이러한 일반적 기준을 구체화하는 것은 각칙상의 개별적인 구성요건의 실행행위에 대한 해석의 문제가 된다.

30 1) **착수시기 판단의 기준** 실행의 착수는 구성요건에 해당하는 행위 또

---

1 Sch/Sch/Eser §22 Rn. 29.

2 Ebert S. 121; Gropp S. 292; Jescheck/Weigend S. 516; Maurach/Gössel/Zipf S. 18; Rudolphi SK §22 Rn. 11; Sch/Sch/Eser §22 Rn. 32; Wessels/Beulke Rn. 598.

3 김일수/서보학 518면; 박상기 339면; 배종대 496면; 손해목 851면; 안동준 181면; 유기천 257면; 이형국 275면; 김종원 "실행의 착수"(법정 1977. 5), 35면; 박동희 "미수"(고시연구 1977. 10), 60면; 황산덕 "실행의 착수"(고시계 1971. 2), 15면.

는 직접 구성요건의 실현을 위한 행위가 개시되면 인정된다.

31 (가) **구성요건적 행위의 개시** 구성요건의 일부가 실현되어 이미 구성요건적 행위가 개시된 때에는 문제가 없다. 살인의 의사로 총을 발사한 때 또는 사기를 위하여 이미 기망행위를 한 때에는 비록 결과가 발생하지 않은 경우에도 살인미수 또는 사기미수가 된다. 결합범(結合犯)의 일부를 이루는 행위가 개시된 때에도 같다. 따라서 강도죄나 강간죄는 폭행 또는 협박행위가 있을 때 실행의 착수가 있다고 보아야 하며,[1] 야간주거침입절도죄는 주거에 침입할 때,[2] 특수절도죄는 건조물의 일부를 손괴할 때[3] 실행의 착수가 있다고 보아야 한다.

그러나 결합범에 있어서도 그 결합의 방식에 따라 단순히 일부의 실행이 있었다는 것만으로는 결합범의 착수를 인정할 수 없는 경우도 있다. 예컨대 강도살인죄(제338조)는 살해행위를, 준강도죄(제335조)와 인질강도죄(제336조)는 폭행·협박을 개시하여야 실행의 착수가 있다고 볼 수 있다.[4]

32 (나) **구성요건실현을 위한 직접적 행위** 구성요건적 행위가 개시되지 아니한 때에도 직접 구성요건의 실현을 위한 행위가 있으면 실행의 착수가 있다고 할 수 있다. 다만 그 행위는 구성요건의 실현을 위한 직접적인 행위임을 요한다. 그리고 이 직접성은 구성요건적 행위와 시간적·장소적으로 접근한 경우에 인정할 수 있다. 따라서 절도죄는 시간적·장소적으로 보아 타인의 점유를 침해하는 데 접근한 행위를 할 때 착수된다. 예컨대, 절도의 의사로 타인의 주거에 침입한 것

---

1 (1) 대법원 2000. 6. 9. 2000 도 1253, "강간죄는 부녀를 간음하기 위하여 피해자의 항거를 불능하게 하거나 현저히 곤란하게 할 정도의 폭행 또는 협박을 개시한 때에 그 실행의 착수가 있다고 보아야 할 것이고, 실제로 그와 같은 폭행 또는 협박에 의하여 피해자의 항거가 불능하게 되거나 현저히 곤란하게 되어야만 실행의 착수가 있다고 볼 것은 아니다."
(2) 대법원 1990. 5. 25. 90 도 607, "강간죄의 실행의 착수가 있었다고 하려면 강간의 수단으로서 폭행이나 협박을 한 사실이 있어야 할 터인데 피고인이 강간할 목적으로 피해자의 집에 침입하였다 하더라도 안방에 들어가 누워 자고 있는 피해자의 가슴과 엉덩이를 만지면서 간음을 기도하였다는 사실만으로는 강간의 수단으로 피해자에게 폭행이나 협박을 개시하였다고 하기는 어렵다."

2 대법원 1970. 4. 24. 70 도 507, "야간에 타인의 재물을 절취할 목적으로 사람의 주거에 침입한 경우에는 그 주거에 침입한 때에 야간주거침입절도죄의 실행에 착수하였다고 본다."
동지: 대법원 1983. 3. 8. 83 도 145; 대법원 1984. 12. 26. 84 도 2433.

3 대법원 1977. 7. 26. 77 도 1802, "특수절도범이 현실적으로 절취 목적물에 접근하지는 못하였다고 하더라도 타인의 주거에 침입하여 건조물의 일부인 방문고리를 손괴하였다면 형법 제331조의 특수절도죄에 착수하였다고 할 것이다."
동지: 대법원 1967. 6. 20. 67 도 728; 대법원 2004. 10. 15. 2004 도 4505.

4 유기천 "실행의 착수와 간접정범"(법정 1961. 3), 38면.

만으로는 절도죄의 착수가 있다고 할 수 없지만 절취할 재물을 물색하거나 그 재물에 접근할 때에는 실행의 착수를 인정할 수 있다.[1] 그러나 단순히 범행에 사용할 범행도구의 제조나 준비, 범행장소의 물색[2]과 범행지에의 도착, 범죄정보의 수집과 범행기회의 점검만으로는 실행의 착수가 있다고 볼 수 없다. 구성요건의 실현을 위하여 행위자의 별도의 실행행위를 필요로 하는 경우에는 직접 구성요건의 실현을 위한 행위라고 할 수 없기 때문이다.

따라서 ① 돈을 절취할 의사로 전화채권을 사주겠다고 피해자를 골목길로 유인한 경우(대법원 1983. 3. 8. 82 도 2944), ② 태풍피해 복구보조금 지원절차의 전제가 된 피해신고만 하고 보조금 지원신청을 하지 않은 경우(대법원 1999. 3. 12. 98 도 3443)에는 절도죄 또는 사기죄의 실행에 착수하였다고 할 수 없다.

(다) **범죄의사의 고려** 실행의 착수가 있는가, 즉 직접 구성요건의 실현을 위한 행위가 있는가는 행위자의 범죄의사 내지 범죄계획에 의하여 결정해야 한다. 즉 행위자의 계획이 그대로 진행되면 그 이외의 본질적인 중간행위가 개입되지 않아도 구성요건이 실현될 수 있는 행위에 착수하였는가가 문제된다. 다시 말하면 범죄자의 의사에 의할 때 공격수단이 공격객체와 실재적 연관성이 있어 직접적인 위험범위에 들어간 된 행위가 있으면 실행의 착수를 인정해야 한다. 33

예컨대 살인죄는 살인의 고의로 권총의 방아쇠를 당길 때 착수되는 것이 아니라 겨냥할 때 이미 착수되는 것이며, 살인의 고의로 피해자의 신체에 육체적 접촉(폭행)을 가하면 그것이 전체계획의 불가분한 일부를 이루는 이상 살인죄는 착수되었다고 보아야 한다.

2) 특수한 경우의 착수시기

(가) **공동정범과 공범의 착수시기** 공동정범에서 실행의 착수 여부는 모 34

---

1 대법원 1987. 1. 20. 86 도 2199, "금품을 훔칠 목적으로 피해자의 집에 담을 넘어 침입하여 그 집 부엌에서 금품을 물색하던 중에 발각되어 도주한 것이라면 이는 절취행위에 착수한 것이라고 보아야 한다."
동지: 대법원 1966. 9. 20. 66 도 1108; 대법원 1989. 9. 12. 89 도 1153.

2 대법원 1985. 4. 23. 85 도 464, "노상에 세워놓은 자동차 안에 있는 물건을 훔칠 생각으로 자동차의 유리창을 통하여 그 내부를 손전등으로 비추어 본 것에 불과하다면 비록 유리창을 따기 위해 면장갑을 끼고 있었고 칼을 소지하여 있었다 하더라도 절도의 예비행위로 볼 수는 있겠으나 타인의 재물에 대한 지배를 침해하는데 밀접한 행위를 한 것이라고는 볼 수 없어 절취행위의 착수에 이른 것이라 할 수 없다."

든 공동정범자의 전체행위를 기초로 판단해야 한다. 따라서 공동정범 가운데 한 사람이 그 공동의 행위계획에 따라 실행에 착수한 때에는 모든 공동정범에 대하여 실행의 착수를 인정하게 된다. 이에 반하여 협의의 공범인 교사범과 종범에 있어서는 정범의 실행행위가 있는 때에 실행의 착수가 있다.

35 (나) **간접정범의 착수시기** 간접정범의 실행의 착수시기에 관하여는 견해가 대립되고 있다.

통설은 간접정범에 있어서는 이용자가 피이용자를 이용하기 시작한 때 실행의 착수가 있다고 한다.[1] 간접정범에 있어서 피이용자는 순전히 도구로 이용되는 물건과 같기 때문에 이용자의 행위는 이용행위로 끝나고 그 후의 피이용자의 행위는 이용자의 행위의 결과로서 인과과정의 일부를 형성할 뿐이라는 것을 이유로 한다. 이에 반하여 피이용자가 선의의 도구였는가 악의의 도구였는가를 구별하여 선의의 도구를 이용한 때에는 간접정범자가 그의 의사에 의하여 필연적으로 실행행위에 이르도록 지배한 것이므로 이용자의 행위가 있을 때 실행의 착수가 있지만, 악의의 도구에 있어서는 피이용자의 의사에 의하여 구성요건실현의 위험이 좌우되므로 피이용자의 행위가 있을 때 실행이 착수된다고 해석하는 견해[2]도 있다. 개별적 객관설의 이론을 간접정범에도 그대로 적용하여 간접정범에 있어서도 피이용자의 실행행위가 있어야 실행의 착수가 있다고 하는 견해[3]도 있다. 다만 이러한 견해도 간접정범이 더 이상 행위지배를 하지 않거나 범죄의 완성만을 위한 실행을 도구에게 맡긴 때에는 그 이전의 단계에서 미수를 인정할 수 있다고 한다.

생각건대 간접정범에 있어서 구성요건에 해당하는 행위는 도구를 이용하여 범죄를 실현하는 데 있으며, 바로 이러한 의사지배에 간접정범의 정범성을 인정할 근거가 있다. 따라서 간접정범의 실행의 착수시기는 피이용자가 선의의 도구인가 악의의 도구인가를 불문하고 이용자의 행위를 기준으로 판단해야 한다. 통설의 견해가 타당하다고 생각한다.

36 (다) **원인에 있어서 자유로운 행위** 원인에 있어서 자유로운 행위의 실행

1 박상기 340면; 손해목 854면; 안동준 182면; 유기천 134면; 임웅 336면; 정영석 205면; 권문택 "실행의 착수"(고시연구 1978. 2), 49면; 신동욱 "미수범의 이론구조"(고시계 1974. 1), 18면.

2 김종원(공저) 284면; 배종대 499면; 정성근/박광민 388면.

3 신동운 661면; 이형국 277면.

의 착수시기에 관하여도 종래의 통설은 원인에 있어서 자유로운 행위를 자신의 책임능력 결함상태를 도구로 이용하는 간접정범으로 이해하여 원인행위시에 실행의 착수가 있다고 한다. 그러나 실행의 착수는 구성요건의 정형을 떠나서는 논정할 수 없고, 원인에 있어서 자유로운 행위에 있어서 책임능력 없는 상태에서의 행위는 책임이 없지만 원인행위와 불가분의 관계에 있기 때문에 행위와 책임의 동시존재의 원칙에 대한 예외로 원인행위의 책임을 근거로 가벌성을 인정할 수 있는 것이므로 책임능력 결함상태에서의 구성요건적 행위에 실행의 착수가 있다고 보아야 한다.

3. 범죄의 미완성

37 범죄가 완성에 이르지 않을 것을 요한다. 범죄가 완성에 이르면 기수이지 미수는 아니기 때문이다. 범죄의 완성이란 구성요건적 결과가 발생한 것을 의미하며, 행위자가 그 목적을 달성하였느냐에 의하여 결정되는 것은 아니다. 범죄가 완성에 이르지 못한 것이 그 수단의 잘못으로 인한 것인가 또는 객체의 착오에 의한 것인가는 묻지 않는다. 결과가 발생한 때에도 행위와 결과 사이에 인과관계가 없으면 기수가 되지 않는다. 범죄의 완성이 주관적 사유에 의하여 이루어지지 않을 수도 있다. 행위자가 인과관계의 존부에 대해 본질적인 착오를 하여 발생한 결과를 행위자에게 귀속시킬 수 없는 경우가 이에 해당한다.

38 형법은 범죄의 미완성을 행위자가 착수한 실행행위를 종료하지 못한 경우와 실행행위는 종료하였으나 예기한 구성요건적 결과가 발생하지 않은 경우로 구별하고 있다. 전자를 착수미수(着手未遂, unbeendeter Versuch), 후자를 실행미수(實行未遂, beendeter Versuch)라고 한다.

착수미수와 실행미수는 모두 실행에 착수하여 결과가 발생하지 아니한 경우이고 형법은 양자 사이에 처벌의 차이를 두고 있지 아니하므로 이러한 구별은 형법상으로 중요하지 아니하다. 후술하는 중지미수인가를 결정하는 데 실익이 있을 뿐이다.

Ⅲ. 미수범의 처벌

39 미수범을 처벌할 죄는 각 본조에 정한다(제29조). 즉 미수범은 일반적으로 처벌

되는 것이 아니라 개별적으로 처벌규정을 둔 때에 한하여 처벌된다.

미수범의 처벌은 원칙적으로 기수범과 동일하고 경우에 따라 형을 감경할 수 있는 데 불과하다(제25조 2항). 즉, 임의적 감경(任意的 減輕, fakultative Strafmilderung)이다. 미수범의 형을 임의적으로 감경하도록 한 것은 미수의 처벌근거에 대한 절충설의 표현이라고 할 수 있다. 미수의 처벌근거는 행위자의 범죄의사와 그 위험성에 있기 때문에 결과발생 여부에 따라 원칙적으로 형에 차이가 있을 수 없지만, 미수의 위험성과 범죄의사의 강도에 따라 형을 감경할 수 있다는 것이다.

40 미수범의 형을 기수에 비하여 감경할 것인가를 정함에 있어서는 행위상황과 행위자인격을 전체적으로 검토해야 한다는 견해[1]도 있다. 그러나 오로지 미수처벌의 근거, 즉 미수가 그 불법과 책임내용에 있어서 기수보다 가볍게 평가될 수 있는가만을 고려하여 결정하는 것이 타당하다.[2] 미수의 경우에 감경할 수 있는 형은 주형(主刑)에 한하며 부가형(附加刑) 또는 보안처분은 감경할 수 없다. 그러나 징역형과 벌금형이 병과된 때에는 징역형뿐만 아니라 벌금형도 감경할 수 있다.

Ⅳ. 관련문제

미수범의 성립 여부가 문제되는 특수한 범죄의 경우를 살펴보기로 한다.

1. 거동범과 미수

41 구성요건상 일정한 결과의 발생을 필요로 하지 않는 단순거동범(單純擧動犯)에 있어서는 미수의 문제를 생각할 여지가 없다.[3]

2. 부작위범과 미수

42 (1) **진정부작위범의 미수** 진정부작위범은 단순거동범으로서 결과의 발생을 요건으로 하지 아니하므로 요구되는 행위를 하지 않으면 범죄는 완성된다.

1 Maurach/Gössel/Zipf S. 37.
2 Jescheck/Weigend S. 523; Rudolphi SK §23 Rn. 4; Sch/Sch/Eser §23 Rn. 7.
3 다만 단순거동범으로 해석되는 주거침입죄와 퇴거불응죄에는 미수범 처벌규정이 있다는 데 유의할 필요가 있다.

따라서 진정부작위범에 있어서는 불능범의 경우를 제외하고는 미수를 생각할 수 없다. 형법은 퇴거불응죄의 미수를 벌하는 규정을 두고 있으나(제322조, 제319조 2항) 동죄의 미수범은 생각하기 어렵다.

43 (2) **부진정부작위범의 미수** 부진정부작위범의 미수는 실제상 중요한 의의를 가진다. 모든 결과범에 있어서 부작위에 의한 미수가 가능하기 때문이다.

부진정부작위범의 미수와 관련하여 가장 문제가 되는 것은 부작위범의 착수시기를 어느 때로 볼 것인가이다. 이에 대하여는 견해가 대립된다. ① 보증인에 대한 명령은 결과발생의 방지가 가능한 처음 순간에 개입할 것을 요구하므로 행위가 가능한 첫 순간에 실행의 착수가 있다고 하여, 예컨대 어머니가 젖먹이를 아사(餓死)시키기 위하여 처음 젖을 주지 않으면 이미 미수가 된다고 보는 견해[1]가 있는가 하면, ② 보증인은 최후에 결과의 방지조치를 취하면 족하므로 결과방지가 가능한 마지막 순간에 착수가 있다고 보는 견해[2]도 있다. ③ 그러나 구조행위를 지체함으로써 피해자에게 직접적인 위험을 발생케 하거나 기존의 위험이 증대되었을 때에 미수가 된다고 보는 것이 타당하다.[3] 따라서 부진정부작위범은 보호법익에 대한 급박한 구체적인 위험이 있음에도 불구하고 부작위로 나아가 구성요건적 불법결과를 발생할 수 있게 한 때에 실행의 착수가 있다고 하겠다.

3. 결과적 가중범과 미수

44 결과적 가중범에 대하여 미수범이 성립할 수 있는가가 문제된다. 형법에 결과적 가중범의 미수를 처벌하는 규정을 두고 있기 때문이다. 즉 형법은 인질치사상죄(제324조의 3, 4), 강도치사상죄(제337조, 제338조)와 해상강도치사상죄(제340조 2항·3항) 및 현주건조물 일수치사상죄(제177조 2항)에 관하여 미수범 처벌규정을 두고 있다(제324조의 5, 제342조, 제182조). 특별법인 성폭력범죄의 처벌 등에 관한 특례법 제14조도 특수강도강간치사상죄, 특수강간치사상죄, 친족관계에 의한 강간치사상죄 및 장애인간음치사상죄의 미수범을 처벌한다고 규정하고 있다. 이에 관하여는 결과적 가중범의 미수는 있을 수

1 Maurach/Gössel/Zipf S. 24.
2 Welzel S. 221.
3 Jescheck/Weigend S. 638; Lackner/Kühl §22 Rn. 17; Rudolphi SK Vor §63 Rn. 51; Sch/Sch/Eser §22 Rn. 53; Tröndle/Fischer §22 Rn. 33; Vogler LK[10] Vor §22 Rn. 115~122.

없으므로 형법의 결과적 가중범의 미수범 처벌규정은 고의범인 인질상해·살인죄, 강도상해·살인죄 등에만 적용된다고 해석해야 한다는 **부정설**[1]과 형법이 결과적 가중범에 대하여 미수범 처벌규정을 두고 있고 미수와 기수는 결과불법의 면에서 큰 차이가 있다는 이유로 미수가 가능하다는 **긍정설**[2]이 대립하고 있다.

독일 형법의 해석에 있어서는 결과적 가중범의 미수범이 원칙적으로 가능하다는 견해가 통설이다. 결과적 가중범의 미수가 가능한 경우로 ① 기본범죄가 미수이고 중한 결과가 발생한 경우, ② 기본범죄가 기수이고 중한 결과가 발생하지 않은 경우, ③ 기본범죄가 미수이고 중한 결과도 발생하지 않은 경우를 들고 있다.[3] 독일 형법과 같이 중죄(법정형의 하한이 1년 이상의 자유형인 범죄(독일 형법 제12조 1항, 동 제23조 1항))에 대하여는 별도의 미수범 처벌규정이 없이 미수범을 처벌하는 체계를 전제로 한다. 다만, 진정결과적 가중범에 있어서 결과가 발생하지 않은 때에는 '과실에 의하여 야기된' 중한 결과에 대한 미수는 불가능하므로, 중한 결과가 발생하지 않은 경우에 결과적 가중범의 미수가 성립하는 것은 중한 결과를 고의로 발생케 하려고 한 부진정결과적 가중범에 국한되고, 이 경우에는 기본범죄가 기수인가 미수인가를 불문한다. 따라서 결과적 가중범의 미수가 가능한가는 다음의 두 가지 경우를 검토할 필요가 있다.

45 **(1) 기본범죄가 미수이고 중한 결과가 발생한 경우** 기본범죄의 미수에 의하여 중한 결과가 발생한 경우에 독일의 통설과 같이 결과적 가중범의 미수를 인정해야 한다는 견해도 있다.[4] 기본범죄의 기수와 미수는 결과불법에 차이가 있으므로 기본범죄가 미수인 때에는 결과적 가중범의 미수로 처벌하는 것이 책임원칙에 충실하다는 것을 이유로 한다. 그러나 기본범죄의 미수범을 처벌하는 규정을 둔 경우에는 기본범죄가 미수인 때에도 기본범죄를 범하였다고 해야 하고, 중한 결과가 발생한 이상 결과적 가중범의 결과불법도 인정된다고 할 것이므로 중한 결과가 발생한 때에는 결과적 가중범은 기수가 되었다고 해석하는 것이 타

1 김일수/서보학 478면; 배종대 710면; 신동운 529면; 오영근 254면; 이정원 396면; 정성근/박광민 448면.
2 박상기 303면; 손동권 304면; 임웅 517면.
3 Ebert S. 127; Gropp S. 297; Jescheck/Weigend S. 524~525; Joecks §18 Rn. 4; Lackner/Kühl §18 Rn. 9~10; Rudolphi SK §18 Rn. 7~8; Sch/Sch/Cramer/Sternberg-Lieben §18 Rn. 10; Tröndle/Fischer §18 Rn. 4.
4 김일수/서보학 478면; 박상기 305면; 임웅 517면.

당하다고 생각된다.[1] 판례도 강간이 미수에 그친 경우에도 강간치상죄가 성립한다고 판시하고 있다.[2]

46 (2) **부진정결과적 가중범의 경우에 중한 결과가 발생하지 않은 경우** 중한 결과에 대하여 고의, 특히 미필적 고의가 있는 경우에도 결과적 가중범이 성립하는 부진정결과적 가중범에서 중한 결과에 대하여 고의가 있었지만 결과가 발생하지 않은 경우에는 이론상으로 결과적 가중범의 미수가 성립한다고 할 수 있다. 이 경우에 결과적 가중범의 미수를 인정할 수 있는가에 관하여는 현행법상 미수범을 처벌하는 규정이 없으므로 미수범을 인정할 수 없다는 견해[3]와 현행법상으로도 부진정결과적 가중범인 현주건조물 일수치사상죄에 관하여 미수범 처벌규정을 두고 있으므로 결과적 가중범의 미수를 인정할 수 있다는 견해[4]가 대립되고 있다. 생각건대 현주건조물 일수치사상죄가 부진정결과적 가중범이고, 형법이 이에 대하여 미수범 처벌규정을 두고 있는 것은 사실이다(제182조). 그러나 형법이 같은 부진정결과적 가중범인 현주건조물 방화치사상죄나 교통방해치상죄에 관하여는 미수범 처벌규정을 두지 않으면서 일수치사상죄의 경우에만 미수범을 처벌해야 할 이유는 없다. 따라서 형법 제182조의 규정에도 불구하고 다른 규정과의 균형을 고려할 때 동조는 일수죄에 대하여만 적용되는 규정이고, 부진정결과적 가중범의 미수도 있을 수 없다고 해야 한다.

47 결국 현행법상 결과적 가중범의 미수범에 대한 처벌규정이 있는 경우에도 이는 고의범인 결합범에 대하여만 적용되고 결과적 가중범의 미수는 있을 수 없다고 해석하는 것이 타당하다고 하겠다.

---

1 신동운 530면; 정성근/박광민 448면.
2 대법원 1988. 8. 23. 88 도 1212, "강간치상죄의 경우 강간이 미수에 그쳤다고 해도 강간치상죄의 성립에는 영향이 없다."
동지: 1995. 5. 12. 95 도 425.
3 김일수/서보학 477면; 신동운 529면; 오영근 255면.
배종대 710면은 이 경우에 결과가 발생하지 않았으므로 결과적 가중범이 될 수 없다고 한다.
4 박상기 304면; 임웅 518면.

§ 28

제 2 절 중지미수

Ⅰ. 중지미수의 의의

1. 중지미수의 개념

1 중지미수(中止未遂, Rücktritt vom Versuch)란 범죄의 실행에 착수한 자가 그 범죄가 완성되기 전에 자의(自意)로 이를 중지하거나 결과의 발생을 자의로 방지한 경우를 말한다. 형법 제26조는 중지미수에 대하여 형을 감경 또는 면제하도록 하고 있다. 중지미수는 장애미수(제25조), 불능미수(제27조)와 함께 형법이 인정하고 있는 미수범의 한 형태이다.

2 중지미수를 어떻게 처벌할 것인가에 대하여는 입법례에 따라 다소의 차이를 보이고 있다. 영미법계에서는 중지미수와 장애미수를 구별하지 않고 일률적으로 처벌하지만, 독일 형법(제24조)·오스트리아 형법(제16조)·그리스 형법(제44조)은 중지미수를 처벌하지 않는다. 이에 반하여 스위스 형법은 중지미수의 경우에 형을 감경 또는 면제할 수 있다고 규정하고 있다(제23조 1항). 형법이 중지미수에 관하여 형을 감경 또는 면제하도록 규정한 것은 이러한 입법례의 절충적 입장이라고 할 수 있다.

2. 중지미수의 법적 성격

3 중지미수를 특별하게 취급하는 이유가 무엇인가에 대하여는 견해가 대립되고 있다. 이는 중지미수의 법적 성격 내지 그 본질을 어떻게 이해할 것인가와 같은 문제라고도 할 수 있다. 이에 대하여는 형사정책설과 법률설 및 결합설 등이 대립되고 있다.

4 **(1) 형사정책설** 중지미수를 특별히 취급하는 이유는 범죄의 기수를 방지하려는 형사정책적 고려에 있다는 이론이다. 형사정책설(刑事政策說, kriminalpolitische Theorie)을 황금의 다리이론(die Theorie von der goldenen Brücke)이라고도 한다.[1] 황금의 다리이론은 중지미수를 특별취급하는 것이 이미 미수의 단계에 이른 행위자에게 그 범죄의 완성을 중지하거나 결과의 발생을 방지하기 위한 충동을 주기 위한 것이라고 한다. 즉 행위자에게 '되돌아갈 황금의 다리'(eine goldene

---

1 신동운 478면.

Brücke zum Rückzug)를 만들어 둔 것이 중지미수라는 것이다.

그러나 이 이론은, ① 중지미수를 유리하게 취급한다는 약속은 그것이 일반에게 알려지지 아니한 때에는 효과가 없으며, 행위자는 대부분 행위시에 이러한 고려를 하는 것도 아니므로 행위자의 결의에 아무런 영향도 미치지 못하고,[1] ② 중지미수를 벌하지 않는 독일 형법의 경우와는 달리 필요적 감면사유에 지나지 않는 형법의 해석에 있어서는 형사정책적 효과가 크다고 할 수 없을 뿐 아니라, 중지미수의 경우에도 형을 감경할 것인가 면제할 것인가에 대한 기준을 제시하지 않고 있다는 비판을 면하지 못한다.

(2) **법 률 설** 법률설(法律說, Rechtstheorie)은 중지미수가 범죄성립요건의 하나를 소멸 또는 감소하게 하는 것으로 이해하는 견해이다. 이 견해는 다시 위법성(불법)소멸 · 감소설과 책임소멸 · 감소설로 나누어진다. 5

1) **위법성(불법)소멸 · 감소설** 미수범에 있어서 결의, 즉 고의는 주관적 불법요소이고 위법성의 요소이므로 이에 대응하여 중지의 결의는 위법성을 소멸 · 감소시키는 주관적 요소가 된다는 이론이다. 6

그러나 이 이론은, ① 일단 발생한 위법성은 사후에 소멸 · 감소될 수 없고, ② 중지미수가 위법성을 소멸 · 감소하는 사유라고 할 때에는 공범 가운데 1인의 중지의 효과가 다른 공범에게도 미치게 되어 중지범의 일신전속적 성질에 반하며, ③ 위법성이 소멸된 때에는 당연히 무죄의 판결을 선고하여야 할 것이므로 형을 면제하도록 한 형법의 태도와는 부합하지 않는다는 비판을 면할 수 없다. 따라서 우리나라에서 이 이론을 주장하는 학자는 찾아보기 어렵다.

2) **책임소멸 · 감소설** 중지미수의 형을 감면하도록 한 이유는 책임의 감소[2] 또는 책임의 감소와 소멸[3]에 있다고 한다. 즉 중지미수에 있어서는 자기행위의 가치를 부정하는 규범의식의 각성 또는 중지행위에 나타난 행위자의 인격태도로 인하여 책임이 감소하거나 소멸된다는 것이다. 7

그러나 이 이론도 ① 책임의 감소만으로는 형의 면제를 설명하기 어렵고, ② 책임이 소멸된다면 중지미수의 경우에 무죄판결을 선고해야 하는데, 이는 형법의 태도와 부합하지 않으며, ③ 중지에 의하여 책임이 조정될 수는 있어도 책임

1 Jescheck/Weigend S. 538; Welzel S. 196; Wessels/Beulke Rn. 626.
2 정영석 210면.
3 김종원(공저) 293면, 전게논문, 106면.

이 조각된다고 할 수 없다[1]는 비판을 면할 수 없다.

8 (3) **결 합 설** 형사정책설과 법률설의 결합에 의하여 중지미수의 형을 감경 또는 면제하는 이유를 설명하는 견해이다. 결합설(結合說)에도 위법성감소설과 형사정책설, 책임감소설과 형사정책설, 위법성감소설과 책임감소설 및 형사정책설을 결합하는 견해가 있지만, 우리나라에서는 책임감소설과 형사정책설의 결합설이 종래의 다수설[2]이었다. 중지미수에 대한 형의 면제는 형사정책설에 의하고, 형의 감경은 책임의 감소에 그 근거가 있다는 것이다.

결합설에 대하여도, ① 중지미수에 관한 형의 감경의 경우에는 형사정책적 고려를 배제하고 형의 면제는 책임의 감경과 관계없는 것으로 파악하여 중지미수를 성질을 달리하는 두 가지 제도가 결합된 것으로 이해한 결과 중지미수에 대한 특별취급을 일관성 있게 설명하지 못할 뿐만 아니라, ② 이에 의하여는 형의 면제와 감경에 대한 기준을 제시하지 못한다는 비판이 제기된다.

9 (4) **보상설과 형벌목적설 및 책임이행설** 중지미수의 본질을 형사정책과 범죄성립요건의 소멸 또는 감소로 분리하지 않고 합일적으로 설명하고자 하는 이론으로 보상설과 형벌목적설 및 책임이행설이 있다.

10 1) **보 상 설** 보상설(報償說, Prämientheorie) 또는 공적설(功績說, Verdienstlichkeitstheorie)은 결과의 발생을 방지함으로써 법의 세계로 돌아온 것은 미수의 불법과 일반의 법의식에 대한 행위자의 부정적 작용을 회복시킨 것이므로, 미수에 대한 가벌성이 소멸 또는 감소된 것으로 보아 자의(自意)에 의한 중지의 공적을 보상하는 데 중지미수를 특별취급하는 이유가 있다는 이론이다.[3] 은사설(恩赦說, Gnadentheorie)이라고도 한다.

이 이론에 대하여는 미수에 의하여 이미 발생하고 그 목적을 달성하기 위하여 부과되어야 할 형벌이 예외적인 경우에 포기 또는 감경되어야 하는 것은 은사의 문제가 아니라 형벌이 필요한가라는 형법문제라는 비판이 제기되고 있다.[4] 그

1 Jescheck/Weigend S. 540.
2 백남억 258면; 오영근 558면; 진계호 332면; 황산덕 232면; 성시탁 "중지범"(고시계 1975. 3), 110면.
3 손해목 871면; 이형국 286면; 정성근/박광민 395면.
박상기 343면은 보상설과 형벌목적설, 임웅 353면은 보상설과 책임감소설 및 형사정책설의 결합을 주장한다.
4 Rudolphi SK § 24 Rn. 3.

러나 중지미수에 대한 특별취급이 은사의 문제는 아니라 하더라도, 결과의 발생을 중지한 공적을 형벌권의 발생이나 양형의 기초되는 자료로 고려하여 이에 대하여 보상하는 것은 중지미수를 특별취급하는 합리적 이유가 될 수 있다고 생각된다.

2) 형벌목적설 형벌목적설(刑罰目的說, Strafzwecktheorie)은 중지미수는 그 처벌이 형벌의 목적(일반예방 또는 특별예방)에 비추어 불필요한 경우라고 한다.[1] 즉 자의로 법의 세계에 돌아온 경우에는 범죄의사가 범죄의 실행에 필요할 정도로 강력하지 않고, 미수에서 표현된 행위자의 위험성도 사후적으로 현저히 약화되었으므로 형벌을 과할 필요가 감소하거나 없어졌기 때문에 중지미수를 특별취급한다는 것이다. 독일의 BGH의 판례[2]가 취하고 있는 태도이다. 11

형벌목적설에 대하여도 중지가 우연한 외적 상황에 의하여 일어나는 것이 가능하므로 행위자의 의사는 미수시에 이미 완성에 이를 정도로 강력할 수도 있고, 행위자의 위험성도 중지로 인하여 반드시 약화된다고 볼 수 없다는 비판이 제기된다.[3] 다만 형벌목적설이 공적설과 반드시 배치되는 이론이라고 볼 수는 없다.[4] 자의에 의한 중지에 대한 보상이 형벌목적에 대한 고려를 반드시 배제하는 것은 아니기 때문이다.

3) 책임이행설 책임이행설(責任履行說, Schulderfüllungstheorie)은 행위자가 범죄를 완성 시키지 않음으로써 그에게 부과된 원상회복의무로서의 책임을 이행하였다는 점에 중지미수의 본질이 있다고 한다.[5] 그러나 실행의 착수에 의하여 법익에 대한 위험을 초래하였음에도 불구하고 실행의 중지나 결과의 방지만으로 책임을 이행하였다는 것은 타당하다고 할 수 없고, 의무합치적으로 중지했으면 중지미수로 특별취급한다는 동어반복에 불과하다는 비판을 받지 않을 수 12

1 Rudolphi SK §24 Rn. 4; Sch/Sch/Eser §24 Rn. 2; Schmidhäuser S. 358.
김성천/김형준 431면; 손동권 356면; 유인모 "중지미수의 법적 성격"(김종원화갑기념논문집), 369면; 정현미 "중지미수의 형의 감면근거"(법학논집 7-1), 81면도 형벌목적설을 지지한다. 김일수 교수는 중지미수에 대한 처벌감면의 법적 성격은 형벌목적설에 기한 책임감소에서 파악해야 한다고 하면서 이를 형벌목적론적 책임감소설(刑罰目的論的 責任減少說)이라고 한다(김일수/서보학 535면 참조).

2 BGHSt. 9, 52; 14, 78.

3 Jescheck/Weigend S. 540.

4 Maurach/Gössel/Zipf S. 40; Wessels/Beulke Rn. 626.

5 최우찬 "중지미수"(고시연구 1992. 2), 42면; Herzberg "Zum Grundgedanken des §24 StGB", NStZ 1989, 49.

없다.[1]

13 (5) **결 론** 형법은 중지미수에 대하여 형을 감경 또는 면제하도록 하고 있다. 이러한 중지미수의 성질과 효과를 이분화하여 설명하는 결합설은 타당하지 않다. 이를 통일적으로 설명하면서도 형의 감경과 면제의 기준을 제시하기 위하여는 중지범이 자의로 중지한 공적에 따라 형을 감경 또는 면제함으로써 보상하는 것이라고 해석하는 보상설이 타당하다고 생각된다. 이때 보상의 이유는 미수의 가벌성의 소멸 또는 감소이며, 다시 그 근거로서는 책임의 감소, 형벌목적의 소멸 그리고 형사정책적 목적을 병렬적으로 고려할 수 있다. 중지미수에 대하여 그 비난성이 감소된다는 것, 즉 책임이 감경된다는 것은 부정할 수 없지만, 이 설은 중지미수의 중요한 효과인 형의 면제를 설명하지 못한다. 책임이 소멸한다고 본다면 (형의 면제가 아니라) 무죄가 되어야 하기 때문이다. 따라서 형의 감경만을 설명하기 위하여 책임감소설을 수용할 필요는 없다. 보상의 근거로서 입법자가 범죄의 완성을 방지하기 위한 황금의 다리로서 중지미수의 형을 감면한다고 보는 황금의 다리이론도 형사정책적 목적을 달성하기 위하여 수용할 수 있다고 하겠다.[2] 법의 세계로 다시 복귀한 자에 대한 형벌목적의 소멸 역시 고려할 수 있다. 중지미수에 대한 특별취급은 그 약속이 알려졌는가의 여부의 문제가 아니라 '다른 것은 다르게 다루어야 한다'는 정의의 요구이기 때문이다. 이렇게 보면 중지미수의 형의 면제는 중지에 대한 보상으로서 성립된 범죄에 대한 인적 처벌조각사유에 해당하지만, 형의 감경은 중지에 대한 보상으로서의 비난의 감소, 즉 책임감경사유라고 해석된다.

13a 중지미수에 있어서 형의 면제와 감경의 법적 성질도 중지미수의 성격을 어떻게 파악할 것인가와 관련된다. 결합설에 의할 때에는 형의 면제는 인적 처벌조각사유이며 형의 감경은 책임감경사유가 되는 것이 명백하다. 형벌목적설에 의할 때에는 중지미수를 책임감경사유라고 해석하는 견해(김일수)와 양형사유라고 해석하는 견해(류인모, 정현미)로 나뉜다. 그러나 형벌목적에 의하여 책임이 감경된다고 하는 것은 예방적 책임론을 전제로 하는 것이고, 이를 양형사유로 보는 것도 형의 면제와 감경을 통일적으로 설명하기 위하여 그 성질을 밝히는 것을 포기하는 태도라고 할 것이다. 보상설에 의할

1 Rudolphi SK Rn. 3a.

2 Rudolphi SK §24 Rn. 5; Schmidhäuser S. 357; Stratenwerth/Kuhlen 11/70. 특히 감경근거로서의 형사정책설에 관하여는 Roxin II §30/19. Roxin은 형사정책설을 비판하면서도 형사정책설이 감경근거는 된다는 점을 인정하고 있다.

때에는 형의 면제와 감경을 모두 인적 처벌조각사유로 보아야 하지만, 형의 감경을 인적 처벌조각사유로 설명할 수는 없다. 보상의 내용에 책임감경이 포함된다고 해석하면 결합설과 같이 중지미수의 경우에 형의 면제는 인적 처벌조각사유이고, 형의 감경은 책임감경사유가 된다.

Ⅱ. 중지미수의 성립요건

14 중지미수는 범인이 실행에 착수한 행위를 자의로 중지하거나 그 행위로 인한 결과의 발생을 자의로 방지한 때에 성립한다. 따라서 중지미수가 성립하기 위하여는 먼저 주관적 요건으로 자의성을 필요로 한다. 객관적 요건으로는 실행에 착수하였을 것을 요하는 외에 착수미수(着手未遂, unbeendeter Versuch), 즉 행위자가 결과의 발생에 필요한 행위를 다하지 아니한 때에는 실행행위의 중지로 족함에 반하여 실행미수(實行未遂, beendeter Versuch), 즉 실행행위는 종료하였으나 결과가 발생하지 아니한 때에는 결과의 발생을 방지하였을 것을 요한다.

1. 주관적 요건-자의성

15 중지미수는 범인이 자의로 범죄를 완성하지 않은 경우이다. 따라서 자의성(自意性, Freiwilligkeit)은 중지미수와 장애미수를 구별하는 기준이 된다.

(1) 견해의 대립 자의성을 어떻게 이해하느냐에 대하여는 견해가 대립되고 있다.

16 **1) 객 관 설** 외부적 사정과 내부적 동기를 구별하여 외부적 사정(물질적 장애)에 의하여 범죄가 완성되지 않은 경우는 장애미수이고 그렇지 않은 때가 중지미수라고 한다. 그러나 객관설은 ① 외부적 사정으로 인한 것인가 내부적 동기로 인한 것인가를 구별하기는 곤란할 뿐만 아니라, ② 이에 의하면 자의성의 범위가 지나치게 확대된다는 난점이 있다.

17 **2) 주 관 설** 후회·동정·기타 윤리적 동기에 의하여 중지한 경우만이 중지미수이고 그렇지 않은 때에는 전부 장애미수라고 한다. 그러나 주관설은 ① 자의성과 윤리성을 혼동하고 있으며, ② 자의성의 범위를 지나치게 협소하게 인정한다는 난점이 있다.

18 **3) Frank의 공식** 할 수 있었음에도 불구하고 하기를 원하지 않아서(Ich will nicht zum Ziel kommen, selbst wenn ich es konnte) 중지한 때가 자의에 의한 경우이고, 하려고 하였지만 할 수가 없어서(Ich kann nicht zum Ziel kommen, selbst wenn ich es wollte) 중지한 때를 장애미수라고 본다.[1] 그러나 이 견해도 ① 자의성과 행위실행의 가능성을 혼동한 것일 뿐만 아니라,[2] ② 가능성은 다의적(多義的)인 개념(주관적 가능성인가 또는 객관적 가능성인가)이므로 명백한 기준이 되지 못하고, ③ 해석에 따라서는 자의성의 범위가 부당하게 확대된다는 비판을 면할 수 없다.[3]

19 **4) 절 충 설** 일반 사회관념상 범죄수행에 장애가 될 만한 사유가 있는 경우는 장애미수이지만 그러한 사유가 없음에도 불구하고 자기의사에 의하여 중지한 경우에 자의성을 인정하는 견해이다. 즉 강제적 장애사유가 없음에도 불구하고 자율적 동기(autonomes Motiv)에 의하여 중지한 때에는 자의성이 인정되지만, 범인의 의사와 관계없이 사태를 현저히 불리하게 만드는 장애사유 때문에 타율적으로 중지한 때에는 자의가 되지 않는다는 것이다.[4] 우리나라의 다수설[5]과 판례의 태도[6]이며, 이 견해가 타당하다고 생각된다.

20 **5) 규 범 설** 자의성을 순수한 평가문제로 파악하여 범행을 중지하게 된 내심적 태도를 처벌이라는 관점에서 평가하여 자의성을 판단해야 한다는 입장이다.[7] 이 입장에서는 비이성적 이유에 의한 중지,[8] 합법성으로의 회귀(Rücktritt

---

1 임웅 357면; 정영석 212면; 황산덕 234면.

2 Rudolphi SK § 24 Rn. 19.

3 손해목 "중지범과 프랑크공식의 의의"(고시계 1963. 4), 38면.

4 Jescheck/Weigend S. 544; Lackner/Kühl § 24 Rn. 17; Sch/Sch/Eser § 24 Rn. 43; Tröndle/Fischer § 24 Rn. 21; Wessels/Beulke Rn. 651.

5 김종원(공저) 297면; 남흥우 204면; 배종대 507면; 신동운 482면; 오영근 564면; 유기천 260면; 이형국 289면; 진계호 337면.

6 대법원 1985. 11. 12. 85 도 2002, "중지미수라 함은 범죄의 실행행위에 착수하고 그 범죄가 완수되기 전에 자기의 자유로운 의사에 따라 범죄의 실행행위를 중지하는 것으로서 장애미수와 대칭되는 개념이나 중지미수와 장애미수를 구분하는 데 있어서는 범죄의 미수가 자의에 의한 중지이냐 또는 어떤 장애에 의한 미수이냐에 따라 가려야 하고 특히 자의에 의한 중지 중에서도 일반 사회통념상 장애에 의한 미수라고 보여지는 경우를 제외한 것을 중지미수라고 풀이함이 일반이다."

동지: 대법원 1997. 6. 13. 97 도 957; 대법원 1999. 4. 13. 99 도 640.

7 김일수/서보학 539면; 박상기 347면; 정성근/박광민 399면은 심리적 방법과 규범적 방법을 절충하여 자의성을 판단해야 한다고 한다.

8 BGHSt. 9, 50.

in die Legalität)[1] 또는 법의 궤도로의 회귀(Rückkehr in die Bahnen des Rechts)[2]가 있으면 자의성이 인정된다고 한다. 그러나 규범설에 대하여도 ① 주관적 요소를 규범적 기준으로 판단하는 것은 타당하지 않을 뿐만 아니라 규범적 기준이 명백한 것도 아니고, ② 이에 의하더라도 자의성은 합법성 또는 윤리성을 요구하는 결과를 초래하며, ③ 중지미수를 벌하지 않는 독일 형법과는 달리 형을 감경 또는 면제하도록 한 형법의 해석에 있어서 합법성으로의 회귀나 법에 대한 충실한 심정이 있을 때에만 자의성을 인정해야 할 이유가 없다는 비판이 제기되고 있다.

(2) **자의성의 판단자료** 자신의 의사에 의한 중지인가는 행위자가 자율적으로 그 결의를 지배하였는가에 따라서 결정된다. 21

1) **자율적 중지** 사정의 변경이 없음에도 불구하고 스스로 내적 동기에 의하여 자율적으로 중지한 때에는 자의성이 인정된다. 후회 · 동정 · 공포 또는 범행의욕의 상실과 같은 동기에서 중지한 때가 여기에 해당한다. 자율적으로 중지한 이상 그것이 윤리적으로 정당한 가치를 가질 것을 요하는 것은 아니다. 따라서 강간미수범이 피해자가 성교를 약속하기 때문에 중지한 때에도 자의성이 인정될 수 있다.[3] 22

공포 또는 두려움에 의한 중지를 자의에 의한 중지라고 볼 수 있는가? 판례는 이 경우에 자의에 의한 중지가 될 수 없다는 태도를 취하고 있다. ① 방화하려고 매개물에 점화하였으나 불길이 솟는 것을 보고 두려워서 불을 끈 경우(대법원 1997. 6. 13. 97 도 957),[4] ② 살해하려고 칼로 찔렀으나 많은 피가 흘러나오는 것을 보고 겁을 먹고 그만둔 경우(대법원 1999. 4. 13. 99 도 640)[5]에 모두 자의에 의한 중지미수가 될 수 없다고 판시하였다. 그러나 두려움

1 Roxin "Rücktritt vom unbeendeten Versuch", Heinitz-FS S. 255.

2 Ulsenheimer *Grundfragen des Rücktritts vom Versuch in Theorie und Praxis*, S. 314.

3 대법원 1993. 10. 12. 93 도 1851, "피고인이 피해자를 강간하려다 피해자의 다음번에 만나 친해지면 응해주겠다는 취지의 간곡한 부탁으로 인하여 그 목적을 이루지 못한 후 피해자를 자신의 차에 태워 집에까지 데려다 주었다면, 피고인은 자의로 피해자에 대한 강간행위를 중지한 것이고 피해자의 다음에 만나 친해지면 응해주겠다는 취지의 간곡한 부탁은 사회통념상 범죄실행에 대한 장애라고 여겨지지는 아니하므로 피고인의 행위는 중지미수에 해당한다."

4 대법원 1997. 6. 13. 97 도 957, "피고인이 장롱 안에 있는 옷가지에 불을 놓아 건물을 소훼하려 하였으나 불길이 치솟는 것을 보고 겁이 나서 물을 부어 불을 끈 것이라면, 위와 같은 경우 치솟는 불길에 놀라거나 자신의 신체안전에 대한 위해 또는 범행 발각시의 처벌 등에 두려움을 느끼는 것은 일반 사회통념상 범죄를 완수함에 장애가 되는 사정에 해당한다고 보아야 할 것이므로, 이를 자의에 의한 중지미수라고는 볼 수 없다."

5 대법원 1999. 4. 13. 99 도 640, "범죄의 실행행위에 착수하고 그 범죄가 완수되기 전에 자기의

에 의한 중지를 일률적으로 자의에 의한 중지가 아니라고 하는 것은 타당하다고 할 수 없으며, 이 경우에도 자율적인 중지인가 아닌가에 따라 결론을 달리한다고 해야 한다. 따라서 ②는 장애미수이지만 ①의 경우는 자의에 의한 중지라고 보아야 할 것이다.

23 **2) 실행의 불가능 또는 곤란** 범죄의 실행 또는 완성이 불가능하기 때문에 중지한 때에는 자의에 의한 중지가 될 수 없다. 예컨대 강간에 착수하였으나 심리적 쇼크로 성교가 불가능하였을 때, 또는 절도에 착수하였으나 재물이 없었을 때 등이 여기에 해당한다. 범죄의 실행이 가능한 경우에도 합리적 판단에 의할 때 범죄를 중단하는 이외에 다른 선택의 여지가 없을 때에는 자의성이 인정되지 않는다. 상황이 현저히 불리하게 되어 그것으로 인한 불이익을 고려하지 않을 수 없는 때에도 같다.

따라서 ① 강간에 착수하였으나 뜻밖에 피해자가 아는 여자이므로 형사고소를 제기할 것을 두려워하여 중지한 경우(BGHSt. 9, 48),[1] ② 피해자가 생리중이어서 간음에 적합하지 않다고 판단하고 중지하였거나(BGHSt. 20, 279), 간음하기 전에 사정이 되어 강간을 중지한 때, ③ 강간에 착수하였으나 피해자의 어린 딸이 깨어서 울고 피해자가 임신중이라고 말하였거나(대법원 1993. 4. 13. 93 도 347),[2] 피해자가 수술한 지 얼마 안 되어 배가 아프다고 애원하여 간음을 중단한 경우(대법원 1992. 7. 28. 92 도 917),[3] ④ 절취하려고 한 재물이 예상한 바와 달리 가치가 없는 물건이어서 절도를 중지한 때(BGHSt. 4, 56), ⑤ 범행이 발각되었거나

자유로운 의사에 따라 범죄의 실행행위를 중지한 경우에 그 중지가 일반 사회통념상 범죄를 완수함에 장애가 되는 사정에 의한 것이 아니라면 이는 중지미수에 해당한다고 할 것이지만, 피고인이 피해자를 살해하려고 그의 목 부위와 왼쪽 가슴 부위를 칼로 수회 찔렀으나 피해자의 가슴 부위에서 많은 피가 흘러나오는 것을 발견하고 겁을 먹고 그만두는 바람에 미수에 그친 것이라면, 위와 같은 경우 많은 피가 흘러나오는 것에 놀라거나 두려움을 느끼는 것은 일반 사회통념상 범죄를 완수함에 장애가 되는 사정에 해당한다고 보아야 할 것이므로, 이를 자의에 의한 중지미수라고 볼 수 없다."

1 BGHSt. 9, 48, "피고인이 공격한 부녀가 뜻밖에 피고인을 알고 있는 사람이었으므로 피고인은 그가 즉시 형사고소를 제기할 것을 두려워한 나머지 강간기도를 중지한 때에는 피고인이 이를 자의로 중지하였다고 할 수 없다."

2 대법원 1993. 4. 13. 93 도 347, "강도가 강간하려고 하였으나 잠자던 피해자의 어린 딸이 잠에서 깨어 우는 바람에 도주하였고, 또 피해자가 시장에 간 남편이 곧 돌아온다고 하면서 임신중이라고 말하자 도주한 경우에는 자의로 강간행위를 중지하였다고 볼 수 없다."

3 대법원 1992. 7. 28. 92 도 917, "피고인들이 피해자를 강간하려고 하던 중 피해자가 수술한 지 얼마 안 되어 배가 아프다면서 애원하는 바람에 그 뜻을 이루지 못하였다면, 피고인들이 간음행위를 중단한 것은 피해자를 불쌍히 여겨서가 아니라 피해자의 신체조건상 강간을 하기에 지장이 있다고 본 데에 기인한 것이므로, 이는 일반의 경험상 강간행위를 수행함에 장애가 되는 외부적 사정에 의하여 범행을 중지한 것에 지나지 않는 것이므로 중지범의 요건인 자의성을 결여하였다."

발각되었다고 생각하고 중지한 경우(대법원 1986. 1. 21. 85 도 2339)[1]에는 자의성이 인정되지 아니한다.

3) **판단의 기준** 자의성의 판단은 객관적 · 외부적 사실을 기준으로 결정되는 것이 아니라 행위자가 주관적으로 인식한 사실을 기초로 판단하여야 한다. 따라서 객관적으로는 장애가 될 수 없는 사실을 장애되는 사실이라고 생각하고 중지하였을 때에는 자의에 의한 중지가 될 수 없지만, 객관적으로 장애사실이 있음에도 불구하고 주관적으로는 이를 알지 못한 채 자율적으로 중지하였을 때에는 중지미수가 된다. 같은 이유로 객관적으로는 결과의 발생이 불가능한 경우라도 행위자가 주관적으로 가능하다고 오인하고 중지하거나 결과의 발생을 방지한 때에는 중지미수가 될 수 있다. 24

2. 객관적 요건-실행의 중지 또는 결과의 방지

중지미수가 성립하기 위하여는 객관적으로 실행행위를 중지(착수중지－착수미수)하거나 그 행위로 인한 결과의 발생을 방지(실행중지－실행미수)하여야 한다. 중지미수의 객관적 요건은 이와 같이 양자 간에 차이가 있다. 따라서 먼저 착수미수와 실행미수를 구별하는 기준을 살펴보고, 착수미수와 실행미수에 있어서 중지미수가 성립하기 위한 객관적 요건을 검토한다. 25

(1) 착수미수와 실행미수의 구별

1) **착수미수와 실행미수의 의의** 착수미수와 실행미수는 행위자가 결과 발생에 필요한 행위를 다하였는가, 즉 실행행위를 종료하였는가에 의하여 구별된다. 따라서 착수미수인가 실행미수인가는 이론상 주관적 표준에 의하여 결정하여야 한다. 행위의 완성을 위하여 행위자가 어떤 행위를 하려고 하였는가는 행위자의 행위계획과 행위과정에 대한 표상(表象)에 의하여 비로소 결정될 수 있는 것이기 때문이다. 즉 행위자가 범죄의 완성을 위하여 필요한 모든 행위를 다하지 않았다고 믿었을 때에는 착수미수이고, 그의 계획에 의하면 범죄의 완성을 위한 26

---

1 대법원 1986. 1. 21. 85 도 2339, "범행 당일 미리 제보를 받은 세관직원들이 범행장소 주변에 잠복근무를 하고 있어 그들이 왔다갔다 하는 것을 본 피고인이 범행의 발각을 두려워한 나머지 자신이 분담하기로 한 실행행위에 이르지 못한 경우, 이는 피고인의 자의에 의한 범행의 중지가 아니어서 형법 제26조 소정의 중지범에 해당한다고 볼 수 없다."

모든 조치가 끝났을 때를 실행미수라고 할 수 있다.

27 2) **구별의 기준** 행위자가 결과를 발생시키려고 여러 행위를 계획하였으나 완성 전에 다른 행위의 실행을 중지하거나, 원래 하나의 행위를 계획하여 예상한 결과가 발생하지 않았지만 결과를 발생하게 할 여타의 수단이 있었음에도 불구하고 더 이상 행위하지 아니한 경우를 착수미수로 볼 것인가 실행미수로 볼 것인가에 대하여는 견해가 대립되고 있다.

28 (가) **주 관 설** 주관설은 착수시의 행위자의 의사에 의하여 결정해야 한다고 한다. 착수시의 행위자의 계획이 실행을 계속하도록 되어 있는 때에는 객관적으로 결과발생의 가능성이 있는 행위가 종료하여도 실행은 종료되었다고 볼 수 없다는 것이다.[1] 그러나 이 견해는 결과발생을 위하여 치밀한 계획을 세워서 행위한 범인만을 유리하게 취급하는 결과가 된다는 비판을 면할 수 없다. 여기서 주관설 가운데도 실행행위의 종료 여부는 행위자의 의사를 기준으로 하여 결정하지만, 그 기준시기는 착수시기가 아니라 중지시기로 보아야 한다는 견해[2]가 주장되고 있다. 즉 행위자가 중지시에 지금까지의 행위로는 결과가 발생하지 않는다고 확신하였거나 적어도 그렇게 신뢰하고 더 이상의 행위를 하지 아니하였으면 실행은 종료되지 않은 것으로 보아야 한다는 것이다.[3]

29 (나) **객 관 설** 객관설은 객관적으로 결과발생의 가능성이 있는 행위가 있는 이상 행위자의 의사와는 상관없이 실행행위는 종료된 것이라고 본다. 그러나 이 경우 결과가 발생하지 않았기 때문에 – 행위자의 의사를 고려하지 않는 한 – 결과발생의 위험은 소멸한 것이므로 실행의 중지만으로 범죄의 기수는 방지할 수 있다고 보게 된다. 따라서 착수중지와 실행중지의 구별을 무의미하게 만드는 객관설은 타당하다고 할 수 없다.

30 (다) **절 충 설** 절충설은 행위자의 의사와 행위 당시의 객관적 사정을 종

1 BGH의 전통적 태도이기도 하다. BGHSt. 10, 131.

2 Ebert S. 132; Joecks § 24 Rn. 17; Maurach/Gössel/Zipf S. 43; Rudolphi SK § 24 Rn. 15; Sch/Sch/Eser § 24 Rn. 21; Schmidhäuser S. 368; Tröndle/Fischer § 24 Rn. 15.

3 BGH도 현재 이러한 견해를 채택하고 있다.
BGHSt. 22, 176. 피고인이 의붓딸 F를 살해하기 위하여 수건으로 싼 쇠파이프로 F의 머리를 수회 때렸다. 피고인은 처음에 F가 죽은 것으로 생각했지만 죽지 않은 것을 안 후에도 더 이상 때리지 않은 사건이다. BGH는 "피고인이 타격 즉시 그것만으로 목적을 달성할 수 없다는 것을 알았음에도 불구하고 더 이상 때리는 것을 그만둔 것은 중지미수에 해당한다"고 판시하였다.
동지: BGHSt. 14, 75.

합하여 결과발생에 필요한 행위가 끝났으면 실행행위가 종료되었다고 해석한다.[1] 행위자가 더 실행할 행위가 있는 경우에 아직 실행하지 못한 행위와 이미 실행한 행위가 하나의 행위인 때에는 착수미수이고, 다른 행위인 때에는 실행미수라고 한다.[2] 그러나 착수미수와 실행미수를 죄수론(罪數論)의 기준에 의하여 구별하는 것은 타당하다고 할 수 없다.

31 (라) **결 론** 생각건대 실행행위가 종료되었느냐는 행위자의 주관과 범죄계획을 떠나서는 판단할 수 없다. 따라서 중지시의 행위자의 주관을 기준으로 착수미수인가 실행미수인가를 판단해야 한다는 주관설이 타당하다고 하겠다.

(2) 착수미수의 중지

32 **1) 실행행위의 중지** 착수미수는 실행행위를 중지하는 것, 즉 행위의 계속을 포기하는 부작위에 의하여 중지미수가 된다. 실행의 중지는 실행이 가능할 것을 전제로 한다. 그러나 실행이 불가능한 경우라도 행위자가 그것이 가능하다고 오인한 때에는 중지할 수 있다.

33 **2) 행위계속의 포기** 행위의 계속을 포기한다는 것은 행위의 목표달성 자체를 종국적으로 포기할 것을 필요로 하는가? 독일의 통설은 이를 요구하여 행위자가 전체로서의 범죄의 실행을 단념하고 합법으로 되돌아올 것을 요한다고 한다.[3] 따라서 범행방법의 변경, 일시적인 보류 또는 실행시기를 더 적당한 때로 연기하는 것만으로는 중지가 되지 않는다고 한다. 다만 이 견해에 의하더라도 중지의 대상은 행위자가 계획하여 이미 착수한 구체적인 행위이므로, 행위자가 후에 다른 행위를 행할 의사로 이미 계획되어 착수된 구체적 행위의 실행을 중지한 때에는 실행의 중지가 있다고 한다. 그러나 중지미수를 처벌하지 않는 독일 형법과는 달리 단순히 형을 감경 또는 면제하도록 한 형법의 해석에서는 실행의 중지를 반드시 그와 같이 엄격하게 해석할 필요는 없다고 생각된다.[4] 실행의 중지란 계획된 구체적 행위의 실현 자체가 아니라 이미 행해진 구체적 착수행위를 계속하지 않는 것을 의미하므로, 행위자가 다음에 더 유리한 상황에서 실행하기 위하

1 김일수/서보학 543면; 배종대 513면; 안동준 192면; 오영근 567면; 임웅 361면; 정성근/박광민 401면.
2 Jescheck/Weigend S. 542.
3 Jescheck/Weigend S. 543; Rudolphi SK §24 Rn. 18; Sch/Sch/Eser §24 Rn. 38; Schmidhäuser S. 364; Wessels/Beulke Rn. 641.
4 김일수/서보학 543면; 배종대 513면; 신동운 487면; 안동준 193면.

여 잠정적으로 중지한 때도 포함된다고 해야 한다.

34 **3) 결과불발생** 행위자가 행위의 계속을 중지하였음에도 불구하고 결과가 발생한 때에는 이미 기수에 이른 것이므로 중지미수가 성립할 여지가 없다. 행위자에게 인과관계에 착오가 있었을 뿐이고 인과관계의 착오는 본질적인 것이 아니기 때문에 법률상으로 문제되지 않기 때문이다.

35 **(3) 실행미수의 중지** 실행미수의 중지에 있어서는 단순히 행위의 계속을 중지(부작위)하는 것으로 족하지 않고 행위자가 자의에 의하여 결과의 발생을 방지하는 적극적 행위를 할 것을 요한다. 이를 보통 능동적 후회(能動的 後悔, tätige Reue)라고 한다. 이 표현은 적극적 동작을 요한다는 점에서는 이해할 수 있으나, 반드시 윤리적 동기를 필요로 하는 것은 아니라는 점에서는 정확한 표현이라고 할 수 없다.[1]

실행미수의 중지미수가 성립하기 위하여는 다음과 같은 객관적 요건이 구비되어야 한다.

36 **1) 결과발생의 방지** 행위자가 결과의 발생을 방지하기 위하여 진지한 행위를 하여야 한다.

단순한 소극적 부작위로는 족하지 아니하다. 방지행위는 인과의 진행을 의식적·의욕적으로 중단하기 위한 행위임을 요하며, 또 결과의 발생을 방지하는 데 객관적으로 상당한 행위여야 한다. 원칙적으로 행위자 자신이 결과의 발생을 방지하기 위한 행위를 할 것을 요하지만 타인의 도움을 받아서 행하여도 무방하다. 예컨대 의사의 치료를 받게 하거나, 소방관으로 하여금 소화(消火)하게 한 때가 여기에 속한다. 다만 이러한 경우에 그 타인은 행위자로 인하여 행위하였을 것을 필요로 한다.[2] 제 3 자에 의한 결과의 방지가 범인 자신이 결과발생을 방지한 것과 동일시할 수 있을 정도의 노력을 요한다고 함이 통설[3]이다.

2) 결과의 불발생 결과가 발생하지 아니하였음을 요한다.

37 **(개) 중지행위의 성공** 중지행위가 성공하지 않으면 안 된다. 행위자가 결

1 유기천 263면.
2 日大判 1932. 4. 18(기본판례 형법 1-650), "피고인이 방화한 것이 이웃사람에 의하여 발견되어 진화된 경우 피고인 스스로도 물을 끼얹는 등 행위를 하였다 하여도 장애미수이지 중지범은 아니다."
3 김일수/서보학 543면; 배종대 514면; 손해목 886면; 이형국 291면; 임웅 362면; 정영석 216면.

과의 발생을 방지하기 위하여 진지한 노력을 하였음에도 불구하고 행위자의 의사에 반하여 결과가 발생한 때에는 이미 기수에 이른 것이므로 중지미수는 성립할 여지가 없다. 예컨대, 살인의 의사로 음독시킨 다음 자의로 해독제를 먹여 결과발생을 방지하고자 하였으나 피해자가 사망한 때에는 살인죄는 이미 기수에 이른 것이다.

판례가 ① 대마를 사 오다가 인생을 망치겠다는 생각이 들어 불태워버린 경우(대법원 1983. 12. 27. 83 도 2629), ② 타인의 재물을 공유하는 자가 공유자의 승낙을 받지 않고 공유대지를 담보로 제공하고 가등기한 후에 가등기를 말소한 경우(대법원 1978. 11. 28. 78 도 2175)에 중지미수가 성립할 수 없다고 한 것은 이러한 의미에서 이해할 수 있다.

그러나 발생한 결과가 행위자에게 객관적으로 귀속할 수 없는 것일 때에는 결과가 발생한 경우에 해당하지 않는다. 결과의 발생을 방지하기 위한 노력이 있었음에도 불구하고 다른 원인에 의하여 결과가 발생한 때가 그러하다.

예컨대 행위자가 결과발생의 방지를 위하여 진지한 노력을 하였지만 피해자가 자살하거나, 교통사고 또는 병원의 화재에 의하여 사망한 때 그 결과는 행위자에게 귀속되지 않고, 따라서 결과가 발생하였다고 할 수 없다.[1]

(나) **인과관계** 방지행위에 의하여 결과가 발생되지 아니할 것을 요한다. 즉 결과불발생과 방지행위 사이에는 인과관계가 있어야 한다. 그러므로 방지행위 아닌 다른 원인에 의하여, 예컨대 행위자가 모르는 사이에 타인에 의하여 결과의 발생이 방지된 때에는 중지미수가 될 수 없다. 38

① 결과발생이 처음부터 불가능하였으나 행위자가 이를 모르고 결과방지를 위하여 진지한 노력을 한 경우 중지미수가 성립할 수 있는가, 즉 불능미수에 대한 중지미수가 가능한가가 문제된다. 결과가 발생하지 않은 때에 행위자가 자의에 의하여 결과를 방지하기 위한 진지한 노력을 하였으면 벌하지 않는다는 명문의 규정을 두고 있는 독일 형법의 해석에 있어서는 별 문제가 없다. 이러한 규정이 없는 형법의 해석에 있어서 **소극설**은 이 경우에 중지미수가 성립할 수 없다고 해석한다.[2] 결과의 발생은 처음부터 불가능하였으며 행위자의 방지행위에 의 39

1 Jescheck/Weigend S. 546; Rudolphi SK §24 Rn. 28; Sch/Sch/Eser §24 Rn. 65.
2 김종원(공저) 295면; 유기천 264면; 정영석 215면.

하여 결과가 발생하지 않은 것은 아니라는 것을 이유로 한다. 그러나 불능미수의 형은 임의적 감면이지만 중지미수의 형은 필요적 감면이므로 불능미수에 대하여 중지미수의 규정을 적용하지 않는 경우에는 결과발생의 위험성이 적은데 결과방지를 위한 노력은 동일한 경우를 결과발생의 위험성이 큰 경우보다 무겁게 취급하는 것이 되어 균형이 맞지 않는다. 그러므로 이러한 경우에도 중지미수의 성립을 인정하는 **적극설**[1]이 타당하다고 생각한다. 다만 이 경우에 중지미수의 규정이 적용되기 위하여는 행위자가 결과발생이 불가능하다는 것을 모르고 결과방지를 위하여 진지한 노력을 하였을 것을 요한다.

40 ② 행위자에게 귀속시킬 수 없는 다른 원인에 의하여 결과가 발생하여 결과의 발생이 없다고 보아야 할 경우에 결과의 방지가 방지행위로 인한 것이라고 볼 수 있는가도 문제된다. 이러한 경우 결과의 방지 여부는 가설적으로 판단해야 한다. 따라서 그 방지행위에 의하여 결과의 발생이 방지될 수 있었을 것으로 인정되는 때에는 중지미수가 될 수 있다고 해석해야 할 것이다.

Ⅲ. 중지미수의 처벌

41 중지미수의 형은 감경 또는 면제한다. 즉 중지미수는 형의 필요적 감면사유이다. 착수미수와 실행미수의 중지범의 형에는 아무런 차이가 없다. 형을 면제할 것인가 또는 감경할 것인가는 중지범의 공적을 참작하여 법관이 재량으로 결정할 성질이다.

중지범이 범행을 중지하였으나 다른 죄명에 해당하는 결과가 발생한 때에는 어떻게 할 것인가가 문제된다.

독일과 같이 중지미수를 처벌하지 않는 법제에서는 중지미수는 미수 그 자체를 처벌하지 않는 데 지나지 않으므로 이미 일부 기수에 이른 결과(예컨대 살인죄의 중지미수의 경우 상해의 결과)가 있는 경우에는 이에 대한 처벌은 면할 수 없다고 해석된다. 그러나 중지미수의 형을 감경 또는 면제하도록 하고 있는 형법의 해석에 있어서는 다음과 같이 법조경합의 경우와 상상적 경합의 경우를 구별해서 취급하여야 한다.

1 김일수/서보학 544면; 박상기 353면; 배종대 514면; 손해목 889면; 신동운 494면; 안동준 194면; 오영근 571면; 이형국 291면; 임웅 363면; 정성근/박광민 403면.

1) **법조경합의 경우** 살인행위를 중지하였으나 상해의 결과가 발생한 때에는 단순히 중한 죄의 미수범으로 처벌하면 족하며 경한 죄는 이에 흡수되는 것이므로 이를 독립하여 처벌할 수 없다. 42

2) **상상적 경합의 경우** 상상적 경합은 원래 수죄(數罪)의 경우이므로 일죄(一罪)의 중지는 다른 죄의 처벌에 영향을 미치지 않는다. 따라서 형법 제40조에 의하여 처리되어야 한다. 43

Ⅳ. 관련문제

1. 예비의 중지

중지미수는 미수의 일종이므로 '실행에 착수한 이후'에 자의로 중지하였을 때에만 중지미수가 될 수 있다. 따라서 범죄의 실행에 착수하지 아니한 예비행위를 중지한 때에는 중지미수의 규정이 적용될 수 없다. 그러나 예비행위를 거쳐 실행에 착수한 후에 중지하면 형을 감경해야 할 뿐만 아니라 면제까지 할 수 있음에 반하여, 실행에 착수하기 이전에 중지한 때에는 예비죄로 처벌받아야 한다는 것은 불합리하다고 하지 않을 수 없다. 여기서 중지미수의 규정을 예비에 대하여도 준용할 수 있는가가 문제되며 이에는 부정설과 긍정설이 대립되고 있다. 예비의 중지란 이미 예비행위를 한 자가 예비행위를 자의로 중지하거나 실행의 착수를 포기하는 것을 말한다. 44

(1) **부 정 설** 실행의 착수가 없는 예비에 대하여는 중지미수의 규정을 준용할 여지가 없다고 해석하는 견해이다.[1] 판례는 일관하여 실행의 착수가 있기 전인 예비 · 음모의 단계에서는 중지미수의 관념을 인정할 여지가 없다고 판시하고 있다.[2] 이로 인한 처벌의 불균형에 대하여는 자수의 정도에 이른 때에 한하여 중지미수의 필요적 감면규정을 유추적용하여 처벌의 불균형을 시정할 수 있을 45

1 김성돈 451면; 신동운 499면.

2 대법원 1966. 4. 21. 66 도 152 전원합의체판결, "중지범은 범행의 실행에 착수한 후 자의로 그 행위를 중지한 때를 말하는 것이므로 실행의 착수가 있기 전인 예비 · 음모의 행위를 처벌하는 경우에 있어서는 중지범의 관념을 인정할 여지가 없으므로 피고인들의 범행이 중지범이라는 논지는 받아들일 수 없다."

동지: 대법원 1966. 7. 12. 66 도 617; 대법원 1991. 6. 25. 91 도 436; 대법원 1999. 4. 9. 99 도 424.

뿐이라고 해석하는 견해[1]와, 예비를 처벌하는 경우에는 그 중지(미수)에 대하여도 형의 면제를 허용해서는 안 된다는 견해[2]가 대립되고 있다.

그러나 전설(前說)에 의하여는 중지미수와 예비의 중지 사이의 처벌의 불균형을 극복하기 어렵고, 후설(後說)에 대하여는 중지미수의 경우에 형의 감면은 중지의 공적을 기준으로 판단해야 함에도 불구하고 예비·음모를 처벌한다는 이유로 형을 면제할 수 없다고 해석하는 것은 중지미수에 대한 형법의 규정을 무의미하게 하는 것이라는 비판이 제기된다.

46 (2) **긍 정 설** 예비에 대하여도 중지미수의 규정을 준용해야 된다는 견해이다. 다만 중지미수의 규정이 준용되는 범위에 관하여는 다시 견해가 대립되고 있다. 다수설은 예비의 형이 중지미수의 형보다 무거운 때에는 형의 균형상 중지미수의 규정을 준용해야 된다고 한다.[3] 이에 의하면 형의 면제의 경우는 언제나 중지미수의 규정을 준용해야 하며, 형의 감경의 경우에는 중지미수의 형과 예비의 형을 비교해야 한다는 결과가 된다. 예비의 중지에 관한 규정이 없는 이상 형이 불균형한 때에만 중지미수의 규정을 준용해야 한다는 것을 이유로 한다. 이에 반하여 예비의 중지에 있어서도 언제나 중지미수의 규정을 준용하여야 하며, 감경 또는 면제해야 할 대상형도 기수형이 아니라 예비·음모죄의 형이어야 한다고 해석하는 견해[4]도 있다. 예비의 중지는 예비행위를 중지하는 것이며, 예비·음모의 형과 중지미수의 형은 비교할 성질이 아니라는 것을 이유로 한다.

47 생각건대 ① 예비의 미수는 논리상 있을 수 없고, ② 범죄에 대한 준비행위로 인하여 예비죄는 완성되었다고 할 것이므로 예비의 형을 감경 또는 면제할 수는 없으며, ③ 예비의 중지는 실행의 착수를 포기하는 것을 의미한다고 할 것이므로, 예비의 형에 비하여 중지미수의 형이 가벼운 때에 한하여 처벌의 불균형을 시정할 수밖에 없다고 해석하는 다수설이 타당하다.

2. 공범과 중지미수

48 형법 제26조는 단독범의 중지미수를 규정하고 있는 것에 불과하며, 공범의

1 김일수/서보학 552면.
2 남흥우 207면.
3 김종원(공저) 298면; 박상기 356면; 배종대 517면; 안동준 195면; 이형국 267면; 정성근/박광민 377면; 정영석 217면; 조준현 263면.
4 오영근 578면; 임웅 349면; 손해목 "예비행위의 중지"(법정 1963. 11), 24면.

중지미수가 성립하기 위한 요건에 관하여는 형법에 규정이 없다. 공범의 경우에도 중지미수가 성립할 수 있다는 점에는 의문이 없다. 문제는 단독범의 중지미수에 관한 요건이 공범에 대하여 그대로 적용될 수 있는가이다. 공범의 중지미수에 있어서는 공범원리에 의하여 귀책관계가 결정되므로 항상 다른 관여자의 행위와의 관계를 고려해야 하기 때문이다. 이러한 의미에서 공범과 중지미수의 문제는 공범이론과 중지미수이론이 교차하는 분야라고 할 수 있다. 여기서 공범과 중지미수의 문제로서는 공범에서 중지미수가 성립하기 위한 요건 그리고 공범 간에 중지미수의 효과가 미치는 범위가 문제가 된다.

49 공범과 중지미수의 관계에서 문제되는 것은 협의의 공범에 한하는 것은 아니다. 즉 공동정범이나 간접정범에 있어서도 협의의 공범인 교사범이나 종범의 중지미수와 같은 문제가 제기된다. 이러한 의미에서 공범과 중지미수의 문제는 정확히 말하면 범죄에 관하여 다수인이 가담한 경우의 중지미수에 대한 문제라고 할 수 있다.

50 (1) **공범과 중지미수의 성립요건** 공범에 대하여 중지미수가 성립하기 위하여는 공범이 자의로 범죄를 완성하지 않았을 것을 요한다는 점에는 이론이 없다. 자의성의 의미도 단독범의 경우와 같다. 공범의 경우의 중지미수도 미수에 속하므로 당연히 실행의 착수가 전제되어야 한다. 이 이외에 중지미수가 성립하기 위한 객관적 요건으로 착수미수의 경우에는 실행행위의 중지로 족한가 아니면 언제나 결과의 발생을 방지할 것을 요하는가가 문제된다.

51 1) **공범과 실행의 착수** 공범(교사범과 종범)이 성립하기 위하여는 정범의 착수행위가 있어야 한다. 따라서 정범의 행위가 미수의 단계에도 이르지 않은 때에는 공범이 성립하기 위한 정범의 범죄가 없으므로 공범에 대하여도 원칙적으로 중지미수를 문제삼을 필요가 없다. 즉 예비단계에서 공범이 정범의 행위에 가담하였으나 중도에서 포기하고 정범을 기수에 이르지 못하게 한 때에는 중지행위에 의하여 기수의 고의가 없어진 것으로 보아야 하므로 공범으로 처벌받지 않는다.[1]

간접정범의 착수시기는 이용자의 행위를 기준으로 하여 판단해야 하며, 공동정범의 실행의 착수는 계획된 전체행위를 기준으로 해야 하므로 공동정범의 1인이 공동의사

1 Maurach/Gössel/Zipf Bd. 2 S. 238; Rudolphi SK §24 Rn. 31; Sch/Sch/Eser §24 Rn. 80; Vogler LK[10] §24 Rn. 161, “Versuch und Rücktritt bei Beteiligung mehrerer”, ZStW 98, 344.

의 범위에서 구성요건을 실현하는 행위를 한 때에는 모든 공동정범에 대하여 실행의 착수를 인정할 수 있다. 이에 반하여 교사범과 종범의 착수시기는 정범이 실행에 착수한 때를 기준으로 결정하여야 한다.

52 **2) 결과발생의 방지** 단독범의 중지미수에 있어서는 착수미수는 실행행위의 중지로 족하고 실행미수의 경우에 한하여 결과발생을 방지하기 위한 진지한 노력을 요건으로 한다. 그러나 공범의 경우에 중지미수가 되기 위하여는 실행미수의 경우뿐만 아니라 착수미수의 경우에도 실행행위의 중지만으로는 중지미수가 성립하지 아니하고 결과발생을 방지하기 위한 진지한 노력이 있을 것을 요한다. 따라서 공범이 자신의 행위를 중지한 것만으로는 중지미수가 성립하지 아니하고 다른 공범 또는 정범의 행위까지 중지케 하여 결과의 발생을 방지한 때에 한하여 중지미수가 될 수 있다.[1] 이와 같이 공범의 경우에 중지미수의 요건을 엄격하게 하고 있는 이유는 ① 다수인이 가담한 행위는 일반적으로 단독범의 행위보다 위험하므로 개별적인 행위가담의 포기만으로는 그 높은 위험성이 제거될 수 없으며, ② 다른 행위자로 하여금 그의 죄를 범하게 한 자는 적극적으로 그 범죄의 완성을 방지하여야 중지미수가 될 수 있고, ③ 범죄가 기수에 달하면 중지미수는 생각할 여지가 없다는 점에 있다.

53 따라서 간접정범이 중지미수가 되기 위하여는 간접정범이 자의에 의하여 피이용자의 실행행위를 중지하도록 적극적으로 작용하여 결과의 발생을 방지하였을 것을 요한다. 간접정범이 중지미수가 되기 위한 특수 요건은 피이용자의 중지가 간접정범의 의사의 효과라고 인정되는 때에 한하여 간접정범의 중지미수가 될 수 있기 때문이다.[2] 공동정범의 중지미수도 원칙적으로 공동정범이 자신의 공동실행행위를 중지했을 뿐 아니라 다른 공동정범도 범죄를 실행하지 못하게 하여 범죄의 완성을 방해하였을 때에만 성립한다. 따라서 공동정범의 경우에 중지미수가 되기 위하여는 원칙적으로 범죄의 결과를 방지하기 위한 적극적인 행위가 있을 것을 요하지만, 경우에 따라서는 단순한 부작위에 의하여 중지미수가 될 수 있는 경우도 있을 수 있다. 지금까지 행한 행위가담의 제거에 의하여 범죄의 완성이 불가능하게 되는 경우도 있을 수 있기 때문이다.[3] 교사범과 종범도 정범의 행위를 중지하게 하여 결과의 발생을 방지

1 대법원 1969. 2. 25. 68 도 1676, "공범자의 한 사람이 후에 범의를 철회하였다 하더라도 다른 공범자의 범죄실행을 중지케 하지 아니하면 중지미수가 될 수 없다."
동지: 대법원 2005. 2. 25. 2004 도 8259.

2 Sch/Sch/Eser § 24 Rn. 106; Tröndle/Fischer § 24 Rn. 39; Vogler LK[10] § 24 Rn. 147.

3 Maurach/Gössel/Zipf S. 237; Sch/Sch/Eser § 24 Rn. 89; Stratenwerth/Kuhlen 12/111; Tröndle/

한 때에만 중지미수가 될 수 있다. 교사범에 있어서는 정범의 실행행위를 방해함으로써만 중지미수가 될 수 있음에 반하여,[1] 방조범의 경우에는 방조행위를 철회함에 의하여도 결과의 발생을 방지할 수 있다고 해야 한다.

(2) 중지미수의 효과가 미치는 범위

1) 형의 감면의 법적 성질 중지미수의 경우에는 형을 감경 또는 면제해야 한다. 중지미수의 경우의 형의 감면은 책임이 감경되어 형법상 중요한 책임이 결여된 것을 이유로 하는 책임감경·조각사유라고 해석하는 견해[2]도 있다. 그러나 책임이 조각되는 경우에는 무죄판결을 해야 할 것임에도 불구하고 유죄판결인 형의 면제판결을 하도록 규정하고 있는 형법의 해석에 있어서 중지미수의 효과를 책임조각사유로 파악하는 것은 타당하지 않다. 이러한 의미에서 중지미수에 있어서의 형의 면제는 인적 처벌조각사유이며, 형을 감경하는 경우에 한하여 책임감경사유가 된다고 해석하는 것이 타당하다고 생각된다. 54

2) 공범과 중지미수의 범위 중지미수의 효과는 인적 처벌조각사유나 책임감경사유이므로 공범과 중지미수의 관계에서 중지미수의 효과는 자의로 중지한 자에게만 미친다. 따라서 공동정범에 있어서 자의로 중지한 자는 중지미수가 되지만 다른 공동정범은 장애미수가 된다. 협의의 공범인 교사범과 종범에 있어서도 정범이 자의로 중지한 때에는 정범은 중지미수가 되지만 공범은 장애미수의 공범이 되고, 공범이 정범의 실행을 중지케 한 경우에는 공범은 중지미수의 공범이 되고 정범은 장애미수로 처벌된다. 55

제 3 절 불능미수 §29

I. 불능미수의 의의

1. 불능미수와 불능범

실행에 착수하였으나 결과가 발생하지 않은 사안들 중에는 처음부터 결과 1

Fischer §24 Rn. 40; Vogler LK[10] §24 Rn. 169.

1 Vogler LK[10] §24 Rn. 167.

2 김종원(공저) 297면; 정영석 231면.

발생이 불가능한 경우도 있을 수 있다(설탕물이 당뇨환자에게는 살인력이 있다고 믿고 설탕물 한 잔을 건네준 경우 또는 독약이 들어 있는 차로 생각하고 통상의 차를 마시게 한 경우). 이러한 경우를 형법적으로 어떻게 처리할 것인가? 종래의 통설은, "위험성 있는 미수는 처벌하고 위험성 없는 미수는 처벌하지 않는다"는 원칙[1]에 따라, 위험성 있는 미수는 '장애미수'로 처벌하고, 위험성 없는 미수는 처벌하지 않는다고 보았으며, 이 처벌하지 않는 위험성 없는 미수를 '불능범'이라고 이름하였다.[2] 그런데 형법 제27조는 "실행의 수단 또는 대상의 착오로 인하여 결과의 발생이 불가능하더라도 위험성이 있는 때에는 처벌한다. 단 형을 감경 또는 면제할 수 있다"고 규정하였다. 즉 형법 제27조는 불능범이라는 표제 아래 (처벌하지 않는 '불능범'이 아니라) 처벌하는 '불능미수'를 규정한 것이다. 그리고 종래의 통설상 처벌하지 않는 불능범과 불능미수를 구별하는 기준으로 '위험성'을 제시하였다.

2 형법 제27조의 성격에 관하여 종래 이를 미수범과 불능범의 중간에 위치하는 별개의 개념을 인정한 것이라는 견해(준불능범설)[3]도 있었지만, 현재는 미수범의 한 형태를 규정한 것이라는 데 의견이 일치하고 있다. 다만 형법 제27조의 미수범의 성격에 관하여, 실행의 수단 또는 대상의 착오를 실행의 수단 또는 대상의 부존재, 즉 흠결을 의미한다고 해석하여 흠결미수(欠缺未遂)라고 파악하는 견해[4]도 있다. 그러나 실행의 대상 또는 수단의 착오가 반드시 그 부존재에 한한다고 볼 수는 없으므로 이를 흠결미수라고 하는 것은 타당하지 않다. 형법 제27조는 결과의 발생이 불가능하더라도 위험성이 있는 경우인 불능미수(不能未遂, untauglicher Versuch)를 규정한 것이라고 보아야 한다.[5]

3 불능범과 불능미수는 위험성의 유무에 의하여 구별된다. 즉 불능범은 사실상 결과의 발생이 불가능할 뿐 아니라 위험성이 없기 때문에 벌할 수 없는 행위임에 대하여, 불능미수는 결과의 발생은 사실상 불가능하지만 위험성으로 인하

1 Liszt *Lehrbuch* 7판, 1896, S. 192는 미수의 가벌성은 행위의 '위험성'에 근거한다고 하면서, "위험성 있는 미수는 처벌하고 위험성 없는 미수는 처벌하지 않는다"는 원칙을 제시하고 있다.

2 김종원(공저) 300면; 유기천 266면; 정영석 218면; 손해목 "불능범"(고시계 1966. 8), 43면; 정창운 "불능범"(사법행정 1967. 11), 40면.

3 류병진 한국형법(1955), 160~63면.

4 박정근 "흠결미수"(고시계 1969. 1), 22면.

5 김일수/서보학 524면; 김종원 300면; 박상기 358면; 손해목 900면; 안동준 197면; 임웅 366면; 정성근/박광민 405면; 진계호 339면. 유기천 교수는 이를 형법 제27조의 미수(유기천 275면), 정영석 교수는 특별한 미수(정영석 225면)라고 하나 같은 의미라고 볼 수 있으며, 불능미수라고 하는 것이 개념을 명확하게 하는 장점이 있다고 생각된다.

여 미수범으로 처벌되는 경우를 의미한다.[1] 따라서 형법 제27조의 불능미수는 형법 제25조의 미수범과는 다른 별개의 미수범의 형태라고 할 수 있다. 즉 형법 제25조의 미수범은 결과의 발생이 가능하였으나 미수에 그친 (가능적)장애미수임에 반하여, 형법 제27조의 미수범은 결과의 발생이 불가능하나 위험성이 있는 (불가능적)장애미수이다. 형법 제25조의 장애미수범의 형은 임의적 감경이지만, 형법 제27조의 불능미수범의 형은 임의적 감면이다. 이러한 의미에서 형법은 2종의 장애미수를 인정하고 있다고 할 수 있다.[2] 판례도 불능미수와 장애미수를 구별해야 한다는 태도를 취하고 있다.[3]

2. 불능범과 구성요건의 흠결

4 종래 불능범의 문제를 구성요건의 흠결에 의하여 해결하려는 이론이 있었다. Dohna, Frank, Liszt 및 Sauer 등에 의하여 주장된 이론이다. 구성요건의 흠결이론(構成要件의 欠缺理論, Die Lehre vom Mangel am Tatbestand)은 구성요건요소 가운데 인과관계의 착오의 경우에 한하여 미수를 인정하고, 그 이외의 구성요건요소, 즉 범죄의 주체(공무원 아닌 자가 공무원범죄를 범하는 경우) · 객체(사체를 살해하거나 자기의 재물을 절취하거나 불임의 부녀가 낙태하는 경우) · 수단(설탕을 수단으로 살해하는 경우) 또는 행위상황(화재가 발생하지 않았는데 진화방해한 경우) 등이 구비되지 않은 때에는 구성요건(사실)의 흠결로서 당연히 벌할 수 없는 불능범이 된다는 것이다. 이에 의하면 구성요건적 결과가 흠결된 경우는 (처벌되는) 불능미수이지만, 그 이외의 구성요건적 요소가 흠결된 경우는 미수의 구성요건해당성 자

1 불능범과 불능미수를 동의어로 이해하는 견해도 있다(배종대 521면; 신동운 505면; 오영근 581면; 황산덕 235면). 독일 형법 제23조 3항은 "행위자가 현저한 무지로 인하여 실행의 대상이나 수단이 기수에 이를 수 없음을 인식하지 못한 때에는 형을 면제하거나 감경할 수 있다"고 하여 불능미수(untauglicher Versuch)를 규정하고 있다. 이와 같이 불능범을 모두 미수범으로 처벌하는 독일 형법의 해석에 있어서는 불능범과 불능미수가 동의어라고 할 수 있지만, 형법의 해석에 있어서는 양자를 구별해야 한다.

2 김종원 308면; 남흥우 218면; 유기천 275면; 임웅 340면; 정영석 225면; 이형국 "불능미수"(고시연구 1983. 7), 127면.

3 대법원 1984. 2. 14. 83 도 2967, "피고인이 피해자를 독살하려 하였으나 동인이 토함으로써 그 목적을 이루지 못한 경우에는 피고인이 사용한 독의 양이 치사량 미달이어서 결과발생이 불가능한 경우도 있을 것이고, 한편 형법은 장애미수와 불능미수를 구별하여 처벌하고 있으므로 원심으로서는 이 사건 독약의 치사량을 좀 더 심리하여 피고인의 소위가 위 미수 중 어느 경우에 해당하는지 가렸어야 할 것이다."

체를 결하기 때문에 범죄가 성립하지 않는 경우에 해당하게 된다.[1]

5 그러나 구성요건의 흠결이론에 대하여는, ① 구성요건요소 가운데 인과관계를 다른 요소와 가치적으로 구별하여 취급해야 할 이유가 없을 뿐 아니라, 인과관계의 흠결을 객체의 흠결과 명백히 구별할 수도 없기 때문에 가벌적 미수와 벌할 수 없는 경우를 구별할 수 있는 기준이 없게 되고, 나아가 대상의 착오를 수단의 착오와 같이 취급하고 있는 형법규정과 부합하지도 않는다. ② 형법 제27조는 실행의 수단 또는 대상의 착오로 인하여 결과의 발생이 불가능하더라도 위험성이 있는 때에는 처벌한다고 규정함으로써 수단과 대상의 착오에 관하여 구성요건의 흠결이 있는 경우에도 위험성이 있으면 처벌하도록 하고 있으므로, 이러한 형법의 해석에 있어서 구성요건의 흠결이론이 적용될 수는 없다.[2]

6 구성요건(사실)의 흠결을 일종의 환각범(幻覺犯, Wahndelikt)이라고 보는 견해[3]도 있으나, 환각범은 구성요건 자체가 존재하지 않는 경우임에 반하여 구성요건의 흠결은 구성요건은 존재하지만 이에 해당하는 구성요건적 사실이 존재하지 않는 경우이므로, 양자는 엄격히 구별하여야 한다.

Ⅱ. 불능미수의 성립요건

7 불능미수가 성립하기 위하여는, ① 실행의 수단 또는 대상의 착오로 인하여 결과의 발생이 불가능할 것, ② 위험성이 있을 것을 요건으로 함이 형법 제27조의 규정에 의하여 명백하다. 이 이외에 불능미수도 미수범인 이상 실행의 착수가 있어야 한다.

1. 실행의 착수

8 불능미수도 미수범이므로 가능미수(장애미수)와 같이 행위자가 실행에 착수하였을 것을 요한다. 그런데 불능미수는 결과발생의 사실적 가능성이 없으므로,

1 구성요건의 흠결이론에 의하면, 예컨대 甲이 A의 재물을 손괴하려고 하였으나 던진 돌이 맞지 않은 경우는 미수이지만 깨어진 재물이 자기 소유였을 때에는 구성요건의 흠결이며, 타인의 재물을 절취하기 위하여 빈 주머니에 손을 넣었을 때에는 미수가 되지만 자기의 재물을 절취한 때에는 구성요건의 흠결이 된다고 한다(Maurach/Gössel/Zipf S. 29).

2 김일수/서보학 525면; 김종원 305면; 박상기 359면; 오영근 583면; 임웅 377면; 황산덕 236면; 이형국 전게논문, 89면.

3 유기천 272면.

행위자의 의사를 기초로 하지 않으면 실행의 착수시기를 정할 수 없다. 실행의 착수에 관한 주관적 객관설이 행위자의 '의사에 의하여 직접 구성요건이 실현되는 행위를 한' 때를 실행의 착수시기로 보는 것도 이 때문이다. 따라서 불능미수의 경우 실행의 착수는 행위자가 그의 전체계획에 따라 직접 실행행위를 개시한 때이다.

그러므로 치사량 미달의 독약으로 사람을 살해하려고 한 경우에 독약을 사는 것은 예비행위에 불과하지만, 이를 피해자에게 교부하는 때에는 실행의 착수가 인정된다.

2. 결과발생의 불가능

9 불능미수는 실행의 수단 또는 대상의 착오로 인하여 결과의 발생이 불가능할 것을 요한다. 결과의 발생이 불가능하다는 점에서 형법 제25조의 장애미수와 구별된다. 결과의 발생이 불가능하다는 것은 범죄가 기수에 이를 수 없음을 의미한다. 결과발생의 불가능은 사실적·자연과학적 개념이라는 점에서 규범적·평가적인 문제인 위험성의 개념과 구별해야 한다. 판례가 불능범은 범죄행위의 성질상 결과발생 또는 법익침해의 가능성이 절대로 있을 수 없는 경우를 말한다고 판시한 것은 이러한 의미라고 할 수 있다.[1]

형법은 결과발생이 불가능하더라도 위험성이 있으면 불능미수에 해당한다고 규정하고 있다. 그런데 위험성이란 일반적으로 결과발생의 가능성 또는 구성요건실현의 가능성을 의미한다. 그렇다면 형법 제27조의 규정은 위험성이 없더라도 위험성이 있으면 처벌한다는 무의미한 규정이 된다. 여기서 결과발생의 가능성과 위험성을 어떻게 구별할 것인가가 문제된다. 결과발생의 불가능은 사후적 관점에서 결과발생이 불가능한 경우임에 반하여 위험성은 사전적 관점에서 결과발생이 가능한 경우라고 해석하는 견해,[2] 결과발생의 가능성은 결과발생의 현실적 가능성 또는 구체적 위험성임에 반하여 위험성은 행위의 속성인 위험성 내지 추상적 위험을 의미한다는 견해[3]

---

1 이러한 입장은 확립된 판례이다. 대법원 2007. 7. 26. 2007 도 3687, "불능범은 범죄행위의 성질상 결과발생 또는 법익침해의 가능성이 절대로 있을 수 없는 경우를 말한다. 따라서 일정량 이상을 먹으면 사람이 죽을 수도 있는 '초우뿌리'나 '부자' 달인 물을 마시게 하여 피해자를 살해하려다 미수에 그친 행위는 불능범이 아닌 살인미수죄에 해당한다." 대법원 2019. 3. 28. 2018 도 16002 전원합의체판결도 같다('원시적 불가능'이라는 표현을 사용하고 있다).

2 김성돈 479면; 신동운 510면.

3 이용식 "불능미수와 위험성"(고시계 1999. 5), 114면; 이정원 "불능미수에서 범죄실현의 불가능과 위험성"(형사정책연구 18-4), 12면.

및 결과발생의 가능성은 당해 법익침해에 대한 현실적 위험성이고 위험성은 법익침해에 대한 잠재적 위험성이라고 해석하여 불능미수는 당해 법익에 대한 현실적 위험성은 없지만 잠재적 위험성이 있어 처벌되는 경우라고 보는 견해[1]도 있다. 그러나 ① 객관적·사후적 판단에 의하면 결과가 발생하지 않은 경우는 결과발생이 불가능하였던 경우이기 때문에 모든 미수는 불능미수가 되지 않을 수 없고, 위험성도 반드시 사전판단의 대상이라고 할 수 없으며,[2] ② 결과발생의 가능성을 구체적 위험이라고 해석하면 추상적 위험범에 있어서는 장애미수의 성립을 부정하는 결과를 초래하며, 불능미수의 위험성을 행위의 속성인 위험성 또는 추상적 위험을 의미한다고 해석할 때에는 불능미수가 결과반가치 없이 행위반가치만으로 성립하는 결과가 되어 법익보호라는 근본목적과 형법의 보충성에 반하게 되고, ③ 결과발생의 가능성을 법익침해의 현실적 위험성이라고 해석하는 경우에도 언제 현실적 위험성이 인정되며 이를 어떤 기준으로 판단할 것인가에 대하여 아무런 기준을 제시하지 못하고, 잠재적 위험성은 수단 또는 대상의 착오가 없었더라면 결과발생이 가능한가의 문제인데, 수단 또는 대상의 착오가 없었던 경우에는 항상 잠재적 위험성이 인정되어 불능미수의 성립범위가 지나치게 확대된다는 비판을 피하기 어렵다. 따라서 결과발생의 가능성과 위험성은 그 판단방법에 따라 전자는 사실적·현실적 불가능, 후자는 경험적·규범적 판단을 의미한다고 해석할 수밖에 없다.

10 불능미수는 착오의 한 경우이다. 사실의 착오가 (타인의 외투를 자기의 것으로 오인하고 가져가는 경우와 같이) 존재하는 (구성요건해당)사실을 존재하지 않는다고 오인하는 소극적 방향의 착오인 데 비하여, 불능미수는 실행의 수단이나 대상에 대한 착오로 인하여 (치사량 미달의 독약을 먹이는 경우와 같이) 결과발생이 불가능함에도 불구하고, 존재하지 않는 (구성요건해당)사실을 존재한다고 오인하는 적극적 방향의 착오이다. 이러한 의미에서 불능미수를 반전된 사실의 착오(umgekehrter Tatbestandsirrtum)라고 할 수 있다.[3]

형법 제27조는 불능미수로 실행의 수단 또는 대상의 착오로 인하여 결과의 발생이 불가능한 경우만을 규정하고 있다.

1 박상기 364면; 한상훈 "형법 제27조(불능범)에서 '결과발생의 불가능'과 '위험성' 표지의 구별기준"(형사법연구 20-3), 93면. 배종대 교수가 "불능미수의 위험성은 행위결과로 지향된 현실적 위험성이 아니라 행위의 사회적 의미에 따른 가설적 위험성을 의미한다"고 하는 것도 같은 의미라고 할 수 있다(배종대 526면).

2 불능미수에 관한 위험성판단에 있어서 주관설 또는 인상설에 의할 때에만 위험성판단은 사전판단이 될 수 있다. 신동운 교수도 위험성에 관하여는 구체적 위험설을 지지하고 있다(신동운 515면). 구체적 위험설은 위험성을 객관적·사후적으로 판단하는 이론이다.

3 Jescheck/Weigend S. 533; Lackner/Kühl § 22 Rn. 12; Rudolphi SK § 22 Rn. 30; Sch/Sch/Eser § 22 Rn. 68.

(1) 실행의 수단 또는 대상의 착오

11 1) 수단의 착오 수단의 착오란 수단의 불가능성(手段의 不可能性, Untauglichkeit des Mittels)을 의미한다. 예컨대 소화제로 낙태를 기도하거나 설탕으로 사람을 살해하려고 한 경우가 여기에 해당한다. 수단의 착오는 수단 그 자체에 착오가 있는 경우라는 점에서 행위자가 인식한 것과는 다른 객체에 결과가 발생한 타격의 착오와 구별된다.

12 2) 대상의 착오 대상의 착오는 객체의 불가능성(客體의 不可能性, Untauglichkeit des Objekts)을 말한다. 예컨대 사체에 대한 살인행위, 자기의 재물에 대한 절도행위, 또는 임신하지 아니한 부녀에 대한 낙태행위 등이 객체의 착오로 인하여 결과의 발생이 불가능한 경우에 해당한다. 객체의 불가능성은 사실상 불가능한 경우이든 법률상의 이유로 불가능한 것이든 묻지 아니한다. 사체에 대한 살인행위는 사실상 불가능한 경우이며, 피해자가 승낙한 재물에 대한 절도는 법률상의 이유로 결과의 발생이 불가능한 경우이다.

13 (2) 주체의 착오 주체의 착오로 인하여 결과의 발생이 불가능한 때에도 불능미수가 성립할 수 있는가? 주체의 불가능성(主體의 不可能性, Untauglichkeit des Subjekts)이란 신분 없는 자가 신분이 있는 것으로 오인하고 진정신분범을 범한 경우를 말한다. 예컨대 공무원임용이 무효임을 알지 못한 자가 수뢰죄를 범하거나 보증인지위에 있지 아니한 자가 부진정부작위범을 범한 경우가 여기에 해당한다.

14 독일의 다수설은 주체의 착오로 인하여 결과의 발생이 불가능한 때에도 불능미수의 성립을 인정한다.[1] 진정신분범에 있어서의 신분도 구성요건요소이며, 구성요건요소로서 주체는 객체나 수단과 동등한 가치를 갖는 것이므로 주체의 착오만을 달리 취급할 수 없다는 것을 이유로 한다. 다만 이러한 견해를 취하는 학자들도 사실의 오인은 없었으나 포섭의 착오로 인하여 신분의 착오가 있는 때에는 환각범이 되어 불능미수가 될 수 없다는 데 의견이 일치하고 있다. 예컨대 청소부가 자신을 공무원으로 오인하고 뇌물을 수수하였거나, 군대에 고용된 민간인이 군인으로 착오하고 도망한 경우가 여기에 해당한다. 이에 대하여 주체의 착오로 인하여 결과의 발생이 불가능할 때에는 불능미수가 성립할 수 없다는 유력한 견해[2]도 있다. 이에 의하면 진정신분

1 Ebert S. 125; Jescheck/Weigend S. 536; Lackner/Kühl §22 Rn. 13; Maurach/Gössel/Zipf S. 35; Rudolphi SK §22 Rn. 26; Sch/Sch/Eser §22 Rn. 76; Wessels/Beulke Rn. 623.

2 Schmidhäuser S. 618; Vogler LK[10] §22 Rn. 158; Welzel S. 194.

범은 그 신분을 형성하는 특수한 법적 의무의 침해에 본질이 있으며, 이러한 법적 의무는 사실상 그러한 신분이 있는 자에 의하여만 침해될 수 있고 단순히 신분이 있다고 착오한 자에 의하여는 침해될 수 없다고 한다. 즉 신분 없는 자는 규범의 수명자가 될 수 없으므로 환각범이 될 뿐이라고 한다.

15 형법의 해석에 있어서도 주체의 착오로 인하여 결과의 발생이 불가능한 경우에 불능미수가 성립할 수 있다고 보는 견해[1]도 있으나, 주체의 흠결의 경우에는 불능미수가 성립할 수 없다고 해석하는 것이 타당하다고 생각한다.[2] 그 이유는 ① 신분범에 있어서는 신분자의 특수의무가 불법을 형성하는 것이므로 신분 없는 자의 행위는 미수범의 행위반가치를 결하였다고 해야 하고, ② 결과의 발생이 불가능한 경우에도 언제나 미수로 처벌하는 독일 형법의 경우와는 달리,[3] 형법은 '불능범'은 벌하지 않고 다만 실행의 수단 또는 대상의 착오로 결과의 발생이 불가능하고 위험성이 있을 때에만 '불능미수'로 벌하고 있기 때문에, 이를 주체의 착오의 경우까지 확대하는 것은 죄형법정주의의 원칙에 의하여 허용되지 않는다고 해야 하기 때문이다. 이러한 의미에서 주체의 착오에 관하여는 구성요건의 흠결이론이 적용된다고 할 수 있다.

3. 위 험 성

16 형법 제27조는 결과발생이 불가능하더라도 위험성이 있는 때에는 처벌한다고 규정함으로써 불능미수와 불능범을 구별하는 기준으로서 '위험성(危險性)'을 제시하고 있다. 즉 위험성이 있으면 불능미수로 처벌되고 위험성이 없으면 불능범이 되어 처벌되지 않는다.

위험성을 어떤 기준에 의하여 판단할 것인가는 불능미수의 중심문제이다. 이에 대하여는 견해가 대립되고 있다.

17 (1) **구 객관설** Feuerbach에 의하여 주장되어 Mittermaier, Abegg 및 Berner에 의하여 발전된 이론이다. 구객관설(舊客觀說, die ältere objektive Theorie)

---

1 박상기 362면; 이정원 287면; 이형국 298면.

2 김일수/서보학 528면; 김종원 305면; 손해목 905면; 신동운 508면; 안동준 201면; 오영근 587면; 유기천 272면; 임웅 369면; 정성근/박광민 410면.

3 독일 형법 제23조 3항이 주체의 착오의 경우를 규정하지 않은 이유도 주체의 흠결은 벌하지 않는다는 취지였다(Drucksache V. 4095, S. 11 참조).

은 불능을 절대적 불능과 상대적 불능으로 구별하여, 절대적 불능은 벌할 수 없지만 상대적 불능은 미수범으로 처벌하여야 한다고 주장한다. 절대적 불능이란 결과의 발생이 개념적으로 불가능한 경우를 말하며, 상대적 불능이란 구체적인 특수한 경우에만 불가능한 경우를 말한다.

> 예컨대 시체에 대한 살해행위(객체의 절대적 불능), 독살의 의사로 설탕을 먹인 경우(수단의 절대적 불능)는 절대적 불능이며, 부재중인 사람에 대한 발포(객체의 상대적 불능), 치사량 미달의 독약으로 살해를 기도한 경우(수단의 상대적 불능)는 상대적 불능이라고 한다.

대법원이 종래 결과발생이 절대적으로 불가능한 경우에 불능범이 된다고 판시한 것은 객관설의 입장과 일치한다고 볼 수 있다.

> 대법원은 ① 치사량 미달의 독약으로 사람을 살해하려고 한 경우(대법원 1973. 4. 30. 73 도 354; 대법원 1984. 2. 28. 83 도 3331[1]), ② 히로뽕 제조를 시도하였으나 기술부족으로 완제품을 제조하지 못한 경우(대법원 1984. 10. 10. 84 도 1793; 대법원 1985. 3. 26. 85 도 206[2])에 결과발생이 절대적으로 불가능하지 않다는 이유로 불능미수의 성립을 인정하였다.

그러나 절대적 불능과 상대적 불능의 구별이 반드시 명백한 것은 아니다. 절대적 불능이라도 보는 입장에 따라서는 상대적 불능일 수도 있고(예컨대 설탕으로 사람을 살해하고자 한 때에도 설탕에 살인력이 있다고 생각한 경우가 아니라, 독약병과 혼동하여 설탕병을 준 경우는 상대적 불능이 될 수 있다), 상대적 불능도 판단의 기준에 따라 절대적 불능이 될 수 있으므로(예컨대 치사량 미달의 독약을 복용시키거나, 고장난 총으로 사람을 살해하고자 한 때에도 객관적으로 보면 절대적 불능이라고 할 수 있다) 구 객관설은 타당하다고 할 수 없다. 현재 구 객관설을 지지하는 학자는 우리나라에서 찾아보기 어렵다.

(2) **법률적 불능 · 사실적 불능설** 불능을 법률적 불능과 사실적 불능 18

---

1 대법원 1984. 2. 28. 83 도 3331, "피고인이 요구르트 한 병마다 섞은 농약 1.6cc가 그 치사량에 약간 미달한다 하더라도 이를 마시는 경우 사망의 결과발생 가능성을 배제할 수는 없다고 할 것이다."

2 대법원 1985. 3. 26. 85 도 206, "불능범은 범죄행위의 성질상 결과발생의 위험이 절대로 불능한 경우를 말하는 것인바, 향정신성의약품인 메스암페타민 속칭 '히로뽕'제조를 위해 그 원료인 염산에페트린 및 수종의 약품을 교반하여 '히로뽕'제조를 시도하였으나 그 약품 배합 미숙으로 그 완제품을 제조하지 못하였다면 위 소위는 그 성질상 결과발생의 위험성이 있다고 할 것이므로 이를 습관성의약품제조 미수범으로 처단한 것은 정당하다."

(impossibilité de droit et impossibilité de fait)으로 나누어 법률적 불능은 불능범이지만 사실적 불능은 미수범이 된다고 한다. 프랑스 학자들에 의하여 주장된 이론이다. 이 가운데도, ① 법률적 불능을 절대적 불능, 사실적 불능을 상대적 불능의 뜻으로 이해하는 견해(Roux)와, ② 법률적 불능을 구성요건의 흠결과 같은 의미로 보고, 사실적 불능은 단순한 사실상의 범죄요건이 결여된 경우로 보는 견해(Garraud)가 있다.

그러나 ①의 견해에는 구 객관설에 대한 비판이, ②의 견해에는 구성요건의 흠결이론에 대한 비판이 그대로 적용된다.

19 (3) **구체적 위험설** Liszt에 의하여 주장되어 Birkmeyer, Lilienthal, Hippel 등에 의하여 전개된 이론이며, 신객관설(新客觀說, die jüngere objektive Theorie)이라고도 한다. 구체적 위험설(具體的 危險說, die Theorie der konkreten Gefährlichkeit)은 구체적 위험성이 없으면 불능범이고 구체적 위험성이 있으면 미수가 된다고 한다. 구체적 위험성의 유무는 행위 당시 행위자가 인식한 사실과 일반인이 인식할 수 있었던 사정(='행위 당시에 현저한 사정')을 기초로 하여 통찰력 있는 인간이 행위의 시점으로 돌아가서(=사후적 예후(nachträgliche Prognose))[1] 판단하여 결과발생이 인정될 때에는 구체적 위험성이 인정되어 미수가 된다고 한다.[2]

> 이에 의하면 일반인이 임신하였다고 생각하는 부인에 대한 낙태, 장전된 것으로 보이는 총을 발사하였지만 탄환이 없는 경우, 치사량 미달의 독약으로 살해하는 경우 등에는 구체적 위험성이 있으므로 미수가 되지만, 착탄거리 밖에 있음을 일반인이 알 수 있는 사람에 대한 저격과 사자(死者)임이 알려진 경우의 사체에 대한 살해행위는 불능범이 된다고 한다.

20 구체적 위험설에 대하여는, ① 행위자가 인식한 사정과 일반인이 인식한 사정이 일치하지 않는 경우에 어느 사정을 기초로 판단할 것인가가 명확하지 아니하고,[3] ② 미수에 있어서의 형법상의 반가치를 외부적 · 객관적인 법익침해에 치

---

1 이때 (사후적 예후이지만) 행위 후 비로소 알려진 사실은 판단의 대상에서 제외한다. Liszt *Lehrbuch* 7판, S. 193. 이를 고려하면 모든 미수는 불능범이 될 것이기 때문이다.

2 Welzel S. 192.

3 손해목 910면, "불능범"(고시계 1966. 8), 47면.

중하여 고려한다는 점에서 부당하다는 비판이 제기되고 있다.[1]

그러나 행위자가 인식한 사정과 일반인이 인식한 사정이 다를 때에는 일반인이 인식한 사정을 기초로 삼고 행위자가 특히 알고 있었던 사정을 고려하면 될 것이다. 미수범의 처벌근거가 행위자의 범죄의사에 있지만 미수범 처벌의 시작점은 행위자의 자유의 객관적 우위형성에서 찾아야 할 것이므로(승인설)[2] 형법 제27조의 위험성은 미수범 처벌의 시작점이며, 이는 객관적으로 판단하는 것이 타당하다. 따라서 형법의 해석상 구체적 위험설이 옳다. 구체적 위험설은 우리나라의 다수설이며,[3] 일본의 최고재판소도 이에 따르고 있다고 볼 수 있다.[4]

21 (4) **추상적 위험설** 추상적 위험설(抽象的 危險說, die Theorie der abstrakten Gefährlichkeit)은 행위시에 행위자가 인식한 사실을 기초로 하여 행위자가 생각한 대로의 사정이 존재하였으면 일반인의 입장에서 판단해서 결과발생의 위험성이 있는 경우를 추상적 위험 또는 법질서에 대한 위험이라 하고, 이러한 추상적 위험성의 유무에 의하여 미수범과 불능범이 구별된다는 이론이다.

위험성판단의 기초를 행위자의 주관에 두는 점에서 주관적이지만 위험성판단의 주체를 일반인에 두는 점에서는 객관적이므로 주관적 객관설이라고도 하며, 행위자의 주관적 사정을 그대로 판단의 대상으로 한다는 의미에서 주관적 위험설(主觀的 危險說, Theorie der subjektiven Gefährlichkeit)이라고도 부른다. 종래 우리나라의 다수설[5]이었으며, 판례가 취하고 있는 입장이다.[6]

---

1 황산덕 239면.

2 이에 관하여는 *supra* **27**/11~12 참조.

3 김일수/서보학 532면; 김종원 304면; 박상기 364면; 배종대 528면; 신동운 515면; 안동준 204면; 오영근 594면; 이정원 276면.

4 日最判 1976. 3. 16(형집 30-2, 146), 피고인의 연초 깡통에 다이나마이트를 채우고 여기에 공업용뇌관 및 도화선을 결합한 수제폭탄을 기동대에 투척한 사건이다.

최고재판소는 "1. 본건 폭탄이 도화선에 점화하면 연소하여 뇌관을 폭발시키고 이것이 다이나마이트를 기폭시켜 폭탄 전체가 폭발되는 기본적 구조·성질을 가지고 있으며, 행위자는 물론 일반인도 당연히 폭발한다고 믿는 상황에 있었다. 2. 구성요건적 행위의 판단은 물리적인 폭발가능성의 관점뿐만 아니라 그 조항의 입법 취지, 죄질 및 보호법익을 고려하면서 본건 폭탄의 구조상·성질상의 위험성과 도화선에 점화하여 던진 행위의 위험성의 양면에서, 법적 의미에 있어서 구성요건을 실현할 위험성이 있다고 평가할 것인가에 따라 판단해야 한다"고 판시하였다. 이 판결은 구체적 위험설을 취한 것으로 생각된다.

5 이건호 168면; 임웅 375면; 정성근/박광민 415면; 정영석 225면; 황산덕 240면.

6 (1) 대법원 2005. 12. 8. 2005 도 8105, "불능범의 판단기준으로서 위험성 판단은 피고인이 행위당시에 인식한 사정을 놓고 이것이 객관적으로 일반인의 판단으로 보아 결과발생의 가능성이 있느냐를 따져야 하고(대법원 1978. 3. 28. 77 도 4049 판결 참조), 한편 민사소송법상 소송비용

이에 의하면 독약으로 알고 설탕을 먹인 경우에는 불능미수이지만, 설탕에 살인력이 있는 줄 알고 설탕을 먹인 경우는 불능범이 된다고 한다.

그러나 추상적 위험설에 대하여는 객관적으로 위험성이 없음에도 불구하고 행위자의 경솔한 판단만을 기초로 하여 위험성을 판단한다는 것은 부당하다는 비판이 제기되고 있다.[1]

22 (5) **주 관 설** 주관설(主觀說, die subjektive Theorie)은 주관적으로 범죄의사가 확실하게 표현된 이상 그것이 객관적으로 절대불능인 때에도 미수범으로 처벌하여야 한다는 이론이다. 원칙적으로 불능범의 개념을 인정하지 아니하고 다만 미신범(迷信犯, der irreale od. abergläubige Versuch)의 경우에는 미수에서 요구되는 구성요건적 행위가 없기 때문에 미수범의 범위에서 제외된다고 한다.[2] 실제로는 추상적 위험설과 유사한 결론을 가져온다. 제국법원 이후의 독일 판례의 일관된 태도이며,[3] 현행 독일 형법 제23조 3항의 입장이기도 하다.

의 청구는 소송비용 확정절차에 의하도록 규정하고 있으므로, 위 절차에 의하지 아니하고 손해배상금청구의 소 등으로 소송비용의 지급을 구하는 것은 소의 이익이 없는 부적법한 소로서 허용될 수 없다고 할 것이다. 따라서 소송비용을 편취할 의사로 소송비용의 지급을 구하는 손해배상청구의 소를 제기하였다고 하더라도 이는 객관적으로 소송비용의 청구방법에 관한 법률적 지식을 가진 일반인의 판단으로 보아 결과발생의 가능성이 없어 위험성이 인정되지 않으므로 사기죄의 불능범에 해당한다."

(2) 대법원 1978. 3. 28. 77 도 4049, "불능범의 판단기준으로서 위험성 판단은 피고인이 행위 당시에 인식한 사정을 놓고 이것이 객관적으로 일반인의 판단으로 보아 결과발생의 가능성이 있느냐를 따져야 하므로 히로뽕제조를 위하여 에페트린에 빙초산을 혼합한 행위가 불능범이 아니라고 인정하려면 위와 같은 사정을 놓고 객관적으로 제약방법을 아는 과학적 일반인의 판단으로 보아 결과발생의 가능성이 있어야 한다."

(3) 대법원 2019. 3. 28. 2018 도 16002 전원합의체판결, "피해자가 심신상실 또는 항거불능의 상태에 있다고 인식하고 그러한 상태를 이용하여 간음할 의사로 피해자를 간음하였으나 피해자가 실제로는 심신상실 또는 항거불능의 상태에 있지 않은 경우에는, 실행의 수단 또는 대상의 착오로 인하여 준강간죄에서 규정하고 있는 구성요건적 결과의 발생이 처음부터 불가능하였고 실제로 그러한 결과가 발생하였다고 할 수 없다. 피고인이 준강간의 실행에 착수하였으나 범죄가 기수에 이르지 못하였으므로 준강간죄의 미수범이 성립한다. 피고인이 행위 당시에 인식한 사정을 놓고 일반인이 객관적으로 판단할 때 준강간의 결과가 발생할 위험성이 있었으므로 준강간죄의 불능미수가 성립한다." 결과가 발생했음에도 불구하고 미수로 본 이유는 준강간죄의 구성요건이 요구하는 '행위사정(피해자의 심신상실 또는 항거불능의 상태)과 인과관계 있는 간음'이 이루어지지 않았다는 것이다.

1 김종원 304면; 이형국 전게논문, 91면.

2 Jescheck/Weigend S. 533; Maurach/Gössel/Zipf S. 33; Rudolphi SK § 22 Rn. 35.

3 독일의 판례는 시체에 대한 살인행위(RGSt. 1, 451), 두통약을 이용한 낙태(RGSt. 17, 158), 임신하지 아니한 부녀의 낙태(RGSt. 8, 198; 47, 65), 치사량 미달의 독약으로 인한 살인미수(BGHSt. 11, 324)를 모두 불능미수로 처벌하고 있다.

그러나 주관설에 대하여는 미신범을 불능미수에서 구별하여야 할 이론적 근거와 한계를 명백히 하지 못하며, 행위자의 의사 외에 있는 외적·객관적 요소를 전혀 고려하지 않는 데 근본적인 난점이 있다는 비판이 제기되고 있다.

(6) **인 상 설** 인상설(印象說, Eindruckstheorie)은 행위자의 법적대적 의사가 일반인의 법적 안정감이나 사회적 평온상태를 교란하는 인상을 줄 경우에 위험성이 인정된다고 한다.[1] 그러나 법적 평온상태의 교란에 대한 인상정도만 있으면 미수범의 처벌을 인정하는 것은 주관설에 치우쳐 (위험성이 없는) 불능범을 처벌하는 등 위험성이 없는 미수범의 처벌범위를 지나치게 확대한다는 비난을 면할 수 없다. 23

요컨대 형법 제27조의 위험성은 구체적 위험설에 의하여 이해하는 것이 타당하다고 하겠다. 24

Ⅲ. 불능미수의 처벌

형법 제27조는 결과의 발생이 불가능하더라도 위험성이 있는 때에는 형을 감경 또는 면제할 수 있다고 규정하고 있다. 즉 결과의 발생이 불가능하고 위험성이 없는 불능범은 벌하지 않지만, 위험성이 있는 불능미수는 처벌하면서 이를 임의적 감면사유로 한 것이다. 불능미수의 형은 임의적 감면사유인 점에서 필요적 감면사유인 중지미수(제26조)의 경우보다 무거우나 임의적 감경사유에 불과한 협의의 장애미수보다는 가볍게 벌한다. 불능미수의 처벌도 미수범을 벌하는 규정이 있는 때에만 가능함은 당연하다. 25

Ⅳ. 불능미수와 환각범

(1) **환각범의 의의** 불능범 또는 불능미수는 환각범(幻覺犯, Wahndelikt)과 구별되어야 한다. 불능미수는 처벌되지만 환각범은 벌할 수 없다. 불능미수란 구성요건요소가 존재하지 아니함에도 불구하고 이를 존재한다고 착오한 경우이며 사실의 착오의 반대 경우라고 한다면, 환각범은 사실상 허용되고 있는 행위를 26

1 손해목 914면; 이형국 302면.

금지되거나 처벌된다고 오인한 경우를 말한다. 이러한 의미에서 환각범은 반전된 금지의 착오(umgekehrter Verbotsirrtum)라고 할 수 있다. 즉 금지의 착오가 소극적 착오라고 한다면, 이에 대한 적극적 착오가 바로 환각범이다.

27 (2) **환각범의 유형** 환각범에는 다음과 같은 네 가지 유형이 있다.[1]

① 좁은 의미에서의 반전된 금지의 착오는 금지규범의 존재 자체에 대하여 착오가 있는 경우이다. 금지되지 아니한 행위를 형법규정에 반하는 것으로 알고 행하는 경우를 말한다. 예컨대, 동성애 · 근친상간이나 계간(鷄姦)이 금지된 것으로 알고 이를 범한 경우가 여기에 해당한다. ② 위법성조각사유에 해당하는 행위를 처벌받는다고 오인한 경우도 환각범에 속한다. 인정되는 위법성조각사유를 행위자가 인식하지 못하였거나 그 한계를 오인한 경우가 여기에 속한다. 이를 반전된 위법성조각사유의 착오(umgekehrter Rechtfertigungsirrtum) 또는 반전된 허용착오(umgekehrter Erlaubnisirrtum)라고 한다. ③ 행위상황과 그 의미를 제대로 인식하였으나 규범의 해석을 잘못하여 그 적용범위를 자기에게 불리하게 적용된다고 오인한 경우를 반전된 포섭의 착오(umgekehrter Subsumptionsirrtum)라고 할 수 있다.[2] ④ 인적 처벌조각사유가 존재함에도 불구하고 자기의 행위가 처벌받는다고 인식한 경우도 환각범에 해당한다. 이를 반전된 가벌성의 착오(umgekehrter Strafbarkeitsirrtum)라고 할 수 있다.

28 (3) **규범적 구성요건요소의 착오** 금지규범의 존재에 대한 적극적 착오가 환각범이 되는 것은 명백하며 이 경우 불능미수와 환각범은 명확히 구별되지만, 규범적 구성요건요소에 대한 착오가 불능범 또는 불능미수에 해당하는가 아니면 반전된 포섭의 착오에 해당하는가를 구별하기 어려운 때가 있다. 사실에 대한 착오는 불능범 내지 불능미수이지만, 규범의 범위에 대한 착오는 환각범이라고 해야 할 것이다.[3]

---

1 Jescheck/Weigend S. 533; Wessels/Beulke Rn. 622.

2 BGH의 판례에 나타난 반전된 포섭의 착오의 경우로는 작성명의인이나 증명력이 없는 서류를 문서로 오인한 경우(BGHSt. 13, 225), 교통사고로 인하여 자기만 다친 경우에도 확증의무가 있다고 오인한 경우(BGHSt. 8, 263) 등이 있다. BGH는 이러한 경우에는 처벌할 수 없는 환각범이라고 판시하였다.

3 Jescheck/Weigend S. 534; Rudolphi SK § 22 Rn. 32.

제4절 예 비 죄 §30

Ⅰ. 예비의 의의

예비(豫備, Vorbereitung)란 범죄실현을 위한 준비행위로서 아직 실행의 착수에 이르지 않은 일체의 행위를 말한다. 즉 예비는 구성요건을 직접 실현하지 않고 범죄실행을 위한 조건을 실행하는 행위이며, 이러한 의미에서 예비는 단순한 행위계획을 넘어서 의도한 행위를 객관화할 것을 최소한으로 하고 실행에 착수하지 않을 것을 최대한으로 한다고 할 수 있다.[1] 예비행위를 내용으로 하는 범죄를 예비죄(豫備罪)라고 한다. 형법은 범죄의 음모 또는 예비행위가 실행의 착수에 이르지 아니한 때에는 법률에 특별한 규정이 없는 한 벌하지 아니한다고 규정하여(제28조) 예비를 원칙적으로 처벌하지 아니함을 선언하고 있다. 그러나 예비행위에 의하여 침해되는 법익의 가치와 그 행위 또는 행위자의 위험성 때문에 미리 형벌권을 발동할 필요가 있는 때에는 형사정책적 근거에서 예비를 처벌할 수 있다. 형법도 이러한 이유에서 예외적으로 내란죄 · 간첩죄 · 이적죄 · 폭발물사용죄 · 방화죄 · 일수죄 · 교통방해죄 · 통화위조죄 · 살인죄 또는 강도죄 등의 중대한 범죄의 예비행위를 벌하는 규정을 두고 있다. 1

예비는 실행의 착수 이전의 준비행위라는 점에서 실행에 착수하였을 것을 요하는 미수와 구별된다. 즉 실행의 착수는 예비와 미수를 구별하는 경계선이 된다. 따라서 예비가 법익침해에 필요한 전제조건을 조성하는 것에 불과한 데 반하여, 미수는 구성요건에서 규정된 규범의 금지영역을 직접 침해한 것이라고 할 수 있다.[2] 2

한편 예비는 음모와 구별되는 개념이다. 음모란 일정한 범죄를 실행할 목적으로 2인 이상이 합의를 이루는 것을 말한다. 따라서 합의를 이루지 않는 이상 단순한 범죄의사의 표명이나 교환만으로는 음모라고 할 수 없다. 음모도 실행의 착수 이전의 개념이라는 점에서 예비와 동일하며, 범죄수행에 대한 위험성의 정도에 있어서도 예비와 차이가 없다. 형법이 음모를 예비와 동등하게 취급하여 함께 처벌하고 있는 이유도 3

1 Maurach/Gössel/Zipf Bd. 2 S. 7; Vogler LK[10] Vor §22 Rn. 5.
2 Maurach/Gössel/Zipf S. 6; Vogler LK[10] Vor §22 Rn. 6.

여기에 있다. 예비와 음모의 구별기준에 관하여는 ① 음모는 예비에 선행하는 범죄 발전의 일단계라는 견해,[1] ② 음모가 심리적 준비행위임에 대하여 예비는 그 이외의 준비행위[2] 또는 물적 준비행위(物的 準備行爲)[3]로서 시간적 선후관계는 없다고 보는 견해, ③ 음모를 예비의 하나로 보는 견해가 대립되고 있다. 제 3 설은 예비와 음모의 구별을 포기한 점에서 타당하다고 할 수 없다. 제 1 설이 판례[4]의 태도이다. 범죄 완성을 위한 객관적 위험성의 면에서 음모는 예비의 전단계로 볼 수 있는 경우가 많다는 것을 이유로 한다. 그러나 음모가 반드시 예비에 선행한다고 할 수는 없고, 특히 단독예비의 경우에는 음모를 생각할 여지가 없다. 따라서 음모가 심리적 준비행위임에 반하여, 예비는 그 이외의 준비행위를 의미한다고 해석하는 것이 타당하다고 생각된다.

Ⅱ. 예비죄의 법적 성격

4 예비죄의 법적 성격으로는 기본범죄에 대한 예비죄의 관계와 예비행위의 실행행위성을 인정할 것인가가 문제된다. 예비죄의 법적 성격을 어떻게 이해할 것인가에 따라 예비죄의 미수와 공범 및 죄수 문제를 해결하는 데 결론을 달리한다.

1. 기본범죄에 대한 관계

5 (1) **견해의 대립** 예비죄의 기본범죄에 대한 관계에 대하여는 세 가지 견해가 대립되고 있다.

6 1) **발현형태설** 예비를 기본범죄의 발현형태로 파악하는 견해이다. 따라서 예비죄는 독립된 범죄유형이 아니라 효과적인 법익보호가 필요한 경우에 미수 이전의 단계까지 구성요건을 확장한 기본범죄의 수정적 구성요건에 불과하다고 한다. 우리나라의 다수설[5]이 취하고 있는 태도이다.

---

1 이형국 연구, 470면; 정성근/박광민 368면; 정영석 216면; 차용석 "예비죄"(고시계 1985. 5), 65면.

2 김일수/서보학 546면; 배종대 531면; 신동운 534면; 오영근 538면; 이정원 295면; 임웅 341면; 권문택 "예비죄"(형사법강좌), 548면; 진계호 "예비죄"(고시연구 1986. 5), 58면.

3 백형구 "예비죄"(고시연구 1988. 5), 84면.

4 대법원 1986. 6. 24. 86 도 437, "일본으로 밀항하고자 도항비로 일화 100만엔을 주기로 약속한 바 있었으나 그 후 이 밀항을 포기하였다면 이는 밀항의 음모에 지나지 않는 것으로 밀항의 예비정도에는 이르지 아니한 것이다."

5 박상기 334면; 신동운 537면; 오영근 541면; 이형국 263면; 임웅 343면; 정성근/박광민 372면; 백형구 전게논문, 80면; 진계호 전게논문, 63면; 차용석 전게논문, 72면.

2) **독립범죄설** 예비죄를 기본범죄와는 독립된 범죄유형으로 이해하는 견해이다. 예비죄는 기본범죄에서 독립하여 그 자체 불법의 실질을 갖추고 있는 범죄라는 점에서 단순히 기본범죄의 수정형식에 그치는 것이 아니라 독립된 범죄라고 해야 한다는 것이다.[1] 7

3) **이 분 설** 예비죄를 기본범죄의 발현형태인 경우와 독립범죄인 경우로 구분하여 파악하는 견해이다. 독일의 다수설이 예비죄를 예비행위에까지 처벌을 확대한 비독립적인 형태의 예비와, 실질적으로는 다른 범죄의 예비에 해당하는 일정한 행위를 독립된 범죄로 처벌하는 형식의 예비(예컨대 침략전쟁의 예비죄(제80조), 통화·유가증권위조예비죄(제149조), 폭발물 또는 방사선범죄예비죄(제310조), 보험사기예비죄(제265조) 등)로 구별하고 있고,[2] 일본 형법 제153조가 통화위조예비죄를 "위조 또는 변조에 공용할 목적으로 기계 또는 원료를 준비한 자"라고 규정한 것을 독립예비죄라고 설명하는 견해[3]가 여기에 해당한다. 8

(2) **비 판** 형법에도 범죄단체조직죄(제114조), 아편등소지죄(제205조), 음화소지등죄(제244조)와 같이 예비행위를 독립된 범죄로 처벌하는 규정이 존재한다. 그런데 형법은 이를 예비죄로 규정하고 있는 것이 아니라 완전히 독립된 별개의 범죄로 규정하고 있다. 따라서 형법의 해석에 있어서 예비죄의 성격을 이분설에 따라 설명할 근거는 없다. 독립범죄설은 예비죄가 "… 죄를 범할 목적으로 예비한 자는"이라고 규정되어 있고 처벌도 독립적으로 규정되어 있다는 점을 이유로 한다. 그러나 미수가 기본범죄의 수정형식에 불과하다고 보면서 그 전단계인 예비를 독립된 범죄로 파악할 수는 없고, 예비죄의 규정형식은 오히려 예비죄가 기본범죄의 발현형태임을 명백히 한 것이라고 생각된다. 결국 예비죄는 기본범죄의 발현형태에 불과하다고 보아야 한다. 9

2. 예비죄의 실행행위성

예비죄에 독자적인 실행행위성을 인정할 수 있는가? 예비죄의 법적 성질을 10

1 김일수/서보학 548면; 배종대 533면; 조준현 273면; 권문택 연구, 211면, 전게논문, 557면.

2 Jescheck/Weigend S. 524; Maurach/Gössel/Zipf S. 8; Rudolphi SK Vor §22 Rn. 4; Sch/Sch/Eser Rn. 14; Vogler LK[10] Vor §22 Rn. 8, 88.

3 平野 340頁.

독립범죄라고 이해할 때에는 실행행위성도 당연히 인정되지 않을 수 없다.[1] 이에 반하여 예비죄를 기본범죄의 발현형태로 보는 경우에는 긍정설과 부정설이 대립된다.

11 **부정설**은 실행행위는 기본범죄에 대한 정범의 실행에 한정되는 것이므로 실행의 착수 이전의 예비행위의 실행행위성은 생각할 수 없고, 예비행위는 무정형·무한정적인 것이므로 실행행위개념을 인정할 수 없다고 한다.[2] 이에 반하여 **긍정설**은 ① 기본범죄에 대하여만 실행행위를 인정하는 것은 실행행위의 상대적·기능적 성격을 무시한 것이고, ② 예비죄도 수정적 구성요건인 이상 이에 대한 실행행위성을 인정할 수 있다고 한다. 다수설[3]이 취하는 태도이다.

12 생각건대 예비죄도 구성요건의 수정형태에 의하여 처벌이 확대된 것이므로 그 자체의 실행행위성을 긍정할 수 있다고 해야 하고, 이에 의하여 예비행위의 범위를 제한할 수 있게 되는 점에 비추어 긍정설이 타당하다고 하겠다. 그러나 긍정설에 의한다고 하여 예비의 미수나 예비의 종범까지 당연히 인정해야 하는 것은 아니다. 예비죄의 실행행위성은 어디까지나 예비행위 자체의 실행행위를 의미하는 것이기 때문이다.

Ⅲ. 예비죄의 성립요건

13 예비죄가 성립하기 위하여는 주관적 요건으로 예비의 고의와 기본범죄를 범할 목적이 있어야 한다. 객관적 요건으로 실행의 착수에 이르지 않는 객관적 준비행위가 있을 것을 요한다.

1. 주관적 요건

14 (1) **예비의 고의** 예비죄가 성립하기 위하여는 고의가 있어야 한다. 따라서 과실에 의한 예비죄나 과실범의 예비죄는 성립할 여지가 없다. 다만 예비의 고의의 내용이 무엇인가에 대하여는 견해가 대립된다.

1 김일수/서보학 548면; 배종대 533면; 권문택 전게논문, 558면.
2 오영근 542면; 이형국 269면; 임웅 344면.
3 손해목 824면; 안동준 206면; 정성근/박광민 373면; 백형구 전게논문, 80면; 진계호 전게논문, 69면; 차용석 전게논문, 72면.

15 예비의 고의를 실행의 고의와 구별하여 예비의 고의는 준비행위에 대한 고의를 의미한다는 견해[1]가 있다(**예비고의설**). 이 견해는 ① 예비행위와 기본범죄 사이에는 질적인 차이가 있고, ② 예비 자체에 대한 고의가 있어야 예비행위에 그친 자의 책임을 물을 수 있고, ③ 예비죄를 "… 죄를 범할 목적으로"라고 하여 목적범으로 규정한 점에 비추어 준비행위 자체에 대한 인식을 요한다고 해석해야 한다는 점을 근거로 하고 있다. 이에 반하여 예비의 고의를 실행의 고의, 즉 기본적 구성요건에 관한 고의를 의미한다고 해석하는 견해(**실행고의설**)는 ① 예비는 미수와 같이 구성요건의 수정형식이며, ② 예비 · 미수 · 기수는 행위의 일련의 발전단계이므로 고의의 내용은 같다고 해야 하고, ③ 실행의 고의와 준비행위의 고의를 구별할 수 없으며, ④ 기본범죄를 고려하지 않은 준비행위에 대한 인식은 무의미하다는 것을 근거로 들고 있다.[2]

생각건대 예비는 기본범죄의 발현형태에 불과하다고 하더라도 예비의 실행행위성을 인정하는 이상 준비행위에 대한 인식이 필요하고, 기본범죄에 대한 인식은 목적의 내용이 되므로 여기의 고의는 준비행위 자체에 대한 고의를 의미한다고 해석하는 것이 타당하다고 하겠다.

16 (2) **기본범죄를 범할 목적** 예비죄는 단순한 고의뿐만 아니라 기본범죄를 범할 목적이 있을 것을 요하는 목적범이다. 여기의 목적의 의미에 관하여도, '단절된 결과범(斷絕된 結果犯)'(예: 내란죄, 국기모독죄 등)에 있어서는 목적이 그 행위 자체에 의하여 실현되고 목적달성을 위한 별개의 행위를 필요로 하는 것이 아니므로 확정적 인식이 필요함에 반하여, 예비죄는 기본범죄의 실현이 있어야 비로소 목적이 달성되는 '단축된 이행위범(短縮된 二行爲犯)'(예: 통화위조죄, 무고죄 등)이므로 미필적 인식으로 족하다고 해석하는 견해[3]도 있다. 그러나 '죄를 범할 목적'을 미필적 인식으로 족하다고 하는 것은 본죄의 입법취지에 반한다고 할 것이므로 여기의 목적은 확정적 인식임을 요한다고 해야 한다.[4]

---

1 김일수/서보학 550면; 배종대 465면; 손해목 827면; 오영근 546면; 임웅 345면; 권문택 전게논문, 550면; 차용석 전게논문, 70면.

2 박상기 335면; 이형국 263면, 연구 482면; 정성근/박광민 374면; 진계호 315면; 백형구 전게논문, 81면; 황산덕 "예비죄"(고시계 1966. 7), 84면.

3 손해목 827면; 권문택 전게논문, 551면; 백형구 전게논문, 81면; 진계호 전게논문, 64면; 차용석 전게논문, 70면.

4 배종대 534면; 이형국 연구, 483면; 임웅 345면.

2. 객관적 요건

예비죄가 성립하기 위하여는 객관적인 예비행위가 있을 것을 요한다.

17 (1) **외적 예비행위** 예비행위는 범죄의 실행을 목적으로 하는 준비행위로서 실행의 착수에 이르지 않은 것을 말한다. 예비행위는 외적 준비행위일 것을 요한다. 따라서 단순한 범죄계획이나 의사표시 또는 내심의 준비행위만으로는 예비행위라고 할 수 없다. 예비행위의 수단·방법에는 제한이 없다. 이러한 의미에서 예비행위는 무한정·무정형하다고 할 수 있다.

예비행위는 특정한 범죄의 실현을 위한 준비행위라는 것이 객관적으로 명확하고,[1] 따라서 기본범죄의 실현에 객관적으로 적합한 행위일 것을 요한다. 즉 예비는 구성요건을 실현하는 행위를 계획하는 것만으로 족하지 않고 계획된 범죄를 실현함에 적합한 조건이 되는 행위여야 한다.[2] 결과발생이 객관적으로 가능할 것을 요하므로 결과발생이 불가능한 경우의 예비, 즉 불능예비는 예비가 될 수 없다. 형법에는 불능예비를 벌하는 규정이 없기 때문이다.

18 (2) **물적 예비와 인적 예비** 예비가 물적 준비행위에 제한되는가가 문제된다. 예비는 물적 준비행위에 제한되어야 한다는 견해[3]도 있다. 예비가 단순한 심리적 사실이 아니라 이를 초과하는 외부적 행위가 있을 것을 요하는 것은 사실이다. 그러나 이 경우의 외부적 준비행위가 물적 준비행위에 제한되는 것은 아니며, 범죄실현을 위한 준비행위임이 객관적으로 명백한 이상 물적 준비행위이든 인적 준비행위이든 묻지 않는다고 해야 한다.[4] 즉 인적 준비행위일지라도 심리적인 것 이외의 준비행위는 예비가 될 수 있다.

따라서 범행도구의 구입, 범행장소의 물색·답사·잠입뿐만 아니라 알리바이를 조작하기 위하여 사전에 대인접촉을 하거나 장물을 처분할 사람을 확보하는 것도 예비에 해당할 수 있다.

19 (3) **자기예비와 타인예비** 자기예비란 자기가 스스로 또는 타인과 공동

1 이형국 연구, 486면; 백형구 전게논문, 82면; 진계호 전게논문, 65면; 차용석 전게논문, 69면.
2 Jakobs 25/8; Maurach/Gössel/Zipf S. 7.
3 백형구 전게논문, 82면.
4 김일수/서보학 550면; 배종대 535면; 손해목 828면; 오영근 544면; 이형국 연구, 475면; 임웅 345면; 정성근/박광민 374면; 권문택 전게논문, 547면; 진계호 전게논문, 57면; 차용석 전게논문, 61면; 황산덕 전게논문, 83면.

하여 실행행위를 할 목적으로 준비행위를 하는 경우를 말하며, 타인예비란 타인의 실행행위를 위하여 예비행위를 하는 경우를 말한다. 타인예비가 예비의 개념에 포함될 수 있는가에 대하여는 견해가 대립된다.

긍정설은 자기예비뿐만 아니라 타인예비도 예비에 포함된다고 한다.[1] 긍정설은 ① 타인예비도 간접적인 법익침해행위로서 법익침해의 실질적 위험성에서 자기예비와 차이가 없으며, ② "… 죄를 범할 목적"에는 스스로 죄를 범할 목적 이외에 타인에게 행위시킬 목적도 포함된다고 해야 하고, ③ 실질적 타인예비인 교사의 미수를 예비로 처벌하는 점에 비추어 타인예비도 예비에 포함된다고 해석해야 된다고 한다. 이에 반하여 **부정설**은 타인예비는 예비의 개념에 포함될 수 없다고 한다. 우리나라의 다수설[2]의 태도이다. ① 타인예비는 타인이 실행에 착수한 때에는 공범에 해당함에도 불구하고 이를 예비에 포함시킨다면 정범행위의 단계에 따라 타인예비가 정범이 되기도 하고 공범이 되기도 하는 부당한 결과를 초래하며, ② 법익침해면에서 타인예비를 자기예비와 같이 평가할 수는 없고, ③ 형법이 예비죄를 "… 죄를 범할 목적으로"라고 규정하고 있는 것은 일본 형법의 "죄에 공할 목적"과는 달리 예비자 스스로가 실행할 의사를 필요로 한다는 것을 이유로 한다.

타인예비도 예비에 포함된다고 해석한다면 예비죄의 범위가 지나치게 확대될 뿐만 아니라, 정범과 공범은 구별되어야 할 것이므로 타인예비는 예비가 될 수 없다는 부정설이 타당하다고 생각된다.

Ⅳ. 관련문제

1. 예비죄의 공범

(1) **문제의 제기** 기본범죄가 실행의 착수에 이르지 아니한 예비죄에 대하여 공동정범과 교사·방조가 성립할 수 있는가의 문제이다. 즉 2인 이상이 공동하여 범죄를 실현하려고 하였으나 가벌적인 예비에 그친 경우에 예비죄의 공동정범이 가능하고, 정범을 교사·방조하였으나 정범이 예비에 그친 경우에 예비죄의 교사·방조가 20

1 권문택 전게논문, 555면; 차용석 전게논문, 68면.
2 박상기 335면; 배종대 466면; 안동준 208면; 오영근 545면; 이형국 268면; 임웅 346면; 정성근/박광민 375면.

될 수 있는가를 말한다. 전자는 예비죄의 공동정범, 후자는 예비죄의 교사범과 종범의 문제이다.

21 (2) **예비죄의 공동정범** 예비죄의 공동정범이 가능한가에 대하여 부정설은 예비죄의 실행행위성을 부정하여 이를 허용되지 않는다고 해석하나, 예비죄의 성격에 관한 독립범죄설은 물론 발현형태설에 의하더라도 예비죄 자체의 실행행위는 긍정해야 할 것이므로 예비죄의 공동정범을 인정하는 것이 타당하다고 생각된다.[1]

22 (3) **예비죄의 교사범과 종범** 공범독립성설에 의하면 예비죄의 교사범과 종범은 그 자체가 교사 또는 종범의 미수로 처벌받는 결과가 된다. 그러나 형법은 공범의 종속성을 인정하고 있다고 보아야 하므로 공범종속성설의 입장에서 예비죄의 교사범이나 종범이 가능한가를 검토해야 한다. 다만 형법은 예비죄의 교사범을 예비에 준하여 처벌하는 특별규정을 두고 있기 때문에(제31조 2항) 예비죄의 공범은 주로 예비죄의 종범이 가능한가의 문제로 다루어지고 있다.

23 예비죄의 종범이 가능한가에 대하여는 긍정설과 부정설이 대립되고 있다. **긍정설**은 ① 정범이 예비죄로 처벌되는 이상 공범을 종범으로 처벌하는 것은 공범종속성설의 당연한 결론이며, ② 예비죄도 각칙에 규정되어 있으므로 예비행위의 실행행위성을 인정할 수 있을 뿐만 아니라, ③ 예비와 미수의 구별은 공범의 성립에 영향이 없다는 점을 근거로 들고 있다.[2] 이에 반하여 **부정설**은 ① 예비죄에는 미수에서와 같은 실행행위가 없으며, ② 방조의 방법에 제한이 없고 예비도 정형성이 없으므로 예비의 종범을 처벌하는 때에는 처벌이 부당하게 확대될 염려가 있고, ③ 예비의 종범을 처벌하는 것은 법감정에 반한다고 한다.[3] 대법원은 일관하여 부정설을 따르고 있다.[4]

---

1 김일수/서보학 553면; 박상기 336면; 배종대 536면; 신동운 544면; 오영근 548면; 이형국 268면; 정성근/박광민 378면; 백형구 전게논문, 91면; 차용석 전게논문, 74면.

2 권문택 연구, 235면; 김일수/서보학 554면; 안동준 210면; 염정철(공저) 356면; 유기천 303면; 진계호 전게논문, 69면; 차용석 전게논문, 75면.

3 박상기 337면; 배종대 537면; 손해목 836면; 신동운 519면; 오영근 550면; 이형국 269면; 임웅 347면; 정성근/박광민 379면; 정영석 226면; 백형구 전게논문, 92면; 황산덕 전게논문, 91면.

4 대법원 1976. 5. 25. 75 도 1549, "형법 제32조 1항의 타인의 범죄를 방조한 자는 종범으로 처벌한다는 규정의 타인의 범죄란 정범이 범죄를 실현하기 위하여 착수한 경우를 말하는 것이라고 할 것이므로 종범이 처벌되기 위하여는 정범의 실행의 착수가 있는 경우에만 가능하고 정범이 실행의 착수에 이르지 아니한 예비의 단계에 그친 경우에는 이에 가공하는 행위가 예비의 공동정범이 되는 경우를 제외하고는 이를 종범으로 처벌할 수는 없다고 할 것이다. 왜냐하면 범죄의 구성요건 개념상 예비죄의 실행행위는 무정형 무한정한 행위이고 종범의 행위도 무정형 무한정한 것이며 형법 제28조에 의하면 범죄의 음모 또는 예비행위가 실행의 착수에 이르지 아니한 때에는 법률에 특별한 규정이 없는 한 벌하지 아니한다고 규정하여 예비죄의 처벌이 가져올 범죄의 구성요건을 부당하게 유추 내지 확장해석하는 것을 금지하고 있기 때문에 형법 각칙의 예비죄를 처벌하는 규정을 바로 독립된 구성요건 개념에 포함시킬 수는 없다고 하는 것이 죄형법정주의의 원칙에도 합당하는 해석이라 할 것이기 때문이다. 따라서 형법 전체의 정신에 비추어 예

긍정설은 예비죄의 실행행위성을 인정할 수 있다는 점을 근거로 하고 있다. 예비죄를 기본범죄의 수정형식으로 파악하는 경우에도 그 실행행위성을 인정할 수 있는 것은 사실이다. 그러나 그것만으로 종범이 성립한다고 할 수는 없다. 공범종속성설에 의하는 한 종범이 성립하기 위하여 정범의 실행행위는 일정한 정도에 달할 것을 요하기 때문이다. 즉 종범의 성립은 정범이 실행에 착수할 것을 요하며, 따라서 기수 또는 미수에 이르지 않으면 안 된다.[1] 예비의 종범을 인정하는 것은 형법이 방조의 미수에 관한 규정을 두지 않은 취지에도 반한다. 이러한 의미에서 부정설이 타당하다고 생각된다.

2. 예비죄의 미수와 예비죄의 죄수

24 (1) **예비죄의 미수** 예비죄의 미수범이 가능한가에 대하여는 예비죄의 미수는 있을 수 없다는 견해[2]와 미수가 이론상으로는 가능하지만 처벌규정이 없다는 견해[3]가 대립되고 있다. 예비의 실행행위성을 인정한다고 하여 이에 대한 미수까지 긍정하는 것은 아니다. 예비는 미수의 전단계이기 때문이다. 따라서 예비죄의 미수는 불가능하다는 소극설이 타당하다.

25 (2) **예비죄의 죄수** 하나의 범죄실행을 위하여 수개의 예비행위가 있었던 때에는 하나의 예비죄가 성립할 뿐이다. 수개의 예비행위는 상호 보완되어 전체로서 하나의 준비행위가 되기 때문이다. 예비행위가 실행에 착수하여 미수 또는 기수로 발전한 때에는 기본범죄의 미수 또는 기수만 성립한다. 예비죄와 미수 또는 기수는 보충관계에 있다고 해야 하기 때문이다. 발현형태설의 당연한 결론이다.

비의 단계에 있어서는 그 종범의 성립을 부정하고 있다고 보는 것이 타당한 해석이라고 할 것이다."

동지: 대법원 1978. 2. 28. 77 도 3406; 대법원 1979. 11. 27. 79 도 2201.

1 Jescheck/Weigend S. 695; Maurach/Gössel/Zipf S. 323; Roxin LK §30 Rn. 49; Samson SK §30 Rn. 25; Sch/Sch/Eser §30 Rn. 34.

2 박상기 337면; 손해목 836면; 백형구 전게논문, 93면; 진계호 전게논문, 70면.

3 이형국 266면, 연구 486면; 차용석 전게논문, 72면.

제 6 장 공 범 론

§ 31

제 1 절 공범이론

I. 공범의 의의

1. 공범과 범죄의 참가형식

1 형법 각칙의 구성요건은 한 사람이 이를 실현하는 것을 예상하고 규정되어 있다. 그러나 범죄는 단독으로가 아니라 다른 사람과 함께 범하는 경우도 빈번하다. 하나의 범죄를 단독으로 실행하는 형태를 단독범(Alleintäterschaft)이라고 함에 반하여, 두 사람 이상이 관여하여 실행하는 형태를 통상 범죄참가형식(犯罪參加形式, Beteiligungsformen)이라고 한다.[1]

2 형법은 총칙 제 2 장 제 3 절에서 공범이라는 제목 아래 공동정범(제30조) · 교사범(제31조) · 종범(제32조) 및 간접정범(제34조)을 규정하고 있다. 이렇게 볼 때 형법은 공범에 교사범과 종범 외에 간접정범과 공동정범도 포함되는 것으로 이해하고 있다. 그러나 '정범'인 간접정범과 공동정범을 공범에 포함되는 것으로 보는 것은 적절하지 않다. 따라서 형법의 공범규정은 공범규정이라기 보다는, 다수인이 범죄에 참가하는 실행형태, 즉 '범죄참가형식'을 망라한 규정이라고 이해해야 할 것이다. 공범이라는 용어를 사용한다면 형법은 공범의 장에서 협의의 공범(교사범과 종범. 강학상 공범은 이를 지칭한다) 외에 광의의 공범(협의의 공범+공동정범, 간접정범)도 규정하고 있는 것이다.[2]

3 범죄의 참가형식에는 정범(正犯, Täterschaft)과 공범(共犯, Teilnahme)이 포함된다. 정범에 관하여 형법은 별도의 정의규정을 두고 있지 않지만, 그것은 형법

---

1 이에 관한 종합적 고찰은 Ulrich Stein *Die strafrechtliche Beteiligungsformenlehre*, 1988.

2 이러한 의미에서 입법론으로는 형법의 공범이라는 절의 명칭을 정범과 공범으로 고치는 것이 타당하다고 생각된다.

이 각 개별구성요건을 실현한 자가 정범이라는 전제 위에 서 있기 때문이다. 따라서 각 개별구성요건 자체가 정범규정이라고 할 수 있다: "사람을 살해한 자"나 "사람의 신체를 상해한 자"와 같이 범죄를 스스로 실행하여 구성요건을 충족한 자는 정범이다.[1]

형법이 공범의 장에서 규정하고 있는 참가형식 가운데 공동정범과 간접정범은 교사범이나 종범과는 그 성질을 달리한다. 공동정범은 2인 이상이 공동하여 죄를 범한다는 점에서는 단독정범과 구별되지만 스스로 범죄를 행한 자이므로 공범이 아니라 정범에 해당한다.[2] 형법 제30조도 공동정범은 각자를 그 죄의 정범으로 처벌한다고 규정하고 있다. 간접정범 역시 타인을 도구로 이용하여 죄를 범한 자이므로 그 본질상 정범에 해당한다. 이에 반하여 교사범과 종범은 타인의 범죄를 교사 또는 방조하여 타인이 정범으로 범하는 범죄에 가담하는 데 불과하다. 형법이 규정하고 있는 공범에 해당하는 범죄참가형식에는 교사범과 종범이 있을 뿐이며, 이를 협의의 공범 또는 고유한 의미의 공범이라고도 한다.

2. 공범의 입법방식

4 공범을 형법전에 규정하는 방식에는 두 가지가 있다. **분리체계**(differenzierende Lösung)는 정범과 공범을 구분하여 각칙의 구성요건을 총론의 공범이론에 의하여 보완하게 하는 방법이다. **단일정범체계**(Einheitstätersystem)는 정범과 교사범 또는 종범의 구별을 포기하고 구성요건실현을 위하여 인과적으로 기여한 사람을 모두 정범으로 파악하고, 통일적으로 정해진 형벌의 범위 안에서 행위기여의 정도에 따라 처벌하는 방식이다.

5 단일정범체계를 취하는 근거는 ① 정범·공범을 구별하는 기준은 물론 종범을 정범에 비하여 가볍게 처벌하는 근거가 불명확할 뿐만 아니라, ② 현행법상 정범과 교사범은 같은 형으로 처벌되고 있고, ③ 종범과의 관계에서도 양형에서 형을 차별화하면 된다는 것이다.[3] 그러나 단일정범체계에 대하여는 ① 법치국

1 장영민 "형법의 개정방향: 정범규정을 중심으로," 정성진 박사 고희기념논문집, 2010, 229면. Herzberg *Täterschaft und Teilnahme*, S. 1, 5; Roxin LK § 25 Rn. 47; Wessels/Beulke Rn. 508.

2 Baumann/Weber/Mitsch S. 586; Jescheck/Weigend S. 643; Roxin LK Rn. 154; Tröndle/Fischer § 25 Rn. 6; Welzel S. 107.

3 Maiwald "Historische und dogmatische Aspekte der Einheitstäterlösung", Bockelmann-FS S. 351~52.

가적 형법이 구성요건적 행위를 명시하고 실제로 구성요건을 실현하는 자와 구성요건실현에 가담하는 자를 구별할 이론적 · 체계적 기준을 명백히 규정할 것을 요구함에도 불구하고 법익침해에 대한 인과적 기여만으로 정범이라고 하는 것은 형법의 법치국가적 기초에 부합되지 않으며,[1] ② 법익침해를 야기하는 모든 행위기여를 정범으로 파악할 때에는 구성요건의 특수한 행위반가치가 무의미하게 되고 신분범과 자수범에 있어서 신분 없는 자나 자수로 실행하지 않는 자도 정범이라고 해야 하는 부당한 결과를 초래하고,[2] ③ 단일정범개념에 의할 때에는 교사의 미수는 물론 방조의 미수도 정범의 미수에 해당하게 되어 부당한 가벌성의 확대를 초래한다는 비판을 면할 수 없다.[3] 형법이 공범이라는 표제하에 공동정범과 교사범 및 종범을 구별하여 규정하고 있는 것은 분리체계를 취한 것으로 보아야 한다. 따라서 단일정범개념을 형법의 해석에 원용할 여지는 없다.[4] 다만, 과실범에 있어서는 공범의 성립이 불가능하므로 단일정범개념이 적용될 수 있다.

6 형법이 분리체계에 의하여 공범을 규정하고 있는 것이 명백하기 때문에 공범론에 있어서 정범과 공범의 구별을 우선적으로 고찰하고 그 후에 정범과 공범의 출현형태를 검토할 필요가 있다.

3. 필요적 공범

7 (1) 의 의 한 사람이 실현할 것을 예상하고 규정한 보통의 구성요건을 수인이 가담하여 실현한 경우를 임의적 공범이라고 하며, 형법총칙이 규정하고 있는 공범은 임의적 공범만을 의미한다. 이에 비하여 필요적 공범(必要的 共犯, notwendige Teilnahme)이란 구성요건 자체가 이미 2인 이상의 참가나 단체의 행동을 전제로 하여 성립하는 범죄를 말한다. 교사 · 방조의 경우뿐만 아니라 필요적 공동정범의 경우도 포함되므로 필요적 공범이 아니라 필요적 범죄참가형식(notwendige Beteiligungsform)이라고 하는 것이 정확한 표현이라는 견해[5]도 있다.

8 (2) **필요적 공범의 종류** 필요적 공범은 집합범과 대향범으로 나뉜다.

---

1 Roxin LK Vor §25 Rn. 6; Schöneborn "Kombiniertes Teilnahme- und Einheitstätersystem für das Strafrecht", ZStW 87, 910.

2 Jakobs S. 21/6; Jescheck/Weigend S. 645; Schmidhäuser S. 501.

3 Jakobs S. 21/6; Jescheck/Weigend S. 646; Maurach/Gössel/Zipf Tb. 2, S. 189; Roxin LK Rn. 7; Schöneborn ZStW 87, 909.

4 김일수/서보학 557면; 박상기 365면; 신동운 548면; 오영근 599면; 이형국 305면; 임웅 380면.

5 Roxin LK Vor §26 Rn. 32.

1) 집 합 범 집합범(集合犯, Konvergenzdelikte)이란 다수인이 동일한 방향에서 같은 목표를 향하여 공동으로 작용하는 범죄, 즉 다수인의 집합에 의한 군중범죄를 말한다. 집합범에는 ① 소요죄(제115조)와 같이 다수인에게 동일한 법정형이 부과되는 경우와, ② 내란죄(제87조)와 같이 참가자의 기능 · 지위 · 역할 및 행위의 양태에 따라 법정형에 차이를 두는 경우가 구별된다. ③ 1인에 의하여도 범죄가 성립하지만 2인 이상의 관여에 의하여 형이 가중되는 특수절도죄(제331조 2항), 특수강도죄(제334조 2항) 및 특수도주죄(제146조) 등의 합동범을 필요적 공범이라고 할 수 있는가에 대하여는 견해가 대립되고 있다. 이를 부진정필요적 공범(不眞正必要的 共犯)이라고 해석하는 견해[1]와 필요적 공범에 해당한다는 견해[2] 및 공동정범의 특수한 경우에 불과하다고 해석하는 견해[3]가 그것이다. 합동범은 다수인이 가담하는 모든 경우를 포함하는 것이 아니라는 점에서 필요적 공범과는 성질을 달리한다고 할 것이므로 공동정범의 특수한 경우에 해당한다고 해석하는 것이 타당하다.

9

2) 대 향 범 대향범(對向犯, Begegnungsdelikte)이란 2인 이상의 대향적 협력에 의하여 성립하는 범죄를 말한다. 대향범에는 ① 도박죄(제246조 1항), 아동혹사죄(제274조) 등과 같이 대향자 쌍방의 법정형이 같은 경우와, ② 뇌물죄에 있어서 수뢰죄(제129조)와 증뢰죄(제133조), 배임수증죄에 있어서 배임수재죄와 배임증재죄(제357조)의 경우와 같이 대향자 사이의 법정형이 다른 경우 및 ③ 음화등 반포 · 판매 · 임대죄(제243조)와 같이 대향자의 일방만을 처벌하는 경우가 있다.

10

(3) 공범규정의 적용 필요적 공범은 구성요건이 수인의 협력에 의하여야 비로소 성립하며, 각자에 적용될 형벌도 각칙에 별도로 규정되어 있으므로 내부참가자 사이에는 임의적 공범을 전제로 하는 형법총칙의 공범에 관한 규정은 적용될 여지가 없다. 집합범이든 대향범이든 불문한다.[4] 문제는 필요적 공범의 외부에서 관여하는 행위에 대하여 공범규정이 적용될 수 있는가에 있다.

11

1) 집합범의 경우 집합범에 있어서의 공범규정의 적용 여부는 주로 소요죄와 내란죄의 경우에 문제된다. 소요죄나 내란죄와 같은 집단범죄라 할지라도 집단 외에

---

1 배종대 550면; 진계호 351면; 김종원 "필요적 공범"(고시계 1968. 2), 71면.

2 김일수/서보학 635면; 오영근 602면; 임웅 381면.

3 안동준 225면; 이형국 306면; 정성근/박광민 493면.

4 대법원 2001. 12. 28. 2001 도 5158, "(1) 매도, 매수와 같이 2인 이상의 서로 대향된 행위의 존재를 필요로 하는 관계에 있어서는 공범이나 방조범에 관한 형법총칙 규정의 적용이 있을 수 없고, 따라서 매도인에게 따로 처벌규정이 없는 이상 매도인의 매도행위는 그와 대향적 행위의 존재를 필요로 하는 상대방의 매수범행에 대하여 공범이나 방조범관계가 성립되지 아니한다.
(2) 약사법위반죄의 방조범에 대한 공소사실 중 정범의 판매목적의 의약품 취득범행과 대향범 관계에 있는 정범에 대한 의약품 판매행위에 대하여는 형법총칙상 공범이나 방조범 규정의 적용이 있을 수 없어 정범의 범행에 대한 방조범으로 처벌할 수 없다."
동지: 대법원 2004. 10. 28. 2004 도 3994; 대법원 2007. 10. 25. 2007 도 6712.

서 자금이나 정보를 제공하거나 다른 사람의 가담을 권유한 자에 대하여는 당연히 공범규정이 적용되어야 한다. 다만 공범규정의 적용범위에 관하여는 집단범죄에 대하여 집단의 구성원이 아닌 자에게 공동정범을 인정할 수는 없다고 할 것이므로 교사와 방조에 관한 규정만 적용된다고 해석하는 것이 타당하다.

12 2) **대향범의 경우** 대향범에 있어서도 외부에서 각 대향자에게 관여하는 행위에 대하여는 공범규정이 적용된다. 따라서 증뢰자나 수뢰자에 대한 제 3 자의 교사·방조뿐만 아니라 공동정범도 가능하다. 이 경우에 수뢰자에게 공무원의 신분이 없는 때에는 형법 제33조 본문이 적용된다. 다만 대향자의 일방만을 처벌하고 타방에 대하여는 처벌규정이 없는 경우에 처벌되지 않는 대향자에 대한 관여행위는 문제되지 아니한다.

Ⅱ. 정범과 공범의 구별

13 정범과 공범의 구별은 범죄에 다수인이 관여한 경우에 누구를 어떤 기준 하에서 정범으로 가려낼 것인가의 문제이다. 종래 정범과 공범의 구별은 공동정범과 종범을 구별하는 기준을 논하는 데 중점이 있었다. 그러나 이 문제는 공동정범과 간접정범의 정범성을 확인하고 종범이나 교사범과 구별하기 위한 기준이 되며, 나아가 정범과 공범의 관계, 즉 공범의 종속성과 독립성의 문제를 해결하는 데 논리적 전제가 된다. 공범의 개념을 밝히기 위하여는 먼저 정범의 개념을 밝혀야 한다. 정범은 논리적으로 공범에 선행하기 때문이다('정범개념의 우위').

1. 정범의 개념

14 정범(正犯, Täterschaft)에는 단독정범·공동정범 및 간접정범이 포함된다. 정범의 개념을 어떻게 파악할 것인가에 대하여 형법에는 명문의 규정이 없다.[1] 정범개념은 종래 다음과 같은 두 가지 각도에서 논의되어 왔다.

15 (1) **제한적 정범개념이론** 범죄란 형법 각칙이 규정하고 있는 범죄유형을 의미하므로 정범개념도 구성요건에 의하여 결정되어야 한다는 데에서 출발하여 구성요건에 해당하는 행위를 스스로 행한 자만이 정범이며, 구성요건 이외의

1 독일 형법 제25조는 "① 스스로 또는 타인을 통하여 죄를 범한 자는 정범으로 처벌한다. ② 다수인이 공동하여 죄를 범한 때에는 각자를 정범으로 처벌한다(공동정범)"고 하여 정범의 개념을 규정하고 있다.

행위에 의하여 결과에 조건을 준 자는 정범이 될 수 없다는 견해이다. 따라서 공범(교사범과 종범)은 이에 대한 특별한 규정이 없으면 처벌받지 않는 행위를 형법 제31조와 제32조에 의하여 처벌하는 것으로서, 공범은 정범에 국한된 처벌을 확장하는 처벌확장사유(Strafausdehnungsgrund)이다. 제한적 정범개념이론(die Lehre vom restriktiven Täterbegriff)은 구성요건에 해당하는 행위를 실행하는 정범은 이에 대한 교사 또는 방조와 객관적으로 구별될 수 있다고 보기 때문에 정범과 공범의 구별에 관한 객관설과 결합하게 된다.

16 (2) **확장적 정범개념이론** 결과에 대한 모든 조건의 등가성을 인정하는 조건설을 이론적 기초로 하여, 구성요건적 결과의 발생에 조건을 설정한 자는 그것이 구성요건에 해당하는 행위인가의 여부를 불문하고 모두 정범이라고 보는 이론이다. 이에 의하면 교사범과 종범은 원래 정범으로 처벌되어야 할 것이지만 공범규정에 의하여 특별취급을 받을 뿐이며, 따라서 공범규정은 정범의 처벌범위를 축소하는 처벌축소사유(Strafeinschränkungsgrund)가 된다. 확장적 정범개념이론(die Lehre vom extensiven Täterbegriff)에 의하면 조건에는 우열이 없어서 객관적 구성요건의 차원에서는 정범과 공범을 구별할 수 없기 때문에 공범·정범 구별에 관하여 주관설과 결합하게 된다.

17 (3) **비 판** 제한적 정범개념이론을 철저히 하면 간접정범은 공범으로 보게 된다. 이러한 이론적 난점을 해결하기 위하여 제안된 이론이 확장적 정범개념이론이다.[1] 그러나 이 이론에도 다음과 같은 난점이 있다. ① 확장적 정범개념이론은 형법의 보장적 기능을 침해하는 결과를 가져온다. 이 이론이 근거를 갖기 위해서는 각칙의 구성요건에 특수한 행위자요소가 규정되어 있을 것이 요구된다. 그러나 대부분의 구성요건에는 정범에 필요한 요소가 규정되어 있지 않다. 그럼에도 불구하고 결과발생의 조건만 야기하면 모두 정범이 된다고 하는 것은 정범의 개념을 지나치게 확대한 것이며, 나아가 죄형법정주의에 반한다고 할

1 제한적 정범개념의 주장자인 Beling은, 구성요건적 행위를 하지 않은 간접정범은 논리상 공범으로 보아야 함에도 불구하고 '일상적 생활관념'이라는 근거로 이를 정범으로 보았다. 이에 제한적 정범개념론 내부에서 이론을 엄격하게 적용한 '엄격한' 제한적 정범개념이론이 주장되어 간접정범을 '공범'으로 보려고 하였다. 이 학설에 대해서 '확장적 공범개념이론'이라는 명칭도 쓰이지만 학설의 위상을 명확히 하기 위하여는 정범을 중심으로 파악할 필요가 있다는 점에서 '엄격한' 제한적 정범개념이론이라고 부르는 것이 타당하다고 하겠다. 형법의 간접정범 규정과 이 학설의 관계에 관하여는 *infra* 32/3 이하 참조.

것이다.[1] ② 이 이론은 형법의 태도와 부합하지 않는다. 즉 확장적 정범개념이론에 의하면 교사범과 종범도 정범이므로 마땅히 정범과 같이 처벌하여야 한다. 그렇다면 형법이 새삼스럽게 교사범을 정범과 같은 형으로 처벌한다는(제31조 1항) 특별규정을 둘 이유가 없고, 종범의 형을 정범의 형보다 감경하는(제32조 2항) 근거도 있을 수 없다.[2] 나아가 각칙이 정범의 요소로 특수한 신분을 규정하고 있는 진정신분범에 있어서 신분 없는 자는 정범이 될 수 없지만 공범이 될 수는 있다(제33조). 따라서 이 경우의 공범은 처벌확장사유라고 볼 수밖에 없고, 확장적 정범개념이론은 이를 설명할 수 없다. 한편 제한적 정범개념이론이 정범개념을 법적 구성요건에 규정된 행위를 기초로 하여 결정하려고 한 이론상의 출발점은 타당하다고 할 수 있다. 그러나 이 이론은 정범과 공범을 구별함에 있어서 객관적 요소에 치중하여 구성요건의 전부 또는 일부를 행하지 않은 간접정범과 공동정범의 정범성을 인정할 수 없게 되는 난점을 피하지 못한다. 여기에 정범과 공범의 구별기준을 근본적으로 다시 검토해야 할 이유가 있다.

2. 정범과 공범의 구별기준

18 정범과 공범을 구별하는 기준에 대하여는 객관설과 주관설 및 행위지배설이 대립되고 있다.

(1) 객 관 설

19 **1) 형식적 객관설** 형식적 객관설(die formell-objektive Theorie)은 구성요건에 해당하는 행위를 직접 행한 자가 정범이며 실행행위 이외의 방법으로 조건을 제공한 자가 공범이라고 한다. 제한적 정범개념이론에 입각한 견해이다. 이에 의하면 甲과 乙이 A를 살해할 의사로 乙은 A를 잡고 甲이 칼로 A의 가슴을 찔러 살해한 경우에 甲은 정범이고 乙은 공범(종범)이 된다.

그러나 형식적 객관설에 대하여는 다음과 같은 비판이 제기된다. ① 이 견해가 구성요건적 행위와 구성요건적 사실을 실현하는 행위를 구별하지 못하고 전자의 면에서만 정범성을 결정하는 것은 잘못이라고 하지 않을 수 없다.[3] 살인죄

---

1 Jescheck/Weigend S. 651; Maurach/Gössel/Zipf S. 178; Roxin LK Vor § 25 Rn. 11; Samson SK[6] § 25 Rn. 5.

2 Sch/Sch/Cramer/Heine Vor § 25 Rn. 9.

3 심재우 “정범과 공범의 구별”(고시연구 1982. 4), 47면; 황산덕 “정범과 공범”(고시계 1965. 8),

의 구성요건적 행위는 '사람을 살해하는 행위'이지만 구성요건실현행위는 '살인의 의사를 실현하는 데 필요한 모든 행위'이다. ② 이 견해에 의하면 스스로 실행행위를 행하지 아니하는 간접정범과 집단의 배후에서 이를 조종하는 자를 정범으로 인정할 수 없는 결함이 있다. 독일에서 1930년까지 통설의 지위를 차지하고 있던 형식적 객관설이 자취를 감춘 이유는 여기에 있다.

2) 실질적 객관설 행위가담의 위험성의 정도에 따라 정범과 공범을 구별하는 견해이다. 실질적 객관설(die materiell-objektive Theorie)은 그 내용에 있어서 객관적 기준에 중점을 두는 일체의 견해를 총칭하는 것이므로, 다시 그 기준을 어디에 두는가에 따라 정범과 공범의 구별기준을 다르게 본다. 20

(가) **필 연 설** 필연설(必然說, Notwendigkeitstheorie)은 결과발생에 대하여 필연적 행위를 한 자가 정범이고 그렇지 아니한 자가 공범이라고 한다.[1] 인과관계론의 원인설에 입각한 견해라고 할 수 있다. 법익침해에 대하여 가치상으로 우세한 영향을 미쳤느냐 아니냐에 따라 정범과 공범을 구별하는 우세설(Überordnungstheorie)도 여기에 속한다고 할 수 있다. 그러나 이에 대하여도 다음과 같은 비판이 제기된다. ① 인과관계이론에서 조건과 원인을 구별하는 것은 불가능하며, 자연과학적 기준을 법률판단의 기초로 원용하려고 한 원인설의 난점은 여기서도 그대로 나타난다. ② 정범과 공범의 구별기준을 인과관계에 의하여만 밝히려고 한 기본태도도 옳다고 볼 수 없다. 행위의 사회적 의미는 인과관계의 우열에 의하여만 결정되는 것이 아니라 그 조종의 방법, 즉 행위의 목적적 요소도 중요한 의의를 갖는 것이기 때문이다.[2] ③ 이 견해는 공동정범과 종범을 구별하기 위한 이론에 불과하고 간접정범과 교사범을 구별하는 데는 아무런 도움을 주지 못한다. 타인에게 범죄를 결의하게 한 교사범은 언제나 정범으로 보아야 하기 때문이다. 21

(나) **동 시 설** 행위수행의 시간적 연관을 기준으로 하여 행위시에 가담한 자가 정범이고, 그 전이나 후에 가담한 자는 공범이라고 하는 견해이다. 그러 22

96면.

1 필연설 중에서도 학자에 따라 다소의 차이를 보이고 있다. 예컨대 Feuerbach는 주된 원인인가 종된 원인인가에 의하여, Liepmann은 결정적 조건인가 아닌가에 따라 정범과 공범을 구별하였다.

2 Jescheck/Weigend S. 649; Gallas "Täterschaft und Teilnahme", *Beiträge zur Verbrechenslehre*, S. 86.

나 동시설(Gleichzeitlichkeitstheorie)에 의하면, ① 문서위조 현장에서 펜이나 잉크를 빌려 준 자는 정범이 되고, 甲과 乙이 공모하여 A를 살해하기로 하고 甲이 A를 범행장소로 유인하여 乙이 살해한 경우에 甲은 종범이 되는 결과가 되며, ② 간접정범의 정범성을 설명할 수 없다고 할 것이므로 정범과 공범의 구별에 대한 충분한 기준이 되지 못한다.

23 요컨대 정범과 공범의 구별에 관한 순수한 객관설은 행위의 사회적 의미가 객관적 요소에 의하여만 결정되는 것이 아니라 행위의 배후에 있는 행위자의 의사와 그 전체계획을 고려하여야 판단할 수 있는 것임에도 불구하고 주관적 요소를 전혀 고려하지 않는 점에 근본적인 잘못이 있다고 할 수 있다. 다만, 실질적 객관설은 Roxin에 의하여 전개된 행위지배설의 기초가 되었다는 점에서 의미를 가진다고 할 수 있다.[1] 이 경우에 실질적이란 '구성요건에 해당하는 핵심적 사태의 진행'을 의미한다.

24 (2) **주 관 설** 주관설(subjektive Theorie)은 인과요소의 등가성을 인정하는 인과관계에 관한 조건설을 전제로 한다. 즉 정범과 공범은 모두 결과에 대한 조건을 제공한 점에서 같고, 결과에 대한 여러 조건 사이에는 가치의 차이가 없으므로 정범과 공범의 구별은 주관적 요소에 의하여만 가능하다고 한다.

주관설은 다시 고의설과 목적설로 나눌 수 있다.

25 1) **고 의 설** 정범과 공범을 고의에 의하여 구별하는 견해이다. 의사설(意思說)이라고도 한다. 즉 정범의사(Täterwillen, animus auctoris)로 행위한 자가 정범이고, 공범의사(Teilnahmewillen, animus socii)로 행위한 자가 공범이라고 한다. 여기서 정범의사란 행위를 자기의 범죄로 실현하고자 하는 의사이고, 공범의사란 타인의 범죄로서 행위를 야기하거나 촉진하는 의사를 말한다. Wächter, Hälschner에 의하여 주장되어 Binding, Nagler, Buri에 의하여 발전되었고, 제국법원(RG)의 판례에 의하여 지지되어[2] 독일연방법원(BGH)의 판결에도 영향을 미치고 있는 이론이다.[3]

---

1 Hoyer SK §25 Rn. 12; Roxin LK §25 Rn. 34.

2 의사설을 채택한 RG의 대표적 판결로 Badewannenfall(목욕탕사건)을 들 수 있다.
RGSt. 74, 85. 사생아의 생모의 부탁을 받고 영아를 목욕탕에 빠뜨려 익사케 한 사건에 관하여, RG는 "피고인은 공범의 의사로 행위하였으므로 종범이고 생모가 정범이다"라고 판시하였다.

3 BGH가 주관설의 입장을 일관한 것은 아니다. 그러나 BGH가 주관설의 입장을 따른 것으로는 Staschinsky사건의 판결을 들 수 있다.

그러나 고의설(Dolustheorie)에 대하여도 다음과 같은 비판이 제기된다. ① 조건설에 의하여 주장된 모든 조건의 등가성 이론('등가설')은 궁극적으로 결과 귀속의 이론인데 이를 정범과 공범의 구별에 대하여까지 적용하는 것은 옳다고 할 수 없다. 정범과 공범의 구별은 법적 평가의 문제이지 조건의 인과적 등가성의 문제는 아니기 때문이다. ② 고의설은 정범의사를 가진 자가 정범이고 공범의사를 가진 자가 공범이라 하여 정범과 공범을 구별하지만, 정범의사나 공범의사가 무엇인가는 정범과 공범의 개념이 확정되었을 것을 전제로 하기 때문에 결국, 정범과 공범의 구별은 정범인가 공범인가에 의하여 결정된다는 순환론에 빠지게 된다. 그 결과 고의설은 정범·공범 구별의 기준을 제시하지 못하고 이를 양형의 자료에 의하여 결정하게 만드는 잘못을 범하였다고 하지 않을 수 없다.[1]

2) 목 적 설 목적설(Zwecktheorie)은 자기의 목적 또는 이익을 위하여 행위를 하면 정범이 되고 타인의 이익 또는 목적을 위하여 행위하면 공범이 된다는 견해이다. 이익설(利益說)이라고도 한다. 고의설을 적용하기 위한 기준을 제시한 데 불과한 이론이라고 할 수 있다. 26

그러나 이에 대하여도 다음과 같은 비판이 제기되지 않을 수 없다. ① 결과에 대한 이익도 획일적으로 정할 수는 없으며 자기의 이익을 위한 것인가 타인의 이익을 위한 것인가도 반드시 명백한 것은 아니다. ② 이익설이 형법의 태도와 일치한다고 볼 수도 없다. 즉 형법상의 촉탁살인(제252조 1항)·촉탁낙태(제269조 2항)는 물론, 제3자를 위한 사기(제347조 2항)·공갈(제350조 2항)·배임(제355조 2항) 등은 모두 행위자의 이익이 아니라 타인의 이익을 위한 행위이므로 이익설에 의하면 이 경우 모두 공범만 성립할 수 있게 된다. 그러나 정범이 없이 공범만 있다는 결론은 부당하며 이는 이익설이 형법의 태도와 부합하지 않는다는 의미가 된다. ③ 이익설에 의하면 혼자서 모든 객관적·주관적 구성요건요소를 실현한 행위자도 타인의 이익을 위한 경우에는 종범에 지나지 않는다는 결론이 된다. 그러나 이러한 결론이 유지될 수 없음은 명백하다.[2] 이러한 의미에서 목적 또는 이익은 행위의 주관적 요소 내지

BGHSt. 18, 87. 피고인 St.가 소련 KGB의 밀명을 받고 소련에서 망명한 정치인 2명을 독총으로 살해한 사건이다. BGH는 "살해계획을 KGB가 계획하고 독총까지 제공하였으므로 전체적 행위상황을 보면 KGB의 책임자와 간부의 행위라고 보아야 하므로 이러한 때에는 스스로 살해행위를 한 자도 정범이 아니라 방조범에 불과하다"고 판시하였다.

1 Jescheck/Weigend S. 650; Roxin LK §25 Rn. 31; Gallas *a.a.O.* S. 93.

2 BGH도 이러한 경우에 정범의 성립을 인정하였다.

동기에 불과하고 정범과 공범을 구별하는 기준이 될 수는 없다고 해야 한다.

27 요컨대 행위는 의사의 실현(Willensverwirklichung)이지 의사의 징표는 아니다. 따라서 행위의 의미는 주관과 객관의 전체로 파악해야 할 것임에도 불구하고 이를 순수히 주관적 측면에 중점을 두어 이해하려고 한 점에 주관설의 난점이 있다.

28 (3) **행위지배설** 행위지배설(行爲支配說, Tatherrschaftslehre)은 정범과 공범 구별의 기준을 주관적 요소와 객관적 요소의 결합에서 찾는다는 점에서 절충설이라고 할 수 있다. 행위지배설은 '범행에 대하여 주인공(Herr über die Tat)'[1] 인 자가 정범이라는 취지의 설로서, 범행에 대한 주인공성의 해석에는 후술하는 바와 같이 견해가 갈리나, 대체로 '구성요건에 해당하는 사건진행의 장악'(das In-den-Händen-Halten des tatbestandsmäßigen Geschehensablaufs), 즉 '사태의 핵심형상을 지배하는 것'을 의미한다.[2] 이에 의하면 사태의 핵심형상을 계획적으로 조종하거나 공동형성하는 행위지배를 통하여 그의 의사에 따라서 구성요건의 실현을 저지하거나 진행하게 한 자가 정범이고, 자신의 행위지배에 의하지 않고 행위를 야기하거나 촉진한 자는 공범이라고 한다.

29 행위지배라는 용어는 Hegler에 의하여 처음 사용되었다. 그러나 Hegler는 이를 정범과 공범의 구별기준으로 주장하지는 않았다. 현재와 같은 의미로 행위지배라는 용어를 사용한 것은 1933년 Lobe에 의해서이다. Lobe에 의하면 정범의 본질적 요소는 ① 범행을 자기의 것으로 범한다는 내용의 의사의 존재, 그리고 ② 그 의사는 실행을 지배하고 조종하여야 하며, ③ 누가 정범인가는 주관, 객관의 양 요소에 의해서 결정된다고 하였다.[3] 행위지배의 개념이 정범요소로서 중요한 의미를 갖게 된 것은 Welzel에 의하여서이다. Welzel은 목적적 행위지배(finale Tatherrschaft)야말로 정범의 일반적 요소이며, 목적적 실현의사인 구성요건적 고의가 바로 행위지배의 요소라고 하였다.[4] 행위가 목적적 행위인 것처럼 정범의 요소도 목적적 행위지배에 있으며, 목적

BGHSt. 8, 393. 피고인이 남편과 불화중인 G의 부탁을 받고 G의 남편을 도끼로 살해한 사건이다. BGH는 "자기 손으로 사람을 살해한 자는 그가 타인의 부탁으로 그 사람이 있는 곳에서 오로지 그 타인의 이익을 위하여 행위한 때에도 원칙적으로 정범이 된다"고 판시하여 종래의 RGSt. 74, 84의 판결을 변경하였다.

1 Welzel "Studien zum System des Strafrechts," *Abhandlungen zum Strafrecht und zur Rechtsphilosophie*, 1975, S. 161.

2 Ebert S. 164; Hoyer SK § 25 Rn. 15; Joecks § 25 Rn. 5; Maurach/Gössel/Zipf S. 191; Roxin LK § 25 Rn. 36; Samson SK[6] § 25 Rn. 32.

3 Roxin LK § 25 Rn. 8.

4 Welzel S. 100~101.

성은 고의와 동일한 것이므로 정범과 공범의 구별도 고의범에서만 문제될 뿐이라는 것이다.

그러나 목적적 행위지배를 고의의 의미로 이해할 때에는 공범, 즉 교사범과 종범도 고의가 있으면 목적적 행위지배가 있으므로 정범과 공범을 구별하는 것은 불가능하게 된다. 따라서 목적적 행위론을 취하는 Maurach도 행위지배는 주관적 요소만에 의하여 결정되는 것이 아니라 누가 실행행위를 했는가라는 객관적 요소를 함께 고려해야 한다고 하여 행위지배란 고의에 포섭되는 구성요건적 행위의 장악이라고 하였고,[1] Stratenwerth[2]는 물론 우리나라에서 목적적 행위지배설을 취하고 있는 학자들도 행위지배의 내용으로 주관의 객관화를 요구하고 있다.[3]

행위지배설에 의한 정범개념의 출발점은 제한적 정범개념이다. 따라서 구성요건적 결과에 조건을 제공하였다는 것만으로 정범이 되는 것은 아니며, 정범은 원칙적으로 구성요건에 해당하는 행위를 실행한 자를 말한다. 그런데 구성요건에 해당하는 행위는 단순한 내적 의사나 외적 사건이 아니라 객관적·주관적 의미통일체(objektiv-subjektive Sinneinheit)이므로, 정범이냐 공범이냐를 결정함에 있어서 조종의사뿐만 아니라 행위가담의 정도도 고려해야 한다. 30

행위지배의 개념은 어떤 경우에나 적용될 수 있는 기술적 정범요소가 아니라 정범현상의 지도개념에 지나지 않는다. 행위지배의 개념을 유형화하여 구체적 내용을 갖게 한 것은 Roxin의 공헌이라고 할 수 있다. 31

1) **실행지배** 모든 구성요건요소를 스스로 유책하게 실현한 직접정범은 구성요건에 해당하는 행위 자체를 지배한 것이므로 언제나 정범이 된다. 즉 행위지배는 직접정범에서는 실행지배(實行支配, Handlungsherrschaft)로 나타난다. 이 범위에서는 형식적 객관설과 결론을 같이한다. 이 원칙은 타인의 이익을 위하여 구성요건을 실현한 경우뿐만 아니라 다수인이 가담하여 각자가 모두 구성요건을 실현한 경우에도 적용된다. 32

2) **의사지배** 타인을 도구로 이용하여 범죄를 실행한 간접정범에 있어서는 행위지배가 의사지배(意思支配, Willensherrschaft)의 형태로 나타난다. 즉 간접정범은 범죄의 실행을 위하여 타인을 도구로 이용하였고, 도구로 이용된 타인 33

1 Maurach/Gössel/Zipf S. 210.
2 Stratenwerth/Kuhlen 12/20.
3 진계호 363면; 황산덕 251면.

의 행위는 간접정범의 행위의 인과적 과정에 불과하고 그의 의사와 계획에 의하여 지배된 작품에 지나지 않는다. 간접정범은 이와 같이 우월성 내지 의사지배에 의하여 정범성을 갖게 된다.

34 3) 기능적 행위지배 2인 이상이 공동하여 죄를 범한 공동정범에 있어서 행위지배는 기능적 행위지배(機能的 行爲支配, funktionelle Tatherrschaft)를 의미한다. 공동정범은 공동의 결의에 의하여 분업적으로 구성요건을 실현한 경우이다. 즉 공동정범은 각자가 역할분담에 따라 전체계획의 수행에 필요불가결한 부분을 분업에 의하여 공동으로 수행하는 것이며, 이러한 기능적 행위지배에 의하여 공동정범은 각자가 공동의 행위지배(gemeinsame Tatherrschaft)를 가진 정범이 된다. 이러한 의미에서 부분적 행위가담도 전체적 행위지배가 될 수 있으며, 따라서 망을 보는 행위는 물론 범죄계획을 수립하고 조종하는 범죄집단의 수괴(首魁)도 정범이 될 가능성이 인정된다.

35 (4) 결 론 정범과 공범의 구별은 객관적 · 주관적 표준을 종합한 행위지배이론에 의하여 해결하여야 한다.[1] 따라서 정범이란 객관적 행위가담과 의사관여의 정도에 따라 "그 결과가 목적적으로 조종되거나 행위를 공동형성한 의사의 작품이라고 볼 수 있을 정도로 구성요건실현을 지배하거나 공동으로 지배한 자"이고, 공범은 이러한 행위지배 없이 타인의 범죄를 야기 또는 촉진한 자를 말한다고 할 수 있다.

36 다만 행위지배가 모든 범죄의 정범요소인 것은 아니다. 의무범죄(Pflichtdelikten)나 자수범에 있어서는 이와는 다른 관점에서 정범성이 판단되어야 하기 때문이다. 구성요건이 특수한 의무를 전제하는 의무범죄에 있어서는 구성요건의 특수한 의무침해에 정범요소가 있다. 신분범이나 과실범의 경우가 여기에 해당한다. 이에 반하여 자수에 의하여 행위를 실행할 것을 요구하는 자수범의 정범요소는 자수성에 있다.[2]

1 김성천/김형준 491면; 김일수/서보학 564면; 박상기 370면; 배종대 545면; 손해목 936면; 신동운 554면; 안동준 219면; 오영근 618면; 이정원 305면; 이형국 320면; 정성근/박광민 486면; 조준현 313면.

2 Roxin LK § 25 Rn. 37; Wessels/Beulke Rn. 521~522.

Ⅲ. 공범의 종속성

1. 공범종속성설과 공범독립성설

공범 특히 협의의 공범인 교사범과 종범은 정범을 교사 또는 방조하여 정범으로 하여금 범죄를 실행하게 하는 것이므로, 공범의 성립은 정범에 종속하는가 아니면 독립하는가가 문제된다.

(1) **공범종속성설** 공범종속성설(共犯從屬性說)은 공범의 성립은 정범의 성립에 종속한다고 한다. 공범은 정범을 예정한 개념으로서, 범죄의 실행행위는 정범에 의하여 행하여지고 공범은 이에 가담하는 데 불과하므로, 공범은 정범이 성립하는 때에 한하여 정범의 행위에 종속되어 성립한다는 것이다. 이에 의하면 공범의 본질은 타인의 구성요건실현에 가담하는 데 있고 불법은 구성요건요소를 실현해야 형성되므로, 공범의 처벌근거는 정범의 행위를 야기하거나 촉진하여 정범의 행위에 원인이 되었다는 데 있다. 즉 공범의 불법은 독자적으로 형성되는 것이 아니라 정범의 불법에서 나오는 것이므로, 공범의 불법은 정범의 불법에 종속된다고 한다. 이와 같이 공범종속성설은, 공범의 성립은 정범이 처벌받는 것을 조건으로 하는 것(처벌상의 종속성)은 아니지만, 적어도 정범이 '위법하게 실행에 착수한 것'을 조건으로 하여 성립한다는 것이다(성립상의 종속성). 공범종속성설은 객관주의범죄론의 공범이론이다. 이에 의하면 공범이 성립하기 위하여는 적어도 정범이 실행에 착수하였을 것을 요하므로 미수범의 공범은 있을 수 있어도 공범의 미수는 있을 수 없고 (정범에 종속하는) 공범과 ('외관상의 정범'인 피이용자를 오히려 지배하는) 간접정범은 엄격히 구별해야 한다고 한다. 37

(2) **공범독립성설** 공범독립성설(共犯獨立性說)은 공범은 독립한 범죄이지 정범에 종속하여 성립하는 것은 아니라고 한다. 주관주의범죄론의 입장이다. 주관주의범죄론은 범죄를 반사회적 성격의 징표라고 본다. 반사회성의 징표만 있으면 범죄가 성립되므로 교사범과 종범도 교사 또는 방조행위에 의하여 반사회성이 징표되면 정범의 성립과 관계없이 성립하며, 따라서 공범은 타인의 행위를 이용하여 자기의 범죄를 행하는 단독정범에 지나지 않는다. 공범독립성설에 의하면 공범은 정범의 성립과 관계없이 독립하여 성립하는 것이므로, 예컨대 피교사자가 실행에 착수하지 않았다고 하더라도 교사행위는 미수로 처벌하여야 38

하며, 따라서 미수의 공범은 물론 공범의 미수도 미수범으로 처벌받아야 한다. 또한 피교사자가 책임능력자인가 아닌가는 교사자에게는 아무런 영향이 없으므로 교사범과 간접정범을 구별할 필요도 없게 된다. 즉 공범과 구별되는 간접정범의 개념을 만든 것은 공범종속성설의 결함을 보완하기 위한 불필요한 노력에 불과하며 간접정범도 마땅히 공범 속에 흡수되어야 한다는 것이다.

39 (3) 비 판 공범독립성설은 타인의 범죄성이나 가벌성에 의존하여 자기의 행위가 범죄로 되며 가벌성을 가진다는 사상은 근대형법의 기본원리인 개인책임의 원칙과 자기책임의 원칙에 배치된다는 것을 그 근본이유로 하고 있다.[1]

그러나 ① 공범종속성을 인정한다고 하여 반드시 공범의 가벌성과 범죄성이 정범의 행위에 의하여 결정되는 것은 아니다. 정범의 불법에 대한 공범의 가담은 동시에 공범 자신의 불법이 된다고도 볼 수 있기 때문이다.[2] ② 공범의 처벌근거가 정범의 유책한 행위에 가담하는 데 있다는 책임가담설(Schuldteilnahmetheorie)에 입각하지 않는 한 공범은 스스로의 책임에 따라 처벌되는 것이다. 따라서 공범의 종속성을 인정한다고 하여 자기책임의 원칙에 반한다고 할 수 없다. ③ 형법은 공범의 종속성을 인정하고 있다고 보아야 한다. 형법은 교사범에 관하여 "타인을 교사하여 죄를 범하게 한 자"라고 규정하고(제31조 1항), 종범에 관하여도 "타인의 범죄를 방조한 자"라고 하고 있다(제32조 1항). 이것은 공범은 정범의 존재를 전제로 하여 이에 종속하여 성립한다는 취지이다. 더욱이 피교사자가 실행에 착수하지 아니하거나 범죄의 실행을 승낙하지 아니한 때에는 예비·음모에 준하여 처벌한다는 교사의 미수에 관한 규정(제31조 2항·3항)은 공범독립성설의 입장을 취한 것이라고 볼 수 없다. 이러한 의미에서 형법의 해석상으로는 공범의 종속성을 인정하는 공범종속성설[3]이 타당하다고 해야 할 것이다. 대법원도 공범종속성설을 취하고 있다.[4]

---

1 정영석 232면; 염정철(공저) 326면, "공범종속성설과 공범독립성설"(고시계 1969. 1), 31면; 진계호 357면; 신동욱 "공범이론서설"(고시연구 1975. 10), 54면.

2 Sch/Sch/Cramer/Heine Vor § 25 Rn. 22.

3 김성천/김형준 493면; 박상기 374면; 배종대 554면; 손해목 1048면; 신동운 604면; 유기천 281면; 이형국 309면; 임웅 391면; 정성근/박광민 500면; 황산덕 246면; 김종원 "공범의 종속성"(법정 1977. 3), 41면.

김일수/서보학 632면; 오영근 652면은 공범종속성설과 공범독립성설의 혼합 내지 절충이 필요하다고 한다.

4 대법원 1970. 3. 10. 69 도 2492, "종범의 범죄는 정범의 범죄에 종속하여 성립하는 것이므로 정

2. 종속성의 정도

(1) **공범의 종속형식** 공범종속성설을 취하는 경우에는 다시 종속의 범위를 어느 정도로 인정할 것인가가 문제된다. 40

공범의 종속형식을 M. E. Mayer는 다음과 같은 네 가지로 분류하고 있다.[1]

1) **최소한의 종속형식**(minimale Akzessorietät) 정범이 구성요건에 해당하기만 하면 공범이 성립한다는 것이다. 이에 의하면 정범의 행위가 위법하거나 유책할 필요는 없다. 그러나 공범종속성설을 취하는 경우에도 이러한 종속형식을 인정할 수는 없다. 위법하지 않은 행위를 교사한 경우 정범에게는 범죄가 성립하지 않는데 공범만 범죄가 되는 결론이 되기 때문이다.

2) **제한적 종속형식**(limitierte Akzessorietät) 정범의 행위가 구성요건에 해당하고 위법하면 공범은 성립하며 반드시 유책할 것을 요하지 않는다고 한다. 따라서 책임무능력자를 교사한 경우에도 교사자는 공범으로서 책임을 지며, 공범은 정범의 실행행위에만 종속되는 것이라고 할 수 있다. 독일 형법이 규정하고 있는 종속형식이다.[2]

3) **극단적 종속형식**(strenge Akzessorietät, extrem akzessorische Form) 정범의 행위가 구성요건에 해당하고 위법 · 유책할 때에만 공범이 성립한다는 것이다. 즉 공범은 정범이 범죄의 성립요건을 구비한 때에 비로소 성립한다는 종속형식이다. 1943년까지의 독일 형법의 종속형식이었으며, 종래 일본의 통설이었다.

4) **확장적 종속형식**(hyper-akzessorische Form) 정범의 행위가 구성요건에 해당하고 위법 · 유책할 뿐만 아니라 가벌성의 조건까지 모두 갖추어야 공범이 성립한다고 보며, 최극단적 종속형식(最極端的 從屬形式)이라고도 한다. 이에 의하면 정범의 신분관계에 의한 형의 가중 · 감면은 모두 공범에게도 영향을 미치게 된다. 그러나 오늘날 이러한 종속형식을 주장하는 학자는 없다.

(2) **종속성의 정도** 공범의 종속성에 관한 네 가지 종속형식 중에서 제한적 종속형식과 극단적 종속형식 가운데 어떤 종속형식이 형법의 해석상 타당 41

범인 본범의 사기 또는 사기미수의 증명이 없으면 사기방조죄도 성립할 수 없다."
동지: 대법원 1978. 2. 28. 77 도 3406; 대법원 2000. 2. 25. 99 도 1252.

1 M. E. Mayer *Der Allgemeine Teil des deutschen Strafrechts*, 2. Aufl., 1923, S. 394.

2 독일 형법 제26조와 제27조는 교사범과 종범이 성립하기 위한 정범의 행위는 "고의로 범한 위법한 행위임을 요한다"고 규정하고 있다.

한가가 문제된다. 최소한의 종속형식과 확장적 종속형식은 종속의 논리적 구조를 나타낼 뿐 형법 해석상의 의의는 크지 않기 때문이다.

형법이 극단적 종속형식을 채택하고 있다고 보는 견해[1]는, ① 형법 제31조가 "타인을 교사하여 죄를 범하게 한 자", 제32조는 "타인의 범죄를 방조한 자"라고 규정한 것은 정범의 행위의 완전한 범죄성립을 전제로 한 것이므로 정범의 행위는 구성요건에 해당하고 위법·유책할 것을 요한다. ② 정범에게 책임능력 또는 책임조건(고의·과실)이 결여된 경우에 간접정범이 성립한다는 명문의 규정(제34조 1항)은 이러한 경우에 교사범의 성립을 부정하는 것이므로, 공범의 종속성에 관하여는 극단적 종속형식을 채택하고 있다고 해석한다.

42 그러나 형법의 해석상으로도 제한적 종속형식을 인정하는 것이 타당하다. ① 형법 제31조와 제32조가 정범에 범죄성을 요구하는 듯한 규정을 하고 있지만, 한편 제31조 2항과 3항에서는 피교사자가 실행에 나가지 않은 때에도 교사자는 처벌을 받도록 하고 있는바, 이는 극단적 종속형식과 부합하지 않는다. 이를 합리적으로 해석하기 위하여는 범죄라는 개념도 맥락에 따른 상대성을 갖는다는 점에서 정범이 구성요건에 해당하고 위법한 행위를 하면 그 책임 여부와 관계없이 공범이 성립할 수 있다고 해석하는 것이 타당하다.[2] 공범의 처벌근거는 정범의 '책임'에 가담하는 데 있는 것이 아니라 정범의 '불법'을 야기·촉진한 데 있는 것이므로 제한적 종속형식을 취하는 것이야말로 개인책임의 원리와 일치한다. ② 정범에게 책임능력 또는 고의·과실이 없을 때 간접정범이 성립한다고 하여 반드시 형법이 극단적 종속형식을 취하였다고 볼 것은 아니다. 책임능력이 없는 자를 교사·방조한 경우에 간접정범이 된다고 해서 이 경우에 공범의 성립이 당연히 부정되는 것은 아니다. 간접정범은 정범으로서 책임무능력자를 생명 있는 도구로 이용하여 자신의 범죄를 실행한 때에만 성립하며, 교사자로서 사주한 때에는 공범이 성립하기 때문이다. 또 고의·과실이 없는 자를 교사·방조한 때에는 공범이 될 수 없다는 이유로 형법이 극단적 종속형식을 취하였다고 하는 것도 고의·과실을 책임조건으로 이해하는 인과적 행위론의 범죄론 체계를 전제로 할 때에만 가능한 것이며, 이를 구성요건요소로 볼 때에는 제한적 종속형식과 모순되지 않는다.[3]

1 신동운 614면; 오영근 658면; 정영석 235면.
2 유기천 282면; 정성근/박광민 502면; 진계호 359면.
3 황산덕 전게논문, 93면.

요컨대 형법의 해석상 공범은 정범에 대하여 종속성을 가지며, 종속성의 정도로는 제한적 종속형식을 취하고 있다고 해석된다.[1]

3. 공범의 처벌근거

교사와 방조행위는 규범에 위반한 행위이지만 정범에 의하여 범하여진 구성요건에 해당하는 행위를 야기하거나 촉진했다는 것을 조건으로 처벌되는—구성요건에 해당하지 않는—행위이다. 여기서 구성요건에 해당하지 않는 공범의 행위를 처벌하는 근거를 공범의 본질, 특히 그 종속성과의 관계에서 밝히는 것이 공범의 처벌근거에 관한 이론이다. 43

(1) 견해의 대립 공범의 처벌근거에 관하여서는 다음과 같은 견해가 대립되고 있다.

1) 책임가담설 책임가담설(責任加擔說, Schuldteilnahmetheorie)은 공범의 처벌근거가 공범에 의하여 야기된 법익침해에 있는 것이 아니라 공범이 정범을 유책하게 범죄에 말려들게 하여 정범을 타락시켰다는 점에 있다고 한다. 즉 공범은 정범을 통해서 법익을 침해했기 때문에 처벌되는 것이 아니라 그의 행위가 정범에 대한 침해가 되기 때문에 처벌받는다는 것이다. 공범의 처벌근거에 관한 가장 오래된 견해이며, 극단적 종속형식과 관련된 이론이라고 할 수 있다. 그러나 책임가담설은 개인책임의 원칙에 반할 뿐만 아니라, 제한적 종속형식을 취하여 책임 없는 정범에 대한 공범의 성립도 가능하다고 해석하게 됨에 따라 자취를 감추게 되었다. 44

2) 불법가담설 불법가담설(不法加擔說, Unrechtsteilnahmetheorie)은 공범의 처벌근거가 정범에게 위법한 행위를 야기 또는 촉진한 점에 있으며, 공범은 각칙의 구성요건의 배후에 있는 금지규범을 위반한 것이 아니므로, 공범의 불법은 공범이 정범의 사회통합성을 해체함으로써(durch soziale Desintegration) 법적 평온을 파괴한 데 있다고 한다. 책임가담설을 제한적 종속형식에 따라 변형시킨 이론이며, 이에 의하여 진정신분범에 대한 비신분자의 공범도 가능하게 된다. 그러나 불법가담설은 교사범에 대하여는 적용될 수 있어도 종범의 처벌근거를 설명할 수 없어 공범의 처벌근거를 통일적으로 설명할 수 없고, 교사범에 있어서도 사회통합성은 증명하기 어려운 애매한 개념일 뿐 아니라, 정범의 사회통합성의 해체를 침해법익이라고 하는 경우에는 처벌범위가 왜 유책한 정범의 행위에 의존하게 되는가를 설명할 수 없다는 비판을 받고 있다.[2] 45

1 김성천/김형준 494면; 김일수/서보학 633면; 박상기 375면; 배종대 555면; 손해목 1053면; 안동준 222면; 이정원 309면; 이형국 312면; 임웅 393면; 정성근/박광민 502면; 조준현 317면.

2 Maurach/Gössel/Zipf S. 283; Roxin LK Vor §26 Rn. 11.

46 **3) 순수야기설** 공범의 불법을 정범의 불법에서 찾지 않고 공범 그 자체의 불법인 공범구성요건(Teilnahmetatbestände)을 인정하여 공범불법의 독자성을 인정하는 견해를 순수야기설(純粹惹起說, reine Verursachungstheorie)이라고 한다. 독일에서 Schmidhäuser와 Lüderssen에 의하여 주장된 이론이다. 즉 공범은 타인의 불법에 가담하는 것이 아니라 타인의 불법에 '불법하게' 가담하는 것이며, 따라서 정범만 법익을 침해하고 공범은 이에 가담하는 것이 아니라 공범도 스스로 법익을 침해한 것이며 공범의 반가치는 정범행위에 대한 법익침해의 방향을 제시하는 데 있다고 한다.[1] 공범의 독자적인 불법요소를 명백히 하려고 한 점에서는 의미있는 이론이라고 할 수 있다. 그러나 순수야기설은 공범의 종속성을 인정하고 있는 형법의 태도와 일치한다고 할 수 없고, 불법에는 결과반가치와 행위반가치가 있을 것을 요함에도 불구하고 공범에 대하여는 행위반가치로 족하다고 하여 정범의 실행행위가 없는 경우에 공범의 행위반가치만으로 공범을 처벌할 수 있다고 하는 것도 타당하다고 할 수 없다.

47 **4) 종속적 야기설** 종속적 야기설(從屬的 惹起說, akzessorietätsorientierte Verursachungstheorie)은 공범의 처벌근거를 공범이 정범의 범행을 야기하거나 촉진한다는 점에 있다고 하여 공범불법의 근거와 정도는 정범의 불법에 의존한다고 해석하는 견해[2]이다. 즉 공범은 정범의 행위를 야기 또는 촉진했기 때문에 처벌받는 것이며, 공범의 불법은 그 근거와 정도에 있어서 정범의 불법에 종속된다는 것이다. 공범의 독자적인 불법요소를 부각시키지 않고 종속성의 사상을 강조하여 공범종속성설에 따라 순수야기설을 수정한 이론이라는 점에서 종속성사상에 의하여 수정된 야기설(eine durch den Akzessorietätsgedanken modifizierte Verursachungstheorie)이라고 한다. 독일의 통설[3]이 따르고 있는 견해이며, 단순히 야기설 또는 촉진설이라고 할 때에는 이를 의미한다.

48 **5) 혼합적 야기설** 순수야기설과 종속적 야기설을 절충하여 공범의 불법이 일부는 정범의 행위에서, 일부는 자신의 법익침해에서 유래한다고 해석하여 공범은 종속적이지만 동시에 자신의 법익침해를 포함하고 있다고 하는 견해를 혼합적 야기설(混合的 惹起說, gemischte Verursachungstheorie)[4] 또는 **종속적 법익침해설**이라고 한다. 이에 의하면 공범은 스스로 구성요건에 해당하는 행위를 하지 않고, 타인의 정범행위에 가담함으로써 구성요건상의 보호법익을 간접적으로 침해했기 때문에 처벌

1 Schmidhäuser S. 533; Lüderssen *Zum Strafgrund der Teilnahme*, S. 164ff.

2 김성천/김형준 496면; 박상기 337면; 배종대 557면; 손해목 1060면; 안동준 224면; 이정원 310면; 이형국 314면; 조준현 321면.

3 Baumann/Weber/Mitsch S. 554; Jescheck/Weigend S. 620; Maurach/Gössel/Zipf S. 283; Sch/Sch/Cramer/Heine Vor §25 Rn. 22; Stratenwerth/Kuhlen 12/121; Welzel S. 115; Wessels/Beulke Rn. 552.

4 김일수/서보학 630면; 오영근 663면.

받는 것이라고 한다.[1] 혼합적 야기설을 취하면서 공범은 법익침해라는 결과반가치에 있어서는 정범에 종속하고 공범 자신의 행위에서 독자적으로 행위반가치가 인정된다고 설명하는 견해[2]도 있다(**행위반가치 · 결과반가치 구별설**).

(2) 비 판 공범의 처벌근거에 관한 견해 중에서 현재 책임가담설과 불법가담설 및 순수야기설을 주장하는 학자는 우리나라에서 찾아볼 수 없다. 문제는 종속적 야기설과 혼합적 야기설 가운데 어떤 견해가 타당하다고 할 것인가이다. 49

혼합적 야기설은, 종속적 야기설에 의하면 비신분자가 진정신분범의 공범이 될 수 있도록 한 형법 제33조 본문이나 기도된 교사에 관한 처벌근거는 물론, 불가벌적인 필요적 공범과 함정수사의 불가벌성을 설명할 수 없기 때문에, 공범 스스로의 불법을 인정해야 한다는 것을 그 근거로 들고 있다.[3] 그러나 형법 제33조 본문의 취지는 오히려 종속적 야기설에 의할 때 더 잘 설명될 수 있으며, 기도된 교사를 미수로 처벌하지 않고 예비 · 음모에 준하여 처벌하고 있는 형법의 태도는 종속적 야기설과 부합한다고 할 수 있다. 공범은 교사 또는 방조행위를 함으로써 규범에 위배하였지만 구성요건에 해당하는 행위를 하지는 않았으며, 공범의 이러한 행위는 정범의 구성요건적 행위와 관련되었을 때 비로소 처벌받는 것이므로 정범의 불법에 종속된다고 보아야 한다.[4] 공범의 행위는 그 자체로는 구성요건에 해당하지 않기 때문에 처벌의 근거가 되는 불법이라고 할 수 없고, 공범의 불법은 정범의 불법에 대한 가담이라는 점에 그 의미가 있다. 따라서 공범의 처벌근거에 관하여는 종속적 야기설이 타당하다.

제 2 절 간접정범 §32

Ⅰ. 간접정범의 의의

1. 간접정범의 개념

간접정범(間接正犯, mittelbare Täterschaft)이란 타인을 도구로 이용하여 범죄를 실행하는 정범의 유형을 말한다. 예컨대 정신이상자를 충동하여 방화하게 하거나, 내용을 모르는 간호사에게 독약을 주어 환자를 살해하는 경우가 여기에 해 1

---

1 Roxin LK Vor §26 Rn. 1.
2 임웅 395면; 정성근/박광민 505면; 진계호 551면.
3 김일수 원론, 883~885면.
4 Maurach/Gössel/Zipf S. 193.

당한다. 그런데 형법 제34조 1항은 간접정범이라는 표제하에 "어느 행위로 인하여 처벌되지 아니하는 자 또는 과실범으로 처벌되는 자를 교사 또는 방조하여 범죄행위의 결과를 발생케 한 자는 교사 또는 방조의 예에 의하여 처벌한다"고 규정하고 있다. 독일 형법이 "타인을 통하여 죄를 범한 자는 정범으로 처벌한다"고 규정하여(제25조 1항) 간접정범의 정범성을 명문으로 인정하고 있는 것과 차이가 있다.

2. 간접정범의 본질

2 간접정범은 타인을 이용하여 죄를 범한 점에서 교사범과 유사하며 직접정범과 구별된다. 간접정범은 정범과 공범의 한계에 놓여 있는 개념이므로 간접정범의 개념을 인정할 것인가 또 인정한다면 그 범위를 어떻게 할 것인가는 정범이론과 공범이론에 따라 결론이 달라진다.

3 정범이론에 있어서 **제한적 정범개념이론**에 의하면 스스로 구성요건적 행위를 한 자가 정범이기 때문에 간접정범은 공범으로 보아야 하지만 벨링이 일상적 생활경험을 근거로 간접정범을 정범으로 보았다는 것은 이미 언급하였다(*supra* 31/17). 이에 '엄격한' 제한적 정범개념이론이 주장되어 논리상 간접정범도 공범으로 보아야 한다고 주장하였고, 형법의 간접정범 규정은 이를 계수한 규정으로 해석된다. 공범종속성설을 취함에도 불구하고 간접정범을 처벌할 수 있는 규정을 두되 그 성질상 공범으로 처벌한다는 것이다. **확장적 정범개념이론**에 의하면 구성요건적 결과발생에 조건을 준 자는 모두 정범이고 형법의 공범규정은 처벌축소사유이므로 간접정범은 당연히 정범이며 간접정범의 개념을 특별히 인정할 필요가 없다.

한편 이러한 간접정범 규정에 대하여 **객관주의 범죄론**은 공범의 종속성을 인정하므로 피이용자의 가벌성을 전제로 하지 않는 간접정범은 공범과는 엄격히 구별해야 한다고 보는 데 비하여, **주관주의 범죄론**은 공범독립성설에 입각하여 간접정범은 공범이라고 주장한다. 즉 간접정범은 공범종속성설이 피교사자가 처벌받지 않을 때에는 교사자도 처벌받지 않는 결함을 구제하기 위하여 만들어 낸 불필요한 개념에 불과하며, 형법의 간접정범 규정은 '간접정범의 공범으로서의 독자적 범죄성'을 인정한 규정이라고 해석하였다. 나아가 주관주의 범죄론에서는 형법의 간접정범 규정을 제한적 정범개념과 공범의 종속성이론의 결함이 결합하여 만들어 낸 이물질로 보았다. 즉 종래의 이론은 제한적 정범개념이론을 취하면서 공범에 관하여는 극단적 종속형식을 인정한 결과, 예컨대 책임무능력자나 고의 없는 자를 이용한 경우에 이용자는 스스로 범죄를 실행하지 않았으므로 정범이 될 수 없고, 피이용자는 책임이 없기 때문에 공범도 성립하지 아니하여 이용자를 처벌할 수 없는 불합리를 구제하기 위하여 원래 정범은 아니지만 정범과 같이 취급하는 간접정범이라는 개념을 만들어 낸 것으로 이해하였다.[1] 따라서 간접정범은 교사범이 성립하지 않는 경우 처벌하기 위한 대용품에 불과하다는 것이다. 이렇게 볼 때 공범의 종속형식상 제한적 종속형식을 취하면 교사범의 성립범위가 확대됨으로써 간접정범은 축소되지 않을 수 없게 된다. 그러나 정범이 아님에도 불구하고 정범과 같이 처벌하는 것은 죄형법정주의에 반한다고 하여야 할 뿐만 아니라, 정범과 공범의 관계는 '정범개념의 우위성'에 의하여 정범개념이 먼저 정해져야 하며, 따라서 공범으로 처벌할 수 없어서 간접'정범'으로 처벌한다는 식의 해석은 타당하지 않다.[2]

4 간접정범이 정범인가 또는 공범인가에 관하여 **공범설**은 형법이 규정하고 있는 간접정범을 공범이라고 해석한다.[3] 그것은 형법 제34조 1항이 ① 간접정범의 행위를 교사 또는 방조라고 규정하면서, ② 간접정범을 교사 또는 방조의 예에 의하여 처벌하고 있고, ③ 간접정범은 공범종속성설에 의할 때 협의의 공범이 성립하지 않는 불비점을 보완하기 위한 제도라는 점을 이유로 한다. 그러나 ① 형법이 간접정범의 행위를 교사 또는 방조로 규정한 것은 이용행위의 형태를 분류한 것에 불과하고, ② 간접정범이 정범인가 공범인가는 정범으로 처벌하는가 공범으로 처벌하는가에 따라 결정되는 것이 아니라 간접정범이 본질상 정범성을 갖추었는가에 의하여 결정되어야 한다. 정범이 공범의 예에 의하여 처벌된다고 하여 정범이 공범으로 되는 것은 아니기 때문이다. ③ 간접정범이 정범인가 공범인가는 정범개념의 요소에 해당하는가에 의하여 밝혀야 하는 것이지 이를 공범이 성립하지 않는 경우의 보완책으로 보는 것도 옳지 않다. 따라서 형법 제34조의 규정에도 불구하고 간접정범이 공범이 아니라 정범이라고 해석하는 **정범설**이 통설이며,[4] 타당하다. 문제는 간접정범의 정범성을 어디서 찾을 것인가에 있다.

5 간접정범의 정범성을 인정하기 위한 이론적 근거에 관하여는 여러 가지 견해가 주장된 바 있다.

도구이론(道具理論, Werkzeugstheorie)은 기구나 동물을 도구로 사용하는 경우와

1 정영석 255면.
2 Jescheck/Weigend S. 647; Maurach/Gössel/Zipf S. 200.
3 신동운 644면; 차용석 형사법강좌 2, 702면.
4 김성천/김형준 516면; 김일수/서보학 576면; 박상기 406면; 배종대 607면; 손해목 949면; 안동준 239면; 유기천 127면; 이정원 321면; 이형국 341면; 임웅 428면; 정성근/박광민 508면; 조준현 331면; 황산덕 253면; 최우찬 "간접정범"(고시계 1994. 3), 16면.

같이 사람을 도구로 이용한 때에도 정범이라고 한다(M. E. Mayer). 그러나 이는 사람을 (물적) 도구와 동일하게 취급하는 합리적 근거를 설명하지 못하고, 피이용자의 성격만을 기초로 간접정범의 정범성을 밝히려고 한 점에 잘못이 있다. **인과관계론**(因果關係論, Kausalitätstheorie)에 의하여 간접정범의 본질을 밝히려고 시도한 이론 가운데 조건설은 정범·공범 구별의 주관설과 결합하여, 간접정범은 정범의 의사로 행위하였으므로 정범이라고 하고, 원인설은 객관적 공범론과 결합하여 간접정범은 결과에 원인을 주었기 때문에 정범이라고 한다. 그러나 이 이론은 인과관계에 의하여 정범성을 설명하려고 한 잘못과 인과론 자체의 이론적 모순 때문에 정범성의 설명에

6 성공하지 못하였다. **구성요건론**(構成要件論)의 입장에서 ① 제한적 정범개념이론에 의하면서도 간접정범은 언어관용상 또는 일상적 관념상 스스로 실행행위를 한 것과 같이 평가할 수 있다거나(Beling, Flegenheimer), 이용자의 피이용자에 대한 우월성 때문에 정범이 된다는 견해(Hegler), ② 확장적 정범개념이론에 의하여 간접정범은 당연히 정범이라고 보는 견해가 있으나, 모두 간접정범의 정범성을 해결하는 데 충분하다고 할 수 없다.

여기서도 행위지배설의 입장에서 간접정범에게 정범의 요소가 되는 행위지배가 있었느냐를 밝힘으로써 정범성을 규명하여야 할 것이다.

7 간접정범의 핵심은 피이용자를 범죄를 행하기 위한 자유롭지 아니한 물적 수단처럼 이용하였다는 것, 즉 인간을 도구로 사용하였다는 데에 있다. 피이용자의 사실적 또는 법적 하위지위로 인하여 이용자는 사태를 파악하고 계획적으로 조종하는 의사에 의하여 전체사건을 장악함으로써 지배적 역할을 하게 된다. 이와 같이 이용자가 피이용자를 조종하여 사건의 진행을 지배함으로써 피이용자의 행위는 이용자의 조종의사가 만든 작품(Werk des steuernden Willens des Hintermanns)이며, 이용자는 피이용자를 조종하여 행위를 지배한다. 요컨대 간접정범에 있어서 피이용자의 행위는 이용자의 의사의 실현에 불과하며, 실행행위자에 대한 의사지배(Willensherrschaft)로 인하여 간접정범은 정범성을 갖는다.[1] 여기서 의사지배란 우월적 의사와 인식으로 인한 행위지배를 의미한다고 할 수 있다.

1992년의 형법개정법률안 제30조 2항은 "정범으로 처벌되지 아니하는 자 또는 과실범으로 처벌되는 자를 이용하여 범죄를 실행한 자도 정범으로 처벌한다"고 규정하여 간접정범의 정범성을 인정한 바 있다.

---

1 Jescheck/Weigend S. 663; Kühl 20/27; Maurach/Gössel/Zipf S. 20; Roxin LK § 25 Rn. 25; Samson SK[6] § 25 Rn. 73; Wessels/Beulke Rn. 538.

Ⅱ. 간접정범의 성립요건

형법 제34조 1항은 간접정범의 성립요건으로 "어느 행위로 인하여 처벌되지 아니하는 자 또는 과실범으로 처벌되는 자를 교사 또는 방조하여 범죄행위의 결과를 발생케 할 것"을 요구하고 있다. 8

1. 피이용자의 범위

간접정범의 피이용자는 어느 행위로 인하여 처벌되지 아니하는 자 또는 과실범으로 처벌되는 자이다. 어느 행위로 인하여 처벌되지 아니하는 자란 범죄의 성립요건인 구성요건해당성 · 위법성 또는 책임이 없어 범죄가 성립하지 않는 경우를 말한다. 종래에는 어느 행위로 인하여 처벌되지 아니하는 자의 범위가 공범종속형식에 대하여 극단적 종속형식을 취하는가 제한적 종속형식을 취하는가에 따라 달라진다고 보았다. 그러나 정범개념의 우위성에서 출발하여 간접정범의 성립범위를 검토할 때에는 이용자에게 행위지배가 있느냐가 문제되며, 공범의 종속형식에 의하여 직접 영향받는 것은 아니다.[1] 9

(1) 구성요건에 해당하지 않는 행위를 이용하는 경우

1) 객관적 구성요건에 해당하지 않는 도구 피이용자의 행위가 객관적 구성요건을 충족하지 않는 경우로는 이용자의 강요 또는 기망에 의하여 피이용자가 자살 또는 자상(自傷)한 때를 들 수 있다. 살인죄와 상해죄에 있어서 행위의 객체인 사람은 '타인'을 의미하므로 피이용자의 행위는 구성요건해당성이 없다. 이때의 피이용자를 '구성요건 해당성 없이 행위하는 도구'(tatbestandslos handelndes Werkzeug)라고 할 수 있다. 이용자는 기망 또는 강요에 의하여 도구를 장악하였으므로 의사지배가 인정되어 살인죄 또는 상해죄의 간접정범이 된다. 그러나 이러한 의사지배가 인정되지 않는 한 범죄를 구성하지 않는 행위에 대한 가공행위에 있어서 이용자는 간접정범이 되지 아니한다.[2] 10

---

1 다만, 이와 같이 이해할 때에도 간접정범이 성립할 수 있는 피이용자의 범위는 이용자가 공범이 되지 않는 경우와 대체로 일치한다. 공범의 종속성에 관하여 제한적 종속형식과 극단적 종속형식에 따라 간접정범의 성립범위에 차이가 나타나는 경우는 책임 없는 자를 이용한 때이다. 그러나 제한적 종속형식을 취하여도 이 경우 간접정범의 성립을 인정할 수 있다. 정범개념의 우위성에서 출발하는 경우 이에 대하여 간접정범의 성립을 인정할 근거를 제시할 수 있기 때문이다.

2 대법원 1965. 12. 10. 65 도 826 전원합의체판결.

11 **2) 고의 없는 도구** 피이용자의 행위가 객관적 구성요건에는 해당하지만 구성요건적 고의가 없는 경우, 즉 고의 없는 도구(vorsatzlos handelndes Werkzeug)를 이용한 때가 간접정범의 가장 전형적인 경우이다.[1] 예컨대 의사가 고의 없는 간호사를 시켜 환자에게 독약을 주사하게 하여 살해하거나, 정을 모르는 자를 이용하여 밀수하는 경우가 그것이다. 피이용자가 고의 없는 도구인 때에 이용자에게 행위지배가 인정되어 이용자는 정범으로 처벌된다. 피이용자가 구성요건적 사실의 착오로 인하여 고의가 조각되는 때에도 같다. 피이용자에게 고의가 없는 이상 과실의 유무는 간접정범의 성립에 영향을 미치지 아니한다. 형법은 과실범으로 처벌되는 자를 이용한 때에 간접정범이 성립하는 것을 명문으로 규정하고 있기 때문이다.

12 **3) 신분 또는 목적 없는 고의 있는 도구** 진정신분범에서의 신분과 목적범에서의 목적은 구성요건요소이므로 이를 결한 자의 행위는 구성요건해당성이 없다. 따라서 이 경우 신분 없는 고의 있는 도구(qualifikationsloses Werkzeug) 또는 목적 없는 고의 있는 도구(absichtsloses-doloses Werkzeug)를 이용한 자에 대하여도 간접정범의 성립을 인정할 수 있다(피이용자의 행위가 구성요건에 해당하지 않으므로 이용자를 공범으로 처벌할 수는 없다).[2] 이와 같이 고의 있는 도구를 이용한 때에는 피이용자를 순수한 도구로만 보기는 어렵고 이용자의 지배적 지위도 인정할 수 없기 때문에, 행위지배설에 의하면 간접정범의 특징이 되는 의사지배가 없으므로 간접정범의 성립을 인정하는 데 어려운 점이 있다. 그러나 행위지배설을 주장하는 학자들도 이 경우에 간접정범의 성립을 인정한다. 신분범에 있어서 법규범의 명령과 금지는 신분 있는 자에게만 과하여지는 것이므로 이 경우에 행위지배는 규범적으로 파악하여야 하며, 신분 또는 목적 있는 자의 관여 없이는 범

1 대법원 1996. 10. 11. 95 도 1706, "경찰서 보안과장인 피고인이 甲의 음주운전을 눈감아주기 위하여 그에 대한 음주운전자 적발보고서를 찢어버리고, 부하로 하여금 일련번호가 동일한 가짜 음주운전 적발보고서에 乙에 대한 음주운전 사실을 기재케 하여 그 정을 모르는 담당 경찰관으로 하여금 주취운전자 음주측정처리부에 乙에 대한 음주운전 사실을 기재하도록 한 이상, 乙이 음주운전으로 인하여 처벌을 받았는지 여부와는 관계없이 허위공문서 작성 및 동 행사죄의 간접정범으로서의 죄책을 면할 수 없다."

2 김성천/김형준 521면; 배종대 611면; 손동권 407면; 손해목 953, 955면; 신동운 649~650면; 오영근 696, 699면; 이형국 343면; 정성근/박광민 511~512면; 조준현 332면.

신분 없는 고의 있는 도구를 이용한 경우로는 공무원인 甲이 그의 처 乙을 이용하여 수뢰한 경우를 들 수 있으며, 목적 없는 고의 있는 도구를 이용한 것으로는 甲이 행사할 목적으로 그러한 목적 없는 乙을 이용하여 위폐를 그리게 한 경우를 들 수 있다.

죄가 성립하지 아니하므로 규범적 · 심리적 행위지배[1](normativ-psychologische Tatherrschaft) 또는 사회적 행위지배(soziale Tatherrschaft)[2]가 인정되기 때문이라고 한다. 판례도 내란죄에 있어서 국헌문란의 목적 없는 피이용자를 이용한 경우에 간접정범을 인정하고 있다.[3]

13 Roxin은 신분 없는 도구를 이용한 경우에는 특수한 의무위반이 정범성의 기준이 되고, 행위지배는 정범성의 기준이 아니라고 보므로 행위지배와 관계없이 의무위반에 의하여 정범이 되지만, 목적 없는 도구를 이용한 때에는 간접정범이 성립되지 않는다고 한다.[4] 우리나라에도 신분 없는 고의 있는 도구를 이용한 때에는 간접정범을 인정하면서 목적 없는 고의 있는 도구를 이용한 경우에는 직접정범 또는 공범이 될 수 있을 뿐이라는 견해[5]와, 고의 있는 도구를 이용한 때에는 어느 경우나 간접정범이 성립하지 않는다고 해석하는 견해[6]가 있다. 그러나 피이용자에게 신분 또는 목적이 없을 때에는 공범의 종속성으로 인하여 이용자가 신분범이나 목적범의 공범이 될 수 없고, 이용자가 직접정범이 될 수 있는 요소도 갖추지 못한 것이 된다. 다만, 신분 없는 도구를 이용한 때에도 이용자와 피이용자 사이에 기능적 행위지배가 있는 경우에는 공동정범이 성립할 수 있다. 형법 제33조에 의하여 비신분자도 신분범의 공동정범은 될 수 있기 때문이다.

14 (2) **구성요건에 해당하지만 위법하지 않은 행위를 이용하는 경우** 피이용자의 행위가 적법한 때, 즉 적법하게 행위하는 도구(rechtmäßig handelndes Werkzeug)를 이용한 때에도 간접정범이 성립한다. 여기에는 다음과 같은 세 가지 경우가 있을 수 있다.

15 1) **국가기관** 국가기관의 적법한 행위를 이용한 때에도 간접정범이 성립한다. 예컨대 甲이 국가기관에 허위의 사실을 신고하여 형식상 적법한 영장에 의하여 A가 구속된 때에는 甲은 체포 · 감금죄의 간접정범이 되며,[7] 허위의 채권

1 Jescheck/Weigend S. 670; Maurach/Gössel/Zipf S. 205; Sch/Sch/Cramer/Heine §25 Rn. 19; Gallas *a.a.O.* S. 102.
2 Welzel S. 104.
3 대법원 1997. 4. 17. 96 도 3376 전원합의체판결, "범죄는 '어느 행위로 인하여 처벌되지 아니하는 자'를 이용하여서도 이를 실행할 수 있으므로, 내란죄의 경우에도 '국헌문란의 목적'을 가진 자가 그러한 목적이 없는 자를 이용하여 이를 실행할 수 있다."
4 Roxin LK §25 Rn. 135, 140, *Täterschaft und Tatherrschaft*, S. 360ff.
5 김일수/서보학 578, 580면; 박상기 414면.
6 임웅 434~435면.
7 BGHSt. 3, 4, "고의로 허위의 신고에 의하여 타인을 구금케 한 자는 감금죄의 간접정범으로서의 책임을 면할 수 없다."

으로 민사소송을 제기하는 소위 소송사기도 이러한 의미에서 간접정범의 한 형태라고 할 수 있다. 이러한 경우 이용자는 국가기관을 도구로 이용하였다고 볼 수 있다.

국가기관을 도구로 이용하는 간접정범은 허위의 사실을 신고한 때에 한하며, 객관적으로 진실인 사실을 신고한 때에는 행위지배가 없다고 해야 한다.

16 **2) 정당방위상황의 야기** 방위자를 도구로 이용하여 공격자를 침해하기 위하여 고의로 정당방위상황(Notwehrlage)을 초래한 경우, 예컨대 甲이 A를 살해하기 위하여 A를 사주하여 乙을 공격하게 하고 乙의 정당방위행위를 이용하여 A를 살해한 때에는 乙의 행위는 적법하지만 甲은 살인죄의 간접정범이 된다.[1] 이 경우 이용자는 공격자와 방위자를 모두 도구로 이용한 것이 된다. 그러나 乙에게 방위의사가 없었을 때에는 甲은 乙을 지배하지 못한 것이 되어 간접정범이 되지 아니한다.

17 **3) 긴급피난** 타인의 긴급피난행위를 이용하는 경우, 예컨대 낙태에 착수한 임부가 생명의 위험이 발생하여 의사를 찾아가자 의사가 임부의 생명을 구하기 위하여 낙태수술을 한 때에는 임부는 낙태죄의 간접정범이 된다.[2]

다만, 자초위난(自招危難)에 대하여도 긴급피난이 가능하다고 할 때에는 임부도 긴급피난에 의하여 위법성이 조각될 수 있다.

18 **(3) 구성요건에 해당하는 위법한 행위이지만 책임 없는 피이용자를 이용하는 경우** 공범의 종속성에 관하여 극단적 종속형식을 취하는 입장에서는 이 경우 간접정범이 성립된다고 본다. 이에 반하여 제한적 종속형식을 취하는 입장에서는 피이용자의 행위가 위법하기 때문에 피이용자에게 책임이 없더라도 이용자는 공범이 될 수 있다고 본다. 동시에 이 입장에서는 이용자에게 정범성이 있는 경우에는 간접정범이 성립할 수 있다고 본다. 따라서 이 경우에 간접정범과 공범을 어떻게 구별할 것인가가 문제된다. 여기서도 이용자의 행위지배 여부가 기준이 되지 않을 수 없다. 이용자가 피이용자의 책임무능력 또는 책임조각사유를 인식하고 그를 의사지배하여 책임없는 도구(schuldlos handelndes Werkzeug)로 이용

1 Jescheck/Weigend S. 667; Sch/Sch/Cramer/Heine § 25 Rn. 28.
2 日大判 1921. 5. 7(형록 27, 257).

한 때에는 간접정범이 성립한다.[1]

피이용자에게 책임이 없는 경우로는 다음과 같은 때를 들 수 있다.

1) **책임능력 없는 도구** 피이용자가 유아 또는 심신상실자와 같은 책임무능력자인 때에는 이용자의 행위지배가 인정되므로 이용자는 원칙적으로 간접정범이 된다. 이때 이용자는 피이용자의 책임무능력상태를 인식하고 이를 이용하였을 것을 요한다. 피이용자가 형사미성년자 또는 정신이상자라 할지라도 시비의 변별능력이 있는 때에는 교사범이 성립할 따름이다.[2] 19

2) **책임 없는 도구** 피이용자가 법률의 착오에 빠져 있었고 그 착오에 정당한 이유가 있는 때에도 이용자가 그 착오를 야기하였거나 적어도 이를 인식하고 이용한 때에는 간접정범이 된다. 그러나 피이용자의 착오를 알지 못한 때에는 물론 공범이 성립할 뿐이다. 20

3) **자유 없는 도구** 피이용자의 강요된 행위(제12조) 또는 상관의 명령에 의한 행위를 이용한 때에도 피이용자가 자유 없이 행동하는 도구(unfrei handelndes Werkzeug)인 때에는 이용자는 간접정범이 된다. 그러나 피이용자에게 자발적 의사가 인정되는 때에는 공범의 성립이 가능하다. 21

(4) **구성요건에 해당하고 위법하고 책임 있는 피이용자를 이용한 경우** 22

간접정범은 피이용자의 행위가 구성요건에 해당하지 않거나 위법하지 않은 경우 또는 피이용자에게 책임 없는 경우에 성립하므로 피이용자가 유책하게 구성요건을 실현한 때에는 간접정범이 될 수 없다. 따라서 인적 처벌조각사유가 있는 피이용자를 이용한 때에도 이용자는 공범이 될 수 있을 뿐이다. 문제는 정범배후정범이론(Lehre vom Täter hinter dem Täter)에 의하여 책임 있는 피이용자를 이용한 일정한 경우에 이용자에게 간접정범을 인정할 수 있는가이다.

정범배후 정범이론이란 범죄를 실행한 피이용자의 행위가 구성요건에 해당하며 위법하고 유책하여 실행정범이 되는 경우에도, 실행정범의 실행지배보다 이용자의 의사지배가 우월한 때에는 간접정범이 성립한다는 이론이며, Lange가 23

1 Jescheck/Weigend S. 668; Kühl **20**/67; Maurach/Gössel/Zipf S. 209; Stratenwerth/Kuhlen **12**/48; Wessels/Beulke Rn. 538.

2 RGSt. 61, 265. 피고인이 13세의 소년을 이용하여 방화한 사건에 관하여 RG는 "피이용자인 소년이 행위시에 완전하지는 않아도 충분한 이성을 가지고 있었으므로 이용자는 간접정범이 아니라 교사범이 된다"고 판시하였다.

주장하고 Roxin이 일반화하여 독일에서는 통설이 된 이론이다. Roxin은 정범배후 정범이론이 문제되는 전형적 유형으로 다음의 세 가지 경우를 들고 있다.[1]

1) 회피가능한 금지의 착오 피이용자가 회피가능한[2] 금지착오에 빠진 것을 알고 이용자가 이를 하게 한 경우, 책임설에 따를 때 피이용자는 고의범으로 처벌된다. 이 경우 이용자에 대하여 독일의 통설은 간접정범의 성립을 인정한다.[3] 이용자는 이 (피이용자의) 행위의 사실상의 의미를 알고 있으며, 나아가 그 법적 의미까지도 알고 있으므로, 이를 알지 못하고 있는 행위자를 지배한다고 할 수 있다는 것을 이유로 한다.

2) 구체적 행위의미의 착오 여기에 해당하는 경우로는 ① 피이용자에게 타인 소유의 값비싼 Kandinski의 그림이나 도자기를 모조품이라고 속여서 손괴하게 만든 경우(불법과 책임의 양에 대한 기망)와 ② 甲이 A를 살해하려는 것을 알고 B를 현장에 보내 甲이 B를 살해하게 만든 경우(객체의 착오의 야기)가 있다. ②의 경우에는 직접 행위한 甲의 객체의 착오는 불법이나 책임에 영향을 줄 수 없지만 객체의 변경으로 인하여 구성요건적 불법의 성질은 전혀 다른 것이 되었으므로 이용자는 간접정범이 된다는 것이다.

3) 조직적 권력구조를 이용한 범죄실행 국가적으로 조직된 범죄의 경우에 도구는 대체가능한 톱니바퀴에 불과하고 이용자는 권력조직의 구조에 의하여 범죄를 실행하는 것이므로, 실행자의 정범성과 관계없이 독자적인 행위지배를 갖는다고 한다. Roxin은 이를 독립된 간접정범의 형태로서 조직지배(Organisationsherrschaft)라고 하였다.[4]

24 형법의 해석에서도 정범배후 정범이론을 받아들여 간접정범을 인정해야 한다는 견해도 있다.[5] 그러나 ① 형법 제34조가 "어느 행위로 인하여 처벌되지 아니하는 자 또는 과실범으로 처벌되는 자를 이용한 자"를 간접정범이라고 규정하고 있으므로 고의범으로 처벌되는 실행정범을 이용한 자를 간접정범이라고 해석

1 Roxin LK §25 Rn. 83~105, 128~133, "Bemerkungen zum Täter hinter dem Täter", Lange-FS S. 177ff.
2 회피불가능한 법률의 착오, 즉 법률의 착오에 정당한 이유가 있는 경우는 책임이 조각되어 이용자에게는 당연히 간접정범이 성립한다. 앞의 32/20 참조.
3 Hoyer SK §25 Rn. 74; Roxin LK §25 Rn. 87, Lange-FS S. 178ff; Sch/Sch/Cramer/Heine Rn. 38; Wessels/Beulke Rn. 542.
4 Roxin LK §25 Rn. 128, Lange-FS S. 193.
5 김일수/서보학 582면; 박상기 421면; 손동권 411면; 손해목 961면.

할 수는 없다. ② 정범배후 정범이론은 공범으로 처벌받을 자를 정범으로 처벌해야 한다는 형사정책적 필요성을 주장하나, 형법은 간접정범을 교사·방조의 예에 의하여 처벌할 뿐이므로 이 경우 공범이 성립한다면 간접정범을 인정해야 할 실익도 없다. 결국, 정범배후 정범이론은 우리나라에서 인정될 수 없는 이론이며,[1] 책임 있는 피이용자를 이용한 때에는 공범이 성립하거나 공동정범이 성립된다.

2. 이용행위

(1) **교사 또는 방조** 간접정범도 정범이므로 피이용자를 이용하여 구성요건을 실현하는 행위가 있어야 한다. 형법 제34조는 "교사 또는 방조하여 범죄행위의 결과를 발생케 할 것"을 요한다고 규정하고 있다. 그러나 여기의 교사 또는 방조란 교사범 또는 방조범에 있어서의 그것과 같이 해석할 수는 없으며, 사주(使嗾) 또는 이용의 뜻으로 이해하여야 한다. 간접정범에 있어서는 피이용자로 하여금 범죄를 결의하게 하는 것(교사)이나 이미 범죄의사를 가진 자를 원조하는 것(방조)은 원칙적으로 생각할 수 없기 때문이다. 그러나 이용행위에 교사 또는 방조의 방법이 포함될 수 있음은 물론이다. 간접정범자로 인하여 도구가 행위를 개시할 것을 요하는 것은 아니다. 즉 이용자가 외관상 방조행위에 해당하는 방법으로 관여한 때에도 행위의 실행이 이용자의 의사에 의하여 지배된 때에는 간접정범이 성립한다. 예컨대 乙이 A에게 가져다 줄 커피에 甲이 乙 모르게 독약을 탄 경우가 그것이다. 25

(2) **결과의 발생** 범죄행위의 결과를 발생케 한 때란 구성요건에 해당하는 사실을 실현하는 것을 말한다. 결과가 발생하지 아니한 때에는 간접정범은 미수범으로 처벌된다. 간접정범의 실행의 착수시기는 이용자가 피이용자를 이용하기 시작한 때에 개시된다고 해야 한다. 26

따라서 甲이 A를 살해하기 위하여 독약을 혼입한 설탕을 소포로 A에게 송부한 경우에는 이를 발송한 때에 실행의 착수가 있다고 해야 하며,[2] 甲이 B의 약방을 방화하기 위하여 마루바닥에 휘발유를 뿌려 두었는데 B가 담뱃불을 버려서 화재가 발생한 때에도 甲의 행위에 의한 실행의 착수가 있는 것으로 보아야 한다.[3]

1 배종대 615면; 신동운 654면; 이정원 313면; 이형국 347면; 임웅 432면; 정성근/박광민 517면.
2 日大判 1918. 11. 16(형사판례백선 1, 158)은 피이용자(乙)가 이를 수령한 때에 실행의 착수가 있다고 하여 피이용자의 행위를 기준으로 착수시기를 정해야 한다는 태도를 취하고 있다.
3 유기천 "실행의 착수와 간접정범"(법정 1961. 3), 40면.

Ⅲ. 간접정범의 처벌

1. 간접정범과 처벌

27 형법은 간접정범을 "교사 또는 방조의 예에 의하여 처벌한다"고 규정하고 있다(제34조 1항). 따라서 간접정범의 이용행위가 외형상 교사에 해당할 때에는 정범과 동일한 형으로 처벌하며(제31조 1항), 종범에 해당할 때에는 정범의 형보다 감경한다(제32조 2항). 객관주의범죄론에 따라 간접정범의 개념을 인정하면서 주관주의범죄론의 입장에서 공범의 예에 따라 처벌하는 절충적 태도라고 볼 수 있다.

그러나 간접정범은 정범이므로 마땅히 정범으로 처벌하여야 할 것임에도 불구하고 공범으로 처벌하도록 한 것은 입법론상 부당하다.[1]

2. 간접정범의 미수

28 형법 제34조 1항은 범죄행위의 결과를 발생하게 한 자는 "교사 또는 방조의 예에 의한다"고 규정하고 있으므로 간접정범의 미수도 공범의 예에 의하여 처벌할 것인가가 문제된다. 간접정범의 미수도 공범의 예에 의하여 처벌한다면, 피이용자가 범죄의 실행을 승낙하고 실행의 착수에 이르지 아니하거나 범죄의 실행을 승낙하지 아니한 때에는 교사의 경우에 한하여 예비 또는 음모에 준하여 처벌하여야 한다(제31조 2항·3항).[2] 그러나 형법은 '범죄행위의 결과를 발생하게 한 자'를 교사 또는 방조의 예에 의하도록 하고 있으므로 공범의 예에 의하는 것은 결과가 발생한 경우에 한한다고 보아야 한다. 즉 형법 제34조에 의하여 적용되는 것은 제31조 1항과 제32조뿐이다. 나아가 간접정범은 정범이고 그 실행의 착수는 이용자의 이용행위에 의하여 개시되는 것이므로 실행에 착수한 이후에 예비 또는 음모에 준하여 처벌한다는 것은 타당하지 않다. 따라서 미수의 경우에는 (공범의 미수가 아니라) 간접정범의 미수로 처벌하여야 한다.[3]

1 김일수/서보학 585면; 박상기 430면; 배종대 619면; 손해목 964면; 이형국 347면; 정성근/박광민 519면; 정영석 258면; 황산덕 259면.
2 손해목(공저) 485면; 정창운 "간접정범의 본질"(법정 1965. 9), 47면.
3 김일수/서보학 586면; 박상기 430면; 배종대 619면; 손해목 968면; 유기천 131면; 정성근/박광민 519면. *sufra* **27**/35 참조.

Ⅳ. 관련문제

1. 간접정범과 착오

간접정범과 착오에 관하여는 간접정범이 피이용자의 성질에 대하여 착오가 있었던 경우와 피이용자가 실행행위에 대하여 착오한 경우가 문제된다.

(1) **피이용자의 성질에 대한 착오** 피이용자의 성질에 대한 착오는 두 가지 경우로 나누어 생각할 수 있다. 먼저 이용자가 피이용자를 어느 행위로 인하여 처벌되지 않는 자로 오인하였으나 사실은 피이용자가 고의 있는 책임능력자인 경우, 즉 이용자가 피이용자를 생명 있는 도구로 알고 이용하였으나 사실은 악의의 도구인 때이다. 피이용자의 성질에 대한 착오는 행위자의 주관을 표준으로 하여 결정해야 하므로 간접정범이 성립한다고 해석하는 견해도 있다.[1] 그러나 이는 정범과 공범의 구별에 관하여 주관설을 취할 때에만 가능한 결론이다. 이용자에게 행위지배가 있었다고 볼 수 없으므로 공범이 성립할 수 있을 뿐이다.[2] 이와 반대로 피이용자가 책임무능력자임에도 불구하고 이용자는 책임능력자인 것으로 오인하고 교사 또는 방조한 때에는 간접정범이 될 수 없고 공범이 성립한다. 고의의 범위 내에서만 범죄가 성립하기 때문이다. 따라서 두 경우 모두 공범이 성립할 뿐이다. 29

(2) **실행행위의 착오** 피이용자가 실행행위에 대하여 착오를 한 때에는 착오론의 일반원리에 의하여 해결하여야 한다. 따라서 甲이 정신병자인 乙을 사주하여 A를 살해하고자 하였으나 乙이 B를 살해한 때에도 법정적 부합설에 의하여 甲은 살인죄의 간접정범으로서의 죄책을 면할 수 없다. 피이용자가 간접정범이 기도한 범위를 초과하여 실행한 때에는 간접정범은 초과부분에 대하여 책임을 지지 않는다.[3] 그러나 간접정범이 그 결과에 대하여 미필적 고의를 가지고 있었거나 결과적 가중범의 중한 결과를 예견할 수 있었던 때에는 그러하지 아니하다. 30

1 손해목 623면; 유기천 296면; 진계호 413면.
2 김일수/서보학 587면; 박상기 423면; 배종대 620면; 신동운 656면; 오영근 702면; 임웅 439면; 정성근/박광민 520면; 김종원 "교사범"(고시계 1975. 6), 10면.
3 Jescheck/Weigend S. 672; Wessels/Beulke Rn. 545.

2. 간접정범의 한계

31 (1) 신분범과 간접정범 행위의 주체에 일정한 신분을 요하는 범죄를 신분범(身分犯, Sonderdelikte)이라고 한다. 진정신분범에 있어서 신분 없는 자는 이론상 그 범죄의 정범이 될 수 없다. 다만 형법은 신분 없는 자가 신분 있는 자와 함께 진정신분범의 공범 또는 공동정범이 될 수 있도록 규정하고 있을 뿐이다(제33조). 그런데 간접정범은 정범이므로 간접정범이 성립하기 위하여는 간접정범자에게 정범적격(正犯適格, Tätereigenschaft)이 있어야 한다. 따라서 신분 없는 자가 신분 있는 자를 이용하여 진정신분범의 간접정범이 될 수는 없다고 보는 것이 통설의 태도이다.[1] 형법의 해석에 있어서 형법 제34조가 간접정범은 공범의 예에 의하여 처벌한다고 규정하였으므로 여기에는 제33조가 적용되어 비신분자도 간접정범으로 신분범을 범할 수 있다고 하는 견해[2]도 있다. 그러나 형법 제33조는 비신분자가 신분자와 함께 신분범의 공동정범 또는 교사·방조범이 될 수 있다는 것이지 비신분자가 단독으로 신분범의 정범이 된다는 뜻은 아니다. 신분 없는 자는 진정신분범의 간접정범이 될 수 없다고 해야 한다.

따라서 비공무원은 공무원을 이용하여 단독으로 수뢰죄(제129조 1항)를 범할 수 없고, 비신분자는 횡령죄나 배임죄의 간접정범이 될 수 없다.

(2) 자수범과 간접정범

32 1) 자수범의 의의 자수범(自手犯, eigenhändige Delikte)이란 정범 자신이 직접 실행해야 범할 수 있는 범죄라고 정의된다. 자수범은 자수의 실행을 요구하므로 타인을 이용하여 자수범을 범할 수는 없다. 따라서 자수범은 간접정범으로 범할 수 없으며, 나아가 공동정범으로 범할 수도 없다. 일신적 인적 관여에 의한 공동실행이 불가능하기 때문이다.[3]

자수범은 Binding이 범죄행위가 범인의 인격과 밀착되어 있기 때문에 범인이 자기 손으로 실행하여야 하는 범죄가 있음을 지적한 이래, 많은 학자들에 의하여 긍정되고 있는 개념이다. 다만 자수범의 본질이 무엇이고 그 범위가 어디까지 미치는가에

---

1 김일수/서보학 588면; 배종대 621면; 손해목 970면; 안동준 245면; 이건호 198면; 이형국 348면; 정성근/박광민 526면; 황산덕 260면.
2 유기천 135면; 진계호 587면.
3 Baumann/Weber/Mitsch S. 118; Jescheck/Weigend S. 267; Kühl 20/16; Maurach/Gössel/Zipf S. 284; Samson SK^6 § 25 Rn. 65; Herzberg "Eigenhändige Delikte", ZStW 82, 898.

대하여 견해가 일치하는 것은 아니다.

2) 자수범의 인정 여부와 이론적 근거 자수범의 개념은 종래 자연과학적 인과론이나 확장적 정범개념이론의 입장에서 부정된 바 있고, 현재 실정법의 해석상 자수범을 부정해야 한다는 견해도 없지 않다. 간접정범형태로는 범죄실현이 불가능하다는 의미에서 자수범을 긍정할 것인가는 실정법의 해석을 떠나서는 생각할 수 없다는 전제하에, 형법 제34조가 "간접정범은 공범의 예에 의한다"라고 규정하여 제33조가 적용되게 하였으므로 자수범은 현행법상 인정할 수 없다는 견해[1]가 그것이다. 총론상의 자수범은 있을 수 없다거나,[2] 신분범의 자수범은 있을 수 없다고 해석하는 견해[3]도 여기에 해당한다. 그러나 ① 간접정범도 정범인 이상 제34조를 신분 없는 자가 진정신분범의 간접정범이 될 수 있다는 의미로 해석할 수는 없으며,[4] ② 제33조의 규정에도 불구하고 각칙의 개별적인 구성요건의 해석상 스스로의 실행에 의하여만 불법이 실현되는 범죄가 있다는 것을 부정할 수는 없으므로 이 견해도 타당하다고 할 수 없다. 33

자수범을 인정하는 경우에는 어떤 범죄가 왜 자수범이 되는가에 관한 자수범이론이 규명될 필요가 있다.

(가) **문언설**(Wortlauttheorie) 개개의 구성요건의 문언상 비자수범의 행위는 구성요건을 충족할 수 없게 규정되어 있는 범죄가 자수범이라는 견해이다. 범죄의 자수성을 구성요건의 체계적·합목적적 해석에 의하여 판단하지 않고 법률의 문언을 기준으로 한다는 점에서 형식설이라고도 한다. 이에 의하면 의사가 간호사를 이용하여 환자를 살해하는 것은 문언에 의하여 가능하지만, 성범죄를 간접정범에 의하여 범할 수는 없다고 한다. 자수범인가의 여부가 개별적인 구성요건의 해석을 통하여 결정된다는 착상은 타당하다. 그러나 ① 어떤 범죄가 자수범인가를 법률의 규정에 의하여 형식적으로 결정하는 것은 타당하다고 할 수 없으며, ② 언어는 다양한 의미를 가지고 사용되는 것이므로 문언만이 정범과 공범을 구별하는 기준이 될 수는 없고 법률이 자수범을 인정하는 데 기준이 될 만한 용 34

1 차용석 "간접정범"(형사법강좌 Ⅱ), 717면.
2 유기천 135면.
3 심헌섭 "자수범의 이론"(법정 1967. 6), 37면.
4 Herzberg ZStW 82, 898.

어를 사용하는 것도 아니라는 점에서 문언설은 타당하다고 할 수 없다.[1]

35 (나) **거동범설**(Körperbewegungstheorie) 결과범과 거동범을 구별하여 일정한 신체거동만 있으면 범죄가 성립하는 거동범은 자수범이라고 해석하는 견해이다. Maurach에 의하면 "자수범이란 결과범이 아니라 행위반가치가 전면에 있는 거동범이며, 여기서 결과는 무의미하고 정범이 행위를 실행하였다는 점에 반가치가 있다"고 한다.[2] 거동범에 있어서 불법내용의 중점이 행위 자체에 있는 것은 사실이다. 그러나 모든 거동범이 자수범이 되는 것은 아니다. 거동범도 사회적으로 비난할 만한 상태를 야기했거나 추상적 위험범으로서 결과와 간접적으로 연결될 때에만 처벌되는 것이기 때문이다.[3] 예컨대 주거침입죄는 거동범이지만 자수범은 아니다.

36 (다) **법익보호표준설**(이분설) Roxin은 법익침해 유무에 따라서 자수범을 진정자수범과 부진정자수범으로 구별한다. 진정자수범은 법익침해가 없는 범죄이며, 부진정자수범은 법익침해가 있는 범죄라고 한다. 진정자수범은 다시 '행위자형법적 범죄'(täterstrafrechtliche Delikte)와 '법익침해 없는 행위관련적 범죄'(verhaltengebundene Delikte ohne Rechtsgüterverletzung)로 나뉜다. 행위자형법적 범죄란 구성요건이 행위뿐 아니라 행위자의 생활태도 내지 일정한 행위자인격을 규정하고 있기 때문에 본인이 행위하지 않으면 행위지배가 있었다고 볼 수 없는 범죄이고, 법익침해 없는 행위관련적 범죄란 원하지 않는 결과나 상태를 막지 않았기 때문이 아니라 스스로 행한 도덕적으로 비난받는 행위 때문에 처벌되는 범죄라고 한다.[4] 음행매개죄(독일 형법 제181조의 a)가 전자에 해당하고, 동성간의 성교(독일 구 형법 제175조)나 수간(獸姦)(독일 구 형법 제175조의 b) 및 (구 형법상의)간통죄가 후자에 속한다고 한다. 한편 부진정자수범은, 위증죄나 군무이탈죄와 같이 법익의 침해는 있지만 정범이 되기 위하여는 특수한 의무침해가 있어야 하는 범죄에 있어서 그 의무침해가 없는 자는 간접정범으로 범할 수 없는 범죄라고 하였다.[5]

37 그러나 첫째, 법익침해 없는 범죄가 진정자수범이라는 이론은 타당하다고

1 Roxin LK § 25 Rn. 42, *Täterschaft und Tatherrschaft*, S. 404.
2 Maurach/Gössel/Zipf S. 284.
3 Roxin LK Rn. 43.
4 Roxin LK Rn. 44, *Täterschaft und Tatherrschaft*, S. 410ff.
5 김일수 원론, 823면; 신동운 672면; 심헌섭 전게논문, 36면도 이 입장이다.

하기 어렵다. Roxin에 의하면 간통죄는 혼인을 보호법익으로 하는 것이 아니라 반도덕성 때문에 처벌받는 것이며,[1] 근친상간(독일 형법 제173조)도 행위의 반윤리성 때문에 처벌받는 것이므로 자수범이라고 한다.[2] 그러나 형법은 잘못된 생활태도 때문에 형벌을 과하는 것이 아니라 일정한 법익을 보호하기 위하여 처벌하는 것이다.[3] 즉 (폐지된) 간통죄는 혼인제도를 보호법익으로 하던 것이었고, 직권남용죄는 국가기능의 공정한 행사를 보호법익으로 한다. 따라서 법익침해의 결여를 자수성의 실질적 기준이라고 할 수는 없다. 둘째, 진정자수범과 부진정자수범의 구별도 무의미하다. 법익침해가 없는 범죄를 자수범이라고 할 수 없다는 점에서 법익침해 있는 범죄를 부진정자수범이라고 하는 것도 잘못이기 때문이다.

38 (라) **자수범의 판단기준** 어떤 범죄가 자수범인가는 결국 개별적인 구성요건의 체계적이고 합리적인 해석에 따라 판단해야 한다. 다만, 자수성을 인정하기 위한 통일된 기준으로는 다음과 같은 세 가지를 들 수 있다. 즉 ① 행위에 대한 정범의 신체적 가담을 요구하는 구성요건, 다시 말하면 정범이 자신의 신체를 행위의 수단으로 사용해야 하는 범죄, ② 신체가 아니더라도 일신의 인적 관여를 요구하는 구성요건 및 ③ 소송법 기타의 법률에 의하여 스스로의 행위를 요구하는 범죄가 자수범이라고 할 수 있다.[4] 이를 **삼분설**이라고도 한다.

39 **3) 형법상의 자수범** 형법상의 자수범에는 다음의 세 가지 유형이 있다고 할 수 있다. 첫째, 범죄의 실행에 행위자의 신체를 수단으로 요구하는 범죄이다. 피구금부녀간음죄(제303조 2항)가 여기에 해당한다. 다만 강간죄는 신분범도 자수범도 아니다.[5] 둘째, 신체적 행위가 아니라도 일신의 인적 행위가 필요한 범죄이다. 예컨대 업무상 비밀누설죄(제317조)가 여기에 속한다. 마지막으로 소송법 등 형법 이외의 법률이 행위자 스스로의 행위를 요구하는 범죄이며, 위증죄(제152조)가 여

---

1 Roxin *Täterschaft und Tatherrschaft*, S. 427.
2 Roxin LK Rn. 44.
3 Herzberg ZStW 82, 904; Maiwald "Literaturbericht", ZStW 93, 872.
4 박상기 87면; 배종대 623면; 안동준 247면; 임웅 442면; 정성근/박광민 525면.
5 형법의 개정으로 강간죄의 객체의 제한(구법상으로는 '부녀')이 폐지되었다. 그럼에도 불구하고 여성이 강간죄의 주체가 될 수 있는가가 문제된다. 강간죄의 보호법익은 '성적 자기결정권'으로서, 강간죄는 가해자의 성적 만족과는 무관하게 성립한다. 성적 자기결정권을 침해하는 경우에는 가해자에게 성적 만족이 없어도 강간죄는 성립하기 때문에, 여성도 강간죄의 정범이 될 수 있고 간접정범의 방식으로도 범할 수 있다. 객체의 제한이 있던 구법시대에도 이렇게 해석하였었다.

기에 해당한다. 군형법상의 군무이탈죄(제30조)도 이러한 의미에서의 자수범이다.

40 허위공문서작성죄가 자수범인가가 문제된다. 통설은 허위공문서작성죄를 자수범이라고 해석하고 있다.[1] 자수범이 되기 위하여는 자수성이 인정되어야 한다. 그런데 허위공문서작성죄에서 신분 없는 자가 간접정범이 될 수 없는 것은 동죄가 진정신분범이기 때문에 나오는 당연한 결론이며, 더 나아가 자수성을 인정해야 할 이유는 없다. 공정증서원본부실기재죄는 허위공문서작성죄의 간접정범을 처벌하기 위한 규정이지만 이 규정 때문에 허위공문서작성죄가 자수범이 되는 것은 아니다.

Ⅴ. 특수교사 · 방조

41 형법 제34조 2항은 "자기의 지휘 · 감독을 받는 자를 교사 또는 방조하여 전항의 결과를 발생하게 한 자는 교사인 때에는 정범에 정한 형의 장기 또는 다액에 2분의 1까지 가중하고 방조인 때에는 정범의 형으로 처벌한다"고 규정하고 있다. 타인을 지휘 · 감독할 지위에 있는 자가 그 지위를 이용하여 피지휘 · 감독자를 교사 · 방조한 것은 비난가능성이 더욱 크다는 이유로 형을 가중하는 것이다. 이용자가 그 지위를 남용하였다는 점에 가중의 이유가 있으므로 공무원의 직무상 범죄에 대한 형의 가중과 취지를 같이한다.

여기의 교사 또는 방조의 성질에 관하여는 "전항의 결과를 발생하게 한 자"를 범죄행위의 결과를 발생케 한 것으로 해석하여 이를 특수공범(즉 특수교사 및 특수방조)에 관한 규정으로 보는 견해[2]와 특수간접정범에 관한 규정이라는 견해[3]도 있지만, 본항이 교사 또는 방조하여 전항의 결과를 발생케 한 자라고 규정하고 있고, 제 1 항도 간접정범을 교사 · 방조한 자라고 규정한 점에 비추어 보면, 이는 특수공범뿐만 아니라 특수간접정범에도 같이 적용되는 것으로 이해하지 않을 수 없다.[4]

1 김일수/서보학 589면; 임웅 442면; 정성근/박광민 526면.
2 남흥우 256면; 이건호 196면; 황산덕 262면.
3 김성천/김형준 527면; 김일수/서보학 590면.
4 박상기 431면; 배종대 626면; 손해목 981면; 신동운 633면; 유기천 136면; 이형국 350면; 정성근/박광민 528면.

42 지휘·감독을 받는 자는 그 근거가 법령에 규정된 경우에 한하지 않으며 사실상 지휘·감독을 받고 있는 자이면 족하다. 따라서 상관이 부하의 복종관계를 이용할 때는 물론, 공장주가 직공을 이용하거나 집주인이 가정부를 이용하는 경우도 모두 여기에 해당한다. 교사 또는 방조는 지휘·감독하는 지위를 이용하여 할 것을 요한다. 따라서 특수교사·방조죄는 피이용자가 지휘·감독을 받는 사람임을 인식하지 않으면 안 된다. 그러나 반드시 지휘·감독을 받고 있는 사항에 관한 범죄임을 요하지 않는다. 따라서 甲이 자기의 지휘·감독을 받고 있는 乙을 이용하여 A를 살해한 때에도 여기에 해당한다.

입법론상으로는 지위를 이용하였다고 하여 자유형을 가중하여야 할 이유가 없고, 간접정범의 경우에 교사와 방조의 형에 차이를 둔 것은 부당하다고 하지 않을 수 없다.

제 3 절 공동정범 §33

Ⅰ. 공동정범의 의의와 본질

1. 공동정범의 의의

1 2인 이상이 공동하여 죄를 범한 경우를 공동정범이라고 한다. 즉 공동정범(共同正犯, Mittäterschaft)은 2인 이상의 자가 동시적, 상호적 이용관계 속에서 공동으로 범죄를 실행하는 참가형식이다. 일상언어에서는 공범을 공동정범의 의미로 사용하지만, 강학상 단순히 타인의 범죄에 가담하는 데 그치는 협의의 공범(교사범·종범)과 공동정범은 구별된다.

형법은 제30조에서 "2인 이상이 공동하여 죄를 범한 때에는 각자를 그 죄의 정범으로 처벌한다"고 함으로써 공동정범을 규정하고 있다. 각자가 정범이므로 공동정범에서 정범 상호간의 종속성은 생각할 수 없지만, 각자가 범죄의 일부를 행하였음에도 불구하고 공동성에 기하여 범죄 전체를 귀속시킨다는 데 공동정범 규정의 존재의의가 있다.

2 2인 이상이 공동하여 죄를 범한 때에도 다수인이 각각 모든 구성요건을 실현한 때에는 각자는 당연히 정범이 된다. 형법 제30조는 각 공동행위자가 협력하

여 분업적으로 구성요건을 실현한 경우에 각자가 구성요건의 일부만 실현한 때에도 그 전체에 대한 책임을 각자에게 지우겠다는 선언을 한 규정이다. 그 근거는 분업적 행위실행과 기능적 역할분담의 원칙(Prinzip des arbeitsteiligen Handelns und der funktionellen Rollenverteilung)에 있다.[1]

> 예컨대 甲과 乙이 강도를 공모하여 甲은 권총을 겨누고 乙은 돈을 빼앗은 경우 강도죄의 구성요건인 폭행·협박과 재물의 강취는 각각 다른 사람에 의하여 행하여졌지만, 甲과 乙은 공동의 결의에 의하여 공동으로 구성요건을 실현한 것이므로 개별적인 행위는 통일된 전체를 이루어서 甲과 乙은 모두 전체결과에 대하여 정범으로 처벌받게 된다.

3 행위지배설에 의하면 정범이 되기 위하여는 행위자에게 행위지배가 있을 것을 요한다. 그런데 공동정범에 있어서는 각 공동정범이 공동의 결의 아래 분업적으로 실행하여 공동으로 행위를 지배하였다는 데에, 즉 기능적 행위지배(funktionale Tatherrschaft)에 정범으로서의 특수성이 인정된다.[2]

4 공동정범의 본질은 기능적 분업에 의한 종합('일부실행 전부책임')에 있으므로, 공동정범은 단독정범 또는 간접정범과 구별되는 독립된 정범의 형태이다. 공동정범은 특히 스스로 실행하지 않은 부분에 대하여 다른 공동행위자의 행위를 자기를 위하여 이용하였다는 점에서 간접정범과 유사한 성질을 가지고 있다.[3] 그러나 공동정범은 공동의 결의에 따른 분업적 행위실행에 의하여 전체계획을 지배하는 것이므로 간접정범의 특색이라고 할 수 있는 이용자의 단독적 행위지배가 없다는 점에서 간접정범과 구별된다.[4] 즉 공동정범에 있어서는 누구도 다른 공동행위자의 도구가 되는 것이 아니다.[5]

---

1 Wessels/Beulke Rn. 526.

2 Hoyer SK §25 Rn. 108; Jescheck/Weigend S. 679; Joecks §25 Rn. 59; Roxin LK §25 Rn. 154, *Täterschaft und Tatherrschaft*, S. 277; Schmidhäuser S. 281; Stratenwerth/Kuhlen 12/93.

3 공동정범을 간접정범의 특수한 경우라고 보는 견해는 독일에서 Binding, Lange, Sax 등에 의하여 주장된 바 있다. 그러나 이는 정범과 공범의 구별에 있어서 주관설에 입각한 때에만 가능한 이론으로서, 간접정범과 공동정범의 귀책기준과 본질을 혼동한 것이라 하지 않을 수 없다. 이 이론은 또한 일본에서 공모공동정범을 긍정하기 위한 이론적 근거로 제시된 바 있다. 이에 대하여는 藤木英雄 "共謀共同正犯"(형법판례백선 1), 172頁 참조.

4 Jescheck/Weigend S. 681; Sch/Sch/Cramer/Heine §25 Rn. 62; Roxin *Täterschaft und Tatherrschaft*, S. 276.

5 Welzel S. 107.

2. 공동정범의 본질

(1) **범죄공동설과 행위공동설** 공동정범은 2인 이상이 공동하여 죄를 범하는 것을 말한다. 여기에 수인이 공동하여 행한다는 것이 무엇을 의미하느냐에 대하여 범죄공동설(犯罪共同說)과 행위공동설(行爲共同說)이 대립되고 있다. 5

범죄공동설과 행위공동설은 원래 프랑스 형법학에서 유래한 이론으로서 공동정범의 본질론이라기보다는 광의의 공범의 본질론으로서 공범은 무엇을 공동으로 하는가라는 문제로 다루어졌던 것이다.[1]

그러나 공동정범은 정범의 한 형태로서 협의의 공범인 교사범·종범과는 본질적으로 다르다. 협의의 공범은 정범에 종속하여 정범이 성립하는 경우에만 성립하는 것이므로 공범과 정범 사이의 공동관계는 생각할 수 없고, 따라서 무엇을 공동으로 하는가라는 문제가 제기될 여지는 없다. 범죄공동설과 행위공동설의 대립은 공동정범이 무엇을 공동으로 하는 것인가에 대한 공동정범에 고유한 문제라고 보아야 한다.[2]

범죄공동설은 공동정범을 수인이 공동하여 특정한 범죄를 행하는 것이라고 해석한다. 객관주의범죄론은 범죄를 구성요건해당성을 중심으로 이해하므로, 수인의 행위가 한 개의 구성요건 내지 특정의 범죄를 공동으로 실현하는 것을 공동정범이라고 한다(즉 공동정범에서의 '공동성'을 인정한다). 이에 반하여 행위공동설은 공동정범이란 수인이 행위를 공동으로 하여 범죄를 행하는 것이라고 이해한다. 즉 '공동성'은 수인이 한 개 또는 특정 범죄를 공동으로 실행하는 경우에만 인정되는 것이 아니라, 수인이 자연적 의미의 행위를 공동으로 행하는 경우에도 인정된다고 한다. 범죄를 반사회적 성격의 징표라고 보는 주관주의범죄론의 입장이라고 할 수 있다. 6

(2) **범죄공동설과 행위공동설의 차이** 범죄공동설과 행위공동설은 공동정범의 성립범위에 관하여 결론을 달리한다. ① 행위공동설에 의하면 공동으로 행한 사실이 수개의 범죄사실일지라도 공동정범이 성립한다. 예컨대 甲과 乙이 공모하여 甲은 A를, 乙은 B를 살해한 경우가 여기에 해당한다. 범죄공동설은 각 공동자의 행위가 특정한 한 개의 범죄구성요건에 해당할 것을 요하므로 이종 7

1 범죄공동설과 행위공동설을 광의의 공범의 본질론으로 다루는 견해도 이 문제가 주로 공동정범에 대하여 적용되는 이론이라는 데는 이론(異論)이 없다. 유기천 277면; 정영석 228면; 김종원 "공동정범의 본질"(법정 1977. 6), 44면.

2 이건호 178면; 정성근 548면; "공동정범"(고시계 1976. 11), 38면.

(異種) 또는 수개의 구성요건 사이의 공동정범을 인정하지 아니한다. 따라서 A에 대한 범죄사실과 B에 대한 범죄사실을 분리하여 검토하게 된다. ② 행위공동설은 공동으로 행한 사실이 한 개의 범죄사실의 일부분에 속할지라도 공동정범의 성립을 인정한다. 예컨대 甲이 강도의 고의로 C를 살해한 후 재물을 취거하는 도중에 乙이 그 사정을 알고 가담한 승계적 공동정범(承繼的 共同正犯, sukzessive Mittäterschaft)의 경우에도 공동정범의 성립을 인정한다. 그러나 범죄공동설에 의하면 이 경우에 공동정범의 성립은 인정되지 아니하고 구성요건의 전부에 대한 방조가 될 뿐이다. ③ 행위공동설은 고의를 달리하는 경우, 예컨대 甲과 乙이 공모하여 A에게 폭행을 가하였지만 甲은 살인의 고의, 乙은 상해의 고의를 가진 소위 부분적 공동정범(teilweise Mittäterschaft)은 물론 과실범의 공동정범이나 고의범과 과실범의 공동정범도 인정한다. 그러나 범죄공동설에 의하면 공동정범의 주관적 요건인 공동가공의 의사는 특정 범죄에 대한 고의의 공동을 요하므로 이 경우 공동정범을 인정할 수 없게 된다.

8 (3) **비 판** 종래의 통설은 형법 제30조가 "2인 이상이 공동하여 죄를 범한 때"라고 규정한 것은 2인 이상이 공동하여 특정 구성요건에 해당하는 범죄를 실행할 것을 요하는 것이라는 이유로 형법이 범죄공동설을 취한 것으로 이해하였다.[1] 그러나 형법 제30조의 "2인 이상이 공동하여 죄를 범한 때"란 반드시 범죄공동설을 명문화한 것이라고 보아야 할 것이 아니라 "2인 이상이 '행위'를 공동으로 하여 죄를 범한 때"라고 볼 수도 있고, 범죄공동설은 공동정범의 성립범위를 지나치게 좁게 인정한다는 점에서 행위공동설을 지지하는 견해[2]도 유력하다. 대법원도 원칙적으로 행위공동설에 입각하고 있다.[3] 생각건대 범죄

1 남흥우 220면; 신동운 583면; 오영근 627면; 유기천 281면; 정영석 230면; 박정근 "공동정범" (사법행정 1966. 8), 15면.

2 염정철 445면; 이건호 178면; 임웅 402면; 정성근/박광민 533면.

3 대법원 1962. 3. 29. 4294 형상 598, "형법 제30조에 공동하여 죄를 범한 때의 죄는 고의범이고 과실범이고를 불문한다고 해석하여야 할 것이다. 따라서 공동정범의 주관적 요건인 공동의 의사도 고의를 공동으로 가질 의사임을 필요로 하지 않고 고의행위이고 과실행위이고 간에 그 행위를 공동으로 할 의사이면 족하다고 해석하여야 할 것이므로 2인 이상이 어떠한 과실행위를 서로의 의사연락 아래 하여 범죄되는 결과를 발생케 한 것이라면 과실범의 공동정범이 성립되는 것이다. 기록에 의하면 본건 사고는 경관의 검문에 응하지 않고 질주함으로써 야기된 것인 바 피고인은 원심 공동피고인과 서로 의사를 연락하여 경관의 검문에 응하지 않고 트럭을 질주케 하였던 것임을 충분히 인정할 수 있음이 명백하므로 피고인은 본건 과실치사죄의 공동정범이 성립된다 할 것이다."

동지: 대법원 1962. 6. 14. 62 도 57.

공동설과 행위공동설의 대립은 공동정범이 성립하기 위하여 공동가공의 의사와 공동가공의 사실이 있어야 한다는 데에는 결론을 같이하며 다만 공동정범의 성립범위에 관하여 차이를 나타낼 뿐이므로, 결국 이 문제는 어느 범위에서 공동정범을 인정하는 것이 합리적인가의 문제에 귀착한다. 그런데 공동정범에 관하여는 공범의 종속성이 적용될 여지가 없으므로 공동정범의 성립을 동일한 구성요건이나 범죄사실로 제한하거나,[1] 서로 다른 고의로 행위를 공동으로 한 소위 부분적 공동정범에 관하여 공동정범의 성립을 부정해야 할 이유가 없다.[2] 또 한 개의 범죄사실의 일부를 공동으로 한 승계적 공동정범이나 과실범의 공동정범도 인정해야 한다는 것은 후술하는 바와 같다(33/15, 21). 그렇다면 공동정범의 본질에 관하여는 행위공동설의 입장이 타당하다고 하겠다. 다만 종래의 행위공동설은 공동으로 하는 행위를 전(前)법률적 · 전(前)구성요건적인 자연적 의미의 행위로 이해한 점에 근본적인 난점이 있으며, 행위공동설에 대한 비판도 여기에 집중되어 있다. 행위는 주관과 객관의 종합태(Synthese)이며 형법상의 행위는 구성요건적 정형을 떠나서는 의미를 가질 수 없다. 행위공동설이라 하여 구성요건적 정형성을 벗어나는 전법률적 행위를 전제할 필요는 없으며 행위의 공동이라고 할 때의 행위도 범죄행위(Straftat), 즉 구성요건에 해당하는 행위의 의미로 이해하여야 한다.[3] 이와 같이 공동정범의 본질을 행위공동설에 따라 구성요건적 행위를 공동으로 하는 점에서 찾는 경우에도 공동정범은 기능적 분업에 의하여 전체계획을 지배하는 점에 그 의의가 있는 것이므로, 행위의 공동은 구성요건적 행위의 전부에 대한 공동을 요하는 것이 아니라 그 일부에 대한 공동으로 족하다고 할 것이며, 행위공동설의 본래의 취지도 여기에 있다고 할 수 있다.

공동정범의 본질에 관한 범죄공동설과 행위공동설의 대립은, 오늘날 범죄공동설의 입장에서도 공동으로 하는 범죄를 반드시 한 개의 범죄에 제한하지 아니하며, 예컨 9

---

1 日大判 1916. 11. 8은 "수인이 공동하여 각자 동시에 별개의 사람을 살해한 때에는 그 각자에게 수인의 살인죄에 해당하는 한 개의 행위가 있는 것이라고 하여야 한다"고 판시하여 공동정범의 성립을 인정하였고, BGHSt. 6, 330 또한 모살(謀殺)과 고살(故殺)의 공동정범이 가능하다는 점을 시사하였다.

2 Sch/Sch/Cramer/Heine §25 Rn. 90.

3 정성근/박광민 533면; 김종원 전게논문, 54면; 정성근 "범죄공동설과 행위공동설"(법조 1978. 2), 82면.

독일 형법 제25조 2항이 "Begehen mehrere die Straftat gemeinschaftlich, so wird jeder als Täter bestraft(Mittäter)"라고 규정하고 있는 것도 이러한 의미라고 볼 수 있다.

대 살인죄와 상해죄, 강도죄와 절도죄와 같이 구성요건이 중첩되어 있는 경우에는 상이한 범죄에 관하여도 중첩되는 한도 안에서 공동정범의 성립을 인정해야 한다고 주장하고(부분적 범죄공동설),[1] 승계적 공동정범이나 과실범의 공동정범도 반드시 성립할 수 없는 것은 아니라고 이해함에 이르러, 그 한계가 명백하지 않게 되었으므로 엄격한 의미에서는 구별의 의의가 소멸되었다고 할 수 있다.

Ⅱ. 공동정범의 성립요건

10 공동정범은 2인 이상이 공동하여 죄를 범하는 때에 성립한다. 따라서 공동정범의 성립을 위하여는 주관적 요건으로 공동가공의 의사와 객관적 요건으로 공동가공의 사실이 있을 것을 요한다.

1. 주관적 요건

11 (1) **공동가공의 의사** 공동정범은 주관적으로 공동가공의 의사(共同加功의 意思) 또는 공동의 의사(gemeinsamer Tatentschluß)를 필요로 한다. 공동가공의 의사가 기능적 행위지배의 본질적 요건이며, 이로 인하여 개별적인 행위가 전체로 결합되어 분업적으로 실행된 행위의 전체에 대한 책임을 인정할 수 있게 된다.[2]

판례가 공동가공의 의사는 공동의 의사로서 특정한 범죄행위를 하기 위하여 일체가 되어 다른 사람의 행위를 이용하여 자기의 의사를 실행에 옮기는 것을 내용으로 하는 것이어야 한다는 전제에서,[3] ① 전자제품 등을 밀수입해 올 테니 이를 팔아달라는 제의를 받고 승낙하거나(대법원 2000. 4. 7. 2000 도 576), ② 오토바이를 절취하여 오면 그 물건을 사 주겠다고 하거나(대법원 1997. 9. 30. 97 도 1940), ③ 밀항을 위한 여권위조행위에 가담하는 것만으로는(대법원 1998. 9. 22. 98 도 1832) 공동의 의사를 인정할 수 없다고 판시한 것은 이러한 의미에서 이해할 수 있다.

---

1 정영석 230면.

2 Hoyer SK §25 Rn. 127; Jescheck/Weigend S. 678; Roxin LK Rn. 173; Schmidhäuser S. 281; Stratenwerth/Kuhlen 12/81.

3 대법원 2001. 11. 9. 2001 도 4792, "공동정범이 성립하기 위하여는 주관적 요건인 공동가공의 의사와 객관적 요건인 공동의사에 의한 기능적 행위지배를 통한 범죄의 실행사실이 필요하고, 공동가공의 의사는 공동의 의사로 특정한 범죄행위를 하기 위하여 일체가 되어 서로 다른 사람의 행위를 이용하여 자기의 의사를 실행에 옮기는 것을 내용으로 하는 것이어야 한다."

동지: 1998. 6. 26. 97 도 3297; 대법원 2004. 6. 24. 2002 도 995; 대법원 2008. 4. 10. 2008 도 1274.

1) 동 시 범 공동의 의사가 없는 경우에는 2인 이상이 죄를 범하였다 하여도 공동정범이 될 수 없다. 이 경우를 동시범(同時犯, Nebentäterschaft)이라고 한다. 동시범은 공범이 아니라 단독정범이 병존하는 데 불과하므로 각자는 자기가 실행한 행위에 대하여 책임을 지는 데 그친다. 형법은 이를 '독립행위의 경합'이라고 하여 "동시 또는 이시(異時)의 독립행위가 경합한 경우에 그 결과발생의 원인된 행위가 판명되지 아니한 때에는 각 행위를 미수범으로 처벌한다"고 규정하고 있다(제19조). 12

2) 편면적 공동정범 공동의 의사란 2인 이상이 서로 공동으로 수립한 행위계획에 따라 공동하여 죄를 범할 의사를 의미한다. 따라서 공동정범은 모두 역할분담과 공동작용에 대한 상호이해가 있어야 하며, 의사의 상호이해가 없이 일방만이 이러한 의사를 가진 편면적 공동정범(片面的 共同正犯, einseitige Mittäterschaft)은 인정될 수 없다.[1] 13

3) 공동의사의 방법 공동의 의사, 즉 상호이해(Einverständnis)는 반드시 명시적인 의사표시나 의사연락을 요하는 것이 아니며 묵시적·암묵적인 의사연결이 인정되면 족하다.[2] 또 공동행위자 전원이 일정한 장소에 집합하여 직접 모의할 것을 요하지도 않는다. 공모자 가운데 1인 또는 2인 이상이 릴레이식으로 범의의 연락을 하거나,[3] 간접적으로 범의의 연락이 이루어짐으로써 그 내용에 대하여 포괄적 또는 개별적인 의사의 연락이나 인식이 있으면 전원의 공모관계를 14

1 편면적 공동정범을 인정하지 않는 것이 통설이며 범죄공동설의 입장이다. 행위공동설에 의하면 공동의 의사가 공동자 상호간에 있음을 요하지 않으므로 편면적 공동정범을 공동정범으로 인정한다. 그러나 행위공동설에 의한다고 하여도 반드시 행위를 공동으로 할 의사가 일방에만 있으면 족하다는 결론이 되는 것은 아니다.

2 대법원 2002. 6. 28. 2002 도 868, "공범의 성립에 있어서 공모는 법률상 어떤 정형을 요구하는 것이 아니고 공범자 상호간에 직접 또는 간접으로 범죄의 공동실행에 관한 암묵적인 의사연락이 있으면 족하다."

동지: 대법원 1986. 1. 28. 85 도 2421; 대법원 1999. 3. 9. 98 도 3169; 대법원 2005. 9. 9. 2005 도 2014.

3 대법원 2002. 4. 10. 2001 모 193, "공모는 법률상 어떤 정형을 요구하는 것이 아니고 2인 이상이 공모하여 범죄에 공동가공하여 범죄를 실현하려는 의사의 결합만 있으면 되는 것으로서, 비록 전체적인 모의과정이 없었다고 하더라도 수인 사이에 순차적으로 또는 암묵적으로 상통하여 그 의사의 결합이 이루어지면 공모관계가 성립하고, 이러한 공모가 이루어진 이상 실행행위에 직접 관여하지 아니한 자라도 다른 공모자의 행위에 대하여 공동정범으로서 형사적 책임을 지는 것이다."

동지: 대법원 2000. 11. 10. 2000 도 3483; 대법원 2001. 6. 29. 2001 도 1319; 대법원 2004. 12. 10. 2004 도 5652; 대법원 2006. 5. 11. 2003 도 4320.

인정할 수 있다.[1] 따라서 공동정범은 서로 면식이 있음을 요하지 않고 단순히 자기 이외에 다른 사람이 공동으로 죄를 범한다는 사실을 인식하면 족하다.

(2) 승계적 공동정범

15 1) 의 의 공동의사의 성립은 반드시 사전에 있었음을 요하지 않는다.[2] 따라서 공동정범은 공동의사의 성립시기에 따라 공모공동정범·우연적 공동정범 및 승계적 공동정범으로 구별된다. 공모공동정범(Komplott)은 공동의 의사가 행위 이전에 성립한 경우이며, 우연적 공동정범(偶然的 共同正犯, zufällige Mittäterschaft)은 공동의 의사가 행위시에 성립한 경우를 말함에 반하여, 승계적 공동정범(承繼的 共同正犯) 또는 계승적 공동정범(繼承的 共同正犯, sukzessive Mittäterschaft)은 공동의 의사가 행위 도중, 즉 실행행위의 일부 종료 후 그 기수 이전에 성립한 경우, 예컨대 甲이 강도의 의사로 A에게 폭행을 가하여 반항을 억압한 후 친구인 乙에게 그 사실을 이야기하고 공동하여 A의 재물을 탈취한 경우를 말한다. 이 경우에 甲을 선행자, 乙을 후행자라고 한다. 승계적 공동정범에 있어서는 공동정범의 성립가능성과 후행자의 책임범위가 문제된다.

16 **2) 공동정범의 성립가능성** 승계적 공동정범이 성립할 수 있는가에 대하여는 범죄공동설과 행위공동설이 견해를 달리한다. 범죄공동설에 의하면 승계적 공동정범은 공동정범이 될 수 없고 전체범죄의 방조가 될 뿐임에 반하여, 행위공동설은 이 경우에도 공동정범의 성립을 인정한다. 그러나 범죄공동설과 행위공동설의 대립이 무의미하다는 것이 밝혀진 이상 이에 의하여 공동정범의 성립가능성을 문제삼는 것 역시 무의미하다. 여기서 문제가 되는 것은 승계적 공동정범에서의 공동의사의 성립시기이다. 공동정범에서 공동의 의사가 사전에 있을 것을 요하지 않는 이상 행위 도중에 공동의사가 성립한 경우에도 공동정범의 성립을 긍정하지 않을 수 없다.

---

1 대법원 1983. 3. 8. 82 도 2873; 대법원 1993. 4. 23. 92 도 2628; 대법원 1993. 7. 13. 92 도 2832.

2 대법원 1961. 7. 21. 4294 형상 213, "공동정범이 성립함에 있어서 필요한 범죄를 공동실행할 의사는 범죄행위시에 존재하면 족하고 반드시 사전공모함을 요하지 않는다고 할 것이므로, 2인이 같이 피해자의 안부 및 두부를 위시한 전신을 구타하여 상해를 입히고 사망케 한 경우에는 두 사람에게는 범죄를 공동실행케 할 의사가 행위 당시에 존재한 것으로 볼 것이고, 따라서 공동정범으로 본건 범죄결과에 대한 전 책임을 부담하여야 할 것이다."

동지: 대법원 1970. 1. 27. 69 도 2225; 대법원 1984. 7. 10. 83 도 2018; 대법원 1985. 8. 20. 84 도 1373; 대법원 1991. 6. 11. 91 도 985; 대법원 2004. 10. 28. 2004 도 4437.

17 승계적 공동정범도 공동정범이므로 공동정범의 다른 요건을 구비해야 한다. 따라서 선행자와 후행자에게는 공동하여 범죄를 완성한다는 공동의 의사가 있어야 한다. 이 경우에 공동의 의사가 성립할 수 있는 시기는 원칙적으로 범죄의 종료시까지라고 할 수 있다. 나아가 후행자는 나머지 실행행위를 행하여 실행행위를 분담하여야 한다. 따라서 후행자의 개입 이전에 선행자에 의하여 범죄가 완성된 때에는 승계적 공동정범이 성립할 여지가 없다.

3) 공동정범의 성립범위 승계적 공동정범에 있어서 후행자에게 어느 범위에서 공동정범의 성립을 인정해야 할 것인가에 대하여는 견해가 대립되고 있다.

18 (가) **적 극 설** 선행자의 행위를 인식하고 이를 이용하려는 의사의 연락을 근거로 후행자에 대하여도 전체행위에 대한 공동정범의 책임을 인정해야 한다는 견해이다. 종래 우리나라의 다수설[1]의 태도였다. 후행자가 선행자의 의사를 이해하고 이미 이루어진 사정을 이용하면서 실행에 참가한 때에는 공동정범의 성립요건인 공동의 의사와 공동가공의 사실이 모두 존재하고, 의사의 연락이 전체행위의 어느 시점에 있었는가는 문제되지 않으므로 후행자도 전체범죄에 대하여 공동정범의 책임을 져야 한다는 것을 이유로 한다. 독일연방법원(BGH)이 선행자에 의하여 실행된 가중사유(Erschwerungsgründe)를 후행자에 대하여도 적용할 것인가에 대하여 "지금까지의 사정을 인식하고 인용하면서 공동정범으로 가공한 경우 상호이해(Einverständnis)는 범죄의 전체계획에 대한 것이고, 이러한 상호이해가 전체범죄를 후행자에게도 형법상 귀속하게 하는 힘을 가진다"고 판시하여 후행자에 대하여도 가중절도죄의 성립을 인정한 이래,[2] 독일에서 통설[3]의 지위를 차지하고 있었던 견해이다.

19 (나) **소 극 설** 후행자에게 그 가담 이후의 행위에 관하여만 공동정범의 성립을 인정하는 견해[4]이다. 후행자의 행위는 선행자에 의하여 이미 행하여진 행위의 원인이 될 수 없으며 형법상의 추인(追認) 또는 사후고의를 인정할 수 없을

1 염정철(공저) 359면; 정영석 253면; 황산덕 266면; 권문택 "승계적 공동정범"(고시계 1972. 4), 40면; 김종원 "승계적 공동정범"(사법행정 1964. 7), 25면.
2 BGHSt. 2, 346.
3 Baumann/Weber/Mitsch S. 696; Jescheck/Weigend S. 678; Kühl 20/29; Maurach/Gössel/Zipf S. 220; Tröndle/Fischer § 25 Rn. 9; Welzel S. 107.
4 김일수/서보학 597면; 남흥우 260면; 박상기 385면; 배종대 567면; 안동준 230면; 오영근 641면; 유기천 290면; 이형국 333면; 임웅 405면; 정성근/박광민 538면; 조준현 325면.

뿐만 아니라, 선행자에 의하여 단독으로 행하여진 결과에 대하여는 후행자의 행위지배를 인정할 수 없다는 점을 근거로 한다. 독일에서 정범요소로 행위지배를 들고 있는 많은 학자들에 의하여 지지되어 현재 오히려 다수설의 지위를 차지하고 있는 견해[1]라고 할 수 있다. 우리나라의 판례[2]의 태도이다.

20 (다) **비 판** ① 승계적 공동정범도 공동정범이므로 공동의 지배 또는 기능적 행위지배가 인정되어야 한다. 그러나 후행자의 개입 이전에 선행자에 의하여 단독으로 행하여진 결과나 가중사유에 대하여 후행자가 기능적인 역할분담을 했다고는 할 수 없다. 행위지배는 주관과 객관의 결합을 의미하는 것이므로 이미 실현된 불법결과에 대하여 상호이해 또는 인식이 있었다는 것만으로 그 결과가 공동으로 지배된 것이라고는 볼 수 없기 때문이다.[3] 따라서 개입 이전의 결과에 대하여 후행자에게 공동정범의 성립을 인정할 수는 없다. ② 적극설은 후행자가 선행자의 행위를 인식하고 이를 인용 또는 이용했다는 점에서 공동정범의 요건인 공동의 의사가 충족되었다고 설명한다. 그러나 공동정범은 정범의 공동이며 공동의 의사를 인정하기 위하여는 공동의 행위지배를 행할 의사가 전제되어야 한다. 행위지배설에 의하는 경우 후행자에게 선행자가 이미 실행한 부분에 대하여 행위지배의 요소인 실현의사가 있었다고 볼 수 없음은 명백하다.[4] 이러한 의미에서 사후의 인식을 근거로 공동의 의사를 인정하는 적극설의 근거도 타당하다고 할 수 없다.[5] ③ 객관적 귀속의 최소한의 전제는 인과관계에 있다. 귀속의 전제인 인과관계는 행위 이후에 발생한 결과에 대하여만 합법칙적 관련을 인

---

1 Ebert S. 202; Herzberg S. 153; Hoyer SK Rn. 124; Otto S. 232; Roxin LK Rn. 195, *Täterschaft und Tatherrschaft*, S. 290; Sch/Sch/Cramer/Heine §25 Rn. 91; Schmidhäuser S. 510; Gössel "Sukzessive Mittäterschaft und Täterschaftstheorien", Jescheck-FS S. 555.

2 대법원 1982. 6. 8. 82 도 884, "연속된 히로뽕 제조행위 도중에 공동정범으로 범행에 가담한 자는 비록 그가 범행에 가담할 때에 이미 이루어진 종전의 범행을 알았다 하더라도 그 가담 이후의 범행에 대하여만 공동정범으로 책임을 지는 것이라고 할 것이니, 비록 이 사건에서 甲의 제조행위 전체가 포괄하여 하나의 죄가 된다고 할지라도 피고인에게 그 가담 이전의 제조행위에 대하여까지 유죄를 인정할 수는 없다고 할 것이다."

대법원 1997. 6. 27. 97 도 163 판결은 업무상 배임의 포괄일죄에 관하여 같은 취지를 유지하였다.

동지: 대법원 2007. 11. 15. 2007 도 6336.

3 Roxin LK Rn. 136, *Täterschaft und Tatherrschaft*, S. 290; Gössel *a.a.O.* S. 549, 555; Rudolphi "Tatherrschaftsbegriff bei der Mittäterschaft", Bockelmann-FS S. 377.

4 Roxin LK Rn. 195, *Täterschaft und Tatherrschaft*, S. 292.

5 Gössel *a.a.O.* S. 550.

정할 수 있다. 후행자의 개입 이전에 이미 선행자가 단독으로 실행한 결과를 후행자에게 귀속시킨다는 것은 승계적 공동정범에 있어서는 인과관계가 문제되지 않는다는 결과가 되며, 이는 타인의 행위에 대하여도 책임을 져야 한다는 의미에 지나지 않는다.[1] 따라서 적극설은 자기책임의 원칙에 반한다.

이러한 의미에서 후행자에 대하여는 개입 후의 공동실행행위에 대하여만 공동정범의 성립을 인정하는 소극설이 타당하다고 생각된다.

⑶ **과실범의 공동정범**

21 **1) 과실범의 공동정범의 의의** 과실범의 공동정범(過失犯의 共同正犯)이란 2인 이상이 공동의 과실행위로 인하여 과실범의 구성요건적 결과를 발생케 한 경우를 말하는바, 이러한 유형의 법익침해가 공동정범이 될 수 있는가가 문제된다. 이는 공동정범의 성립요건인 공동의사의 내용을 어떻게 파악할 것인가의 문제에 귀착한다. 예컨대 甲과 乙이 의사의 연락 아래 야수로 오인하고 발포하였으나 甲의 탄환에 의하여 A가 사망하였거나, 누구의 것인지 모르는 탄환에 맞아 A가 사망한 경우 또는 甲과 乙이 함께 돌을 굴리다가 떨어뜨려 A에게 상해를 입힌 경우가 여기에 해당한다.

2) 견해의 대립 과실범의 공동정범을 인정할 것인가에 관하여는 긍정설과 부정설이 대립되고 있다.

22 ㈎ **긍 정 설** 과실범에 있어서도 공동정범의 성립이 가능하다고 해석하는 견해이다. 다만 그 이론적 근거가 무엇인가에 대하여는 견해가 일치하지 않는다.

23 (a) 행위공동설 행위공동설에 의하면 공동정범은 특정한 범죄를 공동으로 하는 것이 아니라 행위의 공동이 있으면 족하고, 공동의 의사도 행위를 공동으로 할 의사를 의미한다고 해석하므로 고의를 달리하는 범죄의 공동정범은 물론 고의범과 과실범 또는 과실범의 공동정범도 인정한다.[2] 대법원의 판례가 따르고 있는 근거라고 할 수 있다.[3] 다만, 행위공동설을 이유로 과실범의 공동정범

1 Herzberg S. 153; Hoyer SK Rn. 125; Sch/Sch/Cramer/Heine Rn. 91; Schmidhäuser S. 510.
2 염정철(공저) 352면; 이건호 182면.
3 ⑴ 대법원 1979. 8. 21. 79 도 1249, "형법 제30조의 공동하여 죄를 범한 때의 죄라 함은 고의범이고 과실범이고를 불문하므로 두 사람 이상이 어떠한 과실행위를 서로의 의사연락하에 이룩하여 범죄가 되는 결과를 발생케 한 것이라면 과실범의 공동정범이 성립한다. 그러므로 운전병이 운전하는 지프차의 선임탑승자는 이 운전병의 안전운행을 감독하여야 할 책임이 있는데 오히려 운전병을 주점에 데리고 들어가서 음주케 한 다음 운전케 한 결과 위 운전병이 음주로 인하여

을 인정하는 경우에는 과실범에 있어서는 형법상 무의미한 행위를 공동으로 하는 것으로 공동정범을 인정하게 된다는 비판을 받는다.[1]

24 (b) 공동행위주체설 공동행위주체설은 공동의사주체설에 대립되는 의미를 갖는 학설로서, 공동행위주체설에 의하면 공모만으로는 부족하고 실행행위를 분담하였다고 볼 수 있는 범위에서 공동정범이 성립하며, 공동행위주체가 성립되어 실행행위를 분담한 이상 과실에 의해 결과를 낸 때에도 공동정범이 성립한다고 해석하는 견해[2]이다. 그러나 ① 공동행위주체설은 공모공동정범의 이론적 근거로 주장된 공동의사주체설에 대립되는 이론에 불과하고 이에 의하여 공동정범의 본질이 설명된다고 보기는 어렵고, ② 공동행위주체는 의사의 연락이 있고 실행행위를 분담한 경우에 성립함에도 불구하고 과실범에 있어서 어떻게 공동행위주체가 성립되는가를 설명하지 못한다는 비판을 받고 있다.

25 (c) 기능적 행위지배설 공동정범의 본질이 기능적 행위지배에 있다는 전제하에 과실범의 공동정범도 기능적 행위지배가 인정되는 때에는 가능하다고 해석하는 견해이다. 따라서 이 견해는 과실범의 공동정범이 인정되기 위하여는 의사의 연락을 요하지 않고 주의의무위반의 공동과 기능적 행위지배가 있을 것을 요한다고 해석한다.[3] 그러나 기능적 행위지배도 행위지배의 한 태양이며, 행위지배는 범죄실현의사 내지 고의를 전제로 하는 개념이므로 과실범에 있어서

취한 탓으로 사고가 발생한 경우에는 위 선임탑승자에게도 공동정범이 성립한다."

(2) 대법원 1982. 6. 8. 82 도 781, "공동정범은 고의범이나 과실범을 불문하고 의사의 연락이 있는 경우이면 그 성립을 인정할 수 있다. 따라서 피고인이 정기관사의 지휘·감독을 받는 부기관사이기는 하나 사고열차의 퇴행에 관하여 서로 상의·동의한 이상 퇴행에 과실이 있다면 과실책임을 면할 수 없다."

(3) 대법원 1997. 11. 28. 97 도 1740, "성수대교와 같은 교량이 그 수명을 유지하기 위하여는 건설업자의 완벽한 시공, 감독공무원들의 철저한 제작시공상의 감독 및 유지·관리를 담당하고 있는 공무원들의 철저한 유지·관리라는 조건이 합치되어야 하는 것이므로, 위 각 단계에서의 과실 그것만으로 붕괴원인이 되지 못한다고 하더라도, 그것이 합쳐지면 교량이 붕괴될 수 있다는 점은 쉽게 예상할 수 있고, 따라서 위 각 단계에 관여한 자는 전혀 과실이 없다거나 과실이 있다고 하여도 교량붕괴의 원인이 되지 않았다는 등의 특별한 사정이 있는 경우를 제외하고는 붕괴에 대한 공동책임을 면할 수 없다. 이 사건의 경우 피고인들에게는 트러스 제작상, 시공 및 감독의 과실이 인정되고, 감독공무원들의 감독상의 과실이 합쳐져서 이 사건 사고의 원인이 되었으며, 한편 피고인들은 이 사건 성수대교를 안전하게 건축되도록 한다는 공동의 목표와 의사연락이 있었다고 보아야 할 것이므로, 피고인들 사이에는 이 사건 업무상과실치사상죄 등 죄에 대하여 형법 제30조 소정의 공동정범의 관계가 성립된다고 보아야 할 것이다."

1 심재우 "과실범의 공동정범"(고시계 1980. 4), 36면.

2 유기천 288면.

3 심재우 전게논문, 38면.

기능적 행위지배를 인정할 수는 없다는 비판을 받고 있다. 독일의 통설은 과실범에 있어서는 공동의 행위지배를 인정할 수 없다는 이유로 공동정범이 있을 수 없고, 따라서 동시범이 될 뿐이라고 해석하고 있다.[1]

(d) 과실공동 · 행위공동설　　과실범에 있어서는 공동정범이 성립하기 위하여 의사의 연락을 요하지 않고, 의무의 공동이 있고 행위의 공동이 있을 때에는 공동정범이 성립할 수 있다고 해석하는 견해이다.[2] 공동정범의 본질에 관하여 행위공동설을 취하면서도 여기의 행위를 구성요건적 행위로 이해하여 과실범의 구성요건인 주의의무위반과 구성요건을 실현하는 행위의 공동이 있으면 공동정범이 성립한다는 것이다. 이 견해에 대하여는 ① 고의범과 과실범의 공동정범의 요건을 달리하는 이유를 설명할 수 없으며, ② 과실범의 공동정범을 인정할 실익도 없으므로 개별책임을 인정하여 과실범의 동시범을 인정하는 것이 책임원칙에 맞는다는 비판이 제기되고 있다.[3] 26

(나) **부 정 설**　　공동정범은 고의범에 있어서만 가능하다는 전제에서 과실범의 공동정범을 부정하고 과실범의 동시범으로 해결하면 족하다고 해석하는 견해이다. 부정설은 과실범의 공동정범을 인정할 실익이 없다는 점 이외에 다시 그 근거를 설명하는 방법에 따라 세 가지로 나눌 수 있다. 27

(a) 범죄공동설　　범죄공동설은 공동정범이 특정한 범죄를 공동으로 하는 것이므로 고의를 같이하는 범죄에 대하여만 공동정범이 있을 수 있고, 고의범과 과실범의 공동정범은 물론 과실범의 공동정범도 있을 수 없다고 한다.[4] 이에 대하여는 범죄공동설이 공동정범의 본질에 관하여도 타당한 이론이라고 할 수 없으므로, 이에 따라 공동정범의 성립범위를 좁게 해석하는 것은 부당하다는 비판이 제기된다. 28

(b) 목적적 행위지배설　　공동정범은 정범의 일종이고 정범이 되기 위 29

1 Jescheck/Weigend S. 613; Maurach/Gössel/Zipf S. 195; Roxin LK §25 Rn. 217; Samson SK §25 Rn. 101; Schmidhäuser S. 306.
2 정성근/박광민 555면.
3 김일수/서보학 607면; 박상기 394면.
이에 반하여 손해목 1028면은 과실의 공동이 있는 때에는 과실범의 동시범이 아니라 그 직접정범이 된다고 한다.
4 남흥우 31면; 백남억 295면; 정영석 253면; 박정근 "과실범의 공동정범"(사법행정 1972. 9), 45면.

하여는 범죄의사와 목적적 행위지배가 있어야 하므로 과실범의 공동정범은 있을 수 없다는 견해[1]이다. 그러나 ① 과실행위를 목적적 행위라고 할 수 없을 뿐만 아니라, ② 정범요소는 주관적 요소와 객관적 요소의 결합에 의하여 파악해야 하므로 이를 고의에 치중하여 해석함으로써 목적적 행위지배가 없다는 이유로 공동정범의 성립을 부정하는 것은 부당하다는 비판을 면할 수 없다.

30 (c) 기능적 행위지배설 공동정범의 본질을 기능적 행위지배에 두고 기능적 행위지배는 공동의 결의에 기초한 역할분담을 의미하므로 과실범에서는 공동정범이 성립할 여지가 없고, 과실의 공동이 있는 때에는 각자를 동시범으로 취급해야 한다는 견해[2]이다. 과실범에 있어서 과실의 공동만으로 공동정범을 인정한다면 책임원칙과의 충돌이 불가피하다는 것을 이유로 한다. 그러나 기능적 행위지배도 행위지배의 내용이므로 이 견해에 의하면 과실범에 대하여는 공동정범은 물론 단독정범도 있을 수 없다는 부당한 결론이 되지 않을 수 없다.

3) 과실범의 공동정범의 근거

31 (가) **공동정범 인정의 필요성** 다수설인 부정설은 과실범의 공동정범을 인정할 실익이 없고, 이를 인정하는 것은 처벌의 부당한 확대를 초래한다고 한다. 그러나 과실범에 있어서도 공동정범을 인정하여 종합적인 책임을 인정하는 것이 필요한 경우가 있다. 첫째, 다수인의 과실행위로 인하여 결과가 발생하였으나 인과관계가 불명확한 경우이다. 예컨대 ① 甲과 乙이 의사연락 아래 야수로 생각하고 발포하여 A가 사망하였으나 甲과 乙 중 누구의 탄환으로 인한 것인지 모를 경우, ② 甲과 乙이 절도하기 위하여 공장에 침입하여 성냥불을 켜고 가다가 버려, 꺼지지 않은 성냥불이 인화물질에 인화되어 화재가 발생하였지만 甲과 乙 중 누가 버린 성냥에 의하여 인화된 것인지 밝혀지지 않은 경우에 甲과 乙을 모두 무죄라고 하는 것은 정당한 귀속이론이 될 수 없다. 둘째, 다수인의 공동행위와 결과 사이에 인과관계의 확정이 가능한 경우, 예컨대 ① 열 사람이 힘을 합해야 굴릴 수 있는 돌을 산에서 열 사람이 함께 굴려 내리다가 행인에게 피해를 입힌 경우, ② 주식회사의 이사회의 결의로 부작용이 있다는 것이 알려진 제품을 회수하지 아니하여 소비자들의 건강을 해하게 한 경우에는 전체행위와 결과 사

1 진계호 374면; 황산덕 272면.
2 박상기 395면; 배종대 573면; 손해목 1028면; 신동운 583면; 이형국 331면; 허일태 192면.

이의 인과관계를 규명하여 인과관계를 쉽게 인정할 수 있게 된다. 따라서 과실범의 공동정범을 인정하는 것은 처벌의 부당한 확대가 아니라 정당한 귀속관계를 인정하여 타당한 결론을 제시할 수 있는 방법이 된다.

32 (나) **과실범의 공동정범의 이론적 근거** 공동정범에 있어서 공동의 의사의 내용은 공동의 실현의사를 의미하는 것이 아니라 정범을 공동으로 할 의사라고 해석해야 한다. 따라서 그 내용은 고의범과 과실범에 있어서 동일하다고 볼 수 없다. 고의범에 있어서 그것은 고의의 공동을 의미하지만 과실범에 있어서는 주의의무위반의 공동을 말한다. 고의를 전제로 하는 행위지배 또는 기능적 행위지배를 과실범의 정범요소로 요구할 때에는 과실범의 정범이란 있을 수 없기 때문이다. 과실범의 정범요소는 주의의무위반이라는 점에서 찾지 않을 수 없으므로 과실범의 공동정범도 주의의무를 공동으로 침해할 것을 요구한다고 해야 한다. 그것은 주의의무의 공동과 구성요건실현행위의 공동을 의미하므로 과실공동·행위공동설에 따라 과실범의 공동정범을 인정하는 것이 타당하다.

33 4) **과실범의 공동정범의 성립요건** 과실범의 공동정범이 성립하기 위한 요건은 고의범의 경우와는 다르다. 과실범의 공동정범이 성립하기 위하여는 다음의 요건이 필요하다.

(가) **공동의 주의의무위반** 고의범의 공동정범이 고의의 공동을 필요로 함에 반하여 과실범의 공동정범에 있어서는 공동의 주의의무위반이 필요하다. 따라서 과실범에 있어서 공동정범이 인정되기 위하여는 공동의 주의의무가 있어야 한다. 여기서의 공동의 주의의무는 각자에게 요구되는 주의의무의 내용이 동일하고 그것이 각자에게 동일한 방법으로 동일한 범위에서 적용되는 것이어야 한다. 따라서 동일한 대상에 관련된 동일한 법익보호를 목적으로 하는 주의의무라 하더라도 그 구체적 내용을 달리할 때에는 공동의 주의의무라고 할 수 없다.[1] 공동의 주의의무(의 존재)에 대한 인식을 요하지 않는다는 것은 과실범의 본질에 비추어 당연하다.

(나) **구성요건 실현행위의 공동** 과실범의 공동정범이 성립하기 위하여는

1 대법원 1997. 11. 28. 97 도 1740 판결(성수대교 붕괴사건)이 교량의 시공업자, 감독자 및 교량의 유지·관리를 담당한 공무원에 대하여 과실범의 공동정범을 인정한 것은 이러한 의미에서 의문이다.

객관적 요건으로 공동가공의 사실이 인정되어야 한다. 과실범에서 그것은 주의의무를 위반하여 결과를 발생시키는 행위, 즉 구성요건적 결과실현행위의 공동을 의미한다. 따라서 결과를 발생시키는 행위의 공동에 대한 인식은 과실범의 공동정범에서도 필요하다.

2. 객관적 요건

34 (1) **공동가공의 사실** 공동정범이 성립하기 위하여는 공동가공의 의사가 있어야 하는 것 이외에도 객관적으로 범죄를 실행한 공동가공의 사실이 있어야 한다. 주관적으로 공동의 의사가 있는 경우에도 공동가공의 사실, 즉 실행행위의 분담이 없으면 공동정범이 될 수 없다. 이와 같이 공동정범은 공동의 행위계획에 따른 객관적 행위기여가 있어야 성립한다는 데 대하여는 이론이 없지만, 어느 정도의 행위기여가 있어야 공동가공의 사실을 인정할 수 있는가는 명백하지 않다.

공동실행이란 구성요건에 해당하는 행위의 실행을 의미하므로 공동의 의사에 의하여 각자가 구성요건적 요소를 실현한 때에는 문제가 없다. 또 공동정범은 구성요건을 단독으로 실현하는 것이 아니라 공동으로 실현하는 것이므로 각자가 모든 구성요건을 충족할 것을 요하지 않으며 구성요건의 일부를 실행한 이상 공동정범이 되는 것도 명백하다. 예컨대 강도죄 또는 강간죄에 있어서 폭행에 가담한 자는 스스로 재물을 취거하거나 간음하지 아니한 때에도 강도죄 또는 강간죄의 공동정범이 된다.[1] 그러나 공동정범은 역할분담에 의한 기능적 행위지배에 그 의의가 있다. 따라서 실행의 분담이 있는지 여부에 대하여는 구성요건에 해당하는 행위에 제한되는 것이 아니라 전체계획에 의하여 결과를 실현하는 데 불가결한 요건이 되는 기능을 분담하였느냐가 기준이 된다.[2] 따라서 다른 공모자를

---

1 (1) 대법원 1984. 6. 12. 84 도 780, "피고인이 공소외 甲과 공모하여 甲이 피해자를 강간하고 있는 동안 동 피해자가 반항하지 못하도록 입을 막고 주먹으로 얼굴을 2회 때렸다면 피고인은 강간죄의 공동정범의 죄책을 면할 수 없다."
(2) 대법원 1986. 1. 21. 85 도 2411, "피고인이 공범들과 함께 강도범행을 저지른 후 피해자의 신고를 막기 위하여 공범들이 묶여 있는 피해자를 옆방으로 끌고 가 강간범행을 할 때에 피고인은 자녀들을 감시하고 있었다면 공범들의 강도강간범죄에 가공한 것이라 하겠으므로 비록 피고인이 직접 강간범행을 하지 않았다 하더라도 강도강간의 공동죄책을 면할 수 없다."

2 Hoyer SK Rn. 119; Jescheck/Weigend S. 680; Maurach/Gössel/Zipf S. 215; Sch/Sch/Cramer/Heine §25 Rn. 66; Stratenwerth/Kuhlen 12/92; Wessels/Beulke Rn. 528; Roxin *Täterschaft*

현장에 데려다 주거나, 절도 또는 강도를 공모하고 다른 공모자가 절취 또는 강취해 온 재물을 운반하거나,[1] 다른 공모자가 도피할 수 있도록 자동차를 대기하고 있는 경우는 물론 장물을 처분하는 역할을 담당하는 것[2]도 모두 실행의 분담이 있다고 할 수 있다. 대법원이 망을 보는 자는 실행행위를 분담한 것이므로 공동정범이라고 판시한 것[3]도 이러한 의미에서 이해할 수 있다. 공동가공의 사실은 반드시 구성요건적 행위를 공동으로 할 것을 요하지 아니하고 예비행위를 공동으로 한 경우에도 인정된다.[4] 범죄계획의 수행에 필수적인 역할을 분담한 이상 실행행위의 분담은 반드시 현장에서 행하여짐을 요하지 않는다.[5] 따라서 범죄계획을 수립하고 그 실행을 지휘한 범죄집단의 수괴는 범행시에 현장에 나가지 않고 극장에 있거나 다른 사람과 잡담을 하고 있었다고 할지라도 단순한 교사나 종범에 그치는 것이 아니라 공동정범으로서 실행행위를 분담하였다고 볼 수 있다.[6]

(2) **공모공동정범** 공동정범의 객관적 요건인 공동가공의 사실이 공동 **35**

---

und Tatherrschaft, S. 280.

1 대법원 1961. 11. 9. 4294 형상 374, "수인이 공모하여 각자 실행행위의 각 일부를 분담한 경우에 그 분담실행의 행위는 공모자 전원의 의사를 수행한 것으로서 공모자 전원이 그 책임을 져야 하는 것이므로 피고인이 공소외인과 공모하여 동 공소외인은 야간에 창고에 침입하여 천막을 절취하고 피고인은 그를 운반하여 양여 또는 보관하였다면 피고인은 동 공소외인과 함께 야간 건조물침입절도의 죄책을 져야 할 것이다."

2 그러나 이는 처음부터 절도 또는 강도의 공모가 있는 경우에 관한 것이고 단순히 훔쳐오면 팔아주겠다고 한 것만으로 공동정범이 성립하는 것은 아니다.

대법원 1975. 2. 25. 74 도 2228, "피고인이 공소외 甲에게 황소를 훔쳐오면 문제없이 팔아주겠다고 말한 사실이 있을 뿐이라면 이는 절취장물에 관하여 매각 알선하겠다는 의사표시를 한 것으로 볼 수 있을 뿐 황소 절취행위를 공동으로 하겠다는 공모의 의사를 표시한 것이라고 할 수 없다."

동지: 대법원 1980. 6. 24. 80 도 629; 대법원 2000. 4. 7. 2000 도 576; 대법원 2003. 3. 28. 2002 도 7477.

3 대법원 1968. 3. 26. 68 도 236; 대법원 1968. 4. 30. 68 도 407; 대법원 1971. 4. 6. 71 도 311.

4 Hoyer SK §25 Rn. 119; Jakobs **21**/48; Jescheck/Weigend S. 680; Sch/Sch/Cramer/Heine §25 Rn. 66; Tröndle/Fischer §25 Rn. 13.

5 BGHSt. 16, 12. 피고인 K와 St가 S와 공모하여 자동차를 절취하여 자동차여행을 떠나기로 하고 자동차의 절취는 S에게 맡긴 사건이다. S가 V의 자동차를 절취하여 오는 동안 K와 St는 기다리고 있다가 그들이 가져온 여행장비로 여행을 떠났다. BGH는 K와 St도 공동정범이라고 하면서, "다수인이 절도의 실행을 그들 가운데 한 사람이 행하는 것이 적합하기 때문에 그에게 맡겨서 실행하기로 공모한 때에도 다른 사람의 그 행위에 대한 이익은 그 행위를 자신의 이익으로 추진한 것으로 볼 수 있다. 이러한 경우 공동정범의 요건인 행위에 대한 밀접한 관계는 행위의 준비시에 제공된 앞으로의 약속으로 충분하다. 이는 행위가 단독으로 수행되기 때문에 행위시에 그에게 영향을 미칠 수 없는 때에도 같다"고 판시하였다.

6 Hoyer SK §25 Rn. 120; Sch/Sch/Cramer/Heine §25 Rn. 67; Stratenwerth/Kuhlen **12**/94; Wessels/Beulke Rn. 529.

자 모두에 필요한가에 관하여 공모공동정범을 인정할 것인가라는 문제가 제기된다.

36 1) **공모공동정범의 의의** 공모공동정범(共謀共同正犯)이란 2인 이상의 자가 공모하여 그 공모자 가운데 일부가 공모에 따라 범죄의 실행에 나아간 때에는 직접 실행행위를 담당하지 아니한 공모자에게도 공동정범이 성립한다는 이론이다. 공모공동정범이론은 일본의 대심원판례에 의하여 인정되어 처음에는 지능범에게만 적용되어 오다가 실력범에 이르기까지 확대되어[1] 최고재판소의 판례까지 그대로 유지되고 있으며, 대법원도 일관하여 "공동정범에 있어서 범죄행위를 공모한 후 그 실행행위에 직접 가담하지 아니하더라도 다른 공모자가 분담 실행한 행위에 대하여 공동정범의 죄책을 면할 수 없다"고 판시함으로써[2] 판례에 의하여 확립된 이론이라고 할 수 있다.

2) **견해의 대립** 공모공동정범을 인정할 것인가에 대하여는 긍정설과 부정설이 대립되고 있다.

(가) **긍 정 설**

37 (a) 공동의사주체설 판례에 의하여 확립된 공모공동정범이론의 이론적 지주는 草野에 의하여 제창된 공동의사주체설이다. 이에 의하면 2인 이상의 이심별체(異心別體)인 개인이 일정한 범죄를 범하려고 하는 공동목적을 실현하기 위하여 동심일체(同心一體)가 되고, 따라서 그 가운데 일부의 행위는 공동의사주체의 행위가 되어 직접 실행행위를 분담하지 않은 다른 공모자도 공동정범으로 처벌되어야 한다는 것이다. 이는 마치 민법에 있어서 조합원이 조합의 채무에 대하여 책임을 지는 것과 같다고 한다. 대법원이 공모공동정범을 인정하는 것도 바로 이 공동의사주체설에 입각하고 있는 것으로 보인다.[3]

---

1 공모공동정범이론을 일본에서 처음 인정한 판결은 日大判 1896. 3. 3의 판결이다. 그러나 이 이론이 판례이론으로 확립된 것은 아래 판결이라고 할 수 있다.
日大判 1936. 5. 28(형집 15, 715), 甲, 乙, 丙, 丁 4인이 은행강도를 공모하여 甲, 乙, 丙 3인이 이를 실행한 사건이다. 日本 大審院 連合部는 "공동정범의 본질은 2인 이상이 일심동체와 같이 서로 도우며 각자의 고의를 공동적으로 실현하여 범죄를 실현함에 있어 공모자의 1인만이 실행하였더라도 다른 공모자는 공동정범이 아니라 할 수 없으며, 이것은 지능범인가 또는 방화·살인·절도·강도의 실력범인가에 따라 차이가 있을 수 없다"고 판시하였다.

2 대법원 1955. 6. 24. 4288 형상 145; 대법원 1967. 9. 19. 67 도 1027; 대법원 1971. 4. 30. 71 도 496; 대법원 1980. 5. 27. 80 도 907; 대법원 2001. 6. 29. 2001 도 1319; 대법원 2002. 7. 26. 2001 도 4947; 대법원 2006. 2. 23. 2005 도 8645; 대법원 2008. 4. 24. 2007 도 11258.

3 대법원 1983. 3. 8. 82 도 3248, "공모공동정범은 공동범행의 인식으로 범죄를 실행하는 것으로

38 그러나 공동의사주체설은 다음과 같은 이론상의 난점을 피할 수 없다. ① 공동의사주체설이 공동정범을 공동의사주체의 활동으로 보면서 책임은 공동의사주체를 구성하는 개인에 대하여 논하는 것은 책임의 전가로서 자기책임의 원리에 반하며, 단체책임의 원리에 입각하여 실행행위를 분담하지 않은 공모자에게 다른 사람의 실행행위가 있음을 이유로 공동정범으로서의 책임을 인정하는 것은 개인책임의 원리에 반한다. ② 공동정범은 정범이며 공범이 아니다. 그런데 공동의사주체설은 공모자 가운데 한 사람의 실행행위가 있으면, 이에 종속하여 다른 공모자도 공동정범이 된다고 하여 공동정범의 종속성을 인정한다. 그러나 정범인 공동정범이 다른 정범에 종속한다는 것은 정범의 본질에 반한다. ③ 공동의사주체설은 정범과 공범을 역할의 중요성에 따라 구분하고 단순한 공모자도 실행자와 같이 중요한 역할을 한 것이므로 공동정범이라고 한다. 그러나 중요한 역할의 내용과 중요성은 반드시 명백한 것이 아니며, 또 단순히 모의에 가담하였다는 것만으로 중요한 역할을 하였다고는 보기 어렵다.

39 (b) 간접정범유사설　간접정범유사설은 공모공동정범의 이론적 근거를 간접정범에 유사한 이론구성에 의하여 설명하려고 한다. 이에 의하면 개별적으로 보아 실행을 하지 아니한 공모자도 타인과 공동하여 타인의 행위를 이용하여 실행한 점에서 공동정범을 인정할 가능성이 있다고 한다. 즉 공동의사에 의하여 심리적 구속을 실행자에게 미친 자는 실행자를 이용하여 자기의 범죄의사를 실현한 것이므로 실행자는 다른 공모자의 도구로서의 구실을 한다는 것이다. 다만, 공모공동정범에 있어서 공모자와 실행자의 관계는 전자에 의하여 후자가 일방적으로 이용되는 것이 아니라 후자 또한 전자의 존재에 의하여 지원을 받고 실행을 고무받음으로써 공동하여 범죄를 실행한 것이므로 공동정범성의 근거를 갖는다고 한다.[1] 공모공동정범에 대한 일본 최고재판소의 대표적 판결이라고 할 수 있

공동의사주체로서의 집단 전체의 하나의 범죄행위의 실행이 있음으로써 성립하고 공모자 모두가 그 실행행위를 분담하여 이를 실행할 필요가 없고 실행행위를 분담하지 않아도 공모에 의하여 수인간에 공동의사주체가 형성되어 범죄의 실행행위가 있으면 실행행위를 분담하지 않았다 하더라도 공동의사주체로서 정범의 책임을 면할 수 없다."

동지: 대법원 1983. 10. 11. 83 도 1942; 대법원 1988. 3. 22. 87 도 2539; 대법원 1990. 9. 11. 90 도 1639; 대법원 1993. 7. 27. 93 도 1435; 대법원 1994. 3. 8. 93 도 3154; 대법원 1998. 3. 27. 98 도 30; 대법원 2000. 3. 14. 99 도 4923; 대법원 2002. 4. 12. 2000 도 3485; 대법원 2002. 7. 26. 2001 도 4947 판결도 공동의사주체설의 입장이다.

1 藤木英雄 可罰的違法性の理論, 319頁; 藤木英雄 "共謀共同正犯"(형법판례백선 1), 172頁 참조.

는 練馬사건의 판결에서 최고재판소가 취하고 있는 태도[1]이며, 대법원판례 중에도 이 견해를 취했다고 볼 수 있는 판결이 상당수 있다.[2]

40 그러나 간접정범유사설도 다음과 같은 비판을 면하기 어렵다. ① 공동정범이 간접정범과 유사하다는 이론은 공동정범의 분업적 실행에 의한 전체책임의 근거를 설명하기 위한 것이며[3] 단순히 공모하였다는 것만으로 간접정범과 유사하다고는 할 수 없다. ② 간접정범은 일종의 단독정범이므로 공동정범을 간접정범과 유사하다고 볼 때에는 공동정범을 부정하는 결과가 될 뿐 아니라, 책임능력자의 행위를 서로 이용하여 죄를 범한 공동정범이 책임무능력자의 행위를 이용한 간접정범과 같은 실질을 가질 수는 없다. ③ 공동정범을 간접정범과 유사하다고 보면 간접정범의 실행의 착수시기가 간접정범의 이용행위시에 있으므로 공모공동정범도 공모시에 실행의 착수가 있다고 하는 부당한 결과가 된다.

41 (c) 적극이용설 직접 실행에 나오지는 않았어도 범죄의 실현에 주동적 역할을 한 자는 정범으로 처벌할 필요가 있다는 전제에서 실행행위를 전체적·실질적으로 고찰하여 공모자의 이용행위를 실행과 동(일)시하고 적극적 이용행위에 실행의 형태(=실행성)를 인정하는 견해[4]이다. 이에 의하면 공모공동정범이 성립하기 위하여 공모는 의사연락 정도로는 부족하고 공모자간에 자타구속적인 강도, 즉 범죄수행에 중

1 日最判 1958. 5. 28(형집 12-8, 1718), 공산당군사조직의 지하당위원장인 甲이 乙과 공모하여 練馬警察署 경찰관을 저격할 계획을 세우고 丙 등 수인으로 하여금 이를 실행케 한 사건이다. 피고인 甲과 乙은 실행에 가담하지 않았으므로 공모공동정범에 의하여 처벌하는 것은 형사책임의 근본을 부정하는 것이라고 상고하였으나 최고재판소는 상고를 기각하면서, "공모공동정범이 성립하기 위하여는 2인 이상의 자가 특정한 범죄를 행하기 위하여 공동의사 아래 일체가 되어 서로 타인의 행위를 이용하여 각자의 의사를 실행에 옮기는 것을 내용으로 하는 모의를 하고 이에 의하여 범죄를 실행한 사실이 인정되지 않으면 안 된다. 따라서 이러한 관계에서 공모에 참가한 사실이 있는 이상 직접 실행행위에 관여하지 않은 자에게도 타인의 행위를 자기의 수단으로 범죄를 행하였다는 의미에서 형사책임에 차이가 있다고 해석할 수 없다. 이러한 관계에서 실행행위에 직접 관여하지 않았다든가 그 분담 또는 역할이 어떠한가는 공범의 형사책임의 성립을 좌우하는 것은 아니라고 해석함이 상당하다"고 판시하였다.

2 대법원 1988. 4. 12. 87 도 2368, "공모공동정범이 성립되려면 두 사람 이상이 공동의 의사로 특정한 범죄행위를 하기 위하여 일체가 되어 서로가 다른 사람의 행위를 이용하여 각자 자기의 의사를 실행에 옮기는 것을 내용으로 하는 모의를 하여 그에 따라 범죄를 실행한 사실이 인정되어야 한다."

동지: 대법원 1989. 6. 27. 88 도 2381; 대법원 1993. 3. 23. 92 도 3327; 대법원 1994. 10. 11. 94 도 1832; 대법원 1996. 3. 8. 95 도 2930.

3 대법원은 공동정범 일반의 주관적 요건인 공동의사의 내용에 관하여도 "다른 사람의 행위를 이용하여 자기의 의사를 실행에 옮기는 것을 내용으로 하는 것이어야 한다"고 판시하고 있다 (33/11 참조).

4 김종수 "공모공동정범"(형사법강좌 Ⅱ), 750면.

요한 역할을 담당하여 공모자가 실행자를 적극 이용하였다고 볼 만한 행위가 있어야 할 뿐만 아니라, 객관적 요건으로 공모자에게 합의 이외에 결과실현을 위한 범죄수행을 용이하게 하는 객관적 행동이 필요하다고 한다.

그러나 이 견해에 대하여도 ① 적극이용행위와 단순한 이용행위 사이에는 정도의 차이가 있음에 불과하므로 이를 정범의 요소로 하기에는 부적절할 뿐만 아니라, ② 단순히 범행수행을 용이하게 하는 정도의 객관적 행위가 있었다고 하여 공동정범이 될 수는 없고, ③ 적극이용설이 공모자 사이의 이용행위를 바탕으로 하고 있는 한 간접정범유사설과 동일한 것이므로 간접정범유사설에 대한 비판이 여기에도 적용된다.[1]

42

(나) **부 정 설** 통설은 공모공동정범에 대하여 공동정범의 성립을 부정하고 있다.[2] 즉 형법의 해석상으로는 실행행위를 분담한 때에만 공동정범이 성립하므로 공모공동정범의 개념은 인정할 수 없으며, 전혀 실행행위를 분담하였다고 볼 수 없는 공모자는 그 가공의 정도에 따라 교사나 방조의 책임을 질 따름이라고 한다.

그러나 ① 공모공동정범이론은 집단범죄 또는 공동범죄의 실체를 정확히 파악하고 이에 대처하기 위한 이론이라는 점에서 그 합리성을 인정해야 한다.[3] 공동정범의 객관적 요건을 엄격히 요구할 때에는 집단의 배후에서 범행을 지휘하거나 중요한 역할을 하고 있는 두목이나 간부는 정범으로 처벌할 수 없게 되어 집단범죄의 본질과 사회실정에 맞지 아니한다. ② 통설이 공모공동정범을 부정하고 있음에도 불구하고 이 이론은 판례에 의하여 확고하게 확립된 법리이며, 또 이러한 판례이론이 변경될 것을 기대할 수도 없는 실정이다. 그렇다면 공모공동정범이론을 계속 부인하여 형법학과 판례의 평행선을 지속케 하는 것보다는 이를 인정하면서 공모의 범위를 합리적으로 제한하는 것이 바람직하다. 즉 공모공동정범에 있어서 핵심문제는 공모공동정범을 인정할 것이냐가 아니라, 공모 또는 모의의 실체가 무엇인가를 규명하는 데 있다.[4]

1 김일수/서보학 602면; 이형국 연구, 603면.

2 김성천/김형준 506면; 김일수/서보학 603면; 박상기 393면; 배종대 582면; 손동권 438면; 신동운 575면; 안동준 237면; 오영근 644면; 유기천 288면; 이정원 352면; 임웅 415면; 정성근/박광민 551면.

3 일본 개정형법초안 제27조 2항은 "2인 이상이 범죄의 실행을 모의하고 공모자의 어떤 자가 공동의 의사에 의하여 이를 실행한 때에는 다른 공모자도 정범이 된다"고 규정하여 공모공동정범의 법적 근거를 마련하고 있다.

4 荻原玉味 "共謀共同正犯"(刑法の爭點), 118頁.

3) 공모공동정범의 논거

43 (가) **공모공동정범의 필요성** 공모공동정범은 다수인이 가담하여 범죄를 범하는 경우에 실행행위를 담당하는 자를 정신적·물질적으로 조종하여 지배하는 배후거물(지배형 공모공동정범)과, 대등한 입장에서 서로 영향을 미쳐 공동의사를 형성하고 이에 따라 일부가 실행행위를 담당하는 경우(분담형 공모공동정범)를 정범으로 처벌하는 것이 합리적이라는 데 그 근거가 있다. 이에 대하여 형법이 교사범을 정범과 같은 형으로 처벌하고, 합동범에 관한 규정이나 형법 제34조의 특수교사·방조에 관한 규정이 있는 이상 공모공동정범을 인정할 필요가 없다는 주장도 있다.[1] 그러나 ① 처벌을 같이 한다는 이유로 정범이 되어야 할 자를 공범으로 처벌하는 것은 옳다고 할 수 없고, ② 분담형 공모공동정범의 경우에 정범을 방조로 처벌하는 것은 처벌의 불균형을 초래하고, ③ 합동범이나 특수교사·방조는 공모 이외의 특별한 요건을 필요로 한다는 점에서 판례가 배후거물이나 분담형 공모공동정범을 정범으로 처벌하고자 한 형사정책적 정당성은 긍정할 필요가 있다.

44 (나) **공모공동정범의 이론적 근거** 공모공동정범에 있어서 공동정범의 성립가능성을 인정하면서도 공동정범이 성립할 수 있는 공모의 범위를 제한하는 것은 공동정범의 기초를 분업에 의한 기능적 역할분담에 있다고 보는 기능적 행위지배설에 의하여 설명될 수 있다.[2] 즉 공동정범의 객관적 요건인 공동가공의 사실은 구성요건에 해당하는 실행행위를 분담한 경우에만 제한되는 것이 아니라 각자가 전체계획의 범위 안에서 공동하여 결과를 실현하는 데 불가결한 요건이 되는 기능을 분담하였느냐에 따라 결정하여야 한다. 이러한 의미에서 단순히 공모에 참여하였다는 이유만으로는 공동정범이 될 수 없지만, 실행행위를 분담하지 아니한 경우에도 범죄를 조직하고 지휘하거나 범죄의 실행자를 지정하여 실행하는 때와 같이 전체계획의 중요한 기능을 담당하였다고 인정되는 공모자는 공동정범으로 처벌되어야 한다.

판례도 최근 "구성요건행위를 분담하지 아니한 공모자에게 공모공동정범으로서의 죄책을 인정하기 위해서는 단순한 공모에 그치는 것이 아니라 범죄에 대

1 박상기 393면; 정성근 "공모공동정범론 재론"(고시계 1990. 9), 116면.
2 손해목 1022면; 안동준 237면; 조준현 329면; 김종원 "공모공동정범의 공동정범성"(법정 1975. 7), 28면; 심헌섭 "공동정범과 기능적 행위지배"(고시연구 1974. 9), 62면.

한 본질적 기여를 통한 기능적 행위지배가 존재해야 한다"고 판시함으로써 기능적 행위지배설의 입장에 따르는 경향을 보이고 있다.[1]

따라서 대법원은 ① 몽둥이 등을 든 일부 조합원들이 집회 장소를 지키고 있던 용역경비원들을 폭행하거나 상해를 가한 경우 사건현장에서 노조원들을 지휘한 노동조합 간부(대법원 2009. 8. 20. 2008 도 11138)나, ② 건설 관련 회사의 대표자가 장기간에 걸쳐 건설공사 현장 소장들의 뇌물공여행위를 보고받고 이를 확인·결재하는 등의 방법으로 위 행위에 관여한 경우(대법원 2010. 7. 15. 2010 도 3544)에는 공모공동정범이 성립하지만, ③ 전국노점상총연합회가 주관한 도로행진시위에 단순가담자로 참가한 피고인이 다른 시위자들과 함께 경찰관에게 특수공무집행방해 행위를 하던 중 체포된 경우 체포된 이후에 이루어진 다른 시위참가자들의 범행에 대하여는 공모공동정범이 성립하지 않는다고 판시하였다(대법원 2009. 6. 23. 2009 도 2994).

45 **4) 공모공동정범의 성립요건** 공모공동정범도 공동정범이므로 공동정범의 성립요건인 공동의 의사와 공동가공의 사실이 인정되어야 한다. 주관적 요건인 공동의 의사는 2인 이상이 공동하여 죄를 범할 의사를 의미하며, 이는 공모에 의하여 당연히 인정된다. 공모공동정범이 성립하기 위하여는 공동의 의사 이외에 공동가공의 사실이 인정되어야 한다. 따라서 적어도 공모자 중 1인은 실행에 착수하여야 한다. 그러나 공모에만 가담한 공모자는 실행행위를 분담하지 않았다는 점에 문제가 있다. 따라서 공모공동정범은 공모에 의하여 공동정범의 객관적 요건인 기능적 행위지배를 행사해야 한다. 판례는 "공모공동정범에 있어서의 공모는 어느 범죄에 공동가공하여 그 범죄를 실현하려는 의사의 결합만 있으면 족하다"고 판시하고 있다.[2] 그러나 단순한 범죄실현을 위한 의사의 결합만으

1 대법원 2007. 4. 26. 2007 도 235, "형법 제30조의 공동정범은 공동가공의 의사와 그 공동의사에 기한 기능적 행위지배를 통한 범죄 실행이라는 주관적·객관적 요건을 충족함으로써 성립하는바, 공모자 중 구성요건 행위 일부를 직접 분담하여 실행하지 않은 자라도 경우에 따라 이른바 공모공동정범으로서의 죄책을 질 수도 있는 것이기는 하나, 이를 위해서는 전체 범죄에 있어서 그가 차지하는 지위·역할이나 범죄 경과에 대한 지배 내지 장악력 등을 종합해 볼 때, 단순한 공모자에 그치는 것이 아니라 범죄에 대한 본질적 기여를 통한 기능적 행위지배가 존재하는 것으로 인정되는 경우여야 한다."

동지: 대법원 2009. 6. 23. 2009 도 2994; 대법원 2009. 8. 20. 2008 도 11138; 대법원 2010. 7. 15. 2010 도 3544; 대법원 2011. 1. 27. 2010 도 11030.

2 대법원 2002. 7. 26. 2001 도 4947, "2인 이상이 범죄에 공동가공하는 공범관계에서 공모는 법률상 어떤 정형을 요구하는 것이 아니고, 2인 이상이 공모하여 어느 범죄에 공동가공하여 그 범죄를 실현하려는 의사의 결합만 있으면 된다."

동지: 대법원 1998. 3. 27. 98 도 30; 대법원 2000. 3. 14. 99 도 4923; 대법원 2000. 11. 10.

로 기능적 행위지배를 인정할 수는 없고, 공모자는 공모에 의하여 전체계획에 중요한 역할을 담당해야 한다.

46 **5) 공모관계로부터의 이탈** 공모공동정범에 있어서는 공모관계에서 이탈한 자를 공동정범으로 처벌할 수 있는가가 문제된다. 공모공동정범에 있어서 공모관계에서의 이탈에는 다른 공모자가 실행에 착수하기 전에 이탈하는 경우와 실행에 착수한 이후에 이탈하는 경우가 포함된다. 후자가 공동정범과 중지미수의 문제임에 반하여, 전자는 공모공동정범이 성립하는가에 관한 문제이다.

다른 공모자가 실행에 착수한 후에 이탈한 경우에 다른 공범자에 의하여 그 범죄가 기수에 이른 때에는 피고인은 그 범죄의 기수로 처벌받으며(대법원 2002. 8. 27. 2001 도 513), 중지미수가 되지 않는다.

대법원은 종래 공모자의 1인이 다른 공모자가 실행행위에 이르기 전에 공모관계에서 이탈한 때에는 다른 공모자의 행위에 관하여 공동정범으로서의 책임을 지지 않는다고 판시하였다.[1] 이에 의하면 ① 다른 공모자가 실행에 착수하기 전일 것, ② 이탈자가 이탈의 의사를 표명할 것, ③ 다른 공모자가 이를 승인할 것이라는 요건이 충족되면 공동정범은 성립하지 않게 된다. 공모공동정범은 공모에 의하여 공동정범이 되기 때문에 공모에서 이탈한 이상 공동정범이 성립할 근거가 상실될 뿐만 아니라, 이탈에 의하여 이탈자의 종전의 가공과 다른 공모자 사이의 인과관계가 없어진다는 것을 이유로 한다. 공동의사주체설이나 간접정범유사설에 의할 때에는 당연한 결론이다. 그러나 기능적 행위지배의 관점에서 공모공동정범을 공동정범으로 인정해야 한다는 입장에서 볼 때에는 이탈자가 공모에 의하여 담당한 기능적 행위지배를 제거한 때에 공동정범이 성립하지 않는다고 보아야 한다. 따라서 이탈자가 공모자 가운데 평균적 일원에 불과한 때에는 실행에 착수하기 전에 이탈의 의사를 표시하는 것으로 공동정범관계는 해소되지만, 공모관계의 주모자로서 다른 공모자의 실행에 강한 영향을 미친 때에는 실행에 미친 영향력을 제거하기 위한 진지한 노력을 필요로 한다. 대법원도 최근 "공

2000 도 3483; 대법원 2002. 4. 12. 2000 도 3485.

1 대법원 1986. 1. 21. 85 도 2371, "공모공동정범에 있어서 그 공모자 중의 1인이 다른 공모자가 실행에 이르기 전에 그 공모관계에서 이탈한 때에는 그 이후의 공모자의 행위에 관하여 공동정범으로서의 책임은 지지 않는다고 할 것이고 그 이탈의 표시는 반드시 명시적임을 요하지 않는다."
동지: 대법원 1995. 7. 11. 95 도 955; 대법원 1996. 1. 26. 94 도 2654.

모자가 공모에 주도적으로 참여하여 다른 공모자의 실행에 영향을 미친 때에는 범행을 저지하기 위하여 적극적으로 노력하는 등 실행에 미친 영향력을 제거하지 아니하는 한 공모관계에서 이탈하였다고 할 수 없다"고 판시하고 있다.[1]

Ⅲ. 공동정범의 처벌

1. 공동정범과 처벌

47 공동정범은 각자를 그 죄의 정범으로 처벌한다(제30조 1항). 공동의 실행행위로 인하여 발생한 사실의 전부에 대하여 공동정범은 각자가 정범으로서 책임을 져야 한다는 의미이다. 따라서 甲과 乙이 A를 살해하기로 공모하고 각각 A를 향하여 발포하여 甲이 쏜 탄환에 의하여 A가 사망하고 乙이 쏜 탄환은 A에게 명중되지 않은 때에도 甲과 乙은 다같이 살인죄의 기수로 처벌된다.

공동정범은 공동의사의 범위 안에서만 성립한다. 따라서 공동정범 가운데 어느 1인이 공동의사의 범위를 초과한 때에는 그 부분은 공동정범이 아니라 단독정범이 될 뿐이다.[2] 대법원은 강도의 공동정범 가운데 한 사람이 상해를 가한 이상 다른 공동정범도 당연히 강도상해죄의 공동정범의 죄책을 면할 수 없고,[3] 절

---

1 대법원 2008. 4. 10. 2008 도 1274, "(1) 공모공동정범에 있어서 공모자 중의 1인이 다른 공모자가 실행행위에 이르기 전에 그 공모관계에서 이탈한 때에는 그 이후의 다른 공모자의 행위에 관하여는 공동정범으로서의 책임은 지지 않는다 할 것이나, 공모관계에서의 이탈은 공모자가 공모에 의하여 담당한 기능적 행위지배를 해소하는 것이 필요하므로 공모자가 공모에 주도적으로 참여하여 다른 공모자의 실행에 영향을 미친 때에는 범행을 저지하기 위하여 적극적으로 노력하는 등 실행에 미친 영향력을 제거하지 아니하는 한 공모관계에서 이탈하였다고 할 수 없다.

(2) 다른 3명의 공모자들과 강도 모의를 하면서 삽을 들고 사람을 때리는 시늉을 하는 등 그 모의를 주도한 피고인이 함께 범행대상을 물색하다가 다른 공모자들이 강도의 대상을 지목하고 뒤쫓아 가자 단지 "어?"라고만 하고 비대한 체격 때문에 뒤따라가지 못한 채 범행현장에서 200m 정도 떨어진 곳에 앉아 있었으나 위 공모자들이 피해자를 쫓아가 강도상해의 범행을 한 사안에서, 피고인에게 공동가공의 의사와 공동의사에 기한 기능적 행위지배를 통한 범죄의 실행사실이 인정되므로 강도상해죄의 공모관계에 있고, 다른 공모자가 강도상해죄의 실행에 착수하기까지 범행을 만류하는 등으로 그 공모관계에서 이탈하였다고 볼 수 없으므로 강도상해죄의 공동정범으로서의 죄책을 진다."

동지: 대법원 2010. 9. 9. 2010 도 6924.

2 Maurach/Gössel/Zipf S. 221; Sch/Sch/Cramer/Heine §25 Rn. 95; Schmidhäuser S. 287; Wessels/Beulke Rn. 531.

3 대법원 1984. 2. 28. 83 도 3162, "수인이 합동하여 강도를 한 경우 1인이 강취하는 과정에서 간수자를 강타, 사망케 한 때에는 나머지 범인도 이를 예기하지 못한 것으로 볼 수 없는 경우에는 강도살인죄의 죄책을 면할 수 없다."

도의 공모공동정범 가운데 1인이 준강도행위를 하였으면 다른 공모자도 준강도죄의 죄책을 면할 수 없다고 판시하고 있다.[1] 그러나 공동정범은 공동의사의 범위를 초과하여 성립할 수 없으므로 초과한 부분에 대한 공동정범이 성립하기 위하여는 다른 공동자에게도 고의가 있음을 요한다고 해석해야 한다.[2] 다만 다른 공동자가 행한 초과부분에 대하여 고의 없는 공동자가 그 결과를 예견할 수 있었을 때에는 결과적 가중범의 공동정범이 성립할 수 있다.[3]

48 결과적 가중범의 공동정범에 관하여도 대법원은 행위공동설의 입장에서 기본행위에 대한 공동이 있는 이상 다른 공동자도 결과적 가중범에 대한 책임을 면할 수 없다는 태도를 취하고 있다.[4] 그러나 결과적 가중범의 공동정범을 인정하기 위하여는 공동정범의 각자가 형법 제15조 2항에 의하여 결과의 발생을 예견할 수 있었음을 요한다.[5]

2. 공동정범과 신분

49 공동정범도 정범이므로 신분이 있어야 성립되는 범죄, 즉 진정신분범에 있어서는 공동정범의 각자가 그러한 신분을 가질 것을 요한다.[6] 그러나 형법 제33조는 "신분이 있어야 성립되는 범죄에 신분 없는 사람이 가담한 경우에는 그 신분 없는 사람에게도 제30조 … 의 규정을 적용한다"고 규정하여, 비신분자는 단독으로 진정신분범의 정범이 될 수 없으나 신분자와 공동하여서는 신분범을 범할 수 있다는 특별규정을 두고 있다. 따라서 공무원 아닌 자도 수뢰죄 또는 허위

동지: 대법원 1983. 4. 26. 83 도 210; 대법원 1984. 1. 31. 83 도 2941; 대법원 1992. 12. 22. 92 도 2462; 대법원 1998. 4. 14. 98 도 356.

1 대법원 1967. 6. 20. 67 도 598; 대법원 1972. 1. 13. 72 도 2073.

2 BGH NJW. 73, 377, "강도의 공동정범은 다른 공동자의 살해행위에 대하여 적어도 이 행위에 대하여 미필적 고의가 있는 때에만 책임이 있다."

3 日最判 1979. 4. 13(형집 33-3, 179).

4 대법원 1978. 1. 17. 77 도 2193, "공동정범은 실행행위를 같이하여 범죄를 저지른 것이라 함이 당원 판례가 지키는 견해요(1962. 6. 14. 62 도 57), 여기에 공동의 의사란 구성요건적 결과인식, 즉 범의의 공동은 필요치 않다. 따라서 결과적 가중범인 상해치사죄의 공동정범은 폭행 기타 신체침해 행위를 공동으로 할 의사가 있다면 성립되고 결과를 공동으로 할 의사는 필요 없다 할 것이므로 패싸움을 한 사람이 칼로 찔러 상대방을 죽게 한 경우에 다른 공범자가 결과인식이 없다 하여 상해치사죄의 책임이 없다고 할 수 없다."

동지: 대법원 1984. 2. 14. 83 도 3120; 대법원 1997. 10. 10. 97 도 1720; 대법원 2002. 4. 12. 2000 도 3485.

5 Sch/Sch/Cramer/Heine § 25 Rn. 95; Wessels/Beulke Rn. 531.

6 Sch/Sch/Cramer/Heine § 25 Rn. 81.

공문서작성죄의 공동정범이 될 수 있고,[1] 비점유자도 점유자와 같이 횡령죄의 공동정범이 될 수 있다.[2] 그러나 공동정범은 반드시 같은 형으로 처벌할 것을 요하는 것은 아니다. 공동정범 가운데 책임조각사유나 처벌조각사유가 있는 자가 있으면 그 사유는 그에게만 적용된다(제33조 단서). 따라서 타인과 공동하여 친족의 재물을 절취한 자는 처벌받지 아니하나 공동자는 절도죄의 책임을 면할 수 없고, 타인과 공동하여 타인의 존속을 살해한 자는 보통살인죄에 해당한다.[3]

3. 공동정범과 착오

50 공동정범의 착오에 관하여는 사실의 착오에 관한 이론이 그대로 적용된다. 따라서 공동정범 가운데 한 사람의 동일 구성요건 간의 객체의 착오는 다른 공동정범의 고의를 조각하지 않는다.

제 4 절 교 사 범 §34

Ⅰ. 교사범의 의의

1 교사범(敎唆犯, Anstiftung)이란 타인으로 하여금 범죄를 결의하여 실행케 한 자를 말한다. 형법 제31조 1항이 "타인을 교사하여 죄를 범하게 한 자는 죄를 실행한 자와 동일한 형으로 처벌한다"고 규정한 것은 이를 의미한다. 따라서 여기서 죄를 범하게 한 자란 범죄를 실행케 한 자를 말한다. 교사범은 타인을 교사하여 죄를 범하는 가담형식이므로, 스스로 행위지배에 관여하지 않는다는 점에서 실행행위를 분담하고 분업적 역할분담에 의하여 기능적으로 행위지배를 행하는 공동정범과 구별된다. 교사범은 타인을 이용하여 죄를 범한다는 점에서는 간접

---

1 대법원 1971. 6. 8. 71 도 795.
2 대법원 1965. 8. 24. 65 도 493.
3 대법원 1961. 8. 2. 4294 형상 284, "처가 실자와 더불어 그 남편을 살해할 것을 공모하고 자(子)로 하여금 남편을 자빠뜨리고 양수로 두부를 강압하게 한 후 양수로 남편의 생식기 부분을 잡아당겨서 질식사에 이르게 한 경우에 그 처와 실자를 존속살인 범행의 공동정범으로 인정한 것은 적법하다."
그러나 이 경우는 형법 제33조 단서가 적용될 것이다.

정범과 같은 구조를 가지고 있다. 그러나 간접정범은 어느 행위로 인하여 처벌되지 않거나 과실범으로 처벌되는 (인간인) 도구를 이용하여 의사지배를 행하는 정범인 점에서 정범의 범죄를 전제로 하는 교사범과 구별된다. 간접정범은 이용자가 피이용자를 이용하기 시작할 때에 실행의 착수가 있지만, 교사범은 피교사자(정범)가 실행에 착수하여야 성립한다고 보아야 하는 이유도 여기에 있다.

2 교사범은 종범과 함께 협의의 공범에 속한다. 교사범은 타인에게 범죄의 결의를 생기게 하였다는 점에서, 타인의 결의를 전제로 하여 그 실행을 유형적 또는 무형적으로 돕는 데 지나지 않는 종범과 구별된다. 즉 교사범은 범죄의 발안자(Urheber)이며 정범의 범죄에 원인을 준 자이다.[1] 그러므로 교사범의 처벌근거는 교사범이 정범의 '불법'을 야기하였다는 데 있는 것이며, 정범의 '책임'을 야기하였기 때문은 아니다.

3 교사는 넓은 의미에서는 범죄결의에 영향을 주는 모든 행위를 포함한다고 할 수 있다. 따라서 예컨대 음행매개죄(제242조)에서 사람을 매개하여 간음하게 한 자 또는 자살관여죄(제252조 2항)에서 사람을 교사하여 자살하게 한 자의 행위도 교사행위라고 하지 않을 수 없다. 그러나 이와 같이 각칙에서 별도의 특별구성요건을 마련하고 있는 때에는 이는 형법 제31조의 교사에 포함되지 않는다. 그러므로 자살을 교사한 때에는 자살을 교사하는 행위 자체가 자살관여죄의 실행행위이며 구성요건해당성이 없는 자살에 대한 교사가 되는 것은 아니다.

Ⅱ. 교사범의 성립요건

4 교사범이 성립하기 위하여는 교사자의 교사행위와 정범의 실행행위가 있을 것을 필요로 한다. 교사자의 교사행위에는 타인에게 범죄를 실행케 하려는 의사가 있어야 하며, 정범도 교사에 의하여 형성된 범죄의 결의를 가지고 실행행위로 나아갈 것을 요한다. 교사범이 성립하기 위하여 교사행위 이외에 정범의 실행행위가 있을 것을 요건으로 하는 것은 공범의 종속성을 인정하는 이론적 결과이다.

1 Sch/Sch/Cramer/Heine § 26 Rn. 1.

1. 교사자의 교사행위

(1) 교사행위

1) **교사행위의 의의** 교사행위(敎唆行爲)란 타인(정범)에게 범죄의 결의를 갖게 하는 것을 말한다. 피교사자가 이미 범죄를 결의하고 있을 때는 교사행위라고 할 수 없다. 이때에는 방조 또는 교사의 미수가 가능할 따름이다. 그러나 피교사자의 범죄결의가 확고하지 않거나 막연한 일반적 범죄계획을 가지고 있을 정도인 때에는 교사가 될 수 있다. 피교사자가 가진 결의와 다른 방법으로 범죄를 실행할 결의를 갖게 한 때를 교사라고 할 수 있느냐가 문제된다. 이미 범죄의 결의를 가지고 있던 정범이 교사자의 의사에 의하여 중한 다른 범죄나 가중적 구성요건을 실현한 경우가 그것이다. 이에 대하여는 전체의 방조와 초과부분에 대한 교사의 상상적 경합이 성립한다는 견해[1]와 전체범죄에 대한 교사가 가능하다는 견해[2] 및 중한 범죄가 다른 범죄인 때에는 교사범이 되지만 단순한 가중적 구성요건일 때에는 방조범이 될 뿐이라는 견해[3]가 대립되고 있다. 피교사자의 결의보다 중한 범죄를 실행하게 한 때에는 원래의 결의와는 다른 불법내용을 가지므로 전체 범죄에 대한 교사범이 성립한다고 해야 한다. 5

따라서 절도를 결의하고 있는 자에게 강도를 하도록 한 경우와 상해의 결의가 있는 자에게 살인을 결의하게 한 경우는 물론, 강도를 결의하고 있는 자에게 흉기를 휴대하고 특수강도를 범하도록 한 경우에도(BGHSt 19, 339)[4] 각각 강도, 살인 및 특수강도의 교사가 된다고 해야 한다.

그러나 이미 범죄의 결의를 가지고 있는 자에게 그 결의보다 경미한 죄를 범하도록 한 때에는 그 경미한 범죄의 방조는 될 수 있어도 교사는 성립할 수 없다. 교사행위에 대하여는 위험감소의 경우로서 객관적 귀속이 부정되기 때문이다.

2) **교사행위의 수단** 교사행위의 수단에는 제한이 없다. 범죄결의에 영 6

---

1 Jescheck/Weigend S. 689; Samson SK[6] §26 Rn. 4; Sch/Sch/Cramer/Heine §26 Rn. 6; Stratenwerth/Kuhlen 12/145.

2 김일수/서보학 639면; 배종대 628면; 안동준 249면; 임웅 449면; 정성근/박광민 561면; 조준현 338면.

3 박상기 433면; 손해목 1067면; 오영근 671면.

4 BGHSt. 19, 339, "정범이 이미 강도의 결의를 가지고 있는 때에도 행위시에 흉기를 사용하도록 하는 결의를 가지게 한 자는 특수강도에 대한 교사의 책임을 져야 한다."

향을 미칠 수 있는 것이면 족하다. 명령·지시·설득·애원·요청·유혹·감언·이익제공·위협 등 수단을 묻지 아니한다. 그러나 강요·위력 또는 기망에 의한 때에는 간접정범이 성립할 수 있으므로 이 경우에는 교사행위가 될 수 없다. 교사는 반드시 명시적·직접적 방법에 의함을 요하지 아니하며, 묵시적인 경우도 포함한다.[1]

판례는 ① 피해자를 정신차릴 정도로 때려주라고 한 것은 상해의 교사에 해당하고(대법원 1997. 6. 24. 97 도 1075), ② 절도범들로부터 수회 장물을 취득해 온 자가 절도범에게 드라이버 1개를 사주면서 열심히 일하라고 한 것은 절도의 교사가 되고(대법원 1991. 5. 14. 91 도 542), ③ 대리시험자에게 시험장에 입장하라고 한 이상 주거침입죄의 교사죄가 성립하고(대법원 1967. 12. 19. 67 도 1281), ④ 부정임산물의 제재를 업으로 하는 자에게 해태상자를 만들어달라고 하면서 도벌자금을 제공한 때에는 산림법 위반죄의 교사가 성립하지만(대법원 1969. 4. 22. 69 도 255), ⑤ 단순히 연소한 자에게 밥값을 구하여 오라고 말한 것만으로는 절도교사에 해당하지 않는다고 판시하였다(대법원 1984. 5. 15. 84 도 418).

그러나 단순히 범죄를 유발할 수 있는 상황을 만든 것만으로는 교사행위라고 할 수 없다. 예컨대 甲이 乙의 처 A를 살해할 의사로 A가 그의 정부와 성교하고 있는 현장에 乙을 보내어, 乙이 A를 살해한 경우가 여기에 해당한다. 교사행위는 반드시 단독으로 할 필요는 없다. 수인이 공동하거나 연쇄적인 방법에 의한 교사도 가능하다. 그러나 교사는 특정 범죄에 대한 결의를 갖게 하는 것임을 요하며, 막연히 죄를 범하라고 하는 것과 같이 범죄일반을 교사하는 것은 교사라고 할 수 없다. 다만 범행방법까지 구체적으로 지시할 것을 요하는 것은 아니다.

7 **3) 부작위와 과실에 의한 교사** 부작위에 의한 교사 또는 과실에 의한 교사가 가능한가에 대하여는 견해가 대립되고 있다. 교사행위는 보통 작위에 의하여 행하여진다. 부작위에 의한 교사가 가능하다는 견해[2]도 있으나 부작위에 의한 교사는 법적으로 불가능하다고 해야 한다.[3] 교사행위는 교사자가 심리적 영향에 의하여 정범에게 범죄의 결의를 일으킬 것을 요하는데 부작위에 의하여는 정범

1 대법원 1967. 12. 19. 67 도 1281, "대리응시자들의 시험장의 입장은 시험관리자의 승낙 또는 그 추정된 의사에 반한 불법침입이라 아니할 수 없고, 따라서 피고인이 이와 같은 불법침입을 교사한 이상 주거침입교사죄가 성립된다."

2 염정철(공저) 367면.

3 Jescheck/Weigend S. 691; Roxin LK § 26 Rn. 61; Sch/Sch/Cramer/Heine § 26 Rn. 7.

의 결의를 방해하지 않을 수는 있어도 정범의 결의를 야기할 수는 없기 때문이다.

과실에 의한 교사도 성립할 수 있다는 견해[1]가 있다. 예컨대 의사가 부주의로 독약을 약품으로 오인하고 간호사에게 교부하여 환자에 복용케 함으로써 사망케 한 경우가 과실에 의한 교사범이라고 한다. 그러나 교사는 타인에게 범죄의 결의를 일으키게 하는 것이므로 과실에 의한 교사는 있을 수 없다.[2] 8

(2) **교사자의 고의** 교사자의 고의는 정범에게 범죄의 결의를 갖게 하고 정범에 의하여 범죄를 실행할 고의를 의미한다. 따라서 교사범은 교사의 고의뿐만 아니라 정범의 고의도 구비해야 하며, 이러한 의미에서 이중의 고의(二重의 故意, doppelter Vorsatz)를 요한다고 할 수 있다. 여기의 고의는 미필적 고의로 족하다. 9

1) **고의의 내용** 교사자의 고의는 구체적인 것이어야 한다. 즉 특정한 범죄와 특정한 정범에 대한 인식이 있어야 한다. 피교사자는 반드시 한 사람임을 요하지 않으며 다수인이라도 무방하다. 그러나 특정되지 아니한 다수인에 대하여는 교사가 성립할 수 없다. 피교사자는 특정되어야 하지만 교사자는 피교사자가 누구인가를 알 필요는 없다. 따라서 교도소의 옆방에 구금되어 있는 얼굴도 보지 못한 죄수에게 탈옥을 교사하는 것도 교사가 될 수 있다. 10

교사자는 정범에 의하여 행하여질 특정한 범죄에 대한 고의가 있어야 한다. 그 범죄를 구성요건에 해당하고 위법하게 하는 상황을 인식할 것을 요한다. 신분범에 대한 교사에 있어서는 교사자에게 정범의 신분에 대한 인식도 있어야 한다. 그러나 정범이 범할 범죄의 일시와 장소 또는 구체적인 실행방법은 교사자의 고의의 내용이 되지 않는다. 정범의 가벌성에 대한 인식도 요하지 않는다. 11

2) **미수의 교사** 교사자의 고의는 범죄의 완성(Vollendung), 즉 구성요건적 결과를 실현할 의사이어야 한다.[3] 따라서 교사자가 단순히 미수에 그치게 할 의사를 가졌음에 불과한 때에는 고의가 있다고 할 수 없다. 즉 교사의 미수는 처벌되지만 미수의 교사는 처벌할 수 없다. 12

---

1 염정철(공저) 367면; 이건호 188면.
2 김일수/서보학 640면; 박상기 434면; 배종대 628면; 손해목 1072면; 신동운 618면; 오영근 667면; 유기천 294면; 이형국 353면; 정성근/박광민 564면.
3 Jescheck/Weigend S. 624; Maurach/Gössel/Zipf S. 246; Roxin LK §26 Rn. 67; Sch/Sch/Cramer/Heine §26 Rn. 16; Stratenwerth/Kuhlen 12/150; Wessels/Beulke Rn. 572.

미수의 교사(Anstiftung zum Versuch)란 이와 같이 피교사자의 행위가 미수에 그칠 것을 예견하면서 교사하는 경우를 말한다. 예컨대 甲이 A의 금고에 돈이 없는 것을 알면서 乙에게 그 금고 안에 있는 돈을 절취할 것을 교사한 경우 또는 乙이 A를 살해하는 순간 자기가 말려서 살해하지 못하게 할 의사로 甲이 乙에게 A를 살해할 것을 교사한 경우가 여기에 해당한다.

13 타인을 범인으로 처벌받게 하기 위하여 범죄를 행할 것을 사주하여 기수에 이르기 전에 체포하는 함정수사(agent provocateur)의 형사책임을 인정할 것인가도 이 문제와 관련된다.[1] 미수의 교사의 가벌성은 결국 교사자의 고의가 어느 정도의 인식을 요하느냐의 문제에 귀착한다. 이에 대하여 **제 1 설**은 교사자의 고의는 피교사자인 정범이 범죄의 실행행위로 나아간다는 것을 인식하거나 범죄를 실행할 결의를 일으킨 의사로 족하다고 이해하여 미수의 교사도 교사의 고의가 있고 정범의 실행행위가 미수에 그쳤으므로 교사의 미수와 같이 가벌적이라고 한다.[2] 그러나 구성요건적 결과발생에 대한 인식 내지 구성요건적 결과에 대한 실현의사가 없는 고의를 인정할 수는 없다. 교사자의 고의는 피교사자의 실행행위에 의한 결과발생의 인식을 요한다고 보아야 하므로 미수의 교사는 교사의 고의가 없기 때문에 교사범이 성립하지 않는다는 **제 2 설**이 통설[3]이며 타당하다. 그러나 미수의 교사는 교사자가 구성요건적 결과의 실현에 대한 고의가 없는 경우를 말하는 것이므로 결과발생에 대하여 미필적 고의가 있는 때에는 이미 미수의 교사가 되지 않는다.

14 미수의 교사와 관련하여 교사자는 미수를 교사하였으나 교사자가 기대한 것과는 달리 기수에 이르렀을 때에 어떻게 처리할 것인가가 문제된다. 이에 대하여는 결과발생에 대한 교사자의 과실의 유무에 따라 과실책임을 질 수 있을 뿐이라고 해야 한다.

---

1 대법원도 함정수사를 교사범의 한 형태로 이해하고 있다.
대법원 1983. 4. 12. 82 도 2433, "소위 함정수사라 함은 본래 범의를 가지지 아니한 자에 대하여 수사기관이 사술이나 계략 등을 써서 범죄를 유발케 하여 범죄인을 검거하는 수사방법을 말하는 것이므로 범의를 가진 자에 대하여 범행의 기회를 주거나 범행을 용이하게 한 것에 불과한 경우는 함정수사라고 할 수 없다."
동지: 대법원 1982. 6. 8. 82 도 884; 대법원 1992. 10. 27. 92 도 1377; 대법원 2004. 5. 14. 2004 도 1066; 대법원 2007. 7. 26. 2007 도 4532.

2 남흥우 238면; 백남억 303면; 김종원 "교사범"(고시계 1975. 6), 39면.

3 김성천/김형준 536면; 김일수/서보학 641면; 박상기 434면; 배종대 630면; 손동권 457면; 신동운 621면; 안동준 251면; 오영근 669면; 유기천 300면; 이건호 189면; 이정원 341면; 이형국 352면; 임웅 448면; 정성근/박광민 565면; 조준현 338면.

교사자가 예상한 바의 결과는 발생하지 않았지만 다른 구성요건에 해당하는 결과가 발생한 때, 예컨대 살인미수를 교사하였으나 상해의 결과가 발생한 때에도 같다.

2. 피교사자의 실행행위

(1) **피교사자의 결의** 피교사자는 교사에 의하여 범죄실행의 결의를 하여야 한다. 그러므로 교사를 하였으나 피교사자가 범죄실행의 결의를 하지 아니한 때, 즉 정범이 범죄실행을 승낙하지 아니한 때에는 교사범은 성립하지 아니한다. 다만 형법 제31조 3항에 의하여 예비 또는 음모에 준하여 처벌된다. 이미 범죄의 결의를 하고 있는 자에 대한 교사도 같다. 즉 피교사자의 결의는 교사에 의한 것임을 요하므로 교사행위와 피교사자의 결의 사이에는 인과관계가 있어야 한다. 과실범에 대한 교사는 있을 수 없다. 형법은 과실범으로 처벌되는 자를 이용하는 행위를 간접정범으로 처벌하고 있다(제34조 1항). 15

(2) **피교사자의 실행행위** 피교사자가 적어도 범죄의 실행행위에 나아가야 한다. 따라서 교사행위와 피교사자의 결의가 있어도 피교사자의 실행이 없는 때에는 교사범이 되지 아니하고 형법 제31조 2항에 의하여 예비·음모에 준하여 처벌받을 수 있을 뿐이다.[1] 교사행위와 실행행위 사이에 인과관계가 없는 때에도 같다. 실행행위는 기수에 도달하거나 적어도 실행에 착수하였을 것을 요한다. 실행행위에 착수하지 않은 때에는 정범의 구성요건적 불법이 실현되지 않았으므로 교사범이 정범의 불법에 가담하였다고 할 수 없기 때문이다. 피교사자가 교사에 의하여 예비·음모에 나아가도 여기의 실행에 해당한다는 견해[2]가 있으나, 이는 형법 제31조 2항의 경우에 해당할 뿐이다. 16

정범의 실행행위는 모든 불법요소를 구비해야 한다. 즉 모든 객관적 구성요건요소와 주관적 구성요건요소가 충족되고 나아가 위법할 것을 요한다. 따라서 신분범 또는 목적범에 있어서는 정범에게 그러한 신분 또는 목적이 있어야 한다. 그러나 정범에게 실행행위에 대하여 책임이 있을 것을 요하는 것은 아니다(제한적 종속형식). 17

1 대법원 1998. 2. 24. 97 도 183; 대법원 2000. 2. 25. 99 도 1252.
2 유기천 295면.

Ⅲ. 교사의 착오

18 교사범에 있어서 착오의 문제는 실행행위의 착오와 피교사자에 대한 착오로 나누어 볼 수 있다.

1. 실행행위의 착오

교사자의 교사내용과 피교사자의 실행행위가 일치하지 않는 경우를 말한다.

19 (1) **교사내용보다 적게 실행한 때** 피교사자가 교사받은 것보다 적게 실행한 때에는 교사자는 피교사자가 실행한 범위에서 책임을 져야 한다. 예컨대 특수강도를 교사받은 피교사자가 강도죄를 범한 경우,[1] 또는 살인을 교사하였지만 살인미수에 그친 경우에는 강도죄 또는 살인미수의 교사범이 될 뿐이다. 이는 공범의 종속성으로 인한 당연한 결과라고 할 수 있다. 그러나 형법의 해석상 피교사자가 교사받은 것보다 적게 실행한 경우에 교사자는 언제나 피교사자가 실행한 범위에서 책임을 진다고 할 수 없는 경우가 있다. 예컨대 강도를 교사하였는데 피교사자가 절도를 범한 때에는 절도의 교사범이 되는 것은 물론이지만 강도의 교사에 대하여도 형법 제31조 2항의 교사의 미수에 해당하게 된다. 양 죄는 관념적 경합의 관계에 있으므로 형이 중한 강도의 예비·음모에 의하여 처벌되게 된다.[2]

20 (2) **교사내용 이상으로 실행한 때** 피교사자가 교사받은 이상으로 실행한 때에 초과부분에 대하여 교사범에게 책임을 지울 수 있는가가 문제된다. 교사범은 정범의 실행행위가 그의 고의와 부합하는 범위에서만 책임을 져야 하므로 초과부분에 대하여는 원칙적으로 책임을 지지 않는다고 할 수 있다. 그러나 이 문제는 두 경우로 나누어 검토할 필요가 있다.

21 1) **질적 초과** 피교사자가 교사받은 범죄와 전혀 다른 범죄를 실행한 경우, 즉 질적 초과(質的 超過, qualitativer Exzeß)의 경우에는 교사자는 교사범으로서의 책임을 지지 않는다. 예컨대 상해를 교사받은 자가 절도를 행한 경우에 교

---

1 BGHSt. 1, 131, "가중강도의 실행을 교사받은 자가 단순강도죄를 실행한 때에는 교사범은 단순강도의 교사로 책임을 질 수 있을 뿐이다. 이 경우에는 독일 구 형법 제49조의 a(현행 독일 형법 제30조 1항, 형법 제31조 2항과 유사한 규정임)는 적용되지 않는다."

2 김종원 전게논문, 101면.

사자는 상해의 교사도 절도의 교사도 되지 않으며, 강도를 교사받은 자가 강간을 한 경우에도 강도의 교사나 강간의 교사가 될 수 없다. 다만 교사한 범죄의 예비·음모를 벌하는 규정이 있는 때에는 교사자는 형법 제31조 2항에 의하여 예비·음모에 준하여 처벌받게 된다. 그러나 질적 초과로 인한 교사범의 면책은 그 질적 차이가 본질적인 때에 한한다. 따라서 사기를 교사하였는데 기망을 근거로 공갈을 하였거나,[1] 공갈을 교사하였는데 강도를 행한 때에는 양적 초과의 경우와 같이 교사한 범죄에 대한 교사범이 성립한다고 해야 한다.

22 **2) 양적 초과** 교사의 내용과 실행행위가 구성요건을 달리하나 공통적 요소를 포함하고 있는 양적 초과(量的 超過, quantitativer Exzeß)의 경우에는 교사자는 초과부분에 대하여는 책임을 지지 않는다. 예컨대 절도를 교사하였는데 강도를 실행한 때에는 교사범은 절도죄의 교사가 되며, 상해를 교사하였는데 살인을 한 때에도 상해죄의 교사범이 될 수 있을 뿐이다. 다만 사망의 결과에 대하여 과실이 있느냐에 따라 결과적 가중범으로서의 책임을 질 수 있다.[2] 피교사자가 결과적 가중범의 결과를 실현한 경우, 예컨대 甲이 乙에게 A에 대한 상해를 교사하였는데 A가 乙의 폭행으로 사망한 때에는 교사자에게 결과에 대한 과실이 있는 때에 한하여(제15조 2항) 결과적 가중범의 교사범이 성립한다. 이 경우에 과실의 유무는 교사자를 기준으로 판단하여야 하며, 피교사자에게 결과에 대한 고의 또는 과실이 있느냐는 전혀 문제가 되지 않는다.[3]

23 피교사자의 실행행위의 착오와 교사의 관계에 관하여는 착오의 일반이론이 그대로 적용된다. 피교사자의 객체의 착오는 법정적 부합설에 따라 해결하여야 한다. 따라서 구체적 사실의 착오는 교사자의 고의에 영향을 미치지 않는다. 피교사자의 범행의 일시·장소 또는 방법이 교사자가 예상한 바와 달라도 상관없다.

---

1 BGHSt. 11, 66, "공갈피고인의 협박이 기망으로 인한 것이라면 협박을 인식하지 못하고 기망만을 도우려고 한 종범은 그에게 사기의 구성요건이 충족되는 때에는 사기의 방조로 처벌된다."
이 판결은 종범에 관한 것이지만 교사의 경우에도 같은 이론이 적용될 것이다.

2 대법원 2002. 10. 25. 2002 도 4089, "교사자가 피교사자에 대하여 상해 또는 중상해를 교사하였는데 피교사자가 이를 넘어 살인을 실행한 경우 일반적으로 교사자는 상해죄 또는 중상해죄의 교사범이 되지만 이 경우에 교사자에게 피해자의 사망이라는 결과에 대하여 과실 내지 예견가능성이 있는 때에는 상해치사죄의 교사범으로서의 죄책을 지울 수 있다."
동지: 대법원 1993. 10. 8. 93 도 1873; 대법원 1997. 6. 24. 97 도 1075.

3 BGHSt. 19, 339, "강도의 교사범은 정범이 고의를 가졌거나 과실의 유무를 불문하고 그 자신에게 사망의 결과에 대하여 과실이 있으면 형법 제251조(강도치사)에 의하여 처벌되어야 한다."

2. 피교사자에 대한 착오

24 피교사자의 책임능력에 대한 인식은 교사자의 고의의 내용에 포함되지 아니한다. 그러므로 이에 대한 착오는 교사범의 고의를 조각하지 않는다. 다만 이 경우에는 정범의 요소가 구비될 수 있느냐가 문제된다. 이는 간접정범에 관하여 검토한 바와 같다. 즉 피교사자를 책임능력자로 알았으나 책임무능력자인 경우나, 책임무능력자로 알았으나 책임능력자인 때에는 모두 교사범이 성립할 뿐이다.

Ⅳ. 교사범의 처벌

25 교사범은 정범과 동일한 형으로 처벌한다(제31조 1항). 교사범을 정범과 같은 형으로 처벌하는 것은 교사범이 범죄의 실행에는 가담하지 않았지만 정범에게 범죄의 결의를 일으키게 하여 범행에 대한 결정적 동인(動因) 내지 그 추진력이 되었다는 사실을 고려한 것이다.[1] 여기서 동일한 형이란 법정형을 말한다. 따라서 정범과 교사범의 선고형이 반드시 같을 것을 요하는 것은 아니며, 경우에 따라서는 교사범의 형이 정범의 형보다 무거울 수도 있다.[2] 또 공범이 처벌상의 종속성을 갖는 것은 아니므로 교사범의 처벌을 위하여 반드시 정범이 먼저 처벌될 것을 요하는 것도 아니다.

26 자기의 지휘·감독을 받는 자를 교사한 때에는(특수교사) 정범에 정한 형의 장기 또는 다액의 2분의 1까지 가중한다(제34조 2항). 진정신분범에 있어서 비신분자도 진정신분범의 교사범이 될 수 있다(제33조). 그러나 신분자가 비신분자를 교사한 때에는 진정신분범에 대한 간접정범이 성립할 뿐이다. 또 부진정신분범에 있어서 가감적 신분은 신분자에게만 영향을 미치며 공범에게는 미치지 않는다(제33조 단서).

예컨대 甲이 乙을 교사하여 乙의 부(父) A를 살해한 때에는 乙은 존속살해죄의 정범이지만 甲은 보통살인죄의 교사범으로, 반대로 甲이 乙을 교사하여 甲의 부 B를 살해하게 하였을 때에는 甲만 존속살해죄의 교사범으로 처벌된다.

---

1 Drucksache V. 4095, S. 13.
2 대법원 1955. 9. 27. 4288 형상 220.

V. 관련문제

1. 교사의 교사

(1) **간접교사** 교사범을 교사한 자의 책임에 관하여 형법에는 아무런 규정이 없다. 교사의 교사에는 두 가지 경우가 포함된다. 그 하나는 타인에게 제 3 자를 교사하여 범죄를 실행케 한 경우이다. 예컨대 甲이 乙에게 丙을 시켜 A를 살해하도록 교사한 경우가 여기에 해당한다. 또 타인을 교사하였는데 피교사자가 직접 실행하지 않고 제 3 자를 교사하여 실행케 한 경우가 있다. 예컨대 甲이 乙에게 A를 살해할 것을 교사하였는데 乙은 丙에게 A를 살해하도록 교사한 경우이다. 이 두 경우가 모두 교사의 교사에 해당하며 이를 정범에 대한 간접교사(間接敎唆, mittelbare Anstiftung)라고 한다.[1] 27

간접교사의 가벌성에 대하여 간접교사를 처벌한다는 명문의 규정이 없는 형법에서는 범죄의 정형적 의미를 중시하고 형벌법규의 엄격한 해석이 요구되므로 그 가벌성을 부정해야 한다는 견해[2]가 있다. 그러나 형법은 교사범의 요건으로 "타인을 교사하여 죄를 범한 자"라고만 규정하고 있을 뿐 그 방법에는 제한이 없으므로, 피교사자가 반드시 정범이어야 하는 것은 아니다. 간접교사도 타인을 교사하여 죄를 범한 자에 해당한다고 보아야 하므로 교사범과 같이 처벌하여야 한다. 대법원도 교사의 교사를 교사범으로 처벌하고 있다.[3] 28

(2) **연쇄교사** 교사가 수인을 거쳐 순차적으로 계속되는 경우를 연쇄교사(連鎖敎唆, Kettenanstiftung)라고 한다. 간접교사의 가벌성을 인정하면서도 연쇄교사는 인정할 수 없다는 견해[4]도 있지만, 최초의 교사자와 정범 사이에 몇 명이 개입되었느냐를 불문하고 교사행위로 인한 실행행위가 있었다고 인정되는 이상 연쇄교사도 교사범으로 처벌되어야 한다고 해석된다.[5] 이 경우에 간접교사자는 29

---

1 유기천 교수께서는 전자를 간접교사, 후자를 재교사(再敎唆)라 하여 이론상 재교사자는 간접교사자와 구별되어야 한다고 하신다(유기천 299면). 그러나 간접교사란 교사의 교사를 정범에 대한 관계에서 본 개념이며, 재교사란 교사의 교사라는 뜻에 불과하다고 할 것이므로 양자를 구별할 필요는 없다고 생각된다.

2 남흥우 239면; 정영석 244면; 황산덕 283면.

3 대법원 1967. 1. 24. 66 도 1586; 대법원 1974. 1. 29. 73 도 3104.

4 유기천 299면.

5 Jescheck/Weigend S. 687; Roxin LK §26 Rn. 108; Samson SK[6] Vor §26 Rn. 66; Sch/Sch/Cramer/Heine §26 Rn. 9; Schmidhäuser S. 328.

자기와 정범 사이에 관여한 사람의 수나 이름을 알 필요가 없으며,[1] 그 사이에 정을 모르고 관여한 사람이 있다고 하여 교사범의 성립이 부정되는 것은 아니다.[2]

2. 교사의 미수

30 교사가 성공하지 못한 경우로는 일반적으로 다음의 세 경우를 들 수 있다. ① 교사자가 교사에 실패한 경우, ② 교사에는 성공하였으나 피교사자가 실행에 착수하지 않은 경우, ③ 교사에 성공하여 피교사자가 실행에 착수하였으나 미수에 그친 경우. 이 세 경우를 '교사의 미수'(Versuch der Anstiftung)라고 한다.

피교사자가 실행에 착수하여 미수에 그친 때에는 교사범도 미수의 책임을 지며, 좁은 의미의 교사의 미수는 이 경우를 말한다. 문제는 앞의 두 경우를 교사의 미수로서 처벌할 수 있느냐이다.

31 ① 교사자가 교사 자체에 실패한 경우를 **실패된 교사**(fehlgeschlagene od. mißlungene Anstiftung)라고 한다. 교사를 하였으나 피교사자가 범죄의 실행을 승낙하지 아니하거나 이미 범죄실행의 결의를 하고 있는 경우가 여기에 해당한다. ② 교사자가 교사에는 성공하였으나 피교사자가 실행에 착수하지 아니한 경우를 **효과 없는 교사**(erfolglose Anstiftung)라고 한다. 효과 없는 교사에는 피교사자가 교사를 승낙하기만 하고 아무런 행위를 하지 아니한 경우와, 행위를 하였지만 예비 또는 음모에 그친 경우[3] 그리고 실행에 착수하였으나 불가벌적 미수에 그친 경우가 포함된다. 실패된 교사와 효과 없는 교사를 합하여 **기도된 교사**(企圖된 教唆, versuchte Anstiftung)라고 한다.

32 기도된 교사를 교사의 미수로서 미수범으로 처벌할 것이냐는 공범종속성설과 공범독립성설에 따라 결론을 달리한다. 공범종속성설에 의하면 정범의 범죄가 기수에 달하였거나 적어도 실행에 착수하여야 교사범이 성립하므로, 피교사자가 실행에 착수하여 범죄를 완성하지 못하였을 때에만 교사의 미수를 인정하

1 BGHSt. 6, 359, "간접교사는 교사자의 연쇄가 2인 이상인 때에도 가능하다. 간접교사자의 고의에는 그와 정범 사이에 있는 교사자의 수나 정범의 이름을 알 것을 요하지 않는다."

2 BGHSt. 8, 187. 위의 BGHSt. 6, 359 판결이 재상고된 사건이다. 여기서 BGH는 "중개인이 정을 모르고 다음 사람에 대한 교사에 고의 없이 행위하였다 하여도 앞 사람이 그가 정을 안다고 믿은 때에는 앞 사람은 간접교사로서의 책임을 면할 수 없다"고 판시하였다.

3 따라서 교사자가 범죄의 실행을 교사하였으나 정범이 예비에 그친 경우에 예비의 교사가 되는 것이 아니라 효과 없는 교사로서 형법 제31조 2항에 의하여 예비 · 음모에 준하여 처벌된다.

고, 기도된 교사는 피교사자의 실행행위가 없기 때문에 교사범으로 처벌할 수 없다. 이에 반하여 공범독립성설은 공범의 가벌성을 정범과 독립하여 교사자 자신의 행위에 의하여 결정한다. 따라서 교사자의 교사행위가 있는 이상 피교사자의 범죄실행이 없어도 교사의 미수가 되며, 기도된 교사는 당연히 교사의 미수로서 교사한 범죄의 미수범으로 처벌받게 된다. 형법은 피교사자가 범죄의 실행을 승낙하고 실행의 착수에 이르지 아니한 때(제31조 2항) 또는 피교사자가 범죄의 실행을 승낙하지 아니한 때(제31조 3항)에 전자의 경우는 교사자와 피교사자를, 후자의 경우는 교사자를 예비 또는 음모에 준하여 처벌하도록 하고 있다. 기도된 교사의 가벌성을 인정하는 점에서는 공범독립성설과 입장을 같이한다. 그러나 이를 교사의 미수로 벌하지 아니하고 예비·음모에 준하여 처벌한다는 것은 공범종속성설과 조화를 도모한 것이다. 기도된 교사에 대한 형법의 규정은 공범종속성설과 공범독립성설의 절충적 태도라고 할 수 있다.

제5절 종 범 §35

Ⅰ. 종범의 의의

1 종범(從犯, Beihilfe)이란 정범을 방조한 자를 말한다(제32조 1항). 방조범(幇助犯)이라고도 한다. 방조란 정범에 의한 구성요건의 실행을 가능하게 하거나 용이하게 하거나 또는 정범에 의한 법익침해를 강화하는 것을 말한다. 종범은 그 자신이 범죄를 실행하는 것이 아니라 정범의 실행행위에 가담하는 것이므로 교사범과 함께 협의의 공범에 해당한다. 종범은 행위지배가 없는 점에 특색이 있다.

2 방조의 방법에 관하여 형법은 아무런 규정도 하지 않고 있다. 그러나 방조의 방법은 크게 언어방조와 거동방조로 나눌 수 있다. 전자를 지적 또는 정신적 방조, 후자를 기술적 또는 물질적 방조라고 한다. 언어방조는 교사범과, 거동방조는 공동정범과 구별할 필요가 있다. 언어방조는 그 외적 형태의 면에서는 교사범과 유사하다. 그러나 종범은 이미 범죄를 결의하고 있는 자에게 그 결의를 강화하거나 실행을 쉽게 하기 위하여 조언을 하는 경우라는 점에서 아직 범죄를 결의

하지 아니한 자에게 새로이 범죄의 결의를 생기게 하는 교사범과 구별된다.

3 공동정범과 종범의 구별에 관하여는 정범과 공범의 구별에 관한 이론이 그대로 적용된다.

주관설은 범죄를 자기의 범죄로 실현하려는 의사로 행하였거나 자기의 목적 또는 이익으로 행하였으면 공동정범이 되고, 타인의 범죄에 관여하는 의사 또는 타인을 위한 목적이나 이익으로 행하였으면 종범이라고 한다. 객관설은 형식적 객관설과 실질적 객관설로 나누어진다. 형식적 객관설은 구성요건에 해당하는 행위를 행한 자가 공동정범이고 그 이외의 방법으로 방조한 자를 종범이라고 하며, 실질적 객관설은 구성요건의 실현에 중요한 행위를 하였으면 공동정범이고 경미한 행위를 한 경우가 종범이라고 한다.

그러나 공동정범의 본질을 분업적 역할분담에 의한 기능적 행위지배에 있다고 볼 때 공동정범은 공동의사에 기한 기능적 행위지배가 있음에 반하여, 종범은 행위지배가 없는 점에서 양자를 구별하여야 한다.

4 정범의 실행을 방조하는 행위가 각칙상의 특별구성요건으로 규정되어 있는 경우가 있다. 도주원조(제147조) · 아편흡식등 장소제공(제201조 2항) · 자살방조(제252조 2항) 등이 여기에 해당한다. 이와 같이 타인의 범죄를 방조하는 행위가 독립된 구성요건으로 규정되어 있는 때에는 형법 제32조의 규정이 적용될 수 없다는 것은 교사범의 경우와 같다.

Ⅱ. 종범의 성립요건

5 종범이 성립하기 위하여는 종범의 방조행위가 있어야 한다. 이 이외에 정범의 실행행위가 있을 것을 요하는 것은 교사범의 경우와 같다. 종범도 공범으로서 정범에 종속되어 성립하기 때문이다.

1. 종범의 방조행위

(1) 방조행위의 방법과 태양

6 **1) 방조행위의 방법** 방조행위는 정신적 또는 물질적으로 정범의 실행행위를 돕는 것을 말한다. 방조행위의 방법에는 제한이 없다. 정신적 방조(언어종범)이든 물질적 방조(거동종범)이든 묻지 아니한다. 물질적 방조는 범행도구의 대

여, 범죄장소의 제공 또는 범죄에 필요한 자금을 제공하는 것[1]과 같이 유형적·물질적 방법에 의한 방조를 말한다. 정신적 방조란 조언·격려와 같은 무형적·정신적 방조행위를 의미한다. 범죄실행의 방법을 조언하거나 필요한 정보, 예컨대 피해자의 습관이나 감시자의 근무계획을 알려주는 소위 기술적 조언(technische Rathilfe)은 당연히 여기에 해당한다. 그러나 정신적 방조는 이러한 기술적 조언에 한하지 않고, 정범에게 두려움을 없애 주고 안전감을 조성하여 정범의 결의를 강화하는 경우도 포함된다. 예컨대 절취하여 온 장물을 처분하여 주겠다고 약속하거나,[2] 범행시의 알리바이를 증명해 주겠다고 한 경우가 여기에 해당한다.

판례가 방조행위에 해당한다고 판시한 예로는 ① 정범이 변호사법 위반행위를 하려는 것을 알면서 자금능력 있는 자를 소개하고 교섭한 행위(대법원 1982. 9. 14. 80 도 2566), ② 부동산 명의수탁자가 신탁부동산을 매각하려는 것을 알고 부동산소개업자가 매수자를 소개해 준 경우(대법원 1988. 3. 22. 87 도 2585), ③ 부정유출된 맥주의 가액을 미 8 군내 음료판매처에서 판매한 것처럼 금전등록기에 찍어 넣은 경우(대법원 1984. 6. 26. 81 도 3153), ④ 증권회사 직원들이 부정인출된 주식을 관리·운용해 준 행위(대법원 1995. 9. 29. 95 도 456), ⑤ 운전면허 없는 자에게 승용차를 제공하여 무면허운전을 하게 한 경우(대법원 2000. 8. 18. 2000 도 1914), ⑥ 대학생들의 시청 기습점거시위현장에서 사진촬영을 한 행위(대법원 1997. 1. 24. 96 도 2427),[3] ⑦ 보호자의 강청에 따라 치료를 요하는 환자에 대하여 치료중단 및 퇴원을 허용하는 조치를 취한 경우(대법원 2004. 6. 24. 2002 도 995), ⑧ 별정통신사업자등록을 하지 않은 개별사업자에게 060회선을 임대하여 실시간 1:1 증권상담서비스 사업을 영위하게 한 경우(대법원 2007. 11. 29. 2006 도 119), ⑨ MP3 파일 공유를 위한 P2P 프로그램인 소리바다 프로그램을 개발하여 이를 무료로 널리 제공하고, 프로그램이용자들의 접속정보를 다른 이용자에게 제공하여 이용자들이 음악 MP3 파일을 다운로드 받게 한 경우(대법원 2007. 12. 14. 2005 도 872), ⑩ 저작재산권자의 이용허락 없이, 전송되는 공중송신권 침해 게시물로 연결되는 링크를 이른바 '다시보기' 링크 사이트 등에서 공중의 구성원에게 제공하는 경우(대법원 2021. 9. 9. 2017 도 19025 전원합의체판결) 등이 있다.

---

1 대법원 1957. 5. 10. 4290 형상 343, "타인의 밀수출할 물품구입자금에 사용되는 정을 알고 제 3 자로부터 금원을 차용하여 그 자에게 교부한 결과 동인으로 하여금 그 금원을 자금의 일부로 하여 물품을 구입케 하여 세관당국에 대한 신고나 면허 없이 밀수출케 한 경우에 있어서 자금제공자는 밀수출을 방조한 경우에 해당한다고 할 것이다."

2 BGHSt. 8, 390, "장물의 처분에 협력할 것을 약속하고 후에 이러한 약속을 이행함으로써 절도에 가담한 자는 절도죄의 공동정범이 되는 것이 아니라 절도방조와 장물죄가 성립한다."

3 현장에서 사진촬영한 행위가 방조행위라고 할 수 있는가는 인과관계의 측면에서 의문이다. 이에 관하여는, 박상기 "방조행위와 인과관계"(형사판례의 연구 I), 663면 참조.

7 **2) 방조행위의 시기** 방조행위는 반드시 정범이 실행에 착수한 이후에 그 구성요건실현을 도울 것을 요하지 아니한다. 정범이 실행에 착수하기 전에 그 예비행위를 방조한 때에도 그 후에 정범의 실행의 착수가 있는 경우에는 방조행위가 될 수 있다.[1] 범죄장소에 가지 않고 정범의 결의를 강화한 경우나 낙태수술을 행하는 사람의 주소를 가르쳐 주는 등 대부분의 정신적 방조의 경우가 여기에 해당한다. 실행행위가 완료되어도 결과가 발생하기 전에는 방조행위가 가능하다. 정범의 행위가 일단 기수가 된 후에는 방조가 있을 수 없다는 견해[2]도 있지만, 범죄의 기수와 종료는 구별되므로 기수가 된 후라도 그 종료 이전에는 종범의 성립이 가능하다고 보아야 한다.[3]

따라서 방화에 의하여 건물에 불이 붙은 후에 휘발유를 뿌려 그 건물이 전소하도록 돕는 경우, 이미 감금된 자의 감금상태가 계속되도록 하는 경우 또는 절도범을 추격하는 소유자를 막아서 도주를 도와주는 행위(BGHSt. 6, 248)는 모두 방조행위가 될 수 있다. 그러나 범죄가 종료된 후에는 종범은 성립할 수 없다. 그러므로 범죄가 종료된 이후에 범인을 은닉하거나 증거를 인멸하는 것은 사후공범이 아니라 독립된 범죄유형이 된다(제151조, 제155조).

8 **3) 부작위에 의한 방조** 방조행위는 반드시 작위에 한하지 아니하며 부작위에 의한 방조도 가능하다. 다만 부작위에 의한 방조가 성립하기 위하여는 종범이 보증인지위에 있어야 한다. 정범의 행위로 인한 결과의 발생을 방지하지 않은 보증인은 일반적으로 종범이 되는 것이 원칙이다.[4]

그러므로 ① 교도관이 작업중인 수형자의 절도행위를 저지하지 않거나 창고의 경비원이 물건을 도난당하는 것을 알면서도 이를 방치한 경우, ② 백화점 직원이 특정 매장의 점포에서 가짜상표가 새겨진 상품을 진열·판매하고 있는 것을 보고도 방치한 경우(대법원 1997. 3. 14. 96 도 1639), ③ 법원 입찰담당 공무원이 사무원의 계속된 입찰보증금 횡령사실을 알면서 방치한 경우(대법원 1996. 9. 6. 95 도 2551), ④ 인터넷 포털 사이트 오락채널 내 콘텐츠제공업체들이 게재하는 음란만화를 방치한 경우(대법원 2006. 4. 28. 2003 도 4128)에는 부작위에 의

1 대법원 1996. 9. 6. 95 도 2551, "종범은 정범의 실행행위 중에 이를 방조하는 경우뿐만 아니라, 실행의 착수 전에 장래의 실행행위를 예상하고 이를 용이하게 하는 행위를 하여 방조한 경우에도 정범이 실행행위를 한 경우에 성립한다."
동지: 대법원 1997. 4. 17. 96 도 3377 전원합의체판결; 대법원 2004. 6. 24. 2002 도 995.

2 염정철(공저) 398면; 정영석 249면.

3 김종원 "종범"(고시계 1977. 6), 31면.

4 대법원 1985. 11. 26. 85 도 1906.

한 종범이 성립한다.

4) **방조행위의 인과관계** 방조행위라고 하기 위하여는 방조행위와 정범의 실행행위 사이에 어떤 관계가 있어야 하느냐에 대하여는 견해가 대립된다. 방조행위의 인과관계(幇助行爲의 因果關係, Kausalität der Beihilfe)의 문제라고 할 수 있으며, 방조행위가 정범의 구성요건실현에 대한 원인이 될 것을 요하는가의 문제이기도 하다. 9

(가) **부 정 설** 부정설은 방조행위가 정범의 행위를 용이하게 하였다고 인정되면 족하며 그 자체가 정범의 실행행위에 원인이 될 필요는 없다고 해석한다.[1] **촉진설**(Förderungstheorie)이라고도 한다. ① 형법은 정범을 방조한 자를 종범으로 처벌하며, ② 정범에 의하여 야기된 결과가 종범의 소행으로 종범에게 귀속될 수는 없으며, ③ 종범의 가벌성은 정범에서 필요로 하는 인과관계와 관련이 없다는 것을 이유로 한다. 종범은 정범에 대한 결과발생의 위험성을 증대하는 행위에 불과하다고 하는 **위험증대설**(Risikoerhöhungstheorie)[2]이나 종범을 위험범으로 이해하여 방조행위가 구성요건상 보호되는 법익에 대한 추상적 위험 또는 추상적·구체적 위험을 야기하면 종범으로 처벌된다는 **위험범설**도 이에 속한다. 그러나 부정설에 의할 때에는 기도된 방조의 가벌성도 인정하지 않을 수 없어 종범의 처벌범위가 부당하게 확대된다는 비판을 면하지 못한다. 10

(나) **긍 정 설** 긍정설은 방조행위가 정범의 범죄에 대하여 인과관계가 있을 것을 요하며, 적어도 그 범죄실행의 방법이나 수단에 영향을 미쳤을 것을 요한다고 한다.[3] ① 공범의 처벌근거는 타인의 불법을 야기 또는 촉진하는 데 있는 것이므로 공범이 정범의 구성요건실현에 아무런 원인이 되지 아니한 때에는 공범은 그 처벌의 근거를 상실한다고 해야 하며, ② 그 결과 부정설은 공범의 종속성과 정면으로 배치될 뿐만 아니라, ③ 구성요건실현에 아무런 영향을 미치지 못한 촉진행위를 방조범의 기수로 처벌할 때에는 가벌적인 방조의 기수와 처

1 Wessels/Beulke Rn. 582.
2 위험증대설은 독일에서 Schaffstein과 Salamon에 의하여 주장된 이론이다. 원래 위험증대는 객관적 귀속의 기준으로 사용된 개념이지만 여기서 말하는 위험증대설은 인과관계를 포기하고 위험증대만 요구한다는 점에 특색이 있다. 따라서 이를 비인과적 위험증대설이라고도 한다.
3 Jescheck/Weigend S. 694; Maurach/Gössel/Zipf S. 254; Roxin LK § 27 Rn. 2; Samson SK[6] § 27 Rn. 9; Sch/Sch/Cramer/Heine § 27 Rn. 10.

벌되지 않는 기도된 방조와의 구별이 불가능하게 된다는 점에서 긍정설이 타당하다.

11 긍정설에 의하는 경우에도 인과관계의 구체적 내용이 무엇인가에 관하여는 다시 두 가지의 입장이 대립된다.

(a) **결과야기설**(Erfolgsverursachungstheorie)은 방조행위가 결과를 공동으로 야기해야 하며, 따라서 방조행위와 정범의 실행행위 사이에 인과관계가 있어야 한다고 한다. 다만, 이 경우의 인과관계는 방조행위와 실행행위 사이에 conditio sine qua non 공식에 의하여 방조행위가 없었으면 정범의 실행행위가 없었다는 관계까지 요구하는 것은 아니다. 방조행위의 인과관계는 방조행위가 정범에 의한 법익침해를 가능 또는 강화하거나 정범의 행위실행을 용이하게 한다는 의미에서 합법칙적 관련이 있으면 족하다고 한다.[1]

(b) **기회증대설**(Chancenerhöhungstheorie)은 방조행위가 정범의 실행행위의 기회를 증대시킨 경우에 종범이 성립한다고 한다. 인과관계는 결과귀속의 필요조건이지만 충분조건은 아니므로, 방조범의 결과귀속을 위하여는 법적으로 허용되지 않는 결과발생의 위험을 증가시킨 행위만 귀속된다는 귀속이론의 일반원칙에 따라 범죄실행의 기회(=가능성)를 증대시켜야 한다는 것이다.[2] 인과관계와 위험증대가 모두 필요하다는 이론이라는 점에서 **인과적 위험증대설**이라고도 한다.

생각건대 객관적 귀속은 정범의 결과귀속을 위한 기준이며 정범이 기수가 되기 위하여는 그 결과가 정범에게 귀속될 수 있는 것이어야 함에 반하여, 종범은 정범의 불법에 종속하여 처벌되는 것이지 자신의 불법 때문에 처벌되는 것이 아니므로 정범이 실행한 범죄가 기수가 되고 종범의 방조행위가 그것과 인과관계가 있는 때에는 위험감소의 경우에도 종범은 처벌된다고 해야 한다. 따라서 종범의 방조행위는 정범의 범죄행위 또는 그 결과와 합법칙적 연관을 가져야 하고, 또 그것으로 족하다. 따라서 甲이 乙에게 범죄에 사용할 흉기를 제공하였으나 乙이 그 도구를 사용하지 않고 죄를 범한 때에는 乙에 대한 물질적 방조는 벌할 수 없다. 다만 甲이 그것으로 인하여 乙의 범의를 강화하여 정신적 방조를 하였다는 증명이 있을 때에는 종범의 성립을 인정해야 한다. 정범의 실행행위와 직접

1 배종대 642면; 이형국 363면; 임웅 461면.
2 김일수/서보학 650면; 박상기 457면; 손해목 1095면; 신동운 638면; 정성근/박광민 583면.

관련되지 아니한 행위를 도와준 데 지나지 않는 때에는 이를 방조행위라고 할 수 없다.

따라서 ① 간첩이란 정을 알면서 간첩에게 숙식을 제공하였거나(대법원 1965. 8. 17. 65 도 388; 대법원 1967. 1. 31. 66 도 1661), 간첩의 심부름으로 안부편지나 사진을 전달하거나(대법원 1966. 7. 12. 66 도 470), 무전기를 매몰하는 데 망을 보아 준 행위(대법원 1983. 4. 26. 83 도 416)만으로는 간첩방조죄를 구성하지 아니하며, ② 입영기피를 결의한 자에게 '잘되겠지 몸조심하라' 하고 악수를 청한 것만으로는 입영기피의 방조행위가 되지 않고(대법원 1983. 4. 12. 82 도 43), ③ 웨이터가 미성년자를 홀 출입구까지 안내한 행위는 미성년자를 클럽에 출입시킨 행위의 방조행위로 볼 수 없다(대법원 1984. 8. 21. 84 도 781). ④ 박사방 운영진의 미션방에서 이른바 '실검 챌린지'에 응해서 4회에 걸쳐 검색어를 입력하고 이를 인증함으로써 박사방 운영진의 아동청소년이용음란물 배포행위를 방조하였다는 혐의에 대하여 피고인의 행위가 정범의 범죄실현에 현실적인 기여를 하였다고 보기 어렵다(대법원 2023. 10. 18. 2022 도 15537).

(2) 종범의 고의

12 **1) 고의의 내용** 종범은 정범의 실행을 방조한다는 인식, 즉 방조의 고의와 정범의 행위가 구성요건에 해당하는 행위라는 인식, 즉 정범의 고의가 있어야 한다. 이러한 의미에서 종범의 고의는 교사범의 고의와 같이 이중의 고의를 요하며, 그 내용에 있어서 정범의 고의보다 풍부하다고 할 수 있다. 종범에게는 방조의 고의가 있어야 하므로 과실에 의한 방조는 있을 수 없다. 경우에 따라서 과실범의 정범으로 처벌될 수 있을 뿐이다. 종범은 정범의 고의도 가져야 한다. 따라서 종범은 정범에 의하여 실현되는 범죄의 본질적 요소를 인식하여야 한다. 그러나 범죄의 구체적 내용까지 인식할 것을 요하는 것은 아니다. 예컨대 종범은 정범의 범죄의 일시·장소·객체 또는 구체적인 상황까지 인식할 필요는 없다. 나아가 종범은 정범이 누구이며 그 실존 유무를 반드시 알아야 하는 것도 아니다.[1]

13 **2) 미수의 방조** 종범의 고의는 교사범의 고의와 같이 범죄의 완성, 즉 구성요건적 결과를 실현할 고의이어야 한다. 따라서 단순히 미수에 그치게 할 의사로 방조한 미수의 방조는 방조행위가 될 수 없다. 정범의 범죄가 실현될 수 없는 수단을 제공한 경우도 같다고 보아야 한다. 예컨대 낙태의 의뢰를 받은 약사

1 대법원 1977. 9. 28. 76 도 4133; 대법원 2007. 12. 14. 2005 도 872.

가 아무런 효과 없는 약을 낙태제라고 속이고 교부한 경우에는 낙태를 방조하였다고 할 수 없다.

14 3) **편면적 종범** 종범이 성립하기 위하여는 종범에게 방조의 고의와 정범의 고의가 있으면 족하며, 종범과 정범 사이의 의사의 합치를 요건으로 하지 않는다. 따라서 정범이 방조행위를 인식하지 못한 경우, 즉 편면적 종범(片面的 從犯, heimliche Beihilfe)도 인정할 수 있다.[1] 공동정범의 경우 편면적 공동정범이 인정되지 않는 것과 구별된다.

2. 정범의 실행행위

15 (1) **종범의 종속성** 종범도 종속성으로 인하여 정범의 실행행위가 있어야 성립한다. 제한적 종속형식에 의하는 한 정범의 실행행위는 구성요건에 해당하는 위법한 행위임을 요한다. 정범의 실행행위가 반드시 유책할 것까지 요하는 것은 아니다. 따라서 정범의 실행행위에 대한 범죄의 증명이 없으면 종범도 성립하지 아니한다.[2] 그러나 정범의 행위는 고의범일 것을 요한다. 과실범에 대한 방조는 간접정범이 성립할 수 있을 뿐이다.

16 (2) **실행행위의 정도** 정범의 행위는 기수에 이르렀거나 적어도 처벌되는 미수의 단계에 이르렀을 것을 요한다. 즉 정범이 실행에 착수하였을 것을 요한다. 형법은 교사범의 경우와는 달리 종범의 미수, 즉 효과 없는 방조와 실패한 방조를 벌하는 규정을 두고 있지 않다. 따라서 공범종속성설에 입각하는 한 방조의 미수는 처벌할 수 없다. 미수가 될 수 없음은 물론 예비·음모로도 벌할 수 없다. 따라서 정범이 예비의 단계에 그친 경우에 예비의 종범도 있을 수 없다고 해석하여야 한다.[3]

---

1 대법원도 편면적 종범에 대하여는 종범이 인정될 수 있다는 취지의 판결을 하고 있다.
대법원 1974. 5. 28. 74 도 509, "원래 방조범은 종범으로서 정범을 전제로 하는 것이다. 즉 정범의 범죄행위 없이 방조범만이 성립될 수는 없다. 이른바 편면적 종범에 있어서도 그 이론은 같다."

2 대법원 1970. 3. 10. 69 도 2492, "종범의 범죄는 정범의 범죄에 종속하여 성립하는 것이므로 사기방조죄는 정범인 본범의 사기 또는 사기미수의 증명이 없으면 사기방조죄가 성립할 수 없다."

3 예비의 종범에 대하여는 *supra* 30/23 참조.

Ⅲ. 종범의 처벌

17 종범의 형은 정범의 형보다 감경한다(제32조 2항). 종범은 정범의 범죄를 용이하게 하는 것이고 결과에 대하여 간접적인 영향을 미치는 것에 불과하므로, 종범의 불법내용은 정범의 그것보다 경하며 종범의 책임도 정범의 책임보다 가볍기 때문에 필요적으로 형을 감경하도록 한 것이다.

정범이 미수에 그친 때에는 종범은 2중으로 형이 감경될 수 있다. 여기서 감경할 수 있는 형은 법정형을 의미하며, 그 선고형의 감경을 의미하지 않는다. 경우에 따라서는 종범의 선고형이 정범의 선고형보다 무거울 수도 있다. 종범에게 정범과 동일한 형을 과하도록 규정하고 있는 경우도 있다. 간첩방조(제98조 1항)[1]·관세법위반(제271조 1항) 등의 경우가 그것이다. 종범에 대한 필요적 감경의 예외라고 할 수 있다. 이러한 범죄를 가중처벌하는 법률위반의 경우에는 종범에 대한 감경은 하지 아니한다.[2]

18 자기의 지휘·감독을 받는 자를 방조하여 결과를 발생하게 한 자는 정범의 형으로 처벌한다(제34조 2항). 즉 특수종범의 형은 가중된다. 종범에 관하여도 공범과 신분에 대한 형법 제33조의 규정이 적용됨은 교사범의 경우와 같다. 따라서 신분없는 자도 진정신분범의 종범이 될 수 있으며, 부진정신분범에 있어서는 비신분자는 보통 범죄의 종범이 된다. 책임조각사유 또는 형벌조각사유는 그러한 사유가 있는 정범 또는 공범에 대하여만 영향을 미친다. 종범은 공동정범 또는 교사범과 보충관계에 있다. 따라서 종범이 실행행위를 분담하여 기능적 행위지배에 나갔거나 교사행위까지 한 때에는 종범은 정범 또는 중한 공범형식에 흡수된다. 따라서 이때에는 공동정범 또는 교사범이 성립할 따름이다.

---

1 대법원 1958. 12. 29. 4291 형상 441, "간첩방조죄는 본범인 간첩죄와 동등한 독립죄로서 간첩본범에 대한 형과 동일한 형으로 처단할 것이요, 형법 총칙 제32조에서 말하는 소위 감경할 종범의 예외에 속한다 할 것이다."

2 대법원 1978. 9. 26. 78 도 2052, "특정범죄 가중처벌 등에 관한 법률 제 6 조 6항 소정의 관세법위반행위의 종범을 처벌함에 있어서 형법 제32조 2항을 적용하지 아니하였음은 정당하다."

Ⅳ. 관련문제

1. 종범의 착오

19 종범의 착오에 관하여는 원칙적으로 교사의 착오에 관한 이론이 그대로 적용된다.

따라서 정범의 양적 초과의 경우에는 정범의 초과부분에 대하여 종범은 책임을 지지 않는다.[1] 다만 결과적 가중범의 경우에는 결과를 예견할 수 있었으면 결과적 가중범의 종범이 성립한다. 그러나 교사의 경우와는 달리 종범에 있어서는 종범의 미수(효과 없는 방조와 실패된 방조)를 처벌하지 아니하므로 질적 초과의 경우에는 교사범의 경우와 결론을 달리한다. 즉 정범의 질적 초과에 대하여는 종범은 언제나 처벌받지 아니한다. 그리고 정범이 종범의 인식보다 적게 실행한 때에도 종범은 정범의 실행범위 안에서 처벌받게 된다.

2. 종범의 종범, 교사의 종범, 종범의 교사

20 (1) **종범의 종범** 종범의 종범은 단순히 종범에 대한 방조에 그치는 것이 아니라 정범에 대한 간접방조(間接幇助, mittelbare Beihilfe zur Haupttat) 내지 연쇄방조(連鎖幇助, Kettenbeihilfe)가 된다. 따라서 종범의 방조는 물론 그 이상의 연속적 방조에 대하여도 종범이 성립한다.[2] 종범에 대한 종범이 종범의 방조행위만을 용이하게 하겠다는 의사만을 가진 때에도 그것으로 인하여 정범이 도움을 받는다는 것을 알았다고 해야 하며, 방조의 고의는 그것으로 족하다고 하여야 할 것이기 때문이다.

21 (2) **교사의 종범** 교사범을 방조한 자에 대하여 교사의 종범은 벌할 수 없다는 견해[3]도 있다. 그러나 교사의 방조도 정범에 대한 방조로 보아 종범이 성립할 수 있다고 보아야 한다. 다만 종범이 성립하기 위하여는 정범이 실행에 착

---

1 대법원 1985. 2. 26. 84 도 2987, "방조자의 인식과 정범의 실행 간에 착오가 있고 양자의 구성요건을 달리한 경우에는 원칙적으로 방조자의 고의는 조각되는 것이나 그 구성요건이 중첩되는 부분이 있는 경우에는 그 중복되는 한도 내에서는 방조자의 죄책을 인정하여야 할 것이다."

2 Maurach/Gössel/Zipf S. 242; Roxin LK § 27 Rn. 61; Samson SK^{6} Vor § 26 Rn. 50; Sch/Sch/Cramer/Heine § 27 Rn. 18; Schmidhäuser S. 328.

3 남흥우 268면; 황산덕 287면; 김종원 전게논문, 70면.

수하였을 것을 요하므로 기도된 교사에 대한 방조는 처벌할 수 없다.[1]

22 (3) **종범의 교사** 종범을 교사한 자에 대하여 구형법은 이를 종범에 준한다고 규정하였으나 현행 형법은 아무런 규정도 두고 있지 않다. 생각건대 종범을 교사한 자도 실질적으로 정범을 방조한 것이므로 종범으로 보아야 할 것이다.[2]

제 6 절 공범과 신분 §36

I. 서 론

1. 공범의 종속성

1 공범은 정범의 구성요건실현에 가담하여 정범의 불법을 야기 또는 촉진하였다는 데 그 본질이 있다. 따라서 공범은 종속성을 가지지만 공범의 종속성은 정범의 불법에 대한 종속성을 의미하고 그 책임에 대한 종속까지 뜻하는 것은 아니다. 이러한 의미에서 형법은 공범의 종속성을 인정하고 있지만 종속의 정도는 제한적 종속형식을 취하고 있다고 해야 한다. 공범과 신분의 문제는 공범의 종속성 이론이 일관되게 적용될 수 있는가에 의문이 제기되는 문제로서, 그것은 공범의 종속성 및 독립성의 문제와 관련하여 논의되고 있다. 공범과 신분이란 신분이 범죄의 성립이나 형의 가감에 영향을 미치는 경우에 신분 있는 자와 신분 없는 자가 공범관계에 있을 때에 어떻게 취급해야 하느냐의 문제를 말한다. 형법 제33조는 "신분이 있어야 성립되는 범죄에 신분 없는 사람이 가담한 경우에는 그 신분 없는 사람에게도 제30조부터 제32조까지의 규정을 적용한다. 다만 신분 때문에 형의 경중이 달라지는 경우에 신분이 없는 사람은 무거운 형으로 벌하지 아니한다"고 규정하고 있다. 본문이 공범의 종속성 내지 연대성을 인정하고 있음에 반하여, 단서는 공범의 독립성 또는 책임의 개별성을 규정한 것으로 설명하기도 한다.[3] 공범과 신분의 문제를 해명하기 위하여는 신분범의 본질을 선행적으로 고찰

1 BGHSt. 14, 156, "교사의 미수에 대한 방조는 벌할 수 없다."
2 Roxin LK Rn. 61; Schmidhäuser S. 328.
3 권문택 "공범과 신분"(형사법강좌 Ⅱ), 758면; 성시탁 "공범과 신분"(고시계 1978. 2), 66면.

할 필요가 있다.

2. 신분범의 의의와 종류

2 **(1) 신분의 의의** 신분이 범죄의 성립이나 형의 가감에 영향을 미치는 범죄를 신분범(身分犯, Sonderdelikt)이라고 한다. 여기서 신분이란 남녀의 성별·내외국인의 구별·친족관계 또는 공무원의 자격과 같은 관계뿐만 아니라 널리 일정한 범죄행위에 대한 범인의 인적 관계인 특수한 지위나 상태를 가리킨다는 것이 통설[1]과 판례[2]의 태도이다. 독일 형법 제28조는 이를 '특수한 인적 요소'라고 규정하고 있다. 여기에는 성별·연령·친족관계와 같이 인간의 정신적·육체적·법적 본질요소가 되는 인적 성질, 공무원 또는 의사와 같이 사람의 사회생활상의 지위를 뜻하는 인적 관계 및 영업성·상습성과 같은 인적 상태가 포함된다.[3] 신분은 반드시 계속성을 가질 것을 요하지는 않는다. 인적 상태는 계속성을 요건으로 하지 않기 때문이다. 그러나 이러한 신분요소는 행위자와 관련된 요소임을 요하고, 행위에 관련된 요소는 신분의 개념에 포함되지 않는다. 따라서 주관적 불법요소인 고의·목적 또는 동기는 여기의 신분에 포함되지 않는다.[4] 이러한 요소에 대하여는 당연히 공범의 종속성이 적용된다.

판례는 모해위증죄에 있어서 모해의 목적을 신분관계로 인하여 형의 경중이 있는 경우에 해당한다고 보아 모해의 목적으로 그러한 목적 없는 자를 교사하여 위증하게 한 때에는 모해위증교사죄가 성립한다고 판시하였다(대법원 1994. 12. 23. 93 도 1002).[5] 그러나 모해

---

1 박상기 462면; 유기천 305면; 임웅 467면; 정영석 269면; 황산덕 238면; 권문택 전게논문, 782면; 김종원 "공범과 신분"(법정 1976. 1), 51면; 남흥우 "공범과 신분"(사법행정 1966. 9), 12면; 성시탁 전게논문, 64면.

2 대법원 1994. 12. 23. 93 도 1002.

3 Hoyer SK § 28 Rn. 16; Sch/Sch/Cramer/Heine § 28 Rn. 11ff; Tröndle/Fischer § 28 Rn. 3ff.

4 Hoyer SK § 28 Rn. 21; Jakobs 23/8; Jescheck/Weigend S. 658; Stratenwerth/Kuhlen 12/196; Tröndle/Fischer § 28 Rn. 6.

5 대법원 1994. 12. 23. 93 도 1002, "(1) 형법 제152조 제 1 항과 제 2 항은 위증을 한 범인이 형사사건의 피고인 등을 '모해할 목적'을 가지고 있었는가 아니면 그러한 목적이 없었는가 하는 범인의 특수한 상태의 차이에 따라 범인에게 과한 형의 경중을 구별하고 있으므로, 이는 바로 형법 제33조 단서 소정의 "신분관계로 인하여 형의 경중이 있는 경우"에 해당한다고 봄이 상당하다.
(2) 피고인이 A를 모해할 목적으로 甲에게 위증을 교사한 이상, 가사 정범인 甲에게 모해의 목적이 없었다고 하더라도, 형법 제33조 단서의 규정에 의하여 피고인을 모해위증교사죄로 처단할 수 있다."
이 판결에 대하여는, 한상훈 "형법상 목적·동기와 형법 제33조의 신분"(형사판례의 연구 I), 686면 이하 참조.

의 목적은 행위요소이므로 신분에 해당할 수 없다고 해야 한다.

(2) **신분의 종류** 신분은 그것이 범죄에 미치는 영향에 따라 세 가지로 나눌 수 있다.

3 1) **구성적 신분** 일정한 신분이 있어야 범죄가 성립하는 경우에는 신분은 가벌성을 구성하는 인적 요소(strafbegründende persönliche Merkmale)로서의 기능을 가진다. 이를 구성적 신분(構成的 身分)이라고 하며, 구성적 신분을 필요로 하는 범죄를 진정신분범(echtes Sonderdelikt)이라고 한다. 예컨대 수뢰죄(제129조)·위증죄(제152조)·허위진단서작성죄(제233조)·업무상 비밀누설죄(제317조)·횡령죄 및 배임죄(제355조)가 여기에 해당한다.

4 2) **가감적 신분** 신분이 없어도 범죄는 성립하지만 신분에 의하여 형벌이 가중되거나 감경되는 경우가 있다. 여기서 신분은 형벌을 가감하는 인적 요소(strafmodifizierende persönliche Merkmale)로서 기능한다. 이를 가감적 신분(加減的 身分)이라고 하며, 이러한 범죄가 부진정신분범(unechtes Sonderdelikt)이다. 존속살해죄(제250조 2항)·업무상 횡령죄(제356조)는 가중적 신분, 영아살해죄(제251조)는 감경적 신분을 내용으로 한다.

5 3) **소극적 신분** 형법 제33조는 구성적 신분과 가감적 신분에 대하여만 규정하고 있다. 그러나 신분으로 인하여 범죄의 성립 또는 형벌이 조각되는 경우도 있다. 이를 소극적 신분(消極的 身分)이라고 한다. 소극적 신분은 세 가지 유형으로 나눌 수 있다. 불구성적 신분과 책임조각신분 및 형벌조각신분이 그것이다. 의료법위반에 있어서의 의사, 변호사법위반에 있어서의 변호사의 신분은 범죄의 성립을 조각하는 불구성적 신분이며, 14세 되지 아니하는 자는 책임조각신분에 해당하는데 비하여, 친족상도례(제328조)에 있어서의 친족의 신분은 형벌조각신분이라고 할 수 있다.

6 통설이 신분을 구성적 신분과 가감적 신분으로 분류하고 있음에 대하여, 불법의 연대성과 책임의 개별성을 고려하여 이를 위법신분과 책임신분으로 구분하는 것이 타당하다고 주장하는 견해[1]도 있다. 이를 신분의 **실질적 분류**라고 한다. 신분이 정범행위의 법익침해성을 근거짓거나 조각하는 기능을 하는 경우에는 그것이 구성적이건 가감적이건 불문하고 공범에게 연대적으로 작용하는 위법신분이고, 신분이 행위자의

1 정성근/박광민 594면; 박양빈 "공범과 신분"(고시연구 1991. 6), 48면.

책임비난에 관련된 때에는 구성적이건 가감적이건 묻지 않고 그 신분을 가진 자에게만 개별적으로 작용하는 책임신분이라는 것이다. 오스트리아 형법 제14조의 불법신분과 책임신분의 구별과 일치한다. 그러나 이에 대하여는 ① 위법신분과 책임신분의 구별이 명백하지 아니하며, ② 위법신분과 책임신분으로 구별하는 것은 형법 제33조의 규정과 일치하지 않는다는 비판이 제기된다. 즉 자기낙태죄(제269조 1항)의 임부, 간수자도주죄(제148조)의 간수자, 업무상 횡령죄(제356조)의 업무자 및 직권남용죄(제123조 내지 제125조)의 공무원의 신분은 위법신분인지 책임신분인지 명백하지 아니하며, 가감적 위법신분에 가담한 신분 없는 자에게 위법의 연대성을 인정하여 신분범의 가중된 형으로 처벌하는 것은 제33조 단서의 규정에 정면으로 배치된다.

Ⅱ. 형법 제33조 본문의 해석

7 형법 제33조 본문은 "신분이 있어야 성립되는 범죄에 신분 없는 사람이 가담한 경우에는 그 신분 없는 사람에게도 제30조부터 제32조까지의 규정을 적용한다"고 규정하고 있다. 신분 없는 자는 단독으로 신분범의 정범이 될 수는 없지만 그 공범은 될 수 있다는 의미이다.

1. 신분이 있어야 성립되는 범죄의 범위

8 본문의 해석에 관하여는 먼저 신분이 있어야 성립되는 범죄란 진정신분범을 의미하는가 아니면 부진정신분범을 포함하는가가 문제된다. 통설은 부진정신분범에 있어서는 신분이 범죄의 성립에 영향을 미치지 않고 형벌을 가감하는 기능을 가질 뿐이며 별도로 동조 단서에서 규정하고 있으므로 본문은 진정신분범에 대하여만 적용된다고 해석한다.[1] 이에 대하여 본문이 진정신분범뿐만 아니라 부진정신분범에도 적용된다는 견해[2]도 있다. 즉 본문은 진정신분범과 부진정신분범에 대한 공범성립의 근거를 규정하고, 단서는 부진정신분범인 경우의 과형만을 규정한 것이라고 한다. 이 견해는 ① 통설과 같이 본문을 진정신분범에게만 적용된다고 해석하면 부진정신분범에 대하여는 공범성립의 근거규정이 없게 되고, ② 형법 제33조는 단서에서 부진정신분범의 과형(科刑)에 대하여만 규정한

---

1 박상기 467면; 배종대 652면; 손해목 1111면; 유기천 305면; 이건호 199면; 이형국 390면; 임웅 472면; 정성근/박광민 597면; 황산덕 289면; 권문택 전게논문, 787면; 김종원 전게논문, 53면.

2 백남억 316면; 신동운 685면; 염정철 489면; 정영석 270면; 진계호 401면.

것이 명백하므로 본문을 진정신분범에 제한하여 적용해야 할 근거가 없다는 것을 이유로 들고 있다. 그러나 ① 본문을 부진정신분범에 대하여도 적용하여 공범성립의 근거를 마련하는 규정으로 해석하면 진정신분범에 대하여는 과형에 관한 규정이 없게 되고, ② 본문은 "신분이 있어야 성립되는 범죄"라고 규정하고 있는데 부진정신분범은 신분이 있어야 범죄가 성립되는 경우는 아니므로 이는 구성적 신분, 즉 진정신분범에 대한 규정이라고 해석함이 타당하다고 생각된다. 따라서 형법 제33조 본문은 비신분자도 진정신분범의 공범이 될 수 있다는 것을 규정한 것으로 보아야 한다.

2. "제30조부터 제32조까지의 규정을 적용한다"의 의미

9 진정신분범에 있어서 구성적 신분은 신분범의 구성요건요소가 된다. 공범종속성설에 의하면 종속성이 인정되는 협의의 공범에 있어서 정범에게 신분이 있는 한 비신분자도 그 공범이 될 수 있음이 당연하다고 하겠다. 문제는 비신분자가 진정신분범의 공동정범 또는 간접정범이 될 수 있는가이다.

10 (1) **공동정범** 일본 형법 제65조 1항은 형법과 달리 단순히 "공범으로 한다"고 규정하고 있으므로 여기에 공동정범이 포함되느냐에 관하여 견해가 대립되고 있다. 다만 일본의 통설과 판례는 이를 위법성의 연대성을 규정한 것으로 보아 교사범·종범뿐만 아니라 공동정범에 이르기까지 모든 공범형식에 적용된다고 해석하고 있다. 형법은 "제30조부터 제32조까지의 규정을 적용한다"고 하여 이러한 논쟁을 입법으로 해결하였다. 따라서 본문이 교사범·종범뿐만 아니라 공동정범에도 적용되어 비신분자가 신분자와 함께 진정신분범의 교사범·종범 또는 공동정범이 될 수 있음은 명백하다.

> 예컨대 ① 공무원 아닌 자도 수뢰죄(대법원 1992. 8. 14. 91 도 3191) 또는 허위공문서작성죄의 공동정범이 될 수 있고(대법원 1971. 6. 8. 71 도 795), ② 비점유자도 점유자와 함께 횡령죄의 공동정범이 될 수 있다(대법원 1965. 8. 24. 65 도 493).

11 진정신분범에 있어서 신분은 정범이 되기 위한 구성요건요소 내지 정범적격이 된다. 공동정범도 정범이므로 진정신분범의 공동정범이 되기 위하여는 각 공동정범자에게 신분이 있음을 요한다. 이러한 의미에서 본문은 교사범과 종범에

대한 관계에서는 당연한 규정이지만, 공동정범에 대한 관계에서는 공동정범이 될 수 없는 자를 예외적으로 공동정범이 될 수 있도록 한 특별규정이라고 할 수 있다.[1]

12 (2) **간접정범** 형법은 간접정범을 교사 또는 방조의 예에 의하여 처벌하도록 하고 있다(제34조 1항). 여기서 교사 또는 방조에 대하여 적용되는 형법 제33조 본문이 간접정범에도 적용되어 신분 없는 자도 신분 있는 자를 이용한 간접정범이 될 수 있느냐가 문제된다. 형법 제34조가 간접정범을 공범의 예에 의하여 처벌한다고 규정하고 있으므로 여기에는 당연히 제33조도 적용되어 비신분자는 진정신분범의 간접정범이 될 수 있다고 해석하는 견해[2]도 있다. 그러나 제33조가 비신분자도 신분자와 같이 진정신분범이 된다고 규정하였다고 해도 그것은 비신분자가 신분자와 함께 진정신분범의 공동정범이 될 수 있음을 특별히 규정한 데 지나지 않으며, 비신분자가 단독으로 진정신분범의 정범이 될 수 있다는 의미는 아니다. 간접정범은 성질상 단독정범의 한 형태이므로, 비신분자가 신분자를 이용하여 진정신분범의 간접정범이 될 수는 없다고 하는 통설[3]이 타당하다.

3. 신분자가 비신분자에게 가공한 경우

13 제33조 본문이 비신분자가 신분자에게 가공한 경우에 적용되는 규정이라는 데 대하여는 이론이 없다. 문제는 신분자가 비신분자에게 가공한 경우, 예컨대 공무원이 비공무원을 교사하여 뇌물을 수수하거나 의사가 간호사를 교사하여 허위진단서를 작성한 경우에도 여기의 가공한 행위에 포함되는가이다. 신분자가 비신분자의 행위에 가공한 때에도 신분이 있어야 성립되는 범죄에 가담한 것이라고 보아야 하므로 본문이 적용되어야 한다는 견해[4]도 있다. 그러나 진정신분범에 있어서 신분은 구성요건요소이므로 신분 없는 자의 행위는 구성요건해당성이 없다. 따라서 신분자가 비신분자를 이용하여 진정신분범을 범한 때에는 신분 없는 고의 있는 도구(qualifikationsloses Werkzeug)를 이용한 경우에 해당하여 간접정범

1 김종원 전게논문, 54면; 남흥우 전게논문, 13면.
2 유기천 135면; 차용석 "공범과 신분"(고시연구 1986. 5), 35면.
3 김일수/서보학 660면; 박상기 466면; 배종대 655면; 손해목 1112면; 이형국 371면; 임웅 474면; 정성근/박광민 598면; 황산덕 260면.
4 염정철 "공범과 신분"(새법정 1974. 4), 45면.

이 성립하는 것이므로, 본문은 이 경우에 적용될 여지가 없다고 해야 한다.[1]

Ⅲ. 형법 제33조 단서의 해석

14 형법 제33조 단서는 "신분 때문에 형의 경중이 달라지는 경우에 신분이 없는 사람은 무거운 형으로 벌하지 아니한다"고 규정하고 있다. 신분관계로 인하여 형의 경중이 달라지는 경우란 가감적 신분을 의미하므로 단서는 부진정신분범의 과형에 관한 규정이고, 교사범과 종범뿐만 아니라 공동정범에 대하여도 적용된다. 문제는 단서가 동시에 부진정신분범의 공범성립의 근거가 될 수 있는가, 또 여기서 "무거운 형으로 벌하지 아니한다"라는 의미를 어떻게 해석할 것인가이다.

1. 공범의 성립과 과형

15 본문이 진정신분범에 대하여만 적용된다고 해석하는 통설은 단서를 부진정신분범의 공범성립과 그 과형에 대한 규정으로 이해한다. 따라서 부진정신분범을 비신분자와 신분자가 공동정범으로 범한 때에는 신분자는 부진정신분범, 비신분자는 보통 범죄의 공동정범이 되고, 비신분자가 신분자를 교사 또는 방조하여 부진정신분범을 범한 때에도 비신분자는 보통 범죄의 교사범 또는 종범이 되지만 신분자는 부진정신분범의 정범이 된다고 한다.[2] 이에 대하여 본문을 진정신분범뿐만 아니라 부진정신분범에 대하여도 공범성립의 근거를 규정한 것으로 해석하는 소수설[3]은 부진정신분범에 있어서도 비신분자는 본문에 의하여 부진정신분범의 공범이 되고, 그 과형만 단서에 의하여 결정되어야 한다고 본다.

대법원은 ① 처가 아들과 공동하여 남편을 살해한 때에 처에게도 존속살해죄의 공동정범을 인정하고(대법원 1961. 8. 2. 4294 형상 284), ② 공무원의 업무상 배임에 가공한 비공무원에 대하여도 업무상 배임죄의 공동정범을 인정하였고(대법원 1961. 12. 28. 4294 형상 564), ③ 은행원 아닌 자가 은행원과 공모하여 업무상 배임죄를 저지른 때에는 신분관계 없는 자를 배임죄로

1 김일수/서보학 661면; 박상기 468면; 배종대 655면; 손해목 1113면; 이형국 371면; 임웅 475면; 정성근/박광민 599면; 권문택 전게논문, 793면; 김종원 전게논문, 56면; 남흥우 전게논문, 13면; 성시탁 전게논문, 70면.

2 김일수/서보학 661면; 박상기 469면; 배종대 655면; 손해목 1111면; 유기천 307면; 황산덕 291면; 권문택 전게논문, 793면; 김종원 전게논문, 56면; 남흥우 전게논문, 13면.

3 백남억 316면; 신동운 685면; 오영근 719면; 정영석 271면.

처벌해야 한다고 판시하였으며(대법원 1986. 10. 28. 86 도 1517),[1] ④ 상호신용금고의 임원이 아닌 자가 신분관계 있는 임원과 공모하여 상호신용금고법 위반죄를 저질렀다면 비신분자에게도 상호신용금고법 위반죄가 성립하고 다만 형법 제33조 단서에 의하여 업무상 배임죄의 형으로 처벌한다고 판시하여(대법원 1997. 12. 26. 97 도 2609),[2] 소수설의 입장을 취하였음을 명백히 하고 있다.

생각건대 앞에서 본 바와 같이 본문은 진정신분범에 대하여만 적용되는 것일 뿐 아니라, 범죄의 성립과 과형은 불가분의 관계에 있다고 해야 하므로 통설이 타당하다.

16 단서가 비신분자를 무거운 형으로 벌하지 아니한다고 규정한 것은 공범에 있어서 책임의 개별화원칙(Grundsatz der Schuldunabhängigkeit)을 선언한 것이라고 할 수 있다. 공범독립성설은 이를 공범의 독립성을 인정한 당연한 원칙규정이라고 하고 있다. 그러나 공범종속성설에 의하더라도 제한적 종속형식을 취할 때에는 단서는 당연한 규정이라고 보아야 한다. 부진정신분범에 있어서 가감적 신분은 신분이 책임요소로 기능하는 경우[3]이고, 공범이 정범의 책임에 종속되는 것은 아니기 때문이다.

2. "무거운 형으로 벌하지 아니한다"의 의미

17 책임의 개별화원칙을 규정하고 있는 단서는 비신분자를 무거운 형으로 벌하지 아니한다고 하고 있다. 그런데 가감적 신분에는 가중적 신분(加重的 身分, straf-

1 대법원 1986. 10. 28. 86 도 1517, "은행원이 아닌 자가 은행원들과 공모하여 업무상 배임죄를 저질렀다 하여도, 이는 업무상 타인의 사무를 처리하는 신분관계로 인하여 형의 경중이 있는 경우이므로, 그러한 신분관계가 없는 자에 대하여서는 형법 제33조 단서에 의하여 형법 제355조 제 2 항에 따라 처단하여야 한다."

2 대법원 1997. 12. 26. 97 도 2609, "상호신용금고법 제39조 제 1 항 제 2 호 위반죄는 상호신용금고의 발기인·임원·관리인·청산인·지배인 기타 상호신용금고의 영업에 관한 어느 종류 또는 특정한 사항의 위임을 받은 사용인이 그 업무에 위배하여 배임행위를 한 때에 성립하는 것으로서, 이는 위와 같은 지위에 있는 자의 배임행위에 대한 형법상의 배임 내지 업무상 배임죄의 가중규정이고, 따라서 형법 제355조 제 2 항의 배임죄와의 관계에서는 신분관계로 인하여 형의 경중이 있는 경우라고 할 것이다. 그리고 위와 같은 신분관계가 없는 자가 그러한 신분관계에 있는 자와 공모하여 위 상호신용금고법 위반죄를 저질렀다면, 그러한 신분관계가 없는 자에 대하여는 형법 제33조 단서에 의하여 형법 제355조 제 2 항에 따라 처단하여야 할 것인바, 그러한 경우에는 신분관계가 없는 자에게도 일단 업무상 배임으로 인한 상호신용금고법 제39조 제 1 항 제 2 호 위반죄가 성립한 다음 형법 제33조 단서에 의하여 중한 형이 아닌 형법 제355조 제 2 항에 정한 형으로 처벌되는 것이다."

3 유기천 306면; 성시탁 전게논문, 72면.

schärfende Merkmale)과 감경적 신분(減輕的 身分, strafmildernde Merkmale)이 있다. 가중적 신분에 있어서는 비신분자는 신분범의 공범이 아니라 보통 범죄의 공동정범·교사범 또는 종범이 되므로 무거운 형으로 벌하지 아니하면 책임의 개별화는 달성할 수 있게 된다. 예컨대 甲과 乙이 공동하여 乙의 아버지 A를 살해한 때에는 甲은 보통살인죄, 乙은 존속살해죄의 공동정범이 되며, 甲이 乙을 교사·방조하여 乙의 아버지 A를 살해한 때에도 乙은 존속살해죄의 정범이 되지만 甲은 보통살인죄의 교사범 또는 종범으로 처벌받게 된다. 그러나 감경적 신분에 있어서는 형법이 각자를 그 책임에 따라 벌한다고 규정하지 않고 무거운 형으로 벌하지 아니한다고 규정하고 있기 때문에 해석상 문제가 제기된다. 예컨대 甲이 직계존속인 乙의 영아살해에 가담한 경우에 甲을 무거운 보통살인죄로 처벌하느냐 또는 영아살해죄의 공범으로 벌할 것이냐가 그것이다. 형법이 명문으로 무거운 형으로 벌하지 아니한다고 규정하고 있는 이상 비신분자는 언제나 가벼운 죄로 벌하여야 한다는 견해[1]도 있다. 그러나 "무거운 형으로 벌하지 아니한다"란 비신분자를 통상의 형으로 처벌하는 것을 금지하는 취지는 아니며, 단서는 책임의 개별화를 규정한 데 그 본질이 있다고 할 것이므로 비신분자가 언제나 가벼운 형으로 처벌받아야 한다는 것은 동조의 취지에 반한다고 생각된다. 가감적 신분에 있어서 형의 가중 또는 감경사유는 언제나 신분자의 일신(一身)에 한하고 공범에게는 미치지 않는다고 해석함이 타당하다.[2]

3. 신분자가 비신분자에게 가담한 경우

18

본문이 비신분자가 신분자의 범죄에 가담한 때에만 적용됨에 반하여, 단서는 비신분자가 신분자의 범죄에 가담한 경우뿐만 아니라 신분자가 비신분자의 범죄에 가담한 때에도 적용되어야 한다는 데 이론이 없다. 이 경우에도 책임의 개별화원칙은 당연히 적용되어야 하기 때문이다. 따라서 甲이 乙을 교사하여 자기의 아버지 A를 살해한 때에는 乙은 보통살인죄의 정범이지만 甲은 존속살해죄의 교사범으로 처벌되어야 한다.[3]

1 신동운 694면; 오영근 722면; 황산덕 291면; 권문택 전게논문, 791면.
2 김일수/서보학 661면; 박상기 470면; 배종대 656면; 안동준 266면; 유기천 307면; 임웅 477면; 정성근/박광민 601면; 김종원 전게논문, 55면; 성시탁 전게논문, 73면.
3 유기천 307면; 정영석 271면; 김종원 전게논문, 57면.

Ⅳ. 관련문제

1. 소극적 신분과 공범

19 형법 제33조는 구성적 신분과 가감적 신분에 대하여만 규정하고, 신분이 범죄의 성립 또는 가벌성을 조각하는 소극적 신분에 대하여는 아무런 규정이 없다. 따라서 소극적 신분과 공범의 관계는 공범의 종속성의 일반이론에 따라 해결해야 한다. 형법이 제한적 종속형식을 취하고 있다는 기초에서 검토해야 할 것이다.

20 (1) **불구성적 신분과 공범** 불구성적 신분을 가진 자의 범죄(행위)에 신분 없는 자가 가담한 때에는 신분자에게 범죄가 구성되지 아니하므로 비신분자의 범죄도 성립하지 않는다. 그러나 신분자가 비신분자의 범죄에 교사범 또는 종범으로 가담한 때에는 본문의 취지에 따를 때 그 범죄의 공범이 된다. 또 신분자와 비신분자가 공동정범이 된 때에는 그 범죄가 성립한다고 해야 한다.[1] 다만, 필요적 공범인 대향범에 있어서는 형법총칙의 공범 규정이 적용되지 않으므로 비신분자의 범죄에 가담한 신분자를 공범으로 처벌할 수 없다. 따라서 변호사 아닌 자가 변호사를 고용하여 법률사무소를 개설·운영하는 행위를 처벌하도록 규정하고 있는 변호사법 위반죄(제109조 2호, 제34조 4항)에 의하여, 변호사 아닌 자에게 고용된 변호사를 공범으로 처벌할 수는 없고,[2] 약국개설자도 아니고 의약품도소매허가도 없는 자에게 염산날부핀 등을 판매한 약사에게는 약사법 위반죄의 방조범이 성립하지 않는다.[3]

21 (2) **책임조각신분 또는 형벌조각신분과 공범** 책임조각신분 또는 형벌

1 대법원 1986. 2. 11. 85 도 448, "의료인일지라도 의료인 아닌 자의 의료행위에 공모하여 가공하면 의료법 제25조 제 1 항이 규정하는 무면허의료행위의 공동정범으로서의 책임을 진다."
동지: 대법원 2001. 11. 30. 2001 도 2015.

2 대법원 2004. 10. 28. 2004 도 3994, "변호사 아닌 자가 변호사를 고용하여 법률사무소를 개설·운영하는 행위에 있어서는 변호사 아닌 자는 변호사를 고용하고 변호사는 변호사 아닌 자에게 고용된다는 서로 대향적인 행위의 존재가 반드시 필요하고, 나아가 변호사 아닌 자에게 고용된 변호사가 고용의 취지에 따라 법률사무소의 개설·운영에 어느 정도 관여할 것도 당연히 예상되는바, 이와 같이 변호사가 변호사 아닌 자에게 고용되어 법률사무소의 개설·운영에 관여하는 행위는 위 범죄가 성립하는 데 당연히 예상될 뿐만 아니라 범죄의 성립에 없어서는 아니 되는 것인데도 이를 처벌하는 규정이 없는 이상, 그 입법 취지에 비추어 볼 때 변호사 아닌 자에게 고용되어 법률사무소의 개설·운영에 관여한 변호사의 행위가 일반적인 형법 총칙상의 공모, 교사 또는 방조에 해당된다고 하더라도 변호사를 변호사 아닌 자의 공범으로서 처벌할 수는 없다."

3 대법원 2001. 12. 28. 2001 도 5158.

조각신분을 가진 자와 비신분자가 공동정범의 관계에 있는 때에는 신분자는 책임이 조각되거나 형벌이 조각되어 처벌받지 않지만 비신분자의 범죄의 성립에는 영향이 없다. 신분자의 범죄에 비신분자가 교사 또는 방조한 때에는 신분자는 책임 또는 처벌이 조각되지만, 비신분자는 그 죄의 교사범 또는 종범으로 처벌된다. 다만 책임조각신분자를 교사 또는 방조한 비신분자에게 의사지배가 인정되면 간접정범이 될 수 있다. 신분자가 비신분자를 교사 또는 방조한 때에도 신분자는 책임 또는 형벌이 조각되지만 비신분자는 그 죄의 정범으로 처벌받게 된다. 형벌조각신분의 신분자가 비신분자를 교사 또는 방조한 때에는 신분자에게도 형벌이 조각되지 않는다는 견해[1]도 있으나, 제한적 종속형식에 의하는 한 이를 구별할 이유가 없고 형법 제328조 3항의 규정과도 부합하지 않는다고 생각된다.

2. 입 법 론

22

형법 제33조는 다음 몇 가지 점에서 입법론상 재검토를 요한다.

먼저 본문이 진정신분범에 가담한 비신분자의 공범의 성립에 대하여만 규정함으로써 비신분자를 신분자와 같은 형으로 처벌하는 것은 의문이다. 진정신분범에 있어서는 신분자의 특수의무(Sonderpflicht)가 불법내용을 형성한다.[2] 이러한 특수의무를 가진 자에게 가담하였다고 하여 비신분자를 신분자와 동일하게 처벌해야 할 이유는 없다. 비신분자의 형은 감경함이 타당하다고 생각된다.[3] 본문은 또한 "제30조부터 제32조까지의 규정을 적용한다"고 규정하여 이를 공동정범에게도 적용할 것을 명언하고 있다. 그러나 진정신분범에 있어서 구성적 신분은 정범적격이므로 비신분자가 진정신분범의 공동정범이 될 수 있도록 한 것은 옳지 않다. 따라서 형법 제33조 본문은 "신분관계로 인하여 성립될 범죄에 신분관계 없는 자가 교사 또는 방조한 때에는 그 형을 감경할 수 있다"고 규정함이 타당하다고 생각된다.[4]

---

1 권문택 전게논문, 795면; 김종원 전게논문, 57면.
2 Sch/Sch/Cramer/Heine §28 Rn. 17.
3 유기천 307면; 김종원 전게논문, 54면.
4 (1) 독일 형법 제28조 1항은 "공범(교사범 또는 종범)에게 행위자의 가벌성을 구성하는 특수한 인적 요소가 없는 때에는 그 형을 제49조 1항에 의하여 감경할 수 있다"고 규정하고 있으며, (2) 일본의 개정형법초안 제31조 1항은 "신분에 의하여 구성하는 범죄에 가공한 때에는 신분이 없는 자도 공범으로 한다. 단 그 형을 감경할 수 있다"고 규정하고 있다.

단서가 부진정신분범의 책임을 개별화한 것은 타당하다. 그러나 이를 "무거운 형으로 벌하지 아니한다"고 하여 비신분자는 언제나 가벼운 형으로 처벌되는 것처럼 규정한 것도 의문이다. 또한 여기에는 가감적 신분뿐만 아니라 소극적 신분도 함께 규정할 필요가 있다. 단서도 "신분관계로 형이 가중·감경 또는 조각되는 범죄에 신분관계 없는 자가 가담한 때에는 그 사유는 신분 있는 자에게만 적용된다"고 규정함이 타당하다.[1]

---

1 ⑴ 독일 형법 제28조 2항은 "법률이 특수한 인적 요소가 형벌을 가중·감경 또는 조각하는 것으로 규정한 때에는 이는 그 요소가 있는 자(정범 또는 공범)에게만 미친다"고 하고 있으며,
⑵ 스위스 형법 제27조도 "가벌성을 가중·감경 또는 조각하는 특수한 인적 관계·성질 또는 상태는 그것이 존재하는 정범 또는 공범에게만 고려된다"고 규정하고 있다.

제 7 장 죄 수 론

제 1 절 죄수이론 §37

Ⅰ. 죄수론의 의의

죄수론(罪數論, Konkurrenzlehre)은 범죄의 수가 1개인가 수개인가의 문제를 다룬다. 공범론이 한 개의 범죄에 대한 수인의 관여를 문제삼는데 반하여, 죄수론은 1 행위자가 범한 범죄의 수를 문제삼는다. 형법 각칙의 구성요건은 원칙적으로 행위자가 1개의 행위로 1개의 구성요건을 실현했을 때에 적용된다.[1] 행위자가 1개 또는 수개의 행위를 통하여 같은 구성요건을 여러 번 충족하거나, 수개의 구성요건을 실현한 경우에 어떤 죄가 성립하고 어떻게 처벌할 것인가에 대하여 각칙에는 아무런 규정을 두고 있지 않다. 이것이 바로 형법총론상 죄수론이 해결해야 할 문제이다. 1

형법은 죄수에 관하여 총칙 제 2 장 제37조 내지 제40조에서 경합범과 상상적 경합을 규정하고 있다. 그런데 죄수론은 일죄인가 수죄인가를 판단해야 할 뿐 아니라, 그에 대하여 어떻게 처벌할 것인가도 해결해야 한다. 수죄의 경우 각 죄의 형벌을 병과할 것인가, 가장 중한 죄의 형벌에 흡수할 것인가, 아니면 수죄에 대한 별도의 전체형을 부과할 것인가가 문제된다. 전체형을 부과한다면 어떻게 전체형을 구성하는가도 문제된다(*infra* 37/9 이하 참조). 이러한 의미에서 죄수론은 범죄론과 형벌론에 모두 관련된 문제이며, 범죄론과 형벌론의 중간에 위치하는 이론이라고 할 수 있다.[2] 2

---

1 물론 구성요건 중에는 수개의 행위로 1개의 구성요건이 충족되는 경우도 있다. 강도죄와 같은 결합범이 그 예이다.

2 Ebert S. 218; Schmidhäuser S. 429; Vogler LK[10] Vor § 52 Rn. 1; Wessels/Beulke Rn. 751.

Ⅱ. 죄수결정의 기준

1. 견해의 대립

범죄의 수를 어떻게 정할 것인가, 즉 일죄와 수죄를 결정하는 기준에 대하여는 견해가 대립되고 있다.

3 (1) **행위표준설** 범죄의 본질이 행위에 있다고 보는 객관주의범죄론의 입장에서는 행위를 표준으로 하여 행위가 하나면 범죄도 하나이고 행위가 수개면 범죄도 수개라고 한다. 모든 구성요건의 본질적 요소는 행위이므로 행위가 하나면 범죄도 1개이고, 1개의 행위가 수개의 구성요건에 해당하는 때에는 1개의 범죄에 대한 수개의 평가에 지나지 않는다는 것이다. 이에 의하면 연속범은 수죄이지만 상상적 경합은 일죄가 된다.[1] 대법원은 강간과 추행의 죄[2]·(폐지 전)간통죄[3]에 대하여 원칙적으로 행위표준설(行爲標準說)에 입각하고 있으며, 공갈죄에 있어서도 협박행위마다 하나의 죄를 구성한다고 하고 있다.[4] 그러나 행위표준설에 의하면 수개의 행위로 1개의 범죄를 실현한 경우도 수죄로 보는 부당한 결과를 초래할 뿐 아니라, 1개의 범죄의 구성요건이 수개의 행위로 이루어져 있는 경우를 설명하지 못한다는 비판이 제기된다.

4 (2) **법익표준설** 범죄의 본질을 법익의 침해라고 보는 객관주의범죄론의 입장에서는 범죄의 수를 범죄행위로 인하여 침해되는 보호법익의 수 또는 결과의 수를 기준으로 하여 결정하려고 한다. 따라서 1개의 행위에 의하여 수개의 법익을 침해하거나 수개의 결과를 발생케 한 경우는 수죄이지만, 수개의 행위에 의하여 1개의 법익을 침해하면 일죄가 된다. 이에 의하면 상상적 경합은 실질상 수죄이지만 처벌상 일죄로 취급하는 데 불과하다. 대법원은 포괄일죄(특히 연속범의 경우)를 제외하고는 원칙적으로 법익표준설(法益標準說)을 취하고 있다고 볼 수 있다.[5]

---

1 Baumann/Weber[9] S. 651; Maurach/Gössel/Zipf S. 295, 298.

2 (1) 대법원 1982. 12. 14. 82 도 2442, "미성년자의제강간죄 또는 미성년자의제강제추행죄는 행위시마다 한 개의 범죄가 성립한다."
(2) 대법원 1983. 11. 8. 83 도 2474, "혼인빙자간음죄는 각 간음행위마다 1개의 죄가 성립한다고 봄이 상당하다."

3 대법원 1982. 12. 14. 82 도 2448, "간통죄는 성교행위마다 1개의 간통죄가 성립한다."

4 대법원 1958. 4. 11. 4290 형상 360.

5 (1) 대법원 1979. 7. 10. 79 도 840, "위조통화행사죄와 사기죄는 그 보호법익을 달리하고 있으므

법익표준설은 보호법익을 법익과 법익주체의 관계에 따라 전속적 법익과 비전속적 법익으로 구별하고, 사람의 생명 · 신체 · 자유 · 명예와 같이 피해자의 인격과 결부된 법익에 대하여는 법익주체마다 1개의 범죄가 성립하므로 예컨대 1개의 행위로 수인을 살해하거나 상해한 때에는 수죄가 성립하지만,[1] 방화죄와 같이 사회의 평온이라는 비전속적 법익을 침해한 때에는 수개의 건조물을 연소시킨 때에도 1개의 방화죄가 성립할 뿐이며, 개인적 법익에 대한 죄 가운데에도 비전속적 법익에 속하는 재산죄에 관하여는 관리의 수에 상응하는 범죄가 성립한다고 한다.[2]

법익표준설도 수개의 법익침해가 1개의 범죄를 구성하는 경우를 설명하지 못하므로 범죄의 결과 또는 법익만으로 죄수를 결정할 수 없다는 비판을 받고 있다.[3]

(3) **의사표준설** 범죄의 본질을 범죄의사의 표현이라고 이해하는 주관주의범죄론의 입장에서는 범죄의사를 기준으로 하여 범죄의 수를 결정해야 한다고 한다. 즉 1개의 범죄의사가 있으면 1개의 범죄가 되고 수개의 범죄의사가 있는 때에는 수개의 범죄가 된다는 것이다. 이에 의하면 상상적 경합은 물론 연속범도 의사의 단일성이 인정되면 일죄가 된다. 대법원이 연속범에 관하여 단일한 범의의 계속하에 동종행위를 반복한 때에는 포괄일죄를 구성한다고 판시하고,[4] 5

로 위조통화를 행사하여 재물을 불법영득한 때에는 위조통화행사죄와 사기죄의 양 죄는 경합범의 관계에 있다."

(2) 대법원 2001. 12. 28. 2001 도 6130, "수인의 피해자에 대하여 각별로 기망행위를 하여 각각 재물을 편취한 경우에는 범의가 단일하고 범행방법이 동일하더라도 각 피해자의 피해법익은 독립한 것이므로 이를 포괄일죄로 파악할 수 없고 피해자별로 독립한 사기죄가 성립된다."

동지: 대법원 1993. 6. 22. 93 도 743; 대법원 1995. 8. 22. 95 도 594; 대법원 1997. 6. 27. 97 도 508; 대법원 2010. 4. 29. 2010 도 2810.

(3) 대법원 1991. 6. 25. 91 도 643, "강도가 동일한 장소에서 동일한 방법으로 시간적으로 접착된 상황에서 수인의 재물을 강취하였다고 하더라도, 수인의 피해자들에게 폭행 또는 협박을 가하여 그들로부터 그들이 각기 점유 · 관리하고 있는 재물을 각각 강취하였다면, 피해자들의 수에 따라 수개의 강도죄를 구성하는 것이고, 다만 강도범인이 피해자들의 반항을 억압하는 수단인 폭행 · 협박행위가 사실상 공통으로 이루어졌기 때문에, 법률상 1개의 행위로 평가되어 상상적 경합으로 보아야 될 경우가 있는 것은 별 문제이다."

다만, 대법원 1996. 7. 30. 96 도 1285 판결은 가족을 폭행 · 협박하여 집안에 있는 재물을 탈취한 때에는 1개의 강도죄가 성립한다고 한다.

1 대법원 1969. 12. 30. 69 도 2062; 대법원 1981. 5. 26. 81 도 811; 대법원 1983. 4. 26. 83 도 524.

2 대법원 1970. 7. 21. 70 도 1133.

3 Jescheck/Weigend S. 710; Maurach/Gössel/Zipf S. 294.

4 (1) 대법원 1999. 1. 29. 98 도 3584, "뇌물을 여러 차례에 걸쳐 수수함으로써 그 행위가 여러 개이더라도 그것이 단일하고 계속적 범의에 의하여 이루어지고 동일법익을 침해한 때에는 포괄일죄로 처벌함이 상당하다."

폭행 후에 강간의 범의가 일어난 경우에는 별개의 독립한 죄를 구성하지만[1] 소유자를 달리하는 수필지의 임야를 훼손한 때에도 단일하고 계속적인 의사가 인정되는 이상 포괄일죄가 된다고 판시한 것[2]은 의사표준설(意思標準說)의 입장에 따른 것이라고 할 수 있다. 그러나 의사표준설도 범죄의 수를 범죄의사에 의하여 결정하는 것은 범죄의 정형성을 무시하는 결과가 될 뿐 아니라, 하나의 범죄의사를 가졌다고 하여 다수의 범죄결과가 발생한 때에도 일죄라고 하는 것은 옳지 않다는 비판을 받고 있다.

6 (4) **구성요건표준설**(구성요건충족설) 죄수론을 초법률적 · 자연적 방법으로 결정할 것이 아니라 법률적인 구성요건충족의 문제로 해석하여 구성요건을 1회 충족하면 일죄이고 수개의 구성요건에 해당하면 수죄라고 한다. 따라서 상상적 경합은 원래 수죄이지만 과형상 일죄로 취급될 뿐이다. 대법원판결 가운데는 구성요건표준설(構成要件標準說)에 입각한 것도 적지 않다.[3] 그러나 구성요건표준설도 구성요건을 몇 번 충족했느냐를 결정하는 것이 반드시 쉬운 것은 아니고, 1개의 행위에 의하여 같은 구성요건을 수회 충족한 경우에 일죄인가 수죄인가를 명백히 할 수 없다는 비판을 받고 있다.

동지: 대법원 1982. 10. 26. 81 도 1409; 대법원 1998. 2. 10. 97 도 2836; 대법원 2005. 11. 10. 2004 도 42.

(2) 대법원 2000. 6. 27. 2000 도 1155, "금융기관 임직원이 그 직무에 관하여 여러 차례 금품을 수수한 경우에 그것이 단일하고도 계속된 범의 아래 일정기간 반복하여 이루어진 것이고 그 피해법익도 동일한 경우에는 각 범행을 통틀어 포괄일죄로 볼 것이다."

1 대법원 1983. 4. 12. 83 도 304.

2 대법원 1983. 3. 8. 83 도 122.

3 구성요건표준설을 채택한 것으로 보이는 대법원판결에는 아래와 같은 판결이 있다.

(1) 대법원 1968. 12. 24. 68 도 1510, "예금통장과 인장을 절취한 행위와 저금환급금 수령증을 위조한 행위는 각각 별개의 범죄구성요건을 충족하는 각 독립된 행위라고 할 것으로 경합범이 성립한다."

(2) 대법원 2000. 4. 20. 99 도 3822 전원합의체판결, "원래 조세포탈범의 죄수는 위반사실의 구성요건 충족 횟수를 기준으로 하여 예컨대, 소득세포탈범은 각 과세연도의 소득세마다, 법인세포탈범은 각 사업연도의 법인세마다, 그리고 부가가치세의 포탈범은 각 과세기간인 6월의 부가가치세마다 1죄가 성립하는 것이 원칙이나, 특정범죄 가중처벌 등에 관한 법률 제 8 조 제 1 항은 연간 포탈세액이 일정액 이상이라는 가중사유를 구성요건화하여 조세범처벌법 제 9 조 제 1 항의 행위와 합쳐서 하나의 범죄유형으로 하고 그에 대한 법정형을 규정한 것이므로, 조세의 종류를 불문하고 1년간 포탈한 세액을 모두 합산한 금액이 특정범죄 가중처벌 등에 관한 법률 제 8 조 제 1 항 소정의 금액 이상인 때에는 같은 항 위반의 1죄만이 성립하고, 또한 같은 항 위반죄는 1년 단위로 하나의 죄를 구성하며 그 상호간에는 경합범 관계에 있다 할 것이다."

동지: 대법원 2000. 11. 10. 99 도 782; 대법원 2001. 3. 13. 2000 도 4880.

2. 비 판

7 범죄는 객관적 요소와 주관적 요소의 결합으로 이루어져 있으므로 법익과 범죄의사를 떠나서는 그 의미를 밝힐 수 없다. 따라서 법익이나 의사 가운데 하나만으로 범죄의 수를 결정하고자 하는 법익표준설이나 의사표준설은 타당하다고 할 수 없다.

형법 제40조는 "한 개의 행위가 여러 개의 죄에 해당하는 경우에는 가장 무거운 죄에 대하여 정한 형으로 처벌한다"고 규정하고 있으며, 제37조는 "판결이 확정되지 아니한 수개의 죄 또는 금고 이상의 형에 처한 판결이 확정된 죄와 그 판결확정 전에 범한 죄를 경합범으로 한다"고 규정하고 있다. 따라서 형법의 해석상 행위와 죄는 동의어가 될 수 없으며, 죄수의 결정에 있어서 죄가 행위를 의미한다고 할 수 없다. 이러한 의미에서 행위표준설도 타당하다고 할 수 없다. 그렇다면 구성요건표준설이 가장 타당하다고 하겠다. 범죄는 자연적·현실적 존재가 아니라 행위를 구성요건이라는 관점에서 평가하는 것이기 때문이다.[1] 구성요건표준설에 따를 때 구성요건충족의 횟수를 어떻게 결정할 것인가? 여기서 구성요건표준설과 행위표준설의 관계를 살펴볼 필요가 있다. 원래 행위표준설이 말하는 행위는 자연적 의미의 행위(Handlungseinheit im natürlichen Sinne)이다.[2] 자연적 의미의 행위는 하나의 의사에 기하여 실현된 개별적인 신체활동을 말한다. 그러나 이러한 의미의 행위는 죄수를 결정하는 데 아무런 의미를 갖지 못한다. 한 개의 행위란 법적 개념이며, 자연적 의미에서의 여러 개의 행위도 구성요건에 의하여 법적 의미에서는 한 개의 행위가 될 수 있기 때문이다. 따라서 죄수판단의 기준으로서의 행위는 구성요건적 행위(tatbestandliche Handlungseinheit)를 의미한다고 해야 한다.[3] 행위표준설의 행위를 구성요건적 행위의 의미로 이해하는 경우 구성요건표준설과 행위표준설이 차이를 보이는 것은, 한 개의 행위로 수개의 구성요건을 실현한 상상적 경합이 일죄인가 수죄인가, 그리고 수개의 행위로 한 개의 구성요건을 실현한 법조경합이 일죄인가 수죄인가 뿐이다. 한 개의 행위

1 Jakobs S. 733; Schmidhäuser S. 430.
2 손해목 1123면; 정영석 277면; 황산덕 295면.
3 Jakobs 32/6; Jescheck/Weigend S. 711; Maurach/Gössel/Zipf S. 299; Samson/Günther SK Vor §52 Rn. 42; Sch/Sch/Stree/Sternberg-Lieben Vor §52 Rn. 10; Schmidhäuser S. 433; Vogler LK[10] Vor §52 Rn. 15.

에 의하여 한 개의 구성요건을 실현하면 일죄이고, 여러 개의 행위로 여러 개 또는 여러 회의 구성요건을 실현하면 수죄가 되는 것은 명백하기 때문이다. 그런데 상상적 경합의 경우, 예컨대 하나의 폭탄으로 사람을 살해하고 재물을 손괴한 때에는 법적 의미에서 '살인죄'와 '손괴죄'가 성립하는 것이지 '살인과 손괴죄'라는 한 개의 죄가 성립하는 것이 아니므로 이는 수죄라고 하여야 한다.[1] 통설도 상상적 경합은 실질적으로는 수죄이지만 과형상 일죄로 취급하는 것으로 본다.[2] 또 여러 개의 행위로 한 개의 구성요건을 실현한 경우는 일죄이다. 따라서 죄수결정의 기준으로서는 구성요건표준설이 타당하다고 하겠다.

8 구성요건표준설에 의하여 죄수를 결정함에 있어서 구성요건충족의 횟수를 정하는 데에는 행위(구성요건적 행위)가 결정적 역할을 한다. 그러나 행위의 수는 범죄의사와 법익을 떠나서 판단할 수 없다. 즉 한 개의 행위로 한 개의 구성요건을 실현하면 일죄이고, 한 개의 행위(상상적 경합) 또는 여러 개의 행위(경합범)로 여러 개의 구성요건을 실현하면 수죄이지만, 여기에는 범죄의사와 법익을 동시에 고려해야 한다. 대법원이 구체적 사건에 따라 여러 표준에 의하여 죄수를 결정하는 이유도 이러한 의미에서 이해할 수 있다. 그러나 이는 죄수를 위에서 언급한 하나의 표준에 의하여 임의로 결정할 수 있다는 의미는 아니다. 여기서 일죄(법조경합과 포괄일죄)와 수죄(상상적 경합과 경합범)의 요건을 검토하면서 어느 요소를 어떻게 고려할 것인가를 살펴보아야 할 필요가 있다.[3]

Ⅲ. 수죄의 처벌

9 수죄를 어떻게 처벌할 것인가에 대하여도 입법례에 따라 태도가 다르다. 수죄의 처벌에 관하여 적용되는 기본원칙에는 다음과 같은 것이 있다.

10 (1) **병과주의** 각 죄에 정한 형을 병과하는 주의이다. 수죄의 처벌에 관한 전통적인 원칙이며, 영미법은 아직도 이 주의에 따르고 있다. 그러나 병과주의(倂科主義, Kumulationsprinzip)에 대하여는 ① 자유형 가운데 유기형을 병과하

1 Jakobs **32**/13; Schmidhäuser S. 440; Tröndle/Fischer Vor § 52 Rn. 20.
2 *infra* **39**/2 참조.
3 이러한 의미에서 죄수론의 중점은 일죄냐 수죄냐를 결정하는 것으로부터 법조경합과 포괄일죄, 상상적 경합과 경합범의 요건과 효과의 문제로 옮겨가게 된다고 할 수 있다.

는 때에는 실질적으로 무기형과 같은 효과를 가져오게 되어 형벌의 성질을 바꾸는 결과가 되고, ② 병과주의의 기초가 되고 있는 개개의 형의 가산은 자유형은 물론 벌금형에 있어서도 분리된 개개의 형벌보다 심한 고통을 주기 때문에 정당한 형벌이 될 수 없다는 비판이 제기되고 있다.[1] 형법은 경합범에 있어서 각 죄에 정한 형이 무기징역이나 무기금고 이외의 이종(異種)의 형인 때에만 병과주의를 채택하고 있다(제38조 1항 3호).

11 (2) **흡수주의** 수죄 가운데 가장 중한 죄에 정한 형으로 처단하고 다른 경한 죄에 정한 형은 여기에 흡수되는 주의를 말한다. 형법은 상상적 경합(제40조)과 경합범 가운데 중한 죄에 정한 형이 사형 또는 무기징역이나 무기금고인 때(제38조 1항 1호)에 흡수주의(吸收主義, Absorptionsprinzip)를 취하고 있다. 흡수주의는 경한 죄에 정한 형의 하한이 중한 죄에 정한 형의 하한보다 높은 때에 경한 죄의 하한 이하로 처벌할 수 있느냐는 문제와 관련하여 각 죄에 정한 형을 결합하는 결합주의(Kombinationsprinzip)로 나타난다.

12 (3) **가중주의** 수죄에 대하여 하나의 전체형(全體刑, Gesamtstrafe)을 선고하는 것이다. 전체형은 통상 가장 중한 죄에 정한 형을 가중하는 방법으로 이루어진다. 스위스 형법(제49조)과 오스트리아 형법(제28조)은 상상적 경합과 경합범을 모두 가중주의(加重主義, Asperationsprinzip)에 의하여 벌하고 있지만, 우리 형법은 독일 형법(제54조)과 같이 경합범만을 원칙적으로 가중주의에 의하여 벌하고 있다(제38조 1항 2호).

제2절 일 죄 §38

I. 서 론

1 범죄의 수가 1개인 것을 일죄라고 한다. 범죄행위가 1개의 구성요건을 1회 충족시켰을 때를 말한다. 일죄의 대표적 경우는 1개의 자연적 의미의 행위로 1개의 구성요건을 충족한 때이다. 예컨대 甲이 A의 꽃병을 1회의 타격으로 손괴한

1 Baumann/Weber[9] S. 675; Maurach/Gössel/Zipf S. 344; Ruth Rissing-van Saan LK §53 Rn. 2; Samson/Günther SK Vor §52 Rn. 5; Sch/Sch/Stree/Sternberg-Lieben Vor §52 Rn. 4.

때에는 1개의 재물손괴죄가 성립한다. 그러나 죄수론에서의 행위는 자연적 의미의 행위가 아니라 구성요건적 행위를 의미한다. 따라서 1개 또는 수개의 행위가 수개의 구성요건을 충족하지만 구성요건 상호간의 관계에 따라 1개의 구성요건만 적용되거나, 하나하나가 독자적으로 구성요건을 충족하는 수개의 행위가 포괄하여 일죄를 구성하는 경우가 있다. 전자를 법조경합, 후자를 포괄일죄라고 한다. 법조경합과 포괄일죄를 포함하여 1개의 구성요건을 1회 충족하는 경우를 일죄라고 하며, 이는 실질상은 수죄이지만 일죄로 처벌하는 데 불과한 과형상의 일죄와 구별된다.

Ⅱ. 법조경합

1. 법조경합의 본질

2 법조경합(法條競合, Gesetzeskonkurrenz)이란 1개 또는 수개의 행위가 외관상 수개의 형벌법규(구성요건)에 해당하는 것과 같은 외관을 보이지만 형벌법규의 성질상 하나의 형벌법규만 적용되고 다른 법규의 적용을 배척하여 일죄만 성립하는 경우를 말한다. 적용되는 구성요건의 불법내용이 배척되는 구성요건을 완전히 포섭하므로 수개의 구성요건을 적용하는 것은 이중평가(Doppelverwertung)라는 부당한 결과를 초래하기 때문이다.[1] 법조경합은 행위가 외관상으로만 수개의 구성요건에 해당할 뿐이고 실질적으로는 1개의 구성요건만 적용된다는 점에서 상상적 경합이나 실체적 경합과 구별된다. 이러한 의미에서 법조경합을 외형상의 경합 또는 부진정경합이라고도 한다. 그러나 실질적으로 법조가 경합하지 않는 이상 이는 법조경합이 아니라 법조단일(法條單一, Gesetzeseinheit)이라 함이 정확한 표현이라고 하겠다.[2]

2. 법조경합의 태양

3 법조경합에는 특별관계 · 보충관계 및 흡수관계의 세 가지가 있다. 종래의 통

1 Baumann/Weber/Mitsch S. 803; Jakobs 31/12; Jescheck/Weigend S. 732; Samson/Günther SK Vor § 52 Rn. 79; Sch/Sch/Stree/Sternberg-Lieben Vor § 52 Rn. 102.

2 Jescheck/Weigend S. 732; Maurach/Gössel/Zipf S. 313; Ruth Rissing-van Saan LK Vor § 52 Rn. 64; Sch/Sch/Stree/Sternberg-Lieben Vor § 52 Rn. 102; Schmidhäuser S. 438.

설은 택일관계도 법조경합의 하나로 들고 있었다.[1] 택일관계(Alternativität)란 양립되지 않는 두 개의 구성요건 사이에 그 일방만이 적용되는 관계를 말한다. 절도죄와 횡령죄, 강도죄와 공갈죄의 관계가 그것이다.[2] 그러나 법조경합은 행위가 외견상 수개의 구성요건에 해당하는 경우인 데 반하여 택일관계는 외견상으로도 하나의 범죄만 성립한다는 점에서 법조경합과 구별된다.[3]

4 동일한 법익을 침해하는 행위가 작위범과 부작위범의 형태로 동시에 구성요건화함으로써 그 가운데 하나만이 적용되는 경우가 있다. 예컨대 범인도피죄와 직무유기죄의 관계가 그것이다. ① 두 구성요건이 모두 충족된 경우에는 작위범이 우선적으로 적용되며, ② 작위범의 구성요건이 존재하지 않거나 충족되지 않는 경우는 부작위범의 구성요건이 적용된다는 점에서, ①은 특별관계이며, ②는 보충관계와 유사하다. 그러나 후자는 엄밀하게 말하면 법조경합이 아니라 하나의 구성요건 충족이 있을 뿐이다.

법조경합은 행위가 1개일 때에만 성립한다는 견해[4]도 있다. 이에 의하면 법조경합은 외견상의 상상적 경합과 같은 성질을 가진다. 그러나 법조경합을 반드시 1개의 행위에 제한해야 할 이유는 없다. 수개의 행위가 외형상 수개의 구성요건에 해당하지만 실질상 1개의 범죄만 성립하는 경우도 법조경합에 해당한다.[5] 불가벌적 사후행위의 경우가 여기에 해당한다. 이러한 의미에서 법조경합은 외견상의 상상적 경합과 외견상의 실체적 경합이라고 할 수 있다.

5 (1) **특별관계** 어느 구성요건이 다른 구성요건의 모든 요소를 포함하고 그 이외의 다른 요소를 구비해야 성립하는 경우를 특별관계(Spezialität)라고 한다. 특별관계에 있어서는 특별법의 구성요건을 실현하는 행위는 일반법의 구성요건을 충족하지만, 반대로 일반법의 구성요건을 실현한 행위는 특별법의 구성요건을 충족하지 못한다. 특별관계에 있어서는 "특별법은 일반법에 우선한다"(lex specialis derogat legi generali)는 원리에 의하여 특별법만 적용되고 일반법은 적용되지 않는다.

---

1 신동운 728면; 오영근 775면; 유기천 313면; 임웅 560면; 정영석 281면; 진계호 418면.

2 횡령죄와 배임죄의 관계도 특별관계인가 택일관계인가가 문제된다. 특별관계라고 해석함이 타당하다.

3 Baumann/Weber[9] S. 665; Jescheck/Weigend S. 734; Maurach/Gössel/Zipf S. 315; Sch/Sch/Stree/Sternberg-Lieben Rn. 132.

4 유기천 311면; 정영석 280면; 진계호 418면.

5 Jescheck/Weigend S. 733; Samson/Günther SK Vor §52 Rn. 14; Sch/Sch/Stree/Sternberg-Lieben Vor §52 Rn. 102; Wessels/Beulke Rn. 787.

6 특별관계의 대표적인 경우는 가중적 구성요건 또는 감경적 구성요건과 기본적 구성요건의 관계이다. 즉 존속살해죄(제250조 2항)는 살인죄의 특별법이며, 특수폭행죄(제261조)·특수절도죄(제331조)는 폭행죄나 절도죄에 우선하여 적용된다. 영아살해죄(제251조)와 촉탁살인죄(제252조 1항)도 살인죄에 대하여 특별관계에 있다. 결합범 또는 결과적 가중범과 그 내용을 이루는 범죄에 대하여도 같은 이론이 적용된다. 예컨대 강도죄(제333조)는 절도죄와 폭행죄 또는 협박죄, 상해치사죄(제259조)는 상해죄와 과실치사죄에 대한 특별법이다. 같은 사항에 대하여 일반형벌법규와 특별형벌법규가 있는 때에도 특별관계가 성립한다. 다만 특별관계를 인정하기 위하여는 특별형벌법규의 구성요건이 일반형벌법규의 그것을 포함하고 법익을 같이할 것을 요건으로 한다.

따라서 판례는 ① 개정 전 도로교통법 제74조(현행법 제151조)는 업무상 과실자동차파괴죄에 대하여 보호법익이 다르고 행위가 손괴로 확대되었다는 점에서 특별관계가 될 수 없고(대법원 1983. 9. 27. 82 도 671), ② 주식회사의 외부감사에 관한 법률 제20조 1항 2호(현행법 3항 2호)는 공인회계사법 제20조, 제12조 2항에 대하여 행위의 주체가 공인회계사로 제한되어 있지 않다는 점에서 특별관계가 될 수 없고(대법원 1993. 6. 22. 93 도 498), ③ 자동차관리법 제71조, 제78조도 공기호부정사용죄와 보호법익이 다르고 주관적 구성요건요소로 행사의 목적을 요하지 않는다는 점에서 특별관계가 아니고(대법원 1997. 6. 27. 97 도 1085), 별개의 독립된 구성요건이라고 판시하였다.

7 (2) **보충관계** 어떤 형벌법규가 다른 형벌법규의 적용이 없을 때에 보충적으로 적용되는 것을 보충관계(Subsidiarität)라고 한다. 보충관계는 여러 형벌법규가 같은 법익에 대한 서로 다른 침해단계에 적용되는 때에 인정된다. 보충관계에 있어서는 "기본법은 보충법에 우선한다"(lex primaria derogat legi subsidiariae)는 원리에 의하여 보충법의 적용이 배제된다.

8 보충관계는 법률의 규정에 의하여 또는 형벌법규의 의미연관에 대한 해석에 의하여 인정된다. 전자를 명시적 보충관계, 후자를 묵시적 보충관계라고 한다. 형법이 명시적 보충관계를 인정한 것으로는 (모병이적죄, 시설제공이적죄, 시설파괴이적죄, 물건제공이적죄 등에 대한) 일반이적죄(제99조)·(현주건조물 등에의 방화죄, 공용건조물 등에의 방화죄에 대한) 일반건조물 등에의 방화죄(제166조)·(현주건조물, 공용건조물, 일반건조물방화죄에 대한) 일반물건방화죄(제167조) 등이 있다. 묵시적 보충관계의 인정범위는 법조경합의 내용으로 흡수관계를 인정하느냐에 따라 달라진다. 법조경합의 형태로 흡수관계

를 인정하지 않고 이를 모두 보충관계로 설명하는 견해[1]도 있지만, 흡수관계를 제외한 좁은 의미로 이해하는 것이 타당하다.[2]

묵시적 보충관계는 다음의 두 가지 경우에 인정된다.

9 1) **경과범죄** 보충관계는 경과범죄(經過犯罪, Durchgangsdelikt) 또는 불가벌적 사전행위(straflose Vortat)의 경우에 인정된다. 범죄실현을 위한 앞 단계의 범죄는 같은 법익에 대한 다음 단계의 침해가 있으면 독자적 의의를 잃는다. 따라서 예비는 미수와 기수에 대하여, 미수는 기수에 대하여 보충관계에 있게 된다.[3] 같은 이유로 상해죄와 살인죄, 위태범과 침해범처럼 서로 다른 구성요건 사이에도 보충관계가 인정될 수 있다. 예컨대 유기죄는 살인죄에 대하여 보충관계에 있다.

다만, 보충관계가 성립하기 위하여는 여러 단계의 범죄실현이 하나의 범죄의사에 의한 것임을 요한다. 또 경과범죄가 다음 단계의 행위보다 중대한 불법내용을 가져서는 안 된다. 예컨대 강도미수는 절도기수와 보충관계가 될 수 없다.

10 2) **가벼운 침해방법** 같은 법익에 대한 침해에 있어서 무거운 침해방법과 가벼운 침해방법 사이에는 보충관계가 인정된다. 종범은 교사범과 정범에 대하여, 교사범은 정범에 대하여 보충관계에 있다. 따라서 교사자가 방조까지 한 때에는 교사범으로만 처벌되며, 교사자가 공동정범이 된 때에는 공동정범으로만 처벌된다. 또 부작위범은 작위범에 대하여, 과실범은 고의범에 대하여 보충관계에 있다.

11 (3) **흡수관계** 어떤 구성요건에 해당되는 행위의 불법 및 책임의 내용이 일반적으로 다른 구성요건에 포섭되어 있어 그 다른 구성요건에 대한 유죄판결에 전체과정의 반가치가 완전히 포함되지만 특별관계나 보충관계가 인정되지 않는 경우를 흡수관계(Konsumtion)라고 한다. 이는 흡수법의 구성요건이 피흡수법의 구성요건을 당연히 포함하는 것이 아니라는 점에서 특별관계와 구별되고, 서로 다른 범죄가 전형적으로 결합된 것이라는 점에서 보충관계와 구별된다. 즉 흡수관계는 1개 또는 수개의 행위로 수개의 구성요건을 실현하였지만 "전부법은

1 Sch/Sch/Stree/Sternberg-Lieben Vor §52 Rn. 109; Schmidhäuser S. 440.
2 Baumann/Weber/Mitsch S. 805; Jakobs 31/26; Jescheck/Weigend S. 734; Maurach/Gössel/Zipf S. 316; Ruth Rissing-van Saan LK Vor §52 Rn. 99; Samson/Günther SK Vor §52 Rn. 91; Tröndle/Fischer Vor §52 Rn. 41.
3 대법원 1965. 9. 28. 65 도 695.

부분법을 폐지한다"(lex comsumens derogat legi consumptae)는 법원리에 의하여 전부법(흡수법)만 적용되는 경우이다. 흡수관계에는 다음의 두 가지 경우가 있다.

12 1) **전형적 또는 불가벌적 수반행위** 행위자가 특정한 죄를 범하면서 그 죄와 논리적으로 필연적인 것은 아니지만 일반적·전형적으로 결합되어 있는 다른 구성요건을 충족하고, 그 구성요건의 불법내용이 주된 범죄에 대하여 경미하기 때문에 고려되지 않는 경우를 전형적 또는 불가벌적 수반행위(不可罰的 隨伴行爲, typische od. mitbestrafte Begleittat)라고 한다.

예컨대 살인에 수반된 재물손괴행위,[1] 낙태죄와 부녀의 신체에 대한 상해행위,[2] 자동차의 절도와 그 속의 휘발유절도,[3] 도주죄에 수반된 수의(囚衣)의 절도, 상해를 가하면서 행한 협박행위,[4] 사문서위조와 인장위조행위[5] 및 감금의 수단으로 폭행·협박한 경우의 감금죄와 폭행·협박죄[6] 등은 모두 전형적 수반행위로서 흡수관계에 속한다. 향정신성의약품을 수수한 후에 이를 소지하는 행위도 수수죄의 불가벌적 수반행위가 된다(대법원 1990. 1. 25. 89 도 1211).

수반행위로 인한 흡수관계는 수반행위가 일반적인 범위를 넘어서 고유한 불법내용을 가질 때에는 성립하지 않는다.[7] 이 경우에는 상상적 경합이 된다.

2) **불가벌적 사후행위**

13 (가) **의 의** 범죄에 의하여 획득한 위법한 이익을 확보하거나 사용·처분하는, 구성요건에 해당하는 사후행위가 이미 주된 범죄에 의하여 완전히 평가되어 별죄를 구성하지 않는 경우를 불가벌적 사후행위(不可罰的 事後行爲, mitbestrafte Nachtat)라고 한다. 예컨대 절도범이 절취한 재물을 손괴하여도 절도

1 Jescheck/Weigend S. 737; Samson/Günther SK Vor §52 Rn. 98; Vogler LK[10] Vor §52 Rn. 132.
2 BGHSt. 28, 11, "낙태를 실행하기 위한 단순상해 또는 중상해는 낙태죄에 흡수된다."
3 BGHSt. 14, 388.
4 대법원 1976. 12. 14. 76 도 3375, "甲이 같은 시간, 같은 장소에서 A에게 상해를 입히고 협박을 한 경우에 특별한 사정이 없는 한 위 협박행위는 상해와 동일 범의하에서 이루어진 폭언에 불과하여 위 상해죄에 포함되는 행위라고 봄이 타당하다."
5 대법원 1978. 9. 26. 78 도 1787, "인장위조죄와 사문서위조죄는 흡수관계에 있다."
6 日最決 1967. 4. 27(형집 21-3, 470, 형법판례백선 1-206).
7 대법원 2012. 10. 11. 2012 도 1895, 업무방해죄와 폭행죄는 그 구성요건과 보호법익을 달리하고 있고, 업무방해죄의 성립에 일반적·전형적으로 사람에 대한 폭행행위를 수반하는 것은 아니며, 폭행행위가 업무방해죄에 비하여 별도로 고려되지 않을 만큼 경미한 것이라고 할 수도 없으므로, 설령 피해자에 대한 폭행행위가 동일한 피해자에 대한 업무방해죄의 수단이 되었다고 하더라도 그러한 폭행행위가 이른바 '불가벌적 수반행위'에 해당하여 업무방해죄에 대하여 흡수관계에 있다고 볼 수는 없다.

죄 이외에 손괴죄를 구성하지 않는 것이 그 전형적 예이다. 불가벌적 사후행위에 있어서는 주된 범죄와 사후행위가 법익침해에 관하여 단일한 평가를 받는다는 점에 특색이 있다.

14 불가벌적 사후행위의 성질에 관하여는 이를 보충관계로 보거나,[1] 실체적 경합에 해당하지만 인적 처벌조각사유라고 하는 견해[2]도 있으나, 흡수관계로 이해하는 것이 타당하다.[3] 사후행위는 그 자체가 위법하고 유책한 행위이지만 주된 범죄가 전제로 하거나 예정하는 행위로서, 주된 범죄가 의미를 갖기 위하여는 이 범죄행위가 일반적으로 포함된다는 점에서 전형적 연관이 인정되기 때문이다.

(나) **요 건** 불가벌적 사후행위라고 하기 위하여는 아래와 같은 요건이 구비되어야 한다.

15 (i) 사후행위는 범죄의 구성요건에 해당해야 한다. 범죄에 해당하지 않는 행위는 당연히 불가벌이며 불가벌적 사후행위라고 지칭할 필요가 없다. 예컨대 절도범이 절취한 재물을 소비한 경우 절도범은 타인의 재물을 '보관'하는 자가 아니므로 횡령죄의 구성요건에 해당하지 않는다. 따라서 이 행위는 불가벌적 사후행위가 아니다. 절도죄의 정범에게 장물죄가 성립하지 않는 것도 절도죄의 정범은 장물죄의 구성요건에 해당하지 않기 때문이다.

16 (ii) 사후행위는 주된 범죄와 보호법익을 같이하고 침해의 양을 초과하지 않아야 한다. 따라서,

① 사후행위가 다른 사람의 새로운 법익을 침해한 때에는 불가벌적 사후행위가 아니다. 예컨대 절도·횡령·사기한 재물을 손괴하거나 횡령물의 반환을 거부하거나, 장물인 자기앞수표를 현금 대신 교부하는 것[4]은 불가벌적 사후행위이

1 Sch/Sch/Stree/Sternberg-Lieben Vor §52 Rn. 112; Schmidhäuser S. 440; Stratenwerth/Kuhlen 18/17.
2 Maurach/Gössel/Zipf S. 397, 340.
3 김일수/서보학 682면; 박상기 493면; 배종대 746면; 손해목 1130면; 안동준 310면; 이형국 422면; 정성근/박광민 621면.
Baumann/Weber/Mitsch S. 807; Jakobs 31/34; Jescheck/Weigend S. 736; Samson/Günther SK Vor §52 Rn. 101; Welzel S. 235; Wessels/Beulke Rn. 795도 같은 태도이다.
4 대법원 1993. 11. 23. 93 도 213, "금융기관 발행의 자기앞수표는 그 액면금을 즉시 지급받을 수 있는 점에서 현금에 대신하는 기능을 가지고 있어서 장물인 자기앞수표를 취득한 후 이를 현금 대신 교부한 행위는 장물취득에 대한 가벌적 평가에 당연히 포함되는 불가벌적 사후행위로서 별도의 범죄를 구성하지 아니한다."

지만, 절취 또는 갈취한 예금통장으로 현금을 인출하거나[1] 절취한 신용카드로 물품을 구입한 때에는 사기죄 등의 별개의 범죄를 구성한다.[2]

재산죄로 인하여 취득한 재물을 처분하는 것이 불가벌적 사후행위가 될 수 있느냐가 문제된다. 절취한 재물의 처분행위는 새로운 법익을 침해하는 경우에 해당하여 불가벌적 사후행위가 되지 않으나(민법 제250조 참조),[3] 횡령죄 또는 배임죄에 해당하는 선행 처분행위가 있고 후행 처분행위가 선행 처분행위에 의하여 발생한 위험을 현실적인 법익침해로 완성하는 수단에 불과하거나(법인의 정기예금에 대한 대표이사 개인을 위한 질권설정(배임) 후 이에 대한 인출동의는 불가벌적 사후행위로서 별죄(횡령죄)를 구성하지 않는다(대법원 2012. 11. 19. 2012 도 10980)), 새로운 위험을 추가하지 않는 한에서는 후행 처분행위는 불가벌적 사후행위에 해당한다. 다만, 후행행위가 선행행위에서 예상할 수 없는 새로운 위험을 추가하여 법익침해의 위험을 증가시키거나 선행행위와는 무관한 방법으로 법익침해의 결과를 발생시키는 것이라면 별도의 횡령죄를 구성한다. 따라서 종중토지를 명의신탁 받아 보관 중 가액 중 일부에 해당하는 근저당을 설정하고 그 후 이 토지를 매도한 때에는 별도의 횡령죄가 성립한다(대법원 2013. 2. 21. 2010 도 10500 전원합의체판결).

사람을 살해한 자가 사체를 유기하거나,[4] 절취한 대마를 흡입할 목적으로 소지하는 경우[5]도 새로운 법익을 침해하는 행위이므로 불가벌적 사후행위가 되지 않는다. 같은 사람의 새로운 법익을 침해한 경우에도 같다.

대법원은 피해자에게 근저당권을 설정해 주겠다고 기망하여 금원을 편취한 다음 목적 부동산에 대하여 제 3 자에게 근저당권을 설정하여 준 배임행위는 사기죄의 불가벌적 사후행위가 되지 않는다고 판시하였다.[6]

---

1 대법원 1974. 11. 26. 74 도 2817; 대법원 1979. 10. 30. 79 도 489; 대법원 1990. 7. 10. 90 도 1176.

2 대법원 1997. 1. 21. 96 도 2715.

3 (1) 대법원 1980. 10. 14. 80 도 2155, "절취한 전당표로 전당포에 가서 전당물을 편취하는 것은 새로운 법익을 침해하는 행위로서 사기죄를 구성한다."
(2) 대법원 1980. 11. 25. 80 도 2310, "절도범인이 그 절취한 장물을 자기 것인양 제 3 자를 기망하여 금원을 편취한 경우에는 새로운 법익의 침해가 있으므로 사기죄가 성립된다 할 것이다."

4 대법원 1997. 7. 25. 97 도 1142.

5 대법원 1999. 4. 13. 98 도 3619.

6 대법원 2008. 3. 27. 2007 도 9328, "부동산에 피해자 명의의 근저당권을 설정하여 줄 의사가 없음에도 피해자를 속이고 근저당권설정을 약정하여 금원을 편취한 경우라 할지라도, 이러한 약정은 사기 등을 이유로 취소되지 않는 한 여전히 유효하여 피해자 명의의 근저당권설정등기를 하여 줄 임무가 발생하는 것이고, 그럼에도 불구하고 임무에 위배하여 그 부동산에 관하여 제 3 자 명의로 근저당권설정등기를 마친 경우, 이러한 배임행위는 금원을 편취한 사기죄와는 전혀 다른 새로운 보호법익을 침해하는 행위로서 사기 범행의 불가벌적 사후행위가 되는 것이 아니라 별죄를 구성한다."

② 피해자와 법익이 같더라도 사후행위가 주된 범죄에 의하여 침해된 법익의 범위를 초과한 때에는 불가벌적 사후행위가 되지 않는다. 예컨대 절도범이 절취한 문서를 이용하여 피해자의 재물을 편취하거나 절취한 재물을 다시 피해자에게 매각한 때에는 절도죄와 사기죄의 실체적 경합이 된다. 17

③ 주된 범죄는 재산죄인 경우가 보통이지만 반드시 이에 한하지 않는다. 따라서 간첩이 탐지·수집한 국가기밀을 적국에 누설한 행위도 불가벌적 사후행위가 된다.[1] 18

(iii) 주된 범죄에 의하여 행위자가 처벌받았을 것을 요하지 않는다. 따라서 주된 범죄가 공소시효의 완성 또는 소송조건의 결여로 공소가 제기되지 아니한 때에도 사후행위는 불가벌이다.[2] 19

다만, 주된 범죄가 범죄의 성립요건을 결하였거나 범죄의 증명이 없기 때문에 처벌받지 아니한 때에는 사후행위가 처벌될 수 있다. 사후행위가 반드시 주된 범죄보다 가벼워야 하는 것도 아니다.

(iv) 사후행위는 제 3 자에 대한 관계에서는 불가벌적 사후행위가 되지 않는다. 제 3 자에게는 처벌받는 주된 범죄가 없기 때문이다. 따라서 사후행위에만 관여한 공범은 처벌될 수 있다. 20

3. 법조경합의 처리

법조경합의 효과는 배제된 법률이 적용되지 않게 되어 행위자가 그 법률에 의하여 처벌받지 않는다는 데 있다. 따라서 행위자는 적용된 법률에 정한 형으로 처벌되며, 배제된 법률은 판결주문은 물론 이유에도 기재되지 않는다. 이러한 의미에서 법조경합과 상상적 경합의 차이는, 법조경합의 경우에는 배제된 법률의 범죄내용이 적용되는 법률에 완전히 고려되어 있음에 반하여, 상상적 경합의 경우에는 부가되는 법률의 범죄내용이 추가되어 평가된다는 점에 있다. 법조경합에서 배제되는 법률은 적용되는 법률의 일부이므로, 제 3 자는 배제되는 범죄에 대하여 공범으로 가담할 수 있다. 제 3 자가 특히 가중적 구성요건을 인식하지 못한 21

---

1 대법원 1982. 4. 27. 82 도 285 판결은 이 경우에 포괄일죄가 성립한다고 판시하였다.
2 Jescheck/Weigend S. 737; Samson/Günther SK Vor §52 Rn. 102; Sch/Sch/Stree/Sternberg-Lieben Vor §52 Rn. 136; Welzel S. 235.

때에는 기본적 구성요건에 대하여 고의가 있으면 그 범위에서 공범이 된다.

22 '적용되는 법률'에 의하여 행위자가 유죄판결을 받지 아니할 때에는 원칙적으로 배제된 법률(특히 일반법)이 적용될 수 있다. 그러나 이로 인하여 법조경합의 목적에 반할 때에는 그러하지 아니하다. 불가벌적 사후행위의 경우가 여기에 해당한다. 그리고 적용되는 범죄가 친고죄인 때 그 고소가 없는 경우가 문제된다. 고소의 필요가 전체 행위에 대한 것인 때에는 배제된 일반법에 의한 처벌도 불가능하지만, 부가된 불법 요소에 관한 것일 때에는 그 부분에 대한 처벌만 불가능하게 된다.[1]

Ⅲ. 포괄일죄

1. 포괄일죄의 의의

23 수개의 행위가 포괄적으로 1개의 구성요건에 해당하여 일죄를 구성하는 경우를 포괄일죄(包括一罪)라고 한다. 포괄일죄에 있어서는 별개로 존재하는 수개의 행위가 당해 구성요건을 한 번 충족하여 본래적으로 일죄를 구성하고 별죄가 따로 성립하지 않는다는 점에서 과형상의 일죄와 구별된다.[2] 죄수는 구성요건충족의 횟수에 의하여 결정된다. 그런데 같은 구성요건을 몇 번 충족하였는가는 행위를 고려하지 않고는 정할 수 없다. 여기서 행위란 자연적 의미의 행위가 아니라 구성요건적 행위를 의미한다. 따라서 1개의 구성요건이 수개의 행위의 결합으로 구성되어 있는 경우, 결합된 행위 자체가 1개의 구성요건적 행위를 이루거나, 구성요건의 성질상 동종행위의 반복이 예상되는 경우 및 수개의 행위가 이미 완성된 위법상태를 유지하는 데 지나지 않는 경우는 수개의 행위가 법적 의미에서 1개의 행위로 흡수되어 일죄를 구성하게 된다. 그것이 바로 결합범, 수개의 행위를 전제로 하는 범죄 및 계속범의 경우이다. 이를 좁은 의미의 포괄일죄라고 할 수 있다.[3] 그러나 포괄일죄의 범위는 여기에 제한되지 않는다. 같은 법익에 대하

1 Jakobs 31/47.

2 대법원 1982. 11. 23. 82 도 2201, "이른바 포괄일죄라는 것은 일반적으로 각기 따로 존재하는 수개의 행위가 당해 구성요건을 한 번 충족하여 본래적으로 일죄라는 것으로 이 수개의 행위가 흡수되거나 사후행위가 되고 혹은 위법상태가 상당 정도 시간적으로 경과하는 등으로 본래적으로 일죄의 관계가 이루어지는 것이므로 별개의 죄가 따로 성립하지 않음은 물론 과형상의 일죄와도 그 개념을 달리하는 것이다."

3 일반적으로 좁은 의미의 포괄일죄는, 수개의 행위가 동일한 법익을 침해하는 일련의 관계를 가지고 있는 경우, 예컨대 사람을 체포하여 감금하거나 뇌물을 요구하여 수수하는 경우 등에 국한

여 시간적 · 장소적으로 접근한 수개의 행위가 같은 의사에 의하여 반복된 때에도 일반적으로 포괄일죄로 인정하고 있다. 접속범 · 연속범 및 집합범의 경우가 여기에 해당한다.

2. 포괄일죄의 태양

포괄일죄의 태양으로는 결합범 · 계속범 · 접속범 · 연속범 및 집합범이 있다.

(1) **결 합 범** 결합범(結合犯, zusammengesetztes Delikt)이란 개별적으로 독립된 범죄의 구성요건에 해당하는 수개의 행위가 결합하여 1개의 범죄를 구성하는 경우를 말한다. 예컨대 강도죄는 폭행죄 또는 협박죄와 절도죄, 강도살인죄는 강도죄와 살인죄, 강도강간죄는 강도죄와 강간죄의 결합범이다. 결합범과 결합된 범죄는 특별관계에 있지만, 결합범 자체는 1개의 범죄완성을 위하여 수개의 실행행위가 포함되어 있다는 점에서 포괄일죄가 된다고 할 수 있다.[1] 따라서 강도가 사람을 살해한 때에는 강도살인죄만 성립한다.[2] 결합범은 포괄일죄이므로 그 일부분에 대한 실행의 착수는 원칙적으로 전체에 대한 실행의 착수가 되며, 일부분에 대한 방조도 전체에 대한 방조가 된다. 24

구성요건이 반복된 수개의 행위를 예상하고 있는 범죄에 대하여도 같은 이론이 적용된다. 간첩죄(제98조) · 범죄단체조직죄(제114조) · 통화위조죄(제207조) 등의 구성요건은 모두 동일한 구성요건의 반복된 실현을 예상하고 있으므로 반복된 수개의 행위는 포괄일죄가 된다.

(2) **계 속 범** 계속범(繼續犯, Dauerdelikt)이란 구성요건적 행위가 기수에 도달하여 위법한 상태를 야기하였으나 구성요건적 행위는 계속됨으로써 그 위법상태가 유지되는 범죄를 말한다. 주거침입죄 · 감금죄 등이 여기에 해당한다. 계속범의 종료시기는 위법상태의 종국적 소멸 시이며, 일시적 중단으로 종료되는 것은 아니다.[3] 따라서 위법한 상태를 유지하기 위한 행위는 그것으로 인하여 25

하여 인정된다. 김일수/서보학 688면; 손해목(공저) 503면; 임웅 561면; 정성근/박광민 627면; 정영석 282면; 진계호 420면.

그러나 포괄일죄를 여기에 제한해야 할 이유는 없다.

1 손해목(공저) 501면; 유기천 314면.

2 대법원 1983. 6. 28. 83 도 1210.

3 Joecks Vor § 52 Rn. 13; Samson/Günther SK Vor § 52 Rn. 50; Sch/Sch/Stree/Sternberg-Lieben Vor § 52 Rn. 84.

같은 구성요건을 다시 충족하는 경우에도 하나의 행위로서 포괄일죄가 될 뿐이다.

예컨대 감금된 피해자가 2일 후에 탈출하는 것을 행위자가 잡아서 2일간 더 감금한 때에는 2개의 감금죄가 성립하는 것이 아니라 1개의 4일간의 감금죄가 성립한다.

26 (3) **접 속 범** 동일한 법익에 대하여 수개의 행위가 불가분하게 접속하여 행하여지는 것을 접속범(接續犯)이라고 한다. 즉 단독의 행위에 의하여도 구성요건의 충족이 가능한 경우에 수개의 행위가 동일한 기회에 동일한 장소에서 불가분하게 결합되어 구성요건적 결과가 발생한 경우를 말한다.

예컨대 절도범이 문앞에 자동차를 대기해 놓고 재물을 수회 반출하여 자동차에 싣는 방법으로 절취한 경우(日最判 1949. 7. 23 (형집 3-8, 1373)), 동일한 기회에 같은 부녀를 수회 간음한 경우(대법원 1970. 9. 29. 70 도 1516), 한 장의 문서에 같은 사람의 명예를 훼손하는 수개의 사실을 적시한 경우 등이 여기에 해당한다.

여기서는 밀접한 시간적 · 장소적 연관 아래 단일한 의사에 의한 수개의 행위가 구성요건적 불법을 강화한 것에 지나지 않으므로 1개의 행위로 포괄되어 일죄가 성립한다. 한 사람을 같은 기회에 수회 폭행하여 상해를 가하고, 칼로 여러 번 찔러서 살해한 경우에 1개의 상해죄 또는 1개의 살인죄가 성립하는 것과 같다.

27 접속범이 되기 위한 요건으로는 ① 반복된 행위가 시간적 · 장소적으로 직접 접속하여 행하여져야 하며, ② 단일한 범의(einheitliche Motivationslage)에 기한 것이어야 한다. 범의가 같으면 족하고 전체고의(Gesamtvorsatz)를 요하는 것은 아니다.[1] 또한 ③ 반복된 행위는 같은 법익에 대한 것이어야 한다. 행위자가 수개의 행위에 의하여 다른 법익을 침해하였거나, 전속적 법익에 있어서 주체를 달리하는 법익을 침해한 때에는 포괄일죄가 되지 않는다. 불법의 양적 증가에 그친다고 할 수 없게 되었기 때문이다.[2]

(4) **연 속 범**

28 **1) 연속범의 의의** 연속범(連續犯, das fortgesetzte Delikt)이란 연속한 수개의 행위가 동종의 범죄에 해당하는 것을 말한다. 연속된 수개의 행위가 반드시 구성요건적으로 일치할 것을 요하지 않고, 시간적 · 장소적 접속도 요건으로 하지

1 그러므로 예컨대, 甲이 A를 타살하고자 하였으나 타격이 실패하여 같은 살인의 고의로 목을 조른 경우에도 접속범이 성립한다(BGHSt. 10, 129 참조). '전체고의'에 관하여는 *infra* **38**/35 참조.

2 Jescheck/Weigend S. 713; Samson/Günther SK Vor § 52 Rn. 53.

아니하여 그 사이의 연관이 긴밀하지 않다는 점에서 접속범과 구별된다.

일본 구 형법 제55조는 "연속한 수개의 행위가 동일한 죄명에 걸릴 때에는 일죄로 처벌한다"고 규정하여 연속범을 과형상의 일죄로 취급하였고, 따라서 예컨대 상점점원 甲이 주인 A의 상품을 수일 동안 계속하여 절취하는 것을 연속범이라고 하여 일죄로 처벌하였다. 형법에는 연속범에 관한 규정이 없고, 일본 형법도 전후 일부개정을 통하여 이를 폐지하였다.

29 연속범의 경우에 죄수를 어떻게 볼 것인가에 대하여는 견해가 대립되고 있다. 동일한 방법과 동일한 의사로 동일한 법익을 침해하는 계속적인 행위는 포괄일죄로 보아야 한다는 견해,[1] 연속범은 접속범과는 개념을 달리하는 것이므로 수죄로서 경합범이 되어야 한다는 견해[2] 및 연속범을 단일행위에 의한 포괄일죄로 볼 수는 없으나 처분상의 일죄로 취급해야 한다는 견해[3]가 그것이다. 연속범은 명문의 규정이 없는 독일 형법에서 18세기 초 이래 학설과 판례에 의하여 법적 단일행위(rechtliche Handlungseinheit)의 특수한 경우로 인정되어, 판례에서 널리 적용되어 왔던 개념이다. 연속범을 일죄로 하는 것은 이를 수죄로 보아 개개의 범죄를 확정하고 경합범의 예에 따라 전체형을 정하게 함은 법관에게 무리하고 지나친 부담을 준다는 소송경제 내지 소송법적 이유에 근거가 있었다. 연속범은 법률에 근거가 없을 뿐 아니라, 개별적 행위가 하나의 단일한 행위로 결합되지만 개별행위 그 자체도 범죄의 모든 요건을 구비하고 있기 때문에 이 독자적 가벌성이 죄수론에서 고려되어야 한다는 문제가 제기된다. 여기에 연속범을 포괄일죄로 인정하는 경우에는 많은 죄를 범한 자에게 특혜를 주어 정당한 형벌의 이념이나 실질적 정의의 실현을 방해한다는 이유로 연속범의 개념을 인정해서는 안 된다는 견해가 유력하게 등장하고 있다.[4] 그러나 연속범은 독일에서 종래 통설[5]과 판례에 의하여 약 1세기 이상의 기간 동안 법적 의미의 일죄(rechtliche Verbrechenseinheit)로 인정되어 왔으며,[6] 대법원도 일관하여 이를 포괄일죄에 해

1 김일수/서보학 690면; 박상기 479면; 배종대 751면; 손동권 502면; 손해목 1135면; 오영근 783면; 염정철 501면; 유기천 318면; 이건호 213면; 이형국 425면; 임웅 563면; 조준현 349면.
2 신동운 738면; 안동준 313면; 이정원 447면; 정영석 282면; 진계호 420면.
3 황산덕 299면.
4 Jakobs 32/50; Jescheck/Weigend S. 715; Schmidhäuser S. 436; Stratenwerth/Kuhlen 17/13.
5 Maurach/Gössel/Zipf S. 305; Samson/Günther SK Vor §52 Rn. 55ff; Sch/Sch/Stree/Sternberg-Lieben Vor §52 Rn. 31.
6 그러나 BGH는 1994. 3. 5.의 대형사부 결정(BGHSt. 40, 138)을 통하여 "연속범관계는 불법과

당한다고 판시하고 있다.[1]

30 2) 연속범의 요건 연속범이 되기 위하여는 개별적인 행위가 범죄의 요소를 모두 갖추어야 한다. 즉 구성요건에 해당하고 위법·유책해야 한다. 구성요건에도 해당하지 않는 행위는 고려할 필요가 없다. 친고죄에 있어서 고소가 없는 행위도 같다.[2] 포괄일죄에 있어서도 고소는 분리가능하며, 고소권자는 일부에 대하여만 고소할 수 있기 때문이다. 공소시효가 경과한 사건도 같다.

연속범이 되기 위하여는 이 이외에도 객관적 요건과 주관적 요건을 갖추어야 한다.

31 (개) **객관적 요건** 객관적 요건으로는 개별적인 행위가 피해법익이 같고, 원칙적으로 같은 구성요건에 해당하고 범행방법이 동일할 뿐 아니라 일정한 시간적·장소적 연관이 있어야 한다.

32 (a) 법익의 동일성 개개의 행위가 같은 법익을 침해해야 한다. 따라서 절도죄와 주거침입죄, 감금죄와 상해죄 사이에는 연속범이 될 수 없다. 같은 법익을 침해한 경우에도 일신전속적 법익에 있어서 법익의 주체가 다를 때에는 연속범이 되지 않는다.[3] 따라서 수인에 대한 살인이나 상해, 여러 부녀에 대한 낙태 또는 강간은 포괄일죄가 될 수 없다.

책임의 정당한 평가를 위하여 개별적 행위의 결합이 불가결하다고 인정될 때에만 가능하고, 적어도 성범죄와 사기죄에 있어서는 연속범관계를 인정할 수 없다"고 판시하여 연속범을 1죄로 인정해 오던 종래의 태도를 변경한 이래, 성범죄·상해죄·절도죄·준강도죄·배임죄·뇌물죄 및 약물범죄와 세금포탈범죄의 경우에도 연속범관계를 부정해 오고 있으며, 학설도 일반적으로 BGH의 태도를 지지하고 있다(Jescheck/Weigend, S. 715; Lackner/Kühl, Vor §52, Rn. 16, Roxin, Strafrecht AT Ⅱ, §33 Rn. 263ff; Samson/Günther, SK Vor §52, Rn. 66; Tröndle/Fischer, Vor §52 Rn. 50).

1 (1) 대법원 2000. 1. 21. 99 도 4940, "단일하고도 계속된 범의 아래 동종의 범행을 일정기간 반복하여 행하고 그 피해법익도 동일한 경우에는 각 범행을 통틀어 포괄일죄로 볼 것이고, 수뢰죄에 있어서 단일하고도 계속된 범의 아래 동종의 범행을 일정기간 반복하여 행하고 그 피해법익도 동일한 것이라면 돈을 받은 일자가 상당한 기간에 걸쳐 있고, 돈을 받은 일자 사이에 상당한 기간이 끼어 있다 하더라도 각 범행을 통틀어 포괄일죄로 볼 것이다."

동지: 대법원 1983. 11. 8. 83 도 711; 대법원 2007. 1. 11. 2006 도 6620.

(2) 대법원 2002. 7. 12. 2002 도 2029, "사기죄에 있어서 동일한 피해자에 대하여 수회에 걸쳐 기망행위를 하여 금원을 편취한 경우, 그 범의가 단일하고 범행방법이 동일하다면 사기죄의 포괄일죄만이 성립한다 할 것이다."

동지: 대법원 2006. 2. 23. 2005 도 8645.

2 Sch/Sch/Stree/Sternberg-Lieben Vor §52 Rn. 33.

3 Jescheck/Weigend S. 715; Maurach/Gössel/Zipf S. 309; Samson/Günther SK Rn. 58; Schmidhäuser S. 435; Tröndle/Fischer Vor §52 Rn. 51; Vogler LK[10] Rn. 55.

개개의 행위가 원칙적으로 같은 구성요건에 해당해야 한다. 여기서는 구성요건이 형법 각칙의 같은 장 또는 같은 조에 속하느냐가 기준이 되는 것이 아니라 동일한 형법상의 금지에 기초하였느냐가 문제된다.

따라서 절도죄와 횡령죄, 절도죄와 강도죄, 공갈죄와 준강도죄 또는 문서위조죄와 문서손괴죄 사이의 연속범은 있을 수 없다. 그러나 기본적 구성요건과 가중적 구성요건, 기수와 미수 사이에는 연속범이 가능하다. 이때에는 포괄일죄로서 가중적 구성요건 또는 기수의 일죄가 성립한다. 예컨대, 절도와 절도미수 및 특수절도가 연속관계에 있을 때에는 1개의 특수절도죄가 성립한다.[1]

(b) 침해의 동종성 개개의 행위의 범죄실행 형태는 유사해야 한다. 따라서 고의범과 과실범, 작위범과 부작위범, 정범과 공범 사이의 연속범은 있을 수 없다. 그러나 범행의 객체나 실행의 목적이 동일할 것을 요하는 것은 아니다. 33

(c) 시간적·장소적 계속성 개개의 행위는 시간적·장소적 계속성이 있어야 한다. 즉 그것은 동일한 사정(객관적 사정의 동종성)을 이용했다고 볼 수 있어야 한다.[2] 예컨대 범죄 사이의 기간이 9개월 이상이 되거나,[3] 다른 도시에서 이루어진 무전취식행위는 연속범이 될 수 없다. 34

(나) **주관적 요건** 주관적 요건으로 범의의 단일성이 인정되어야 한다. 범의의 단일성의 내용에 대하여는 견해가 대립되고 있다. 범의의 단일성을 인정하기 위하여는 전체고의를 필요로 한다는 견해[4]가 있다. 35

전체고의란 행위자가 사전에 범행의 시간·장소·피해자 및 범행방법을 포함한 행위의 전체결과를 인식하고 이를 개별적 행위에 의하여 단계적으로 실현할 것을 결의한 경우를 말한다. 예컨대 점원이 상점에 있는 물건을 몇 회에 걸쳐 얼마 절취하겠다는

---

1 대법원은 집합범인 상습범에 관하여 같은 취지로 판시하고 있다. 연속범에 대하여도 같은 이론이 적용된다.
대법원 1975. 5. 27. 75 도 1184, "세 번의 특수절도사실, 두 번의 특수절도미수사실, 한 번의 야간주거침입절도사실, 한 번의 절도사실 등 7가지 사실이 상습적으로 반복한 것으로 볼 수 있다면 이러한 경우에는 법정형이 가장 중한 상습특수절도죄에 나머지 죄를 포괄시켜 하나의 죄만이 성립한다."
동지: 대법원 1979. 12. 11. 79 도 2371; 대법원 2003. 2. 28. 2002 도 7336.

2 Maurach/Gössel/Zipf S. 310; Samson SK[6] Vor §52 Rn. 39; Sch/Sch/Stree/Sternberg-Lieben Vor §52 Rn. 33~80; Schmidhäuser S. 436.

3 대법원 1982. 11. 9. 82 도 2055.

4 Baumann/Weber/Mitsch S. 811; Jescheck/Weigend S. 716; Tröndle/Fischer Vor §52 Rn. 47; Wessels/Beulke Rn. 770.

것을 사전에 계획한 경우에 이러한 전체고의가 인정된다. 전체고의를 요건으로 하여 연속범의 범위를 제한하고자 하는 것이다.

그러나 전체고의가 있는 때에만 연속범을 인정하는 것은 계획적이고 치밀한 범죄인에게 특혜를 주는 부당한 결과를 초래할 뿐 아니라, 연속범을 포괄일죄로 취급하는 기본취지에도 부합하지 않는다. 그러므로 범의의 단일성은 계속적 고의(Fortsetzungsvorsatz) 즉 범의의 계속성으로 족하다.[1] 즉 개개의 행위가 앞의 행위와 계속적인 심리적 관련을 가지면 족하며, 따라서 행위자가 어느 행위를 종료한 후에 다시 반복할 것을 결의한 연쇄고의(Kettenvorsatz)의 경우에도 연속범을 인정할 수 있게 된다. 대법원도 연속범에 관하여 범의의 계속성이 인정되면 포괄일죄가 된다고 판시하고 있다.[2]

범의의 단일성이 인정되어야 하므로 판례는 ① 신용협동조합 전무가 수개의 거래처에 부당대출을 하여 업무상 배임죄를 범한 경우(대법원 1997. 9. 26. 97 도 1469), ② 일정기간 다수인을 상대로 신용카드로 자금융통행위를 한 경우(대법원 2001. 6. 12. 2000 도 3559)에는 범의의 단일성이 인정되지 않는다는 이유로 포괄일죄가 되지 않는다고 판시하였다.

3) 연속범의 처리

36 (가) **실체법상의 효과** 연속범은 실체법상으로 포괄하여 일죄가 된다. 따라서 행위자는 일죄로 처벌받게 된다. 구성요건이 다른 때에는 가장 중한 죄로 처벌받는다. 예컨대 절도와 특수절도가 연속된 때에는 특수절도죄만 성립하며, 같은 죄의 기수와 미수가 연속되면 기수로만 처벌받게 된다. 다만 경한 죄의 기수와 중한 죄의 미수가 연속된 때에는 양 죄의 상상적 경합이 된다.[3]

연속범은 일죄이므로 특정범죄 가중처벌 등에 관한 법률의 요건에 관하여도 일죄로 취급된다(대법원 1974. 2. 26. 73 도 2497). 다만 일부 행위의 공소시효가 완성되었거나 고소가 없는 때에는 다른 행위의 처벌을 방해하지 않는다.

37 (나) **소송법상의 효과** 연속범은 소송법상으로도 일죄가 된다. 따라서 연

1 Maurach/Gössel/Zipf S. 307; Samson SK[6] Vor § 52 Rn. 44; Sch/Sch/Stree/Sternberg-Lieben Vor § 52 Rn. 33~80; Vogler LK[10] Rn. 63; Welzel S. 229.
2 대법원 1978. 12. 13. 78 도 2545; 대법원 1982. 10. 26. 81 도 1409; 대법원 2007. 7. 26. 2007 도 4404; 대법원 2010. 11. 11. 2007 도 8645.
3 Jescheck/Weigend S. 719; Samson SK[6] Vor § 52 Rn. 48; Sch/Sch/Stree/Sternberg-Lieben Vor § 52 Rn. 33~80; Vogler LK[10] Rn. 83.

속범에 의하여 유죄판결을 받은 경우에 그 판결의 기판력은 판결 이전에 범한 모든 행위에 미친다. 그 행위에 대하여 공소가 제기되었을 것을 요하지 않는다. 따라서 공소가 제기된 때에는 면소판결을 선고해야 한다.[1]

연속범으로 기소된 사건에 관하여 일부에 유죄가 선고된 이상 나머지 부분이 무죄라고 하여 판결주문에서 무죄를 선고할 필요는 없다. 또 이를 이유에서 설시하지 않았다고 하여 반드시 위법인 것은 아니다(대법원 1967. 8. 29. 67 도 703).

(5) **집 합 범** 집합범(集合犯, Sammelstraftat, Kollektivdelikt)이란 다수의 동종의 행위가 동일한 의사에 의하여 반복되지만 포괄하여 일죄를 구성하는 경우를 말한다. 영업범·직업범 및 상습범이 여기에 속한다. 영업범(Gewerbmäßigkeit)이란 행위자가 수입원으로서 반복적 행위를 행하는 것을 말하며, 상습범(Gewohnheitsmäßigkeit)은 행위자가 반복한 행위로 얻어진 경향으로 인하여 죄를 범한 것을 말하고, 직업범(Geschäftsmäßigkeit)은 범죄의 반복이 경제적·직업적 활동이 된 경우를 말한다. 이들 범죄의 요소가 되는 영업성·상습성 및 직업성이 개별적인 행위를 하나의 행위로 통일하는 기능을 가진다는 이유로 집합범은 포괄일죄라는 것이 지배적 견해[2]이며, 대법원도 영업범[3]과 상습범[4]을 일관하여 포괄일죄라고 판시하고 있다. 그러나 상습성 또는 영리성만으로 개별적인 행위가 포괄일죄로 된다는 것은 타당하다고 할 수 없다. 그것은 행위자의 생활태도 내지 내심의 의사의 동일성을 근거로 수개의 독립된 행위를 포괄일죄로 인정하는 것이며, 특수한 범죄에너지를 가진 범죄인에게 부당한 특혜를 주는 것이라고 하지 않을 수 없다. 따라서 집합범은 그 자체만으로는 포괄일죄가 될 수 없고 경합범이 된다고 하는 것이 타당하다.[5] 그것이 연속범 등 포괄일죄의 다른 요건에 해당 38

1 대법원 1971. 2. 23. 70 도 2612.

2 김일수/서보학 689면; 배종대 662면; 손해목 1138면; 신동운 686면; 유기천 315면; 임웅 565면; 정성근/박광민 619면; 조준현 350면.

3 (1) 대법원 1984. 2. 28. 83 도 3313, "무면허의료행위는 그 범죄의 구성요건의 성질상 동 범행의 반복이 예상되는 것이므로 반복된 수개의 행위는 포괄적으로 한개의 범죄로 처단된다."
(2) 대법원 2001. 8. 21. 2001 도 3312, "약국개설자가 아님에도 단일하고 계속된 범의하에 일정기간 계속하여 의약품을 판매하거나 판매할 목적으로 취득함으로써 약사법 제35조 제 1 항에 위반된 행위를 한 경우 이는 모두 포괄하여 일죄를 구성한다."

4 대법원 1983. 10. 11. 82 도 402; 대법원 1999. 11. 26. 99 도 3929; 대법원 2000. 2. 11. 99 도 4797; 대법원 2004. 9. 16. 2001 도 3206 전원합의체판결; 대법원 2007. 6. 29. 2006 도 7864.

5 Jakobs **32**/34; Maurach/Gössel/Zipf S. 343; Samson SK Vor §52 Rn. 56; Sch/Sch/Stree/Sternberg-Lieben Vor §52 Rn. 95, 98~99; Tröndle/Fischer Vor §52 Rn. 36~39.

할 때에 일죄가 될 수 있음은 별개의 문제이다.[1]

3. 포괄일죄의 처리

39 포괄일죄는 실체법상 일죄이므로 하나의 죄로 처벌된다. 이는 연속범에 대하여 검토한 바와 같다. 구성요건을 달리하는 행위가 포괄일죄가 되는 때에는 중한 죄의 일죄만 성립한다. 포괄일죄는 하나의 죄이기 때문에 형의 변경이 있는 때에는 최후의 행위시법을 적용하면 족하다.[2] 포괄일죄의 중간에 다른 종류의 죄의 확정판결이 끼어 있는 경우에도 그 죄는 2죄로 분리되지 않고 확정판결 후인 최종의 범죄행위시에 완성된다.[3] 다만, 상습성을 이유로 포괄일죄가 되는 범행의 중간에 동종의 죄에 대한 확정판결이 있을 때에는 포괄일죄는 확정판결 전후의 죄로 분리되지 않을 수 없다.[4] 포괄일죄의 일부분에 대한 공범의 성립도 가능하다. 공범은 자신의 고의와 가담의 정도에 따라 그 부분에 대한 공동정범 · 교사범 또는 종범이 된다. 공범의 죄수는 공범에 대하여 별도로 판단해야 한다.

40 포괄일죄는 소송법상으로도 일죄이다. 따라서 포괄일죄에 대한 공소의 효력과 판결의 기판력은 사실심리의 가능성이 있는 항소심판결선고시까지 범하여진 다른 사실에 대하여도 미치며, 그 사실에 대하여 별개의 공소가 제기된 때에는 면소판결을 해야 한다.[5] 확정된 공소사실이 포괄일죄로 기소되었느냐 또는 단순일죄로 공소제기되었느냐는 묻지 아니한다.[6]

박상기 484면; 안동준 317면; 이정원 480면; 이형국 연구 2, 486면도 같은 입장이다.

1 영업범이 포괄일죄의 요건을 구비할 수 있는 경우로 아래 판결을 들 수 있다.

대법원 1980. 8. 26. 80 도 47, "양곡매매업자인 피고인들의 여러 차례의 비실수요자에 대한 양곡매도행위가 단일하고 계속적인 의사로 반복된 것이라면 이는 포괄적 일죄로 봄이 상당하고 이를 실질적 경합범으로 보아 경합가중을 한 것은 죄수에 관한 법리를 오해한 것이다."

의료법상의 무면허의료행위나 약사법상의 의약품판매행위도 포괄일죄의 요건을 충족할 수 있다.

2 대법원 1998. 2. 24. 97 도 183, "포괄일죄로 되는 개개의 범죄행위가 법개정의 전후에 걸쳐서 행하여진 경우에는 신 · 구법의 법정형에 대한 경중을 비교하여 볼 필요도 없이 범죄실행 종료시의 법이라고 할 수 있는 신법을 적용하여 포괄일죄로 처단하여야 한다."

동지: 대법원 1970. 8. 31. 70 도 1393; 대법원 2009. 4. 9. 2009 도 321.

3 대법원 2001. 8. 21. 2001 도 3312; 대법원 2002. 7. 12. 2002 도 2029.

4 대법원 2000. 2. 11. 99 도 4797.

5 대법원 1983. 4. 26. 82 도 2829; 대법원 1990. 5. 22. 89 도 1984.

6 대법원은 상습범에 관하여 이 법리가 적용되려면 피고인이 포괄일죄인 상습범으로 기소되어 처단되었음을 요한다는 태도를 취하고 있다. 대법원 2004. 9. 16. 2001 도 3206 전원합의체판결 참조.

제3절 수 죄 §39

Ⅰ. 상상적 경합

1. 상상적 경합의 본질

1 (1) **상상적 경합의 의의** 한 개의 행위가 여러 개의 죄에 해당하는 경우를 상상적 경합(想像的 競合) 또는 관념적 경합(觀念的 競合, Idealkonkurrenz, Tateinheit)이라고 한다. 예컨대 1개의 폭탄을 던져 여러 명을 살해하거나, 한 사람을 살해하고 다른 사람에게 상해를 가하고 건물을 파괴한 경우를 말한다. 폭탄을 던진다는 한 개의 행위가 여러 개의 살인죄(제250조) 또는 살인죄와 상해죄(제257조) 및 손괴죄(제366조)에 해당하기 때문이다. 1개의 행위가 여러 개의 죄에 해당하는 경우이므로 1개의 행위에 대한 여러 개의 법적 평가가 상상적 경합이라고 할 수 있다. 형법은 상상적 경합에 대하여 "한 개의 행위가 여러 개의 죄에 해당하는 경우에는 가장 무거운 죄에 대하여 정한 형으로 처벌한다"고 규정하고 있다(제40조). 여러 개의 죄에 해당하기 때문에 판결에서는 실현된 여러 개의 구성요건에 대한 유죄판결이 있어야 하지만, 행위가 1개이기 때문에 1개의 죄에 정한 형으로 처벌하는 점에 상상적 경합의 특색이 있다. 상상적 경합에 의하여 실현된 범죄가 모두 명시된다는 점에서 상상적 경합은 정리기능(Klarstellungsfunktion)을 가졌다고 할 수 있다.

2 상상적 경합이 일죄인가 또는 수죄인가에 대하여는 견해가 대립되고 있다. **일죄설**(Einheitstheorie)은 상상적 경합은 행위가 1개이므로 일죄라고 한다.[1] 행위표준설과 의사표준설의 결론이다. 이에 대하여 **수죄설**(Mehrheitstheorie)은 1개의 행위가 여러 개의 죄에 해당하는 경우이므로 이는 수죄라고 한다. 구성요건표준설이나 법익표준설의 입장이다. 상상적 경합은 실질적으로는 수죄이지만 과형상의 일죄라는 것이 지배적인 견해[2]이다. 따라서 상상적 경합은 법조경합이나 경합범[3]과 엄격히 구별해야 한다. 그것은 행위가 1개인 점에서 법조경합과 같지만 실

1 황산덕 300면.
2 김일수/서보학 697면; 배종대 760면; 손해목 1141면; 유기천 332면; 이형국 427면; 임웅 569면; 정영석 284면; 진계호 424면.
3 이를 상상적 경합과 대비하여 '실체적' 경합이라고도 한다. 상세는 *infra* 39/23 이하 참조.

질적으로 수죄에 해당하여 수개의 구성요건이 적용된다는 점에서 법조경합과 구별되며, 행위가 1개임을 요하는 점에서 수개의 행위를 요건으로 하는 경합범과 다르다.

그러나 상상적 경합이 일죄인가 또는 수죄인가는 구조상의 문제에 지나지 않으며 실제상의 의의가 있는 것은 아니다.[1] 1개의 행위가 수개의 죄에 해당한다는 결합적 요소에 상상적 경합의 본질이 있다는 데는 이견이 없기 때문이다.

3 **(2) 견련범과 상상적 경합** 형법은 과형상의 일죄로 상상적 경합만 규정하고 있다. 이는 일본 형법이 상상적 경합과 함께 견련범(牽連犯)(일본 형법 제54조)을 인정하고 있는 것과 구별된다.[2] 견련범이란 범죄의 수단 또는 결과인 행위가 수개의 죄명에 해당하는 경우를 말한다. 예컨대 주거침입과 절도·강도·강간·살인이나, 문서위조와 위조문서행사·사기 등의 관계가 바로 여기에 해당한다.

일본 형법이 견련범을 과형상의 일죄로 취급하는 근거는 1죄가 발각되면 다른 범죄의 존재도 용이하게 예상되어 1개의 절차에서 수사·기소된다는 절차적 단일성에 있다.[3] 그러나 견련범에 대한 일본 형법의 규정은 다른 입법례에서는 그 유례를 찾아볼 수 없는 것으로, 일본 판례는 견련관계를 엄격히 해석하여 객관적 견련성을 요구하고 수개의 죄 사이에 보통의 수단과 당연한 결과의 관계, 즉 밀접한 인과관계가 있는 때에만 견련관계를 인정하였다. 따라서 살해 후 피해자의 사체를 유기하거나, 불법하게 소지한 총포도검(銃砲刀劍)을 사용하여 살인·상해·강도·공갈한 때[4]에는 물론 불법감금죄와 강간죄 사이에도 견련관계를 부정하여[5] 견련관계의 인정 여부가 자의적이라는 비판을 면할 수 없었다.

4 형법에는 견련범에 관한 규정이 없다. 형법의 해석에 있어서도 소위 견련범에 해당하는 경우를 의사와 행위의 단일성이 인정되는 범위 안에서 상상적 경합에 속한다고 해석해야 한다는 견해[6]와 의사의 단복(單複)에 따라 상상적 경합 또

1 Jescheck/Weigend S. 719; Sch/Sch/Stree/Sternberg-Lieben §52 Rn. 3.
2 일본 형법 제54조 1항은 "1개의 행위가 수개의 죄명에 해당하거나 범죄의 수단 또는 결과인 행위로서 다른 죄명에 해당할 때에는 가장 중한 형으로 처단한다"고 규정하고 있다. 후단이 바로 견련범에 관한 규정이다.
3 高田卓爾 註釋刑法(2)-Ⅱ, 647頁.
4 所一彦 "牽連犯の要件"(형법판례백선 1), 215頁 참조.
5 日最判 1949. 7. 12(형집 3-8, 1237, 형법판례백선 1-214).
6 유기천 324면.

는 경합범으로 취급해야 한다는 견해[1] 및 경합범이 될 뿐이라고 해석해야 한다는 견해[2]가 있다. 그러나 의사의 단일성만으로는 상상적 경합에 해당하는가 아닌가를 결정할 수 없고, 단순한 수단과 목적의 관계를 이유로 상상적 경합을 인정할 수도 없다.[3] 따라서 견련범에 해당하는 경우는 원칙적으로 경합범이 될 뿐이나, 예외적으로 행위의 동일성이 인정되는 범위에서 상상적 경합이 성립할 수 있다고 하는 것이 타당하다.

2. 상상적 경합의 요건

5 상상적 경합은 한 개의 행위가 여러 개의 죄에 해당할 때에 성립한다. 따라서 상상적 경합의 성립요건으로서 행위의 단일성과 수개의 죄라는 두 가지 요건이 필요하다.

(1) **행위의 단일성** 한 개의 행위가 있을 것을 요한다. 즉 행위자는 한 개의 행위에 의하여 수개의 죄를 범해야 한다.

6 1) **행위단일성의 기준** 한 개의 행위의 의미에 대하여는 이를 사물자연의 상태에서 사회통념상 한 개라고 볼 수 있는 경우, 즉 자연적 행위단일(natürliche Handlungseinheit)을 의미한다는 견해[4]가 있다. 그러나 사회통념은 행위의 수를 결정할 기준이 될 수 없고, 한 개의 행위의 범위를 무제한하게 확대할 따름이다. 법적 개념으로 적용될 수 있는 전법률적(前法律的)인 사회적 행위단일성이란 있을 수 없다. 의사를 기준으로 한 개의 행위라고 인정하는 것도 정의 관념에 반한다. 한 개의 행위란 법적 개념이며, 침해된 구성요건과의 관계에서만 행위의 수가 결정될 수 있다. 이러한 의미에서 한 개의 행위는 구성요건적 행위가 하나임을 의미한다고 할 수 있다.

7 2) **행위의 완전동일성** (수개의 구성요건을 충족한) 구성요건적 실행행위

---

1 황산덕 301면.
2 정영석 283면.
3 Jakobs 33/7; Jescheck/Weigend S. 722; Schmidhäuser S. 438.
4 손해목(공저) 506면; 정영석 284면. 대법원도 "상상적 경합에서 1개의 행위라 함은 법적 평가를 떠나 사회관념상 행위가 사물자연의 상태로서 1개로 평가되는 것을 의미한다"고 하면서(대법원 1987. 2. 24. 86 도 2731; 대법원 2017. 9. 21. 2017 도 11687; 대법원 2023. 12. 28. 2023 도 12316 참조), 중대재해처벌법 위반죄(산업재해치사)와 산업안전보건법위반죄(근로자사망) 및 업무상과실치사죄는 사회관념상 1개의 행위가 수개의 죄에 해당하는 경우로서 상호 간 형법 제40조의 상상적 경합 관계에 있다고 한다.

가 완전히 동일할 때에는 언제나 한 개의 행위가 된다. 행위의 완전한 동일성은 한 구성요건을 충족하는 모든 행위가 동시에 다른 구성요건을 충족한 경우에 인정된다. 예컨대 한 개의 폭탄을 폭발시켜 살인과 상해와 재물손괴의 결과가 발생한 때가 여기에 해당한다. 이때에는 한 개의 행위가 있을 뿐이다.

한 개의 행위라고 하기 위하여는 객관적 실행행위의 동일성이 인정될 것을 요하며 주관적 요소가 기준이 되는 것은 아니다. 따라서 한 개의 목표 또는 같은 동기에서 수개의 행위를 한 때에는 한 개의 행위라고 할 수 없다. 예컨대 절도와 이를 위한 도구의 절취는 한 개의 행위가 아니다. 실행행위가 같은 이상 고의범과 과실범도 한 개의 행위가 될 수 있다.[1] 따라서 폭탄을 던져 고의로 재물을 손괴하고 과실로 사람을 살해한 때에도 한 개의 행위이다.

8 수개의 부작위범 사이에도 상상적 경합이 가능하다. 여기서 행위가 한 개인가는 부작위의 동일성이 기준이 되는 것이 아니라 기대되는 행위의 동일성을 기준으로 판단하여야 한다. 그러나 작위범과 부작위범 사이에는 상상적 경합이 있을 수 없다. 실행행위의 동일성을 인정할 수 없기 때문이다.[2]

9 3) **행위의 부분적 동일성** 실행행위의 부분적 동일성(Teilidentität)이 인정되어도 한 개의 행위가 된다. 따라서 수개의 죄의 구성요건을 충족하는 행위가 완전히 같지 않고 부분적으로 일치하는 경우에도 상상적 경합은 인정된다.

10 (가) **결 합 범** 결합범 또는 결과적 가중범에 있어서 실행행위의 일부가 같으면 상상적 경합이 인정된다. 예컨대 현주건조물에 방화하여 사람을 살해하거나 상해한 때에는 현주건조물방화치사죄와 살인죄, 현주건조물방화치상죄와 상해죄의 상상적 경합이 될 수 있다. 연속범의 일부행위로 인하여 일어난 범죄에 대하여도 같다. 따라서 연속된 절도의 어떤 과정에서 일어난 재물손괴는 연속된 범죄 전체와 한 개의 행위가 된다.

판례는 사람을 살해할 목적으로 현주건조물에 방화하여 사람을 사망에 이르게 한 때에는 현주건조물방화치사죄만 성립하고, 다만 존속살해죄와 현주건조물방화치사죄

1 Jakobs 33/6; Jescheck/Weigend S. 722; Samson/Günther SK §52 Rn. 7; Sch/Sch/Stree/Sternberg-Lieben §52 Rn. 7.

2 Baumann/Weber/Mitsch S. 731; Jescheck/Weigend S. 723; Ruth Rissing-van Saan LK §52 Rn. 13; Samson/Günther SK §52 Rn. 9; Sch/Sch/Stree/Sternberg-Lieben §52 Rn. 19; Schmidhäuser S. 444.

는 상상적 경합이 된다고 한다.[1]

(나) **목 적 범** 실행행위의 일부분은 실행의 착수부터 실질적 종료까지의 행위를 의미한다. 따라서 예비행위의 동일성만으로는 상상적 경합이 될 수 없지만 형식적 기수와 실질적 종료 사이의 행위는 상상적 경합이 가능하다.[2] 특히 목적범에 있어서는 목적을 달성하기 이전까지 1개의 행위가 될 수 있다. 따라서 사문서위조죄와 위조사문서행사죄 및 사기죄는 상상적 경합관계에 있다고 해야 한다. 11

그러나 대법원은 위조사문서행사죄나 위조통화행사죄와 사기죄(대법원 1979. 7. 10. 79 도 840), 문서위조죄와 동행사죄(대법원 1981. 7. 28. 81 도 529; 대법원 1983. 7. 26. 83 도 1378)는 경합범의 관계에 있다고 판시하고 있다. 특히 위조문서행사죄와 사기죄는 문서의 행사가 사기죄의 구성요건적 행위의 일부분을 이루고 있으므로 이를 경합범으로 보는 것은 타당하지 않다.

(다) **계 속 범** 주거침입죄 · 감금죄 · 도로교통법위반(음주운전)과 같은 계속범과 그 중에 범한 죄에 대하여 상상적 경합을 인정할 수 있느냐가 문제된다. 그러나 실행행위의 부분적 동일성은 동시성(Gleichzeitigkeit)만으로 족하지 않다. 따라서 주거침입의 기회에 범한 명예훼손 또는 강간은 주거침입과 1개의 행위라고 할 수 없다. 강간 · 강도 또는 절도를 범하기 위하여 주거침입한 때에도 행위의 단일성은 인정되지 않으므로 경합범이 될 뿐이다.[3] 다만, 감금죄가 동시에 12

1 대법원 1996. 4. 26. 96 도 485, "형법 제164조 후단이 규정하는 현주건조물방화치사상죄는 그 전단이 규정하는 죄에 대한 일종의 가중처벌 규정으로서 과실이 있는 경우뿐만 아니라, 고의가 있는 경우에도 포함된다고 볼 것이므로 사람을 살해할 목적으로 현주건조물에 방화하여 사망에 이르게 한 경우에는 현주건조물방화치사죄로 의율하여야 하고 이와 더불어 살인죄와의 상상적 경합범으로 의율할 것은 아니며, 다만 존속살인죄와 현주건조물방화치사죄는 상상적 경합범 관계에 있으므로, 법정형이 중한 존속살인죄로 의율함이 타당하다."

2 Jescheck/Weigend S. 720; Samson/Günther SK §52 Rn. 12; Sch/Sch/Stree/Sternberg-Lieben §52 Rn. 10; Wessels/Beulke Rn. 777.

3 대법원 1983. 4. 12. 83 도 422.
그러나 상습절도자에 대한 관계에서는 주거침입죄도 흡수된다고 보아야 한다.
대법원 1983. 6. 28. 83 도 1068, "상습절도의 목적으로 주거침입을 한 경우에 상습자가 저지른 위 주거침입은 별개의 죄를 구성하는 것이 아니라 특정범죄 가중처벌 등에 관한 법률 제5조의 4 제1항이 정한 구성요건적 사실에 포함되어 있는 것으로 보아 상습절도 또는 그 미수죄를 그 내용으로 하는 동조 제1항 위반의 1죄만을 구성하는 것으로 해석함이 상당하다. 만일 이렇게 보지 아니하고 주거침입의 죄와 특가법 제5조의 4 제1항 위반의 죄가 각각 성립하는 것으로 본다면 형법상 법정형도 무겁고 또한 주거침입의 행위를 구성요건에 포함하고 있는 야간주거침입절도의 죄를 상습으로 범한 경우보다도 법정형이 가벼운 주거침입의 죄와 절도죄를 범하고 그 절도에 상습성이 인정되는 경우가 그 처단형에 있어서 보다 중하게 되어 피차 균형을 잃

강간 또는 강도의 수단이 된 때에는 1개의 행위로 인한 것이므로 상상적 경합이 될 수 있다.[1] 이때에 주관적인 목적 · 수단의 관계만으로 행위단일성을 인정해야 한다는 견해[2]도 있지만 실행행위의 객관적 동일성이 인정되어야 한다.

13 무면허운전과 업무상 과실치사상죄의 관계에 대하여 대법원은 경합범이 성립한다고 보고 있다.[3] 일본 최고재판소판결도 같은 입장을 취하고 있다(日最判 1974. 5. 29 (형집 28-4, 114)). 그러나 감금죄와 강간죄의 관계와 같이 도로교통법위반이 동시에 과실의 내용을 이룬 때에는 실행행위의 부분적 동일성이 인정되므로 상상적 경합이 된다고 하겠다.

14 (라) **연결효과에 의한 상상적 경합** 수개의 구성요건적 행위의 부분적 동일성에 관하여는 소위 연결효과에 의한 상상적 경합(Idealkonkurrenz durch Klammerwirkung)을 인정할 수 있는가, 즉 2개의 독립된 행위가 제 3 의 행위에 의하여 연결되어 서로 상상적 경합관계에 있을 수 있느냐가 문제된다.

판례는 허위공문서작성죄와 동행사죄, 공도화변조죄와 동행사죄가 각 실체적 경합관계에 있다는 전제 아래 이들 범죄와 수뢰후부정처사죄가 상상적 경합관계에 있는 때에는, 허위공문서작성죄와 동행사죄가 실체적 경합관계에 있다고 할지라도 수뢰후부정처사죄와 대비하여 중한 죄에 정한 형으로 처벌하여야 하고(대법원 1983. 7. 26. 83 도 1378), 공도화변조죄와 동행사죄와의 관계에서도 같은 취지로 판시하고 있다.[4] 연결효과에 의한 상상적 경합을 인정하지 않으면서도 처벌에 있어서는 이를 긍정하는 것과 같은 효과를 인정한 것이라고 할 수 있다.

학설은 긍정설과 부정설이 대립되고 있다. **긍정설**은 연결하는 제 3 의 행위의 불법내용이 다른 2개의 행위에 비하여 경하지 않을 것을 조건으로 2개의 범죄

게 되는 부당한 결과가 생겨 불합리하기 때문이다."

1 대법원 1983. 4. 26. 83 도 323.

2 Sch/Sch/Stree/Sternberg-Lieben Vor § 52 Rn. 91; Welzel S. 232.

3 대법원 1972. 10. 31. 72 도 2001, "두 사람을 한꺼번에 치어 사상케 한 경우에 이 업무상 과실치사상의 소위는 상상적 경합죄에 해당하고, 이와 무면허운전에 대한 도로교통법 위반죄와는 실체적 경합관계에 있다."

4 대법원 2001. 2. 9. 2000 도 1216, "형법 제131조 제 1 항의 수뢰후부정처사죄에 있어서 공무원이 수뢰 후 행한 부정행위가 공도화변조 및 동행사죄와 같이 보호법익을 달리하는 별개범죄의 구성요건을 충족하는 경우에는 수뢰후부정처사죄 외에 별도로 공도화변조 및 동행사죄가 성립하고 이들 죄와 수뢰후부정처사죄는 각각 상상적 경합 관계에 있다고 할 것인바, 이와 같이 공도화변조죄와 동행사죄가 수뢰후부정처사죄와 각각 상상적 경합범 관계에 있을 때에는 공도화변조죄와 동행사죄 상호간은 실체적 경합범 관계에 있다고 할지라도 상상적 경합범 관계에 있는 수뢰후부정처사죄와 대비하여 가장 중한 죄에 정한 형으로 처단하면 족한 것이고 따로이 경합범 가중을 할 필요가 없다."

사이에 상상적 경합을 인정해야 한다고 한다.[1] ① 연결효과에 의한 상상적 경합을 인정하지 않을 때에는 제3의 행위를 이중평가하는 불합리한 결과를 초래하고, ② 제3의 행위의 불법내용이 2개의 범죄보다 경한 때에는 경한 범죄 때문에 중한 두 개의 범죄가 상상적 경합이 되는 것은 피해야 한다는 것을 이유로 한다. 독일의 다수설의 태도이다.[2] 이에 반하여 **부정설**은 서로 다른 두 개의 행위가 다른 행위에 의하여 1개가 될 수는 없다고 해석한다.[3] 생각건대 ① 경합범으로 처벌해야 할 범죄를 제3의 행위 때문에 상상적 경합으로 처벌하는 것은 정당한 처벌이라고 할 수 없고, ② 연결하는 범죄의 경중에 따라 다른 두 개의 행위가 상상적 경합이 되거나 실체적 경합이 된다는 것도 설득력이 없다. 부정설이 타당하다고 생각한다. 이 경우에 이중평가를 피하면서 정당한 처벌을 가능하게 하기 위하여는 2개의 행위를 실체적 경합으로 가중한 형을 정한 후에 그것과 상상적 경합관계에 있는 제3의 행위와 비교하여 중한 형으로 처벌하는 것이 타당하다.[4]

15

(2) **수개의 죄** 1개의 행위는 수개의 죄에 해당해야 한다. 즉 수개의 구성요건에 해당하는 범죄가 성립해야 한다. 여기에는 서로 다른 수개의 구성요건에 해당하는 경우와, 동일한 구성요건에 수회 해당하는 경우가 있다. 전자를 이종의 상상적 경합(ungleichartige Idealkonkurrenz), 후자를 동종의 상상적 경합(gleichartige Idealkonkurrenz)이라고 한다. 이종의 상상적 경합이 성립할 수 있다는 것은 의문의 여지가 없다.

문제는 동종의 상상적 경합이 가능한가에 있다. 주관설 내지 의사표준설에 의하면 동종의 상상적 경합은 단순일죄의 경우에 불과하므로 상상적 경합이 성립할 수 없다고 함에 반하여,[5] 구성요건표준설 또는 법익표준설의 입장에서는 상상적 경합이 가능하다고 한다. 생각건대 동종의 상상적 경합도 원칙적으로 부정할 이유는 없으나, 피해법익과의 관계를 떠나서 일률적으로 판단할 수는 없다.

---

1 김일수/서보학 701면; 배종대 763면; 이형국 428면; 임웅 571면; 정성근/박광민 641면.
2 Baumann/Weber/Mitsch S. 813; Ebert S. 228; Jescheck/Weigend S. 721; Maurach/Gössel/Zipf S. 324; Sch/Sch/Stree/Sternberg-Lieben §52 Rn. 16; Tröndle/Fischer Vor §52 Rn. 30; Wessels/Beulke Rn. 780.
3 박상기 492면; 손해목 1145면; 오영근 811면.
4 Jakobs **33**/12; Samson/Günther §52 Rn. 19; Schmidhäuser S. 443; Stratenwerth/Kuhlen **18**/33.
5 이건호 206면; 황산덕 300면.

16 **1) 전속적 법익** 생명 · 신체 · 자유 · 명예와 같은 전속적 법익에 있어서는 1개의 행위에 의한 수인의 법익주체에 대한 법익침해는 1회 충족된 구성요건이 양적으로 증가하는 데 그치는 것이 아니라 수개의 죄에 해당한다. 그러므로 1개의 행위로 수인을 살해 또는 상해한 때에는 그 주체의 수에 상응하는 살인죄 또는 상해죄의 상상적 경합이 성립한다.

국가적 또는 사회적 법익 가운데 개별화할 수 없는 공공적 가치가 아니라 개별화할 수 있는 고유가치(individueller Eigenwert)를 보호하는 범죄에 대하여도 같다. 따라서 1개의 고소장으로 수인을 무고하거나, 수인의 공무집행을 방해한 경우[1]는 물론 수인의 공무원에게 동시에 증뢰하거나, 수인에게 위증을 교사한 경우,[2] 수개의 문서를 동시에 행사한 때[3]에도 상상적 경합이 성립한다.

17 **2) 비전속적 법익** 개인적 법익 가운데 비전속적 법익에 속하는 재산죄에 대하여도 법익주체의 수에 따라 상상적 경합이 성립한다는 견해[4]가 있다. 그러나 재산범죄에 있어서는 1개의 행위에 의한 이상 소유자가 수인이라 하여도 구성요건적 불법이 양적으로 증가되거나 강화되는 데 지나지 않으므로 1개의 범죄가 성립할 뿐이라고 해야 한다.[5] 다만, 재산죄 가운데 강도죄나 공갈죄와 같이 개인의 전속적 법익을 동시에 보호하는 범죄에 있어서는 동종의 상상적 경합이 가능하다.

비전속적 법익인 공공의 법익에 있어서도 동종의 상상적 경합은 성립할 여지가 없다. 예컨대 1개의 행위로 수개의 건조물에 방화한 때에는 1개의 방화죄가 성립할 뿐이다.

3. 상상적 경합의 법적 효과

18 **(1) 실체법적 효과** 상상적 경합의 경우에는 가장 무거운 죄에 대하여 정한 형으로 처벌한다(제40조). 상상적 경합은 실질상은 수죄이지만 과형상의 일죄이므로 1개의 형으로 처벌하되, 가장 무거운 죄에 대하여 정한 형으로 처벌하도

1 대법원 1961. 9. 28. 4294 형상 415.
2 RGSt. 70, 335.
3 대법원 1956. 9. 7. 4289 형상 188.
4 Jescheck/Weigend S. 720; Samson/Günther SK § 52 Rn. 25.
5 Sch/Sch/Stree/Sternberg-Lieben § 52 Rn. 29; Vogler LK[10] § 52 Rn. 35.

록 한 것이다. 여기에 가장 무거운 형이란 법정형을 의미한다. 예컨대 살인죄와 손괴죄가 상상적 경합인 때에는 살인죄에 정한 형으로 처벌하게 된다. 형의 경중은 형법 제50조가 정한 바에 의한다. 가장 무거운 죄에 대하여 정한 형으로 처벌하도록 하고 있으므로 형법 제50조에 따라 형의 경중을 정하면 족하며, 경합범의 경우에 징역과 금고를 동종의 형으로 간주하여 징역형으로 처단하게 한 형법 제38조 2항의 규정은 상상적 경합의 경우에 적용될 여지가 없다.[1]

19 형의 경중의 비교에 있어서는 중점적 대조주의와 전체적 대조주의가 대립한다. 중점적 대조주의는 중한 형만 비교·대조하면 족하다고 함에 반하여, 전체적 대조주의는 두 개 이상의 주형(主刑)의 전체에 대하여 비교·대조할 것을 요한다고 한다. 문제는 중한 죄의 법정형의 하한이 경한 죄의 법정형의 하한보다 경한 경우에 경한 죄의 법정형의 하한보다 가벼운 형으로 벌할 수 있는가이다. 상상적 경합의 본질을 실질상의 수죄로 이해해야 하는 이상 전체적 대조주의가 이론상으로 타당하다고 생각된다. 따라서 수죄의 법정형 가운데 상한과 하한이 모두 중한 형에 의하여 처단해야 하고,[2] 경한 죄에 병과형 또는 부가형이 있을 때에도 이를 병과해야 할 것이다.

따라서 강도강간미수죄(무기 또는 10년 이상의 징역)와 강도상해죄(무기 또는 7년 이상의 징역)가 상상적 경합관계에 있는 경우, 무거운 강도강간미수죄에 대하여 정한 형으로 처벌하기로 하여 유기징역형을 선택한 다음 미수감경과 작량감경을 하고 그 처단형의 범위를 정함에 있어서는 경한 강도상해죄에 정한 유기징역형의 하한에 작량감경한 범위(3년 6월 이상의 징역)를 벗어날 수 없게 된다.

이 입장에서 보면 상상적 경합에 대한 법적 효과는 순수한 흡수주의가 아니라 결합주의(Kombinationsprinzip)와 같은 결과를 가져온다고 할 수 있다.

20 (2) **소송법적 효과** 상상적 경합의 본질이 실질상의 수죄이지만 과형상의 일죄라는 점은 그 소송법적 효과에서 명백히 반영된다.

---

1 대법원 1976. 1. 27. 75 도 1543.

2 대법원 2008. 12. 24. 2008 도 9169, "형법 제40조가 규정하는 1개의 행위가 수개의 죄에 해당하는 경우에 '가장 중한 죄에 정한 형으로 처벌한다'란, 수개의 죄명 중 가장 중한 형을 규정한 법조에 의하여 처벌한다는 취지와 함께 다른 법조의 최하한의 형보다 가볍게 처단할 수 없다는 취지 즉, 법조의 상한과 하한을 모두 중한 형의 범위 내에서 처단한다는 것을 포함한다."
동지: 대법원 1984. 2. 28. 83 도 3160; 대법원 2006. 1. 27. 2005 도 8704.

21 **1) 과형상의 일죄** 상상적 경합은 과형상의 일죄이다. 따라서 상상적 경합관계에 있는 수개의 죄 중에서 어느 죄에 관하여 확정판결이 있는 때에는 그 전부에 대하여 기판력이 발생하고,[1] 그 일부에 대하여 공소의 제기가 있는 때에도 전체에 대하여 효력이 미친다. 수개의 죄 가운데 일부분이 무죄인 때에는 판결주문에서 무죄를 선고할 필요가 없다. 다만 주문에서 무죄를 선고하였다고 하여 판결에 영향을 미친 위법이 있다고는 할 수 없다.[2]

22 **2) 실질적 수죄** 상상적 경합은 실질적으로는 수죄이다. 따라서 판결이유에서는 상상적 경합관계에 있는 모든 범죄사실과 그 적용법조를 기재해야 하고, 일부분이 무죄인 때에는 그 이유를 설시해야 한다. 친고죄에 있어서 고소와 공소시효도 각 죄별로 따로 논해야 한다. 따라서 상상적 경합관계에 있는 죄 중에 한 죄는 친고죄이고 다른 죄는 비친고죄인 때에 친고죄에 대하여 고소가 없거나 고소가 취소된 때에도 비친고죄의 처벌에는 영향을 미치지 않는다.[3] 친고죄가 중한 죄인 때에도 같다.[4]

Ⅱ. 경 합 범

1. 경합범의 본질

23 경합범(競合犯, Realkonkurrenz, Tatmehrheit)이란 판결이 확정되지 아니한 수개의 죄 또는 금고 이상의 형에 처한 판결이 확정된 죄와 그 판결이 확정되기 전에 범한 죄를 말한다(제37조). 경합범에 있어서는 수개의 행위가 기초로 되어 있다. 여기서 경합범은 1개의 행위가 수개의 죄에 해당하는 상상적 경합과 대조된다. 예컨대 1개의 폭탄으로 여러 명을 살해한 때에는 상상적 경합이 되지만, 같은 장소에서 같은 방법으로 순차로 여러 명을 살해하거나 상해한 때에는 경합범이 된다. 그러나 수개의 행위가 있다는 것만으로 경합범이 되는 것은 아니다. 수개의 행위가 법조경합 또는 포괄일죄의 관계에 있어서 1죄에 해당해서는 안 되고, 수죄에 해당해

1 대법원 1990. 1. 25. 89 도 252; 대법원 2010. 2. 24. 2010 도 13801.
2 대법원 1983. 8. 23. 83 도 1288.
3 대법원 1968. 3. 5. 68 도 105.
4 대법원 1983. 4. 26. 83 도 323.

야 한다. 이러한 의미에서 경합범을 실체적 경합 또는 실재적 경합이라고 한다.

24 경합범은 같은 행위자에 의하여 실제로 수죄가 실현된 경우이다. 따라서 경합범에 대하여는 행위자가 실현한 범죄의 형을 병과하는 것이 이론상 타당하다. 그러나 병과주의는 유기자유형의 성질을 변경하는 결과가 될 뿐 아니라, 형벌의 효과는 그 기간에 비례하는 것이 아니라 오히려 누진적(progressiv)인 성격을 갖는다는 점에 비추어 병과한 형은 정당한 형이 될 수 없기 때문에 형법은 원칙적으로 가중주의를 취하고 있다. 따라서 경합범의 제도적 기능은 수죄의 경우의 형의 양정에 있다고 할 수 있다.[1] 그래서 경합범이 성립하기 위하여는 수개의 행위로 수개의 죄를 범하였다는 실체법상의 요건 이외에 수죄가 하나의 재판에서 같이 판결될 가능성이 있어야 한다는 소송법적 요건이 충족되어야 한다. 형법 제37조가 판결이 확정되지 아니한 수개의 죄(전단) 또는 판결이 확정된 죄와 그 전에 범한 죄(후단)를 경합범이라고 규정한 이유도 여기에 있다. 전자는 동시에 심판할 수 있는 경우이고, 후자는 그렇게 할 가능성이 있었던 경우이다. 전자를 동시적 경합범(gleichzeitige Realkonkurrenz), 후자를 사후적 경합범(nachträgliche Realkonkurrenz)이라고 할 수 있다.

2. 경합범의 요건

형법은 동시적 경합범과 사후적 경합범의 2종의 경합범을 인정하고 있다. 경합범의 요건도 이를 구분하여 검토할 필요가 있다.

25 (1) **동시적 경합범의 요건** 판결이 확정되지 아니한 수개의 죄를 말한다(제37조 전단). 예컨대 甲이 ABCDE의 5개의 죄를 범하고 그 어느 것도 확정판결을 받지 아니한 때에는 그 전부가 경합범이 된다.

동시적 경합범이 성립하기 위하여는 아래의 요건이 필요하다.

26 1) **수개의 행위로 수개의 죄를 범할 것** 1개의 행위로 수개의 죄를 범하거나 수개의 행위로 1개의 죄를 범한 때에는 경합범이 될 수 없다. 수개의 행위란 행위단일성(Handlungseinheit)이 인정되지 않는 것을 말한다.

동일인으로부터 수회에 걸쳐 재물을 편취하거나(대법원 2002. 2. 11. 99 도 4862; 대법원 2004. 6. 25. 2004 도 1751), 간첩이 사람을 살해한 경우(대법원 1959. 7. 20. 4292 형상 140), 예금통장을 강취하고 예금청구서를 위조한 다음

1 Sch/Sch/Stree/Sternberg-Lieben §53 Rn. 1; Schmidhäuser S. 444.

이를 은행원에게 제출 · 행사하고 돈을 교부받은 경우(대법원 1991. 9. 10. 91 도 1722), 횡령을 교사하고 장물을 취득한 경우(대법원 1969. 6. 24. 69 도 692), 주거에 침입하여 강간한 경우(대법원 1988. 12. 13. 88 도 1807), 강간한 후에 범행을 숨기기 위하여 피해자를 살해한 경우(대법원 1970. 4. 28. 70 도 431; 대법원 1987. 1. 20. 86 도 2360) 또는 사람을 살해하고 사체를 유기한 경우(대법원 1984. 11. 27. 84 도 2263) 등이 이에 해당한다.

27 **2) 수개의 죄는 모두 판결이 확정되지 않았을 것** 판결의 확정이란 판결이 상소 등 통상의 불복방법에 의하여 다툴 수 없는 상태를 말한다.[1] 유죄 · 무죄 등의 확정판결 이외에도 그것과 동일한 효력을 가진 경우를 포함하며, 따라서 실질적으로 일사부재리의 효력을 가진 재판이 확정된 것과 같은 의미라고 할 수 있다.

판결이 확정되지 아니할 것을 요하므로 원래 동시적 경합범의 관계에 있었으나 검사가 1죄만을 먼저 기소하여 판결이 확정된 때(대법원 1966. 6. 7. 66 도 526)에는 물론, 경합범 중 1죄에 관한 부분만 파기환송된 때에도 다른 죄가 이미 확정된 때에는 제37조 전단의 경합범이 되지 아니한다(대법원 1974. 10. 8. 74 도 1301).

28 **3) 수개의 죄는 동시에 판결될 것** 수개의 죄가 모두 판결이 확정되지 아니한 죄일지라도 그것이 함께 판결될 상태에 있지 않으면 동시적 경합범이 될 수 없다. 즉 수개의 죄는 모두 같은 심판의 대상이 되어야 한다. 그러므로 판결이 확정되지 아니한 수개의 죄 가운데 일부가 기소되지 않은 때에는 경합범이 될 수 없다. 그 죄가 후에 추가로 기소된 때에도 병합심리된 때에만 동시적 경합범이 될 수 있다.

1심에서 별도로 판결된 수죄일지라도 항소심에서 병합심리한 때에는 동시적 경합범이 된다(대법원 1972. 5. 9. 72 도 597). 그러나 별도로 기소되어 각별로 심리되고 있는 죄를 법원이 반드시 병합심리해야 하는 것은 아니다(대법원 1971. 1. 26. 70 도 2560).

29 **(2) 사후적 경합범의 요건** 금고 이상의 형에 처한 판결이 확정된 죄와 그 판결확정 전에 범한 죄를 사후적 경합범이라고 한다(제37조 후단). 甲이 범한 ABCDE의 5개 죄 가운데 C죄에 대하여 판결이 확정된 때에는 ABC의 3죄가 여기에 해당한다. 이에 반하여 판결이 확정된 후에 범한 DE의 죄는 동시적 경합범이다. 제 1 의 경합범(ABC죄)과 제 2 의 경합범(DE죄), 즉 판결확정 전후의 죄는 서로 경

1 대법원 1983. 7. 12. 83 도 1200.

합범이 되지 않는다.[1] 제37조의 후단의 경합범을 인정하는 이유는 판결확정 전에 범한 죄는 그것이 법원에 알려진 경우에는 마땅히 경합범의 예에 의하여 처벌되었을 것이므로 법원에 알려지지 않았다는 이유만으로 유리하게도 불리하게도 취급되어서는 안 된다는 데 있다.[2]

30 1) **확정판결의 범위** 확정된 판결은 금고 이상의 형에 처하는 것이어야 한다. 금고 이상의 형이 확정된 재심판결도 이에 해당된다.[3] 따라서 벌금형을 선고한 판결이 확정된 때에는 물론, 약식명령이나 즉결심판이 확정된 재판도 여기의 판결이 확정된 죄라고 할 수 없다. 금고 이상의 형에 처하는 판결이 확정된 이상 그 집행유예나 선고유예가 확정된 경우도 판결이 확정된 죄에 포함된다. 이들 판결의 유예기간이 경과하여 형의 선고가 실효되었거나 면소된 것으로 간주된 때[4]는 물론, 확정판결의 죄에 대하여 일반사면이 있는 경우[5]도 같다. 이러한 의미에서 여기의 판결이 확정된 죄란 수개의 죄 중의 어느 죄에 대하여 확정판결이 있었던 사실 자체를 의미한다고 해석해야 할 것이다.

형법은 종래 확정판결의 범위에 아무런 제한을 두지 않았으므로 통설과 판례는 벌금형을 선고한 판결이 확정되거나 약식명령이 확정된 때에도 사후적 경합범이 성립한다고 해석하였다.[6] 그러나 2003. 12. 30. 형법개정에 의하여 확정판결의 범위는 금고 이상의 형에 처한 판결로 제한되었다.

31 2) **확정판결 전에 범한 죄** 판결이 확정된 죄와 그 판결의 확정 전에 범한 죄가 사후적 경합범이 된다. 판결확정 전에 범한 죄라고 할 때 판결확정 전의 의미를 어떻게 이해할 것이냐에 대하여 견해가 대립되고 있다.

일본의 통설과 판례는 이를 당해 재판이 확정되기 전이라는 의미로 이해하여 판결이 선고되어도 확정되기 전까지는 그 판결이 확정된 것이 아니라고 해석하고 있음에 반

---

1 대법원 1970. 12. 22. 70 도 2271, "확정판결 전에 저지른 범죄와 확정판결 후에 저지른 범죄는 형법 제37조에서 말하는 경합범관계에 있는 것이 아니다."
동지: 대법원 2010. 11. 25. 2010 도 10985.

2 Jescheck/Weigend S. 727; Ruth Rissing-van Saan LK §55 Rn. 2; Samson/Günther SK §55 Rn. 1; Sch/Sch/Stree/Sternberg-Lieben §55 Rn. 1; Tröndle/Fischer §55 Rn. 2.

3 대법원 2023. 11. 16. 2023 도 10545.

4 대법원 1992. 11. 24. 92 도 1417.

5 대법원 1995. 12. 22. 95 도 2446.

6 대법원 1999. 4. 13. 99 도 640; 대법원 2001. 8. 24. 2001 도 2832; 대법원 2001. 11. 30. 2001 도 5657.

하여,[1] 판결선고시 또는 구두변론종결시를 기준으로 판단해야 한다는 견해도 있다.

형법이 판결확정 전이라고 규정하고 있으므로 형법의 해석상 이는 판결확정 전에 범한 죄를 의미한다고 하지 않을 수 없다. 그러나 사후적 경합범을 인정한 취지가 동시심판의 가능성이 있었던 사건에 대하여 동시적 경합범과 같이 취급하자는 데 있을 뿐 아니라, 판결의 기판력도 최종의 사실심인 항소심판결선고시를 기준으로 하는 것이므로 이론상으로는 항소심판결선고 이전에 범한 죄를 의미한다고 하는 것이 당연하다.[2] 입법론상 재검토를 요한다.

32 3) **죄를 범한 시기** 죄를 범한 시기는 범죄의 종료시를 기준으로 한다.[3] 따라서 계속범에 있어서 위법상태의 계속 중에 확정판결이 있을 때에는 범죄가 종료되지 않았으므로 중간의 확정판결에 의하여 영향을 받지 않고, 제37조 후단의 경합범이 되지 않는다.[4] 연속범 등의 포괄일죄에 있어서도 계속범의 경우와 같이 해석해야 한다. 따라서 포괄일죄의 중간에 확정판결이 있을지라도 그 범죄는 확정판결 후에 종료되었으므로 그 판결확정 전에 범한 죄가 되지 않는다.[5] 원래 1개인 죄가 확정판결에 의하여 2개의 죄로 나누어질 수는 없기 때문이다.

3. 경합범의 처분

(1) **동시적 경합범의 처분** 경합범을 동시에 판결할 때에는 다음과 같이 처벌한다.

33 1) **흡수주의** 가장 무거운 죄에 대하여 정한 형이 사형, 무기징역 또는 무기금고인 경우에는 가장 무거운 죄에 대하여 정한 형으로 처벌한다(제38조 1항 1호). 가장 무거운 죄에 대하여 정한 형이 사형 또는 무기형인 때에 여기에 다른 형을 병과하거나 그 형을 가중하는 것은 무의미하고 가혹하기 때문이다. 이때에는 흡수주의가 적용된다.

1 高田 註釋刑法, 586頁 참조.
2 Jescheck/Weigend S. 730; Ruth Rissing-van Saan LK §55 Rn. 5; Samson/Günther SK §55 Rn. 6; Sch/Sch/Stree/Sternberg-Lieben §55 Rn. 25.
3 Maurach/Gössel/Zipf S. 351; Sch/Sch/Stree/Sternberg-Lieben §55 Rn. 12; Tröndle/Fischer §55 Rn. 4.
4 日最決 1960. 2. 9(형집 14-1, 82).
5 대법원 1986. 2. 25. 85 도 2767; 대법원 1997. 10. 10. 97 도 1834.

2) **가중주의** 각 죄에 대하여 정한 형이 사형, 무기징역, 무기금고 외의 같은 종류의 형인 경우에는 가장 무거운 죄에 대하여 정한 형의 장기 또는 다액에 그 2분의 1까지 가중하되 각 죄에 대하여 정한 형의 장기 또는 다액을 합산한 형기 또는 액수를 초과할 수 없다(동조 제1항 2호). 다만 과료와 과료, 몰수와 몰수는 병과할 수 있다(동호 단서). 이 경우에 징역과 금고는 같은 종류의 형으로 보아 징역형으로 처벌한다(동조 제2항). 유기자유형을 가중하는 때에는 50년을 넘지 못한다(제42조 단서). 형법은 사형 또는 무기형이 아닌 동종형에 대하여 가중주의의 원칙을 채택하여 단일형을 선고하도록 하고 있다. 여기서 가장 무거운 죄에 대하여 정한 장기 또는 다액의 2분의 1까지 가중한다는 것은 경합범의 각 죄에 선택형이 있는 때에는 그 중에서 처단할 형종을 선택한 후 가장 중한 죄에 정한 선택된 형의 장기 또는 다액의 2분의 1까지를 가중한다는 의미이다.[1] 34

3) **병과주의** 각 죄에 대하여 정한 형이 무기징역, 무기금고 외의 다른 종류의 형인 경우에는 병과한다(제38조 1항 3호). 여기서 다른 종류의 형이라 함은 유기자유형과 벌금 또는 과료,[2] 벌금과 과료, 자격정지와 구류와 같은 이종(異種)의 형을 말한다. 형법은 이종의 형에 대하여만 예외적으로 병과주의를 취하고 있다. 그러나 병과해야 할 경우는 각 죄에 정한 형이 이종인 경우뿐만 아니라 1죄에 대하여 이종의 형을 병과할 것을 규정한 때에도 적용된다.[3] 35

(2) **사후적 경합범의 처분**

1) **형의 선고** 경합범 중 판결을 받지 아니한 죄가 있는 때에는 그 죄와 판결이 확정된 죄를 동시에 판결할 경우와 형평을 고려하여 그 죄에 대하여 형을 선고한다. 이 경우 그 형을 감경 또는 면제할 수 있다(제39조 1항). '경합범 중 판결을 받지 아니한 죄가 있는 때'란 이미 확정판결을 받은 죄가 있는 경우, 즉 형법 제37조 후단의 경합범을 의미한다. 형법은 사후적 경합범에 관하여 그 죄에 대하여만 형을 선고하도록 하면서, 동시에 판결할 경우와의 형평을 고려하여 형을 선고하되 그 형을 감경 또는 면제할 수 있다고 규정하고 있다. 여기서 그 죄에 대하여만 형을 선고하도록 한 것은 이미 확정판결이 있는 죄에 대하여는 일사부재리의 36

---

1 대법원 1959. 10. 16. 4292 형상 279; 대법원 1971. 11. 23. 71 도 1834.
2 대법원 1968. 3. 19. 68 도 99.
3 대법원 1955. 6. 10. 4287 형상 210.

원칙에 의하여 다시 판결할 수 없다는 것을 고려한 것이며, 동시에 판결할 경우와 형평을 고려하여 형을 선고하도록 한 것은 원래 판결확정 전에 범한 죄가 법원에 알려졌다면 당연히 경합범의 예에 의하여 처벌받았을 것이므로 사후적 경합범이 동시적 경합범에 비하여 무겁게 처벌되는 불합리를 피하기 위한 것이다. 따라서 판결을 받지 아니한 죄에 대하여 형을 선고함에 있어서는 형법 제38조의 범위 내에서 해야 한다. 그러므로 판결이 확정된 죄에서 선고된 형이 사형 또는 무기징역이나 무기금고인 때에는 형을 면제하고, 각 죄에 정한 형이 동종의 형인 때에는 이미 선고된 형을 포함한 형이 무거운 죄에 대하여 정한 장기 또는 다액의 2분의 1이나, 각 죄에 대하여 정한 형의 장기 또는 다액을 합산한 형기 또는 액수를 초과한 형을 선고할 수 없다.

37 사후적 경합범의 처분에 관하여는 비교법적으로 ① 동시적 경합범의 경우와 같이 하나의 전체형을 선고하는 방법(독일 형법 제55조), ② 판결이 확정된 죄와 판결을 받지 아니한 죄를 합하여 전체형을 정하고 추가형(Zusatzstrafe)을 선고하는 방법(오스트리아 형법 제40조), ③ 판결을 받지 아니한 죄에 대하여만 형을 정하면서도 동시적 경합범의 경우에 비하여 불리한 양형을 금지하는 방법(스위스 형법 제49조) 및 ④ 판결을 받지 아니한 죄에 대하여만 형을 선고하되 그 형의 집행은 경합범의 예에 의하도록 하는 방법(일본 형법 제51조)이 있다. 형법은 종래 제 4 의 방법을 택하고 있었으나, 2005. 7. 29. 시행된 개정법률에 의하여 제 3 의 방법으로 태도를 변경하였다.

37a 문제는 이때의 감경이 법률상 감경(제55조 1항)에 해당하여, 처단형의 하한이 있는 경우 그 하한 아래로 감경할 수 있는가의 여부이다. 대법원은 사후경합범에 대한 감경도 형법 제55조 1항의 적용을 받는다고 보고, 동조의 감경의 경우 처단형에 하한이 있는 때에는 그 하한에 미달하는 형을 선고할 수 없다고 하였다.[1] 이에 대하여는, 형법 제39조 1항에 따른 감경을 할 때 형법 제55조 1항의 제한을 받는다고 본다면 형평에 맞지 않는 결과가 될 수도 있기 때문에, "형법 제39조 1항의 '형평을 고려하여 형을 선고한다'는 규정은 형평을 고려하여 적절한 범위에서 형을 감경하여 선고형을 정하거나 형을 면제할 수 있다는 것이고, 이때 형법 제55조 1항은 적용되지 않는다고 보아야 한다"는 반대의견이 제시되었다.

37b 생각건대 사후경합범에 대한 처분방법이 변경된 것은 동시적 경합범으로 판

1 대법원 2019. 4. 18. 2017 도 14609 전원합의체판결.

결받는 경우에 비하여 불리한 양형을 하지 않게 하기 위한 것이다. 따라서 ① 검사의 기소방식에 따라 불가피하게 사후경합범이 발생할 수 있는바, 이에 따라 형의 양정이 달라지는 것을 피하는 것이 제39조 1항의 개정 취지이고, ② 이러한 경우 '형의 면제'를 택하면 된다는 식으로 다수의견은 설시하고 있는데, 특별히 형의 면제를 택할 양형사유나 형사정책적 이유가 없음에도 불구하고 논증의 부담을 무릅쓰고 형의 면제를 택하기는 어렵고, ③ 제39조 개정시 "형법 제55조 1항의 감경한도 이하로도 감경할 수 있다"는 단서가 (채택되지는 않았지만) 논의되었다는 사실은 이러한 개정 취지를 몰각한 해석이 가능하다는 우려가 이미 제기되었음을 말해 준다.[1] ④ "형평을 고려하여"의 '형평'이란 아리스토텔레스에 의하면 (납으로 만들어서) '구부러지는' 자(尺)이다.[2] 바른 자를 척도로 할 때 부당한 결과가 되는 경우("정의를 세우려다 불의를 세운다" *summum ius summa injuria*)에 '형평'(epieikeia)은 이를 교정할 섬세한 자의 역할을 한다. 이러한 의미에서 제39조 1항은 제55조 1항의 예외로 보는 반대의견이 타당하다고 하겠다.

38 **2) 확정판결 전후에 범한 죄** 중간에 확정판결이 있는 경우 그 전후에 범한 죄는 경합범이 아니다. 따라서 이 경우에는 두 개의 주문에 의하여 형을 선고해야 한다. 예컨대 甲이 범한 ABCDE 5죄 중 C죄에 대하여 확정판결이 있는 때에는 AB죄와 C죄는 경합범이고, DE죄도 경합범이지만, ABC죄와 DE죄는 경합범이 아니므로, 법원은 예컨대 AB죄에 대하여 징역 1년, DE죄에 대하여 징역 1년에 처한다고 판결해야 한다.[3] 이때에는 경합범에 대한 규정이 적용될 여지가

1 1992년의 〈형법개정법률안제안이유서〉는 이 규정의 개정취지를 분명히 하고 있다. "[개정안 제55조 1항(=현행 형법 제39조 1항)은] 현행 형법 제39조에 상응하지만 판결이 확정되기 전에 범한 범죄에 대하여 형을 선고할 때에 형을 감경 또는 면제할 수 있다는 규정을 추가한 점에 차이가 있다. […] 여죄에 대하여 형을 선고하는 경우에도 이미 금고 이상의 형을 선고한 범죄와 동시에 재판을 받는 경우보다 불이익한 형을 선고하지 않도록 해야 한다. […] 특히 여죄에 대하여 법정형에 단기가 규정되어 있는 경우에는 동시에 재판받는 경우보다 무거운 형을 선고하지 않을 수 없게 된다. 개정안에서 이 경우에 형을 감경 또는 면제할 수 있게 한 것은 사후적 경합범이라고 하여 동시적 경합범에 비하여 불이익한 형을 선고하지 않도록 하기 위한 배려 때문이다."(72~73면). 또 개정 형법이 참조한 스위스 형법 역시 여죄에 대한 추가형을 정할 때 상한의 제한은 두고 있지만 하한의 제한은 두고 있지 않다(스위스 형법 제49조 2항).

2 Aristoteles *Rhetoric* i, 13, 13; *Ethica Nicomachea* 1137b.

3 대법원 1966. 11. 29. 66 도 1416; 대법원 1967. 6. 20. 67 도 701. 중간의 확정판결이 재심판결인 경우도 같다. 대법원 2023. 11. 16. 2023 도 10545. 다만 재심판결이 무죄로 확정된 경우 중간 사건의 확정판결에 의한 분단효과는 사라지므로 분단되었던 범죄들간에는 경합범관계가 (회복)된다.

없고 두 형이 병과되는 것이므로 2형의 합계가 어떤가는 전혀 문제되지 않는다. 따라서 소년에 대한 두 단기형의 합계가 5년을 초과하여도 소년법 제60조 1항 단서에 반한다고 할 수 없다.[1]

39 (3) **형의 집행과 경합범** 경합범에 의한 판결의 선고를 받은 자가 경합범 중의 어떤 죄에 대하여 사면 또는 형의 집행이 면제된 때에는 다른 죄에 대하여 다시 형을 정한다(제39조 3항). 이는 경합범에 대하여 1개의 형이 선고되었을 때 적용된다. 여기서 "형을 정한다"란 그 죄에 대한 심판을 다시 한다는 뜻이 아니라 형의 집행부분만 다시 정한다는 의미이다. 이 경우에 형의 집행에 있어서는 이미 집행한 형기를 통산한다(동조 제 4 항).

1 대법원 1983. 10. 25. 83 도 2323, "소년범에 대하여 형법 제37조 후단의 경합범에 해당한다 하여 2개의 형을 선고하는 경우에 그 단기형의 합계가 징역 5년을 초과하더라도 이는 소년법 제54조 1항 단서의 규정에 저촉된다고 볼 수 없다."

제 3 편

형 벌 론

제1편 서 론

형법의 기본개념 / 형사사법의 지도원리 / 죄형법정주의 / 형법의 적용범위 / 형법이론

제2편 범 죄 론

제1장 범죄의 기본개념

범죄의 의의와 종류 / 행위론 / 행위의 주체

제2장 구성요건

구성요건이론 / 불법의 이론: 결과불법과 행위불법 / 부작위범 / 인과관계와 객관적 귀속 / 구성요건적 고의 / 사실의 착오 / 과실 / 결과적 가중범

제3장 위 법 성

위법성의 이론 / 정당방위 / 긴급피난 / 자구행위 / 피해자의 승낙 / 정당행위

제4장 책 임 론

책임이론 / 책임능력 / 위법성의 인식 / 법률의 착오 / 기대가능성

제5장 미 수 론

미수범 / 중지미수 / 불능미수 / 예비죄

제6장 공 범 론

공범이론 / 간접정범 / 공동정범 / 교사범 / 종범 / 공범과 신분

제7장 죄 수 론

죄수이론 / 일죄 / 수죄

제3편 형 벌 론

형벌의 종류 / 형의 양정 / 누범 / 집행유예 · 선고유예 · 가석방 / 형의 시효와 소멸 / 보안처분

제 3 편 형 벌 론

제 1 절 형벌의 종류 §40

Ⅰ. 서 론

1. 형벌의 의의

범죄에 대한 대응, 즉 형사제재는 형벌과 보안처분으로 구성된다. 이 중 어느 하나만으로 범죄에 대응하는 방식을 '일원주의'라고 한다면, 종래 우리나라는 형벌 위주의 일원주의를 취해오다가(1980년 이전), 현재는 '이원주의'를 취하고 있다.[1] 형벌(punishment, Strafe)은 인간의 주요 법익을 박탈하는 제재로서 형법(실질적 의미의 형법)만이 갖는 제재이다. 보안처분(securiy measure, Massregeln der Besserung und Sicherung)은 범죄인의 대사회적 위험성을 제거하려는 목적으로 부과되는 제재로서, 구 사회보호법과 치료감호 등에 관한 법률에 의하여 도입되었다. 이때 범죄인에 대한 법익의 제한 내지 박탈이 필연적으로 수반되지만, 이는 다른 더 큰 목적을 구현하기 위한 것으로서 정당화된다. 1

형벌은 국가가 범죄에 대하여 부과하는 법익박탈의 제재이다. 이때 박탈되는 법익은 인간의 삶에 결정적인 중요성을 갖는 법익으로서, 생명(사형), 자유(징역, 금고, 구류), 명예(자격상실, 자격정지), 재산(벌금, 과료, 몰수)이 그것이다. 형벌권의 행사는 국가에 의하여 독점되어 있으며,[2] 국가는 범죄를 요건으로 하여 그 효과로서 형벌권을 갖게 된다. 2

베카리아 등 계약설의 주장자들은 시민들이 사회계약에 의하여 공탁한 자유와 권리 안에 형벌권이 있다고 보고, 범죄를 계약의 자의적 일부 해지로 봄으로써 형벌권이 2a

1 다만 이원주의를 취하는 경우에 형벌과 보안처분 양자를 어떻게 합리적으로 집행할 것인가가 문제된다. 이에 관하여는 *infra* **45**/11 참조. 용어상의 혼동이 있을 수 있으므로 주의를 요한다.

2 Nicola Lacey *State Punishment*, 1994(장영민 역, 국가형벌론, 2012); Antony Duff/David Garland, ed. *A Reader on Punishment*, 1994.

사인으로부터 국가로 이전되었음을, 따라서 형벌권이 국가에 의하여 독점되었음을 주장하였다. 칸트 역시 시민이 자연상태로부터 공법의 상태(사회상태)로 들어가는 것을 '정언명령'이라고 봄으로써 형벌권이 오로지 법에 의하여만 행사된다는 것, 즉 국가에 의하여 독점되었음을 주장하였다. 한편 계약설을 취하지 않은 헤겔은 국가를 시민사회에서 발생하는 다양한 불법을 지양하는 심급('최고의 인륜체')으로 묘사하면서, 국가는 계약의 내용에 의해서가 아니라 그 자체로서 시민에게 재산과 생명을 요구할 수 있다고 주장하였다. 어느 시각에 의하든 형벌권은 사인에 의하여 (복수라는 형태로) 행사되지 않으며, 국가에 의하여 (증오와 저주의 방식으로가 아니라) '이성적으로 매개된' 방식으로 행사된다.

2b 형벌은 행위자의 책임을 전제로 하여 부과되는 제재임에 비하여, 보안처분은 책임을 전제하지 않고 행위자의 위험성에 대응하여 부과된다. 형벌이 과거의 악을 지향하고 있다면 보안처분은 미래의 선을 지향하고 있다고 할 수 있다.

2. 형벌의 종류

3 형법이 규정하고 있는 형벌에는 사형 · 징역 · 금고 · 자격상실 · 자격정지 · 벌금 · 구류 · 과료 · 몰수의 9종이 있다(제41조). 이를 형벌에 의하여 박탈되는 법익의 종류에 따라 분류하면 생명형 · 자유형 · 재산형 및 명예형의 4종이 된다. 형법이 규정하고 있는 형벌 중 사형은 생명형이고, 징역 · 금고 · 구류는 자유형이며, 자격상실 · 자격정지는 명예형이고, 벌금 · 과료 및 몰수는 재산형이다.

4 구 형법에서는 몰수 이외에 독립하여 선고할 수 있는 주형(主刑, Hauptstrafe)과 주형에 부가하여 선고할 수 있는 부가형(附加刑, Nebenstrafe)을 구별하고 있었으나, 형법은 주형과 부가형의 구별을 폐지하였다. 다만 형법 제49조는 아직도 몰수형의 부가성을 인정하고 있다.

Ⅱ. 사 형

1. 사형제도의 의의

5 **(1) 사형의 개념** 사형(死刑, Todesstrafe, death penalty)이란 수형자의 생명을 박탈하는 것을 내용으로 하는 형벌을 말한다. 생명의 박탈을 내용으로 한다는 점에서 생명형이라고 하며, 형법이 규정하고 있는 형벌 가운데 가장 중한 형

벌이라는 의미에서 극형(capital punishment)이라고도 한다.

6 사형은 오랜 역사를 가지고 있는 형벌이며, 형벌의 역사는 사형의 역사라고도 할 수 있다. 특히 근대 이전의 위하시대(威嚇時代)에 있어서는 살인죄뿐만 아니라 개인과 국가 또는 재산에 대한 범죄에 이르기까지 널리 사형이 인정되고 있었고, 사형의 집행도 잔인한 방법에 의하여 행하여졌다. 사형의 역사에 비추어 볼 때에는 살인에 의하여 피살된 사람보다 법관에 의하여 살해된 사람의 수가 많다고까지 할 수 있다.[1] 그러나 18세기 이래 계몽사상은 개인의 인권을 헌법의 기초로 삼고 기본적 인권의 핵심이 생명권(the right to life)에 있음을 갈파하였고, 특히 Beccaria에 의하여 사형폐지론이 주장된 이래 사형을 제한 내지 폐지해야 한다는 논의가 활발히 전개되고 있다.

7 (2) **사형의 집행방법** 근래 각국에서 사형을 집행하는 방법에는 교수(hanging)·총살(shooting)·참수(Guillotin)·전기살(electrocution)·가스살(lethal gas)·석살(石殺, stoning) 및 교살(strangulation) 등의 방법이 있다.[2] 형법은 사형은 교정시설 안에서 교수(絞首)하여 집행한다고 규정하여(제66조) 교수형을 채택하고 있으며, 군형법은 총살형을 인정하고 있다(군형법 제3조).

8 (3) **사형범죄의 범위** 형법이 법정형으로 사형을 규정하고 있는 범죄에는 내란죄(제87조), 내란목적살인죄(제88조), 외환유치죄(제92조), 여적죄(제93조), 모병이적죄(제94조), 시설제공이적죄(제95조), 시설파괴이적죄(제96조), 간첩죄(제98조), 폭발물사용죄(제119조), 현주건조물등 방화치사죄(제164조), 살인죄(제250조), 강간 등 살인죄(제301조의 2), 강도살인죄(제338조), 해상강도살인·치사·강간죄(제340조)가 있다. 이 이외에도 특별법상 사형을 규정한 범죄는 상당히 많다.[3]

2. 사형존폐론

9 (1) **사형폐지론** 사형폐지론을 최초로 주장한 학자는 1764년 〈범죄와 형벌〉이라는 저서를 통하여 Ancien Régime의 잔혹한 형벌을 비난하고 사형의

1 Arthur Kaufmann *Schuld und Strafe*, S. 1.

2 현재 미국에서는 교수·총살·전기살·가스살 이외에 주사살(lethal injection)의 5가지 방법이 사용되고 있다.
Bedau "Capital Punishment", *Encyclopedia of Crimes and Justice*, p. 136.

3 특별법에서 사형을 규정하고 있는 범죄로는 폭력행위 등 처벌에 관한 법률에 의한 단체조직(제4조), 특정범죄 가중처벌 등에 관한 법률에 의한 약취·유인죄(제5조의 2)·도주차량운전자(동조의 3)·상습강도(동조의 4)·강도상해·강도강간의 재범(동조의 5) 등이 있으며, 이 이외에 국가보안법과 보건범죄 단속에 관한 특별조치법도 사형을 규정하고 있다.

폐지를 강력히 주장한 Beccaria이다. Beccaria는 범죄인이나 공중에게 위하(威嚇)가 될 수 있는 것은 형벌의 잔혹·엄격성이 아니라 그 확실성에 있고, 사형은 인간의 망각 본성 때문에 오히려 범죄 억지력이 낮고, 위하력도 무기형이 훨씬 크기 때문에 사형은 배척되어야 한다고 주장한 바 있다. 현재도 사형폐지론은 사형이 인간의 존엄과 가치를 보장하고 있는 헌법과 합치하지 않고, 정책적으로도 합리적인 형벌이 될 수 없다는 두 가지 면에서 많은 학자들에 의하여 주장되고 있다.

10 비교법적으로 볼 때에도 서구제국과 남미국가의 대부분은 이미 사형을 폐지한 바 있다. 즉 1867년 포르투갈 형법이 사형을 폐지한 이래 스위스(1937년), 독일(1949년), 오스트리아(1950년), 영국(1969년)을 거쳐 스페인(1975년)과 프랑스(1981년)에 이르기까지 대부분의 서구국가는 이미 사형을 폐지하였다.[1] 이에 반하여 사형폐지론은 미국에서는 아직 성공을 거두지 못하고 있으며,[2] 일본 형법 또한 사형을 존치하고 있다.

11 사형폐지론의 논거는 아래와 같다.

① 사형은 야만적이고 잔혹한 형벌이며, 인간의 존엄과 가치의 전제가 되는 생명권을 침해하는 것이므로 헌법에 반하는 형벌로 허용될 수 없다.[3] 즉 사형은 집행방법 여하를 불문하고 잔혹한 형벌이며,[4] 인간의 이성에 기인한 것이 아니라 복수심이라는 본능에 근거하고 있는 야만적 형벌이라고 한다. 나아가 생명은 그 자체가 절대적 가치를 가지는 목적이며, 사형은 다른 자유형이나 벌금과는 달리 범죄인의 부분적 이익을 박탈하는 것이 아니라 그 존재의 기초를 말살하고 그의 모든 이익을 박탈하는 것이므로 인간의 존엄과 가치를 인정하는 자유사회에서는 인도적으로 허용될 수 없는 형벌이라는 것이다.[5] 이러한 의미에서 사형의 폐지야

---

1 Bedau *ibid.* p. 141; Jescheck/Weigend S. 754.
스위스에서는 군형법에 의하여 전시에 한하여 사형을 인정하고 있다(Schubarth *Kommentar zum schweizerischen Strafrecht*, Bd. 1, S. 38).

2 현재 미국은 23개 주에서 사형이 폐지되었으며, 27개 주에는 사형이 존치되고 있다. 사형이 존치된 27개 주 중 6개 주는 사형을 집행하지 않고 있다. 사형폐지론의 확산에 따라 1967년부터 1977년까지 미국에서는 사형을 집행하지 않았다(사형수의 형은 무기징역으로 변경되었다). 특히 1972년 이후에는 연방대법원의 Furman *v.* Georgia 판결에 의거하여 사형을 집행하지 않았다. 그러나 그 후 여러 주에서 사형을 합법화하는 입법을 하였고, 연방대법원은 1976년의 Gregg *v.* Georgia 판결에 의해서 주의 사형제도 도입과 그 집행을 합법화하였다. 이에 관한 상세는 John D. Bessler *Cruel and Unusual. The American Death Penalty and the Founders' Eighth Amendment*, 2012, 222면 이하.

3 김철수 헌법학개론, 363면.

4 Schubarth S. 41.

5 Jescheck/Weigend S. 752; Arthur Kaufmann *a.a.O.* S. 2.

말로 야만에서 벗어나는 중요한 이정표가 된다고도 한다.[1]

② 사형은 무고한 시민에 대하여 집행된 경우에 회복할 수 없는 형벌이 된다. 모든 재판에는 오판이 있을 수 있다. 오판에 의하여 사형이 집행된 때에는 그 잘못을 회복할 길이 없으며,[2] 이는 선량한 시민의 생명을 근거 없이 박탈하는 무자비한 결과를 초래한다.

③ 사형은 일반인이 기대하는 것처럼 위하적 효과(abschreckende Wirkung, Deterrence)를 갖지 못한다. 사형이 위하력을 가졌다면 사형을 폐지한 국가에서 사형에 해당하는 중죄가 폐지 전에 비하여, 또는 존치하고 있는 국가나 주에 비하여, 많이 발생하여야 할 것임에도 불구하고, 독일[3] · 스위스[4] 및 미국[5] 등 사형을 폐지한 국가에서 이러한 현상은 나타나지 않는다. 이는 사형에 이를 존치해야 할 위하적 효과가 없음을 실질적으로 증명하는 것이 된다.

④ 형벌의 목적을 개선과 교육에 있다고 볼 때 사형은 이러한 목적을 전혀 달성할 수 없는 원시적이고 무의미한 형벌에 지나지 않는다. 이러한 의미에서 사형폐지론은 사형의 폐지가 인간화(Menschlichkeit)의 요청이며 역사적 정당성과 형사정책적 결과의 반영이라고 주장하고 있다.[6]

(2) **사형존치론** 사형폐지론이 인간의 기본적 인권과 생명권의 보장을 주장한 계몽주의에서 비롯된 것이지만 Locke, Rousseau, Blackstone, Kant 등의 대부분의 근대 사상가들은 사형의 폐지를 주장하지 않았다. 이들은 모든 사람은 날 때부터 생명권을 가지고 있으나 살인자는 그 권리를 침해한 자이며, 따라서 범죄에 의하여 타인의 생명권을 침해한 살인자를 처형하는 것은 당연하다고 보았던 것이다. 현재에도 사형을 존치해야 한다는 주장은 강력하게 주장되고 있으며, 사형을 폐지한 국가에서도 중범죄에 대한 효과적인 대책을 위하여는 사형을 부활시켜야 한다는 주장이 제기되고 있다.[7] 12

1 Kadish/Schulhofer/Paulsen *Criminal law and its processes*, p. 515.
2 Bedau *Death penalty in America*(1964), p. 434(in Kadish *ibid*. p. 511); Jescheck/Weigend S. 752; Arthur Kaufmann *a.a.O.* S. 7.
3 Kaiser *Kriminologie*, 9.Aufl. S. 625; Arthur Kaufmann *a.a.O.* S. 5.
4 Schubarth S. 40; Schultz Ⅱ, S. 26.
5 Stellin *The Death Penalty*(1959), pp.21~22(in Kadish *ibid*. p. 508); Bedau "Capital Punishment", p. 141.
6 Arthur Kaufmann *a.a.O.* S. 10.
7 Jescheck/Weigend S. 753; Kaiser *a.a.O.* S. 623; Schubarth S. 40.

13 사형존치론은 사형이 응보와 위하라는 형벌의 목적에 의하여 정당화되며, 일반의 법의식에 의하여 자명하고도 필요한 형벌로 인정되고 있다는 점을 이론적 근거로 한다.

① 사형이 위하적 효과를 갖는 것을 부정할 수는 없다. 생명은 인간이 가장 애착을 느끼는 것이므로 사형의 예고는 범죄에 대한 강력한 억제력을 갖지 않을 수 없다. 사형의 위하력은 통계에 의하여 밝혀지지 않는다고 하여 부정될 성질의 것이 아니다.[1]

② 형벌의 본질이 응보에 있는 이상 극악한 범죄인에게는 사형을 선고하지 않을 수 없다. 즉 사형은 특히 공격적인 범죄에 대한 사회의 도덕적 분노의 표현이며 이러한 기능은 사회의 안정성을 증진함에 있어서 본질적이고 중요한 역할을 수행한다. 사형으로 대응하지 않을 수 없는 극악한 범죄에 대하여 사형을 과하는 것은 적절하고 필요한 형벌이며 인간의 존엄과 가치를 침해하는 것이라고 할 수 없다.[2] 응보의 이념에 바탕을 둔 형벌은 인간을 다른 목적을 위한 도구로 취급한 것이 아니라는 의미에서 인간의 존엄과 가치를 인정하는 형벌이라고 해야 하기 때문이다.[3]

③ 사형의 폐지가 이상론으로는 바람직하다고 할지라도 사회의 법의식이 이를 요구할 때에는 사형은 적정하고 필요한 형벌이 된다. 그런데 사형은 수세기에 걸쳐 전통적인 형벌이 되어 왔을 뿐만 아니라 국민의 법의식도 이를 자명하고 필연적인 형벌로 받아들이고 있는 것이므로 사형을 폐지하는 것은 타당하다고 할 수 없다.[4]

---

1 Van den Haag *On Deterrence and the Death Penalty*(1969), p. 145(in Kadish *ibid*. p. 509).

2 Gregg *v*. Georgia, 428 U.S. 153(1976).
미국연방법원은 Furman *v*. Georgia, 408 U.S. 238(1972)에서 사형은 잔혹하고 과도한 형벌(cruel and unusual punishment)을 금지하는 미국수정헌법 제 8 조에 위반된다고 하였으나, 1976년 이 사건에 이르러 사형은 헌법에 반하지 않는다고 하였다. 이에 관하여는 Kadish *ibid*. p. 520ff.

3 Phillip E. Johnson "Cruel and Unusual Punishment", *Encyclopedia*, p. 579.

4 1994. 1. 한국갤럽조사연구소에서 실시한 사형에 대한 국민의식조사에 의하면 전체국민의 77.1%, 2000. 11. 한국형사정책연구원에서 실시한 국민인식조사에 의하면 전체국민의 54.3%가 사형제도의 필요성을 긍정하고 있다. 그러나 1992. 4. 한국형사정책연구원에서 실시한 국민여론조사에서 사형제도를 현행대로 유지할 것인가(28.9%), 흉악범죄로 제한하여 유지할 것인가(55.0%) 또는 폐지할 것인가(16.5%)를 물었을 때 83.5%가 사형존치를 지지했다는 점에서 조사방법에 따라서는 사형존치를 지지하는 비율이 더 증가할 것으로 보인다. 그 후에 실시한 여론조사에서도 같은 상황이 유지되고 있다. 즉, 2007년 1월 서울경제신문과 주식회사 폴에버가 실시

(3) 비 판 사형존폐에 관한 논쟁에 있어서 사형폐지론이 이상적인 이론이고 이를 주장하는 학자들이 증가하고 있는 것은 사실이다.[1] 그러나 사형존치론자들[2]도 사형범죄의 범위를 축소하고 그 집행을 제한해야 한다는 점에는 의견이 일치하고 있다. 따라서 사형의 선고와 집행을 제한하는 법적 조치를 마련해야 할 뿐만 아니라, 재산범죄나 과실범 및 결과적 가중범에 대하여는 법정형으로서 사형을 폐지하고 사형이 정치적 적대자를 제거하기 위한 수단으로 남용되어서는 안 된다는 점에도 다툼이 없다. 형법이 이미 현주건조물등 방화치사죄와 해상강도치사죄를 제외한 모든 결과적 가중범에 대하여 사형을 삭제하였음은 이러한 의미에서 이해할 수 있으며, 반역죄를 제외한 모든 국가적·사회적 법익에 대한 죄에 있어서도 사형을 폐지해야 한다는 점에 이견이 없다. 우리나라는 1997. 12. 이후 사형을 집행하지 아니한 결과 사실상의 사형폐지국가로 분류되고 있다. 사형이 집행되지 않는 사실상의 사형폐지국가인 우리나라에서 위에서 본 사형폐지론의 논거는 이미 설득력이 없어졌다. 문제는 사형을 법정형으로서 형법에 규정하는 것도 허용해서는 안 되는가, 형벌의 하나로 사형을 존치하는 것이 중범죄자에 대한 위하력을 갖지 않는다고 해야 하는가이다. 14

사형을 폐지해야 할 것인가의 문제를 해결하기 위하여는 먼저 사형이 헌법에 위배되지 않는가를 해명할 필요가 있다. 사형이 헌법에 위배된다면 형벌의 목적을 이유로 사형을 정당화할 수는 없고, 사형은 당연히 폐지되어야 하기 때문이다. 그러나 범죄와의 관계나 피해자의 생명의 가치를 고려하지 않고 사형 자체가 인간의 존엄과 가치를 부정하는 형벌이라고 단정하는 것은 타당하지 않다. 헌법재판소는[3] 생명권 역시 일반적 법률유보의 대상이 되고 생명권에 대한 제한은 생 15

한 여론조사에서는 66.3%, 2008년 3월 SBS 라디오와 주식회사 리얼리티에서 조사한 결과에 의하면 57%가 사형존치에 찬성하고 있다. 2015년 한국법제연구원이 수행한 국민법의식 조사연구에 의하면, 사형제 폐지에 대하여는 34.2%, 존치에 대하여는 65.2%가 지지하는 것으로 나타났다. 그 3년전(2012)에 실시한 사형제 폐지에 대한 조사에서 반대의견은 JTBC 조사(69.6%), 한국갤럽조사연구소의 조사(63%)로 나타났다. 현대호/김영아, 2015 국민법의식조사연구, 한국법제연구원, 2015, 119면.

1 김성돈 749면; 김일수/서보학 733면; 배종대 786면; 오영근 844면; 이정원 499면; 이형국 444면; 임웅 588면; 진계호 665면.

2 박상기 506면; 손동권 624면; 유기천 349면; 정성근/박광민 656면; 정영석 302면; 황산덕 307면; 김기춘 형법개정시론, 21면.

3 1996. 11. 28. 95 헌바 1, "가. 생명권 역시 헌법 제37조 2항에 의한 일반적 법률유보의 대상이 될 수밖에 없는 것이나, 생명권에 대한 제한은 곧 생명권의 완전한 박탈을 의미한다 할 것이므로, 사형이 비례의 원칙에 따라서 최소한 동등한 가치가 있는 다른 생명 또는 그에 못지 아니한

명의 완전한 박탈을 의미한다고 할 것이므로, 사형이 최소한 동등한 가치가 있는 생명 또는 그에 못지 아니한 공공의 이익을 보호하기 위한 불가피성이 충족되는 예외적인 경우에 적용되는 때에는 헌법 제37조 2항 단서의 규정이나 비례의 원칙에 반하지 아니하고, 또 사형은 현행 헌법이 스스로 예상하고 있는 형벌이라는 이유로 위헌이라고 볼 수 없다고 결정하였으며, 대법원도 같은 태도를 유지하고 있다.[1] 사형을 형벌의 종류의 하나로 형법전에 규정하는 경우에 사형에 위하력이 있음을 부정할 수는 없다. 따라서 피해자의 생명을 침해하는 범죄에 대하여 법정형으로서 사형을 두고 있는 것까지 부정해야 할 근거는 없다고 생각된다. 사형폐지론 중에는 사형을 폐지하고 가석방 없는 종신형을 도입할 것을 주장하는 견해도 있다.[2] 그러나 독일의 연방헌법재판소는 석방의 전망이 없는 종신형은 오히려 인간의 존엄과 가치를 부정한다는 이유로 가석방 없는 종신형도 헌법에 위배된다고 결정하였다.[3]

3. 사형의 양형

대법원은 사형의 양형에 대하여 다음과 같이 설시하고 있는 바 타당하다.

15a

> 사형은 인간의 생명을 박탈하는 냉엄한 궁극의 형벌로서 사법제도가 상정할 수 있는 극히 예외적인 형벌이라는 점을 감안할 때, 사형의 선고는 범행에 대한 책임의 정도와 형벌의 목적에 비추어 누구라도 그것이 정당하다고 인정할 수 있는 특별한 사정이 있는 경우에만 허용된다. 따라서 사형을 선고할 것인지를 결정하려면 형법 제51조가 규정한 사항을 중심으로 범인의 나이, 직업과 경력, 성행, 지능, 교육정도, 성

공공의 이익을 보호하기 위한 불가피성이 충족되는 예외적인 경우에만 적용되는 한, 그것이 비록 생명을 빼앗는 형벌이라 하더라도 헌법 제37조 2항 단서에 위반되는 것으로 볼 수는 없다.

나. 모든 인간의 생명은 자연적 존재로서 동등한 가치를 갖는다고 할 것이나 그 동등한 가치가 서로 충돌하게 되거나 생명의 침해에 못지 아니한 중대한 공익을 침해하는 등의 경우에는 국민의 생명·재산 등을 보호할 책임이 있는 국가는 어떠한 생명 또는 법익이 보호되어야 할 것인지 그 규준을 제시할 수 있는 것이다. 인간의 생명을 부정하는 등의 범죄행위에 대한 불법적 효과로서 지극히 한정적인 경우에만 부과되는 사형은 죽음에 대한 인간의 본능적 공포심과 범죄에 대한 응보욕구가 서로 맞물려 고안되어 불가피하게 선택된 것이며 제 기능을 하고 있다는 점에서 정당화될 수 있다. 따라서 사형은 이러한 측면에서 헌법상의 비례의 원칙에 반하지 아니한다 할 것이고, 적어도 우리의 현행 헌법이 스스로 예상하고 있는 형벌의 한 종류이기도 하므로 아직은 우리의 헌법질서에 반하는 것으로 판단되지 아니한다."

1 대법원 1967. 9. 19. 67 도 988; 대법원 1990. 4. 24. 90 도 319; 대법원 1991. 2. 26. 90 도 2906.

2 임웅 587면.

3 BVerfGE 45, 187(1977).

장과정, 가족관계, 전과의 유무, 피해자와의 관계, 범행의 동기, 사전계획의 유무, 준비의 정도, 수단과 방법, 잔인하고 포악한 정도, 결과의 중대성, 피해자의 수와 피해감정, 범행 후의 심정과 태도, 반성과 가책의 유무, 피해회복의 정도, 재범의 우려 등 양형의 조건이 되는 모든 사항을 철저히 심리하여야 하고, 그러한 심리를 거쳐 사형의 선고가 정당화될 수 있는 사정이 밝혀진 경우에 한하여 비로소 사형을 선고할 수 있다. 법원은 이를 위하여 기록에 나타난 양형조건들을 평면적으로만 참작할 것이 아니라 이에서 한 걸음 더 나아가, 피고인의 성행과 환경 등 주관적인 양형요소를 심사할 수 있는 객관적인 자료를 확보하여 심사하여야 할 것은 물론이고, 범행 결의, 준비 및 실행 당시를 전후한 피고인의 정신상태나 심리상태의 변화 등에 대하여서도 관련 분야의 전문적인 의견을 참조하여 깊이 있게 심리를 하여야 한다. 따라서 법원은 양형의 조건이 되는 사항들 중 피고인에게 유리한 정상과 불리한 정상을 충분히 심사하여야 하고, 나아가 구체적인 양형요소가 피고인에게 불리한 정상과 유리한 정상을 모두 포함하는 경우 양쪽을 구체적으로 비교 확인한 결과를 종합하여 양형에 나아가야 한다.[1]

Ⅲ. 자 유 형

1. 자유형의 의의

16 자유형(自由刑, Freiheitsstrafe)이란 수형자의 신체의 자유를 박탈하는 것을 내용으로 하는 형벌을 말한다. 형법은 징역·금고 및 구류의 3종의 자유형을 인정하고 있다.

17 자유형은 원래 사형이나 벌금형을 집행하기 위하여 수형자를 일시적으로 구금하던 데에서 시작된 제도에 불과하였으나, 1555년 영국의 브라이드웰 감옥(Bridewells)과 1596년 암스테르담의 Zuchthaus의 설치에 의하여 근대적 의미의 자유형이 형성되어 현재까지 자유형보다 좋은 형벌을 발견하지 못하였다고 할 정도[2]로 중죄와 중간범죄에 대한 가장 효과적인 형벌로 기능하고 있다.

18 자유형은 범죄인의 자유를 박탈함으로써 범죄인을 개과천선하게 하는 교육적 내용을 주된 목적으로 한다. 자유형의 집행에 의하여 범죄인은 안정과 자기반성의 기회를 가지고 인격을 쇄신할 수 있게 된다는 의미에서 자유형은 보호기능

1 대법원 2023. 7. 13. 2023 도 2043.
2 Baumann/Weber[9] S. 600.

(behütende Funktion)을 갖는다.[1] 물론 자유형에는 이 이외에 범죄인의 명예를 떨어뜨리는 작용(ehrenmindernde Wirkung)과 노역(勞役)에 의하여 재화를 생산케 하여 국가재정에 도움을 얻겠다는 부수적 내용도 포함하고 있다는 점을 부정할 수 없다.[2] 그러나 자유형집행의 주된 목적은 범죄인의 사회복귀에 있다고 해야 하며, 자유형의 집행에 있어서 자유박탈 이외의 고통을 부과하지 않고 수형자의 인간다운 생활을 보장해야 한다는 것은 당연한 요청이라고 하겠다.[3] 형의 집행 및 수용자의 처우에 관한 법률 제 1 조도 자유형의 집행목적이 수형자의 교정교화와 건전한 사회복귀에 있음을 명백히 하고 있다.

2. 형법상의 자유형

19 **(1) 징 역** 징역(懲役)이란 수형자를 교정시설에 수용하여 집행하며 정해진 노역(勞役)에 복무하게 하는 것을 내용으로 하는 자유형 가운데 가장 무거운 형벌이다(제67조). 징역에는 유기와 무기의 2종이 있다. 무기는 종신형이지만, 20년이 경과한 후에는 가석방이 가능하다는 점에서(제72조 1항) 자유형의 사회복귀적 기능이 유지되고 있다고 할 수 있다. 유기징역은 1개월 이상 30년 이하이나 형을 가중하는 때에는 50년까지로 한다(제42조).

20 **(2) 금 고** 금고(禁錮)는 수형자를 교정시설에 수용하여 자유를 박탈하는 것을 내용으로 하는 형벌이며(제68조), 정역(정해진 노역)에 복무하지 않는 점에서 징역과 구별된다. 다만 형의 집행 및 수용자의 처우에 관한 법률은 금고의 수형자에 대하여도 신청이 있으면 작업을 과할 수 있도록 하고 있다(제67조). 과실범이나 정치범과 같이 다소 명예를 존중할 필요가 있는 자에게 과한다는 점에서, 수형자의 명예를 존중하려는 취지에서 마련된 명예적 구금(custodia honesta)이라고 할 수 있다. 징역형이 명예를 실추하는 작용을 중요한 요소로 하는 것과 구별된다. 금고에도 무기와 유기가 있으며, 그 형기는 징역의 경우와 같다.

21 **(3) 구 류** 구류(拘留)도 수형자를 교정시설에 수용하는 것을 내용으로 하는 자유형이다. 다만 그 기간이 1일 이상 30일 미만인 점에서 징역이나

---

1 H. Mayer *Strafrechtsreform für heute und morgen*, S. 137.

2 유기천 350면.

3 Baumann/Weber[9] S. 601; Jescheck/Weigend S. 763; Mayer *a.a.O.* S. 139.

금고와 구별된다(제46조). 구류는 형법에서는 예외적인 경우에만 적용되고[1] 주로 경범죄 처벌법이나 단행법규에 규정되어 있다.

22 구류는 형사소송법상의 구금이나 환형처분으로서의 노역장유치와 구별하여야 한다. 구류가 자유형임에 대하여 구금(Untersuchungshaft)은 형사절차의 진행과 증거물을 확보하기 위한 강제처분에 불과하며, 노역장유치는 수형자가 벌금 또는 과료를 납부하지 않을 때에 일정한 기간 동안 수형자를 노역장에 유치하는 대체자유형(Ersatzfreiheitsstrafe)에 지나지 않는다. 유치기간은 벌금인 경우에는 1일 이상 3년 이하, 과료인 경우에는 1일 이상 30일 미만이다(제69조 2항).

3. 자유형의 개선

23 (1) **자유형의 단일화** 징역과 금고를 구별하는 근거는 사상범이나 정치범과 같은 확신범[2]이나 과실범은 비파렴치범이므로 명예구금을 과할 필요가 있다는 점에 있었다. 그러나 독일 형법과 오스트리아 형법은 징역과 금고를 형의 집행으로 구별하는 것은 불가능하며 징역(Zuchthaus)은 수형자의 사회복귀를 어렵게 하는 비재사회화(非再社會化)의 형벌일 뿐 아니라, 징역이 금고에 대하여 강한 억압력을 가지는 것도 아니라는 이유로 단일자유형(Einheitsfreiheitsstrafe)을 도입하였으며,[3] 단일자유형의 채택은 형법의 가장 중요한 개정이고 의미 있는 형사정책의 발전이라고 평가되고 있다.[4] 자유형의 단일화가 이루어져야 한다는 주장은 우리나라에서도 지배적인 견해[5]로 되고 있다.

24 생각건대 ① 징역형의 재사회화를 방해하는 요소를 제거하고 자유형의 기간과 수형자의 인격에 적합한 집행에 의하여 사회복귀를 촉진하기 위하여는 단일자유형이 적합한 수단이며,[6] ② 징역에 처할 범죄와 금고에 처할 범죄를 명확히 구별하는 것은 불가능하고, ③ 명예구금은 노동을 천시하는 계급사상의 역사적

1 예컨대 폭행죄(제260조) · 과실치상죄(제266조) · 협박죄(제283조)가 여기에 해당한다.
2 Radbruch는 법철학적 상대주의에 입각하여 이를 범죄자가 아니라 '다르게 생각하는 자'로 보았고 이에 대해서는 징역과는 다른 형태의 구금에 처해야 한다고 생각하였다.
3 Baumann "Die Reform des Allgemeinen Teils eines StGBs", *Die Deutsche Strafrechtsreform*, S. 67; Foregger/Serini S. 75; Sturm "Die Strafrechtsreform", JZ 70, 82.
4 Maurach/Gössel/Zipf 2, S. 374; Tröndle LK[10] Vor §38 Rn. 23.
5 김일수/서보학 736면; 박상기 507면; 배종대 790면; 손해목 1181면; 안동준 333면; 유기천 351면; 이형국 446면; 정성근/박광민 659면; 정영석 303면; 황산덕 308면.
6 Baumann/Weber[9] S. 600; Tröndle LK[10] Rn. 23.

유물에 불과하고 노동을 신성하게 볼 때에는 징역을 과하는 것이 명예를 손상하는 것이라고는 볼 수 없고,[1] ④ 행형의 실제에 있어서도 금고수형자의 대부분이 신청에 의하여 노역에 종사하고 있는 점에 비추어[2] 단일자유형제도를 채택하는 것이 타당하다고 하겠다. 자유형의 단일화에 있어서도 징역과 금고의 단일화뿐만 아니라 자유형이라는 명칭으로 구류를 포함한 완전단일화를 이루는 것이 바람직하며, 이 경우에는 구류를 폐지함이 타당하다고 생각된다.[3]

25 (2) **단기자유형의 제한** 자유형의 집행은 수형자를 교정시설 특유의 하위문화 속에서 생활하게 하여 사회에의 적응을 곤란하게 한다는 결함을 가지고 있다.[4] 특히 단기자유형의 집행은 사회복귀효과를 전혀 기대할 수 없고 오히려 혼거구금(混居拘禁)에 의하여 수형자를 범죄에 감염케 할 위험이 있다. 따라서 자유형을 단일화하는 경우에도 단기자유형은 제한하여야 한다는 점에서 의견이 일치하고 있다. 단기자유형의 제한은 자유형집행의 부담을 가볍게 하여 수형자의 재사회화 노력에 집중할 수 있다는 장점도 갖는다.[5] 단기자유형이란 일반적으로 6월 이하의 자유형을 의미한다.[6] 단기자유형을 제한함에 있어서는 단기자유형에 대한 대체수단으로 보호관찰부 집행유예나 선고유예 또는 벌금형을 선고하도록 하여 최후의 수단(ultra ratio)을 남겨 두는 것이 필요하다고 하겠다.

25a 다만 구금하여 교육을 할 필요가 있는 구금적 처우 적격자에 대하여 악풍감염이 없도록 통제된 시설에서 120일 이내의 이른바 '충격요법적 구금형'(shock incarceration)을 시행하는 나라도 있다. 이 프로그램을 성공적으로 마친 후에는 잔여 형기(집행유예기간)에 대하여 보호관찰을 부과한다.[7]

---

1 유기천 351면; 황산덕 308면.
2 금고형의 수형자 가운데 70~80%는 현재 노역에 종사하고 있다(김기춘 전게서, 444면).
3 독일 형법 제38조 2항은 "자유형은 1월 이상 15년 이하로 한다"고 규정하여 구류를 폐지하였음에 반하여, 오스트리아 형법 제18조 2항은 "유기자유형은 1일 이상 20년 이하로 한다"고 하여 이를 자유형에 포함시키고 있다.
4 H. Mayer *a.a.O.* S. 137.
5 Drucksache V.4095, S. 18.
6 Baumann/Weber[9] S. 603; Jescheck/Weigend S. 763; Tröndle LK[10] Rn. 25.
7 M. Tonry(ed.), *The Handbook of Crime and Punishment*, 1998, pp. 688~690 참조.

Ⅳ. 재 산 형

1. 재산형의 의의

재산형(財産刑, Vermögensstrafe)이란 범인으로부터 일정한 재산을 박탈하는 것을 내용으로 하는 형벌을 말한다. 형법은 벌금과 과료 및 몰수의 3종의 재산형을 인정하고 있다. 재산형 특히 벌금은 원래 공형벌이 아니라 개인적 배상제도로서의 성질을 가진 배상금(Wergeld) 또는 속죄금(Buße)으로서 인정되어 오던 것이나, 국가형사사법의 확립에 따라 순수한 형벌로서의 지위를 차지하게 되었다. 18세기에 이르러 벌금형은 경미한 범죄와 이익취득범죄에 대응하는 형벌의 기능을 담당하였으나, 19세기 이후 경미한 범죄에 대한 제재의 범위를 넘어 형벌체계에서 확고한 기능을 차지하는 형벌이 되었다.[1] 26

2. 벌금과 과료

(1) 벌금형의 의의 벌금형(罰金刑, Geldstrafe)은 범죄인에 대하여 일정한 금액의 지불의무를 강제적으로 부담하게 하는 것을 내용으로 하는 형으로서, 재산형 중에서 가장 무거운 형벌이다. 일정한 금액의 지불의무를 부담케 하는 데 그치며 재산권을 일방적으로 국가에 귀속시키는 효과를 갖지는 않는다는 점에서 몰수와 구별된다. 단기자유형의 제한으로 인하여 벌금형은 현재 실제적으로 가장 많이 적용되고 있는 형벌이다.[2] 2006년의 제 1 심 형사사건처리내용에 의하면 약식명령사건이 전체사건의 88.4%이고 2014년 76.7%, 제 1 심 공판사건 가운데 벌금형이 선고된 경우가 26.5%, 2014년 31.2%에 이르고 있다.[3] 독일에서는 1980년 이래 1991년까지 전체사건의 87.75% 이상이 벌금형에 의하여 처벌되었으며, 2014년 기준 전체 사건 수형자의 약 84%가 벌금형으로 처벌되었다.[4] 27

1 Grebing "Geldstrafe in rechtsvergleichender Darstellung", *Die Geldstrafe im deutschen und ausländischen Recht*, S. 1192~1194.

2 Jescheck/Weigend S. 767; Maurach/Gössel/Zipf S. 378; Tröndle LK[10] Vor § 40 Rn. 1.

3 법무연수원 범죄백서(2007), 170, 218면.
제 1 심 벌금형선고 인원은 1997년 858,982명에서 2004년 1,312,806명으로 증가하다가 2006년에는 941,749명으로, 2014년에는 768,170명으로 감소하였다(법무연수원, 범죄백서(2015), 334면).

4 Kaiser Kriminologie, S. 152; Tröndle LK[10] Rn. 29; Tröndle/Fischer Vor § 40 Rn. 1; Statistisches Bundesamt, Statistisches Jahrbuch 2016, S. 313.

28 벌금형은 자유형의 집행으로 수형자에게 야기되는 부정적인 영향이 없을 뿐만 아니라 재산의 박탈은 현대 소비사회에서 시의적절하고 적합한 형벌이라는 장점을 가지고 있다. 한편 벌금형은, 수형자의 자력에 따라 형벌로서의 효과를 달리하고 벌금형의 집행이 직접 피고인의 가족에 영향을 미치게 되어 형벌의 일신전속적 성질을 침해하고, 특히 자력 있는 자에 대하여는 일반예방이나 특별예방의 효과를 기대할 수 없다는 단점을 가지고 있음을 부정할 수 없다.[1]

29 (2) **벌금형의 내용** 벌금은 50,000원 이상으로 하며(다만, 감경하는 경우에는 50,000원 미만으로 할 수 있다. 제45조), 상한에는 제한이 없다. 이를 총액벌금형제도(總額罰金刑制度, Geldsummensystem)라고 한다. 벌금형의 양정에 관하여는 형법에 특별한 규정이 없으므로 양형에 관한 일반규정(제51조)이 적용될 뿐이다. 벌금은 판결확정일로부터 30일 이내에 납입하여야 하며, 벌금을 납입하지 아니한 자는 1일 이상 3년 이하의 기간 노역장에 유치하여 작업에 복무하게 한다(제69조). 다만, 벌금을 선고할 때에는 납입하지 아니하는 경우의 유치기간을 정하여 동시에 선고하여야 하는데, 벌금액이 1억 원 이상 5억 원 미만인 경우 300일 이상, 5억 원 이상 50억원 미만인 경우 500일 이상, 50억 원 이상인 경우 1천일 이상의 유치기간을 정하여야 한다(제70조). 한편 300만원 이하의 벌금형이 확정된 벌금 미납자의 신청이 있는 때에는 법원은 검사의 청구에 의하여 사회봉사를 허가할 수 있다(벌금 미납자의 사회봉사 집행에 관한 특례법 제4조 내지 제6조). 이 경우에 법원은 노역장 유치기간에 상응하는 사회봉사기간을 산정해야 한다(동법 제6조 4항).

30 (3) **벌금형의 개선** 벌금형의 중요성에 비추어 합목적적이고 현실적인 벌금형제도를 구성할 필요가 있다. 이를 위하여는 다음과 같은 제도를 검토하여야 한다.

31 1) **일수벌금형제도의 도입** 형법이 채택하고 있는 총액벌금형제도는, 벌금액산정의 기준을 제시하지 못하며 벌금액의 산정에 경제사정을 고려할 것을 강제할 수 없으므로 빈자에게는 대체자유형의 집행에 의하여 단기자유형으로의 전환을 강제하고 부자에게는 형벌의 목적을 달성할 수 없게 할 뿐만 아니라, 벌금형이 피고인이 행한 범죄의 불법과 책임을 정확히 표시할 수 없다는 비판을 받고 있다. 북구제국의 형법에서 채택되어 독일과 오스트리아 형법에 도입된 일

---

1 Jescheck/Weigend S. 769; Grebing *a.a.O.* S. 1208; Lenckner *Strafe, Schuld und Schuldfähigkeit*, S. 173.

수벌금형제도(日數罰金刑制度, Tagessatzsystem)는 벌금형을 일수(日數, Zahl der Tagessätze)와 일수정액(日數定額, Höhe eines Tagessatzes)으로 분리하여, 일수는 일반적 양형규정에 따라 행위자의 불법과 책임을 반영하여 대체자유형의 문제를 자동적으로 해결하게 하며, 일수정액은 피고인의 경제사정을 고려하여 결정하게 함으로써 합리적이고 정당한 벌금형을 정할 수 있게 하는 제도라고 할 수 있다.[1] 입법론으로는 일수벌금형의 도입이 바람직하다고 생각된다.[2]

32 **2) 벌금의 분납제도** 벌금형이 대체자유형으로 전환하는 것을 방지하기 위하여는 벌금의 납입가능성을 고려하여 피고인이 일시에 벌금형을 납입할 수 없다고 인정되는 때에는 벌금의 분납(Ratenzahlung)과 납입기간(Zahlungsfrist)을 정하여 주는 제도도 필요하다고 하겠다.

33 **3) 벌금형의 집행유예제도** 형법은 벌금의 선고유예는 인정하나 집행유예는 인정하지 않고 있었다. 자유형의 집행유예는 인정하면서 보다 가벼운 형벌인 벌금형의 집행유예를 인정하지 않는 것은 균형이 맞지 않고, 집행유예제도의 형사정책적 목표를 벌금형에 대하여 부정해야 할 이유는 없다는 점에서 벌금형에 대하여도 집행유예를 인정하는 것이 타당하다.[3] 개정 형법(2016. 1. 6. 개정, 2018. 1. 7. 시행)은 500만원 이하의 벌금에 대하여 그 집행을 1년 이상 5년 이하의 기간 유예할 수 있게 하였다.

34 **4) 벌금형 적용범위의 확대** 벌금형이 단기자유형에 대한 효과적인 대책이 되도록 하기 위하여는 징역형만을 법정형으로 규정하고 있는 가벼운 범죄에 대하여는 벌금형을 선택형으로 규정하여 그 적용범위를 확대할 필요가 있다. 형법은 1995. 12. 29자 개정을 통하여 직권남용죄(제123조)·공무집행방해죄(제136조, 제137조)·무고죄(제156조)·허위공문서작성죄(제227조)·사문서위조죄(제231조)·자격모용에 의한 사

---

1 Baumann *a.a.O.* S. 69; Maurach/Gössel/Zipf S. 379; Tröndle LK[10] Vor §40 Rn. 12; Tröndle/Fischer Vor §40 Rn. 3.

2 일수벌금형제도에 관하여는, 이재상 "벌금형제도재고", 형법개정의 제논점, 167면 참조.

3 벌금형에 대하여 집행유예를 인정해야 한다는 주장에 대하여는, ① 벌금형에 있어서는 단기자유형의 폐해가 없으므로 집행유예를 인정할 필요가 없고, ② 벌금형의 집행유예를 인정하면 벌금형의 형벌로서의 효과를 기대할 수 없고, ③ 과료의 경우와 균형이 맞지 않는다는 이유로 반대하는 견해도 있다(Ruß LK[10] §56 Rn. 4; Tröndle/Fischer §56 Rn. 2; Sturm JZ 70, 84; Drucksache V. 4094, S. 10).
오스트리아 형법 제43조 1항과 일본 형법 제25조 1항은 벌금형의 집행유예를 인정하고 있다. 1992년의 형법개정법률안 제62조 1항도 벌금형에 대하여 집행유예를 인정하고 있다.

문서작성죄(제232조) · 존속상해죄(제257조 2항) · 존속폭행죄(제260조 2항) · 존속유기죄(제271조 2항) · 체포감금죄(제276조) 및 명예훼손죄(제307조 2항) 등에 대하여 선택형으로 벌금형을 추가하였다. 도주죄(제145조) · 분묘발굴죄(제160조) 등의 범죄에 관하여도 벌금형을 추가하는 것이 타당하다고 생각된다.

35 (4) **과 료** 과료도 재산형의 일종으로 범죄인에게 일정한 금액의 지불의무를 강제적으로 부담하게 한다는 점에서 벌금형과 동일하다. 다만 경미한 범죄에 대하여 부과되며, 따라서 그 금액이 적다는 점에서 벌금과 구별될 뿐이다. 과료는 과태료와 구별하여야 한다. 과료는 재산형의 일종이지만 과태료는 형법상의 형벌이 아니라 행정상의 제재에 불과하다. 과료에 의하여 처벌하는 범죄는 형법에 예외적으로 규정되어 있다.[1] 주로 경범죄처벌법이나 단행법률에 많이 규정되어 있는 재산형이다.

과료는 2,000원 이상 50,000원 미만으로 한다(제47조). 과료를 납입하지 아니한 자는 1일 이상 30일 미만의 기간 노역장에 유치하여 작업에 복무하게 한다(제69조 2항). 과료를 선고할 때에는 납입하지 아니하는 경우의 유치기간을 정하여 선고하여야 한다(제70조 1항).

3. 몰 수

36 (1) **몰수의 의의** 몰수(沒收, Einziehung)는 범죄반복의 방지나 범죄에 의한 이득의 금지를 목적으로 범죄행위와 관련된 재산을 박탈하는 것을 내용으로 하는 재산형이다. 원칙적으로 다른 형에 부가하여 과하는 부가형이다. 따라서 주형을 선고유예하는 경우에 몰수나 추징의 선고유예도 가능하지만,[2] 주형의 선고를 유예하지 않으면서 몰수와 추징에 대하여만 선고를 유예할 수는 없다.[3] 그러나 행위자에게 유죄의 재판을 아니할 때에 몰수의 요건이 있는 때에는 예외적으로 몰수만을 선고할 수도 있다(제49조). 따라서 주형의 선고를 유예하는 경우에 몰수의 요건이 있는 때에는 몰수만을 선고할 수도 있다.[4] 몰수에는 필요적 몰수(必要的 沒收)와 임의적 몰수(任意的 沒收)가 있다. 임의적 몰수가 원칙이다(제48조). 따

1 예컨대 과실치상죄(제266조) · 점유이탈물횡령죄(제360조)가 여기에 속한다.
2 대법원 1978. 4. 25. 76 도 2262; 대법원 1980. 3. 11. 77 도 2027.
3 대법원 1988. 6. 21. 88 도 551.
4 대법원 1973. 12. 11. 73 도 1133 전원합의체판결.

라서 몰수의 여부는 원칙적으로 법관의 자유재량에 의한다.[1] 필요적 몰수로는 뇌물에 관한 죄에 있어서 범인 또는 정을 아는 제 3 자가 받은 뇌물 또는 뇌물에 공할 금품에 대한 몰수를 들 수 있다(제134조).[2]

37 몰수의 법적 성질에 관하여 다수설은, 형법이 이를 재산형으로 규정하고 있으므로 형식적으로는 일종의 형벌이지만 실질적으로는 대물적 보안처분에 속한다고 해석하고 있다.[3] 즉 몰수의 본질은 범죄반복의 위험성을 예방하고 범인이 범죄로 인하여 부당한 이득을 취하지 못하도록 하는 것을 목적으로 하는 대물적 보안처분이라는 것이다. 스위스 형법(제69조)이나 이탈리아 형법(제240조)과 같이 몰수를 대물적 보안처분으로 규정하고 있는 입법례도 있다. 몰수를 형벌과 보안처분의 중간에 위치한 독립된 제재라고 해석하는 견해[4]와 몰수를 재산형으로 파악해야 한다는 견해[5]도 있다. 그러나 몰수는 하나의 성질을 가진 제도가 아니라 경우에 따라 그 목적과 성질을 달리하는 제도라고 해석하여야 한다. 즉 행위자 또는 공범의 소유에 속하는 물건의 몰수는 재산형으로서의 성질을 가지나, 제 3 자의 소유에 속하는 물건의 몰수는 보안처분으로서의 성질을 가진다.[6] 특히 형법은 물건 자체가 위험하거나 다른 범죄에 사용할 위험이 있는 경우에 몰수하는 규정을 두지 않고 있으므로 형법상의 몰수는 형벌에 유사한 성격이 강하다고 할 수 있다.

판례는 형법이나 변호사법상의 몰수나 추징은 범죄행위로 인한 이득을 박탈하여 부정한 이익을 보유하지 못하게 하는 제도임에 반하여(대법원 1996. 11. 29. 96 도 2490; 대법원 1999. 4. 9. 98 도 4374; 대법원 2001. 5. 29. 2001 도 1570; 대법원 2002. 6. 14. 2002 도 1283), 마약류관리에 관한 법률(대법원 1997. 3. 14. 96 도 3397; 대법원 2001. 12. 28. 2001 도 5158; 대법원 2008. 11. 20. 2008 도 5596 전원합의체판결; 대법원 2010. 8. 26. 2010 도 7251)·관세법위반(대법원 1991. 9. 13. 91 도 1192; 대법원 2009. 6. 25. 2009 도 2807)·특경법상의 재산 국외도피행위(대법원 1995. 3. 10. 94 도 1075; 대법원 2002. 4. 29. 2002 도 7262) 및 외국환관리법위반(대법원 1998. 5. 21. 95 도 2002)의 경우의

---

1 대법원 1971. 11. 9. 71 도 1537.

2 대법원 1996. 5. 8. 96 도 221, "형법 제134조는 뇌물에 공할 금품을 필요적으로 몰수하고 이를 몰수하기 불가능한 때에는 그 가액을 추징하도록 규정하고 있는바, 몰수는 특정된 물건에 대한 것이고 추징은 본래 몰수할 수 있었음을 전제로 하는 것임에 비추어 뇌물에 공할 금품이 특정되지 않았던 것은 몰수할 수 없고 그 가액을 추징할 수도 없다."

3 배종대 792면; 손해목 1187면; 유기천 355면; 이형국 449면; 정성근/박광민 663면; 정영석 305면; 진계호 447면; 황산덕 310면.

4 김일수/서보학 741면; 손동권 537면.

5 오영근 859면.

6 Baumann/Weber[9] S. 618; Horn SK § 74 Rn. 4; Jescheck/Weigend S. 796; Maurach/Gössel/Zipf S. 403; Schäfer LK[10] § 74 Rn. 4; Sch/Sch/Eser Vor § 73 Rn. 13ff; Tröndle/Fischer § 74 Rn. 2.

박상기 513면; 신동운 771면; 임웅 594면도 같은 입장이다.

몰수는 범죄사실에 대한 징벌로서의 성격을 갖는다고 판시하고 있다. 전자는 보안처분, 후자는 형벌이라는 태도이다. 몰수 또는 추징의 범위도 양자의 경우에 차이가 있다. 즉 전자의 경우에는 보유하고 있는 이익을 추징하여야 함에 반하여, 후자의 경우에는 이득을 취득하지 않은 경우에도 추징을 명하여야 한다.

38 **(2) 몰수의 대상** 몰수의 대상은 다음에 기재된 물건의 전부 또는 일부이다. 여기의 물건은 유체물에 한하지 아니하고 권리 또는 이익도 포함한다.[1]

39 **1) 범죄행위에 제공하였거나 제공하려고 한 물건** 범죄행위의 도구 또는 수단(instrumenta sceleris)을 말한다. 예컨대 살인에 사용한 권총 또는 살인에 사용하려고 준비한 흉기, 도박자금으로 대여한 금원[2] 등이 여기에 해당한다. 피해자로 하여금 사기도박에 참여하도록 유인하기 위하여 제시한 수표도 몰수의 대상이 될 수 있다.[3] 그러나 관세법상 허위신고죄의 대상이 된 물건은 범죄행위에 제공된 물건이라고 할 수 없으므로 몰수할 수 없다.[4]

범죄행위에 제공하려고 한 물건이란 범죄행위에 사용하려고 준비하였으나 실제 사용하지 못한 물건을 의미한다. 그러나 형법상의 몰수는 부가형이다. 따라서 "범죄행위에 제공하려고 한 물건"으로서 몰수하기 위하여는 그 물건이 유죄로 인정되는 당해 범죄행위에 제공하려고 한 물건이어야 한다.[5]

40 **2) 범죄행위로 인하여 생겼거나 취득한 물건** 범행의 산출물(producta sceleris)을 의미한다. 예컨대 문서위조행위에 의하여 작성한 위조문서, 도박에 의하여 취득한 금품, 불법벌채한 목재[6] 등을 말한다. 범죄행위로 취득한 비트코인도 몰수의 대상이 된다.[7] 그러나 구 외국환관리법 제18조에 따라 등록하지 아니

1 대법원 1976. 9. 28. 75 도 3607; 대법원 2004. 5. 28. 2004 도 1442.
2 대법원 1982. 9. 28. 82 도 1669.
3 대법원 2002. 9. 24. 2002 도 3589.
4 대법원 1974. 6. 11. 74 도 352.
5 대법원 2008. 2. 14. 2007 도 10034, "체포될 당시에 미처 송금하지 못하고 소지하고 있던 자기앞수표나 현금은 장차 실행하려고 한 외국환거래법 위반의 범행에 제공하려는 물건일 뿐, 그 이전에 범해진 외국환거래법 위반의 '범죄행위에 제공하려고 한 물건'으로는 볼 수 없으므로 몰수할 수 없다."
6 대법원 1969. 5. 27. 69 도 551.
7 대법원 2018. 5. 30. 2018 도 3619. 피고인이 음란물유포 인터넷사이트를 운영하면서 정보통신망 이용촉진 및 정보보호 등에 관한 법률 위반(음란물유포)죄와 도박개장방조죄에 의하여 비트코인(Bitcoin)을 취득한 사안에서, "피고인의 정보통신망 이용촉진 및 정보보호 등에 관한 법률 위반(음란물유포)죄와 도박개장방조죄는 범죄수익은닉의 규제 및 처벌등에 관한 법률에 정한 중대범죄에 해당하며, 비트코인은 재산적 가치가 있는 무형의 재산이라고 보아야 하고, 몰수의 대상인 비트코인이 특정되어 있으므로 피고인이 취득한 비트코인은 몰수할 수 있다."

한 미화는 그 행위 자체에 의하여 취득한 물건이 아니므로 몰수할 수 없다.[1]

41 **3) 제 1 호 또는 제 2 호의 대가로 취득한 물건** 예컨대 장물을 매각하여 취득한 금전, 인신매매에 의한 매득금(賣得金) 등이 여기에 해당한다.

몰수의 대상은 이와 같이 범죄행위와 관련된 것임을 요한다. 따라서 범죄사실과 아무런 관련이 없는 물건은 몰수할 수 없다.[2] 그러나 몰수의 대상은 반드시 압수되어 있는 물건에 국한되지 않는다.[3] 따라서 피고인에게 환부한 물건도 몰수할 수 있다.[4]

42 **(3) 몰수의 요건** 몰수를 하기 위하여는 몰수의 대상이 범인 외의 자의 소유에 속하지 아니하거나, 범죄 후 범인 외의 자가 사정을 알면서 취득한 물건임을 요한다.

43 **1) 범인 외의 자의 소유에 속하지 아니할 것** 범인 외의 자의 소유에 속하는 물건은 몰수할 수 없다.

따라서 부실기재된 등기부(대법원 1957. 8. 2. 4290 형상 190), 허위신고에 의하여 작성된 가호적부(대법원 1959. 6. 30. 4292 형상 177), 허위기재부분이 있는 공문서(대법원 1983. 6. 14. 83 도 808), 장물(대법원 1960. 12. 21. 4293 비상 1; 대법원 1966. 9. 6. 66 도 853), 국고에 환부하여야 할 국고수표(대법원 1961. 2. 24. 4293 형상 759), 매각위탁을 받은 엽총(대법원 1966. 1. 31. 65 오 4) 등은 몰수할 수 없다.

범인 외의 자의 소유에 속하지 않는 물건이란 범인의 소유에 속하는 물건 외에 무주물(無主物) 내지 소유자불명의 물건도 포함한다.[5] 누구에게도 그 소유가 금지된 물건도 여기에 포함된다.[6] 범인에는 공범도 포함되므로 공범의 소유에 속하는 물건도 몰수할 수 있다.[7] 기소중지된 공범의 소유물도 몰수할 수 있다.[8] 범인 외의 자의 소유에 속하는 물건에 대한 몰수의 선고가 있는 때에는 피고인에 대한 관계에서 그 소지를 몰수하는 데 그치고 제 3 자의 소유권에는 영향을 미치지 않는다.[9]

1 대법원 1982. 3. 9. 81 도 2930; 대법원 1991. 6. 11. 91 도 907.
2 대법원 1967. 2. 7. 66 오 2.
3 대법원 2003. 5. 30. 2003 도 705.
4 대법원 1977. 5. 24. 76 도 4001.
5 대법원 1952. 6. 26. 4285 형상 74; 대법원 1955. 8. 26. 4288 형상 216.
6 대법원 1960. 3. 16. 4292 형상 858.
7 대법원 2000. 5. 12. 2000 도 745; 대법원 2007. 3. 15. 2006 도 8929.
8 대법원 1984. 5. 29. 83 도 2680.
9 대법원 1970. 2. 10. 69 다 2051; 대법원 1970. 3. 24. 70 다 245; 대법원 1999. 5. 11. 99 다

44 **2) 범죄 후 범인 외의 자가 사정을 알면서 취득한 물건** 범인 외의 자의 소유에 속하는 물건은 몰수할 수 없으나, 범죄 후 그가 사정을 알면서 취득한 물건은 몰수할 수 있다. 사정을 알면서 취득한다고 함은 취득 당시에 그 물건이 형법 제48조 1항 각 호에 해당하고 있는 사실을 알면서 취득하는 것을 말한다.

45 **(4) 추 징** 몰수의 대상인 물건을 몰수하기 불능한 때에는 그 가액[1]을 추징하고(제48조 2항), 문서 · 도화 · 전자기록 등 특수매체기록 또는 유가증권의 일부가 몰수의 대상이 된 경우에는 그 부분을 폐기한다(동조 제3항).

추징은 몰수의 대상물의 전부 또는 일부를 몰수할 수 없을 때에 몰수에 갈음하여 그 가액의 납부를 명령하는 사법처분으로서, 몰수의 취지를 관철하기 위하여 인정된 제도라는 의미에서 부가형으로서의 성질을 가진다.[2] 몰수할 수 없을 때란 소비 · 혼동 · 분실 · 양도 등으로 판결 당시에 사실상 또는 법률상 몰수할 수 없는 경우를 말한다. 따라서 뇌물로 받은 금원이나 자기앞수표를 소비한 후에 동액 상당을 반환한 경우[3]는 물론, 뇌물인 수표를 예금한 후 액면상당금원을 반환한 때[4]에도 몰수할 수 없는 경우이므로 그 가액을 추징하여야 한다.

46 수인이 공모하여 뇌물을 수수한 경우에 몰수가 불능하여 가액을 추징할 때에는 개별적으로 추징하여야 하며(대법원 1993. 10. 12. 93 도 2056) 개별적으로 그 가액을 알 수 없을 때에는 평등하게 분할한 액을 추징하여야 한다(대법원 1975. 4. 22. 73 도 1963; 대법원 1977. 3. 8. 76 도 1982). 추징가액을 정하는 기준에 관하여는 범행 당시의 가액을 기준으로 정하여야 한다는 **범행시설**[5]도 있으나, 판결시를 기준으로 정해야 한다는 **판결선고시설**이 타당하다고 생각된다.[6]

12161.

1 가액이란 범인이 그 물건을 보유하고 있다가 몰수의 선고를 받았더라면 잃게 될 이득상당액을 의미한다. 대법원 2017. 9. 21. 2017 도 8611. "몰수의 취지가 범죄에 의한 이득의 박탈을 목적으로 하는 것이고 추징도 이러한 몰수의 취지를 관철하기 위한 것이라는 점을 고려하면 몰수하기 불능한 때에 추징하여야 할 가액은 범인이 그 물건을 보유하고 있다가 몰수의 선고를 받았더라면 잃게 될 이득상당액을 의미하므로, 추징하여야 할 가액이 몰수의 선고를 받았더라면 잃게 될 이득상당액을 초과하여서는 아니 된다."

2 대법원 1979. 4. 10. 78 도 3098; 대법원 2009. 6. 25. 2009 도 2807.

3 대법원 1983. 12. 27. 83 도 1313; 대법원 1984. 2. 14. 83 도 2871; 대법원 1986. 10. 14. 86 도 1189.

4 대법원 1970. 4. 14. 69 도 2461; 대법원 1985. 9. 10. 85 도 1350; 대법원 1996. 10. 25. 96 도 2022.

5 정영석 307면; 진계호 448면.

6 대법원 1991. 5. 28. 91 도 352, "몰수하기 불능한 때에 추징하여야 할 가액은 범인이 그 물건을 보유하고 있다가 몰수의 선고를 받았더라면 잃었을 이득상당액을 의미한다고 보아야 할 것이므로 그 가액산정은 재판선고시의 가격을 기준으로 하여야 할 것이다."
동지: 대법원 2008. 10. 9. 2008 도 6944.

V. 명 예 형

1. 명예형의 의의

47 명예형(名譽刑, Ehrenstrafe)이란 범인의 명예 또는 자격을 박탈하는 것을 내용으로 하는 형벌을 말한다. 자격형(資格刑)이라고도 한다. 형법이 인정하고 있는 자격형으로는 자격상실과 자격정지가 있다.

명예형은 중세부터 19세기까지 유럽 각국에서 이용되고 있던 원시적인 형벌이며, 범인을 일반공중에게 보이는 것을 내용으로 하고 있었다. 그러나 법관의 판결에 의하여 명예의 상실을 선고하는 것은 피고인의 사회복귀에 부정적으로 작용할 뿐이므로 부가형(Nebenstrafe)으로서의 명예형은 폐지하고, 독일 형법의 경우와 같이 법률에 의하여 유죄판결에 부여된 부수효과(Nebenfolgen)로 규정하는 데 그치는 것이 타당하다고 생각된다.[1] 1992년의 형법개정법률안은 자격상실을 형의 종류에서 삭제하고, 이를 형의 부수효과로 규정하였다.

2. 자격상실

48 자격상실(資格喪失)이란 일정한 형의 선고가 있으면 그 형의 효력으로서 당연히 일정한 자격이 상실되는 것을 말한다. 형법상 자격이 상실되는 경우로는 사형·무기징역 또는 무기금고의 판결을 받은 경우이며, 상실되는 자격은 ① 공무원이 되는 자격, ② 공법상의 선거권과 피선거권, ③ 법률로 요건을 정한 공법상의 업무에 관한 자격, ④ 법인의 이사·감사 또는 지배인 기타 법인의 업무에 관한 검사역(檢査役)이나 재산관리인이 되는 자격이다(제43조 1항).

3. 자격정지

49 (1) **의 의** 자격정지(資格停止)란 일정한 기간 동안 일정한 자격의 전부 또는 일부를 정지시키는 것을 말한다. 자격정지에는 일정한 형의 판결을 받은 자의 자격이 당연히 정지되는 당연정지와 판결의 선고에 의하여 자격이 정지되는 경우가 있다.

50 (2) **자격의 당연정지** 유기징역 또는 유기금고의 판결을 받은 자는 그 형의 집행이 종료하거나 면제될 때까지 위 2에서 열거한 ① 내지 ③의 자격이 당

---

1 Hirsch LK Vor §45 Rn. 2; Jescheck/Weigend S. 785; Drucksache V. 4994, S. 16.

연히 정지된다. 다만, 다른 법률에 특별한 규정이 있는 경우에는 그 법률에 따른다(제43조 2항).

51 (3) **판결선고에 의한 자격정지** 판결선고에 의하여 일정한 자격의 전부 또는 일부를 정지하는 경우를 말한다. 자격정지기간은 1년 이상 15년 이하이다(제44조 1항). 판결선고에 의한 자격정지는 자격정지의 형이 다른 형과 선택형으로 되어 있는 경우에는 단독으로 과할 수 있고, 다른 형에 병과할 수 있는 경우에는 병과형으로 과할 수 있다. 자격정지기간은 자격정지가 선택형인 때에는 판결이 확정된 날로부터 기산하며, 유기징역 또는 유기금고에 병과한 때에는 징역 또는 금고의 집행을 종료하거나 면제된 날로부터 기산한다(동조 제 2 항).

§41 제 2 절 형의 양정

I. 서 론

1 형법은 일정한 범죄에 대하여 일정한 종류와 범위의 형벌을 규정하고 있다. 법관은 구체적 사건에 대하여 이 범위 내에서 정당한 형벌(gerechte Strafe)을 선고해야 한다. 법관이 구체적인 행위자에 대하여 선고할 형을 정하는 것을 형의 양정(刑의 量定, Strafzumessung) 또는 형의 적용이라고 한다. 형의 양정은 광의와 협의의 두 가지 의미로 사용된다. 협의의 형의 양정은 구체적인 사건에 적용될 형의 종류와 양을 정하는 것임에 반하여, 광의에 있어서는 그 형의 선고와 집행 여부를 결정하는 것을 포함한다.[1] 여기서는 협의의 형의 양정을 검토하기로 한다.

2 형의 양정은 형법과 법관의 분업에 의하여 이루어진다. 형법은 구체적인 범죄에 대하여 선고할 수 있는 형의 범위만을 규정할 뿐이며, 개별적인 형의 양정은 법관에게 맡기고 있다. 이 범위에서 법관은 재량에 의하여 정당한 형벌을 발견해야 한다. 형의 양정에 법관의 자의(恣意)나 감정을 허용한다면 그것은 혼돈(Chaos)이며[2] 도박(Glückspiel)에 지나지 않는다는 비판[3]을 면할 수 없다. 이러한

1 Gribbohm LK § 46 Rn. 4; Horn SK § 46 Rn. 3; Zipf *Die Strafzumessung*, S. 7.

2 Henkel *Die richtige Strafe*, S. 3.

3 Baumann/Weber[9] S. 625.

의미에서 형의 양정의 정당성을 보장하기 위한 기준은 형법적 평가의 핵심이며 형벌론에 있어서 가장 중요한 부분을 차지한다고 할 수 있다.[1]

Ⅱ. 형의 양정의 단계

구체적인 사건을 통하여 추상적인 형벌이 구체화되는 것은 다음의 세 가지 단계를 거치게 된다.

1. 법 정 형

법정형(法定刑, gesetzliche Strafdrohung, Strafbemessung)이란 개개의 구성요건에 규정되어 있는 형벌을 말한다. 이는 입법자가 각 구성요건의 전형적인 불법을 일반적으로 평가한 형의 범위(Strafrahmen)이다. 법정형은 구체적인 형의 선택을 위한 일차적 기준이 된다는 의미에서 양형이론의 출발점이고,[2] 형의 양정에 있어서 가장 중요한 의미를 가진다고 할 수 있다.[3] 3

법정형을 정하는 방법에는 세 가지가 있다. 형벌을 법률로 정하지 않고 법관의 자유재량에 맡기는 것을 절대적 전단형(絶對的 專斷刑, absolut unbestimmte Strafdrohungen)이라고 한다. 이에 대하여 절대적 법정형(絶對的 法定刑, absolut bestimmte Strafdrohungen)은 일정한 범죄에 대한 형벌의 종류와 분량을 법률에 엄격히 규정하여 법관의 재량을 전적으로 부인하는 것을 말하며, 법률에 형벌의 종류와 범위만을 규정하고 그 범위 안에서 법관이 구체적인 형을 정하도록 하는 것을 상대적 법정형(相對的 法定刑, relativ bestimmte Strafdrohungen)이라고 한다. 절대적 전단형은 형법의 보장적 기능을 침해하고 죄형법정주의에 위반되므로 허용될 수 없다. 절대적 법정형은 개인의 인권보장에는 도움이 되어도 구체적 타당성을 가진 형을 정할 수 없다는 단점을 지닌다. 형법은 상대적 법정형을 원칙으로 하고, 여적죄(與敵罪)(제93조)에 관하여만 절대적 법정형을 규정하고 있다. 4

---

1 Bruns "Alte Grundfragen und neue Entwicklungstendenzen im modernen Strafzumessungsrecht", Welzel-FS S. 740; Bruns "Grundprobleme des Strafzumessungsrechts", ZStW 94, 112.

2 Jescheck/Weigend S. 871.

3 Gribbohm LK Vor § 46 Rn. 8; Horn SK § 46 Rn. 50; Sch/Sch/Stree Vor § 38 Rn. 42; Tröndle/Fischer § 46 Rn. 8; Dreher "Über Strafrahmen", Bruns-FS S. 141.

2. 처 단 형

5 법정형이 처단의 범위로 구체화된 형을 처단형(處斷刑)이라고 한다. 법정형에 법률상 및 재판상의 가중·감경을 한 형을 말한다. 즉 법정형에 선택할 형종(刑種)이 있는 경우에는 먼저 형종을 선택하고 그 형에 필요한 가중·감경을 한 형이 처단형이다. 처단형은 선고형의 최종적 기준이 된다.

예컨대 강도죄의 법정형은 단기 3년·장기 30년의 징역이다. 그런데 법률상 감경사유가 있는 경우에는 그 형이 법정형의 2분의 1, 즉 단기 1년 6월·장기 15년으로 된다. 이것이 바로 처단형이다.

3. 선 고 형

6 법원이 처단형의 범위 내에서 구체적으로 형을 양정하여 당해 피고인에게 선고하는 형을 말한다. 형의 가중·감경이 없을 때에는 법정형을 기준으로 선고형(宣告刑)이 정하여짐이 당연하다고 하겠다. 법정형과 처단형의 범위에서 선고형을 정하는 것이 바로 형의 양정이다. 예컨대 피고인에게 강도죄로 징역 3년을 선고한 경우에 그것이 선고형이다.

7 자유형의 선고형에는 정기형(定期刑)과 부정기형(不定期刑)의 두 가지 형식이 있다. 부정기형에는 다시 절대적 부정기형과 상대적 부정기형이 있다. 전혀 형기를 정하지 않고 선고하는 절대적 부정기형은 죄형법정주의에 반하므로 인정되지 않는다. 형법은 정기형에 의하며, 다만 소년법에 의하여 소년범에 대하여는 상대적 부정기형을 인정하고 있다(소년법 제60조).

Ⅲ. 형의 가중·감경

8 법정형에 대하여 필요한 가중·감경을 함에 의하여 처단형이 정해진다. 선고형의 최종적 기준이 되는 형이 처단형이므로 형의 양정을 위하여는 처단형을 정하는 데 필요한 형의 가중·감경을 먼저 검토해야 한다.

1. 형의 가중과 감경

9 (1) 형의 가중 형법은 형의 가중에 대하여는 법률상의 가중만을 인정

하고, 재판상의 가중은 허용하지 않고 있다. 죄형법정주의의 원칙상 당연하다고 하겠다. 법률상의 가중에는 일반적 가중사유와 특수적 가중사유가 있다.

10 **1) 일반적 가중사유** 형법이 모든 범죄에 대하여 일반적으로 형을 가중하는 사유를 말한다. 형법총칙은 일반적 가중사유로 ① 경합범가중(제38조), ② 누범가중(제35조) 및 ③ 특수교사·방조(제34조 2항)의 세 가지 경우를 규정하고 있다.

11 **2) 특수적 가중사유** 형법 각칙의 특별구성요건에 의한 가중사유를 말한다. 여기에는 상습범가중(제203조, 제264조, 제279조, 제285조, 제332조, 제351조 등)과 특수범죄의 가중(제144조, 제278조)이 있다.

12 **(2) 형의 감경** 형의 감경에는 법률상의 감경과 재판상의 감경(정상참작감경〈情狀參酌減輕〉)이 있다.

13 **1) 법률상의 감경** 법률의 특별규정에 의하여 형이 감경되는 경우를 말한다. 법률상의 감경에는 일정한 사유가 있으면 당연히 감경해야 하는 필요적 감경과 법원의 재량에 의하여 감경할 수 있는 임의적 감경이 있다. 형법총칙이 규정하고 있는 법률상의 감경에는 다음과 같은 사유가 있다.

(a) 필요적 감경사유 필요적 감경사유에는 ① 농아자(제11조), ② 중지범(제26조), ③ 종범(제32조 2항)의 세 가지가 있다.

(b) 임의적 감경사유 임의적 감경사유는 ① 심신미약(제10조 2항), ② 과잉방위(제21조 2항), ③ 과잉피난(제22조 3항), ④ 과잉자구행위(제23조 2항), ⑤ 미수범(제25조 2항), ⑥ 불능미수(제27조 단서), ⑦ 사후경합범에 대한 감경(제39조 1항. 감경방법에 관하여 이설 있음. 39/36 이하 참조), ⑧ 자수 또는 자복(제52조 1항), ⑨ 해방감경(제295조의 2, 제324조의 6)이 있다.

14 (c) 자수와 자복 형법은 자수와 자복을 법률상의 감경사유로 규정하고 있다. 행위자에게 개전(改悛)을 장려하고 범죄수사를 용이하게 하기 위한 정책적 고려에서 이를 임의적 감면사유로 규정하고 있는 것이다(제52조).

15 자수(自首)란 범인이 수사기관에 대하여 자발적으로 자기의 범죄사실을 신고하여 소추를 구하는 의사표시를 하는 것을 말한다. 수사기관에 범죄사실을 신고함을 요하므로 수사기관 아닌 자에게 자수의 의사를 전한 것만으로는 자수라고 할 수 없으며,[1] 범죄사실을 신고하지 않고 수사권 있는 공무원을 만나거나 주소를 알린 것은 자수가 아니다.[2] 그러나 범죄사실을 신고한 이상 범죄의 성립요

1 대법원 1954. 12. 21. 4287 형상 164.
2 대법원 1963. 10. 22. 63 도 247.

건을 완전히 갖춘 범죄행위라고 인식할 필요는 없으며,[1] 범죄사실의 세부에 다소 차이가 있어도 관계없다.[2] 범죄사실을 신고하는 시기에는 제한이 없다. 따라서 범죄사실이 발각된 후에 신고하거나,[3] 지명수배를 받은 후라 할지라도 체포 전에 자발적으로 신고한 이상 자수에 해당한다.[4] 언론에 혐의사실이 보도되기 시작한 후에 수사기관에 전화를 걸어 조사를 요청한 경우도 자수가 될 수 있다.[5] 신고하는 방법에도 제한이 없으므로 범인 스스로 출두함을 요하지 않고 제 3 자를 통하여도 자수할 수 있다.[6] 그러나 제 3 자에게 자수의사를 전달하여 달라고 한 것만으로는 자수라고 할 수 없다.[7] 자수의 동기는 묻지 아니한다.[8] 판례는, 자수를 형의 감경사유로 삼은 이유는 범인이 죄를 뉘우치고 있다는 데에 있으므로 죄의 뉘우침이 없는 자수는 진정한 자수라 할 수 없다고 하면서도,[9] 법정에서 수수한 뇌물의 직무연관성에 관하여 자백과 차이가 나는 진술을 하거나 이를 일부 부인하는 경우에도 자수의 효력에는 영향이 없다고 하고 있다.[10] 자수는 자백과 구별하여야 한다. 그러므로 수사기관에 의한 신문에 대하여 범죄사실을 인정하는 진술을 하는 것은 자백일 뿐이며 자수라고 할 수 없다.[11]

16 자복(自服)이란 피해자의 명시한 의사에 반하여 처벌할 수 없는 범죄, 즉 해제조건부범죄에 있어서 피해자에게 범죄를 고백하는 것을 말한다. 따라서 해제조건부범죄가 아닌 범죄에 대하여 피해자를 찾아 가서 사죄한 것은 자복이라고 할 수 없다.[12] 자복은 상대방이 수사기관이 아닌 점에서 자수와 구별되나 법적 효과는 자수와 동일하므로 이를 준자수(準自首)라고도 한다.

자수와 자복은 임의적 감면사유이므로 감경을 할 것인가는 법원의 재량에 속

---

1 대법원 1995. 6. 30. 94 도 1017.
2 대법원 1969. 4. 29. 68 도 1780.
3 대법원 1965. 10. 5. 65 도 597.
4 대법원 1968. 7. 30. 68 도 754.
5 대법원 1994. 9. 9. 94 도 619.
6 대법원 1964. 8. 31. 64 도 252.
7 대법원 1967. 1. 24. 66 도 1662.
8 대법원 1969. 7. 22. 69 도 779.
9 대법원 1983. 3. 8. 82 도 3248; 대법원 1993. 6. 11. 93 도 1054; 대법원 1994. 10. 14. 94 도 2130.
10 대법원 1994. 12. 27. 94 도 618; 대법원 1999. 7. 9. 99 도 1695; 대법원 2002. 8. 23. 2002 도 46; 대법원 2005. 4. 29. 2002 도 7262.
11 대법원 1982. 9. 28. 82 도 1965; 대법원 1992. 8. 14. 92 도 962.
12 대법원 1968. 3. 5. 68 도 105.

한다.[1] 따라서 자수를 인정하고 감경하지 않았다고 하여 위법이라고 할 수 없다.[2]

2) **재판상의 감경**(정상참작감경) 법률상의 특별한 감경사유가 없는 경우에도 법원은 정상에 특히 참작할 만한 사유가 있는 경우에는 그 형을 감경할 수 있다(제53조). 정상참작감경이라고도 한다. 법률상 형을 가중·감경한 경우에도 정상참작감경을 할 수 있다.[3] 참작할 만한 사유에 관하여는 형법 제51조가 적용되며, 정상참작감경도 법률상의 감경에 관한 형법 제55조의 범위에서만 허용된다. 17

2. 형의 가감례

형의 가중·감경의 방법과 정도 및 순서에 관한 준칙을 형의 가감례(加減例)라고 한다. 18

(1) **형의 가중·감경의 순서** 1개의 죄에 정한 형이 수종인 때에는 먼저 적용할 형을 정하고 그 형을 감경한다(제54조). 형을 가중·감경할 사유가 경합된 때에는 ① 각칙 본조에 의한 가중, ② 제34조 2항(특수한 교사·방조)의 가중, ③ 누범가중, ④ 법률상 감경, ⑤ 경합범 가중, ⑥ 정상참작감경의 순서에 의한다(제56조). 19

(2) **형의 가중·감경의 정도와 방법**

1) **형의 가중정도** 유기징역이나 유기금고를 가중하는 경우에는 50년까지로 한다(제42조 단서). 누범, 경합범 및 특수교사·방조와 같은 일반적 가중사유의 가중정도는 각각 별도로 규정되어 있다(제35조, 제38조, 제34조 2항). 20

2) **형의 감경정도와 방법**

(a) 법률상의 감경의 정도와 방법 법률상의 감경은 다음과 같이 한다(제55조 1항). ① 사형을 감경할 때에는 무기 또는 20년 이상 50년 이하의 징역 또는 금고로 한다. ② 무기징역 또는 무기금고를 감경할 때에는 10년 이상 50년 이하의 징역 또는 금고로 한다. ③ 유기징역 또는 유기금고를 감경할 때에는 그 형기의 2분의 1로 한다. ④ 자격상실을 감경할 때에는 7년 이상의 자격정지로 한다. ⑤ 자격정지를 감경할 때에는 그 형기의 2분의 1로 한다. ⑥ 벌금을 감경할 때에는 그 다액의 2분의 1로 한다. 여기서 다액이란 금액을 말하는 것이므로 벌금의 상 21

---

1 대법원 1990. 4. 27. 90 도 321.
2 대법원 2001. 4. 24. 2001 도 872; 대법원 2004. 6. 11. 2004 도 2018.
3 대법원 1991. 6. 11. 91 도 985; 대법원 1994. 3. 8. 93 도 3608.

한과 함께 하한도 2분의 1로 내려간다.[1] ⑦ 구류를 감경할 때에는 그 장기의 2분의 1로 한다. ⑧ 과료를 감경할 때에는 그 다액의 2분의 1로 한다.

법률상 감경사유가 수개 있는 때에는 거듭 감경할 수 있다(동조 제2항). 필요적 감경뿐 아니라 임의적 감경도 법률상 감경이므로 감경을 하는 이상 법률상 감경의 방법에 따라야 한다.[2]

22 (b) 정상참작감경의 정도와 방법 정상참작감경의 경우도 법률상의 감경례에 준해야 한다. 다만 정상참작감경의 경우에는 정상참작감경사유가 수개 있는 경우에도 거듭 감경할 수는 없다.[3] 그러나 법률상 감경을 한 후에 다시 정상참작감경을 할 수는 있다. 징역형과 벌금형을 병과하는 경우에는 특별한 규정이 없는 한 어느 한 쪽에만 정상참작감경을 하는 것은 허용되지 않는다.[4] 무기징역형을 정상참작감경하는 경우에는 30년을 초과하는 징역형을 선고할 수 없다.[5] 유기징역형의 상한은 30년이기 때문이다.

Ⅳ. 양 형

1. 양형의 의의

23 형의 양정(量定) 또는 양형(量刑, Strafzumessung)이란 법정형에 법률상의 가중·감경 또는 정상참작감경을 한 처단형의 범위에서 구체적으로 선고할 형을 정하는 것을 말한다. 양형에 관하여는 법관의 광범위한 재량이 인정되는 것으로 이해되고 있다.[6] 그러나 양형에 관한 법관의 재량은 자유재량이 아니라, 형법의 기초가 되고 있는 형사정책적 양형기준에 따라 합리적으로 판단해야 하는 법적으로

---

1 대법원 1978. 4. 25. 78 도 246 전원합의체판결.

2 대법원 2021. 1. 21. 2018 도 5475 전원합의체판결, “필요적 감경의 경우에는 감경사유의 존재가 인정되면 반드시 형법 제55조 제 1 항에 따른 법률상 감경을 하여야 함에 반해, 임의적 감경의 경우에는 감경사유의 존재가 인정되더라도 법관이 형법 제55조 제 1 항에 따른 법률상 감경을 할 수도 있고 하지 않을 수도 있다. 나아가 임의적 감경사유의 존재가 인정되고 법관이 그에 따라 징역형에 대해 법률상 감경을 하는 이상 형법 제55조 제 1 항 제 3 호에 따라 상한과 하한을 모두 2분의 1로 감경한다.”

3 대법원 1964. 4. 7. 63 도 410.

4 대법원 1997. 8. 26. 96 도 3466; 대법원 2009. 2. 12. 2008 도 6551.

5 대법원 1992. 10. 13. 92 도 1428 전원합의체판결; 대법원 1992. 11. 24. 92 도 2432.

6 유기천 366면; 정영석 317면; 황산덕 317면.

구속된 재량(=기속재량: rechtlich gebundenes Ermessen)을 의미한다고 해야 한다.[1] 이러한 의미에서 양형도 구조상으로는 법적용의 문제에 속한다고 할 수 있다.[2]

2. 양형의 기준

24 양형은 형벌의 목적에 따라 이루어져야 한다. 형벌의 목적에 관한 절충설에 의할 때 양형은 행위자의 책임뿐만 아니라 예방의 목적을 고려하여야 한다. 그런데 형벌을 지배하는 최고의 원리는 책임주의이므로 양형의 기초와 한계는 행위자의 책임이 된다.[3] 즉 예방의 목적은 행위자의 책임과 일치하는 범위에서만 고려될 수 있으며, 특별예방과 일반예방을 위하여 책임의 범위를 벗어나는 형을 양정하는 것은 허용되지 않는다.

25 **(1) 양형책임의 개념** 양형의 기초가 되는 양형책임(量刑責任, Strafzumessungsschuld)이 범죄의 성립요건인 책임과 동의어인가에 대하여는 견해가 대립된다. 책임은 불법을 기초로 하며, 따라서 책임비난은 불법에 대한 비난을 의미하기도 한다는 이유로 양자를 같은 의미로 이해하는 견해[4]도 있다. 그러나 범죄의 성립요건인 책임이 비난가능성을 의미함에 비하여, 양형책임은 행위에 대한 사회윤리적 불법판단의 경중을 결정하는 요소의 총체, 즉 책임 있는 불법(verschuldetes Unrecht)을 의미하며, 이에는 범죄 전후의 행위자의 태도도 포함된다는 의미에서 양자는 구별되는 개념으로 파악하여야 한다.[5] 즉 양형책임과 형벌근거책임은 서로 관련된 개념이지만 그 실질과 대상을 달리한다.

26 **(2) 양형에 있어서 책임과 예방** 양형에 관하여 책임과 예방을 어떻게 고려할 것인가의 문제는 형벌의 기초가 되는 책임이 양형에 대하여 어떻게 작용하는가와 서로 관련되는 문제라고 할 수 있다. 여기서 범위이론과 유일형이론 및 단계이론을 검토할 필요가 있다.

---

1 Gribbohm LK Vor §46 Rn. 5; Jescheck/Weigend S. 871.

2 Zipf S. 75; Bruns ZStW 94, 113; Manfred "Grundprobleme des Strafzumessungsrechts in Österreich", ZStW 94, 129.

3 독일 형법 제46조, 오스트리아 형법 제32조 및 스위스 형법 제47조는 이를 명문으로 규정하고 있다. 명문의 규정이 없는 형법에서도 같이 해석해야 한다.

4 Horn SK §46 Rn. 44.

5 *supra* 22/1a. Bockelmann/Volk S. 238; Sch/Sch/Stree §46 Rn. 9a; Tröndle/Fischer §46 Rn. 4; Zipf S. 28; Roxin "Schuld, Prävention und Verantwortlichkeit im Strafrecht", Bockelmann-FS S. 304.

27 **1) 범위이론과 유일형이론** 범위이론(範圍理論, Spielraumtheorie od. Schuldrahmentheorie)은 책임과 일치하는 정확한 형벌을 정할 수는 없으며, 형벌은 그 하한과 상한 내에 책임에 적합한 범위가 있으므로, 이 범위에서 특별예방과 일반예방을 고려하여 형을 양정해야 한다는 이론이다.[1] 이에 반하여 유일형이론(唯一刑理論) 또는 점형이론(點刑理論, Theorie der Punktstrafe)은 책임은 고정된 일정한 크기를 가진 것이므로 정당한 형벌은 하나일 수밖에 없다고 한다.[2] 책임과 일치하는 형벌은 다른 형벌의 목적으로 인하여 수정될 수 있으나 책임을 초과할 수는 없다는 것이다.

책임과 일치하는 정확한 형벌을 정하는 것은 불가능하다. 이러한 의미에서 유일형이론은 가설(Fiktion)에 지나지 않는다는 비난을 면할 수 없다.[3] 양형의 복잡한 과정을 합리적으로 분석하고 형벌목적의 충돌을 조화할 수 있다는 의미에서 범위이론이 타당하다고 생각된다.

28 **2) 단계이론** 단계이론(段階理論, Stufentheorie) 또는 위가이론(位價理論, Stellenwerttheorie)이란 양형의 단계에 따라 개별적인 형벌목적의 의의와 가치를 결정해야 한다는 견해[4]를 말한다. 즉 형량은 불법과 책임에 의하여 결정하고 형벌의 종류와 집행 여부는 예방을 고려하여 결정해야 한다는 것이다. 그러나 형량을 결정함에 있어서 예방의 목적의 고려를 부정함으로써 양형에 관하여 예방의 목적을 약화시켰다는 점에서 단계이론도 타당하다고 할 수 없다.[5]

3. 양형의 조건

29 **(1) 양형판단의 자료** 형법은 양형에 있어서 참작하여야 할 조건으로 다음과 같은 사항을 규정하고 있다(제51조). 양형의 기초는 불법과 책임이며, 여기의 책임은 행위책임을 의미한다. 양형에 있어서는 이 이외에 예방의 목적을 고려해야 한다. 형법이 규정하고 있는 양형의 조건은 양형책임과 예방에 관한 사유를

---

1 Baumann/Weber[9] S. 630; Bockelmann/Volk S. 235; Gribbohm LK Vor § 46 Rn. 18; Zipf S. 45; Roxin Bruns-FS S. 183.

2 Arthur Kaufmann *a.a.O.* S. 261.

3 Tröndle/Fischer § 46 Rn. 11.

4 Henkel S. 23; Horn SK § 46 Rn. 24.

5 Hirsch LK[10] Vor § 46 Rn. 18; Sch/Sch/Stree § 46 Rn. 5; Tröndle/Fischer § 46 Rn. 5; Roxin Bruns-FS S. 188ff.

포함하고 있다. 개별적인 조건은 형벌의 목적에 따라 긍정적으로 작용할 수도 있고 부정적으로 작용할 수도 있다.

1) 범인의 연령 · 성행 · 지능과 환경 범인의 연령 · 성행(性行) · 지능과 환경은 사회복귀의 필요성을 판단하는 데 중요한 의미를 가지는 특별예방적 요소이다. 그러나 범인의 성행 특히 전과는 책임을 가중하는 요소로 작용할 수도 있다. 30

2) 피해자에 대한 관계 범인과 피해자와의 관계로서 친족 · 가족 · 고용 기타 이와 유사한 관계를 말한다. 피해자와의 신뢰관계를 이용하여 죄를 범하거나 피해자에 대한 보호의무를 침해하여 죄를 범한 때에는 형을 가중하는 요소가 된다. 그러나 범인과 피해자의 신뢰관계는 일반적으로 책임을 감경하는 기능을 한다. 결과에 대한 피해자의 태도도 이러한 관점에서 양형의 자료가 된다.[1] 31

3) 범행의 동기 · 수단과 결과 범행의 동기는 행위자의 위험성뿐만 아니라 행위책임을 판단하는 중요한 요소가 된다. 범행의 수단과 결과는 행위불법과 결과불법에 속하는 순수한 객관적 불법요소이지만 양형책임은 불법을 떠나서 판단할 수 없으므로 판단요소가 된다. 다만 결과에 관하여는 책임 있는 결과만 양형의 기준이 되는 책임요소가 된다고 해야 한다.[2] 32

4) 범행 후의 정황 범행 후의 회오(悔悟)와 피해변상이나 피해회복을 위한 노력 등 범행 후의 범인의 태도는 책임과 예방의 관점에서 중요한 의미를 가진다. 피고인의 법정태도 또한 이러한 의미에서 양형의 자료가 될 수 있다. 따라서 피고인의 부인(否認)이나 진술거부권의 행사도 양형에 있어서 불이익하게 평가될 수 있다. 33

(2) 이중평가의 금지 이미 법적 구성요건요소로 되어 있는 상황은 양형에 있어서 이중으로 평가되어서는 안 된다는 것을 이중평가의 금지(二重評價의 禁止, Verbot der Doppelverwertung)라고 한다. 형법에 명문의 규정이 없어도 이는 당연하다고 할 수 있다. 따라서 구성요건의 불법과 책임을 근거짓거나 가중 · 감경사유가 된 상황은 다시 양형의 자료가 될 수 없다. 34

1 Sch/Sch/Stree §46 Rn. 24.
2 Baumann/Weber[9] S. 634; Gribbohm LK §46 Rn. 151; Jescheck/Weigend S. 888; Tröndle/Fischer §46 Rn. 23.

Ⅴ. 형의 면제, 판결선고 전 구금과 판결의 공시

1. 형의 면제

35 형의 면제란 범죄가 성립하지만 형벌을 부과하지 않는 경우를 말한다. 따라서 형의 면제도 유죄판결의 일종이다(형사소송법 제322조 참조). 형의 면제는 형의 집행의 면제와 구별된다. 전자는 확정재판 전의 사유로 인하여 형이 면제되는 경우임에 반하여, 후자는 확정재판 후의 사유로 인하여 형의 집행이 면제되는 경우를 말한다.

36 형의 면제에는 필요적 면제와 임의적 면제가 있다. 양자는 모두 법률상 면제이며, 재판상의 면제는 인정되지 않는다. 형법이 인정하고 있는 일반적 면제사유로는 ① 중지미수(제26조), ② 불능미수(제27조 단서), ③ 과잉방위(제21조 2항), ④ 과잉피난(제22조 3항), ⑤ 과잉자구행위(제23조 2항), ⑥ 자수 · 자복(제52조 1항), ⑦ 사후경합범에 대한 형 면제(제39조 1항)가 있다. 이상의 면제사유는 모두 형의 감경과 택일적으로 규정되어 있고, 중지미수는 필요적 감면사유이나 그 이외에는 임의적 감면사유이다.

2. 판결선고 전 구금일수의 통산

37 판결선고 전 구금(判決宣告前 拘禁, Untersuchungshaft)이란 범죄의 혐의를 받는 자를 재판이 확정될 때까지 구금하는 것, 즉 구속을 말한다. 미결구금은 형은 아니지만 자유를 구속한다는 점에서 자유형과 차이가 없다.[1] 따라서 형법은 판결선고 전의 구금일수는 그 전부를 유기징역 · 유기금고 · 벌금이나 과료에 관한 유치 또는 구류에 산입하도록 하고 있다(제57조 1항). 이 경우에 구금일수의 1일은 징역 · 금고 · 벌금이나 과료에 관한 유치 또는 구류의 기간의 1일로 계산한다(동조 제2항).

38 미결구금일수는 전부 산입해야 한다.[2] 따라서 판결선고 전 구금일수를 전혀 산입하지 않거나,[3] 미결구금일수보다 더 많은 일수를 본형에 산입하는 것은 물

---

1 대법원 2009. 5. 28. 2009 도 1446.

2 형법 제57조 1항은 "판결선고 전의 구금일수는 그 전부 또는 일부를 유기징역형 등에 산입한다"고 규정하고 있다. 그러나 위 규정 중 "또는 일부" 부분은 헌법재판소가 헌법상 무죄추정의 원칙 및 적법절차의 원칙 등을 위배하여 합리성과 정당성 없이 신체의 자유를 침해한다는 이유로 헌법에 위반된다고 결정하였다(헌법재판소 2009. 6. 25. 2007 헌바 25 전원재판부).

3 대법원 1991. 10. 11. 91 도 1926; 대법원 1994. 7. 29. 94 도 1354; 대법원 1996. 7. 30. 96 도 1500.

론[1] 미결구금일수의 일부만을 산입하는 것도 허용되지 않는다. 무기형에 대하여는 미결구금일수를 산입할 수 없다.[2] 그러나 항소심에서 무기징역형을 선고한 1심판결을 파기하고 유기징역형을 선고할 경우에는 1심판결선고 전의 구금일수의 전부를 산입해야 한다.[3]

3. 판결의 공시

39 판결의 공시(判決의 公示, öffentliche Bekanntmachung des Urteils)란 피해자의 이익 또는 피고인의 명예회복을 위하여 판결의 선고와 함께 관보 또는 일간신문 등을 이용하여 판결의 전부 또는 일부를 공적으로 주지시키는 제도를 말한다. 형법은 다음의 두 가지 경우에 판결의 공시를 인정하고 있다.

(i) 피해자의 이익을 위하여 필요하다고 인정할 때에는 피해자의 청구가 있는 경우에 한하여 피고인의 부담으로 판결공시의 취지를 선고할 수 있다(제58조 1항). 피해자의 이익을 위한 제도이며, 피해자의 청구가 있을 것을 요건으로 한다.

(ii) 피고사건에 대하여 무죄 또는 면소의 판결을 선고할 때에는 판결 공시의 취지를 선고할 수 있다(동조 제2항). 피고인의 명예회복을 위한 제도이다.

제3절 누 범 §42

I. 서 론

1. 누범의 의의

1 (1) **누범의 개념과 성질** 누범(累犯, Rückfall)이란 일정한 조건하에서 범죄를 누적적으로 범하는 경우를 말한다. 광의의 누범은 확정판결을 받은 범죄 이후에 다시 범한 범죄를 의미한다. 협의의 누범은 광의의 누범 가운데 형법 제35조의 요건을 구비한 경우, 즉 금고 이상의 형을 받아 그 집행을 종료하거나 면제

1 대법원 1994. 2. 8. 93 도 2563; 대법원 2007. 7. 13. 2007 도 3448.
2 대법원 1966. 1. 25. 65 도 384.
3 대법원 1971. 9. 28. 71 도 1289; 대법원 1991. 10. 11. 91 도 1926.

를 받은 후 3년 내에 금고 이상에 해당하는 죄를 범한 것만을 뜻하며, 형법에서 누범이란 용어는 일반적으로 이 의미로 사용된다.

2 형법이 누범을 수개의 범죄가 누적적 관계에 있는 경우에 형을 가중하는 사유로 규정하고 있는 결과 누범의 성질을 어떻게 파악할 것인가에 대하여는 견해가 대립되고 있다. 누범을 양형에 관한 법률상의 가중사유로 이해하는 견해[1]와 누범을 수죄로 보아 죄수론으로 취급하는 견해[2]가 그것이다.

3 누범을 죄수론으로 설명하는 견해는, 누범이 수개의 범죄를 누적적으로 범한 경우임에 비하여 경합범은 수개의 범죄가 병립적 관계에 있는 경우인바, 종적 관계인가 횡적 관계인가의 차이는 있어도 수개의 죄를 범하였다는 점에서 양자가 동일할 뿐만 아니라, 형법이 죄의 장에 누범에 관한 규정을 두고 있다는 점을 고려한 것이라고 할 수 있다.

4 그러나 죄수론은 심판의 대상이 되는 범죄의 수와 이에 대한 처벌을 문제삼는 것임에 반하여,[3] 누범에 있어서 전범(前犯)은 그 자체가 심판의 대상은 아니라는 점에서 죄수론과 본질적인 차이가 있을 뿐만 아니라, 형법도 누범과 경합범을 다른 절에서 규정하고 있는 점에서 볼 때 누범을 죄수론으로 파악하는 견해는 타당하다고 할 수 없다. 이러한 의미에서 누범은 범죄의 성립요소나 그 가중유형 또는 새로운 법원칙을 규정한 것이 아닌 양형규정(Strafzumessungsregel)이라고 해야 할 것이다.[4]

독일 구 형법 제48조 및 오스트리아 형법 제39조가 모두 누범을 양형에 관하여 규정하고 있고, 통설이 이를 양형의 기준에 관한 규정이라고 해석하는 것도 이러한 의미에서 이해할 수 있다.[5]

5 (2) **누범과 상습범** 누범은 범죄를 누적적으로 반복하여 범한다는 의미에서 상습범과 밀접한 관계가 있다. 누범과 상습범은 사실상 중복적 상관관계

---

1 김성돈 777면; 김일수/서보학 771면; 박상기 528면; 안동준 350면; 유기천 359면; 정성근/박광민 680면; 황산덕 314면.

2 손해목 1157면; 오영근 793면; 정영석 290면; 진계호 430면.

3 죄수론도 범죄론과 형벌론의 중간에 위치하는 이론이라고 할 수 있다. *supra* 37/2 참조.

4 Maurach/Gössel/Zipf S. 492.

5 Dreher/Tröndle 41.Aufl. §48 Rn. 2; Haffke "Rückfall und Strafzumessung", *Grundfragen des modernen Strafrechtssystems*, S. 201; Hirsch LK[10] §46 Rn. 5; Jescheck 3.Aufl. S. 718; Sch/Sch/Stree 21.Aufl. §48 Rn. 1; Schultz Ⅱ, 4.Aufl. S. 83.

에 있으며, 누범 중에서 특히 사회적 위험성이 큰 것을 상습범이라고도 한다. 이와 같이 누범은 상습범의 징표가 된다고 할 수 있으므로 누범을 보통누범과 상습누범으로 분류하는 견해[1]도 있으며, 누범과 상습범에 대한 형사정책적 대책도 대부분 상습누범을 대상으로 한다. 그러나 엄격한 의미에서 누범과 상습범은 전혀 다른 개념으로서, 누범이라 하여 반드시 상습범이 되는 것이 아니고 반대로 상습범이 언제나 누범이 되는 것도 아니다. 누범과 상습범은 ① 누범이 반복된 처벌(wiederholte Bestrafung)을 의미함에 반하여, 상습범은 반복된 범죄에서 나타나는 범죄적 경향을 말한다는 점에서 개념상으로는 구별된다. 따라서 누범은 전과를 요건으로 함에 반하여 상습범은 반드시 전과가 있을 것을 요하지 않고, 누범은 전과가 있으면 족하지만 상습범은 동일죄명 또는 동일죄질의 범죄의 반복을 요건으로 한다. ② 누범과 상습범은 그 처벌의 근거에 있어서도 차이가 있다. 누범은 행위책임의 측면에서 초범자보다 책임이 가중된다는 면에 중점이 있음에 반하여, 상습범은 행위자의 상습성이라는 행위자책임의 사상에 터잡고 있다. 형법이 누범의 가중을 제35조에서 규정하면서 상습범에 대하여는 각칙에서 개별적인 규정을 두고 있는 이유도 여기에 있다. 따라서 상습범가중과 누범가중사유가 경합하는 경우에는 양자를 병과하여 적용할 수 있다고 할 것이므로, 상습범에 대한 누범가중[2]은 물론 상습범을 가중처벌하는 특정범죄 가중처벌 등에 관한 법률위반에 대하여도 누범가중규정이 적용된다고 하겠다.[3]

2. 누범에 대한 형의 가중과 책임주의

6 형법은 누범의 형을 그 죄에 정한 형의 장기의 2배까지 가중하고 있다. 누범에 대한 형의 가중은 연혁적으로는 로마법과 중세 독일법에서 비롯된 것이며, 동양에서도 당률(唐律) 이래 누범을 초범에 비하여 무겁게 벌하여 왔다. 형법 이외에도 오스트리아 형법·네덜란드 형법과 일본 형법 등은 누범의 형을 가중하는 규정을 두고 있다.[4] 그러나 누범에 대한 형의 가중에 관하여는 그것이 헌법에 반

1 손해목(공저) 513면; 진계호 430면.
2 대법원 1982. 5. 25. 82 도 600.
3 대법원 1981. 11. 24. 81 도 2564; 대법원 1985. 7. 9. 85 도 1000; 대법원 1991. 5. 28. 91 도 741; 대법원 2006. 12. 8. 2006 도 6886.
4 형을 가중하는 방법과 범위에 관하여는 입법례에 따라 차이가 있다. 1986년 이전의 독일 형법 제48조가 단기만을 가중하고 있었음에 반하여, 대부분의 형법은 장기를 가중하고 있다. 오스트

하는 위헌의 규정이 아닌가 라는 문제와 함께 특히 형법의 기본원칙인 책임주의와 조화될 수 있는가를 검토할 필요가 있다.

7 (1) **누범가중과 헌법과의 관계** 누범에 대한 형의 가중은 헌법이 보장하고 있는 일사부재리의 원칙과 평등의 원칙에 반하는 것이 아닌가가 문제된다.

8 1) **누범가중과 일사부재리의 원칙** 누범가중은 전범(前犯)을 이유로 형을 가중하는 것이므로 전범이 다시 처벌받는 것이 되어 헌법 제13조 1항이 보장하는 일사부재리의 원칙에 위반되는 위헌의 규정이 아닌가가 문제된다. 그러나 누범가중은 전범을 다시 처벌하는 것이 아니라 이미 형의 집행을 종료하였거나 집행을 면제받았음에도 불구하고 다시 죄를 범한 사실 때문에 후범의 범죄에 대한 책임을 가중하는 것이므로, 처벌의 대상은 어디까지나 후범이라고 할 것이고 이를 일사부재리의 원칙에 반한다고 할 수 없음은 명백하다고 하겠다.[1]

9 2) **누범가중과 평등의 원칙** 누범에 대한 형의 가중은 누범이 되는 전과가 있다는 이유로 형을 가중하는 것이므로 전과자라는 사회적 신분에 의하여 차별대우를 인정하는 결과가 되지 않는가라는 문제가 제기될 수 있다. 그러나 누범가중은 피고인의 책임과 특별예방 및 일반예방이라는 형벌의 목적에 비추어 피고인에게 적합한 형을 양정하는 것이므로 법원이 양형의 조건을 고려하여 누범을 무겁게 벌하는 것을 불합리한 차별이라고 할 수 없음은 당연하다.[2]

10 (2) **누범가중과 책임주의** 누범에 대하여 형을 가중하는 이유는 이미 형을 받은 자가 개전(改悛=뉘우침)하지 않고 재범한 때에는 책임이 가중되고 행위자의 반사회적 위험성도 커지기 때문이라고 설명하는 것이 다수설[3]의 입장이다. 이는 누범가중과 책임주의가 조화될 수 있음을 긍정한 것이라고 하겠다. 이에 대하여 누범가중은 행위책임의 원리로는 설명할 수 없고 행위자책임의 원리에 의하여 비로소 그 근거를 설명할 수 있다고 보는 견해[4]도 있다. 여기서 누범가중의 근거와 책임주의와의 관계를 근본적으로 재검토해야 할 필요가 있다.

리아 형법(제39조)은 장기의 2분의 1, 네덜란드 형법(제421조~제423조)은 형기의 3분의 1을 가중하고 있다. 일본 형법 제57조는 우리 형법과 같이 그 죄에 정한 장기의 2배까지 가중하고 있다.

1 대법원 1968. 5. 21. 68 도 336; 대법원 1970. 9. 29. 70 도 1656.

2 대법원 1983. 4. 12. 83 도 420.

3 정성근/박광민 668면; 정영석 291면; 황산덕 315면.

4 손해목 1160면; 유기천 359면; 진계호 432면.

1) **누범가중의 근거** 책임주의가 형법의 기본원칙으로 적용되고 있는 한 누범에 대한 형의 가중은 책임의 가중에서 그 근거를 찾지 않을 수 없다. 책임을 행위자책임 또는 인격책임으로 이해할 때 누범에 대한 책임의 가중을 용이하게 설명할 수 있는 것은 사실이다. 책임을 행위책임으로 이해하면서도 행위책임과 인격책임이 조화될 수 있다는 전제에서 누범이 전판결(前判決)의 경고에 따르지 않았다는 태도로 인하여 행위책임이 가중된다고 설명하는 견해[1]도 있다. 그러나 책임을 행위자책임으로 파악하거나 행위책임을 인격의 표현으로 이해하여 행위책임을 인격책임과 결합시키는 것은 범죄 이외의 생활태도를 책임판단의 대상으로 하여 책임주의를 무의미하게 만드는 결과를 초래한다.[2] 따라서 누범가중의 근거는 순수한 행위책임의 가중에 의하여 설명되어야 한다. 누범가중은 누범이 전판결에 의하여 부여된 금지의 충격을 강화된 범죄에너지(kriminelle Energie)로 극복하였다는 점에서 행위책임이 가중된 것이라고 설명하는 것이 일반적인 견해[3]이다. 11

행위책임의 가중 이외에도 누범가중은 누범의 재사회화를 위하여 단기자유형보다 장기의 자유형이 보다 적합하다는 특별예방적 고려도 그 배경이 되어 있다고 할 수 있다.[4]

2) **책임주의와의 조화** 전판결의 경고위반이 과연 책임을 가중하는 근거가 될 수 있는가? 이에 대하여 1959년 Bindokat가 의문을 제기한 이래, 누범가중제도는 Hanack와 Baumann 등 〈대안〉(Alternativentwurf, 1962년의 독일형법개정 정부안에 대하여 학자들이 제시한 대안)의 입안자들의 강력한 반대에 직면하게 되었다. 경고위반은 누범이 특수한 범죄에너지로 죄를 범한 경우에만 문제삼을 수 있음에도 불구하고 전형적인 누범은 대부분이 판결의 경고기능을 받아들일 능력이 없는 의지박약자나 인격결함자에 불과하기 때문이다. 12

---

1 Arthur Kaufmann *a.a.O.* S. 194.

2 Horn SK Rn. 6; Schultz S. 84.

3 Dreher/Tröndle 41.Aufl. §48 Rn. 1; Hirsch LK[10] §48 Rn. 1; Maurach/Gössel/Zipf S. 492; Sch/Sch/Stree 21.Aufl. §48 Rn. 1; Horstkotte "Die Vorschriften des Ersten Gesetzes zur Reform des Strafrechts über den Rückfall und die Maßregeln der Sicherung und Besserung", JZ 70, 153.

4 Hirsch LK[10] Rn. 1; Maurach/Gössel/Zipf S. 491; Sch/Sch/Stree Rn. 1.

13 Hanack는 판결의 경고기능위반을 이유로 한 형의 가중은 부당한 방법이며 위험한 사회화수단이라고 하였고,[1] Baumann도 누범은 형의 집행에 의하여 안정성이 더욱 약화되었기 때문에 오히려 책임이 감경되어야 할 경우이므로 누범가중은 불복종가중(Zuschlag für Ungehorsam)에 불과하고 국가와 사회가 형의 집행에 의하여 범죄인을 효과적으로 돕지 못하는 한 이는 부당하다고 하였다.[2]

14 판결의 경고위반에 대한 비난은 재범이 경고의 무시로 인하여 더 강하게 비난받을 수 있을 때에만 가능한 것이며, 사회적 도움의 결여에 기인한 누범에 대하여는 책임비난이 가중될 근거가 없다고 해야 한다.[3] 종래 독일 형법 제48조는 "전 판결의 경고를 따르지 않은 것을 비난할 수 있는 때"라는 실질적 누범조항을 두어 누범가중과 책임주의를 조화하고 있었으며, 독일의 통설은 이러한 실질적 누범조항에 의하여 누범가중의 범위를 축소함으로써 누범가중은 행위책임과 일치할 수 있다고 해석하였다.[4] 누범가중과 책임주의를 조화하기 위하여는 누범의 형을 무조건 가중할 것이 아니라 재범에 의하여 비난이 가중된 경우에 한하여 형을 가중하도록 하는 것이 타당하다고 생각된다.

3. 누범에 대한 형사정책적 대책

15 누범현상의 격증으로 인하여 누범 특히 상습누범에 대한 대책은 형사정책의 가장 중요한 과제의 하나가 되고 있다.

상습누범에 대한 형사정책적 대책으로는 형의 가중과 부정기형 및 보안처분의 세 가지 방법이 있다. 형사정책적 측면에서 누범에 대한 형의 가중이 누범예방에 아무런 효과가 없음이 밝혀진 이상 누범에 대한 형의 가중은 무의미하다고 볼 수밖에 없다는 견해[5]도 있다. 누범의 발생은 결국 전형(前刑)이 행위자에게 아무 효과가 없었다는 것을 단적으로 증명하는 것이므로 상습누범에 대하여는 형을 가중하는 것보다 부정기형이나 보안처분에 의하는 것이 타당하다는 견해[6]도 누범에 대한 형의 가중을 폐지하자는 결론이라고 할 수 있다. 독일 형법은 1986. 4. 13. 형법개정 법률에 의하

1 Hanack "Das juristische Konzept der sozialtherapeutischen Anstalt und der sonstigen Maßregeln im neuen Strafrecht", KrimGF. H. 10 S. 71.
2 Baumann/Weber[9] S. 642.
3 Horstkotte JZ 70, 153.
4 Dreher/Tröndle § 48 Rn. 8; Hirsch LK[10] § 48 Rn. 32; Horn SK § 48 Rn. 8; Maurach/Gössel/Zipf S. 495; Sch/Sch/Stree § 48 Rn. 17; Welzel S. 261.
5 손해목 1160면; 진계호 432면.
6 정성근 654면; 정영석 291면.

여 누범가중규정을 삭제하였고, 스위스 형법 제67조의 누범가중규정도 2007. 1.부터 폐지되었다.

16 그러나 누범에 대한 형의 가중규정을 무조건 삭제하는 것은 초범을 가볍게 벌하면서 누범에 대하여는 무겁게 처벌하는 국제적인 형사정책의 경향에 배치되며, 특별예방의 관점에서도 누범에 대한 형의 가중은 누범의 사회복귀에 유익하다고 해야 하고, 누범에 대한 형의 가중을 폐지하고 보안처분에 의하여 누범에 관한 대책을 전담하게 하는 것은 보안처분제도의 현상에 비추어 보안처분에 과중한 부담을 주는 것이라고 하지 않을 수 없다.[1] 이러한 의미에서 누범가중과 책임주의가 조화될 수 있도록 실질적 누범조항을 신설하여 누범에 대한 형의 가중규정을 존속시킴으로써 보안처분에 의하여 누범가중에 대한 보충적 기능을 다하도록 하는 것이 타당하다고 하겠다.[2]

Ⅱ. 누범가중의 요건

17 형법 제35조 1항은 누범가중의 요건을 규정하고 있다. 이에 의하면 금고 이상의 형을 선고받아 그 집행이 종료되거나 면제된 후 3년 내에 금고 이상에 해당하는 죄를 지은 때에 누범으로 처벌한다. 형법은 누범이 성립하기 위한 요건으로 형식적 요건만을 규정하고 있다.

1. 금고 이상의 형의 선고

18 전범의 형은 금고 이상의 형일 것을 요한다. 여기서 금고 이상의 형이란 선고형을 의미한다. 따라서 금고보다 가벼운 형인 자격상실 · 자격정지 · 벌금 · 구류 · 과료 또는 몰수에 해당하는 형을 선고받은 때에는 처음부터 누범관계가 성립하지 않는다. 금고 이상의 형이란 유기징역과 유기금고를 말한다. 사형과 무기징역 또는 무기금고도 금고 이상의 형에 속하지만 이러한 형을 선고받은 자가 누범

1 Maurach/Gössel/Zipf S. 499.

2 누범가중규정을 폐지한 독일 형법의 해석에 있어서도 전과가 가중적 양형사유가 된다는 데 의견이 일치하고 있으며, 형의 가중에 있어서는 전판결의 경고기능이 범죄에 영향을 미쳤는가가 기준이 된다고 해석하고 있다.
Jescheck/Weigend S. 6; Sch/Sch/Stree §46 Rn. 31; Tröndle/Fischer §46 Rn. 38.

이 될 여지는 없다. 다만 사형 또는 무기형을 선고받은 자가 감형으로 인하여 유기징역이나 유기금고로 되거나, 특별사면 또는 형의 시효로 그 집행이 면제된 때에는 누범의 요건을 충족할 수 있다.[1] 금고 이상의 형을 선고받은 이상 적용된 법률이 형법인가 특별법인가는 묻지 않는다. 따라서 국방경비법에 의하여 처벌받은 전과[2]나 군법회의의 판결에 의하여 징역형을 선고받은 때에도 누범가중사유가 될 수 있다.[3] 소년법에 의한 부정기의 소년형을 선고받은 때에도 같다. 전범이 고의범인가 과실범인가도 불문한다. 종래 독일 형법 제48조가 전범과 후범을 모두 고의범에 제한하였고, 일본 형법 제56조가 전범의 형을 징역형으로 규정하고 있는 것과 구별된다. 정치범이나 기타 확신범에 대한 누범가중은 적합하지 않고, 금고의 전과를 이유로 징역형을 가중하거나 징역의 전과를 이유로 금고형을 가중한다는 것은 부당하다고 할 것이므로 입법론상 재검토를 요한다. 전과의 수도 문제되지 않는다.

19 금고 이상의 형을 선고받았을 것을 요하므로 형의 선고는 유효하여야 한다. 따라서 일반사면에 의하여 형의 선고의 효력이 상실된 때에는 그 범죄는 누범의 전과가 될 수 없다.[4] 그러나 특별사면을 받아 형의 집행을 면제받은 자에 대하여는 누범가중을 할 수 있다.[5] 집행유예의 선고를 받은 자가 그 선고의 실효 또는 취소됨이 없이 유예기간을 경과한 때에도 형의 선고는 효력을 잃으므로 집행유예의 기간이 경과한 경우에 다시 죄를 범하여도 누범이 되지 않는다.[6] 다만 복권(復權)은 형의 선고의 효력을 상실시키는 것이 아니라 형의 선고의 효력으로 인하여 상실 또는 정지된 자격을 회복시킴에 지나지 아니하므로 복권이 있었다고 하더라도 그 전과사실은 누범가중사유에 해당한다.[7] 금고 이상의 형을 선고받아야 하므로 벌금형을 선고받은 때에는 이로 인하여 대체자유형인 노역장유치가 집행되었다고 해도 누범가중사유가 되지 않는다.

1 손해목 1162면; 정성근/박광민 683면; 정영석 292면.
2 대법원 1955. 5. 24. 4288 형상 100.
3 대법원 1956. 12. 21. 4289 형상 296; 대법원 1957. 10. 11. 4290 형상 268.
4 대법원 1964. 3. 31. 64 도 34; 대법원 1964. 4. 28. 64 도 138; 대법원 1965. 11. 30. 65 도 910.
5 대법원 1986. 11. 11. 86 도 2004.
6 대법원 1970. 9. 22. 70 도 1627.
7 대법원 1981. 4. 14. 81 도 543.

2. 형의 집행종료 또는 면제

20 선고된 금고 이상의 형은 그 집행이 종료되거나 집행이 면제되었을 것을 요한다. 형의 집행이 종료되었다고 함은 형기가 만료된 경우를 말하며, 형의 집행이 면제된 경우로는 형의 시효가 완성된 때(제77조), 특별사면에 의하여 형의 집행이 면제된 때(사면법 제5조), 외국에서 형의 집행을 받았을 때(제7조) 등을 들 수 있다. 형의 집행에 의하여 형벌의 엄격함을 실감케 하여 금지충격(Hemmungsimpulse)을 주었고 이미 형벌에 의한 재사회화의 노력이 실시되었음에도 불구하고 다시 죄를 범하였다는 점에 누범가중의 근거가 있음을 명백히 한 것이다.[1]

21 전형(前刑)은 집행이 종료 또는 면제되었을 것을 요하므로 전형의 집행 전이나 집행 중에 다시 죄를 범하여도 누범이 될 수는 없다. 따라서 금고 이상의 형에 대한 집행유예판결을 선고받아 그 유예기간 중에 있는 자는 형의 집행 전이거나 미결구금일수의 산입에 의하여 형의 일부를 집행받은 데 불과하므로 유예기간 중에 죄를 범하였다고 하여 누범이 될 수 없다.[2] 집행유예가 취소되어 징역형의 집행이 종료된 때에 비로소 누범의 전과가 될 수 있다. 전범의 형의 집행 중 또는 집행정지 중에 범한 죄도 누범이 아니다. 따라서 복역 중 도주하여 범한 죄나 교도소 안에서 범한 죄는 누범이라고 할 수 없다. 가석방된 자가 가석방기간 중에 다시 죄를 범한 경우도 형집행종료 후의 범죄가 아니므로 누범이 될 수 없다.[3] 가석방이 취소되지 않고 잔형기를 경과한 때에 형의 집행을 종료한 것으로 된다(제76조).

3. 금고 이상에 해당하는 죄

22 누범으로서 판결의 대상이 되는 범죄는 금고 이상의 형에 해당하는 죄일 것을 요한다. 이와 같이 판결의 대상인 범죄를 금고 이상에 해당하는 죄에 제한한 취지는 누범을 일정한 비중의 범죄에 제한하여 경미한 범죄에 대하여는 누범가중이 적용되지 않도록 하는 데 있다.[4] 여기서 금고 이상에 해당하는 죄의 의미에

1 Baumann/Weber[9] S. 643; Horn SK §48 Rn. 29; Jescheck 3.Aufl. S. 718; Horstkotte JZ 70, 153.
2 대법원 1969. 8. 26. 69 도 1111; 대법원 1983. 8. 23. 83 도 1600.
3 대법원 1974. 7. 16. 74 도 1531; 대법원 1976. 9. 14. 76 도 2071.
4 Baumann/Weber[9] S. 644; Jescheck[4] S. 718; Sch/Sch/Stree 21.Aufl. §48 Rn. 19.

관하여는 법정형을 의미한다는 견해[1]도 있으나, 다수설[2]은 선고형을 뜻한다고 해석하고 있다. 누범가중의 적용범위를 제한하고자 하는 취지에 비추어 볼 때 다수설이 타당하다.

대법원도 "형법 제35조 1항에 규정된 금고 이상에 해당하는 죄라 함은 유기금고형이나 유기징역형으로 처단할 경우에 해당하는 죄를 가리키는 것이다"라고 판시하고 있다.[3] 따라서 법정형으로 금고 이상의 형이 규정되어 있는 경우에도 법정형 중에서 벌금형을 선택한 때에는 누범가중을 할 수 없다.[4]

23 후범(後犯)(누범)은 전범과 같은 죄명이거나 죄질을 같이하는 동종의 범죄일 것을 요하지 않는다. 실질적 누범조항을 규정하고 있는 법제에서는 특히 이 종의 누범에 관하여 범죄 사이의 일정한 관련 내지 범죄적 일관성(kriminelle Kontinuität)을 요하는가가 문제되고 있으나,[5] 형법의 해석상으로는 문제될 여지가 없다. 후범이 고의범인가 과실범인가도 문제되지 않는다. 입법론으로는 전범과 후범 모두 고의범으로 제한하는 것이 타당하다.

4. 전범의 형집행종료 또는 면제 후 3년 이내에 범한 죄

24 전범의 형의 집행이 종료되거나 면제된 후 3년 이내에 후범이 행하여질 것을 요한다. 이를 누범시효(累犯時效, Rückfallverjährung)라고도 한다. 오랜 기간이 경과한 전과는 이미 경고기능을 상실하였다는 고려에 근거하고 있다.[6]

일본 형법과 오스트리아 형법이 그 기간을 5년으로 규정하고 있고 독일 구 형법이 시효기간은 5년으로 하면서 기산점을 범죄시로 하고 있었음에 비하여, 형법은 형집행의 종료 또는 면제 후 3년 이내에 죄를 범할 것을 요건으로 하고 있다.

따라서 전과 이전에 죄를 범한 경우[7]는 물론, 형집행종료 후 3년이 경과된

---

1 손해목(공저) 514면.

2 김성돈 778면; 김일수/서보학 775면; 박상기 531면; 배종대 820면; 손해목 1164면; 임웅 619면; 정성근/박광민 684면; 정영석 292면; 진계호 433면.

3 대법원 1960. 12. 21. 4293 형상 841; 대법원 1982. 7. 27. 82 도 1018.

4 대법원 1982. 9. 14. 82 도 1702.

5 Dreher/Tröndle §48 Rn. 12; Hirsch LK[10] §48 Rn. 36; Horn SK §48 Rn. 35; Sch/Sch/Stree 21.Aufl. §48 Rn. 18.

6 Baumann/Weber[9] S. 643.

7 대법원 1966. 12. 6. 66 도 1430; 대법원 1976. 5. 25. 76 도 648.

후에 다시 죄를 범한 경우는 누범에 해당한다고 할 수 없다.[1]

25 기간의 기산점은 전범의 형의 집행이 종료된 날 또는 형집행이 면제된 날이며, 금고 이상에 해당하는 죄를 범한 시기는 실행의 착수시를 기준으로 결정한다는 점에 관하여 견해가 일치하고 있다.[2] 다만 예비·음모를 처벌하는 범죄에 있어서 이 기간 내에 예비·음모가 있었을 때에는 누범의 요건을 충족한다. 후범에 관하여는 죄를 범한 시기가 기준이 되므로 후범이 언제 처벌받는가는 전혀 문제되지 않는다. 상습범에 대하여는 상습범 중의 일부 행위가 누범기간 내에 이루어진 이상 나머지 행위가 누범기간 경과 후에 행하여졌더라도 그 행위 전부가 누범관계에 있다고 해야 한다.[3] 이에 반하여 후범이 수죄인 때에는 누범기간 내에 행하여진 범죄에 대하여만 누범가중을 할 수 있다.

Ⅲ. 누범의 효과

1. 누범의 처벌

26 누범의 형은 그 죄에 대하여 정한 형의 장기의 2배까지 가중한다(제35조 2항). 따라서 누범의 처단형은 그 죄에 대하여 정한 장기의 2배 이하가 된다. 다만 형법 제42조 단서에 의하여 장기가 50년을 초과할 수는 없다. 형법은 누범의 형에 대하여 장기만을 가중하고 있으므로 누범이라 하여 형의 단기까지 가중되는 것은 아니다.[4] 이러한 의미에서 누범은 그 죄에 정한 형의 단기와 2배로 가중된 장기의 범위에서 처단된다고 하겠다. 누범으로 인하여 가중되는 형은 법정형을 의미하며 선고형을 뜻하는 것은 아니다. 따라서 누범가중의 경우라고 하여 반드시 그 죄의 법정형을 초과하여야 하는 것은 아니며, 법원은 단기까지의 범위에서 선고형을 정할 수 있다.

27 누범에 대하여 법률상 또는 재판상의 감경을 할 수 있는가가 문제되나, 이를 부정해야 할 이유는 없다. 누범에 대하여 형의 단기만을 가중하고 있던 독일 형

1 대법원 1974. 5. 14. 74 도 956.
2 김일수/서보학 776면; 박상기 531면; 배종대 820면; 손해목 1164면; 이형국 470면; 임웅 620면; 정성근/박광민 685면; 정영석 293면; 진계호 433면.
3 대법원 1976. 1. 13. 75 도 3397; 대법원 1982. 5. 25. 82 도 600.
4 대법원 1969. 8. 19. 69 도 1129.

법의 해석에 있어서도 통설은 이를 긍정하여 누범형의 단기도 절대적인 것은 아니라고 하고 있었다.[1] 누범이 수죄(경합범)인 경우에는 각죄에 대하여 먼저 누범가중을 한 후에 경합범으로 처벌하여야 하며, 상상적 경합도 실질적인 수죄인 점에 비추어 먼저 각죄에 대하여 누범가중을 한 후에 가장 중한 죄의 형으로 처단해야 할 것이다.

2. 소송법적 효과

28 누범가중의 사유가 되는 전과사실이 형벌권의 범위에 관한 중요사실이므로 엄격한 증명을 요한다는 점에 관하여는 이론이 없다. 그러나 누범가중의 이유가 되는 전과사실을 유죄판결에 명시하여야 하는가에 대하여는 견해가 대립되고 있다. 전과사실은 형벌권의 범위를 정하는 범죄사실이라고 해석하는 견해,[2] 범죄사실은 아니지만 중요사실이므로 판결에 명시하여야 한다는 견해[3] 및 범죄사실이 아니므로 진술에 대한 판단만 명시하면 족하다고 하는 견해[4]가 그것이다. 누범가중의 이유가 되는 전과를 범죄사실이라고 할 수는 없으나, 판결이유에 판시된 사항이므로 범죄사실에 준하여 유죄판결에 명시해야 한다고 할 것이다. 대법원은 누범가중에 있어서는 누범의 시기를 명시할 것을 요한다고 판시하고 있다.[5]

29 누범가중의 사유가 되는 전과사실은 범죄사실이 아니므로 불고불리의 원칙(不告不理의 原則)이 적용되지 아니하며, 따라서 전과사실이 공소장에 기재되어 있을 것을 요하는 것은 아니다.[6] 또한 전과사실은 피고인의 자백에 의하여 인정하면 족하며 이에 대한 보강증거가 있어야 하는 것도 아니다.[7]

---

1 Hirsch LK[10] §48 Rn. 46; Jescheck 3.Aufl. S. 719; Sch/Sch/Stree §48 Rn. 20; Tröndle/Fischer §48 Rn. 13.
2 강구진 형사소송법원론, 519면.
3 김기두 형사소송법, 303면.
4 백형구 형사소송법강의(2001), 756면; 정영석 형사소송법, 313면.
5 대법원 1946. 4. 26. 4279 형상 13.
6 대법원 1971. 12. 21. 71 도 2004.
7 대법원 1973. 3. 20. 73 도 280; 대법원 1979. 8. 21. 79 도 1528; 대법원 1981. 6. 9. 81 도 1353.

Ⅳ. 판결선고 후의 누범발각

1. 제도의 취지

30 판결선고 후 누범인 것이 발각된 때에는 그 선고한 형을 통산하여 다시 형을 정할 수 있다(제36조). 피고인이 재판시에 그 인적 사항을 사칭하거나 기타 사술(詐術)로 전과사실을 은폐하여 누범가중을 면하고 재판확정 후에 누범인 것이 발각된 경우에 대비하여, 전과사실의 확정에 재판이 집중되고 재판이 부당하게 지연되는 폐해를 막기 위하여 재판확정 후에 누범인 것이 발각된 때에도 누범가중의 원칙에 따라 이미 선고한 형을 가중할 수 있도록 한 것이다. 그러나 본조는 재판시에 전과를 은폐하여 누범가중을 면한 피고인뿐만 아니라, 피고인이 전과를 자백하였으나 법관의 잘못으로 누범가중규정이 적용되지 않은 경우에도 적용된다.[1] 다만 이미 선고한 형의 집행을 종료하거나 그 집행이 면제된 후에 누범인 것이 발각된 때에는 다시 형을 정할 수 없다(동조 단서). 이 경우에도 형을 가중하는 것은 범죄인에게 지나치게 가혹하고, 이미 자유를 회복하여 사회에 복귀한 범죄인의 현상태는 존중되어야 한다는 데 근거가 있다.

다시 형을 정하는 절차는 형사소송법의 규정에 의한다. 즉 검사는 그 범죄사실에 대하여 최종판결을 한 법원에 청구하여야 하며(제336조), 법원은 피고인 또는 그 대리인의 의견을 물은 후에 결정하여야 한다(제335조 2항).

2. 일사부재리의 원칙과의 관계

31 형법 제36조는 이미 확정판결에 의하여 선고한 형을 다시 가중한다는 점에서 헌법이 보장하고 있는 일사부재리의 원칙(一事不再理의 原則)(헌법 제13조 1항)에 반하지 않느냐가 문제된다.

본조에 의하여 동일한 행위에 관한 이중심리의 위험(二重審理의 危險, double jeopardy)이 없다고 할 수는 없고 인권보장과 법적 안정성의 측면에서 입법론으로서는 재고할 여지가 있다고 하면서도, 확정판결 후 누범인 사실이 발각되어 새로운 사정에 기하여 가중형만을 추가하는 것은 일사부재리의 원칙에 저촉된다고 할 수 없다는 견해[2]도 있다.

---

1 日大判 1919. 8. 27(형록 24, 1208).

2 정성근/박광민 686면; 정영석 294면.

그러나 동일한 범죄에 대하여 새로운 사정만을 이유로 가중형을 추가하는 것은 동일한 범죄를 거듭 처벌하는 것으로서 일사부재리의 원칙에 정면으로 위배된다고 해야 한다.[1] 물론 판결에 의하여 확정된 형을 다시 정하는 것이 피고인의 이익을 위한 것인 한은 허용될 수 있다. 그러나 누범전과가 발견되었다고 하여 가중형을 추가하는 것은 새로운 처벌이라고 하지 않을 수 없다. 뿐만 아니라 본조는 in dubio pro reo의 원칙에 따라 형벌권의 존부와 범위에 관한 사실에 대하여는 검사에게 거증책임을 지우고 형사피고인에 대하여 진술거부권을 보장하고 있는 형사소송의 기본원리에도 반한다. 피고인에게 진술거부권을 보장하면서 누범전과를 은폐하였다고 하여 가중형을 추가하는 것은 불이익한 진술을 강요하는 결과가 되기 때문이다.

독일 형법·스위스 형법 및 오스트리아 형법에는 이러한 규정이 없으며, 일본 형법 제58조도 일사부재리의 원칙에 반한다는 이유[2]로 1947년의 형법개정에 의하여 삭제되었다. 1992년 형법개정법률안도 형법 제36조를 삭제하였다.

§43 제 4 절 집행유예 · 선고유예 · 가석방

I. 집행유예

1. 집행유예의 의의

1 (1) 의 의 집행유예(執行猶豫, Strafaussetzung zur Bewährung)란 형을 선고함에 있어서 일정한 기간 동안 형의 집행을 유예하고 그 유예기간을 경과한 때에는 형의 선고의 효력을 잃게 하는 제도를 말한다(제62조). 형벌은 이를 집행하는 것이 형사정책상 무의미하고 해로운 경우에도 반드시 집행해야 하는 것이라고는 할 수 없다. 이와 같이 단기자유형의 집행으로 인한 폐해를 방지하고 피고인에게 형의 집행을 받지 않으면서 스스로 사회에 복귀할 수 있는 길을 열어주는 제도가 바로 집행유예이다. 이러한 의미에서 집행유예는 사회복귀사상

1 김성돈 780면; 김일수/서보학 777면; 배종대 822면; 손해목 1165면; 안동준 354면; 오영근 797면; 임웅 622면.

2 田宮 注釋刑法 2-2, 680頁.

(Resozialisierungsgedanke)이 강조되는 특별예방의 제도[1]이며, 현대 형법에 있어서 가장 중요한 형사정책적 개선의 결과라고 할 수 있다.[2]

(2) **법적 성질** 집행유예의 법적 성질에 대하여는 견해가 대립되고 있다. 이를 형벌과 보안처분의 성질을 함께 가지고 있는 고유한 종류의 제재(Rechtsfolge besonderer Art)[3] 또는 형법의 제 3 의 길(dritte Spur im Strafrecht)[4]이라고 할 수 있는 독립된 제재라고 해석하는 견해도 있다. 그러나 집행유예에 보호관찰이 당연히 포함되는 것이라고는 할 수 없고, 집행유예의 경우에 보호관찰을 반드시 명해야 하는 것이 아닌 형법의 해석에 있어서 집행유예가 보안처분의 성질까지 가진다고 해석할 수는 없다. 따라서 집행유예는 외래적(=사회 내) 처우라는 의미에서 특수성을 가진 형집행의 변형(Modifikation der Strafvollstreckung)에 지나지 않는다고 해야 한다.[5] 즉 집행유예의 경우에도 행위자에게는 자유형이 선고되고 그 집행만 유예되는 것에 지나지 않으며, 집행유예도 사회복귀사상이 중요한 역할을 하고 있는 일종의 양형에 불과하다고 하겠다. 2

2. 집행유예의 연혁과 입법례

(1) **연혁과 입법주의** 집행유예는 영미의 probation에서 유래하는 제도이다. 특히 1830년 이래 미국에서 나타난 probation은 형의 선고(sentence)를 하지 않고 단순한 유죄판결(conviction)만으로 피고인을 보호관찰에 부치는 것을 의미하였다. 보호관찰기간을 경과하면 형을 선고하지 않고, 보호관찰이 실패한 때에는 다시 형을 선고하는 제도이다. 영미의 probation은 19세기 후반부터 유럽에 도입되어 조건부판결제도와 조건부면제제도라는 두 가지 형태를 취하였다. 1888년의 벨기에와 1891년의 프랑스법에 의하여 채택된 소위 벨기에 · 프랑스식의 조건부판결제도(sursis, bedingte Verurteilung)는 형의 집행을 유예한 후에 유예기간 3

1 Baumann/Weber⁹ S. 690; Sch/Sch/Stree §56 Rn. 1; Tröndle/Fischer Vor §56 Rn. 1; Drucksache V.4094, S. 10.
2 Bockelmann/Volk S. 262; Lackner/Kühl Vor §56 Rn. 1; Maurach/Gössel/Zipf S. 505.
3 Baumann/Weber⁹ S. 694; Jescheck/Weigend S. 834.
4 Horn SK §56 Rn. 2.
5 Gribbohm LK §56 Rn. 1; Lackner/Kühl §56 Rn. 2; Maurach/Gössel/Zipf S. 506; Sch/Sch/Stree §56 Rn. 4; Dünkel "Probleme der Strafaussetzung zur Bewährung", ZStW 95, 1046; Sturm "Die Strafrechtsreform", JZ 70, 84.

을 경과하면 형선고의 효력을 잃게 하는 것이었다. 이에 반하여 독일 형법에서는 처음에 sursis를 기초로 하면서 유예기간이 경과하면 행정기관의 사면에 의하여 형의 집행을 면제하는 조건부특사제도(條件附特赦制度, bedingte Begnadigung)를 채택하였으나, 1953년의 형법개정 이후 조건부면제제도를 유지하고 있다. 이는 유예기간이 무사히 경과한 때에는 형의 집행을 면제하는 제도를 말한다. 형법이 규정하고 있는 집행유예는 벨기에 · 프랑스식의 조건부판결제도에 해당한다고 할 수 있다.

4 (2) **제도의 장 · 단점** 영미의 probation은 피고인이 유죄판결을 선고받는 경우에도 명예와 사회복귀에 지장을 주는 형의 선고를 하지 않는다는 점에서 장점을 가진다고 할 수 있으나, 집행유예가 취소되는 경우에 선고받을 형이 불명확하고, 행위책임보다도 행위 후의 태도에 의하여 형이 결정된다는 단점이 있다. 이에 반하여 조건부판결은 집행하지 아니할 형벌을 선고하는 점에서는 probation보다 피고인에게 불이익하지만 유예기간 동안의 태도 때문에 형이 가중될 위험이 없다는 점에서는 장점을 가진다고 할 수 있다.[1] probation은 유죄판결과 형의 선고를 분리하고 있는 영미의 소송구조를 전제로 하는 제도일 뿐만 아니라, 유죄가 확정되고 상당한 기간이 지난 뒤에 형벌을 정하는 것은 법치국가원리와 일치하지 않는다는 점에 비추어 조건부판결제도를 채택한 것은 타당하다고 할 수 있다.[2]

3. 집행유예의 요건

5 법원은 다음과 같은 요건이 구비되면 1년 이상 5년 이하의 기간 형의 집행을 유예할 수 있다(제62조 1항). 유예기간은 1년 이상 5년 이하의 범위에서 법원의 재량에 의하여 결정된다. 하나의 형의 일부에 대한 집행유예는 허용되지 않는다.[3] 그러

1 Baumann/Weber[9] S. 619; Dünkel ZStW 95, 1040.

2 Lackner *Niederschriften*, Bd. 1 S. 185.

3 대법원 2007. 2. 22. 2006 도 8555, "집행유예의 요건에 관한 형법 제62조 1항이 '형'의 집행을 유예할 수 있다고만 규정하고 있다고 하더라도, 이는 같은 조 제 2 항이 그 형의 '일부'에 대하여 집행을 유예할 수 있는 때를 형을 '병과'할 경우로 한정하고 있는 점에 비추어 보면, 조문의 체계적 해석상 하나의 형의 전부에 대한 집행유예에 관한 규정이라 할 것이고, 또한 하나의 자유형에 대한 일부 집행유예에 관하여는 그 요건, 효력 및 일부 실형에 대한 집행의 시기와 절차, 방법 등을 입법에 의해 명확하게 할 필요가 있어, 그 인정을 위해서는 별도의 근거 규정이 필요하므로 하나의 자유형 중 일부에 대해서는 실형을, 나머지에 대해서는 집행유예를 선고하는 것

나 형을 병과하는 경우에는 그 형의 일부에 대하여도 집행을 유예할 수 있다(동조 제 2 항). 하나의 판결로 두 개의 징역형을 선고하는 경우에 그 중 하나의 징역형에 대하여만 집행유예를 선고할 수도 있다.[1]

유예기간의 시기(始期)는 집행유예를 선고하는 판결의 확정일이다. 따라서 위의 경우에 집행유예기간의 시기를 다른 징역형의 집행종료일로 하는 것은 위법하다(대법원 2002. 2. 26. 2000 도 4637).

(1) **3년 이하의 징역 또는 금고의 형을 선고할 경우** 징역 또는 금고의 형을 선고할 때 집행유예를 할 수 있으며, 벌금형을 선고할 때에도 집행유예를 할 수 있다. 다만 500만원을 넘는 벌금의 경우 벌금을 납입할 수 없는 때에는 노역장유치에 대하여도 집행유예를 할 수 없게 되어 자유형보다 경미한 형벌의 집행이 더 가혹할 수 있다.[2] 선고할 징역 또는 금고의 형은 3년 이하일 것을 요한다. 3년 이하의 징역 또는 금고의 형은 선고형을 의미한다.[3] 독일 형법(제56조)이 1년 이하의 자유형, 스위스 형법(제42조)과 오스트리아 형법(제43조)이 2년 이하의 자유형을 선고할 때에만 집행유예를 할 수 있도록 하고 있음에 비하여, 형법은 집행유예를 할 수 있는 범위를 확대하고 있다. 6

(2) **정상에 참작할 만한 사유** 집행유예를 하기 위하여는 정상에 참작할 만한 사유가 있어야 한다. 정상에 참작할 만한 사유란 형의 선고만으로도 피고인에게 경고기능을 다함으로써, 이를 집행하지 않아도 유예기간뿐만 아니라 장래에 재범을 하지 않을 것으로 인정되는 경우를 말한다고 해석하는 것이 집행유예의 취지에 비추어 타당하다.[4] 판단의 기준은 형법 제51조의 사항, 즉 범인의 연령 · 성행 · 지능과 환경, 피해자에 대한 관계, 범행의 동기 · 수단과 결과, 범행 후의 정황이다. 이러한 사항을 모두 종합하여 판단해야 한다. 따라서 단순히 피해를 변상하지 않았다는 이유만으로는 집행유예가 허용되지 않는다고 할 수는 없다.[5] 판단의 기준시기는 판결시이다. 7

은 허용되지 않는다."

1 대법원 2001. 10. 12. 2001 도 3579; 대법원 2002. 2. 26. 2000 도 4637.

2 Sch/Sch/Stree §56 Rn. 10.

3 대법원 1989. 11. 28. 89 도 780.

4 Baumann/Weber[9] S. 695; Gribbohm LK §56 Rn. 12; Horn SK §56 Rn. 9; Sch/Sch/Stree §56 Rn. 14; Tröndle/Fischer §56 Rn. 4.

5 Gribbohm LK §56 Rn. 23; Horn SK §56 Rn. 15; Sch/Sch/Stree §56 Rn. 24.

8 **(3) 금고 이상의 형을 선고한 판결이 확정된 때부터 그 집행이 종료되거나 면제된 후 3년까지의 기간에 범한 죄가 아닐 것** 금고 이상의 형을 선고한 판결이 확정된 때부터 그 집행이 종료되거나 면제된 후 3년까지의 기간에 범한 죄에 대하여 형을 선고하는 경우에는 집행유예를 할 수 없다. 금고 이상의 형을 선고한 판결이 확정된 때란 실형이 확정된 때는 물론, 형의 집행유예의 판결이 확정된 때도 포함한다.[1] 따라서 ① 실형이 확정된 후 위의 기간 내에 범한 죄에 대하여는 집행유예를 할 수 없고, ② 집행유예 기간 중에 범한 죄에 대하여도, 아래 ④의 예외를 제외하고는 집행유예를 하지 못한다.[2] 집행유예를 할 수 없는 것은 이 기간 내에 범한 죄에 대하여 형을 선고하는 경우이다. 따라서 ③ 실형 또는 집행유예의 판결이 확정되기 전에 범한 죄에 대하여는 집행유예를 할 수 있다. ④ 집행유예 기간 중에 범한 죄에 대하여 공소가 제기된 후 재판 중에 집행유예가 실효, 취소됨이 없이 유예기간을 경과한 경우에는 집행유예 기간 중에 범한 죄에 대하여 집행유예를 선고할 수 있다.[3] 왜냐하면 집행유예 기간이 경과하면 형의 선고는 효력을 잃으므로 현재 재판중인 범죄는 집행유예 결격요건('금고 이상의 형을 선고한 경우')에 해당하지 않게 되기 때문이다. ⑤ 같은 이유로 집행유예 기간이 경과한 후에 범한 죄에 대하여는, 형의 집행을 종료하거나 면제된 경우와는 달리, 3년의 기간을 기다리지 않고도 집행유예를 할 수 있다.

형법은 종래 "금고 이상의 형의 선고를 받아 집행을 종료하거나 면제된 후 5년을 경과하지 않은 때에는 집행유예를 할 수 없다"고 규정하여, 새로이 재판의 대상이 된 범죄가 저질러진 시점을 문제시하지 않았기 때문에 이 기간 내에 형을 선고하는 경우 이 범죄에 대하여 집행유예를 할 수 없다고 해석하였다.[4] 이와 같이 범죄의 시점을 고려하지 않고 집행유예를 불허하는 것은 형사정책적으로 매우 불합리하다. 이에 대법원은 두 범죄가 경합범 관계에 있어서 동시에 재판을 받아 한꺼번에 집행유예의 선고를 할 수 있었음에도 불구하고 별도로 기소되어 이시(異時)에 판결이 확정된 것

1 대법원 1968. 7. 2. 68 도 720; 대법원 1971. 3. 9. 70 누 167; 대법원 1989. 4. 11. 88 도 1155.

2 대법원 1991. 5. 10. 91 도 473, "형의 집행유예를 선고받고 그 유예기간이 경과되지 아니한 사람에게는 그 사람이 형법 제37조의 경합범관계에 있는 수죄를 범하여 같은 절차에서 동시에 재판을 받았더라면 한꺼번에 형의 집행유예의 선고를 받았으리라고 여겨지는 특수한 경우가 아닌 한 다시 형의 집행유예를 선고할 수 없다."
동지: 대법원 2002. 2. 22. 2001 도 5891.

3 대법원 2007. 2. 8. 2006 도 6196; 대법원 2007. 7. 27. 2007 도 768.

4 대법원 1969. 6. 10. 69 도 669; 대법원 1989. 4. 11. 88 도 1155.

과 같은 특수한 경우에는 '금고 이상의 형을 받은 경우에 해당하지 않는다'고 판시하여,[1] 집행유예를 할 수 있다고 해석한 바 있었다. 이 규정(제62조 1항)은 2005년 개정되어 집행유예의 결격사유에 시기기준을 도입하고 집행유예 배제기간을 3년으로 단축하였다. 이 개정 내용은 1992년 제안된 형법개정법률안 제62조 1항 단서와 동일하다.

9 금고 이상의 형이 확정된 전과가 있는 자가 죄를 범하여 형을 선고하는 경우에 집행유예를 할 수 없게 한 것이 타당한가는 문제이다. 전과는 재범의 위험성을 판단함에 있어서는 중요한 자료가 될 수 있지만, 전과가 있다고 하여 언제나 형을 집행해야 한다는 것은 타당하다고 할 수 없기 때문이다. 독일 형법과 오스트리아 형법은 자유형을 선고받은 경우를 집행유예의 결격사유로 규정하고 있지 않다(독일 형법 제56조; 오스트리아 형법 제43조). 특히 집행유예의 기간 중에 죄를 범하였다는 이유로 다시 집행유예를 허용하지 않는 것은 입법론상 재검토를 요한다. 일본 형법도 집행유예의 판결을 선고받은 자가 1년 이하의 징역이나 금고의 형을 선고받고, 정상에 특히 참작해야 할 사유가 있는 때에는 다시 집행유예를 하는 것을 허용하고 있다(일본 형법 제25조 2항).[2]

1992년 형법개정안 제62조 2항도 "형의 집행유예를 받은 자에게 유예기간 중에 범한 죄로 1년 이하의 징역이나 금고의 형을 선고하는 경우에 특히 정상에 참작할 만한 사유가 있는 때에는 1회에 한하여 다시 그 형의 집행을 유예할 수 있다"고 규정하고 있었다.

4. 집행유예와 보호관찰, 사회봉사명령 및 수강명령

10 형의 집행을 유예하는 경우에는 보호관찰을 받을 것을 명하거나 사회봉사 또는 수강을 명할 수 있다(제62조의 2 제 1 항). 보호관찰의 기간은 집행을 유예한 기간으로 한다. 다만, 법원은 유예기간의 범위 내에서 보호관찰기간을 정할 수 있다(동조 제 2 항). 보호관찰(保護觀察, probation, Bewährungshilfe)이란 범죄인의 재범방지와 사회복귀를 촉진하기 위하여 교정시설에 수용되지 않은 자유상태에 있는 범죄인을 지

1 대법원 1989. 9. 12. 87 도 2365 전원합의체판결; 대법원 1992. 8. 14. 92 도 1246; 대법원 2002. 2. 22. 2001 도 5891.

2 스위스 형법 제42조 2항은 행위 이전 5년 이내에 6월 이상의 자유형 또는 180일수 이상의 벌금형을 선고받았을 때에는 특별히 유리한 상황이 존재하는 때에만 집행유예를 할 수 있다고 규정하고 있다.

도 · 감독하는 제도를 말한다. 집행유예가 그 본래의 형사정책적 목표를 달성하기 위하여는 보호관찰에 의한 범죄인의 생활형성에 대한 지도와 감독이 결합되지 않으면 안 된다.[1] 보호관찰은 집행유예의 핵심(Kernstück)이며,[2] 형사정책상 가장 중요한 요소가 된다고 할 수 있다.[3] 사회봉사명령 또는 수강명령은 집행유예기간 내에 이를 집행한다(동조 제3항). 사회봉사명령(community service order, Gemeinnützige Arbeit)은 유죄가 인정된 범죄자를 일정한 기간 내에 지정된 시간 동안 무보수로 근로에 종사하도록 하는 제도이며, 수강명령은 일정한 시간 동안 지정된 장소에 출석하여 강의, 훈련 또는 상담 등을 받도록 하는 제도이다. 사회봉사명령으로 피고인에게 명할 수 있는 사회봉사는 500시간 내에서 시간 단위로 부과될 수 있는 일 또는 근로활동을 의미한다(보호관찰 등에 관한 법률 제59조 1항). 따라서 법원이 사회봉사명령으로 피고인에게 유죄로 인정된 범죄행위를 뉘우치거나 그 범죄행위를 공개하는 취지의 말이나 글을 발표하도록 하거나, 일정액의 금전출연을 주된 내용으로 하는 사회공헌계획의 성실한 이행을 명하는 것은 허용되지 않는다.[4] 사회봉사명령이나 수강명령은 원상회복(Wiedergutmachung)과 함께 자유형에 대한 대체수단으로 등장한 '자유박탈 없는 제재수단'이다. 보호관찰과 사회봉사명령 및 수강명령

---

1 Drucksache V.4094 S. 10; Welzel *Niederschriften*, Bd.1 S. 105.

2 Jescheck[4] S. 759.

3 Baumann/Weber[9] S. 699; Tröndle/Fischer § 56 d Rn. 1; Sturm JZ 70, 86.

4 대법원 2008. 4. 11. 2007 도 8373, "(1) 법원이 피고인에게 유죄로 인정된 범죄행위를 뉘우치거나 그 범죄행위를 공개하는 취지의 말이나 글을 발표하도록 하는 내용의 사회봉사를 명하고 이를 위반할 경우 집행유예의 선고를 취소할 수 있도록 함으로써 그 이행을 강제하는 것은, 헌법이 보호하는 피고인의 양심의 자유, 명예 및 인격에 대한 심각하고 중대한 침해에 해당하므로 허용될 수 없고, 또 법원이 명하는 사회봉사의 의미나 내용은 피고인이나 집행 담당기관이 쉽게 이해할 수 있어 집행과정에서 그 의미나 내용에 관한 다툼이 발생하지 않을 정도로 특정되어야 하므로, 피고인으로 하여금 자신의 범죄행위와 관련하여 어떤 말이나 글을 공개적으로 발표하라는 사회봉사를 명하는 것은 경우에 따라 피고인의 명예나 인격에 대한 심각하고 중대한 침해를 초래할 수 있고, 그 말이나 글이 어떤 의미나 내용이어야 하는 것인지 쉽게 이해할 수 없어 집행과정에서 그 의미나 내용에 관한 다툼이 발생할 가능성이 적지 않으며, 유죄로 인정된 범죄행위를 뉘우치거나 그 범죄행위를 공개하는 취지의 말이나 글을 발표하도록 하는 취지의 것으로도 해석될 가능성이 적지 않으므로 이러한 사회봉사명령은 위법하다.

(2) 재벌그룹 회장의 횡령행위 등에 대하여 집행유예를 선고하면서 사회봉사명령으로서 일정액의 금전출연을 주된 내용으로 하는 사회공헌계획의 성실한 이행을 명하는 것은 시간 단위로 부과될 수 있는 일 또는 근로활동이 아닌 것을 명하는 것이어서 허용될 수 없고, 준법경영을 주제로 하는 강연과 기고를 명하는 것은 헌법상 양심의 자유 등에 대한 심각하고 중대한 침해가능성, 사회봉사명령의 의미나 내용에 대한 다툼의 여지 등의 문제가 있어 허용될 수 없다."

을 동시에 명하는 것도 가능하다.[1] 사회봉사명령과 수강명령은 보호관찰과 결합되어야 그 기능을 다할 수 있기 때문이다.

5. 집행유예의 효과

11 집행유예의 선고를 받은 후 그 선고의 실효 또는 취소됨이 없이 유예기간을 경과한 때에는 형의 선고는 효력을 잃는다(제65조). 형의 선고가 효력을 잃게 되므로, 형의 집행이 면제될 뿐만 아니라 처음부터 형의 선고가 없었던 상태로 돌아가게 된다. 다만 형의 선고가 효력을 잃는다는 것은 형의 선고의 법률적 효과가 없어진다는 것을 의미할 뿐이며, 형의 선고가 있었다는 기왕의 사실까지 없어지는 것은 아니다.[2] 따라서 형의 선고에 의하여 이미 실현된 법률효과에는 영향을 미치지 않는다.

6. 집행유예의 실효와 취소

12 (1) **집행유예의 실효** 집행유예의 선고를 받은 자가 유예기간 중 고의로 범한 죄로 금고 이상의 실형을 선고받아 그 판결이 확정된 때에는 집행유예의 선고는 효력을 잃는다(제63조). 유예기간 중 고의로 범한 죄로 금고 이상의 실형을 선고받아 그 판결이 확정되어야 집행유예가 실효된다. 금고 이상의 실형이어야 하므로 금고 이상의 형이 선고된 경우에도 집행유예의 판결이 확정된 때에는 여기서 제외된다. 실형을 선고받은 범죄는 유예기간 중에 고의로 범한 범죄여야 한

---

1 대법원 1998. 4. 24. 98 도 98, "형법 제62조의 2 제 1 항은 '형의 집행을 유예하는 경우에는 보호관찰을 받을 것을 명하거나 사회봉사 또는 수강을 명할 수 있다'고 규정하고 있는바, 그 문리에 따르면, 보호관찰과 사회봉사는 각각 독립하여 명할 수 있다는 것이지, 반드시 그 양자를 동시에 명할 수 없다는 취지로 해석되지는 아니할 뿐더러, 소년법 제32조 제 3 항, 성폭력범죄의처벌및피해자보호등에관한법률 제16조 제 2 항, 가정폭력범죄의처벌등에관한특례법 제40조 제 1 항 등에는 보호관찰과 사회봉사를 동시에 명할 수 있다고 명시적으로 규정하고 있는바, 일반 형법에 의하여 보호관찰과 사회봉사를 명하는 경우와 비교하여 특별히 달리 취급할 만한 이유가 없으며, 제도의 취지에 비추어 보더라도, 범죄자에 대한 사회복귀를 촉진하고 효율적인 범죄예방을 위하여 양자를 병과할 필요성이 있는 점 등을 종합하여 볼 때, 형법 제62조에 의하여 집행유예를 선고할 경우에는 같은 법 제62조의 2 제 1 항에 규정된 보호관찰과 사회봉사 또는 수강을 동시에 명할 수 있다고 해석함이 상당하다."

사회봉사명령과 수강명령은 보호관찰과는 독립해서 부과해야 한다는 견해도 있다(박상기, 549면).

2 대법원 1983. 4. 2. 83 모 8; 대법원 2003. 12. 26. 2003 도 3768; 대법원 2007. 5. 11. 2005 누 5756; 대법원 2008. 1. 18. 2007 도 9405.

다. 따라서 집행유예의 선고를 받기 이전에 범한 범죄로 금고 이상의 실형을 선고한 판결이 확정된 때에는 집행유예는 실효되지 않는다. 집행유예가 판결 이후의 재범방지를 목적으로 하는 점을 고려한 결과이다. 또 그 범죄는 고의로 범한 고의범이어야 하므로 과실범으로 인하여 금고 이상의 실형이 선고된 경우도 실효사유에 해당하지 않는다.

형법은 종래 제63조에서 집행유예의 실효사유로 "집행유예의 선고를 받은 자가 유예기간 중 금고 이상의 형의 선고를 받아 그 판결이 확정된 때"라고 규정하고 있었으나, 2005. 7. 29. 개정법률에 의하여 이를 집행유예기간 중 고의로 범한 죄로 금고 이상의 실형을 선고받아 그 판결이 확정된 때로 개정되었다.[1] 집행유예제도의 취지를 참작하여 그 실효사유를 제한한 것이다.

13 (2) **집행유예의 취소** 집행유예의 선고를 받은 후 제62조 1항 단행의 사유, 즉 금고 이상의 형이 확정된 때부터 그 집행을 종료하거나 면제된 후 3년까지의 기간에 범한 죄로 형을 선고받은 자라는 것이 발각된 때에는 집행유예의 선고를 취소한다(제64조). 금고 이상의 형을 선고받는다 함은 집행유예의 요건에서 본 바와 같이 실형의 선고뿐만 아니라 집행유예의 선고의 경우도 포함한다.[2] 이러한 사실은 집행유예의 선고를 받은 후에 발각되어야 하므로 그 판결확정 전에 발견된 경우는 집행유예를 취소할 수 없다.[3] 집행유예기간이 경과함으로써 형의 선고가 효력을 잃은 후에 제62조 단행의 사유가 발견된 때에도 집행유예를 취소할 수 없다.[4] 이처럼 집행유예의 선고취소는 '집행유예 기간 중'에만 가능하다는 시간적 한계가 있다.[5] 집행유예의 취소는 임의적인 것이 아니라 필요적이다.

---

1 유예기간 중에 죄를 범한 경우에만 집행유예의 실효사유로 규정한 것은 독일 형법 제56조의 f, 스위스 형법 제46조 1항, 오스트리아 형법 제53조 1항의 규정과 일치한다.

2 대법원 1975. 11. 13. 75 모 63; 대법원 1983. 2. 5. 83 모 1.

3 대법원 2001. 6. 27. 2001 모 135, "형법 제64조 1항에 의하면 집행유예의 선고를 받은 후 형법 제62조 단행의 사유가 발각된 때에는 집행유예의 선고를 취소한다고 규정되어 있는바, 여기에서 집행유예를 선고받은 후 형법 제62조 단행의 사유 즉 금고 이상의 형의 선고를 받아 집행을 종료한 후 또는 집행이 면제된 후로부터 5년을 경과하지 아니한 자인 것이 발각된 때라 함은 집행유예 선고의 판결이 확정된 후에 비로소 위와 같은 사유가 발각된 경우를 말하고 그 판결확정 전에 결격사유가 발각된 경우에는 이를 취소할 수 없으며, 이때 판결확정 전에 발각되었다고 함은 검사가 명확하게 그 결격사유를 안 경우만을 말하는 것이 아니라 당연히 그 결격사유를 알 수 있는 객관적 상황이 존재함에도 부주의로 알지 못한 경우도 포함된다."

4 대법원 1999. 1. 12. 98 모 151.

5 집행유예의 선고취소 결정에 대한 즉시항고 또는 재항고 상태에서 집행유예 기간이 경과한 때에도 같다. 대법원 2023. 6. 29. 2023 모 1007.

집행유예의 취소에 관한 제64조의 규정도 일사부재리의 원칙과 피고인의 진술거부권을 보장하고 있는 헌법과 부합하지 않을 뿐 아니라, 거증책임에 대한 형사소송법의 일반원칙과도 조화할 수 없다고 생각된다.[1]

보호관찰이나 사회봉사 또는 수강을 명한 집행유예를 받은 자가 준수사항이나 명령을 위반하고 그 정도가 무거운 때에는 집행유예의 선고를 취소할 수 있다(동조 제 2 항).

Ⅱ. 선고유예

1. 선고유예의 의의

(1) 의 의 선고유예(宣告猶豫, Verwarnung mit Strafvorbehalt, the conditional release)란 범정(犯情)이 경미한 범인에 대하여 일정한 기간 동안 형의 선고를 유예하고 그 유예기간을 경과한 때에는 면소된 것으로 간주하는 제도를 말한다(제59조). 형법이 인정하고 있는 제재 가운데 가장 가벼운 제재라고 할 수 있다.[2] 형의 선고를 유예하여 피고인에게 처벌을 받았다는 인상을 주지 않는 것이 사회복귀에 도움이 된다는 특별예방적 목적을 달성하기 위한 제도이며, 이러한 의미에서 선고유예는 특별예방을 위한 책임주의의 중대한 양보를 의미한다.[3] 14

선고유예는 1842년 경부터 영국에서 행하여진 조건부석방제도에서 유래하는 것으로 영미의 probation과 관련하여 발전된 제도이다. 집행유예보다 probation에 가깝다고 볼 수도 있다. 그러나 probation이 유죄의 판결만 하고 형을 정하지 않는 것임에 반하여, 선고유예의 경우에는 유죄판결일 뿐 아니라 선고할 형의 종류와 양을 정해야 한다는 점에서[4] probation과 구별된다. 선고할 형을 정하여 두는 것은 유예기간이 경과한 후에 형을 정하는 경우에 생길 수 있는 유예기간 중의 태도가 양형에 미치는 영 15

1 독일 · 스위스 · 오스트리아 형법은 물론 일본 개정형법초안에도 이런 규정은 없다.
2 Jescheck/Weigend S. 856; Lackner/Kühl § 59 Rn. 1.
3 Bockelmann/Volk S. 276; Jescheck/Weigend S. 855.
4 대법원 1988. 1. 19. 86 도 2654, "형법 제59조에 의하여 형의 선고를 유예하는 판결을 할 경우에도 선고가 유예된 형에 대한 판단을 하여야 하는 것이므로 선고유예 판결에서도 그 판결이유에서는 선고할 형의 종류와 양, 즉 선고형을 정해 놓아야 하고 그 선고를 유예하는 형이 벌금형일 경우에는 그 벌금액뿐만 아니라 환형유치처분까지 해 두어야 한다."
동지: 대법원 1975. 4. 8. 74 도 618; 대법원 1993. 6. 11. 92 도 3437.

향을 배제하기 위한 것이다.[1] 형의 선고 자체를 유예한다는 점에서 형을 선고하고 그 집행만을 유예하는 집행유예와 구별된다. 이러한 의미에서 선고유예는 집행유예와 probation의 중간에 위치하는 제도라고 할 수 있다.[2]

16 선고유예도 보호관찰과 관련하여 발전된 제도이며, 보호관찰과 결합함으로써 비로소 형사정책적 목적을 달성할 수 있게 된다. 형법은 형의 선고를 유예하는 경우에 재범방지를 위하여 지도 및 원호가 필요한 때에는 보호관찰을 받을 것을 명할 수 있게 하였다(제59조의 2 제1항).

17 (2) **법적 성질** 집행유예가 형집행의 변형으로서의 성질을 가지고 있음에 대하여, 선고유예는 형의 선고를 유예함으로써 형벌을 피하기 위한 제도이므로 형집행의 변형이라고 할 수 없다. 그러나 선고유예의 경우에도 선고할 형을 정하여 둔다는 점에서 그것은 순수한 보안처분도 아니다. 이와 같이 선고유예는 책임과 형벌을 확정하여 두고 그 선고를 유예하는 제도라는 의미에서 형법이 규정하고 있는 고유한 종류의 제재(strafrechtliches Reaktionsmittel eigener Art)로서의 성질을 가진다.[3]

2. 선고유예의 요건

선고유예를 하기 위하여는 다음의 요건이 구비되어야 한다(제59조 1항).

18 (1) **1년 이하의 징역이나 금고, 자격정지 또는 벌금의 형을 선고할 경우** 독일 형법 제59조가 벌금형을 선고할 경우에만 선고유예를 할 수 있도록 하고 있음에 반하여,[4] 형법은 벌금형뿐만 아니라 1년 이하의 자유형과 자격정지를 선고하는 경우에도 선고유예를 할 수 있도록 하고 있다. 1년이 넘는 징역에 처하는 경우에는 선고유예를 할 수 없다.[5] 여기서 선고유예를 할 수 있는 형이란 주형과 부가형을 포함한 처단형 전체를 의미한다.[6] 따라서 주형을 선고유예하는 경우에

---

1 Baumann/Weber⁹ S. 704; Tröndle/Fischer Vor § 59 Rn. 3.

2 Tröndle/Fischer Vor § 59 Rn. 3.

3 Gribbohm LK Vor § 59 Rn. 3; Horn SK § 59 Rn. 2; Jescheck/Weigend S. 856; Lackner/Kühl § 59 Rn. 2; Tröndle/Fischer § 59 Rn. 1.

4 독일의 대안 제57조는 벌금형뿐만 아니라 1년 이하의 자유형에 대하여도 선고유예를 인정하였다. Baumann/Weber⁹ S. 703; Maurach/Gössel/Zipf S. 523.

5 대법원 1977. 7. 26. 77 도 1887.

6 대법원 1970. 6. 30. 70 도 883; 대법원 1972. 10. 31. 72 도 2049.

부가형인 몰수나 추징도 선고유예할 수 있다.[1] 형을 병과하는 경우에는 그 일부에 대하여도 선고를 유예할 수 있다(동조 제 2 항). 따라서 징역형과 벌금형을 병과하는 경우에 징역형에 대하여는 집행을 유예하고 벌금형의 선고만을 유예할 수도 있다.[2] 1년 이하의 징역이나 금고, 자격정지 또는 벌금형을 선고하는 경우인 이상 범죄의 종류는 불문한다. 따라서 공익범죄라고 하여 선고유예를 할 수 없는 것은 아니다.[3] 선고를 유예할 수 있는 형은 1년 이하의 징역이나 금고, 자격정지 또는 벌금에 한하므로 구류형에 대하여는 선고를 유예할 수 없다.[4]

19 (2) **뉘우치는 정상이 뚜렷할 것** 뉘우치는 정상(情狀)이 뚜렷하다고 함은 행위자에게 형을 선고하지 않아도 재범의 위험이 없다고 인정되는 경우를 말한다. 판단의 기초는 형법 제51조에 규정된 양형의 조건이다. 따라서 이는 행위자의 인격과 행위에 대한 종합판단의 결과임을 요한다. 판단의 기준시기는 판결시이다. 피고인이 범죄사실을 부인하는 경우에도 선고유예를 할 수 있는가가 문제된다. 판례는 종래 개전의 정(=뉘우치는 정상)이 현저(=뚜렷)한 때란 죄를 깊이 뉘우치고 있는 것을 의미하므로 피고인이 범죄사실을 부인하는 때에는 선고유예를 할 수 없다는 태도를 취하였으나,[5] 전원합의체판결을 통하여 이를 변경하고 피고인이 부인하는 경우에도 선고유예를 할 수 있다고 판시하였다.[6] 개전의 정이 현저한가는 양형의 조건을 종합하여 판단할 것이므로 피고인이 부인하는 경우에도 다른 정상을 참작하여 선고유예를 할 수 있다고 해야 할 것이다.

20 (3) **자격정지 이상의 형을 받은 전과가 없을 것** 선고유예는 행위불법과 책임이 통상의 경우에 비하여 현저히 경한 경우에만 인정되는 제재이다. 따라서

---

1 대법원 1980. 3. 11. 77 도 2027.

2 대법원 1976. 6. 8. 74 도 1266.

3 대법원 1961. 1. 31. 4293 형상 962.

4 대법원 1993. 6. 22. 93 오 1.

5 대법원 1999. 7. 9. 99 도 1635; 대법원 1999. 11. 12. 99 도 3140.

6 대법원 2003. 2. 20. 2001 도 6138 전원합의체판결, "선고유예의 요건 중 '개전의 정이 현저한 때'라고 함은 반성의 정도를 포함하여 널리 형법 제51조가 규정하는 양형의 조건을 종합적으로 참작하여 볼 때 형을 선고하지 않더라도 피고인이 다시 범행을 저지르지 않으리라는 사정이 현저하게 기대되는 경우를 가리킨다고 해석할 것이고, 이와 달리 여기서의 '개전의 정상이 현저한 때'가 반드시 피고인이 죄를 깊이 뉘우치는 경우만을 뜻하는 것으로 제한하여 해석하거나, 피고인이 범죄사실을 자백하지 않고 부인할 경우에는 언제나 선고유예를 할 수 없다고 해석할 것은 아니다. 이와 다른 견해에서 '개전의 정상이 현저한 때'란 죄를 깊이 뉘우치는 것을 의미하므로 범죄를 부인하는 경우에는 선고유예를 할 수 없다고 한 대법원 1999. 7. 9. 99 도 1635 판결과 1999. 11. 12. 99 도 3140 판결은 이 판결과 저촉되는 한도에서 변경하기로 한다."

이는 위험성이 없는 자, 특히 초범에 대하여만 인정할 수 있음을 명백히 한 것이다.[1] 집행유예의 선고를 받고 그 유예기간을 무사히 경과한 자에 대하여도 선고유예를 할 수 없다.[2] 형의 집행유예를 선고받은 자는 그 선고가 실효 또는 취소됨이 없이 유예기간을 무사히 경과하여 형의 선고가 효력을 잃게 되었다고 하더라도 형의 선고가 있었다는 기왕의 사실 자체까지 없어지는 것은 아니므로, "자격정지 이상의 형을 받은 전과가 있는 사람"에 해당한다고 보아야 하기 때문이다.

3. 선고유예와 보호관찰

21 선고유예의 경우에도 보호관찰을 명할 수 있다. 즉 형의 선고를 유예하는 경우에 재범방지를 위하여 지도와 원호가 필요한 때에는 보호관찰을 받을 것을 명할 수 있다. 이 경우에 보호관찰의 기간은 1년이다(제59조의 2).

4. 선고유예의 효과

22 선고유예의 판결을 할 것인가는 법원의 재량에 속한다. 그러나 선고유예의 판결을 하는 경우에는 범죄사실과 선고할 형을 결정하여야 한다. 이러한 의미에서 선고유예의 판결도 유죄판결이라고 해야 한다.

23 형의 선고유예를 받은 날로부터 2년을 경과한 때에는 면소된 것으로 간주한다(제60조). 유예기간은 언제나 2년이다. 따라서 집행유예의 경우와 같이 법원이 유예기간을 정해야 하는 것은 아니다. 면소는 무죄와 구별된다. 무죄판결은 공소사실이 범죄로 되지 아니하거나 범죄사실의 증명이 없는 때에 선고하는 실체판결임에 대하여, 면소판결은 소송추행(追行)의 이익이 없음을 이유로 소송을 종결시키는 형식재판을 의미한다.

5. 선고유예의 실효

24 형의 선고유예를 받은 자가 유예기간 중 자격정지 이상의 형에 처한 판결이 확정되거나 자격정지 이상의 형에 처한 전과가 발견된 때에는 유예된 형을 선고한다(제61조 1항). 유예된 형의 선고는 검사의 청구에 의하여 그 범죄사실에 대한 최종

1 Lackner/Kühl § 59 Rn. 5; Sch/Sch/Stree § 59 Rn. 10.
2 대법원 2003. 12. 26. 2003 도 3768; 대법원 2008. 1. 18. 2007 도 9405.

판결을 한 법원이 한다(형사소송법 제336조). "형의 선고유예를 받은 자가 자격정지 이상의 형에 처한 전과가 발견된 때"란 형의 선고유예의 판결이 확정된 후에 비로소 위와 같은 전과가 발견된 경우를 말하므로 그 판결확정 전에 이러한 전과가 발견된 경우는 포함되지 않는다. 여기서 판결확정 전에 발견되었다고 함은 검사가 명확하게 그 결격사유를 안 경우뿐만 아니라 당연히 그 결격사유를 알 수 있는 객관적 상황이 존재함에도 부주의로 알지 못한 경우를 포함한다.[1] 자격정지 이상의 형에 처한 전과가 발견된 때에도 형을 선고하도록 규정한 점에 대하여는 집행유예의 취소의 경우와 같은 비판이 제기될 수 있다.

보호관찰을 명한 선고유예를 받은 자가 보호관찰의 기간 중에 준수사항을 위반하고 그 정도가 무거운 때에는 유예한 형을 선고할 수 있다(제61조 2항).

Ⅲ. 가 석 방

1. 가석방의 의의

(1) 의 의 가석방(假釋放, Aussetzung des Strafrestes, bedingte Entlassung)이란 자유형을 집행받고 있는 자가 뉘우침이 뚜렷한 때에 형기만료 전에 조건부로 수형자를 석방하고 일정한 기간을 경과한 때에는 형의 집행을 종료한 것으로 간주하는 제도를 말한다(제72조, 제76조). 가석방은 불필요한 형집행기간을 단축함으로써 수형자의 사회복귀를 용이하게 하고, 형집행에 있어서 수형자의 사회복귀를 위한 자발적이고 적극적인 노력을 촉진한다는 특별예방사상을 실현하기 위한 제도라고 할 수 있다. 이는 수형자의 사회적응을 목적으로 하는 중요한 처우방법의 하나이기도 하다.[2] 이 이외에도 가석방의 활용에 의하여 수형자의 개과천선 상황을 전혀 고려하지 않고 미리 정하여진 형을 집행하는 정기형제도의 결함을 보완하여, 형집행의 구체적 타당성을 살릴 수 있게 된다는 점에서도 가석방의 존재이유를 찾을 수 있다.[3] 25

가석방은 실질적으로 형의 집행유예와 형사정책적 목적을 같이하면서도 행 26

1 대법원 2008. 2. 14. 2007 모 845.
2 Bockelmann/Volk S. 271; Drucksache V.4094, S. 13.
3 유기천 372면; 정영석 327면.

정처분에 의하여 수형자를 석방하는 점에 특색이 있다. 따라서 가석방의 법적 성질은 형집행작용(ein Akt der Strafvollstreckung)에 불과하다고 해야 한다.[1] 즉 수형자의 사회복귀를 위하여 형집행의 일부를 포기하는 것을 의미한다. 독일 형법이 가석방을 '잔형의 집행유예'라고 하는 이유도 여기에 있다.

27 (2) **연혁과 입법론** 가석방제도는 1800년 영국의 식민지였던 오스트레일리아에서 유형(流刑)의 죄수에게 섬 안에 있을 것을 조건으로 허가장(ticket of leave)을 주어 석방하는 관행에서 유래하였다. 이 제도가 영국을 거쳐 미국에 도입되었고, 19세기 중엽에 유럽 각국에 전파되어 현재 대부분의 국가에서 이를 채택하고 있다. 독일에서는 1871년의 형법 이래 가석방을 규정하였고, 형법도 제72조 이하에서 이에 관한 규정을 두고 있다.

28 영미에 있어서는 물론 독일 · 스위스 · 오스트리아 · 덴마크 · 이탈리아 형법 등 가석방을 인정하고 있는 대부분의 국가에서는 가석방에 대하여도 보호관찰제도를 결합시키고 있다. 가석방의 경우에 장기간 자유박탈 이후에 조건부로 석방되는 자가 자유로 전환함에 있어서 직면하는 곤란은 보호관찰에 의한 도움 없이는 극복하기 어렵다는 점에 비추어 보호관찰의 적용이 필요하다고 하겠으며,[2] 형법 제73조의 2도 가석방된 자에게 가석방기간 중에 보호관찰을 받게 하였다. 다만 가석방의 경우에 적용되는 보호관찰은 수형자의 사회생활에의 재편입(Wiedereingliederung)을 용이하게 하기 위한 것이라는 점에 특색이 있다.[3]

2. 가석방의 요건

가석방은 다음과 같은 요건이 구비된 경우에 가석방심사위원회의 신청에 의하여 법무부장관이 허가할 수 있다(제72조; 형의 집행 및 수용자의 처우에 관한 법률 제122조).

29 (1) **징역이나 금고의 집행중에 있는 사람이 무기형은 20년, 유기형은 형기의 3분의 1이 지난 후일 것** 가석방은 징역 또는 금고의 집행 중에 있는 자에 대하여만 인정된다. 따라서 자유형 이외의 형벌에 대하여는 가석방을 인정할 여

---

1 Gribbohm LK §57 Rn. 1; Jescheck/Weigend S. 849; Maurach/Gössel/Zipf S. 518; Sch/Sch/Stree §57 Rn. 2.

2 Baumann/Weber[9] S. 702; Gribbohm LK §57 Rn. 62; Sch/Sch/Stree §57 Rn. 31; Sturm JZ 70, 87; Drucksache V. 4094, S. 14.

3 Welzel *Niederschriften*, Bd. 1 S. 105.

지가 없다. 벌금을 납입하지 않은 경우의 노역장유치에 대하여 가석방을 허용할 수 있는가? 벌금형에 대하여는 가석방을 인정할 수 없다는 이유로 이를 부정하는 견해[1]도 있으나, 노역장유치는 대체자유형(Ersatzfreiheitsstrafe)에 지나지 않고 자유형을 선고받은 자에 비하여 벌금형을 선고받은 자를 불이익하게 처우해야 할 이유가 없다는 점에서 이를 긍정하는 것이 타당하다고 생각된다.[2]

30 무기형은 20년, 유기형은 형기의 3분의 1을 경과하여야 한다. 여기서 형기는 선고형을 의미한다. 다만 사면 등에 의하여 감형된 때에는 감형된 형이 기준이 된다. 이 경우에 형기에 산입된 판결선고 전 구금일수는 집행한 기간에 산입한다(제73조 1항). 수개의 독립된 자유형이 선고되어 있는 경우에 형기의 3분의 1을 경과하였는가를 판단함에 있어서 각 형을 분리하여 검토할 것인가 또는 이를 종합하여 계산할 수 있는가가 문제된다. 생각건대 행위자를 석방하여 자유로운 가운데 선행을 할 기회를 준다는 가석방의 형사정책적 목표에 비추어 수개의 형을 종합하여 가석방의 요건을 판단하는 것이 타당하다고 하겠다.[3]

31 **(2) 행상이 양호하여 뉘우침이 뚜렷할 것** 이는 수형자가 규율을 준수하고 회오하고 있음을 인정할 만한 정상이 있음을 말하며, 결국 수형자에게 형벌을 집행하지 않아도 다시 죄를 범하지 않을 것이라는 진단(Prognose)이 가능할 것을 요한다는 의미이다. 뉘우침이 뚜렷할 것을 요하고 있으므로, 이에 대한 판단은 순수히 특별예방적 관점을 기준으로 해야 하며, 책임이나 일반예방적 요소를 고려해서는 안 된다.[4] 따라서 저지른 범죄가 중대한 범죄라는 이유로 가석방을 불허하여서는 안 된다.

32 **(3) 벌금 또는 과료의 병과가 있는 때에는 그 금액을 완납할 것** 다만 벌금이나 과료에 관한 노역장 유치기간에 산입된 판결선고 전 구금일수는 그에 해당하는 금액이 납입된 것으로 본다(제73조 2항).

---

1 Horn SK §57 Rn. 3.

2 Gribbohm LK Rn. 5; Lackner/Kühl §57 Rn. 1; Maurach/Gössel/Zipf S. 521; Sch/Sch/Stree §57 Rn. 4; Tröndle/Fischer §57 Rn. 3.

3 Gribbohm LK Rn. 12; Maurach/Gössel/Zipf S. 520; Sch/Sch/Stree §57 Rn. 8.

4 Bockelmann/Volk S. 272; Gribbohm LK Rn. 7; Horn SK §57 Rn. 10; Maurach/Gössel/Zipf S. 520; Tröndle/Fischer §57 Rn. 9.

3. 가석방의 기간과 보호관찰

33 가석방의 기간은 무기형에 있어서는 10년, 유기형에 있어서는 남은 형기로 하되 그 기간은 10년을 초과할 수 없다(제73조의 2 제 1 항). 가석방된 자는 가석방기간 중 보호관찰을 받는다(동조 제 2 항). 선고유예나 집행유예의 경우에 보호관찰이 임의적인 것과는 달리 가석방기간 동안에는 당연히 보호관찰이 개시된다. 다만, 가석방을 허가한 행정관청이 필요가 없다고 인정한 때에는 그러하지 아니하다(동항 단서). 불필요한 보호관찰을 강제할 필요는 없기 때문이다.

4. 가석방의 효과

34 가석방기간 중에는 아직 형의 집행이 종료된 것이 아니다. 따라서 가석방기간 중에 다시 죄를 범하여도 누범에 해당하지 않는다.[1] 그러나 가석방의 처분을 받은 후 그 처분이 실효 또는 취소되지 아니하고 가석방기간을 경과한 때에는 형의 집행을 종료한 것으로 본다(제76조 1항). 형의 집행을 종료한 것으로 보는 데 그치며,[2] 집행유예의 경우와 같이 형의 선고의 효력이 소멸되는 것은 아니다.

5. 가석방의 실효와 취소

35 (1) **가석방의 실효** 가석방 기간 중 고의로 지은 죄로 금고 이상의 형을 선고받아 그 판결이 확정된 경우에 가석방 처분은 효력을 잃는다(제74조).

36 (2) **가석방의 취소** 가석방의 처분을 받은 자가 감시에 관한 규칙을 위배하거나, 보호관찰의 준수사항을 위반하고 그 정도가 무거운 때에는 가석방처분을 취소할 수 있다(제75조).

가석방된 자가 가석방자 준수사항을 위배하거나 보호관찰의 준수사항을 위반한 때에는 법무부장관이 가석방을 취소할 수 있다. 가석방의 취소는 필요적이 아니라 임의적이다. 따라서 취소하는가의 여부는 법무부장관의 재량에 속한다.

37 (3) **가석방의 실효와 취소의 효과** 가석방이 실효되거나 취소되었을 때에는 가석방 중의 일수는 형기에 산입하지 아니한다(제76조 2항). 따라서 가석방이 실효 또는 취소되면 가석방처분을 받았던 자는 가석방 당시의 잔형기간(무기인 때에는 다시 무기)

1 대법원 1976. 9. 14. 76 도 2071.
2 대법원 1976. 3. 9. 75 도 3434.

의 형을 집행받아야 한다. 가석방 중의 일수란 가석방된 다음 날부터 가석방이 실효 또는 취소되어 구금된 전날까지의 일수를 말한다.

제 5 절 형의 시효와 소멸 §44

Ⅰ. 형의 시효

1. 형의 시효의 의의

형의 시효란 형의 선고를 받은 자가 재판이 확정된 후 그 형의 집행을 받지 않고 일정한 기간이 경과한 때 그 집행이 면제되는 제도를 말한다. 형사시효에는 형의 시효와 공소시효가 있다. 전자는 일정한 기간이 경과한 때에 확정된 형벌의 집행권을 소멸시키는 제도임에 반하여, 후자는 미확정의 형벌권인 공소권을 소멸시킨다는 점에서 차이가 있다. 공소시효는 형사소송법에 규정되어 있다(형사소송법 제249조). 1

형의 시효제도를 인정한 근거는 시간의 경과로 인하여 형의 선고와 집행에 대한 사회의식이 감소되고, 일정한 기간 동안 계속된 평온한 상태를 유지·존중할 필요가 있다는 점에 있다. 2

2. 시효의 기간

형의 시효는 형을 선고하는 재판이 확정된 후 그 집행을 받지 아니하고 일정한 기간을 경과함으로써 완성된다. 그 기간은 ① 사형은 30년, ② 무기의 징역 또는 금고는 20년, ③ 10년 이상의 징역 또는 금고는 15년, ④ 3년 이상의 징역이나 금고 또는 10년 이상의 자격정지는 10년, ⑤ 3년 미만의 징역이나 금고 또는 5년 이상의 자격정지는 7년, ⑥ 5년 미만의 자격정지·벌금·몰수 또는 추징은 5년, ⑦ 구류 또는 과료는 1년이다(제78조). 3

시효는 판결이 확정된 날로부터 진행하고, 그 말일 오후 12시에 종료한다. 4

3. 시효의 효과

5 형의 선고를 받은 사람에 대해서는 시효가 완성되면 그 집행이 면제된다(제77조). 형의 선고 자체가 실효되는 것은 아니다. 시효의 완성으로 당연히 집행면제의 효과가 발생하며, 별도의 재판을 필요로 하지 않는다.

4. 시효의 정지와 중단

6 **(1) 시효의 정지** 시효는 형의 집행의 유예나 정지 또는 가석방 기타 집행할 수 없는 기간은[=에는] 진행되지 않는다(제79조 1항). 기타 집행할 수 없는 기간이란 천재지변 기타 사변으로 인하여 형을 집행할 수 없는 기간을 말한다. 형의 선고를 받은 자가 도주하거나 소재불명인 기간은 시효정지 기간에 포함되지 않는다. 따라서 이 기간 중 시효기간은 진행한다. 시효제도의 존재이유가 여기에 있기 때문이다. 다만 형이 확정된 후 그 형의 집행을 받지 아니한 자가 형의 집행을 면할 목적으로 국외에 있는 기간 동안은[=에는] 진행되지 아니한다(제79조 2항). 시효의 정지는 정지사유가 소멸하면 잔여시효기간이 진행한다는 점에 특색이 있다.

7 **(2) 시효의 중단** 시효는 사형·징역·금고와 구류에 있어서는 수형자를 체포함으로, 벌금·과료·몰수와 추징에 있어서는 강제처분을 개시함으로 인하여 중단된다(제80조). 따라서 검사의 명령에 의하여 집행관이 벌금형의 집행에 임하였으나 압류대상물건의 평가액이 집행비용에도 미달하여 집행불능이 된 경우에도 벌금의 시효기간은 중단된 것이라고 해야 한다.[1] 시효가 중단된 때에는 다시 시효의 전기간이 경과되어야 시효가 완성된다.

[기　간]

시효나 형기 등의 형법상 기간의 계산은 다음과 같은 방법에 의한다.

8 **1) 기간의 계산** 연 또는 월로 정한 기간은 연 또는 월 단위로 계산한다(제83조). 중간의 일·시·분·초를 정산하지 않고 역(曆)에 따라 연·월을 단위로 계산하는 역법적 계산방법에 따른다. 즉 6월의 기간을 1월 1일부터 계산하면 6월 30일에 만료된다.

9 **2) 형기의 기산** 형기는 판결이 확정된 날로부터 기산한다(제84조 1항). 여기서 형기란 자유형의 기간을 말한다. 징역·금고·구류와 유치에 있어서는 구속되지 아니한

1 대법원 1979. 3. 29. 78 도 8.

일수는 형기에 산입하지 아니한다(제84조 2항).

형의 집행과 시효기간의 초일은 시간을 계산함이 없이 1일로 산정한다(제85조). 석방은 형기종료일에 하여야 한다(제86조).

Ⅱ. 형의 소멸

1. 형의 소멸의 의의

형의 소멸(消滅)이란 유죄판결의 확정에 의하여 발생한 형의 집행권을 소멸시키는 제도를 말한다. 유죄판결의 확정에 의한 형의 집행권을 소멸시킨다는 점에서 검사의 형벌청구권을 소멸시키는 공소권의 소멸과 구별된다. 형의 집행이 종료되거나, 가석방기간이 만료되거나, 형의 집행이 면제되거나, 시효가 완성되거나 범인이 사망하는 경우 형의 집행권이 소멸된다. 형법은 형벌집행권의 소멸 이외에도 형의 실효(失效)와 복권(復權)제도를 규정하고 있다. 형의 실효와 복권은 형이 소멸되어도 전과사실은 그대로 남아 형 선고의 법률상 효과는 소멸되지 않으므로, 이로 인하여 여러 가지 자격에 제한을 받게 되는 점을 고려하여 전과사실을 말소시키고 자격을 회복시키는 제도이다. 범죄인의 갱생과 사회복귀를 용이하게 하는 데 그 취지가 있다. 10

2. 형의 실효

(1) **재판상의 실효** 징역 또는 금고의 집행을 종료하거나 집행이 면제된 자가 피해자의 손해를 보상하고 자격정지 이상의 형을 받음이 없이 7년을 경과한 때에는 본인 또는 검사의 신청에 의하여 그 재판의 실효를 선고할 수 있다(제81조). 11

기간의 경과로 인하여 자동적으로 실효되는 것이 아니라 재판에 의하여만 실효될 수 있다. 실효의 대상은 징역과 금고형에 한하며, 피해를 보상하고 자격정지 이상의 형을 받음이 없이 7년을 경과하였을 것을 요한다. 형을 받음이 없이 7년을 경과하여야 하므로 형의 집행종료 후 7년 이내에 집행유예의 판결을 받고 유예기간이 경과되어도 형의 실효를 선고할 수 없다.[1] 실효의 재판이 확정되면

1 대법원 1983. 4. 2. 83 모 8.

형의 선고에 기한 법적 효과는 장래를 향하여 소멸된다.[1] 따라서 이미 상실된 자격이 소급하여 회복되는 것은 아니다.

12 (2) **형의 실효 등에 관한 법률** 형의 실효 등에 관한 법률은 수형인이 자격정지 이상의 형을 받지 아니하고 형의 집행을 종료하거나 그 집행이 면제된 날부터, 3년을 초과하는 징역·금고는 10년, 3년 이하의 징역·금고는 5년, 벌금은 2년의 기간이 경과한 때에 그 형은 실효되고, 구류·과료는 형의 집행을 종료하거나 그 집행이 면제된 때에 그 형이 실효된다고 규정하고 있다(제7조 1항). 형의 실효의 범위를 벌금·구류·과료에 확대하고, 일정한 기간이 지나면 자동적으로 실효되도록 한 것이다. 하나의 판결로 여러 개의 형이 선고된 경우에는 각 형의 집행을 종료하거나 그 집행이 면제된 날부터 가장 중한 형에 대한 위의 기간이 경과한 때에 형의 선고는 효력을 잃게 하고 있다. 이 경우에 징역과 금고는 같은 종류의 형으로 보고 각 형기를 합산한다(동조 제2항).

3. 복 권

13 자격정지의 선고를 받은 자가 피해자의 손해를 보상하고 자격정지 이상의 형을 받음이 없이 정지기간의 2분의 1을 경과한 때에는 본인 또는 검사의 신청에 의하여 자격의 회복을 선고할 수 있다(제82조).

자격정지의 선고를 받은 자에게 자격정지의 기간이 만료하지 않아도 일정한 조건 아래 자격을 회복시켜 사회복귀의 장애를 제거하는 데 그 취지가 있다.

§45 제 6 절 보안처분

I. 서 론

1. 보안처분의 의의

1 형벌은 책임을 전제로 한다. 책임과 형벌과의 관계에 대하여는 책임원칙이 적용된다. 따라서 형벌은 책임의 토대 위에서만 부과될 수 있으며, 형벌은 책임

1 대법원 1974. 5. 14. 74 누 2.

의 양을 넘지 못한다. 책임원칙에 따르면 책임무능력자에게는 책임을 물을 수 없으며, 특별한 위험성을 가진 행위자에 대하여 (전통적인) 형벌이 그 위험성을 제거할 수 없는 경우에도 행위자의 개선 또는 사회의 안전을 위한 추가적인 대응을 할 수 없다. 그렇지만 이 경우에도 행위자를 사회에 복귀시키고 행위자가 저지를 가능성이 있는 장래의 범죄로부터 사회를 지켜야 할 형사정책적 필요성은 크다. 이때 강구되는 형사제재가 보안처분이다. 보안처분(保安處分, Maßregeln der Besserung und Sicherung)이란 형벌로는 행위자의 사회복귀와 범죄의 예방이 불가능하거나 행위자의 특수한 위험성으로 인하여 형벌의 목적을 달성할 수 없는 경우에 형벌을 대체 내지 보완하기 위한 예방적 성질의 목적적 조치를 말한다. 형벌이 책임을 전제로 하고 책임원칙의 범위 내에서 과하여지는 것임에 반하여, 보안처분은 행위자의 사회적 위험성을 전제로 하여 특별예방의 관점에서 선고되는 것이고, 형벌이 행위의 사회윤리적 비난을 표현하는 과거를 대상으로 하는 제재임에 반하여 보안처분은 장래를 향한 순수한 예방적 성격을 가진 제재라는 점에서 형벌과 구별된다.

2. 보안처분의 연혁

2 보안처분은 1893년 Stoos의 스위스 형법예비초안에 의하여 최초로 형법전에 도입된 제도이다. 그러나 보안처분의 이론과 그 형사정책적 필요성은 Stoos 이전에 이미 중세부터 생성·발전되어 왔다.

3 **(1) E. F. Klein과 보안처분** 보안처분의 개념은 1532년의 Carolina형법전에서부터 등장하였으나, 당시의 보안처분은 형벌과 명백히 구별되지 않는 부정기의 보안구금이었다. 형벌과 구별되는 의미에서의 보안처분을 최초로 주장한 학자는 E. F. Klein이었다. Klein은 형벌의 개선효과를 강조하면서도 형벌은 행위책임과 비례되어야 하므로 형벌과 함께 행위자의 위험성을 대상으로 하는 보안처분이 필요하다고 주장하였다.[1] Klein에 의하여 제정된 1794년의 프로이센 일반란트법에는 법관에 의하여 정기로 선고되는 자유형 이외에 부정기의 보안구금(Sicherheitshaft)이 인정되었다. 그러나 Klein에 의하여 주장된 보안처분은 1799년

1 Liszt "E.F. Klein und die unbestimmte Verurteilung", *Strafrechtliche Aufsätze und Vorträge*, Bd. 2 S. 151.

에 부정기의 보안형벌(Sicherungsstrafe)의 도입으로 폐지되었다.

4 (2) **Franz v. Liszt와 보안형벌** 19세기 후반 범죄 특히 누범의 격증에 따라 자연과학의 영향 아래 인간의 행동을 과학적으로 판단하고 이에 근거한 특별예방적 조치에 의하여 행위자를 개선하고자 시도한 대표적인 학자가 Franz v. Liszt이다. Liszt는 1882년 Marburg강령을 통하여 행위자에 대하여 특별예방적으로 작용하는 목적형으로 응보형을 대체해야 한다는 목적형사상을 주장하였다.[1] 다만 Liszt는 형벌과 별도로 보안처분을 주장한 것이 아니라, 형벌은 순수한 보안형벌이며 형벌과 보안처분의 구별은 불필요하다고 주장하였다. Liszt의 이러한 형사정책적 구상은 현대에 이르기까지 보안처분의 이념적 기초가 되고 있다.

5 (3) **Carl Stoos의 보안처분** 현대적 의미의 보안처분은 1893년의 스위스 형법예비초안에서 Stoos에 의하여 실현되었다. Stoos는 동 초안에서 형벌의 본질은 응보에 있으나 형벌은 범죄의 예방을 위하여 불충분하므로 정신병의 치료와 상습범 · 노동기피자 · 중독자 등을 그 원인에 따라 격리 · 개선하기 위한 보안처분을 형법에 도입하려고 하였다. Stoos의 보안처분(Maßnahmen)은 자유형 대신 또는 자유형과 함께 범죄에 대응하기 위한 형사정책적 필요에 의하여 구상된 것이라고 할 수 있으며,[2] 고전적 형벌의 체계를 유지하면서 Liszt의 형사정책적 목적을 실현하고자 한 것이었다. 이러한 의미에서 Liszt가 현대 형사정책의 목표를 제시했다면, Stoos는 보안처분을 통하여 그 길을 제공했다고도 할 수 있다.[3] Stoos의 초안의 영향에 따라 1933년 독일 형법에 보안처분이 도입된 것을 비롯하여, 현대형법에 있어서 보안처분을 인정하지 않는 국가는 없다고 할 수 있을 정도[4]로 보안처분은 현재 유럽대륙의 대부분 국가의 형법에 규정되어 있다.

6 (4) **우리나라의 보안처분제도** 종래 형법은 총칙에서 형벌에 관한 규정을 두고 있었을 뿐이며 보안처분은 인정하지 않고, 다만 몇 개의 특별법에 보안처분에 관한 규정을 두고 있었다. 즉 소년법은 소년에 대한 보호처분을 규정하고 있으며(소년법 제32조 이하), 보안관찰법은 국가보안법 등의 정치범죄에 대한 보안관찰을 규

---

1 Liszt "Der Zweckgedanke im Strafrecht", *a.a.O.* Bd. 1 S. 166(심재우 외 역, 앞의 책(**4**/24)) 참조.

2 Stoos "Zur Natur der sichernden Maßnahmen", SchwZStr 44, 262.

3 Exner *Die Theorie der Sicherungsmittel*, S. 239.

4 Herrmann "Die mit Freiheitsentziehung verbundenen Maßnahmen der Sicherung und Besserung", Mat. Bd. 2 S. 193.

정하고 있다(보안관찰법 제 3 조 이하). 그러나 보안관찰법의 보안처분은 새로운 범죄를 요건으로 하지 않는 것으로서 행정기관에 의한 행정작용으로서의 성질을 가진 데 지나지 않아서, 범죄에 대한 형법상의 제재인 보안처분이라고 할 수 없다.[1] 1980년 12월 18일 법률 제3286호로 공포·시행된 사회보호법에 의하여 우리나라에도 보안처분이 본격적으로 도입되었다. 사회보호법은 보호감호·치료감호 및 보호관찰의 3종의 보안처분을 인정하고 있었다. 그러나 사회보호법은 2005. 8. 4. 폐지되었고, 대체입법으로 치료감호 등에 관한 법률이 시행되게 되었다. 이로써 종래 보안처분의 대종을 이루던 보호감호는 폐지되었다. 따라서 여기서는 ① 상습범에 대한 대책, 그리고 ② 치료감호 등에 관한 법률상의 보안처분을 중심으로 검토한다.

Ⅱ. 보안처분의 종류와 성질

1. 보안처분의 정당성

(1) **보안처분과 헌법** 보안처분은 합목적성을 이유로 인간의 자유를 제한하는 제도라는 점에서 인간의 존엄과 가치를 부정하고 기본적 인권을 침해한다는 비판을 받을 수 있다. 특히 보호감호는 합목적성을 이유로 인간을 사회의 적으로 또는 사회에서 추방해야 할 독충처럼 취급하는 제재이므로 결코 허용될 수 없다고 주장하는 견해[2]도 있다. 그러나 헌법 제12조 1항은 "누구든지 법률과 적법한 절차에 의하지 않고는 보안처분을 받지 아니한다"고 규정하여 보안처분에 대한 헌법적 근거를 마련하고 있다. 보안처분의 정당성을 그 대상자의 내적 자유의 결함에서 찾고자 하는 견해[3]도 있으나, 내적 자유가 없다는 이유만으로 인간의 자유를 박탈하는 것이 허용된다고 할 수는 없다. 헌법에 의하여 보장된 개인의 자유는 사회적으로 제한된 자유(gemeinschaftsgebundene Freiheit)이므 7

1 1989년 9월 16일 발효한 보안관찰법은 종래의 사회안전법을 대체한 법률이며 보안관찰법에는 보안처분의 내용으로 보호관찰에 해당하는 보안관찰처분만을 인정하고 있다.

2 H. Mayer *Strafrechtsreform für heute und morgen*, S. 42, S. 55; Hall "Sicherungsverwahrung und Sicherungsstrafe", ZStW 70, 55.

3 Bockelmann *Niederschriften*, Bd. 1 S. 247; Mezger *Niederschriften*, Bd.1 S. 247; Welzel *Niederschriften*, Bd.1 S. 267.

로 자유를 사회에 반하는 방식으로 행사할 때에는 사회의 보호를 받을 수 없다는 기본권의 내재적 한계(immanente Grundrechtsschranken)에 보안처분의 정당성이 있다고 보아야 한다.[1]

8 (2) **보안처분과 비례성의 원칙** 보안처분에는 책임원칙이 적용되지 않는다. 그러나 보안처분도 헌법에 의하여 보장된 개인의 자유를 침해하는 제재이므로 일반 법원칙으로서의 비례성의 원칙(Grundsatz der Verhältnismäßigkeit)이 적용되는 범위에서 정당화될 수 있다. 즉 보안처분은 행위자에 의하여 행하여진 범죄와 장래에 예상되는 범죄 및 위험성의 정도와 균형이 유지되어야 한다.

2. 보안처분의 종류

9 (1) **대인적 보안처분과 대물적 보안처분** 보안처분은 형식적 기준에 따라 대인적 보안처분과 대물적 보안처분으로 분류될 수 있다. 대물적 보안처분(對物的 保安處分, sachliche sichernde Maßnahmen)이란 범죄와 법익침해의 방지를 목적으로 하는 물건에 대한 국가적 예방수단을 의미한다. 몰수 · 영업소폐쇄 · 선행보증 등이 여기에 해당한다. 이에 대하여 대인적 보안처분(對人的 保安處分, persönliche sichernde Maßnahmen)은 사람에 의한 장래의 범죄행위를 방지하기 위하여 특정인에게 선고되는 보안처분을 말한다. 치료감호 등에 관한 법률은 대인적 보안처분만 규정하고 있다.

10 (2) **자유박탈보안처분과 자유제한보안처분** 대인적 보안처분을 자유침해의 정도에 따라 실질적으로 분류할 때에는 자유박탈보안처분과 자유제한보안처분으로 나누어진다. 자유박탈보안처분(自由剝奪保安處分, freiheitsentziehende Maßregeln)에는 상습범죄자에 대한 보호감호(Sicherungsverwahrung)와 정신병자에 대한 치료감호(Unterbringung in einem psychiatrischen Krankenhaus) 및 중독자에 대한 금절치료소감호(禁絶治療所監護, Unterbringung in einer Entziehungsanstalt)와 노동혐오자에 대한 노역장감호(勞役場監護, Unterbringung im Arbeitshaus) 등이 있다. 치료감호 등에 관한 법률이 인정하고 있는 치료감호가 여기에 해당한다. 다만 치료감호 등에 관한 법률상의 치료감호는 심신장애인에 대한 치료감호 이외

1 Hanack LK Vor §61 Rn. 32; Sch/Sch/Stree §66 Rn. 3; Stree *Deliktsfolgen und Grundgesetz*, S. 223.

에 중독자에 대한 금절치료소감호와 정신성적 장애인에 대한 치료감호를 포함하는 점에 특색이 있다. 자유제한보안처분(自由制限保安處分, freiheits beschränkende Maßregeln)의 대표적인 예는 보호관찰이며, 운전면허박탈 · 직업금지 · 거세 등도 여기에 해당한다.

3. 형벌과 보안처분의 관계

(1) **입법주의** 보안처분도 위법한 행위를 전제로 한다. 따라서 책임무능력자에 대한 보안처분의 경우를 제외하면, 보안처분도 형벌부과의 요건이 충족되는 경우에 선고한다. 형벌과 보안처분이 동일한 행위자에게 과하여지는 경우에 양자의 관계를 어떻게 할 것인가에 대하여는 세 가지의 입법주의가 있다. 11

1) **이원주의** 형벌과 보안처분이 동시에 선고되고 중복적으로 집행되는 주의를 말한다. 이원주의(二元主義, das zweispurige System, Dualismus)는 형벌이 책임을 전제로 하고 보안처분은 장래의 위험성에 대한 대책이므로 범죄를 통해서 표현된 책임과 위험성을 국가는 이중의 수단에 의하여 대처해야 한다는 것을 근거로 한다. 이원주의에서는 형벌을 보안처분보다 먼저 집행하는 것이 보통이다. 그것은 ① 보안처분은 형벌을 보충하는 것이고, ② 형벌은 기간이 특정되어 있음에 반하여 보안처분은 부정기이므로 형벌을 먼저 집행해야 한다는 것을 이유로 한다. 이탈리아 · 프랑스 · 네덜란드 형법이 채택하고 있는 태도이며, 독일형법과 종래 사회보호법의 보호감호도 이원주의의 입장이라고 할 수 있다. 12

2) **일원주의** 형벌 또는 보안처분의 어느 하나만을 적용하는 주의를 말한다. 일원주의(一元主義, das einspurige System, Monismus)는 형벌과 보안처분은 본질상 대립되는 제도이므로 보안처분을 통하여 행위자의 사회복귀와 사회의 안전을 기대할 수 있는 경우에는 형벌의 선고가 부적합하다는 것을 이유로 한다. 스웨덴 형법을 비롯하여 영국 · 벨기에 · 덴마크에서 채택하고 있는 태도이다. 13

3) **대체주의** 형벌은 책임의 정도에 따라 언제나 선고되지만 그 집행단계에서 보안처분의 집행으로 대체되거나 보안처분의 집행이 끝난 후에 집행하는 주의를 말한다. 대체주의(代替主義, das vikariierende System)는 ① 형벌에 대한 보안처분의 우선집행, ② 보안처분집행기간의 형기에의 산입, ③ 보안처분집행 후 14

의 형벌집행의 유예가능성을 내용으로 한다. 이는 행위자의 사회복귀를 위하여는 보안처분의 선집행이 더 합리적이고, 보안처분은 사실상 형벌과 같은 해악의 성질을 가지며, 형벌의 목적은 보안처분에 의해서도 달성될 수 있다는 것을 이유로 한다. 스위스 형법이 채택하고 있는 태도이며(제57조), 보호감호를 제외한 모든 보안처분에 대하여 독일 형법이, 그리고 우리나라의 치료감호에 대하여 치료감호 등에 관한 법률이 취하고 있는 태도이다.

15 (2) 비 판 이원주의에 대하여는 ① 형벌과 보안처분의 구별은 이론상으로는 가능하지만 실제상으로는 실현될 수 없고 보안처분이 그 부정기의 성격으로 인하여 당사자에게 더 가혹한 형벌로 느껴지며,[1] ② 형벌의 집행이 종료된 후에 보안처분이 집행되는 때에는 행위자는 형벌과 보안처분의 집행 사이를 왕래하게 되어 교육적·치료적 목적에 반한다는 비판을 면할 수 없다.[2] 한편 일원주의도 ① 형벌과 보안처분은 그 정당성의 근거와 본질에 있어서 엄격히 구별되는 것이므로 순수한 일원주의는 전통적인 책임형벌에 변혁을 가하는 것이고, ② 한정책임능력자에게도 보안처분만을 선고하여 책임무능력자와 같이 취급하고 상습범에 대하여 부정기의 보안형벌을 가하는 것은 형사정책상으로 적절한 수단이라 할 수 없으므로 형벌과 보안처분의 관계에 대한 정당한 해결책이라고 할 수 없다. 이러한 의미에서 형벌과 보안처분의 본질상의 차이를 긍정하면서도 집행의 단계에서 보안처분에 의한 대체를 허용하는 대체주의가 가장 타당한 방법이라고 할 수 있다.

Ⅲ. 상습누범에 대한 형의 가중과 보호감호

1. 상습누범에 대한 대책

16 위험한 상습범, 특히 상습누범자에 대한 대책은 비교법적으로 형의 가중, 부정기형 및 보안처분이라는 세 가지 방법으로 시도되고 있다. 첫째 상습범에 대하

---

1 Dreher "Die Vereinheitlichung von Strafen und sichernden Maßregeln", ZStW 65, 484; Hall ZStW 70, 52.

2 Eisenberg *Strafe und freiheitsentziehende Maßnahme*, S. 28; Lenckner *Strafe, Schuld und Schuldfähigkeit*, S. 231.

여 통상의 형을 가중하고 있는 것은 영국과 미국[1] 및 한국 형법이다. 형법은 각칙에서 상습범에 대하여 각 본조에서 정한 형의 2분의 1을 가중하게 하고 있다. 1967년 이전까지 적용되던 독일 구 형법 제20조의 a도 보호감호와 함께 상습범에 대하여 형을 가중하는 태도를 취하였다. 둘째는 상습누범에 대하여 상대적 부정기형을 선고하도록 하고 있는 나라이다. 상습범에 대하여 부정기의 보안형벌을 과하는 태도이며, 그리스 형법과 1974년의 일본 형법초안이 여기에 해당한다. 셋째는 보안처분으로서의 보호감호(Sicherungsverwahrung)로 대처하는 방법이다. 책임의 범위를 넘는 보안과 안전의 목적은 보안처분에 의하여만 대처할 수 있다는 것을 이유로 한다. 독일 형법, 스위스 형법, 그리고 오스트리아 형법과 프랑스 형법 등이 취하고 있는 입장이다.

우리나라에서는 1980년 이래 상습범에 대한 대책으로 형의 가중과 함께 보안처분으로서의 보호감호제도를 인정하여 왔으나, 2005년 8월 사회보호법을 폐지하고 상습범 내지 상습누범의 형을 더욱 가중하는 태도를 일관하고 있다.

2. 상습범에 대한 보안처분으로서의 보호감호

17 사회보호법폐지법률에 의하여 보호감호는 폐지되었다. 그러나 같은 법 부칙에 의하여 이미 확정된 보호감호 판결의 효력은 유지되고, 그 집행은 종래의 사회보호법의 규정에 따르며(부칙 제2조), 이미 보호감호의 판결을 받아 그 집행 중에 있거나 집행하여야 할 자는 교도소에 수용할 수 있다(부칙 제4조).

18 (1) **구 사회보호법의 보호감호** 구 사회보호법상의 보호감호는 ① 동종 또는 유사한 죄로 2회 이상 금고 이상의 실형을 받고 형기 합계 3년 이상인 자가 최종형의 전부 또는 일부의 집행을 받거나 면제를 받은 후 다시 동종 또는 유사한 대상범죄를 범하고[2] 재범의 위험성이 있다고 인정되는 때, ② 대상범죄를 수회 범하여 상습성이 인정되고 재범의 위험성이 있다고 인정되는 때, ③ 보호감호의 선고를 받은 자가 그 감호의 전부 또는 일부의 집행을 받거나 면제를 받은 후 다시 동종 또는 유사한 대상범죄를 범하고 재범의 위험성이 있다고 인정되는 때

1 영국에서는 1967년의 형사재판법(Criminal Justice Act) 이래 상습범에 대하여 형을 가중하는 방법을 택하였으며, 미국에서도 각 주에서 적용되고 있는 상습범죄자법(habitual offender or recidivist statutes)이 상습범에 대하여 형을 가중하고 있다.

2 보호감호의 대상범죄는 구 사회보호법 별표에 규정되어 있는 중범죄이다.

에 선고된다(구 사회보호법 제5조). 피보호감호자에 대하여는 보호감호시설에 수용하여 감호·교화하고 사회복귀에 필요한 직업훈련과 근로를 과할 수 있으며(동법 제7조 1항), 보호감호시설에의 수용은 7년을 초과할 수 없다(동조 제3항). 그러나 피보호감호자는 수용기간 도래 이전에도 석방될 수 있다. 즉 피보호감호자에 대하여 사회보호위원회는 그 집행개시 후 매 1년 가출소 여부를, 가출소한 자에 대하여는 매 6월 집행면제 여부를 심사·결정해야 한다(제25조 1항). 형벌과 보호감호의 관계에 있어서는 이원주의가 적용된다. 즉 보호감호와 형벌이 병과되거나 보호감호시설에 수용되어 있는 중에 형을 선고받은 경우에는 형을 먼저 집행한다(제23조 1항).

19 (2) **보호감호의 폐지이유** 사회보호법폐지법률에 의하여 보호감호를 폐지한 이유는 보호감호가 구금위주의 형벌과 다름없이 시행되고 있어서 피감호자의 입장에서는 이중처벌적인 기능을 하고 있고, 상습범에 대하여는 무거운 형사처벌을 과할 수 있으므로 추가적인 형사제재를 둘 필요가 없고, 보호감호가 수형생활의 연장선으로서 사회방위기능에 치중하여 운용됨으로써 제도의 본래 취지를 살리지 못하였다는 점에 있다.[1] 그러나 ① 보호감호는 형벌과는 목적과 기능을 달리하는 독자적 의의를 가진 사회보호적 처분이므로 형벌과 보호감호를 병과한다고 하여 이중처벌금지의 원칙에 위반된다고 할 수 없고,[2] ② 보호감호가 사회방위기능에 치중된 것은 위험한 상습누범에 대한 최후의 형사정책적 수단이라는 본질에서 유래한 것이고, ③ 보호감호 집행상의 문제점은 집행의 개선에 의하여 제거될 수 있다는 점에서 보호감호를 폐지한 것은 타당하다고 보기 어렵다.[3]

---

1 국회법사위원회, 사회보호법폐지법률안 심사보고서 참조.

2 헌법재판소 2001. 3. 21. 99 헌바 7.

3 독일 형법은 1998. 1. 31.의 성범죄자처벌법에 의하여 보호감호의 대상범죄에 성범죄와 폭력범죄를 추가하고, 2002년도의 형법개정에 의하여 보호감호의 사후적 선고제도(독일 형법 제66조의 a)를 도입하여 보호감호의 선고 가능성을 확대하였으며, 연방헌법재판소도 2004. 2. 5. 독일형법의 기간의 제한이 없는 보호감호는 헌법에 위반되지 않는다고 선고한 바 있다(BVerfG NJW 2004, 739). 이에 관하여는 Klaus Laubenthal "Die Renaissance der Sicherungsverwahrung", ZStW 116(2004), 703; Iris Kristina Passek "Sicherungsverwahrung im Wandel", GA 2005, 96ff. 참조. 그런데 2009년 12월 17일 유럽인권재판소는 "독일의 보호감호제도는 결국 형벌의 일종으로 보아야 할 것이므로, 그 근거규정이 피고인의 행위시에 존재하지 않는 때에는 소급하여 보호감호를 선고하여서는 아니 된다"고 판시하였다. 이에 연방헌법재판소는 2011년 5월 4일 보호감호 집행 중 이를 추가 부과함으로써 장기 10년을 초과하게 된 보호감호와, 형집행 만료 이전에 재범의 위험성 등의 요건을 충족하는 경우 부과가능한 사후적 보호감호에 대하여 위헌판결을 내렸고, 2012년 11월 8일 연방의회는 보호감호에 관한 법률을 개정하였다.

3. 상습누범에 대한 형의 가중과 책임주의

20 사회보호법상의 보호감호 폐지에 대한 대체입법으로 상습누범자의 형을 가중하기 위하여 특정범죄 가중처벌 등에 관한 법률 제 5 조의 4(상습강·절도죄의 가중처벌)에 제 6 항이 신설된 바 있었다. 이에 의하면 제 1 항 또는 제 2 항의 죄로 2회 이상 실형을 받고 그 집행이 끝나거나 면제된 후 3년 이내에 다시 제 1 항 또는 제 2 항의 죄를 범한 경우에는 그 죄에 대하여 정한 형의 단기의 2배까지 가중하였다.[1, 2] 폭력행위 등 처벌에 관한 법률도 상습적으로 폭행·협박·주거침입 및 재물손괴의 죄를 범한 때에는 1년 이상의 유기징역, 체포 감금·강요의 죄 등을 범한 때에는 2년 이상의 유기징역, 상해와 공갈의 죄 등을 범한 때에는 3년 이상의 유기징역에 처하였다(동법 제 2 조 1항). 후술(**45**/21a)하는 바와 같이 이 규정들은 폐지 내지 개정되었으나, 상습범 또는 상습누범에 대하여 이와 같이 가중된 형벌을 과하는 것은 책임주의와 부합하지 않을 뿐만 아니라, 형사정책상 상습범죄자에 대한 대책으로서 적절하다고 할 수 없다.

21 형벌에는 책임주의가 적용되며, 따라서 형벌은 책임의 범위를 넘을 수 없다. 상습범죄자에 대한 이러한 형의 가중은 책임주의와 부합하지 않는다. 상습범이나 상습누범자는 대부분 의지가 박약한 정신병질자이기 때문에 범죄를 반복하는 것이므로 형을 감경할 수는 있어도 가중할 근거는 없기 때문이다. 보안과 예방의 목적만으로 형벌을 가중하는 것은 책임주의를 무의미하게 만들 뿐이다. 이러한 의미에서 상습범죄자에 대한 지나친 형의 가중은 인격적 책임론이나 예방적 책임론에 의하여도 정당화될 수 없다. 둘째, 상습범으로 수회 처벌받았음에도 불구하고 다시 죄를 범한 자는 형벌의 개선효과를 기대할 수 없는 자이다. 형벌이 부적합함에도 불구하고 형벌을 가중하여 처벌하는 것은 형사정책상으로도 정당한 대책이 될 수 없다. 셋째, 특정범죄 가중처벌 등에 관한 법률이 상습절도죄를 무기 또는 6년 이상의 징역, 상습강도죄를 사형·무기 또는 10년 이상의 징역으로 처벌하여 살인죄보다 무겁게 처벌하였던 것은 죄형의 균형을 파괴한 것이며, 그

---

1 제 1 항은 상습으로 절도죄를 범한 자는 무기 또는 3년 이상의 징역에 처하고, 제 2 항은 5인 이상이 공동하여 제 1 항의 죄를 범한 자는 무기 또는 5년 이상의 징역에 처하였으므로, 절도죄의 상습누범에 해당할 때에는 6년 또는 10년 이상의 징역에 처하였다.

2 특정범죄 가중처벌 등에 관한 법률 제 5 조의 4 제 3 항은 상습으로 강도죄를 범한 때에는 사형·무기 또는 10년 이상의 징역에 처하였다.

자체 적정한 형벌이라고 할 수 없다.

결국 상습범 및 상습누범에 대한 대책은 형의 가중이 아닌 보안처분에 의하여야 하며, (보호감호제도는 폐지되었으나) 폐지해야 할 것은 보호감호가 아니라 상습범에 대한 지나친 형의 가중규정이라 할 것이다.[1]

21a 헌법재판소는 상습누범에 대한 가중처벌과 관련하여 형법상의 범죄와 똑같은 구성요건을 규정하면서 법정형만 상향조정한 특정범죄 가중처벌 등에 관한 법률 제 5 조의 4 1항이 헌법에 위반된다고 결정하였고,[2] 나아가 특정범죄 가중처벌 등에 관한 법률 제 5 조의 4 6항 중 "제 1 항 또는 제 2 항의 죄로 두 번 이상 실형을 선고받고 그 집행이 끝나거나 면제된 후 3년 이내에 다시 제 1 항 중 형법 제329조에 관한 부분의 죄를 범한 경우에는 그 죄에 대하여 정한 형의 단기의 2배까지 가중한다"는 부분이 죄형법정주의의 명확성원칙에 위배되어 위헌이라고 결정하였다.[3] 이와 같은 헌법재판소 결정의 취지에 따라 위헌결정 대상조항 및 이와 유사한 가중처벌 조항을 정비하여 특정범죄 가중처벌 등에 관한 법률, 폭력행위 등 처벌에 관한 법률을 개정하였다.[4]

---

1 김혜정, 보호감호제도의 개선방안연구, 2003, 63면.

2 헌재결 2015. 2. 26. 2014 헌가 16 등, "심판대상조항은 별도의 가중적 구성요건표지를 규정하지 않은 채 형법 조항과 똑같은 구성요건을 규정하면서 법정형만 상향 조정하여 어느 조항으로 기소하는지에 따라 벌금형의 선고 여부가 결정되고, 선고형에 있어서도 심각한 형의 불균형을 초래하게 함으로써 형사특별법으로서 갖추어야 할 형벌체계상의 정당성과 균형을 잃어 인간의 존엄성과 가치를 보장하는 헌법의 기본원리에 위배될 뿐만 아니라 그 내용에 있어서도 평등원칙에 위반되어 위헌이다."

3 헌재결 2015. 11. 26. 2013 헌바 343, "헌재 2014헌가16등 결정 이후에 심판대상조항은 법률이 처벌하고자 하는 행위에 상습절도가 포함되는지 여부에 대하여 수범자가 예견할 수 없고, 범죄의 성립 여부에 대하여 법률전문가에게조차 법해석상 혼란을 야기할 수 있을 정도로 불명확한 상태로 존속하게 되었으므로, 심판대상조항의 구성요건은 죄형법정주의의 명확성원칙에 위배된다. 심판대상조항은 그 법정형에 대하여 '그 죄에 대하여 정한 형의 단기의 2배까지 가중한다'고 규정하고 있는데, 여기서 '그 죄에 대하여 정한 형'이 특가법 제 5 조의 4 제 1 항의 죄에 대하여 정한 형을 가리키는 것인지, 형법 제332조가 정한 형을 가리키는 것인지 불명확하다. 심판대상조항은 법정형이 불명확하다는 측면에서도 죄형법정주의의 내용인 형벌법규의 명확성원칙에 위배된다."

4 특정범죄 가중처벌 등에 관한 법률 제 5 조의 4(상습 강도 · 절도죄 등의 가중처벌)의 1항, 3항, 4항은 삭제되었고, 2항과 5항 그리고 6항은 개정되었다. 그 개정 내용은 다음과 같다. 동조 2항: "5명 이상이 공동하여 상습적으로 형법 제329조부터 제331조까지의 죄 또는 그 미수죄를 범한 사람은 2년 이상 20년 이하의 징역에 처한다." 동조 5항: "형법 제329조부터 제331조까지, 제333조부터 제336조까지 및 제340조, 제362조의 죄 또는 그 미수죄로 세 번 이상 징역형을 받은 사람이 다시 이들 죄를 범하여 누범으로 처벌하는 경우에는 다음 각 호의 구분에 따라 가중처벌한다. 1. 형법 제329조부터 제331조까지의 죄(미수범을 포함한다)를 범한 경우에는 2년 이상 20년 이하의 징역에 처한다. 2. 형법 제333조부터 제336조까지의 죄 및 제340조 제 1 항의 죄(미수

Ⅳ. 치료감호

1. 치료감호의 의의

치료감호(治療監護)란 심신장애인과 중독자 및 정신성적 장애인을 치료감호 시설에 수용하여 치료를 위한 조치를 행하는 보안처분을 말한다(치료감호 등에 관한 법률 제 2 조, 제16조). 치료감호는 치료감호대상자의 치료와 안전의 목적을 동시에 달성하기 위한 보안처분이지만, 전자의 목적이 보다 중시된다. 치료감호 등에 관한 법률의 치료감호도 심신장애인과 중독자 및 정신성적 장애인에 대한 상이한 내용의 보안처분을 치료감호에 의하여 통합한 점에 특색이 있다. 다만, 종래의 사회보호법상의 치료감호에 비하여 치료감호의 요건으로 치료의 필요성을 요구하여 그 요건을 강화하고, 치료감호를 청구함에는 정신건강의학과 등의 전문의의 진단과 감정을 의무화하고, 심신장애인과 정신성적 장애인에 대한 치료감호와 중독자에 대한 치료감호시설의 수용기간을 제한하였다는 점에 차이가 있다. 22

범을 포함한다)를 범한 경우에는 무기 또는 10년 이상의 징역에 처한다. 3. 형법 제362조의 죄를 범한 경우에는 2년 이상 20년 이하의 징역에 처한다." 동조 6항: "상습적으로 형법 제329조부터 제331조까지의 죄나 그 미수죄 또는 제 2 항의 죄로 두 번 이상 실형을 선고받고 그 집행이 끝나거나 면제된 후 3년 이내에 다시 상습적으로 형법 제329조부터 제331조까지의 죄나 그 미수죄 또는 제 2 항의 죄를 범한 경우에는 3년 이상 25년 이하의 징역에 처한다."

폭력행위 등 처벌에 관한 법률도 개정되었다. 그 내용은 다음과 같다: 제 2 조 1항, 제 3 조 1항, 3항은 삭제되었으며, 제 2 조 3항은 다음과 같이 개정되었다: 이 법(형법 각 해당 조항 및 각 해당 조항의 상습범, 특수범, 상습특수범, 각 해당 조항의 상습범의 미수범, 특수범의 미수범, 상습특수범의 미수범을 포함한다)을 위반하여 2회 이상 징역형을 받은 사람이 다시 제 2 항 각 호에 규정된 죄를 범하여 누범으로 처벌할 경우에는 다음 각 호의 구분에 따라 가중처벌한다. 1. 제 2 항 제 1 호에 규정된 죄(폭행, 협박, 주거침입, 퇴거불응, 재물손괴)를 범한 사람: 7년 이하의 징역. 2. 제 2 항 제 2 호에 규정된 죄(존속폭행, 체포, 감금, 존속협박, 강요)를 범한 사람: 1년 이상 12년 이하의 징역. 3. 제 2 항 제 3 호에 규정된 죄(존속상해, 존속체포, 존속감금, 공갈)를 범한 사람: 2년 이상 20년 이하의 징역. 동법 제 3 조 제 4 항: 이 법(형법 각 해당 조항 및 각 해당 조항의 상습범, 특수범, 상습특수범, 각 해당 조항의 상습범의 미수범, 특수범의 미수범, 상습특수범의 미수범을 포함한다)을 위반하여 2회 이상 징역형을 받은 사람이 다시 다음 각 호의 죄를 범하여 누범으로 처벌할 경우에는 다음 각 호의 구분에 따라 가중처벌한다. 1. 형법 제261조(특수폭행)(제260조 제 1 항의 죄를 범한 경우에 한정한다), 제284조(특수협박)(제283조 제 1 항의 죄를 범한 경우에 한정한다), 제320조(특수주거침입) 또는 제369조 제 1 항(특수손괴)의 죄: 1년 이상 12년 이하의 징역. 2. 형법 제261조(특수폭행)(제260조 제 2 항의 죄를 범한 경우에 한정한다), 제278조(특수체포, 특수감금)(제276조 제 1 항의 죄를 범한 경우에 한정한다), 제284조(특수협박)(제283조 제 2 항의 죄를 범한 경우에 한정한다) 또는 제324조 제 2 항(강요)의 죄: 2년 이상 20년 이하의 징역. 3. 형법 제258조의 2 제 1 항(특수상해), 제278조(특수체포, 특수감금)(제276조 제 2 항의 죄를 범한 경우에 한정한다) 또는 제350조의 2(특수공갈)의 죄: 3년 이상 25년 이하의 징역.

2. 치료감호의 요건

23 (1) **심신장애인의 치료감호** 심신장애인으로서 형법 제10조 1항에 따라 벌할 수 없거나(심신상실자), 동조 2항의 규정에 따라 형이 (임의적으로) 감경되는 자(심신미약자)가 금고 이상의 형에 해당하는 죄를 범하고, 치료감호시설에서의 치료가 필요하고 재범의 위험성이 있는 때(치료감호 등에 관한 법률 제 2 조 1항 1호).

심신장애인에 대한 치료감호이므로 심신장애의 원인이 되는 병적 정신상태로 인하여 죄를 범하여야 하고, 심신장애와 관계없이 죄를 범하였을 때에는 치료감호를 할 수 없다.[1] 따라서 명정자나 정신질환자에 대하여는 치료감호를 할 수 있으나, 폐결핵환자는 치료감호대상자가 되지 않는다.[2] 심신미약자뿐만 아니라 심신상실자에 대하여도 치료감호시설에서의 치료가 필요하고, 재범의 위험성이 인정될 것을 요한다. 치료의 필요성은 정신건강의학과 전문의 등의 진단 또는 감정을 참고하여 판단해야 한다(제 4 조 2항). 재범의 위험성이란 치료감호대상자가 다시 죄를 범하여 법적 평온을 깨뜨릴 확실한 개연성(bestimmte Wahrscheinlichkeit)을 의미한다. 재범의 위험성에 대한 판단은 판결시를 기준으로 한다.

24 (2) **중독자에 대한 치료감호** 마약 · 향정신성의약품 · 대마 그 밖에 남용되거나 해독을 끼칠 우려가 있는 물질이나 알코올을 식음 · 섭취 · 흡입 또는 주입받는 습벽이 있거나 그에 중독된 자로서 금고 이상의 형에 해당하는 죄를 범하고, 치료감호시설에서의 치료가 필요하고 재범의 위험성이 있는 때(제 2 조 1항 2호).

이는 중독자에 대하여도 치료감호를 인정한 것이고, 이 경우에도 치료의 필요성과 재범의 위험성을 요건으로 한다.

25 (3) **정신성적 장애인에 대한 치료감호** 소아성기호증, 성적가학증 등 성적 성벽이 있는 정신성적 장애인으로서 금고 이상의 형에 해당하는 성폭력범죄를 범하고, 치료감호시설에서의 치료가 필요하고 재범의 위험성이 있는 때(제 2 조 1항 3호).

위험한 성폭력범죄자에 대한 치료감호를 인정한 것이다. 치료감호의 대상인 성폭력범죄는 형법상의 강간 및 강제추행 등의 죄(형법 제297조 내지 제303조, 제305조, 제305조의 2 및 제339조), 성폭력범죄의 처벌 등에 관한 특례법의 특수강도강간 및 특수강간 등의 죄(동법 제 3 조 내지 제10조, 제15조(제 3 조부터 제 9 조까지의 미수범으로 한정한다)), 아동 · 청소년의 성보호에 관한 법률의 아동 · 청소년에 대한 강

---

1 대법원 1986. 2. 25. 85 감도 419.

2 대법원 1983. 5. 10. 83 도 794, 83 감도 226.

간 · 강제추행 등의 죄(동법 제 7 조, 제 9 조, 제10조) 등이다(치료감호 등에 관한 법률 제 2 조의 2). 정신성적 장애인에 대하여 치료감호를 청구함에 있어서는 정신건강의학과 등의 전문의 등의 진단이나 감정을 참고하여야 한다. 다만 제 2 조 1항 3호에 따른 치료감호대상자(소아성기호증, 성적 가학증 등 성적 성벽이 있는 정신성적 장애인으로서 금고 이상의 형에 해당하는 성폭력범죄를 지은 자)에 대해서는 정신건강의학과 등의 전문의의 진단이나 감정을 받은 후 치료감호를 청구하여야 한다(제 4 조 2항).

3. 치료감호의 내용

26 (1) **치료감호의 수용기간** 심신장애인과 정신성적 장애인에 대한 치료감호시설에의 수용은 15년을 초과할 수 없다(제16조 2항 1호). 원래 치료감호는 범죄성 정신장애자의 치료를 위한 개선처분이므로 기간을 제한할 성질이 아니며, 따라서 종래 사회보호법상의 치료감호는 종신까지 계속할 수 있었다. 그러나 치료감호 등에 관한 법률은 감호기간이 지나치게 장기간 계속되는 것을 막기 위하여 심신장애인에 대한 치료감호에 대하여도 수용기간을 제한하였다. 약물중독자에 대한 치료감호시설의 수용기간은 2년을 초과할 수 없다(제 2 항 2호). 중독자에 대한 치료기간은 정신질환자에 비하여 단기간인 점을 고려한 것이다.

치료감호심의위원회는 치료감호만을 선고받은 피치료감호자가 그 집행개시 후 1년이 지났거나, 치료감호와 형이 병과되어 형기 상당의 치료감호를 집행받은 자에 대하여는 상당한 기간을 정하여 그의 법정대리인 · 배우자 · 직계친족 · 형제자매에게 치료감호시설 외에서의 치료를 위탁할 수 있다(제23조 1항 · 2항). 또한 피치료감호자에 대하여 그 집행개시 후 매 6개월 마다 종료 또는 가종료 여부를, 가종료 또는 치료위탁된 피치료감호자에 대하여는 가종료 또는 치료위탁한 후 매 6개월마다 종료 여부를 심사 · 결정한다(제22조).

27 (2) **치료감호의 집행방법** 피치료감호자에 대하여는 치료감호시설에 수용하여 치료를 위한 조치를 한다(제16조 1항). 심신장애인과 약물중독자 및 정신성적 장애인은 특별한 사정이 없는 한 구분하여 수용하여야 한다(제19조). 치료감호는 주로 의학적 관점에서 집행되어야 하며, 피치료감호자를 치료하고 개선하는 데 중점을 두면서 감독과 지도가 수반되어야 한다. 따라서 피치료감호자에 대한 의료적 처우는 정신병원에 준하여 의사의 조치에 따르도록 해야 하며(제25조 2항), 피치료감호자가 치료감호시설에서 치료하기 곤란한 질병에 걸렸을 때에는 외부의료기

관에서 치료를 받게 할 수 있고, 본인이나 보호자 등이 직접 비용을 부담하여 치료받기를 원하면 이를 허가할 수 있다(제28조).

28 (3) **치료감호의 집행순서** 형벌과 치료감호가 동시에 선고된 때에는 대체주의가 적용된다. 즉 치료감호를 형보다 먼저 집행하며, 이 경우에 치료감호의 집행기간은 형 집행기간에 포함한다(제18조).

29 (4) **치료감호의 종료와 집행정지** 치료감호는 수용기간의 경과 또는 치료감호심의위원회의 종료결정에 의하여 종료된다(제22조). 피치료감호자에 대하여 형의 집행정지사유의 하나에 해당하는 사유가 있을 때에는 검사는 치료감호의 집행을 정지할 수 있다(제24조).

Ⅴ. 보호관찰

1. 보호관찰의 의의

30 보호관찰(保護觀察)은 치료감호가 가종료되거나 치료위탁된 피치료감호자를 감호시설 외에서 지도·감독하는 것을 내용으로 하는 보안처분이다. 보호관찰은 자유상태(=시설외)에 있는 범죄인에 대한 '외래적' 처우(ambulant treatment)로서, 사회적 지도를 통한 사회복귀 및 교육을 목적으로 한다. 이는 치료감호에 대한 대체 내지 보충수단으로서 중요한 의의를 갖는 자유제한보안처분이다.

치료감호의 경우에 적용되는 보호관찰도 보호관찰 등에 관한 법률에 의하여 보호관찰소와 보호관찰관이 지도와 감독을 담당한다(동법 제3조, 제16조). 그런데 보호관찰 등에 관한 법률에 의하여 보호관찰을 받을 보호관찰대상자에는 치료감호의 경우에 보호관찰을 받는 자뿐만 아니라, 형법에 의하여 보호관찰을 조건으로 형의 선고유예(형법 제59조의 2)·집행유예(제62조의 2)·가석방 또는 임시퇴원된 자(제73조의 2; 보호관찰 등에 관한 법률 제23조 내지 제24조) 및 소년법에 의하여 보호관찰의 보호처분을 받은 자(소년법 제32조 1항 4호 및 5호)를 포함한다. 따라서 치료감호의 경우에 적용되는 보호관찰의 법적 성질도 형의 집행유예와 선고유예의 경우에 명해지거나 가석방기간 동안에 받게 되는 보호관찰과 성질을 같이한다.

2. 보호관찰의 적용범위

(1) **보호관찰이 개시되는 경우** 치료감호 등에 관한 법률에 의하여 보호관찰이 개시되는 것은 다음의 두 가지 경우이다. 즉 보호관찰은 ① 피치료감호자에 대한 치료감호가 가종료된 때, ② 피치료감호자가 치료감호시설 외에서의 치료를 위하여 법정대리인에게 위탁된 때에 개시된다(치료감호 등에 관한 법률 제32조 1항). 31

(2) **보호관찰의 확대가능성** 범죄인을 자유상태에 두면서 사회적 원호에 의하여 생활형성을 지도·감독하는 보호관찰은 치료감호시설에서 가출소한 자나 형의 집행유예·선고유예 또는 가석방의 경우에만 적용되어야 할 보안처분은 아니다. 보호감호가 폐지됨에 따라 장기간에 걸쳐 시설에 수용되어 있던 상습누범자에 대한 보호관찰도 불가능하게 되었다. 그러나 장기의 자유형의 집행을 종료한 후에 사회에 복귀하는 데 어려움을 겪고 있는 범죄인에 대하여도 보호관찰을 확대할 형사정책적 필요성은 절실하다.[1]

3. 보호관찰의 내용

(1) **지도와 감독** 보호관찰은 범죄인의 사회복귀를 돕기 위하여 자유상태에 있는 피보호관찰자를 보호관찰기간 동안 지도·감독하는 것을 내용으로 한다. 따라서 피보호관찰자는 보호관찰 등에 관한 법률 제32조 2항의 규정에 따른 준수사항을 성실히 이행하여야 하며, 치료감호심의위원회는 피보호관찰자의 특성을 고려하여 위의 일반적 준수사항 외에 치료나 그 밖에 특별히 지켜야 할 사항을 부과할 수 있다(치료감호 등에 관한 법률 제33조). 32

(2) **보호관찰의 기간** 보호관찰의 기간은 3년이다(치료감호 등에 관한 법률 제32조 2항). 다만, 보호관찰기간 만료 전이라도 ① 피보호관찰자에게 치료감호심의위원회의 치료감호의 종료결정이 있을 때, ② 피보호관찰자가 다시 치료감호의 집행을 받게 되어 재수용되거나 새로운 범죄로 금고 이상의 형의 집행을 받게 되었을 때에는 보호관찰이 종료된다(동조 제 3 항). 33

1 독일 형법은 보호관찰(Führungsaufsicht)을 ① 절도죄(제245조)·강도죄(제256조)·사기죄(제263조)·장물죄(제262조) 및 인신매매죄(제233조 b) 등 각칙에 특별한 규정을 둔 범죄에 대하여 자유형에 병과하는 제재로서 선고할 수 있고, ② 고의범으로 2년 이상의 징역을 집행한 자(제68조의 f)와 보호감호에서 출소한 자에 대하여는 법률에 의하여 당연히 개시되는 것으로 규정하고 있다.

보호관찰 등에 관한 법률에 의한 보호관찰의 기간은 ① 보호관찰을 조건으로 형의 선고유예를 받은 자는 1년, ② 형의 집행유예의 선고를 받은 자는 그 유예기간, 다만 법원이 보호관찰기간을 따로 정한 경우에는 그 기간, ③ 가석방된 자는 형법 제73조의 2 또는 소년법 제66조에 규정된 기간, ④ 임시퇴원자는 퇴원일로부터 6월 이상 2년 이하의 범위 내에서 심사위원회가 정한 기간, ⑤ 소년법 제32조 1항에 의한 보호관찰의 보호처분을 받은 자는 그 법률에서 정한 기간이다(동법 제30조).

조문색인

(조문 옆의 고딕숫자는 §을,
그 옆의 숫자는 옆번호를 나타낸다)

주요 판례색인

(판례 번호 옆의 고딕숫자는 §을, 그 옆의 숫자는 옆번호를 나타낸다 *은 전원합의체 판결이다.)

사 항 색 인

(색인내용 옆의 고딕숫자는 §을, 그 옆의 숫자는 옆번호를, —는 위의 고딕체 글자를 나타낸다)

저자약력

이재상(1943–2013)

서울대학교 법과대학 졸업
제 6 회 사법시험 합격
사법대학원 수료(법학석사)
서울대학교 대학원(법학박사)
독일 Freiburg대학 수학
육군 법무관
부산지방검찰청 검사
서울지방검찰청 남부지청 검사
법무부 검찰국 겸 서울지방검찰청 검사
변호사
서울대학교 법과대학 강사
이화여자대학교 법정대학 교수
경희대학교 법과대학 교수
이화여자대학교 법과대학 교수
이화여자대학교 법학전문대학원 석좌교수
사법시험위원
법무부 법무자문위원, 보안처분심의위원
형사법개정특별심의위원회 위원
한국형사정책학회 회장
한국형사법학회 회장
형사판례연구회 회장
한국형사정책연구원 원장
법조윤리협의회 위원장
형사법개정특별심의위원회 위원장

저　　서

보안처분의 연구(1978)
사회보호법론(1981)
형법신강〔총론 Ⅰ〕(1984)
형법신강〔각론 Ⅱ〕(1988)
형법신강〔각론 Ⅰ〕(전정판, 1989)
형법기본판례 총론(2011)
형법학〔선택형 문제해설〕(제16판, 2013, 신조사)
형사소송법 기본판례(2013)
형사소송법〔선택형 문제해설〕(제 3 판, 2015, 신조사)
형법연습(제 9 판, 2015, 신조사)
형법각론(제13판, 2023)
형사소송법(제15판, 2023)
형사소송법연습(제 8 판, 2017)

장영민

서울대학교 법과대학 졸업
동 대학원 졸업, 법학박사
인하대학교 법정대학 교수
사법시험, 행정고시, 입법고등고시 시험위원
한국법철학회, 한국형사법학회, 한국형사판례연구회 회장
국가생명윤리심의위원회 위원
이화여자대학교 법학전문대학원 교수
형사법개정특별위원회 위원
현재 이화여자대학교 명예교수

수　　상

한국범죄방지재단 학술상(2013)
유기천법률문화상(2015)

강동범

서울대학교 법과대학 졸업
동 대학원 졸업, 법학박사
서경대학교, 서울시립대학교 교수
사법시험, 행정고시, 입법고등고시 시험위원
한국형사정책학회 회장
대검찰청 검찰수사심의위원회 위원
이화여자대학교 법과대학장 · 법학전문대학원장
현재 이화여자대학교 법학전문대학원 교수
　　한국형사판례연구회 회장

제12판
형법총론

초판 발행 1986년 8월 30일
제12판 발행 2024년 9월 10일

지은이 이재상 · 장영민 · 강동범
펴낸이 안종만 · 안상준

편 집 이승현
기획/마케팅 조성호
표지디자인 이수빈
제 작 고철민 · 김원표

펴낸곳 (주) 박영사
서울특별시 금천구 가산디지털2로 53, 210호
(가산동, 한라시그마밸리)
등록 1959. 3. 11. 제300-1959-1호(倫)
전 화 02)733-6771
F A X 02)736-4818
e-mail pys@pybook.co.kr
homepage www.pybook.co.kr
ISBN 979-11-303-4817-9 93360

정 가 43,000원